谨以此书纪念改革开放四十周年

5

司法解释全集
民事诉讼篇

最高人民法院 编

人民法院出版社

司法解释全集

总目录

（第一册）

综合篇 ·· （1）
  一、司法公开 ··· （3）
  二、司法便民利民 ·· （47）
  三、司法责任制 ··· （81）
  四、法院组织体系 ··· （103）
  五、审判程序 ··· （139）
  六、案例指导制度及自由裁量权规范 ··································· （190）
  七、队伍建设 ··· （459）
  八、司法服务与保障 ··· （579）
  九、其他 ··· （731）
    （一）改革纲要 ·· （731）
    （二）司法解释及废止目录 ·· （763）
    （三）审判管理 ·· （861）
    （四）司法统计、司法标准 ·· （886）
    （五）裁判文书、诉讼卷宗 ·· （900）
    （六）司法救助 ·· （909）
    （七）律师诉讼权利 ·· （919）
    （八）涉诉信访 ·· （935）
    （九）其他 ·· （954）

附录：废止文件目录 ·· （1005）

（第二册）

刑事篇 ·· (1103)

一、刑法总则 ·· (1105)
- （一）综合 ·· (1105)
- （二）刑法的适用范围 ·· (1133)
- （三）犯罪 ·· (1139)
- （四）刑罚 ·· (1148)
- （五）刑事裁判文书 ··· (1216)
- （六）其他规定 ··· (1238)

二、刑法分则 ·· (1243)
- （一）综合 ·· (1243)
- （二）危害国家安全罪 ·· (1284)
- （三）危害公共安全罪 ·· (1286)
- （四）破坏社会主义市场经济秩序罪 ······················ (1324)
- （五）侵犯公民人身权利、民主权利罪 ·················· (1428)
- （六）侵犯财产罪 ·· (1453)
- （七）妨害社会管理秩序罪 ·································· (1499)
- （八）危害国防利益罪 ·· (1639)
- （九）贪污贿赂罪 ·· (1643)
- （十）渎职罪 ··· (1667)
- （十一）军人违反职责罪 ····································· (1673)

刑事诉讼篇 ·· (1675)

- 一、综合 ·· (1677)
- 二、管辖 ·· (1795)
- 三、辩护 ·· (1799)
- 四、证据 ·· (1807)
- 五、强制措施 ·· (1835)
- 六、刑事附带民事诉讼 ·· (1844)
- 七、立案 ·· (1847)
- 八、第一审程序 ··· (1848)
- 九、第二审程序 ··· (1873)
- 十、未成年人刑事案件审理程序的规定 ···················· (1882)
- 十一、死刑复核程序 ··· (1889)
- 十二、审判监督程序 ··· (1900)

十三、刑事涉外的规定 (1913)
十四、执行 (1933)
十五、赃款赃物处理 (1965)
十六、法律援助、救助 (1986)
十七、其他 (2000)

环境资源保护篇 (2007)

(第三册)

民事篇 (2023)

一、民事总类 (2025)
 (一) 综合 (2025)
 (二) 民事责任 (2133)
 (三) 诉讼时效 (2165)
 (四) 涉外民事 (2187)
 (五) 涉港澳台民事 (2195)

二、婚姻、家庭与继承 (2204)
 (一) 婚姻 (2204)
 (二) 家庭 (2269)
 (三) 继承 (2298)

三、侵权责任 (2354)

四、物权 (2421)
 (一) 综合 (2421)
 (二) 所有权 (2432)
 (三) 用益物权 (2503)
 (四) 担保物权 (2525)
 (五) 典权、典当 (2546)

五、民事合同 (2570)
 (一) 综合 (2570)
 (二) 买卖合同 (2613)
 (三) 民间借贷合同 (2671)
 (四) 租赁合同 (2680)
 (五) 建设工程合同 (2688)
 (六) 技术合同 (2698)
 (七) 旅游合同 (2724)
 (八) 特许经营合同 (2728)

（九）借用合同 …………………………………………………………… (2730)
　六、劳动争议、人事争议 ………………………………………………… (2733)

商事篇 ………………………………………………………………………… (2757)

　一、综合 …………………………………………………………………… (2759)
　二、公司、企业 …………………………………………………………… (2778)
　三、破产、清算 …………………………………………………………… (2821)
　四、商事合同 ……………………………………………………………… (2915)
　　（一）存单、借款、存款合同 …………………………………………… (2915)
　　（二）运输合同 …………………………………………………………… (2937)
　　（三）融资租赁合同 ……………………………………………………… (2947)
　　（四）保证合同 …………………………………………………………… (2952)
　　（五）联营合同 …………………………………………………………… (2986)
　　（六）供用电合同 ………………………………………………………… (2993)
　五、不良资产处置 ………………………………………………………… (2994)
　六、保险 …………………………………………………………………… (3011)
　七、票据 …………………………………………………………………… (3036)
　八、证券、期货 …………………………………………………………… (3052)
　九、信用证、独立保函 …………………………………………………… (3081)
　十、海商、海事 …………………………………………………………… (3091)
　　（一）海商、海事 ………………………………………………………… (3091)
　　（二）海事诉讼程序 ……………………………………………………… (3131)

（第四册）

知识产权篇 …………………………………………………………………… (3171)

　一、综合 …………………………………………………………………… (3173)
　二、知识产权案件年度报告及典型案例 ………………………………… (3253)
　三、专利权 ………………………………………………………………… (3801)
　四、商标权 ………………………………………………………………… (3840)
　五、著作权 ………………………………………………………………… (3869)
　六、植物新品种权 ………………………………………………………… (3893)
　七、反不正当竞争 ………………………………………………………… (3897)
　八、反垄断 ………………………………………………………………… (3906)
　九、其他 …………………………………………………………………… (3909)

行政诉讼及国家赔偿篇 ……………………………………………………… (3915)

- 一、行政诉讼 ………………………………………………………………… (3917)
  - (一) 综合 ……………………………………………………………… (3917)
  - (二) 受案范围 ………………………………………………………… (4003)
  - (三) 管辖 ……………………………………………………………… (4010)
  - (四) 诉讼参加人 ……………………………………………………… (4020)
  - (五) 起诉与受理 ……………………………………………………… (4027)
  - (六) 证据 ……………………………………………………………… (4044)
  - (七) 法律适用 ………………………………………………………… (4057)
  - (八) 送达、期限 ……………………………………………………… (4131)
  - (九) 执行 ……………………………………………………………… (4133)
  - (十) 其他 ……………………………………………………………… (4148)
- 二、国家赔偿 ………………………………………………………………… (4151)
  - (一) 综合 ……………………………………………………………… (4151)
  - (二) 行政赔偿 ………………………………………………………… (4229)
  - (三) 司法赔偿 ………………………………………………………… (4245)

(第五册)

民事诉讼篇 …………………………………………………………………… (4271)

- 一、综合 ……………………………………………………………………… (4273)
- 二、起诉和受理 ……………………………………………………………… (4379)
- 三、管辖 ……………………………………………………………………… (4419)
- 四、回避 ……………………………………………………………………… (4481)
- 五、诉讼参加人 ……………………………………………………………… (4484)
- 六、证据 ……………………………………………………………………… (4509)
- 七、期间、送达 ……………………………………………………………… (4530)
- 八、调解 ……………………………………………………………………… (4541)
- 九、保全和先予执行 ………………………………………………………… (4566)
- 十、对妨害民事诉讼的强制措施 …………………………………………… (4593)
- 十一、诉讼费用 ……………………………………………………………… (4595)
- 十二、第一审普通程序 ……………………………………………………… (4601)
- 十三、简易程序、小额速裁程序 …………………………………………… (4607)
- 十四、公益诉讼 ……………………………………………………………… (4621)
- 十五、第二审程序 …………………………………………………………… (4636)
- 十六、特别程序 ……………………………………………………………… (4640)

十七、审判监督程序 ………………………………………………………… (4642)
十八、督促程序 ……………………………………………………………… (4680)
十九、公示催告程序 ………………………………………………………… (4683)
二十、执行程序 ……………………………………………………………… (4685)
二十一、涉港澳、涉台民事诉讼程序 ……………………………………… (5036)
二十二、涉外民事诉讼程序 ………………………………………………… (5084)
二十三、仲裁 ………………………………………………………………… (5127)
二十四、公证 ………………………………………………………………… (5259)
二十五、其他非诉讼矛盾纠纷解决机制 …………………………………… (5267)
二十六、其他 ………………………………………………………………… (5295)

目 录

（第五册）

民事诉讼篇

一、综 合

最高人民法院
　关于适用《中华人民共和国民事诉讼法》的解释
　　（2015年1月30日） ……………………………………………………（4273）

最高人民法院
　关于认真学习贯彻适用《关于适用〈中华人民共和国民事诉讼法〉的解释》
　　的通知
　　（2015年2月4日） ………………………………………………………（4331）

最高人民法院
　关于修改后的民事诉讼法施行时未结案件适用法律若干问题的规定
　　（2012年12月28日） ……………………………………………………（4335）

最高人民法院
　关于在经济审判工作中严格执行《中华人民共和国民事诉讼法》的若干
　　规定
　　（1994年12月22日） ……………………………………………………（4336）

最高人民法院
　关于民事经济审判方式改革问题的若干规定
　　（1998年7月6日） ………………………………………………………（4339）

最高人民法院
　　关于调整司法解释等文件中引用《中华人民共和国民事诉讼法》条文序号
　　　的决定
　　　（2008年12月16日）……………………………………………………（4343）
最高人民法院　最高人民检察院
　　关于印发《关于对民事审判活动与行政诉讼实行法律监督的若干
　　　意见（试行）》的通知
　　　（2011年3月10日）……………………………………………………（4355）
最高人民法院
　　关于认真学习贯彻《全国人民代表大会常务委员会关于修改〈中华人民
　　　共和国民事诉讼法〉的决定》的通知
　　　（2012年11月28日）…………………………………………………（4357）
最高人民法院
　　关于防范和制裁虚假诉讼的指导意见
　　　（2016年6月20日）……………………………………………………（4360）
最高人民法院
　　关于房地产调控政策下人民法院严格审查各类虚假诉讼的紧急通知
　　　（2013年6月28日）……………………………………………………（4362）
最高人民法院
　　关于印发《人民法院民事裁判文书制作规范》《民事诉讼文书样式》的通知
　　　（2016年6月28日）……………………………………………………（4363）
最高人民法院
　　关于认真贯彻实施民事诉讼法及相关司法解释有关规定的通知
　　　（2017年12月29日）…………………………………………………（4373）
最高人民法院
　　关于人民法院立案、审判与执行工作协调运行的意见
　　　（2018年5月28日）……………………………………………………（4374）

二、起诉和受理

最高人民法院
　　关于人民检察院对民事调解书提出抗诉人民法院应否受理问题的批复
　　　（1999年2月9日）………………………………………………………（4379）
最高人民法院
　　关于人民法院是否受理因邮电部门电报稽延纠纷提起诉讼问题的批复
　　　（1999年6月9日）………………………………………………………（4380）

最高人民法院
关于银行储蓄卡密码被泄露导致存款被他人骗取引起的储蓄合同纠纷应否
作为民事案件受理问题的批复
（2005年7月25日） ………………………………………………………… （4380）

最高人民法院
关于当事人申请承认澳大利亚法院出具的离婚证明书人民法院应否受理
问题的批复
（2005年7月26日） ………………………………………………………… （4381）

最高人民法院
关于当事人达不成拆迁补偿安置协议就补偿安置争议提起民事诉讼人民
法院应否受理问题的批复
（2005年8月1日） …………………………………………………………… （4381）

最高人民法院
关于当事人对具有强制执行效力的公证债权文书的内容有争议提起诉讼
人民法院是否受理问题的批复
（2008年12月22日） ………………………………………………………… （4382）

最高人民法院
关于税务机关就破产企业欠缴税款产生的滞纳金提起的债权确认之诉应否
受理问题的批复
（2012年6月26日） …………………………………………………………… （4383）

最高人民法院
关于原在内地登记结婚后双方均居住香港，现内地人民法院可否受理他们
离婚诉讼的批复
（1983年4月14日） …………………………………………………………… （4383）

最高人民法院
关于杨志武由台湾回大陆定居起诉与在台湾的配偶离婚人民法院是否受理
问题的批复
（1984年12月6日） …………………………………………………………… （4384）

最高人民法院
关于王淑才与许桂兰为分配保险赔偿费发生的纠纷主管部门正在处理应由
他们继续解决人民法院不宜直接受理的批复
（1986年2月17日） …………………………………………………………… （4385）

最高人民法院
关于原判决维持收养关系后当事人再次起诉人民法院是否作新案受理问题
的批复
（1987年2月11日） …………………………………………………………… （4385）

最高人民法院
　关于邹树文金珠首饰在"文革"中下落不明人民法院能否作为民事赔偿
　　案件受理问题的批复
　　　（1987年11月6日）·· (4386)
最高人民法院经济审判庭
　关于已裁定撤诉的案件当事人再起诉时人民法院能否受理问题的电话答复
　　　（1988年12月15日）··· (4386)
最高人民法院经济审判庭
　关于村委会要求村民按合同议定数额履行交纳国家征购粮的起诉人民法院
　　是否受理问题的电话答复
　　　（1989年6月26日）·· (4387)
最高人民法院
　关于湖南省供销社等单位与省肉食水产公司房屋纠纷一案应否受理的复函
　　　（1990年3月6日）··· (4387)
最高人民法院
　关于民事诉讼当事人因证据不足撤诉后在诉讼时效内再次起诉人民法院
　　应否受理问题的批复
　　　（1990年3月10日）·· (4388)
最高人民法院
　关于当事人对医疗事故鉴定结论有异议又不申请重新鉴定而以要求医疗
　　单位赔偿经济损失为由向人民法院起诉的案件应否受理问题的复函
　　　（1990年11月7日）·· (4388)
最高人民法院
　关于农村集体企业承包经营合同的当事人一方不服仲裁机关的裁决向人民
　　法院起诉人民法院应否受理问题的复函
　　　（1990年7月26日）·· (4389)
最高人民法院
　关于劳务输出合同的担保纠纷人民法院应否受理问题的复函
　　　（1990年10月9日）·· (4389)
最高人民法院
　关于人民法院受理经济纠纷案件中几个问题的复函
　　　（1990年11月14日）··· (4390)
最高人民法院
　关于诈骗犯罪的被害人起诉要求诈骗过程中的保证人代偿"借款"应如何
　　处理问题的复函
　　　（1990年10月13日）··· (4391)

最高人民法院
　关于军队离退休干部腾退军产房纠纷法院是否受理的复函
　　（1991年1月31日） ………………………………………………………（4391）
最高人民法院
　关于行政机关对土地争议的处理决定生效后一方不履行另一方不应以民事
　　侵权向法院起诉的批复
　　（1991年7月24日） ………………………………………………………（4392）
最高人民法院
　关于企业经营者依企业承包经营合同要求保护其合法权益的起诉人民法院
　　应否受理的批复
　　（1991年8月13日） ………………………………………………………（4392）
最高人民法院
　关于人民法院应否受理财政、扶贫办等非金融行政机构借款合同纠纷的
　　批复
　　（1993年8月28日） ………………………………………………………（4393）
最高人民法院
　关于受理房屋拆迁、补偿、安置等案件问题的批复
　　（1996年7月24日） ………………………………………………………（4393）
最高人民法院经济审判庭
　关于对南宁市金龙车辆配件厂集资纠纷是否由人民法院受理问题的答复
　　（1991年9月29日） ………………………………………………………（4394）
最高人民法院
　关于因体制变动引起的房地产纠纷案法院不应受理的复函
　　（1992年4月9日） ………………………………………………………（4394）
最高人民法院
　关于合作化运动中的遗留问题不应由人民法院作为民事案件受理的复函
　　（1992年4月14日） ………………………………………………………（4395）
最高人民法院经济审判庭
　关于人民法院是否受理建筑安装工程分包合同纠纷问题的复函
　　（1992年9月25日） ………………………………………………………（4395）
最高人民法院
　关于房地产案件受理问题的通知
　　（1992年11月25日） ……………………………………………………（4396）
最高人民法院
　关于董昭海等诉江汝甲赔偿一案应否受理的复函
　　（1994年5月11日） ………………………………………………………（4397）

最高人民法院经济审判庭
  对于新经济合同法施行前已经工商行政管理部门作出行政处理的经济合同
    纠纷案件当事人又以经济纠纷提起民事诉讼应否受理问题的函
    (1994年6月7日) ………………………………………………………… (4397)
最高人民法院
  关于采取诉前保全措施的法院可否超越其级别管辖权限受理诉前保全申请
    人提起的诉讼问题的复函
    (1995年3月7日) …………………………………………………………… (4398)
最高人民法院
  关于深圳联昌印染有限公司诉香港益锋行纺织有限公司承包合同纠纷案拟
    立案受理的报告的复函
    (1996年4月18日) ………………………………………………………… (4399)
最高人民法院
  关于职工执行公务在单位借款长期挂账发生纠纷法院是否受理问题的答复
    (1999年4月5日) …………………………………………………………… (4399)
最高人民法院
  关于周海婴诉绍兴越王珠宝金行侵犯鲁迅肖像权一案应否受理的答复意见
    (2000年6月26日) ………………………………………………………… (4400)
最高人民法院研究室
  关于当事人对乡（镇）人民政府就民间纠纷作出的调处决定不服而起诉
    人民法院应以何种案件受理的复函
    (2001年2月19日) ………………………………………………………… (4400)
最高人民法院研究室
  关于人民法院对农村集体经济所得收益分配纠纷是否受理问题的答复
    (2001年7月9日) …………………………………………………………… (4401)
最高人民法院
  关于上海水仙电器股份有限公司股票终止上市后引发的诉讼应否受理等
    问题的复函
    (2001年7月17日) ………………………………………………………… (4401)
最高人民法院研究室
  关于村民因土地补偿费、安置补助费问题与村民委员会发生纠纷人民法院
    应否受理问题的答复
    (2001年12月31日) ………………………………………………………… (4402)
最高人民法院
  关于当事人对人民法院生效法律文书所确定的给付事项超过申请执行期限
    后又重新就其中的部分给付内容达成新的协议的应否立案的批复
    (2002年1月30日) ………………………………………………………… (4402)

最高人民法院
  关于中国人民解放军北京军区空军司令部诉吕全修等人腾退军产房是否
    受理的答复意见
    （2002年7月1日） ··· （4403）
最高人民法院
  关于中国人民解放军北京军区房地产管理局请求法院受理军队家属住房
    清退案有关问题请示的复函
    （2002年7月2日） ··· （4403）
最高人民法院
  关于当事人持台湾地区法院公证处认证的离婚协议书向人民法院申请认可
    人民法院应否受理的答复
    （2002年8月23日） ··· （4404）
最高人民法院
  关于商标侵权纠纷中注册商标排他使用许可合同的被许可人是否有权单独
    提起诉讼问题的函
    （2002年9月10日） ··· （4404）
最高人民法院
  关于周正义状告浦东发展银行要求撤销增发新股议案等一类纠纷的投诉
    应否受理问题的复函
    （2002年11月21日） ··· （4405）
最高人民法院
  关于船舶抵押合同为从合同时债权人同时起诉主债务人和抵押人地方人民
    法院应否受理请示的复函
    （2003年1月6日） ··· （4405）
最高人民法院
  关于华庆自行车（深圳）有限公司诉招商局保险有限公司保险合同纠纷
    一案受理问题的复函
    （2003年6月7日） ··· （4406）
最高人民法院研究室
  关于人民法院是否受理涉及军队房地产腾退、拆迁安置纠纷案件的答复
    （2003年8月8日） ··· （4406）
最高人民法院
  关于原北京市北协建设工程公司第三工程处起诉北京市北协建设工程公司
    解除挂靠经营纠纷是否受理问题的复函
    （2003年8月28日） ··· （4407）

最高人民法院
关于薛光林诉香港美林创建室内建筑设计顾问公司设计合同纠纷一案受理
问题的请示的复函
（2004年11月8日） ·· (4407)

最高人民法院
关于香港华联冷气工程有限公司诉珠海中美工程设计装修有限公司设备
安装合同纠纷一案受理问题的请示的复函
（2004年11月15日） ··· (4408)

最高人民法院
关于人民法院是否受理金融资产管理公司与国有商业银行就政策性金融
资产转让协议发生的纠纷问题的答复
（2005年6月17日） ·· (4409)

最高人民法院
关于金相哲诉朴仪洙房屋租赁合同纠纷一案能否受理的请示的复函
（2005年8月17日） ·· (4409)

最高人民法院
关于张伟诉福建省福大包装设备厂买卖合同纠纷案人民法院能否受理的
请示的答复
（2005年8月17日） ·· (4410)

最高人民法院
关于日中经济信息投资咨询公司诉宁波奇峰企业有限公司加工合同纠纷
一案人民法院能否受理的请示的复函
（2005年9月9日） ··· (4411)

最高人民法院
关于人事档案被原单位丢失后当事人起诉原单位补办人事档案并赔偿经济
损失是否受理的复函
（2006年6月13日） ·· (4412)

最高人民法院
关于增城市新塘镇伟鹏服装有限公司诉深圳深远贸易公司等被告出口贸易
纠纷一案受理问题的请示的复函
（2006年9月10日） ·· (4412)

最高人民法院
关于当事人之间达成了拆迁补偿安置协议仅就协议内容发生争议的，人民
法院应予受理问题的复函
（2007年1月1日） ··· (4413)

最高人民法院
关于对基层供销社产权整体转让纠纷能否受理的请示的答复
（2007年12月7日） ·· (4413)

最高人民法院
关于 RENT CORPORATION 诉中成宁波进出口有限公司、东莞市建华
机械制造有限公司买卖合同纠纷一案人民法院能否受理的请示的复函
（2008年3月18日） ··· (4414)

最高人民法院
关于当事人对人民法院作出的确认仲裁协议效力的裁定不服提出再审申请
人民法院是否受理问题的复函
（2010年12月14日） ··· (4415)

最高人民法院研究室
关于某银行诉某公司金融借款合同纠纷一案是否应予受理问题的答复
（2011年7月21日） ··· (4415)

最高人民法院
关于原告李建强诉被告威海文平拍卖有限公司、第三人威海中级人民法院
拍卖合同纠纷一案的请示报告的复函
（2013年7月17日） ··· (4416)

最高人民法院民一庭
关于山东省高级人民法院请示的委托事项涉嫌违法委托人向受托人追索
处理委托事务费用人民法院应否受理问题的电话答复
（2014年6月4日） ·· (4416)

最高人民法院
关于批准指定太原铁路运输中级法院和太原、大同、临汾铁路运输法院
受理案件范围的复函
（2014年12月8日） ··· (4417)

最高人民法院立案庭
关于杨保印诉杨兆新侵权纠纷受理问题的答复
（2014年12月23日） ··· (4418)

三、管　　辖

最高人民法院
关于适用法发〔1996〕28号司法解释问题的批复
（1998年2月13日） ··· (4419)

最高人民法院
关于对与证券交易所监管职能相关的诉讼案件管辖与受理问题的规定
（2005年1月25日） ··· (4420)

最高人民法院
关于新疆生产建设兵团人民法院案件管辖权问题的若干规定
（2005年5月24日） ··· (4421)

最高人民法院
  关于审理民事级别管辖异议案件若干问题的规定
    （2009年11月12日） ……………………………………………………（4422）
最高人民法院
  关于对被监禁或被劳动教养的人提起的民事诉讼如何确定案件管辖问题的
    批复
    （2010年12月9日） ……………………………………………………（4423）
最高人民法院
  关于铁路运输法院案件管辖范围的若干规定
    （2012年7月17日） ……………………………………………………（4424）
最高人民法院
  关于军事法院管辖民事案件若干问题的规定
    （2012年8月28日） ……………………………………………………（4425）
最高人民法院
  关于因申请诉中财产保全损害责任纠纷管辖问题的批复
    （2017年8月1日） ………………………………………………………（4427）
最高人民法院
  关于周兴荣诉黄文英离婚一案管辖问题的批复
    （1984年11月14日） ……………………………………………………（4427）
最高人民法院
  关于成武县油化二厂诉瑞昌县流庄乡砖瓦厂购销合同纠纷案管辖问题的
    批复
    （1985年12月14日） ……………………………………………………（4428）
最高人民法院
  关于煤炭订货合同数量纠纷管辖问题的批复
    （1986年3月26日） ……………………………………………………（4428）
最高人民法院
  关于合同转让后如何确定合同签订地的批复
    （1986年10月30日） ……………………………………………………（4429）
最高人民法院
  关于李桂莲诉夏传叶房屋纠纷案管辖问题的批复
    （1986年11月14日） ……………………………………………………（4429）
最高人民法院
  关于广东省博罗县港博公司与铁道部工程指挥部直属机关物资采购供应站
    购销进口太阳能计算器合同纠纷案应由哪个法院管辖问题的复函
    （1987年6月26日） ……………………………………………………（4430）

最高人民法院经济审判庭
  关于经济纠纷和经济犯罪案件一并移送后受移送的检察院和法院未按刑事
    附带民事诉讼审理又未将纠纷部分退回法院处理移送法院是否仍可对
    纠纷进行审理问题的电话答复
    （1988年10月14日） ………………………………………………………（4431）

最高人民法院
  关于丁怀敏诉高锦债务纠纷案的管辖问题的复函
    （1988年10月25日） ………………………………………………………（4431）

最高人民法院经济审判庭
  关于审理管辖权争议案件有关问题的电话答复
    （1989年5月18日） ………………………………………………………（4432）

最高人民法院经济审判庭
  关于四川省巴中县花溪乡人民政府诉王艾等购销工业碱合同纠纷管辖争议
    案件问题的电话答复
    （1989年11月11日） ………………………………………………………（4433）

最高人民法院
  关于安徽省嘉山县土产杂品公司与四川省眉山县土产果品公司购销籼稻
    合同纠纷案件管辖争议问题的函
    （1989年11月25日） ………………………………………………………（4434）

最高人民法院
  关于借款合同纠纷案件管辖问题的复函
    （1990年4月2日） ………………………………………………………（4434）

最高人民法院
  关于中国人民解放军和武警部队向地方开放的医疗单位发生的医疗赔偿
    纠纷由有管辖权的人民法院受理的复函
    （1990年6月4日） ………………………………………………………（4435）

最高人民法院
  关于山西省榆次市敬老商店诉黑龙江省牡丹江市劳动服务公司采购供应处
    购销胶合板合同纠纷一案管辖权争议问题的复函
    （1990年6月16日） ………………………………………………………（4436）

最高人民法院
  关于河南省郑州市粮油贸易中心诉广东省开平县潭江宾馆贸易发展部购销
    电冰箱合同质量纠纷一案管辖问题的复函
    （1990年6月20日） ………………………………………………………（4436）

最高人民法院
  关于甘肃省供销合作联社储运公司东岗综合商场诉浙江省玉环县田马
    食品厂购销合同纠纷案管辖争议问题的复函
    （1990年7月16日） ………………………………………………………（4437）

最高人民法院
  关于寿光县寿城物资供销公司诉海拉尔市工业供销公司购销木材合同纠纷
    一案管辖权问题的复函
    （1990年7月19日） .... (4438)

最高人民法院
  关于蕲春县土产公司与昆山市布厂购销落麻合同纠纷一案管辖争议的复函
    （1990年7月26日） .... (4438)

最高人民法院
  关于第三人能否对管辖权提出异议问题的批复
    （1990年7月28日） .... (4439)

最高人民法院
  关于购销（代销）收录机合同纠纷管辖异议问题的复函
    （1990年8月4日） .... (4439)

最高人民法院
  关于徐州市轮船运输服务公司与萧山市物资局城北区供应站购销烟煤合同
    纠纷案件管辖争议问题的复函
    （1990年8月19日） .... (4440)

最高人民法院
  关于安徽省郎溪县百货公司与郎溪县百货公司高淳县东坝地方产品供销
    经理部联营商店联营公司纠纷案管辖争议问题的复函
    （1990年8月20日） .... (4441)

最高人民法院经济审判庭
  关于石家庄市贸易公司与浙江绍兴柯岩绸厂购销涤纶丝合同纠纷案件
    管辖权争议问题的复函
    （1991年1月14日） .... (4441)

最高人民法院
  关于四川省仪陇县生产资料服务公司诉河北省永年县临洺关购销线材合同
    货款纠纷一案管辖争议问题的复函
    （1991年7月26日） .... (4442)

最高人民法院
  关于在民事诉讼法生效前对因管辖权异议的裁定上诉后如何适用法律问题
    的复函
    （1991年8月10日） .... (4443)

最高人民法院
  关于驻马店市再生资源开发公司与都昌县油脂加工厂购销合同纠纷一案
    管辖问题的复函
    （1992年1月15日） .... (4443)

最高人民法院
关于四川省金建贸易公司诉四川省金堂县建筑工程联合公司购销合同拖欠
货款纠纷一案管辖问题的复函
（1992年1月28日） ……………………………………………………（4444）

最高人民法院
关于九江市庐山区煤炭供应站与常德市联运公司购销合同纠纷一案管辖
问题的复函
（1992年7月25日） ……………………………………………………（4444）

最高人民法院
关于湖南省黔阳线带厂与四川省自贡化纤厂购销合同纠纷一案指定管辖的
通知
（1993年5月8日） ………………………………………………………（4445）

最高人民法院经济审判庭
关于法院应原告变更被告之请求而恢复诉讼，变更后的被告是否有权提出
管辖异议问题的答复
（1993年6月2日） ………………………………………………………（4445）

最高人民法院
关于四川省绵阳高新技术开发区福通公司与中国钢铁炉料总公司购销合同
纠纷一案管辖问题的复函
（1993年12月15日） ……………………………………………………（4446）

最高人民法院经济审判庭
关于对宁波保税区华能联合开发有限公司与中信贸易公司等委托代理进口
合同纠纷一案管辖权问题的复函
（1993年12月17日） ……………………………………………………（4447）

最高人民法院
关于陈怡、李细雄诉张凤香房屋侵权纠纷一案管辖问题的通知
（1994年3月17日） ……………………………………………………（4447）

最高人民法院
关于福建省福州市郊区粮食局亭江粮管站粮油经营部与湖北省黄梅县李英
粮油议购议销经营部武穴中转站糯米购销合同纠纷案指定管辖的通知
（1994年5月11日） ……………………………………………………（4448）

最高人民法院
关于岳阳通达制冷空调有限公司、中国对外贸易运输总公司湖南省分公司
岳阳支公司、上海港集装箱综合发展公司、上海集装箱码头有限公司
之间的委托合同与港口装卸作业纠纷案件管辖权争议的处理意见
（1994年7月12日） ……………………………………………………（4449）

最高人民法院
关于合同当事人仅给付了定金应当如何确定管辖问题的复函
（1994年7月15日） ………………………………………………（4450）

最高人民法院
关于对澳亚（成都）房地产有限公司与深圳中科财实业发展公司集资
建房案的管辖问题的请示报告的函
（1994年9月19日） ………………………………………………（4450）

最高人民法院
关于合同双方当事人协议约定发生纠纷各自可向所在地人民法院起诉如何
确定管辖问题的复函
（1994年11月27日） ………………………………………………（4451）

最高人民法院
关于中国投资银行深圳分行诉湖北楚天柠檬酸企业有限公司、湖北省咸宁
地区计划委员会和财政局经济合同纠纷案管辖问题的复函
（1995年4月17日） ………………………………………………（4451）

最高人民法院
关于天津津瑞利国际贸易有限公司与南通新通联物资公司联营合同纠纷
一案管辖问题的复函
（1995年4月17日） ………………………………………………（4452）

最高人民法院
关于珠海经济特区科信高新技术开发公司诉珠海经济特区中信集团有限
公司联营合同纠纷案件管辖权问题的函
（1995年5月18日） ………………………………………………（4453）

最高人民法院
关于金利公司与金海公司经济纠纷案件管辖问题的复函
（1995年7月5日） …………………………………………………（4453）

最高人民法院经济审判庭
关于购销合同的双方当事人在合同中约定了交货地点，但部分货物没有在
约定的交货地点交付，如何确定管辖权问题的复函
（1995年7月11日） ………………………………………………（4454）

最高人民法院
关于珠海市东兴房产综合开发公司与珠海经济特区侨辉房产公司、中国
农村发展信托投资公司浙江办事处合作经营房地产合同纠纷案管辖问题
的通知
（1995年11月9日） ………………………………………………（4454）

最高人民法院
  关于武汉证券公司与大连连通证券公司债券兑付纠纷一案如何确定管辖权
    问题的复函
    （1995年12月7日） ··· (4455)
最高人民法院
  关于当事人在合同中协议选择管辖法院问题的复函
    （1995年12月7日） ··· (4455)
最高人民法院
  关于广东顺德东南亚地产发展有限公司诉湖南通利房地产开发有限公司
    商品房买卖合同纠纷案和湖南通利房地产开发有限公司诉广东顺德
    东南亚地产发展有限公司债务纠纷案管辖问题的通知
    （1995年12月8日） ··· (4456)
最高人民法院
  关于交通银行苏州分行诉海南省国际信托投资公司借款合同纠纷案指定
    管辖问题的通知
    （1996年1月29日） ·· (4456)
最高人民法院
  关于华北铝业有限公司诉庄河市第一建筑工程公司购销合同纠纷案管辖
    问题的函
    （1996年2月2日） ··· (4457)
最高人民法院
  关于海南东华物产公司诉中国农业银行昌江支行借款合同纠纷案指定管辖
    问题的通知
    （1996年2月9日） ··· (4458)
最高人民法院
  关于案件级别管辖几个问题的批复
    （1996年5月7日） ··· (4459)
最高人民法院
  关于厦门维哥木制品有限公司与台湾富源企业有限公司购销合同纠纷
    管辖权异议案的复函
    （1996年5月16日） ·· (4459)
最高人民法院
  关于案件性质及管辖权问题的复函
    （1996年6月19日） ·· (4460)
最高人民法院
  关于义乌市商城宾馆与香港宏生贸易公司中外合作经营合同纠纷管辖问题
    的答复函
    （1996年9月9日） ··· (4460)

最高人民法院
关于明桦有限公司（香港）诉辽宁物产集团总公司营口贸易部、盖州市
宏达物资公司购销合同货款纠纷一案管辖问题的请示报告的复函
（1996年10月9日） ··· (4461)

最高人民法院
关于经济合同的名称与内容不一致时如何确定管辖权问题的批复
（1996年11月13日） ··· (4461)

最高人民法院民事审判庭
关于石家庄东方城市广场有限公司与香港拓能有限公司管辖异议一案法院
是否有管辖权问题的批复
（1998年7月6日） ··· (4462)

最高人民法院
关于上海国际航运大厦有限公司与香港海宁工程（中国）有限公司承包
合同纠纷一案管辖问题的复函
（1998年7月13日） ··· (4462)

最高人民法院知识产权审判庭
关于苍南县天马活塞工业有限公司与河北天马活塞工业有限公司不正当
竞争纠纷管辖权异议案的函
（1999年7月2日） ··· (4463)

最高人民法院
关于胡辛诉叶辛、上海大元文化传播有限公司侵犯著作权管辖权异议案的
答复
（2000年9月9日） ··· (4464)

最高人民法院
关于武汉中南厦华销售有限公司、武汉中恒消费电子有限公司与武汉厦华
中恒电子有限公司、厦门华侨电子有限公司债务纠纷案件指定管辖的
通知
（2001年10月22日） ··· (4465)

最高人民法院
关于对大化集团与山东红日集团、庄河市民丰农业物资经销处专利侵权
纠纷管辖权上诉案件请示的答复
（2002年9月3日） ··· (4466)

最高人民法院
关于原审法院驳回当事人管辖异议裁定已发生法律效力但尚未作出生效
判决前发现原审法院确无地域管辖权应如何处理问题的复函
（2003年5月30日） ··· (4466)

最高人民法院
关于益轩（泉州）轻工有限公司与台湾人瞿安勤买卖合同纠纷一案管辖权
异议的请示的复函
（2003年6月6日） ………………………………………………………………… (4467)

最高人民法院
关于美国伊莱利利公司与常州华生制药有限公司专利侵权纠纷案件指定
管辖的通知
（2003年12月3日） ……………………………………………………………… (4467)

最高人民法院
关于皇朝工程有限公司与西班牙奥安达电梯有限公司、广东奥安达电梯
有限公司侵权纠纷管辖权异议一案的请示的复函
（2004年4月5日） ………………………………………………………………… (4469)

最高人民法院
关于中国人民保险公司厦门市分公司与中波轮船股份公司保险代位求偿
纠纷管辖权问题的请示的复函
（2004年12月2日） ……………………………………………………………… (4470)

最高人民法院
关于对原告百事达（美国）企业有限公司与被告安徽饭店、何宗奎、
章富成以及第三人安徽金辰酒店管理有限公司、中美合资安徽饭店有限
公司清算委员会民事侵权赔偿纠纷一案管辖权异议的请示
（2005年6月16日） ……………………………………………………………… (4471)

最高人民法院
关于上诉人利比里亚·利比里亚力量船务公司与被上诉人中国·重庆新浯
食品有限公司海上货物运输合同纠纷管辖权异议一案的请示的复函
（2006年12月21日） …………………………………………………………… (4472)

最高人民法院
关于DNT FRANCE（法国DNT股份有限公司）与中山市凤凰家电有限
公司、林建明、周小杰、王丙炎经营合同纠纷一案管辖问题的请示的
复函
（2007年1月11日） ……………………………………………………………… (4473)

最高人民法院
关于中国证券登记结算有限责任公司履行职能相关的诉讼案件指定管辖
问题的通知
（2007年6月20日） ……………………………………………………………… (4474)

最高人民法院
关于订有仲裁条款的合同一方当事人不出庭应诉应如何处理的复函
（2008年3月26日） ……………………………………………………………… (4475)

最高人民法院
　关于原告太平洋财产保险股份有限公司上海分公司诉被告太阳海运有限
　　公司、远洋货船有限公司、联合王国保赔协会海上货物运输合同纠纷
　　管辖权异议案请示的复函
　　　（2009年2月24日） ································· (4475)
最高人民法院
　《关于上诉人武钢集团国际经济贸易总公司与被上诉人福州天恒船务有限
　　公司、被上诉人财富国际船务有限公司海上货物运输合同纠纷管辖权
　　异议一案的请示》的复函
　　　（2009年11月4日） ································· (4476)
最高人民法院执行局
　关于法院能否以公司证券登记结算地为财产所在地获得管辖权问题的复函
　　　（2010年7月15日） ································· (4477)
最高人民法院
　关于调整高级人民法院和中级人民法院管辖第一审民商事案件标准的通知
　　　（2015年4月30日） ································· (4478)
最高人民法院
　关于调整部分高级人民法院和中级人民法院管辖第一审民商事案件标准的
　　通知
　　　（2018年7月17日） ································· (4479)
最高人民法院
　关于以失联马航MH370航班乘客为被申请人的宣告死亡案件指定管辖的
　　通知
　　　（2017年2月24日） ································· (4480)

四、回　　避

最高人民法院
　关于审判人员在诉讼活动中执行回避制度若干问题的规定
　　　（2011年6月10日） ································· (4481)

五、诉讼参加人

最高人民法院
　关于经商检局检验出口的商品被退回应否将商检局列为经济合同质量纠纷
　　案件当事人问题的批复
　　　（1998年6月23日） ································· (4484)

最高人民法院
　关于产品侵权案件的受害人能否以产品的商标所有人为被告提起民事诉讼
　　的批复
　　（2002年7月11日） ………………………………………………………… (4485)
最高人民法院
　关于诉讼代理人查阅民事案件材料的规定
　　（2002年11月15日） ……………………………………………………… (4485)
最高人民法院
　关于人民法院的审判人员可否担任民事案件当事人的委托代理人的批复
　　（1984年1月11日） ………………………………………………………… (4487)
最高人民法院
　关于双方不服政府对山林纠纷的处理决定向人民法院起诉应将谁列为被告
　　问题的批复
　　（1986年11月7日） ………………………………………………………… (4488)
最高人民法院
　关于审理劳动争议案件诉讼当事人问题的批复
　　（1988年10月19日） ……………………………………………………… (4488)
最高人民法院
　关于计算机软件著作权纠纷中外籍当事人应否委托中国律师代理诉讼问题
　　的答复
　　（1995年1月2日） …………………………………………………………… (4489)
最高人民法院
　关于如何确定委托贷款协议纠纷诉讼主体资格的批复
　　（1996年5月16日） ………………………………………………………… (4489)
最高人民法院
　关于失踪人的工作单位能否向人民法院申请宣告失踪人死亡的批复
　　（1986年2月18日） ………………………………………………………… (4490)
最高人民法院
　关于经鉴证的合同发生纠纷可否追加鉴证机关工商行政管理局为诉讼
　　第三人问题的批复
　　（1987年10月7日） ………………………………………………………… (4490)
最高人民法院
　关于企业开办的公司被撤销后由谁作为诉讼主体问题的批复
　　（1987年10月15日） ……………………………………………………… (4491)
最高人民法院经济审判庭
　关于人民法院通知已撤销单位的主管部门应诉后工商部门在行政干预下
　　又将已撤销的单位予以恢复应如何确定当事人问题的电话答复
　　（1987年11月30日） ……………………………………………………… (4492)

最高人民法院经济审判庭
　关于当事人及其直接主管部门均被撤销是否将主管部门的上级部门列为
　　当事人问题的电话答复
　　　（1988年12月23日） ··· (4493)
最高人民法院经济审判庭
　关于广西百色右江民族贸易开发总公司与广东顺德县上佳市镇工业供销
　　公司购销合同纠纷再审案是否追加第三人问题的电话答复
　　　（1989年12月4日） ··· (4493)
最高人民法院
　关于未成年的侵权人死亡其父母作为监护人能否成为诉讼主体问题的复函
　　　（1990年1月20日） ··· (4494)
最高人民法院
　关于国营九三四四厂诉九江市甘棠工商企业贸易经理部购销钢材合同预付
　　货款纠纷一案应将九江市农行列为当事人问题的复函
　　　（1990年5月25日） ··· (4494)
最高人民法院
　关于未被学校聘用的人员在外租赁企业其主体资格如何认定问题的复函
　　　（1990年9月3日） ·· (4495)
最高人民法院经济审判庭
　有关案件合并审理问题的电话答复
　　　（1990年9月13日） ··· (4496)
最高人民法院
　关于在经济纠纷案件审理中追加第三人的函
　　　（1991年2月8日） ·· (4496)
最高人民法院
　对张永昌合伙建房申诉案有关问题的答复
　　　（1993年1月14日） ··· (4497)
最高人民法院
　关于贵州省遵义市遵渝五金电器联营公司诉内蒙古杭锦旗商业综合批发
　　公司驻临河地方国营经营公司、内蒙古磴口县委机关劳动服务公司购销
　　电冰箱合同货款纠纷案如何确定当事人的复函
　　　（1993年7月19日） ··· (4498)
最高人民法院
　关于山东省郯城县水泥二厂诉江苏省淮阴县水泥厂购销合同货款纠纷一案
　　如何确定被告的复函
　　　（1993年12月2日） ··· (4499)

最高人民法院经济庭
  关于主管单位的上级主管部门应否作为诉讼当事人的复函
  （1993年12月28日） ……………………………………………………… (4499)
最高人民法院
  关于中外合资经营企业对外发生经济合同纠纷，控制合营企业的外方与
    卖方有利害关系，合营企业的中方应以谁的名义向人民法院起诉问题的
    复函
  （1994年11月4日） ………………………………………………………… (4500)
最高人民法院
  关于河南省高级人民法院请示中国深圳对外贸易（集团）公司与河南
    孟津县甲萘胺厂加工合同纠纷一案诉讼主体及责任承担问题的复函
  （1995年5月3日） ………………………………………………………… (4500)
最高人民法院
  关于贵州德黔矿业有限公司在与贵州湘黔矿产公司、贵州军地矿产联合
    公司不当得利一案中是否具备诉讼主体资格的函
  （1995年9月14日） ………………………………………………………… (4501)
最高人民法院
  关于领取营业执照的证券公司营业部是否具有民事诉讼主体资格的复函
  （1997年8月22日） ………………………………………………………… (4502)
最高人民法院
  关于企业法人营业执照被吊销后，其民事诉讼地位如何确定的复函
  （2000年1月29日） ………………………………………………………… (4502)
最高人民法院
  关于人民法院不宜以一方当事人公司营业执照被吊销已丧失民事诉讼主体
    资格为由，裁定驳回起诉问题的复函
  （2000年1月29日） ………………………………………………………… (4503)
最高人民法院执行工作办公室
  关于中国少年先锋队江苏省工作委员会是否具备独立法人资格问题的复函
  （2002年3月22日） ………………………………………………………… (4503)
最高人民法院
  关于金湖新村业主委员会是否具备民事诉讼主体资格请示一案的复函
  （2003年8月20日） ………………………………………………………… (4504)
最高人民法院
  关于春雨花园业主委员会是否具有民事诉讼主体资格的复函
  （2005年8月15日） ………………………………………………………… (4504)
最高人民法院办公厅
  关于案件当事人及其代理人查阅诉讼档案有关问题的复函
  （2005年9月15日） ………………………………………………………… (4505)

最高人民法院
　关于人民法院受理共同诉讼案件问题的通知
　　（2005年12月30日）………………………………………………………（4505）
最高人民法院
　关于村民小组诉讼权利如何行使的复函
　　（2006年7月14日）…………………………………………………………（4506）
最高人民法院
　关于公民诉讼代理人有关问题的答复
　　（2013年9月25日）…………………………………………………………（4506）
最高人民法院办公厅
　转发《司法部关于基层法律服务工作者诉讼代理执业区域问题的批复》的
　　通知
　　（2015年7月15日）…………………………………………………………（4507）
最高人民法院
　关于当事人工作人员担任诉讼代理人资格认定问题的请示的复函
　　（2015年11月18日）…………………………………………………………（4508）
最高人民法院
　关于中国人民银行分支机构是否具有民事诉讼主体资格问题的批复
　　（2017年6月30日）…………………………………………………………（4508）

六、证　　据

最高人民法院
　关于民事诉讼证据的若干规定
　　（2001年12月21日）…………………………………………………………（4509）
最高人民法院
　关于适用《关于民事诉讼证据的若干规定》中有关举证时限规定的通知
　　（2008年12月11日）…………………………………………………………（4519）
最高人民法院
　人民法院对外委托司法鉴定管理规定
　　（2002年3月27日）…………………………………………………………（4520）
最高人民法院
　关于未经对方当事人同意私自录制其谈话取得的资料不能作为证据使用的
　　批复
　　（1995年3月6日）……………………………………………………………（4522）
最高人民法院
　关于天津市邮政局与焦长年存单纠纷一案中如何分配举证责任问题的函复
　　（2003年11月6日）…………………………………………………………（4523）

最高人民法院　最高人民检察院　公安部　国家安全部　司法部
　关于印发《国家级司法鉴定机构遴选办法》和《国家级司法鉴定机构
　　评审标准》的通知
　　（2009年12月24日） ················(4524)
最高人民法院　最高人民检察院　公安部　国家安全部　司法部
　关于国家级司法鉴定机构遴选结果的通知
　　（2010年9月30日） ··················(4527)
最高人民法院
　关于未经我国驻外使领馆认证的域外形成的证据效力问题的请示的复函
　　（2012年6月14日） ··················(4529)
最高人民法院
　关于是否允许当事人变更法律关系性质进而变更诉讼请求以及变更的时间
　　节点问题的答复
　　（2015年6月29日） ··················(4529)

七、期间、送达

最高人民法院
　关于严格规范民商事案件延长审限和延期开庭问题的规定
　　（2018年4月25日） ··················(4530)
最高人民法院
　关于以法院专递方式邮寄送达民事诉讼文书的若干规定
　　（2004年9月17日） ··················(4531)
最高人民法院
　关于依据原告起诉时提供的被告住址无法送达应如何处理问题的批复
　　（2004年11月25日） ·················(4533)
最高人民法院
　关于对因妨害民事诉讼被罚款拘留的人不服决定申请复议的期间如何确定
　　问题的批复
　　（1993年2月23日） ··················(4533)
最高人民法院
　关于浙江省东阳市塑料工业公司与美国机械有限公司大卫标准公司产品
　　质量纠纷一案一审判决书送达是否有效的复函
　　（2003年6月25日） ··················(4534)
最高人民法院
　实施《关于以法院专递方式邮寄送达民事诉讼文书的若干规定》的通知
　　（2004年11月8日） ··················(4534)

最高人民法院
　关于涉外商事海事案件中法律文书外交送达费用人民币1000元以上的性质
　　应如何认定的请示的复函
　　　（2005年6月6日）……………………………………………………………（4537）
最高人民法院
　印发《关于进一步加强民事送达工作的若干意见》的通知
　　　（2017年7月19日）…………………………………………………………（4538）

八、调　　解

最高人民法院
　关于审理涉及人民调解协议的民事案件的若干规定
　　　（2002年9月16日）……………………………………………………………（4541）
最高人民法院
　关于人民法院民事调解工作若干问题的规定
　　　（2004年9月16日）……………………………………………………………（4543）
最高人民法院
　关于人民调解协议司法确认程序的若干规定
　　　（2011年3月23日）……………………………………………………………（4545）
最高人民法院
　关于人民法院特邀调解的规定
　　　（2016年6月28日）……………………………………………………………（4547）
最高人民法院　司法部
　关于进一步加强新形势下人民调解工作的意见
　　　（2007年8月23日）……………………………………………………………（4551）
最高人民法院
　关于认真学习和贯彻《中华人民共和国人民调解法》的通知
　　　（2010年11月8日）……………………………………………………………（4554）
司法部　中央综治办　最高人民法院　民政部
　关于推进行业性专业性人民调解工作的指导意见
　　　（2016年1月5日）……………………………………………………………（4556）
最高人民法院办公厅
　关于在部分法院开展在线调解平台建设试点工作的通知
　　　（2016年12月1日）……………………………………………………………（4560）
最高人民法院　司法部
　关于开展律师调解试点工作的意见
　　　（2017年9月30日）……………………………………………………………（4561）

九、保全和先予执行

最高人民法院
关于人民法院办理财产保全案件若干问题的规定
（2016年11月7日） ································· (4566)

最高人民法院
关于人民法院能否对信用证开证保证金采取冻结和扣划措施问题的规定
（1997年9月3日） ································· (4570)

最高人民法院
关于如何理解《关于适用〈中华人民共和国民事诉讼法〉若干问题的意见》
第31条第2款的批复
（1998年4月17日） ································· (4571)

最高人民法院
关于对案外人的财产能否进行保全问题的批复
（1998年5月19日） ································· (4572)

最高人民法院
关于人民法院发现本院作出的诉前保全裁定和在执行程序中作出的裁定确
有错误以及人民检察院对人民法院作出的诉前保全裁定提出抗诉人民
法院应当如何处理的批复
（1998年7月30日） ································· (4573)

最高人民法院
关于诉前财产保全几个问题的批复
（1998年11月27日） ································· (4574)

最高人民法院
关于人民法院对注册商标权进行财产保全的解释
（2001年1月2日） ································· (4574)

最高人民法院
关于冻结、拍卖上市公司国有股和社会法人股若干问题的规定
（2001年9月21日） ································· (4575)

最高人民法院
关于当事人申请财产保全错误造成案外人损失应否承担赔偿责任问题的
解释
（2005年8月15日） ································· (4577)

最高人民法院
关于银行擅自划拨法院已冻结的款项如何处理问题的函
（1989年3月26日） ································· (4578)

最高人民法院
关于在实体处理合同纠纷案件以前可以依法裁定终止合同履行的复函
（1991年6月7日） ·· (4578)

最高人民法院经济审判庭
关于广东省江门市富田农工商经理部诉海南省海南宁赣贸易公司购销合同
一案中法院可否冻结银行承兑汇票问题的复函
（1992年3月24日） ··· (4579)

最高人民法院
关于黎川县人民法院对江苏省宜兴市堰头工业联合公司采取诉前财产保全
措施执行情况报告的有关问题的复函
（1992年12月4日） ·· (4579)

最高人民法院
关于经济犯罪案件已移送公安机关后原来采取的查封措施应予解除的函
（1993年6月23日） ··· (4580)

最高人民法院
关于在审理经济合同纠纷案件中发现一方当事人利用签订经济合同进行
诈骗的，人民法院可否直接追缴被骗钱物问题的复函
（1994年3月26日） ·· (4581)

最高人民法院
关于冻结单位银行存款六个月期限如何计算起止时间的复函
（1995年1月16日） ·· (4581)

最高人民法院
关于湖北省国际信托投资公司证券营业部申请解除四川省高级人民法院
财产保全措施问题的通知
（1995年7月5日） ·· (4582)

最高人民法院
关于人民法院依法有权查询、冻结和扣划邮政储蓄存款问题的批复
（1996年2月29日） ·· (4582)

最高人民法院
关于税务机关是否有义务协助人民法院直接划拨退税款问题的批复
（1996年7月21日） ·· (4583)

最高人民法院
印发《关于人民法院扣押铁路运输货物若干问题的规定》的通知
（1997年4月22日） ·· (4583)

最高人民法院
关于产业工会、基层工会是否具备社团法人资格和工会经费集中户可否
冻结划拨问题的批复
（1997年5月16日） ·· (4585)

最高人民法院民事审判第三庭
　　对国家知识产权局《关于征求对协助执行专利申请权财产保全裁定的意见
　　　的函》的答复意见
　　（2001年10月25日） ································· (4586)
最高人民法院民事审判第三庭
　　关于对注册商标专用权进行财产保全和执行等问题的复函
　　（2002年1月9日） ···································· (4587)
最高人民法院
　　关于对大连证券有限责任公司自有资金专用存款账户资金采取诉讼保全
　　　措施或者执行措施有关问题的通知
　　（2003年1月27日） ·································· (4588)
最高人民法院
　　关于洪胜有限公司申请解除仲裁财产保全一案的请示的复函
　　（2004年10月22日） ································· (4589)
最高人民法院
　　关于部分人民法院冻结、扣划被风险处置证券公司客户证券交易结算资金
　　　有关问题的通知
　　（2010年6月22日） ·································· (4590)
最高人民法院
　　关于股权冻结情况下能否办理增资扩股变更登记的答复
　　（2013年11月14日） ································· (4591)
最高人民法院
　　《关于银行贷款账户能否冻结的请示报告》的批复
　　（2014年4月2日） ···································· (4591)

十、对妨害民事诉讼的强制措施

最高人民法院
　　关于工商行政管理局以收取查询费为由拒绝人民法院无偿查询企业登记
　　　档案人民法院是否应予民事制裁的复函
　　（2000年6月29日） ·································· (4593)

十一、诉讼费用

最高人民法院
　　关于本院各类案件诉讼费收交办法
　　（2003年8月27日） ·································· (4595)

最高人民法院
  关于委托高级人民法院向当事人送达预交上诉案件受理费等有关事项的
    通知
    （2004年10月25日）···（4596）
最高人民法院
  关于适用《诉讼费用交纳办法》的通知
    （2007年4月20日）···（4597）
最高人民法院
  印发《关于诉讼收费监督管理的规定》的通知
    （2007年9月20日）···（4598）

十二、第一审普通程序

最高人民法院
  关于印发《第一审经济纠纷案件适用普通程序开庭审理的若干规定》的
    通知
    （1993年11月16日）···（4601）
最高人民法院
  关于第一审离婚判决生效后应出具证明书的通知
    （1991年10月24日）···（4605）

十三、简易程序、小额速裁程序

最高人民法院
  关于适用简易程序审理民事案件的若干规定
    （2003年9月10日）···（4607）
最高人民法院
  关于印发《经济纠纷案件适用简易程序开庭审理的若干规定》的通知
    （1993年11月16日）···（4612）
最高人民法院
  印发《关于部分基层人民法院开展小额速裁试点工作的指导意见》的通知
    （2011年3月17日）···（4614）
最高人民法院
  关于印发《最高人民法院关于民商事案件繁简分流和调解速裁操作
    规程（试行）》的通知
    （2017年5月8日）···（4617）

十四、公益诉讼

最高人民法院
　关于审理环境民事公益诉讼案件适用法律若干问题的解释
　　（2015年1月6日）··(4621)
最高人民法院
　关于审理消费民事公益诉讼案件适用法律若干问题的解释
　　（2016年4月24日）··(4625)
最高人民法院　最高人民检察院
　关于检察公益诉讼案件适用法律若干问题的解释
　　（2018年3月1日）···(4627)
最高人民法院　民政部　环境保护部
　关于贯彻实施环境民事公益诉讼制度的通知
　　（2014年12月26日）··(4630)
最高人民法院
　关于印发《人民法院审理人民检察院提起公益诉讼案件试点工作实施办法》
　　的通知
　　（2016年2月25日）···(4631)
最高人民法院
　关于贯彻《中华人民共和国民事诉讼法》《中华人民共和国行政诉讼法》
　　做好检察机关公益诉讼案件审判工作的通知
　　（2017年7月18日）···(4634)

十五、第二审程序

最高人民法院
　关于第二审人民法院因追加、更换当事人发回重审的民事裁定书上，应
　　如何列当事人问题的批复
　　（1990年4月14日）··(4636)
最高人民法院
　关于第二审人民法院在审理过程中可否对当事人的违法行为径行制裁等
　　问题的批复
　　（1990年7月25日）··(4636)
最高人民法院
　关于原审法院确认合同效力有错误而上诉人未对合同效力提出异议的案件
　　第二审法院可否变更问题的复函
　　（1991年8月14日）··(4637)

最高人民法院
　　关于原告诉讼请求的根据在第二审期间被人民政府撤销的案件第二审法院
　　　　如何处理问题的复函
　　　　（1991年10月24日） ··· (4637)
最高人民法院
　　关于第二审人民法院发现原审人民法院已生效的民事制裁决定确有错误应
　　　　如何纠正问题的复函
　　　　（1994年11月21日） ··· (4638)
最高人民法院
　　关于美籍华人要求向中国法院上诉可否准许问题的函
　　　　（1983年2月11日） ··· (4638)
最高人民法院经济审判庭
　　关于不服一审判决上诉的案件二审人民法院可否作出裁定驳回起诉处理
　　　　问题的电话答复
　　　　（1987年11月2日） ··· (4639)
最高人民法院
　　关于人民法院在再审程序中应当如何处理当事人撤回原抗诉申请问题的
　　　　复函
　　　　（2004年4月20日） ··· (4639)

十六、特别程序

最高人民法院
　　关于人身安全保护令案件相关程序问题的批复
　　　　（2016年7月11日） ··· (4640)
最高人民法院研究室
　　关于四川汶川特大地震发生后人民法院受理宣告失踪、死亡案件应如何
　　　　适用法律问题的答复
　　　　（2008年6月5日） ··· (4641)

十七、审判监督程序

最高人民法院
　　关于适用《中华人民共和国民事诉讼法》审判监督程序若干问题的解释
　　　　（2008年11月25日） ··· (4642)
最高人民法院
　　关于人民法院对民事案件发回重审和指令再审有关问题的规定
　　　　（2002年7月31日） ··· (4647)

最高人民法院
 关于第二审法院裁定按自动撤回上诉处理的案件第一审法院能否再审问题
  的批复
  （1998年8月10日）   （4648）

最高人民法院
 关于人民法院不予受理人民检察院单独就诉讼费负担裁定提出抗诉问题的
  批复
  （1998年8月31日）   （4648）

最高人民法院
 关于民事损害赔偿案件当事人的再审申请超出原审诉讼请求人民法院是否
  应当再审问题的批复
  （2002年7月18日）   （4649）

最高人民法院
 关于当事人对按自动撤回上诉处理的裁定不服申请再审人民法院应如何
  处理问题的批复
  （2002年7月19日）   （4649）

最高人民法院
 关于判决生效后当事人将判决确认的债权转让债权受让人对该判决不服
  提出再审申请人民法院是否受理问题的批复
  （2011年1月7日）   （4650）

最高人民法院
 关于民事审判监督程序严格依法适用指令再审和发回重审若干问题的规定
  （2015年2月16日）   （4650）

最高人民法院
 关于辛伟克与张晓杰抚养子女纠纷案可否进行再审的复函
  （1992年1月24日）   （4652）

最高人民法院
 关于民事调解书确有错误当事人没有申请再审的案件人民法院可否再审
  问题的批复
  （1993年3月8日）   （4653）

最高人民法院
 关于人民检察院提出抗诉按照审判监督程序再审维持原裁判的民事、经济、
  行政案件，人民检察院再次提出抗诉应否受理的问题批复
  （1995年10月6日）   （4653）

最高人民法院
 关于李丽云与丁克义离婚一案可否进行再审的复函
  （1992年6月8日）   （4654）

最高人民法院研究室
　　关于第二审法院裁定按自动撤回上诉处理的案件，二审裁定确有错误，
　　　　如何适用程序问题的答复
　　　　（2000年5月29日） ··· (4654)
最高人民法院研究室
　　关于人民法院可否驳回人民检察院就民事案件提出的抗诉问题的答复
　　　　（2001年4月20日） ··· (4655)
最高人民法院
　　对山东省高级人民法院关于《人民检察院对人民法院再审裁定终结诉讼的
　　　　案件能否提出抗诉的请示》的复函
　　　　（2003年5月15日） ··· (4655)
最高人民法院
　　关于下级法院撤销仲裁裁决后又以院长监督程序提起再审应如何处理问题
　　　　的复函
　　　　（2004年8月27日） ··· (4656)
最高人民法院
　　关于裁定准许撤回上诉后，第二审人民法院的同级人民检察院能否对一审
　　　　判决提出抗诉问题的复函
　　　　（2004年12月22日） ··· (4656)
最高人民法院
　　关于统一再审立案阶段和再审审理阶段民事案件编号的通知
　　　　（2008年4月7日） ··· (4657)
最高人民法院
　　关于印发《民事审判监督程序裁判文书样式（试行）》的通知
　　　　（2008年12月8日） ··· (4658)
最高人民法院研究室
　　关于上级人民检察院向同级人民法院撤回抗诉后又决定支持抗诉的效力
　　　　问题的答复
　　　　（2009年12月23日） ··· (4661)
最高人民法院
　　关于印发《第一次全国民事再审审查工作会议纪要》的通知
　　　　（2011年4月21日） ··· (4662)
最高人民法院办公厅
　　关于印发修改后的《民事申请再审案件诉讼文书样式》的通知
　　　　（2012年12月24日） ··· (4667)

最高人民法院
　印发《关于建立最高人民法院发回重审、指令再审案件信息反馈机制的
　　工作意见》的通知
　　（2011年11月30日） ··· （4671）
最高人民法院审判监督庭　最高人民检察院民事行政检察厅
　关于印发《最高人民法院审判监督庭、最高人民检察院民事行政检察厅
　　关于办理民事诉讼检察监督案件若干问题的会议纪要》的通知
　　（2016年9月1日） ··· （4672）
最高人民法院办公厅
　关于印发修订后的《最高人民法院民事案件当事人申请再审指南》的通知
　　（2017年1月16日） ··· （4674）
最高人民法院
　关于加强民事指令再审、再审发回重审案件审理工作沟通衔接和跟踪监督
　　的通知
　　（2017年4月17日） ··· （4678）

十八、督促程序

最高人民法院
　关于适用督促程序若干问题的规定
　　（2001年1月8日） ··· （4680）
最高人民法院
　关于中级人民法院能否适用督促程序的复函
　　（1993年11月9日） ··· （4681）
最高人民法院
　关于支付令生效后发现确有错误应当如何处理问题的复函
　　（1992年7月13日） ··· （4682）

十九、公示催告程序

最高人民法院
　关于对遗失金融债券可否按"公示催告"程序办理的复函
　　（1992年5月8日） ··· （4683）
最高人民法院
　关于人民法院发布公示催告程序中公告有关问题的通知
　　（2016年4月11日） ··· （4684）

二十、执行程序

最高人民法院
  关于适用《中华人民共和国民事诉讼法》执行程序若干问题的解释
    （2008年11月3日） .... (4685)
最高人民法院
  关于对被执行人存在银行的凭证式国库券可否采取执行措施问题的批复
    （1998年2月10日） .... (4689)
最高人民法院
  关于人民法院执行工作若干问题的规定（试行）
    （1998年7月8日） .... (4690)
最高人民法院
  关于如何处理人民检察院提出的暂缓执行建议问题的批复
    （2000年7月10日） .... (4703)
最高人民法院
  关于人民法院民事执行中查封、扣押、冻结财产的规定
    （2004年11月4日） .... (4703)
最高人民法院
  关于人民法院民事执行中拍卖、变卖财产的规定
    （2004年11月15日） .... (4708)
最高人民法院
  关于人民法院执行设定抵押的房屋的规定
    （2005年12月14日） .... (4712)
最高人民法院
  关于在执行工作中如何计算迟延履行期间的债务利息等问题的批复
    （2009年5月11日） .... (4713)
最高人民法院
  关于人民法院委托评估、拍卖和变卖工作的若干规定
    （2009年11月12日） .... (4714)
最高人民法院
  关于委托执行若干问题的规定
    （2011年5月3日） .... (4715)
最高人民法院
  关于人民法院委托评估、拍卖工作的若干规定
    （2011年9月7日） .... (4717)

最高人民法院
 关于实施最高人民法院《关于人民法院委托评估、拍卖工作的若干规定》
  有关问题的通知
   （2012年2月6日）……………………………………………………（4719）
最高人民法院
 关于网络查询、冻结被执行人存款的规定
  （2013年8月29日）……………………………………………………（4720）
最高人民法院
 关于执行程序中计算迟延履行期间的债务利息适用法律若干问题的解释
  （2014年7月7日）………………………………………………………（4721）
最高人民法院
 关于人民法院办理执行异议和复议案件若干问题的规定
  （2015年5月5日）………………………………………………………（4723）
最高人民法院
 关于修改《最高人民法院关于限制被执行人高消费的若干规定》的决定
  （2015年7月20日）……………………………………………………（4728）
最高人民法院
 关于对人民法院终结执行行为提出执行异议期限问题的批复
  （2016年2月14日）……………………………………………………（4731）
最高人民法院
 关于首先查封法院与优先债权执行法院处分查封财产有关问题的批复
  （2016年4月12日）……………………………………………………（4732）
最高人民法院
 关于人民法院网络司法拍卖若干问题的规定
  （2016年8月2日）………………………………………………………（4735）
最高人民法院
 关于认真学习贯彻适用《最高人民法院关于人民法院网络司法拍卖若干
  问题的规定》的通知
  （2016年12月12日）…………………………………………………（4740）
最高人民法院
 关于民事执行中变更、追加当事人若干问题的规定
  （2016年11月7日）……………………………………………………（4742）
最高人民法院
 关于修改《最高人民法院关于公布失信被执行人名单信息的若干规定》的
  决定
  （2017年2月28日）……………………………………………………（4746）

最高人民法院
　关于民事执行中财产调查若干问题的规定
　　（2017年2月28日） ……………………………………………………（4751）
最高人民法院
　关于人民法院办理仲裁裁决执行案件若干问题的规定
　　（2018年2月23日） ……………………………………………………（4754）
最高人民法院
　关于执行担保若干问题的规定
　　（2018年2月22日） ……………………………………………………（4758）
最高人民法院
　关于执行和解若干问题的规定
　　（2018年2月23日） ……………………………………………………（4760）
最高人民法院
　关于审判监督程序中，上级人民法院对下级人民法院已经发生法律效力
　　的判决、裁定，何时裁定中止执行和中止执行的裁定由谁署名问题的
　　批复
　　（1985年7月9日） ……………………………………………………（4762）
最高人民法院
　关于人民法院发现已经受理的申请执行仲裁裁决或不服仲裁裁决而起诉的
　　案件不属本院管辖应如何处理问题的批复
　　（1988年1月13日） ……………………………………………………（4763）
最高人民法院经济审判庭
　关于银行不根据法院通知私自提取人民法院冻结在银行的存款应如何处理
　　问题的电话答复
　　（1988年3月8日） ……………………………………………………（4763）
最高人民法院
　关于季素梅、张勇诉泰兴县人民医院（第三人马兆霞、生炳林）确认血亲
　　关系一案执行问题的电话答复
　　（1989年3月21日） ……………………………………………………（4764）
最高人民法院
　关于由省级人民政府确定单独编制城市规划的矿区行政管理部门有权对
　　拆迁纠纷作出处理决定并可向人民法院申请强制执行的复函
　　（1989年7月4日） ……………………………………………………（4764）
最高人民法院
　关于对民事诉讼法（试行）施行前已经申请执行而至今尚未执行的案件
　　是否应予执行的函
　　（1989年8月15日） ……………………………………………………（4765）

最高人民法院
　关于上海市嘉定县法院的裁定遭行政干预执行继续受阻如何处理问题的
　　复函
　　（1989年11月4日） ·· (4765)
最高人民法院
　关于军队单位作为经济纠纷案件的当事人可否对其银行账户上的存款采取
　　诉讼保全和军队费用能否强行划拨偿还债务问题的批复
　　（1990年10月9日） ·· (4766)
最高人民法院经济审判庭
　关于经人民法院裁定查封的财产检察院能否就同一财产重复扣押及检察院
　　能否以民事服从刑事为由阻止法院对已结经济纠纷案件向已被捕的
　　当事人进行宣判送达问题的电话答复
　　（1990年10月29日） ··· (4767)
最高人民法院经济审判庭
　关于在执行程序中被执行人资不抵债人民法院能否直接裁定被执行人的
　　申报单位对被执行人的债务承担连带责任问题的电话答复
　　（1990年12月31日） ··· (4768)
最高人民法院
　关于企业法人无力偿还债务时可否执行其分支机构财产问题的复函
　　（1991年4月2日） ··· (4768)
最高人民法院
　关于中国农业银行南京信托投资公司就深圳市上埗区法院划拨其银行存款
　　申诉一案有关问题的复函
　　（1991年4月21日） ·· (4769)
最高人民法院
　关于能否扣划被执行单位投资开办的企业法人的资金偿还被执行单位债务
　　问题的复函
　　（1991年4月29日） ·· (4769)
最高人民法院经济审判庭
　关于信用合作社责任财产范围问题的答复
　　（1991年6月17日） ·· (4770)
最高人民法院经济审判庭
　关于松花江地区中院和双城市法院在云南省昆明市执行受阻有关问题的
　　复函
　　（1991年8月7日） ··· (4771)
最高人民法院经济审判庭
　对上饶市人民法院关于依法拘留郭琳的情况报告的有关问题的复函
　　（1992年1月7日） ··· (4772)

· 37 ·

最高人民法院
　关于案外人对执行标的提出异议问题的复函
　　（1992年5月5日） …………………………………………………………（4773）
最高人民法院经济审判庭
　关于生效判决的连带责任人代偿债务后应以何种诉讼程序向债务人追偿
　　问题的复函
　　（1992年7月29日） ………………………………………………………（4773）
最高人民法院
　关于在执行经济纠纷案件中严禁违法拘留人的通知
　　（1992年8月29日） ………………………………………………………（4774）
最高人民法院
　关于被执行人以其全部资产作股本与外方成立合资企业的应当如何执行
　　问题的函
　　（1992年9月7日） …………………………………………………………（4775）
最高人民法院经济审判庭
　关于大庆市中级人民法院、望奎县人民法院对大同市中级人民法院已经
　　实施冻结的银行存款及扣押的财产擅自扣划启封问题的复函
　　（1992年11月4日） ………………………………………………………（4775）
最高人民法院
　关于李谷一诉《声屏周报》社、记者汤生午侵害名誉权案执行问题请示的
　　复函
　　（1993年1月8日） …………………………………………………………（4776）
最高人民法院
　关于河南省西华县艾岗粮管所申请执行河南省西平县人民政府、西平县
　　城乡建设环境保护局一案如何执行问题的复函
　　（1993年3月9日） …………………………………………………………（4777）
最高人民法院经济审判庭
　关于南宁市军分区拒不执行〔1990〕新中法经判字第12号判决问题的复函
　　（1993年3月11日） ………………………………………………………（4777）
最高人民法院经济审判庭
　关于可否执行当事人邮政储蓄存款的复函
　　（1993年3月19日） ………………………………………………………（4778）
最高人民法院经济审判庭
　关于对国营新疆五五农工商联合企业公司驻兰州办事处执行问题的函
　　（1993年3月19日） ………………………………………………………（4778）
最高人民法院
　关于法院扣押的财产被转卖应否追索问题的复函
　　（1993年8月16日） ………………………………………………………（4779）

最高人民法院
关于人民法院相互办理委托事项的规定
(1993年9月25日) ··· (4780)
最高人民法院研究室
关于对有义务协助执行单位拒不协助予以罚款后又拒不执行应如何处理
问题的答复
(1993年9月27日) ··· (4782)
最高人民法院
关于坚决纠正和制止以扣押人质方式解决经济纠纷的通知
(1994年10月28日) ·· (4783)
最高人民法院执行工作办公室
法经〔1995〕118号函
(1995年4月18日) ··· (4784)
最高人民法院
关于对执行程序中的裁定的抗诉不予受理的批复
(1995年8月10日) ··· (4785)
最高人民法院
关于认真贯彻仲裁法依法执行仲裁裁决的通知
(1995年10月4日) ··· (4785)
最高人民法院
关于中银信托投资公司作为被执行人的案件应中止执行问题的通知
(1995年12月21日) ·· (4786)
最高人民法院
关于判决中已确定承担连带责任的一方向其他连带责任人追偿数额的可
直接执行问题的复函
(1996年3月20日) ··· (4787)
最高人民法院
关于山西省太原市中级人民法院执行深圳市罗湖对外经济发展公司房产
问题的复函
(1996年5月26日) ··· (4787)
最高人民法院
关于当事人因对不予执行仲裁裁决的裁定不服而申请再审人民法院不予
受理的批复
(1996年6月26日) ··· (4788)
最高人民法院
关于对企业住房基金执行问题的复函
(1996年7月9日) ··· (4788)

最高人民法院
关于劳动争议仲裁委员会的复议仲裁决定书可否作为执行依据问题的批复
（1996年7月21日） ·· （4789）
最高人民法院
关于中国人民保险公司营口市支公司的债务可否由中国人民保险公司承担的函
（1996年8月19日） ·· （4789）
最高人民法院
关于必须严格控制对被执行人采取拘捕措施的通知
（1996年10月9日） ·· （4790）
最高人民法院执行工作办公室
关于不合法的"强制执行公证书"不能作为执行依据问题的函
（1996年12月10日） ··· （4791）
最高人民法院
关于法院冻结财产的户名与账号不符银行能否自行解冻的请示的答复
（1997年1月20日） ·· （4791）
最高人民法院
关于民事诉讼委托代理人在执行程序中的代理权限问题的批复
（1997年1月23日） ·· （4792）
最高人民法院执行工作办公室
关于企业职工建房集资款不属企业所得问题的函
（1997年1月27日） ·· （4792）
最高人民法院执行工作办公室
关于第三债务人异议问题的函
（1997年3月4日） ··· （4793）
最高人民法院
关于转卖人民法院查封房屋行为无效问题的复函
（1997年4月7日） ··· （4793）
最高人民法院执行工作办公室
关于能否委托军事法院执行的复函
（1997年5月9日） ··· （4794）
最高人民法院执行工作办公室
关于适用民事诉讼法若干问题的意见第三百条问题的函
（1997年5月13日） ·· （4795）
最高人民法院
关于对粮棉油政策性收购资金是否可以采取财产保全措施问题的复函
（1997年8月14日） ·· （4796）

最高人民法院
　关于股民保证金不宜作为证券公司财产执行的函
　　（1997年9月5日）……………………………………………………（4796）
最高人民法院执行工作办公室
　关于股民保证金属于股民所有问题的函
　　（1997年9月10日）…………………………………………………（4797）
最高人民法院
　关于冻结、划拨证券或期货交易所、证券登记结算机构、证券经营或期货
　　经纪机构清算账户资金等问题的通知
　　（1997年12月2日）…………………………………………………（4798）
最高人民法院执行工作办公室
　关于执行程序中可否以注册资金未达法定数额为由裁定企业不具备法人
　　资格问题的函
　　（1997年12月16日）…………………………………………………（4799）
最高人民法院
　关于处理案外人异议问题的函
　　（1998年1月4日）……………………………………………………（4800）
最高人民法院
　关于继续中止执行涉及"辽国发"经济纠纷案件生效法律文书等问题的
　　通知
　　（1998年2月24日）…………………………………………………（4801）
最高人民法院
　关于贯彻最高人民法院法发〔1997〕27号通知应注意的几个问题的紧急
　　通知
　　（1998年7月22日）…………………………………………………（4801）
最高人民法院
　关于在执行工作中正确处置暴力抗法事件的紧急通知
　　（1998年8月3日）……………………………………………………（4802）
最高人民法院
　关于对中外合资企业股份执行问题的复函
　　（1998年8月26日）…………………………………………………（4803）
最高人民法院
　关于未被续聘的仲裁员在原参加审理的案件裁决书上签名人民法院应当
　　执行该仲裁裁决书的批复
　　（1998年8月31日）…………………………………………………（4804）

最高人民法院
 关于国防科工委司令部管理局对深圳市中级人民法院执行深圳南丰工贸
  公司提出异议案的复函
  （1998年11月12日） ·· (4804)
最高人民法院
 关于不得对中国人民银行及其分支机构的办公楼、运钞车、营业场所等
  进行查封的通知
  （1999年3月4日） ·· (4805)
最高人民法院执行工作办公室
 关于如何处理因当事人达成和解协议致使逾期申请执行问题的复函
  （1999年4月21日） ·· (4806)
最高人民法院执行工作办公室
 关于人身可否强制执行问题的复函
  （1999年10月15日） ·· (4807)
最高人民法院
 关于人民法院查封的财产被转卖是否保护善意取得人利益问题的复函
  （1999年11月17日） ·· (4807)
最高人民法院
 关于严禁冻结或划拨国有企业下岗职工基本生活保障资金的通知
  （1999年11月24日） ·· (4808)
最高人民法院
 关于执行《封闭贷款管理暂行办法》和《外经贸企业封闭贷款管理暂行
  办法》中应注意的几个问题的通知
  （2000年1月10日） ·· (4808)
最高人民法院
 关于高级人民法院统一管理执行工作若干问题的规定
  （2000年1月14日） ·· (4809)
最高人民法院
 关于在审理和执行民事、经济纠纷案件时不得查封、冻结和扣划社会保险
  基金的通知
  （2000年2月18日） ·· (4811)
最高人民法院
 关于审理和执行涉外民商事案件应当注意的几个问题的通知
  （2000年4月17日） ·· (4811)
最高人民法院执行工作办公室
 关于人民法院能否提取投保人在保险公司所投的第三人责任险应得的保险
  赔偿款问题的复函
  （2000年7月13日） ·· (4813)

最高人民法院　司法部
　　关于公证机关赋予强制执行效力的债权文书执行有关问题的联合通知
　　　　（2000年9月1日） ································· (4813)
最高人民法院　中国人民银行
　　关于依法规范人民法院执行和金融机构协助执行的通知
　　　　（2000年9月4日） ································· (4815)
最高人民法院
　　就新疆高院《关于执行我院〔1999〕新经初字第10号民事判决书而义务
　　　协助单位持不同意见要求协调的报告》的复函
　　　　（2000年9月4日） ································· (4817)
最高人民法院
　　关于石狮德辉开发建设有限公司对江苏省高级人民法院执行异议案的复函
　　　　（2000年9月22日） ································ (4818)
最高人民法院
　　关于对粮棉油政策性收购资金形成的粮棉油不宜采取财产保全措施和执行
　　　措施的通知
　　　　（2000年11月16日） ······························· (4819)
最高人民法院执行工作办公室
　　关于执行案件中车辆登记单位与实际出资购买人不一致应如何处理问题的
　　　复函
　　　　（2000年11月21日） ······························· (4819)
最高人民法院执行工作办公室
　　关于判决交付的特定物灭失后如何折价问题的复函
　　　　（2000年12月25日） ······························· (4820)
最高人民法院执行工作办公室
　　关于异议人深圳市天华电力投资有限公司申诉案的复函
　　　　（2000年12月27日） ······························· (4821)
最高人民法院执行工作办公室
　　关于已执行完毕的案件被执行人又恢复到执行前的状况应如何处理问题的
　　　复函
　　　　（2001年1月2日） ································· (4822)
最高人民法院
　　关于执行旅行社质量保证金问题的通知
　　　　（2001年1月8日） ································· (4822)
最高人民法院
　　关于海南美虹集团公司申请对仲裁裁决不予执行案的复函
　　　　（2001年3月6日） ································· (4823)

最高人民法院执行工作办公室
　　关于中国重型汽车集团公司股权执行案的复函
　　　　（2001年4月13日） ·· （4824）
最高人民法院执行工作办公室
　　对甘肃高院《关于能否强制执行金昌市东区管委会有关财产的请示》的
　　　　复函
　　　　（2001年4月19日） ·· （4825）
最高人民法院
　　关于湖南省高级人民法院与北京市高级人民法院执行中国机电总公司
　　　　协调案的复函
　　　　（2001年6月18日） ·· （4825）
最高人民法院
　　关于北京华油石油公司申请执行辽宁营口华油实业公司对第三人沈阳龙源
　　　　石油化工有限公司到期债权案的复函
　　　　（2001年6月19日） ·· （4826）
最高人民法院
　　关于严格执行对证券或者期货交易机构的账号资金采取诉讼保全或者执行
　　　　措施规定的通知
　　　　（2001年7月17日） ·· （4827）
最高人民法院
　　关于深圳市华旅汽车运输公司出租车牌照持有人对深圳市中级人民法院
　　　　执行异议案的复函
　　　　（2001年10月30日） ··· （4828）
最高人民法院
　　关于上海市第一中级人民法院驳回上海久事大厦置业有限公司、上海久茂
　　　　对外贸易公司不予执行仲裁裁决申请案的复函
　　　　（2001年11月20日） ··· （4829）
最高人民法院执行工作办公室
　　关于深圳金安集团公司和深圳市鹏金安实业发展有限公司执行申诉案的
　　　　复函
　　　　（2001年11月23日） ··· （4830）
最高人民法院执行工作办公室
　　关于案外人李福胜异议一案的复函
　　　　（2001年11月26日） ··· （4831）
最高人民法院
　　关于人民法院在强制执行程序中处分被执行人国有资产适用法律问题的
　　　　请示报告的复函
　　　　（2001年12月27日） ··· （4832）

最高人民法院执行工作办公室
  关于中奥(珠海)塑料包装有限公司执行申诉一案的复函
    (2002年1月17日) ……………………………………………………………………… (4832)
最高人民法院执行工作办公室
  关于四川石油管理局勘察设计研究院与成都广视房地产开发公司拆迁安置
    合同纠纷一案的复函
    (2002年1月20日) ……………………………………………………………………… (4833)
最高人民法院研究室
  关于执行程序中能否扣划离退休人员离休金退休金清偿其债务问题的答复
    (2002年1月30日) ……………………………………………………………………… (4834)
最高人民法院
  关于阳江波士发时装厂对广州市中级人民法院执行异议案的复函
    (2002年3月6日) ………………………………………………………………………… (4834)
最高人民法院
  关于深圳市广夏文化实业总公司、宁夏伊斯兰国际信托投资公司、深圳
    兴庆电子公司与密苏尔有限公司仲裁裁决不予执行案的复函
    (2002年4月20日) ……………………………………………………………………… (4835)
最高人民法院
  关于仲裁协议无效是否可以裁定不予执行的处理意见
    (2002年6月20日) ……………………………………………………………………… (4837)
最高人民法院执行工作办公室
  关于石油工业出版社申请执行回转一案的复函
    (2002年9月12日) ……………………………………………………………………… (4838)
最高人民法院
  印发《关于正确适用暂缓执行措施若干问题的规定》的通知
    (2002年9月28日) ……………………………………………………………………… (4839)
最高人民法院
  关于广东省高级人民法院、湖南省岳阳市中级人民法院就执行深圳市
    "洪湖大厦"发生争议案的复函
    (2002年10月8日) ……………………………………………………………………… (4841)
最高人民法院执行工作办公室
  关于河北省安平县法院与江苏省张家港市法院执行争议案的处理意见
    (2002年11月11日) ……………………………………………………………………… (4842)
最高人民法院
  关于中国工商银行运城市分行广场分理处与中国建设银行太原市分行承兑
    汇票纠纷执行争议案的复函
    (2002年11月19日) ……………………………………………………………………… (4843)

最高人民法院
关于湖北安陆市政府反映河南焦作中院"错误裁定"、"错误执行"案及
河南高院反映焦作中院在执行安陆市政府时遭到暴力抗法案的复函
（2002年12月25日） ································(4844)

最高人民法院执行工作办公室
关于中国工商银行西安市东新街支行对陕西省高级人民法院强制执行
2000万元提出异议一案的处理意见
（2003年5月13日） ································(4845)

最高人民法院执行工作办公室
关于被执行企业产权转让其上级主管部门应否承担责任问题的复函
（2003年6月2日） ································(4847)

最高人民法院执行工作办公室
关于恢复执行北京正合坊企划有限公司诉北京万通股份有限公司、北京
星辰投资咨询公司房产中介合同的报告
（2003年6月5日） ································(4848)

最高人民法院执行工作办公室
关于河北省工商联、河北省总商会申诉案的复函
（2003年6月6日） ································(4849)

最高人民法院执行工作办公室
关于攀枝花市国债服务部与重庆市涪陵财政国债服务部证券回购纠纷执行
请示案的复函
（2003年6月9日） ································(4850)

最高人民法院执行工作办公室
关于对案外人未协助法院冻结债权应如何处理问题的复函
（2003年6月14日） ································(4850)

最高人民法院执行工作办公室
关于广东省高级人民法院请示的交通银行汕头分行与汕头经济特区龙湖
乐园发展有限公司申请不予执行仲裁裁决案的复函
（2003年7月30日） ································(4851)

最高人民法院执行工作办公室
关于股份有限公司转让其正在被执行的独资开办的企业能否追加该股份
有限公司为被执行人问题的复函
（2003年7月30日） ································(4852)

最高人民法院执行工作办公室
关于澳门大明集团有限公司与广州市东建实业总公司合作开发房地产纠纷
仲裁裁决执行案的复函
（2003年8月5日） ································(4853)

最高人民法院执行工作办公室
  关于中国银行海南省分行质押股权异议案的复函
    （2003年8月26日） ………………………………………………………（4854）
最高人民法院
  对福建高院《关于执行中国建设银行厦门市分行诉远华集团有限公司、
    厦门东盛建设发展公司借款合同纠纷一案中涉及几个相关法律、政策
    问题的请示》的答复函（节录）
    （2003年8月28日） ………………………………………………………（4854）
最高人民法院
  关于在中国法院网公布民事案件被执行人名单的通知
    （2003年9月18日） ………………………………………………………（4855）
最高人民法院
  关于涉外股权质押未经登记在执行中质押权人是否享有优先受偿权问题的
    复函
    （2003年10月9日） ………………………………………………………（4857）
最高人民法院执行工作办公室
  关于确定外资企业清算的裁决执行问题的复函
    （2003年10月10日） ……………………………………………………（4858）
最高人民法院执行工作办公室
  关于股东因公司设立后的增资瑕疵应否对公司债权人承担责任问题的复函
    （2003年12月11日） ……………………………………………………（4859）
最高人民法院执行工作办公室
  关于辽宁省高级人民法院关于能否以判决主文或判决理由作为执行依据
    请示的复函
    （2004年1月18日） ………………………………………………………（4860）
最高人民法院　国土资源部　建设部
  关于依法规范人民法院执行和国土资源房地产管理部门协助执行若干问题
    的通知
    （2004年2月10日） ………………………………………………………（4860）
最高人民法院执行工作办公室
  关于上市公司发起人股份质押合同及红利抵债协议效力问题请示案的复函
    （2004年4月15日） ………………………………………………………（4864）
最高人民法院
  关于辽宁省沈阳市中级人民法院与北京市第一中级人民法院执行争议案的
    处理意见
    （2004年7月5日） ………………………………………………………（4865）

最高人民法院
  关于采取民事强制措施不得逐级变更由行为人的上级机构承担责任的通知
    （2004年7月9日） ··· (4866)
最高人民法院
  关于冻结、扣划证券交易结算资金有关问题的通知
    （2004年11月9日） ··· (4867)
最高人民法院
  关于集中清理拖欠工程款和农民工工资案件的紧急通知
    （2004年12月21日） ··· (4869)
最高人民法院执行工作办公室
  关于执行监督程序中裁定不予执行仲裁裁决几个问题请示案的复函
    （2004年12月24日） ··· (4871)
最高人民法院
  关于在执行程序中能否将被执行人享有到期债权的第三人的开办单位裁定
    追加为被执行主体的请示的答复
    （2005年1月25日） ··· (4872)
最高人民法院
  对天津市高级人民法院《关于请求协调解决上市国有法人股票变更问题的
    请示》的答复函
    （2005年6月15日） ··· (4873)
最高人民法院
  关于当事人对迟延履行和解协议的争议应当另诉解决的复函
    （2005年6月24日） ··· (4873)
最高人民法院
  关于生效法律文书未确定履行期限能否依当事人约定的履行期限受理执行
    的复函
    （2005年6月29日） ··· (4874)
最高人民法院
  关于机关法人作为被执行人在执行程序中变更问题的复函
    （2005年8月3日） ··· (4875)
最高人民法院执行工作办公室
  关于执行案件中如何适用最高人民法院《关于冻结、拍卖上市公司国有股
    和社会法人股若干问题的规定》第八条第三款的请示的答复
    （2005年8月23日） ··· (4875)
最高人民法院
  关于强制执行中不应将企业党组织的党费作为企业财产予以冻结或划拨的
    通知
    （2005年11月22日） ··· (4876)

最高人民法院执行工作办公室
　关于再审判决作出后如何处理原执行裁定的请示的答复函
　　（2006年3月13日）…………………………………………………………（4876）
最高人民法院
　印发《关于执行案件督办工作的规定》等三项执行工作制度的通知
　　（2006年5月18日）…………………………………………………………（4877）
最高人民法院
　关于赋予强制执行效力的公证债权文书在签发执行证书时当事人应否到场
　　问题的请示的答复
　　（2006年6月19日）…………………………………………………………（4886）
最高人民法院
　关于民事执行中查封、扣押、冻结财产有关期限问题的答复
　　（2006年7月11日）…………………………………………………………（4887）
最高人民法院
　关于进一步清理拖欠工程款和农民工工资案件的通知
　　（2006年7月24日）…………………………………………………………（4887）
最高人民法院
　关于进一步规范跨省、自治区、直辖市执行案件协调工作的通知
　　（2006年9月30日）…………………………………………………………（4889）
最高人民法院
　关于执行程序中被执行人无偿转让抵押财产人民法院应如何处理的请示的
　　答复
　　（2006年10月27日）…………………………………………………………（4890）
最高人民法院执行工作办公室
　关于执行回转案件的申请执行人在被执行人破产案件中能否得到优先受偿
　　保护的请示的答复
　　（2006年12月14日）…………………………………………………………（4890）
最高人民法院
　印发《关于人民法院执行公开的若干规定》和《关于人民法院办理执行
　　案件若干期限的规定》的通知
　　（2006年12月23日）…………………………………………………………（4891）
最高人民法院
　关于在民事判决书中增加向当事人告知民事诉讼法第二百二十九条规定
　　内容的通知
　　（2007年2月7日）……………………………………………………………（4894）

最高人民法院执行工作办公室
　关于原执行裁定被撤销后能否对第三人从债权人处买受的财产进行回转的
　　请示的答复
　　　（2007年9月10日） ··· （4895）
最高人民法院
　关于查封法院全部处分标的物后轮候查封的效力问题的批复
　　　（2007年9月11日） ··· （4896）
最高人民法院
　关于不动产所有权发生转移的时间如何确定的请示的答复
　　　（2008年10月6日） ··· （4896）
最高人民法院
　关于执行工作中正确适用修改后民事诉讼法第202条、第204条规定的
　　通知
　　　（2008年11月28日） ··· （4897）
最高人民法院
　关于印发《执行文书样式（试行）》的通知
　　　（2009年2月12日） ··· （4898）
中央政法委　最高人民法院
　关于规范集中清理执行积案结案标准的通知
　　　（2009年3月19日） ··· （4899）
最高人民法院
　关于执行工作中谨防发生暴力抗拒执行事件的紧急通知
　　　（2009年4月14日） ··· （4902）
最高人民法院
　关于新疆建工集团建设工程有限责任公司与新疆宝亨房地产开发有限公司
　　一案有关问题的答复
　　　（2009年4月16日） ··· （4903）
最高人民法院
　关于判决主文已经判明担保人承担担保责任后有权向被担保人追偿，该
　　追债权是否须另行诉讼问题请示的答复
　　　（2009年5月8日） ··· （4904）
最高人民法院
　印发《关于应对国际金融危机做好当前执行工作的若干意见》的通知
　　　（2009年5月25日） ··· （4904）
最高人民法院
　印发《关于进一步加强和规范执行工作的若干意见》的通知
　　　（2009年7月17日） ··· （4908）

最高人民法院
　印发《关于人民法院预防和处理执行突发事件的若干规定》（试行）的通知
　　（2009年9月22日） ································(4912)
最高人民法院执行局
　关于被执行人擅自出租已查封的财产执行程序中人民法院排除执行妨害
　　能否认定该合同无效或解除租赁合同的答复
　　（2009年12月22日） ·······························(4915)
最高人民法院
　关于认真贯彻落实全国人大常委会审议意见进一步做好人民法院执行工作
　　的通知
　　（2009年12月30日） ·······························(4915)
最高人民法院
　关于民事诉讼法第二百四十条在执行程序中亦应运用的答复
　　（2010年4月23日） ································(4918)
中央纪律检查委员会等
　关于建立和完善执行联动机制若干问题的意见
　　（2010年7月7日） ·································(4919)
最高人民法院　中国人民银行
　关于人民法院查询和人民银行协助查询被执行人人民币银行结算账户开户
　　银行名称的联合通知
　　（2010年7月14日） ································(4923)
最高人民法院　最高人民检察院
　关于在部分地方开展民事执行活动法律监督试点工作的通知
　　（2011年3月10日） ································(4926)
最高人民法院
　印发《关于依法制裁规避执行行为的若干意见》的通知
　　（2011年5月27日） ································(4928)
最高人民法院
　印发《关于执行权合理配置和科学运行的若干意见》的通知
　　（2011年10月19日） ·······························(4931)
最高人民法院
　关于做好当前涉农民工工资案件执行工作的通知
　　（2012年1月16日） ································(4935)
最高人民法院
　关于能否在执行程序中确定夫妻共同债务的答复
　　（2012年6月12日） ································(4936)

最高人民法院
关于被执行人大宗商品交易资金结算账户内资金能否采取执行措施的答复
　　（2012年7月9日） ………………………………………………………………（4936）
最高人民法院
关于《最高人民法院关于人民法院执行工作若干问题的规定（试行）》
第88条、第90条如何理解适用等问题的请示答复
　　（2013年6月28日） ……………………………………………………………（4937）
最高人民法院
关于强制执行住房公积金问题的答复
　　（2013年7月31日） ……………………………………………………………（4937）
最高人民法院
关于祁某某申请执行回转中国农业银行张掖市分行一案的复函
　　（2013年8月8日） ………………………………………………………………（4938）
最高人民法院
关于对被执行人进行风险提示的公告
　　（2013年8月21日） ……………………………………………………………（4939）
最高人民法院
关于如何确定生效法律文书确定的抵押权优先受偿范围的请示答复
　　（2013年11月27日） …………………………………………………………（4940）
中央文明办　最高人民法院　公安部　国务院国资委　国家工商总局
　　中国银监会　中国民用航空局　中国铁路总公司
关于印发《"构建诚信　惩戒失信"合作备忘录》的通知
　　（2014年3月20日） ……………………………………………………………（4941）
最高人民法院办公厅
关于切实保障执行当事人及案外人异议权的通知
　　（2014年5月9日） ………………………………………………………………（4943）
最高人民法院
关于指定执行后的法院能否对原执行法院的执行行为进行审查的答复
　　（2014年6月13日） ……………………………………………………………（4944）
最高人民法院
印发《关于人民法院执行流程公开的若干意见》的通知
　　（2014年9月3日） ………………………………………………………………（4945）
最高人民法院
关于公证机关赋予强制执行效力的包含担保协议的公证债权文书能否强制
　　执行的请示的答复
　　（2014年9月18日） ……………………………………………………………（4949）

最高人民法院
　关于被执行人在执行程序中能否行使抵销权问题的答复
　　（2014年10月9日）..（4950）
最高人民法院　国家工商总局
　关于加强信息合作规范执行与协助执行的通知
　　（2014年10月10日）...（4951）
最高人民法院　中国银行业监督管理委员会
　关于人民法院与银行业金融机构开展网络执行查控和联合信用惩戒工作的
　　意见
　　（2014年10月24日）...（4954）
最高人民法院
　关于"岩矿归原告经营"的判决能否执行及如何执行的请示的答复
　　（2014年10月28日）...（4956）
最高人民法院执行局
　关于山东省高级人民法院《关于人民法院在执行程序中应否协助税务机关
　　征收税款问题的请示报告》的答复
　　（2014年12月8日）..（4957）
最高人民法院　中国证券监督管理委员会
　关于加强信用信息共享及司法协助机制建设的通知
　　（2014年12月9日）..（4957）
最高人民法院
　印发《关于执行案件立案、结案若干问题的意见》的通知
　　（2014年12月17日）...（4958）
最高人民法院
　关于山东省高级人民法院《关于人民法院在执行程序中能否对被执行人
　　是否歇业进行认定问题的请示》的答复
　　（2014年12月17日）...（4966）
最高人民法院　中国银行业监督管理委员会
　关于联合下发《人民法院、银行业金融机构网络执行查控工作规范》的
　　通知
　　（2015年11月13日）...（4967）
最高人民法院
　印发《关于加强和规范人民法院网络司法拍卖工作的意见》的通知
　　（2015年12月24日）...（4968）
国家发展改革委　最高人民法院　中国人民银行等
　关于印发对失信被执行人实施联合惩戒的合作备忘录的通知
　　（2016年1月20日）..（4969）

最高人民法院　中国证券监督管理委员会
　　关于试点法院通过网络查询、冻结被执行人证券有关事项的通知
　　　　（2016年3月4日）……………………………………………………（4974）
最高人民法院
　　印发《关于建立执行约谈机制的若干规定》的通知
　　　　（2016年3月4日）……………………………………………………（4977）
最高人民法院
　　印发《关于远程视频办理执行案件若干问题的规定》的通知
　　　　（2016年4月28日）……………………………………………………（4979）
最高人民法院
　　印发《关于落实"用两到三年时间基本解决执行难问题"的工作纲要》的
　　　　通知
　　　　（2016年4月29日）……………………………………………………（4981）
最高人民法院
　　关于人民法院办理执行信访案件若干问题的意见
　　　　（2016年6月27日）……………………………………………………（4987）
最高人民法院　国家发展改革委员会　工业和信息化部等
　　关于在招标投标活动中对失信被执行人实施联合惩戒的通知
　　　　（2016年8月30日）……………………………………………………（4990）
最高人民法院
　　关于明确执行案款无法发放认定标准的通知
　　　　（2016年9月5日）……………………………………………………（4993）
最高人民法院
　　印发《关于建立和管理网络服务提供者名单库的办法》的通知
　　　　（2016年9月19日）……………………………………………………（4994）
最高人民法院
　　关于自愿申请加入网络服务提供者名单库的公告
　　　　（2016年9月20日）……………………………………………………（4996）
最高人民法院　国土资源部
　　关于推进信息共享和网络执行查询机制建设的意见
　　　　（2016年10月26日）……………………………………………………（4996）
最高人民法院
　　印发《关于严格规范终结本次执行程序的规定（试行）》的通知
　　　　（2016年10月29日）……………………………………………………（4998）
最高人民法院　最高人民检察院
　　印发《关于民事执行活动法律监督若干问题的规定》的通知
　　　　（2016年11月2日）……………………………………………………（5001）

最高人民法院
　关于在执行工作中规范执行行为切实保护各方当事人财产权益的通知
　　（2016年11月22日） ································· (5004)
最高人民法院
　关于司法拍卖网络服务提供者名单库的公告
　　（2016年11月25日） ································· (5007)
最高人民法院　中国银行业监督管理委员会
　印发《关于人民法院与银行业金融机构开展金融理财产品网络执行查控
　　的意见》的通知
　　（2017年1月4日） ··································· (5007)
最高人民法院
　印发《关于执行案件移送破产审查若干问题的指导意见》的通知
　　（2017年1月20日） ·································· (5010)
最高人民法院
　印发《关于执行款物管理工作的规定》的通知
　　（2017年2月27日） ·································· (5013)
最高人民法院
　关于加强中级人民法院协同执行基层的人民法院执行实施案件的通知
　　（2017年5月23日） ·································· (5017)
最高人民法院　司法部　中国银监会
　关于充分发挥公证书的强制执行效力服务银行金融债权风险防控的通知
　　（2017年7月13日） ·································· (5019)
最高人民法院
　关于认真做好网络司法拍卖与网络司法变卖衔接工作的通知
　　（2017年7月18日） ·································· (5021)
最高人民法院
　关于对工业企业结构调整专项奖补资金不宜采取财产保全措施和执行措施
　　的通知
　　（2017年7月19日） ·································· (5022)
最高人民法院
　印发《关于严格规范执行事项委托工作的管理办法（试行）》的通知
　　（2017年9月8日） ··································· (5023)
最高人民法院
　关于对重庆高院《关于破产申请受理前已经划扣到执行法院账户尚未支付
　　给申请执行人的款项是否属于债务人财产及执行法院收到破产管理人
　　中止执行告知函后应否中止执行问题的请示》的答复函
　　（2017年12月12日） ································· (5025)

国家发展和改革委员会　最高人民法院　国土资源部
　　关于对失信被执行人实施限制不动产交易惩戒措施的通知
　　　　(2018年3月1日) ································· (5025)
国家发展改革委　民航局　最高人民法院　财政部　人力资源社会保障部
　　税务总局　证监会等
　　关于在一定期限内适当限制特定严重失信人乘坐火车　推动社会信用体系
　　　　建设的意见
　　　　(2018年3月2日) ································· (5026)
国家发展改革委　最高人民法院　财政部　人力资源社会保障部　税务总局
　　证监会等
　　关于在一定期限内适当限制特定严重失信人乘坐民用航空器推动社会信用
　　　　体系建设的意见
　　　　(2018年3月2日) ································· (5029)
最高人民法院　中国银行业监督管理委员会
　　关于进一步推进网络执行查控工作的通知
　　　　(2018年3月12日) ································ (5032)
最高人民法院
　　关于进一步规范近期执行工作相关问题的通知
　　　　(2018年5月28日) ································ (5034)

二十一、涉港澳、涉台民事诉讼程序

最高人民法院
　　关于内地与香港特别行政区法院相互委托送达民商事司法文书的安排
　　　　(1999年3月29日) ································ (5036)
最高人民法院
　　关于内地与香港特别行政区相互执行仲裁裁决的安排
　　　　(2000年1月24日) ································ (5037)
最高人民法院
　　关于内地与澳门特别行政区法院就民商事案件相互委托送达司法文书和
　　　　调取证据的安排
　　　　(2001年8月27日) ································ (5042)
最高人民法院
　　关于内地与澳门特别行政区关于相互认可和执行民商事判决的安排
　　　　(2006年3月21日) ································ (5045)
最高人民法院
　　关于内地与澳门特别行政区相互认可和执行仲裁裁决的安排
　　　　(2007年12月12日) ··· (5048)

最高人民法院
　　关于内地与香港特别行政区法院相互认可和执行当事人协议管辖的民商事
　　　案件判决的安排
　　　（2008年7月3日）······(5050)
最高人民法院
　　关于涉港澳民商事案件司法文书送达问题若干规定
　　　（2009年3月9日）······(5055)
最高人民法院
　　关于内地与香港特别行政区法院就民商事案件相互委托提取证据的安排
　　　（2017年2月27日）······(5057)
最高人民法院
　　关于我国公民周芳洲向我国法院申请承认香港地方法院离婚判决效力我国
　　　法院应否受理问题的批复
　　　（1991年9月20日）······(5059)
最高人民法院
　　关于如何确定涉港澳台当事人公告送达期限和答辩、上诉期限的请示的
　　　复函
　　　（2001年8月7日）······(5060)
最高人民法院
　　关于印发《全国法院涉港澳商事审判工作座谈会纪要》的通知
　　　（2008年1月21日）······(5060)
最高人民法院
　　关于北泰汽车工业控股有限公司申请认可香港特别行政区法院命令案的
　　　请示的复函
　　　（2011年9月28日）······(5065)
最高人民法院
　　关于香港特别行政区企业在国内开办全资独资企业法律文书送达问题的
　　　请示的复函
　　　（2011年10月27日）······(5067)
最高人民法院
　　关于进一步规范人民法院涉港调查取证司法协助工作的通知
　　　（2013年2月4日）······(5068)
最高人民法院
　　关于取得内地律师执业证书的港澳居民在人民法院代理涉港澳民事案件
　　　有关事项的通知
　　　（2013年9月11日）······(5068)

最高人民法院
　关于涉台民事诉讼文书送达的若干规定
　　（2008年4月17日） ………………………………………………………（5069）
最高人民法院
　关于人民法院办理海峡两岸送达文书和调查取证司法互助案件的规定
　　（2011年6月14日） ………………………………………………………（5071）
最高人民法院
　关于认可和执行台湾地区法院民事判决的规定
　　（2015年6月29日） ………………………………………………………（5076）
最高人民法院
　关于认可和执行台湾地区仲裁裁决的规定
　　（2015年6月29日） ………………………………………………………（5079）
最高人民法院
　关于授权高级人民法院就办理以送达文书为唯一目的的请求台湾地区调查
　　取证司法互助案件直接与台湾地区业务主管部门联络的通知
　　（2015年12月11日） ………………………………………………………（5082）

二十二、涉外民事诉讼程序

最高人民法院
　关于人民法院受理申请承认外国法院离婚判决案件有关问题的规定
　　（2000年2月29日） ………………………………………………………（5084）
最高人民法院
　关于涉外民商事案件诉讼管辖若干问题的规定
　　（2002年2月25日） ………………………………………………………（5085）
最高人民法院
　关于认真学习贯彻《关于涉外民商事案件诉讼管辖若干问题的规定》的
　　通知
　　（2002年3月1日） …………………………………………………………（5086）
最高人民法院
　关于向外国公司送达司法文书能否向其驻华代表机构送达并适用留置送达
　　问题的批复
　　（2002年6月18日） ………………………………………………………（5087）
最高人民法院
　关于涉外民事或商事案件司法文书送达问题若干规定
　　（2006年8月10日） ………………………………………………………（5088）

最高人民法院
　关于依据国际公约和双边司法协助条约办理民商事案件司法文书送达和
　　调查取证司法协助请求的规定
　　(2013年4月7日) ………………………………………………………………(5090)
最高人民法院
　关于中、日两国之间委托送达法律文书使用送达回证问题的通知
　　(1982年10月12日) ……………………………………………………………(5091)
最高人民法院
　关于旅美华侨张雪芬先后向我国法院和美国法院起诉离婚美国法院已判决
　　离婚我国法院是否再作判决问题的批复
　　(1985年9月18日) ………………………………………………………………(5092)
最高人民法院
　关于美国法院未通过外交途径径直将离婚判决书寄给我人民法院应如何
　　处理问题的批复
　　(1985年12月26日) ……………………………………………………………(5093)
最高人民法院
　关于外国公民因子女抚养问题如何在人民法院进行诉讼问题的函
　　(1988年11月25日) ……………………………………………………………(5093)
最高人民法院
　关于中国留学生在留学期间如何在人民法院进行离婚诉讼问题的函
　　(1989年6月3日) ………………………………………………………………(5094)
最高人民法院
　关于中国公民接受外侨遗赠法律程序问题的批复
　　(1989年6月12日) ………………………………………………………………(5095)
最高人民法院
　印发《关于中国公民申请承认外国法院离婚判决程序问题的规定》的通知
　　(1991年8月13日) ………………………………………………………………(5095)
司法部　最高人民法院　外交部
　关于印发《关于执行海牙送达公约的实施办法》的通知
　　(1992年9月19日) ………………………………………………………………(5098)
最高人民法院
　关于向居住在外国的我国公民送达司法文书问题的复函
　　(1993年11月19日) ……………………………………………………………(5100)
最高人民法院
　关于执行领事条约中对派遣国船舶实行强制措施时保护条款的通知
　　(1994年1月14日) ………………………………………………………………(5101)

最高人民法院
　关于我国人民法院应否承认和执行日本国法院具有债权债务内容裁判的
　　复函
　　　（1995年6月26日） ··· (5102)
最高人民法院
　关于明斯克自动线生产联合公司申请承认及执行白俄罗斯共和国最高经济
　　法庭判决一案有关问题的请示的复函
　　　（2003年3月10日） ··· (5103)
最高人民法院
　关于中国公民黄爱京申请承认外国法院离婚确认书受理问题的复函
　　　（2003年5月12日） ··· (5104)
最高人民法院办公厅
　关于就外国执行民商事文书送达收费事项的通知
　　　（2003年7月29日） ··· (5104)
最高人民法院办公厅
　关于指定北京市、上海市、广东省、浙江省、江苏省高级人民法院依据
　　海牙送达公约和海牙取证公约直接向外国中央机关提出和转递司法协助
　　请求和相关材料的通知
　　　（2003年9月23日） ··· (5106)
最高人民法院
　关于加强涉外商事案件诉讼管辖工作的通知
　　　（2004年12月29日） ·· (5107)
最高人民法院
　关于人民法院受理涉及特权与豁免的民事案件有关问题的通知
　　　（2007年5月22日） ··· (5108)
最高人民法院办公厅
　关于我国法院委托新加坡法院协助送达民事司法文书付费事项的通知
　　　（2008年7月29日） ··· (5109)
最高人民法院
　关于中国公民申请承认外国法院和解权告决定书等法律文书的请示的复函
　　　（2010年9月29日） ··· (5109)
最高人民法院
　关于山东省农业生产资料有限责任公司与法国兴业银行信用证纠纷一案中
　　如何处理免除丧失上诉权效果申请的请示的复函
　　　（2010年12月8日） ··· (5110)
最高人民法院办公厅
　关于委托新西兰主管机关送达司法文书时应提供详细送达地址的通知
　　　（2011年11月30日） ·· (5111)

最高人民法院
关于涉外案外人执行异议之诉案件是否实行集中管辖的请示的复函
（2012年10月29日） ………………………………………………………………（5112）

最高人民法院
印发《关于依据国际公约和双边司法协助条约办理民商事案件司法文书
　送达和调查取证司法协助请求的规定实施细则（试行)》的通知
（2013年4月7日） …………………………………………………………………（5112）

最高人民法院
关于调整通过外交途径转递民商事案件司法文书送达和调查取证请求程序
　的通知
（2014年4月10日） ………………………………………………………………（5122）

最高人民法院办公厅
关于委托外国送达民商事案件司法文书支付送达费用的通知
（2014年11月27日） ………………………………………………………………（5125）

最高人民法院
关于明确第一审涉外民商事案件级别管辖标准以及归口办理有关问题的
　通知
（2017年12月7日） ………………………………………………………………（5125）

二十三、仲　　裁

最高人民法院
关于适用《中华人民共和国仲裁法》若干问题的解释
（2006年8月23日） ………………………………………………………………（5127）

最高人民法院
关于仲裁司法审查案件报核问题的有关规定
（2017年12月26日） ………………………………………………………………（5130）

最高人民法院
关于审理仲裁司法审查案件若干问题的规定
（2017年12月26日） ………………………………………………………………（5131）

最高人民法院
关于审理当事人申请撤销仲裁裁决案件几个具体问题的批复
（1998年7月21日） ………………………………………………………………（5134）

最高人民法院
关于确认仲裁协议效力几个问题的批复
（1998年10月26日） ………………………………………………………………（5135）

最高人民法院
  关于承认和执行外国仲裁裁决收费及审查期限问题的规定
    (1998年11月14日) ·· (5136)
最高人民法院
  关于当事人对人民法院撤销仲裁裁决的裁定不服申请再审人民法院是否
    受理问题的批复
    (1999年2月11日) ··· (5137)
最高人民法院
  关于人民检察院对撤销仲裁裁决的民事裁定提起抗诉人民法院应如何处理
    问题的批复
    (2000年7月10日) ·· (5137)
最高人民法院
  关于当事人对仲裁协议的效力提出异议由哪一级人民法院管辖问题的批复
    (2000年8月8日) ··· (5138)
最高人民法院
  关于人民检察院对不撤销仲裁裁决的民事裁定提出抗诉人民法院应否受理
    问题的批复
    (2000年12月13日) ··· (5138)
最高人民法院
  关于解除劳动合同的劳动争议仲裁申请期限应当如何起算问题的批复
    (2004年7月26日) ·· (5139)
最高人民法院
  关于当事人对驳回其申请撤销仲裁裁决的裁定不服而申请再审，人民法院
    不予受理问题的批复
    (2004年7月26日) ·· (5139)
最高人民法院
  关于对上海市高级人民法院等就涉及中国国际经济贸易仲裁委员会及其原
    分会等仲裁机构所作仲裁裁决司法审查案件请示问题的批复
    (2015年7月15日) ·· (5140)
最高人民法院
  关于仲裁机构"先予仲裁"裁决或者调解书立案、执行等法律适用问题的
    批复
    (2018年6月5日) ··· (5141)
最高人民法院
  关于执行我国加入的《承认及执行外国仲裁裁决公约》的通知
    (1987年4月10日) ·· (5142)

最高人民法院
  关于福建省生产资料总公司与金鸽航运有限公司国际海运纠纷一案中提单
    仲裁条款效力问题的复函
    (1995年10月20日) ·· (5145)
最高人民法院经济审判庭
  关于四川省高级人民法院经一请字第13号请示报告的复函
    (1996年10月10日) ·· (5146)
最高人民法院
  关于同时选择两个仲裁机构的仲裁条款效力问题的函
    (1996年12月12日) ·· (5146)
最高人民法院
  关于仅选择仲裁地点而对仲裁机构没有约定的仲裁条款效力问题的函
    (1997年3月19日) ·· (5147)
最高人民法院
  关于人民法院裁定撤销仲裁裁决或驳回当事人申请后当事人能否上诉问题
    的批复
    (1997年4月23日) ·· (5147)
最高人民法院
  对仲裁条款中所选仲裁机构的名称漏字,但不影响仲裁条款效力的意见
    (1998年4月2日) ·· (5148)
最高人民法院
  关于V97329号武汉金龙高科技有限公司合资争议仲裁案仲裁条款效力事
    的复函
    (1998年5月12日) ·· (5148)
最高人民法院
  关于安徽国泰物业有限公司申请确认仲裁协议效力一案的复函
    (2000年8月14日) ·· (5149)
最高人民法院
  关于中化国际石油(巴哈马)有限公司诉海南昌盛石油开发有限公司购销
    合同纠纷案中仲裁协议效力问题的复函
    (2000年12月5日) ·· (5150)
最高人民法院知识产权审判庭
  对国务院法制办公室秘书行政司〔1999〕107号函的答复意见
    (2000年12月21日) ·· (5150)
最高人民法院
  关于捷成洋行申请执行中国国际经济贸易仲裁委员会(97)贸仲裁字
    第0256号裁决一案的复函
    (2001年1月6日) ·· (5151)

最高人民法院
关于申请人浙江省诸暨市对外经济贸易公司与被申请人香港铠威贸易公司
　　申请确认仲裁协议效力问题的复函
　　（2001年2月26日） ··· (5152)
最高人民法院
关于英国嘉能可有限公司申请承认和执行英国伦敦金属交易所仲裁裁决
　　一案请示的复函
　　（2001年4月19日） ··· (5153)
最高人民法院
关于麦考·奈浦敦有限公司申请承认和执行仲裁裁决一案请示的复函
　　（2001年4月23日） ··· (5154)
最高人民法院
关于广州市东方酒店集团有限公司申请撤销仲裁裁决一案的复函
　　（2001年4月27日） ··· (5155)
最高人民法院
关于不承认及执行伦敦最终仲裁裁决案的请示的复函
　　（2001年9月11日） ··· (5156)
最高人民法院
关于对崇正国际联盟集团有限公司申请撤销仲裁裁决人民法院应否受理的
　　复函
　　（2001年9月28日） ··· (5156)
最高人民法院
关于内蒙古至诚矿业有限公司与南非华金国际集团有限公司合资经营纠纷
　　一案中仲裁条款效力问题的函
　　（2002年4月13日） ··· (5157)
最高人民法院
关于香港运惟船务代理有限公司诉深圳土畜产茶叶进出口公司航次租船
　　合同纠纷一案仲裁条款效力问题的请示的复函
　　（2002年7月16日） ··· (5157)
最高人民法院
关于不予执行中国国际经济贸易仲裁委员会作出的广州总统大酒店有限
　　公司与杨光大仲裁一案请示的复函
　　（2002年7月22日） ··· (5158)
最高人民法院
关于清华同方股份有限公司、清华同方光盘股份有限公司申请撤销〔2002〕
　　贸仲裁字第0095号仲裁裁决一案的请示的复函
　　（2003年2月28日） ··· (5159)

最高人民法院
关于撤销中国国际经济贸易仲裁委员会〔2002〕贸仲裁字第 0039 号裁决
一案的请示的复函
（2003 年 3 月 10 日） ·· (5160)
最高人民法院
关于对高福忠申请撤销中国国际经济贸易仲裁委员会〔2002〕贸仲裁字
第 0237 号仲裁裁决一案的请示的复函
（2003 年 5 月 8 日） ·· (5160)
最高人民法院
关于安徽省合肥联合发电有限公司诉阿尔斯通发电股份有限公司建设工程
合同纠纷一案的请示的复函
（2003 年 5 月 14 日） ·· (5161)
最高人民法院
关于中国国际经济贸易仲裁委员会深圳分会作出的〔2001〕深国仲结字
第 31 号裁决是否应予执行的复函
（2003 年 5 月 27 日） ·· (5162)
最高人民法院
关于新加坡益得满亚洲私人有限公司申请承认及执行外国仲裁裁决一案的
请示的复函
（2003 年 6 月 12 日） ·· (5162)
最高人民法院
关于山东省房地产开发集团青岛公司请求撤销中国国际经济贸易仲裁
委员会〔2000〕贸仲裁字第 0333 号仲裁裁决案的复函
（2003 年 7 月 8 日） ·· (5163)
最高人民法院
关于浙江省天河房地产联合发展公司申请撤销中国经济贸易仲裁委员会
上海分会仲裁裁决案的复函
（2003 年 11 月 10 日） ·· (5164)
最高人民法院
关于美国 GMI 公司申请承认英国伦敦金属交易所仲裁裁决案的复函
（2003 年 11 月 12 日） ·· (5165)
最高人民法院
关于香港享进粮油食品有限公司申请执行香港国际仲裁中心仲裁裁决案的
复函
（2003 年 11 月 14 日） ·· (5166)

最高人民法院
关于黑龙江鸿昌国际货物运输代理有限公司申请撤销中国海事仲裁委员会
仲裁裁决案的复函
（2003年12月10日） ·· (5167)

最高人民法院
关于越南海防万华国际旅游公司起诉海南热岛风情国际旅行社有限公司
旅游服务合同纠纷案仲裁条款效力的请示的复函
（2004年1月10日） ··· (5168)

最高人民法院
关于对中国国际经济贸易仲裁委员会〔2002〕贸仲裁字第0112号仲裁裁决
不予执行的请示的复函
（2004年2月24日） ··· (5169)

最高人民法院
关于戴维斯—标准公司与宁波协成电子电线有限公司买卖合同贷款纠纷
一案仲裁条款无效的请示的复函
（2004年6月25日） ··· (5169)

最高人民法院
关于不予执行国际商会仲裁院10334／AMW／BWD／TE最终裁决一案的
请示的复函
（2004年7月5日） ·· (5170)

最高人民法院
关于德国旭普林国际有限责任公司与无锡沃可通用工程橡胶有限公司申请
确认仲裁协议效力一案请示的复函
（2004年7月8日） ·· (5171)

最高人民法院
关于对驳回申请撤销仲裁裁决的裁定能否申请再审问题的复函
（2004年7月27日） ··· (5172)

最高人民法院
关于确认武汉中恒新科技产业有限公司与锦利兴业股份有限公司合资经营
合同仲裁条款无效的请示的复函
（2004年7月27日） ··· (5172)

最高人民法院
关于不予执行佛山仲裁委〔1998〕佛仲字第04号仲裁裁决报请审查的请示
的复函
（2004年8月30日） ··· (5173)

最高人民法院
关于申请人日本双叶被服有限会社申请确认仲裁协议效力案件的请示的
复函
（2004年9月8日） ·· (5174)
最高人民法院
关于廊坊市中级人民法院对中国国际经济贸易仲裁委员会〔2003〕贸
仲裁字第0060号裁决书裁定不予执行问题的请示的复函
（2004年9月9日） ·· (5174)
最高人民法院
关于辉影媒体销售有限公司申请撤销〔2003〕大仲字第083号仲裁裁决
一案的请示的复函
（2004年9月14日） ·· (5175)
最高人民法院
关于香港七好（集团）有限公司申请部分撤销〔2002〕深仲裁字第641号
裁决一案的请示的复函
（2004年9月14日） ·· (5176)
最高人民法院
关于裁定不予承认和执行英国伦敦仲裁庭作出的塞浦路斯瓦赛斯航运有限
公司与中国粮油饲料有限公司、中国人民财产保险股份有限公司河北省
分公司、中国人保控股公司仲裁裁决一案的请示的复函
（2004年9月30日） ·· (5177)
最高人民法院
关于湖北省出版进出口公司、湖北东湖光盘技术有限责任公司与康维克
科技（成都）有限公司买卖合同纠纷一案中仲裁条款效力的请示的复函
（2004年11月12日） ·· (5178)
最高人民法院
关于中国人民保险公司广东省分公司诉中成国际运输有限公司广州分公司、
道南船务代理股份有限公司、上海中海船务代理有限公司海上货物运输
合同货损纠纷案仲裁条款效力的请示的复函
（2004年11月12日） ·· (5179)
最高人民法院
关于武汉市洪山区房地产公司与兴业（香港）有限公司合资合同中仲裁
条款效力的请示的复函
（2004年11月26日） ·· (5180)
最高人民法院
关于不予执行中国国际经济贸易仲裁委员会〔2004〕中国贸仲京字
第0105号裁决的请示的复函
（2004年11月30日） ·· (5181)

最高人民法院
关于湖州市二耐耐火材料联营厂申请确认仲裁条款无效一案请示的复函
　　（2004年11月30日） ··· (5182)
最高人民法院
关于宁波市中级人民法院受理的中岛道代诉何爱兵、宁波江北杰美科微电教业厂、吴向洋民间借贷纠纷一案所涉仲裁条款效力的请示的复函
　　（2004年12月13日） ··· (5183)
最高人民法院
关于通知中国国际经济贸易仲裁委员会对〔2003〕贸仲裁字第0398号案件重新仲裁的请示的复函
　　（2005年3月21日） ··· (5184)
最高人民法院
关于得晖企业有限公司与荣成丰盛源食品有限公司买卖合同纠纷一案仲裁条款效力的请示的复函
　　（2005年3月25日） ··· (5185)
最高人民法院
关于圣美家居休闲发展有限公司与杭州凰顺国际贸易有限公司买卖合同纠纷一案中仲裁条款效力的请示的复函
　　（2005年3月25日） ··· (5186)
最高人民法院
关于四川华航建设有限公司申请撤销仲裁纠纷一案的请示的复函
　　（2005年6月15日） ··· (5186)
最高人民法院
关于江智锋申请撤销仲裁裁决一案的请示的复函
　　（2005年6月28日） ··· (5187)
最高人民法院
关于对海口中院不予承认和执行瑞典斯德哥尔摩商会仲裁院仲裁裁决请示的复函
　　（2005年7月13日） ··· (5188)
最高人民法院
关于阿克苏诺贝尔涂料（东莞）有限公司诉香港诚信金属工程有限公司买卖合同纠纷一案仲裁条款效力问题的请示的复函
　　（2005年7月26日） ··· (5188)
最高人民法院
关于天津先达大酒店申请撤销〔2003〕津仲裁字第364号仲裁裁决案请示的答复
　　（2005年8月11日） ··· (5189)

最高人民法院
　　关于确认深圳市华汉城贸易发展有限公司与熊牌远东化工股份有限公司
　　　　分销合同中仲裁条款效力的请示的复函
　　　　（2005年9月13日） ··· (5190)
最高人民法院
　　关于对伏尔加—第聂伯航运公司申请执行俄罗斯联邦乌里扬诺夫斯克州
　　　　仲裁法院裁决处理结果的请示的复函
　　　　（2005年9月25日） ··· (5191)
最高人民法院
　　关于中国人民财产保险股份有限公司深圳市分公司诉广州远洋运输公司
　　　　海上货物运输合同货损纠纷一案仲裁条款效力问题的请示的复函
　　　　（2005年10月9日） ··· (5192)
最高人民法院
　　关于确认仲裁协议效力请示的复函
　　　　（2005年12月1日） ··· (5192)
最高人民法院
　　关于仲裁条款效力请示的复函
　　　　（2005年12月30日） ··· (5193)
最高人民法院
　　关于是否裁定不予执行中国国际经济贸易仲裁委员会仲裁裁决的复函
　　　　（2006年1月23日） ··· (5194)
最高人民法院
　　关于是否裁定撤销承德仲裁委员会仲裁裁决的请示的复函
　　　　（2006年1月24日） ··· (5195)
最高人民法院
　　关于是否裁定撤销大连仲裁委员会仲裁裁决的请示的复函
　　　　（2006年2月23日） ··· (5196)
最高人民法院
　　关于是否裁定撤销中国国际经济贸易仲裁委员会华南分会仲裁裁决的请示
　　　　的复函
　　　　（2006年3月1日） ··· (5197)
最高人民法院
　　关于是否承认和执行大韩商事仲裁院仲裁裁决的请示的复函
　　　　（2006年3月3日） ··· (5198)
最高人民法院
　　关于是否裁定撤销中国国际经济贸易仲裁委员会仲裁裁决的请示的复函
　　　　（2006年3月7日） ··· (5199)

最高人民法院
关于仲裁条款效力请示的复函
（2006年3月7日） ································· (5200)

最高人民法院
关于确认仲裁协议效力请示的复函
（2006年3月9日） ································· (5201)

最高人民法院
关于如何确认仲裁机构名称约定不明确的仲裁协议的效力的请示的复函
（2006年3月13日） ································ (5202)

最高人民法院
关于是否裁定撤销中国国际经济贸易仲裁委员会上海分会仲裁裁决的请示
的复函
（2006年3月16日） ································ (5202)

最高人民法院
关于仲裁条款效力请示的复函
（2006年4月26日） ································ (5203)

最高人民法院
关于江门市华尔润玻璃有限责任公司诉斯坦因·霍特公司、上海斯坦因·
霍特迈克工业炉有限公司产品责任纠纷案有关仲裁条款效力的请示的
复函
（2006年5月16日） ································ (5204)

最高人民法院
关于对韩进船务有限公司申请承认和执行英国仲裁裁决一案请示的复函
（2006年6月2日） ································· (5206)

最高人民法院
关于香港东丰船务有限公司申请执行香港海事仲裁裁决请示的复函
（2006年6月2日） ································· (5206)

最高人民法院
关于中电通信科技有限公司与韩国移动通信有限公司、上海奥盛投资有限
公司联营合同纠纷管辖权异议一案有关仲裁条款效力问题的请示的复函
（2006年7月20日） ································ (5207)

最高人民法院
关于深圳市交通运输公司等诉香港深南投资公司合作经营运输纠纷一案
仲裁条款效力问题的请示的复函
（2006年9月13日） ································ (5208)

最高人民法院
关于玉林市中级人民法院报请对成伟投资有限公司涉外仲裁一案不予执行
的请示的复函
（2006 年 9 月 13 日） ……………………………………………………（5208）
最高人民法院
关于博而通株式会社申请承认外国仲裁裁决一案的请示的复函
（2006 年 12 月 14 日） …………………………………………………（5209）
最高人民法院
关于中国电子进出口北京公司申请撤销中国国际经济贸易仲裁委员会
〔2006〕中国贸仲京裁字第 0012 号裁决一案的请示的复函
（2006 年 12 月 15 日） …………………………………………………（5210）
最高人民法院
关于是否裁定不予承认和执行英国伦敦"ABRA 轮 2004 年 12 月 28 日
租约"仲裁裁决的请示的复函
（2007 年 1 月 10 日） …………………………………………………（5211）
最高人民法院
关于宁波剡界岭高速公路有限公司诉奥地利阿尔皮内·麦瑞德建筑股份
有限公司代理合同纠纷一案仲裁条款效力的请示的复函
（2007 年 1 月 11 日） …………………………………………………（5212）
最高人民法院
关于彼得·舒德申请承认及执行美国仲裁委员会裁决一案的请示的复函
（2007 年 1 月 22 日） …………………………………………………（5213）
最高人民法院
关于原告中国平安财产保险股份有限公司大连分公司与被告中远航运股份
有限公司、广州远洋运输公司海上货物运输合同保险代位求偿案所涉
仲裁条款是否有效的请示的复函
（2007 年 1 月 26 日） …………………………………………………（5214）
最高人民法院
关于天宇客货运输服务有限公司厦门分公司与厦门万里石有限公司申请
确认仲裁协议效力纠纷一案的请示的复函
（2007 年 2 月 6 日） ……………………………………………………（5215）
最高人民法院
关于申请人弗拉西动力发动机有限公司申请承认和执行澳大利亚法院判决
一案的请示的复函
（2007 年 3 月 1 日） ……………………………………………………（5216）
最高人民法院
关于浙江久立集团股份有限公司申请撤销仲裁裁决一案的请示的复函
（2007 年 3 月 22 日） …………………………………………………（5216）

最高人民法院
关于申请人瑞士邦基有限公司申请承认和执行英国仲裁裁决一案的请示的
复函
（2007年5月9日） ··· (5217)

最高人民法院
关于四川华宏国际经济技术投资有限公司诉韩国韩华株式会社买卖合同
纠纷一案仲裁条款效力问题的请示的复函
（2007年8月24日） ·· (5218)

最高人民法院
关于确认成都七彩服装有限责任公司与创始时装有限公司专营合同中仲裁
条款效力一案的请示的复函
（2007年9月18日） ·· (5219)

最高人民法院
关于上海城通轨道交通投资开发建设有限公司、林敏申请撤销仲裁裁决
一案的请示的复函
（2007年9月18日） ·· (5220)

最高人民法院
关于朱裕华与上海海船厨房设备金属制品厂申请撤销仲裁裁决再审一案的
请示报告的复函
（2007年9月18日） ·· (5221)

最高人民法院
关于香港永开利企业公司申请执行中国国际经济贸易仲裁委员会〔1996〕
贸仲裁字第0109号仲裁裁决一案请示的复函
（2007年10月23日） ·· (5221)

最高人民法院
关于俞影如申请撤销仲裁裁决一案的请示的复函
（2007年10月23日） ·· (5222)

最高人民法院
关于不予执行香港欧亚科技公司与新疆啤酒花股份有限公司仲裁裁决一案
的请示的复函
（2007年11月28日） ·· (5223)

最高人民法院
关于宝源贸易公司与余建国买卖合同中仲裁条款的请示的复函
（2007年11月29日） ·· (5224)

最高人民法院
关于天津市和平区经济贸易委员会与天津狗不理包子速冻食品有限公司、
　香港浩平发展有限公司申请解散公司纠纷一案仲裁条款效力问题的请示
　的复函
　　（2008年1月7日） ……………………………………………………………(5225)
最高人民法院
关于马绍尔群岛第一投资公司申请承认和执行英国伦敦临时仲裁庭仲裁
　裁决案的复函
　　（2008年2月27日） …………………………………………………………(5225)
最高人民法院
关于不予承认日本商事仲裁协会东京04—05号仲裁裁决的报告的复函
　　（2008年3月3日） ……………………………………………………………(5226)
最高人民法院
关于（香港）安信医用包装有限公司诉东莞威泓塑五金制品厂有限公司、
　（维尔京群岛）新冠誉实业有限公司土地使用权转让合同纠纷一案仲裁
　条款效力的请示的复函
　　（2008年4月5日） ……………………………………………………………(5227)
最高人民法院
关于撤销中国国际经济贸易仲裁委员会〔2007〕CIETAC 裁决第0140号
　仲裁裁决一案的请示的复函
　　（2008年4月7日） ……………………………………………………………(5228)
最高人民法院
关于润和发展有限公司申请不予执行仲裁裁决一案的审查报告的复函
　　（2008年5月8日） ……………………………………………………………(5229)
最高人民法院
关于魏北鸿利有限公司申请撤销珠海仲裁委员会涉外仲裁裁决一案的请示
　的答复
　　（2008年5月27日） …………………………………………………………(5230)
最高人民法院
关于不予承认和执行国际商会仲裁院仲裁裁决的请示的复函
　　（2008年6月2日） ……………………………………………………………(5231)
最高人民法院
关于杨志红申请撤销广州仲裁委员会涉港仲裁裁决一案的请示的答复
　　（2008年7月24日） …………………………………………………………(5232)
最高人民法院
关于宜昌鸿兴实业开发公司申请撤销中国国际经济贸易仲裁委员会〔2006〕
　中国贸仲京裁字第0348号裁决一案的请示的答复
　　（2008年7月25日） …………………………………………………………(5233)

最高人民法院
关于对中海发展股份有限公司货轮公司申请承认伦敦仲裁裁决一案的请示
报告的答复
（2008年8月6日） ··· (5234)

最高人民法院
关于加拿大摩耐克有限公司申请确认仲裁条款无效一案的请示的答复
（2008年8月14日） ··· (5235)

最高人民法院
关于裁定不予承认和执行社团法人日本商事仲裁协会东京05—03号仲裁
裁决的报告的答复
（2008年9月10日） ··· (5236)

最高人民法院
关于是否应不予执行〔2007〕中国贸仲沪裁字第224号仲裁裁决请示的
答复
（2008年9月12日） ··· (5237)

最高人民法院
关于韩国大成G—3株式会社与长春市元大汽车工程贸易有限公司撤销
仲裁裁决纠纷一案的请示的答复
（2008年10月21日） ·· (5238)

最高人民法院
关于马山集团有限公司与韩国成东造船海洋株式会社、荣成成东造船海洋
有限公司委托合同纠纷一案仲裁条款效力的请示的答复
（2008年10月30日） ·· (5239)

最高人民法院
关于广州市迪泰通讯有限公司、海南经济特区产权交易中心、海南证华非
上市公司股权登记服务有限公司、翟希亚与因特模式信息技术（深圳）
有限公司、INTERMOST CORPORATION股权转让合同纠纷管辖权
异议案中仲裁条款效力问题的请示的答复
（2008年11月18日） ·· (5240)

最高人民法院
关于申请人长沙新冶实业有限公司与被申请人美国METALS PLUS国际
有限公司申请撤销仲裁裁决一案请示的复函
（2008年11月18日） ·· (5241)

最高人民法院
关于杭州龙达差别化聚酯有限公司诉永吉海运有限公司、舟山市永吉船务
有限公司海上货物运输合同仲裁条款效力问题的请示的复函
（2008年11月25日） ·· (5242)

最高人民法院
《关于赛百味国际有限公司申请承认和执行国际争端解决中心国际仲裁庭
　作出的 50 114 T 00171 07 号仲裁裁决一案的请示》的复函
（2009年2月26日）·············（5242）

最高人民法院
关于厦门鑫杰兴工贸有限公司、佘文彬与厦门丰瑞特工贸发展有限公司
　确认股权转让协议仲裁条款效力的请示的复函
（2009年2月26日）·············（5243）

最高人民法院
关于 GRD MINPROC 有限公司申请承认并执行瑞典斯德哥尔摩商会
　仲裁院仲裁裁决一案的请示的复函
（2009年3月13日）·············（5244）

最高人民法院
关于撤销中国国际经济贸易仲裁委员会〔2008〕中国贸仲京裁字第 0044 号
　裁决的请示的复函
（2009年3月18日）·············（5245）

最高人民法院
关于舟山中海粮油工业有限公司申请不予执行香港国际仲裁中心仲裁裁决
　一案的请示复函
（2009年3月18日）·············（5246）

最高人民法院
关于夏新电子股份有限公司与比利时产品有限公司确认经销协议仲裁条款
　效力的请示的复函
（2009年3月20日）·············（5247）

最高人民法院
《关于中国太平洋财产保险股份有限公司北京分公司诉北京中远物流有限
　公司、天津振华国际船舶代理有限公司、尼罗河航运私有有限公司海上
　货物运输合同保险代位求偿纠纷所涉仲裁条款效力问题的请示》的复函
（2009年3月31日）·············（5248）

最高人民法院
关于中国中化集团公司诉海里公司海上货物运输合同货损赔偿纠纷所涉
　仲裁条款效力问题的请示的复函
（2009年4月24日）·············（5249）

最高人民法院
关于北京中钢天铁钢铁贸易有限公司、唐山百工实业发展有限公司诉中远
　航运股份有限公司海上货物运输合同纠纷所涉仲裁条款效力问题的请示
（2009年4月28日）·············（5249）

最高人民法院
关于申请人番禺珠江钢管有限公司与被申请人深圳市泛邦国际货运代理
有限公司申请确认仲裁协议效力一案的请示的复函
（2009年5月5日） ··· (5250)

最高人民法院
关于对兖州浩珂伟博矿业工程有限公司与伟博公司（A. WEBER S. A.）、
索菲浩勒公司（SOFIROL. S. A.）解除合同纠纷一案中仲裁条款效力
问题的请示的复函
（2009年5月18日） ··· (5251)

最高人民法院
关于对国外仲裁机构的裁决申请承认和申请执行是否应一并提出问题的
请示的复函
（2013年7月30日） ··· (5252)

最高人民法院
关于正确审理仲裁司法审查案件有关问题的通知
（2013年9月4日） ··· (5253)

最高人民法院
关于当事人对不予执行仲裁裁决的裁定能否提出异议并申请复议的请示
答复
（2013年11月18日） ··· (5253)

最高人民法院
关于广东省高级人民法院就东莞市塘厦镇房地产开发公司诉通利文企业
有限公司一案中涉港仲裁条款效力问题请示的复函
（2015年3月26日） ··· (5254)

最高人民法院
关于对金达融资担保有限责任公司申请确认仲裁协议效力一案请示的复函
（2015年3月26日） ··· (5255)

最高人民法院
关于原告申特钢铁（香港）有限公司诉被告福建省轮船有限公司海上货物
运输合同纠纷一案中仲裁条款效力问题请示的复函
（2015年6月18日） ··· (5256)

最高人民法院
关于中海北方物流有限公司与本溪北营钢铁集团进出口有限公司航次租船
合同纠纷涉外仲裁条款效力请示的复函
（2015年9月21日） ··· (5257)

最高人民法院
关于仲裁司法审查案件归口办理有关问题的通知
（2017年5月22日） ··· (5258)

二十四、公　　证

最高人民法院
　　关于审理涉及公证活动相关民事案件的若干规定
　　　　（2014年5月16日） ………………………………………………………（5259）
最高人民法院经济审判庭
　　关于合同公证失误公证机关能否作为被告问题的电话答复
　　　　（1988年9月2日） …………………………………………………………（5260）
最高人民法院　司法部
　　关于涉港公证文书效力问题的通知
　　　　（1996年2月18日） …………………………………………………………（5261）
最高人民法院
　　关于当事人持台湾地区有关行政或公证部门确认的离婚协议书向人民法院
　　　　申请认可人民法院是否受理的复函
　　　　（2000年12月26日） ………………………………………………………（5263）
最高人民法院　司法部
　　关于开展公证参与人民法院司法辅助事务试点工作的通知
　　　　（2017年6月29日） …………………………………………………………（5264）

二十五、其他非诉讼矛盾纠纷解决机制

最高人民法院
　　印发《关于建立健全诉讼与非诉讼相衔接的矛盾纠纷解决机制的若干意见》
　　　　的通知
　　　　（2009年7月24日） …………………………………………………………（5267）
最高人民法院
　　印发《关于扩大诉讼与非诉讼相衔接的矛盾纠纷解决机制改革试点总体
　　　　方案》的通知
　　　　（2012年4月10日） …………………………………………………………（5272）
最高人民法院
　　关于人民法院进一步深化多元化纠纷解决机制改革的意见
　　　　（2016年6月28日） …………………………………………………………（5278）

中央社会治安综合治理委员会　最高人民法院　最高人民检察院
　国务院法制办公室　公安部　司法部　人力资源和社会保障部　卫生部
　国土资源部　住房和城乡建设部　民政部　国家工商行政管理总局
　国家信访局　中华全国总工会　中华全国妇女联合会　中国共产主义
青年团中央委员会
　关于印发《关于深入推进矛盾纠纷大调解工作的指导意见》的通知
　　（2011年4月22日） ··· (5284)
最高人民法院
　印发《关于确定多元化纠纷解决机制改革示范法院的决定》的通知
　　（2014年12月31日） ··· (5288)
最高人民法院　中国证券监督管理委员会
　关于在全国部分地区开展证券期货纠纷多元化解机制试点工作的通知
　　（2016年5月25日） ·· (5291)

二十六、其　　他

最高人民法院
　关于人民法院如何出具判决书法律效力证明问题的函
　　（1987年11月18日） ··· (5295)
最高人民法院
　关于人民法院受理经济纠纷案件中几个问题的复函
　　（1990年11月14日） ··· (5296)
最高人民法院经济审判庭
　关于云南金马机械总厂与昆明铁路分局昆明车站、昆明地区联运公司货物
　　运输合同纠纷是否必须先处理完经济犯罪才能作为经济合同纠纷处理
　　问题的复函
　　（1993年11月15日） ··· (5297)
最高人民法院
　关于印发《人民法院民事诉讼风险提示书》的通知
　　（2003年12月24日） ··· (5297)
最高人民法院
　关于依法做好抗震救灾恢复重建期间民事审判和执行工作的通知
　　（2008年6月6日） ··· (5301)

民事诉讼篇

一、综　合

最高人民法院
关于适用《中华人民共和国民事诉讼法》的解释

法释〔2015〕5号

（2014年12月18日最高人民法院审判委员会第1636次会议通过
2015年1月30日最高人民法院公告公布　自2015年2月4日起施行）

目　录

一、管辖
二、回避
三、诉讼参加人
四、证据
五、期间和送达
六、调解
七、保全和先予执行
八、对妨害民事诉讼的强制措施
九、诉讼费用
十、第一审普通程序
十一、简易程序
十二、简易程序中的小额诉讼
十三、公益诉讼
十四、第三人撤销之诉
十五、执行异议之诉
十六、第二审程序
十七、特别程序

十八、审判监督程序
十九、督促程序
二十、公示催告程序
二十一、执行程序
二十二、涉外民事诉讼程序的特别规定
二十三、附　则

2012年8月31日，第十一届全国人民代表大会常务委员会第二十八次会议审议通过了《关于修改〈中华人民共和国民事诉讼法〉的决定》。根据修改后的民事诉讼法，结合人民法院民事审判和执行工作实际，制定本解释。

一、管　辖

第一条 民事诉讼法第十八条第一项规定的重大涉外案件，包括争议标的额大的案件、案情复杂的案件，或者一方当事人人数众多等具有重大影响的案件。

第二条 专利纠纷案件由知识产权法院、最高人民法院确定的中级人民法院和基层人民法院管辖。

海事、海商案件由海事法院管辖。

第三条 公民的住所地是指公民的户籍所在地，法人或者其他组织的住所地是指法人或者其他组织的主要办事机构所在地。

法人或者其他组织的主要办事机构所在地不能确定的，法人或者其他组织的注册地或者登记地为住所地。

第四条 公民的经常居住地是指公民离开住所地至起诉时已连续居住一年以上的地方，但公民住院就医的地方除外。

第五条 对没有办事机构的个人合伙、合伙型联营体提起的诉讼，由被告注册登记地人民法院管辖。没有注册登记，几个被告又不在同一辖区的，被告住所地的人民法院都有管辖权。

第六条 被告被注销户籍的，依照民事诉讼法第二十二条规定确定管辖；原告、被告均被注销户籍的，由被告居住地人民法院管辖。

第七条 当事人的户籍迁出后尚未落户，有经常居住地的，由该地人民法院管辖；没有经常居住地的，由其原户籍所在地人民法院管辖。

第八条 双方当事人都被监禁或者被采取强制性教育措施的，由被告原住所地人民法院管辖。被告被监禁或者被采取强制性教育措施一年以上的，由被告被监禁地或者被采取强制性教育措施地人民法院管辖。

第九条 追索赡养费、抚育费、扶养费案件的几个被告住所地不在同一辖区的，可以由原告住所地人民法院管辖。

第十条 不服指定监护或者变更监护关系的案件，可以由被监护人住所地人民法院管辖。

第十一条 双方当事人均为军人或者军队单位的民事案件由军事法院管辖。

第十二条 夫妻一方离开住所地超过一年，另一方起诉离婚的案件，可以由原告住所地人民法院管辖。

夫妻双方离开住所地超过一年，一方起诉离婚的案件，由被告经常居住地人民法院管辖；没有经常居住地的，由原告起诉时被告居住地人民法院管辖。

第十三条 在国内结婚并定居国外的华侨，如定居国法院以离婚诉讼须由婚姻缔结地法院管辖为由不予受理，当事人向人民法院提出离婚诉讼的，由婚姻缔结地或者一方在国内的最后居住地人民法院管辖。

第十四条 在国外结婚并定居国外的华侨，如定居国法院以离婚诉讼须由国籍所属国法院管辖为由不予受理，当事人向人民法院提出离婚诉讼的，由一方原住所地或者在国内的最后居住地人民法院管辖。

第十五条 中国公民一方居住在国外，一方居住在国内，不论哪一方向人民法院提起离婚诉讼，国内一方住所地人民法院都有权管辖。国外一方在居住国法院起诉，国内一方向人民法院起诉的，受诉人民法院有权管辖。

第十六条 中国公民双方在国外但未定居，一方向人民法院起诉离婚的，应由原告或者被告原住所地人民法院管辖。

第十七条 已经离婚的中国公民，双方均定居国外，仅就国内财产分割提起诉讼的，由主要财产所在地人民法院管辖。

第十八条 合同约定履行地点的，以约定的履行地点为合同履行地。

合同对履行地点没有约定或者约定不明确，争议标的为给付货币的，接收货币一方所在地为合同履行地；交付不动产的，不动产所在地为合同履行地；其他标的，履行义务一方所在地为合同履行地。即时结清的合同，交易行为地为合同履行地。

合同没有实际履行，当事人双方住所地都不在合同约定的履行地的，由被告住所地人民法院管辖。

第十九条 财产租赁合同、融资租赁合同以租赁物使用地为合同履行地。合同对履行地有约定的，从其约定。

第二十条 以信息网络方式订立的买卖合同，通过信息网络交付标的的，以买受人住所地为合同履行地；通过其他方式交付标的的，收货地为合同履行地。合同对履行地有约定的，从其约定。

第二十一条 因财产保险合同纠纷提起的诉讼，如果保险标的物是运输工具或者运输中的货物，可以由运输工具登记注册地、运输目的地、保险事故发生地人民法院管辖。

因人身保险合同纠纷提起的诉讼，可以由被保险人住所地人民法院管辖。

第二十二条 因股东名册记载、请求变更公司登记、股东知情权、公司决议、公司合并、公司分立、公司减资、公司增资等纠纷提起的诉讼，依照民事诉讼法第二十六条规定确定管辖。

第二十三条 债权人申请支付令，适用民事诉讼法第二十一条规定，由债务人住所地基层人民法院管辖。

第二十四条 民事诉讼法第二十八条规定的侵权行为地，包括侵权行为实施地、侵权结果发生地。

第二十五条　信息网络侵权行为实施地包括实施被诉侵权行为的计算机等信息设备所在地，侵权结果发生地包括被侵权人住所地。

第二十六条　因产品、服务质量不合格造成他人财产、人身损害提起的诉讼，产品制造地、产品销售地、服务提供地、侵权行为地和被告住所地人民法院都有管辖权。

第二十七条　当事人申请诉前保全后没有在法定期间起诉或者申请仲裁，给被申请人、利害关系人造成损失引起的诉讼，由采取保全措施的人民法院管辖。

当事人申请诉前保全后在法定期间内起诉或者申请仲裁，被申请人、利害关系人因保全受到损失提起的诉讼，由受理起诉的人民法院或者采取保全措施的人民法院管辖。

第二十八条　民事诉讼法第三十三条第一项规定的不动产纠纷是指因不动产的权利确认、分割、相邻关系等引起的物权纠纷。

农村土地承包经营合同纠纷、房屋租赁合同纠纷、建设工程施工合同纠纷、政策性房屋买卖合同纠纷，按照不动产纠纷确定管辖。

不动产已登记的，以不动产登记簿记载的所在地为不动产所在地；不动产未登记的，以不动产实际所在地为不动产所在地。

第二十九条　民事诉讼法第三十四条规定的书面协议，包括书面合同中的协议管辖条款或者诉讼前以书面形式达成的选择管辖的协议。

第三十条　根据管辖协议，起诉时能够确定管辖法院的，从其约定；不能确定的，依照民事诉讼法的相关规定确定管辖。

管辖协议约定两个以上与争议有实际联系的地点的人民法院管辖，原告可以向其中一个人民法院起诉。

第三十一条　经营者使用格式条款与消费者订立管辖协议，未采取合理方式提请消费者注意，消费者主张管辖协议无效的，人民法院应予支持。

第三十二条　管辖协议约定由一方当事人住所地人民法院管辖，协议签订后当事人住所地变更的，由签订管辖协议时的住所地人民法院管辖，但当事人另有约定的除外。

第三十三条　合同转让的，合同的管辖协议对合同受让人有效，但转让时受让人不知道有管辖协议，或者转让协议另有约定且原合同相对人同意的除外。

第三十四条　当事人因同居或者在解除婚姻、收养关系后发生财产争议，约定管辖的，可以适用民事诉讼法第三十四条规定确定管辖。

第三十五条　当事人在答辩期间届满后未应诉答辩，人民法院在一审开庭前，发现案件不属于本院管辖的，应当裁定移送有管辖权的人民法院。

第三十六条　两个以上人民法院都有管辖权的诉讼，先立案的人民法院不得将案件移送给另一个有管辖权的人民法院。人民法院在立案前发现其他有管辖权的人民法院已先立案的，不得重复立案；立案后发现其他有管辖权的人民法院已先立案的，裁定将案件移送给先立案的人民法院。

第三十七条　案件受理后，受诉人民法院的管辖权不受当事人住所地、经常居住地变更的影响。

第三十八条　有管辖权的人民法院受理案件后，不得以行政区域变更为由，将案件移送给变更后有管辖权的人民法院。判决后的上诉案件和依审判监督程序提审的案件，由原审人民法院的上级人民法院进行审判；上级人民法院指令再审、发回重审的案件，由原审人民法院再审或者重审。

第三十九条 人民法院对管辖异议审查后确定有管辖权的，不因当事人提起反诉、增加或者变更诉讼请求等改变管辖，但违反级别管辖、专属管辖规定的除外。

人民法院发回重审或者按第一审程序再审的案件，当事人提出管辖异议的，人民法院不予审查。

第四十条 依照民事诉讼法第三十七条第二款规定，发生管辖权争议的两个人民法院因协商不成报请它们的共同上级人民法院指定管辖时，双方为同属一个地、市辖区的基层人民法院的，由该地、市的中级人民法院及时指定管辖；同属一个省、自治区、直辖市的两个人民法院的，由该省、自治区、直辖市的高级人民法院及时指定管辖；双方为跨省、自治区、直辖市的人民法院，高级人民法院协商不成的，由最高人民法院及时指定管辖。

依照前款规定报请上级人民法院指定管辖时，应当逐级进行。

第四十一条 人民法院依照民事诉讼法第三十七条第二款规定指定管辖的，应当作出裁定。

对报请上级人民法院指定管辖的案件，下级人民法院应当中止审理。指定管辖裁定作出前，下级人民法院对案件作出判决、裁定的，上级人民法院应当在裁定指定管辖的同时，一并撤销下级人民法院的判决、裁定。

第四十二条 下列第一审民事案件，人民法院依照民事诉讼法第三十八条第一款规定，可以在开庭前交下级人民法院审理：

（一）破产程序中有关债务人的诉讼案件；
（二）当事人人数众多且不方便诉讼的案件；
（三）最高人民法院确定的其他类型案件。

人民法院交下级人民法院审理前，应当报请其上级人民法院批准。上级人民法院批准后，人民法院应当裁定将案件交下级人民法院审理。

二、回避

第四十三条 审判人员有下列情形之一的，应当自行回避，当事人有权申请其回避：

（一）是本案当事人或者当事人近亲属的；
（二）本人或者其近亲属与本案有利害关系的；
（三）担任过本案的证人、鉴定人、辩护人、诉讼代理人、翻译人员的；
（四）是本案诉讼代理人近亲属的；
（五）本人或者其近亲属持有本案非上市公司当事人的股份或者股权的；
（六）与本案当事人或者诉讼代理人有其他利害关系，可能影响公正审理的。

第四十四条 审判人员有下列情形之一的，当事人有权申请其回避：

（一）接受本案当事人及其受托人宴请，或者参加由其支付费用的活动的；

（二）索取、接受本案当事人及其受托人财物或者其他利益的；
（三）违反规定会见本案当事人、诉讼代理人的；
（四）为本案当事人推荐、介绍诉讼代理人，或者为律师、其他人员介绍代理本案的；
（五）向本案当事人及其受托人借用款物的；
（六）有其他不正当行为，可能影响公正审理的。

第四十五条 在一个审判程序中参与过本案审判工作的审判人员，不得再参与该案其他程序的审判。

发回重审的案件，在一审法院作出裁判后又进入第二审程序的，原第二审程序中合议庭组成人员不受前款规定的限制。

第四十六条 审判人员有应当回避的情形，没有自行回避，当事人也没有申请其回避的，由院长或者审判委员会决定其回避。

第四十七条 人民法院应当依法告知当事人对合议庭组成人员、独任审判员和书记员等人员有申请回避的权利。

第四十八条 民事诉讼法第四十四条所称的审判人员，包括参与本案审理的人民法院院长、副院长、审判委员会委员、庭长、副庭长、审判员、助理审判员和人民陪审员。

第四十九条 书记员和执行员适用审判人员回避的有关规定。

三、诉讼参加人

第五十条 法人的法定代表人以依法登记的为准，但法律另有规定的除外。依法不需要办理登记的法人，以其正职负责人为法定代表人；没有正职负责人的，以其主持工作的副职负责人为法定代表人。

法定代表人已经变更，但未完成登记，变更后的法定代表人要求代表法人参加诉讼的，人民法院可以准许。

其他组织，以其主要负责人为代表人。

第五十一条 在诉讼中，法人的法定代表人变更的，由新的法定代表人继续进行诉讼，并应向人民法院提交新的法定代表人身份证明书。原法定代表人进行的诉讼行为有效。

前款规定，适用于其他组织参加的诉讼。

第五十二条 民事诉讼法第四十八条规定的其他组织是指合法成立、有一定的组织机构和财产，但又不具备法人资格的组织，包括：
（一）依法登记领取营业执照的个人独资企业；
（二）依法登记领取营业执照的合伙企业；
（三）依法登记领取我国营业执照的中外合作经营企业、外资企业；
（四）依法成立的社会团体的分支机构、代表机构；
（五）依法设立并领取营业执照的法人的分支机构；
（六）依法设立并领取营业执照的商业银行、政策性银行和非银行金融机构的分支机构；

（七）经依法登记领取营业执照的乡镇企业、街道企业；

（八）其他符合本条规定条件的组织。

第五十三条 法人非依法设立的分支机构，或者虽依法设立，但没有领取营业执照的分支机构，以设立该分支机构的法人为当事人。

第五十四条 以挂靠形式从事民事活动，当事人请求由挂靠人和被挂靠人依法承担民事责任的，该挂靠人和被挂靠人为共同诉讼人。

第五十五条 在诉讼中，一方当事人死亡，需要等待继承人表明是否参加诉讼的，裁定中止诉讼。人民法院应当及时通知继承人作为当事人承担诉讼，被继承人已经进行的诉讼行为对承担诉讼的继承人有效。

第五十六条 法人或者其他组织的工作人员执行工作任务造成他人损害的，该法人或者其他组织为当事人。

第五十七条 提供劳务一方因劳务造成他人损害，受害人提起诉讼的，以接受劳务一方为被告。

第五十八条 在劳务派遣期间，被派遣的工作人员因执行工作任务造成他人损害的，以接受劳务派遣的用工单位为当事人。当事人主张劳务派遣单位承担责任的，该劳务派遣单位为共同被告。

第五十九条 在诉讼中，个体工商户以营业执照上登记的经营者为当事人。有字号的，以营业执照上登记的字号为当事人，但应同时注明该字号经营者的基本信息。

营业执照上登记的经营者与实际经营者不一致的，以登记的经营者和实际经营者为共同诉讼人。

第六十条 在诉讼中，未依法登记领取营业执照的个人合伙的全体合伙人为共同诉讼人。个人合伙有依法核准登记的字号的，应在法律文书中注明登记的字号。全体合伙人可以推选代表人；被推选的代表人，应由全体合伙人出具推选书。

第六十一条 当事人之间的纠纷经人民调解委员会调解达成协议后，一方当事人不履行调解协议，另一方当事人向人民法院提起诉讼的，应以对方当事人为被告。

第六十二条 下列情形，以行为人为当事人：

（一）法人或者其他组织应登记而未登记，行为人即以该法人或者其他组织名义进行民事活动的；

（二）行为人没有代理权、超越代理权或者代理权终止后以被代理人名义进行民事活动的，但相对人有理由相信行为人有代理权的除外；

（三）法人或者其他组织依法终止后，行为人仍以其名义进行民事活动的。

第六十三条 企业法人合并的，因合并前的民事活动发生的纠纷，以合并后的企业为当事人；企业法人分立的，因分立前的民事活动发生的纠纷，以分立后的企业为共同诉讼人。

第六十四条 企业法人解散的，依法清算并注销前，以该企业法人为当事人；未依法清算即被注销的，以该企业法人的股东、发起人或者出资人为当事人。

第六十五条 借用业务介绍信、合同专用章、盖章的空白合同书或者银行账户的，出借单位和借用人为共同诉讼人。

第六十六条 因保证合同纠纷提起的诉讼，债权人向保证人和被保证人一并主张权利的，人民法院应当将保证人和被保证人列为共同被告。保证合同约定为一般保证，债权人仅起诉保证人的，人民法院应当通知被保证人作为共同被告参加诉讼；债权人仅起诉被保证人的，可以只列被保证人为被告。

第六十七条 无民事行为能力人、限制民事行为能力人造成他人损害的，无民事行为能力人、限制民事行为能力人和其监护人为共同被告。

第六十八条 村民委员会或者村民小组与他人发生民事纠纷的，村民委员会或者有独立财产的村民小组为当事人。

第六十九条 对侵害死者遗体、遗骨以及姓名、肖像、名誉、荣誉、隐私等行为提起诉讼的，死者的近亲属为当事人。

第七十条 在继承遗产的诉讼中，部分继承人起诉的，人民法院应通知其他继承人作为共同原告参加诉讼；被通知的继承人不愿意参加诉讼又未明确表示放弃实体权利的，人民法院仍应将其列为共同原告。

第七十一条 原告起诉被代理人和代理人，要求承担连带责任的，被代理人和代理人为共同被告。

第七十二条 共有财产权受到他人侵害，部分共有权人起诉的，其他共有权人为共同诉讼人。

第七十三条 必须共同进行诉讼的当事人没有参加诉讼的，人民法院应当依照民事诉讼法第一百三十二条的规定，通知其参加；当事人也可以向人民法院申请追加。人民法院对当事人提出的申请，应当进行审查，申请理由不成立的，裁定驳回；申请理由成立的，书面通知被追加的当事人参加诉讼。

第七十四条 人民法院追加共同诉讼的当事人时，应当通知其他当事人。应当追加的原告，已明确表示放弃实体权利的，可不予追加；既不愿意参加诉讼，又不放弃实体权利的，仍应追加为共同原告，其不参加诉讼，不影响人民法院对案件的审理和依法作出判决。

第七十五条 民事诉讼法第五十三条、第五十四条和第一百九十九条规定的人数众多，一般指十人以上。

第七十六条 依照民事诉讼法第五十三条规定，当事人一方人数众多在起诉时确定的，可以由全体当事人推选共同的代表人，也可以由部分当事人推选自己的代表人；推选不出代表人的当事人，在必要的共同诉讼中可以自己参加诉讼，在普通的共同诉讼中可以另行起诉。

第七十七条 根据民事诉讼法第五十四条规定，当事人一方人数众多在起诉时不确定的，由当事人推选代表人。当事人推选不出的，可以由人民法院提出人选与当事人协商；协商不成的，也可以由人民法院在起诉的当事人中指定代表人。

第七十八条 民事诉讼法第五十三条和第五十四条规定的代表人为二至五人，每位代表人可以委托一至二人作为诉讼代理人。

第七十九条 依照民事诉讼法第五十四条规定受理的案件，人民法院可以发出公告，通知权利人向人民法院登记。公告期间根据案件的具体情况确定，但不得少于三十日。

第八十条 根据民事诉讼法第五十四条规定向人民法院登记的权利人，应当证明其与对方当事人的法律关系和所受到的损害。证明不了的，不予登记，权利人可以另行起诉。人民法院的裁判在登记的范围内执行。未参加登记的权利人提起诉讼，人民法院认定其请求成立的，裁定适用人民法院已作出的判决、裁定。

第八十一条 根据民事诉讼法第五十六条的规定，有独立请求权的第三人有权向人民法院提出诉讼请求和事实、理由，成为当事人；无独立请求权的第三人，可以申请或者由人民法院通知参加诉讼。

第一审程序中未参加诉讼的第三人，申请参加第二审程序的，人民法院可以准许。

第八十二条 在一审诉讼中，无独立请求权的第三人无权提出管辖异议，无权放弃、变更诉讼请求或者申请撤诉，被判决承担民事责任的，有权提起上诉。

第八十三条 在诉讼中，无民事行为能力人、限制民事行为能力人的监护人是他的法定代理人。事先没有确定监护人的，可以由有监护资格的人协商确定；协商不成的，由人民法院在他们之中指定诉讼中的法定代理人。当事人没有民法通则第十六条第一款、第二款或者第十七条第一款规定的监护人的，可以指定该法第十六条第四款或者第十七条第三款规定的有关组织担任诉讼中的法定代理人。

第八十四条 无民事行为能力人、限制民事行为能力人以及其他依法不能作为诉讼代理人的，当事人不得委托其作为诉讼代理人。

第八十五条 根据民事诉讼法第五十八条第二款第二项规定，与当事人有夫妻、直系血亲、三代以内旁系血亲、近姻亲关系以及其他有抚养、赡养关系的亲属，可以当事人近亲属的名义作为诉讼代理人。

第八十六条 根据民事诉讼法第五十八条第二款第二项规定，与当事人有合法劳动人事关系的职工，可以当事人工作人员的名义作为诉讼代理人。

第八十七条 根据民事诉讼法第五十八条第二款第三项规定，有关社会团体推荐公民担任诉讼代理人的，应当符合下列条件：

（一）社会团体属于依法登记设立或者依法免予登记设立的非营利性法人组织；

（二）被代理人属于该社会团体的成员，或者当事人一方住所地位于该社会团体的活动地域；

（三）代理事务属于该社会团体章程载明的业务范围；

（四）被推荐的公民是该社会团体的负责人或者与该社会团体有合法劳动人事关系的工作人员。

专利代理人经中华全国专利代理人协会推荐，可以在专利纠纷案件中担任诉讼代理人。

第八十八条 诉讼代理人除根据民事诉讼法第五十九条规定提交授权委托书外，还应当按照下列规定向人民法院提交相关材料：

（一）律师应当提交律师执业证、律师事务所证明材料；

（二）基层法律服务工作者应当提交法律服务工作者执业证、基层法律服务所出具的介绍信以及当事人一方位于本辖区内的证明材料；

（三）当事人的近亲属应当提交身份证件和与委托人有近亲属关系的证明材料；

（四）当事人的工作人员应当提交身份证件和与当事人有合法劳动人事关系的证明材料；

（五）当事人所在社区、单位推荐的公民应当提交身份证件、推荐材料和当事人属于该社区、单位的证明材料；

（六）有关社会团体推荐的公民应当提交身份证件和符合本解释第八十七条规定条件的证明材料。

第八十九条　当事人向人民法院提交的授权委托书，应当在开庭审理前送交人民法院。授权委托书仅写"全权代理"而无具体授权的，诉讼代理人无权代为承认、放弃、变更诉讼请求，进行和解，提出反诉或者提起上诉。

适用简易程序审理的案件，双方当事人同时到庭并径行开庭审理的，可以当场口头委托诉讼代理人，由人民法院记入笔录。

四、证　据

第九十条　当事人对自己提出的诉讼请求所依据的事实或者反驳对方诉讼请求所依据的事实，应当提供证据加以证明，但法律另有规定的除外。

在作出判决前，当事人未能提供证据或者证据不足以证明其事实主张的，由负有举证证明责任的当事人承担不利的后果。

第九十一条　人民法院应当依照下列原则确定举证证明责任的承担，但法律另有规定的除外：

（一）主张法律关系存在的当事人，应当对产生该法律关系的基本事实承担举证证明责任；

（二）主张法律关系变更、消灭或者权利受到妨害的当事人，应当对该法律关系变更、消灭或者权利受到妨害的基本事实承担举证证明责任。

第九十二条　一方当事人在法庭审理中，或者在起诉状、答辩状、代理词等书面材料中，对于己不利的事实明确表示承认的，另一方当事人无需举证证明。

对于涉及身份关系、国家利益、社会公共利益等应当由人民法院依职权调查的事实，不适用前款自认的规定。

自认的事实与查明的事实不符的，人民法院不予确认。

第九十三条　下列事实，当事人无须举证证明：

（一）自然规律以及定理、定律；

（二）众所周知的事实；

（三）根据法律规定推定的事实；

（四）根据已知的事实和日常生活经验法则推定出的另一事实；

（五）已为人民法院发生法律效力的裁判所确认的事实；

（六）已为仲裁机构生效裁决所确认的事实；

（七）已为有效公证文书所证明的事实。

前款第二项至第四项规定的事实，当事人有相反证据足以反驳的除外；第五项至第七项规定的事实，当事人有相反证据足以推翻的除外。

第九十四条 民事诉讼法第六十四条第二款规定的当事人及其诉讼代理人因客观原因不能自行收集的证据包括：

（一）证据由国家有关部门保存，当事人及其诉讼代理人无权查阅调取的；

（二）涉及国家秘密、商业秘密或者个人隐私的；

（三）当事人及其诉讼代理人因客观原因不能自行收集的其他证据。

当事人及其诉讼代理人因客观原因不能自行收集的证据，可以在举证期限届满前书面申请人民法院调查收集。

第九十五条 当事人申请调查收集的证据，与待证事实无关联、对证明待证事实无意义或者其他无调查收集必要的，人民法院不予准许。

第九十六条 民事诉讼法第六十四条第二款规定的人民法院认为审理案件需要的证据包括：

（一）涉及可能损害国家利益、社会公共利益的；

（二）涉及身份关系的；

（三）涉及民事诉讼法第五十五条规定诉讼的；

（四）当事人有恶意串通损害他人合法权益可能的；

（五）涉及依职权追加当事人、中止诉讼、终结诉讼、回避等程序性事项的。

除前款规定外，人民法院调查收集证据，应当依照当事人的申请进行。

第九十七条 人民法院调查收集证据，应当由两人以上共同进行。调查材料要由调查人、被调查人、记录人签名、捺印或者盖章。

第九十八条 当事人根据民事诉讼法第八十一条第一款规定申请证据保全的，可以在举证期限届满前书面提出。

证据保全可能对他人造成损失的，人民法院应当责令申请人提供相应的担保。

第九十九条 人民法院应当在审理前的准备阶段确定当事人的举证期限。举证期限可以由当事人协商，并经人民法院准许。

人民法院确定举证期限，第一审普通程序案件不得少于十五日，当事人提供新的证据的第二审案件不得少于十日。

举证期限届满后，当事人对已经提供的证据，申请提供反驳证据或者对证据来源、形式等方面的瑕疵进行补正的，人民法院可以酌情再次确定举证期限，该期限不受前款规定的限制。

第一百条 当事人申请延长举证期限的，应当在举证期限届满前向人民法院提出书面申请。

申请理由成立的，人民法院应当准许，适当延长举证期限，并通知其他当事人。延长的举证期限适用于其他当事人。

申请理由不成立的，人民法院不予准许，并通知申请人。

第一百零一条 当事人逾期提供证据的，人民法院应当责令其说明理由，必要时可以要求其提供相应的证据。

当事人因客观原因逾期提供证据，或者对方当事人对逾期提供证据未提出异议的，视为未逾期。

第一百零二条 当事人因故意或者重大过失逾期提供的证据，人民法院不予采纳。但该证据与案件基本事实有关的，人民法院应当采纳，并依照民事诉讼法第六十五条、第一百一十五条第一款的规定予以训诫、罚款。

当事人非因故意或者重大过失逾期提供的证据，人民法院应当采纳，并对当事人予以训诫。

当事人一方要求另一方赔偿因逾期提供证据致使其增加的交通、住宿、就餐、误工、证人出庭作证等必要费用的，人民法院可予支持。

第一百零三条 证据应当在法庭上出示，由当事人互相质证。未经当事人质证的证据，不得作为认定案件事实的根据。

当事人在审理前的准备阶段认可的证据，经审判人员在庭审中说明后，视为质证过的证据。

涉及国家秘密、商业秘密、个人隐私或者法律规定应当保密的证据，不得公开质证。

第一百零四条 人民法院应当组织当事人围绕证据的真实性、合法性以及与待证事实的关联性进行质证，并针对证据有无证明力和证明力大小进行说明和辩论。

能够反映案件真实情况、与待证事实相关联、来源和形式符合法律规定的证据，应当作为认定案件事实的根据。

第一百零五条 人民法院应当按照法定程序，全面、客观地审核证据，依照法律规定，运用逻辑推理和日常生活经验法则，对证据有无证明力和证明力大小进行判断，并公开判断的理由和结果。

第一百零六条 对以严重侵害他人合法权益、违反法律禁止性规定或者严重违背公序良俗的方法形成或者获取的证据，不得作为认定案件事实的根据。

第一百零七条 在诉讼中，当事人为达成调解协议或者和解协议作出妥协而认可的事实，不得在后续的诉讼中作为对其不利的根据，但法律另有规定或者当事人均同意的除外。

第一百零八条 对负有举证证明责任的当事人提供的证据，人民法院经审查并结合相关事实，确信待证事实的存在具有高度可能性的，应当认定该事实存在。

对一方当事人为反驳负有举证证明责任的当事人所主张事实而提供的证据，人民法院经审查并结合相关事实，认为待证事实真伪不明的，应当认定该事实不存在。

法律对于待证事实所应达到的证明标准另有规定的，从其规定。

第一百零九条 当事人对欺诈、胁迫、恶意串通事实的证明，以及对口头遗嘱或者赠与事实的证明，人民法院确信该待证事实存在的可能性能够排除合理怀疑的，应当认定该事实存在。

第一百一十条 人民法院认为有必要的，可以要求当事人本人到庭，就案件有关事实接受询问。在询问当事人之前，可以要求其签署保证书。

保证书应当载明据实陈述、如有虚假陈述愿意接受处罚等内容。当事人应当在保证书上签名或者捺印。

负有举证证明责任的当事人拒绝到庭、拒绝接受询问或者拒绝签署保证书，待证事实又欠缺其他证据证明的，人民法院对其主张的事实不予认定。

第一百一十一条 民事诉讼法第七十条规定的提交书证原件确有困难，包括下列情形：

（一）书证原件遗失、灭失或者毁损的；

（二）原件在对方当事人控制之下，经合法通知提交而拒不提交的；

（三）原件在他人控制之下，而其有权不提交的；

（四）原件因篇幅或者体积过大而不便提交的；

（五）承担举证证明责任的当事人通过申请人民法院调查收集或者其他方式无法获得书证原件的。

前款规定情形，人民法院应当结合其他证据和案件具体情况，审查判断书证复制品等能否作为认定案件事实的根据。

第一百一十二条 书证在对方当事人控制之下的，承担举证证明责任的当事人可以在举证期限届满前书面申请人民法院责令对方当事人提交。

申请理由成立的，人民法院应当责令对方当事人提交，因提交书证所产生的费用，由申请人负担。对方当事人无正当理由拒不提交的，人民法院可以认定申请人所主张的书证内容为真实。

第一百一十三条 持有书证的当事人以妨碍对方当事人使用为目的，毁灭有关书证或者实施其他致使书证不能使用行为的，人民法院可以依照民事诉讼法第一百一十一条规定，对其处以罚款、拘留。

第一百一十四条 国家机关或者其他依法具有社会管理职能的组织，在其职权范围内制作的文书所记载的事项推定为真实，但有相反证据足以推翻的除外。必要时，人民法院可以要求制作文书的机关或者组织对文书的真实性予以说明。

第一百一十五条 单位向人民法院提出的证明材料，应当由单位负责人及制作证明材料的人员签名或者盖章，并加盖单位印章。人民法院就单位出具的证明材料，可以向单位及制作证明材料的人员进行调查核实。必要时，可以要求制作证明材料的人员出庭作证。

单位及制作证明材料的人员拒绝人民法院调查核实，或者制作证明材料的人员无正当理由拒绝出庭作证的，该证明材料不得作为认定案件事实的根据。

第一百一十六条 视听资料包括录音资料和影像资料。

电子数据是指通过电子邮件、电子数据交换、网上聊天记录、博客、微博客、手机短信、电子签名、域名等形成或者存储在电子介质中的信息。

存储在电子介质中的录音资料和影像资料，适用电子数据的规定。

第一百一十七条 当事人申请证人出庭作证的，应当在举证期限届满前提出。

符合本解释第九十六条第一款规定情形的，人民法院可以依职权通知证人出庭作证。

未经人民法院通知，证人不得出庭作证，但双方当事人同意并经人民法院准许的除外。

第一百一十八条 民事诉讼法第七十四条规定的证人因履行出庭作证义务而支出的交通、住宿、就餐等必要费用，按照机关事业单位工作人员差旅费用和补贴标准计算；误工损失按照国家上年度职工日平均工资标准计算。

人民法院准许证人出庭作证申请的，应当通知申请人预缴证人出庭作证费用。

第一百一十九条 人民法院在证人出庭作证前应当告知其如实作证的义务以及作伪证的法律后果，并责令其签署保证书，但无民事行为能力人和限制民事行为能力人除外。

证人签署保证书适用本解释关于当事人签署保证书的规定。

第一百二十条 证人拒绝签署保证书的，不得作证，并自行承担相关费用。

第一百二十一条 当事人申请鉴定，可以在举证期限届满前提出。申请鉴定的事项与待证事实无关联，或者对证明待证事实无意义的，人民法院不予准许。

人民法院准许当事人鉴定申请的，应当组织双方当事人协商确定具备相应资格的鉴定人。当事人协商不成的，由人民法院指定。

符合依职权调查收集证据条件的，人民法院应当依职权委托鉴定，在询问当事人的意见后，指定具备相应资格的鉴定人。

第一百二十二条 当事人可以依照民事诉讼法第七十九条的规定，在举证期限届满前申请一至二名具有专门知识的人出庭，代表当事人对鉴定意见进行质证，或者对案件事实所涉及的专业问题提出意见。

具有专门知识的人在法庭上就专业问题提出的意见，视为当事人的陈述。

人民法院准许当事人申请的，相关费用由提出申请的当事人负担。

第一百二十三条 人民法院可以对出庭的具有专门知识的人进行询问。经法庭准许，当事人可以对出庭的具有专门知识的人进行询问，当事人各自申请的具有专门知识的人可以就案件中的有关问题进行对质。

具有专门知识的人不得参与专业问题之外的法庭审理活动。

第一百二十四条 人民法院认为有必要的，可以根据当事人的申请或者依职权对物证或者现场进行勘验。勘验时应当保护他人的隐私和尊严。

人民法院可以要求鉴定人参与勘验。必要时，可以要求鉴定人在勘验中进行鉴定。

五、期间和送达

第一百二十五条 依照民事诉讼法第八十二条第二款规定，民事诉讼中以时起算的期间从次时起算；以日、月、年计算的期间从次日起算。

第一百二十六条 民事诉讼法第一百二十三条规定的立案期限，因起诉状内容欠缺通知原告补正的，从补正后交人民法院的次日起算。由上级人民法院转交下级人民法院立案的案件，从受诉人民法院收到起诉状的次日起算。

第一百二十七条 民事诉讼法第五十六条第三款、第二百零五条以及本解释第三百七十四条、第三百八十四条、第四百零一条、第四百二十二条、第四百二十三条规定的六个月，民事诉讼法第二百二十三条规定的一年，为不变期间，不适用诉讼时效中止、中断、延长的规定。

第一百二十八条 再审案件按照第一审程序或者第二审程序审理的，适用民事诉讼法第一百四十九条、第一百七十六条规定的审限。审限自再审立案的次日起算。

第一百二十九条 对申请再审案件，人民法院应当自受理之日起三个月内审查完毕，但公告期间、当事人和解期间等不计入审查期限。有特殊情况需要延长的，由本院院长批准。

第一百三十条 向法人或者其他组织送达诉讼文书，应当由法人的法定代表人、该组织的主要负责人或者办公室、收发室、值班室等负责收件的人签收或者盖章，拒绝签收或者盖章的，适用留置送达。

民事诉讼法第八十六条规定的有关基层组织和所在单位的代表，可以是受送达人住所地的居民委员会、村民委员会的工作人员以及受送达人所在单位的工作人员。

第一百三十一条 人民法院直接送达诉讼文书的，可以通知当事人到人民法院领取。当事人到达人民法院，拒绝签署送达回证的，视为送达。审判人员、书记员应当在送达回证上注明送达情况并签名。

人民法院可以在当事人住所地以外向当事人直接送达诉讼文书。当事人拒绝签署送达回证的，采用拍照、录像等方式记录送达过程即视为送达。审判人员、书记员应当在送达回证上注明送达情况并签名。

第一百三十二条 受送达人有诉讼代理人的，人民法院既可以向受送达人送达，也可以向其诉讼代理人送达。受送达人指定诉讼代理人为代收人的，向诉讼代理人送达时，适用留置送达。

第一百三十三条 调解书应当直接送达当事人本人，不适用留置送达。当事人本人因故不能签收的，可由其指定的代收人签收。

第一百三十四条 依照民事诉讼法第八十八条规定，委托其他人民法院代为送达的，委托法院应当出具委托函，并附需要送达的诉讼文书和送达回证，以受送达人在送达回证上签收的日期为送达日期。

委托送达的，受委托人民法院应当自收到委托函及相关诉讼文书之日起十日内代为送达。

第一百三十五条 电子送达可以采用传真、电子邮件、移动通信等即时收悉的特定系统作为送达媒介。

民事诉讼法第八十七条第二款规定的到达受送达人特定系统的日期，为人民法院对应系统显示发送成功的日期，但受送达人证明到达其特定系统的日期与人民法院对应系统显示发送成功的日期不一致的，以受送达人证明到达其特定系统的日期为准。

第一百三十六条 受送达人同意采用电子方式送达的，应当在送达地址确认书中予以确认。

第一百三十七条 当事人在提起上诉、申请再审、申请执行时未书面变更送达地址的，其在第一审程序中确认的送达地址可以作为第二审程序、审判监督程序、执行程序的送达地址。

第一百三十八条 公告送达可以在法院的公告栏和受送达人住所地张贴公告，也可以在报纸、信息网络等媒体上刊登公告，发出公告日期以最后张贴或者刊登的日期为准。对公告送达方式有特殊要求的，应当按要求的方式进行。公告期满，即视为送达。

人民法院在受送达人住所地张贴公告的，应当采取拍照、录像等方式记录张贴过程。

第一百三十九条 公告送达应当说明公告送达的原因；公告送达起诉状或者上诉状副本的，应当说明起诉或者上诉要点，受送达人答辩期限及逾期不答辩的法律后果；公告送达传票，应当说明出庭的时间和地点及逾期不出庭的法律后果；公告送达判决书、裁定书的，应当说明裁判主要内容，当事人有权上诉的，还应当说明上诉权利、上诉期限和上诉的人民法院。

第一百四十条 适用简易程序的案件，不适用公告送达。

第一百四十一条 人民法院在定期宣判时，当事人拒不签收判决书、裁定书的，应视为送达，并在宣判笔录中记明。

六、调　解

第一百四十二条 人民法院受理案件后，经审查，认为法律关系明确、事实清楚，在征得当事人双方同意后，可以径行调解。

第一百四十三条 适用特别程序、督促程序、公示催告程序的案件，婚姻等身份关系确认案件以及其他根据案件性质不能进行调解的案件，不得调解。

第一百四十四条 人民法院审理民事案件，发现当事人之间恶意串通，企图通过和解、调解方式侵害他人合法权益的，应当依照民事诉讼法第一百一十二条的规定处理。

第一百四十五条 人民法院审理民事案件，应当根据自愿、合法的原则进行调解。当事人一方或者双方坚持不愿调解的，应当及时裁判。

人民法院审理离婚案件，应当进行调解，但不应久调不决。

第一百四十六条 人民法院审理民事案件，调解过程不公开，但当事人同意公开的除外。

调解协议内容不公开，但为保护国家利益、社会公共利益、他人合法权益，人民法院认为确有必要公开的除外。

主持调解以及参与调解的人员，对调解过程以及调解过程中获悉的国家秘密、商业秘密、个人隐私和其他不宜公开的信息，应当保守秘密，但为保护国家利益、社会公共利益、他人合法权益的除外。

第一百四十七条 人民法院调解案件时，当事人不能出庭的，经其特别授权，可由其委托代理人参加调解，达成的调解协议，可由委托代理人签名。

离婚案件当事人确因特殊情况无法出庭参加调解的，除本人不能表达意志的以外，应当出具书面意见。

第一百四十八条 当事人自行和解或者调解达成协议后，请求人民法院按照和解协议或者调解协议的内容制作判决书的，人民法院不予准许。

无民事行为能力人的离婚案件，由其法定代理人进行诉讼。法定代理人与对方达成协议要求发给判决书的，可根据协议内容制作判决书。

第一百四十九条　调解书需经当事人签收后才发生法律效力的，应当以最后收到调解书的当事人签收的日期为调解书生效日期。

第一百五十条　人民法院调解民事案件，需由无独立请求权的第三人承担责任的，应当经其同意。该第三人在调解书送达前反悔的，人民法院应当及时裁判。

第一百五十一条　根据民事诉讼法第九十八条第一款第四项规定，当事人各方同意在调解协议上签名或者盖章后即发生法律效力的，经人民法院审查确认后，应当记入笔录或者将调解协议附卷，并由当事人、审判人员、书记员签名或者盖章后即具有法律效力。

前款规定情形，当事人请求制作调解书的，人民法院审查确认后可以制作调解书送交当事人。当事人拒收调解书的，不影响调解协议的效力。

七、保全和先予执行

第一百五十二条　人民法院依照民事诉讼法第一百条、第一百零一条规定，在采取诉前保全、诉讼保全措施时，责令利害关系人或者当事人提供担保的，应当书面通知。

利害关系人申请诉前保全的，应当提供担保。申请诉前财产保全的，应当提供相当于请求保全数额的担保；情况特殊的，人民法院可以酌情处理。申请诉前行为保全的，担保的数额由人民法院根据案件的具体情况决定。

在诉讼中，人民法院依申请或者依职权采取保全措施的，应当根据案件的具体情况，决定当事人是否应当提供担保以及担保的数额。

第一百五十三条　人民法院对季节性商品、鲜活、易腐烂变质以及其他不宜长期保存的物品采取保全措施时，可以责令当事人及时处理，由人民法院保存价款；必要时，人民法院可予以变卖，保存价款。

第一百五十四条　人民法院在财产保全中采取查封、扣押、冻结财产措施时，应当妥善保管被查封、扣押、冻结的财产。不宜由人民法院保管的，人民法院可以指定被保全人负责保管；不宜由被保全人保管的，可以委托他人或者申请保全人保管。

查封、扣押、冻结担保物权人占有的担保财产，一般由担保物权人保管；由人民法院保管的，质权、留置权不因采取保全措施而消灭。

第一百五十五条　由人民法院指定被保全人保管的财产，如果继续使用对该财产的价值无重大影响，可以允许被保全人继续使用；由人民法院保管或者委托他人、申请保全人保管的财产，人民法院和其他保管人不得使用。

第一百五十六条　人民法院采取财产保全的方法和措施，依照执行程序相关规定办理。

第一百五十七条　人民法院对抵押物、质押物、留置物可以采取财产保全措施，但不影响抵押权人、质权人、留置权人的优先受偿权。

第一百五十八条　人民法院对债务人到期应得的收益，可以采取财产保全措施，限制其支取，通知有关单位协助执行。

第一百五十九条　债务人的财产不能满足保全请求，但对他人有到期债权的，人民法院可以依债权人的申请裁定该他人不得对本案债务人清偿。该他人要求偿付的，由人民法院提存财物或者价款。

第一百六十条 当事人向采取诉前保全措施以外的其他有管辖权的人民法院起诉的，采取诉前保全措施的人民法院应当将保全手续移送受理案件的人民法院。诉前保全的裁定视为受移送人民法院作出的裁定。

第一百六十一条 对当事人不服一审判决提起上诉的案件，在第二审人民法院接到报送的案件之前，当事人有转移、隐匿、出卖或者毁损财产等行为，必须采取保全措施的，由第一审人民法院依当事人申请或者依职权采取。第一审人民法院的保全裁定，应当及时报送第二审人民法院。

第一百六十二条 第二审人民法院裁定对第一审人民法院采取的保全措施予以续保或者采取新的保全措施的，可以自行实施，也可以委托第一审人民法院实施。

再审人民法院裁定对原保全措施予以续保或者采取新的保全措施的，可以自行实施，也可以委托原审人民法院或者执行法院实施。

第一百六十三条 法律文书生效后，进入执行程序前，债权人因对方当事人转移财产等紧急情况，不申请保全将可能导致生效法律文书不能执行或者难以执行的，可以向执行法院申请采取保全措施。债权人在法律文书指定的履行期间届满后五日内不申请执行的，人民法院应当解除保全。

第一百六十四条 对申请保全人或者他人提供的担保财产，人民法院应当依法办理查封、扣押、冻结等手续。

第一百六十五条 人民法院裁定采取保全措施后，除作出保全裁定的人民法院自行解除或者其上级人民法院决定解除外，在保全期限内，任何单位不得解除保全措施。

第一百六十六条 裁定采取保全措施后，有下列情形之一的，人民法院应当作出解除保全裁定：

（一）保全错误的；

（二）申请人撤回保全申请的；

（三）申请人的起诉或者诉讼请求被生效裁判驳回的；

（四）人民法院认为应当解除保全的其他情形。

解除以登记方式实施的保全措施的，应当向登记机关发出协助执行通知书。

第一百六十七条 财产保全的被保全人提供其他等值担保财产且有利于执行的，人民法院可以裁定变更保全标的物为被保全人提供的担保财产。

第一百六十八条 保全裁定未经人民法院依法撤销或者解除，进入执行程序后，自动转为执行中的查封、扣押、冻结措施，期限连续计算，执行法院无需重新制作裁定书，但查封、扣押、冻结期限届满的除外。

第一百六十九条 民事诉讼法规定的先予执行，人民法院应当在受理案件后终审判决作出前采取。先予执行应当限于当事人诉讼请求的范围，并以当事人的生活、生产经营的急需为限。

第一百七十条 民事诉讼法第一百零六条第三项规定的情况紧急，包括：

（一）需要立即停止侵害、排除妨碍的；

（二）需要立即制止某项行为的；

（三）追索恢复生产、经营急需的保险理赔费的；
（四）需要立即返还社会保险金、社会救助资金的；
（五）不立即返还款项，将严重影响权利人生活和生产经营的。

第一百七十一条 当事人对保全或者先予执行裁定不服的，可以自收到裁定书之日起五日内向作出裁定的人民法院申请复议。人民法院应当在收到复议申请后十日内审查。裁定正确的，驳回当事人的申请；裁定不当的，变更或者撤销原裁定。

第一百七十二条 利害关系人对保全或者先予执行的裁定不服申请复议的，由作出裁定的人民法院依照民事诉讼法第一百零八条规定处理。

第一百七十三条 人民法院先予执行后，根据发生法律效力的判决，申请人应当返还因先予执行所取得的利益的，适用民事诉讼法第二百三十三条的规定。

八、对妨害民事诉讼的强制措施

第一百七十四条 民事诉讼法第一百零九条规定的必须到庭的被告，是指负有赡养、抚育、扶养义务和不到庭就无法查清案情的被告。

人民法院对必须到庭才能查清案件基本事实的原告，经两次传票传唤，无正当理由拒不到庭的，可以拘传。

第一百七十五条 拘传必须用拘传票，并直接送达被拘传人；在拘传前，应当向被拘传人说明拒不到庭的后果，经批评教育仍拒不到庭的，可以拘传其到庭。

第一百七十六条 诉讼参与人或者其他人有下列行为之一的，人民法院可以适用民事诉讼法第一百一十条规定处理：

（一）未经准许进行录音、录像、摄影的；
（二）未经准许以移动通信等方式现场传播审判活动的；
（三）其他扰乱法庭秩序，妨害审判活动进行的。

有前款规定情形的，人民法院可以暂扣诉讼参与人或者其他人进行录音、录像、摄影、传播审判活动的器材，并责令其删除有关内容；拒不删除的，人民法院可以采取必要手段强制删除。

第一百七十七条 训诫、责令退出法庭由合议庭或者独任审判员决定。训诫的内容、被责令退出法庭者的违法事实应当记入庭审笔录。

第一百七十八条 人民法院依照民事诉讼法第一百一十条至第一百一十四条的规定采取拘留措施的，应经院长批准，作出拘留决定书，由司法警察将被拘留人送交当地公安机关看管。

第一百七十九条 被拘留人不在本辖区的，作出拘留决定的人民法院应当派员到被拘留人所在地的人民法院，请该院协助执行，受委托的人民法院应当及时派员协助执行。被拘留人申请复议或者在拘留期间承认并改正错误，需要提前解除拘留的，受委托人民法院应当向委托人民法院转达或者提出建议，由委托人民法院审查决定。

第一百八十条 人民法院对被拘留人采取拘留措施后，应当在二十四小时内通知其家属；确实无法按时通知或者通知不到的，应当记录在案。

第一百八十一条 因哄闹、冲击法庭，用暴力、威胁等方法抗拒执行公务等紧急情况，必须立即采取拘留措施的，可在拘留后，立即报告院长补办批准手续。院长认为拘留不当的，应当解除拘留。

第一百八十二条 被拘留人在拘留期间认错悔改的，可以责令其具结悔过，提前解除拘留。提前解除拘留，应报经院长批准，并作出提前解除拘留决定书，交负责看管的公安机关执行。

第一百八十三条 民事诉讼法第一百一十条至第一百一十三条规定的罚款、拘留可以单独适用，也可以合并适用。

第一百八十四条 对同一妨害民事诉讼行为的罚款、拘留不得连续适用。发生新的妨害民事诉讼行为的，人民法院可以重新予以罚款、拘留。

第一百八十五条 被罚款、拘留的人不服罚款、拘留决定申请复议的，应当自收到决定书之日起三日内提出。上级人民法院应当在收到复议申请后五日内作出决定，并将复议结果通知下级人民法院和当事人。

第一百八十六条 上级人民法院复议时认为强制措施不当的，应当制作决定书，撤销或者变更下级人民法院作出的拘留、罚款决定。情况紧急的，可以在口头通知后三日内发出决定书。

第一百八十七条 民事诉讼法第一百一十一条第一款第五项规定的以暴力、威胁或者其他方法阻碍司法工作人员执行职务的行为，包括：

（一）在人民法院哄闹、滞留，不听从司法工作人员劝阻的；

（二）故意毁损、抢夺人民法院法律文书、查封标志的；

（三）哄闹、冲击执行公务现场，围困、扣押执行或者协助执行公务人员的；

（四）毁损、抢夺、扣留案件材料、执行公务车辆、其他执行公务器械、执行公务人员服装和执行公务证件的；

（五）以暴力、威胁或者其他方法阻碍司法工作人员查询、查封、扣押、冻结、划拨、拍卖、变卖财产的；

（六）以暴力、威胁或者其他方法阻碍司法工作人员执行职务的其他行为。

第一百八十八条 民事诉讼法第一百一十一条第一款第六项规定的拒不履行人民法院已经发生法律效力的判决、裁定的行为，包括：

（一）在法律文书发生法律效力后隐藏、转移、变卖、毁损财产或者无偿转让财产、以明显不合理的价格交易财产、放弃到期债权、无偿为他人提供担保等，致使人民法院无法执行的；

（二）隐藏、转移、毁损或者未经人民法院允许处分已向人民法院提供担保的财产的；

（三）违反人民法院限制高消费令进行消费的；

（四）有履行能力而拒不按照人民法院执行通知履行生效法律文书确定的义务的；

（五）有义务协助执行的个人接到人民法院协助执行通知书后，拒不协助执行的。

第一百八十九条 诉讼参与人或者其他人有下列行为之一的，人民法院可以适用民事诉讼法第一百一十一条的规定处理：

（一）冒充他人提起诉讼或者参加诉讼的；

（二）证人签署保证书后作虚假证言，妨碍人民法院审理案件的；

（三）伪造、隐藏、毁灭或者拒绝交出有关被执行人履行能力的重要证据，妨碍人民法院查明被执行人财产状况的；

（四）擅自解冻已被人民法院冻结的财产的；

（五）接到人民法院协助执行通知书后，给当事人通风报信，协助其转移、隐匿财产的。

第一百九十条 民事诉讼法第一百一十二条规定的他人合法权益，包括案外人的合法权益、国家利益、社会公共利益。

第三人根据民事诉讼法第五十六条第三款规定提起撤销之诉，经审查，原案当事人之间恶意串通进行虚假诉讼的，适用民事诉讼法第一百一十二条规定处理。

第一百九十一条 单位有民事诉讼法第一百一十二条或者第一百一十三条规定行为的，人民法院应当对该单位进行罚款，并可以对其主要负责人或者直接责任人员予以罚款、拘留；构成犯罪的，依法追究刑事责任。

第一百九十二条 有关单位接到人民法院协助执行通知书后，有下列行为之一的，人民法院可以适用民事诉讼法第一百一十四条规定处理：

（一）允许被执行人高消费的；

（二）允许被执行人出境的；

（三）拒不停止办理有关财产权证照转移手续、权属变更登记、规划审批等手续的；

（四）以需要内部请示、内部审批，有内部规定等为由拖延办理的。

第一百九十三条 人民法院对个人或者单位采取罚款措施时，应当根据其实施妨害民事诉讼行为的性质、情节、后果，当地的经济发展水平，以及诉讼标的额等因素，在民事诉讼法第一百一十五条第一款规定的限额内确定相应的罚款金额。

九、诉讼费用

第一百九十四条 依照民事诉讼法第五十四条审理的案件不预交案件受理费，结案后按照诉讼标的额由败诉方交纳。

第一百九十五条 支付令失效后转入诉讼程序的，债权人应当按照《诉讼费用交纳办法》补交案件受理费。

支付令被撤销后，债权人另行起诉的，按照《诉讼费用交纳办法》交纳诉讼费用。

第一百九十六条 人民法院改变原判决、裁定、调解结果的，应当在裁判文书中对原审诉讼费用的负担一并作出处理。

第一百九十七条 诉讼标的物是证券的，按照证券交易规则并根据当事人起诉之日前最后一个交易日的收盘价、当日的市场价或者其载明的金额计算诉讼标的金额。

第一百九十八条 诉讼标的物是房屋、土地、林木、车辆、船舶、文物等特定物或者知识产权，起诉时价值难以确定的，人民法院应当向原告释明主张过高或者过低的诉讼风险，以原告主张的价值确定诉讼标的金额。

第一百九十九条 适用简易程序审理的案件转为普通程序的，原告自接到人民法院交纳诉讼费用通知之日起七日内补交案件受理费。

原告无正当理由未按期足额补交的，按撤诉处理，已经收取的诉讼费用退还一半。

第二百条 破产程序中有关债务人的民事诉讼案件，按照财产案件标准交纳诉讼费，但劳动争议案件除外。

第二百零一条 既有财产性诉讼请求，又有非财产性诉讼请求的，按照财产性诉讼请求的标准交纳诉讼费。

有多个财产性诉讼请求的，合并计算交纳诉讼费；诉讼请求中有多个非财产性诉讼请求的，按一件交纳诉讼费。

第二百零二条 原告、被告、第三人分别上诉的，按照上诉请求分别预交二审案件受理费。

同一方多人共同上诉的，只预交一份二审案件受理费；分别上诉的，按照上诉请求分别预交二审案件受理费。

第二百零三条 承担连带责任的当事人败诉的，应当共同负担诉讼费用。

第二百零四条 实现担保物权案件，人民法院裁定拍卖、变卖担保财产的，申请费由债务人、担保人负担；人民法院裁定驳回申请的，申请费由申请人负担。

申请人另行起诉的，其已经交纳的申请费可以从案件受理费中扣除。

第二百零五条 拍卖、变卖担保财产的裁定作出后，人民法院强制执行的，按照执行金额收取执行申请费。

第二百零六条 人民法院决定减半收取案件受理费的，只能减半一次。

第二百零七条 判决生效后，胜诉方预交但不应负担的诉讼费用，人民法院应当退还，由败诉方向人民法院交纳，但胜诉方自愿承担或者同意败诉方直接向其支付的除外。

当事人拒不交纳诉讼费用的，人民法院可以强制执行。

十、第一审普通程序

第二百零八条 人民法院接到当事人提交的民事起诉状时，对符合民事诉讼法第一百一十九条的规定，且不属于第一百二十四条规定情形的，应当登记立案；对当场不能判定是否符合起诉条件的，应当接收起诉材料，并出具注明收到日期的书面凭证。

需要补充必要相关材料的，人民法院应当及时告知当事人。在补齐相关材料后，应当在七日内决定是否立案。

立案后发现不符合起诉条件或者属于民事诉讼法第一百二十四条规定情形的，裁定驳回起诉。

第二百零九条 原告提供被告的姓名或者名称、住所等信息具体明确，足以使被告与他人相区别的，可以认定为有明确的被告。

起诉状列写被告信息不足以认定明确的被告的，人民法院可以告知原告补正。原告补正后仍不能确定明确的被告的，人民法院裁定不予受理。

第二百一十条 原告在起诉状中有谩骂和人身攻击之辞的，人民法院应当告知其修改后提起诉讼。

第二百一十一条 对本院没有管辖权的案件，告知原告向有管辖权的人民法院起诉；原告坚持起诉的，裁定不予受理；立案后发现本院没有管辖权的，应当将案件移送有管辖权的人民法院。

第二百一十二条 裁定不予受理、驳回起诉的案件，原告再次起诉，符合起诉条件且不属于民事诉讼法第一百二十四条规定情形的，人民法院应予受理。

第二百一十三条 原告应当预交而未预交案件受理费，人民法院应当通知其预交，通知后仍不预交或者申请减、缓、免未获批准而仍不预交的，裁定按撤诉处理。

第二百一十四条 原告撤诉或者人民法院按撤诉处理后，原告以同一诉讼请求再次起诉的，人民法院应予受理。

原告撤诉或者按撤诉处理的离婚案件，没有新情况、新理由，六个月内又起诉的，比照民事诉讼法第一百二十四条第七项的规定不予受理。

第二百一十五条 依照民事诉讼法第一百二十四条第二项的规定，当事人在书面合同中订有仲裁条款，或者在发生纠纷后达成书面仲裁协议，一方向人民法院起诉的，人民法院应当告知原告向仲裁机构申请仲裁，其坚持起诉的，裁定不予受理，但仲裁条款或者仲裁协议不成立、无效、失效、内容不明确无法执行的除外。

第二百一十六条 在人民法院首次开庭前，被告以有书面仲裁协议为由对受理民事案件提出异议的，人民法院应当进行审查。

经审查符合下列情形之一的，人民法院应当裁定驳回起诉：

（一）仲裁机构或者人民法院已经确认仲裁协议有效的；

（二）当事人没有在仲裁庭首次开庭前对仲裁协议的效力提出异议的；

（三）仲裁协议符合仲裁法第十六条规定且不具有仲裁法第十七条规定情形的。

第二百一十七条 夫妻一方下落不明，另一方诉至人民法院，只要求离婚，不申请宣告下落不明人失踪或者死亡的案件，人民法院应当受理，对下落不明人公告送达诉讼文书。

第二百一十八条 赡养费、扶养费、抚育费案件，裁判发生法律效力后，因新情况、新理由，一方当事人再行起诉要求增加或者减少费用的，人民法院应作为新案受理。

第二百一十九条 当事人超过诉讼时效期间起诉的，人民法院应予受理。受理后对方当事人提出诉讼时效抗辩，人民法院经审理认为抗辩事由成立的，判决驳回原告的诉讼请求。

第二百二十条 民事诉讼法第六十八条、第一百三十四条、第一百五十六条规定的商业秘密，是指生产工艺、配方、贸易联系、购销渠道等当事人不愿公开的技术秘密、商业情报及信息。

第二百二十一条 基于同一事实发生的纠纷，当事人分别向同一人民法院起诉的，人民法院可以合并审理。

第二百二十二条 原告在起诉状中直接列写第三人的，视为其申请人民法院追加该第三人参加诉讼。是否通知第三人参加诉讼，由人民法院审查决定。

第二百二十三条 当事人在提交答辩状期间提出管辖异议，又针对起诉状的内容进行答辩的，人民法院应当依照民事诉讼法第一百二十七条第一款的规定，对管辖异议进行审查。

当事人未提出管辖异议，就案件实体内容进行答辩、陈述或者反诉的，可以认定为民事诉讼法第一百二十七条第二款规定的应诉答辩。

第二百二十四条 依照民事诉讼法第一百三十三条第四项规定，人民法院可以在答辩期届满后，通过组织证据交换、召集庭前会议等方式，作好审理前的准备。

第二百二十五条 根据案件具体情况，庭前会议可以包括下列内容：

（一）明确原告的诉讼请求和被告的答辩意见；

（二）审查处理当事人增加、变更诉讼请求的申请和提出的反诉，以及第三人提出的与本案有关的诉讼请求；

（三）根据当事人的申请决定调查收集证据，委托鉴定，要求当事人提供证据，进行勘验，进行证据保全；

（四）组织交换证据；

（五）归纳争议焦点；

（六）进行调解。

第二百二十六条 人民法院应当根据当事人的诉讼请求、答辩意见以及证据交换的情况，归纳争议焦点，并就归纳的争议焦点征求当事人的意见。

第二百二十七条 人民法院适用普通程序审理案件，应当在开庭三日前用传票传唤当事人。对诉讼代理人、证人、鉴定人、勘验人、翻译人员应当用通知书通知其到庭。当事人或者其他诉讼参与人在外地的，应当留有必要的在途时间。

第二百二十八条 法庭审理应当围绕当事人争议的事实、证据和法律适用等焦点问题进行。

第二百二十九条 当事人在庭审中对其在审理前的准备阶段认可的事实和证据提出不同意见的，人民法院应当责令其说明理由。必要时，可以责令其提供相应证据。人民法院应当结合当事人的诉讼能力、证据和案件的具体情况进行审查。理由成立的，可以列入争议焦点进行审理。

第二百三十条 人民法院根据案件具体情况并征得当事人同意，可以将法庭调查和法庭辩论合并进行。

第二百三十一条 当事人在法庭上提出新的证据的，人民法院应当依照民事诉讼法第六十五条第二款规定和本解释相关规定处理。

第二百三十二条 在案件受理后，法庭辩论结束前，原告增加诉讼请求，被告提出反诉，第三人提出与本案有关的诉讼请求，可以合并审理的，人民法院应当合并审理。

第二百三十三条 反诉的当事人应当限于本诉的当事人的范围。

反诉与本诉的诉讼请求基于相同法律关系、诉讼请求之间具有因果关系，或者反诉与本诉的诉讼请求基于相同事实的，人民法院应当合并审理。

反诉应由其他人民法院专属管辖，或者与本诉的诉讼标的及诉讼请求所依据的事实、理由无关联的，裁定不予受理，告知另行起诉。

第二百三十四条 无民事行为能力人的离婚诉讼，当事人的法定代理人应当到庭；法定代理人不能到庭的，人民法院应当在查清事实的基础上，依法作出判决。

第二百三十五条 无民事行为能力的当事人的法定代理人，经传票传唤无正当理由拒不到庭，属于原告方的，比照民事诉讼法第一百四十三条的规定，按撤诉处理；属于被告方的，比照民事诉讼法第一百四十四条的规定，缺席判决。必要时，人民法院可以拘传其到庭。

第二百三十六条 有独立请求权的第三人经人民法院传票传唤，无正当理由拒不到庭的，或者未经法庭许可中途退庭的，比照民事诉讼法第一百四十三条的规定，按撤诉处理。

第二百三十七条 有独立请求权的第三人参加诉讼后，原告申请撤诉，人民法院在准许原告撤诉后，有独立请求权的第三人作为另案原告，原案原告、被告作为另案被告，诉讼继续进行。

第二百三十八条 当事人申请撤诉或者依法可以按撤诉处理的案件，如果当事人有违反法律的行为需要依法处理的，人民法院可以不准许撤诉或者不按撤诉处理。

法庭辩论终结后原告申请撤诉，被告不同意的，人民法院可以不予准许。

第二百三十九条 人民法院准许本诉原告撤诉的，应当对反诉继续审理；被告申请撤回反诉的，人民法院应予准许。

第二百四十条 无独立请求权的第三人经人民法院传票传唤，无正当理由拒不到庭，或者未经法庭许可中途退庭的，不影响案件的审理。

第二百四十一条 被告经传票传唤无正当理由拒不到庭，或者未经法庭许可中途退庭的，人民法院应当按期开庭或者继续开庭审理，对到庭的当事人诉讼请求、双方的诉辩理由以及已经提交的证据及其他诉讼材料进行审理后，可以依法缺席判决。

第二百四十二条 一审宣判后，原审人民法院发现判决有错误，当事人在上诉期内提出上诉的，原审人民法院可以提出原判决有错误的意见，报送第二审人民法院，由第二审人民法院按照第二审程序进行审理；当事人不上诉的，按照审判监督程序处理。

第二百四十三条 民事诉讼法第一百四十九条规定的审限，是指从立案之日起至裁判宣告、调解书送达之日止的期间，但公告期间、鉴定期间、双方当事人和解期间、审理当事人提出的管辖异议以及处理人民法院之间的管辖争议期间不应计算在内。

第二百四十四条 可以上诉的判决书、裁定书不能同时送达双方当事人的，上诉期从各自收到判决书、裁定书之日计算。

第二百四十五条 民事诉讼法第一百五十四条第一款第七项规定的笔误是指法律文书误写、误算，诉讼费用漏写、误算和其他笔误。

第二百四十六条 裁定中止诉讼的原因消除，恢复诉讼程序时，不必撤销原裁定，从人民法院通知或者准许当事人双方继续进行诉讼时起，中止诉讼的裁定即失去效力。

第二百四十七条 当事人就已经提起诉讼的事项在诉讼过程中或者裁判生效后再次起诉，同时符合下列条件的，构成重复起诉：

（一）后诉与前诉的当事人相同；

（二）后诉与前诉的诉讼标的相同；

（三）后诉与前诉的诉讼请求相同，或者后诉的诉讼请求实质上否定前诉裁判结果。

当事人重复起诉的，裁定不予受理；已经受理的，裁定驳回起诉，但法律、司法解释另有规定的除外。

第二百四十八条 裁判发生法律效力后，发生新的事实，当事人再次提起诉讼的，人民法院应当依法受理。

第二百四十九条 在诉讼中，争议的民事权利义务转移的，不影响当事人的诉讼主体资格和诉讼地位。人民法院作出的发生法律效力的判决、裁定对受让人具有拘束力。

受让人申请以无独立请求权的第三人身份参加诉讼的，人民法院可予准许。受让人申请替代当事人承担诉讼的，人民法院可以根据案件的具体情况决定是否准许；不予准许的，可以追加其为无独立请求权的第三人。

第二百五十条 依照本解释第二百四十九条规定，人民法院准许受让人替代当事人承担诉讼的，裁定变更当事人。

变更当事人后，诉讼程序以受让人为当事人继续进行，原当事人应当退出诉讼。原当事人已经完成的诉讼行为对受让人具有拘束力。

第二百五十一条 二审裁定撤销一审判决发回重审的案件，当事人申请变更、增加诉讼请求或者提出反诉，第三人提出与本案有关的诉讼请求的，依照民事诉讼法第一百四十条规定处理。

第二百五十二条 再审裁定撤销原判决、裁定发回重审的案件，当事人申请变更、增加诉讼请求或者提出反诉，符合下列情形之一的，人民法院应当准许：

（一）原审未合法传唤缺席判决，影响当事人行使诉讼权利的；

（二）追加新的诉讼当事人的；

（三）诉讼标的物灭失或者发生变化致使原诉讼请求无法实现的；

（四）当事人申请变更、增加的诉讼请求或者提出的反诉，无法通过另诉解决的。

第二百五十三条 当庭宣判的案件，除当事人当庭要求邮寄发送裁判文书的外，人民法院应当告知当事人或者诉讼代理人领取裁判文书的时间和地点以及逾期不领取的法律后果。上述情况，应当记入笔录。

第二百五十四条 公民、法人或者其他组织申请查阅发生法律效力的判决书、裁定书的，应当向作出该生效裁判的人民法院提出。申请应当以书面形式提出，并提供具体的案号或者当事人姓名、名称。

第二百五十五条 对于查阅判决书、裁定书的申请，人民法院根据下列情形分别处理：

（一）判决书、裁定书已经通过信息网络向社会公开的，应当引导申请人自行查阅；

（二）判决书、裁定书未通过信息网络向社会公开，且申请符合要求的，应当及时提供便捷的查阅服务；

（三）判决书、裁定书尚未发生法律效力，或者已失去法律效力的，不提供查阅并告知申请人；

（四）发生法律效力的判决书、裁定书不是本院作出的，应当告知申请人向作出生效裁判的人民法院申请查阅；

（五）申请查阅的内容涉及国家秘密、商业秘密、个人隐私的，不予准许并告知申请人。

十一、简易程序

第二百五十六条 民事诉讼法第一百五十七条规定的简单民事案件中的事实清楚，是指当事人对争议的事实陈述基本一致，并能提供相应的证据，无须人民法院调查收集证据即可查明事实；权利义务关系明确是指能明确区分谁是责任的承担者，谁是权利的享有者；争议不大是指当事人对案件的是非、责任承担以及诉讼标的争执无原则分歧。

第二百五十七条 下列案件，不适用简易程序：

（一）起诉时被告下落不明的；

（二）发回重审的；

（三）当事人一方人数众多的；

（四）适用审判监督程序的；

（五）涉及国家利益、社会公共利益的；

（六）第三人起诉请求改变或者撤销生效判决、裁定、调解书的；

（七）其他不宜适用简易程序的案件。

第二百五十八条 适用简易程序审理的案件，审理期限到期后，双方当事人同意继续适用简易程序的，由本院院长批准，可以延长审理期限。延长后的审理期限累计不得超过六个月。

人民法院发现案情复杂，需要转为普通程序审理的，应当在审理期限届满前作出裁定并将合议庭组成人员及相关事项书面通知双方当事人。

案件转为普通程序审理的，审理期限自人民法院立案之日计算。

第二百五十九条 当事人双方可就开庭方式向人民法院提出申请，由人民法院决定是否准许。经当事人双方同意，可以采用视听传输技术等方式开庭。

第二百六十条 已经按照普通程序审理的案件，在开庭后不得转为简易程序审理。

第二百六十一条 适用简易程序审理案件，人民法院可以采取捎口信、电话、短信、传真、电子邮件等简便方式传唤双方当事人、通知证人和送达裁判文书以外的诉讼文书。

以简便方式送达的开庭通知，未经当事人确认或者没有其他证据证明当事人已经收到的，人民法院不得缺席判决。

适用简易程序审理案件，由审判员独任审判，书记员担任记录。

第二百六十二条 人民法庭制作的判决书、裁定书、调解书，必须加盖基层人民法院印章，不得用人民法庭的印章代替基层人民法院的印章。

第二百六十三条 适用简易程序审理案件，卷宗中应当具备以下材料：

（一）起诉状或者口头起诉笔录；

（二）答辩状或者口头答辩笔录；

（三）当事人身份证明材料；

（四）委托他人代理诉讼的授权委托书或者口头委托笔录；

（五）证据；

（六）询问当事人笔录；

（七）审理（包括调解）笔录；
（八）判决书、裁定书、调解书或者调解协议；
（九）送达和宣判笔录；
（十）执行情况；
（十一）诉讼费收据；
（十二）适用民事诉讼法第一百六十二条规定审理的，有关程序适用的书面告知。

第二百六十四条 当事人双方根据民事诉讼法第一百五十七条第二款规定约定适用简易程序的，应当在开庭前提出。口头提出的，记入笔录，由双方当事人签名或者捺印确认。

本解释第二百五十七条规定的案件，当事人约定适用简易程序的，人民法院不予准许。

第二百六十五条 原告口头起诉的，人民法院应当将当事人的姓名、性别、工作单位、住所、联系方式等基本信息，诉讼请求，事实及理由等准确记入笔录，由原告核对无误后签名或者捺印。对当事人提交的证据材料，应当出具收据。

第二百六十六条 适用简易程序案件的举证期限由人民法院确定，也可以由当事人协商一致并经人民法院准许，但不得超过十五日。被告要求书面答辩的，人民法院可在征得其同意的基础上，合理确定答辩期间。

人民法院应当将举证期限和开庭日期告知双方当事人，并向当事人说明逾期举证以及拒不到庭的法律后果，由双方当事人在笔录和开庭传票的送达回证上签名或者捺印。

当事人双方均表示不需要举证期限、答辩期间的，人民法院可以立即开庭审理或者确定开庭日期。

第二百六十七条 适用简易程序审理案件，可以简便方式进行审理前的准备。

第二百六十八条 对没有委托律师、基层法律服务工作者代理诉讼的当事人，人民法院在庭审过程中可以对回避、自认、举证证明责任等相关内容向其作必要的解释或者说明，并在庭审过程中适当提示当事人正确行使诉讼权利、履行诉讼义务。

第二百六十九条 当事人就案件适用简易程序提出异议，人民法院经审查，异议成立的，裁定转为普通程序；异议不成立的，口头告知当事人，并记入笔录。

转为普通程序的，人民法院应当将合议庭组成人员及相关事项以书面形式通知双方当事人。

转为普通程序前，双方当事人已确认的事实，可以不再进行举证、质证。

第二百七十条 适用简易程序审理的案件，有下列情形之一的，人民法院在制作判决书、裁定书、调解书时，对认定事实或者裁判理由部分可以适当简化：

（一）当事人达成调解协议并需要制作民事调解书的；
（二）一方当事人明确表示承认对方全部或者部分诉讼请求的；
（三）涉及商业秘密、个人隐私的案件，当事人一方要求简化裁判文书中的相关内容，人民法院认为理由正当的；
（四）当事人双方同意简化的。

十二、简易程序中的小额诉讼

第二百七十一条 人民法院审理小额诉讼案件，适用民事诉讼法第一百六十二条的规定，实行一审终审。

第二百七十二条 民事诉讼法第一百六十二条规定的各省、自治区、直辖市上年度就业人员年平均工资，是指已经公布的各省、自治区、直辖市上一年度就业人员年平均工资。在上一年度就业人员年平均工资公布前，以已经公布的最近年度就业人员年平均工资为准。

第二百七十三条 海事法院可以审理海事、海商小额诉讼案件。案件标的额应当以实际受理案件的海事法院或者其派出法庭所在的省、自治区、直辖市上年度就业人员年平均工资百分之三十为限。

第二百七十四条 下列金钱给付的案件，适用小额诉讼程序审理：

（一）买卖合同、借款合同、租赁合同纠纷；

（二）身份关系清楚，仅在给付的数额、时间、方式上存在争议的赡养费、抚育费、扶养费纠纷；

（三）责任明确，仅在给付的数额、时间、方式上存在争议的交通事故损害赔偿和其他人身损害赔偿纠纷；

（四）供用水、电、气、热力合同纠纷；

（五）银行卡纠纷；

（六）劳动关系清楚，仅在劳动报酬、工伤医疗费、经济补偿金或者赔偿金给付数额、时间、方式上存在争议的劳动合同纠纷；

（七）劳务关系清楚，仅在劳务报酬给付数额、时间、方式上存在争议的劳务合同纠纷；

（八）物业、电信等服务合同纠纷；

（九）其他金钱给付纠纷。

第二百七十五条 下列案件，不适用小额诉讼程序审理：

（一）人身关系、财产确权纠纷；

（二）涉外民事纠纷；

（三）知识产权纠纷；

（四）需要评估、鉴定或者对诉前评估、鉴定结果有异议的纠纷；

（五）其他不宜适用一审终审的纠纷。

第二百七十六条 人民法院受理小额诉讼案件，应当向当事人告知该类案件的审判组织、一审终审、审理期限、诉讼费用交纳标准等相关事项。

第二百七十七条 小额诉讼案件的举证期限由人民法院确定，也可以由当事人协商一致并经人民法院准许，但一般不超过七日。

被告要求书面答辩的，人民法院可以在征得其同意的基础上合理确定答辩期间，但最长不得超过十五日。

当事人到庭后表示不需要举证期限和答辩期间的，人民法院可立即开庭审理。

第二百七十八条 当事人对小额诉讼案件提出管辖异议的,人民法院应当作出裁定。裁定一经作出即生效。

第二百七十九条 人民法院受理小额诉讼案件后,发现起诉不符合民事诉讼法第一百一十九条规定的起诉条件的,裁定驳回起诉。裁定一经作出即生效。

第二百八十条 因当事人申请增加或者变更诉讼请求、提出反诉、追加当事人等,致使案件不符合小额诉讼案件条件的,应当适用简易程序的其他规定审理。

前款规定案件,应当适用普通程序审理的,裁定转为普通程序。

适用简易程序的其他规定或者普通程序审理前,双方当事人已确认的事实,可以不再进行举证、质证。

第二百八十一条 当事人对按照小额诉讼案件审理有异议的,应当在开庭前提出。人民法院经审查,异议成立的,适用简易程序的其他规定审理;异议不成立的,告知当事人,并记入笔录。

第二百八十二条 小额诉讼案件的裁判文书可以简化,主要记载当事人基本信息、诉讼请求、裁判主文等内容。

第二百八十三条 人民法院审理小额诉讼案件,本解释没有规定的,适用简易程序的其他规定。

十三、公益诉讼

第二百八十四条 环境保护法、消费者权益保护法等法律规定的机关和有关组织对污染环境、侵害众多消费者合法权益等损害社会公共利益的行为,根据民事诉讼法第五十五条规定提起公益诉讼,符合下列条件的,人民法院应当受理:

(一)有明确的被告;
(二)有具体的诉讼请求;
(三)有社会公共利益受到损害的初步证据;
(四)属于人民法院受理民事诉讼的范围和受诉人民法院管辖。

第二百八十五条 公益诉讼案件由侵权行为地或者被告住所地中级人民法院管辖,但法律、司法解释另有规定的除外。

因污染海洋环境提起的公益诉讼,由污染发生地、损害结果地或者采取预防污染措施地海事法院管辖。

对同一侵权行为分别向两个以上人民法院提起公益诉讼的,由最先立案的人民法院管辖,必要时由它们的共同上级人民法院指定管辖。

第二百八十六条 人民法院受理公益诉讼案件后,应当在十日内书面告知相关行政主管部门。

第二百八十七条 人民法院受理公益诉讼案件后,依法可以提起诉讼的其他机关和有关组织,可以在开庭前向人民法院申请参加诉讼。人民法院准许参加诉讼的,列为共同原告。

第二百八十八条 人民法院受理公益诉讼案件,不影响同一侵权行为的受害人根据民事诉讼法第一百一十九条规定提起诉讼。

第二百八十九条 对公益诉讼案件,当事人可以和解,人民法院可以调解。

当事人达成和解或者调解协议后,人民法院应当将和解或者调解协议进行公告。公告期间不得少于三十日。

公告期满后,人民法院经审查,和解或者调解协议不违反社会公共利益的,应当出具调解书;和解或者调解协议违反社会公共利益的,不予出具调解书,继续对案件进行审理并依法作出裁判。

第二百九十条 公益诉讼案件的原告在法庭辩论终结后申请撤诉的,人民法院不予准许。

第二百九十一条 公益诉讼案件的裁判发生法律效力后,其他依法具有原告资格的机关和有关组织就同一侵权行为另行提起公益诉讼的,人民法院裁定不予受理,但法律、司法解释另有规定的除外。

十四、第三人撤销之诉

第二百九十二条 第三人对已经发生法律效力的判决、裁定、调解书提起撤销之诉的,应当自知道或者应当知道其民事权益受到损害之日起六个月内,向作出生效判决、裁定、调解书的人民法院提出,并应当提供存在下列情形的证据材料:

(一)因不能归责于本人的事由未参加诉讼;

(二)发生法律效力的判决、裁定、调解书的全部或者部分内容错误;

(三)发生法律效力的判决、裁定、调解书内容错误损害其民事权益。

第二百九十三条 人民法院应当在收到起诉状和证据材料之日起五日内送交对方当事人,对方当事人可以自收到起诉状之日起十日内提出书面意见。

人民法院应当对第三人提交的起诉状、证据材料以及对方当事人的书面意见进行审查。必要时,可以询问双方当事人。

经审查,符合起诉条件的,人民法院应当在收到起诉状之日起三十日内立案。不符合起诉条件的,应当在收到起诉状之日起三十日内裁定不予受理。

第二百九十四条 人民法院对第三人撤销之诉案件,应当组成合议庭开庭审理。

第二百九十五条 民事诉讼法第五十六条第三款规定的因不能归责于本人的事由未参加诉讼,是指没有被列为生效判决、裁定、调解书当事人,且无过错或者无明显过错的情形。包括:

(一)不知道诉讼而未参加的;

(二)申请参加未获准许的;

(三)知道诉讼,但因客观原因无法参加的;

(四)因其他不能归责于本人的事由未参加诉讼的。

第二百九十六条 民事诉讼法第五十六条第三款规定的判决、裁定、调解书的部分或者全部内容,是指判决、裁定的主文,调解书中处理当事人民事权利义务的结果。

第二百九十七条 对下列情形提起第三人撤销之诉的,人民法院不予受理:

(一)适用特别程序、督促程序、公示催告程序、破产程序等非讼程序处理的案件;

(二)婚姻无效、撤销或者解除婚姻关系等判决、裁定、调解书中涉及身份关系的内容；

（三）民事诉讼法第五十四条规定的未参加登记的权利人对代表人诉讼案件的生效裁判；

（四）民事诉讼法第五十五条规定的损害社会公共利益行为的受害人对公益诉讼案件的生效裁判。

第二百九十八条 第三人提起撤销之诉，人民法院应当将该第三人列为原告，生效判决、裁定、调解书的当事人列为被告，但生效判决、裁定、调解书中没有承担责任的无独立请求权的第三人列为第三人。

第二百九十九条 受理第三人撤销之诉案件后，原告提供相应担保，请求中止执行的，人民法院可以准许。

第三百条 对第三人撤销或者部分撤销发生法律效力的判决、裁定、调解书内容的请求，人民法院经审理，按下列情形分别处理：

（一）请求成立且确认其民事权利的主张全部或部分成立的，改变原判决、裁定、调解书内容的错误部分；

（二）请求成立，但确认其全部或部分民事权利的主张不成立，或者未提出确认其民事权利请求的，撤销原判决、裁定、调解书内容的错误部分；

（三）请求不成立的，驳回诉讼请求。

对前款规定裁判不服的，当事人可以上诉。

原判决、裁定、调解书的内容未改变或者未撤销的部分继续有效。

第三百零一条 第三人撤销之诉案件审理期间，人民法院对生效判决、裁定、调解书裁定再审的，受理第三人撤销之诉的人民法院应当裁定将第三人的诉讼请求并入再审程序。但有证据证明原审当事人之间恶意串通损害第三人合法权益的，人民法院应当先行审理第三人撤销之诉案件，裁定中止再审诉讼。

第三百零二条 第三人诉讼请求并入再审程序审理的，按照下列情形分别处理：

（一）按照第一审程序审理的，人民法院应当对第三人的诉讼请求一并审理，所作的判决可以上诉；

（二）按照第二审程序审理的，人民法院可以调解，调解达不成协议的，应当裁定撤销原判决、裁定、调解书，发回一审法院重审，重审时应当列明第三人。

第三百零三条 第三人提起撤销之诉后，未中止生效判决、裁定、调解书执行的，执行法院对第三人依照民事诉讼法第二百二十七条规定提出的执行异议，应予审查。第三人不服驳回执行异议裁定，申请对原判决、裁定、调解书再审的，人民法院不予受理。

案外人对人民法院驳回其执行异议裁定不服，认为原判决、裁定、调解书内容错误损害其合法权益的，应当根据民事诉讼法第二百二十七条规定申请再审，提起第三人撤销之诉的，人民法院不予受理。

十五、执行异议之诉

第三百零四条 根据民事诉讼法第二百二十七条规定，案外人、当事人对执行异议裁定不服，自裁定送达之日起十五日内向人民法院提起执行异议之诉的，由执行法院管辖。

第三百零五条 案外人提起执行异议之诉，除符合民事诉讼法第一百一十九条规定外，还应当具备下列条件：

（一）案外人的执行异议申请已经被人民法院裁定驳回；

（二）有明确的排除对执行标的执行的诉讼请求，且诉讼请求与原判决、裁定无关；

（三）自执行异议裁定送达之日起十五日内提起。

人民法院应当在收到起诉状之日起十五日内决定是否立案。

第三百零六条 申请执行人提起执行异议之诉，除符合民事诉讼法第一百一十九条规定外，还应当具备下列条件：

（一）依案外人执行异议申请，人民法院裁定中止执行；

（二）有明确的对执行标的继续执行的诉讼请求，且诉讼请求与原判决、裁定无关；

（三）自执行异议裁定送达之日起十五日内提起。

人民法院应当在收到起诉状之日起十五日内决定是否立案。

第三百零七条 案外人提起执行异议之诉的，以申请执行人为被告。被执行人反对案外人异议的，被执行人为共同被告；被执行人不反对案外人异议的，可以列被执行人为第三人。

第三百零八条 申请执行人提起执行异议之诉的，以案外人为被告。被执行人反对申请执行人主张的，以案外人和被执行人为共同被告；被执行人不反对申请执行人主张的，可以列被执行人为第三人。

第三百零九条 申请执行人对中止执行裁定未提起执行异议之诉，被执行人提起执行异议之诉的，人民法院告知其另行起诉。

第三百一十条 人民法院审理执行异议之诉案件，适用普通程序。

第三百一十一条 案外人或者申请执行人提起执行异议之诉的，案外人应当就其对执行标的享有足以排除强制执行的民事权益承担举证证明责任。

第三百一十二条 对案外人提起的执行异议之诉，人民法院经审理，按照下列情形分别处理：

（一）案外人就执行标的享有足以排除强制执行的民事权益的，判决不得执行该执行标的；

（二）案外人就执行标的不享有足以排除强制执行的民事权益的，判决驳回诉讼请求。

案外人同时提出确认其权利的诉讼请求的，人民法院可以在判决中一并作出裁判。

第三百一十三条 对申请执行人提起的执行异议之诉，人民法院经审理，按照下列情形分别处理：

（一）案外人就执行标的不享有足以排除强制执行的民事权益的，判决准许执行该执行标的；

（二）案外人就执行标的享有足以排除强制执行的民事权益的，判决驳回诉讼请求。

第三百一十四条 对案外人执行异议之诉，人民法院判决不得对执行标的的执行的，执行异议裁定失效。

对申请执行人执行异议之诉，人民法院判决准许对该执行标的执行的，执行异议裁定失效，执行法院可以根据申请执行人的申请或者依职权恢复执行。

第三百一十五条　案外人执行异议之诉审理期间，人民法院不得对执行标的进行处分。申请执行人请求人民法院继续执行并提供相应担保的，人民法院可以准许。

被执行人与案外人恶意串通，通过执行异议、执行异议之诉妨害执行的，人民法院应当依照民事诉讼法第一百一十三条规定处理。申请执行人因此受到损害的，可以提起诉讼要求被执行人、案外人赔偿。

第三百一十六条　人民法院对执行标的裁定中止执行后，申请执行人在法律规定的期间内未提起执行异议之诉的，人民法院应当自起诉期限届满之日起七日内解除对该执行标的采取的执行措施。

十六、第二审程序

第三百一十七条　双方当事人和第三人都提起上诉的，均列为上诉人。人民法院可以依职权确定第二审程序中当事人的诉讼地位。

第三百一十八条　民事诉讼法第一百六十六条、第一百六十七条规定的对方当事人包括被上诉人和原审其他当事人。

第三百一十九条　必要共同诉讼人的一人或者部分人提起上诉的，按下列情形分别处理：

（一）上诉仅对与对方当事人之间权利义务分担有意见，不涉及其他共同诉讼人利益的，对方当事人为被上诉人，未上诉的同一方当事人依原审诉讼地位列明；

（二）上诉仅对共同诉讼人之间权利义务分担有意见，不涉及对方当事人利益的，未上诉的同一方当事人为被上诉人，对方当事人依原审诉讼地位列明；

（三）上诉对双方当事人之间以及共同诉讼人之间权利义务承担有意见的，未提起上诉的其他当事人均为被上诉人。

第三百二十条　一审宣判时或者判决书、裁定书送达时，当事人口头表示上诉的，人民法院应告知其必须在法定上诉期间内递交上诉状。未在法定上诉期间内递交上诉状的，视为未提起上诉。虽递交上诉状，但未在指定的期限内交纳上诉费的，按自动撤回上诉处理。

第三百二十一条　无民事行为能力人、限制民事行为能力人的法定代理人，可以代理当事人提起上诉。

第三百二十二条　上诉案件的当事人死亡或者终止的，人民法院依法通知其权利义务承继者参加诉讼。

需要终结诉讼的，适用民事诉讼法第一百五十一条规定。

第三百二十三条　第二审人民法院应当围绕当事人的上诉请求进行审理。

当事人没有提出请求的，不予审理，但一审判决违反法律禁止性规定，或者损害国家利益、社会公共利益、他人合法权益的除外。

第三百二十四条　开庭审理的上诉案件，第二审人民法院可以依照民事诉讼法第一百三十三条第四项规定进行审理前的准备。

第三百二十五条 下列情形，可以认定为民事诉讼法第一百七十条第一款第四项规定的严重违反法定程序：

（一）审判组织的组成不合法的；

（二）应当回避的审判人员未回避的；

（三）无诉讼行为能力人未经法定代理人代为诉讼的；

（四）违法剥夺当事人辩论权利的。

第三百二十六条 对当事人在第一审程序中已经提出的诉讼请求，原审人民法院未作审理、判决的，第二审人民法院可以根据当事人自愿的原则进行调解；调解不成的，发回重审。

第三百二十七条 必须参加诉讼的当事人或者有独立请求权的第三人，在第一审程序中未参加诉讼，第二审人民法院可以根据当事人自愿的原则予以调解；调解不成的，发回重审。

第三百二十八条 在第二审程序中，原审原告增加独立的诉讼请求或者原审被告提出反诉的，第二审人民法院可以根据当事人自愿的原则就新增加的诉讼请求或者反诉进行调解；调解不成的，告知当事人另行起诉。

双方当事人同意由第二审人民法院一并审理的，第二审人民法院可以一并裁判。

第三百二十九条 一审判决不准离婚的案件，上诉后，第二审人民法院认为应当判决离婚的，可以根据当事人自愿的原则，与子女抚养、财产问题一并调解；调解不成的，发回重审。

双方当事人同意由第二审人民法院一并审理的，第二审人民法院可以一并裁判。

第三百三十条 人民法院依照第二审程序审理案件，认为依法不应由人民法院受理的，可以由第二审人民法院直接裁定撤销原裁判，驳回起诉。

第三百三十一条 人民法院依照第二审程序审理案件，认为第一审人民法院受理案件违反专属管辖规定的，应当裁定撤销原裁判并移送有管辖权的人民法院。

第三百三十二条 第二审人民法院查明第一审人民法院作出的不予受理裁定有错误的，应当在撤销原裁定的同时，指令第一审人民法院立案受理；查明第一审人民法院作出的驳回起诉裁定有错误的，应当在撤销原裁定的同时，指令第一审人民法院审理。

第三百三十三条 第二审人民法院对下列上诉案件，依照民事诉讼法第一百六十九条规定可以不开庭审理：

（一）不服不予受理、管辖权异议和驳回起诉裁定的；

（二）当事人提出的上诉请求明显不能成立的；

（三）原判决、裁定认定事实清楚，但适用法律错误的；

（四）原判决严重违反法定程序，需要发回重审的。

第三百三十四条 原判决、裁定认定事实或者适用法律虽有瑕疵，但裁判结果正确的，第二审人民法院可以在判决、裁定中纠正瑕疵后，依照民事诉讼法第一百七十条第一款第一项规定予以维持。

第三百三十五条 民事诉讼法第一百七十条第一款第三项规定的基本事实，是指用以确定当事人主体资格、案件性质、民事权利义务等对原判决、裁定的结果有实质性影响的事实。

第三百三十六条 在第二审程序中,作为当事人的法人或者其他组织分立的,人民法院可以直接将分立后的法人或者其他组织列为共同诉讼人;合并的,将合并后的法人或者其他组织列为当事人。

第三百三十七条 在第二审程序中,当事人申请撤回上诉,人民法院经审查认为一审判决确有错误,或者当事人之间恶意串通损害国家利益、社会公共利益、他人合法权益的,不应准许。

第三百三十八条 在第二审程序中,原审原告申请撤回起诉,经其他当事人同意,且不损害国家利益、社会公共利益、他人合法权益的,人民法院可以准许。准许撤诉的,应当一并裁定撤销一审裁判。

原审原告在第二审程序中撤回起诉后重复起诉的,人民法院不予受理。

第三百三十九条 当事人在第二审程序中达成和解协议的,人民法院可以根据当事人的请求,对双方达成的和解协议进行审查并制作调解书送达当事人;因和解而申请撤诉,经审查符合撤诉条件的,人民法院应予准许。

第三百四十条 第二审人民法院宣告判决可以自行宣判,也可以委托原审人民法院或者当事人所在地人民法院代行宣判。

第三百四十一条 人民法院审理对裁定的上诉案件,应当在第二审立案之日起三十日内作出终审裁定。有特殊情况需要延长审限的,由本院院长批准。

第三百四十二条 当事人在第一审程序中实施的诉讼行为,在第二审程序中对该当事人仍具有拘束力。

当事人推翻其在第一审程序中实施的诉讼行为时,人民法院应当责令其说明理由。理由不成立的,不予支持。

十七、特别程序

第三百四十三条 宣告失踪或者宣告死亡案件,人民法院可以根据申请人的请求,清理下落不明人的财产,并指定案件审理期间的财产管理人。公告期满后,人民法院判决宣告失踪的,应当同时依照民法通则第二十一条第一款的规定指定失踪人的财产代管人。

第三百四十四条 失踪人的财产代管人经人民法院指定后,代管人申请变更代管的,比照民事诉讼法特别程序的有关规定进行审理。申请理由成立的,裁定撤销申请人的代管人身份,同时另行指定财产代管人;申请理由不成立的,裁定驳回申请。

失踪人的其他利害关系人申请变更代管的,人民法院应当告知其以原指定的代管人为被告起诉,并按普通程序进行审理。

第三百四十五条 人民法院判决宣告公民失踪后,利害关系人向人民法院申请宣告失踪人死亡,自失踪之日起满四年的,人民法院应当受理,宣告失踪的判决即是该公民失踪的证明,审理中仍应依照民事诉讼法第一百八十五条规定进行公告。

第三百四十六条 符合法律规定的多个利害关系人提出宣告失踪、宣告死亡申请的，列为共同申请人。

第三百四十七条 寻找下落不明人的公告应当记载下列内容：

（一）被申请人应当在规定期间内向受理法院申报其具体地址及其联系方式。否则，被申请人将被宣告失踪、宣告死亡；

（二）凡知悉被申请人生存现状的人，应当在公告期间内将其所知道情况向受理法院报告。

第三百四十八条 人民法院受理宣告失踪、宣告死亡案件后，作出判决前，申请人撤回申请的，人民法院应当裁定终结案件，但其他符合法律规定的利害关系人加入程序要求继续审理的除外。

第三百四十九条 在诉讼中，当事人的利害关系人提出该当事人患有精神病，要求宣告该当事人无民事行为能力或者限制民事行为能力的，应由利害关系人向人民法院提出申请，由受诉人民法院按照特别程序立案审理，原诉讼中止。

第三百五十条 认定财产无主案件，公告期间有人对财产提出请求的，人民法院应当裁定终结特别程序，告知申请人另行起诉，适用普通程序审理。

第三百五十一条 被指定的监护人不服指定，应当自接到通知之日起三十日内向人民法院提出异议。经审理，认为指定并无不当的，裁定驳回异议；指定不当的，判决撤销指定，同时另行指定监护人。判决书应当送达异议人、原指定单位及判决指定的监护人。

第三百五十二条 申请认定公民无民事行为能力或者限制民事行为能力的案件，被申请人没有近亲属的，人民法院可以指定其他亲属为代理人。被申请人没有亲属的，人民法院可以指定经被申请人所在单位或者住所地的居民委员会、村民委员会同意，且愿意担任代理人的关系密切的朋友为代理人。

没有前款规定的代理人的，由被申请人所在单位或者住所地的居民委员会、村民委员会或者民政部门担任代理人。

代理人可以是一人，也可以是同一顺序中的两人。

第三百五十三条 申请司法确认调解协议的，双方当事人应当本人或者由符合民事诉讼法第五十八条规定的代理人向调解组织所在地基层人民法院或者人民法庭提出申请。

第三百五十四条 两个以上调解组织参与调解的，各调解组织所在地基层人民法院均有管辖权。

双方当事人可以共同向其中一个调解组织所在地基层人民法院提出申请；双方当事人共同向两个以上调解组织所在地基层人民法院提出申请的，由最先立案的人民法院管辖。

第三百五十五条 当事人申请司法确认调解协议，可以采用书面形式或者口头形式。当事人口头申请的，人民法院应当记入笔录，并由当事人签名、捺印或者盖章。

第三百五十六条 当事人申请司法确认调解协议，应当向人民法院提交调解协议、调解组织主持调解的证明，以及与调解协议相关的财产权利证明等材料，并提供双方当事人的身份、住所、联系方式等基本信息。

当事人未提交上述材料的，人民法院应当要求当事人限期补交。

第三百五十七条 当事人申请司法确认调解协议，有下列情形之一的，人民法院裁定不予受理：

（一）不属于人民法院受理范围的；

（二）不属于收到申请的人民法院管辖的；

（三）申请确认婚姻关系、亲子关系、收养关系等身份关系无效、有效或者解除的；

（四）涉及适用其他特别程序、公示催告程序、破产程序审理的；

（五）调解协议内容涉及物权、知识产权确权的。

人民法院受理申请后，发现有上述不予受理情形的，应当裁定驳回当事人的申请。

第三百五十八条 人民法院审查相关情况时，应当通知双方当事人共同到场对案件进行核实。

人民法院经审查，认为当事人的陈述或者提供的证明材料不充分、不完备或者有疑义的，可以要求当事人限期补充陈述或者补充证明材料。必要时，人民法院可以向调解组织核实有关情况。

第三百五十九条 确认调解协议的裁定作出前，当事人撤回申请的，人民法院可以裁定准许。

当事人无正当理由未在限期内补充陈述、补充证明材料或者拒不接受询问的，人民法院可以按撤回申请处理。

第三百六十条 经审查，调解协议有下列情形之一的，人民法院应当裁定驳回申请：

（一）违反法律强制性规定的；

（二）损害国家利益、社会公共利益、他人合法权益的；

（三）违背公序良俗的；

（四）违反自愿原则的；

（五）内容不明确的；

（六）其他不能进行司法确认的情形。

第三百六十一条 民事诉讼法第一百九十六条规定的担保物权人，包括抵押权人、质权人、留置权人；其他有权请求实现担保物权的人，包括抵押人、出质人、财产被留置的债务人或者所有权人等。

第三百六十二条 实现票据、仓单、提单等有权利凭证的权利质权案件，可以由权利凭证持有人住所地人民法院管辖；无权利凭证的权利质权，由出质登记地人民法院管辖。

第三百六十三条 实现担保物权案件属于海事法院等专门人民法院管辖的，由专门人民法院管辖。

第三百六十四条 同一债权的担保物有多个且所在地不同，申请人分别向有管辖权的人民法院申请实现担保物权的，人民法院应当依法受理。

第三百六十五条 依照物权法第一百七十六条的规定，被担保的债权既有物的担保又有人的担保，当事人对实现担保物权的顺序有约定，实现担保物权的申请违反该约定的，人民法院裁定不予受理；没有约定或者约定不明的，人民法院应当受理。

第三百六十六条 同一财产上设立多个担保物权，登记在先的担保物权尚未实现的，不影响后顺位的担保物权人向人民法院申请实现担保物权。

第三百六十七条 申请实现担保物权，应当提交下列材料：

（一）申请书。申请书应当记明申请人、被申请人的姓名或者名称、联系方式等基本信息，具体的请求和事实、理由；

（二）证明担保物权存在的材料，包括主合同、担保合同、抵押登记证明或者他项权利证书，权利质权的权利凭证或者质权出质登记证明等；

（三）证明实现担保物权条件成就的材料；

（四）担保财产现状的说明；

（五）人民法院认为需要提交的其他材料。

第三百六十八条 人民法院受理申请后，应当在五日内向被申请人送达申请书副本、异议权利告知书等文书。

被申请人有异议的，应当在收到人民法院通知后的五日内向人民法院提出，同时说明理由并提供相应的证据材料。

第三百六十九条 实现担保物权案件可以由审判员一人独任审查。担保财产标的额超过基层人民法院管辖范围的，应当组成合议庭进行审查。

第三百七十条 人民法院审查实现担保物权案件，可以询问申请人、被申请人、利害关系人，必要时可以依职权调查相关事实。

第三百七十一条 人民法院应当就主合同的效力、期限、履行情况，担保物权是否有效设立、担保财产的范围、被担保的债权范围、被担保的债权是否已届清偿期等担保物权实现的条件，以及是否损害他人合法权益等内容进行审查。

被申请人或者利害关系人提出异议的，人民法院应当一并审查。

第三百七十二条 人民法院审查后，按下列情形分别处理：

（一）当事人对实现担保物权无实质性争议且实现担保物权条件成就的，裁定准许拍卖、变卖担保财产；

（二）当事人对实现担保物权有部分实质性争议的，可以就无争议部分裁定准许拍卖、变卖担保财产；

（三）当事人对实现担保物权有实质性争议的，裁定驳回申请，并告知申请人向人民法院提起诉讼。

第三百七十三条 人民法院受理申请后，申请人对担保财产提出保全申请的，可以按照民事诉讼法关于诉讼保全的规定办理。

第三百七十四条 适用特别程序作出的判决、裁定，当事人、利害关系人认为有错误的，可以向作出该判决、裁定的人民法院提出异议。人民法院经审查，异议成立或者部分成立的，作出新的判决、裁定撤销或者改变原判决、裁定；异议不成立的，裁定驳回。

对人民法院作出的确认调解协议、准许实现担保物权的裁定，当事人有异议的，应当自收到裁定之日起十五日内提出；利害关系人有异议的，自知道或者应当知道其民事权益受到侵害之日起六个月内提出。

十八、审判监督程序

第三百七十五条 当事人死亡或者终止的，其权利义务承继者可以根据民事诉讼法第一百九十九条、第二百零一条的规定申请再审。

判决、调解书生效后，当事人将判决、调解书确认的债权转让，债权受让人对该判决、调解书不服申请再审的，人民法院不予受理。

第三百七十六条 民事诉讼法第一百九十九条规定的人数众多的一方当事人，包括公民、法人和其他组织。

民事诉讼法第一百九十九条规定的当事人双方为公民的案件，是指原告和被告均为公民的案件。

第三百七十七条 当事人申请再审，应当提交下列材料：

（一）再审申请书，并按照被申请人和原审其他当事人的人数提交副本；

（二）再审申请人是自然人的，应当提交身份证明；再审申请人是法人或者其他组织的，应当提交营业执照、组织机构代码证书、法定代表人或者主要负责人身份证明书。委托他人代为申请的，应当提交授权委托书和代理人身份证明；

（三）原审判决书、裁定书、调解书；

（四）反映案件基本事实的主要证据及其他材料。

前款第二项、第三项、第四项规定的材料可以是与原件核对无异的复印件。

第三百七十八条 再审申请书应当记明下列事项：

（一）再审申请人与被申请人及原审其他当事人的基本信息；

（二）原审人民法院的名称，原审裁判文书案号；

（三）具体的再审请求；

（四）申请再审的法定情形及具体事实、理由。

再审申请书应当明确申请再审的人民法院，并由再审申请人签名、捺印或者盖章。

第三百七十九条 当事人一方人数众多或者当事人双方为公民的案件，当事人分别向原审人民法院和上一级人民法院申请再审且不能协商一致的，由原审人民法院受理。

第三百八十条 适用特别程序、督促程序、公示催告程序、破产程序等非讼程序审理的案件，当事人不得申请再审。

第三百八十一条 当事人认为发生法律效力的不予受理、驳回起诉的裁定错误的，可以申请再审。

第三百八十二条 当事人就离婚案件中的财产分割问题申请再审，如涉及判决中已分割的财产，人民法院应当依照民事诉讼法第二百条的规定进行审查，符合再审条件的，应当裁定再审；如涉及判决中未作处理的夫妻共同财产，应当告知当事人另行起诉。

第三百八十三条 当事人申请再审，有下列情形之一的，人民法院不予受理：

（一）再审申请被驳回后再次提出申请的；

（二）对再审判决、裁定提出申请的；

（三）在人民检察院对当事人的申请作出不予提出再审检察建议或者抗诉决定后又提出申请的。

前款第一项、第二项规定情形，人民法院应当告知当事人可以向人民检察院申请再审检察建议或者抗诉，但因人民检察院提出再审检察建议或者抗诉而再审作出的判决、裁定除外。

第三百八十四条 当事人对已经发生法律效力的调解书申请再审，应当在调解书发生法律效力后六个月内提出。

第三百八十五条 人民法院应当自收到符合条件的再审申请书等材料之日起五日内向再审申请人发送受理通知书，并向被申请人及原审其他当事人发送应诉通知书、再审申请书副本等材料。

第三百八十六条 人民法院受理申请再审案件后，应当依照民事诉讼法第二百条、第二百零一条、第二百零四条等规定，对当事人主张的再审事由进行审查。

第三百八十七条 再审申请人提供的新的证据，能够证明原判决、裁定认定基本事实或者裁判结果错误的，应当认定为民事诉讼法第二百条第一项规定的情形。

对于符合前款规定的证据，人民法院应当责令再审申请人说明其逾期提供该证据的理由；拒不说明理由或者理由不成立的，依照民事诉讼法第六十五条第二款和本解释第一百零二条的规定处理。

第三百八十八条 再审申请人证明其提交的新的证据符合下列情形之一的，可以认定逾期提供证据的理由成立：

（一）在原审庭审结束前已经存在，因客观原因于庭审结束后才发现的；

（二）在原审庭审结束前已经发现，但因客观原因无法取得或者在规定的期限内不能提供的；

（三）在原审庭审结束后形成，无法据此另行提起诉讼的。

再审申请人提交的证据在原审中已经提供，原审人民法院未组织质证且未作为裁判根据的，视为逾期提供证据的理由成立，但原审人民法院依照民事诉讼法第六十五条规定不予采纳的除外。

第三百八十九条 当事人对原判决、裁定认定事实的主要证据在原审中拒绝发表质证意见或者质证中未对证据发表质证意见的，不属于民事诉讼法第二百条第四项规定的未经质证的情形。

第三百九十条 有下列情形之一，导致判决、裁定结果错误的，应当认定为民事诉讼法第二百条第六项规定的原判决、裁定适用法律确有错误：

（一）适用的法律与案件性质明显不符的；

（二）确定民事责任明显违背当事人约定或者法律规定的；

（三）适用已经失效或者尚未施行的法律的；

（四）违反法律溯及力规定的；

（五）违反法律适用规则的；

（六）明显违背立法原意的。

第三百九十一条 原审开庭过程中有下列情形之一的，应当认定为民事诉讼法第二百条第九项规定的剥夺当事人辩论权利：

（一）不允许当事人发表辩论意见的；

（二）应当开庭审理而未开庭审理的；

（三）违反法律规定送达起诉状副本或者上诉状副本，致使当事人无法行使辩论权利的；

（四）违法剥夺当事人辩论权利的其他情形。

第三百九十二条 民事诉讼法第二百条第十一项规定的诉讼请求，包括一审诉讼请求、二审上诉请求，但当事人未对一审判决、裁定遗漏或者超出诉讼请求提起上诉的除外。

第三百九十三条 民事诉讼法第二百条第十二项规定的法律文书包括：

（一）发生法律效力的判决书、裁定书、调解书；

（二）发生法律效力的仲裁裁决书；

（三）具有强制执行效力的公证债权文书。

第三百九十四条 民事诉讼法第二百条第十三项规定的审判人员审理该案件时有贪污受贿、徇私舞弊、枉法裁判行为，是指已经由生效刑事法律文书或者纪律处分决定所确认的行为。

第三百九十五条 当事人主张的再审事由成立，且符合民事诉讼法和本解释规定的申请再审条件的，人民法院应当裁定再审。

当事人主张的再审事由不成立，或者当事人申请再审超过法定申请再审期限、超出法定再审事由范围等不符合民事诉讼法和本解释规定的申请再审条件的，人民法院应当裁定驳回再审申请。

第三百九十六条 人民法院对已经发生法律效力的判决、裁定、调解书依法决定再审，依照民事诉讼法第二百零六条规定，需要中止执行的，应当在再审裁定中同时写明中止原判决、裁定、调解书的执行；情况紧急的，可以将中止执行裁定口头通知负责执行的人民法院，并在通知后十日内发出裁定书。

第三百九十七条 人民法院根据审查案件的需要决定是否询问当事人。新的证据可能推翻原判决、裁定的，人民法院应当询问当事人。

第三百九十八条 审查再审申请期间，被申请人及原审其他当事人依法提出再审申请的，人民法院应当将其列为再审申请人，对其再审事由一并审查，审查期限重新计算。经审查，其中一方再审申请人主张的再审事由成立的，应当裁定再审。各方再审申请人主张的再审事由均不成立的，一并裁定驳回再审申请。

第三百九十九条 审查再审申请期间，再审申请人申请人民法院委托鉴定、勘验的，人民法院不予准许。

第四百条 审查再审申请期间，再审申请人撤回再审申请的，是否准许，由人民法院裁定。

再审申请人经传票传唤，无正当理由拒不接受询问的，可以按撤回再审申请处理。

第四百零一条 人民法院准许撤回再审申请或者按撤回再审申请处理后，再审申请人再次申请再审的，不予受理，但有民事诉讼法第二百条第一项、第三项、第十二项、第十三项规定情形，自知道或者应当知道之日起六个月内提出的除外。

第四百零二条 再审申请审查期间，有下列情形之一的，裁定终结审查：

（一）再审申请人死亡或者终止，无权利义务承继者或者权利义务承继者声明放弃再审申请的；

（二）在给付之诉中，负有给付义务的被申请人死亡或者终止，无可供执行的财产，也没有应当承担义务的人的；

（三）当事人达成和解协议且已履行完毕的，但当事人在和解协议中声明不放弃申请再审权利的除外；

（四）他人未经授权以当事人名义申请再审的；

（五）原审或者上一级人民法院已经裁定再审的；

（六）有本解释第三百八十三条第一款规定情形的。

第四百零三条 人民法院审理再审案件应当组成合议庭开庭审理，但按照第二审程序审理，有特殊情况或者双方当事人已经通过其他方式充分表达意见，且书面同意不开庭审理的除外。

符合缺席判决条件的，可以缺席判决。

第四百零四条 人民法院开庭审理再审案件，应当按照下列情形分别进行：

（一）因当事人申请再审的，先由再审申请人陈述再审请求及理由，后由被申请人答辩、其他原审当事人发表意见；

（二）因抗诉再审的，先由抗诉机关宣读抗诉书，再由申请抗诉的当事人陈述，后由被申请人答辩、其他原审当事人发表意见；

（三）人民法院依职权再审，有申诉人的，先由申诉人陈述再审请求及理由，后由被申诉人答辩、其他原审当事人发表意见；

（四）人民法院依职权再审，没有申诉人的，先由原审原告或者原审上诉人陈述，后由原审其他当事人发表意见。

对前款第一项至第三项规定的情形，人民法院应当要求当事人明确其再审请求。

第四百零五条 人民法院审理再审案件应当围绕再审请求进行。当事人的再审请求超出原审诉讼请求的，不予审理；符合另案诉讼条件的，告知当事人可以另行起诉。

被申请人及原审其他当事人在庭审辩论结束前提出的再审请求，符合民事诉讼法第二百零五条规定的，人民法院应当一并审理。

人民法院经再审，发现已经发生法律效力的判决、裁定损害国家利益、社会公共利益、他人合法权益的，应当一并审理。

第四百零六条 再审审理期间，有下列情形之一的，可以裁定终结再审程序：

（一）再审申请人在再审期间撤回再审请求，人民法院准许的；

（二）再审申请人经传票传唤，无正当理由拒不到庭的，或者未经法庭许可中途退庭，按撤回再审请求处理的；

（三）人民检察院撤回抗诉的；

（四）有本解释第四百零二条第一项至第四项规定情形的。

因人民检察院提出抗诉裁定再审的案件，申请抗诉的当事人有前款规定的情形，且不损害国家利益、社会公共利益或者他人合法权益的，人民法院应当裁定终结再审程序。

再审程序终结后，人民法院裁定中止执行的原生效判决自动恢复执行。

第四百零七条 人民法院经再审审理认为，原判决、裁定认定事实清楚、适用法律正确的，应予维持；原判决、裁定认定事实、适用法律虽有瑕疵，但裁判结果正确的，应当在再审判决、裁定中纠正瑕疵后予以维持。

原判决、裁定认定事实、适用法律错误，导致裁判结果错误的，应当依法改判、撤销或者变更。

第四百零八条 按照第二审程序再审的案件，人民法院经审理认为不符合民事诉讼法规定的起诉条件或者符合民事诉讼法第一百二十四条规定不予受理情形的，应当裁定撤销一、二审判决，驳回起诉。

第四百零九条 人民法院对调解书裁定再审后，按照下列情形分别处理：

（一）当事人提出的调解违反自愿原则的事由不成立，且调解书的内容不违反法律强制性规定的，裁定驳回再审申请；

（二）人民检察院抗诉或者再审检察建议所主张的损害国家利益、社会公共利益的理由不成立的，裁定终结再审程序。

前款规定情形，人民法院裁定中止执行的调解书需要继续执行的，自动恢复执行。

第四百一十条 一审原告在再审审理程序中申请撤回起诉，经其他当事人同意，且不损害国家利益、社会公共利益、他人合法权益的，人民法院可以准许。裁定准许撤诉的，应当一并撤销原判决。

一审原告在再审审理程序中撤回起诉后重复起诉的，人民法院不予受理。

第四百一十一条 当事人提交新的证据致使再审改判，因再审申请人或者申请检察监督当事人的过错未能在原审程序中及时举证，被申请人等当事人请求补偿其增加的交通、住宿、就餐、误工等必要费用的，人民法院应予支持。

第四百一十二条 部分当事人到庭并达成调解协议，其他当事人未作出书面表示的，人民法院应当在判决中对该事实作出表述；调解协议内容不违反法律规定，且不损害其他当事人合法权益的，可以在判决主文中予以确认。

第四百一十三条 人民检察院依法对损害国家利益、社会公共利益的发生法律效力的判决、裁定、调解书提出抗诉，或者经人民检察院检察委员会讨论决定提出再审检察建议的，人民法院应予受理。

第四百一十四条 人民检察院对已经发生法律效力的判决以及不予受理、驳回起诉的裁定依法提出抗诉的，人民法院应予受理，但适用特别程序、督促程序、公示催告程序、破产程序以及解除婚姻关系的判决、裁定等不适用审判监督程序的判决、裁定除外。

第四百一十五条 人民检察院依照民事诉讼法第二百零九条第一款第三项规定对有明显错误的再审判决、裁定提出抗诉或者再审检察建议的，人民法院应予受理。

第四百一十六条 地方各级人民检察院依当事人的申请对生效判决、裁定向同级人民法院提出再审检察建议，符合下列条件的，应予受理：

（一）再审检察建议书和原审当事人申请书及相关证据材料已经提交；
（二）建议再审的对象为依照民事诉讼法和本解释规定可以进行再审的判决、裁定；
（三）再审检察建议书列明该判决、裁定有民事诉讼法第二百零八条第二款规定情形；
（四）符合民事诉讼法第二百零九条第一款第一项、第二项规定情形；
（五）再审检察建议经该人民检察院检察委员会讨论决定。

不符合前款规定的，人民法院可以建议人民检察院予以补正或者撤回；不予补正或者撤回的，应当函告人民检察院不予受理。

第四百一十七条 人民检察院依当事人的申请对生效判决、裁定提出抗诉，符合下列条件的，人民法院应当在三十日内裁定再审：

（一）抗诉书和原审当事人申请书及相关证据材料已经提交；
（二）抗诉对象为依照民事诉讼法和本解释规定可以进行再审的判决、裁定；
（三）抗诉书列明该判决、裁定有民事诉讼法第二百零八条第一款规定情形；
（四）符合民事诉讼法第二百零九条第一款第一项、第二项规定情形。

不符合前款规定的，人民法院可以建议人民检察院予以补正或者撤回；不予补正或者撤回的，人民法院可以裁定不予受理。

第四百一十八条 当事人的再审申请被上级人民法院裁定驳回后，人民检察院对原判决、裁定、调解书提出抗诉，抗诉事由符合民事诉讼法第二百条第一项至第五项规定情形之一的，受理抗诉的人民法院可以交由下一级人民法院再审。

第四百一十九条 人民法院收到再审检察建议后，应当组成合议庭，在三个月内进行审查，发现原判决、裁定、调解书确有错误，需要再审的，依照民事诉讼法第一百九十八条规定裁定再审，并通知当事人；经审查，决定不予再审的，应当书面回复人民检察院。

第四百二十条 人民法院审理因人民检察院抗诉或者检察建议裁定再审的案件，不受此前已经作出的驳回当事人再审申请裁定的影响。

第四百二十一条 人民法院开庭审理抗诉案件，应当在开庭三日前通知人民检察院、当事人和其他诉讼参与人。同级人民检察院或者提出抗诉的人民检察院应当派员出庭。

人民检察院因履行法律监督职责向当事人或者案外人调查核实的情况，应当向法庭提交并予以说明，由双方当事人进行质证。

第四百二十二条 必须共同进行诉讼的当事人因不能归责于本人或者其诉讼代理人的事由未参加诉讼的，可以根据民事诉讼法第二百条第八项规定，自知道或者应当知道之日起六个月内申请再审，但符合本解释第四百二十三条规定情形的除外。

人民法院因前款规定的当事人申请而裁定再审，按照第一审程序再审的，应当追加其为当事人，作出新的判决、裁定；按照第二审程序再审，经调解不能达成协议的，应当撤销原判决、裁定，发回重审，重审时应追加其为当事人。

第四百二十三条 根据民事诉讼法第二百二十七条规定，案外人对驳回其执行异议的裁定不服，认为原判决、裁定、调解书内容错误损害其民事权益的，可以自执行异议裁定送达之日起六个月内,向作出原判决、裁定、调解书的人民法院申请再审。

第四百二十四条 根据民事诉讼法第二百二十七条规定,人民法院裁定再审后,案外人属于必要的共同诉讼当事人的,依照本解释第四百二十二条第二款规定处理。

案外人不是必要的共同诉讼当事人的,人民法院仅审理原判决、裁定、调解书对其民事权益造成损害的内容。经审理,再审请求成立的,撤销或者改变原判决、裁定、调解书;再审请求不成立的,维持原判决、裁定、调解书。

第四百二十五条 本解释第三百四十条规定适用于审判监督程序。

第四百二十六条 对小额诉讼案件的判决、裁定,当事人以民事诉讼法第二百条规定的事由向原审人民法院申请再审的,人民法院应当受理。申请再审事由成立的,应当裁定再审,组成合议庭进行审理。作出的再审判决、裁定,当事人不得上诉。

当事人以不应按小额诉讼案件审理为由向原审人民法院申请再审的,人民法院应当受理。理由成立的,应当裁定再审,组成合议庭审理。作出的再审判决、裁定,当事人可以上诉。

十九、督促程序

第四百二十七条 两个以上人民法院都有管辖权的,债权人可以向其中一个基层人民法院申请支付令。

债权人向两个以上有管辖权的基层人民法院申请支付令的,由最先立案的人民法院管辖。

第四百二十八条 人民法院收到债权人的支付令申请书后,认为申请书不符合要求的,可以通知债权人限期补正。人民法院应当自收到补正材料之日起五日内通知债权人是否受理。

第四百二十九条 债权人申请支付令,符合下列条件的,基层人民法院应当受理,并在收到支付令申请书后五日内通知债权人:

(一)请求给付金钱或者汇票、本票、支票、股票、债券、国库券、可转让的存款单等有价证券;

(二)请求给付的金钱或者有价证券已到期且数额确定,并写明了请求所根据的事实、证据;

(三)债权人没有对待给付义务;

(四)债务人在我国境内且未下落不明;

(五)支付令能够送达债务人;

(六)收到申请书的人民法院有管辖权;

(七)债权人未向人民法院申请诉前保全。

不符合前款规定的,人民法院应当在收到支付令申请书后五日内通知债权人不予受理。

基层人民法院受理申请支付令案件,不受债权金额的限制。

第四百三十条 人民法院受理申请后,由审判员一人进行审查。经审查,有下列情形之一的,裁定驳回申请:

（一）申请人不具备当事人资格的；

（二）给付金钱或者有价证券的证明文件没有约定逾期给付利息或者违约金、赔偿金，债权人坚持要求给付利息或者违约金、赔偿金的；

（三）要求给付的金钱或者有价证券属于违法所得的；

（四）要求给付的金钱或者有价证券尚未到期或者数额不确定的。

人民法院受理支付令申请后，发现不符合本解释规定的受理条件的，应当在受理之日起十五日内裁定驳回申请。

第四百三十一条 向债务人本人送达支付令，债务人拒绝接收的，人民法院可以留置送达。

第四百三十二条 有下列情形之一的，人民法院应当裁定终结督促程序，已发出支付令的，支付令自行失效：

（一）人民法院受理支付令申请后，债权人就同一债权债务关系又提起诉讼的；

（二）人民法院发出支付令之日起三十日内无法送达债务人的；

（三）债务人收到支付令前，债权人撤回申请的。

第四百三十三条 债务人在收到支付令后，未在法定期间提出书面异议，而向其他人民法院起诉的，不影响支付令的效力。

债务人超过法定期间提出异议的，视为未提出异议。

第四百三十四条 债权人基于同一债权债务关系，在同一支付令申请中向债务人提出多项支付请求，债务人仅就其中一项或者几项请求提出异议的，不影响其他各项请求的效力。

第四百三十五条 债权人基于同一债权债务关系，就可分之债向多个债务人提出支付请求，多个债务人中的一人或者几人提出异议的，不影响其他请求的效力。

第四百三十六条 对设有担保的债务的主债务人发出的支付令，对担保人没有拘束力。

债权人就担保关系单独提起诉讼的，支付令自人民法院受理案件之日起失效。

第四百三十七条 经形式审查，债务人提出的书面异议有下列情形之一的，应当认定异议成立，裁定终结督促程序，支付令自行失效：

（一）本解释规定的不予受理申请情形的；

（二）本解释规定的裁定驳回申请情形的；

（三）本解释规定的应当裁定终结督促程序情形的；

（四）人民法院对是否符合发出支付令条件产生合理怀疑的。

第四百三十八条 债务人对债务本身没有异议，只是提出缺乏清偿能力、延缓债务清偿期限、变更债务清偿方式等异议的，不影响支付令的效力。

人民法院经审查认为异议不成立的，裁定驳回。

债务人的口头异议无效。

第四百三十九条 人民法院作出终结督促程序或者驳回异议裁定前，债务人请求撤回异议的，应当裁定准许。

债务人对撤回异议反悔的，人民法院不予支持。

第四百四十条 支付令失效后，申请支付令的一方当事人不同意提起诉讼的，应当自收到终结督促程序裁定之日起七日内向受理申请的人民法院提出。

申请支付令的一方当事人不同意提起诉讼的，不影响其向其他有管辖权的人民法院提起诉讼。

第四百四十一条 支付令失效后，申请支付令的一方当事人自收到终结督促程序裁定之日起七日内未向受理申请的人民法院表明不同意提起诉讼的，视为向受理申请的人民法院起诉。

债权人提出支付令申请的时间，即为向人民法院起诉的时间。

第四百四十二条 债权人向人民法院申请执行支付令的期间，适用民事诉讼法第二百三十九条的规定。

第四百四十三条 人民法院院长发现本院已经发生法律效力的支付令确有错误，认为需要撤销的，应当提交本院审判委员会讨论决定后，裁定撤销支付令，驳回债权人的申请。

二十、公示催告程序

第四百四十四条 民事诉讼法第二百一十八条规定的票据持有人，是指票据被盗、遗失或者灭失前的最后持有人。

第四百四十五条 人民法院收到公示催告的申请后，应当立即审查，并决定是否受理。经审查认为符合受理条件的，通知予以受理，并同时通知支付人停止支付；认为不符合受理条件的，七日内裁定驳回申请。

第四百四十六条 因票据丧失，申请公示催告的，人民法院应结合票据存根、丧失票据的复印件、出票人关于签发票据的证明、申请人合法取得票据的证明、银行挂失止付通知书、报案证明等证据，决定是否受理。

第四百四十七条 人民法院依照民事诉讼法第二百一十九条规定发出的受理申请的公告，应当写明下列内容：

（一）公示催告申请人的姓名或者名称；

（二）票据的种类、号码、票面金额、出票人、背书人、持票人、付款期限等事项以及其他可以申请公示催告的权利凭证的种类、号码、权利范围、权利人、义务人、行权日期等事项；

（三）申报权利的期间；

（四）在公示催告期间转让票据等权利凭证，利害关系人不申报的法律后果。

第四百四十八条 公告应当在有关报纸或者其他媒体上刊登，并于同日公布于人民法院公告栏内。人民法院所在地有证券交易所的，还应当同日在该交易所公布。

第四百四十九条 公告期间不得少于六十日，且公示催告期间届满日不得早于票据付款日后十五日。

第四百五十条 在申报期届满后、判决作出之前，利害关系人申报权利的，应当适用民事诉讼法第二百二十一条第二款、第三款规定处理。

第四百五十一条 利害关系人申报权利，人民法院应当通知其向法院出示票据，并通知公示催告申请人在指定的期间查看该票据。公示催告申请人申请公示催告的票据与利害关系人出示的票据不一致的，应当裁定驳回利害关系人的申报。

第四百五十二条 在申报权利的期间无人申报权利，或者申报被驳回的，申请人应当自公示催告期间届满之日起一个月内申请作出判决。逾期不申请判决的，终结公示催告程序。

裁定终结公示催告程序的，应当通知申请人和支付人。

第四百五十三条 判决公告之日起，公示催告申请人有权依据判决向付款人请求付款。

付款人拒绝付款，申请人向人民法院起诉，符合民事诉讼法第一百一十九条规定的起诉条件的，人民法院应予受理。

第四百五十四条 适用公示催告程序审理案件，可由审判员一人独任审理；判决宣告票据无效的，应当组成合议庭审理。

第四百五十五条 公示催告申请人撤回申请，应在公示催告前提出；公示催告期间申请撤回的，人民法院可以径行裁定终结公示催告程序。

第四百五十六条 人民法院依照民事诉讼法第二百二十条规定通知支付人停止支付，应当符合有关财产保全的规定。支付人收到停止支付通知后拒不止付的，除可依照民事诉讼法第一百一十一条、第一百一十四条规定采取强制措施外，在判决后，支付人仍应承担付款义务。

第四百五十七条 人民法院依照民事诉讼法第二百二十一条规定终结公示催告程序后，公示催告申请人或者申报人向人民法院提起诉讼，因票据权利纠纷提起的，由票据支付地或者被告住所地人民法院管辖；因非票据权利纠纷提起的，由被告住所地人民法院管辖。

第四百五十八条 依照民事诉讼法第二百二十一条规定制作的终结公示催告程序的裁定书，由审判员、书记员署名，加盖人民法院印章。

第四百五十九条 依照民事诉讼法第二百二十三条的规定，利害关系人向人民法院起诉的，人民法院可按票据纠纷适用普通程序审理。

第四百六十条 民事诉讼法第二百二十三条规定的正当理由，包括：

（一）因发生意外事件或者不可抗力致使利害关系人无法知道公告事实的；

（二）利害关系人因被限制人身自由而无法知道公告事实，或者虽然知道公告事实，但无法自己或者委托他人代为申报权利的；

（三）不属于法定申请公示催告情形的；

（四）未予公告或者未按法定方式公告的；

（五）其他导致利害关系人在判决作出前未能向人民法院申报权利的客观事由。

第四百六十一条 根据民事诉讼法第二百二十三条的规定，利害关系人请求人民法院撤销除权判决的，应当将申请人列为被告。

利害关系人仅诉请确认其为合法持票人的，人民法院应当在裁判文书中写明，确认利害关系人为票据权利人的判决作出后，除权判决即被撤销。

二十一、执行程序

第四百六十二条 发生法律效力的实现担保物权裁定、确认调解协议裁定、支付令，由作出裁定、支付令的人民法院或者与其同级的被执行财产所在地的人民法院执行。

认定财产无主的判决，由作出判决的人民法院将无主财产收归国家或者集体所有。

第四百六十三条 当事人申请人民法院执行的生效法律文书应当具备下列条件：

（一）权利义务主体明确；

（二）给付内容明确。

法律文书确定继续履行合同的，应当明确继续履行的具体内容。

第四百六十四条 根据民事诉讼法第二百二十七条规定，案外人对执行标的提出异议的，应当在该执行标的执行程序终结前提出。

第四百六十五条 对案外人对执行标的提出的异议，经审查，按照下列情形分别处理：

（一）案外人对执行标的不享有足以排除强制执行的权益的，裁定驳回其异议；

（二）案外人对执行标的享有足以排除强制执行的权益的，裁定中止执行。

驳回案外人执行异议裁定送达案外人之日起十五日内，人民法院不得对执行标的进行处分。

第四百六十六条 申请执行人与被执行人达成和解协议后请求中止执行或者撤回执行申请的，人民法院可以裁定中止执行或者终结执行。

第四百六十七条 一方当事人不履行或者不完全履行在执行中双方自愿达成的和解协议，对方当事人申请执行原生效法律文书的，人民法院应当恢复执行，但和解协议已履行的部分应当扣除。和解协议已经履行完毕的，人民法院不予恢复执行。

第四百六十八条 申请恢复执行原生效法律文书，适用民事诉讼法第二百三十九条申请执行期间的规定。申请执行期间因达成执行中的和解协议而中断，其期间自和解协议约定履行期限的最后一日起重新计算。

第四百六十九条 人民法院依照民事诉讼法第二百三十一条规定决定暂缓执行的，如果担保是有期限的，暂缓执行的期限应当与担保期限一致，但最长不得超过一年。被执行人或者担保人对担保的财产在暂缓执行期间有转移、隐藏、变卖、毁损等行为的，人民法院可以恢复强制执行。

第四百七十条 根据民事诉讼法第二百三十一条规定向人民法院提供执行担保的，可以由被执行人或者他人提供财产担保，也可以由他人提供保证。担保人应当具有代为履行或者代为承担赔偿责任的能力。

他人提供执行保证的，应当向执行法院出具保证书，并将保证书副本送交申请执行人。被执行人或者他人提供财产担保的，应当参照物权法、担保法的有关规定办理相应手续。

第四百七十一条 被执行人在人民法院决定暂缓执行的期限届满后仍不履行义务的，人民法院可以直接执行担保财产，或者裁定执行担保人的财产，但执行担保人的财产以担保人应当履行义务部分的财产为限。

第四百七十二条 依照民事诉讼法第二百三十二条规定，执行中作为被执行人的法人或者其他组织分立、合并的，人民法院可以裁定变更后的法人或者其他组织为被执行人；被注销的，如果依照有关实体法的规定有权利义务承受人的，可以裁定该权利义务承受人为被执行人。

第四百七十三条 其他组织在执行中不能履行法律文书确定的义务的，人民法院可以裁定执行对该其他组织依法承担义务的法人或者公民个人的财产。

第四百七十四条 在执行中，作为被执行人的法人或者其他组织名称变更的，人民法院可以裁定变更后的法人或者其他组织为被执行人。

第四百七十五条 作为被执行人的公民死亡，其遗产继承人没有放弃继承的，人民法院可以裁定变更被执行人，由该继承人在遗产的范围内偿还债务。继承人放弃继承的，人民法院可以直接执行被执行人的遗产。

第四百七十六条 法律规定由人民法院执行的其他法律文书执行完毕后，该法律文书被有关机关或者组织依法撤销的，经当事人申请，适用民事诉讼法第二百三十三条规定。

第四百七十七条 仲裁机构裁决的事项，部分有民事诉讼法第二百三十七条第二款、第三款规定情形的，人民法院应当裁定对该部分不予执行。

应当不予执行部分与其他部分不可分的，人民法院应当裁定不予执行仲裁裁决。

第四百七十八条 依照民事诉讼法第二百三十七条第二款、第三款规定，人民法院裁定不予执行仲裁裁决后，当事人对该裁定提出执行异议或者复议的，人民法院不予受理。当事人可以就该民事纠纷重新达成书面仲裁协议申请仲裁，也可以向人民法院起诉。

第四百七十九条 在执行中，被执行人通过仲裁程序将人民法院查封、扣押、冻结的财产确权或者分割给案外人的，不影响人民法院执行程序的进行。

案外人不服的，可以根据民事诉讼法第二百二十七条规定提出异议。

第四百八十条 有下列情形之一的，可以认定为民事诉讼法第二百三十八条第二款规定的公证债权文书确有错误：

（一）公证债权文书属于不得赋予强制执行效力的债权文书的；

（二）被执行人一方未亲自或者未委托代理人到场公证等严重违反法律规定的公证程序的；

（三）公证债权文书的内容与事实不符或者违反法律强制性规定的；

（四）公证债权文书未载明被执行人不履行义务或者不完全履行义务时同意接受强制执行的。

人民法院认定执行该公证债权文书违背社会公共利益的，裁定不予执行。

公证债权文书被裁定不予执行后，当事人、公证事项的利害关系人可以就债权争议提起诉讼。

第四百八十一条 当事人请求不予执行仲裁裁决或者公证债权文书的，应当在执行终结前向执行法院提出。

第四百八十二条 人民法院应当在收到申请执行书或者移交执行书后十日内发出执行通知。

执行通知中除应责令被执行人履行法律文书确定的义务外，还应通知其承担民事诉讼法第二百五十三条规定的迟延履行利息或者迟延履行金。

第四百八十三条 申请执行人超过申请执行时效期间向人民法院申请强制执行的，人民法院应予受理。被执行人对申请执行时效期间提出异议，人民法院经审查异议成立的，裁定不予执行。

被执行人履行全部或者部分义务后，又以不知道申请执行时效期间届满为由请求执行回转的，人民法院不予支持。

第四百八十四条 对必须接受调查询问的被执行人、被执行人的法定代表人、负责人或者实际控制人，经依法传唤无正当理由拒不到场的，人民法院可以拘传其到场。

人民法院应当及时对被拘传人进行调查询问，调查询问的时间不得超过八小时；情况复杂，依法可能采取拘留措施的，调查询问的时间不得超过二十四小时。

人民法院在本辖区以外采取拘传措施时，可以将被拘传人拘传到当地人民法院，当地人民法院应予协助。

第四百八十五条 人民法院有权查询被执行人的身份信息与财产信息，掌握相关信息的单位和个人必须按照协助执行通知书办理。

第四百八十六条 对被执行的财产，人民法院非经查封、扣押、冻结不得处分。对银行存款等各类可以直接扣划的财产，人民法院的扣划裁定同时具有冻结的法律效力。

第四百八十七条 人民法院冻结被执行人的银行存款的期限不得超过一年，查封、扣押动产的期限不得超过两年，查封不动产、冻结其他财产权的期限不得超过三年。

申请执行人申请延长期限的，人民法院应当在查封、扣押、冻结期限届满前办理续行查封、扣押、冻结手续，续行期限不得超过前款规定的期限。

人民法院也可以依职权办理续行查封、扣押、冻结手续。

第四百八十八条 依照民事诉讼法第二百四十七条规定，人民法院在执行中需要拍卖被执行人财产的，可以由人民法院自行组织拍卖，也可以交由具备相应资质的拍卖机构拍卖。

交拍卖机构拍卖的，人民法院应当对拍卖活动进行监督。

第四百八十九条 拍卖评估需要对现场进行检查、勘验的，人民法院应当责令被执行人、协助义务人予以配合。被执行人、协助义务人不予配合的，人民法院可以强制进行。

第四百九十条 人民法院在执行中需要变卖被执行人财产的，可以交有关单位变卖，也可以由人民法院直接变卖。

对变卖的财产，人民法院或者其工作人员不得买受。

第四百九十一条 经申请执行人和被执行人同意，且不损害其他债权人合法权益和社会公共利益的，人民法院可以不经拍卖、变卖，直接将被执行人的财产作价交申请执行人抵偿债务。对剩余债务，被执行人应当继续清偿。

第四百九十二条 被执行人的财产无法拍卖或者变卖的，经申请执行人同意，且不损害其他债权人合法权益和社会公共利益的，人民法院可以将该项财产作价后交付申请执行人抵偿债务，或者交付申请执行人管理；申请执行人拒绝接收或者管理的，退回被执行人。

第四百九十三条 拍卖成交或者依法定程序裁定以物抵债的，标的物所有权自拍卖成交裁定或者抵债裁定送达买受人或者接受抵债物的债权人时转移。

第四百九十四条 执行标的物为特定物的，应当执行原物。原物确已毁损或者灭失的，经双方当事人同意，可以折价赔偿。

双方当事人对折价赔偿不能协商一致的，人民法院应当终结执行程序。申请执行人可以另行起诉。

第四百九十五条 他人持有法律文书指定交付的财物或者票证，人民法院依照民事诉讼法第二百四十九条第二款、第三款规定发出协助执行通知后，拒不转交的，可以强制执行，并可依照民事诉讼法第一百一十四条、第一百一十五条规定处理。

他人持有期间财物或者票证毁损、灭失的，参照本解释第四百九十四条规定处理。

他人主张合法持有财物或者票证的，可以根据民事诉讼法第二百二十七条规定提出执行异议。

第四百九十六条 在执行中，被执行人隐匿财产、会计账簿等资料的，人民法院除可依照民事诉讼法第一百一十一条第一款第六项规定对其处理外，还应责令被执行人交出隐匿的财产、会计账簿等资料。被执行人拒不交出的，人民法院可以采取搜查措施。

第四百九十七条 搜查人员应当按规定着装并出示搜查令和工作证件。

第四百九十八条 人民法院搜查时禁止无关人员进入搜查现场；搜查对象是公民的，应当通知被执行人或者他的成年家属以及基层组织派员到场；搜查对象是法人或者其他组织的，应当通知法定代表人或者主要负责人到场。拒不到场的，不影响搜查。

搜查妇女身体，应当由女执行人员进行。

第四百九十九条 搜查中发现应当依法采取查封、扣押措施的财产，依照民事诉讼法第二百四十五条第二款和第二百四十七条规定办理。

第五百条 搜查应当制作搜查笔录，由搜查人员、被搜查人及其他在场人签名、捺印或者盖章。拒绝签名、捺印或者盖章的，应当记入搜查笔录。

第五百零一条 人民法院执行被执行人对他人的到期债权，可以作出冻结债权的裁定，并通知该他人向申请执行人履行。

该他人对到期债权有异议，申请执行人请求对异议部分强制执行的，人民法院不予支持。利害关系人对到期债权有异议的，人民法院应当按照民事诉讼法第二百二十七条规定处理。

对生效法律文书确定的到期债权，该他人予以否认的，人民法院不予支持。

第五百零二条 人民法院在执行中需要办理房产证、土地证、林权证、专利证书、商标证书、车船执照等有关财产权证照转移手续的，可以依照民事诉讼法第二百五十一条规定办理。

第五百零三条 被执行人不履行生效法律文书确定的行为义务，该义务可由他人完成的，人民法院可以选定代履行人；法律、行政法规对履行该行为义务有资格限制的，应当从有资格的人中选定。必要时，可以通过招标的方式确定代履行人。

申请执行人可以在符合条件的人中推荐代履行人，也可以申请自己代为履行，是否准许，由人民法院决定。

第五百零四条 代履行费用的数额由人民法院根据案件具体情况确定，并由被执行人在指定期限内预先支付。被执行人未预付的，人民法院可以对该费用强制执行。

代履行结束后，被执行人可以查阅、复制费用清单以及主要凭证。

第五百零五条 被执行人不履行法律文书指定的行为，且该项行为只能由被执行人完成的，人民法院可以依照民事诉讼法第一百一十一条第一款第六项规定处理。

被执行人在人民法院确定的履行期间内仍不履行的，人民法院可以依照民事诉讼法第一百一十一条第一款第六项规定再次处理。

第五百零六条 被执行人迟延履行的，迟延履行期间的利息或者迟延履行金自判决、裁定和其他法律文书指定的履行期间届满之日起计算。

第五百零七条 被执行人未按判决、裁定和其他法律文书指定的期间履行非金钱给付义务的，无论是否已给申请执行人造成损失，都应当支付迟延履行金。已经造成损失的，双倍补偿申请执行人已经受到的损失；没有造成损失的，迟延履行金可以由人民法院根据具体案件情况决定。

第五百零八条 被执行人为公民或者其他组织，在执行程序开始后，被执行人的其他已经取得执行依据的债权人发现被执行人的财产不能清偿所有债权的，可以向人民法院申请参与分配。

对人民法院查封、扣押、冻结的财产有优先权、担保物权的债权人，可以直接申请参与分配，主张优先受偿权。

第五百零九条 申请参与分配，申请人应当提交申请书。申请书应当写明参与分配和被执行人不能清偿所有债权的事实、理由，并附有执行依据。

参与分配申请应当在执行程序开始后，被执行人的财产执行终结前提出。

第五百一十条 参与分配执行中，执行所得价款扣除执行费用，并清偿应当优先受偿的债权后，对于普通债权，原则上按照其占全部申请参与分配债权数额的比例受偿。清偿后的剩余债务，被执行人应当继续清偿。债权人发现被执行人有其他财产的，可以随时请求人民法院执行。

第五百一十一条 多个债权人对执行财产申请参与分配的，执行法院应当制作财产分配方案，并送达各债权人和被执行人。债权人或者被执行人对分配方案有异议的，应当自收到分配方案之日起十五日内向执行法院提出书面异议。

第五百一十二条 债权人或者被执行人对分配方案提出书面异议的，执行法院应当通知未提出异议的债权人、被执行人。

未提出异议的债权人、被执行人自收到通知之日起十五日内未提出反对意见的，执行法院依异议人的意见对分配方案审查修正后进行分配；提出反对意见的，应当通知异议人。异议人可以自收到通知之日起十五日内，以提出反对意见的债权人、被执行人为被告，向执行法院提起诉讼；异议人逾期未提起诉讼的，执行法院按照原分配方案进行分配。

诉讼期间进行分配的，执行法院应当提存与争议债权数额相应的款项。

第五百一十三条 在执行中，作为被执行人的企业法人符合企业破产法第二条第一款规定情形的，执行法院经申请执行人之一或者被执行人同意，应当裁定中止对该被执行人的执行，将执行案件相关材料移送被执行人住所地人民法院。

第五百一十四条 被执行人住所地人民法院应当自收到执行案件相关材料之日起三十日内，将是否受理破产案件的裁定告知执行法院。不予受理的，应当将相关案件材料退回执行法院。

第五百一十五条 被执行人住所地人民法院裁定受理破产案件的，执行法院应当解除对被执行人财产的保全措施。被执行人住所地人民法院裁定宣告被执行人破产的，执行法院应当裁定终结对该被执行人的执行。

被执行人住所地人民法院不受理破产案件的，执行法院应当恢复执行。

第五百一十六条 当事人不同意移送破产或者被执行人住所地人民法院不受理破产案件的，执行法院就执行变价所得财产，在扣除执行费用及清偿优先受偿的债权后，对于普通债权，按照财产保全和执行中查封、扣押、冻结财产的先后顺序清偿。

第五百一十七条 债权人根据民事诉讼法第二百五十四条规定请求人民法院继续执行的，不受民事诉讼法第二百三十九条规定申请执行时效期间的限制。

第五百一十八条 被执行人不履行法律文书确定的义务的，人民法院除对被执行人予以处罚外，还可以根据情节将其纳入失信被执行人名单，将被执行人不履行或者不完全履行义务的信息向其所在单位、征信机构以及其他相关机构通报。

第五百一十九条 经过财产调查未发现可供执行的财产，在申请执行人签字确认或者执行法院组成合议庭审查核实并经院长批准后，可以裁定终结本次执行程序。

依照前款规定终结执行后，申请执行人发现被执行人有可供执行财产的，可以再次申请执行。再次申请不受申请执行时效期间的限制。

第五百二十条 因撤销申请而终结执行后，当事人在民事诉讼法第二百三十九条规定的申请执行时效期间内再次申请执行的，人民法院应当受理。

第五百二十一条 在执行终结六个月内，被执行人或者其他人对已执行的标的有妨害行为的，人民法院可以依申请排除妨害，并可以依照民事诉讼法第一百一十一条规定进行处罚。因妨害行为给执行债权人或者其他人造成损失的，受害人可以另行起诉。

二十二、涉外民事诉讼程序的特别规定

第五百二十二条 有下列情形之一，人民法院可以认定为涉外民事案件：
（一）当事人一方或者双方是外国人、无国籍人、外国企业或者组织的；
（二）当事人一方或者双方的经常居所地在中华人民共和国领域外的；
（三）标的物在中华人民共和国领域外的；
（四）产生、变更或者消灭民事关系的法律事实发生在中华人民共和国领域外的；
（五）可以认定为涉外民事案件的其他情形。

第五百二十三条 外国人参加诉讼，应当向人民法院提交护照等用以证明自己身份的证件。

外国企业或者组织参加诉讼，向人民法院提交的身份证明文件，应当经所在国公证机关公证，并经中华人民共和国驻该国使领馆认证，或者履行中华人民共和国与该所在国订立的有关条约中规定的证明手续。

代表外国企业或者组织参加诉讼的人，应当向人民法院提交其有权作为代表人参加诉讼的证明，该证明应当经所在国公证机关公证，并经中华人民共和国驻该国使领馆认证，或者履行中华人民共和国与该所在国订立的有关条约中规定的证明手续。

本条所称的"所在国"，是指外国企业或者组织的设立登记地国，也可以是办理了营业登记手续的第三国。

第五百二十四条 依照民事诉讼法第二百六十四条以及本解释第五百二十三条规定，需要办理公证、认证手续，而外国当事人所在国与中华人民共和国没有建立外交关系的，可以经该国公证机关公证，经与中华人民共和国有外交关系的第三国驻该国使领馆认证，再转由中华人民共和国驻该第三国使领馆认证。

第五百二十五条 外国人、外国企业或者组织的代表人在人民法院法官的见证下签署授权委托书，委托代理人进行民事诉讼的，人民法院应予认可。

第五百二十六条 外国人、外国企业或者组织的代表人在中华人民共和国境内签署授权委托书，委托代理人进行民事诉讼，经中华人民共和国公证机构公证的，人民法院应予认可。

第五百二十七条 当事人向人民法院提交的书面材料是外文的，应当同时向人民法院提交中文翻译件。

当事人对中文翻译件有异议的，应当共同委托翻译机构提供翻译文本；当事人对翻译机构的选择不能达成一致的，由人民法院确定。

第五百二十八条 涉外民事诉讼中的外籍当事人，可以委托本国人为诉讼代理人，也可以委托本国律师以非律师身份担任诉讼代理人；外国驻华使领馆官员，受本国公民的委托，可以以个人名义担任诉讼代理人，但在诉讼中不享有外交或者领事特权和豁免。

第五百二十九条 涉外民事诉讼中，外国驻华使领馆授权其本馆官员，在作为当事人的本国国民不在中华人民共和国领域内的情况下，可以以外交代表身份为其本国国民在中华人民共和国聘请中华人民共和国律师或者中华人民共和国公民代理民事诉讼。

第五百三十条 涉外民事诉讼中，经调解双方达成协议，应当制发调解书。当事人要求发给判决书的，可以依协议的内容制作判决书送达当事人。

第五百三十一条 涉外合同或者其他财产权益纠纷的当事人，可以书面协议选择被告住所地、合同履行地、合同签订地、原告住所地、标的物所在地、侵权行为地等与争议有实际联系地点的外国法院管辖。

根据民事诉讼法第三十三条和第二百六十六条规定，属于中华人民共和国法院专属管辖的案件，当事人不得协议选择外国法院管辖，但协议选择仲裁的除外。

第五百三十二条 涉外民事案件同时符合下列情形的，人民法院可以裁定驳回原告的起诉，告知其向更方便的外国法院提起诉讼：

（一）被告提出案件应由更方便外国法院管辖的请求，或者提出管辖异议；

（二）当事人之间不存在选择中华人民共和国法院管辖的协议；

（三）案件不属于中华人民共和国法院专属管辖；

（四）案件不涉及中华人民共和国国家、公民、法人或者其他组织的利益；

（五）案件争议的主要事实不是发生在中华人民共和国境内，且案件不适用中华人民共和国法律，人民法院审理案件在认定事实和适用法律方面存在重大困难；

（六）外国法院对案件享有管辖权，且审理该案件更加方便。

第五百三十三条 中华人民共和国法院和外国法院都有管辖权的案件，一方当事人向外国法院起诉，而另一方当事人向中华人民共和国法院起诉的，人民法院可予受理。判决后，外国法院申请或者当事人请求人民法院承认和执行外国法院对本案作出的判决、裁定的，不予准许；但双方共同缔结或者参加的国际条约另有规定的除外。

外国法院判决、裁定已经被人民法院承认，当事人就同一争议向人民法院起诉的，人民法院不予受理。

第五百三十四条 对在中华人民共和国领域内没有住所的当事人，经用公告方式送达诉讼文书，公告期满不应诉，人民法院缺席判决后，仍应当将裁判文书依照民事诉讼法第二百六十七条第八项规定公告送达。自公告送达裁判文书满三个月之日起，经过三十日的上诉期当事人没有上诉的，一审判决即发生法律效力。

第五百三十五条 外国人或者外国企业、组织的代表人、主要负责人在中华人民共和国领域内的，人民法院可以向该自然人或者外国企业、组织的代表人、主要负责人送达。

外国企业、组织的主要负责人包括该企业、组织的董事、监事、高级管理人员等。

第五百三十六条 受送达人所在国允许邮寄送达的，人民法院可以邮寄送达。

邮寄送达时应当附有送达回证。受送达人未在送达回证上签收但在邮件回执上签收的，视为送达，签收日期为送达日期。

自邮寄之日起满三个月，如果未收到送达的证明文件，且根据各种情况不足以认定已经送达的，视为不能用邮寄方式送达。

第五百三十七条 人民法院一审时采取公告方式向当事人送达诉讼文书的，二审时可径行采取公告方式向其送达诉讼文书，但人民法院能够采取公告方式之外的其他方式送达的除外。

第五百三十八条 不服第一审人民法院判决、裁定的上诉期，对在中华人民共和国领域内有住所的当事人，适用民事诉讼法第一百六十四条规定的期限；对在中华人民共和国领域内没有住所的当事人，适用民事诉讼法第二百六十九条规定的期限。当事人的上诉期均已届满没有上诉的，第一审人民法院的判决、裁定即发生法律效力。

第五百三十九条 人民法院对涉外民事案件的当事人申请再审进行审查的期间，不受民事诉讼法第二百零四条规定的限制。

第五百四十条 申请人向人民法院申请执行中华人民共和国涉外仲裁机构的裁决，应当提出书面申请，并附裁决书正本。如申请人为外国当事人，其申请书应当用中文文本提出。

第五百四十一条 人民法院强制执行涉外仲裁机构的仲裁裁决时，被执行人以有民事诉讼法第二百七十四条第一款规定的情形为由提出抗辩的，人民法院应当对被执行人的抗辩进行审查，并根据审查结果裁定执行或者不予执行。

第五百四十二条 依照民事诉讼法第二百七十二条规定，中华人民共和国涉外仲裁机构将当事人的保全申请提交人民法院裁定的，人民法院可以进行审查，裁定是否进行保全。裁定保全的，应当责令申请人提供担保，申请人不提供担保的，裁定驳回申请。

当事人申请证据保全，人民法院经审查认为无需提供担保的，申请人可以不提供担保。

第五百四十三条 申请人向人民法院申请承认和执行外国法院作出的发生法律效力的判决、裁定，应当提交申请书，并附外国法院作出的发生法律效力的判决、裁定正本或者经证明无误的副本以及中文译本。外国法院判决、裁定为缺席判决、裁定的，申请人应当同时提交该外国法院已经合法传唤的证明文件，但判决、裁定已经对此予以明确说明的除外。

中华人民共和国缔结或者参加的国际条约对提交文件有规定的，按照规定办理。

第五百四十四条 当事人向中华人民共和国有管辖权的中级人民法院申请承认和执行外国法院作出的发生法律效力的判决、裁定的，如果该法院所在国与中华人民共和国没有缔结或者共同参加国际条约，也没有互惠关系的，裁定驳回申请，但当事人向人民法院申请承认外国法院作出的发生法律效力的离婚判决的除外。

承认和执行申请被裁定驳回的，当事人可以向人民法院起诉。

第五百四十五条 对临时仲裁庭在中华人民共和国领域外作出的仲裁裁决，一方当事人向人民法院申请承认和执行的，人民法院应当依照民事诉讼法第二百八十三条规定处理。

第五百四十六条 对外国法院作出的发生法律效力的判决、裁定或者外国仲裁裁决，需要中华人民共和国法院执行的，当事人应当先向人民法院申请承认。人民法院经审查，裁定承认后，再根据民事诉讼法第三编的规定予以执行。

当事人仅申请承认而未同时申请执行的，人民法院仅对应否承认进行审查并作出裁定。

第五百四十七条 当事人申请承认和执行外国法院作出的发生法律效力的判决、裁定或者外国仲裁裁决的期间，适用民事诉讼法第二百三十九条的规定。

当事人仅申请承认而未同时申请执行的，申请执行的期间自人民法院对承认申请作出的裁定生效之日起重新计算。

第五百四十八条 承认和执行外国法院作出的发生法律效力的判决、裁定或者外国仲裁裁决的案件，人民法院应当组成合议庭进行审查。

人民法院应当将申请书送达被申请人。被申请人可以陈述意见。

人民法院经审查作出的裁定，一经送达即发生法律效力。

第五百四十九条 与中华人民共和国没有司法协助条约又无互惠关系的国家的法院，未通过外交途径，直接请求人民法院提供司法协助的，人民法院应予退回，并说明理由。

第五百五十条 当事人在中华人民共和国领域外使用中华人民共和国法院的判决

书、裁定书，要求中华人民共和国法院证明其法律效力的，或者外国法院要求中华人民共和国法院证明判决书、裁定书的法律效力的，作出判决、裁定的中华人民共和国法院，可以本法院的名义出具证明。

第五百五十一条 人民法院审理涉及香港、澳门特别行政区和台湾地区的民事诉讼案件，可以参照适用涉外民事诉讼程序的特别规定。

二十三、附　则

第五百五十二条 本解释公布施行后，最高人民法院于 1992 年 7 月 14 日发布的《关于适用〈中华人民共和国民事诉讼法〉若干问题的意见》同时废止；最高人民法院以前发布的司法解释与本解释不一致的，不再适用。

最高人民法院
关于认真学习贯彻适用《关于适用〈中华人民共和国民事诉讼法〉的解释》的通知

2015 年 2 月 4 日　　　　　　　　　　　　　法〔2015〕31 号

各省、自治区、直辖市高级人民法院，解放军军事法院，新疆维吾尔自治区高级人民法院生产建设兵团分院：

2015 年 2 月 4 日，最高人民法院公布实施了《关于适用〈中华人民共和国民事诉讼法〉的解释》（以下简称《民诉法解释》）。为保证统一正确适用《民诉法解释》，特通知如下：

一、深刻认识学习贯彻适用《民诉法解释》的重大意义

民事诉讼法是中国特色社会主义法律体系中的基本法律之一，是人民法院审判和执行民事案件在程序方面的基本法律依据。2013 年 1 月 1 日起实施的《全国人民代表大会常务委员会关于修改〈中华人民共和国民事诉讼法〉的决定》（以下简称民诉法修改决定）对民事诉讼法作出了重大修改完善，有力地支持了人民法院民事审判和执行工作，极大地加强了对民事主体民事权利的保护，是我国民主法治建设的重大立法成果。最高人民法院高度重视修改后民事诉讼法的贯彻实施工作，民诉法修改决定通过后，第一时间成立了修改后民事诉讼法贯彻实施工作领导小组，正式启动了《民诉法解释》起草工作。自 2013 年 1 月至 2014 年年底，领导小组认真学习贯彻党的十八大和十八届三中、四中全会精神，紧紧围绕"让人民群众在每一个司法案件中都感受到公平正义"这个目标，在深入调查研究、广泛征求意见、充分论证的基础上，完成了起草工作。2014 年 12 月 28 日，最高人民法院审判委员会审议通过了《民诉法解释》。

《民诉法解释》共分 23 章，552 条。《民诉法解释》对人民法院适用民事诉讼法的相关问题作了全面系统、明确具体的规定，是最高人民法院有史以来条文最多、篇幅最长的司法解释，是最高人民法院有史以来参加起草部门最多、参加起草人员最多的司法解释，是人民法院审判和执行工作中适用最为广泛的司法解释，是最高人民法院贯彻落实党的十八届四中全会精神的重大举措。《民诉法解释》的制定实施，对确保修改后民事诉讼法的正确、统一、严格、有效实施，更加有效地保障当事人的诉讼权利，更加积极地维护司法公正，促进经济社会发展、维护社会和谐稳定，更加有力地为建设中国特色社会主义法治体系、建设社会主义法治国家提供司法保障，树立司法公信，提高司法权威，具有十分重要的意义。全国法院要高度重视《民诉法解释》的学习和贯彻适用，要以这次《民诉法解释》贯彻适用工作为契机，进一步提升人民法院民事审判和执行工作的质量、效率和水平。

二、认真学习好、领会好、适用好民事诉讼法解释

全国法院要从以下几个方面重点学习掌握《民诉法解释》的相关规定：

（一）学习领会《民诉法解释》关于保障民事诉讼程序公正的相关规定，进一步强化程序意识。党的十八届四中全会通过的《中共中央关于全面推进依法治国若干重大问题的决定》（以下简称党的十八届四中全会《决定》）指出，公正是法治的生命线。公正的诉讼程序是实现实体公正的保障，是司法公正的重要内容。任何一项实体法律制度都必须通过程序法律的具体配合，才能得到有效实施。程序公正与实体公正相辅相成、不可分割。《民诉法解释》根据修改后民事诉讼法相关规定，对专属管辖、地域管辖、管辖转移等作出细化规定，对审判人员应当自行回避、当事人有权申请审判人员回避的适用情形及处理程序作出修改完善，增加规定了缺席判决适用条件、庭前会议内容、争议焦点归纳、法庭审理范围以及简易程序转为普通程序、小额诉讼程序转为普通程序等内容，明确了"严重违反法定程序"的判断标准，对确保诉讼程序依法公正有序进行具有重要意义。全国法院要认真学习领会、正确适用上述规定，要认真落实程序公正的理念，始终坚持当事人诉讼权利的平等保护和诉讼义务的平衡负担，努力实现程序公正和实体公正的有机统一，赢得当事人和社会公众的信赖、认同和尊重，不断提升司法公信，维护司法权威。

（二）学习领会《民诉法解释》关于保障当事人诉讼权利的相关规定，进一步强化诉权意识。党的十八届四中全会《决定》指出，要加强人权司法保障，强化诉讼过程中当事人和其他诉讼参与人的知情权、陈述权、辩护辩论权、申请权、申诉权的制度保障。诉权是当事人启动和推动民事诉讼程序的基本权利，也是我国宪法规定的人民群众的基本权利。尊重和保障当事人的诉权，是民事诉讼法的立法宗旨和基本功能，也是对人民法院民事审判和执行工作的本质要求。《民诉法解释》根据修改后民事诉讼法相关规定，细化规定公益诉讼制度、第三人撤销诉讼、执行异议之诉制度，建立完善立案登记制，规范申请撤诉行为，明确反诉、重复起诉的判断标准，修改完善第三人参加诉讼，明确规定剥夺辩论权利的情形，进一步完善证据制度、送达程序、审前程序、审理程序、再审程序、执行程序等，充分体现了对当事人民事诉讼主体地位的尊重。全国法院要认真学习领会、正确适用上述规定，进一步加强对当事人诉权的司法保障，切实将法律中规定的各项程序制度和诉权保护真正落到民事诉讼的每一个阶段和环节，依法规范审判和执行活动，促进诉讼和谐，防止因程序上的疏漏造成对当事人不公正，影响其诉讼权利的行使，造成其实体权利的损害。

（三）学习领会《民诉法解释》关于规范证据的审查与运用的相关规定，进一步强化证据意识。证据制度是现代民事诉讼制度的基石。党的十八届四中全会《决定》指出，要全面贯彻证据裁判规则的要求，严格依法收集、固定、保存、审查、运用证据，完善证人、鉴定人出庭制度，保证庭审在查明事实、认定证据、保护诉权、公正裁判中发挥决定性作用。《民诉法解释》根据修改后民事诉讼法相关规定，认真总结民事审判实践经验，结合审判工作实际，增加规定举证责任分配原则、证据举证时限和逾期举证责任、法官组织质证和进行认证规则，法官审查判断证据原则，并对专家辅助人以及鉴定、勘验制度等问题做出了细化规定，对切实保障当事人举证权利，查明案件事实，具有重要意义。全国法院要认真学习领会、正确适用上述规定，不断强化证据意识，充分考虑当事人的举证能力，合理分配举证责任，认真审核认定证据，努力提高办案的质量和效率。

（四）学习领会《民诉法解释》关于提高民事审判工作效率的相关规定，进一步强化效率意识。诉讼效率与诉讼公正是人民法院审判和执行工作的灵魂和生命，是人民群众对民事审判和执行工作的期待，也是人民法院审判和执行工作的基本要求。当前，人民法院特别是基层人民法院和中级人民法院，案多人少的问题十分突出，疑难复杂案件和新类型案件明显增加，同时，人民群众对民事审判和执行工作规范化建设提出了新的更高的要求。广大法官普遍感受到审判和执行工作的压力越来越大。上述问题的解决需要进一步提高诉讼效率。《民诉法解释》根据修改后民事诉讼法相关规定，细化规定适用小额诉讼程序、简易程序以及普通诉讼程序审理案件的有关期间和送达方式，完善简易程序案件和小额诉讼案件的适用范围、程序转换以及裁判文书简化等规定，增加规定审理前准备和庭前会议制度以实现立案阶段的繁简分流，细化规定实现担保物权特别程序案件的申请人资格、提交材料及审查范围、审理方式等内容，对提高审判效率，减低当事人诉讼成本，合理配置和利用司法资源，具有重要作用。全国法院要认真学习领会、正确适用上述规定，创新司法为民、便民、利民的方式，积极探索民事案件分流措施，切实落实简易程序和小额诉讼程序规定，依法及早采取执行措施，加强审判流程管理，有效整合司法资源，科学安排人民法院审判工作，努力提高审判和执行效率，降低当事人诉累。

（五）学习领会《民诉法解释》关于贯彻诚实信用原则的相关规定，进一步强化诚信意识。党的十八大报告对诚信建设提出了具体要求，指出要加强政务诚信、商务诚信、社会诚信和司法公信建设。党的十八届四中全会《决定》提出，要加强社会诚信建设，健全公民和组织守法信用记录，完善守法诚信褒奖机制和违法失信行为惩戒机制。落实这一要求，有必要从民事诉讼层面进行深化落实。《民诉法解释》根据修改后民事诉讼法相关规定，增加对虚假诉讼行为予以制裁的规定，增加关于当事人签署据实陈述保证书、证人签署如实作证保证书的规定，增加关于将不履行法律文书确定的义务的被执行人纳入失信被执行人名单制度的规定，对制裁民事诉讼中的虚假陈述、伪证、虚假调解、恶意串通损害他人利益、规避执行等行为，意义重大。全国法院要认真学习领会、正确适用上述规定，切实将诚实信用原则这一民事诉讼的基本原则贯穿于民事诉讼程序的始终。要将诚实信用原则的贯彻与社会管理创新和建设社会诚信体系、提升司法公信力相结合，研究、探索依靠诚实信用原则规范审判和执行工作的方法和措施，进一步规范诉讼秩序，提高诉讼效率，促进诉讼公平。

（六）学习领会《民诉法解释》关于抗诉、再审检察建议的相关规定，进一步强化监督意识。党的十八届四中全会《决定》指出，必须完善司法管理体制和司法权力运行机制，规范司法行为，加强对司法活动的监督，努力让人民群众在每一个司法案件中感受到公平正义。法律监督是重要宪法原则，是正确实施法律的重要保障。人民法院审判和执行权行使也要接受法律监督。《民诉法解释》根据修改后民事诉讼法相关规定，增加规定了对人民检察院抗诉案件裁定再审的条件，增加规定了对人民检察院再审检察建议予以受理的条件，修改完善了人民检察院对裁定、调解书提出抗诉或者再审检察建议的适用范围、裁定再审或者受理条件、审理或者审查组织形式，有利于指导全国法院依法审理各类抗诉案件，依法及时处理检察机关依照法律规定提出的检察建议。全国法院要认真学习领会、正确适用上述规定，切实树立、进一步强化自觉接受监督意识，自觉接受检察机关法律监督，把新民事诉讼法强化和体现法律监督的各项规定落到实处，共同维护司法公正。

三、做好《民诉法解释》的学习培训工作

《民诉法解释》自 2015 年 2 月 4 日发布之日起施行，对于人民法院加强和改进民事审判工作，既是机遇，也是挑战。全国法院要把学习《民诉法解释》作为当前和今后一段时期人民法院特别是广大民事法官的一项重点工作。最高人民法院将举办全国法院学习贯彻适用《民诉法解释》培训班，对各高、中级法院及基层法院的主管民事审判工作的院领导、庭领导进行集中培训。同时，考虑到《民诉法解释》条文较多，内容丰富，需要培训的民事审判和执行人员众多，各高级人民法院和中级人民法院应当承担起主要的培训任务，要利用多种形式进行培训，尽快对全体民事审判和执行人员进行轮训；各基层人民法院要组织法官和相关工作人员认真学习。在培训和学习中，要逐条领会新规定，准确把握每个条文的制定原意、具体含义、适用条件，学深学透，融会贯通。

四、做好《民诉法解释》的宣传工作

全国法院在学习贯彻适用《民诉法解释》的过程中，要通过规范审判和执行活动，以案讲法，并注意通过新闻媒体等形式，大力宣传《民诉法解释》的制定原意、具体含义和适用条件等，引导社会各方和人民群众正确理解《民诉法解释》的各项规定，树立正确的诉讼观念，依法维护自身诉讼权利。

对于贯彻适用《民诉法解释》过程中遇到的问题和情况，请及时层报最高人民法院。

最高人民法院
关于修改后的民事诉讼法施行时未结案件适用法律若干问题的规定

法释〔2012〕23号

（2012年12月24日最高人民法院审判委员会第1564次会议通过 2012年12月28日最高人民法院公告公布 自2013年1月1日起施行）

为正确适用《全国人民代表大会常务委员会关于修改〈中华人民共和国民事诉讼法〉的决定》（2012年8月31日第十一届全国人民代表大会常务委员会第二十八次会议通过，2013年1月1日起施行）（以下简称《决定》），现就修改后的民事诉讼法施行前已经受理、施行时尚未审结和执结的案件（以下简称2013年1月1日未结案件）具体适用法律的若干问题规定如下：

第一条 2013年1月1日未结案件适用修改后的民事诉讼法，但本规定另有规定的除外。

前款规定的案件，2013年1月1日前依照修改前的民事诉讼法和有关司法解释的规定已经完成的程序事项，仍然有效。

第二条 2013年1月1日未结案件符合修改前的民事诉讼法或者修改后的民事诉讼法管辖规定的，人民法院对该案件继续审理。

第三条 2013年1月1日未结案件符合修改前的民事诉讼法或者修改后的民事诉讼法送达规定的，人民法院已经完成的送达，仍然有效。

第四条 在2013年1月1日未结案件中，人民法院对2013年1月1日前发生的妨害民事诉讼行为尚未处理的，适用修改前的民事诉讼法，但下列情形应当适用修改后的民事诉讼法：

（一）修改后的民事诉讼法第一百一十二条规定的情形；

（二）修改后的民事诉讼法第一百一十三条规定情形在2013年1月1日以后仍在进行的。

第五条 2013年1月1日前，利害关系人向人民法院申请诉前保全措施的，适用修改前的民事诉讼法等法律，但人民法院2013年1月1日尚未作出保全裁定的，适用修改后的民事诉讼法确定解除保全措施的期限。

第六条 当事人对2013年1月1日前已经发生法律效力的判决、裁定或者调解书申请再审的，人民法院应当依据修改前的民事诉讼法第一百八十四条规定审查确定当事人申请再审的期间，但该期间在2013年6月30日尚未届满的，截止到2013年6月30日。

前款规定当事人的申请符合下列情形的，仍适用修改前的民事诉讼法第一百八十四条规定：

（一）有新的证据，足以推翻原判决、裁定的；

（二）原判决、裁定认定事实的主要证据是伪造的；

（三）判决、裁定发生法律效力二年后，据以作出原判决、裁定的法律文书被撤销或者变更，以及发现审判人员在审理该案件时有贪污受贿，徇私舞弊，枉法裁判行为的。

第七条 人民法院对 2013 年 1 月 1 日前已经受理、2013 年 1 月 1 日尚未审查完毕的申请不予执行仲裁裁决的案件，适用修改前的民事诉讼法。

第八条 本规定所称修改后的民事诉讼法，是指根据《决定》作相应修改后的《中华人民共和国民事诉讼法》。

本规定所称修改前的民事诉讼法，是指《决定》施行之前的《中华人民共和国民事诉讼法》。

最高人民法院关于在经济审判工作中严格执行《中华人民共和国民事诉讼法》的若干规定

1994 年 12 月 22 日　　　　　　　　　　法发〔1994〕29 号

为在经济审判工作中严格执行《中华人民共和国民事诉讼法》的有关规定，严肃审判纪律，进一步规范诉讼活动，保障和推动经济审判工作健康发展，特作如下规定：

一、关于管辖

1. 两个以上人民法院对同一案件都有管辖权并已分别立案的，后立案的人民法院得知有关法院先立案的情况后，应当在 7 日内裁定将案件移送先立案的人民法院。对为争管辖权而将立案日期提前的，该院或者其上级人民法院应当予以纠正。

2. 当事人基于同一法律关系或者同一法律事实而发生纠纷，以不同诉讼请求分别向有管辖权的不同法院起诉的，后立案的法院在得知有关法院先立案的情况后，应当在 7 日内裁定将案件移送先立案的法院合并审理。

3. 两个以上人民法院之间对地域管辖有争议的案件，有关人民法院均应当立即停止进行实体审理，并按最高人民法院关于适用民事诉讼法的意见第 36 条的规定解决管辖争议。协商不成报请共同上级人民法院指定管辖的，上级人民法院应当在收到下级人民法院报告之日起 30 日内，作出指定管辖的决定。

4. 两个以上人民法院如对管辖权有争议，在争议未解决前，任何一方人民法院均不得对案件作出判决。对抢先作出判决的，上级人民法院应当以违反程序为由撤销其判决，并将案件移送或者指定其他人民法院审理，或者由自己提审。

5. 人民法院对当事人在法定期限内提出管辖权异议的，应当认真进行审查，并在15日内作出异议是否成立的书面裁定。当事人对此裁定不服提出上诉的，第二审人民法院应当依法作出书面裁定。

6. 人民法院在审理国内经济纠纷案件中，如受诉人民法院对该案件没有管辖权，不能因对非争议标的物或者对争议标的物非主要部分采取诉前财产保全措施而取得该案件的管辖权。

7. 各高级人民法院就本省、自治区、直辖市作出的关于案件级别管辖的规定，应当报送最高人民法院批准。未经批准的，不能作为级别管辖的依据；已经批准公布实施的，应当认真执行，不得随意更改。

8. 地方各级人民法院不得自行作出地域管辖的规定，已作规定的，一律无效。

二、关于无独立请求权的第三人

9. 受诉人民法院对与原被告双方争议的诉讼标的无直接牵连和不负有返还或者赔偿等义务的人，以及与原告或被告约定仲裁或有约定管辖的案外人，或者专属管辖案件的一方当事人，均不得作为无独立请求权的第三人通知其参加诉讼。

10. 人民法院在审理产品质量纠纷案件中，对原被告之间法律关系以外的人，证据已证明其已经提供了合同约定或者符合法律规定的产品的，或者案件中的当事人未在规定的质量异议期内提出异议的，或者作为收货方已经认可该产品质量的，不得作为无独立请求权的第三人通知其参加诉讼。

11. 人民法院对已经履行了义务，或者依法取得了一方当事人的财产，并支付了相应对价的原被告之间法律关系以外的人，不得作为无独立请求权的第三人通知其参加诉讼。

三、关于财产保全和先予执行

12. 人民法院采取诉前财产保全，必须由申请人提供相当于请求保全数额的担保。担保的条件，依法律规定；法律未作规定的，由人民法院审查决定。

13. 人民法院对财产采取诉讼保全措施，一般应当由当事人提交符合法定条件的申请。只有在诉讼争议的财产有毁损、灭失等危险，或者有证据表明被申请人可能采取隐匿、转移、出卖其财产的，人民法院方可依职权裁定采取财产保全措施。

14. 人民法院采取财产保全措施时，保全的范围应当限于当事人争议的财产，或者被告的财产。对案外人的财产不得采取保全措施，对案外人善意取得的与案件有关的财产，一般也不得采取财产保全措施；被申请人提供相应数额并有可供执行的财产作担保的，采取措施的人民法院应当及时解除财产保全。

15. 人民法院对有偿还能力的企业法人，一般不得采取查封、冻结的保全措施。已采取查封、冻结保全措施的，如该企业法人提供了可供执行的财产担保，或者可以采取其他方式保全的，应当及时予以解封、解冻。

16. 人民法院先予执行的裁定，应当由当事人提出书面申请，并经开庭审理后作出。在管辖权尚未确定的情况下，不得裁定先予执行。

17. 人民法院对当事人申请先予执行的案件，只有在案件的基本事实清楚，当事人间的权利义务关系明确，被申请人负有给付、返还或者赔偿义务，先予执行的财产为申请人生产、生活所急需，不先予执行会造成更大损失的情况下，才能采取先予执行的措施。

18. 人民法院采取先予执行措施后，申请先予执行的当事人申请撤诉的，人民法院应当及时通知对方当事人、第三人或有关的案外人。在接到通知至准予撤诉的裁定送达前，对方当事人、第三人及有关的案外人，对撤诉提出异议的，应当裁定驳回撤诉申请。

19. 受诉人民法院院长或者上级人民法院发现采取财产保全或者先予执行措施确有错误的，应当按照审判监督程序立即纠正。因申请错误造成被申请人损失的，由申请人予以赔偿；因人民法院依职权采取保全措施错误造成损失的，由人民法院依法予以赔偿。

四、关于办案期限

20. 上级人民法院决定调卷审查的案件，下级人民法院应当在接到上级人民法院调卷函后的15日内将全部案卷报送上级人民法院。如有特殊情况不能按期报送的，应当及时报告上级人民法院。

21. 上级人民法院发函要求下级人民法院对已经发生法律效力的判决、裁定进行审查的，下级人民法院应当在收函之日起3个月内向上级人民法院报送审查结果或者审查情况。

22. 上级人民法院必要时可以在调卷函或要求审查的函件中提出暂缓执行的意见，有关人民法院对此如有异议，应当及时报告上级人民法院。上级人民法院接到下级人民法院审查报告后，应当在1个月内作出调卷决定或者通知恢复执行。上级人民法院决定调卷的案件，应当在收到案卷后3个月内向下级人民法院发出中止执行的裁定或恢复执行的通知。

23. 最高人民法院对地方各级人民法院已经发生法律效力的判决、裁定，上级人民法院对下级人民法院已经发生法律效力的判决、裁定，按照审判监督程序，决定提审或者指令再审的，提审或者再审的人民法院除有特殊情况外，适用第一审程序的，应当在6个月内结案；适用第二审程序的，应当在3个月内结案。决定提审的，办案期限自裁定提审的次日起计算。指令再审的，自下级人民法院接到指令再审的裁定的次日起计算。上级人民法院指令再审的案件，下级人民法院在该案审结后，应当将裁判结果报上级人民法院。

最高人民法院
关于民事经济审判方式改革问题的若干规定

法释〔1998〕14号

(1998年6月19日最高人民法院审判委员会第995次会议通过 1998年7月6日最高人民法院公告公布 自1998年7月11日起施行)

为了正确适用《中华人民共和国民事诉讼法》(以下简称民事诉讼法),建立与社会主义市场经济体制相适应的民事经济审判机制,保证依法、正确、及时地审理案件,在总结各地实践经验的基础上,对民事、经济审判方式改革中的有关问题作出如下规定。

关于当事人举证和法院调查收集证据问题

一、人民法院可以制定各类案件举证须知,明确举证内容及其范围和要求。

二、人民法院在送达受理案件通知书和应诉通知书时,应当告知当事人围绕自己的主张提供证据。

三、下列证据由人民法院调查收集:

1. 当事人及其诉讼代理人因客观原因不能自行收集并已提出调取证据的申请和该证据线索的;

2. 应当由人民法院勘验或者委托鉴定的;

3. 当事人双方提出的影响查明案件主要事实的证据材料相互矛盾,经过庭审质证无法认定其效力的;

4. 人民法院认为需要自行调查收集的其他证据。

上述证据经人民法院调查,未能收集到的,仍由负有举证责任的当事人承担举证不能的后果。

四、审判人员收到当事人或者其诉讼代理人递交的证据材料应当出具收据。

关于做好庭前必要准备及时开庭审理问题

五、开庭前应当做好下列准备工作:

1. 在法定期限内,分别向当事人送达受理案件通知书、应诉通知书和起诉状、答辩状副本;

2. 通知必须共同进行诉讼的当事人参加诉讼;

3. 告知当事人有关的诉讼权利和义务、合议庭组成人员;

4. 审查有关的诉讼材料，了解双方当事人争议的焦点和应当适用的有关法律以及有关专业知识；

5. 调查收集应当由人民法院调查收集的证据；

6. 需要由人民法院勘验或者委托鉴定的，进行勘验或者委托有关部门鉴定；

7. 案情比较复杂、证据材料较多的案件，可以组织当事人交换证据；

8. 其他必要的准备工作。

六、合议庭成员和独任审判员开庭前不得单独接触一方当事人及其诉讼代理人。

七、按普通程序审理的案件，开庭审理应当在答辩期届满并做好必要的准备工作后进行。当事人明确表示不提交答辩状，或者在答辩期届满前已经答辩，或者同意在答辩期间开庭的，也可以在答辩期限届满前开庭审理。

关于改进庭审方式问题

八、法庭调查按下列顺序进行：

1. 由原告口头陈述事实或者宣读起诉状，讲明具体诉讼请求和理由。

2. 由被告口头陈述事实或者宣读答辩状，对原告诉讼请求提出异议或者反诉的，讲明具体请求和理由。

3. 第三人陈述或者答辩，有独立请求权的第三人陈述诉讼请求和理由；无独立请求权的第三人针对原、被告的陈述提出承认或者否认的答辩意见。

4. 原告或者被告对第三人的陈述进行答辩。

5. 审判长或者独任审判员归纳本案争议焦点或者法庭调查重点，并征求当事人的意见。

6. 原告出示证据，被告进行质证；被告出示证据，原告进行质证。

7. 原、被告对第三人出示的证据进行质证；第三人对原告或者被告出示的证据进行质证。

8. 审判人员出示人民法院调查收集的证据，原告、被告和第三人进行质证。

经审判长许可，当事人可以向证人发问，当事人可以互相发问。

审判人员可以询问当事人。

九、案件有两个以上独立存在的事实或者诉讼请求的，可以要求当事人逐项陈述事实和理由，逐个出示证据并分别进行调查和质证。

对当事人无争议的事实，无需举证、质证。

十、当事人向法庭提出的证据，应当由当事人或者其诉讼代理人宣读。当事人及其诉讼代理人因客观原因不能宣读的证据，可以由审判人员代为宣读。

人民法院依职权调查收集的证据由审判人员宣读。

十一、案件的同一事实，除举证责任倒置外，由提出主张的一方当事人首先举证，然后由另一方当事人举证。另一方当事人不能提出足以推翻前一事实的证据的，对这一事实可以认定；提出足以推翻前一事实的证据的，再转由提出主张的当事人继续举证。

十二、经过庭审质证的证据，能够当即认定的，应当当即认定；当即不能认定的，可以休庭合议后再予以认定；合议之后认为需要继续举证或者进行鉴定、勘验等工作的，可以在下次开庭质证后认定。未经庭审质证的证据，不能作为定案的根据。

十三、一方当事人要求补充证据或者申请重新鉴定、勘验，人民法院认为有必要的可以准许。补充的证据或者重新进行鉴定、勘验的结论，必须再次开庭质证。

十四、法庭决定再次开庭的，审判长或者独任审判员对本次开庭情况应当进行小结，指出庭审已经确认的证据，并指明下次开庭调查的重点。

十五、第二次开庭审理时，只就未经调查的事项进行调查和审理，对已经调查、质证并已认定的证据不再重复审理。

十六、法庭调查结束前，审判长或者独任审判员应当就法庭调查认定的事实和当事人争议的问题进行归纳总结。

十七、审判人员应当引导当事人围绕争议焦点进行辩论。当事人及其诉讼代理人的发言与本案无关或者重复未被法庭认定的事实，审判人员应当予以制止。

十八、法庭辩论由各方当事人依次发言。一轮辩论结束后当事人要求继续辩论的，可以进行下一轮辩论。下一轮辩论不得重复第一轮辩论的内容。

十九、法庭辩论时，审判人员不得对案件性质、是非责任发表意见，不得与当事人辩论。

法庭辩论终结，审判长或者独任审判员征得各方当事人同意后，可以依法进行调解，调解不成的，应当及时判决。

二十、适用简易程序审理的案件，当事人同时到庭的，可以径行开庭进行调解。调解前告知当事人诉讼权利义务和主持调解的审判人员，在询问当事人是否申请审判人员回避后，当事人不申请回避的，可以直接进行调解。调解不成的或者达成协议后当事人反悔又未提出新的事实和证据，可以不再重新开庭，直接作出判决。

关于对证据的审核和认定问题

二十一、当事人对自己的主张，只有本人陈述而不能提出其他相关证据的，除对方当事人认可外，其主张不予支持。

二十二、一方当事人提出的证据，对方当事人认可或者不予反驳的，可以确认其证明力。

二十三、一方当事人提出的证据，对方当事人举不出相应证据反驳的，可以综合全案情况对该证据予以认定。

二十四、双方当事人对同一事实分别举出相反的证据，但都没有足够理由否定对方证据的，应当分别对当事人提出的证据进行审查，并结合其他证据综合认定。

二十五、当事人在庭审质证时对证据表示认可，庭审后又反悔，但提不出相应证据的，不能推翻已认定的证据。

二十六、对单一证据，应当注意从以下几个方面进行审查：
1. 证据取得的方式；
2. 证据形成的原因；

3. 证据的形式；

4. 证据提供者的情况及其与本案的关系；

5. 书证是否系原件，物证是否系原物；复印件或者复制品是否与原件、原物的内容、形式及其他特征相符合。

二十七、判断数个证据的效力应当注意以下几种情况：

1. 物证、历史档案、鉴定结论、勘验笔录或者经过公证、登记的书证，其证明力一般高于其他书证、视听资料和证人证言。

2. 证人提供的对与其有亲属关系或者其他密切关系的一方当事人有利的证言，其证明力低于其他证人证言。

3. 原始证据的证明力大于传来证据。

4. 对证人的智力状况、品德、知识、经验、法律意识和专业技能等进行综合分析。

二十八、下列证据，不能单独作为认定案件事实的依据：

1. 未成年人所作的与其年龄和智力状况不相当的证言；

2. 与一方当事人有亲属关系的证人出具的对该当事人有利的证言；

3. 没有其他证据印证并有疑点的视听资料；

4. 无法与原件、原物核对的复印件、复制品。

二十九、当事人提供的证人在人民法院通知的开庭日期，没有正当理由拒不出庭的，由提供该证人的当事人承担举证不能的责任。

三十、有证据证明持有证据的一方当事人无正当理由拒不提供，如果对方当事人主张该证据的内容不利于证据持有人，可以推定该主张成立。

关于加强合议庭和独任审判员职责问题

三十一、合议庭组成人员必须共同参加对案件的审理，对案件的事实、证据、性质、责任、适用法律以及处理结果等共同负责。

三十二、经过开庭审理当庭达成调解协议的，由审判长或者独任审判员签发调解书。

三十三、事实清楚、法律关系明确、是非责任分明、合议庭意见一致的裁判，可以由审判长或者独任审判员签发法律文书。但应当由院长签发的除外。

三十四、合议庭、独任审判员审理决定的案件或者经院长提交审判委员会决定的案件，发现认定事实或者适用法律有重大错误并造成严重后果的，按照有关规定由有关人员承担相应责任。

关于第二审程序中的有关问题

三十五、第二审案件的审理应当围绕当事人上诉请求的范围进行，当事人没有提出请求的，不予审查。但判决违反法律禁止性规定、侵害社会公共利益或者他人利益的除外。

三十六、被上诉人在答辩中要求变更或者补充第一审判决内容的,第二审人民法院可以不予审查。

三十七、第二审人民法院在审理上诉案件时,需要对原证据重新审查或者当事人提出新证据的,应当开庭审理。对事实清楚、适用法律正确和事实清楚,只是定性错误或者适用法律错误的案件,可以在询问当事人后径行裁判。

三十八、第二审人民法院根据当事人提出的新证据对案件改判或者发回重审的,应当在判决书或者裁定书中写明对新证据的确认,不应当认为是第一审裁判错误。

三十九、在第二审中,一方当事人提出新证据致使案件被发回重审的,对方当事人有权要求其补偿误工费、差旅费等费用。

最高人民法院
关于调整司法解释等文件中引用《中华人民共和国民事诉讼法》条文序号的决定

法释〔2008〕18号

(2008年12月8日最高人民法院审判委员会第1457次会议通过 2008年12月16日最高人民法院公告公布 自2008年12月31日起施行)

根据2007年10月28日第十届全国人民代表大会常务委员会第三十次会议《关于修改〈中华人民共和国民事诉讼法〉的决定》和修改后重新公布的《中华人民共和国民事诉讼法》,决定对司法解释等文件中涉及的民事诉讼法的相关条文序号予以相应调整。

一、最高人民法院《关于人民法院审理借贷案件的若干意见》(法(民)发〔1991〕21号)第22条调整为:"被执行人有可能转移、变卖、隐匿被执行财产的,应及时采取执行措施。被执行人抗拒执行构成妨害民事诉讼的,按照民事诉讼法第一百零二条、第二百二十四条的规定处理。"

二、最高人民法院《关于适用〈中华人民共和国民事诉讼法〉若干问题的意见》(法发〔1992〕22号)第111条调整为:"人民法院先予执行后,依发生法律效力的判决,申请人应当返还因先予执行所取得的利益的,适用民事诉讼法第二百一十条的规定。"

三、最高人民法院《关于适用〈中华人民共和国民事诉讼法〉若干问题的意见》(法发〔1992〕22号)第132条调整为:"依照民事诉讼法第一百九十一条的规定向人民法院申请支付令的,每件交纳申请费100元。督促程序因债务人异议而终结的,申请费由申请人负担;债务人未提出异议的,申请费由债务人负担。"

四、最高人民法院《关于适用〈中华人民共和国民事诉讼法〉若干问题的意见》(法发〔1992〕22号)第134条调整为:"依照民事诉讼法第一百九十五条的规定向人民法院申请公示催告的,每件交纳申请费100元。申请费和公告费由申请人负担。"

五、最高人民法院《关于适用〈中华人民共和国民事诉讼法〉若干问题的意见》(法发〔1992〕22号)第135条调整为:"依照民事诉讼法第一百九十八条、第二百条的规定向人民法院起诉的,按照《人民法院诉讼收费办法》第五条第(四)项的规定交纳案件受理费。"

六、最高人民法院《关于适用〈中华人民共和国民事诉讼法〉若干问题的意见》(法发〔1992〕22号)第204条调整为:"当事人对已经发生法律效力的调解书申请再审,适用民事诉讼法第一百八十四条的规定,应在该调解书发生法律效力后二年内提出。"

七、最高人民法院《关于适用〈中华人民共和国民事诉讼法〉若干问题的意见》(法发〔1992〕22号)第212条调整为:"民事诉讼法第一百八十四条中的二年为不变期间,自判决、裁定发生法律效力次日起计算。"

八、最高人民法院《关于适用〈中华人民共和国民事诉讼法〉若干问题的意见》(法发〔1992〕22号)第221条调整为:"依照民事诉讼法第一百九十四条的规定,债务人在法定期间提出书面异议的,人民法院无须审查异议是否有理由,应当直接裁定终结督促程序。债务人对债务本身没有异议,只是提出缺乏清偿能力的,不影响支付令的效力。"

九、最高人民法院《关于适用〈中华人民共和国民事诉讼法〉若干问题的意见》(法发〔1992〕22号)第222条调整为:"民事诉讼法第一百九十三条驳回支付令申请的裁定书和第一百九十四条终结督促程序的裁定书,由审判员、书记员署名,加盖人民法院印章。"

十、《最高人民法院关于适用〈中华人民共和国民事诉讼法〉若干问题的意见》(法发〔1992〕22号)第225条调整为:"债权人向人民法院申请执行支付令的期限,适用民事诉讼法第二百一十五条的规定。"

十一、最高人民法院《关于适用〈中华人民共和国民事诉讼法〉若干问题的意见》(法发〔1992〕22号)第226条调整为:"民事诉讼法第一百九十五条规定的票据持有人,是指票据被盗、遗失或者灭失前的最后持有人。"

十二、最高人民法院《关于适用〈中华人民共和国民事诉讼法〉若干问题的意见》(法发〔1992〕22号)第228条调整为:"人民法院依照民事诉讼法第一百九十六条规定发出的受理申请的公告,应写明以下内容:

(1) 公示催告申请人的姓名或名称;

(2) 票据的种类、票面金额、发票人、持票人、背书人等;

(3) 申报权利的期间;

(4) 在公示催告期间转让票据权利、利害关系人不申报的法律后果。"

十三、最高人民法院《关于适用〈中华人民共和国民事诉讼法〉若干问题的意见》(法发〔1992〕22号)第236条调整为:"人民法院依照民事诉讼法第一百九十六条规定通知支付人停止支付,应符合有关财产保全的规定。支付人收到停止支付通知后拒不支付的,除可依照民事诉讼法第一百零二条、第一百零三条规定采取强制措施外,在判决后，支付人仍应承担支付义务。"

十四、最高人民法院《关于适用〈中华人民共和国民事诉讼法〉若干问题的意见》（法发〔1992〕22号）第237条调整为："人民法院依据民事诉讼法第一百九十八条规定终结公示催告程序后，公示催告申请人或者申报人向人民法院提起诉讼的，依照民事诉讼法第二十七条的规定确定管辖。"

十五、最高人民法院《关于适用〈中华人民共和国民事诉讼法〉若干问题的意见》（法发〔1992〕22号）第238条调整为："民事诉讼法第一百九十八条终结公示催告程序的裁定书，由审判员、书记员署名，加盖人民法院印章。"

十六、最高人民法院《关于适用〈中华人民共和国民事诉讼法〉若干问题的意见》（法发〔1992〕22号）第239条调整为："依照民事诉讼法第二百条的规定，利害关系人向人民法院起诉的，人民法院可按票据纠纷适用普通程序审理。"

十七、最高人民法院《关于适用〈中华人民共和国民事诉讼法〉若干问题的意见》（法发〔1992〕22号）第256条第一款调整为："民事诉讼法第二百零一条第二款规定的由人民法院执行的其他法律文书，包括仲裁裁决书、公证债权文书。"

十八、最高人民法院《关于适用〈中华人民共和国民事诉讼法〉若干问题的意见》（法发〔1992〕22号）第257条调整为："民事诉讼法第二百零四条规定的中止执行，应当限于案外人依该条规定提出异议部分的财产范围。对被执行人的其他财产，不应中止执行。异议理由不成立的，通知驳回。"

十九、最高人民法院《关于适用〈中华人民共和国民事诉讼法〉若干问题的意见》（法发〔1992〕22号）第265条第一款调整为："依照民事诉讼法第二百零六条第二款的规定，受委托人民法院的上一级人民法院在接到委托人民法院指令执行的请求后，应当在五日内书面指令受委托人民法院执行，并将这一情况及时告知委托人民法院。"

二十、最高人民法院《关于适用〈中华人民共和国民事诉讼法〉若干问题的意见》（法发〔1992〕22号）第267条调整为："申请恢复执行原法律文书，适用民事诉讼法第二百一十五条申请执行期限的规定。申请执行期限因达成执行中的和解协议而中止，其期限自和解协议所定履行期限的最后一日起连续计算。"

二十一、最高人民法院《关于适用〈中华人民共和国民事诉讼法〉若干问题的意见》（法发〔1992〕22号）第268条调整为："人民法院依照民事诉讼法第二百零八条的规定决定暂缓执行的，如果担保是有期限的，暂缓执行的期限应与担保期限一致，但最长不得超过一年。被执行人或担保人对担保的财产在暂缓执行期间有转移、隐藏、变卖、毁损等行为的，人民法院可以恢复强制执行。"

二十二、最高人民法院《关于适用〈中华人民共和国民事诉讼法〉若干问题的意见》（法发〔1992〕22号）第269条调整为："民事诉讼法第二百零八条规定的执行担保，可以由被执行人向人民法院提供财产作担保，也可以由第三人出面作担保。以财产作担保的，应提交保证书；由第三人担保的，应当提交担保书。担保人应当具有代为履行或者代为承担赔偿责任的能力。"

二十三、最高人民法院《关于适用〈中华人民共和国民事诉讼法〉若干问题的意见》（法发〔1992〕22号）第271条调整为："依照民事诉讼法第二百零九条的规定，执行中作为被执行人的法人或者其他组织分立、合并的，其权利义务由变更后的法人或者其他组织承受；被撤销的，如果依有关实体法的规定有权利义务承受人的，可以裁定该权利义务承受人为被执行人。"

二十四、最高人民法院《关于适用〈中华人民共和国民事诉讼法〉若干问题的意见》（法发〔1992〕22号）第275条调整为："法律规定由人民法院执行的其他法律文书执行完毕后，该法律文书被有关机关依法撤销的，经当事人申请，适用民事诉讼法第二百一十条的规定。"

二十五、最高人民法院《关于适用〈中华人民共和国民事诉讼法〉若干问题的意见》（法发〔1992〕22号）第278条调整为："依照民事诉讼法第二百一十三条第二款、第三款的规定，人民法院裁定不予执行仲裁裁决后，当事人可以重新达成书面仲裁协议申请仲裁，也可以向人民法院起诉。"

二十六、最高人民法院《关于适用〈中华人民共和国民事诉讼法〉若干问题的意见》（法发〔1992〕22号）第279条调整为："民事诉讼法第二百一十六条第一款规定的执行通知，人民法院应在收到申请执行书后的十日内发出。执行通知中除应责令被执行人履行法律文书确定的义务外，并应通知其承担民事诉讼法第二百二十九条规定的迟延履行利息或者迟延履行金。"

二十七、最高人民法院《关于适用〈中华人民共和国民事诉讼法〉若干问题的意见》（法发〔1992〕22号）第282条调整为："人民法院在执行中已依照民事诉讼法第二百一十八条、第二百二十条的规定对被执行人的财产查封、冻结的，任何单位包括其他人民法院不得重复查封、冻结或者擅自解冻，违者按照民事诉讼法第一百零二条的规定处理。"

二十八、最高人民法院《关于适用〈中华人民共和国民事诉讼法〉若干问题的意见》（法发〔1992〕22号）第283条调整为："依照民事诉讼法第二百二十八条规定，当事人不履行法律文书确定的行为义务，如果该项行为义务只能由被执行人完成的，人民法院可以依照民事诉讼法第一百零二条第一款第（六）项的规定处理。"

二十九、最高人民法院《关于适用〈中华人民共和国民事诉讼法〉若干问题的意见》（法发〔1992〕22号）第286条第一款调整为："人民法院依照民事诉讼法第二百二十四条规定对被执行人及其住所或者财产隐匿地进行搜查，必须符合以下条件：

（1）生效法律文书确定的履行期限已经届满；

（2）被执行人不履行法律文书确定的义务；

（3）认为有隐匿财产的行为。"

三十、最高人民法院《关于适用〈中华人民共和国民事诉讼法〉若干问题的意见》（法发〔1992〕22号）第288条调整为："搜查中发现应当依法扣押的财产，依照民事诉讼法第二百二十一条第二款和第二百二十三条的规定办理。"

三十一、最高人民法院《关于适用〈中华人民共和国民事诉讼法〉若干问题的意见》（法发〔1992〕22号）第292条调整为："人民法院在执行中需要办理房产证、土地证、山林所有权证、专利证书、商标证书、车辆执照等有关财产权证照转移手续的，可以依照民事诉讼法第二百二十七条规定办理。"

三十二、最高人民法院《关于适用〈中华人民共和国民事诉讼法〉若干问题的意见》（法发〔1992〕22号）第294条调整为："民事诉讼法第二百二十九条规定的加倍支付迟延履行期间的债务利息，是指在按银行同期贷款最高利率计付的债务利息上增加一倍。"

三十三、最高人民法院《关于适用〈中华人民共和国民事诉讼法〉若干问题的意见》（法发〔1992〕22号）第296条调整为："债权人依照民事诉讼法第二百三十条的规定请求人民法院继续执行的，不受民事诉讼法第二百一十五条所定期限的限制。"

三十四、最高人民法院《关于适用〈中华人民共和国民事诉讼法〉若干问题的意见》（法发〔1992〕22号）第305条调整为："依照民事诉讼法第三十四条和第二百四十四条规定，属于中华人民共和国人民法院专属管辖的案件，当事人不得用书面协议选择其他国家法院管辖。但协议选择仲裁裁决的除外。"

三十五、最高人民法院《关于适用〈中华人民共和国民事诉讼法〉若干问题的意见》（法发〔1992〕22号）第307条调整为："对不在我国领域内居住的被告，经用公告方式送达诉状或传唤，公告期满不应诉，人民法院缺席判决后，仍应将裁判文书依照民事诉讼法第二百四十五条第（七）项的规定公告送达。自公告送达裁判文书满六个月的次日起，经过三十日的上诉期当事人没有上诉的，一审判决即发生法律效力。"

三十六、最高人民法院《关于适用〈中华人民共和国民事诉讼法〉若干问题的意见》（法发〔1992〕22号）第313条调整为："我国涉外仲裁机构作出的仲裁裁决，一方当事人不履行，对方当事人向人民法院申请执行的，应依照民事诉讼法第二十七章的有关规定办理。"

三十七、最高人民法院《关于适用〈中华人民共和国民事诉讼法〉若干问题的意见》（法发〔1992〕22号）第315条调整为："人民法院强制执行涉外仲裁机构的仲裁裁决时，如被执行人申辩有民事诉讼法第二百五十八条第一款规定的情形之一的，在其提供了财产担保后，可以中止执行。人民法院应当对被执行人的申辩进行审查，并根据审查结果裁定不予执行或驳回申辩。"

三十八、最高人民法院《关于适用〈中华人民共和国民事诉讼法〉若干问题的意见》（法发〔1992〕22号）第317条调整为："依照民事诉讼法第二百五十六条的规定，我国涉外仲裁机构将当事人的财产保全申请提交人民法院裁定的，人民法院可以进行审查，决定是否进行保全。裁定采取保全的，应当责令申请人提供担保，申请人不提供担保的，裁定驳回申请。"

三十九、最高人民法院《关于人民法院可以对商业银行在人民银行的存款依法采取强制措施的批复》（法复〔1995〕4号）调整为："专业银行是依法设立的商业银行，是以其全部法人财产承担民事责任的企业法人。依照《中华人民共和国民事诉讼法》第二百一十八条之规定，作为被执行人的专业银行未按执行通知自动履行已生效的法律文书确定的义务，人民法院有权查询、冻结、划拨该专业银行在人民银行的存款；有关人民银行必须按照协助执行通知书（附已生效的法律文书）及时办理；拒不协助执行的，依法追究法律责任。"

四十、最高人民法院《关于人民法院处理与涉外仲裁及外国仲裁事项有关问题的通知》（法发〔1995〕18号）第二条调整为："凡一方当事人向人民法院申请执行我国涉外仲裁机构裁决，或者向人民法院申请承认和执行外国仲裁机构的裁决，如果人民法院认为我国涉外仲裁机构裁决具有民事诉讼法第二百五十八条情形之一的，或者申请承认和执行的外国仲裁裁决不符合我国参加的国际公约的规定或者不符合互惠原则的，在裁定不予执行或者拒绝承认和执行之前，必须报请本辖区所属高级人民法院进行审查；如果高级人民法院同意不予执行或者拒绝承认和执行，应将其审查意见报最高人民法院。待最高人民法院答复后，方可裁定不予执行或者拒绝承认和执行。"

四十一、最高人民法院《关于认真贯彻仲裁法依法执行仲裁裁决的通知》（法发〔1995〕21号）第二条调整为："根据国办发〔1995〕38号《关于进一步做好重新组建仲裁机构工作的通知》要求，现有仲裁机构在依法终止前受理的案件应当自该仲裁机构依法终止之日起6个月内作出仲裁裁决。因此，仲裁机构在此期间将当事人的财产保全申请提交人民法院的，人民法院应当依照民事诉讼法的有关规定作出裁决，予以受理或者驳回申请；仲裁机构在此期间按照仲裁程序作出的裁决书、调解书，一方当事人不履行，另一方当事人依照民事诉讼法的有关规定向人民法院申请执行的，受申请的人民法院应当执行。但被申请人提出证据证明裁决有民事诉讼法第二百一十三条第二款和第二百五十八条第一款规定的情形之一的，或者当事人提出证据证明裁决有民事诉讼法第二百五十八条第一款、仲裁法第五十八条规定的情形之一的，应当分别作出不予执行和撤销裁决的裁定。一方当事人申请执行，另一方当事人申请撤销裁决的，人民法院应当裁定中止执行。"

四十二、最高人民法院《关于人民法院依法有权查询、冻结和扣划邮政储蓄存款问题的批复》（法复〔1996〕1号）调整为："依照《中华人民共和国民事诉讼法》第六十五条的规定，人民法院有权向包括邮政企业的有关单位调查取证，有关单位不得拒绝。《中华人民共和国民事诉讼法》第一百零三条、第二百一十八条和第二百一十九条中的'其他有储蓄业务的单位'，包括办理邮政储蓄业务的邮政企业。人民法院为财产保全、先予执行或者执行已经发生法律效力的法律文书，有权查询、冻结、扣划邮政企业办理的邮政储蓄存款；有关的邮政企业依法应当协助人民法院查询、冻结和扣划。"

四十三、最高人民法院《关于当事人因对不予执行仲裁裁决的裁定不服而申请再审人民法院不予受理的批复》（法复〔1996〕8号）调整为："依照《中华人民共和国民事诉讼法》第二百一十三条的规定，人民法院对仲裁裁决依法裁定不予执行，当事人不服而申请再审的，没有法律依据，人民法院不予受理。"

四十四、最高人民法院《关于税务机关是否有义务协助人民法院直接划拨退税款问题的批复》（法复〔1996〕11号）调整为："根据国家税务总局《出口货物退（免）税管理办法》的有关规定，企业出口退税款，在国家税务机关审查批准后，须经特定程序通过银行（国库）办理退库手续退给出口企业。国家税务机关只是企业出口退税的审核、审批机关，并不持有退税款项，故人民法院不能依据民事诉讼法第二百二十五条的规定，要求税务机关直接划拨被执行人应得退税款项，但可依照民事诉讼法的有关规定，要求税务机关提供被执行人在银行的退税账户、退税数额及退税时间等情况，并依据税务机关提供的被执行人的退税账户，依法通知有关银行对需执行的款项予以冻结或划拨。"

四十五、最高人民法院《关于实施〈中华人民共和国仲裁法〉几个问题的通知》（法发〔1997〕4号）第二条调整为："在仲裁过程中，当事人申请财产保全的，一般案件由被申请人住所地或者财产所在地的基层人民法院作出裁定；属涉外仲裁案件的，依据《中华人民共和国民事诉讼法》第二百五十六条的规定，由被申请人住所地或者财产所在地的中级人民法院作出裁定。有关人民法院对仲裁机构提交的财产保全申请应当认真进行审查，符合法律规定的，即应依法作出财产保全的裁定；如认为不符合法律规定的，应依法裁定驳回申请。"

四十六、最高人民法院《关于对企业借贷合同借款方逾期不归还借款的应如何处理的批复》（法复〔1996〕5号）调整为："企业借贷合同违反有关金融法规，属无效合同。对于合同期限届满后，借款方逾期不归还本金，当事人起诉到人民法院的，人民法院除应按照最高人民法院法（经）发〔1990〕27号《关于审理联营合同纠纷案件若干问题的解答》第四条第二项的有关规定判决外，对自双方当事人约定的还款期满之日起，至法院判决确定借款人返还本金期满期间内的利息，应当收缴，该利息按借贷双方原约定的利率计算，如果双方当事人对借款利息未约定，按同期银行贷款利率计算。借款人未按判决确定的期限归还本金的，应当依照《中华人民共和国民事诉讼法》第二百二十九条的规定加倍支付迟延履行期间的利息。"

四十七、最高人民法院《关于北京市第一中级人民法院不予执行美国制作公司和汤姆·胡莱特公司诉中国妇女旅行社演出合同纠纷仲裁裁决请示的批复》（他〔1997〕35号）调整为："1992年8月28日美国制作公司和汤姆·胡莱特公司因雇佣美国演员来华演出签订'合同与演出协议'。该'合同与演出协议'第2条B款中明确规定：'演员们应尽全力遵守中国的规章制度和政策并圆满达到演出的娱乐效果。'同年9月9日该两公司又签订'合同附件'。该'合同附件'第7条第2款中规定：'中国有权审查和批准演员演出的各项细节。'美国两公司依据上述合同与协议于1992年12月23日与中国妇女旅行社签订了来华演出的'合同与协议'。约定美国南方派乐队自1993年1月25日到同年2月28日在华演出20至23场。但是，在演出活动中，美方演员违背合同协议约定，不按报经我国文化部审批的演出内容进行演出，演出了不适合我国国情的'重金属歌曲'，违背了我国的社会公共利益，造成了很坏的影响，被我文化部决定停演。由此可见，停演及演出收入减少，是由演出方严重违约造成的。中国国际经济贸易仲裁委员会（94）贸仲字第0015号裁决书无视上述基本事实，是完全错误的。人民法院如果执行该裁决，就会损害我国的社会公共利益。依照《中华人民共和国民事诉讼法》第二百五十八条第二款的规定，同意你院对该仲裁裁决不予执行的意见。"

四十八、最高人民法院《关于对被执行人存在银行的凭证式国库券可否采取执行措施问题的批复》（法释〔1998〕2号）调整为："被执行人存在银行的凭证式国库券是由被执行人交银行管理的到期偿还本息的有价证券，在性质上与银行的定期储蓄存款相似，属于被执行人的财产。依照《中华人民共和国民事诉讼法》第二百一十八条规定的精神，人民法院有权冻结、划拨被执行人存在银行的凭证式国库券。有关银行应当按照人民法院的协助执行通知书将本息划归执行申请人。"

四十九、最高人民法院《关于人民法院执行工作若干问题的规定（试行）》（法释〔1998〕15号）第6条调整为："依据民事诉讼法第二百一十三条或第二百五十八条的规定对仲裁裁决是否有不予执行事由进行审查的，应组成合议庭进行。"

五十、最高人民法院《关于人民法院执行工作若干问题的规定（试行）》（法释〔1998〕15号）第24条调整为："人民法院决定受理执行案件后，应当在三日内向被执行人发出执行通知书，责令其在指定的期间内履行生效法律文书确定的义务，并承担民事诉讼法第二百二十九条规定的迟延履行期间的债务利息或迟延履行金。"

五十一、最高人民法院《关于人民法院执行工作若干问题的规定（试行）》（法释〔1998〕15号）第30条调整为："被执行人拒绝按人民法院的要求提供其有关财产状况的证据材料的，人民法院可以按照民事诉讼法第二百二十四条的规定进行搜查。"

五十二、最高人民法院《关于人民法院执行工作若干问题的规定（试行）》（法释〔1998〕15号）第59条调整为："被执行人的财产经拍卖、变卖或裁定以物抵债后，需从现占有人处交付给买受人或申请执行人的，适用民事诉讼法第二百二十五条、第二百二十六条和本规定57条、58条的规定。"

五十三、最高人民法院《关于人民法院执行工作若干问题的规定（试行）》（法释〔1998〕15号）第71条第一款调整为："对案外人提出的异议，执行法院应当依照民事诉讼法第二百零四条的规定进行审查。"

五十四、最高人民法院《关于人民法院执行工作若干问题的规定（试行）》（法释〔1998〕15号）第83条调整为："依照民事诉讼法第二百零九条、最高人民法院关于适用民事诉讼法若干问题的意见第271条至第274条及本规定裁定变更或追加被执行主体的，由执行法院的执行机构办理。"

五十五、最高人民法院《关于人民法院执行工作若干问题的规定（试行）》（法释〔1998〕15号）第102条调整为："有下列情形之一的，人民法院应当依照民事诉讼法第二百三十二条第一款第五项的规定裁定中止执行：

（1）人民法院已受理以被执行人为债务人的破产申请的；

（2）被执行人确无财产可供执行的；

（3）执行的标的物是其他法院或仲裁机构正在审理的案件争议标的物，需要等待该案件审理完毕确定权属的；

（4）一方当事人申请执行仲裁裁决，另一方当事人申请撤销仲裁裁决的；

（5）仲裁裁决的被申请执行人依据民事诉讼法第二百一十三条第二款的规定向人民法院提出不予执行请求，并提供适当担保的。"

五十六、最高人民法院《关于人民法院执行工作若干问题的规定（试行）》（法释〔1998〕15号）第105条调整为："在执行中，被执行人被人民法院裁定宣告破产的，执行法院应当依照民事诉讼法第二百三十三条第六项的规定，裁定终结执行。"

五十七、最高人民法院《关于人民法院执行工作若干问题的规定（试行）》（法释〔1998〕15号）第109条调整为："在执行中或执行完毕后，据以执行的法律文书被人民法院或其他有关机关撤销或变更的，原执行机构应当依照民事诉讼法第二百一十条的规定，依当事人申请或依职权，按照新的生效法律文书，作出执行回转的裁定，责令原申请执行人返还已取得的财产及其孳息。拒不返还的，强制执行。"

五十八、最高人民法院《关于人民法院撤销涉外仲裁裁决有关事项的通知》（法〔1998〕40号）第一条调整为："凡一方当事人按照仲裁法的规定向人民法院申请撤销我国涉外仲裁裁决，如果人民法院经审查认为涉外仲裁裁决具有民事诉讼法第二百五十八条第一款规定的情形之一的，在裁定撤销裁决或通知仲裁庭重新仲裁之前，须报请本辖区所属高级人民法院进行审查。如果高级人民法院同意撤销裁决或通知仲裁庭重新仲裁，应将其审查意见报最高人民法院。待最高人民法院答复后，方可裁定撤销裁决或通知仲裁庭重新仲裁。"

五十九、最高人民法院《关于人民检察院对民事调解书提出抗诉人民法院应否受理问题的批复》（法释〔1999〕4号）调整为："《中华人民共和国民事诉讼法》第一百八十七条只规定人民检察院可以对人民法院已经发生法律效力的判决、裁定提出抗诉，没有规定人民检察院可以对调解书提出抗诉。人民检察院对调解书提出抗诉的，人民法院不予受理。"

六十、最高人民法院《关于民事、行政诉讼中司法赔偿若干问题的解释》（法释〔2000〕27号）第七条调整为："根据国家赔偿法第十七条、第三十一条的规定，具有下列情形之一的，国家不承担赔偿责任：

（一）因申请人申请保全有错误造成损害的；

（二）因申请人提供的执行标的物有错误造成损害的；

（三）人民法院工作人员与行使职权无关的个人行为；

（四）属于民事诉讼法第二百一十条规定情形的；

（五）被保全人、被执行人，或者人民法院依法指定的保管人员违法动用、隐匿、毁损、转移、变卖人民法院已经保全的财产的；

（六）因不可抗力造成损害后果的；

（七）依法不应由国家承担赔偿责任的其他情形。"

六十一、最高人民法院《关于严格执行案件审理期限制度的若干规定》（法释〔2000〕29号）第二条第八款调整为："审理涉外民事案件，根据民事诉讼法第二百四十八条的规定，不受上述案件审理期限的限制。"

六十二、最高人民法院《关于审理票据纠纷案件若干问题的规定》（法释〔2000〕32号）第三十三条调整为："依照《中华人民共和国民事诉讼法》（以下简称民事诉讼法）第一百九十六条的规定，公示催告的期间，国内票据自公告发布之日起六十日，涉外票据可根据具体情况适当延长，但最长不得超过九十日。"

六十三、最高人民法院《关于审理票据纠纷案件若干问题的规定》（法释〔2000〕32号）第三十四条调整为："依照民事诉讼法第一百九十七条第二款的规定，在公示催告期间，以公示催告的票据质押、贴现，因质押、贴现而接受该票据的持票人主张票据权利的，人民法院不予支持，但公示催告期间届满以后人民法院作出除权判决以前取得该票据的除外。"

六十四、最高人民法院《关于审理和执行涉外民商事案件应当注意的几个问题的通知》（法〔2000〕51号）第三条调整为："严格遵守涉外民商事案件生效法律文书的执行规定，切实维护国家司法权威。各级人民法院在强化执行工作过程中，应从维护国家司法形象和法制尊严的高度认识涉外执行工作的重要性，进一步加强涉外案件的执行，要注意执行方法，提高执行效率，注重执行效果。对涉外仲裁裁决和国外仲裁裁决的审查与执行，要严格依照有关国际公约和《中华人民共和国民事诉讼法》、最高人民法院《关于适用〈中华人民共和国民事诉讼法〉若干问题的意见》、最高人民法院《关于人民法院执行工作若干问题的规定（试行）》中有关涉外执行的规定和最高人民法院（法）经发〔1987〕5号通知、法发〔1995〕18号通知、法释〔1998〕28号规定及法〔1998〕40号通知办理。各级人民法院凡拟适用《中华人民共和国民事诉讼法》第二百五十八条和有关国际公约规定，不予执行涉外仲裁裁决、撤销涉外仲裁裁决或拒绝承认和执行外国仲裁机构的裁决的，均应按规定逐级呈报最高人民法院审查，在最高人民法院答复前，不得制发裁定。"

六十五、最高人民法院《关于适用督促程序若干问题的规定》（法释〔2001〕2号）第三条调整为："人民法院收到债权人的书面申请后，认为申请书不符合要求的，人民法院可以通知债权人限期补正。补正期间不计入民事诉讼法第一百九十二条规定的期限。"

六十六、最高人民法院《关于审理劳动争议案件适用法律若干问题的解释》（法释〔2001〕14号）第二十一条第一款调整为："当事人申请人民法院执行劳动争议仲裁机构作出的发生法律效力的裁决书、调解书，被申请人提出证据证明劳动争议仲裁裁决书、调解书有下列情形之一，并经审查核实的，人民法院可以根据《民事诉讼法》第二百一十三条之规定，裁定不予执行：

（一）裁决的事项不属于劳动争议仲裁范围，或者劳动争议仲裁机构无权仲裁的；

（二）适用法律确有错误的；

（三）仲裁员仲裁该案时，有徇私舞弊、枉法裁决行为的；

（四）人民法院认定执行该劳动争议仲裁裁决违背社会公共利益的。"

六十七、最高人民法院《关于民事诉讼证据的若干规定》（法释〔2001〕33号）第八十三条第三款调整为："本规定施行后受理的再审民事案件，人民法院依据《民事诉讼法》第一百八十六条的规定进行审理的，适用本规定。"

六十八、最高人民法院《关于向外国公司送达司法文书能否向其驻华代表机构送达并适用留置送达问题的批复》（法释〔2002〕15号）调整为："《关于向国外送达民事或商事司法文书和司法外文书公约》（以下简称海牙送达公约）第一条规定：'在所有民事或商事案件中，如有须递送司法文书或司法外文书以便向国外送达的情形，均应适用本公约。'根据《中华人民共和国民事诉讼法》（以下简称民事诉讼法）第二百四十五条的规定，人民法院对在中华人民共和国领域内没有住所的当事人送达诉讼文书，可以依照受送达人所在国与中华人民共和国缔结或者共同参加的国际条约中规定的方式送达；当受送达人在中华人民共和国领域内设有代表机构时，便不再属于海牙送达公约规定的'有须递送司法文书或司法外文书以便向国外送达的情形'。因此，人民法院可以根据民事诉讼法第二百四十五条第（五）项的规定向受送达人在中华人民共和国领域内设立的代表机构送达诉讼文书，而不必根据海牙送达公约向国外送达。根据民事诉讼法第二百三十五条的规定，人民法院向外国公司的驻华代表机构送达诉讼文书时，可以适用留置送达的方式。"

六十九、最高人民法院《关于适用〈中华人民共和国海事诉讼特别程序法〉若干问题的解释》（法释〔2003〕3号）第二条调整为："涉外海事侵权纠纷案件和海上运输合同纠纷案件的管辖，适用民事诉讼法第二十四章的规定；民事诉讼法第二十四章没有规定的，适用海事诉讼特别程序法第六条第二款（一）、（二）项的规定和民事诉讼法的其他有关规定。"

七十、最高人民法院《关于适用〈中华人民共和国海事诉讼特别程序法〉若干问题的解释》（法释〔2003〕3号）第八十八条调整为："海事诉讼特别程序法第一百一十五条规定的判决书、裁定书、调解书和仲裁裁决书指我国国内的判决书、裁定书、调解书和仲裁裁决书。对于债权人提供的国外的判决书、裁定书、调解书和仲裁裁决书，适用民事诉讼法第二百六十六条和第二百六十七条规定的程序审查。"

七十一、最高人民法院《关于审理人民法院国家赔偿确认案件若干问题的规定（试行）》（法释〔2004〕10号）第四条调整为："具有下列情形之一的确认申请，不予受理：

（一）依法应当通过审判监督程序提出申诉或者申请再审的；
（二）申请事项属于司法机关已经立案正在查处的；
（三）人民法院工作人员的行为与行使职权无关的；
（四）属于《中华人民共和国民事诉讼法》第二百一十条规定情形的；
（五）依法不属于确认范围的其他情形。"

七十二、最高人民法院《关于人民法院民事调解工作若干问题的规定》（法释〔2004〕12号）第十九条第二款调整为："不履行调解协议的当事人按照前款规定承担了调解书确定的民事责任后，对方当事人又要求其承担民事诉讼法第二百二十九条规定的迟延履行责任的，人民法院不予支持。"

七十三、最高人民法院《关于人民法院民事调解工作若干问题的规定》（法释〔2004〕12号）第二十条调整为："调解书约定给付特定标的物的，调解协议达成前该物上已经存在的第三人的物权和优先权不受影响。第三人在执行过程中对执行标的物提出异议的，应当按照民事诉讼法第二百零四条规定处理。"

七十四、最高人民法院《关于人民法院民事执行中查封、扣押、冻结财产的规定》（法释〔2004〕15号）第二十条第二款调整为："执行人员及保管人应当在笔录上签名，有民事诉讼法第二百二十一条规定的人员到场的，到场人员也应当在笔录上签名。"

七十五、最高人民法院《关于当事人申请承认澳大利亚法院出具的离婚证明书人民法院应否受理问题的批复》（法释〔2005〕8号）调整为："当事人持澳大利亚法院出具的离婚证明书向人民法院申请承认其效力的，人民法院应予受理，并依照《中华人民共和国民事诉讼法》第二百六十五条和第二百六十六条以及最高人民法院《关于中国公民申请承认外国法院离婚判决程序问题的规定》的有关规定进行审查，依法作出承认或者不予承认的裁定。"

七十六、最高人民法院《关于人民法院执行设定抵押的房屋的规定》（法释〔2005〕

14号）第三条第一款调整为："上述宽限期届满后，被执行人仍未迁出的，人民法院可以作出强制迁出裁定，并按照民事诉讼法第二百二十六条的规定执行。"

七十七、最高人民法院《关于涉外民事或商事案件司法文书送达问题若干规定》（法释〔2006〕5号）第四条调整为："除受送达人在授权委托书中明确表明其诉讼代理人无权代为接收有关司法文书外，其委托的诉讼代理人为民事诉讼法第二百四十五条第（四）项规定的有权代其接受送达的诉讼代理人，人民法院可以向该诉讼代理人送达。"

七十八、最高人民法院《关于涉外民事或商事案件司法文书送达问题若干规定》（法释〔2006〕5号）第九条调整为："人民法院依照民事诉讼法第二百四十五条第（七）项规定的公告方式送达时，公告内容应在国内外公开发行的报刊上刊登。"

七十九、最高人民法院《关于适用〈中华人民共和国仲裁法〉若干问题的解释》（法释〔2006〕7号）第十七条调整为："当事人以不属于仲裁法第五十八条或者民事诉讼法第二百五十八条规定的事由申请撤销仲裁裁决的，人民法院不予支持。"

八十、最高人民法院《关于适用〈中华人民共和国仲裁法〉若干问题的解释》（法释〔2006〕7号）第二十七条第二款调整为："当事人在仲裁程序中对仲裁协议的效力提出异议，在仲裁裁决作出后又以此为由主张撤销仲裁裁决或者提出不予执行抗辩，经审查符合仲裁法第五十八条或者民事诉讼法第二百一十三条、第二百五十八条规定的，人民法院应予支持。"

八十一、最高人民法院《关于在民事判决书中增加向当事人告知民事诉讼法第二百三十二条规定内容的通知》（法〔2007〕19号），题目调整为："最高人民法院《关于在民事判决书中增加向当事人告知民事诉讼法第二百二十九条规定内容的通知》"，内容调整为："根据《中共中央关于构建社会主义和谐社会若干重大问题的决定》有关'落实当事人权利义务告知制度'的要求，为使胜诉的当事人及时获得诉讼成果，促使败诉的当事人及时履行义务，经研究决定，在具有金钱给付内容的民事判决书中增加向当事人告知民事诉讼法第二百二十九条规定的内容。现将在民事判决书中具体表述方式通知如下：

一、一审判决中具有金钱给付义务的，应当在所有判项之后另起一行写明：如果未按本判决指定的期间履行给付金钱义务，应当依照《中华人民共和国民事诉讼法》第二百二十九条之规定，加倍支付迟延履行期间的债务利息。"

最高人民法院　最高人民检察院关于印发《关于对民事审判活动与行政诉讼实行法律监督的若干意见（试行）》的通知

2011年3月10日　　　　　　　　　　　　　　　　　　　高检会〔2011〕1号

各省、自治区、直辖市高级人民法院、人民检察院，解放军军事法院、军事检察院，新疆维吾尔自治区高级人民法院生产建设兵团分院、新疆生产建设兵团人民检察院：

为落实中央关于"完善检察机关对民事、行政诉讼实施法律监督的范围和程序"的改革任务，最高人民法院和最高人民检察院制定了《关于对民事审判活动与行政诉讼实行法律监督的若干意见（试行）》，现印发给你们，请认真遵照执行。各地在执行中如遇到问题，请及时报告最高人民法院、最高人民检察院。

附：

关于对民事审判活动与行政诉讼实行法律监督的若干意见（试行）

第一条　为了完善检察机关对民事审判活动、行政诉讼实行法律监督的范围和程序，维护司法公正，根据宪法和法律，结合司法实践，制定本意见。

第二条　根据《中华人民共和国民事诉讼法》第十四条和《中华人民共和国行政诉讼法》第十条的规定，人民检察院对民事审判活动、行政诉讼实行法律监督。

第三条　人民检察院对于已经发生法律效力的判决、裁定、调解，有下列情形之一的，可以向当事人或者案外人调查核实：

（一）可能损害国家利益、社会公共利益的；

（二）民事诉讼的当事人或者行政诉讼的原告、第三人在原审中因客观原因不能自行收集证据，书面申请人民法院调查收集，人民法院应当调查收集而未调查收集的；

（三）民事审判、行政诉讼活动违反法定程序，可能影响案件正确判决、裁定的。

第四条　当事人在一审判决、裁定生效前向人民检察院申请抗诉的，人民检察院应当告知其依照法律规定提出上诉。当事人对可以上诉的一审判决、裁定在发生法律效力后提出申诉的，应当说明未提出上诉的理由；没有正当理由的，不予受理。

第五条　最高人民检察院对各级人民法院已经发生法律效力的民事判决、裁定，上级人民检察院对下级人民法院已经发生法律效力的民事判决、裁定，经过立案审查，发现有《中华人民共和国民事诉讼法》第一百七十九条规定情形之一，符合抗诉条件的，应当依照《中华人民共和国民事诉讼法》第一百八十七条之规定，向同级人民法院提出抗诉。

人民检察院发现人民法院已经发生法律效力的行政判决和不予受理、驳回起诉、管辖权异议等行政裁定，有《中华人民共和国行政诉讼法》第六十四条规定情形的，应当提出抗诉。

第六条 人民检察院发现人民法院已经发生法律效力的民事调解、行政赔偿调解损害国家利益、社会公共利益的，应当提出抗诉。

第七条 地方各级人民检察院对符合本意见第五条、第六条规定情形的判决、裁定、调解，经检察委员会决定，可以向同级人民法院提出再审检察建议。

人民法院收到再审检察建议后，应当在三个月内进行审查并将审查结果书面回复人民检察院。人民法院认为需要再审的，应当通知当事人。人民检察院认为人民法院不予再审的决定不当的，应当提请上级人民检察院提出抗诉。

第八条 人民法院裁定驳回再审申请后，当事人又向人民检察院申诉的，人民检察院对驳回再审申请的裁定不应当提出抗诉。人民检察院经审查认为原生效判决、裁定、调解符合抗诉条件的，应当提出抗诉。人民法院经审理查明，抗诉事由与被驳回的当事人申请再审事由实质相同的，可以判决维持原判。

第九条 人民法院的审判活动有本意见第五条、第六条以外违反法律规定情形，不适用再审程序的，人民检察院应当向人民法院提出检察建议。

当事人认为人民法院的审判活动存在前款规定情形，经提出异议人民法院未予纠正，向人民检察院申诉的，人民检察院应当受理。

第十条 人民检察院提出检察建议的，人民法院应当在一个月内作出处理并将处理情况书面回复人民检察院。

人民检察院对人民法院的回复意见有异议的，可以通过上一级人民检察院向上一级人民法院提出。上一级人民法院认为人民检察院的意见正确的，应当监督下级人民法院及时纠正。

第十一条 人民检察院办理行政申诉案件，发现行政机关有违反法律规定、可能影响人民法院公正审理的行为，应当向行政机关提出检察建议，并将相关情况告知人民法院。

第十二条 人民检察院办理民事、行政申诉案件，经审查认为人民法院的审判活动合法、裁判正确的，应当及时将审查结果告知相关当事人并说明理由，做好服判息诉工作。

人民检察院办理民事申诉、行政赔偿诉讼申诉案件，当事人双方有和解意愿、符合和解条件的，可以建议当事人自行和解。

第十三条 人民法院审理抗诉案件，应当通知人民检察院派员出席法庭。

检察人员出席再审法庭的任务是：

（一）宣读抗诉书；

（二）对人民检察院依职权调查收集的、包括有利于和不利于申诉人的证据予以出示，并对当事人提出的问题予以说明。

检察人员发现庭审活动违法的，应当待庭审结束或者休庭之后，向检察长报告，以人民检察院的名义提出检察建议。

第十四条 人民检察院办理民事、行政诉讼监督案件，应当依法履行法律监督职责，严格遵守办案规则以及相关检察纪律规范，不得谋取任何私利，不得滥用监督权力。

第十五条 人民法院发现检察监督行为违反法律或者检察纪律的，可以向人民检察院提出书面建议，人民检察院应当在一个月内将处理结果书面回复人民法院；人民法院对于人民检察院的回复意见有异议的，可以通过上一级人民法院向上一级人民检察院提出。上一级人民检察院认为人民法院建议正确的，应当要求下级人民检察院及时纠正。

第十六条 人民检察院和人民法院应当建立相应的沟通协调机制，及时解决实践中出现的相关问题。

最高人民法院
关于认真学习贯彻《全国人民代表大会常务委员会关于修改〈中华人民共和国民事诉讼法〉的决定》的通知

2012年11月28日　　　　　　　　　　　　法〔2012〕289号

各省、自治区、直辖市高级人民法院，解放军军事法院，新疆维吾尔自治区高级人民法院生产建设兵团分院：

2012年8月31日，第十一届全国人民代表大会常务委员会第二十八次会议审议通过的《关于修改〈中华人民共和国民事诉讼法〉的决定》（以下简称民事诉讼法修改决定）将于2013年1月1日起施行。为保证统一正确适用民事诉讼法修改决定，特通知如下：

一、深刻认识贯彻实施民事诉讼法修改决定的重大意义

民事诉讼法是中国特色社会主义法律体系中的基本法律之一，是人民法院受理、审理和执行民事案件在程序方面的基本法律依据。民事诉讼法修改决定增加了诚实信用原则，新设了公益诉讼、第三人撤销之诉、小额诉讼、行为保全、确认调解协议、直接实现担保物权、检察建议等多项重大诉讼制度，对立案制度、管辖制度、调解制度、证据制度、一审程序、二审程序、特别程序、审判监督程序、执行程序和涉外程序等均有重大修改完善。此次民事诉讼法的修改对于加强法律实施，完善"公正、高效、权威"的民事诉讼制度，保障人民群众民事权益和社会公共利益，促进经济社会发展，维护社会和谐稳定，具有重大现实意义和深远历史意义。全国法院要高度重视民事诉讼法修改决定的学习和贯彻实施，要以这次民事诉讼法修改决定的贯彻实施工作为契机，进一步提升人民法院民事审判执行工作的质量、效率和水平。

二、正确把握贯彻实施民事诉讼法修改决定的原则

人民法院贯彻实施民事诉讼法修改决定，应当坚持以下原则：

一要坚持全面原则。这次民事诉讼法修改是一次全面修改，涉及到民事诉讼法的各个部分和每一个程序，既有对当事人诉权保护的内容，也有规范人民法院审判执行工作程序的内容，还有加强对审判执行工作法律监督的内容。应当全面把握这次修改民事诉讼法的指导思想，深刻理解每一项新制度、新规定，不仅要学好、学深、学透，更要学全，全面贯彻落实好民事诉讼法修改决定。

二要坚持区分原则。民事诉讼法修改决定集中体现了近年来民事诉讼制度改革的成果，人民法院加强和改进民事审判执行工作，既面临重大机遇，也面临诸多挑战。对于有利于促进民事诉讼顺利开展的内容，要用好、用足，提升司法公信；对于法律规定较为原则，需要进一步细化、明确的问题，要在审判实践中积极探索，为司法解释出台积累经验；对于涉及其他部门的规定，要加强沟通，平稳推进。

三要坚持统筹原则。此次民事诉讼法的修改涉及一审、二审、再审和执行等各项程序，涉及立案、审判、执行等多个部门，贯彻实施工作要统一部署、统筹安排。最高人民法院在民事诉讼法修改决定生效实施前，将就民事诉讼法修改决定施行时尚未审结的案件如何适用法律等问题出台司法解释。各高级人民法院也要统筹做好贯彻实施民事诉讼法修改决定的各项准备工作。

三、做好贯彻实施民事诉讼法修改决定的立案审判执行准备工作

（一）进一步加强立案工作。一要大力提升立案工作水平，对于当事人起诉到人民法院的民事案件，符合受理条件的，严格依法及时受理，保障当事人诉权的实现；对于不予受理的案件，积极引导当事人通过其他救济途径解决，从根本上解决纠纷。二要严格规范管辖权转移，准确把握第一审民事案件移交下级人民法院审理的适用条件，严格执行向上级人民法院报请批准的法定程序，依法及时将矛盾纠纷化解在基层。三要及时配备必要的视听记录设备，确保人民法院通过法定方式和程序，完成留置送达，提高送达质量和效率。

（二）进一步加强审理工作。一要认真落实先行调解规定，对于起诉到人民法院的民事纠纷，要在立案前和立案后，加大调解力度，积极引导当事人通过多层次的调解方式化解矛盾。二要健全案件分流机制，进一步加强审判流程管理，确定合理的案件流程，缩短程序转换周期，有效提高诉讼效率。三要认真执行证据规则，对于电子数据等新证据形式，要结合相关法律，健全调查取证、质证等操作规程，确保庭审有序进行，裁判结果公正合理。四要认真落实公开审判制度，依法扩大二审案件开庭审理的范围，明确径行裁判的适用条件，切实提高二审案件审理的质量和效率。

（三）进一步加强裁判文书工作。一要进一步规范裁判文书制作，做到证据审查全面客观，事实认定准确清楚，说理部分透彻明白，裁判依据明确充分，增强裁判文书的

说理性,切实促进当事人服判息诉,实现案结事了。二要进一步规范生效裁判文书公开的形式和载体,结合当地实际,逐步扩大公开的范围,方便当事人和社会公众查阅,同时也要注意维护国家秘密、商业秘密和当事人隐私。

(四)进一步加强执行工作。一要准确理解与把握修改后的民事诉讼法关于执行措施的新规定,细化发出执行通知前的准备工作,切实提高执行效率。二要细化人民法院委托变卖或者自行变卖的程序和方式,对于查封、扣押财产,坚持拍卖优先原则,结合相关司法解释,保障执行程序顺利进行。三要严格执行关于不予执行仲裁裁决相关标准的新规定,规范和完善人民法院对仲裁活动的监督。四要依法运用对逃避执行行为的处罚措施,加大执行力度。

四、做好贯彻实施民事诉讼法修改决定确立的新制度的实施准备工作

民事诉讼法修改决定中增加了一些新的制度,如小额诉讼、公益诉讼、第三人撤销之诉、执行法律监督等制度,贯彻实施这些新制度对于加强和改进人民法院的民事审判和执行工作,既是机遇,也是挑战。对于这些新制度,人民法院缺乏审判实践的经验积累,待时机成熟时将出台司法解释和指导意见。目前,最高人民法院正在组织人员进行研究,在《人民法院报》上发表相关文章,供各级人民法院参考。各级人民法院也要预先研判,积极、稳妥、有计划、有层次地开展工作。

五、做好与相关部门的沟通协调工作

民事诉讼法修改决定新增加了一些需要与其他部门进行协调、沟通、配合的制度。各高级人民法院要与有关部门加强工作层面的沟通协调,建立完善相应工作机制,确保民事诉讼法修改决定的贯彻实施。一要与财政部门进行沟通,为人民法院在特定情形下,先行垫付证人出庭费用及误工损失等工作做好准备;二要与统计部门进行沟通,为人民法院受理小额诉讼案件做好准备;三要与检察机关进行沟通协调,为贯彻实施民事诉讼法修改决定有关检察建议和执行法律监督等制度做好准备;四要与协助执行的相关单位进行沟通,继续完善执行联动机制,为贯彻实施民事诉讼法修改决定有关协助执行制度做好准备。

六、做好民事诉讼法修改决定的学习培训工作

要把学习民事诉讼法修改决定,作为当前和今后一段时期人民法院特别是广大民事法官的一项重点工作。最高人民法院在民事诉讼法修改决定实施前举办了全国法院学习贯彻民事诉讼法修改决定培训班,对各高、中级法院及基层法院的主管民事审判工作的院领导、庭领导进行集中培训。明年,最高人民法院将继续把学习贯彻民事诉讼法修改决定作为全国法院培训的重要内容,进一步巩固学习培训效果。各高级人民法院和中级人民法院也要利用多种形式进行培训,在民事诉讼法修改决定实施前和实施后,对民事立案、审判、执行人员进行轮训;各基层人民法院要组织法官和相关工作人员认真学习。在培训和学习中,要逐条领会新规定,准确把握立法精神,深刻理解各修改条文的含义,学深学透、融会贯通。

七、做好民事诉讼法修改决定的宣传工作

要进一步加大宣传力度,注意通过具体的民事审判和执行活动,以案释法,不断加强与新闻媒体、有关社会组织的沟通合作。大力宣传民事诉讼法修改决定的立法精神和条文宗旨,特别要做好新制度、新规则的普法工作,引导社会各方和人民群众正确理解新的诉讼制度,树立正确的诉讼观念。

对于贯彻实施民事诉讼法修改决定过程中遇到的问题和情况,要及时层报最高人民法院。

最高人民法院
关于防范和制裁虚假诉讼的指导意见

2016年6月20日　　　　　　　　　法发〔2016〕13号

当前,民事商事审判领域存在的虚假诉讼现象,不仅严重侵害案外人合法权益,破坏社会诚信,也扰乱了正常的诉讼秩序,损害司法权威和司法公信力,人民群众对此反映强烈。各级人民法院对此要高度重视,努力探索通过多种有效措施防范和制裁虚假诉讼行为。

1. 虚假诉讼一般包含以下要素:(1)以规避法律、法规或国家政策谋取非法利益为目的;(2)双方当事人存在恶意串通;(3)虚构事实;(4)借用合法的民事程序;(5)侵害国家利益、社会公共利益或者案外人的合法权益。

2. 实践中,要特别注意以下情形:(1)当事人为夫妻、朋友等亲近关系或者关联企业等共同利益关系;(2)原告诉请司法保护的标的额与其自身经济状况严重不符;(3)原告起诉所依据的事实和理由明显不符合常理;(4)当事人双方无实质性民事权益争议;(5)案件证据不足,但双方仍然主动迅速达成调解协议,并请求人民法院出具调解书。

3. 各级人民法院应当在立案窗口及法庭张贴警示宣传标识,同时在"人民法院民事诉讼风险提示书"中明确告知参与虚假诉讼应当承担的法律责任,引导当事人依法行使诉权,诚信诉讼。

4. 在民间借贷、离婚析产、以物抵债、劳动争议、公司分立(合并)、企业破产等虚假诉讼高发领域的案件审理中,要加大证据审查力度。对可能存在虚假诉讼的,要适当加大依职权调查取证力度。

5. 涉嫌虚假诉讼的,应当传唤当事人本人到庭,就有关案件事实接受询问。除法定事由外,应当要求证人出庭作证。要充分发挥民事诉讼法司法解释有关当事人和证人签署保证书规定的作用,探索当事人和证人宣誓制度。

6. 诉讼中，一方对另一方提出的于己不利的事实明确表示承认，且不符合常理的，要做进一步查明，慎重认定。查明的事实与自认的事实不符的，不予确认。

7. 要加强对调解协议的审查力度。对双方主动达成调解协议并申请人民法院出具调解书的，应当结合案件基础事实，注重审查调解协议是否损害国家利益、社会公共利益或者案外人的合法权益；对人民调解协议司法确认案件，要按照民事诉讼法司法解释要求，注重审查基础法律关系的真实性。

8. 在执行公证债权文书和仲裁裁决书、调解书等法律文书过程中，对可能存在双方恶意串通、虚构事实的，要加大实质审查力度，注重审查相关法律文书是否损害国家利益、社会公共利益或者案外人的合法权益。如果存在上述情形，应当裁定不予执行。必要时，可向仲裁机构或者公证机关发出司法建议。

9. 加大公开审判力度，增加案件审理的透明度。对与案件处理结果可能存在法律上利害关系的，可适当依职权通知其参加诉讼，避免其民事权益受到损害，防范虚假诉讼行为。

10. 在第三人撤销之诉、案外人执行异议之诉、案外人申请再审等案件审理中，发现已经生效的裁判涉及虚假诉讼的，要及时予以纠正，保护案外人诉权和实体权利；同时也要防范有关人员利用上述法律制度，制造虚假诉讼，损害原诉讼中合法权利人利益。

11. 经查明属于虚假诉讼，原告申请撤诉的，不予准许，并应当根据民事诉讼法第一百一十二条的规定，驳回其请求。

12. 对虚假诉讼参与人，要适度加大罚款、拘留等妨碍民事诉讼强制措施的法律适用力度；虚假诉讼侵害他人民事权益的，虚假诉讼参与人应当承担赔偿责任；虚假诉讼违法行为涉嫌虚假诉讼罪、诈骗罪、合同诈骗罪等刑事犯罪的，民事审判部门应当依法将相关线索和有关案件材料移送侦查机关。

13. 探索建立虚假诉讼失信人名单制度。将虚假诉讼参与人列入失信人名单，逐步开展与现有相关信息平台和社会信用体系接轨工作，加大制裁力度。

14. 人民法院工作人员参与虚假诉讼的，要依照法官法、法官职业道德基本准则和法官行为规范等规定，从严处理。

15. 诉讼代理人参与虚假诉讼的，要依法予以制裁，并应当向司法行政部门、律师协会或者行业协会发出司法建议。

16. 鉴定机构、鉴定人参与虚假诉讼的，可以根据情节轻重，给予鉴定机构、鉴定人训诫、责令退还鉴定费用、从法院委托鉴定专业机构备选名单中除名等制裁，并应当向司法行政部门或者行业协会发出司法建议。

17. 要积极主动与有关部门沟通协调，争取支持配合，探索建立多部门协调配合的综合治理机制。要通过向社会公开发布虚假诉讼典型案例等多种形式，震慑虚假诉讼违法行为。

18. 各级人民法院要及时组织干警学习了解中央和地方的各项经济社会政策，充分预判有可能在司法领域反映出来的虚假诉讼案件类型，也可以采取典型案例分析、审判业务交流、庭审观摩等多种形式，提高甄别虚假诉讼的司法能力。

最高人民法院关于房地产调控政策下人民法院严格审查各类虚假诉讼的紧急通知

2013年6月28日　　　　　　　　　　　　法明传〔2013〕359号

各省、自治区、直辖市高级人民法院，解放军军事法院、新疆维吾尔自治区高级人民法院生产建设兵团分院：

在"国五条"等房地产调控政策实施背景下，为规避税收、限贷及限购政策，现实生活中出现了大量"假离婚"、借名买房、二手房买卖中签订阴阳合同、虚构债务后协议以房抵债等现象，有些已经形成纠纷诉至法院。这些案件基本表现为：当事人之间虚构借贷等债权债务关系；法院立案受理后，双方当事人自愿达成调解协议约定用债务人的房产抵偿债务，由法院出具调解书后被迅速执行房产过户。这些问题的发生，极大地扰乱和冲击了房地产市场的正常秩序，严重影响了国家房地产调控政策的贯彻落实，也严重干扰了人民法院正常的审判活动。目前，最高人民法院正在对这些问题进行调研并致力于制定司法应对措施。为及时解决和应对当前审判实践中存在的相关问题，现就有关问题紧急通知如下：

一、要密切关注和高度重视本辖区执行国家房地产调控政策措施过程中已经出现和可能出现的虚假诉讼问题，严格依法加大审查排除力度，确保国家房地产调控措施的贯彻落实。

二、在审理相关纠纷案件时，要认真审查当事人的诉讼请求及相关的证据，遇到以下情况，要慎重对待，妥善处理：

1. 当事人在以房抵债协议中约定管辖法院，但抵债的房产与协议管辖法院属异地的，要严格按照民事诉讼法关于专属管辖的规定认定协议管辖的效力；

2. 借贷等债权债务关系仅有借据和双方的认可，但未提供款项往来等证据的，对债权债务关系的真实有效性要严格审查，不能简单认定；

3. 双方以债权债务纠纷为由诉讼至法院，但是立案后对案件事实及实体处理等均无争议并迅速达成"以房抵债"协议的，务必在严格依法查明案件事实的基础上决定是否出具调解书；

4. 当事人在人民法院调解组织等主持下达成包含以房抵债内容的调解协议，并共同申请司法确认的，应当加大审查确认力度，慎重出具确认调解协议有效的裁定；

5. 当事人对以房抵债生效法律文书或者调解协议申请执行的，原则上不得出具以房抵债裁定书或者要求登记机构办理过户的协助执行通知书，当事人要求以房产清偿债务的，应当采取拍卖等执行变价措施；

6. 对其他可能存在虚假诉讼的纠纷案件，亦应依法审查。

三、对本辖区执行国家房地产调控政策过程中出现的包括虚假诉讼在内的带有普遍性或者可能呈现蔓延之势的新问题、新情况，要认真研究和及时应对，并必及时层报。

最高人民法院
关于印发《人民法院民事裁判文书制作规范》《民事诉讼文书样式》的通知

2016年6月28日　　　　　　　　　　　法〔2016〕221号

各省、自治区、直辖市高级人民法院，解放军军事法院，新疆维吾尔自治区高级人民法院生产建设兵团分院：

为进一步规范和统一民事裁判文书写作标准，提高民事诉讼文书质量，最高人民法院制定了《人民法院民事裁判文书制作规范》《民事诉讼文书样式》。该两份文件已于2016年2月22日经最高人民法院审判委员会第1679次会议通过，现予印发，自2016年8月1日起施行。请认真遵照执行。

附：

人民法院民事裁判文书制作规范

为指导全国法院民事裁判文书的制作，确保文书撰写做到格式统一、要素齐全、结构完整、繁简得当、逻辑严密、用语准确，提高文书质量，制定本规范。

一、基本要素

文书由标题、正文、落款三部分组成。

标题包括法院名称、文书名称和案号。

正文包括首部、事实、理由、裁判依据、裁判主文、尾部。首部包括诉讼参加人及其基本情况，案件由来和审理经过等；事实包括当事人的诉讼请求、事实和理由，人民法院认定的证据及事实；理由是根据认定的案件事实和法律依据，对当事人的诉讼请求是否成立进行分析评述，阐明理由；裁判依据是人民法院作出裁判所依据的实体法和程序法条文；裁判主文是人民法院对案件实体、程序问题作出的明确、具体、完整的处理决定；尾部包括诉讼费用负担和告知事项。

落款包括署名和日期。

二、标 题

标题由法院名称、文书名称和案号构成，例如："××××人民法院民事判决书（民事调解书、民事裁定书）＋案号"。

（一）法院名称

法院名称一般应与院印的文字一致。基层人民法院、中级人民法院名称前应冠以省、自治区、直辖市的名称，但军事法院、海事法院、铁路运输法院、知识产权法院等专门人民法院除外。

涉外裁判文书，法院名称前一般应冠以"中华人民共和国"国名；案件当事人中如果没有外国人、无国籍人、外国企业或组织的，地方人民法院、专门人民法院制作的裁判文书标题中的法院名称无需冠以"中华人民共和国"。

（二）案 号

案号由收案年度、法院代字、类型代字、案件编号组成。

案号＝"（"＋收案年度＋"）"＋法院代字＋类型代字＋案件编号＋"号"。

案号的编制、使用应根据《最高人民法院关于人民法院案件案号的若干规定》等执行。

三、正 文

（一）当事人的基本情况

1. 当事人的基本情况包括：诉讼地位和基本信息。

2. 当事人是自然人的，应当写明其姓名、性别、出生年月日、民族、职业或者工作单位和职务、住所。姓名、性别等身份事项以居民身份证、户籍证明为准。

当事人职业或者工作单位和职务不明确的，可以不表述。

当事人住所以其户籍所在地为准；离开户籍所在地有经常居住地的，经常居住地为住所。连续两个当事人的住所相同的，应当分别表述，不用"住所同上"的表述。

3. 有法定代理人或指定代理人的，应当在当事人之后另起一行写明其姓名、性别、职业或工作单位和职务、住所，并在姓名后用括号注明其与当事人的关系。代理人为单位的，写明其名称及其参加诉讼人员的基本信息。

4. 当事人是法人的，写明名称和住所，并另起一行写明法定代表人的姓名和职务。当事人是其他组织的，写明名称和住所，并另起一行写明负责人的姓名和职务。

当事人是个体工商户的，写明经营者的姓名、性别、出生年月日、民族、住所；起有字号的，以营业执照上登记的字号为当事人，并写明该字号经营者的基本信息。

当事人是起字号的个人合伙的，在其姓名之后用括号注明"系……（写明字号）合伙人"。

5. 法人、其他组织、个体工商户、个人合伙的名称应写全称，以其注册登记文件记载的内容为准。

6. 法人或者其他组织的住所是指法人或者其他组织的主要办事机构所在地；主要办事机构所在地不明确的，法人或者其他组织的注册地或者登记地为住所。

7. 当事人为外国人的，应当写明其经过翻译的中文姓名或者名称和住所，并用括号注明其外文姓名或者名称和住所。

外国自然人应当注明其国籍。国籍应当用全称。无国籍人，应当注明无国籍。

港澳台地区的居民在姓名后写明"香港特别行政区居民""澳门特别行政区居民"或"台湾地区居民"。

外国自然人的姓名、性别等基本信息以其护照等身份证明文件记载的内容为准；外国法人或者其他组织的名称、住所等基本信息以其注册登记文件记载的内容为准。

8. 港澳地区当事人的住所，应当冠以"香港特别行政区""澳门特别行政区"。

台湾地区当事人的住所，应当冠以"台湾地区"。

9. 当事人有曾用名，且该曾用名与本案有关联的，裁判文书在当事人现用名之后用括号注明曾用名。

诉讼过程中当事人姓名或名称变更的，裁判文书应当列明变更后的姓名或名称，变更前姓名或名称无需在此处列明。对于姓名或者名称变更的事实，在查明事实部分写明。

10. 诉讼过程中，当事人权利义务继受人参加诉讼的，诉讼地位从其承继的诉讼地位。裁判文书中，继受人为当事人；被继受人在当事人部分不写，在案件由来中写明继受事实。

11. 在代表人诉讼中，被代表或者登记权利的当事人人数众多的，可以采取名单附后的方式表述，"原告×××等×人（名单附后）"。

当事人自行参加诉讼的，要写明其诉讼地位及基本信息。

12. 当事人诉讼地位在前，其后写当事人姓名或者名称，两者之间用冒号。当事人姓名或者名称之后，用逗号。

（二）委托诉讼代理人的基本情况

1. 当事人有委托诉讼代理人的，应当在当事人之后另起一行写明为"委托诉讼代理人"，并写明委托诉讼代理人的姓名和其他基本情况。有两个委托诉讼代理人的，分行分别写明。

2. 当事人委托近亲属或者本单位工作人员担任委托诉讼代理人的，应当列在第一位，委托外单位的人员或者律师等担任委托诉讼代理人的列在第二位。

3. 当事人委托本单位人员作为委托诉讼代理人的，写明姓名、性别及其工作人员身份。其身份信息可表述为"该单位（如公司、机构、委员会、厂等）工作人员"。

4. 律师、基层法律服务工作者担任委托诉讼代理人的，写明律师、基层法院法律服务工作者的姓名，所在律师事务所的名称、法律服务所的名称及执业身份。其身份信息表述为"××律师事务所律师""××法律服务所法律工作者"。属于提供法律援助的，应当写明法律援助情况。

5. 委托诉讼代理人是当事人近亲属的，应当在姓名后用括号注明其与当事人的关系，写明住所。代理人是当事人所在社区、单位以及有关社会团体推荐的公民的，写明姓名、性别、住所，并在住所之后注明具体由何社区、单位、社会团体推荐。

6. 委托诉讼代理人变更的，裁判文书首部只列写变更后的委托诉讼代理人。对于变更的事实可根据需要写明。

7. 委托诉讼代理人后用冒号，再写委托诉讼代理人姓名。委托诉讼代理人姓名后用逗号。

（三）当事人的诉讼地位

1. 一审民事案件当事人的诉讼地位表述为"原告""被告"和"第三人"。先写原告，后写被告，再写第三人。有多个原告、被告、第三人的，按照起诉状列明的顺序写。起诉状中未列明的当事人，按照参加诉讼的时间顺序写。

提出反诉的，需在本诉称谓后用括号注明反诉原告、反诉被告。反诉情况在案件由来和事实部分写明。

2. 二审民事案件当事人的诉讼地位表述为"上诉人""被上诉人""第三人""原审原告""原审被告""原审第三人"。先写上诉人，再写被上诉人，后写其他当事人。其他当事人按照原审诉讼地位和顺序写明。被上诉人也提出上诉的，列为"上诉人"。

上诉人和被上诉人之后，用括号注明原审诉讼地位。

3. 再审民事案件当事人的诉讼地位表述为"再审申请人""被申请人"。其他当事人按照原审诉讼地位表述，例如，一审终审的，列为"原审原告""原审被告""原审第三人"；二审终审的，列为"二审上诉人""二审被上诉人"等。

再审申请人、被申请人和其他当事人诉讼地位之后，用括号注明一审、二审诉讼地位。

抗诉再审案件（再审检察建议案件），应当写明抗诉机关（再审检察建议机关）及申诉人与被申诉人的诉讼地位。案件由来部分写明检察机关出庭人员的基本情况。对于检察机关因国家利益、社会公共利益受损而依职权启动程序的案件，应列明当事人的原审诉讼地位。

4. 第三人撤销之诉案件，当事人的诉讼地位表述为"原告""被告""第三人"。"被告"之后用括号注明原审诉讼地位。

5. 执行异议之诉案件，当事人的诉讼地位表述为"原告""被告""第三人"，并用括号注明当事人在执行异议程序中的诉讼地位。

6. 特别程序案件，当事人的诉讼地位表述为"申请人"。有被申请人的，应当写明被申请人。

选民资格案件，当事人的诉讼地位表述为"起诉人"。

7. 督促程序案件，当事人的诉讼地位表述为"申请人""被申请人"。

公示催告程序案件，当事人的诉讼地位表述为"申请人"；有权利申报人的，表述为"申报人"。申请撤销除权判决的案件，当事人表述为"原告""被告"。

8. 保全案件，当事人的诉讼地位表述为"申请人""被申请人"。

9. 复议案件，当事人的诉讼地位表述为"复议申请人""被申请人"。

10. 执行案件，执行实施案件，当事人的诉讼地位表述为"申请执行人""被执行人"。

执行异议案件，提出异议的当事人或者利害关系人的诉讼地位表述为"异议人"，异议人之后用括号注明案件当事人或利害关系人，其他未提出异议的当事人亦应分别列明。

案外人异议案件,当事人的诉讼地位表述为"案外人""申请执行人""被执行人"。

(四)案件由来和审理经过

1. 案件由来部分简要写明案件名称与来源。

2. 案件名称是当事人与案由的概括。民事一审案件名称表述为"原告×××与被告×××……(写明案由)一案"。

诉讼参加人名称过长的,可以在案件由来部分第一次出现时用括号注明其简称,表述为"(以下简称×××)"。裁判文书中其他单位或组织名称过长的,也可在首次表述时用括号注明其简称。

诉讼参加人的简称应当规范,需能够准确反映其名称的特点。

3. 案由应当准确反映案件所涉及的民事法律关系的性质,符合最高人民法院有关民事案件案由的规定。

经审理认为立案案由不当的,以经审理确定的案由为准,但应在本院认为部分予以说明。

4. 民事一审案件来源包括:

(1)新收;

(2)有新的事实、证据重新起诉;

(3)上级人民法院发回重审;

(4)上级人民法院指令立案受理;

(5)上级人民法院指定审理;

(6)上级人民法院指定管辖;

(7)其他人民法院移送管辖;

(8)提级管辖。

5. 书写一审案件来源的总体要求是:

(1)新收、重新起诉的,应当写明起诉人;

(2)上级法院指定管辖、本院提级管辖的,除应当写明起诉人外,还应写明报请上级人民法院指定管辖(报请移送上级人民法院)日期或者下级法院报请指定管辖(下级法院报请移送)日期,以及上级法院或者本院作出管辖裁定日期;

(3)上级法院发回重审、上级法院指令受理、上级法院指定审理、移送管辖的,应当写明原审法院作出裁判的案号及日期,上诉人,上级法院作出裁判的案号及日期、裁判结果,说明引起本案的起因。

6. 一审案件来源为上级人民法院发回重审的,发回重审的案件应当写明"原告×××与被告×××……(写明案由)一案,本院于××××年××月××日作出……(写明案号)民事判决。×××不服该判决,向××××法院提起上诉。××××法院于××××年××月××日作出……(写明案号)裁定,发回重审。本院依法另行组成合议庭……"。

7. 审理经过部分应写明立案日期及庭审情况。

8. 立案日期表述为:"本院于××××年××月××日立案后"。

9. 庭审情况包括适用程序、程序转换、审理方式、参加庭审人员等。

10. 适用程序包括普通程序、简易程序、小额诉讼程序和非讼程序。

非讼程序包括特别程序、督促程序、公示催告程序等。

11. 民事一审案件由简易程序（小额诉讼程序）转为普通程序的，审理经过表述为："于××××年××月××日公开/因涉及……不公开（写明不公开开庭的理由）开庭审理了本案，经审理发现有不宜适用简易程序（小额诉讼程序）的情形，裁定转为普通程序，于××××年××月××日再次公开/不公开开庭审理了本案"。

12. 审理方式包括开庭审理和不开庭审理。开庭审理包括公开开庭和不公开开庭。

不公开开庭的情形包括：

（1）因涉及国家秘密不公开开庭；

（2）因涉及个人隐私不公开开庭；

（3）因涉及商业秘密，经当事人申请，决定不公开开庭；

（4）因离婚，经当事人申请，决定不公开开庭；

（5）法律另有规定的。

13. 开庭审理的应写明当事人出庭参加诉讼情况（包括未出庭或者中途退庭情况）；不开庭的，不写。不开庭审理的，应写明不开庭的原因。

14. 当事人未到庭应诉或者中途退庭的，写明经传票传唤，无正当理由拒不到庭或者未经法庭许可中途退庭的情况。

15. 一审庭审情况表述为："本院于××××年××月××日公开/因涉及……（写明不公开开庭的理由）不公开开庭审理了本案，原告×××及其诉讼代理人×××，被告×××及其诉讼代理人×××等到庭参加诉讼。"

16. 对于审理中其他程序性事项，如中止诉讼情况应当写明。对中止诉讼情形，表述为："因……（写明中止诉讼事由），于××××年××月××日裁定中止诉讼，××××年××月××日恢复诉讼。"

（五）事　实

1. 裁判文书的事实主要包括：原告起诉的诉讼请求、事实和理由，被告答辩的事实和理由，法院认定的事实和据以定案的证据。

2. 事实首先写明当事人的诉辩意见。按照原告、被告、第三人的顺序依次表述当事人的起诉意见、答辩意见、陈述意见。诉辩意见应当先写明诉讼请求，再写事实和理由。

二审案件先写明当事人的上诉请求等诉辩意见。然后再概述一审当事人的诉讼请求，人民法院认定的事实、裁判理由、裁判结果。

再审案件应当先写明当事人的再审请求等诉辩意见，然后再简要写明原审基本情况。生效判决为一审判决的，原审基本情况应概述一审诉讼请求、法院认定的事实、裁判理由和裁判结果；生效判决为二审判决的，原审基本情况先概述一审诉讼请求、法院认定的事实和裁判结果，再写明二审上诉请求、认定的事实、裁判理由和裁判结果。

3. 诉辩意见不需原文照抄当事人的起诉状或答辩状、代理词内容或起诉、答辩时提供的证据，应当全案考虑当事人在法庭上的诉辩意见和提供的证据综合表述。

4. 当事人在法庭辩论终结前变更诉讼请求或者提出新的请求的,应当在诉称部分中写明。

5. 被告承认原告主张的全部事实的,写明"×××承认×××主张的事实"。被告承认原告主张的部分事实的,写明"×××承认×××主张的……事实"。

被告承认全部诉讼请求的,写明:"×××承认×××的全部诉讼请求"。被告承认部分诉讼请求的,写明被告承认原告的部分诉讼请求的具体内容。

6. 在诉辩意见之后,另起一段简要写明当事人举证、质证的一般情况,表述为:"本案当事人围绕诉讼请求依法提交了证据,本院组织当事人进行了证据交换和质证。"

7. 当事人举证质证一般情况后直接写明人民法院对证据和事实的认定情况。对当事人所提交的证据原则上不一一列明,可以附录全案证据或者证据目录。

对当事人无争议的证据,写明"对当事人无异议的证据,本院予以确认并在卷佐证"。对有争议的证据,应当写明争议的证据名称及人民法院对争议证据认定的意见和理由;对有争议的事实,应当写明事实认定意见和理由。

8. 对于人民法院调取的证据、鉴定意见,经庭审质证后,按照当事人是否有争议分别写明。对逾期提交的证据、非法证据等不予采纳的,应当说明理由。

9. 争议证据认定和事实认定,可以合并写,也可以分开写。分开写的,在证据的审查认定之后,另起一段概括写明法院认定的基本事实,表述为:"根据当事人陈述和经审查确认的证据,本院认定事实如下:……"。

10. 认定的事实,应当重点围绕当事人争议的事实展开。按照民事举证责任分配和证明标准,根据审查认定的证据有无证明力、证明力大小,对待证事实存在与否进行认定。要说明事实认定的结果、认定的理由以及审查判断证据的过程。

11. 认定事实的书写方式应根据案件的具体情况,层次清楚,重点突出,繁简得当,避免遗漏与当事人争议有关的事实。一般按时间先后顺序叙述,或者对法律关系或请求权认定相关的事实着重叙述,对其他事实则可归纳、概括叙述。

综述事实时,可以划分段落层次,亦可根据情况以"另查明"为引语叙述其他相关事实。

12. 召开庭前会议时或者在庭审时归纳争议焦点的,应当写明争议焦点。争议焦点的摆放位置,可以根据争议的内容处理。争议焦点中有证据和事实内容的,可以在当事人诉辩意见之后在当事人争议的证据和事实中写明。争议焦点主要是法律适用问题的,可以在本院认为部分,先写明争议焦点。

13. 适用外国法的,应当叙述查明外国法的事实。

(六) 理 由

1. 理由部分的核心内容是针对当事人的诉讼请求,根据认定的案件事实,依照法律规定,明确当事人争议的法律关系,阐述原告请求权是否成立,依法应当如何处理。裁判文书说理要做到论理透彻,逻辑严密,精炼易懂,用语准确。

2. 理由部分以"本院认为"作为开头,其后直接写明具体意见。

3. 理由部分应当明确纠纷的性质、案由。原审确定案由错误,二审或者再审予以改正的,应在此部分首先进行叙述并阐明理由。

4. 说理应当围绕争议焦点展开，逐一进行分析论证，层次明确。对争议的法律适用问题，应当根据案件的性质、争议的法律关系、认定的事实，依照法律、司法解释规定的法律适用规则进行分析，作出认定，阐明支持或不予支持的理由。

5. 争议焦点之外，涉及当事人诉讼请求能否成立或者与本案裁判结果有关的问题，也应在说理部分一并进行分析论证。

6. 理由部分需要援引法律、法规、司法解释时，应当准确、完整地写明规范性法律文件的名称、条款项序号和条文内容，不得只引用法律条款项序号，在裁判文书后附相关条文。引用法律条款中的项的，一律使用汉字不加括号，例如："第一项"。

7. 正在审理的案件在基本案情和法律适用方面与最高人民法院颁布的指导性案例相类似的，应当将指导性案例作为裁判理由引述，并写明指导性案例的编号和裁判要点。

8. 司法指导性文件体现的原则和精神，可在理由部分予以阐述或者援引。

9. 在说理最后，可以另起一段，以"综上所述"引出，对当事人的诉讼请求是否支持进行评述。

（七）裁判依据

1. 引用法律、法规、司法解释时，应当严格适用《最高人民法院关于裁判文书引用法律、法规等规范性法律文件的规定》。

2. 引用多个法律文件的，顺序如下：法律及法律解释、行政法规、地方性法规、自治条例或者单行条例、司法解释；同时引用两部以上法律的，应当先引用基本法律，后引用其他法律；同时引用实体法和程序法的，先引用实体法，后引用程序法。

3. 确需引用的规范性文件之间存在冲突，根据《中华人民共和国立法法》等有关法律规定无法选择适用的，应依法提请有决定权的机关作出裁决，不得自行在裁判文书中认定相关规范性法律文件的效力。

4. 裁判文书不得引用宪法和各级人民法院关于审判工作的指导性文件、会议纪要、各审判业务庭的答复意见以及人民法院与有关部门联合下发的文件作为裁判依据，但其体现的原则和精神可以在说理部分予以阐述。

5. 引用最高人民法院的司法解释时，应当按照公告公布的格式书写。

6. 指导性案例不作为裁判依据引用。

（八）裁判主文

1. 裁判主文中当事人名称应当使用全称。

2. 裁判主文内容必须明确、具体、便于执行。

3. 多名当事人承担责任的，应当写明各当事人承担责任的形式、范围。

4. 有多项给付内容的，应当先写明各项目的名称、金额，再写明累计金额。如："交通费……元、误工费……元、……，合计……元"。

5. 当事人互负给付义务且内容相同的，应当另起一段写明抵付情况。

6. 对于金钱给付的利息，应当明确利息计算的起止点、计息本金及利率。

7. 一审判决未明确履行期限的，二审判决应当予以纠正。

判决承担利息，当事人提出具体请求数额的，二审法院可以根据当事人请求的数额作出相应判决；当事人没有提出具体请求数额的，可以表述为"按×××利率，自××××年××月××日起计算至××××年××月××日止"。

（九）尾　部

1. 尾部应当写明诉讼费用的负担和告知事项。

2. 诉讼费用包括案件受理费和其他诉讼费用。收取诉讼费用的，写明诉讼费用的负担情况。如："案件受理费……元，由……负担；申请费……元，由……负担"。

3. 诉讼费用不属于诉讼争议的事项，不列入裁判主文，在判决主文后另起一段写明。

4. 一审判决中具有金钱给付义务的，应当在所有判项之后另起一行写明："如果未按本判决指定的期间履行给付金钱义务，应当依照《中华人民共和国民事诉讼法》第二百五十三条的规定，加倍支付迟延履行期间的债务利息。"二审判决具有金钱给付义务的，属于二审改判的，无论一审判决是否写入了上述告知内容，均应在所有判项之后另起一行写明上述告知内容。二审维持原判的判决，如果一审判决已经写明上述告知内容，可不再重复告知。

5. 对依法可以上诉的一审判决，在尾部表述为："如不服本判决，可以在判决书送达之日起十五日内，向本院递交上诉状，并按对方当事人的人数或者代表人的人数提出副本，上诉于××××人民法院。"

6. 对一审不予受理、驳回起诉、管辖权异议的裁定，尾部表述为："如不服本裁定，可以在裁定书送达之日起十日内，向本院递交上诉状，并按对方当事人的人数或者代表人的人数提出副本，上诉于××××人民法院。"

四、落　款

（一）署　名

诉讼文书应当由参加审判案件的合议庭组成人员或者独任审判员署名。

合议庭的审判长，不论审判职务，均署名为"审判长"；合议庭成员有审判员的，署名为"审判员"；有助理审判员的，署名为"代理审判员"；有陪审员的，署名为"人民陪审员"。独任审理的，署名为"审判员"或者"代理审判员"。书记员，署名为"书记员"。

（二）日　期

裁判文书落款日期为作出裁判的日期，即裁判文书的签发日期。当庭宣判的，应当写宣判的日期。

（三）核对戳

本部分加盖"本件与原本核对无异"字样的印戳。

五、数字用法

（一）裁判主文的序号使用汉字数字，例："一""二"；

（二）裁判尾部落款时间使用汉字数字，例："二〇一六年八月二十九日"；

（三）案号使用阿拉伯数字，例："（2016）京0101民初1号"；

（四）其他数字用法按照《中华人民共和国国家标准 GB/T15835－2011 出版物上数字用法》执行。

六、标点符号用法

（一）"被告辩称""本院认为"等词语之后用逗号。

（二）"×××向本院提出诉讼请求""本院认定如下""判决如下""裁定如下"等词语之后用冒号。

（三）裁判项序号后用顿号。

（四）除本规范有明确要求外，其他标点符号用法按照《中华人民共和国国家标准 GB/T15834－2011 标点符号用法》执行。

七、引用规范

（一）引用法律、法规、司法解释应书写全称并加书名号。

（二）法律全称太长的，也可以简称，简称不使用书名号。可以在第一次出现全称后使用简称，例："《中华人民共和国民事诉讼法》（以下简称民事诉讼法）"。

（三）引用法律、法规和司法解释条文有序号的，书写序号应与法律、法规和司法解释正式文本中的写法一致。

（四）引用公文应先用书名号引标题，后用圆括号引发文字号；引用外文应注明中文译文。

八、印刷标准

（一）纸张标准，A4 型纸，成品幅面尺寸为：210mm×297mm。

（二）版心尺寸为：156mm×225mm，一般每面排 22 行，每行排 28 个字。

（三）采用双面印刷；单页页码居右，双页页码居左；印品要字迹清楚、均匀。

（四）标题位于版心下空两行，居中排布。标题中的法院名称和文书名称一般用二号小标宋体字；标题中的法院名称与文书名称分两行排列。

（五）案号之后空二个汉字空格至行末端。

（六）案号、主文等用三号仿宋体字。

（七）落款与正文同处一面。排版后所剩空白处不能容下印章时，可以适当调整行距、字距，不用"此页无正文"的方法解决。审判长、审判员每个字之间空二个汉字空格。审判长、审判员与姓名之间空三个汉字空格，姓名之后空二个汉字空格至行末端。

（八）院印加盖在日期居中位置。院印上不压审判员，下不压书记员，下弧骑年压月在成文时间上。印章国徽底边缘及上下弧以不覆盖文字为限。公章不应歪斜、模糊。

（九）凡裁判文书中出现误写、误算，诉讼费用漏写、误算和其他笔误的，未送达的应重新制作，已送达的应以裁定补正，避免使用校对章。

（十）确需加装封面的应印制封面。封面可参照以下规格制作：

1. 国徽图案高 55mm，宽 50mm。

2. 上页边距为 65mm，国徽下沿与标题文字上沿之间距离为 75mm。

3. 标题文字为"××××人民法院××判决书（或裁定书等）"，位于国徽图案下方，字体为小标宋体字；标题分两行或三行排列，法院名称字体大小为 30 磅，裁判文书名称字体大小为 36 磅。

4. 封面应庄重、美观，页边距、字体大小及行距可适当进行调整。

九、其 他

（一）本规范可以适用于人民法院制作的其他诉讼文书，根据具体文书性质和内容作相应调整。

（二）本规范关于裁判文书的要素和文书格式、标点符号、数字使用、印刷规范等技术化标准，各级人民法院应当认真执行。对于裁判文书正文内容、事实认定和说理部分，可以根据案件的情况合理确定。

（三）逐步推行裁判文书增加二维条形码，增加裁判文书的可识别性。

最高人民法院
关于认真贯彻实施民事诉讼法及相关司法解释有关规定的通知

2017 年 12 月 29 日　　　　　　　　　　法〔2017〕369 号

各省、自治区、直辖市高级人民法院，解放军军事法院，新疆维吾尔自治区高级人民法院生产建设兵团分院：

为进一步规范民事诉讼活动，保障当事人合法权益，切实提升民事审判和执行工作水平，现就正确理解和适用《最高人民法院关于适用〈中华人民共和国民事诉讼法〉的解释》（以下简称《民诉法解释》）有关规定通知如下：

一、在审理案件中，应当依法审慎适用拘传措施。对必须到庭的被告，人民法院适用拘传的，应当符合民事诉讼法第一百零九条和《民诉法解释》第一百七十四条规定，限于负有赡养、抚育、扶养义务或者是不到庭就无法查清案情的被告。有独立请求权的第三人参加的民事诉讼、被告提出反诉的诉讼，本诉原告相对于有独立请求权的第三人、反诉人处于被告地位，可以依照上述法律和司法解释规定适用拘传。

对于原告经传票传唤无正当理由拒不到庭或者未经法庭许可中途退庭的，应当依照民事诉讼法第一百四十三条规定按撤诉处理。依照民事诉讼法第一百四十五条、《民诉法解释》第二百三十八条规定，当事人有违反法律的行为需要依法处理，人民法院裁定不准撤诉或者不按撤诉处理的案件，原告经传票传唤无正当理由拒不到庭的，应当依照民事诉讼法第一百四十五条第二款规定缺席判决。属于民事诉讼法第一百一十二条规定的虚假诉讼或者第五十五条规定的公益诉讼案件，对不到庭就无法查明案件基本事实的原告，可以依照《民诉法解释》第一百七十四条第二款规定适用拘传。

对当事人适用拘传的，应当严格依照《民诉法解释》第一百七十五条规定的程序进行。

二、在执行程序中适用《民诉法解释》第四百八十四条采取拘传措施的，应当严格遵守法定的条件与程序。拘传措施对于查明被执行财产、调查案件事实具有重要意义，同时也会严重影响被拘传人的人身自由。执行法院在采取拘传措施前必须经过依法传唤，对于无正当理由拒不到场的被执行人、被执行人的法定代表人、负责人或者实际控制人，应进行说服教育，经说服教育后仍拒不到场的，才能采取拘传措施。

对于已经控制被执行人的财产且财产权属清晰、没有必要调查询问的被执行人、被执行人的法定代表人、负责人或者实际控制人，不宜采取拘传措施。采取拘传措施必须严格遵守法定的时间期限，不能以连续拘传的形式变相羁押被拘传人。

三、被执行人的债权作为其财产的重要组成部分，是其债务的一般担保，不能豁免执行。但是执行到期债权涉及次债务人的权利保护，法律关系较为复杂，在执行程序中适用《民诉法解释》第五百零一条时，应当严格遵守法定条件与程序，兼顾相关各方主体的权利保护。

在对到期债权的执行中，应当依法保护次债务人的利益，对于次债务人在法定期限内提出异议的，除到期债权系经生效法律文书确定的外，人民法院对提出的异议不予审查，即应停止对次债务人的执行，债权人可以另行提起代位权诉讼主张权利。对于其他利害关系人提出的异议符合民事诉讼法第二百二十七条规定的，人民法院应当按照相应程序予以处理。

被执行人有银行存款或者其他能够执行的财产的，人民法院原则上应优先予以执行；对于被执行人未到期的债权，在到期之前，只能冻结，不能责令次债务人履行。

四、在适用民事诉讼法及相关司法解释过程中，发现有新的问题的，应当及时层报我院。

最高人民法院
关于人民法院立案、审判与执行工作协调运行的意见

2018 年 5 月 28 日　　　　　　　　　　　　法发〔2018〕9 号

为了进一步明确人民法院内部分工协作的工作职责，促进立案、审判与执行工作的顺利衔接和高效运行，保障当事人及时实现合法权益，根据《中华人民共和国民事诉讼法》《中华人民共和国刑事诉讼法》《中华人民共和国行政诉讼法》等有关法律规定，制定本意见。

一、立案工作

1. 立案部门在收取起诉材料时，应当发放诉讼风险提示书，告知当事人诉讼风险，就申请财产保全作必要的说明，告知当事人申请财产保全的具体流程、担保方式及风险承担等信息，引导当事人及时向人民法院申请保全。

立案部门在收取申请执行材料时，应发放执行风险提示书，告知申请执行人向人民法院提供财产线索的义务，以及无财产可供执行导致执行不能的风险。

2. 立案部门在立案时与执行机构共享信息，做好以下信息的采集工作：

（1）立案时间；

（2）当事人姓名、性别、民族、出生日期、身份证件号码；

（3）当事人名称、法定代表人或者主要负责人、统一社会信用代码或者组织机构代码；

（4）送达地址；

（5）保全信息；

（6）当事人电话及其他联系方式；

（7）其他应当采集的信息。

立案部门在立案时应充分采集原告或者申请执行人的前款信息，提示原告或者申请执行人尽可能提供被告或者被执行人的前款信息。

3. 在执行案件立案时，有字号的个体工商户为被执行人的，立案部门应当将生效法律文书注明的该字号个体工商户经营者一并列为被执行人。

4. 立案部门在对刑事裁判涉财产部分移送执行立案审查时，重点审查《移送执行表》载明的以下内容：

（1）被执行人、被害人的基本信息；

（2）已查明的财产状况或者财产线索；

（3）随案移送的财产和已经处置财产的情况；

（4）查封、扣押、冻结财产的情况；

（5）移送执行的时间；

（6）其他需要说明的情况。

《移送执行表》信息存在缺漏的，应要求刑事审判部门及时补充完整。

5. 立案部门在受理申请撤销仲裁裁决、执行异议之诉、变更追加执行当事人异议之诉、参与分配异议之诉、履行执行和解协议之诉等涉及执行的案件后，应提示当事人及时向执行法院或者本院执行机构告知有关情况。

6. 人民法院在判决生效后退还当事人预交但不应负担的诉讼费用时，不得以立执行案件的方式退还。

二、审判工作

7. 审判部门在审理案件时，应当核实立案部门在立案时采集的有关信息。信息发生变化或者记录不准确的，应当及时予以更正、补充。

8. 审判部门在审理确权诉讼时，应当查询所要确权的财产权属状况。需要确权的财产已经被人民法院查封、扣押、冻结的，应当裁定驳回起诉，并告知当事人可以依照民事诉讼法第二百二十七条的规定主张权利。

9. 审判部门在审理涉及交付特定物、恢复原状、排除妨碍等案件时，应当查明标的物的状态。特定标的物已经灭失或者不宜恢复原状、排除妨碍的，应告知当事人可申请变更诉讼请求。

10. 审判部门在审理再审裁定撤销原判决、裁定发回重审的案件时，应当注意审查诉讼标的物是否存在灭失或者发生变化致使原诉讼请求无法实现的情形。存在该情形的，应告知当事人可申请变更诉讼请求。

11. 法律文书主文应当明确具体：

（1）给付金钱的，应当明确数额。需要计算利息、违约金数额的，应当有明确的计算基数、标准、起止时间等；

（2）交付特定标的物的，应当明确特定物的名称、数量、具体特征等特定信息，以及交付时间、方式等；

（3）确定继承的，应当明确遗产的名称、数量、数额等；

（4）离婚案件分割财产的，应当明确财产名称、数量、数额等；

（5）继续履行合同的，应当明确当事人继续履行合同的内容、方式等；

（6）排除妨碍、恢复原状的，应当明确排除妨碍、恢复原状的标准、时间等；

（7）停止侵害的，应当明确停止侵害行为的具体方式，以及被侵害权利的具体内容或者范围等；

（8）确定子女探视权的，应当明确探视的方式、具体时间和地点，以及交接办法等；

（9）当事人之间互负给付义务的，应当明确履行顺序。

对前款规定中财产数量较多的，可以在法律文书后另附清单。

12. 审判部门在民事调解中，应当审查双方意思的真实性、合法性，注重调解书的可执行性。能即时履行的，应要求当事人即时履行完毕。

13. 刑事裁判涉财产部分的裁判内容，应当明确、具体。涉案财物或者被害人人数较多，不宜在判决主文中详细列明的，可以概括叙明并另附清单。判处没收部分财产的，应当明确没收的具体财物或者金额。判处追缴或者责令退赔的，应当明确追缴或者退赔的金额或财物的名称、数量等有关情况。

三、执行工作

14. 执行标的物为特定物的，应当执行原物。原物已经毁损或者灭失的，经双方当事人同意，可以折价赔偿。双方对折价赔偿不能协商一致的，按照下列方法处理：

（1）原物毁损或者灭失发生在最后一次法庭辩论结束前的，执行机构应当告知当事人可通过审判监督程序救济；

（2）原物毁损或者灭失发生在最后一次法庭辩论结束后的，执行机构应当终结执行程序并告知申请执行人可另行起诉。

无法确定原物在最后一次法庭辩论结束前还是结束后毁损或者灭失的，按照前款第二项规定处理。

15. 执行机构发现本院作出的生效法律文书执行内容不明确的，应书面征询审判部门的意见。审判部门应在 15 日内作出书面答复或者裁定予以补正。审判部门未及时答复或者不予答复的，执行机构可层报院长督促审判部门答复。

执行内容不明确的生效法律文书是上级法院作出的，执行法院的执行机构应当层报上级法院执行机构，由上级法院执行机构向审判部门征询意见。审判部门应在 15 日内作出书面答复或者裁定予以补正。上级法院的审判部门未及时答复或者不予答复的，上级法院执行机构层报院长督促审判部门答复。

执行内容不明确的生效法律文书是其他法院作出的，执行法院的执行机构可以向作出生效法律文书的法院执行机构发函，由该法院执行机构向审判部门征询意见。审判部门应在 15 日内作出书面答复或者裁定予以补正。审判部门未及时答复或者不予答复的，作出生效法律文书的法院执行机构层报院长督促审判部门答复。

四、财产保全工作

16. 下列财产保全案件一般由立案部门编立"财保"字案号进行审查并作出裁定：
（1）利害关系人在提起诉讼或者申请仲裁前申请财产保全的案件；
（2）当事人在仲裁过程中通过仲裁机构向人民法院提交申请的财产保全案件；
（3）当事人在法律文书生效后进入执行程序前申请财产保全的案件。

当事人在诉讼中申请财产保全的案件，一般由负责审理案件的审判部门沿用诉讼案号进行审查并作出裁定。

当事人在上诉后二审法院立案受理前申请财产保全的案件，由一审法院审判部门审查并作出裁定。

17. 立案、审判部门作出的财产保全裁定，应当及时送交立案部门编立"执保"字案号的执行案件，立案后送交执行。

上级法院可以将财产保全裁定指定下级法院立案执行。

18. 财产保全案件的下列事项，由作出财产保全裁定的部门负责审查：
（1）驳回保全申请；
（2）准予撤回申请、按撤回申请处理；
（3）变更保全担保；
（4）续行保全、解除保全；
（5）准许被保全人根据《最高人民法院关于人民法院办理财产保全案件若干问题的规定》第二十条第一款规定申请自行处分被保全财产；
（6）首先采取查封、扣押、冻结措施的保全法院将被保全财产移送给在先轮候查封、扣押、冻结的执行法院；
（7）当事人或者利害关系人对财产保全裁定不服，申请复议；
（8）对保全内容或者措施需要处理的其他事项。

采取保全措施后，案件进入下一程序的，由有关程序对应的受理部门负责审查前款规定的事项。判决生效后申请执行前进行续行保全的，由作出该判决的审判部门作出续行保全裁定。

19. 实施保全的部门负责执行财产保全案件的下列事项：

（1）实施、续行、解除查封、扣押、冻结措施；

（2）监督被保全人根据《最高人民法院关于人民法院办理财产保全案件若干问题的规定》第二十条第一款规定自行处分被保全财产，并控制相应价款；

（3）其他需要实施的保全措施。

20. 保全措施实施后，实施保全的部门应当及时将财产保全情况通报作出财产保全裁定的部门，并将裁定、协助执行通知书副本等移送入卷。"执保"字案件单独立卷归档。

21. 保全财产不是诉讼争议标的物，案外人基于实体权利对保全裁定或者执行行为不服提出异议的，由负责审查案外人异议的部门根据民事诉讼法第二百二十七条的规定审查该异议。

五、机制运行

22. 各级人民法院可以根据本院机构设置，明确负责立案、审判、执行衔接工作的部门，制定和细化立案、审判、执行工作衔接的有关制度，并结合本院机构设置的特点，建立和完善本院立案、审判、执行工作衔接的长效机制。

23. 审判人员、审判辅助人员在立案、审判、执行等环节中，因故意或者重大过失致使立案、审判、执行工作脱节，导致生效法律文书难以执行的，应当依照有关规定，追究相应责任。

二、起诉和受理

最高人民法院
关于人民检察院对民事调解书提出抗诉人民法院应否受理问题的批复

法释〔1999〕4号

(1999年1月26日最高人民法院审判委员会第1041次会议通过 1999年2月9日最高人民法院公告公布 自1999年2月13日起施行)

黑龙江、河南省高级人民法院：

黑高法〔1998〕67号《关于检察院对调解书抗诉应否受理的请示》和豫高法〔1998〕130号《关于检察机关对民事、经济调解书提出抗诉人民法院应否受理的请示》收悉。经研究，答复如下：

《中华人民共和国民事诉讼法》第一百八十七条只规定人民检察院可以对人民法院已经发生法律效力的判决、裁定提出抗诉，没有规定人民检察院可以对调解书提出抗诉。人民检察院对调解书提出抗诉的，人民法院不予受理。

此复。

最高人民法院
关于人民法院是否受理因邮电部门电报稽延纠纷提起诉讼问题的批复

法释〔1999〕11号

(1999年5月22日最高人民法院审判委员会第1061次会议通过
1999年6月9日最高人民法院公告公布 自1999年6月17日起施行)

西藏自治区高级人民法院:

你院〔1998〕藏法研请字第1号《关于邮电部门电报稽延产生的赔偿诉讼是否仍按法(经)复〔1986〕38号批复办理的请示》收悉。经研究,答复如下:

一、因邮电部门电报稽延发生的纠纷,当事人向人民法院起诉的,只要符合民事诉讼法第一百零八条的规定,人民法院应当受理。

二、最高人民法院在此之前发布的有关司法解释与本批复不一致的,以本批复为准。

此复。

最高人民法院
关于银行储蓄卡密码被泄露导致存款被他人骗取引起的储蓄合同纠纷应否作为民事案件受理问题的批复

法释〔2005〕7号

(2005年7月4日最高人民法院审判委员会第1358次会议通过
2005年7月25日最高人民法院公告公布 自2005年8月1日起施行)

四川省高级人民法院:

你院《关于存款人泄露银行储蓄卡密码导致存款被他人骗取引起的纠纷应否作为民事案件受理的请示》收悉。经研究,答复如下:

因银行储蓄卡密码被泄露,他人伪造银行储蓄卡骗取存款人银行存款,存款人依其与银行订立的储蓄合同提起民事诉讼的,人民法院应当依法受理。

此复。

最高人民法院
关于当事人申请承认澳大利亚法院出具的离婚证明书人民法院应否受理问题的批复

法释〔2005〕8号

(2005年7月11日最高人民法院审判委员会第1359次会议通过 2005年7月26日最高人民法院公告公布 自2005年8月1日起施行)

广东省高级人民法院：

你院报送的粤高法民一他字〔2004〕9号"关于当事人申请承认澳大利亚法院出具的离婚证明书有关问题"的请示收悉。经研究，答复如下：

当事人持澳大利亚法院出具的离婚证明书向人民法院申请承认其效力的，人民法院应予受理，并依照《中华人民共和国民事诉讼法》第二百六十五条和第二百六十六条以及最高人民法院《关于中国公民申请承认外国法院离婚判决程序问题的规定》的有关规定进行审查，依法作出承认或者不予承认的裁定。

此复。

最高人民法院
关于当事人达不成拆迁补偿安置协议就补偿安置争议提起民事诉讼人民法院应否受理问题的批复

法释〔2005〕9号

(2005年7月4日最高人民法院审判委员会第1358次会议通过 2005年8月1日最高人民法院公告公布 自2005年8月11日起施行)

浙江省高级人民法院：

你院浙高法〔2004〕175号《关于双方未达成拆迁补偿安置协议当事人就补偿安置争议向法院起诉，法院能否以民事案件受理的请示》收悉。经研究，答复如下：

拆迁人与被拆迁人或者拆迁人、被拆迁人与房屋承租人达不成拆迁补偿安置协议，就补偿安置争议向人民法院提起民事诉讼的，人民法院不予受理，并告知当事人可以按照《城市房屋拆迁管理条例》第十六条的规定向有关部门申请裁决。

此复。

最高人民法院关于当事人对具有强制执行效力的公证债权文书的内容有争议提起诉讼人民法院是否受理问题的批复

法释〔2008〕17号

(2008年12月8日最高人民法院审判委员会第1457次会议通过 2008年12月22日最高人民法院公告公布 自2008年12月26日起施行)

各省、自治区、直辖市高级人民法院,解放军军事法院,新疆维吾尔自治区高级人民法院生产建设兵团分院:

关于当事人对具有强制执行效力的公证债权文书的内容有争议提起诉讼人民法院是否受理的问题,我院陆续收到江苏、重庆等高级人民法院的请示。经研究,批复如下:

根据《中华人民共和国民事诉讼法》第二百一十四条和《中华人民共和国公证法》第三十七条的规定,经公证的以给付为内容并载明债务人愿意接受强制执行承诺的债权文书依法具有强制执行效力。债权人或者债务人对该债权文书的内容有争议直接向人民法院提起民事诉讼的,人民法院不予受理。但公证债权文书确有错误,人民法院裁定不予执行的,当事人、公证事项的利害关系人可以就争议内容向人民法院提起民事诉讼。

最高人民法院
关于税务机关就破产企业欠缴税款产生的滞纳金提起的债权确认之诉应否受理问题的批复

法释〔2012〕9号

(2012年6月4日最高人民法院审判委员会第1548次会议通过 2012年6月26日最高人民法院公告公布 自2012年7月12日起施行)

青海省高级人民法院：

你院《关于税务机关就税款滞纳金提起债权确认之诉应否受理问题的请示》（青民他字〔2011〕1号）收悉。经研究，答复如下：

税务机关就破产企业欠缴税款产生的滞纳金提起的债权确认之诉，人民法院应依法受理。依照企业破产法、税收征收管理法的有关规定，破产企业在破产案件受理前因欠缴税款产生的滞纳金属于普通破产债权。对于破产案件受理后因欠缴税款产生的滞纳金，人民法院应当依照《最高人民法院关于审理企业破产案件若干问题的规定》第六十一条规定处理。

此复。

最高人民法院
关于原在内地登记结婚后双方均居住香港，现内地人民法院可否受理他们离婚诉讼的批复

(1983年4月14日)

广东省高级人民法院：

你院1984年2月9日（84）粤法民字第12号请示收悉。关于原在内地登记结婚，现双方均居住香港，他们发生离婚诉讼，内地人民法院可否按我院1983年11月28日〔83〕法研字第26号《印发〈关于驻外使领馆处理华侨婚姻问题的若干规定〉的通知》中关于华侨离婚的第三点，即"夫妻双方均是居住在国外的华侨，……如果他们原先是在国内办理结婚登记的，现因某种原因，居所地有关机关不受理时，双方可以回国内向原结婚登记机关或结婚登记地人民法院申办离婚"之规定办理问题，经我们研究认为，

上述规定所指的是居住在国外的华侨申请办理离婚的办法,港澳同胞不属于居住在国外的华侨,故不宜直接引用此规定。但港澳同胞和华侨同是中国公民,他们在内地登记结婚后,在港澳进行离婚诉讼如果确有实际困难,我们仍应当予以解决。故对于夫妻双方均居住在港澳的同胞,原在内地登记结婚的,现在发生离婚诉讼,如果他们向内地人民法院申请,内地原结婚登记地或原户籍地人民法院可以受理,并按《民事诉讼法(试行)》第五十四条的规定办理。从港澳寄来的委托书和书面意见,必须按司法部1981年4月29日〔81〕司发公字第129号《关于为港、澳同胞回内地申请公证而出具证明办法的通知》和1982年2月20日〔82〕司发公字第39号《关于港、澳同胞回内地申请公证出具证明办法的补充通知》中的规定,经我指定的港、澳地区有关机构或律师给予证明,方能承认其效力。

此复。

最高人民法院
关于杨志武由台湾回大陆定居起诉与在台湾的配偶离婚人民法院是否受理问题的批复

1984年12月6日　　　　　　　　　　　　　　〔1984〕民他字第16号

陕西省高级人民法院:

你院1984年11月17日陕高法民字〔1984〕12号报告收悉。

关于从台湾回大陆定居的杨志武要求与在台湾的配偶林孚离婚的起诉,人民法院是否应当受理问题,我们意见:对杨志武要求与在台湾的配偶离婚的起诉,华阴县人民法院应予受理。杨志武在与林孚离婚以后,方可再婚。

此复。

最高人民法院
关于王淑才与许桂兰为分配保险赔偿费发生的纠纷主管部门正在处理应由他们继续解决人民法院不宜直接受理的批复

1986年2月17日　　　　　　　　　　　　〔1986〕民他字第2号

河北省高级人民法院：

你院冀法民〔1985〕28号请示报告收悉。据报告：唐山铁路建筑段工人单福利在中国土木建筑公司派往伊拉克修筑高速公路时，因车祸死亡。中国土木建筑公司决定发给单福利遗属保险赔偿人民币2万元，单福利的配偶许桂兰与母亲王淑才为分配此款发生纠纷，唐山铁路建筑段调解不成，将该款存入银行。王淑才于1985年1月向唐山市路北区人民法院起诉。

我们经研究认为：王淑才与许桂兰为分配赔偿费发生的纠纷，主管部门正在处理，并有处理意见，应由他们继续解决。因此同意你院报告中所提处理办法：此纠纷法院暂不宜直接受理。第一、二审所收的诉讼费应予退还。

最高人民法院
关于原判决维持收养关系后当事人再次起诉人民法院是否作新案受理问题的批复

1987年2月11日　　　　　　　　　　　　〔1986〕民他字第42号

湖北省高级人民法院：

你院鄂法〔86〕民行字第10号请示报告收悉。

何品善诉何建业解除收养关系一案，终审判决维持收养关系，半年后，何品善再次起诉要求解除，人民法院是否作为新案受理的问题。经研究，同意你院审判委员会的意见，如终审判决并无不当，判决后，双方关系继续恶化，当事人又起诉要求解除收养关系的，可作为新案受理。

最高人民法院
关于邹树文金珠首饰在"文革"中下落不明人民法院能否作为民事赔偿案件受理问题的批复

1987年11月6日　　　　　　　　　　　　　　〔1987〕民他字第58号

江苏省高级人民法院：

你院〔87〕民他字第3号《关于邹树文先生金珠首饰赔偿案的请示报告》收悉。

据报告述称，邹树文夫妇在"文革"中怕再次被抄家，将一盒金珠首饰"上交"给南京市抗大附中红卫兵总部负责人王自力（高三学生）和张登舟（初二学生）。1973年以来，邹树文及其家属多次向有关部门提出要求落实政策，清退财物。你院就上述问题请示我院能否作为民事赔偿案件由人民法院受理。

经研究，我们认为：邹树文夫妇要求清退"文革"中"上交"的金珠首饰，根据中央有关文件的规定，属于落实政策的问题，不应按一般民事赔偿案件由人民法院受理。

最高人民法院经济审判庭
关于已裁定撤诉的案件当事人再起诉时人民法院能否受理问题的电话答复

（1988年12月15日）

广东省高级人民法院：

你院粤法经行字〔1988〕第202号请示收悉。经研究答复如下：

鉴于来文所述案件的具体情况，同意你院的意见，即对广州市珠江机械厂的再行起诉，有管辖权的人民法院可予受理。

此复。

最高人民法院经济审判庭
关于村委会要求村民按合同议定数额履行交纳国家征购粮的起诉人民法院是否受理问题的电话答复

(1989年6月26日)

宁夏回族自治区高级人民法院：

你院〔89〕宁法研字第5号请示收悉。关于村委会要求村民按照土地承包合同议定数额履行交纳国家征购粮的起诉，人民法院是否受理的问题，经征求有关部门的意见答复如下：

根据国务院国发〔1985〕131号《国务院关于切实抓紧抓好粮食工作的通知》和国务院国发〔1986〕96号《国务院关于完善粮食合同定购制度的通知》中有关规定，签订粮食定购合同，催收国家定购粮，追究拒交国家定购粮行为人的责任，均属国家行政职权范围。虽某些地区将农民应上交国家的粮食定购数额写入村委会与村民签订的土地承包合同中，但这并不影响国家行使行政职权，向农民征收定购粮。国家向农民征购粮食同村委会与村民签订土地承包合同，是属于两个不同性质的法律行为和法律关系。国家向农民征购粮食属于国家计划定购，除依法减免外，应作为义务完成定购数额。因此，对村委会要求村民按照合同议定数额履行交纳国家定购粮的起诉，人民法院不予受理。

此复。

最高人民法院
关于湖南省供销社等单位与省肉食水产公司房屋纠纷一案应否受理的复函

1990年3月6日　　　　　　　　　　　〔89〕民监字第600号

湖南省高级人民法院：

你院〔89〕民上字第1号关于湖南省供销社、湖南省食品饮食服务公司与湖南省肉食水产公司房屋纠纷一案的情况报告收悉。对该案应否由人民法院受理问题。经我们研究认为：该案是由行政主管机关进行机构调整所引起的房产纠纷，是行政法律关系，不是平等主体间的民事纠纷。同时，本案也不属"必要时可通过法院予以裁决"的案件。因此应由行政部门处理。特此函告你院，请你院认真研究，并将研究结果函报我院。

最高人民法院
关于民事诉讼当事人因证据不足撤诉后在诉讼时效内再次起诉人民法院应否受理问题的批复[*]

1990年3月10日　　　　　　　　　　　　　　　　法（民）复〔1990〕3号

上海市高级人民法院：

你院〔89〕沪高民他字第5号《关于张珠英诉彭绍安债务纠纷案撤诉后能否再立案受理的请示报告》收悉。

经研究，我们同意你院审判委员会的意见。原告张珠英以暂因证据不足为由申请撤诉，在第一审人民法院裁定准许其撤诉后，张珠英在诉讼时效期间内又提出新的证据再行起诉，人民法院应予受理。

最高人民法院
关于当事人对医疗事故鉴定结论有异议又不申请重新鉴定而以要求医疗单位赔偿经济损失为由向人民法院起诉的案件应否受理问题的复函[**]

1990年11月7日　　　　　　　　　　　　　　　〔1990〕民他字第44号

四川省高级人民法院：

你院川法研〔1990〕41号请示收悉。经研究，同意你院审判委员会的倾向性意见，即：当事人对医疗事故鉴定结论虽有异议，但不申请重新鉴定，而以要求医疗单位赔偿经济损失为由向人民法院起诉的，如符合《中华人民共和国民事诉讼法（试行）》第八

---

[*] 也作"最高人民法院关于民事诉讼当事人撤诉后再次起诉人民法院能否受理问题的批复"。

[**] 也作"最高人民法院关于当事人对医疗事故鉴定结论有异议，但只要求医疗单位赔偿经济损失的，应作为民事案件受理的复函"。

十一条规定，人民法院应作为民事案件受理。

最高人民法院
关于农村集体企业承包经营合同的当事人一方不服仲裁机关的裁决向人民法院起诉人民法院应否受理问题的复函

1990年7月26日　　　　　　　　　法（经）函〔1990〕53号

浙江省高级人民法院：

你院〔1990〕浙发经字17号《关于农村集体企业承包经营合同的当事人一方不服仲裁机关的裁决，向人民法院起诉，人民法院应否受理的请示报告》收悉。经研究，答复如下：

宁海县华山砖瓦厂是宁海县城郊乡华山村村民委员会开办的村办集体企业。它们之间签订的承包经营合同，不适用《全民所有制工业企业承包经营责任制暂行条例》。根据《中华人民共和国仲裁条例》："仲裁机关在其职权范围内处理经济合同纠纷案件，实行一次裁决制度"，"当事人一方或者双方对仲裁不服的，在收到仲裁决定书15天内，向人民法院起诉，期满不起诉的，仲裁决定即发生效力。"华山村村民委员会不服宁波市工商行政管理局经济合同仲裁委员会的裁决，在收到仲裁决定书15天内向宁波市中级人民法院提起诉讼，宁波市中级人民法院依法应予立案审理。

最高人民法院
关于劳务输出合同的担保纠纷人民法院应否受理问题的复函

1990年10月9日　　　　　　　　　法（经）函〔1990〕73号

浙江省高级人民法院：

你院〔1990〕浙法经字10号请示报告收悉。关于浙江省宁波市国际经济技术合作公司诉单威祥劳务输出合同的担保纠纷，人民法院应否受理的问题。经研究，答复如下：

本案浙江省宁波市国际经济技术合作公司（下称"宁波公司"）与单洁囡及其担保

人单威祥（单洁囡之父）签订的出国劳务人员保证书，是派出单位宁波公司为保证与美国佛罗里达州奥兰多大中集团劳务输出合同的顺利实施，而依其行政职权要求派出人员单洁囡对在出国期间遵守所在国法律和所在国公司各项行政规章及出国纪律等方面作出的行为保证。这是派出单位对派出人员进行管理的一种行政措施。因此，单威祥为其女单洁囡提供的担保，不属于民法和经济合同法调整范畴。目前，这类纠纷尚无法律规定可以向人民法院起诉。故依照民事诉讼法（试行）第八十四条第（二）项规定，应当告知原告宁波公司向有关行政部门申请解决。

此复。

最高人民法院
关于人民法院受理经济纠纷案件中几个问题的复函

1990年11月14日　　　　　　　　　法（经）函〔1990〕91号

湖北省高级人民法院：

你院鄂法〔1990〕经呈字第3号请示报告收悉。经研究，答复如下：

一、企业法人因经济、民事纠纷向人民法院递交的起诉状，应当加盖企业法人的公章，并有其法定代表人的签字或盖章。未加盖企业法人公章，或者法定代表人未签字或盖章的，受诉法院应令其补正。立案时限，从补正后交法院的次日起计算。

二、民事诉讼法（试行）第三十一条规定："两个以上人民法院都有管辖权的诉讼，原告可以选择其中一个人民法院起诉；原告向两个以上有管辖权的人民法院起诉的，由最先收到起诉状的人民法院受理。"人民法院受理案件后，应当及时向原告发送受理案件通知书。因受诉法院未发受理案件通知书，致原告不知其起诉已经法院受理，又以同一诉讼请求和同一被告向另一有管辖权的人民法院起诉的，后一受诉法院在知悉情况后不应再立案受理。已经立案受理的，应予注销，并退还案件受理费。

三、原告接到人民法院预交诉讼费的通知后，在规定的预交期限内未预交又不提出缓交申请的，受诉法院应按自动撤诉处理，并书面通知当事人。

此复。

最高人民法院
关于诈骗犯罪的被害人起诉要求诈骗过程中的
保证人代偿"借款"应如何处理问题的复函

1990年10月13日　　　　　　　　　　　　　〔1990〕民他字第38号

新疆维吾尔自治区高级人民法院：

你院〔1990〕新法民请字第2号《关于诈骗犯罪的被害人起诉要求诈骗过程中的保证人代偿"借款"应如何处理》的请示报告收悉。经研究认为：冯树源从胡强处"借款"的行为既已被认定为诈骗罪行，胡强追索冯树源所"借"四万元则属刑事案件中的追赃问题。因此，对胡要求受冯欺骗的"担保人"代偿"借款"的纠纷，人民法院不宜作为民事案件受理。一审法院裁定驳回起诉是正确的。

最高人民法院
关于军队离退休干部腾退军产房纠纷
法院是否受理的复函

1991年1月31日　　　　　　　　　　　　　〔1990〕民他字第56号

天津市高级人民法院：

你院津高法〔1990〕第68号《关于中国人民解放军59122部队诉林学华等五人军产腾房案是否受理的请示报告》收悉。经研究认为：因军队离退休干部安置、腾迁、对换住房等而发生的纠纷，属于军队离退休干部转由地方安置管理工作中的遗留问题，由军队和地方政府通过行政手段解决为妥。故我们同意你院审判委员会的倾向性意见。即：此类纠纷人民法院不宜受理。

此复。

最高人民法院关于行政机关对土地争议的处理决定生效后一方不履行另一方不应以民事侵权向法院起诉的批复

1991年7月24日　　　　　　　　　　　　〔1990〕法民字第2号

河北省高级人民法院：

你省《关于人民政府对土地所有权和使用权争议做出处理决定后，一方当事人不服而又不向法院起诉，也不执行，期满后对方当事人可否以侵权案向人民法院起诉，以及如何处理的请示报告》收悉。经研究认为：行政机关对土地争议的处理决定生效后，一方当事人不履行的，对方当事人不应以民事侵权案向法院起诉，可向行政机关提出申请执行，该行政机关依照行政诉讼法第六十六条的规定，可以申请人民法院强制执行，或依法强制执行。

最高人民法院关于企业经营者依企业承包经营合同要求保护其合法权益的起诉人民法院应否受理的批复

1991年8月13日　　　　　　　　　　　　法（经）复〔1991〕4号

新疆维吾尔自治区高级人民法院：

你院新法经字〔1991〕第2号《关于企业经营者依企业承包经营责任制合同要求保护其合法权益的起诉法院应否受理的请示报告》收悉。经研究，答复如下：

根据《全民所有制工业企业承包经营责任制暂行条例》的规定，承包经营合同的发包方是人民政府指定的有关部门，承包方是实行承包经营的企业。企业经营者通过公开招标或者国家规定的其他方式确定之后，即成为企业的厂长（经理）、企业的法定代表人，对企业全面负责。企业经营者因政府有关部门免去或变更其厂长（经理）职务而向人民法院起诉，要求继续担任厂长（经理）的，属于人事任免争议，人民法院不予受理；企业经营者为请求兑现承包经营合同规定的收入而向人民法院起诉的，属于合同纠纷，人民法院应予受理。

最高人民法院
关于人民法院应否受理财政、扶贫办等非金融行政机构借款合同纠纷的批复

1993年8月28日　　　　　　　　　　　　　　　　法复〔1993〕7号

广西壮族自治区高级人民法院：

你院桂高法经〔1992〕20号《关于人民法院应否受理非金融机构借款合同纠纷的请示》收悉。经研究，答复如下：

财政、扶贫办等非金融行政机构根据国家有关规定，为扶持企业和农户发展生产，通过签订借款合同，发放支农款、扶贫金等，实行有偿使用，定期归还。这类合同带有一定的行政管理性质，如果发生纠纷，由有关行政部门解决为宜。但合同双方当事人的法律地位是平等的，且合同双方约定如发生纠纷可以到人民法院起诉。因此，如行政部门未能解决而起诉到人民法院，或一方当事人直接向人民法院起诉的，人民法院依法应予受理，并根据案件实际情况，做好工作、妥善处理。

本批复下发后，我院1987年8月30日发出的法（研）复〔1987〕29号批复即行废止。

最高人民法院
关于受理房屋拆迁、补偿、安置等案件问题的批复

1996年7月24日　　　　　　　　　　　　　　　　法复〔1996〕12号

各省、自治区、直辖市高级人民法院：

近来，有些高级人民法院就有关受理房屋拆迁、补偿、安置等案件的问题向我院请示。经研究，答复如下：

一、公民、法人或者其他组织对人民政府或者城市房屋主管行政机关依职权作出的有关房屋拆迁、补偿、安置等问题的裁决不服，依法向人民法院提起诉讼的，人民法院应当作为行政案件受理。

二、拆迁人与被拆迁人因房屋补偿、安置等问题发生争议，或者双方当事人达成协议后，一方或者双方当事人反悔，未经行政机关裁决，仅就房屋补偿、安置等问题，依

法向人民法院提起诉讼的,人民法院应当作为民事案件受理。

三、本批复发布之日起,最高人民法院(1993)法民字第9号《关于适用〈城市房屋拆迁管理条例〉第十四条有关问题的复函》同时废止。

最高人民法院经济审判庭
关于对南宁市金龙车辆配件厂集资纠纷是否由人民法院受理问题的答复

1991年9月29日　　　　　　　　　　　　法经〔1991〕121号

广西壮族自治区高级人民法院:

你院法经字〔1991〕第16号《关于南宁市金龙车辆配件厂集资纠纷是否由人民法院受理的请示报告》收悉,经研究,答复如下:

南宁市金龙车辆配件厂集资纠纷,已经南宁市人民政府调查组、自治区乡镇企业局和南宁市人民政府联合工作组的查处,历经四年,政府及主管部门已做了大量工作。在此情况下如果将此纠纷交法院处理,将会拖延时间,不利于及时解决。而且,集资纠纷案件不属于人民法院经济审判庭的收案范围。因此,该纠纷仍由有关人民政府及主管部门处理为妥。但是,如果集资人作为债权人坚持以《民事诉讼法》中的"企业法人破产还债程序"向人民法院提出破产还债申请,或者南宁市金龙车辆配件厂作为债务人向人民法院申请宣告破产还债的,法院则应依法予以受理。

以上意见供参考。

最高人民法院
关于因体制变动引起的房地产纠纷案法院不应受理的函复

1992年4月9日　　　　　　　　　　　　〔1991〕民他字第49号

海南省高级人民法院:

你院琼高法(民)他字〔1991〕2号《关于机械电子工业部第五研究所诉中国人民解放军38002部队后勤部土地、房屋、财产纠纷一案的请示报告》收悉。经研究并征求有关部门意见后认为:双方讼争的海南省三亚市榆林天然暴露试验站房屋、土地纠纷是因机械电子工业部第五研究所体制变动引起的,应由有关部门解决,不应由人民法院作为民事案件受理。据此,本案应由第二审法院撤销第一审判决,驳回原告起诉。

最高人民法院
关于合作化运动中的遗留问题不应由
人民法院作为民事案件受理的复函

1992年4月14日　　　　　　　　　　　　　〔1991〕民他字第33号

江西省高级人民法院:

你院赣法(民)发〔1991〕17号《关于上饶县缪定海诉东山村委会油榨水碓产权纠纷案的请示》收悉。经我们研究并征求有关部门意见认为:此案双方讼争的水碓油榨房屋入社的产权及补偿,均系合作化运动中的遗留问题,应由政府部门处理,不属人民法院主管范围。据此,应由二审法院裁定撤销一审判决,驳回原告起诉。

最高人民法院经济审判庭
关于人民法院是否受理建筑安装工程
分包合同纠纷问题的复函

1992年9月25日　　　　　　　　　　　　　法经〔1992〕154号

新疆维吾尔自治区高级人民法院:

你院新高法经〔1992〕第77号"人民法院应否受理建筑安装工程分包合同纠纷的请示"收悉。经研究,答复如下:

你院受理的新疆喀什市第二建筑安装工程公司(分包单位)诉新疆南疆建筑工程公司(总包单位)建筑安装工程分包合同结算纠纷一案,系平等主体之间的权利义务纠纷。根据《建筑安装工程承包合同条例》第十二条第二款的规定,"承包单位可将承包的工程部分分包给其他分包单位",分包合同属于建筑安装工程承包合同中的一种形式。城乡建设环境保护部1986年发布的《建筑安装工程总分包实施办法》第四条规定,当事人双方"可提请城乡建设主管部门调解或向经济合同仲裁机关申请仲裁",并不是"必须"或者"只能"提请调解或申请仲裁,而且该实施办法只是部门规章,人民法院不能据以剥夺当事人的诉权。因此,总分包单位因分包合同发生纠纷向人民法院起诉,只要符合民事诉讼法第一百零八条规定的起诉条件的，人民法院应予受理。

最高人民法院
关于房地产案件受理问题的通知

1992年11月25日　　　　　　　　　　　　法发〔1992〕38号

全国各地方各级人民法院、各级军事法院、各铁路运输中级法院和基层法院、各海事法院：

随着我国当前经济的发展和住房制度、土地使用制度的改革，有关房屋和土地使用方面的纠纷在一些经济发达的地区，不仅收案数量和纠纷种类有增多的趋势，而且出现了许多值得重视和研究的新的情况和新问题。为了适应形势发展的需要，现就不少地方提出的而又需要明确的有关房地产纠纷案件的受理问题通知如下：

一、凡公民之间、法人之间、其他组织之间以及他们相互之间因房地产方面的权益发生争执而提起的民事诉讼，由讼争的房地产所在地人民法院的民事审判庭依法受理。

二、公民、法人和其他组织对人民政府或者其主管部门就有关土地的所有权或者使用权归属的处理决定不服，或对人民政府或者其主管部门就房地产问题作出的行政处罚决定不服，依法向人民法院提起的行政诉讼，由房地产所在地人民法院的行政审判庭依法受理。

三、凡不符合民事诉讼法、行政诉讼法有关起诉条件的属于历史遗留的落实政策性质的房地产纠纷，因行政指令而调整划拨、机构撤并分合等引起的房地产纠纷，因单位内部建房、分房等而引起的占房、腾房等房地产纠纷，均不属于人民法院主管工作的范围，当事人为此而提起的诉讼，人民法院应依法不予受理或驳回起诉，可告知其找有关部门申请解决。

最高人民法院
关于董昭海等诉江汝甲赔偿
一案应否受理的复函

1994年5月11日　　　　　　　　　　　　〔93〕民他字第22号

安徽省高级人民法院：

　　你院法民他字〔1993〕第17号关于董昭海等诉江汝甲赔偿一案应否受理的请示报告收悉。我们经研究认为，董惠珍等人的死亡系杨吉祥的犯罪行为所造成，与雇主江汝甲无关。因此，江汝甲不具有被告地位，人民法院不应受理董昭海等人要求江汝甲赔偿损失的起诉。

最高人民法院经济审判庭
对于新经济合同法施行前已经工商行政管理部门
作出行政处理的经济合同纠纷案件当事人又以
经济纠纷提起民事诉讼应否受理问题的函

1994年6月7日　　　　　　　　　　　　法经〔1994〕133号

福建省高级人民法院经济庭：

　　关于厦门新星包装联合公司诉江西凯隆化工有限公司购销聚酯饮料瓶合同纠纷案，我庭曾以法经〔1994〕3号函提出处理意见。收到你们今年3月1日的报告后，又作了研究，现答复如下：

　　1993年7月20日，江西省工商行政管理局以无效经济合同确认书的形式确认南昌石泉饮料厂于1993年1月18日以江西凯隆化工有限公司南昌分公司名义与厦门新星包装联合公司签订的购销聚酯饮料瓶合同为无效合同，债务由南昌石泉饮料厂承担。该局于8月2日邮寄送达无效经济合同确认书。厦门新星包装联合公司于8月9日签收了法律文书。该公司于8月2日以江西凯隆化工有限公司为被告向厦门市湖里区人民法院提起民事诉讼。江西凯隆化工有限公司以该案已经工商行政管理部门作出行政处理，法院不应重复立案为由，在法定期限内提出了管辖异议。湖里区人民法院裁定予以驳回，该公司提起上诉，厦门市中级人民法院驳回上诉，维持原裁定。

我们认为，对于新经济合同法施行前已经工商行政管理部门通过行政方式处理了的经济合同纠纷案件，根据本院〔1992〕行他字第5号答复精神，人民法院不应再按经济纠纷立案受理，已经受理了的，应当驳回当事人起诉，厦门市中级人民法院应当依法裁定撤销一、二审法院驳回当事人管辖异议的裁定并驳回当事人起诉。如果当事人不服江西省工商行政管理局的行政处理决定，可以在接到厦门市中级人民法院驳回起诉的裁定书的次日起一个月之内，依行政诉讼法的有关规定向有管辖权的人民法院提起行政诉讼。

最高人民法院
关于采取诉前保全措施的法院可否超越其级别管辖权限受理诉前保全申请人提起的诉讼问题的复函

1995年3月7日　　　　　　　　　　　　　　法经〔1995〕64号

山东省高级人民法院：

你院鲁高法函〔1994〕65号请示收悉。经研究，答复如下：

同意你院倾向性意见。本院《关于适用〈中华人民共和国民事诉讼法〉若干问题的意见》第31条第2款虽规定了诉前保全申请人可以向采取诉前保全措施的人民法院提起诉讼，但受理该案件，仍应当符合有关级别管辖的规定。申请人向采取诉前保全措施的人民法院起诉的案件，如果其诉讼标的金额超过了该院级别管辖的权限，则应当告知原告向有管辖权的上级人民法院提起诉讼。

此复。

最高人民法院
关于深圳联昌印染有限公司诉香港益锋行纺织有限公司承包合同纠纷案拟立案受理的报告的复函

1996年4月18日　　　　　　　　　　法经〔1996〕110号

广东省高级人民法院：

你院〔1996〕粤高法审监立字第1号"关于深圳联昌印染有限公司诉香港益锋纺织有限公司承包合同纠纷案拟立案受理的报告"收悉。经研究，答复如下：同意你院的审查意见，即双方当事人之间合同中解决争议的条款既约定涉外仲裁机构仲裁又约定可向人民法院起诉，按照本院有关司法解释，该仲裁约定无效。深圳市中级人民法院对深圳联昌印染有限公司承包合同纠纷一案有管辖权。

此复。

最高人民法院
关于职工执行公务在单位借款长期挂账发生纠纷法院是否受理问题的答复

1999年4月5日　　　　　　　　　　〔1999〕民他字第4号

吉林省高级人民法院：

你院吉高法〔1998〕144号《关于职工执行公务在单位借款长期挂账发生纠纷法院是否受理问题的请示》收悉。经研究，同意你院审判委员会倾向性意见。即：刘坤受单位委派，从单位预支15000元处理一起交通事故是职务行为，其与单位之间不存在平等主体间的债权债务关系，人民法院不应作为民事案件受理。刘坤在受托事项完成后，因未及时报销冲账与单位发生纠纷，应由单位按其内部财会制度处理。

最高人民法院
关于周海婴诉绍兴越王珠宝金行侵犯鲁迅肖像权一案应否受理的答复意见

2000年6月26日　　　　　　　　　　　　〔1998〕民他字第17号

浙江省高级人民法院：

你院〔97〕浙法告申民他字第6号关于周海婴诉绍兴越王珠宝金行侵犯鲁迅肖像权一案应否受理的请示报告收悉。经研究，答复如下：

公民死亡后，其肖像权应依法保护。任何污损、丑化或擅自以营利为目的使用死者肖像构成侵权的，死者的近亲属有权向人民法院提起诉讼。

鲁迅之子周海婴的起诉符合《民事诉讼法》第一百零八条规定的条件，绍兴市中级人民法院应当受理，受理后以调解结案为宜。如调解不成，你院可根据本案实体审理的情况确定被告是否承担责任或如何承担责任。

以上意见供参考。

最高人民法院研究室
关于当事人对乡（镇）人民政府就民间纠纷作出的调处决定不服而起诉人民法院应以何种案件受理的复函

2001年2月19日　　　　　　　　　　　　　法研〔2001〕26号

浙江省高级人民法院：

你院浙高法〔2000〕201号《关于一方当事人对乡（镇）人民政府就民间纠纷作出的调处决定不服而起诉的，人民法院应以何种案件受理的请示》收悉。经研究，答复如下：

乡（镇）人民政府对民间纠纷作出调处决定，当事人不服并就原争议标的向人民法院起诉的，应当按照《最高人民法院关于如何处理经乡（镇）人民政府调处的民间纠纷的通知》的规定，由人民法院作为民事案件受理。但乡（镇）人民政府在调解民间纠纷时违背当事人的意愿，强行作出决定，当事人以乡（镇）人民政府为被告提起诉讼的，由人民法院作为行政案件受理。

最高人民法院研究室
关于人民法院对农村集体经济所得收益分配纠纷是否受理问题的答复

2001年7月9日　　　　　　　　　　法研〔2001〕51号

广东省高级人民法院：

你院粤高法〔2000〕25号《关于对农村集体经济所得收益分配的争议纠纷，人民法院是否受理的请示》收悉。经研究，答复如下：

农村集体经济组织与其成员之间因收益分配产生的纠纷，属平等民事主体之间的纠纷。当事人就该纠纷起诉到人民法院，只要符合《中华人民共和国民事诉讼法》第108条的规定，人民法院应当受理。

最高人民法院
关于上海水仙电器股份有限公司股票终止上市后引发的诉讼应否受理等问题的复函

2001年7月17日　　　　　　　　〔2001〕民立他字第32号

上海市高级人民法院：

你院沪高法〔2001〕236号《关于上海水仙电器股份有限公司股票终止上市后引发的诉讼应否受理等问题的请示》收悉。经研究，答复如下：

一、水仙公司作为上市公司，虽已被证监会终止上市，但其作为独立法人的资格并不因此受到影响，对债权人以水仙公司为被告提起的民事诉讼，只要符合《民事诉讼法》第一百零八条规定的起诉条件，人民法院以受理为宜。

二、根据《公司法》和《证券法》的规定，证监会是依法具有行政职权的证券市场的监督管理者。证监会按照其法定职权针对特定的上市公司作出的退市决定，属于在《行政诉讼法》中可诉的具体行政行为，股东对证监会作出的退市决定提起诉讼的，人民法院应依法受理。

三、关于正在审理、执行的民事案件是否中止审理、执行的问题，法律已有明确规定，不属请示的范围，可由你院根据案件的具体情况依法视情而定。

以上意见供参考。

最高人民法院研究室
关于村民因土地补偿费、安置补助费问题与村民委员会发生纠纷人民法院应否受理问题的答复

2001年12月31日　　　　　　　　　　　　法研〔2001〕116号

陕西省高级人民法院：

你院陕高法〔2001〕234号《关于村民因土地补偿费、安置补助费问题与村民委员会发生纠纷人民法院应否受理的请示》收悉。经研究，我们认为，此类问题可以参照我室给广东省高级人民法院法研〔2001〕51号《关于人民法院对农村集体经济所得收益纠纷是否受理问题的答复》办理。

最高人民法院
关于当事人对人民法院生效法律文书所确定的给付事项超过申请执行期限后又重新就其中的部分给付内容达成新的协议的应否立案的批复

2002年1月30日　　　　　　　　　　　〔2001〕民立他字第34号

四川省高级人民法院：

你院报送的川高法〔2001〕144号《关于当事人对人民法院生效法律文书所确定的给付事项超过申请执行期限后又重新就其中的部分给付内容达成新的协议的应否立案的请示》收悉。经研究，同意你院审判委员会多数人意见。当事人就人民法院生效裁判文书所确定的给付事项超过执行期限后又重新达成协议的，应当视为当事人之间形成了新的民事法律关系，当事人就该新协议向人民法院提起诉讼的，只要符合《民事诉讼法》立案受理的有关规定的，人民法院应当受理。

此复。

最高人民法院
关于中国人民解放军北京军区空军司令部诉
吕全修等人腾退军产房是否受理的答复意见

2002年7月1日　　　　　　　　　　　　　　〔2002〕民立他字第7号

北京市高级人民法院：

　　你院京高法〔2002〕12号《关于中国人民解放军北京军区空军司令部诉吕全修等人腾退军产房是否受理的请示》收悉。经研究，答复如下：
　　同意你院审委会的第二种意见。本案中吕全修与中国人民解放军北京军区空军司令部（简称司令部）在签订腾房协议时，已经退休并转入地方，此时吕全修与司令部之间已经不存在行政隶属关系，是平等民事主体之间的合同关系。因此，司令部要求吕全修及其子女腾房符合《中华人民共和国民事诉讼法》第一百零八条的规定，人民法院应予以受理。

最高人民法院
关于中国人民解放军北京军区房地产管理局请求法院
受理军队家属住房清退案有关问题请示的复函

2002年7月2日　　　　　　　　　　　　　　〔2002〕民立他字第8号

北京市高级人民法院：

　　你院京高法〔2002〕13号《关于中国人民解放军北京军区房地产管理局请求法院受理军队家属住房清退案有关问题的请示》收悉。经研究，答复如下：
　　军队转业人员、遗属及退休干部子女与军队单位之间因部队住房清退而发生的纠纷，在双方没有达成住房清退协议的情况下，属于军队和地方在干部转业、死亡以及离退休干部移交地方管理过程中历史遗留问题，中国人民解放军北京军区房地产管理局所采取的住房清退和借房安置的具体办法具有军队行政管理性质。依据我院1991年1月30日《关于军队离退休干部腾退军产房纠纷法院是否受理的复函》的精神，此类纠纷应由军队和地方通过行政手段解决，人民法院不宜受理。

最高人民法院
关于当事人持台湾地区法院公证处认证的离婚协议书向人民法院申请认可人民法院应否受理的答复

2002年8月23日　　　　　　　　　　〔2002〕民一他字第12号

广东省高级人民法院：

你院粤高法民他（2002）5号《关于当事人持台湾地区法院公证处认证的离婚协议书向人民法院申请认可人民法院是否受理的请示》收悉。经研究，现函复如下：

关于人民法院应否受理当事人申请认可"台湾地区有关机构出具或确认的调解协议书"的问题，我院〔1999〕第10号《关于当事人持台湾地区有关法院民事调解书或者有关机构出具确认的调解协议书向人民法院申请认可人民法院应否受理的批复》已经作出了答复。该答复中的"台湾地区有关机构出具或确认的调解协议书"，是指台湾地区有关法院之外的其他机构（包括设在法院的公证机构及民间调解机构）出具的调解协议书。因为，这些调解协议书不是基于司法行为产生的，不需要人民法院认可。并且，你院请示的张建梅申请认可的离婚协议书上载明，当事人必须到户政机关登记后才发生离婚的法律效力，故该离婚调解协议书尚不具有法律效力。鉴于上述考虑，同意你院对张建梅认可申请不予受理的意见。

此复。

最高人民法院
关于商标侵权纠纷中注册商标排他使用许可合同的被许可人是否有权单独提起诉讼问题的函

2002年9月10日　　　　　　　　　　〔2002〕民三他字第3号

上海市高级人民法院：

你院《关于商标侵权纠纷中注册商标排他使用人应如何依法行使诉权的请示》收悉。经研究，答复如下：

注册商标排他使用许可合同的被许可人与商标注册人可以提起共同诉讼，在商标注册人不起诉的情况下，可以自行向人民法院提起诉讼。商标注册人不起诉包括商标注册人明示放弃起诉的情形，也包括注册商标排他使用许可合同的被许可人有证据证明其已告知商标注册人或者商标注册人已知道有侵犯商标专用权行为发生而仍不起诉的情形。

此复。

最高人民法院
关于周正义状告浦东发展银行要求撤销增发新股议案等一类纠纷的投诉应否受理问题的复函

2002年11月21日　　　　　　　　　　〔2002〕民立他字第2号

上海市高级人民法院：

你院〔2001〕沪高经他字第83号《关于周正义状告浦东发展银行要求撤销增发新股议案等一类纠纷的投诉应否受理的请示》收悉。经研究，答复如下：

同意你院审判委员会第一种处理意见。根据《中华人民共和国公司法》第一百一十一条的规定，股东认为董事会决议侵犯其合法权益，向人民法院提起诉讼的，人民法院应予受理。

最高人民法院
关于船舶抵押合同为从合同时债权人同时起诉主债务人和抵押人地方人民法院应否受理请示的复函

2003年1月6日　　　　　　　　　　〔2002〕民四他字第37号

山东省高级人民法院：

你院鲁高法函〔2002〕51号《关于船舶抵押合同为从合同时，债权人同时起诉主债务人和抵押人，地方人民法院应否受理的请示》收悉。经研究，同意你院倾向性意见。现答复如下：

船舶抵押合同纠纷案件应由海事法院专门管辖。船舶抵押合同为从合同时，债权人同时起诉主债务人和抵押人的船舶抵押合同纠纷案件，一律由海事法院管辖；债权人直接起诉船舶抵押人的船舶抵押合同纠纷案件，亦应由海事法院管辖；地方法院受理的上述案件，应当移送有关海事法院。

此复。

最高人民法院
关于华庆自行车（深圳）有限公司诉招商局保险有限公司保险合同纠纷一案受理问题的复函

2003年6月7日 〔2002〕民四他字第20号

广东省高级人民法院：

你院〔2002〕粤高法立请字第2号《关于华庆自行车（深圳）有限公司诉招商局保险有限公司保险合同纠纷一案受理问题的请示》收悉。本院经研究认为，本案《火险投保书》中被保险人的住所地、保险标的物所在地均在广东省深圳市，故根据最密切联系原则，应当依据我国有关法律确定该投保书的仲裁条款的效力。由于《火险投保书》中仲裁条款没有约定仲裁地点和仲裁机构，根据《中华人民共和国仲裁法》第十八条的规定，该仲裁条款为不可执行的条款，应确认其无效。据此，同意你院意见，本案应由深圳市中级人民法院受理。

此复。

最高人民法院研究室
关于人民法院是否受理涉及军队房地产腾退、拆迁安置纠纷案件的答复

2003年8月8日 法研〔2003〕123号

辽宁省高级人民法院：

你院辽高法疑字〔2003〕5号《关于涉及军队房地产的腾退、拆迁安置纠纷案件人民法院应否受理的请示》收悉。经研究，答复如下：

根据最高人民法院1992年11月25日下发的《最高人民法院关于房地产案件受理问题的通知》的精神，因涉及军队房地产腾退、拆迁安置而引起的纠纷，不属于人民法院主管工作的范围，当事人为此而提起诉讼的，人民法院应当依法不予受理或驳回起诉，并可告知其向有关部门申请解决。

最高人民法院
关于原北京市北协建设工程公司第三工程处起诉北京市北协建设工程公司解除挂靠经营纠纷是否受理问题的复函

2003年8月28日　　　　　　　　　　　　　〔2003〕民立他字第3号

北京市高级人民法院：

你院京高法〔2002〕306号《关于原北京市北协建设工程公司第三工程处起诉北京市北协建设工程公司解除挂靠经营纠纷是否受理问题的请示》收悉。经研究认为，原北京市北协建设工程公司第三工程处符合最高人民法院《关于适用〈中华人民共和国民事诉讼法〉若干问题的意见》第四十条第（9）项规定的"其他组织"的条件，其作为原告起诉北京市北协建设工程公司解除挂靠经营关系，人民法院应予受理。

最高人民法院
关于薛光林诉香港美林创建室内建筑设计顾问公司设计合同纠纷一案受理问题的请示的复函

2004年11月8日　　　　　　　　　　　　　〔2004〕民四他字第38号

广东省高级人民法院：

你院〔2004〕粤高法立请字第8号《关于薛光林诉香港美林创建室内建筑设计顾问公司设计合同纠纷一案受理问题的请示》收悉。经研究，答复如下：

本案当事人在合同中约定了仲裁条款，即"合同执行期间，若双方发生任何纠纷，应协商解决。如协商无效，由有关部门调解。如调解无效，则由甲方所在地的有管辖权的仲裁机构解决。"在当事人没有约定认定该仲裁条款效力的准据法的情况下，应当根据约定的仲裁地点"甲方所在地"的法律认定该仲裁条款的效力。本案中甲方所在地在中国内地，即应当根据中国内地的法律认定所涉仲裁条款的效力。该仲裁条款约定"由甲方所在地的有管辖权的仲裁机构解决"，而"甲方所在地的有管辖权的仲裁机构"并不是唯一的，因此该仲裁条款对仲裁机构的约定是不明确的。发生争议后，当事人又未能就仲裁机构达成补充协议。根据《中华人民共和国仲裁法》第十六条和第十八条的规定，应当认定本案所涉仲裁条款无效。广东省深圳市中级人民法院作为合同履行地的法院，对本案享有管辖权。同意你院的处理意见。

此复。

最高人民法院
关于香港华联冷气工程有限公司诉珠海中美工程设计装修有限公司设备安装合同纠纷一案受理问题的请示的复函

2004年11月15日　　　　　　　　　　　〔2004〕民四他字第37号

广东省高级人民法院：

你院〔2004〕粤高法立请字第7号"关于香港华联冷气工程有限公司诉珠海中美工程设计装修有限公司设备安装合同纠纷一案受理问题的请示报告"收悉。经研究，答复如下：

本案双方当事人在合同中签订的仲裁条款约定："本合约一经双方签署即时生效，任何一方未经对方同意，不得单方修改。未尽事宜由甲、乙双方协商解决，如双方发生争议，或协商意见不能统一，任何一方均可向国家法定部门申请调解仲裁，仲裁费由败诉方负担。"本案当事人未约定确认仲裁条款效力所应适用的法律，该仲裁条款亦未约定明确的仲裁地点，所以应适用法院地法即我国内地的法律确认该仲裁条款的效力。《中华人民共和国仲裁法》第十八条明确规定："仲裁协议对仲裁事项或者仲裁委员会没有约定或者约定不明确的，当事人可以补充协议；达不成补充协议的，仲裁协议无效。"本案双方当事人签订的仲裁条款中未约定明确的仲裁机构，且亦不能达成补充协议，该仲裁条款应认定无效。你院请示报告中关于仲裁条款应认定无效的意见是正确的。

本案为涉港案件，合同的履行地在广东省惠州市，根据本院〔2004〕民四他字第15号"关于指定广东省江门市等四个中级人民法院管辖一审涉外民商事案件的批复"的规定，广东省惠州市中级人民法院有权管辖一审涉外、涉港澳台民商事案件。你院关于本案由深圳市中级人民法院受理的意见缺乏法律根据。根据《中华人民共和国民事诉讼法》第三十六条的规定，深圳市中级人民法院应将本案移送惠州市中级人民法院审理。

此复。

最高人民法院
关于人民法院是否受理金融资产管理公司与国有商业银行就政策性金融资产转让协议发生的纠纷问题的答复

2005年6月17日　　　　　　　　　　　　〔2004〕民二他字第25号

湖北省高级人民法院：

你院鄂高法〔2004〕378号《关于中国农业银行武汉市汉口支行与中国长城资产管理公司武汉办事处债权转让合同纠纷上诉案法律适用问题的请示》收悉。经研究，答复如下：

金融资产管理公司接收国有商业银行的不良资产是国家根据有关政策实施的，具有政府指令划转国有资产的性质。金融资产管理公司与国有商业银行就政策性金融资产转让协议发生纠纷起诉到人民法院的，人民法院不予受理。同意你院审判委员会第二种意见。

此复。

最高人民法院
关于金相哲诉朴仪洙房屋租赁合同纠纷一案能否受理的请示的复函

2005年8月17日　　　　　　　　　　　　〔2005〕民四他字第37号

吉林省高级人民法院：

你院吉高法〔2005〕99号《关于原告金相哲诉被告朴仪洙房屋租赁合同纠纷一案能否受理的请示报告》收悉。经研究，答复如下：

本案中，双方当事人在合同中明确约定了仲裁条款，即"本合同在执行过程中如有争议，应由双方协商解决，协商无效时按照中国的法律由中国仲裁机构仲裁"（合同原文中的"促裁"应为"仲裁"的笔误）。当事人之间并未明确约定认定该仲裁条款效力的准据法，亦未明确约定仲裁地点，因此，本案应当根据法院地法即中国法律的规定认定该仲裁条款的效力。根据我国《仲裁法》第十六条的规定，仲裁协议应当具备以下内容：(1) 请求仲裁的意思表示；(2) 仲裁事项；(3) 选定的仲裁委员会。本案所涉仲裁条款中，没有明确约定仲裁机构，当事人之间亦未就仲裁机构达成补充协议。我国《仲裁法》第十八条规定："仲裁协议对仲裁事项或者仲裁委员会没有约定或者约定不明确的，当事人可以补充协议；达不成补充协议的，仲裁协议无效。"因此，本案所涉仲裁条款应当认定无效，人民法院对本案享有管辖权。

此复。

最高人民法院
关于张伟诉福建省福大包装设备厂买卖合同纠纷案人民法院能否受理的请示的答复

2005年8月17日　　　　　　　　　　〔2005〕民四他字第36号

浙江省高级人民法院：

你院〔2005〕浙告他字第15号关于张伟诉福建省福大包装设备厂买卖合同纠纷一案人民法院能否受理的请示报告收悉。经研究，答复如下：

本案当事人在合同中约定了仲裁条款，即"本协议未尽事宜双方应友好协商解决。解决不下提请有关部门仲裁"，但并未明确约定认定该仲裁条款效力的准据法，亦未明确约定仲裁地点，因此，本案应当根据法院地法即中国法律的规定认定该仲裁条款的效力。根据我国《仲裁法》第16条的规定，仲裁协议应当具备以下内容：(1) 请求仲裁的意思表示；(2) 仲裁事项；(3) 选定的仲裁委员会。本案所涉仲裁条款没有明确约定仲裁机构，当事人之间亦未就仲裁机构达成补充协议。我国《仲裁法》第18条规定："仲裁协议对仲裁事项或者仲裁委员会没有约定或者约定不明确的，当事人可以补充协议；达不成补充协议的，仲裁协议无效。"因此，本案所涉仲裁条款应当认定无效。浙江省金华市中级人民法院作为合同履行地的人民法院，对本案享有管辖权。

同意你院的处理意见。但你院关于适用我国法律认定本案仲裁条款效力的理由不当，在此一并指出。

此复。

最高人民法院
关于日中经济信息投资咨询公司诉宁波奇峰企业有限公司加工合同纠纷一案人民法院能否受理的请示的复函

2005年9月9日　　　　　　　　　　　〔2005〕民四他字第40号

浙江省高级人民法院：

你院〔2005〕浙告他字第12号《关于日中经济信息投资咨询公司诉宁波奇峰企业有限公司加工合同纠纷一案人民法院能否受理的请示报告》收悉。经研究，答复如下：

本案当事人在合同中约定了仲裁条款，即"解决争议的方式：本协议发生纠纷时，当事人双方应协商解决。协商不成提交第三国仲裁"，但并未明确约定认定该仲裁条款效力的准据法，亦未明确约定仲裁地点，因此，本案应当根据法院地法即中国法律的规定认定该仲裁条款的效力。根据我国《仲裁法》第十六条的规定，仲裁协议应当具备以下内容：（1）请求仲裁的意思表示；（2）仲裁事项；（3）选定的仲裁委员会。本案所涉仲裁条款没有明确约定仲裁机构，当事人之间亦未就仲裁机构达成补充协议。我国《仲裁法》第十八条规定："仲裁协议对仲裁事项或者仲裁委员会没有约定或者约定不明确的，当事人可以补充协议；达不成补充协议的，仲裁协议无效。"因此，本案所涉仲裁条款应当认定无效。浙江省宁波市中级人民法院作为被告住所地的人民法院，对本案享有管辖权。

同意你院的处理意见。但你院关于适用我国法律认定本案仲裁条款效力的理由不当，在此一并指出。

此复。

最高人民法院
关于人事档案被原单位丢失后当事人
起诉原单位补办人事档案并赔偿
经济损失是否受理的复函

2006年6月13日　　　　　　　　　　　〔2004〕民立他字第47号

安徽省高级人民法院：

你院〔2004〕皖民一他字第19号《关于人事档案被原单位丢失后当事人以补办人事档案并赔偿经济损失为由起诉原单位法院是否受理的请示》收悉。经研究，答复如下：

同意你院第一种意见。保存档案的企事业单位，违反关于妥善保存档案的法律规定，丢失他人档案的，应当承担相应的民事责任。档案关系人起诉请求补办档案、赔偿损失的，人民法院应当作为民事案件受理。

最高人民法院
关于增城市新塘镇伟鹏服装有限公司诉
深圳深远贸易公司等被告出口贸易
纠纷一案受理问题的请示的复函

2006年9月10日　　　　　　　　　　　〔2006〕民四他字第17号

广东省高级人民法院：

你院〔2006〕粤高法立请字第1号《关于增城市新塘镇伟鹏服装有限公司诉深圳深远贸易公司等被告出口贸易纠纷一案受理问题的请示》收悉，经研究，答复如下：

增城市新塘镇伟鹏服装有限公司与深圳深远贸易公司签订的《合作出口协议书》第六条约定："争议和纠纷的解决：甲、乙双方若发生争议或纠纷需协商解决，若协商不能解决，则在签约地申请仲裁。"本案所涉合同中的仲裁条款虽然明确表达了仲裁意愿以及仲裁事项，但其没有约定具体的仲裁机构，因此，属于《中华人民共和国仲裁法》第十八条规定的对仲裁委员会约定不明的情况。目前，增城市新塘镇伟鹏服装有限公司已就该案纠纷向人民法院提起诉讼，可以认定双方就仲裁机构问题无法达成补充协议。

根据《中华人民共和国仲裁法》第十六条、第十八条的规定，该仲裁条款应当认定无效，深圳市中级人民法院作为被告住所地法院有权行使管辖权。

此复。

最高人民法院
关于当事人之间达成了拆迁补偿安置协议仅就协议内容发生争议的，人民法院应予受理问题的复函

2007年1月1日　　　　　　　　　　　　　〔2005〕民四他字第40号

辽宁省高级人民法院：

你院向我院报送的《关于沈阳金法石油化工制品有限公司和平分公司与沈阳市和平区长白地区管理委员会、沈阳土地储备中心长白分中心拆迁安置土地补偿费纠纷是否受理的请示》收悉，经研究，答复如下：

由于双方当事人已经签订《城市房屋拆迁补偿安置协议（货币补偿）》，因此原审裁定依照最高人民法院《关于当事人达不成拆迁补偿安置协议就补偿安置争议提起民事诉讼人民法院应否受理问题的批复》，认定在双方未达成土地补偿协议的情况下，法院不应受理此案，裁定驳回原告的起诉，属适用法律不当。上诉人的起诉符合民诉法第一百零八条规定的属于人民法院受理民事诉讼范围条件，应予受理。

最高人民法院
关于对基层供销社产权整体转让纠纷能否受理的请示的答复

2007年12月7日　　　　　　　　　　　　　〔2007〕民立他字第15号

甘肃省高级人民法院：

你院甘高法〔2007〕18号《关于对基层供销社产权整体转让纠纷能否受理的请示》收悉。我院经研究认为，基层供销社是集体经济组织，财产属社员集体所有，上级供销联社违反国家政策的有关规定，未征得社员同意而将基层供销社整体转让给私人的行为，侵害了社员的财产权，属于民事侵权行为，人民法院受理这类案件符合国家有关保护农民合法财产利益的政策精神。故同意你院请示的第二种意见，即邢作明等1998户

社员诉甘州区供销合作联社转让行为无效一案,符合《中华人民共和国民事诉讼法》第一百零八条规定的起诉条件,人民法院可予受理。

最高人民法院
关于 RENT CORPORATION 诉中成宁波进出口有限公司、东莞市建华机械制造有限公司买卖合同纠纷一案人民法院能否受理的请示的复函

2008年3月18日　　　　　　　　　　　　　〔2008〕民四他字第4号

广东省高级人民法院:

你院〔2007〕粤高法民四他字第15号《关于 RENT CORPORATION 诉中成宁波进出口有限公司、东莞市建华机械制造有限公司买卖合同纠纷一案人民法院能否受理的请示》收悉。经研究,答复如下:

同意你院的处理意见。RENT CORPORATION 与中成宁波进出口有限公司、东莞市建华机械制造有限公司签订的购货合同中约定:"仲裁由中国国际经济贸易仲裁委员会(CIETAC)按其仲裁规则和程序在上海进行;或者提请宁波仲裁委员会仲裁。"根据《最高人民法院关于适用〈中华人民共和国仲裁法〉若干问题的解释》第五条的规定:"仲裁协议约定两个以上仲裁机构的,当事人可以协议选择其中的一个仲裁机构申请仲裁;当事人不能就仲裁机构选择达成一致的,仲裁协议无效。"在当事人一方已经向人民法院提起诉讼的情况下,可以认定双方无法就选择仲裁机构问题达成补充协议,仲裁协议应当认定无效,东莞市中级人民法院作为被告住所地法院对本案享有管辖权。

此复。

最高人民法院
关于当事人对人民法院作出的确认仲裁协议效力的裁定不服提出再审申请人民法院是否受理问题的复函

2010年12月14日　　　　　　　　　〔2010〕民立他字第36号

北京市高级人民法院：

你院《关于对申请确认仲裁协议效力的裁定能否申请再审问题的请示》（京高法〔2011〕119号）收悉。经研究，答复如下：

一、当事人根据《中华人民共和国仲裁法》第二十条的规定申请确认仲裁协议效力的，人民法院应当依照《中华人民共和国民事诉讼法》第十五章关于特别程序的规定进行审理。

二、根据《中华人民共和国民事诉讼法》第一百六十一条的规定，依照特别程序审理的案件，实行一审终审。因此对确认仲裁条款效力的裁定，当事人不服向上级人民法院申请再审的，人民法院不予受理。

此复。

最高人民法院研究室
关于某银行诉某公司金融借款合同纠纷一案是否应予受理问题的答复

2011年7月21日　　　　　　　　　法研〔2011〕100号

辽宁省高级人民法院：

你院〔2009〕辽民二终字第234号《关于某银行诉某公司金融借款合同纠纷一案是否应予受理的请示》收悉。经研究，答复如下：本案发生在2007年修改的《中华人民共和国民事诉讼法》实施之前，根据有关规定，《最高人民法院关于当事人对具有强制执行效力的公证债权文书的内容有争议提起诉讼人民法院是否受理问题的批复》（法释〔2008〕17号）对本案不适用。你院应当根据2007年修改前的《中华人民共和国民事诉讼法》的相关规定，决定是否受理本案。

此复。

最高人民法院关于原告李建强诉被告威海文平拍卖有限公司、第三人威海中级人民法院拍卖合同纠纷一案的请示报告的复函

2013 年 7 月 17 日　　　　　　　　　　　〔2013〕民立他字第 22 号

山东省高级人民法院：

你院〔2013〕鲁立函字第 7 号《关于原告李建强诉被告威海文平拍卖有限公司、第三人威海市中级人民法院拍卖合同纠纷一案的请示报告》收悉，经研究，答复如下：

司法拍卖是人民法院委托拍卖机构处分被执行人财产的行为。其性质仍应是民事诉讼程序的组成部分。当事人能否就该行为提起民事诉讼，应依照民事诉讼法的规定。就本案的情形而言，依照《中华人民共和国民事诉讼法》第二百二十五条"当事人、利害关系人认为执行行为违反法律规定的，可以向负责执行的人民法院提出书面异议。当事人、利害关系人提出书面异议的，人民法院应当自收到书面异议之日起十五日内审查，理由成立的，裁定撤销或者改正；理由不成立的，裁定驳回。当事人、利害关系人对裁定不服的，可以自裁定送达之日起十日内向上一级人民法院申请复议"的规定，当事人或者利害关系人应当通过执行监督方式解决。故原告李建强对被告威海文平拍卖有限公司、第三人威海市中级人民法院的起诉，人民法院不应受理。

最高人民法院民一庭关于山东省高级人民法院请示的委托事项涉嫌违法委托人向受托人追索处理委托事务费用人民法院应否受理问题的电话答复

（2014 年 6 月 4 日）

山东省高级人民法院：

你院〔2013〕鲁民提字第 174 号《关于委托事项涉嫌违法委托人向受托人追索处理委托事务费用人民法院应否受理的请示报告》收悉。经研究，答复如下：

同意你院审判委员会第一种意见即人民法院经审理，认为当事人之间委托事项涉嫌违法犯罪时，对委托人向受托人追索委托事项费用的民事诉讼，应依据最高人民法院《关于在审理经济经济纠纷案件中涉及经济犯罪嫌疑若干问题的规定》第十一条的规定，裁定驳回起诉，将有关材料移送公安机关或检察机关。

此复。

最高人民法院
关于批准指定太原铁路运输中级法院和太原、大同、临汾铁路运输法院受理案件范围的复函

2014年12月8日　　　　　　　　　　　　　　法〔2014〕301号

山西省高级人民法院：

你院《关于指定山西辖区内铁路运输两级法院受理案件范围的请示》（晋高法函〔2014〕3号）收悉。根据最高人民法院《关于铁路运输法院案件管辖范围的若干规定》（法释〔2012〕10号）第五条、第六条的相关规定，经研究，答复如下：

一、批准你院指定太原铁路运输法院受理太原市小店区、迎泽区、杏花岭区、尖草坪区、万柏林区、晋源区内发生的运输合同纠纷一审案件。批准你院指定太原铁路运输中级法院受理对太原铁路运输法院审理的上述案件提起的上诉案件。

二、批准你院指定大同铁路运输法院受理大同市城区、矿区、南郊区、新荣区内发生的运输合同纠纷一审案件。批准你院指定大同市中级人民法院受理对大同铁路运输法院审理的上述案件提起的上诉案件。

三、批准你院指定临汾铁路运输法院受理临汾市尧都区内发生的运输合同纠纷一审案件。批准你院指定临汾市中级人民法院受理对临汾铁路运输法院审理的上述案件提起的上诉案件。

四、上述案件的级别管辖标准按照现有规定执行。

五、你院可根据实际情况，适时调整指定铁路运输法院受理案件的范围，调整后的范围应重新报请我院批准。至于你院在请示中提及"指定太原铁路运输中级法院受理太原市第一监狱的减刑、假释案件"，虽然不在上述司法解释规定的范畴，但符合探索建立与行政区划适当分离的司法管辖制度的精神，原则上可行。请你院在具体实施前，与相关部门沟通，并达成共识，以利工作。

最高人民法院立案庭
关于杨保印诉杨兆新侵权纠纷受理问题的答复

2014 年 12 月 23 日 〔2013〕民立他字第 54 号

山东省高级人民法院：

你院关于杨保印诉杨兆新侵权纠纷受理问题的请示收悉。经研究，答复如下：

杨保印诉杨兆新侵权纠纷一案，属于民事权益纠纷，人民法院应当依法受理。人民法院对案件的受理和判决，不影响有关机关对违反土地管理法的行为进行查处。

此复。

三、管　　辖

最高人民法院关于适用法发〔1996〕28号司法解释问题的批复

法释〔1998〕3号

（1998年2月10日最高人民法院审判委员会第960次会议通过　1998年2月13日最高人民法院公告公布　自1998年2月19日起施行）

山东省高级人民法院：

你院《关于如何适用最高人民法院法发〔1996〕28号文件确定购销合同履行地问题的请示》收悉。经研究，答复如下：

最高人民法院《关于在经济纠纷案件管辖中如何确定购销合同履行地的规定》（法发〔1996〕28号），是一项关于人民法院案件管辖问题的程序性规定。不论购销合同是在该规定生效前签订的还是生效后签订的，凡在该规定生效后起诉到人民法院的购销合同纠纷案件，均应适用该规定，而不再适用最高人民法院《关于适用〈中华人民共和国民事诉讼法〉若干问题的意见》第19条的规定。

此复。

最高人民法院
关于对与证券交易所监管职能相关的诉讼案件管辖与受理问题的规定

法释〔2005〕1号

（2004年11月18日最高人民法院审判委员会第1333次会议通过 2005年1月25日最高人民法院公告公布 自2005年1月31日起施行）

为正确及时地管辖、受理与证券交易所监管职能相关的诉讼案件，特作出以下规定：

一、根据《中华人民共和国民事诉讼法》第三十七条和《中华人民共和国行政诉讼法》第二十二条的有关规定，指定上海证券交易所和深圳证券交易所所在地的中级人民法院分别管辖以上海证券交易所和深圳证券交易所为被告或第三人的与证券交易所监管职能相关的第一审民事和行政案件。

二、与证券交易所监管职能相关的诉讼案件包括：

（一）证券交易所根据《中华人民共和国公司法》、《中华人民共和国证券法》、《中华人民共和国证券投资基金法》、《证券交易所管理办法》等法律、法规、规章的规定，对证券发行人及其相关人员、证券交易所会员及其相关人员、证券上市和交易活动作出处理决定引发的诉讼；

（二）证券交易所根据国务院证券监督管理机构的依法授权，对证券发行人及其相关人员、证券交易所会员及其相关人员、证券上市和交易活动作出处理决定引发的诉讼；

（三）证券交易所根据其章程、业务规则、业务合同的规定，对证券发行人及其相关人员、证券交易所会员及其相关人员、证券上市和交易活动作出处理决定引发的诉讼；

（四）证券交易所在履行监管职能过程中引发的其他诉讼。

三、投资者对证券交易所履行监管职责过程中对证券发行人及其相关人员、证券交易所会员及其相关人员、证券上市和交易活动做出的不直接涉及投资者利益的行为提起的诉讼，人民法院不予受理。

四、本规定自发布之日起施行。

最高人民法院
关于新疆生产建设兵团人民法院案件管辖权问题的若干规定

法释〔2005〕4号

(2005年1月13日最高人民法院审判委员会第1340次会议通过 2005年5月24日最高人民法院公告公布 自2005年6月6日起施行)

根据《全国人民代表大会常务委员会关于新疆维吾尔自治区生产建设兵团设置人民法院和人民检察院的决定》第三条的规定，对新疆生产建设兵团各级人民法院案件管辖权问题规定如下：

第一条 新疆生产建设兵团基层人民法院和中级人民法院分别行使地方基层人民法院和中级人民法院的案件管辖权，管辖兵团范围内的各类案件。

新疆维吾尔自治区高级人民法院生产建设兵团分院管辖原应当由高级人民法院管辖的兵团范围内的第一审案件、上诉案件和其他案件，其判决和裁定是新疆维吾尔自治区高级人民法院的判决和裁定。但兵团各中级人民法院判处死刑（含死缓）的案件的上诉案件以及死刑复核案件由新疆维吾尔自治区高级人民法院管辖。

第二条 兵团人民检察院提起公诉的第一审刑事案件，由兵团人民法院管辖。

兵团人民法院对第一审刑事自诉案件、第二审刑事案件以及再审刑事案件的管辖，适用刑事诉讼法的有关规定。

第三条 兵团人民法院管辖以下民事案件：

（一）垦区范围内发生的案件；

（二）城区内发生的双方当事人均为兵团范围内的公民、法人或者其他组织的案件；

（三）城区内发生的双方当事人一方为兵团范围内的公民、法人或者其他组织，且被告住所地在兵团工作区、生活区或者管理区内的案件。

对符合协议管辖和专属管辖条件的案件，依照民事诉讼法的有关规定确定管辖权。

第四条 以兵团的行政机关作为被告的行政案件由该行政机关所在地的兵团人民法院管辖，其管辖权限依照行政诉讼法的规定办理。

第五条 兵团人民法院管辖兵团范围内发生的涉外案件。新疆维吾尔自治区高级人民法院生产建设兵团分院根据最高人民法院的有关规定确定管辖涉外案件的兵团法院。

第六条 兵团各级人民法院与新疆维吾尔自治区地方各级人民法院之间因管辖权发生争议的，由争议双方协商解决；协商不成的，报请新疆维吾尔自治区高级人民法院决定管辖。

第七条 新疆维吾尔自治区高级人民法院生产建设兵团分院所管辖第一审案件的上

诉法院是最高人民法院。

第八条 对于新疆维吾尔自治区高级人民法院生产建设兵团分院审理再审案件所作出的判决、裁定，新疆维吾尔自治区高级人民法院不再进行再审。

第九条 本规定自2005年6月6日起实施。人民法院关于兵团人民法院案件管辖的其他规定与本规定不一致的，以本规定为准。

最高人民法院关于审理民事级别管辖异议案件若干问题的规定

法释〔2009〕17号

（2009年7月20日最高人民法院审判委员会第1471次会议通过 2009年11月12日最高人民法院公告公布 自2010年1月1日起施行）

为正确审理民事级别管辖异议案件，依法维护诉讼秩序和当事人的合法权益，根据《中华人民共和国民事诉讼法》的规定，结合审判实践，制定本规定。

第一条 被告在提交答辩状期间提出管辖权异议，认为受诉人民法院违反级别管辖规定，案件应当由上级人民法院或者下级人民法院管辖的，受诉人民法院应当审查，并在受理异议之日起十五日内作出裁定：

（一）异议不成立的，裁定驳回；

（二）异议成立的，裁定移送有管辖权的人民法院。

第二条 在管辖权异议裁定作出前，原告申请撤回起诉，受诉人民法院作出准予撤回起诉裁定的，对管辖权异议不再审查，并在裁定书中一并写明。

第三条 提交答辩状期间届满后，原告增加诉讼请求金额致使案件标的额超过受诉人民法院级别管辖标准，被告提出管辖权异议，请求由上级人民法院管辖的，人民法院应当按照本规定第一条审查并作出裁定。

第四条 上级人民法院根据民事诉讼法第三十九条第一款的规定，将其管辖的第一审民事案件交由下级人民法院审理的，应当作出裁定。当事人对裁定不服提起上诉的，第二审人民法院应当依法审理并作出裁定。

第五条 对于应由上级人民法院管辖的第一审民事案件，下级人民法院不得报请上级人民法院交其审理。

第六条 被告以受诉人民法院同时违反级别管辖和地域管辖规定为由提出管辖权异议的，受诉人民法院应当一并作出裁定。

第七条 当事人未依法提出管辖权异议，但受诉人民法院发现其没有级别管辖权的，应当将案件移送有管辖权的人民法院审理。

第八条 对人民法院就级别管辖异议作出的裁定,当事人不服提起上诉的,第二审人民法院应当依法审理并作出裁定。

第九条 对于将案件移送上级人民法院管辖的裁定,当事人未提出上诉,但受移送的上级人民法院认为确有错误的,可以依职权裁定撤销。

第十条 经最高人民法院批准的第一审民事案件级别管辖标准的规定,应当作为审理民事级别管辖异议案件的依据。

第十一条 本规定施行前颁布的有关司法解释与本规定不一致的,以本规定为准。

最高人民法院
关于对被监禁或被劳动教养的人提起的民事诉讼如何确定案件管辖问题的批复

法释〔2010〕16号

(2010年11月29日最高人民法院审判委员会第1503次会议通过 2010年12月9日最高人民法院公告公布 自2010年12月15日起施行)

山东省高级人民法院:

你院《关于对被监禁的人提起的诉讼如何确定案件管辖问题的请示》(〔2010〕鲁立函字第10号)收悉。经研究,答复如下:

根据《中华人民共和国民事诉讼法》第二十三条、《最高人民法院关于适用〈中华人民共和国民事诉讼法〉若干问题的意见》第8条规定,对被监禁或被劳动教养的人提起的诉讼,原告没有被监禁或被劳动教养的,由原告住所地人民法院管辖。原告也被监禁或被劳动教养的,由被告原住所地人民法院管辖;被告被监禁或被劳动教养一年以上的,由被告被监禁地或被劳动教养地人民法院管辖。

此复。

最高人民法院关于铁路运输法院案件管辖范围的若干规定

法释〔2012〕10号

(2012年7月2日最高人民法院审判委员会第1551次会议通过 2012年7月17日最高人民法院公告公布 自2012年8月1日起施行)

为确定铁路运输法院管理体制改革后的案件管辖范围,根据《中华人民共和国刑事诉讼法》、《中华人民共和国民事诉讼法》,规定如下:

第一条 铁路运输法院受理同级铁路运输检察院依法提起公诉的刑事案件。

下列刑事公诉案件,由犯罪地的铁路运输法院管辖:

(一)车站、货场、运输指挥机构等铁路工作区域发生的犯罪;

(二)针对铁路线路、机车车辆、通讯、电力等铁路设备、设施的犯罪;

(三)铁路运输企业职工在执行职务中发生的犯罪。

在列车上的犯罪,由犯罪发生后该列车最初停靠的车站所在地或者目的地的铁路运输法院管辖;但在国际列车上的犯罪,按照我国与相关国家签订的有关管辖协定确定管辖,没有协定的,由犯罪发生后该列车最初停靠的中国车站所在地或者目的地的铁路运输法院管辖。

第二条 本规定第一条第二、三款范围内发生的刑事自诉案件,自诉人向铁路运输法院提起自诉的,铁路运输法院应当受理。

第三条 下列涉及铁路运输、铁路安全、铁路财产的民事诉讼,由铁路运输法院管辖:

(一)铁路旅客和行李、包裹运输合同纠纷;

(二)铁路货物运输合同和铁路货物运输保险合同纠纷;

(三)国际铁路联运合同和铁路运输企业作为经营人的多式联运合同纠纷;

(四)代办托运、包装整理、仓储保管、接取送达等铁路运输延伸服务合同纠纷;

(五)铁路运输企业在装卸作业、线路维修等方面发生的委外劳务、承包等合同纠纷;

(六)与铁路及其附属设施的建设施工有关的合同纠纷;

(七)铁路设备、设施的采购、安装、加工承揽、维护、服务等合同纠纷;

(八)铁路行车事故及其他铁路运营事故造成的人身、财产损害赔偿纠纷;

(九)违反铁路安全保护法律、法规,造成铁路线路、机车车辆、安全保障设施及其他财产损害的侵权纠纷;

(十)因铁路建设及铁路运输引起的环境污染侵权纠纷;

（十一）对铁路运输企业财产权属发生争议的纠纷。

第四条 铁路运输基层法院就本规定第一条至第三条所列案件作出的判决、裁定，当事人提起上诉或铁路运输检察院提起抗诉的二审案件，由相应的铁路运输中级法院受理。

第五条 省、自治区、直辖市高级人民法院可以指定辖区内的铁路运输基层法院受理本规定第三条以外的其他第一审民事案件，并指定该铁路运输基层法院驻在地的中级人民法院或铁路运输中级法院受理对此提起上诉的案件。此类案件发生管辖权争议的，由该高级人民法院指定管辖。

省、自治区、直辖市高级人民法院可以指定辖区内的铁路运输中级法院受理对其驻在地基层人民法院一审民事判决、裁定提起上诉的案件。

省、自治区、直辖市高级人民法院对本院及下级人民法院的执行案件，认为需要指定执行的，可以指定辖区内的铁路运输法院执行。

第六条 各高级人民法院指定铁路运输法院受理案件的范围，报最高人民法院批准后实施。

第七条 本院以前作出的有关规定与本规定不一致的，以本规定为准。

本规定施行前，各铁路运输法院依照此前的规定已经受理的案件，不再调整。

最高人民法院
关于军事法院管辖民事案件若干问题的规定

法释〔2012〕11号

（2012年8月20日最高人民法院审判委员会第1553次会议通过 2012年8月28日最高人民法院公告公布 自2012年9月17日起施行）

根据《中华人民共和国人民法院组织法》、《中华人民共和国民事诉讼法》等法律规定，结合人民法院民事审判工作实际，对军事法院管辖民事案件有关问题作如下规定：

第一条 下列民事案件，由军事法院管辖：

（一）双方当事人均为军人或者军队单位的案件，但法律另有规定的除外；

（二）涉及机密级以上军事秘密的案件；

（三）军队设立选举委员会的选民资格案件；

（四）认定营区内无主财产案件。

第二条 下列民事案件，地方当事人向军事法院提起诉讼或者提出申请的，军事法院应当受理：

（一）军人或者军队单位执行职务过程中造成他人损害的侵权责任纠纷案件；

（二）当事人一方为军人或者军队单位，侵权行为发生在营区内的侵权责任纠纷案件；

（三）当事人一方为军人的婚姻家庭纠纷案件；

（四）民事诉讼法第三十四条规定的不动产所在地、港口所在地、被继承人死亡时住所地或者主要遗产所在地在营区内，且当事人一方为军人或者军队单位的案件；

（五）申请宣告军人失踪或者死亡的案件；

（六）申请认定军人无民事行为能力或者限制民事行为能力的案件。

第三条 当事人一方是军人或者军队单位，且合同履行地或者标的物所在地在营区内的合同纠纷，当事人书面约定由军事法院管辖，不违反法律关于级别管辖、专属管辖和专门管辖规定的，可以由军事法院管辖。

第四条 军事法院受理第一审民事案件，应当参照民事诉讼法关于地域管辖、级别管辖的规定确定。

当事人住所地省级行政区划内没有可以受理案件的第一审军事法院，或者处于交通十分不便的边远地区，双方当事人同意由地方人民法院管辖的，地方人民法院可以管辖，但本规定第一条第（二）项规定的案件除外。

第五条 军事法院发现受理的民事案件属于地方人民法院管辖的，应当移送有管辖权的地方人民法院，受移送的地方人民法院应当受理。地方人民法院认为受移送的案件不属于本院管辖的，应当报请上级地方人民法院处理，不得再自行移送。

地方人民法院发现受理的民事案件属于军事法院管辖的，参照前款规定办理。

第六条 军事法院与地方人民法院之间因管辖权发生争议，由争议双方协商解决；协商不成的，报请各自的上级法院协商解决；仍然协商不成的，报请最高人民法院指定管辖。

第七条 军事法院受理案件后，当事人对管辖权有异议的，应当在提交答辩状期间提出。军事法院对当事人提出的异议，应当审查。异议成立的，裁定将案件移送有管辖权的军事法院或者地方人民法院；异议不成立的，裁定驳回。

第八条 本规定所称军人是指中国人民解放军的现役军官、文职干部、士兵及具有军籍的学员，中国人民武装警察部队的现役警官、文职干部、士兵及具有军籍的学员。军队中的文职人员、非现役公勤人员、正式职工，由军队管理的离退休人员，参照军人确定管辖。

军队单位是指中国人民解放军现役部队和预备役部队、中国人民武装警察部队及其编制内的企业事业单位。

营区是指由军队管理使用的区域，包括军事禁区、军事管理区。

第九条 本解释施行前本院公布的司法解释以及司法解释性文件与本解释不一致的，以本解释为准。

最高人民法院
关于因申请诉中财产保全损害责任纠纷管辖问题的批复

法释〔2017〕14号

(2017年7月17日最高人民法院审判委员会第1722次会议通过
2017年8月1日最高人民法院公告公布 自2017年8月10日起施行)

浙江省高级人民法院:

你院《关于因申请诉中财产保全损害责任纠纷管辖问题的请示》(〔2015〕浙立他字第91号)收悉。经研究,批复如下:

为便于当事人诉讼,诉讼中财产保全的被申请人、利害关系人依照《中华人民共和国民事诉讼法》第一百零五条规定提起的因申请诉中财产保全损害责任纠纷之诉,由作出诉中财产保全裁定的人民法院管辖。

此复。

最高人民法院
关于周兴荣诉黄文英离婚一案管辖问题的批复

1984年11月14日　　　　　　　　　　　〔84〕法民字第12号

云南省景东县景福人民法庭:

周兴荣诉黄文英离婚一案,据你庭来函,黄文英在婚后被拐卖至安徽省固镇县何集公社何集大队一队与他人重婚,因此你庭按民事诉讼法(试行)第二十条的规定,于1983年9月27日将该案移送安徽省固镇县人民法院。该院于1983年10月24日以地址不详,查无此人,将案件退回。经你庭查准黄文英地址后,于1983年12月7日再次将案件移送固镇县人民法院,并于1984年3月7日和5月6日两次去函催办,未得到回复。为此,向本院反映这一情况。

本院1964年10月23日〔64〕法研字第91号《关于外流妇女重婚案件和外流妇女重婚后的离婚案件管辖问题的批复》中第三项指出:"女方外流重婚后,原夫起诉要求离婚的案件……应由原夫所在地人民法院审理"。这一批复是根据外流妇女重婚后的特殊情况作出的。妇女外流重婚后,原夫往往难以查知其下落,为使原夫能及时向人民法院起诉离婚，以及根据民事诉讼法（试行）第二十一条规定的精神，我们认为，对外流妇女原夫起诉要求离婚的案件，仍按照上述批复，由原夫所在地人民法院审理为宜。因此，本案应由你庭受理。在审理中，需要向黄文英进行调查的，可以要求固镇县人民法院给以协助。

此复。

最高人民法院
关于成武县油化二厂诉瑞昌县流庄乡砖瓦厂购销合同纠纷案管辖问题的批复

1985年12月14日　　　　　　　　　　法（经）复〔1985〕59号

山东省高级人民法院：

你省成武县人民法院于1985年11月5日就成武县油化二厂诉江西省瑞昌县流庄乡砖瓦厂购销合同纠纷一案，报我院指定管辖。经与瑞昌县人民法院联系，确定该案合同的签订地是瑞昌县，合同履行地是成武县。根据《中华人民共和国民事诉讼法（试行）》第二十三条和第三十一条的规定，合同签订地与履行地的人民法院都有管辖权。合同签订地的瑞昌县人民法院既已受理原告的起诉，就不应再将该案移送成武县人民法院审理。现指定该案由江西省瑞昌县人民法院管辖。

最高人民法院
关于煤炭订货合同数量纠纷管辖问题的批复

1986年3月26日　　　　　　　　　　法（经）复〔1986〕11号

吉林省高级人民法院：

你院吉法经字〔85〕第9号"关于煤炭订货合同数量纠纷的管辖问题的请示报告"收悉。关于水电部吉林热电厂诉煤炭部鸡西矿务局到着煤亏吨纠纷案的管辖问题。经研究：我们同意你院关于到站验收地即为合同履行地的意见。1984年9月，我院《关于在经济审判工作中贯彻执行〈民事诉讼法（试行）〉若干问题的意见》中规定："合同履行地是指合同规定履行义务和接受该义务的地点，主要是合同标的物交接的地点"。根据这个规定，吉林市中级人民法院对该案有管辖权。

此复。

最高人民法院
关于合同转让后如何确定合同签订地的批复

1986年10月30日　　　　　　　　　　　法（经）复〔1986〕30号

辽宁省高级人民法院：

你院辽法（经）请〔1986〕12号请示收悉。经研究，我们认为：佳木斯市轻工机械厂（供方）同抚顺市绣品工艺厂（需方）在佳木斯市签订的购销背心袋制造机合同，经双方与抚顺市包装总厂协商，一致同意抚顺市绣品工艺厂将合同转让给抚顺市包装总厂履行，并在抚顺市办理了转让手续后，新的法律关系产生，原法律关系消灭。转让合同共同签字盖章的所在地抚顺市应为本案合同签订地。转让合同规定的发货地是佳木斯市，故合同履行地仍在佳木斯市。依据《民事诉讼法（试行）》第二十三条规定，抚顺市新抚区人民法院和佳木斯市东风区人民法院对本案均有管辖权。据来文反映，抚顺市新抚区人民法院比佳木斯市东风区人民法院早一天收案，而且，本案标的物在抚顺市，当事人争议的焦点又是产品质量问题。因此，依据《民事诉讼法（试行）》第三十一条规定，本案应由抚顺市新抚区人民法院受理。

最高人民法院
关于李桂莲诉夏传叶房屋纠纷案管辖问题的批复

1986年11月14日　　　　　　　　　　　〔1986〕民他字第50号

安徽省定远县人民法院：

你院1986年7月15日〔86〕定民一字第07号《关于指定管辖的请示报告》收悉。从所附案卷材料看，李桂莲与夏传叶讼争之房屋，坐落在陕西省泾阳县永乐店，似为李道清和李桂莲所共有。李道清死后，被其现住定远县的外甥夏传叶以"安葬舅父"为名，私自出典给张和平，典价1500元。李桂莲得知后，向泾阳县人民法院起诉，该院以财物纠纷案移送你院，你院认为继承案件应由遗产所在地泾阳县人民法院受理，经协商未成，报请我院指定管辖。

经我们研究认为：本案诉讼的标的主要是房屋。根据我国民事诉讼法（试行）第三十条的规定，为不动产提起的诉讼，由不动产所在地人民法院管辖，本案依法应由陕西省泾阳县人民法院受理。现将原卷转退陕西省泾阳县人民法院。该院在审理本案过程中如需你院协助，请予积极办理。

此复。

最高人民法院关于广东省博罗县港博公司与铁道部工程指挥部直属机关物资采购供应站购销进口太阳能计算器合同纠纷案应由哪个法院管辖问题的复函

1987年6月26日　　　　法（经）复〔1987〕22号

广东省高级人民法院：

你院1987年2月25日粤法经行字〔1986〕第87号请示收悉。关于广东省博罗县港博公司（简称港博公司）与铁道部工程指挥部直属机关物资采购供应站（简称物资站）购销进口太阳能计算器合同纠纷案应由哪个法院管辖的问题，经我们研究认为：

一、港博公司与物资站购销20万只进口太阳能计算器合同纠纷案的合同签订地在北京市，合同履行地在广州市，故北京市中级法院和广州市中级法院对本案均有管辖权。合同当事人双方已分别向有管辖权的两个法院提起诉讼。经核查，广州市中级法院是1986年8月25日前收到港博公司起诉状的；北京市中级法院是1986年9月2日收到物资站起诉状的。依据《民事诉讼法（试行）》第三十一条规定，应由最先收到起诉状的广州市中级法院受理本案。北京市中级法院应撤销物资站诉港博公司购销合同纠纷案，并将已收的案件受理费退回物资站。

二、鉴于北京市中级法院1986年9月2日受理的物资站诉深圳特区发展公司生活服务公司（简称深圳生活服务公司）购销20万只进口太阳能计算器合同纠纷案与广州市中级法院1986年3月13日受理的博罗县农工商贸易公司（简称博罗贸易公司）诉深圳生活服务公司购销20万只进口太阳能计算器合同纠纷案有关，且广州市中级法院在先于北京市中级法院立案受理时，就已将物资站列为该案第三人，为避免重复审理，拖延时日，两案以由广州市中级法院合并审理为宜。为此，北京市中级法院应将物资站诉深圳生活服务公司购销合同纠纷案移送广州市中级法院审理。

此复。

最高人民法院经济审判庭
关于经济纠纷和经济犯罪案件一并移送后受移送的检察院和法院未按刑事附带民事诉讼审理又未将纠纷部分退回法院处理移送法院是否仍可对纠纷进行审理问题的电话答复

(1988年10月14日)

你院赣法经〔1988〕18号请示收悉。关于经济纠纷和经济犯罪案件一并移送后,"受移送的检察院和法院未按刑事附带民事诉讼审理,又未将纠纷部分退回法院处理,移送法院是否仍可对纠纷进行审理"的问题,经研究认为:经济纠纷和经济犯罪案件一并移送后,受诉法院即不再有案件,如受移送的机关未退回,原受诉法院不存在继续审理的问题。移送后或刑事案件审结后,经济纠纷当事人仍请求原受诉法院审理经济纠纷的,应告知当事人可以向受诉法院另行起诉,向受移送的机关催案。如受移送的机关既不处理经济纠纷,又不将经济纠纷部分退回,至于是否追加第三人,是否合并审理的问题,请按民事诉讼法(试行)的有关规定和本院的有关解答,结合案件的具体情况办理。

此复。

最高人民法院
关于丁怀敏诉高锦债务纠纷案的管辖问题的复函

1988年10月25日　　　　　　　　　　　　〔88〕民他字第50号

新疆维吾尔自治区高级人民法院:

你院兵团分院所属阿勒泰地区巴里巴盖垦区法院于1988年7月受理了丁怀敏诉高锦债务纠纷一案,并于同年八月以被告高锦的住所地是河北省保定市为由,将案件移送河北省保定市中级人民法院。保定市中级人民法院经查得知,巴里巴盖垦区法院提供的被告高锦的住址有误,其住所地、现居所地均不在保定市。该院依《民事诉讼法(试行)》第二十条第一款之规定,报请我院指定管辖。我院曾要求保定市中级法院对高锦的住址再次调查,但该院仍未能查清。根据《民事诉讼法(试行)》第八十三条之规定,起诉书应记明当事人的住址。现原告起诉书中提供的被告住址有误,经查未能找到被告,故今特函你院,请将此案退回巴里巴盖垦区法院。由该院通知原告丁怀敏,提供被告高锦的确切住址;如他不能提供,坚持不撤诉,法院无法查清,可依法驳回起诉。如今后丁怀敏能找到被告确切住址,可向有管辖权的人民法院起诉。

最高人民法院经济审判庭
关于审理管辖权争议案件有关问题的电话答复

(1989年5月18日)

广东省高级人民法院:

你院〔89〕粤法经请字第1号《关于审理管辖权争议案件有关问题的请示》收悉。经研究答复如下:

一、根据本院《民事诉讼收费办法(试行)》的有关规定,人民法院向经济纠纷案件当事人预收案件受理费,是按照当事人争议财产的价额或金额计算的。没有仅就程序问题向当事人预收案件受理费的。人民法院在审理经济纠纷案件中,对当事人提出的管辖权异议进行审议,并依法作出裁决,属于程序审理,不涉及实体问题。因此,不存在经济纠纷案件当事人就管辖权异议不服原审裁定上诉后,上诉审法院向上诉人预收案件受理费问题。

二、根据民事诉讼法(试行)第一百五十条规定,二审法院在审理上诉案件中,要询问当事人。但鉴于当事人就管辖权问题提起的上诉,仍属于程序审理,如果二审法院合议庭经阅卷审查,认为事实清楚,可以不经询问当事人而作出裁定。

此复。

最高人民法院经济审判庭关于四川省巴中县花溪乡人民政府诉王艾等购销工业碱合同纠纷管辖争议案件问题的电话答复

(1989年11月11日)

内蒙古自治区和四川省高级人民法院：

内蒙古自治区高级人民法院〔1989〕内法经请字第3号请示收悉。关于四川省巴中县花溪乡人民政府诉王艾、王栋良、王树春购销工业碱合同纠纷案，内蒙古自治区高级法院与四川省高级法院发生管辖争议的问题，经研究答复如下：

当事人双方在1984年11月12日所签订的工业碱购销合同中"交货地点，四川省重庆、渠县、达县等车站，按发款时，电告地址为准"的规定，是对合同履行地的特殊约定。且实际履行中，也是按电告的地址四川省重庆市江津县茨坝车站交付货物的。根据本院关于如何确定合同履行地问题的批复精神，当事人对合同履行地有特殊约定的，按特殊约定确认，重庆市江津县茨坝车站是本案当事人约定的交货地点，重庆市江津县应为合同履行地。本案合同签订地在天津市。故，重庆市江津县法院和天津市法院对本案享有管辖权，包头市中级法院对本案没有管辖权。四川省高级法院责成达县地区中级法院将本案移送至无管辖权的包头市中级法院受理，显属不妥。四川省高级法院应当裁定撤销所作的〔1987〕川法经上字第25号裁定，重新确认本案合同履行地在重庆市江津县。本案是由重庆市中级法院还是由江津县法院管辖，可由四川省高级法院具体指定。

此复。

最高人民法院关于安徽省嘉山县土产杂品公司与四川省眉山县土产果品公司购销籼稻合同纠纷案件管辖争议问题的函

1989年11月25日　　　　　　　　　法（经）函〔1989〕80号

四川省高级人民法院、安徽省高级人民法院：

你们两院为安徽省嘉山县土产杂品公司与四川省眉山县土产果品公司购销籼稻合同纠纷案件管辖争议问题的请示报告收悉。经研究，答复如下：

1987年10月14日双方当事人所签合同的签订地是成都市，履行地是安徽省嘉山县。1988年双方当事人在眉山县签订补充协议，对原合同标的质量和履行期限作了变更。该协议并非独立合同，只是对原合同的补充，况且此次涉讼也不是为了补充协议约定的质量或履行期限问题，而是为原合同所订价格问题发生争议。因此，不宜以该协议签于眉山县即确定由眉山县人民法院管辖。

鉴于上述情况，根据《中华人民共和国民事诉讼法（试行）》第二十三条、第三十三条第二款的规定，现指定本案由合同履行地安徽省嘉山县人民法院管辖。

此复。

最高人民法院关于借款合同纠纷案件管辖问题的复函

1990年4月2日　　　　　　　　　〔1990〕法经函字第11号

北京市高级人民法院：

你院经高法字〔1990〕第35号报告收悉。经研究，现对该借款合同纠纷案管辖问题答复如下：

一、该借款合同的签订地在北京，根据民事诉讼法（试行）第二十三条之规定，北京市中级人民法院对该借款合同纠纷案有管辖权。中信贸易公司给付贷款的方式是自带信汇和电汇，借款合同的履行地应在收款方贸易中心所在地连云港市。连云港市中级人民法院对借款合同纠纷案也有管辖权。

二、当事人之间的委托合同与借款合同本身虽属两个不同的民事法律关系，其诉讼标的也不相同，但两者之间有着事实上的联系。委托合同的存在是借款合同产生的原因，借款合同的签订是为了保证委托合同的履行。该两合同产生的纠纷案件，符合合并审理的条件。而且贸易中心起诉在先，起诉状的内容亦涉及两个法律关系。两案合并审理，既便于法院查明事实，分清责任，又可以减少当事人不必要的讼累。

三、现连云港中院已作出合并审理判决，中信贸易公司不服判决上诉至江苏省高级人民法院。北京市中院不应再对借款合同纠纷进行实体审理。中信公司对借款合同纠纷的诉讼请求，应向江苏省高级人民法院提出，由该院在二审中一并审理。

此复。

最高人民法院
关于中国人民解放军和武警部队向地方开放的医疗单位发生的医疗赔偿纠纷由有管辖权的人民法院受理的复函

1990年6月4日　　　　　　　　　　　　〔1990〕民他字第15号

广西壮族自治区高级人民法院：

你院法申民字〔90〕第49号《关于黄理权诉武警河池支队医疗纠纷案管辖问题的请示报告》收悉。经研究并征求有关部门意见，答复如下：

一、中国人民解放军和中国人民武警部队向地方开放的医疗单位，在医治地方伤病员过程中发生的医疗事故，当事人起诉要求医疗单位赔偿经济损失的，应按照我院1989年10月10日法（行）函〔1989〕63号复函的规定精神，由有管辖权的人民法院作为民事案件受理，军事法院无管辖权。

二、你院请示的黄理权诉武警河池支队医疗事故赔偿纠纷一案，由河池市人民法院管辖。

最高人民法院
关于山西省榆次市敬老商店诉黑龙江省牡丹江市劳动服务公司采购供应处购销胶合板合同纠纷一案管辖权争议问题的复函

1990年6月16日　　　　　　　　　法(经)函〔1990〕40号

黑龙江省高级人民法院、山西省高级人民法院：

　　黑龙江省高级人民法院黑法经字〔1989〕121号请示收悉。关于山西省榆次市敬老商店诉黑龙江省牡丹江市劳动服务公司采购供应处购销胶合板合同纠纷一案的管辖权问题。经研究，答复如下：

　　本案合同约定的运输方式为送货制，到站地点是山西省榆次市。在合同交货地点栏内虽写有"厂内需方委托供方代办"，但这不应视为当事人双方对合同履行地的特殊约定。6月18日的补充协议也仅是对原合同价格的修改补充。根据本院法(经)复〔1988〕20号批复精神，本案交货地点在山西省榆次市，榆次市为合同履行地。本案合同签订地在黑龙江省牡丹江市。榆次市所属的晋中地区中级人民法院和牡丹江市中级人民法院对本案均有管辖权。鉴于晋中地区中级人民法院先行受理了此案，被告提出的管辖权异议，亦已经晋中地区中级人民法院和山西省高级人民法院驳回，根据民事诉讼法(试行)第二十三条、第三十一条和第三十三条第二款规定，现指定晋中地区中级法院审理此案。

　　此复。

最高人民法院
关于河南省郑州市粮油贸易中心诉广东省开平县潭江宾馆贸易发展部购销电冰箱合同质量纠纷一案管辖问题的复函

1990年6月20日　　　　　　　　　法(经)函〔1990〕41号

河南省高级人民法院、广东省高级人民法院：

　　河南省高级人民法院〔1990〕豫法经函字第5号请示收悉。关于河南省郑州市粮油贸易中心诉广东省开平县潭江宾馆贸易发展部购销电冰箱合同质量纠纷一案的管辖问题。经研究，答复如下：

本案合同签订地在广州市，合同履行地在杭州市。依据民事诉讼法（试行）第二十三条规定，广州市中级法院和杭州市中级法院对本案均有管辖权。但上述有管辖权的两个法院现均以本案双方当事人及合同标的物不在合同签订地和合同履行地，管辖有困难为由，未予受理。为此，河南省高级法院特报请本院指定管辖。经研究，根据民事诉讼法（试行）第三十三条、第二十九条和第二十条第二款规定，现指定本案由被告所在地广东省开平县人民法院或广东省江门市中级人民法院受理。并请河南省高级法院告之郑州市中级法院将本案有关材料及案件受理费一并移送开平县法院或江门市中级人民法院。

此复。

最高人民法院
关于甘肃省供销合作联社储运公司东岗综合商场诉浙江省玉环县田马食品厂购销合同纠纷案管辖争议问题的复函

1990年7月16日　　　　　　　　法（经）函〔1990〕46号

甘肃省高级人民法院、浙江省高级人民法院：

甘肃省高级人民法院甘法经上〔1990〕11号请示报告和浙江省高级人民法院〔1990〕浙法经字第20号函收悉。关于甘肃省供销合作联社储运公司东岗综合商场诉浙江省玉环县田马食品厂购销合同纠纷案的管辖争议问题。经研究，答复如下：

本案合同签订地在石家庄市，合同履行地在宁波市。依据民事诉讼法（试行）第二十三条规定，石家庄市中级人民法院和宁波市中级人民法院对本案均有管辖权。但鉴于本案当事人双方及合同标的物均不在合同签订地和合同履行地，合同签订地和合同履行地法院行使案件管辖权确有困难，且原告又选择了向被告所在地玉环县人民法院起诉。根据民事诉讼法（试行）第三十三条、第二十九条和第二十条第二款规定，现指定浙江省玉环县人民法院受理本案。请甘肃省高级人民法院裁定撤销兰州市中级人民法院兰法经〔1989〕188—（1）号民事裁定，告之该院将本案有关材料及案件受理费一并移送浙江省玉环县人民法院。

此复。

最高人民法院关于寿光县寿城物资供销公司诉海拉尔市工业供销公司购销木材合同纠纷一案管辖权问题的复函

1990年7月19日　　　　　　　　法（经）函〔1990〕49号

山东省高级人民法院、内蒙古高级人民法院：

〔1990〕内法经请字第1号、〔1990〕鲁法（经）函字第41号关于寿城物资供销公司诉海拉尔市工业供销公司购销木材合同纠纷一案管辖问题的请示报告收悉。经研究，答复如下：双方当事人于1988年2月9日在海拉尔市签订的木材购销合同上写明的"交货地点：济南局宜都站"，应视为当事人在合同中对交货地点的特殊约定。青州市法院（宜都现改为青州）和海拉尔市法院对本案都有管辖权。鉴于双方当事人均不在青州，合同又未实际履行，海拉尔为合同的签订地，又系被告所在地，本院根据《中华人民共和国民事诉讼法（试行）》第三十三条第二款和第二十三条之规定，指定由海拉尔市人民法院管辖此案。寿光县人民法院应当将此案移送海拉尔市人民法院。

最高人民法院关于蕲春县土产公司与昆山市布厂购销落麻合同纠纷一案管辖争议的复函

1990年7月26日　　　　　　　　法（经）函〔1990〕51号

湖北省高级人民法院、江苏省高级人民法院：

你们两院鄂法〔1990〕经呈字第2号和苏法诉〔1990〕经管字第9号关于蕲春县土产公司与昆山市布厂购销落麻合同纠纷一案管辖争议的报告收悉。经研究，答复如下：

本案合同签订于蕲春县。合同中虽有"交地"的约定，但从合同约定的费用负担、运输办法以及实际交货的情况看，属于供方送货，故本合同的履行地可以认定为昆山市。昆山市法院、蕲春县法院对本案都有管辖权。鉴于本案争议的主要问题是货物质量，现货存放于昆山，昆山市法院鉴定、检验比较方便，且该院先收案。因此，根据《中华人民共和国民事诉讼法（试行）》第二十三条和第三十三条第二款的规定，现指定本案由昆山市人民法院管辖。

最高人民法院
关于第三人能否对管辖权
提出异议问题的批复

1990年7月28日　　　　　　　　　　法（经）复〔1990〕9号

江苏省高级人民法院：

你院苏法（经）〔1989〕第9号《关于第三人能否对管辖权提出异议的请示》收悉。经研究，答复如下：

一、有独立请求权的第三人主动参加他人已开始的诉讼，应视为承认和接受了受诉法院的管辖，因而不发生对管辖权提出异议的问题；如果是受诉法院依职权通知他参加诉讼，则他有权选择是以有独立请求权的第三人的身份参加诉讼，还是以原告身份向其他有管辖权的法院另行起诉。

二、无独立请求权的第三人参加他人已开始的诉讼，是通过支持一方当事人的主张，维护自己的利益。由于他在诉讼中始终辅助一方当事人，并以一方当事人的主张为转移。所以，他无权对受诉法院的管辖权提出异议。

最高人民法院
关于购销（代销）收录机合同纠纷
管辖异议问题的复函

1990年8月4日　　　　　　　　　　法（经）函〔1990〕55号

广西壮族自治区高级人民法院：

你院法经字〔1990〕第18号《关于购销（代销）收录机合同货款纠纷管辖异议一案的请示》收悉。经研究，答复如下：

一、合同履行地应为当事人履行合同义务的地点。代销合同是以代销方按照委托方的委托，以自己的营业场所、服务设施来代销委托方的商品为履约内容的。展销合同则是以受托方为委托方提供展销场地、展销服务，由委托方自行销售或由受托方代销展品为履约内容的。因此，应以代销方所在地和受托方所在地为代销合同和展销合同的履行地。本案的双方当事人签订的第一份合同是代销合同，第三份合同是展销合同。依该两份合同规定,代销方和受托方均为武汉市7大国营百货商场股份有限公司,该公司所在地武汉市应为该两份合同的履行地。

二、本案的双方当事人相继签订了3份合同。第一份代销合同在桂林市签订,履行地为武汉市;第二份购销合同在桂林市签订,合同履行地为桂林市;第三份展销合同的签订地和履行地均为武汉市。根据民事诉讼法(试行)第二十三条的规定,桂林市中级法院对于因一、二两份合同纠纷提起的诉讼有权管辖;武汉市中级法院则对因一、三两份合同纠纷提起的诉讼有权管辖。

三、鉴于双方当事人间的主要争议发生在第三份合同,而桂林市中级法院对该份合同纠纷案件并没有管辖权;3份合同纠纷案件的被告均为武汉市7大国营百货商场股份有限公司,且纠纷相互之间还有一定联系,为便利诉讼,以由桂林市中级法院将案件移送武汉市中级法院合并审理为宜。

此复。

最高人民法院
关于徐州市轮船运输服务公司与萧山市物资局城北区供应站购销烟煤合同纠纷案件管辖争议问题的复函

1990年8月19日　　　　　　　　　法(经)函〔1990〕60号

浙江省高级人民法院、江苏省高级人民法院:

浙江省高级法院〔1990〕浙法经字17号请示报告和江苏省高级法院苏法诉〔1990〕经管8号请示均已收悉。关于徐州市轮船运输服务公司(下称"轮运公司")与萧山市物资局城北区供应站(下称"供应站")购销烟煤合同纠纷案管辖权争议的问题。经研究,答复如下:

1989年2月17日,轮运公司与供应站签订购销5万吨烟煤合同一份。同年3月1日,轮运公司又与萧山市城北区工业公司(与供应站实为一个单位,现已撤销)签订购销5万吨烟煤合同一份。两份合同均规定:"交货地点及运费,杭州杜子桥码头船板交货,邳县至杭州水运费由供方负责。"合同约定的运输方式是送货制,交货地点是杭州市,杭州市应为合同履行地。两份合同均未明确签订地。且,合同标的物尚在杭州市,为便于案件的审理和案件审结后的执行,依据民事诉讼法(试行)第二十三条和第三十三条第二款规定,特指定本案由杭州市中级法院管辖。并请你们两院分别通知萧山市法院和邳县法院将本院的有关材料及萧山市法院的案件受理费一并移送杭州市中级法院。鉴于供应站先行起诉,对轮运公司已交纳的案件受理费,由邳县法院直接退还该公司。

此复。

最高人民法院

关于安徽省郎溪县百货公司与郎溪县百货公司高淳县东坝地方产品供销经理部联营商店联营公司纠纷案管辖争议问题的复函

1990年8月20日　　　　　　　　　　　　法（经）函〔1990〕61号

安徽省高级人民法院、江苏省高级人民法院：

　　安徽省高级人民法院经复字〔1990〕第07号请示和江苏省高级人民法院苏法诉〔1990〕经管字第4号请示均已收悉。关于安徽省郎溪县百货公司与郎溪县百货公司高淳县东坝地方产品供销经理部联营商店联营合同纠纷案管辖争议的问题，经研究，答复如下：

　　郎溪县百货公司东坝供销经理部联营商店（下称"联营商店"）系实行独立核算、自负盈亏的经济实体，于1983年6月20日，经江苏省高淳县工商行政管理局核准成立。其店址在高淳县东坝镇。根据民事诉讼法（试行）第三十三条第二款规定，为便于诉讼，特指定本案由该联营商店主要办事机构所在地的高淳县人民法院管辖。请安徽省有关法院按法律程序办理本案有关材料的移转。

　　此复。

最高人民法院经济审判庭

关于石家庄市贸易公司与浙江绍兴柯岩绸厂购销涤纶丝合同纠纷案件管辖权争议问题的复函

1991年1月14日　　　　　　　　　　　　〔1991〕法经字第4号

河北省高级人民法院：

　　你院冀法（经）〔1990〕148号"关于石家庄市贸易公司与浙江绍兴柯岩绸厂购销涤纶丝合同纠纷案件管辖权问题的请示"收悉。经研究答复如下：

　　石家庄市贸易公司（下称"市贸公司"）与浙江绍兴柯岩绸厂（下称"绸厂"）购销合同纠纷一案，于1987年9月和12月，已经浙江省绍兴县法院和绍兴市中级法院第一、二审裁定驳回市贸公司的管辖权异议，确认了绍兴县法院对该案有管辖权。绍兴县法院对本案所作的〔1987〕绍法经民字第232号缺席判决发生法律效力亦达2年之久。现在，市贸公司对绍兴县法院所作的已发生法律效力的判决和驳回管辖权异议的裁定已一并提出了申诉，本案可根据本院法（经）复〔1990〕10号批复精神处理。

此复。

最高人民法院关于四川省仪陇县生产资料服务公司诉河北省永年县临洺关购销线材合同货款纠纷一案管辖争议问题的复函

1991年7月26日　　　　　　　　　　法（经）函〔1991〕79号

四川省高级人民法院、河北省高级人民法院：

四川省高级人民法院川法告申经〔1991〕第16号请示报告和河北省高级人民法院的处理意见报告均收悉。关于四川省仪陇县生产资料服务公司诉河北省永年县临洺关购销处购销线材合同货款纠纷一案的管辖争议。经研究，答复如下：

鉴于本案管辖因有关法院之间存在异议，至民事诉讼法颁布实施后仍处于不确定状态，因此，根据本院法（办）发〔1991〕15号通知精神，本案管辖权应当按照民事诉讼法的有关规定予以确定。民事诉讼法第二十四条规定："因合同纠纷提起的诉讼，由被告所在地或者合同履行地人民法院管辖。"本案被告河北省永年县临洺关购销处（以下称"购销处"）所在地在河北省永年县，合同履行地在四川省渠县，永年县人民法院和渠县人民法院对本案均有管辖权。鉴于本案合同已经当事人双方商妥解除，无须履行，原告的诉讼请求仅仅是要求被告依照退款协议如数退还货款，而本案被告系个人合伙，几个合伙人又处于取保候审中。因此，为便于本案的审理和执行，本院特指定本案由河北省永年县人民法院管辖。

此复。

最高人民法院
关于在民事诉讼法生效前对因管辖权异议的裁定上诉后如何适用法律问题的复函

1991年8月10日　　　　　　　　　　　法（经）函〔1991〕82号

新疆维吾尔自治区高级人民法院：

你院新法（经）〔1990〕30号关于在尚未审结的不服管辖异议裁定提起上诉的二审裁定可否继续适用民事诉讼法（试行）的请示报告收悉。经研究，答复如下：

在民事诉讼法施行前，原审人民法院依照民事诉讼法（试行）有关管辖的规定受理的案件，当事人对管辖权提出异议，被原审人民法院裁定驳回后，又提起上诉的，第二审人民法院在民事诉讼法施行后审理时，应审议原裁定适用当时具有法律效力的民事诉讼法（试行）是否得当，而不是直接引用已废止的民事诉讼法（试行）作出二审裁定。

此复。

最高人民法院
关于驻马店市再生资源开发公司与都昌县油脂加工厂购销合同纠纷一案管辖问题的复函

1992年1月15日　　　　　　　　　　　法函〔1992〕6号

江西省高级人民法院、河南省高级人民法院：

江西省高级人民法院赣法（经）请〔1991〕4号函和河南省高级人民法院〔1991〕豫法经函字第11号函均已收悉。经研究，答复如下：

本案合同双方对交货地点的约定虽然没有构成对合同履行地的特殊约定，但从整个合同看，约定的履行地应认定为江西省都昌县。当事人在履行中虽然变更了原约定的交货方式，合同的实际履行地为河南省新蔡县，但在都昌县人民法院受理本案时，本院对实际履行地与约定履行地不一致的，人民法院在按履行地实施管辖时，以实际履行地视为合同履行地的司法解释尚未作出的情况下，都昌县人民法院最先收到起诉状之后受理本案并无不当。本院依照《中华人民共和国民事诉讼法》第三十七条第二款之规定，指定本案由江西省都昌县人民法院管辖。

此复。

最高人民法院关于四川省金建贸易公司诉四川省金堂县建筑工程联合公司购销合同拖欠货款纠纷一案管辖问题的复函

1992年1月28日　　　　　　　　　　　　法函〔1992〕13号

西藏自治区高级人民法院、四川省高级人民法院：

西藏自治区高级人民法院藏法〔1991〕经请字第15号请示报告收悉。经研究，答复如下：

鉴于本案原告四川省金建贸易公司、被告四川省金堂县建筑工程联合公司清理小组分别位于成都市所辖的锦江区（原东城区）和金堂县，原东城区人民法院受理本案后根据当事人的申请采取了保全措施，查封的财产位于成都市所辖的温江县。为便利诉讼，本院依照《中华人民共和国民事诉讼法》第三十七条第二款之规定，指定本案由四川省成都市有关的人民法院管辖。请四川省成都市中级人民法院酌情确定管辖法院。

此复。

最高人民法院关于九江市庐山区煤炭供应站与常德市联运公司购销合同纠纷一案管辖问题的复函

1992年7月25日　　　　　　　　　　　　法函〔1992〕107号

江西省高级人民法院、湖南省高级人民法院：

江西省高级人民法院赣法（经）请〔1991〕5号请示和湖南省高级人民法院湘高法经〔1992〕03号报告收悉。经研究，答复如下：

鉴于1989年2月24日、5月8日当事人双方所签合同的签订地均在常德市，履行地均在九江市；7月1日合同的签订地在九江市，实际履行地在常德市；九江市庐山区人民法院于1989年12月2日收到庐山区煤炭供应站的诉状，常德市武陵区人民法院于同月10日收到常德市联运公司的诉状，依照当时的法律，上列两个法院对本案均有管辖权，因庐山区人民法院最先收到诉状，本案应由该区法院管辖。故本院依照《中华人民共和国民事诉讼法》第三十七条第二款之规定,指定本案由九江市庐山区人民法院管辖。

另外,九江市庐山区人民法院收到诉状后发送诉状副本超过法定期间38天显属不当,应予指出,望吸取教训。

此复。

最高人民法院
关于湖南省黔阳线带厂与四川省自贡化纤厂购销合同纠纷一案指定管辖的通知

1993年5月8日　　　　　　　　　　　法经〔1993〕74号

湖南省高级人民法院、四川省高级人民法院:

湖南省高级人民法院〔1993〕湘法经请字第1号《关于湖南省黔阳县线带厂与四川省自贡化纤厂购销合同纠纷管辖权争议的请示报告》及四川省高级人民法院报送的有关材料均已收悉。经研究,答复如下:

本案合同双方当事人在自销〔92〕字5号、自销〔92〕字6号合同中已明确填写交(提)货地点为湖南怀化火车南站,应当认为双方当事人对购销合同履行地有特殊约定,并且已按约定部分履行。根据《中华人民共和国民事诉讼法》第二十四条,第三十七条第二款的规定,现指定该案由湖南省怀化地区中级人民法院管辖,请自贡市中级人民法院接函后将本案的有关诉讼材料移送湖南省怀化地区中级人民法院。

最高人民法院经济审判庭
关于法院应原告变更被告之请求而恢复诉讼,变更后的被告是否有权提出管辖异议问题的答复

1993年6月2日　　　　　　　　　　　法经〔1993〕97号

湖南省高级人民法院:

你院湘高法经〔1993〕4号请示收悉。经研究,答复如下:

原则同意你院意见。人民法院对原中止诉讼的案件应原告之请求,变更被告,恢复

诉讼后，变更后的被告应享有法律规定的一切诉讼权利，包括在答辩期内向人民法院提出管辖权异议。对此，人民法院应当根据《中华人民共和国民事诉讼法》第一百四十条第一款第（二）项的规定予以裁定，不能以回函形式处理被告所提出的管辖权异议。

最高人民法院关于四川省绵阳高新技术开发区福通公司与中国钢铁炉料总公司购销合同纠纷一案管辖问题的复函

1993年12月15日　　　　　　　　　　　　法经〔1993〕243号

四川省高级人民法院：

你院〔1993〕川高法经请字第88号《关于四川省绵阳高新技术开发区福通公司诉中国钢铁炉料总公司购销、退款、赔偿合同纠纷一案管辖问题的请示报告》收悉。经研究，答复如下：

1993年5月5日，吉林省对外贸易进出口总公司物资分公司（以下简称物资公司）作为需方与中国钢铁炉料总公司（以下简称炉料公司）签订90—A18钢材购销合同。与此同时，物资公司又作为供方与四川省绵阳高新技术开发区福通公司（以下简称福通公司）签订90—A14钢材购销合同。1993年6月26日，三方当事人又签订了三方协议书，约定物资公司退出，由炉料公司直接向福通公司供货3000吨，上海港交货；由炉料公司退款937.5万元给福通公司，调拨1000吨出厂价钢材给福通公司，以该钢材的差价抵偿给付福通公司的违约金40万元；并明确约定该协议是原钢材购销合同不可分割的部分。后因履行三方协议福通公司与炉料公司发生争议，福通公司向四川省绵阳市中级人民法院起诉。本院认为"三方协议是原合同的继续，虽然其中有炉料公司退还福通公司937.5万元货款的内容，但并没有改变其购销合同的性质。原被告之间的争议属购销合同纠纷。福通公司收到了提货单，应认为合同已部分实际履行"。因此，本案应由合同履行地或被告住所地人民法院管辖。三方协议约定上海港交货，合同履行地为上海；被告炉料公司住所地在北京。因此，绵阳市中级人民法院应将案件移送有管辖权的上海或北京市中级人民法院审理。

最高人民法院经济审判庭
关于对宁波保税区华能联合开发有限公司与中信贸易公司等委托代理进口合同纠纷一案管辖权问题的复函

1993年12月17日　　　　　　　　　法经〔1993〕249号

浙江省高级人民法院经济审判庭：

你庭1993年8月28日《关于宁波保税区华能联合开发有限公司诉中信贸易公司、中信技术公司委托代理进口钢材合同纠纷一案管辖权问题的请求报告》收悉。经研究，答复如下：

委托合同中委托人的主要义务是办理委托事务，因此，受托人办理委托事务的地点就是委托代理合同的履行地。在你庭请示的案件中，根据1992年6月20日，原宁波华能港前工业区联合开发有限公司（即后来的华能公司）与中信贸易公司、中信技术公司签订的委托代理进口钢材协议及随后华能公司、中信贸易公司、中信技术公司又与宁波市五金矿产进出口公司达成的协议，中信贸易公司、中信技术公司主要负责对外合同的履行，包括开证、支付、联系、检验及索赔等。根据你庭报告中所述情况，中信贸易公司，中信技术公司并未实际履行上述义务，因此，本案委托代理合同履行地难以确定。将进口合同中约定的标的物的交付地作为委托代理合同的履行地是不妥当的。本案应由被告住所地的人民法院管辖。

此复。

最高人民法院
关于陈怡、李细雄诉张凤香房屋侵权纠纷一案管辖问题的通知

1994年3月17日　　　　　　　　　〔1994〕民他字第4号

广东省高级人民法院：

你院报送的陈怡、李细雄与张凤香房屋侵权纠纷一案管辖问题的报告收悉，经研究认为：广东省深圳市龙岗区人民法院受理的陈怡、李细雄诉张凤香房屋侵权案与河北省

清河县人民法院受理的清河县华欣绒毛厂诉张凤香、第三人梁克、曹莎、陈怡、李细雄购建楼房纠纷案，是两个独立的诉讼，但两案的诉讼标的物是同一的，即坐落在深圳市龙岗区布吉镇永泾村大靓花园新村69号、70号的两幢4层楼房。该房产在深圳市龙岗区人民法院辖区内，因不动产提起的诉讼，由不动产所在地人民法院管辖，故河北省清河县人民法院应将清河县华欣绒毛厂诉张凤香、第三人梁克、曹莎、陈怡、李细雄购建楼房纠纷一案，移送对该案有管辖权的深圳市龙岗区人民法院审理。

此外，今后凡属跨省、自治区、直辖市的人民法院之间发生管辖权争议的，请按照我院《关于适用〈中华人民共和国民事诉讼法〉若干问题的意见》第三十六条的规定，由有关高级人民法院协商不成后，再报我院指定管辖。

最高人民法院
关于福建省福州市郊区粮食局亭江粮管站粮油经营部与湖北省黄梅县李英粮油议购议销经营部武穴中转站糯米购销合同纠纷案指定管辖的通知

1994年5月11日　　　　　　　　　　　　　法经〔1994〕110号

福建省高级人民法院、湖北省高级人民法院：

福建省高级人民法院闽法明传〔1993〕304号报告和湖北省高级人民法院〔1993〕鄂经他字第10号报告均收悉。关于福建省福州市郊区粮食局亭江粮管站粮油经营部（下称亭江经营部）与湖北省黄梅县李英粮油议购议销经营部武穴中转站（下称武穴中转站）糯米购销合同纠纷一案的管辖问题。经研究，答复如下：

1992年11月3日，刘元斌持福州市郊区粮食局亭江粮管站的有效聘书及亭江经营部的介绍信、盖有公章的合同纸，代表亭江经营部与武穴中转站签订的糯米购销合同约定："武穴港船板交货，船开动前费用由供方（武穴中转站）承担，开动后由需方（亭江经营部）承担。"据此，已明确合同履行地是湖北省武穴港。依据《最高人民法院关于适用〈中华人民共和国民事诉讼法〉若干问题的意见》第19条之规定，湖北省武穴市人民法院对本案有管辖权。本院依据《中华人民共和国民事诉讼法》第24条、第37条第2款规定，指定本案由湖北省武穴市人民法院管辖。

福建省长乐县人民法院应将此案案卷移送湖北省武穴市人民法院审理。请湖北省高级人民法院监督、指导本案审理，切实做到秉公执法。

最高人民法院
关于岳阳通达制冷空调有限公司、中国对外贸易运输总公司湖南省分公司岳阳支公司、上海港集装箱综合发展公司、上海集装箱码头有限公司之间的委托合同与港口装卸作业纠纷案件管辖权争议的处理意见

1994年7月12日　　　　　　　　　　法经〔1994〕158号

湖南省高级人民法院：

湖南省高级人民法院〔1994〕湘法经函字第20号请示报告收悉。关于岳阳市中级人民法院与上海海事法院各自受理的就岳阳通达制冷空调有限公司（下称通达公司）、中国对外贸易运输总公司湖南省分公司岳阳支公司（下称外运公司）、上海港集装箱综合发展公司（下称综合公司）、上海集装箱码头有限公司（下称码头公司）之间的委托合同与港口装卸作业纠纷案件管辖权争议问题。经研究，答复如下：

一、外运公司与通达公司签订的由外运公司将通达公司一批进口设备从上海中转到岳阳的协议书中，双方当事人已明确约定"如双方发生纠纷，通过协商解决。协商不成，由原告所在地人民法院处理"。该约定不违反《中华人民共和国民事诉讼法》第二十五条的规定。因此，岳阳市中级人民法院对其受理的案件有管辖权。

二、外运公司与通达公司签订协议后，外运公司将其接受的委托事务转委托综合公司、综合公司又口头委托码头公司，码头公司在吊装通达公司货物过程中致货物损坏。根据《中华人民共和国民事诉讼法》第三十四条第（二）项"因港口作业中发生纠纷提起的诉讼，由港口所在地人民法院管辖"的规定，岳阳市中院不应将码头公司列为第三人。

最高人民法院
关于合同当事人仅给付了定金应当如何确定管辖问题的复函

1994年7月15日　　　　　　　　　　法经〔1994〕171号

天津市高级人民法院：

你院〔1993〕津高法字第69号《关于合同纠纷提起的诉讼当事人仅履行了定金约定，没履行合同约定的其他义务，应如何确定管辖的请示》收悉。经研究，答复如下：

在合同当事人仅履行了合同中定金条款的约定，而未履行合同的其他条款的情况下，不能依据《最高人民法院关于适用〈中华人民共和国民事诉讼法〉若干问题的意见》（下称《意见》）第18条、第19条的规定认定为"实际履行"。《意见》中的"实际履行"，对于购销合同，是指合同当事人实际履行了交货义务。因此，合同当事人因仅给付了定金而产生合同纠纷，应按照《意见》第18条的规定确定管辖的人民法院。

此复。

最高人民法院
关于对澳亚（成都）房地产有限公司与深圳中科财实业发展公司集资建房案的管辖问题的请示报告的函

（1994年9月19日）

四川省高级人民法院：

你院〔1994〕川高法申字第7号《关于对澳亚（成都）房地产有限公司与深圳中科财实业发展公司集资建房案的管辖问题的请示报告》收悉。经研究认为：澳亚（成都）房地产有限公司与深圳中科财实业发展公司在1994年3月6日签订的《合作开发澳亚国际食品大厦项目合同书》中对仲裁的约定，是双方对发生争议时解决方式协商一致的意思表示，有明确的仲裁事项和仲裁机构。纠纷发生后，深圳中科财实业发展公司即向成都市经济合同仲裁委员会提交了仲裁申请，澳亚（成都）房地产有限公司也向该仲裁委员会提交了法人代表身份证明、委托律师代为诉讼的委托书等有关材料以及延长答辩期的请求。故应认定澳亚（成都）房地产有限公司承认合同中订立的仲裁条款和深圳中科财实业发展公司选择的仲裁机构。根据我国有关法律、条例规定，此类合同纠纷属于经济合同仲裁委员会仲裁范围。成都市经济合同仲裁委员会依据合同双方的选择及四川省工商行政管理局经济合同仲裁委员会的指定受理此案并无不妥。澳亚（成都）房地产有限公司在仲裁答辩期内又向法院起诉，应适用经济合同法、民事诉讼法等法律的有关规定，人民法院不应受理。据此，同意你院倾向性意见，即此案以由成都市经济合同仲裁委员会立案受理为宜。

最高人民法院
关于合同双方当事人协议约定发生纠纷各自可向所在地人民法院起诉如何确定管辖问题的复函

1994年11月27日　　　　　　　　　　　　法经〔1994〕307号

四川省高级人民法院：

你院川法明传〔1994〕211号请示收悉。经研究，答复如下：

合同双方当事人约定：发生纠纷各自可向所在地人民法院起诉。该约定可认为是选择由原告住所地人民法院管辖，如不违反有关级别管辖和专属管辖的规定，则该约定应为有效。若当事人已分别向所在地人民法院提起诉讼，则应由先立案的人民法院管辖；若立案时间难于分清先后，则应由两地人民法院协商解决；协商解决不了的，由它们的共同上级人民法院指定管辖。

最高人民法院
关于中国投资银行深圳分行诉湖北楚天柠檬酸企业有限公司、湖北省咸宁地区计划委员会和财政局经济合同纠纷案管辖问题的复函

1995年4月17日　　　　　　　　　　　　法函〔1995〕42号

广东省高级人民法院：

据湖北省咸宁地区中级人民法院反映，在我院法经〔1994〕341号函下发之前，深圳市中级人民法院将中国投资银行深圳市分行诉湖北楚天柠檬酸企业有限公司、湖北省

咸宁地区计划委员会和财政局经济合同纠纷案，肢解成两个案件予以判决并送达当事人，当事人在不知我院已发函的情况下签收了法律文书，故请求我院纠正深圳市中级人民法院的错误做法。

经研究认为：我院法经〔1994〕341号函已经明确了深圳市中级人民法院对本案无管辖权，你院应当依法裁定撤销驳回当事人管辖权异议的一、二审裁定，将本案移送湖北省咸宁地区中级人民法院管辖。在此以前，我院经济庭于1994年7月8日也已致函你院，并明确在协调期间，暂不要进行实体审理。请你院对以上情况进行认真审查，抓紧落实，并将结果书面报告我院经济庭。

最高人民法院关于天津津瑞利国际贸易有限公司与南通新通联物资公司联营合同纠纷一案管辖问题的复函

1995年4月17日　　　　　　　　　　法函〔1995〕38号

山西省高级人民法院：

天津津瑞利国际贸易有限公司（以下称津瑞利公司）向我院反映，山西省大同市中级人民法院对其与南通新通联物资公司（以下称新通联公司）联营协议纠纷案件无管辖权后，我院经济庭曾电话通知你院经济庭，如津瑞利公司反映情况属实，请予纠正。现你院以《关于天津津瑞利国际贸易有限公司与南通新通联物资公司联营合同纠纷一案管辖问题的报告》将意见书面报告我院经济庭。经研究，我院认为：

一、津瑞利公司与新通联公司在联营协议中明确约定"如发生争议，报请合同签订地的管理部门或直接向合同签订地人民法院起诉"。此约定符合民事诉讼法第二十五条的规定，该案应由合同签订地法院管辖，大同中院以诉前保全为由受理该案，而否定约定管辖不当。

二、双方当事人在合同中明确约定签约地点为天津塘沽，且签字盖章后合同即为成立。你院认为双方在天津签字盖章后，在大同又口头议定以大同矿务局劳动服务总公司盖章见证作为合同正式成立的条件的理由不妥，故该案应由天津市中级人民法院审理。你院接到本函后，应即坚决依法撤销一、二审裁定，将该案移送天津市中级人民法院。

最高人民法院关于珠海经济特区科信高新技术开发公司诉珠海经济特区中信集团有限公司联营合同纠纷案件管辖权问题的函

1995年5月18日　　　　　　　　　　法函〔1995〕58号

湖北省高级人民法院：

　　珠海经济特区中信集团有限公司向我院反映：1994年3月21日，其与珠海经济特区科信高新技术开发公司签订了"合作经营蛇皮出口业务协议书"。因履行合同发生纠纷，1994年10月12日，珠海经济特区科信高新技术开发公司向湖北省武汉市中级法院起诉。中信集团有限公司提出管辖权异议。武汉市中级法院和湖北省高级法院均以该合同属名为联营，实为借款为由，裁定驳回中信集团有限公司的管辖权异议。经审查，我们认为：人民法院立案应以当事人签订的合同为管辖的根据，而不能以实体审理后对合同性质的实体认定作为案件管辖的根据。本案讼争合同为协作型联营合同，根据最高人民法院《关于审理联营合同纠纷案件若干问题的解答》的规定，协作型联营合同纠纷案件，由被告所在地的人民法院管辖。据此，武汉市中级法院对本案无管辖权。请你院接此函后，依法撤销一、二审裁定。将本案移送有管辖权的法院。

最高人民法院关于金利公司与金海公司经济纠纷案件管辖问题的复函

1995年7月5日　　　　　　　　　　法函〔1995〕89号

湖南省高级人民法院：

　　你院《关于金利公司与金海公司经济纠纷案件管辖问题的报告》收悉。经研究，答复如下：

　　金利公司与金海公司在再次补充协议中约定："如甲、乙双方发生争议，由守约方所在地人民法院管辖。"该约定不符合《民事诉讼法》第二十五条的规定，应认定协议管辖的条款无效。本案应由被告所在地的人民法院管辖。接此函后，请你院依法撤销一审判决和一、二审裁定，将本案移送有管辖权的法院。

最高人民法院经济审判庭关于购销合同的双方当事人在合同中约定了交货地点，但部分货物没有在约定的交货地点交付，如何确定管辖权问题的复函

1995年7月11日　　　　　　　　　　　　　　法经〔1995〕206号

河南省高级人民法院：

你院〔1995〕豫法经报字第5号请示收悉。经研究，答复如下：

我们同意你院请示中所列第三种意见，购销合同的双方当事人在合同中约定了交货地点，且依据合同中约定的交货地点交付了部分货物，虽其余货物没有依据合同约定的交货地点履行，仍应以合同约定的交货地点确定管辖权。

最高人民法院关于珠海市东兴房产综合开发公司与珠海经济特区侨辉房产公司、中国农村发展信托投资公司浙江办事处合作经营房地产合同纠纷案管辖问题的通知

1995年11月9日　　　　　　　　　　　　　　法函〔1995〕143号

广东省高级人民法院、浙江省高级人民法院：

广东省高级人民法院粤高法民〔1995〕66号请示报告收悉。经研究，答复如下：

广东省珠海市中级人民法院受理的珠海市东兴房产综合开发公司诉中国农村发展信托投资公司浙江办事处、珠海经济特区侨辉房产公司合作经营房地产合同纠纷一案与浙江省高级人民法院受理的中国农村发展信托投资公司浙江办事处诉珠海市东兴房产综合开发公司、珠海经济特区侨辉房产公司借款合同纠纷一案，都是因合作开发经营珠海市吉大ZD92－04号地块房地产项目而引起的纠纷，应当作为一案审理。房地产属不动产，根据《中华人民共和国民事诉讼法》第三十四条第（一）项的规定，因不动产纠纷提起的诉讼，由不动产所在地人民法院管辖。因此，本院根据《中华人民共和国民事诉讼法》第三十七条第二款的规定，指定本案由房地产所在地的广东省高级人民法院管

辖。请浙江省高级人民法院将该案移送广东省高级人民法院审理。广东省高级人民法院应依法审理，公正作出判决。

最高人民法院关于武汉证券公司与大连连通证券公司债券兑付纠纷一案如何确定管辖权问题的复函

1995年12月7日　　　　　　　　　法函〔1995〕167号

湖北省高级人民法院：

你院鄂高法明传〔1995〕240号请示报告收悉。经研究，答复如下：

企业债券是一种有价证券，企业债券当事人的权利、义务表现在债券上，并依票面载明的事项行使和履行。企业债券兑付纠纷案件应由债券兑付地或者被告住所地人民法院管辖。本案双方当事人对兑付地点没有明确约定。因此，应由被告大连连通证券公司住所地人民法院管辖。

最高人民法院关于当事人在合同中协议选择管辖法院问题的复函

1995年12月7日　　　　　　　　　法函〔1995〕157号

河北省高级人民法院：

你院〔1995〕冀法经二请字1号请示收悉。经研究，答复如下：

根据《中华人民共和国民事诉讼法》第二十五条规定，合同的双方当事人可以在书面合同中协议选择被告住所地、合同履行地、合同签订地、原告住所地、标的物所在地人民法院管辖。如果当事人约定选择上述列举的两个以上人民法院管辖的，依据本院《关于适用〈中华人民共和国民事诉讼法〉若干问题的意见》第24条的规定，该选择管辖的协议无效；如果当事人约定选择上述列举以外的人民法院管辖的，因其超出法律规定的范围，也应认定该约定无效，不能以此作为确定管辖的依据。

最高人民法院关于广东顺德东南亚地产发展有限公司诉湖南通利房地产开发有限公司商品房买卖合同纠纷案和湖南通利房地产开发有限公司诉广东顺德东南亚地产发展有限公司债务纠纷案管辖问题的通知

1995年12月8日　　　　　　　　　　　　法函〔1995〕159号

广东省高级人民法院、湖南省高级人民法院：

广东省高级人民法院粤高法民〔1995〕72号报告、湖南省高级人民法院湘民请〔1995〕1号报告收悉。经研究，答复如下：

从你们的报告看，广东顺德东南亚地产发展有限公司与湖南通利房地产开发有限公司签订购房合同后，经自愿协商就终止履行购房合同，由广东顺德东南亚地产发展有限公司将预付购房款返还给湖南通利房地产开发有限公司达成了一致意见，并约定如发生纠纷由债权人所在地法院管辖。据此，依照《中华人民共和国民事诉讼法》第三十七条第二款之规定，指定本案由湖南省高级人民法院管辖。广东省佛山市中级人民法院应将该案移送湖南省高级人民法院审理。湖南省高级人民法院应依法审理，公正作出判决。

最高人民法院关于交通银行苏州分行诉海南省国际信托投资公司借款合同纠纷案指定管辖问题的通知

1996年1月29日　　　　　　　　　　　　法函〔1996〕16号

江苏省高级人民法院、海南省高级人民法院：

江苏省高级人民法院〔1995〕苏经复字第91号请示和海南省高级人民法院琼法明传〔1995〕93号报告收悉。经研究，答复如下：

海南省国际信托投资公司与苏州市对外经济技术贸易公司签订的《合作续建海定大厦合同书》，就双方合作的项目、出资方式、工程施工监管、房屋销售、利润分配、合作期限等作了明确规定。根据《最高人民法院〈关于审理联营合同纠纷案件若干问题的解答〉》第二条第（一）项第3目的规定，此案应由被告所在地人民法院管辖。鉴于海口市中级人民法院立案在先（1995年4月24日），苏州市中级人民法院立案在后（1995年5月2日），现指定该案由先立案的案件的被告所在地苏州市中级人民法院管辖。请海南省高级人民法院接到此通知后，依法撤销〔1995〕琼民终字第82号及〔1995〕海口房初字第54—1号民事裁定书，监督海口市中级人民法院在1996年2月中旬以前将案件移送苏州市中级人民法院。

最高人民法院关于华北铝业有限公司诉庄河市第一建筑工程公司购销合同纠纷案管辖问题的函

1996年2月2日　　　　　　　　　　　　　　法函〔1996〕19号

河北省高级人民法院：

大连庄河市第一建筑工程公司向我院反映，保定市中级人民法院对华北铝业有限公司诉庄河市第一建筑工程公司购销合同纠纷案强行管辖，并作出〔1995〕保市经二初字第80号民事裁定书。该案现已上诉至你院。经审查其提供的材料，我们研究认为：双方当事人签订的合同名称是"工矿产品购销合同"，明确约定交货地点为庄河市工地，加工承揽的内容并不明确，合同性质问题应经实体审理予以确定。根据《最高人民法院关于适用〈中华人民共和国民事诉讼法〉若干问题的意见》第19条之规定，该案应由大连市中级人民法院管辖。

现将有关材料转去，请你们认真审查。如果当事人反映的情况属实，请你院依法予以纠正。

附：申诉材料一份（略）

最高人民法院
关于海南东华物产公司诉中国农业银行昌江支行借款合同纠纷案指定管辖问题的通知

1996年2月9日　　　　　　　　　　　　法函〔1996〕26号

海南省高级人民法院、江苏省高级人民法院：

　　海南省高级人民法院琼高法〔1995〕73号请示和江苏省高级人民法院〔1995〕苏经协字第33号报告收悉。经研究，答复如下：

　　1993年1月29日和2月18日，海南东华物产公司从南京和海口分别划出500万元借款给中国农业银行昌江支行。但该公司住所地在海口市，故贷款方所在地应为海口市。特别是1995年2月11日南京市中级人民法院撤销〔1994〕宁民调字第7号调解书、裁定由海南东华物产公司另行起诉后，在两省高级人民法院就此案管辖权问题进行协商期间，该院于1995年11月27日又作出裁定，中止原裁定的执行，另行组成合议庭进行再审，并于1995年11月30日作出判决。根据最高人民法院《关于如何确定借款合同履行地问题的批复》、《关于在经济审判工作中严格执行〈中华人民共和国民事诉讼法〉的若干规定》第1条第4项之规定，海南东华物产公司诉中国农业银行昌江支行借款合同纠纷案，现指定由海南省海南中级人民法院管辖。江苏省高级人民法院收到此通知后，应撤销南京市中级人民法院〔1995〕宁经监字第2号民事裁定和〔1995〕宁经再初字第2号民事判决，并将该案移送海南省海南中级人民法院。

最高人民法院
关于案件级别管辖几个问题的批复＊

1996年5月7日　　　　　　　　　　　　　　法复〔1996〕5号

山东省高级人民法院：

你院鲁高法函〔1994〕37号请示及鲁高法函〔1995〕74号请示均已收悉。经研究，答复如下：

一、在当事人双方或一方全部没有履行合同义务的情况下，发生纠纷提起诉讼，如当事人在诉讼请求中明确要求全部履行合同的，应以合同总金额加上其他请求金额作为诉讼标的金额，并据以确定级别管辖；如当事人在诉讼请求中要求解除合同的，应以其具体的诉讼请求金额来确定诉讼标的金额，并据以确定级别管辖。

二、当事人在诉讼中增加诉讼请求从而加大诉讼标的金额，致使诉讼标的金额超过受诉法院级别管辖权限的，一般不再变动。但是当事人故意规避有关级别管辖等规定的除外。

三、按照级别管辖规定应当由上级人民法院管辖的案件，上级人民法院交由下级人民法院审理的，该下级人民法院不得再交其下级人民法院审理。

最高人民法院
关于厦门维哥木制品有限公司与台湾富源企业有限公司购销合同纠纷管辖权异议案的复函

1996年5月16日　　　　　　　　　　　　　法函〔1996〕78号

福建省高级人民法院：

你院〔1996〕闽经他字第02号"关于厦门维哥木制品有限公司与台湾富源企业有限公司购销合同纠纷管辖权异议案"的报告收悉。

经研究，答复如下：本案双方当事人在其合同中约定"解决合同纠纷的方式为双方进行友好协商解决或以国际商会仲裁为准"，按照国际商会仲裁规则第8条规定："双方

＊ 也作"最高人民法院关于执行级别管辖规定几个问题的批复"。

当事人约定提交国际商会仲裁时,则应视为事实上接受本规则。"国际商会仲裁院是执行国际商会仲裁规则的唯一仲裁机构。故双方当事人合同中的仲裁条款实际约定了由国际商会仲裁院依据国际商会仲裁规则对本案当事人之合同纠纷进行仲裁。该仲裁条款有效,当事人应按仲裁条款进行仲裁,人民法院对本案没有管辖权。

此复。

最高人民法院
关于案件性质及管辖权问题的复函

1996年6月19日　　　　　　　　　　　　法函〔1996〕103号

河南省高级人民法院:

你院〔1996〕豫法经报字第1号请示报告收悉。经研究,答复如下:

郑州铁路局因铁路用地侵权纠纷对郑州市车辆修配厂提起的诉讼,符合民事诉讼法规定的起诉条件。根据我院《关于铁路运输法院对经济纠纷案件管辖范围的规定》,郑州铁路运输法院对本案有管辖权。

最高人民法院
关于义乌市商城宾馆与香港宏生贸易公司
中外合作经营合同纠纷管辖问题的答复函

1996年9月9日　　　　　　　　　　　　法函〔1996〕141号

浙江省高级人民法院:

你院〔1996〕浙法经字71号函收悉。经研究,答复如下:同意你院的审查意见,即义乌市商城宾馆与香港宏生贸易公司间的中外合作经营合同中的仲裁条款约定仲裁机构不明确,无法执行,该仲裁条款无效。浙江省金华市中级人民法院作为合同履行地对该案有管辖权。

此复。

最高人民法院
关于明桦有限公司（香港）诉辽宁物产集团总公司营口贸易部、盖州市宏达物资公司购销合同货款纠纷一案管辖问题的请示报告的复函

1996年10月9日　　　　　　　　　　　　法函〔1996〕158号

辽宁省高级人民法院：

你院〔1996〕辽审监立请字第1号"关于明桦有限公司（香港）诉辽宁物产集团总公司营口贸易部、盖州市宏达物资公司购销合同货款纠纷一案管辖问题的请示报告"已收悉。经研究，答复如下：该案当事人签订的合约第16条虽为仲裁条款，但并未约定进行仲裁，而是协议法院管辖。因该协议管辖违反民事诉讼法第244条之规定，应确认无效。此案可由你省有管辖权的人民法院管辖。

此复。

最高人民法院
关于经济合同的名称与内容不一致时如何确定管辖权问题的批复

1996年11月13日　　　　　　　　　　　　法复〔1996〕16号

江苏省高级人民法院：

你院苏高法〔1995〕229号请示收悉。经研究，答复如下：

一、当事人签订的经济合同虽具有明确、规范的名称，但合同约定的权利义务内容与名称不一致的，应当以该合同约定的权利义务内容确定合同的性质，从而确定合同的履行地和法院的管辖权。

二、合同的名称与合同约定的权利义务内容不一致，而且根据该合同约定的权利义务内容难以区分合同性质的，以及合同的名称与该合同约定的部分权利义务内容相符的，则以合同的名称确定合同的履行地和法院的管辖权。

最高人民法院民事审判庭
关于石家庄东方城市广场有限公司与香港拓能有限公司管辖异议一案法院是否有管辖权问题的批复

1998年7月6日　　　　　　　　　　　　　　法经〔1998〕287号

河北省高级人民法院：

你院〔1998〕冀经请字第43号"关于石家庄东方城市广场有限公司与香港拓能有限公司管辖异议一案的请示"收悉。经研究，答复如下：

本案双方当事人在租赁经营合同中的约定：租赁双方因执行本合同发生争议，……任何一方均可向甲方（石家庄东方城市广场有限公司）所在地仲裁机关申请仲裁。该合同中虽未写明仲裁委员会的名称，仅约定仲裁机构为"甲方所在地仲裁机关"，但鉴于在当地只有一个仲裁委员会，即石家庄仲裁委员会，故该约定应认定是明确的，该仲裁条款合法有效。当事人因履行该合同发生纠纷，应提交仲裁解决，人民法院对本案不享有管辖权。

最高人民法院
关于上海国际航运大厦有限公司与香港海宁工程（中国）有限公司承包合同纠纷一案管辖问题的复函

1998年7月13日　　　　　　　　　　　　　〔1998〕民他字第10号

上海市高级人民法院：

你院〔1998〕沪高民终字第10号《关于上海国际航运大厦有限公司与香港海宁工程（中国）有限公司承包合同纠纷一案管辖问题的请示》收悉。经研究，原则同意你院意见，根据仲裁法第七十九条规定，当事人在1996年12月约定的上海市工商行政管理局合同仲裁机构，在当时已不存在，如果当事人没有就仲裁机构达成补充协议，则属于对仲裁机构约定不明确。本案双方当事人虽在合同中约定将争议提交仲裁，但同时又约定经仲裁后双方仍无法达成一致时可诉请法院解决，此约定表明双方未将仲裁作为解决其相互间争议的唯一方式和最终方式，实际上是将仲裁约定为诉讼的前提条件，该仲裁协议不符合民事诉讼法和仲裁法有关仲裁问题的规定，因此该仲裁协议应属无效。

此复。

最高人民法院知识产权审判庭
关于苍南县天马活塞工业有限公司与河北天马活塞工业有限公司不正当竞争纠纷管辖权异议案的函

1999年7月2日　　　　　　　　　　　〔1999〕知监字第21号函

河北省高级人民法院：

苍南县天马活塞工业有限公司因与河北天马活塞工业有限公司不正当竞争纠纷管辖权异议一案，不服你院〔1998〕冀民终字第84号民事裁定，向本院申请再审。经审查申请人提供的一、二审裁定书和再审申请书等材料，我们认为本案存在以下问题：

河北天马活塞工业有限公司是起诉苍南县天马活塞工业有限公司仿冒其商品包装而构成不正当竞争，并未同时指控其他任何第三人包括销售者有共同侵权行为。由于被控侵权物品的制造地并不在沧州，又无证据证明苍南县天马活塞工业有限公司在沧州有直接销售行为，所以，沧州既不是被告所在地，也不是侵权行为地。你院以案外人的销售行为地来确定制造者的侵权结果发生地不当。因为案外人的销售行为与制造者的侵权行为是两个独立的侵权行为，不能以案外人的侵权行为确定本案侵权行为的管辖地，故不能以被控侵权物品的到达地当然地作为侵权结果发生地。

以上问题，请你院依法复查纠正，并在一个月内向本院报告结果，同时直接答复申请再审人。

最高人民法院
关于胡辛诉叶辛、上海大元文化传播有限公司侵犯著作权管辖权异议案的答复

2000年9月9日　　　　　　　　　　〔2000〕知他字第4号函

江西省高级人民法院：

你院〔2000〕赣高法知终字第5号《关于卫星传送境外电视节目如何确定地域管辖的请示》收悉。经研究，答复如下：

侵权行为地应当根据原告指控的侵权人和具体侵权行为来确定。根据你院随卷送来的起诉状等材料，本案原审原告胡辛以电视连续剧《陈香梅》的编剧叶辛、拍摄单位上海大元文化传播有限公司为被告，指控该两被告在改编、摄制电视作品过程中使用了其创作的《陈香梅传》中的内容。这一指控，涉及被告的改编、摄制行为，而未涉及被告的许可播放行为和香港凤凰卫视中文台的播放行为，其行为实施地和结果发生地均为上海。况且被告许可播放的行为在上海或者香港等地实施，其结果地即播放地为香港。南昌与被控侵权行为的实施与结果均无直接关系，故南昌不是本案的侵权行为地。南昌市中级人民法院应当依照民事诉讼法的有关规定将本案移送有管辖权的人民法院审理。

你院第一种意见认为南昌是侵权结果到达地而非法律意义上的侵权结果发生地，未明确"侵权结果"针对的是哪些具体的侵权行为，虽然结论正确但在理由表述上不够充分；你院第二种意见认为，"如原告主张成立，则编剧、制作、播放行为均属侵权行为"，未考虑到原告指控的主体和行为，故该意见缺乏事实依据。

此复。

最高人民法院
关于武汉中南厦华销售有限公司、武汉中恒消费电子有限公司与武汉厦华中恒电子有限公司、厦门华侨电子有限公司债务纠纷案件指定管辖的通知

2001年10月22日　　　　　　　　〔2001〕民立他字第22号

湖北省高级人民法院、福建省高级人民法院：

湖北省高级人民法院（2001）鄂法立呈字3号报告与福建省高级人民法院（2001）闽经他字第002号报告均收悉。经研究，通知如下：

1999年2月1日，武汉厦华中恒电子有限公司（简称厦中公司）与武汉中南厦华销售有限公司（简称中南公司）签订了协议，中南公司享有对厦中公司一定期间（1999年1月28日至2000年1月27日）货款回收权。同年厦门华侨电子有限公司（简称厦华公司）与中南公司签订协议，双方约定中南公司收取的"货款直接冲抵厦中公司应收厦华公司的货款"。因当事人之间对结算冲抵的货款数额有异议，2000年11月1日，武汉中恒消费电子有限公司（简称中恒公司）、中南公司依据结算协议，以欠款纠纷向武汉市中级人民法院起诉。同年11月23日，厦华公司依据《工矿产品购销合同》，以买卖合同纠纷向厦门市中级人民法院起诉。武汉市中级人民法院和厦门市中级人民法院先后受理后，中恒公司、中南公司、厦华公司均向受诉法院提出管辖异议。两地法院均以享有管辖权为由驳回了当事人提出的异议。鉴于两地法院各自受理的案件所涉及的主要证据是结算协议和购销合同，厦华公司与中恒公司之间虽然签订有购销合同，但购销合同中涉及的货款结算，因当事人之间另行签订了结算协议，导致本案法律关系性质发生了变化，即由购销合同法律关系转变为债权债务关系。中恒公司与厦华公司之间除货款结算外，并未因买卖合同货物的质量、违约责任等发生任何争议。涉及的货款纠纷，系基于有关联的同一事实，依法应当由同一法院审理。因此，厦门市中级人民法院以买卖合同纠纷确认合同履行地管辖本案缺乏事实根据，应以被告住所地确定管辖为宜。根据《中华人民共和国民事诉讼法》第二十二条第二款、第三十七条第二款的规定，本院指定本案由湖北省武汉市中级人民法院管辖，福建省高级人民法院应在接到本通知后将本案有关材料移送武汉市中级人民法院。湖北省高级人民法院应当监督下级法院对本案作出公正裁决。

最高人民法院
关于对大化集团与山东红日集团、庄河市民丰农业物资经销处专利侵权纠纷管辖权上诉案件请示的答复

2002年9月3日　　　　　　　　　　　　〔2000〕知他字第3号

辽宁省高级人民法院：

你院《关于大化集团有限责任公司与山东红日集团有限责任公司、庄河市民丰农业物资经销处专利侵权纠纷管辖上诉案件的请示报告》收悉。经研究，答复如下：

根据你院报告所述，大连市化学工业公司获得中国专利局授予发明专利的"用氯化钾原料生产无氯复合肥的方法"，申请日是1991年10月7日，授权日是1998年4月9日。现大化集团有限责任公司起诉山东红日集团有限责任公司未经专利权人许可，使用该专利方法，生产销售由该方法制得的产品，庄河市农业物资经销处在大连地区经销大化集团生产的产品，两被告的行为侵犯其专利权。参照《最高人民法院关于审理专利纠纷案件适用法律问题的若干规定》第七条第一款的规定，辽宁省大连市中级人民法院对本案有管辖权。

此复。

最高人民法院
关于原审法院驳回当事人管辖异议裁定已发生法律效力但尚未作出生效判决前发现原审法院确无地域管辖权应如何处理问题的复函

2003年5月30日　　　　　　　　　　　　〔2003〕民他字第19号

四川省高级人民法院：

你院〔2003〕川立函字第50号《关于原审法院驳回当事人管辖异议裁定已发生法律效力但未作出生效判决前发现原审法院确无地域管辖权，应如何处理的请示》收悉。经研究认为，根据《中华人民共和国民事诉讼法》第一百七十七条第二款的规定，并参照本院法（经）复〔1990〕10号《关于经济纠纷案件当事人向受诉法院提出管辖权异议的期限问题的批复》和法（经）〔1993〕14号《关于上级法院对下级法院就当事人管

辖权异议的终审裁定确有错误时能否纠正问题的复函》的精神，上级人民法院在原审法院驳回当事人管辖异议裁定已发生法律效力但未作出生效判决前，发现原审法院确无地域管辖权，可以依职权裁定撤销该错误裁定并将案件移送有管辖权的人民法院审理。

最高人民法院
关于益轩（泉州）轻工有限公司与台湾人瞿安勤买卖合同纠纷一案管辖权异议的请示的复函

2003年6月6日　　　　　　　　　　　　〔2003〕民四他字第10号

福建省高级人民法院：

你院〔2003〕闽经终字第76号《关于益轩（泉州）轻工有限公司与台湾人瞿安勤买卖合同纠纷一案管辖权异议的报告》收悉。经研究，答复如下：

本案当事人在合同中约定"凡有关本合同所发生的一切争议，应通过友好协商解决，如协商不成，则可在中国境内仲裁。"由于当事人约定在中国仲裁，因此，判断该仲裁条款的效力，应适用我国的相关法律。《中华人民共和国仲裁法》第十六条规定，仲裁协议中应有选定的仲裁委员会，第十八条明确规定："仲裁协议对仲裁事项或者仲裁委员会没有约定或者约定不明的，当事人可以补充协议；达不成补充协议的，仲裁协议无效。"本案当事人在合同中签订的仲裁条款没有对仲裁委员会作出约定，亦未能达成补充协议，因此，根据上述规定，该仲裁条款应认定无效。同意你院报告中关于仲裁条款无效的请示意见。

此复。

最高人民法院
关于美国伊莱利利公司与常州华生制药有限公司专利侵权纠纷案件指定管辖的通知

2003年12月3日　　　　　　　　　　　　〔2003〕民三他字第9号

山东省高级人民法院、江苏省高级人民法院：

山东省高级人民法院报请本院指定美国伊莱利利公司与常州华生制药有限公司专利侵权纠纷案件管辖的请示收悉。经研究，现就有关案件的管辖问题通知如下：

山东省青岛市中级人民法院受理的〔2003〕青民停字第1号美国伊莱利利公司申请责令常州华生制药有限公司停止专利侵权行为一案及〔2003〕青民三初字第1416号美国伊莱利利公司诉常州华生制药有限公司专利侵权纠纷一案,与江苏省南京市中级人民法院受理的〔2003〕宁民三初字第212号常州华生制药有限公司诉美国伊莱利利公司确认不侵犯专利权纠纷一案,均涉及91103346.7号中国专利,均针对常州华生制药有限公司制造、销售和许诺销售"华生奥氮平"药品的行为提出申请或者诉讼请求。江苏省南京市中级人民法院实际立案受理案件在先。依据《中华人民共和国民事诉讼法》第三十七条第二款和《最高人民法院关于在经济审判工作中严格执行〈中华人民共和国民事诉讼法〉的若干规定》第2条之规定,山东省青岛市中级人民法院应当将其受理的美国伊莱利利公司诉常州华生制药有限公司专利侵权纠纷一案移送江苏省南京市中级人民法院合并审理。同时,鉴于常州华生制药有限公司对美国伊莱利利公司申请责令常州华生制药有限公司停止专利侵权行为一案中山东省青岛市中级人民法院作出的〔2003〕青民停字第1号民事裁定书提出复议申请,而有关案件之间在程序上相互牵连,请山东省青岛市中级人民法院一并将该案移送江苏省南京市中级人民法院,由江苏省南京市中级人民法院对该复议申请一并依法作出决定。

人民法院在审查权利人提出的诉前责令被申请人停止有关行为的申请和当事人对人民法院因此作出的裁定的复议申请时,应当注意:采取诉前责令停止有关行为的措施涉及双方当事人重大经济利益,既要积极又要慎重,要重点判断被申请人构成侵权的可能性。特别是在专利侵权案件中,如果被申请人的行为不构成字面侵权,其行为还需要经进一步审理进行比较复杂的技术对比才能作出判定时,不宜裁定采取有关措施;在被申请人依法已经另案提出确认不侵权诉讼或者已就涉案专利提出无效宣告请求的情况下,也要对被申请人主张的事实和理由进行审查,慎重裁定采取有关措施。

有关法院应当注意严格执行民事诉讼法关于立案受理的有关程序规定,依法及时送达法律文书,并保持法律文书的严肃性。

山东省青岛市中级人民法院应当在收到本通知之日起七日内将全部案卷和有关材料检齐,向江苏省南京市中级人民法院移送。

最高人民法院
关于皇朝工程有限公司与西班牙奥安达电梯有限公司、广东奥安达电梯有限公司侵权纠纷管辖权异议一案的请示的复函

2004年4月5日　　　　　　　　　　　　〔2003〕民四他字第31号

广东省高级人民法院：

你院〔2002〕粤高法立民终字第293号《关于皇朝工程有限公司与西班牙奥安达电梯有限公司、广东奥安达电梯有限公司侵权纠纷管辖权异议一案的请示》收悉。经研究，答复如下：

同意你院的倾向性意见。西班牙奥安达电梯有限公司与皇朝工程有限公司于1997年12月31日签订的独家经销协议第六条明确约定："Disputes arising out in the performance of this Agreement shall be settled amicably. If such settlement is not reached, all disputes arising in connection with this Agreement shall be settled under the laws of Spain, which are the only ones to rule and settle controversies which may arise between Orona and Dynasty in reference to this Agreement. Any disputes in this aspect will be settled without recourse to the courts, by arbitration by law, in accordance with the Rules of Conciliation of the International Chamber of Commerce in Paris, France."（中文译文应为："因履行本协议产生的争端应通过友好协商的方式解决。如果经协商未能解决，则涉及本协议的所有争端均根据西班牙法律进行裁定。西班牙法律是对奥安达与皇朝之间因本协议而可能产生的争议进行约束和裁定的唯一适用的法律。有关这方面发生的任何争议均不提交法院，而应根据国际商会的调解规则在法国巴黎依法进行仲裁"）。根据该条款的约定，双方当事人的仲裁意愿是明确的，也明确排除了法院的管辖。鉴于双方当事人在签订本案独家经销协议时，国际商会的调解规则和仲裁规则载于《国际商会调解与仲裁规则》一个文件之中，应认定当事人协议所指的"国际商会调解规则"就是《国际商会调解与仲裁规则》。本案当事人没有约定仲裁条款效力的准据法，应当按照仲裁地的有关法律确定本案仲裁条款的效力。当事人约定的仲裁地点在法国巴黎，根据仲裁地法律《法国民事诉讼法典》第四编的规定，对于国际仲裁，可以通过援引仲裁规则指定仲裁员或者规定其指定方式。而《国际商会调解与仲裁规则》中对仲裁员的指定有明确规定，当事人可以依照该规则组成仲裁庭，因此，本案仲裁条款是有效且可执行的，人民法院不应受理西班牙奥安达电梯有限公司与皇朝工程有限公司因履行独家经销协议而产生的纠纷。至于西班牙奥安达电梯有限公司与广东奥安达电梯有限公司之间的侵权纠纷，因双方未签订任何仲裁协议，因此，有关人民法院有权管辖。

此复。

最高人民法院关于中国人民保险公司厦门市分公司与中波轮船股份公司保险代位求偿纠纷管辖权问题的请示的复函

2004年12月2日　　　　　　　　　　〔2004〕民四他字第43号

广东省高级人民法院：

你院〔2003〕粤高法民四他字第3号《关于中国人民保险公司厦门市分公司与中波轮船股份公司保险代位求偿纠纷管辖权问题的请示报告》收悉。经研究，答复如下：

本案提单背面仲裁条款约定："托运人、承运人、租船人和（或）收货人在本提单项下发生的任何争议，应当适用英国1979年仲裁法及以后历次修订案提交伦敦仲裁。Alan Buridge先生担任独任仲裁员"。审查该仲裁条款效力，应适用当事人明确约定的法律，即英国1979年仲裁法以及以后历次修订案。

提单仲裁条款是提单关系当事人为协商解决提单项下纠纷而订立的，是独立于提单项下权利义务的程序性条款。本案保险人中国人民保险公司厦门市分公司（以下简称厦门保险公司）依据保险合同取得代位求偿权后，本案提单中约定的实体权利义务相应转移给厦门保险公司。在厦门保险公司未明确表示接受提单仲裁条款的情况下，该仲裁条款对厦门保险公司不具有约束力。广州海事法院对本案具有管辖权。

此复。

最高人民法院
关于对原告百事达（美国）企业有限公司与被告安徽饭店、何宗奎、章富成以及第三人安徽金辰酒店管理有限公司、中美合资安徽饭店有限公司清算委员会民事侵权赔偿纠纷一案管辖权异议的请示

2005年6月16日　　　　　　　　　　〔2005〕民四他字第9号

安徽省高级人民法院：

你院〔2004〕皖民三初字第1号《关于对原告百事达（美国）企业有限公司与被告安徽饭店、何宗奎、章富成以及第三人安徽金辰酒店管理有限公司、中美合资安徽饭店有限公司清算委员会民事侵权赔偿纠纷一案管辖权异议的请示报告》收悉。经研究，答复如下：

百事达（美国）企业有限公司（以下简称"百事达公司"）与安徽饭店于1993年7月30日订立的《中美合资安徽饭店有限公司合同》第51条约定："凡因执行本合同所发生的或与本合同有关的一切争议，双方应通过友好协商解决，如果协商不能解决，应提交北京中国国际贸易促进委员会对外贸易仲裁委员会仲裁。仲裁裁决是终局的，对双方都有约束力。"根据你院请示报告认定的事实，百事达公司现以安徽饭店利用其控股地位、独自侵占合资公司等为由提起诉讼，该纠纷应当理解为属于合资合同第51条约定的"与本合同有关的一切争议"。因此，对该纠纷双方应提请仲裁机关解决，人民法院对此无管辖权，故安徽饭店对本纠纷案的管辖权异议依法应认定成立。至于百事达公司以何宗奎、章富成为被告，以安徽金辰酒店管理有限公司、中美合资安徽饭店有限公司清算委员会为第三人提出的侵权诉讼，因有关被告和第三人不是合资合同的当事人，合资合同中的仲裁条款对其不具有法律约束力，又无证据表明有关各方曾达成了有效仲裁协议，因此，人民法院有权管辖。何宗奎、章富成和第三人提出的管辖异议依法不能成立，应予驳回。

此复。

最高人民法院
关于上诉人利比里亚·利比里亚力量船务公司与被上诉人中国·重庆新涪食品有限公司海上货物运输合同纠纷管辖权异议一案的请示的复函

2006年12月21日　　　　　　　　　〔2006〕民四他字第26号

湖北省高级人民法院：

你院鄂高法〔2006〕335号《关于上诉人利比里亚·利比里亚力量船务公司与被上诉人中国·重庆新涪食品有限公司海上货物运输合同纠纷管辖权异议一案的请示》收悉。经研究，答复如下：

本案利比里亚力量船务公司主张租约条款包括仲裁条款已经并入到提单中，但该仲裁条款是在提单背面记载，而未明确记载于提单正面，不应视为有效并入本案提单。因此，租约中的仲裁条款对本案提单持有人中国·重庆新涪食品有限公司不具有约束力。本案所涉海上货物运输目的港是南京，属于武汉海事法院管辖范围。中国·重庆新涪食品有限公司在武汉海事法院提起诉讼，武汉海事法院对本案具有管辖权。

本案实质是确认提单仲裁条款效力的案件，根据最高人民法院《关于人民法院处理与涉外仲裁及外国仲裁事项有关问题的通知》第一款关于"凡起诉到人民法院的涉外、涉港澳和涉台经济、海事海商纠纷案件，如果当事人在合同中订有仲裁条款或者事后达成仲裁协议，人民法院认为仲裁条款或者仲裁协议无效、失效或者内容不明确无法执行的，在决定受理一方当事人起诉之前，必须报请本辖区所属高级人民法院进行审查；如果高级人民法院同意受理，应将其审查意见报最高人民法院"的规定，需报请我院审批。武汉海事法院在尚未报请之前即作出管辖权裁定不当。同意你院的倾向性意见。

此复。

最高人民法院
关于 DNT FRANCE（法国 DNT 股份有限公司）与中山市凤凰家电有限公司、林建明、周小杰、王丙炎经营合同纠纷一案管辖问题的请示的复函

2007年1月11日　　　　　　　　　　　〔2006〕民四他字第46号

广东省高级人民法院：

你院《关于 DNT FRANCE（法国 DNT 股份有限公司）与中山市凤凰家电有限公司、林建明、周小杰、王丙炎经营合同纠纷一案管辖问题的请示》收悉，经研究答复如下：

从你院请示报告反映的事实看，根据本案所涉合同第24.2条的约定，在各方当事人之间出现与本合同效力、解释、履行等有关的事宜发生争议时，要通过仲裁方式解决的意思表示是明确的，此外，该条款还约定了仲裁员的选择办法，但对仲裁地点、仲裁机构、所适用的法律及确定仲裁协议效力适用的准据法没有约定。最高人民法院《关于适用〈中华人民共和国仲裁法〉若干问题的解释》第十六条规定："对涉外仲裁协议的效力审查，适用当事人约定的法律；当事人没有约定适用的法律但约定了仲裁地的，适用仲裁地法律；没有约定适用的法律也没有约定仲裁地或者仲裁地约定不明的，适用法院地法律。"在本案情况下，对仲裁协议效力的认定应适用法院地法。现法国 DNT 股份有限公司向中山市中级人民法院提起诉讼，故应适用我国法律来认定仲裁条款的效力。因本案合同中的仲裁条款没有约定仲裁机构，发生争议后，各方当事人也未能就仲裁地点、仲裁机构达成补充协议，根据《中华人民共和国仲裁法》第十六条、第十八条的规定，该仲裁条款应属无效。人民法院对该案有管辖权。

此复。

最高人民法院
关于中国证券登记结算有限责任公司履行职能相关的诉讼案件指定管辖问题的通知

2007年6月20日　　　　　　　　　　　　　　法〔2007〕177号

各省、自治区、直辖市高级人民法院，解放军军事法院，新疆维吾尔自治区高级人民法院生产建设兵团分院：

为正确、及时地管辖、审理与中国证券登记结算有限责任公司履行职能相关的诉讼案件，特作如下通知：

一、根据《中华人民共和国民事诉讼法》第三十七条和《中华人民共和国行政诉讼法》第二十二条的有关规定，指定中国证券登记结算有限责任公司及其分支机构所在地的中级人民法院分别管辖以中国证券登记结算有限责任公司或其分支机构为被告、第三人的下列第一审民事和行政案件：

1. 中国证券登记结算有限责任公司或其分支机构根据法律、法规、规章的规定，进行证券登记、存管、结算业务或对结算参与人及其他相关单位和人员作出处理决定引发的诉讼；

2. 中国证券登记结算有限责任公司或其分支机构根据法律、法规的授权和国务院证券监督管理机构的依法授权，进行证券登记、存管、结算业务或对结算参与人及其他相关单位和人员作出处理决定引发的诉讼；

3. 中国证券登记结算有限责任公司或其分支机构根据其章程、业务规则的规定以及相关业务合同、协议、备忘录的约定，进行证券登记、存管、结算业务或对结算参与人及其他相关单位和人员作出处理决定引发的诉讼；

4. 中国证券登记结算有限责任公司或其分支机构在履行证券登记、存管、结算职能过程中引发的其他诉讼。

二、其他人民法院在本通知下发之日前受理的上述案件，已经开庭审理的，继续审理；尚未开庭审理的，移送指定法院审理。

最高人民法院
关于订有仲裁条款的合同一方当事人
不出庭应诉应如何处理的复函

2008年3月26日　　　　　　　　　　　　〔2008〕民四他字第3号

山东省高级人民法院：

你院《关于订有仲裁条款的合同一方当事人不出庭应诉应如何处理的请示》收悉。经研究，答复如下：

根据《中华人民共和国民事诉讼法》第一百一十一条第（二）项、第二百五十七条第一款关于订有仲裁条款的当事人不得向人民法院起诉的规定，应当告知原告向仲裁机构申请仲裁。你院受理后发现有仲裁条款的，应先审查确定仲裁条款的效力。如仲裁条款有效，被告经合法传唤未答辩应诉，不能据此认为其放弃仲裁并认定人民法院取得管辖权。如果本案所涉及仲裁条款有效、原告仍坚持起诉，你院应驳回原告的起诉。

同意你院的倾向性意见。

最高人民法院
关于原告太平洋财产保险股份有限公司
上海分公司诉被告太阳海运有限公司、远洋货船
有限公司、联合王国保赔协会海上货物运输
合同纠纷管辖权异议案请示的复函

2009年2月24日　　　　　　　　　　　　〔2008〕民四他字第50号

湖北省高级人民法院：

你院鄂高法〔2008〕393号《关于原告太平洋财产保险股份有限公司上海分公司诉被告太阳海运有限公司、远洋货船有限公司、联合王国保赔协会海上货物运输合同纠纷管辖权异议案的请示》收悉。经研究，答复如下：

本案提单为租船合同项下的格式提单，提单正面虽然载明租船合同仲裁条款并入本提单，但并没有明确记载被并入提单的租船合同当事人名称及订立日期，属于被并入的租船合同不明确，被告主张租船合同中的仲裁条款并入提单没有事实依据，提单正面并

入租船合同仲裁条款的记载不产生约束提单持有人及其保险人的合同效力，本案原告有权以保险代位求偿人身份提起诉讼。本案货物运输目的港为南通港，根据最高人民法院颁布的海事法院受理案件范围和管辖区域的有关规定，武汉海事法院对本案具有诉讼管辖权。同意你院审查处理意见，驳回被告管辖权异议，本案由武汉海事法院管辖。

此复。

最高人民法院
《关于上诉人武钢集团国际经济贸易总公司与被上诉人福州天恒船务有限公司、被上诉人财富国际船务有限公司海上货物运输合同纠纷管辖权异议一案的请示》的复函

2009年11月4日　　　　　　　　〔2009〕民四他字第36号

湖北省高级人民法院：

你院〔2009〕鄂民四终字第66号《关于上诉人武钢集团国际经济贸易总公司与被上诉人福州天恒船务有限公司、被上诉人财富国际船务有限公司海上货物运输合同纠纷管辖权异议一案的请示》收悉。经研究，答复如下：

本案所涉提单背面条款第1条规定："正面载明日期的租约中所有条款、条件、特权与免责，包括法律适用及仲裁条款都再次明确并入提单。"武钢集团国际经济贸易总公司作为正本提单持有人，虽未参与租约的签订，但明确承认该并入条款的效力。据此，应认定涉案租约中的仲裁条款有效并入提单。

涉案租约第20条为："G/A ARBITRATION IF ANY TO BE SETTLED IN HONGKONG WITH ENGLISH LAW TO APPLY；如果仲裁，在香港国际仲裁中心适用英国法律。"中英文表述虽然不尽一致，但含义均为"如果提起仲裁，在香港适用英国法律"。这一约定是双方当事人对涉案纠纷提起仲裁时的仲裁地点和所适用法律作出的特别约定，不构成双方之间唯一的纠纷解决方式，并未排除诉讼管辖。本案的货物运输目的地为南通港，属武汉海事法院地域管辖范围。天恒船务有限公司和财富国际船务有限公司在武汉海事法院提起诉讼，武汉海事法院对本案具有管辖权。

本案系确认涉外仲裁条款效力的案件。根据最高人民法院《关于人民法院处理与涉外仲裁及外国仲裁事项有关问题的通知》第1款关于"凡起诉到人民法院的涉外、涉港澳和涉台经济、海事海商纠纷案件，如果当事人在合同中订有仲裁条款或者事后达成仲裁协议，人民法院认为仲裁条款或者仲裁协议无效，失效或者内容不明确无法执行的，在决定受理一方当事人起诉之前，必须报请本辖区所属高级人民法院进行审查；如果高级人民法院同意受理，应将其审查意见报最高人民法院"的规定，需报请我院审批。武

汉海事法院在尚未报请之前即作出管辖权裁定不当,请你院在今后的审判工作中加强指导。

最高人民法院执行局
关于法院能否以公司证券登记结算地为财产所在地获得管辖权问题的复函

2010年7月15日　　　　　　　　　　〔2010〕执监字第16号函

广东省高级人民法院:

关于唐山钢铁集团有限责任公司执行申诉一案,你院《关于深圳中院执行中华乐业有限公司与唐山钢铁集团有限责任公司仲裁裁决一案的情况报表》收悉。经研究,答复如下:

经核查,唐山钢铁集团有限责任公司作为上市公司,其持有的证券在上市交易前存管于中国证券登记结算有限责任公司深圳分公司,深圳市中级人民法院(以下简称深圳中院)以此认定深圳市为被执行人的财产所在地受理了当事人一方的执行申请。本院认为,证券登记结算机构是为证券交易提供集中登记、存管与结算服务的机构,但证券登记结算机构存管的仅是股权凭证,不能将股权凭证所在地视为股权所在地。由于股权与其发行公司具有密切的联系,因此,应当将股权的发行公司住所地认定为该类财产所在地。深圳中院将证券登记结算机构所在地认定为上市公司的财产所在地予以立案执行不当。

请你院监督深圳中院依法撤销案件及相关法律文书,并告知申请人依法向有管辖权的人民法院申请执行。同时,鉴于深圳中院对被执行人的股权已采取冻结措施,为防止已冻结财产被转移,请你院监督深圳中院做好已控被执行人财产与新的执行法院的衔接工作,避免申请执行人的权益受到损害。

最高人民法院
关于调整高级人民法院和中级人民法院管辖第一审民商事案件标准的通知

2015 年 4 月 30 日　　　　　　　　　　　　　法发〔2015〕7 号

各省、自治区、直辖市高级人民法院，解放军军事法院，新疆维吾尔自治区高级人民法院生产建设兵团分院：

为适应经济社会发展和民事诉讼需要，准确适用修改后的民事诉讼法关于级别管辖的相关规定，合理定位四级法院民商事审判职能，现就调整高级人民法院和中级人民法院管辖第一审民商事案件标准问题，通知如下：

一、当事人住所地均在受理法院所处省级行政辖区的第一审民商事案件

北京、上海、江苏、浙江、广东高级人民法院，管辖诉讼标的额 5 亿元以上一审民商事案件，所辖中级人民法院管辖诉讼标的额 1 亿元以上一审民商事案件。

天津、河北、山西、内蒙古、辽宁、安徽、福建、山东、河南、湖北、湖南、广西、海南、四川、重庆高级人民法院，管辖诉讼标的额 3 亿元以上一审民商事案件，所辖中级人民法院管辖诉讼标的额 3000 万元以上一审民商事案件。

吉林、黑龙江、江西、云南、陕西、新疆高级人民法院和新疆生产建设兵团分院，管辖诉讼标的额 2 亿元以上一审民商事案件，所辖中级人民法院管辖诉讼标的额 1000 万元以上一审民商事案件。

贵州、西藏、甘肃、青海、宁夏高级人民法院，管辖诉讼标的额 1 亿元以上一审民商事案件，所辖中级人民法院管辖诉讼标的额 500 万元以上一审民商事案件。

二、当事人一方住所地不在受理法院所处省级行政辖区的第一审民商事案件

北京、上海、江苏、浙江、广东高级人民法院，管辖诉讼标的额 3 亿元以上一审民商事案件，所辖中级人民法院管辖诉讼标的额 5000 万元以上一审民商事案件。

天津、河北、山西、内蒙古、辽宁、安徽、福建、山东、河南、湖北、湖南、广西、海南、四川、重庆高级人民法院，管辖诉讼标的额 1 亿元以上一审民商事案件，所辖中级人民法院管辖诉讼标的额 2000 万元以上一审民商事案件。

吉林、黑龙江、江西、云南、陕西、新疆高级人民法院和新疆生产建设兵团分院，管辖诉讼标的额 5000 万元以上一审民商事案件，所辖中级人民法院管辖诉讼标的额 1000 万元以上一审民商事案件。

贵州、西藏、甘肃、青海、宁夏高级人民法院，管辖诉讼标的额 2000 万元以上一审民商事案件，所辖中级人民法院管辖诉讼标的额 500 万元以上一审民商事案件。

三、解放军军事法院管辖诉讼标的额 1 亿元以上一审民商事案件，大单位军事法院

管辖诉讼标的额 2000 万元以上一审民商事案件。

四、婚姻、继承、家庭、物业服务、人身损害赔偿、名誉权、交通事故、劳动争议等案件，以及群体性纠纷案件，一般由基层人民法院管辖。

五、对重大疑难、新类型和在适用法律上有普遍意义的案件，可以依照民事诉讼法第三十八条的规定，由上级人民法院自行决定由其审理，或者根据下级人民法院报请决定由其审理。

六、本通知调整的级别管辖标准不涉及知识产权案件、海事海商案件和涉外涉港澳台民商事案件。

七、本通知规定的第一审民商事案件标准，包含本数。

本通知自 2015 年 5 月 1 日起实施，执行过程中遇到的问题，请及时报告我院。

最高人民法院
关于调整部分高级人民法院和中级人民法院管辖第一审民商事案件标准的通知

2018 年 7 月 17 日　　　　　　　　　　　　法发〔2018〕13 号

贵州省、陕西省、甘肃省、青海省、宁夏回族自治区、新疆维吾尔自治区高级人民法院，新疆维吾尔自治区高级人民法院生产建设兵团分院：

为适应新时期经济社会发展和民事诉讼需要，准确适用民事诉讼法关于级别管辖的相关规定，合理定位四级法院民商事审判职能，现就调整部分高级人民法院和中级人民法院管辖第一审民商事案件标准问题，通知如下：

一、当事人住所地均在受理法院所处省级行政辖区的第一审民商事案件

贵州省、陕西省、新疆维吾尔自治区高级人民法院和新疆维吾尔自治区高级人民法院生产建设兵团分院管辖诉讼标的额 3 亿元以上一审民商事案件，所辖中级人民法院管辖诉讼标的额 3000 万元以上一审民商事案件。

甘肃省、青海省、宁夏回族自治区高级人民法院管辖诉讼标的额 2 亿元以上一审民商事案件，所辖中级人民法院管辖诉讼标的额 1000 万元以上一审民商事案件。

二、当事人一方住所地不在受理法院所处省级行政辖区的第一审民商事案件

贵州省、陕西省、新疆维吾尔自治区高级人民法院和新疆维吾尔自治区高级人民法院生产建设兵团分院管辖诉讼标的额 1 亿元以上一审民商事案件，所辖中级人民法院管辖诉讼标的额 2000 万元以上一审民商事案件。

甘肃省、青海省、宁夏回族自治区高级人民法院管辖诉讼标的额 5000 万元以上一审民商事案件，所辖中级人民法院管辖诉讼标的额 1000 万元以上一审民商事案件。

三、本通知未作调整的，按照《最高人民法院关于调整高级人民法院和中级人民法

院管辖第一审民商事案件标准的通知》（法发［2015］7号）执行。

本通知自2018年8月1日起实施，执行过程中遇到的问题，请及时报告我院。

最高人民法院
关于以失联马航MH370航班乘客为被申请人的宣告死亡案件指定管辖的通知

2017年2月24日　　　　　　　　　　　　法〔2017〕54号

各省、自治区、直辖市高级人民法院，解放军军事法院，新疆维吾尔自治区高级人民法院生产建设兵团分院：

为统一审理以失联马航MH370航班乘客为被申请人的宣告死亡案件的裁判尺度和时间进度，特作如下通知：

一、根据《中华人民共和国民事诉讼法》第三十七条第一款的规定，指定北京铁路运输法院管辖以失联马航MH370航班乘客为被申请人的宣告死亡案件。

二、其他人民法院在本通知下发之受理的此类案件，已经发出宣告死亡公告的，继续审理；尚未发出宣告死亡公告的，移送指定法院审理。

四、回　　避

最高人民法院
关于审判人员在诉讼活动中执行
回避制度若干问题的规定

法释〔2011〕12号

（2011年4月11日最高人民法院审判委员会第1517次会议通过　2011年6月10日最高人民法院公告公布　自2011年6月13日起施行）

为进一步规范审判人员的诉讼回避行为，维护司法公正，根据《中华人民共和国人民法院组织法》、《中华人民共和国法官法》、《中华人民共和国民事诉讼法》、《中华人民共和国刑事诉讼法》、《中华人民共和国行政诉讼法》等法律规定，结合人民法院审判工作实际，制定本规定。

第一条　审判人员具有下列情形之一的，应当自行回避，当事人及其法定代理人有权以口头或者书面形式申请其回避：

（一）是本案的当事人或者与当事人有近亲属关系的；
（二）本人或者其近亲属与本案有利害关系的；
（三）担任过本案的证人、翻译人员、鉴定人、勘验人、诉讼代理人、辩护人的；
（四）与本案的诉讼代理人、辩护人有夫妻、父母、子女或者兄弟姐妹关系的；
（五）与本案当事人之间存在其他利害关系，可能影响案件公正审理的。

本规定所称近亲属，包括与审判人员有夫妻、直系血亲、三代以内旁系血亲及近姻亲关系的亲属。

第二条　当事人及其法定代理人发现审判人员违反规定，具有下列情形之一的，有权申请其回避：

（一）私下会见本案一方当事人及其诉讼代理人、辩护人的；
（二）为本案当事人推荐、介绍诉讼代理人、辩护人，或者为律师、其他人员介绍办理该案件的；
（三）索取、接受本案当事人及其受托人的财物、其他利益，或者要求当事人及其受托人报销费用的；

（四）接受本案当事人及其受托人的宴请，或者参加由其支付费用的各项活动的；

（五）向本案当事人及其受托人借款，借用交通工具、通讯工具或者其他物品，或者索取、接受当事人及其受托人在购买商品、装修住房以及其他方面给予的好处的；

（六）有其他不正当行为，可能影响案件公正审理的。

第三条 凡在一个审判程序中参与过本案审判工作的审判人员，不得再参与该案其他程序的审判。但是，经过第二审程序发回重审的案件，在一审法院作出裁判后又进入第二审程序的，原第二审程序中合议庭组成人员不受本条规定的限制。

第四条 审判人员应当回避，本人没有自行回避，当事人及其法定代理人也没有申请其回避的，院长或者审判委员会应当决定其回避。

第五条 人民法院应当依法告知当事人及其法定代理人有申请回避的权利，以及合议庭组成人员、书记员的姓名、职务等相关信息。

第六条 人民法院依法调解案件，应当告知当事人及其法定代理人有申请回避的权利，以及主持调解工作的审判人员及其他参与调解工作的人员的姓名、职务等相关信息。

第七条 第二审人民法院认为第一审人民法院的审理有违反本规定第一条至第三条规定的，应当裁定撤销原判，发回原审人民法院重新审判。

第八条 审判人员及法院其他工作人员从人民法院离任后二年内，不得以律师身份担任诉讼代理人或者辩护人。

审判人员及法院其他工作人员从人民法院离任后，不得担任原任职法院所审理案件的诉讼代理人或者辩护人，但是作为当事人的监护人或者近亲属代理诉讼或者进行辩护的除外。

本条所规定的离任，包括退休、调离、解聘、辞职、辞退、开除等离开法院工作岗位的情形。

本条所规定的原任职法院，包括审判人员及法院其他工作人员曾任职的所有法院。

第九条 审判人员及法院其他工作人员的配偶、子女或者父母不得担任其所任职法院审理案件的诉讼代理人或者辩护人。

第十条 人民法院发现诉讼代理人或者辩护人违反本规定第八条、第九条的规定的，应当责令其停止相关诉讼代理或者辩护行为。

第十一条 当事人及其法定代理人、诉讼代理人、辩护人认为审判人员有违反本规定行为的，可以向法院纪检、监察部门或者其他有关部门举报。受理举报的人民法院应当及时处理，并将相关意见反馈给举报人。

第十二条 对明知具有本规定第一条至第三条规定情形不依法自行回避的审判人员，依照《人民法院工作人员处分条例》的规定予以处分。

对明知诉讼代理人、辩护人具有本规定第八条、第九条规定情形之一，未责令其停止相关诉讼代理或者辩护行为的审判人员，依照《人民法院工作人员处分条例》的规定予以处分。

第十三条 本规定所称审判人员，包括各级人民法院院长、副院长、审判委员会委员、庭长、副庭长、审判员和助理审判员。

本规定所称法院其他工作人员，是指审判人员以外的在编工作人员。

第十四条 人民陪审员、书记员和执行员适用审判人员回避的有关规定，但不属于本规定第十三条所规定人员的，不适用本规定第八条、第九条的规定。

第十五条 自本规定施行之日起，《最高人民法院关于审判人员严格执行回避制度的若干规定》（法发〔2000〕5号）即行废止；本规定施行前本院发布的司法解释与本规定不一致的，以本规定为准。

五、诉讼参加人

最高人民法院关于经商检局检验出口的商品被退回应否将商检局列为经济合同质量纠纷案件当事人问题的批复

法释〔1998〕12号

(1998年6月19日最高人民法院审判委员会第995次会议通过 1998年6月23日最高人民法院公告公布 自1998年7月1日起施行)

湖南省高级人民法院：

你院湘高法〔1997〕55号请示收悉。经研究，答复如下：

经商检局检验出口的商品被退回，当事人以经济合同商品质量纠纷起诉的，人民法院不应将商检局列为被告或者第三人。

此复。

最高人民法院
关于产品侵权案件的受害人能否以产品的商标所有人为被告提起民事诉讼的批复

法释〔2002〕22号

(2002年7月4日最高人民法院审判委员会第1229次会议通过 2002年7月11日最高人民法院公告公布 自2002年7月28日起施行)

北京市高级人民法院：

你院京高法〔2001〕271号《关于荆其廉、张新荣等诉美国通用汽车公司、美国通用汽车海外公司损害赔偿案诉讼主体确立问题处理结果的请示报告》收悉。经研究，我们认为：任何将自己的姓名、名称、商标或者可资识别的其他标识体现在产品上，表示其为产品制造者的企业或个人，均属于《中华人民共和国民法通则》第一百二十二条规定的"产品制造者"和《中华人民共和国产品质量法》规定的"生产者"。本案中美国通用汽车公司为事故车的商标所有人，根据受害人的起诉和本案的实际情况，本案以通用汽车公司、通用汽车海外公司、通用汽车巴西公司为被告并无不当。

此复。

最高人民法院
关于诉讼代理人查阅民事案件材料的规定

法释〔2002〕39号

(2002年11月4日最高人民法院审判委员会第1254次会议通过 2002年11月15日最高人民法院公告公布 自2002年12月7日起施行)

为保障代理民事诉讼的律师和其他诉讼代理人依法行使查阅所代理案件有关材料的权利，保证诉讼活动的顺利进行，根据《中华人民共和国民事诉讼法》第六十一条的规定，现对诉讼代理人查阅代理案件有关材料的范围和办法作如下规定：

第一条 代理民事诉讼的律师和其他诉讼代理人有权查阅所代理案件的有关材料。但是，诉讼代理人查阅案件材料不得影响案件的审理。

诉讼代理人为了申请再审的需要，可以查阅已经审理终结的所代理案件有关材料。

第二条 人民法院应当为诉讼代理人阅卷提供便利条件，安排阅卷场所。必要时，该案件的书记员或者法院其他工作人员应当在场。

第三条 诉讼代理人在诉讼过程中需要查阅案件有关材料的，应当提前与该案件的书记员或者审判人员联系；查阅已经审理终结的案件有关材料的，应当与人民法院有关部门工作人员联系。

第四条 诉讼代理人查阅案件有关材料应当出示律师证或者身份证等有效证件。查阅案件有关材料应当填写查阅案件有关材料阅卷单。

第五条 诉讼代理人在诉讼中查阅案件材料限于案件审判卷和执行卷的正卷，包括起诉书、答辩书、庭审笔录及各种证据材料等。

案件审理终结后，可以查阅案件审判卷的正卷。

第六条 诉讼代理人查阅案件有关材料后，应当及时将查阅的全部案件材料交回书记员或者其他负责保管案卷的工作人员。

书记员或者法院其他工作人员对诉讼代理人交回的案件材料应当当面清查，认为无误后在阅卷单上签注。阅卷单应当附卷。

诉讼代理人不得将查阅的案件材料携出法院指定的阅卷场所。

第七条 诉讼代理人查阅案件材料可以摘抄或者复印。涉及国家秘密的案件材料，依照国家有关规定办理。

复印案件材料应当经案卷保管人员的同意。复印已经审理终结的案件有关材料，诉讼代理人可以要求案卷管理部门在复印材料上盖章确认。

复印案件材料可以收取必要的费用。

第八条 查阅案件材料中涉及国家秘密、商业秘密和个人隐私的，诉讼代理人应当保密。

第九条 诉讼代理人查阅案件材料时不得涂改、损毁、抽取案件材料。

人民法院对修改、损毁、抽取案卷材料的诉讼代理人，可以参照民事诉讼法第一百零二条第一款第（一）项的规定处理。

第十条 民事案件的当事人查阅案件有关材料的，参照本规定执行。

第十一条 本规定自公布之日起施行。

附：阅卷单格式

<h3 style="text-align:center">××××人民法院
阅　卷　单</h3>

阅卷人 （代理人或者当事人）	
证件名称及其编号	
案件名称、案由、案号	
借阅册数	
归还册数	
阅卷时间	
法院工作人员签注	

注：案卷归还时的状况（完好无误或者缺损等）应当由收卷人在签注中写明。

最高人民法院
关于人民法院的审判人员可否担任民事案件当事人的委托代理人的批复

1984年1月11日　　　　　　　　　〔1983〕民他字第37号

河北省高级人民法院：

　　你院一九八三年十二月二十六日关于审判人员可否担任民事案件当事人的委托代理人的请示收悉。经我们研究认为：人民法院的审判人员以不担任委托代理人为宜，如受委托的审判人员是委托人的近亲属或监护人，且不在受理该案的人民法院工作的，可作为特殊情况准许。

　　此复。

最高人民法院
关于双方不服政府对山林纠纷的处理决定向人民法院起诉应将谁列为被告问题的批复

1986年11月7日　　　　　　　　　　　　　〔86〕民他字第46号

广东省高级人民法院：

粤法民字〔1986〕第88号报告收悉。

关于惠阳地区博罗县道姑田乡与广州市增城县光辉乡、五星乡山林纠纷一案，双方不服广东省人民政府调处山林纠纷办公室的处理决定，向人民法院提起诉讼，应将谁列为本案的被告人问题。经研究，同意你院审判委员会关于以原双方当事人为原、被告的意见，即以向人民法院起诉的一方为原告，另一方则为被告。把作出裁决的省调处山林纠纷办公室列为本案的被告不当。

最高人民法院
关于审理劳动争议案件诉讼当事人问题的批复

1988年10月19日　　　　　　　　　　　　法（经）复〔1988〕50号

陕西省高级人民法院：

你院陕高法研〔1988〕43号"关于审理劳动争议案件诉讼当事人问题的请示"收悉，经研究答复如下：

同意你院的意见。即：劳动争议当事人不服劳动争议仲裁委员会的仲裁决定，向人民法院起诉，争议的双方仍然是企业与职工。双方当事人在适用法律上和诉讼地位上是平等的。此类案件不是行政案件。人民法院在审理时，应以争议的双方为诉讼当事人，不应把劳动争议仲裁委员会列为被告或第三人。

最高人民法院关于计算机软件著作权纠纷中外籍当事人应否委托中国律师代理诉讼问题的答复

1995年1月2日 〔1994〕民他字第29号

北京市高级人民法院：

你院京高法（1994）154号《关于计算机软件著作权纠纷中外籍当事人应否委托中国律师代理诉讼的请示》收悉。经研究认为，对外籍当事人委托外籍律师以非律师身份代理诉讼的，人民法院可根据《中华人民共和国民事诉讼法》第五十八条第二款的规定予以审查，对当事人委托的诉讼代理人不符合条件的，可向其讲清道理，劝其予以更换。

此复。

最高人民法院关于如何确定委托贷款协议纠纷诉讼主体资格的批复

1996年5月16日 法复〔1996〕6号

四川省高级人民法院：

你院《关于有委托贷款协议的借款合同如何确定诉讼主体问题的请示》（川高法〔1995〕193号）收悉。经研究，答复如下：

在履行委托贷款协议过程中，由于借款人不按期归还贷款而发生纠纷的，贷款人（受托人）可以借款合同纠纷为由向人民法院提起诉讼；贷款人不起诉的，委托人可以委托贷款协议的受托人为被告、以借款人为第三人向人民法院提起诉讼。

最高人民法院
关于失踪人的工作单位能否向人民法院申请宣告失踪人死亡的批复

1986年2月18日　　　　　　　　　　　　　〔1985〕民他字第28号

湖北省高级人民法院：

你院鄂法〔1985〕民行字第14号《关于失踪人的工作单位能否向人民法院提出申请宣告失踪人死亡》的请示报告收悉。经我们研究认为：《中华人民共和国民事诉讼法（试行）》第一百三十三条所指的利害关系人，必须是与被申请宣告死亡的人存在一定的人身关系或者民事权利义务关系的人。宣恩县人大常委会为解决减员增补以及停发失踪人聂××的工资等问题，不宜作为利害关系人向人民法院申请宣告失踪人死亡，应按《中华人民共和国地方各级人民代表大会和地方各级人民政府组织法》及我国劳动制度的有关规定处理。

最高人民法院
关于经鉴证的合同发生纠纷可否追加鉴证机关工商行政管理局为诉讼第三人问题的批复

1987年10月7日　　　　　　　　　　　　〔1987〕民他字第51号

江西省高级人民法院：

你院〔87〕赣法民字第23号关于《高家俊诉徐六林承揽加工合同纠纷案可否追加于都县工商行政管理局为第三人的请示》收悉。

据所报材料述称，高家俊的一艘52吨木壳机动船，于1985年6月在泰和县永昌码头沉没受损后，高家俊即与于都县罗坳乡农民徐六林签订了承揽改建该船舶的合同，并于同年8月8日，双方到于都县工商行政管理局作了鉴证。双方因履行合同发生纠纷。于都县工商行政管理局在调查处理中发现徐六林既无营业执照，又无技术力量，但仍召集双方修改合同，继续履行合同。高家俊自行掌管现金开支，徐六林组织人员购料开工。由于双方未能按合同履行而引起诉讼。经于都县人民法院判决后，高家俊在上诉中，要求合同鉴证机关于都县工商局承担民事责任。你院对可否追加于都县工商行政管理局为第三人承担民事责任问题，向本院请示。

经研究认为，本案系承揽扩修船舶合同纠纷。由于当事人违反合同规定而造成的经济损失，应按照合同规定，由有过错的当事人承担。于都县工商行政管理局不是该合同当事人，不宜追加为本案的第三人。

最高人民法院
关于企业开办的公司被撤销后
由谁作为诉讼主体问题的批复

1987年10月15日　　　　　　　　　　　　　　法（经）复〔1987〕42号

新疆维吾尔自治区高级人民法院：

你院1987年6月25日关于涉及新疆石河子华侨农工商联合企业（又名华侨农场，以下称华侨农场）开办的富华经销公司（简称富华公司）的经济纠纷案件应如何确定诉讼主体的请示报告收悉。现答复如下：

华侨农场系全民所有制企业，富华公司为华侨农场开办的公司。经与有关部门联系，国务院国发〔1985〕102号《关于进一步清理和整顿公司的通知》也适用于企业办的公司。因此，同意你院对华侨农场适用上述通知的意见，富华公司资不抵债，华侨农场应对富华公司的债务负连带责任。鉴于华侨农场在富华公司被撤销后即成立了财产清算小组负责清理该公司的财产，根据本院1984年9月17日《关于在经济审判工作中贯彻执行〈民事诉讼法（试行）〉若干问题的意见》"企业关闭的，由其主管单位或清理人（单位）作诉讼当事人"的规定，对涉及富华公司的经济纠纷案件，人民法院应将华侨农场和富华公司财产清算小组列为共同被告。

乌鲁木齐市中级人民法院审结的河北省青龙县皮毛厂诉富华公司购销羊皮合同货款纠纷案，在执行过程中，富华公司被撤销。根据上述原则，该院应当依照民事诉讼法（试行）第一百二十二条第一款第（六）项规定，裁定确认华侨农场和富华公司财产清算小组承担民事责任，执行原调解协议。

此复。

最高人民法院经济审判庭关于人民法院通知已撤销单位的主管部门应诉后工商部门在行政干预下又将已撤销的单位予以恢复应如何确定当事人问题的电话答复

(1987年11月30日)

江西省高级人民法院：

你院赣法经〔1987〕第12号"关于人民法院通知已撤销单位的主管部门应诉后，工商部门在行政干预下又将已撤销的单位予以恢复，应如何确定当事人的请示"收悉。经研究答复如下：

一、国务院国发〔1985〕102号文件中"呈报单位和各级人民政府、各有关部门，要对成立公司认真进行审核，因审核不当而造成严重后果的，要承担经济、法律责任"的规定，并非仅限于公司被撤销或关闭后，审核部门才承担经济、法律责任。只要是因审核不当而造成严重后果的，无论公司是否被撤销或关闭，均应承担连带责任。根据你院所报材料，桃花工业供销公司营业执照主管部门栏内盖有乡人民政府公章；公司成立时谎报资金15万元；桃花乡企业工业办公室从公司收取的原告赣州地区轻化建材公司预付货款中提取了6万元，公司的利润、积累和乡工业办公室的收入全部由乡人民政府统一使用，这说明桃花工业供销公司同桃花乡政府在财务方面是一体的，桃花乡政府对桃花工业供销公司的债务应负连带清偿责任。桃花工业供销公司如未被撤销，应与桃花乡政府作为共同被告；如已撤销又有清算组织的，其清算组织应与桃花乡政府作为共同被告；如已撤销又无清算组织的，则应由桃花乡政府作为被告。

二、南昌市郊区工商局在行政干预下，于1987年9月16日作出的"恢复桃花工业供销公司，但不能经营"的书面通知，如确有错误，应由作出通知的工商局予以纠正。

三、桃花工业供销公司下属的副食品加工厂是用本案原告部分预付款开办起来的，该厂已濒临倒闭，其占用的财产应用来清偿桃花工业供销公司的债务。

四、此案不宜由江西省高级法院作一审。

此复。

最高人民法院经济审判庭
关于当事人及其直接主管部门均被撤销是否将主管部门的上级部门列为当事人问题的电话答复

(1988年12月23日)

河南省高级人民法院：

你院〔1988〕豫法经字第16号《关于当事人及其直接主管部门均被撤销是否变更主管部门的上级部门为当事人问题的请示报告》收悉。经研究答复如下：

开封市皮革工业公司劳动服务公司诉郑州市新密区城建环保局建材公司（简称"建材公司"）购销合同货款纠纷案，受诉法院依法裁定查封的建材公司的财产在建材公司被撤销后，由新密区人民政府成立的清财小组擅自作了处理。对此，新密区人民政府应当承担责任。现新密区人民政府和建材公司的开办单位区城建环保局均被撤销，其一切善后工作由郑州市人民政府派出的工作组负责处理，因此，受诉法院可将郑州市人民政府列为本案被告，由其在法院查封的建材公司的财产范围内承担民事责任。

此复。

最高人民法院经济审判庭
关于广西百色右江民族贸易开发总公司与广东顺德县上佳市镇工业供销公司购销合同纠纷再审案是否追加第三人问题的电话答复

(1989年12月4日)

广西壮族自治区高级人民法院：

你院法经字〔1989〕第15号请示收悉。关于百色地区中级法院再审的广西百色右江民族贸易开发总公司诉广东顺德县上佳市镇工业供销公司购销合同纠纷案，是否追加顺德县桂州营业所为本案第三人问题，研究答复如下：

本案合同当事人双方相互串通，以订立购销汽车合同为名，变相借款，其行为违反了国家法律，被告依此合同取得的全部货款应予全部退出。尽管该项款已被顺德县桂州营业所扣划还贷，但并不因此免除被告应承担的民事责任。顺德县桂州营业所在不知情的前提上，将进入被告账户的该笔款项作为正常进款予以扣划还贷，其行为并无不当，故，对所扣划的全部款项不负有退赔的责任。因此，百色地区中级法院在再审中，不应列顺德县桂州营业所为本案第三人。

此复。

最高人民法院关于未成年的侵权人死亡其父母作为监护人能否成为诉讼主体问题的复函

1990年1月20日　　　　　　　　　　　　〔1989〕民他字第41号

内蒙古自治区高级人民法院：

你院〔1989〕内法民字第8号《关于那木斯来起诉损害赔偿一案的请示报告》收悉。

经研究认为，未成年人阿拉腾乌拉携带其父额尔登巴图藏在家中的炸药到那木斯来家玩耍，将炸药引爆，炸毁那木斯来家房屋顶棚及部分家具。那木斯来以额尔登巴图为被告要求赔偿损失，人民法院应依法受理，并依据民法通则及婚姻法的有关规定妥善处理。

最高人民法院关于国营九三四四厂诉九江市甘棠工商企业贸易经理部购销钢材合同预付货款纠纷一案应将九江市农行列为当事人问题的复函

1990年5月25日　　　　　　　　　　　　法（经）函〔1990〕36号

江西省高级人民法院：

你院赣法（经）请〔1990〕1号关于国营九三四四厂诉九江市甘棠工商企业贸易经理部购销钢材合同预付货款纠纷再审一案应否将九江市农行列为当事人的请示收悉。经研究，答复如下：

国营九三四四厂与九江市甘棠信托贸易服务公司（甘棠工商企业贸易经理部的前身）于1985年1月24日签订合同后，中国农业银行九江市支行信托部（现已撤销）超越职权予以鉴证。同年2月7日，该信托部使用特种转账支票从九三四四厂电汇给九江市甘棠信托贸易服务公司的预付货款中扣划40万元抵作该服务公司的未到期贷款，使合同不能履行，损害了原告的利益。因此，可将信托部的主管单位九江市农行（即中国农业银行九江市支行）列为本案第三人。

此复。

最高人民法院
关于未被学校聘用的人员在外租赁企业其主体资格如何认定问题的复函

1990年9月3日　　　　　　　　　　　　法（经）函〔1990〕62号

宁夏回族自治区高级人民法院：

你院〔1990〕宁法发字第33号请示报告收悉。关于未被学校聘用的人员在外租赁企业，其主体资格如何认定的问题。经研究，答复如下：

本案合同当事人一方晋学礼系银川市第六中学未被聘用的教师，自1988年8月起每月从学校领取70%的工资。1989年3月23日，晋学礼经学校同意，与银川市郊区光华实业公司签订了为期2年（1989年5月1日至1991年4月30日）的企业租赁合同。合同签订后，学校虽限期晋学礼调离，但未办理调动手续，也未停发其工资。根据国务院国发〔86〕27号《国务院关于发布〈关于实行专业技术职务聘任制度的规定〉的通知》和国务院国发〔1986〕73号《国务院关于促进科技人员合理流动的通知》，应允许和鼓励未被聘任的专业技术人员到其他单位去工作，且晋签订租赁经营合同是经学校同意的，故对晋学礼在企业租赁合同中的主体资格，不应以其尚未调出学校，未停发70%的工资为由，而认定晋不具备合同主体资格。至于其调动和工资问题，应由当地主管部门根据有关规定处理。

此复。

最高人民法院经济审判庭
有关案件合并审理问题的电话答复

(1990年9月13日)

黑龙江省高级人民法院、福建省高级人民法院:

黑龙江省高级法院黑法经字〔1990〕71号请示和福建省高级法院〔1990〕闽法经函字第012号函均已收悉。关于哈尔滨市道里区中央大街副食品商店(下称"副食店")诉福建省莲江县糙头供销社驻榕购销站(下称"购销站")购销合同质量纠纷案与福建省莲江县安凯奇达水产精制厂(下称"精制厂")诉副食店购销合同贷款纠纷案是否合并审理的问题,经研究,答复如下:

对副食店与购销站购销合同纠纷一案的诉讼标的,精制厂享有独立请求权,因此,在精制厂主张权利时,既有权以有独立请求权的第三人申请参加到他人已进行的诉讼中,也有权以原告身份向其他有管辖权的法院另行起诉。既然本案精制厂已向有管辖权的莲江县法院另行起诉,故不应发生诉的合并审理问题。且,就这一争议,你们两院在报请本院后又重新商妥,两案不再合并审理,两院间的争议实已解决,因此,本院同意你们两院商定的分案审理的意见,请你们分别通知道里区法院和莲江县法院,在审理两案的过程中要互通情况,以避免发生矛盾。上述意见不再函复。

最高人民法院
关于在经济纠纷案件审理中追加第三人的函

1991年2月8日　　　　　　　　　　　　法(经)函〔1991〕11号

湖南省高级人民法院:

你院湘法经请字〔1990〕第4号关于广东省潮州市旅游产品服务部、广东省潮州市金石供销社诉湖南益阳市汽车运输公司公路货物运输合同货损赔偿纠纷一案的请示报告收悉。经研究,答复如下:

一、本案应当适用经国务院批准的《公路货物运输合同实施细则》。该细则的制定符合《经济合同法》第五十六条的规定,细则第十七条第二项关于承运方免责事由的规定与《经济合同法》第四十一条的规定并无矛盾。

二、本案作为托运人诉承运人的公路货物运输合同货损赔偿纠纷，应将肇事车主郭瑞根列入第三人。

此复。

最高人民法院
对张永昌合伙建房申诉案有关问题的答复

1993年1月14日　　　　　　　　　　　　　〔92〕民他字第33号

四川省高级人民法院：

你院《关于张永昌合伙建房申诉案的请示报告》和卷宗已收悉。根据你院报告认定的事实，经征求有关部门意见，我们研究认为：建房协议是双方自愿订立的，其内容合法，且双方已按协议履行。至于协议的主体资格问题，曾骏虽是未成年人，但有其生母杨晋代理实施民事行为；杨晋母子均有该市区正式户口，属可申请建房对象，故曾骏在协议中具有民事主体资格。原西城区房管局于1987年3月作出的撤销原共建房层的批准手续的决定，是行政诉讼法实施前的具体行政行为。根据当时的民事诉讼法（试行）第三条第二款的规定，行政案件按民事诉讼程序处理，并无不当。据此，我们同意你院的意见，终审判决并无不当，应予维持。请你院再向省人大办公厅汇报，并做好房管部门的协调工作，依法妥善处理好这起纠纷。

以上意见，仅供参考。

最高人民法院
关于贵州省遵义市遵渝五金电器联营公司诉内蒙古杭锦旗商业综合批发公司驻临河地方国营经营公司、内蒙古磴口县委机关劳动服务公司购销电冰箱合同货款纠纷案如何确定当事人的复函

1993年7月19日　　　　　　　　　　　法经〔1993〕139号

贵州省高级人民法院：

你院黔高法〔1993〕31号报告收悉。经研究，原则上同意你院审判委员会第二种意见，具体答复如下：

一、内蒙古巴彦淖尔盟建设银行（下称巴盟建行）不是购销电冰箱合同的当事人。它既未对购销合同双方当事人争执的诉讼标的提出独立的请求权，也与购销电冰箱合同纠纷案件的处理结果无法律上的利害关系，即无论何方败诉，均不存在需要巴盟建行履行某种义务问题。故巴盟建行不是购销合同货款纠纷案的第三人，该行对他人清偿电冰箱货款不承担连带责任。

二、杨守全（赛音）认为巴盟建行借其103万元款项，这有别于购销合同法律关系。他可以向有管辖权的人民法院另行起诉。

三、杨守全（赛音）以当时已被撤销的内蒙古磴口县委机关劳动服务公司的名义为贵州遵渝公司与内蒙古经营公司的购销合同提供所谓"担保"，且出具收据收到贵州遵渝公司的409台电冰箱，并将出售电冰箱货款据为己有用于履行其他债务，其已成为购销合同的实际需方，同时，也是本案的直接责任人，故杨守全（赛音）是诉讼中的合格被告，不应把内蒙古磴口县委机关劳动服务公司列为被告。

最高人民法院
关于山东省郯城县水泥二厂诉江苏省淮阴县水泥厂购销合同货款纠纷一案如何确定被告的复函

1993年12月2日　　　　　　　　　　　　　　法经〔1993〕233号

山东省高级人民法院：

你院鲁高法函〔1993〕124号《关于山东省郯城县水泥二厂诉江苏省淮阴水泥厂购销水泥熟料合同货款纠纷案，如何确定被告的请示》收悉。经研究，答复如下：

据报告称：1990年10月19日郯城县水泥二厂（下称水泥二厂）与淮阴县水泥厂（下称水泥厂）签订了购销水泥熟料合同。水泥二厂履行合同供货后，水泥厂以资金困难为由拒付尚欠的货款9万余元。水泥厂因无力偿还中国农业银行淮阴县支行（下称农行）的贷款，经淮阴县人民法院主持双方达成将水泥厂"现有全部财产和土地使用权一并抵给"农行的协议后，被农行变卖。我院认为，淮阴县物资局作为水泥厂的主管机关，在水泥厂终止时，未按有关法律规定，对水泥厂的债权、债务进行清算，即将水泥厂变卖，损害了其他债权人的利益。据此，应将其列为本案被告。

最高人民法院经济庭
关于主管单位的上级主管部门应否作为诉讼当事人的复函

1993年12月28日　　　　　　　　　　　　　　法经〔1993〕257号

云南省高级人民法院：

你院〔1993〕云高经请字第48号《关于主管单位的上级主管部门应否作为诉讼当事人参加诉讼的请示报告》收悉。经研究，答复如下：

昆明新雅装饰工程公司（下称工程公司）及其主管单位昆明市乡镇企业化工建筑建材公司（下称建材公司）由建材公司的主管部门昆明市乡镇企业管理局（下称管理局）申请，于一九九〇年六月八日被昆明市清理整顿公司领导小组办公室同时撤销。管理局未依据《中华人民共和国民法通则》第四十七条的规定成立清算组织，对工程公司、建材公司的债权、债务进行清算。根据最高人民法院《关于适用〈中华人民共和国民事诉讼法〉若干问题的意见》第 51 条的规定，应由管理局作为诉讼当事人参加诉讼。至于管理局应否承担民事责任，应根据国发（1990）68 号文件规定处理。

最高人民法院
关于中外合资经营企业对外发生经济合同纠纷，控制合营企业的外方与卖方有利害关系，合营企业的中方应以谁的名义向人民法院起诉问题的复函

1994 年 11 月 4 日　　　　　　　　　　　　法经〔1994〕269 号

江苏省高级人民法院：

你院苏高法〔1993〕214 号请示收悉。经研究，答复如下：

据你院报告反映，张家港市涤纶长丝厂（以下简称长丝厂）与香港吉雄有限公司（以下简称吉雄公司）合资成立的张家港吉雄化纤有限公司（以下简称化纤有限公司）与香港大兴工程公司（以下简称大兴公司）发生的购销合同纠纷，因控制合营企业的港方吉雄公司与卖方大兴公司有直接利害关系，其拒绝召开董事会以合营企业名义起诉，致使长丝厂利益受到损害而无法得到法律保护。经研究认为，长丝厂可在合营企业董事会不作起诉的情况下行使诉权，人民法院依法应当受理。但就本案而言，由于合资经营合同与对外购买设备的合同中都订有仲裁条款，因此，其纠纷应提交仲裁裁决，法院不应受理。

最高人民法院
关于河南省高级人民法院请示中国深圳对外贸易（集团）公司与河南孟津县甲萘胺厂加工合同纠纷一案诉讼主体及责任承担问题的复函

1995 年 5 月 3 日　　　　　　　　　　　　法函〔1995〕53 号

河南省高级人民法院：

你院关于中国深圳对外贸易（集团）公司与河南孟津县甲萘胺厂加工合同纠纷一案诉讼主体及责任承担问题的请示收悉。经研究，现答复如下：

一、泰亨公司在其上级单位变动中并未丧失法人资格，且进行了1993年度工商年检，只是根据其上级单位中国深圳对外贸易（集团）公司决定进行清理整顿而停止新的经营业务，除根据其上级单位决定将属下的同光商场按原值有偿划归集团所属的勤兴公司经营管理外，其他财产并未转移。因此，泰亨公司仍是独立的企业法人，具有独立的民事权利能力和行为能力，可作为本案当事人，并应依法承担相应的民事责任。

二、泰亨公司清理整顿小组是由泰亨公司的上级单位决定成立的，符合国家关于企业整顿的有关规定，其职权是在泰亨公司清理整顿期间具体负责处理有关泰亨公司的债权债务、资产及对外投资等遗留问题，该清整小组虽不完全符合民法通则有关清算组织的规定，但从其所担负的实际职权看，泰亨公司的债权债务等均由该小组具体负责处理。本案诉讼期间，泰亨公司的清理整顿工作并未结束。故此，对泰亨公司所欠甲萘胺厂3431025.56元债务，应由泰亨公司清理整顿小组以泰亨公司的财产承担偿还责任。为此，该小组应以被告身份参加本案诉讼。

此复。

最高人民法院
关于贵州德黔矿业有限公司在与贵州湘黔矿产公司、贵州军地矿产联合公司不当得利一案中是否具备诉讼主体资格的函

（1995年9月14日）

贵州省高级人民法院：

你院〔1995〕民请字第1号关于贵州德黔矿业有限公司在与贵州湘黔矿产公司、贵州军地矿产联合公司不当得利一案中是否具备诉讼主体资格的请示报告收悉。经研究认为：1994年12月24日，中国国际经济贸易仲裁委员会〔94〕贸仲字第7346号裁决要求自裁决之日起终止《贵州德黔发展有限公司合营合同》，合营公司依法进行清算。根据《中华人民共和国民法通则》第三十六条第二款、第四十条、第四十五条之规定，该裁决生效后，贵州德黔矿业有限公司应依法终止，其民事权利能力和民事行为能力随之消灭，按照法律规定应进行清算并停止清算范围外的活动。故同意你院审委会的第二种意见，即本案中的德黔矿业有限公司不具备诉讼主体资格。

最高人民法院
关于领取营业执照的证券公司营业部是否具有民事诉讼主体资格的复函

1997年8月22日　　　　　　　　　　　　法函〔1997〕98号

上海市高级人民法院：

你院〔1997〕沪高经他字第4号请示收悉。经研究，答复如下：

证券公司营业部是经中国人民银行或其授权的分支机构依据《中华人民共和国银行法》的有关规定批准设立，专营证券交易等业务的机构。其领有《经营金融业务许可证》和《营业执照》，具有一定的运营资金和在核准的经营范围内开展证券交易等业务的行为能力。根据最高人民法院《关于适用〈中华人民共和国民事诉讼法〉若干问题的意见》第40条第（5）项之规定，证券公司营业部可以作为民事诉讼当事人。

最高人民法院
关于企业法人营业执照被吊销后，其民事诉讼地位如何确定的复函

2000年1月29日　　　　　　　　　　　　法经〔2000〕24号

辽宁省高级人民法院：

你院"关于企业法人营业执照被吊销后，其民事诉讼地位如何确定的请示"收悉。经研究，答复如下：

吊销企业法人营业执照，是工商行政管理机关依据国家工商行政法规对违法的企业法人作出的一种行政处罚。企业法人被吊销营业执照后，应当依法进行清算，清算程序结束并办理工商注销登记后，该企业法人才归于消灭。因此，企业法人被吊销营业执照后至被注销登记前，该企业法人仍应视为存续，可以自己的名义进行诉讼活动。如果该企业法人组成人员下落不明，无法通知参加诉讼，债权人以被吊销营业执照企业的开办单位为被告起诉的，人民法院也应予以准许。该开办单位对被吊销营业执照的企业法人，如果不存在投资不足或者转移资产逃避债务情形的，仅应作为企业清算人参加诉讼，承担清算责任。你院请示中涉及的问题，可参照上述精神办理。

此复。

最高人民法院关于人民法院不宜以一方当事人公司营业执照被吊销已丧失民事诉讼主体资格为由，裁定驳回起诉问题的复函

2000年1月29日　　　　　　　　　　　　法经〔2000〕23号

甘肃省高级人民法院：

你院〔1999〕甘经终字第193号请示报告收悉。经研究，答复如下：

吊销企业法人营业执照，是工商行政管理局对实施违法行为的企业法人给予的一种行政处罚。根据《中华人民共和国民法通则》第四十条、第四十六条和《中华人民共和国企业法人登记管理条例》第三十三条的规定，企业法人营业执照被吊销后，应当由其开办单位（包括股东）或者企业组织清算组依法进行清算，停止清算范围外的活动。清算期间，企业民事诉讼主体资格依然存在。本案中人民法院不应以甘肃新科工贸有限责任公司（以下简称新科公司）被吊销企业法人营业执照，丧失民事诉讼主体资格为由，裁定驳回起诉。本案债务人新科公司在诉讼中被吊销企业法人营业执照后，至今未组织清算组依法进行清算，因此，债权人兰州岷山制药厂以新科公司为被告，后又要求追加该公司全体股东为被告，应当准许，追加该公司的股东为共同被告参加诉讼，承担清算责任。

最高人民法院执行工作办公室关于中国少年先锋队江苏省工作委员会是否具备独立法人资格问题的复函

2002年3月22日　　　　　　　　　　　　〔2002〕执他字第5号

江苏省高级人民法院：

你院苏高法〔1999〕38号《关于中国少年先锋队江苏省工作委员会是否具备独立法人资格的请示》收悉。经研究，答复如下：

原则上同意你院的倾向性意见。中国少年先锋队江苏省工作委员会没有独立的财产

和经费来源，编制也在共青团江苏委员会，其自身并不具有独立承担民事责任的能力，不具备法人资格。

最高人民法院
关于金湖新村业主委员会是否具备民事诉讼主体资格请示一案的复函

2003年8月20日　　　　　　　　　　　　〔2002〕民立他字第46号

安徽省高级人民法院：

你院〔2002〕皖民一终字第112号《关于金湖新村业主委员会是否具备民事诉讼主体资格的请示报告》收悉。经研究，答复如下：

根据《中华人民共和国民事诉讼法》第四十九条、最高人民法院《关于适用〈中华人民共和国民事诉讼法〉若干问题的意见》第四十条的规定，金湖新村业主委员会符合"其他组织"条件，对房地产开发单位未向业主委员会移交住宅区规划图等资料、未提供配套公用设施、公用设施专项费、公共部位维护费及物业管理用房、商业用房的，可以自己名义提起诉讼。

最高人民法院
关于春雨花园业主委员会是否具有民事诉讼主体资格的复函

2005年8月15日　　　　　　　　　　　　〔2005〕民立他字第8号

安徽省高级人民法院：

你院〔2004〕皖民一他字第34号《关于春雨花园业主委员会是否具有民事诉讼主体资格的请示》收悉。经研究，答复如下：

根据《物业管理条例》规定，业主委员会是业主大会的执行机构，根据业主大会的授权对外代表业主进行民事活动，所产生的法律后果由全体业主承担。业主委员会与他人发生民事争议的，可以作为被告参加诉讼。

最高人民法院办公厅
关于案件当事人及其代理人查阅
诉讼档案有关问题的复函

2005年9月15日　　　　　　　　　　　　法办〔2005〕415号

湖北省高级人民法院：

你院《关于案件当事人及其代理人查阅诉讼档案有关问题的请示》（鄂高法〔2005〕260号）收悉。

经研究，我们认为，按照《人民法院档案管理办法》和《最高人民法院关于诉讼代理人查阅民事案件材料的规定》（法释〔2002〕39号）的规定，当事人也可以查阅刑事案件、行政案件和国家赔偿案件的正卷。

此复。

最高人民法院
关于人民法院受理共同诉讼案件问题的通知

2005年12月30日　　　　　　　　　　　　法〔2005〕270号

各省、自治区、直辖市高级人民法院，新疆维吾尔自治区高级人民法院生产建设兵团分院：

为方便当事人诉讼和人民法院就地进行案件调解工作，提高审判效率，节省诉讼资源，进一步加强最高人民法院对下级人民法院民事审判工作的监督和指导，根据民事诉讼法的有关规定，现就人民法院受理共同诉讼案件问题通知如下：

一、当事人一方或双方人数众多的共同诉讼，依法由基层人民法院受理。受理法院认为不宜作为共同诉讼受理的，可分别受理。

在高级人民法院辖区内有重大影响的上述案件，由中级人民法院受理。如情况特殊，确需高级人民法院作为一审民事案件受理的，应当在受理前报最高人民法院批准。

法律、司法解释对知识产权，海事、海商，涉外等民事纠纷案件的级别管辖另有规定的，从其规定。

二、各级人民法院应当加强对共同诉讼案件涉及问题的调查研究，上级人民法院应当加强对下级人民法院审理此类案件的指导工作。

本通知执行过程中有何问题及建议，请及时报告我院。

本通知自 2006 年 1 月 1 日起施行。

最高人民法院
关于村民小组诉讼权利如何行使的复函

2006 年 7 月 14 日　　　　　　　　　　〔2006〕民立他字第 23 号

河北省高级人民法院：

你院〔2005〕冀民一请字第一号《关于村民小组诉讼权利如何行使的几个问题的请示报告》收悉。经研究，答复如下：

遵化市小厂乡头道城村第三村民小组（以下简称第三村民小组）可以作为民事诉讼当事人。以第三村民小组为当事人的诉讼应以小组长作为主要负责人提起。小组长以村民小组的名义起诉和行使诉讼权利应当参照《中华人民共和国村民委员会组织法》第十七条履行民主议定程序。参照《河北省村民委员会选举办法》第三十条，小组长被依法追究刑事责任的，自人民法院判决书生效之日起，其小组长职务相应终止，应由村民小组另行推选小组长进行诉讼。

最高人民法院
关于公民诉讼代理人有关问题的答复

2013 年 9 月 25 日　　　　　　　　　　〔2013〕民一他字第 13 号

山东省高级人民法院：

你院《关于公民诉讼代理人有关问题的请示报告》收悉。经研究，答复如下：

一、再审审查和再审审理是人民法院处理当事人申请再审案件的两个工作阶段，二者均属于审判监督程序的范畴。黄佳显在再审审查阶段委托王家洪为诉讼代理人的行为，发生在 2013 年 1 月 1 日修改后民事诉讼法实施前，根据《最高人民法院关于修改后的民事诉讼法实行时未结案件适用法律若干问题的规定》第一条第二款关于"前款规定的案件，2013 年 1 月 1 日前依照修改前的民事诉讼法和有关司法解释的规定已经完成的程序事项，仍然有效"的规定，如其未在委托授权书中声明授权委托仅限于再审审查阶段，则授权委托行为在再审审理阶段仍然有效，不能以修改后的民事诉讼法第五十八条的规定否定王家洪的诉讼代理人资格。

二、诉讼代理人资格问题属于民事诉讼中的程序性事项，无论对方当事人是否提出异议，人民法院都应当主动进行审查。

此复。

最高人民法院办公厅
转发《司法部关于基层法律服务工作者诉讼代理执业区域问题的批复》的通知

2015 年 7 月 15 日　　　　　　　　　　　　　　　法办〔2015〕104 号

各省、自治区、直辖市高级人民法院，解放军军事法院，新疆维吾尔自治区高级人民法院生产建设兵团分院：

现将《司法部关于基层法律服务工作者诉讼代理执业区域问题的批复》（司复〔2015〕4 号）转发给你们，请参照执行。

附：

司法部
关于基层法律服务工作者诉讼代理执业区域问题的批复

2015 年 6 月 25 日　　　　　　　　　　　　　　　司复〔2015〕4 号

四川省司法厅：

你厅《关于基层法律服务工作者执业区域及出庭提交材料的请示》（川司法〔2015〕26 号）收悉。经研究，批复如下：

《乡镇法律服务业务工作细则》（司法部令第 19 号）第二十四条第（四）项"当事人一方位于本辖区内"的"本辖区"，是指基层法律服务工作者执业的基层法律服务所所在的县级行政区划和直辖市的区（县）行政区划辖区。

此复。

最高人民法院
关于当事人工作人员担任诉讼代理人资格认定问题的请示的复函[*]

2015年11月18日　　　　　　　　　　〔2015〕民二他字第10号

广东省高级人民法院：

你院《关于当事人工作人员担任诉讼代理人资格认定问题的请示》（粤高法〔2015〕235号）收悉。经研究，答复如下：

同意你院多数意见。当事人工作人员担任诉讼代理人的资格认定，应当严格按照《最高人民法院关于适用〈中华人民共和国民事诉讼法〉的解释》第八十六条、第八十八条的规定，当事人的工作人员担任诉讼代理人的，应当提交与当事人有合法劳动人事关系的证明材料。单一的《聘书》尚不足以说明委托人与受托人之间存在真实的劳动人事关系。

此复。

最高人民法院
关于中国人民银行分支机构是否具有民事诉讼主体资格问题的批复

2017年6月30日　　　　　　　　　　法〔2017〕201号

天津市高级人民法院：

你院关于《中国人民银行分支机构是否具有民事诉讼主体资格问题的请示》收悉。经研究，批复如下：

中国人民银行分支机构是依法成立、具有一定组织机构和财产，能够在侵权范围内独立承担民事责任的非法人组织，属于《中华人民共和国民事诉讼法》第四十八条规定的"其他组织"。因中国人民银行分支机构在法律授权范围内从事民事活动引发的民事纠纷，应当以该分支机构为民事诉讼主体。

此复。

---

[*] 原名"最高人民法院函"。

六、证　　据

最高人民法院
关于民事诉讼证据的若干规定

法释〔2001〕33号

(2001年12月6日最高人民法院审判委员会第1201次会议通过　2001年12月21日最高人民法院公告公布　自2002年4月1日起施行)

为保证人民法院正确认定案件事实，公正、及时审理民事案件，保障和便利当事人依法行使诉讼权利，根据《中华人民共和国民事诉讼法》(以下简称《民事诉讼法》)等有关法律的规定，结合民事审判经验和实际情况，制定本规定。

一、当事人举证

第一条　原告向人民法院起诉或者被告提出反诉，应当附有符合起诉条件的相应的证据材料。

第二条　当事人对自己提出的诉讼请求所依据的事实或者反驳对方诉讼请求所依据的事实有责任提供证据加以证明。

没有证据或者证据不足以证明当事人的事实主张的，由负有举证责任的当事人承担不利后果。

第三条　人民法院应当向当事人说明举证的要求及法律后果，促使当事人在合理期限内积极、全面、正确、诚实地完成举证。

当事人因客观原因不能自行收集的证据，可申请人民法院调查收集。

第四条　下列侵权诉讼，按照以下规定承担举证责任：

(一)因新产品制造方法发明专利引起的专利侵权诉讼，由制造同样产品的单位或者个人对其产品制造方法不同于专利方法承担举证责任；

(二)高度危险作业致人损害的侵权诉讼，由加害人就受害人故意造成损害的事实承担举证责任；

(三)因环境污染引起的损害赔偿诉讼，由加害人就法律规定的免责事由及其行为与损害结果之间不存在因果关系承担举证责任；

（四）建筑物或者其他设施以及建筑物上的搁置物、悬挂物发生倒塌、脱落、坠落致人损害的侵权诉讼，由所有人或者管理人对其无过错承担举证责任；

（五）饲养动物致人损害的侵权诉讼，由动物饲养人或者管理人就受害人有过错或者第三人有过错承担举证责任；

（六）因缺陷产品致人损害的侵权诉讼，由产品的生产者就法律规定的免责事由承担举证责任；

（七）因共同危险行为致人损害的侵权诉讼，由实施危险行为的人就其行为与损害结果之间不存在因果关系承担举证责任；

（八）因医疗行为引起的侵权诉讼，由医疗机构就医疗行为与损害结果之间不存在因果关系及不存在医疗过错承担举证责任。

有关法律对侵权诉讼的举证责任有特殊规定的，从其规定。

第五条 在合同纠纷案件中，主张合同关系成立并生效的一方当事人对合同订立和生效的事实承担举证责任；主张合同关系变更、解除、终止、撤销的一方当事人对引起合同关系变动的事实承担举证责任。

对合同是否履行发生争议的，由负有履行义务的当事人承担举证责任。

对代理权发生争议的，由主张有代理权一方当事人承担举证责任。

第六条 在劳动争议纠纷案件中，因用人单位作出开除、除名、辞退、解除劳动合同、减少劳动报酬、计算劳动者工作年限等决定而发生劳动争议的，由用人单位负举证责任。

第七条 在法律没有具体规定，依本规定及其他司法解释无法确定举证责任承担时，人民法院可以根据公平原则和诚实信用原则，综合当事人举证能力等因素确定举证责任的承担。

第八条 诉讼过程中，一方当事人对另一方当事人陈述的案件事实明确表示承认的，另一方当事人无需举证。但涉及身份关系的案件除外。

对一方当事人陈述的事实，另一方当事人既未表示承认也未否认，经审判人员充分说明并询问后，其仍不明确表示肯定或者否定的，视为对该项事实的承认。

当事人委托代理人参加诉讼的，代理人的承认视为当事人的承认。但未经特别授权的代理人对事实的承认直接导致承认对方诉讼请求的除外；当事人在场但对其代理人的承认不作否认表示的，视为当事人的承认。

当事人在法庭辩论终结前撤回承认并经对方当事人同意，或者有充分证据证明其承认行为是在受胁迫或者重大误解情况下作出且与事实不符的，不能免除对方当事人的举证责任。

第九条 下列事实，当事人无需举证证明：

（一）众所周知的事实；

（二）自然规律及定理；

（三）根据法律规定或者已知事实和日常生活经验法则，能推定出的另一事实；

（四）已为人民法院发生法律效力的裁判所确认的事实；

（五）已为仲裁机构的生效裁决所确认的事实；
（六）已为有效公证文书所证明的事实。

前款（一）、（三）、（四）、（五）、（六）项，当事人有相反证据足以推翻的除外。

第十条 当事人向人民法院提供证据，应当提供原件或者原物。如需自己保存证据原件、原物或者提供原件、原物确有困难的，可以提供经人民法院核对无异的复制件或者复制品。

第十一条 当事人向人民法院提供的证据系在中华人民共和国领域外形成的，该证据应当经所在国公证机关予以证明，并经中华人民共和国驻该国使领馆予以认证，或者履行中华人民共和国与该所在国订立的有关条约中规定的证明手续。

当事人向人民法院提供的证据是在香港、澳门、台湾地区形成的，应当履行相关的证明手续。

第十二条 当事人向人民法院提供外文书证或者外文说明资料，应当附有中文译本。

第十三条 对双方当事人无争议但涉及国家利益、社会公共利益或者他人合法权益的事实，人民法院可以责令当事人提供有关证据。

第十四条 当事人应当对其提交的证据材料逐一分类编号，对证据材料的来源、证明对象和内容作简要说明，签名盖章，注明提交日期，并依照对方当事人人数提出副本。

人民法院收到当事人提交的证据材料，应当出具收据，注明证据的名称、份数和页数以及收到的时间，由经办人员签名或者盖章。

二、人民法院调查收集证据

第十五条 《民事诉讼法》第六十四条规定的"人民法院认为审理案件需要的证据"，是指以下情形：

（一）涉及可能有损国家利益、社会公共利益或者他人合法权益的事实；
（二）涉及依职权追加当事人、中止诉讼、终结诉讼、回避等与实体争议无关的程序事项。

第十六条 除本规定第十五条规定的情形外，人民法院调查收集证据，应当依当事人的申请进行。

第十七条 符合下列条件之一的，当事人及其诉讼代理人可以申请人民法院调查收集证据：

（一）申请调查收集的证据属于国家有关部门保存并须人民法院依职权调取的档案材料；
（二）涉及国家秘密、商业秘密、个人隐私的材料；
（三）当事人及其诉讼代理人确因客观原因不能自行收集的其他材料。

第十八条 当事人及其诉讼代理人申请人民法院调查收集证据，应当提交书面申请。申请书应当载明被调查人的姓名或者单位名称、住所地等基本情况、所要调查收集的证据的内容、需要由人民法院调查收集证据的原因及其要证明的事实。

第十九条　当事人及其诉讼代理人申请人民法院调查收集证据，不得迟于举证期限届满前 7 日。

人民法院对当事人及其诉讼代理人的申请不予准许的，应当向当事人或其诉讼代理人送达通知书。当事人及其诉讼代理人可以在收到通知书的次日起 3 日内向受理申请的人民法院书面申请复议一次。人民法院应当在收到复议申请之日起 5 日内作出答复。

第二十条　调查人员调查收集的书证，可以是原件，也可以是经核对无误的副本或者复制件。是副本或者复制件的，应当在调查笔录中说明来源和取证情况。

第二十一条　调查人员调查收集的物证应当是原物。被调查人提供原物确有困难的，可以提供复制品或者照片。提供复制品或者照片的，应当在调查笔录中说明取证情况。

第二十二条　调查人员调查收集计算机数据或者录音、录像等视听资料的，应当要求被调查人提供有关资料的原始载体。提供原始载体确有困难的，可以提供复制件。提供复制件的，调查人员应当在调查笔录中说明其来源和制作经过。

第二十三条　当事人依据《民事诉讼法》第七十四条的规定向人民法院申请保全证据，不得迟于举证期限届满前 7 日。

当事人申请保全证据的，人民法院可以要求其提供相应的担保。

法律、司法解释规定诉前保全证据的，依照其规定办理。

第二十四条　人民法院进行证据保全，可以根据具体情况，采取查封、扣押、拍照、录音、录像、复制、鉴定、勘验、制作笔录等方法。

人民法院进行证据保全，可以要求当事人或者诉讼代理人到场。

第二十五条　当事人申请鉴定，应当在举证期限内提出。符合本规定第二十七条规定的情形，当事人申请重新鉴定的除外。

对需要鉴定的事项负有举证责任的当事人，在人民法院指定的期限内无正当理由不提出鉴定申请或者不预交鉴定费用或者拒不提供相关材料，致使对案件争议的事实无法通过鉴定结论予以认定的，应当对该事实承担举证不能的法律后果。

第二十六条　当事人申请鉴定经人民法院同意后，由双方当事人协商确定有鉴定资格的鉴定机构、鉴定人员，协商不成的，由人民法院指定。

第二十七条　当事人对人民法院委托的鉴定部门作出的鉴定结论有异议申请重新鉴定，提出证据证明存在下列情形之一的，人民法院应予准许：

（一）鉴定机构或者鉴定人员不具备相关的鉴定资格的；

（二）鉴定程序严重违法的；

（三）鉴定结论明显依据不足的；

（四）经过质证认定不能作为证据使用的其他情形。

对有缺陷的鉴定结论，可以通过补充鉴定、重新质证或者补充质证等方法解决的，不予重新鉴定。

第二十八条　一方当事人自行委托有关部门作出的鉴定结论，另一方当事人有证据足以反驳并申请重新鉴定的，人民法院应予准许。

第二十九条　审判人员对鉴定人出具的鉴定书，应当审查是否具有下列内容：

（一）委托人姓名或者名称、委托鉴定的内容；

（二）委托鉴定的材料；

（三）鉴定的依据及使用的科学技术手段；

（四）对鉴定过程的说明；

（五）明确的鉴定结论；

（六）对鉴定人鉴定资格的说明；

（七）鉴定人员及鉴定机构签名盖章。

第三十条 人民法院勘验物证或者现场，应当制作笔录，记录勘验的时间、地点、勘验人、在场人、勘验的经过、结果，由勘验人、在场人签名或者盖章。对于绘制的现场图应当注明绘制的时间、方位、测绘人姓名、身份等内容。

第三十一条 摘录有关单位制作的与案件事实相关的文件、材料，应当注明出处，并加盖制作单位或者保管单位的印章，摘录人和其他调查人员应当在摘录件上签名或者盖章。

摘录文件、材料应当保持内容相应的完整性，不得断章取义。

三、举证时限与证据交换

第三十二条 被告应当在答辩期届满前提出书面答辩，阐明其对原告诉讼请求及所依据的事实和理由的意见。

第三十三条 人民法院应当在送达案件受理通知书和应诉通知书的同时向当事人送达举证通知书。举证通知书应当载明举证责任的分配原则与要求、可以向人民法院申请调查取证的情形、人民法院根据案件情况指定的举证期限以及逾期提供证据的法律后果。

举证期限可以由当事人协商一致，并经人民法院认可。

由人民法院指定举证期限的，指定的期限不得少于30日，自当事人收到案件受理通知书和应诉通知书的次日起计算。

第三十四条 当事人应当在举证期限内向人民法院提交证据材料，当事人在举证期限内不提交的，视为放弃举证权利。

对于当事人逾期提交的证据材料，人民法院审理时不组织质证。但对方当事人同意质证的除外。

当事人增加、变更诉讼请求或者提起反诉的，应当在举证期限届满前提出。

第三十五条 诉讼过程中，当事人主张的法律关系的性质或者民事行为的效力与人民法院根据案件事实作出的认定不一致的，不受本规定第三十四条规定的限制，人民法院应当告知当事人可以变更诉讼请求。

当事人变更诉讼请求的，人民法院应当重新指定举证期限。

第三十六条 当事人在举证期限内提交证据材料确有困难的，应当在举证期限内向人民法院申请延期举证，经人民法院准许，可以适当延长举证期限。当事人在延长的举证期限内提交证据材料仍有困难的，可以再次提出延期申请，是否准许由人民法院决定。

第三十七条 经当事人申请,人民法院可以组织当事人在开庭审理前交换证据。

人民法院对于证据较多或者复杂疑难的案件,应当组织当事人在答辩期届满后、开庭审理前交换证据。

第三十八条 交换证据的时间可以由当事人协商一致并经人民法院认可,也可以由人民法院指定。

人民法院组织当事人交换证据的,交换证据之日举证期限届满。当事人申请延期举证经人民法院准许的,证据交换日相应顺延。

第三十九条 证据交换应当在审判人员的主持下进行。

在证据交换的过程中,审判人员对当事人无异议的事实、证据应当记录在卷;对有异议的证据,按照需要证明的事实分类记录在卷,并记载异议的理由。通过证据交换,确定双方当事人争议的主要问题。

第四十条 当事人收到对方交换的证据后提出反驳并提出新证据的,人民法院应当通知当事人在指定的时间进行交换。

证据交换一般不超过两次。但重大、疑难和案情特别复杂的案件,人民法院认为确有必要再次进行证据交换的除外。

第四十一条 《民事诉讼法》第一百二十五条第一款规定的"新的证据",是指以下情形:

(一)一审程序中的新的证据包括:当事人在一审举证期限届满后新发现的证据;当事人确因客观原因无法在举证期限内提供,经人民法院准许,在延长的期限内仍无法提供的证据。

(二)二审程序中的新的证据包括:一审庭审结束后新发现的证据;当事人在一审举证期限届满前申请人民法院调查取证未获准许,二审法院经审查认为应当准许并依当事人申请调取的证据。

第四十二条 当事人在一审程序中提供新的证据的,应当在一审开庭前或者开庭审理时提出。

当事人在二审程序中提供新的证据的,应当在二审开庭前或者开庭审理时提出;二审不需要开庭审理的,应当在人民法院指定的期限内提出。

第四十三条 当事人举证期限届满后提供的证据不是新的证据的,人民法院不予采纳。

当事人经人民法院准许延期举证,但因客观原因未能在准许的期限内提供,且不审理该证据可能导致裁判明显不公的,其提供的证据可视为新的证据。

第四十四条 《民事诉讼法》第一百七十九条第一款第(一)项规定的"新的证据",是指原审庭审结束后新发现的证据。

当事人在再审程序中提供新的证据的,应当在申请再审时提出。

第四十五条 一方当事人提出新的证据的,人民法院应当通知对方当事人在合理期限内提出意见或者举证。

第四十六条 由于当事人的原因未能在指定期限内举证,致使案件在二审或者再审期间因提出新的证据被人民法院发回重审或者改判的,原审裁判不属于错误裁判案件。

一方当事人请求提出新的证据的另一方当事人负担由此增加的差旅、误工、证人出庭作证、诉讼等合理费用以及由此扩大的直接损失，人民法院应予支持。

四、质 证

第四十七条 证据应当在法庭上出示，由当事人质证。未经质证的证据，不能作为认定案件事实的依据。

当事人在证据交换过程中认可并记录在卷的证据，经审判人员在庭审中说明后，可以作为认定案件事实的依据。

第四十八条 涉及国家秘密、商业秘密和个人隐私或者法律规定的其他应当保密的证据，不得在开庭时公开质证。

第四十九条 对书证、物证、视听资料进行质证时，当事人有权要求出示证据的原件或者原物。但有下列情况之一的除外：

（一）出示原件或者原物确有困难并经人民法院准许出示复制件或者复制品的；

（二）原件或者原物已不存在，但有证据证明复制件、复制品与原件或原物一致的。

第五十条 质证时，当事人应当围绕证据的真实性、关联性、合法性，针对证据证明力有无以及证明力大小，进行质疑、说明与辩驳。

第五十一条 质证按下列顺序进行：

（一）原告出示证据，被告、第三人与原告进行质证；

（二）被告出示证据，原告、第三人与被告进行质证；

（三）第三人出示证据，原告、被告与第三人进行质证。

人民法院依照当事人申请调查收集的证据，作为提出申请的一方当事人提供的证据。

人民法院依照职权调查收集的证据应当在庭审时出示，听取当事人意见，并可就调查收集该证据的情况予以说明。

第五十二条 案件有两个以上独立的诉讼请求的，当事人可以逐个出示证据进行质证。

第五十三条 不能正确表达意志的人，不能作为证人。

待证事实与其年龄、智力状况或者精神健康状况相适应的无民事行为能力人和限制民事行为能力人，可以作为证人。

第五十四条 当事人申请证人出庭作证，应当在举证期限届满10日前提出，并经人民法院许可。

人民法院对当事人的申请予以准许的，应当在开庭审理前通知证人出庭作证，并告知其应当如实作证及作伪证的法律后果。

证人因出庭作证而支出的合理费用，由提供证人的一方当事人先行支付，由败诉一方当事人承担。

第五十五条 证人应当出庭作证，接受当事人的质询。

证人在人民法院组织双方当事人交换证据时出席陈述证言的，可视为出庭作证。

第五十六条 《民事诉讼法》第七十条规定的"证人确有困难不能出庭"，是指有下列情形：

（一）年迈体弱或者行动不便无法出庭的；

（二）特殊岗位确实无法离开的；

（三）路途特别遥远，交通不便难以出庭的；

（四）因自然灾害等不可抗力的原因无法出庭的；

（五）其他无法出庭的特殊情况。

前款情形，经人民法院许可，证人可以提交书面证言或者视听资料或者通过双向视听传输技术手段作证。

第五十七条 出庭作证的证人应当客观陈述其亲身感知的事实。证人为聋哑人的，可以其他表达方式作证。

证人作证时，不得使用猜测、推断或者评论性的语言。

第五十八条 审判人员和当事人可以对证人进行询问。证人不得旁听法庭审理；询问证人时，其他证人不得在场。人民法院认为有必要的，可以让证人进行对质。

第五十九条 鉴定人应当出庭接受当事人质询。

鉴定人确因特殊原因无法出庭的，经人民法院准许，可以书面答复当事人的质询。

第六十条 经法庭许可，当事人可以向证人、鉴定人、勘验人发问。

询问证人、鉴定人、勘验人不得使用威胁、侮辱及不适当引导证人的言语和方式。

第六十一条 当事人可以向人民法院申请由1至2名具有专门知识的人员出庭就案件的专门性问题进行说明。人民法院准许其申请的，有关费用由提出申请的当事人负担。

审判人员和当事人可以对出庭的具有专门知识的人员进行询问。

经人民法院准许，可以由当事人各自申请的具有专门知识的人员就有关案件中的问题进行对质。

具有专门知识的人员可以对鉴定人进行询问。

第六十二条 法庭应当将当事人的质证情况记入笔录，并由当事人核对后签名或者盖章。

五、证据的审核认定

第六十三条 人民法院应当以证据能够证明的案件事实为依据依法作出裁判。

第六十四条 审判人员应当依照法定程序，全面、客观地审核证据，依据法律的规定，遵循法官职业道德，运用逻辑推理和日常生活经验，对证据有无证明力和证明力大小独立进行判断，并公开判断的理由和结果。

第六十五条 审判人员对单一证据可以从下列方面进行审核认定：

（一）证据是否原件、原物，复印件、复制品与原件、原物是否相符；

（二）证据与本案事实是否相关；

（三）证据的形式、来源是否符合法律规定；

（四）证据的内容是否真实；

（五）证人或者提供证据的人，与当事人有无利害关系。

第六十六条 审判人员对案件的全部证据,应当从各证据与案件事实的关联程度、各证据之间的联系等方面进行综合审查判断。

第六十七条 在诉讼中,当事人为达成调解协议或者和解的目的作出妥协所涉及的对案件事实的认可,不得在其后的诉讼中作为对其不利的证据。

第六十八条 以侵害他人合法权益或者违反法律禁止性规定的方法取得的证据,不能作为认定案件事实的依据。

第六十九条 下列证据不能单独作为认定案件事实的依据:

(一) 未成年人所作的与其年龄和智力状况不相当的证言;

(二) 与一方当事人或者其代理人有利害关系的证人出具的证言;

(三) 存有疑点的视听资料;

(四) 无法与原件、原物核对的复印件、复制品;

(五) 无正当理由未出庭作证的证人证言。

第七十条 一方当事人提出的下列证据,对方当事人提出异议但没有足以反驳的相反证据的,人民法院应当确认其证明力:

(一) 书证原件或者与书证原件核对无误的复印件、照片、副本、节录本;

(二) 物证原物或者与物证原物核对无误的复制件、照片、录像资料等;

(三) 有其他证据佐证并以合法手段取得的、无疑点的视听资料或者与视听资料核对无误的复制件;

(四) 一方当事人申请人民法院依照法定程序制作的对物证或者现场的勘验笔录。

第七十一条 人民法院委托鉴定部门作出的鉴定结论,当事人没有足以反驳的相反证据和理由的,可以认定其证明力。

第七十二条 一方当事人提出的证据,另一方当事人认可或者提出的相反证据不足以反驳的,人民法院可以确认其证明力。

一方当事人提出的证据,另一方当事人有异议并提出反驳证据,对方当事人对反驳证据认可的,可以确认反驳证据的证明力。

第七十三条 双方当事人对同一事实分别举出相反的证据,但都没有足够的依据否定对方证据的,人民法院应当结合案件情况,判断一方提供证据的证明力是否明显大于另一方提供证据的证明力,并对证明力较大的证据予以确认。

因证据的证明力无法判断导致争议事实难以认定的,人民法院应当依据举证责任分配的规则作出裁判。

第七十四条 诉讼过程中,当事人在起诉状、答辩状、陈述及其委托代理人的代理词中承认的对己方不利的事实和认可的证据,人民法院应当予以确认,但当事人反悔并有相反证据足以推翻的除外。

第七十五条 有证据证明一方当事人持有证据无正当理由拒不提供,如果对方当事人主张该证据的内容不利于证据持有人,可以推定该主张成立。

第七十六条 当事人对自己的主张,只有本人陈述而不能提出其他相关证据的,其主张不予支持。但对方当事人认可的除外。

第七十七条 人民法院就数个证据对同一事实的证明力,可以依照下列原则认定:

（一）国家机关、社会团体依职权制作的公文书证的证明力一般大于其他书证；

（二）物证、档案、鉴定结论、勘验笔录或者经过公证、登记的书证，其证明力一般大于其他书证、视听资料和证人证言；

（三）原始证据的证明力一般大于传来证据；

（四）直接证据的证明力一般大于间接证据；

（五）证人提供的对与其有亲属或者其他密切关系的当事人有利的证言，其证明力一般小于其他证人证言。

第七十八条 人民法院认定证人证言，可以通过对证人的智力状况、品德、知识、经验、法律意识和专业技能等的综合分析作出判断。

第七十九条 人民法院应当在裁判文书中阐明证据是否采纳的理由。

对当事人无争议的证据，是否采纳的理由可以不在裁判文书中表述。

六、其 他

第八十条 对证人、鉴定人、勘验人的合法权益依法予以保护。

当事人或者其他诉讼参与人伪造、毁灭证据，提供假证据，阻止证人作证，指使、贿买、胁迫他人作伪证，或者对证人、鉴定人、勘验人打击报复的，依照《民事诉讼法》第一百零二条的规定处理。

第八十一条 人民法院适用简易程序审理案件，不受本解释中第三十二条、第三十三条第三款和第七十九条规定的限制。

第八十二条 本院过去的司法解释，与本规定不一致的，以本规定为准。

第八十三条 本规定自2002年4月1日起施行。2002年4月1日尚未审结的一审、二审和再审民事案件不适用本规定。

本规定施行前已经审理终结的民事案件，当事人以违反本规定为由申请再审的，人民法院不予支持。

本规定施行后受理的再审民事案件，人民法院依据《民事诉讼法》第一百八十六条的规定进行审理的，适用本规定。

最高人民法院
关于适用《关于民事诉讼证据的若干规定》中有关举证时限规定的通知

2008年12月11日　　　　　　　　　　　　法发〔2008〕42号

全国地方各级人民法院、各级军事法院、各铁路运输中级法院和基层法院、各海事法院，新疆生产建设兵团各级法院：

最高人民法院《关于民事诉讼证据的若干规定》（以下简称《证据规定》）自2002年4月1日施行以来，对于指导和规范人民法院的审判活动，提高诉讼当事人的证据意识，促进民事审判活动公正有序地开展，起到了积极的作用。但随着新情况、新问题的出现，一些地方对《证据规定》中的个别条款，特别是有关举证时限的规定理解不统一。为切实保障当事人诉讼权利的充分行使，保障人民法院公正高效行使审判权，现将适用《证据规定》中举证时限规定等有关问题通知如下：

一、关于第三十三条第三款规定的举证期限问题。《证据规定》第三十三条第三款规定的举证期限是指在适用一审普通程序审理民事案件时，人民法院指定当事人提供证据证明其主张的基础事实的期限，该期限不得少于三十日。但是人民法院在征得双方当事人同意后，指定的举证期限可以少于三十日。前述规定的举证期限届满后，针对某一特定事实或特定证据或者基于特定原因，人民法院可以根据案件的具体情况，酌情指定当事人提供证据或者反证的期限，该期限不受"不得少于三十日"的限制。

二、关于适用简易程序审理案件的举证期限问题。适用简易程序审理的案件，人民法院指定的举证期限不受《证据规定》第三十三条第三款规定的限制，可以少于三十日。简易程序转为普通程序审理，人民法院指定的举证期限少于三十日的，人民法院应当为当事人补足不少于三十日的举证期限。但在征得当事人同意后，人民法院指定的举证期限可以少于三十日。

三、关于当事人提出管辖权异议后的举证期限问题。当事人在一审答辩期内提出管辖权异议的，人民法院应当在驳回当事人管辖权异议的裁定生效后，依照《证据规定》第三十三条第三款的规定，重新指定不少于三十日的举证期限。但在征得当事人同意后，人民法院可以指定少于三十日的举证期限。

四、关于对人民法院依职权调查收集的证据提出相反证据的举证期限问题。人民法院依照《证据规定》第十五条调查收集的证据在庭审中出示后，当事人要求提供相反证据的，人民法院可以酌情确定相应的举证期限。

五、关于增加当事人时的举证期限问题。人民法院在追加当事人或者有独立请求权的第三人参加诉讼的情况下，应当依照《证据规定》第三十三条第三款的规定，为新参加诉讼的当事人指定举证期限。该举证期限适用于其他当事人。

六、关于当事人申请延长举证期限的问题。当事人申请延长举证期限经人民法院准许的，为平等保护双方当事人的诉讼权利，延长的举证期限适用于其他当事人。

七、关于增加、变更诉讼请求以及提出反诉时的举证期限问题。当事人在一审举证期限内增加、变更诉讼请求或者提出反诉，或者人民法院依照《证据规定》第三十五条的规定告知当事人可以变更诉讼请求后，当事人变更诉讼请求的，人民法院应当根据案件的具体情况重新指定举证期限。当事人对举证期限有约定的，依照《证据规定》第三十三条第二款的规定处理。

八、关于二审新的证据举证期限的问题。在第二审人民法院审理中，当事人申请提供新的证据的，人民法院指定的举证期限，不受"不得少于三十日"的限制。

九、关于发回重审案件举证期限问题。发回重审的案件，第一审人民法院在重新审理时，可以结合案件的具体情况和发回重审的原因等情况，酌情确定举证期限。如果案件是因违反法定程序被发回重审的，人民法院在征求当事人的意见后，可以不再指定举证期限或者酌情指定举证期限。但案件因遗漏当事人被发回重审的，按照本通知第五条处理。如果案件是因认定事实不清、证据不足发回重审的，人民法院可以要求当事人协商确定举证期限，或者酌情指定举证期限。上述举证期限不受"不得少于三十日"的限制。

十、关于新的证据的认定问题。人民法院对于"新的证据"，应当依照《证据规定》第四十一条、第四十二条、第四十三条、第四十四条的规定，结合以下因素综合认定：

（一）证据是否在举证期限或者《证据规定》第四十一条、第四十四条规定的其他期限内已经客观存在；

（二）当事人未在举证期限或者司法解释规定的其他期限内提供证据，是否存在故意或者重大过失的情形。

最高人民法院
人民法院对外委托司法鉴定管理规定

法释〔2002〕8号

(2002年2月22日最高人民法院审判委员会第1214次会议通过 2002年3月27日最高人民法院公告公布 自2002年4月1日起施行)

第一条 为规范人民法院对外委托和组织司法鉴定工作，根据《人民法院司法鉴定工作暂行规定》，制定本办法。

第二条 人民法院司法鉴定机构负责统一对外委托和组织司法鉴定。未设司法鉴定机构的人民法院，可在司法行政管理部门配备专职司法鉴定人员，并由司法行政管理部门代行对外委托司法鉴定的职责。

第三条 人民法院司法鉴定机构建立社会鉴定机构和鉴定人（以下简称鉴定人）名册，根据鉴定对象对专业技术的要求，随机选择和委托鉴定人进行司法鉴定。

第四条 自愿接受人民法院委托从事司法鉴定，申请进入人民法院司法鉴定人名册的社会鉴定、检测、评估机构，应当向人民法院司法鉴定机构提交申请书和以下材料：

（一）企业或社团法人营业执照副本；

（二）专业资质证书；

（三）专业技术人员名单、执业资格和主要业绩；

（四）年检文书；

（五）其他必要的文件、资料。

第五条 以个人名义自愿接受人民法院委托从事司法鉴定，申请进入人民法院司法鉴定人名册的专业技术人员，应当向人民法院司法鉴定机构提交申请书和以下材料：

（一）单位介绍信；

（二）专业资格证书；

（三）主要业绩证明；

（四）其他必要的文件、资料等。

第六条 人民法院司法鉴定机构应当对提出申请的鉴定人进行全面审查，择优确定对外委托和组织司法鉴定的鉴定人候选名单。

第七条 申请进入地方人民法院鉴定人名册的单位和个人，其入册资格由有关人民法院司法鉴定机构审核，报上一级人民法院司法鉴定机构批准，并报最高人民法院司法鉴定机构备案。

第八条 经批准列入人民法院司法鉴定人名册的鉴定人，在《人民法院报》予以公告。

第九条 已列入名册的鉴定人应当接受有关人民法院司法鉴定机构的年度审核，并提交以下材料：

（一）年度业务工作报告书；

（二）专业技术人员变更情况；

（三）仪器设备更新情况；

（四）其他变更情况和要求提交的材料。

年度审核有变更事项的，有关司法鉴定机构应当逐级报最高人民法院司法鉴定机构备案。

第十条 人民法院司法鉴定机构依据尊重当事人选择和人民法院指定相结合的原则，组织诉讼双方当事人进行司法鉴定的对外委托。

诉讼双方当事人协商不一致的，由人民法院司法鉴定机构在列入名册的、符合鉴定要求的鉴定人中，选择受委托人鉴定。

第十一条 司法鉴定所涉及的专业未纳入名册时，人民法院司法鉴定机构可以从社会相关专业中，择优选定受委托单位或专业人员进行鉴定。如果被选定的单位或专业人员需要进入鉴定人名册的，仍应当呈报上一级人民法院司法鉴定机构批准。

第十二条 遇有鉴定人应当回避等情形时，有关人民法院司法鉴定机构应当重新选择鉴定人。

第十三条 人民法院司法鉴定机构对外委托鉴定的，应当指派专人负责协调，主动了解鉴定的有关情况，及时处理可能影响鉴定的问题。

第十四条 接受委托的鉴定人认为需要补充鉴定材料时，如果由申请鉴定的当事人提供确有困难的，可以向有关人民法院司法鉴定机构提出请求，由人民法院决定依据职权采集鉴定材料。

第十五条 鉴定人应当依法履行出庭接受质询的义务。人民法院司法鉴定机构应当协调鉴定人做好出庭工作。

第十六条 列入名册的鉴定人有不履行义务，违反司法鉴定有关规定的，由有关人民法院视情节取消入册资格，并在《人民法院报》公告。

最高人民法院
关于未经对方当事人同意私自录制其谈话取得的资料不能作为证据使用的批复

1995年3月6日　　　　　　　　　　　　　　法复〔1995〕2号

河北省高级人民法院：

你院冀高法〔1994〕39号请示收悉。经研究，答复如下：

证据的取得必须合法，只有经过合法途径取得的证据才能作为定案的根据。未经对方当事人同意私自录制其谈话，系不合法行为，以这种手段取得的录音资料，不能作为证据使用。

最高人民法院
关于天津市邮政局与焦长年存单纠纷一案中如何分配举证责任问题的函复

2003年11月6日　　　　　　　　　　　　〔2003〕民一他字第16号

天津市高级人民法院：

　　《天津市高级人民法院关于天津市邮政局与焦长年存单纠纷一案的请示》报告收悉。经研究认为：1. 关于当事人之间分配举证责任的问题，焦长年主张自己在天津市邮政局下属储蓄所办理的存款账户中的存款数额少了9045元，而其本人没有在2000年5月13、14、15日连续3天于成都市使用取款卡取款9000元，天津市邮政局应当对其账户内存款数额减少9045元承担赔偿责任。其举证责任在于，证明自己与天津市邮政局之间存在储蓄合同关系，证明自己的存款数目，存折和取款卡没有丢失。焦长年提交了存折和取款卡，即已完成了举证责任。根据证据学原理，只能要求主张事实发生或者存在的当事人承担举证责任；而不能要求主张事实不存在或者没有发生的当事人负举证责任。因此不能要求焦长年举证证明自己没有为异地取款行为。2000年5月15日11时许，焦长年持取款卡在天津市邮政局的储蓄所取款的事实证明，其本人当时肯定在天津，且未遗失取款卡，而同日在成都仍然发生了使用焦长年的取款卡连续3次从其账户中取款的事实。天津市邮政局主张焦长年恶意支取，则应当就其使用或者指使他人使用取款卡，于2000年5月13、14、15日在成都市火车站邮局、走马街邮局取款的事实负举证责任。2. 关于本案涉及的风险负担问题，由于自动柜员机是天津市邮政局设置的，天津市邮政局从中获得经营收益，如果邮政局认为在自动柜员机上进行人机交易这种特殊的交易方式，导致其无法识别交易主体，无法证明在成都市使用取款卡从焦长年账户中取款的是什么人，而这一机器系统因存在安全缺陷而发生过储户存款被盗取的事实又为天津市邮政局自认，也就是说天津市邮政局承认其设置的自动柜员机从技术上尚无法充分保护储户的安全，为了维护储户的合法权益和邮政储蓄的公信力，应当由邮政储蓄部门对由此而产生的储户存在被盗取的风险承担责任。

　　综上所述，同意你院审判委员会的倾向性意见，即天津市邮政局承担因自动柜员机系统缺陷给焦长年造成存款本息损失的赔偿责任。

最高人民法院 最高人民检察院 公安部
国家安全部 司法部

关于印发《国家级司法鉴定机构遴选办法》和《国家级司法鉴定机构评审标准》的通知

2009年12月24日　　　　　　　　　司发通〔2009〕第207号

各省、自治区、直辖市高级人民法院、人民检察院、公安厅（局）、国家安全厅（局）、司法厅（局），新疆维吾尔自治区高级人民法院生产建设兵团分院、新疆生产建设兵团人民检察院、公安局、司法局：

根据中央政法委员会《关于进一步完善司法鉴定管理体制遴选国家级司法鉴定机构的意见》（政法〔2008〕2号）的要求，为做好国家级司法鉴定机构遴选工作，经中央政法委员会审定，现印发《国家级司法鉴定机构遴选办法》和《国家级司法鉴定机构评审标准》，请遵照执行。

附件：1.《国家级司法鉴定机构遴选办法》
2.《国家级司法鉴定机构评审标准》

附件1：

国家级司法鉴定机构遴选办法

第一条 为保障国家级司法鉴定机构遴选工作顺利进行，依据《全国人民代表大会常务委员会关于司法鉴定管理问题的决定》以及中央政法委员会《关于进一步完善司法鉴定管理体制遴选国家级司法鉴定机构的意见》，制定本办法。

第二条 为完善鉴定争议解决机制，促进司法公正，提高司法效率，树立司法权威，国家级司法鉴定机构依照诉讼法律规定，接受委托进行鉴定。

第三条 遴选工作的原则是：严格依法办事、立足现有资源、统筹规划设计、合理调整布局、突出工作重点。

第四条 遴选工作应当坚持高起点、高标准，做到国家级司法鉴定机构区域布局合理、专业结构优化、鉴定功能齐全，保证诉讼机关依法履行职能，满足人民群众的诉讼需求。

第五条 国家级司法鉴定机构在从事法医类、物证类和声像资料类鉴定业务的司法鉴定机构中，按照法医病理鉴定、法医临床鉴定、法医精神病鉴定、法医物证鉴定、法医毒物鉴定、文书鉴定、痕迹鉴定、微量鉴定、声像资料鉴定等鉴定类别进行遴选。

第六条 在中央政法委员会领导下，由司法部牵头，会同最高人民法院、最高人民检察院、公安部、国家安全部和科技部等

有关部门，组成国家级司法鉴定机构遴选委员会，履行遴选工作职责。遴选委员会办公室设在司法部司法鉴定管理局。

第七条 国家级司法鉴定机构应当符合下列基本条件：

（一）经司法行政机关审核登记或者备案登记；

（二）依法通过实验室认可或者检查机构认可；

（三）具备从事重大疑难和特殊复杂鉴定检案的能力，具有研发和采用新方法、新技术的技术创新能力；

（四）具有高素质专家型的鉴定人队伍，人员结构合理，人数达到一定规模；

（五）内部规章制度健全，鉴定质量管理体系完善，鉴定工作管理制度完备；

（六）具有先进、可靠的检测、检查设备和设施，工作场所、工作环境符合相关标准和规范的要求；

（七）具有满足鉴定工作需要的充足的运行费和设备更新费用；

（八）近10年内，司法鉴定机构及所属鉴定人没有因主观故意出具虚假鉴定意见等违法违纪行为，受到法律追究或者纪律处分的情形。

第八条 遴选国家级司法鉴定机构按以下程序进行：

（一）遴选委员会研究确定遴选数量、区域分布、专业类别等事宜，制定遴选工作方案，提出遴选工作要求；

（二）最高人民检察院、公安部、国家安全部、司法部分别对本系统设立或者登记管理的司法鉴定机构进行考核，组织专家进行评审，向遴选委员会提交推荐机构名单及相应材料；

（三）遴选委员会对各部门的推荐材料进行研究，听取专家评审组的意见，在一致认可的基础上，确定国家级司法鉴定机构名单及其鉴定类别和鉴定事项，经中央政法委审定后，向社会公布。

第九条 国家级司法鉴定机构应加强科学管理，加强科研和人才培养，不断提高鉴定水平，确保鉴定质量，发挥行业示范作用。

第十条 最高人民检察院、公安部、国家安全部和司法部每年对设在本系统或登记管理的国家级司法鉴定机构进行年度考核，并向遴选委员会提交考核报告。

第十一条 最高人民法院、最高人民检察院、公安部、国家安全部和司法部对于已不符合规定条件的国家级司法鉴定机构，及时向遴选委员会提出暂停或者撤销的建议。公民、法人或者其他组织发现国家级司法鉴定机构违反本办法规定的，可以向其推荐机关投诉。

第十二条 遴选委员会审议考核报告，对各有关部门的建议和投诉处理情况，应当及时组织调查，并根据调查结果做出处理。

第十三条 本办法自印发之日起施行。

附件2：

国家级司法鉴定机构评审标准

第一条 为确保科学、公正、统一、规范地遴选国家级司法鉴定机构，结合司法鉴定行业实际，根据《国家级司法鉴定机构遴选办法》制定本标准。

第二条 本标准规定了国家级司法鉴定机构应当具备的条件和能力。国家级司法鉴定机构的考核、评审等应依据本标准进行。

第三条 国家级司法鉴定机构按照法医病理鉴定、法医临床鉴定、法医精神病鉴定、法医物证鉴定、法医毒物鉴定、文书鉴定、痕迹鉴定、微量鉴定、声像资料鉴定等鉴定类别进行遴选。

第四条 国家级司法鉴定机构应是经司法行政机关审核登记或者备案登记的司法鉴定机构。

第五条 国家级司法鉴定机构或其所在组织应是能够承担法律责任的实体。一般应当具有独立法人资格。非独立法人的需经法人授权，能够独立对外开展业务活动。

第六条 国家级司法鉴定机构应当依法通过实验室认可或者检查机构认可，具有健全的组织结构，完善的管理体系和质量控制制度，且所申报的鉴定类别及鉴定事项均列入认可的能力范围。

第七条 国家级司法鉴定机构应当建立并有效运行投诉处理制度。

第八条 国家级司法鉴定机构应当具有从事重大疑难和特殊复杂鉴定检案的能力，能够独立完成鉴定工作，不得分包，且每年完成一定数量该鉴定类别的检案。

第九条 国家级司法鉴定机构应当具有足够的固定资产，充足的运行费和设备更新费用。运行费和设备更新费至少达到每年1000万元。

第十条 国家级司法鉴定机构及所属司法鉴定人在近10年内，没有因主观故意出具虚假鉴定意见等违法违纪行为，受到法律追究或者纪律处分的情形。

第十一条 国家级司法鉴定机构应当具有专家型高素质的司法鉴定人队伍、合理的人员结构和适宜的人员规模。

（一）应当配备必需的司法鉴定人、技术人员和管理人员。司法鉴定人应占全体人员的60%以上，并且80%以上的司法鉴定人为所在司法鉴定机构的在编在岗人员，或签订5年以上的聘用协议；司法鉴定人应在一个鉴定机构中执业；

（二）所从事的鉴定类别中，应当拥有该专业领域同行公认的学术、技术权威和鉴定专家；

（三）从事法医病理、法医临床、法医精神病、法医毒物或者法医物证鉴定等鉴定类别的，每个鉴定类别应当具有5名以上专职司法鉴定人，其中具有该专业领域高级专业技术职称的不少于2名；从事文书鉴定、痕迹鉴定、微量鉴定和声像资料鉴定等鉴定类别的，每个鉴定类别应当具有3名以上专职司法鉴定人，其中具有该专业领域高级专业技术职称的不少于2名；

（四）具有完善的人才交流与培训制度，每名司法鉴定人每年参加不少于40学时的专业培训。

第十二条 国家级司法鉴定机构应当具备固定的工作场所，适宜的工作环境。实验室、样品室（物证室）、接案室、办公室、档案室、资料室等功能区域划分科学、设置合理，符合工作要求。

第十三条 国家级司法鉴定机构应当配备进行疑难复杂鉴定所需要的仪器设备及设施。

（一）仪器设备能够基本满足所申报鉴定类别内疑难复杂鉴定案件的需要；

（二）承担主要鉴定工作的大型检测设备应当是稳定性好、可靠性强及业内公认的先进设备；

（三）设备设施能够独立调配使用；

（四）定期进行仪器设备更新和补充，所用仪器设备应与当代的科学技术水平相一致。

第十四条 国家级司法鉴定机构应当采用先进、成熟的技术方法。使用的非标准方法应当经过确认。

国家级司法鉴定机构运用先进技术方法的能力，应当通过现场评审、能力验证、技术见证等方式予以证实。

第十五条 国家级司法鉴定机构应每年参加国家认可委认可的能力验证，对存在的问题进行整改。

第十六条 国家级司法鉴定机构应当具有自主研发和采用新方法、新技术的技术创新能力。

最高人民法院　最高人民检察院　公安部
国家安全部　司法部
关于国家级司法鉴定机构遴选结果的通知

2010年9月30日　　　　　　　　　司发通〔2010〕179号

各省、自治区、直辖市高级人民法院、人民检察院、公安厅（局）、国家安全厅（局）、司法厅（局），新疆维吾尔自治区高级人民法院生产建设兵团分院，新疆生产建设兵团人民检察院、公安局、司法局：

为了贯彻落实中央关于司法鉴定体制改革精神和全国人大常委会《关于司法鉴定管理问题的决定》，按照中央政法委员会《关于进一步完善司法鉴定管理体制　遴选国家级司法鉴定机构的意见》（政法〔2008〕2号）的要求，由司法部牵头，会同最高人民法院、最高人民检察院、公安部、国家安全部、科技部等部门组成国家级司法鉴定机构遴选委员会，履行国家级司法鉴定机构的遴选职责。在中央政法委员会的领导下，国家级司法鉴定机构遴选委员会制定了《国家级司法鉴定机构遴选办法》、《国家级司法鉴定机构评审标准》和《国家级司法鉴定机构遴选工作方案》，并组织开展国家级司法鉴定机构遴选工作。经过各部门评审推荐、专家统一审核和遴选委员会研究确定并报中央政法委员会批准，确定以下10家机构为"国家级司法鉴定机构"（机构按部门顺序，排名不分先后；各机构通过国家级司法鉴定机构评审的鉴定类别和鉴定事项附后）：

1. 最高人民检察院司法鉴定中心
2. 公安部物证鉴定中心
3. 北京市公安司法鉴定中心
4. 上海市公安司法鉴定中心
5. 广东省公安司法鉴定中心
6. 北京市国家安全局司法鉴定中心
7. 司法鉴定科学技术研究所司法鉴定中心
8. 法大法庭科学技术鉴定研究所
9. 中山大学法医鉴定中心
10. 西南政法大学司法鉴定中心

通过遴选，逐步建设、形成一批"技术领先、布局合理、功能齐全、资源共享"的国家级司法鉴定机构，既是推进司法鉴定体制改革，完善司法鉴定管理体制的重要任务，也是保证政法机关依法正确履行诉讼职能，切实维护公民权益的重要举措；既有利于促进司法公正，提高司法效率，树立司法权威，及时解决多头重复鉴定、久鉴不决和鉴定意见"打架"等突出问题，又关系到维护人民群众切身利益、维护政法机关社会形象和维护社会公平正义的大局。

各级政法机关要充分认识遴选建设国家级司法鉴定机构工作的重要意义，依法发挥国家级司法鉴定机构解决重大疑难、特殊复杂鉴定问题的重要作用，增强司法鉴定保障司法、服务诉讼的能力水平，提高司法鉴定的科学性、权威性和社会公信力。国家级司法鉴定机构遴选工作是一项社会系统工程，各部门要进一步加强相互支持和相互配合，坚持以改革促发展，形成推动司法鉴定体制机制创新和完善的合力。

国家级司法鉴定机构的主管部门要以这次遴选工作为契机，坚持以评促建、重在提高的要求，进一步明确鉴定机构的建设目标和发展方向；进一步加大经费投入、人才引进、技术创新等方面的扶持力度；进一步加强管理、监督和评价检查，引导鉴定机构不断创新提高，推动科技进步，带动全行业能力建设、队伍建设和质量建设。

这次遴选出的国家级司法鉴定机构，要在新的起点上，进一步拓宽服务领域，强化质量控制，提高能力水平，切实成为依法执业、诚实守信、客观公正、廉洁自律的典范；要牢固树立大局意识、法律意识、责任意识、服务意识，抓住机遇，发挥优势，突出特色，持续改进，走专业化、职业化和高起点、高水平发展道路，努力实现科学发展。

最高人民法院
关于未经我国驻外使领馆认证的域外形成的证据效力问题的请示的复函

2012 年 6 月 14 日　　　　　　　　　　〔2012〕民四他字第 15 号

北京市高级人民法院：

你院《关于未经我驻外使领馆认证的域外形成的证据效力问题的请示》收悉。答复如下：

一、经询外交部领事司，我驻外使领馆办理认证坚持客观、真实、不损害国家利益和社会公共利益的原则，一般不拒绝当事人的领事认证申请。长期以来，用于国内诉讼的文书领事认证运转良好。如遇国外当事人称我驻该国使领馆拒绝为其办理认证且未告知理由、人民法院认为有必要了解情况的，可以通过外交部领事司向驻外使领馆核实。

二、即使相关证据或文件因特殊原因确实不能得到使领馆的认证，人民法院亦不能直接采纳。而应根据《中华人民共和国民事诉讼法》第六十五条、第六十六条的规定，由当事人互相质证、辨别真伪后决定是否采纳。

此复。

最高人民法院
关于是否允许当事人变更法律关系性质进而变更诉讼请求以及变更的时间节点问题的答复

（2015 年 6 月 29 日）

山东省高级人民法院：

你院《关于是否允许当事人在不同法律关系之间变更诉讼请求以及变更诉讼请求的时间节点问题的请示》（鲁高法〔2013〕159 号）收悉。经研究，答复如下：

当事人一审中请求变更法律关系的性质，进而请求变更诉讼请求，人民法院是否允许以及允许变更的时间节点问题，《中华人民共和国民事诉讼法》和《最高人民法院关于适用〈中华人民共和国民事诉讼法〉的解释》均没有明确规定。你院在审理相关案件时，可以参照《最高人民法院关于民事诉讼证据的若干规定》第三十五条的规定精神予以处理。

此复。

七、期间、送达

最高人民法院
关于严格规范民商事案件延长审限和延期开庭问题的规定

法释〔2018〕9号

（2018年4月23日最高人民法院审判委员会第1737次会议通过 2018年4月25日最高人民法院公告公布 自2018年4月26日起施行）

为维护诉讼当事人合法权益，根据《中华人民共和国民事诉讼法》等规定，结合审判实际，现就民商事案件延长审限和延期开庭的有关问题规定如下。

第一条 人民法院审理民商事案件时，应当严格遵守法律及司法解释有关审限的规定。适用普通程序审理的第一审案件，审限为六个月；适用简易程序审理的第一审案件，审限为三个月。审理对判决的上诉案件，审限为三个月；审理对裁定的上诉案件，审限为三十日。

法律规定有特殊情况需要延长审限的，独任审判员或合议庭应当在期限届满十五日前向本院院长提出申请，并说明详细情况和理由。院长应当在期限届满五日前作出决定。

经本院院长批准延长审限后尚不能结案，需要再次延长的，应当在期限届满十五日前报请上级人民法院批准。上级人民法院应当在审限届满五日前作出决定。

第二条 人民法院开庭审理民商事案件后，认为需要再次开庭的，应当依法告知当事人下次开庭的时间。两次开庭间隔时间不得超过一个月，但因不可抗力或当事人同意的除外。

第三条 独任审判员或者合议庭适用民事诉讼法第一百四十六条第四项规定决定延期开庭的，应当报本院院长批准。

第四条 人民法院应当将案件的立案时间、审理期限、扣除、延长、重新计算审限、延期开庭审理的情况及事由，按照《最高人民法院关于人民法院通过互联网公开审判流程信息的规定》及时向当事人及其法定代理人、诉讼代理人公开。当事人及其法定代理人、诉讼代理人有异议的,可以依法向受理案件的法院申请监督。

第五条 故意违反法律、审判纪律、审判管理规定拖延办案,或者因过失延误办案,造成严重后果的,依照《人民法院工作人员处分条例》第四十七条的规定予以处分。

第六条 本规定自 2018 年 4 月 26 日起施行;最高人民法院此前发布的司法解释及规范性文件与本规定不一致的,以本规定为准。

最高人民法院关于以法院专递方式邮寄送达民事诉讼文书的若干规定

法释〔2004〕13 号

(2004 年 9 月 7 日最高人民法院审判委员会第 1324 次会议通过 2004 年 9 月 17 日最高人民法院公告公布 自 2005 年 1 月 1 日起施行)

为保障和方便双方当事人依法行使诉讼权利,根据《中华人民共和国民事诉讼法》的有关规定,结合民事审判经验和各地的实际情况,制定本规定。

第一条 人民法院直接送达诉讼文书有困难的,可以交由国家邮政机构(以下简称邮政机构)以法院专递方式邮寄送达,但有下列情形之一的除外:

(一)受送达人或者其诉讼代理人、受送达人指定的代收人同意在指定的期间内到人民法院接受送达的;

(二)受送达人下落不明的;

(三)法律规定或者我国缔结或者参加的国际条约中约定有特别送达方式的。

第二条 以法院专递方式邮寄送达民事诉讼文书的,其送达与人民法院送达具有同等法律效力。

第三条 当事人起诉或者答辩时应当向人民法院提供或者确认自己准确的送达地址,并填写送达地址确认书。当事人拒绝提供的,人民法院应当告知其拒不提供送达地址的不利后果,并记入笔录。

第四条 送达地址确认书的内容应当包括送达地址的邮政编码、详细地址以及受送达人的联系电话等内容。

当事人要求对送达地址确认书中的内容保密的,人民法院应当为其保密。

当事人在第一审、第二审和执行终结前变更送达地址的,应当及时以书面方式告知人民法院。

第五条 当事人拒绝提供自己的送达地址,经人民法院告知后仍不提供的,自然人以其户籍登记中的住所地或者经常居住地为送达地址;法人或者其他组织以其工商登记或者其他依法登记、备案中的住所地为送达地址。

第六条　邮政机构按照当事人提供或者确认的送达地址送达的，应当在规定的日期内将回执退回人民法院。

邮政机构按照当事人提供或确认的送达地址在五日内投送三次以上未能送达，通过电话或者其他联系方式又无法告知受送达人的，应当将邮件在规定的日期内退回人民法院，并说明退回的理由。

第七条　受送达人指定代收人的，指定代收人的签收视为受送达人本人签收。

邮政机构在受送达人提供或确认的送达地址未能见到受送达人的，可以将邮件交给与受送达人同住的成年家属代收，但代收人是同一案件中另一方当事人的除外。

第八条　受送达人及其代收人应当在邮件回执上签名、盖章或者捺印。

受送达人及其代收人在签收时应当出示其有效身份证件并在回执上填写该证件的号码；受送达人及其代收人拒绝签收的，由邮政机构的投递员记明情况后将邮件退回人民法院。

第九条　有下列情形之一的，即为送达：

（一）受送达人在邮件回执上签名、盖章或者捺印的；

（二）受送达人是无民事行为能力或者限制民事行为能力的自然人，其法定代理人签收的；

（三）受送达人是法人或者其他组织，其法人的法定代表人、该组织的主要负责人或者办公室、收发室、值班室的工作人员签收的；

（四）受送达人的诉讼代理人签收的；

（五）受送达人指定的代收人签收的；

（六）受送达人的同住成年家属签收的。

第十条　签收人是受送达人本人或者是受送达人的法定代表人、主要负责人、法定代理人、诉讼代理人的，签收人应当当场核对邮件内容。签收人发现邮件内容与回执上的文书名称不一致的，应当当场向邮政机构的投递员提出，由投递员在回执上记明情况后将邮件退回人民法院。

签收人是受送达人办公室、收发室和值班室的工作人员或者是与受送达人同住成年家属，受送达人发现邮件内容与回执上的文书名称不一致的，应当在收到邮件后的三日内将该邮件退回人民法院，并以书面方式说明退回的理由。

第十一条　因受送达人自己提供或者确认的送达地址不准确、拒不提供送达地址、送达地址变更未及时告知人民法院、受送达人本人或者受送达人指定的代收人拒绝签收，导致诉讼文书未能被受送达人实际接收的，文书退回之日视为送达之日。

受送达人能够证明自己在诉讼文书送达的过程中没有过错的，不适用前款规定。

第十二条　本规定自 2005 年 1 月 1 日起实施。

我院以前的司法解释与本规定不一致的，以本规定为准。

最高人民法院
关于依据原告起诉时提供的被告住址无法送达应如何处理问题的批复

法释〔2004〕17号

（2004年10月9日最高人民法院审判委员会第1328次会议通过 2004年11月25日最高人民法院公告公布 自2004年12月2日起施行）

近来，一些高级人民法院就人民法院依据民事案件的原告起诉时提供的被告住址无法送达应如何处理问题请示我院。为了正确适用法律，保障当事人行使诉讼权利，根据《中华人民共和国民事诉讼法》的有关规定，批复如下：

人民法院依据原告起诉时所提供的被告住址无法直接送达或者留置送达，应当要求原告补充材料。原告因客观原因不能补充或者依据原告补充的材料仍不能确定被告住址的，人民法院应当依法向被告公告送达诉讼文书。人民法院不得仅以原告不能提供真实、准确的被告住址为由裁定驳回起诉或者裁定终结诉讼。

因有关部门不准许当事人自行查询其他当事人的住址信息，原告向人民法院申请查询的，人民法院应当依原告的申请予以查询。

最高人民法院
关于对因妨害民事诉讼被罚款拘留的人不服决定申请复议的期间如何确定问题的批复

1993年2月23日　　　　　　　　　　　　　　〔93〕法民字第7号

广东省高级人民法院：

你院《关于对因妨害民事诉讼被罚款拘留的人不服决定申请复议的期间如何确定问题的请示》收悉。经研究，同意你院意见，即不服人民法院作出的罚款、拘留决定的人，可在接到决定书之次日起3日内，向作出决定的人民法院提出书面申请，要求上一级人民法院复议，或直接向上一级人民法院申请复议。对提出书面申请有困难的，可以口头申请。当事人的口头申请，应当记入笔录，由当事人签名或者盖章。

最高人民法院
关于浙江省东阳市塑料工业公司与美国机械有限公司大卫标准公司产品质量纠纷一案一审判决书送达是否有效的复函

2003年6月25日　　　　　　　　　　　　　〔2002〕民立他字第47号

浙江省高级人民法院：

你院浙法民二〔2002〕13号《关于涉及美国大卫标准公司提交"民事上诉状"等相关事宜的报告》收悉，经研究，答复如下：

你院以公告方式向美国大卫标准公司送达〔1998〕浙经初字第4号民事判决书的做法，违反了《中华人民共和国民事诉讼法》第二百四十七条、第二百三十八条的规定，应视为未向美国大卫标准公司送达一审判决书，请你院依法向美国大卫标准公司送达一审判决书。

最高人民法院
实施《关于以法院专递方式邮寄送达民事诉讼文书的若干规定》的通知

2004年11月8日　　　　　　　　　　　　　法〔2004〕241号

各省、自治区、直辖市高级人民法院，解放军军事法院，新疆维吾尔自治区高级人民法院生产建设兵团分院：

为保障和便于当事人依法行使诉讼权利，保证民事诉讼活动的正常进行，最高人民法院审判委员会第1324次会议讨论通过了《关于以法院专递方式邮寄送达民事诉讼文书的若干规定》（以下简称《规定》），该《规定》将于2005年1月1日起正式实施。为了使各级法院更好地贯彻执行这一司法解释，经与国家邮政局协商，现将执行《规定》中应当注意的几个问题通知如下：

一、各高级人民法院应当根据《规定》的内容与省级邮政管理机关共同制定执行细则。在本《规定》实施前已经开展"法院专递"业务的，应当检查和修改相关制度中的内容，保证《规定》在全国范围内得到统一的贯彻实施。

二、各高级人民法院可以根据本辖区内经济发展的水平与各省邮政管理机关协商决定"法院专递"的资费标准。在确定收费标准时，应当充分考虑同城与异地、城市与乡村等综合因素，切实考虑农村和城市中特困群体的实际困难，合理确定"法院专递"的资费标准。

三、各高级人民法院可以根据本辖区内法院的办公经费状况确定"法院专递"费用的负担方式。办公经费确实无力负担的，可以依照《人民法院诉讼收费办法》第十九条第三款的规定由当事人负担，但根据《〈人民法院诉讼收费办法〉补充规定》第四条第二款具备司法救助条件的当事人可以例外。

四、各级人民法院应当建立统一的"法院专递业务管理办公室"，负责本院"法院专递"的收发业务。

五、邮政机构的工作人员在送达民事诉讼文书过程中遇到受送达人拒绝接收，并请求当地基层人民法院或者人民法庭予以协助的，当地基层人民法院或者人民法庭应当给予协助。

六、各高级人民法院应当采取灵活多样的方式，抓紧培训立案和民事审判业务部门的法官，力求准确、全面地掌握《规定》的内容，为2005年1月1日《规定》的正式实施做好准备。

七、在学习和贯彻《规定》过程中发现的问题，请及时报告最高人民法院，以便进一步修改、完善。

以上通知，请遵照执行。

附：《当事人送达地址确认书》文书样式

附：

＿＿＿＿＿人民法院当事人送达地址确认书

案由		案号	（ ）字第 号
人民法院对当事人填写送达地址确认书的告知事项	根据最高人民法院《关于以法院专递方式邮寄送达民事诉讼文书的若干规定》第一条、第三条、第四条、第五条和第十一条的规定，告知如下： 一、当事人拒绝提供自己的送达地址的，自然人依其户籍登记中的住所地或者经常居住地为送达地址；法人或者其他组织以其工商登记或者其他依法登记、备案中的住所地为送达地址。 二、因受送达人自己提供或者确认的送达地址不准确、拒不提供送达地址、送达地址变更未及时告知人民法院、受送达人本人或者受送达人指定的代收人拒绝签收，导致诉讼文书未能被受送达人实际接收的，文书退回之日视为送达之日。		
当事人提供的自己的送达地址	当事人（原告、被告或第三人）： 送达地址： 邮政编码： 收件人： 电话（移动电话）： 其他联系方式：		
当事人对自己送达地址的确认	我已经阅读了人民法院对当事人填写送达地址确认书的告知事项，并保证上述送达地址是准确、有效的。 　　　　　　　　　　　　　　　当事人签名、盖章或捺印： 　　　　　　　　　　　　　　　＿＿＿年＿＿＿月＿＿＿日		
备考			
法院工作人员签名			

注：1. 本样式供所有民事案件使用。

2. 当事人填写本表前，应当仔细阅读表中第一栏内人民法院对当事人填写送达地址确认书的书面告知；当事人阅读有困难的，法院工作人员应当向其口头告知。

3. 本表中当事人的送达地址应当由当事人自己或当事人的代理人填写；当事人因文化水平限制不能书写，又没有代理人的，可以口述后由法院工作人员代为填写，并经两名以上法院工作人员宣读无误后由当事人签名或捺印确认。

4. 当事人的电话号码应当包括办公电话、住宅电话和移动电话。

5. 当事人拒绝提供自己送达地址的，或者当事人要求对《当事人送达地址确认书》中的内容保密的，应当在备考栏内注明。

最高人民法院
关于涉外商事海事案件中法律文书外交送达费用人民币1000元以上的性质应如何认定的请示的复函

2005年6月6日　　　　　　　　　〔2005〕民四他字第15号

上海市高级人民法院：

你院沪高法〔2005〕61号《关于涉外商事海事案件中法律文书外交送达费用人民币1000元以上的性质应如何认定的请示报告》收悉。经研究，答复如下：

你院请示的问题实际上是对人民币1000元以上的外交送达费用如何列支的问题，即该笔送达费用是从"案件受理费"中列支，还是作为"其他诉讼费用"由有关当事人另行向委托法院缴纳。对此，《人民法院诉讼收费办法》及其《补充规定》均未明确规定人民法院可以向当事人收取法律文书的外交送达费用。因此，你院不应再就涉外案件法律文书的外交送达费用向当事人另行收取。至于具体如何列支，应由你院自行决定。

此复。

附：

上海市高级人民法院
关于涉外商事海事案件中法律文书外交送达费用人民币1000元以上的性质应如何认定的请示报告

2005年3月10日　　　　　　　　　沪高法〔2005〕61号

最高人民法院：

近年来，涉外商事海事案件审理中需向国外当事人通过外交途径送达法律文书的情况增多，送达费用金额也较大。根据《最高人民法院、外交部、司法部关于我国法院和外国法院通过外交途径相互委托送达法律文书若干问题的通知》和《最高人民法院、外交部、司法部关于我国法院和外国法院通过外交途径相互委托送达法律文书和调查取证费用收支办法的通知》（以下简称《收支办法》）的有关规定，我国法院通过外交途径委托外国法院代为送达法律文书所需费用每次金额折合人民币100元以下和每次金额折合人民币超过100元但不足1000元的,分别由有关部门报销或托收。每次金额超过人民币1000元但不足3000元的,委托法院在给外交部领事司的委托函中应注明同意支付该笔费用;每次金额超过人民币3000元的,委托法院在给外交部领事司的委托函中应注明同意支付该笔费用,然后由外交部领事司商最高人民法院外事局共同研究处理,但委托法院是否需支付该金额以上的送达费用,未予明确。《收支办法》还规定,我国法院向当事人收取送达法律文书的费用,由该法院按国家有关规定处理。对法律文书外交送达费用在人民币1000元以上的费用性质,我国法律和司法解释未对此作出明确规定,司法实践中存在争议。第一种意见认为,法律文书外交送达的费用,其性质属于人民法院的案件受理费,最高人民法院制定的《人民法院诉讼收费办法》并未另行规定送达费用的收取,且国内案件收取案件受理费后不再另外收取送达费用,故不应再就涉外案件中的外交送达法律文书另行收取费用。第二种观点认为,根据《人民法院诉讼收费办法》第二条第一款、第十二条的规定和精神,法律文书外交送达费用属于其他诉讼费用的收费范围,应依照特殊送达方式如公告送达和司法协助送达,另行收取实际支出的送达费用。因此,此项送达费用不应包括在案件受理费收费标准内,应由当事人另行向委托法院缴纳。

我们倾向于第二种意见。

以上意见妥否,请钧院批示。

最高人民法院
印发《关于进一步加强民事送达工作的若干意见》的通知

2017年7月19日　　　　　　　　　　　　法发〔2017〕19号

各省、自治区、直辖市高级人民法院,解放军军事法院,新疆维吾尔自治区高级人民法院生产建设兵团分院:

现将《关于进一步加强民事送达工作的若干意见》印发给你们,请遵照执行。

附:

关于进一步加强民事送达工作的若干意见

送达是民事案件审理过程中的重要程序事项,是保障人民法院依法公正审理民事案件、及时维护当事人合法权益的基础。近年来,随着我国社会经济的发展和人民群众司法需求的提高,送达问题已经成为制约民事审判公正与效率的瓶颈之一。为此,各级人民法院要切实改进和加强送达工作，在法律和司法解释的框架内，创新工作机制和方法，全面推进当事人送达地址确认制度，统一送达地址确认书格式，规范送达地址确认书内容，提升民事送达的质量和效率，将司法为民切实落到实处。

一、送达地址确认书是当事人送达地址确认制度的基础。送达地址确认书应当包括当事人提供的送达地址、人民法院告知事项、当事人对送达地址的确认、送达地址确认书的适用范围和变更方式等内容。

二、当事人提供的送达地址应当包括邮政编码、详细地址以及受送达人的联系电话等。同意电子送达的，应当提供并确认接收民事诉讼文书的传真号、电子信箱、微信号等电子送达地址。当事人委托诉讼代理人的，诉讼代理人确认的送达地址视为当事人的送达地址。

三、为保障当事人的诉讼权利，人民法院应当告知送达地址确认书的填写要求和注意事项以及拒绝提供送达地址、提供虚假地址或者提供地址不准确的法律后果。

四、人民法院应当要求当事人对其填写的送达地址及法律后果等事项进行确认。当事人确认的内容应当包括当事人已知晓人民法院告知的事项及送达地址确认书的法律后果，保证送达地址准确、有效，同意人民法院通过其确认的地址送达诉讼文书等，并由当事人或者诉讼代理人签名、盖章或者捺印。

五、人民法院应当在登记立案时要求当事人确认送达地址。当事人拒绝确认送达地址的，依照《最高人民法院关于登记立案若干问题的规定》第七条的规定处理。

六、当事人在送达地址确认书中确认的送达地址，适用于第一审程序、第二审程序和执行程序。当事人变更送达地址，应当以书面方式告知人民法院。当事人未书面变更的，以其确认的地址为送达地址。

七、因当事人提供的送达地址不准确、拒不提供送达地址、送达地址变更未书面告知人民法院，导致民事诉讼文书未能被受送达人实际接收的，直接送达的，民事诉讼文书留在该地址之日为送达之日；邮寄送达的，文书被退回之日为送达之日。

八、当事人拒绝确认送达地址或以拒绝应诉、拒接电话、避而不见送达人员、搬离原住所等躲避、规避送达，人民法院不能或无法要求其确认送达地址的，可以分别以下列情形处理：

（一）当事人在诉讼所涉及的合同、往来函件中对送达地址有明确约定的，以约定的地址为送达地址；

（二）没有约定的，以当事人在诉讼中提交的书面材料中载明的自己的地址为送达地址；

（三）没有约定、当事人也未提交书面材料或者书面材料中未载明地址的，以一年内进行其他诉讼、仲裁案件中提供的地址为送达地址；

（四）无以上情形的，以当事人一年内进行民事活动时经常使用的地址为送达地址。

人民法院按照上述地址进行送达的，可以同时以电话、微信等方式通知受送达人。

九、依第八条规定仍不能确认送达地址的，自然人以其户籍登记的住所或者在经常居住地登记的住址为送达地址，法人或者其他组织以其工商登记或其他依法登记、备案的住所地为送达地址。

十、在严格遵守民事诉讼法和民事诉讼法司法解释关于电子送达适用条件的前提下，积极主动探索电子送达及送达凭证保全的有效方式、方法。有条件的法院可以建立专门的电子送达平台，或以诉讼服务平台为依托进行电子送达，或者采取与大型门户网站、通信运营商合作的方式，通过专门的电子邮箱、特定的通信号码、信息公众号等方式进行送达。

十一、采用传真、电子邮件方式送达的，送达人员应记录传真发送和接收号码、电子邮件发送和接收邮箱、发送时间、送达诉讼文书名称，并打印传真发送确认单、电子邮件发送成功网页，存卷备查。

十二、采用短信、微信等方式送达的，送达人员应记录收发手机号码、发送时间、送达诉讼文书名称，并将短信、微信等送达内容拍摄照片，存卷备查。

十三、可以根据实际情况，有针对性地探索提高送达质量和效率的工作机制，确定由专门的送达机构或者由各审判、执行部门进行送达。在不违反法律、司法解释规定的前提下，可以积极探索创新行之有效的工作方法。

十四、对于移动通信工具能够接通但无法直接送达、邮寄送达的，除判决书、裁定书、调解书外，可以采取电话送达的方式，由送达人员告知当事人诉讼文书内容，并记录拨打、接听电话号码、通话时间、送达诉讼文书内容，通话过程应当录音以存卷备查。

十五、要严格适用民事诉讼法关于公告送达的规定，加强对公告送达的管理，充分保障当事人的诉讼权利。只有在受送达人下落不明，或者用民事诉讼法第一编第七章第二节规定的其他方式无法送达的，才能适用公告送达。

十六、在送达工作中，可以借助基层组织的力量和社会力量，加强与基层组织和有关部门的沟通、协调，为做好送达工作创造良好的外部环境。有条件的地方可以要求基层组织协助送达，并可适当支付费用。

十七、要树立全国法院一盘棋意识，对于其他法院委托送达的诉讼文书，要认真、及时进行送达。鼓励法院之间建立委托送达协作机制，节约送达成本，提高送达效率。

八、调　　解

最高人民法院
关于审理涉及人民调解协议的
民事案件的若干规定

法释〔2002〕29号

(2002年9月5日最高人民法院审判委员会第1240次会议通过　2002年9月16日最高人民法院公告公布　自2002年11月1日起施行)

为了公正审理涉及人民调解协议的民事案件，根据《中华人民共和国民法通则》、《中华人民共和国合同法》、《中华人民共和国民事诉讼法》，参照《人民调解委员会组织条例》，结合民事审判经验和实际情况，对审理涉及人民调解协议的民事案件的有关问题作如下规定：

第一条　经人民调解委员会调解达成的、有民事权利义务内容，并由双方当事人签字或者盖章的调解协议，具有民事合同性质。当事人应当按照约定履行自己的义务，不得擅自变更或者解除调解协议。

第二条　当事人一方向人民法院起诉，请求对方当事人履行调解协议的，人民法院应当受理。

当事人一方向人民法院起诉，请求变更或者撤销调解协议，或者请求确认调解协议无效的，人民法院应当受理。

第三条　当事人一方起诉请求履行调解协议，对方当事人反驳的，有责任对反驳诉讼请求所依据的事实提供证据予以证明。

当事人一方起诉请求变更或者撤销调解协议，或者请求确认调解协议无效的，有责任对自己的诉讼请求所依据的事实提供证据予以证明。

当事人一方以原纠纷向人民法院起诉，对方当事人以调解协议抗辩的，应当提供调解协议书。

第四条　具备下列条件的，调解协议有效：

(一) 当事人具有完全民事行为能力；

（二）意思表示真实；
（三）不违反法律、行政法规的强制性规定或者社会公共利益。

第五条　有下列情形之一的，调解协议无效：
（一）损害国家、集体或者第三人利益；
（二）以合法形式掩盖非法目的；
（三）损害社会公共利益；
（四）违反法律、行政法规的强制性规定。

人民调解委员会强迫调解的，调解协议无效。

第六条　下列调解协议，当事人一方有权请求人民法院变更或者撤销：
（一）因重大误解订立的；
（二）在订立调解协议时显失公平的；

一方以欺诈、胁迫的手段或者乘人之危，使对方在违背真实意思的情况下订立的调解协议，受损害方有权请求人民法院变更或者撤销。

当事人请求变更的，人民法院不得撤销。

第七条　有下列情形之一的，撤销权消灭：
（一）具有撤销权的当事人自知道或者应当知道撤销事由之日起一年内没有行使撤销权；
（二）具有撤销权的当事人知道撤销事由后明确表示或者以自己的行为放弃撤销权。

第八条　无效的调解协议或者被撤销的调解协议自始没有法律约束力。调解协议部分无效，不影响其他部分效力的，其他部分仍然有效。

第九条　调解协议的诉讼时效，适用民法通则第一百三十五条的规定。

原纠纷的诉讼时效因人民调解委员会调解而中断。

调解协议被撤销或者被认定无效后，当事人以原纠纷起诉的，诉讼时效自调解协议被撤销或者被认定无效的判决生效之日起重新计算。

第十条　具有债权内容的调解协议，公证机关依法赋予强制执行效力的，债权人可以向被执行人住所地或者被执行人的财产所在地人民法院申请执行。

第十一条　基层人民法院及其派出的人民法庭审理涉及人民调解协议的民事案件，一般应当适用简易程序。

第十二条　人民法院审理涉及人民调解协议的民事案件，调解协议被人民法院已经发生法律效力的判决变更、撤销，或者被确认无效的，可以适当的方式告知当地的司法行政机关或者人民调解委员会。

第十三条　本规定自 2002 年 11 月 1 日起施行。

人民法院审理民事案件涉及 2002 年 11 月 1 日以后达成的人民调解协议的，适用本规定。

最高人民法院
关于人民法院民事调解工作若干问题的规定

法释〔2004〕12号

（2004年8月18日最高人民法院审判委员会第1321次会议通过 2004年9月16日最高人民法院公告公布 自2004年11月1日起施行）

为了保证人民法院正确调解民事案件，及时解决纠纷，保障和方便当事人依法行使诉讼权利，节约司法资源，根据《中华人民共和国民事诉讼法》等法律的规定，结合人民法院调解工作的经验和实际情况，制定本规定。

第一条 人民法院对受理的第一审、第二审和再审民事案件，可以在答辩期满后裁判作出前进行调解。在征得当事人各方同意后，人民法院可以在答辩期满前进行调解。

第二条 对于有可能通过调解解决的民事案件，人民法院应当调解。但适用特别程序、督促程序、公示催告程序、破产还债程序的案件，婚姻关系、身份关系确认案件以及其他依案件性质不能进行调解的民事案件，人民法院不予调解。

第三条 根据民事诉讼法第八十七条的规定，人民法院可以邀请与当事人有特定关系或者与案件有一定联系的企业事业单位、社会团体或者其他组织，和具有专门知识、特定社会经验、与当事人有特定关系并有利于促成调解的个人协助调解工作。

经各方当事人同意，人民法院可以委托前款规定的单位或者个人对案件进行调解，达成调解协议后，人民法院应当依法予以确认。

第四条 当事人在诉讼过程中自行达成和解协议的，人民法院可以根据当事人的申请依法确认和解协议制作调解书。双方当事人申请庭外和解的期间，不计入审限。

当事人在和解过程中申请人民法院对和解活动进行协调的，人民法院可以委派审判辅助人员或者邀请、委托有关单位和个人从事协调活动。

第五条 人民法院应当在调解前告知当事人主持调解人员和书记员姓名以及是否申请回避等有关诉讼权利和诉讼义务。

第六条 在答辩期满前人民法院对案件进行调解，适用普通程序的案件在当事人同意调解之日起15天内，适用简易程序的案件在当事人同意调解之日起7天内未达成调解协议的，经各方当事人同意，可以继续调解。延长的调解期间不计入审限。

第七条 当事人申请不公开进行调解的，人民法院应当准许。

调解时当事人各方应当同时在场，根据需要也可以对当事人分别作调解工作。

第八条 当事人可以自行提出调解方案，主持调解的人员也可以提出调解方案供当事人协商时参考。

第九条 调解协议内容超出诉讼请求的，人民法院可以准许。

第十条 人民法院对于调解协议约定一方不履行协议应当承担民事责任的，应予准许。

调解协议约定一方不履行协议，另一方可以请求人民法院对案件作出裁判的条款，人民法院不予准许。

第十一条 调解协议约定一方提供担保或者案外人同意为当事人提供担保的，人民法院应当准许。

案外人提供担保的，人民法院制作调解书应当列明担保人，并将调解书送交担保人。担保人不签收调解书的，不影响调解书生效。

当事人或者案外人提供的担保符合担保法规定的条件时生效。

第十二条 调解协议具有下列情形之一的，人民法院不予确认：

（一）侵害国家利益、社会公共利益的；

（二）侵害案外人利益的；

（三）违背当事人真实意思的；

（四）违反法律、行政法规禁止性规定的。

第十三条 根据民事诉讼法第九十条第一款第（四）项规定，当事人各方同意在调解协议上签名或者盖章后生效，经人民法院审查确认后，应当记入笔录或者将协议附卷，并由当事人、审判人员、书记员签名或者盖章后即具有法律效力。当事人请求制作调解书的，人民法院应当制作调解书送交当事人。当事人拒收调解书的，不影响调解协议的效力。一方不履行调解协议的，另一方可以持调解书向人民法院申请执行。

第十四条 当事人不能对诉讼费用如何承担达成协议的，不影响调解协议的效力。人民法院可以直接决定当事人承担诉讼费用的比例，并将决定记入调解书。

第十五条 对调解书的内容既不享有权利又不承担义务的当事人不签收调解书的，不影响调解书的效力。

第十六条 当事人以民事调解书与调解协议的原意不一致为由提出异议，人民法院审查后认为异议成立的，应当根据调解协议裁定补正民事调解书的相关内容。

第十七条 当事人就部分诉讼请求达成调解协议的，人民法院可以就此先行确认并制作调解书。

当事人就主要诉讼请求达成调解协议，请求人民法院对未达成协议的诉讼请求提出处理意见并表示接受该处理结果的，人民法院的处理意见是调解协议的一部分内容，制作调解书的记入调解书。

第十八条 当事人自行和解或者经调解达成协议后，请求人民法院按照和解协议或者调解协议的内容制作判决书的，人民法院不予支持。

第十九条 调解书确定的担保条款条件或者承担民事责任的条件成就时，当事人申请执行的，人民法院应当依法执行。

不履行调解协议的当事人按照前款规定承担了调解书确定的民事责任后，对方当事人又要求其承担民事诉讼法第二百二十九条规定的迟延履行责任的，人民法院不予支持。

第二十条 调解书约定给付特定标的物的，调解协议达成前该物上已经存在的第三人的物权和优先权不受影响。第三人在执行过程中对执行标的物提出异议的，应当按照民事诉讼法第二百零四条规定处理。

第二十一条 人民法院对刑事附带民事诉讼案件进行调解，依照本规定执行。

第二十二条 本规定实施前人民法院已经受理的案件，在本规定施行后尚未审结的，依照本规定执行。

第二十三条 本规定实施前最高人民法院的有关司法解释与本规定不一致的，适用本规定。

第二十四条 本规定自 2004 年 11 月 1 日起实施。

最高人民法院
关于人民调解协议司法确认程序的若干规定

法释〔2011〕5 号

（2011 年 3 月 21 日最高人民法院审判委员会第 1515 次会议通过
2011 年 3 月 23 日最高人民法院公告公布　自 2011 年 3 月 30 日起施行）

为了规范经人民调解委员会调解达成的民事调解协议的司法确认程序，进一步建立健全诉讼与非诉讼相衔接的矛盾纠纷解决机制，依照《中华人民共和国民事诉讼法》和《中华人民共和国人民调解法》的规定，结合审判实际，制定本规定。

第一条 当事人根据《中华人民共和国人民调解法》第三十三条的规定共同向人民法院申请确认调解协议的，人民法院应当依法受理。

第二条 当事人申请确认调解协议的，由主持调解的人民调解委员会所在地基层人民法院或者它派出的法庭管辖。

人民法院在立案前委派人民调解委员会调解并达成调解协议，当事人申请司法确认的，由委派的人民法院管辖。

第三条 当事人申请确认调解协议，应当向人民法院提交司法确认申请书、调解协议和身份证明、资格证明，以及与调解协议相关的财产权利证明等证明材料，并提供双方当事人的送达地址、电话号码等联系方式。委托他人代为申请的，必须向人民法院提交由委托人签名或者盖章的授权委托书。

第四条 人民法院收到当事人司法确认申请，应当在三日内决定是否受理。人民法院决定受理的，应当编立"调确字"案号，并及时向当事人送达受理通知书。双方当事人同时到法院申请司法确认的，人民法院可以当即受理并作出是否确认的决定。

有下列情形之一的，人民法院不予受理：

（一）不属于人民法院受理民事案件的范围或者不属于接受申请的人民法院管辖的；

（二）确认身份关系的；

（三）确认收养关系的；
（四）确认婚姻关系的。

第五条 人民法院应当自受理司法确认申请之日起十五日内作出是否确认的决定。因特殊情况需要延长的，经本院院长批准，可以延长十日。

在人民法院作出是否确认的决定前，一方或者双方当事人撤回司法确认申请的，人民法院应当准许。

第六条 人民法院受理司法确认申请后，应当指定一名审判人员对调解协议进行审查。人民法院在必要时可以通知双方当事人同时到场，当面询问当事人。当事人应当向人民法院如实陈述申请确认的调解协议的有关情况，保证提交的证明材料真实、合法。人民法院在审查中，认为当事人的陈述或者提供的证明材料不充分、不完备或者有疑义的，可以要求当事人补充陈述或者补充证明材料。当事人无正当理由未按时补充或者拒不接受询问的，可以按撤回司法确认申请处理。

第七条 具有下列情形之一的，人民法院不予确认调解协议效力：
（一）违反法律、行政法规强制性规定的；
（二）侵害国家利益、社会公共利益的；
（三）侵害案外人合法权益的；
（四）损害社会公序良俗的；
（五）内容不明确，无法确认的；
（六）其他不能进行司法确认的情形。

第八条 人民法院经审查认为调解协议符合确认条件的，应当作出确认决定书；决定不予确认调解协议效力的，应当作出不予确认决定书。

第九条 人民法院依法作出确认决定后，一方当事人拒绝履行或者未全部履行的，对方当事人可以向作出确认决定的人民法院申请强制执行。

第十条 案外人认为经人民法院确认的调解协议侵害其合法权益的，可以自知道或者应当知道权益被侵害之日起一年内，向作出确认决定的人民法院申请撤销确认决定。

第十一条 人民法院办理人民调解协议司法确认案件，不收取费用。

第十二条 人民法院可以将调解协议不予确认的情况定期或者不定期通报同级司法行政机关和相关人民调解委员会。

第十三条 经人民法院建立的调解员名册中的调解员调解达成协议后，当事人申请司法确认的，参照本规定办理。人民法院立案后委托他人调解达成的协议的司法确认，按照《最高人民法院关于人民法院民事调解工作若干问题的规定》（法释〔2004〕12号）的有关规定办理。

最高人民法院
关于人民法院特邀调解的规定

法释〔2016〕14号

（2016年5月23日最高人民法院审判委员会第1684次会议通过 2016年6月28日最高人民法院公告公布 自2016年7月1日起施行）

为健全多元化纠纷解决机制，加强诉讼与非诉讼纠纷解决方式的有效衔接，规范人民法院特邀调解工作，维护当事人合法权益，根据《中华人民共和国民事诉讼法》《中华人民共和国人民调解法》等法律及相关司法解释，结合人民法院工作实际，制定本规定。

第一条 特邀调解是指人民法院吸纳符合条件的人民调解、行政调解、商事调解、行业调解等调解组织或者个人成为特邀调解组织或者特邀调解员，接受人民法院立案前委派或者立案后委托依法进行调解，促使当事人在平等协商基础上达成调解协议、解决纠纷的一种调解活动。

第二条 特邀调解应当遵循以下原则：

（一）当事人平等自愿；

（二）尊重当事人诉讼权利；

（三）不违反法律、法规的禁止性规定；

（四）不损害国家利益、社会公共利益和他人合法权益；

（五）调解过程和调解协议内容不公开，但是法律另有规定的除外。

第三条 人民法院在特邀调解工作中，承担以下职责：

（一）对适宜调解的纠纷，指导当事人选择名册中的调解组织或者调解员先行调解；

（二）指导特邀调解组织和特邀调解员开展工作；

（三）管理特邀调解案件流程并统计相关数据；

（四）提供必要场所、办公设施等相关服务；

（五）组织特邀调解员进行业务培训；

（六）组织开展特邀调解业绩评估工作；

（七）承担其他与特邀调解有关的工作。

第四条 人民法院应当指定诉讼服务中心等部门具体负责指导特邀调解工作，并配备熟悉调解业务的工作人员。

人民法庭根据需要开展特邀调解工作。

第五条 人民法院开展特邀调解工作应当建立特邀调解组织和特邀调解员名册。建立名册的法院应当为入册的特邀调解组织或者特邀调解员颁发证书，并对名册进行管理。上级法院建立的名册，下级法院可以使用。

第六条 依法成立的人民调解、行政调解、商事调解、行业调解及其他具有调解职能的组织，可以申请加入特邀调解组织名册。品行良好、公道正派、热心调解工作并具有一定沟通协调能力的个人可以申请加入特邀调解员名册。

人民法院可以邀请符合条件的调解组织加入特邀调解组织名册，可以邀请人大代表、政协委员、人民陪审员、专家学者、律师、仲裁员、退休法律工作者等符合条件的个人加入特邀调解员名册。

特邀调解组织应当推荐本组织中适合从事特邀调解工作的调解员加入名册，并在名册中列明；在名册中列明的调解员，视为人民法院特邀调解员。

第七条 特邀调解员在入册前和任职期间，应当接受人民法院组织的业务培训。

第八条 人民法院应当在诉讼服务中心等场所提供特邀调解组织和特邀调解员名册，并在法院公示栏、官方网站等平台公开名册信息，方便当事人查询。

第九条 人民法院可以设立家事、交通事故、医疗纠纷等专业调解委员会，并根据特定专业领域的纠纷特点，设定专业调解委员会的入册条件，规范专业领域特邀调解程序。

第十条 人民法院应当建立特邀调解组织和特邀调解员业绩档案，定期组织开展特邀调解评估工作，并及时更新名册信息。

第十一条 对适宜调解的纠纷，登记立案前，人民法院可以经当事人同意委派给特邀调解组织或者特邀调解员进行调解；登记立案后或者在审理过程中，可以委托给特邀调解组织或者特邀调解员进行调解。

当事人申请调解的，应当以口头或者书面方式向人民法院提出；当事人口头提出的，人民法院应当记入笔录。

第十二条 双方当事人应当在名册中协商确定特邀调解员；协商不成的，由特邀调解组织或者人民法院指定。当事人不同意指定的，视为不同意调解。

第十三条 特邀调解一般由一名调解员进行。对于重大、疑难、复杂或者当事人要求由两名以上调解员共同调解的案件，可以由两名以上调解员调解，并由特邀调解组织或者人民法院指定一名调解员主持。当事人有正当理由的，可以申请更换特邀调解员。

第十四条 调解一般应当在人民法院或者调解组织所在地进行，双方当事人也可以在征得人民法院同意的情况下选择其他地点进行调解。

特邀调解组织或者特邀调解员接受委派或者委托调解后，应当将调解时间、地点等相关事项及时通知双方当事人，也可以通知与纠纷有利害关系的案外人参加调解。

调解程序开始之前，特邀调解员应当告知双方当事人权利义务、调解规则、调解程序、调解协议效力、司法确认申请等事项。

第十五条 特邀调解员有下列情形之一的，当事人有权申请回避：

（一）是一方当事人或者其代理人近亲属的；

（二）与纠纷有利害关系的；

（三）与纠纷当事人、代理人有其他关系，可能影响公正调解的。

特邀调解员有上述情形的，应当自行回避；但是双方当事人同意由该调解员调解的除外。

特邀调解员的回避由特邀调解组织或者人民法院决定。

第十六条 特邀调解员不得在后续的诉讼程序中担任该案的人民陪审员、诉讼代理人、证人、鉴定人以及翻译人员等。

第十七条 特邀调解员应当根据案件具体情况采用适当的方法进行调解，可以提出解决争议的方案建议。特邀调解员为促成当事人达成调解协议，可以邀请对达成调解协议有帮助的人员参与调解。

第十八条 特邀调解员发现双方当事人存在虚假调解可能的，应当中止调解，并向人民法院或者特邀调解组织报告。

人民法院或者特邀调解组织接到报告后，应当及时审查，并依据相关规定作出处理。

第十九条 委派调解达成调解协议，特邀调解员应当将调解协议送达双方当事人，并提交人民法院备案。

委派调解达成的调解协议，当事人可以依照民事诉讼法、人民调解法等法律申请司法确认。当事人申请司法确认的，由调解组织所在地或者委派调解的基层人民法院管辖。

第二十条 委托调解达成调解协议，特邀调解员应当向人民法院提交调解协议，由人民法院审查并制作调解书结案。达成调解协议后，当事人申请撤诉的，人民法院应当依法作出裁定。

第二十一条 委派调解未达成调解协议的，特邀调解员应当将当事人的起诉状等材料移送人民法院；当事人坚持诉讼的，人民法院应当依法登记立案。

委托调解未达成调解协议的，转入审判程序审理。

第二十二条 在调解过程中，当事人为达成调解协议作出妥协而认可的事实，不得在诉讼程序中作为对其不利的根据，但是当事人均同意的除外。

第二十三条 经特邀调解组织或者特邀调解员调解达成调解协议的，可以制作调解协议书。当事人认为无需制作调解协议书的，可以采取口头协议方式，特邀调解员应当记录协议内容。

第二十四条 调解协议书应当记载以下内容：

（一）当事人的基本情况；

（二）纠纷的主要事实、争议事项；

（三）调解结果。

双方当事人和特邀调解员应当在调解协议书或者调解笔录上签名、盖章或者捺印；由特邀调解组织主持达成调解协议的，还应当加盖调解组织印章。

委派调解达成调解协议，自双方当事人签名、盖章或者捺印后生效。委托调解达成调解协议，根据相关法律规定确定生效时间。

第二十五条 委派调解达成调解协议后，当事人就调解协议的履行或者调解协议的内容发生争议的，可以向人民法院提起诉讼，人民法院应当受理。一方当事人以原纠纷向人民法院起诉，对方当事人以调解协议提出抗辩的，应当提供调解协议书。

经司法确认的调解协议，一方当事人拒绝履行或者未全部履行的，对方当事人可以向人民法院申请执行。

第二十六条 有下列情形之一的，特邀调解员应当终止调解：
（一）当事人达成调解协议的；
（二）一方当事人撤回调解请求或者明确表示不接受调解的；
（三）特邀调解员认为双方分歧较大且难以达成调解协议的；
（四）其他导致调解难以进行的情形。

特邀调解员终止调解的，应当向委派、委托的人民法院书面报告，并移送相关材料。

第二十七条 人民法院委派调解的案件，调解期限为30日。但是双方当事人同意延长调解期限的，不受此限。

人民法院委托调解的案件，适用普通程序的调解期限为15日，适用简易程序的调解期限为7日。但是双方当事人同意延长调解期限的，不受此限。延长的调解期限不计入审理期限。

委派调解和委托调解的期限自特邀调解组织或者特邀调解员签字接收法院移交材料之日起计算。

第二十八条 特邀调解员不得有下列行为：
（一）强迫调解；
（二）违法调解；
（三）接受当事人请托或收受财物；
（四）泄露调解过程或调解协议内容；
（五）其他违反调解员职业道德的行为。

当事人发现存在上述情形的，可以向人民法院投诉。经审查属实的，人民法院应当予以纠正并作出警告、通报、除名等相应处理。

第二十九条 人民法院应当根据实际情况向特邀调解员发放误工、交通等补贴，对表现突出的特邀调解组织和特邀调解员给予物质或者荣誉奖励。补贴经费应当纳入人民法院专项预算。

人民法院可以根据有关规定向有关部门申请特邀调解专项经费。

第三十条 本规定自2016年7月1日起施行。

最高人民法院 司法部
关于进一步加强新形势下人民调解工作的意见

2007年8月23日　　　　　　　　　　　　　　　　　　司发〔2007〕10号

各省、自治区、直辖市高级人民法院、司法厅（局），解放军军事法院，新疆维吾尔自治区高级人民法院新疆生产建设兵团分院、新疆生产建设兵团司法局：

近年来，在党中央、国务院的正确领导和支持下，在各级党委、政府的重视支持和各级人民法院、司法行政机关的指导下，各地认真贯彻落实《中共中央办公厅、国务院办公厅关于转发〈最高人民法院、司法部关于进一步加强新时期人民调解工作的意见〉的通知》（中办发〔2002〕23号），自觉围绕党委、政府中心工作，广泛深入开展人民调解工作，取得了显著成绩。人民调解组织逐步健全，人民调解员队伍不断发展，人民调解工作领域不断拓展，规范化水平不断提高，有效预防和及时化解了大量矛盾纠纷，为维护社会稳定、促进社会和谐、推动经济社会发展做出了积极贡献。党的十六届六中全会通过的《中共中央关于构建社会主义和谐社会若干重大问题的决定》，对构建社会主义和谐社会做出了全面部署，其中对人民调解工作提出了明确要求。构建社会主义和谐社会，给人民调解工作赋予了更大的责任，提供了更广阔的舞台。为深入贯彻落实党的十六大和十六届六中全会精神，充分发挥人民调解在构建社会主义和谐社会中的积极作用，现就进一步加强新形势下人民调解工作提出如下意见。

一、充分认识加强新形势下人民调解工作的重要意义。人民调解制度是一项中国特色社会主义法律制度。加强新形势下人民调解工作，是构建社会主义和谐社会的客观要求，是预防和化解矛盾纠纷、促进社会和谐稳定的有效途径，在社会矛盾纠纷调解工作体系中具有基础作用。当前，我国社会总体上是和谐稳定的，经济持续平稳较快发展，综合国力大幅度提高，社会事业不断进步，人民生活不断改善，社会主义民主政治建设稳步推进。但影响社会和谐稳定的因素仍大量存在。随着经济体制深刻变革，社会结构深刻变动，利益格局深刻调整，思想观念深刻变化，我国经济社会生活中还会出现新的矛盾和问题。在长期实践中，我国形成了调解、仲裁、诉讼等多种矛盾纠纷化解方式。人民调解组织遍布城乡、网络健全，人民调解员植根基层、贴近群众，人民调解工作具有平等协商、互谅互让、不伤感情、成本低、效率高的特点，易为人民群众所接受，在化解矛盾纠纷中具有独特优势。加强人民调解工作，及时化解矛盾纠纷，促进人与人的和谐相处，促进民主法治建设，促进社会安定有序，既是构建社会主义和谐社会的重要内容，又是构建社会主义和谐社会的重要保障。各级人民法院、司法行政机关，要充分认识人民调解工作在构建社会主义和谐社会中的重要作用，进一步增强责任感和使命感，把加强人民调解工作贯穿于构建社会主义和谐社会整个过程，不断推进人民调解工作改革发展,最大限度地增加和谐因素,最大限度地减少不和谐因素。当前和今后一个时期人民调解工作总的要求是:以邓小平理论和"三个代表"重要思想为指导,深入贯彻落实科学发展观,深入贯彻落实党的十六大和十六届六中全会精神,深入贯彻落实党中央、国务院关于做好人民调解工作的一系列重要指示精神,深入贯彻落实中办发〔2002〕23号文件精神,坚持围绕中心、服务大局,以人为本、服务群众,以化解矛盾纠纷为主线,进一步发挥人民调解化解矛盾纠纷的功能、预防矛盾纠纷的功能和法制宣传教育的功能,进一步加强人民调解组织和队伍建设,进一步加强人民调解工作法制化、规范化建设,积极推进人民调解工作创新,不断完善中国特色人民调解制度,积极化解矛盾纠纷,维护社会和谐稳定,为构建社会主义和谐社会和全面建设小康社会做出新的贡献。

二、积极化解矛盾纠纷。以化解社会矛盾纠纷为主线,进一步发挥人民调解化解矛盾纠纷的功能。要加强婚姻、家庭、邻里、损害赔偿和生产经营等常见性、多发性矛盾纠纷的调解工作,促进家庭和谐、邻里和睦,维持和发展和谐的人际关系和社会关系。努力适应新形势下矛盾纠纷发展变化的趋势,大力拓展调解领域,依法调解公民与法人、公民与其他社会组织之间的纠纷,积极参与城乡建设、土地承包、环境保护、劳动争议、医患纠纷、征地拆迁等社会热点、难点纠纷的调解,促进解决民生问题,缓解利益冲突,密切党群干群关系。对调解不成的,要及时主动向当地党委、政府汇报,依靠党委政府和基层组织妥善解决,努力维护社会和谐稳定。

三、认真做好矛盾纠纷预防工作。把预防矛盾纠纷作为新形势下人民调解工作的重点,进一步强化人民调解预防矛盾纠纷的功能。建立健全矛盾纠纷情报信息网络,完善信息收集、报送、分析制度,准确了解掌握民间矛盾纠纷信息,及时发现可能导致矛盾纠纷的潜在因素,对各类矛盾纠纷信息做出快速反应、及时处置。建立健全矛盾纠纷定期排查制度,立足抓早抓小抓苗头,认真做好矛盾纠纷排查调处工作,努力把矛盾纠纷消灭在萌芽状态,防止简单民间纠纷转化为刑事案件,引发群体性事件。建立健全矛盾纠纷信息反馈机制,及时向基层党委、政府反映社情民意,提出工作建议,当好党委、政府化解矛盾纠纷、维护社会稳定的参谋助手。

四、强化人民调解的法制宣传教育功能。要把个案调解与有针对性地开展法制宣传教育结合起来,开展生动活泼的法制宣传教育活动,增强当事人和广大群众的法律意识,教育引导广大群众遵纪守法,通过合法的渠道反映合理的诉求,依法维护自己的合法权益。要把人民调解与宣传党和国家的方针政策结合起来,教育引导人民群众理解支持党和政府的政策措施,自觉维护改革发展稳定的大局。要把人民调解与思想道德教育结合起来,宣传以"八荣八耻"为主要内容的社会主义荣辱观,宣传社会公德、职业道德和家庭美德,提高人民群众的思想道德水平。

五、进一步加强人民调解与诉讼程序的衔接配合。人民调解组织要依法调解矛盾纠纷,规范制作人民调解协议书。各级人民法院特别是基层人民法院及其派出的人民法庭,要严格按照《最高人民法院关于审理涉及人民调解协议的民事案件的若干规定》,及时受理涉及人民调解协议的民事案件,并依法确认人民调解协议的法律效力。当事人持已经生效的人民调解协议向人民法院申请支付令的,人民法院应当及时审查,符合法定条件的,应当及时发出支付令。人民法院对于常见性、多发性的简单民事纠纷,在当事人起诉时或立案前,可以引导当事人通过人民调解解决矛盾纠纷。人民法院对于进入诉讼程序的民事案件,在征得当事人的同意后,可以委托人民调解组织对案件进行调解。人民法院对刑事自诉案件和其他轻微刑事案件,可以根据案件实际情况,参照民事调解的原则和程序,尝试推动当事人和解,尝试委托人民调解组织调解。

六、积极推进人民调解工作创新。要创新人民调解工作理念。坚持以人为本,服务群众,把维护群众切身利益、促进民生问题解决作为人民调解工作的根本出发点。要创新人民调解工作方法。根据矛盾纠纷的性质、难易程度以及当事人的具体情况,充分利用"村头"、"地头"、"街头""炕头"调解等适应基层特点的、群众喜闻乐见的方式,综合运用教育、协商、疏导等办法,因地制宜、不失时机地开展人民调解工作。充分依靠人民群众开展调解工作,引导群众自我管理、自我服务、自我教育、自我约束。注意邀请专家学者和有关部门的工作人员参与专业性较强的纠纷调解工作。积极探索运用网络、通讯等现代科技手段开展人民调解工作,方便人民群众,提高工作效率。要创新人民调解工作机制。把人民调解工作与基层民主政治建设相结合,与社会治安综合治理相结合,与人民来信来访工作相结合。积极推进人民调解、行政调解和司法调解的有效衔接,着力构建在党委政府领导下,以人民调解为基础,人民调解、行政调解和司法调解相互衔接、相互补充的调解工作体系。

七、大力推进人民调解法制化、规范化建设。坚持公开、公平、公正的要求,遵循依法调解、平等自愿、尊重当事人诉讼权利的原则,依法规范调解,维护当事人合法权益。立足人民调解的性质和特点,规范人民调解工作范围。细化调解工作流程,规范人民调解工作程序。建立健全人民调解委员会的岗位责任制、重大纠纷讨论、回访等制度,规范人民调解工作管理。制定人民调解员行为规范,严格人民调解工作纪律。继续推进统一人民调解文书格式和标识徽章工作。要积极推动人民调解立法工作,修改完善有关法规制度,确保人民调解工作有法可依、依法进行。

八、大力加强人民调解组织建设。要结合农村基层组织建设和城市社区建设,进一步巩固和发展村(居)人民调解委员会。切实加强乡镇(街道)调解组织建设,健全完善乡镇(街道)人民调解组织,充分发挥其化解疑难复杂纠纷、指导村(居)调解组织开展工作的作用。进一步加强企事业单位调解组织建设,着力推进改制企业、民营企业、中外合资企业和外资企业调解组织建设。积极稳妥地发展区域性、行业性的自律性调解组织,积极推进在流动人口聚居区、毗邻接边地区、大型集贸市场、物业管理小区、消费者协会等建立调解组织,建立健全组织网络,活跃人民调解工作,不断增强自身活力。

九、大力加强人民调解员队伍建设。健全完善人民调解员选任、聘任制度,按照《人民调解工作若干规定》中人民调解员选任条件,调整、充实、健全人民调解员队伍。积极吸纳退休法官、检察官、警官,以及律师、公证员、法律工作者等志愿者参与人民调解工作,不断优化调解员队伍的知识结构。要加大人民调解员培训力度,把调解员培训纳入司法行政队伍培训计划,坚持统一规划、分级实施,切实加强人民调解员培训工作,重点加强对人民调解小组长和人民调解骨干的培训,不断提高人民调解员的政治素质、业务能力和调解技巧。要切实关心爱护广大人民调解员，帮助解决实际困难，解除他们的后顾之忧，引导好、发挥好、保护好他们的工作积极性。要大力宣传表彰在人民调解工作中做出突出贡献的人民调解组织和人民调解员，总结推广他们的好经验、好做法，推动人民调解工作不断发展。

十、切实保障人民调解经费。要根据新形势下人民调解工作发展的实际需要，积极推进建立人民调解经费财政保障机制，切实提高人民调解工作物质保障能力。要根据当地经济社会发展水平，不断提高人民调解委员会工作经费和人民调解员补贴标准。要认真贯彻落实《财政部司法部关于进一步加强人民调解工作经费保障的意见》，把司法行政机关指导人民调解工作经费、人民调解委员会工作经费和人民调解员补贴经费列入财政预算，切实予以保障。要切实加强人民调解经费管理，研究制定使用管理办法，管好用好人民调解经费。

十一、进一步加强对人民调解工作指导。各级人民法院和司法行政机关要进一步加强协调配合，共同履行好指导人民调解工作的法定职责。要积极向党委、政府报告，争取党委、政府的领导和重视，把人民调解工作列入党委、政府工作日程，研究解决人民调解工作中遇到的重大问题。各级人民法院和司法行政机关，要深入基层、深入群众，加强调查研究，了解把握新形势下人民调解工作的规律和特点，采取有针对性的措施，不断加强人民调解的组织建设、队伍建设和规范化建设，推动本地区人民调解工作深入发展。要一切从实际出发，区别不同地区、不同行业、不同层次的人民调解组织的不同情况，实施分类指导。人民法庭和司法所要切实加强对人民调解组织日常工作的指导和监督，不断提高人民调解工作的质量和水平。要认真落实党中央、国务院关于加强"两所一庭"建设的指示精神，大力加强人民法庭和司法所基础设施建设、业务建设、队伍建设，加大对直接负有人民调解工作指导责任的人民法官和司法行政工作人员的教育培训力度。不断提高他们指导人民调解工作的能力和水平，努力推进人民调解工作改革发展，为构建社会主义和谐社会和全面建设小康社会做出新的贡献。

最高人民法院
关于认真学习和贯彻《中华人民共和国人民调解法》的通知

2010年11月8日　　　　　　　　　　　　法发〔2010〕46号

各省、自治区、直辖市高级人民法院，解放军军事法院，新疆维吾尔自治区高级人民法院生产建设兵团分院：

《中华人民共和国人民调解法》（以下简称人民调解法）已于2010年8月28日经第十一届全国人民代表大会常务委员会第十六次会议审议通过，自2011年1月1日起施行。为了保证统一正确适用人民调解法，特通知如下：

一、充分认识人民调解法公布施行的重大意义。人民调解法在总结几十年来人民调解工作实践经验的基础上，系统地规定了人民调解的性质、任务和工作原则，人民调解委员会、人民调解员、调解程序、调解协议等内容，全面完善了我国的人民调解制度，进一步规范了人民调解工作的程序，确立了人民调解协议司法审查机制。人民调解法的公布施行，为人民法院审理和执行各种涉及人民调解协议的纠纷案件提供了更加明确统一的法律根据，对于进一步发挥人民调解在化解社会矛盾纠纷、维护社会和谐稳定中的积极作用，具有重大意义。各级人民法院必须高度重视、认真学习、全面正确地贯彻好人民调解法。

二、高度重视、精心组织安排人民调解法的学习。各级人民法院要把学习人民调解法作为深入推进三项重点工作，提高人民法院队伍素质和司法能力的一项重要举措。要结合人民法院的实际情况，制定学习、贯彻的具体计划和措施，学习好、领会好立法精神，为贯彻实施人民调解法打下良好的基础。要充分利用各种培训方式和载体，加大业务培训力度，把培训由理论研究型向理论与实践结合型转变，由知识培训型向知识与能力结合型转变，重点提高审判和执行各种涉及人民调解协议的纠纷案件、处理实际问题的业务素质和司法技能。在培训中，要逐条认真学习，准确把握立法精神，深刻理解各条款的含义，学深学透，真正做到融会贯通。

三、进一步贯彻"调解优先、调判结合"工作原则，加强与人民调解在程序对接、效力确认、法律指导等方面的协调配合。各级人民法院尤其是基层人民法院要依法加强对人民调解委员会调解民间纠纷的业务指导，对适宜通过人民调解方式解决的纠纷，可以在受理前告知当事人向人民调解委员会申请调解。经人民调解委员会调解达成调解协议后，双方当事人依法共同向人民法院申请司法确认的，人民法院应当及时对调解协议进行审查，依法确认调解协议的效力。人民法院依法确认调解协议有效，一方当事人拒绝履行或者未全部履行，对方当事人向人民法院申请强制执行的，应当及时执行。要通过审判和执行活动，以案释法，并注意通过新闻媒体等形式，大力宣传人民调解法及其重要意义，教育公民增强法治意识、调解意识，自觉通过人民调解方式解决矛盾纠纷，维护社会和谐稳定。人民法院在工作中，要做好与司法行政等有关部门的沟通。

四、在贯彻实施人民调解法的过程中，要不断总结经验。各级人民法院对遇到的新情况、新问题和典型案例，要认真调查研究并提出意见建议，及时向最高人民法院请示报告。最高人民法院在清理有关司法解释的基础上，将适时起草适用人民调解法的司法解释，加强对各级人民法院正确贯彻实施人民调解法的指导。

特此通知。

司法部　中央综治办　最高人民法院　民政部
关于推进行业性专业性人民调解工作的指导意见

2016年1月5日　　　　　　　　　　　　　司发通〔2016〕1号

为深入贯彻落实党的十八大和十八届三中、四中、五中全会精神，及时有效预防化解行业、专业领域矛盾纠纷，充分发挥人民调解在矛盾纠纷多元化解机制中的基础性作用，维护社会和谐稳定，现就推进行业性、专业性人民调解工作提出如下意见。

一、充分认识推进行业性、专业性人民调解工作的重要意义

推进行业性、专业性人民调解工作，是适应经济社会发展、化解新型矛盾纠纷的迫切需要，是维护群众合法权益、促进社会公平正义的必然要求，是创新社会治理、完善矛盾纠纷多元化解机制的重要内容。近年来，在党中央、国务院的正确领导和各级党委、政府的大力支持下，各地围绕中心、服务大局，积极推进行业性、专业性人民调解工作，化解了大量矛盾纠纷，取得了明显成效。实践证明，开展行业性、专业性人民调解工作，是新时期人民调解工作的创新发展，是人民调解制度的丰富完善。当前，我国经济发展进入新常态，改革进入攻坚期和深水区，社会结构深刻变动，利益关系深刻调整，各种矛盾凸显叠加，特别是一些行业、专业领域矛盾纠纷易发多发，这类矛盾纠纷行业特征明显，专业性强，涉及主体多，影响面大，必须及时有效化解。党的十八届四中全会从全面推进依法治国的高度，对完善矛盾纠纷多元化解机制，加强行业性、专业性人民调解工作作出部署，对新时期人民调解工作提出了新的更高要求。贯彻落实党的十八届四中全会精神，大力加强行业性、专业性人民调解工作，依法及时化解行业、专业领域矛盾纠纷，对于维护相关行业、专业领域正常工作秩序，维护社会和谐稳定，保障公平正义，促进经济社会发展具有重要意义。

二、推进行业性、专业性人民调解工作的总体要求

加强行业性、专业性人民调解工作要认真贯彻落实党的十八大和十八届三中、四中、五中全会精神，以邓小平理论、"三个代表"重要思想和科学发展观为指导，深入贯彻落实习近平总书记系列重要讲话精神，按照协调推进"四个全面"战略布局的要求，全面贯彻落实人民调解法，进一步加强行业性、专业性人民调解组织队伍建设，健全部门间协调配合机制，完善工作制度，提升保障能力，有效预防化解矛盾纠纷，切实维护社会和谐稳定。

推进行业性、专业性人民调解工作必须遵循以下原则：

——坚持党委领导，政府主导，司法行政机关指导，相关部门密切配合，共同推进

行业性、专业性人民调解工作。

——坚持以人为本，始终把维护双方当事人合法权益作为人民调解工作的出发点和落脚点，根据当事人需求，提供便捷服务，维护双方合法权益。

——坚持实事求是，因地制宜，不搞一刀切，从化解矛盾纠纷的实际需要出发，积极推动设立行业性、专业性人民调解组织。

——坚持尊重科学，根据矛盾纠纷的行业、专业特点和规律，运用专业知识，借助专业力量，提高调解的权威性和公信力。

——坚持工作创新，充分发挥人民调解工作优势，大力推进工作理念、制度机制和方式方法创新，努力实现人民调解工作创新发展。

三、进一步加强行业性、专业性人民调解组织建设

行业性、专业性人民调解组织是在司法行政机关指导下，依法设立的调解特定行业、专业领域矛盾纠纷的群众性组织。加强行业性、专业性人民调解组织建设，必须遵守人民调解法的各项规定，坚持人民调解的基本属性，发挥人民调解的特点和优势。司法行政机关要加强与有关行业主管部门协调配合，根据相关行业、专业领域矛盾纠纷情况和特点，指导人民调解协会、相关行业协会等社会团体和其他组织，设立行业性、专业性人民调解委员会或依托现有的人民调解委员会设立人民调解工作室。要围绕党委、政府中心工作和广大群众关注的热点、难点问题，总结借鉴医疗卫生、道路交通、劳动关系、家事关系等领域人民调解工作的经验，积极推动相关行业、专业领域人民调解组织建设。对于本地相关行业、专业领域需要设立人民调解组织的，要主动向党委、政府汇报，与有关部门沟通协调，及时推动设立。已设立行业性、专业性人民调解组织的，要进一步巩固提高，依法规范人民调解委员会的组成、人民调解员选聘等，健全各项工作制度，强化学习培训，提高工作能力，有效化解矛盾纠纷。对尚未设立行业性、专业性人民调解组织的，现有人民调解委员会应将辖区内行业性、专业性矛盾纠纷纳入调解范围。行业性、专业性人民调解组织要以方便群众调解为目的选择办公地点和办公场所，办公场所应悬挂统一的人民调解组织标牌和标识，公开人民调解制度及调委会组成人员，方便群众调解纠纷。行业性、专业性人民调解组织应当自设立或变更之日起三十日内，将组织名称、人员组成、工作地址、联系方式等情况报所在地县级司法行政机关，县级司法行政机关应及时通报所在地综治组织和基层人民法院。

四、大力加强行业性、专业性人民调解员队伍建设

司法行政机关要积极协调相关行业主管部门，指导设立单位做好人民调解员的选聘、培训和考核管理等工作。行业性、专业性人民调解委员会的调解员由设立单位或人民调解委员会聘任。要充分利用社会资源，根据矛盾纠纷的行业、专业特点，选聘具有相关行业、专业背景和法学、心理学、社会工作等专业知识的人员担任专职人民调解员，聘请教学科研单位专家学者、行政事业单位专业技术人员作为兼职人民调解员参与调解，建设一支适应化解行业性、专业性矛盾纠纷需要，专兼结合、优势互补、结构合理的人民调解员队伍。每个行业性、专业性人民调解委员会一般应配备3名以上专职人

民调解员,人民调解工作室应配备1名以上专职人民调解员。行业性、专业性人民调解委员会主任一般由专职人民调解员担任。要加强专家库建设,根据化解矛盾纠纷需要,聘请法学、心理学、社会工作和相关行业、专业领域专家学者组建人民调解专家库,为人民调解组织化解矛盾纠纷提供专业咨询,专家咨询意见可以作为调解的参考依据。要加大培训力度,通过举办培训班、现场观摩、案例研讨等形式,加强政策法规、业务知识、调解技能培训,切实提高人民调解员队伍的素质和能力。新任人民调解员须经司法行政机关培训合格后上岗。要加强考核工作,及时了解掌握人民调解员的工作情况,对不称职的人民调解员应及时调整或解聘。要按照《关于加强社会工作专业人才队伍建设的意见》(中组发〔2011〕25号)要求,把人民调解员纳入社会工作专业人才培养、职业水平评价体系,积极探索人民调解员专业化、职业化发展的途径。

五、大力加强行业性、专业性人民调解工作制度化、规范化建设

司法行政机关要会同相关部门指导行业性、专业性人民调解委员会建立健全纠纷受理、调解、履行、回访等工作制度,使调解工作各个环节都有章可循;建立健全矛盾纠纷分析研判制度,定期对矛盾纠纷进行分析研判,把握趋势、掌握规律;建立健全信息反馈制度,根据矛盾纠纷调解情况,分析行业、专业领域矛盾纠纷发生原因,提出对策建议,并及时向有关行业主管部门和单位反馈。相关部门和单位要建立健全告知引导制度,对适宜通过人民调解方式化解的矛盾纠纷,应当告知人民调解的特点和优势,引导当事人优先选择人民调解;建立健全矛盾纠纷移交委托等衔接工作制度,明确移交委托范围,规范移交委托程序,健全完善人民调解与行政调解、司法调解联动工作机制。要加强规范化建设,依法规范行业性、专业性人民调解委员会设立及人员组成,规范人民调解员选聘、培训、考核,规范人民调解委员会名称、标牌、标识,规范文书和卷宗制作,规范人民调解统计报送等,不断提高行业性、专业性人民调解工作制度化、规范化水平。

六、进一步提高工作保障能力和水平

按照人民调解法的规定,设立行业性、专业性人民调解委员会的单位应为人民调解委员会开展工作提供办公场所、办公设施和必要的工作经费。要按照《财政部、司法部关于进一步加强人民调解工作经费保障的意见》(财行〔2007〕179号)要求,切实落实行业性、专业性人民调解工作指导经费、人民调解委员会补助经费、人民调解员补贴经费,并建立动态增长机制。要按照《财政部、民政部、工商总局关于印发政府购买服务管理办法(暂行)的通知》(财综〔2014〕96号)要求,把人民调解作为社会管理性服务内容纳入政府购买服务指导性目录,并按照规定的购买方式和程序积极组织实施,提高行业性、专业性人民调解工作经费保障水平。鼓励社会各界通过社会捐赠、公益赞助等方式,为行业性、专业性人民调解工作提供经费支持。

七、全力化解行业、专业领域矛盾纠纷

要及时受理矛盾纠纷,人民调解委员会对排查出来的矛盾纠纷,应及时引导双方当事人通过人民调解方式解决；对当事人申请调解的矛盾纠纷，应认真听取当事人诉求，根据矛盾纠纷的不同情况，采取相应的措施予以解决；对有关单位移交委托调解的矛盾纠纷，属于人民调解范围的，人民调解委员会应当及时受理；不属于人民调解范围的，应向当事人说明情况，并向委托单位反馈。要善于运用法治思维和法治方式化解纠纷，对合法诉求，应依法予以支持；对不合法、不合理的诉求，要做好疏导工作，引导当事人放弃于法无据、于理不符的要求，说服当事人在平等协商、互谅互让的基础上自愿达成调解协议，做到案结事了。对调解不成的，要告知当事人通过仲裁、行政裁决、诉讼等合法渠道解决。对涉及人员多、影响面广，可能引发治安案件或刑事案件的纠纷，要及时向当地公安机关、行业主管部门报告，并配合做好疏导化解工作。要善于运用专业知识调解，注重发挥相关行业、专业领域专家学者的专业优势，根据调解纠纷的需要邀请相关专家参与调解工作；对复杂疑难案件应充分听取专家咨询意见，必要时可委托具有资质的鉴定机构进行鉴定，确保矛盾纠纷得到科学公正处理。要善于运用法、理、情相结合的方式开展调解工作，既讲法律政策、也重情理疏导，既解法结、又解心结，不断提高调解成功率、协议履行率和人民群众满意度。

八、切实加强组织领导

各级司法行政机关、综治组织、人民法院、民政和相关行业主管部门要高度重视行业性、专业性人民调解工作，积极争取将其纳入党委政府提升社会治理能力、深入推进平安建设、法治建设的总体部署，为行业性、专业性人民调解工作顺利开展提供政策保障。要坚持问题导向，加强调查研究，定期沟通行业性、专业性人民调解工作情况，认真总结行业性、专业性人民调解工作的经验做法，及时解决工作中存在的困难和问题。要广泛宣传行业性、专业性人民调解工作典型经验做法、人民调解特点优势、工作成效等，大力表彰工作中涌现出的先进集体和先进个人，进一步扩大人民调解工作的社会影响，引导更多的纠纷当事人选择人民调解方式解决矛盾纠纷。司法行政机关要切实履行指导人民调解组织设立、人民调解员选任培训等法定职责，认真研究新形势下加强和改进行业性、专业性人民调解工作的方法和措施，大力加强行业性、专业性人民调解工作制度化、规范化建设，及时了解掌握人民调解员需要救助和抚恤的情况，对符合相关条件的，协调落实生活救助或抚恤优待政策。综治组织要将行业性、专业性人民调解纳入综治工作（平安建设）考核评价体系。民政部门要鼓励引导行业协会商会等社会团体和其他社会组织设立行业性、专业性人民调解组织，支持把行业性、专业性人民调解纳入政府购买服务规划。人民法院要通过选任人民调解员担任人民陪审员、邀请人民调解员旁听民事案件审理等形式，对人民调解工作进行业务指导；要及时开展人民调解协议司法确认工作，并将司法确认情况告知人民调解委员会和同级司法行政机关。

最高人民法院办公厅
关于在部分法院开展在线调解平台建设试点工作的通知

2016年12月1日　　　　　　　　　　法办〔2016〕184号

北京市、河北省、上海市、浙江省、安徽省、四川省高级人民法院，上海海事法院：

为贯彻落实中央关于健全矛盾多元化解机制改革的要求，根据《最高人民法院关于人民法院进一步深化多元化纠纷解决机制改革的意见》（法发〔2016〕14号），经院领导批准，最高人民法院决定，在北京、河北、上海、浙江、安徽、四川6个高级人民法院和上海海事法院开展在线调解平台建设试点工作。各试点法院要建立完善在线调解平台，运用互联网技术创新诉调对接方式，促进依法、公正、便捷、高效地化解纠纷，引领传统纠纷解决方式向现代纠纷解决方式"升级换代"。现就试点工作要求和相关事项通知如下：

1. 试点地区高级人民法院牵头建立省级统一的在线调解平台。平台建设应当遵循面向群众、面向实际、面向基层的原则，建立纠纷受理、分流、调解、反馈等流程的全覆盖，处理当事人申请在线调解、立案前委派调解、立案后委托调解、在线司法确认、诉讼调解等案件；法院在线调解平台要加强与人民调解、行政调解、商事调解、行业调解等机制的对接，充分利用社会资源化解纠纷。

2. 各试点人民法院应当充分发挥在线调解平台的功能。在线调解平台应具有纠纷解决的裁判规则引导、纠纷案例预判、在线调解、在线司法确认、诉调对接、调解资源整合等功能。加强法院在线调解平台与法院诉讼服务网、案件信息管理系统的深度融合、互通互联、信息共享，在保证审判信息数据安全的基础上，做好大数据的挖掘应用，避免重复建设和资源浪费。

3. 各试点人民法院应当规范在线调解组织和调解员的管理。按照《最高人民法院关于人民法院特邀调解的规定》要求，制定在线调解组织和调解员选聘标准，通过一定程序选聘熟悉法律知识、热心调解工作、熟悉网络技术操作的特邀调解员或者法院专职调解员担任在线调解员。建立在线调解组织和调解员数据库，加强对在线调解组织和调解员的指导、监督、管理和考评。加强在线调解员的业务培训，规范调解员职业道德。

4. 各试点人民法院应当规范在线调解机制的制度建设和程序安排。根据法律、司法解释及相关文件，试点法院应当结合本地实际情况，研究制定在线调解机制的相关制度，探索适合在线调解的案件范围，完善在线调解的程序设计，因地制宜，锐意创新，积极稳妥地开展在线调解试点工作。

5. 各试点人民法院应当规范在线调解案件的管理。试点法院诉讼服务中心或者诉调对接部门要指派调解法官或者具体工作人员负责在线调解案件的管理和数据统计工作。试点法院应当加强与在线调解平台运营主体的沟通合作,确保在线调解平台稳定持续运行,为数据传输、存储使用提供安全保障。对在线调解平台建设的程序问题、理论问题以及技术问题进行研究并提出解决方案。

6. 各试点人民法院要高度重视在线调解试点工作,积极向当地党委政法委汇报试点工作的进展情况。积极争取财政部门的支持,保障在线调解平台的运行,根据实际情况向调解组织或者调解员发放相关补贴,对表现突出的调解组织或调解员予以奖励。

7. 各试点人民法院应当对在线调解平台进行广泛宣传,提高在线调解平台的应用程度和适用范围,充分发挥其阳光、智能、快捷、开放的作用,增强人民群众对在线调解平台的认同感。

8. 试点地区上级法院应当加强对试点工作的监督指导力度,确保试点工作规范有序进行,推动试点工作不断深入。试点法院应当及时总结试点经验,反馈试点效果,完善配套措施,认真研究新情况、新问题,必要时将试点开展情况及遇到的问题层报最高人民法院。

最高人民法院　司法部
关于开展律师调解试点工作的意见

2017年9月30日　　　　　　　　司发通〔2017〕105号

北京、黑龙江、上海、浙江、安徽、福建、山东、湖北、湖南、广东、四川省(直辖市)高级人民法院、司法厅(局):

为贯彻落实《中共中央关于全面推进依法治国若干重大问题的决定》以及中共中央办公厅、国务院办公厅《关于完善矛盾纠纷多元化解机制的意见》《关于深化律师制度改革的意见》和最高人民法院《关于人民法院进一步深化多元化纠纷解决机制改革的意见》,充分发挥律师在预防和化解矛盾纠纷中的专业优势、职业优势和实践优势,健全完善律师调解制度,推动形成中国特色的多元化纠纷解决体系,现就开展律师调解试点工作提出以下意见。

一、总体要求

1. 指导思想。全面贯彻党的十八大和十八届三中、四中、五中、六中全会精神,深入贯彻习近平总书记系列重要讲话和对律师工作的重要指示精神,围绕全面推进依法治国总目标,深化多元化纠纷解决机制改革,健全诉调对接工作机制,充分发挥律师职能作用,建立律师调解工作模式,创新律师调解方式方法,有效化解各类矛盾纠纷,维护当事人合法权益,促进社会公平正义,维护社会和谐稳定。

2. 基本原则。

——坚持依法调解。律师调解工作应当依法进行，不得违反法律法规的禁止性规定，不得损害国家利益、社会公共利益和当事人及其他利害关系人的合法权益。

——坚持平等自愿。律师开展调解工作，应当充分尊重各方当事人的意愿，尊重当事人对解决纠纷程序的选择权，保障其诉讼权利。

——坚持调解中立。律师调解应当保持中立，不得有偏向任何一方当事人的言行，维护调解结果的客观性、公正性和可接受性。

——坚持调解保密。除当事人一致同意或法律另有规定的外，调解事项、调解过程、调解协议内容等一律不公开，不得泄露当事人的个人隐私或商业秘密。

——坚持便捷高效。律师运用专业知识开展调解工作，应当注重工作效率，根据纠纷的实际情况，灵活确定调解方式方法和程序，建立便捷高效的工作机制。

——坚持有效对接。加强律师调解与人民调解、行政调解、行业调解、商事调解、诉讼调解等有机衔接，充分发挥各自特点和优势，形成程序衔接、优势互补、协作配合的纠纷解决机制。

二、建立律师调解工作模式

律师调解是指律师、依法成立的律师调解工作室或者律师调解中心作为中立第三方主持调解，协助纠纷各方当事人通过自愿协商达成协议解决争议的活动。

3. 在人民法院设立律师调解工作室。试点地区的各级人民法院要将律师调解与诉讼服务中心建设结合起来，在人民法院诉讼服务中心、诉调对接中心或具备条件的人民法庭设立律师调解工作室，配备必要的工作设施和工作场所。

4. 在公共法律服务中心（站）设立律师调解工作室。试点地区的县级公共法律服务中心、乡镇公共法律服务站应当设立专门的律师调解工作室，由公共法律服务中心（站）指派律师调解员提供公益性调解服务。

5. 在律师协会设立律师调解中心。试点地区的省级、设区的市级律师协会设立律师调解中心。律师调解中心在律师协会的指导下，组织律师作为调解员，接受当事人申请或人民法院移送，参与矛盾化解和纠纷调解。

6. 律师事务所设立调解工作室。鼓励和支持有条件的律师事务所设立调解工作室，组成调解团队，可以将接受当事人申请调解作为一项律师业务开展，同时可以承接人民法院、行政机关移送的调解案件。

三、健全律师调解工作机制

7. 明确律师调解案件范围。律师调解可以受理各类民商事纠纷，包括刑事附带民事纠纷的民事部分，但是婚姻关系、身份关系确认案件以及其他依案件性质不能进行调解的除外。

8. 建立健全律师调解工作资质管理制度。试点地区省级司法行政机关、律师协会会同人民法院研究制定管理办法，明确承办律师调解工作的律师事务所和律师资质条件，包括人员规模、执业年限、办案数量、诚信状况等。司法行政机关、律师协会会同人民法院建立承办律师调解工作的律师事务所和律师调解员名册。

9. 规范律师调解工作程序。人民法院、公共法律服务中心（站）、律师协会和律师事务所应当向当事人提供承办律师调解工作的律师事务所和律师调解员名册，并在公示栏、官方网站等平台公开名册信息，方便当事人查询和选择。

律师事务所和律师接受相关委托代理或参与矛盾纠纷化解时，应当告知当事人优先选择调解或其他非诉讼方式解决纠纷。

律师调解一般由一名调解员主持。对于重大、疑难、复杂或者当事人要求由两名以上调解员共同调解的案件，可以由两名以上调解员调解，并由律师调解工作室或律师调解中心指定一名调解员主持。当事人具有正当理由的，可以申请更换律师调解员。律师调解员根据调解程序依法开展调解工作，律师调解的期限为30日，双方当事人同意延长调解期限的，不受此限。经调解达成协议的，出具调解协议书；期限届满无法达成调解协议，当事人不同意继续调解的，终止调解。

律师调解员组织调解，应当用书面形式记录争议事项和调解情况，并经双方当事人签字确认。律师调解工作室或律师调解中心应当建立完整的电子及纸质书面调解档案，供当事人查询。调解程序终结时，当事人未达成调解协议的，律师调解员在征得各方当事人同意后，可以用书面形式记载调解过程中双方没有争议的事实，并由当事人签字确认。在诉讼程序中，除涉及国家利益、社会公共利益和他人合法权益的外，当事人无需对调解过程中已确认的无争议事实举证。

在公共法律服务中心（站）、律师协会和律师事务所设立的律师调解组织受理当事人直接申请，主持调解纠纷的，参照上述程序开展。

10. 鼓励调解协议即时履行。经律师调解工作室或律师调解中心调解，当事人达成调解协议的，律师调解员应当鼓励和引导当事人及时履行协议。当事人无正当理由拒绝或者拖延履行的，调解和执行的相关费用由未履行协议一方当事人全部或部分负担。

11. 完善调解协议与支付令对接机制。经律师调解达成的和解协议、调解协议中，具有金钱或者有价证券给付内容的，债权人依据民事诉讼法及其司法解释的规定，向有管辖权的基层人民法院申请支付令的，人民法院应当依法发出支付令；债务人未在法定期限内提出书面异议且逾期不履行支付令的，人民法院可以强制执行。

12. 完善调解协议司法确认程序。经律师调解工作室或律师调解中心调解达成的具有民事合同性质的协议，当事人可以向律师调解工作室或律师调解中心所在地基层人民法院或者人民法庭申请确认其效力，人民法院应当依法确认调解协议效力。

13. 建立律师调解员回避制度。律师调解员具有以下情形的，当事人有权申请回避：系一方当事人或者其代理人的近亲属的；与纠纷有利害关系的；与纠纷当事人、代理人有其他关系，可能影响公正调解的。律师调解员具有上述情形，当事人要求回避的，律师调解员应当回避，当事人没有要求回避的，律师调解员应当及时告知当事人并主动回避。当事人一致同意继续调解的，律师调解员可以继续主持调解。

律师调解员不得再就该争议事项或与该争议有密切联系的其他纠纷接受一方当事人的委托，担任仲裁或诉讼的代理人，也不得担任该争议事项后续解决程序的人民陪审员、仲裁员、证人、鉴定人以及翻译人员等。

14. 建立科学的经费保障机制。在律师事务所设立的调解工作室受理当事人直接申请调解纠纷的,可以按照有偿和低价的原则向双方当事人收取调解费,一方当事人同意全部负担的除外。调解费的收取标准和办法由各试点地区根据实际情况确定,并报相关部门批准备案。

在公共法律服务中心(站)设立的律师调解工作室和在律师协会设立的律师调解中心受理当事人直接申请调解纠纷的,由司法行政机关、律师协会通过政府采购服务的方式解决经费。律师调解员调解法律援助案件的经费,由法律援助机构通过政府采购服务渠道予以解决。

在人民法院设立律师调解工作室的,人民法院应根据纠纷调解的数量、质量与社会效果,由政府采购服务渠道解决调解经费,并纳入人民法院专项预算,具体办法由各试点地区根据实际情况确定。

15. 发挥诉讼费用杠杆作用。当事人达成和解协议申请撤诉的,人民法院免收诉讼费。诉讼中经调解当事人达成调解协议的,人民法院可以减半收取诉讼费用。一方当事人无正当理由不参与调解,或者有明显恶意导致调解不成的,人民法院可以根据具体情况对无过错方依法提出的赔偿合理的律师费用等正当要求予以支持。

四、加强工作保障

16. 加强组织领导。试点地区的人民法院、司法行政机关和律师协会要高度重视这项改革工作,加强制度建设和工作协调,有力推进试点工作顺利开展。要在律师调解制度框架内,创新工作方式方法,制定适合本地区特点的实施意见,不断总结经验,积极探索,为向全国推广提供可复制、可借鉴的制度和经验。

17. 积极引导参与。试点地区的人民法院、司法行政机关和律师协会要积极引导律师参与矛盾纠纷多元化解,鼓励和推荐律师在人民调解组织、仲裁机构、商事调解组织、行业调解组织中担任调解员,鼓励律师借助现代科技手段创新调解工作方式、积极参与在线调解试点工作,促使律师主动承担社会责任、体现社会价值,充分调动律师从事调解工作的积极性,实现律师调解工作可持续性发展。

18. 加强队伍管理。加强对律师调解员职业道德、执业纪律、调解技能等方面的培训,建设高水平的调解律师队伍,确保调解案件质量。探索建立律师参与公益性调解的考核表彰激励机制。人民法院、司法行政机关、律师协会应当对表现突出的律师调解工作室、律师调解中心组织和律师调解员给予物质或荣誉奖励。

19. 加强责任追究。律师调解员违法调解,违反回避制度,泄露当事人隐私或秘密,或者具有其他违反法律、违背律师职业道德行为的,应当视情节限期或禁止从事调解业务,或由律师协会、司法行政机关依法依规给予行业处分和行政处罚。律师协会应当制定实施细则并报当地司法行政机关备案。

20. 加强宣传工作。试点地区的人民法院、司法行政机关和律师协会要大力宣传律师调解制度的作用与优势,鼓励公民、法人和其他组织优先选择律师调解快速有效解决争议,为律师开展调解工作营造良好执业环境。

21. 加强指导监督。最高人民法院、司法部将对试点工作进行指导督促,认真研究试点中存在的突出问题，全面评估试点方案的实际效果，总结各地多元化纠纷解决机制改革的成功经验，推动改革实践成果制度化、法律化。

22. 本试点工作在北京、黑龙江、上海、浙江、安徽、福建、山东、湖北、湖南、广东、四川等11个省（直辖市）进行。试点省（直辖市）可以在全省（直辖市）或者选择部分地区开展试点工作，试点方案报最高人民法院和司法部备案。

九、保全和先予执行

最高人民法院
关于人民法院办理财产保全案件若干问题的规定

法释〔2016〕22号

(2016年10月17日最高人民法院审判委员会第1696次会议通过 2016年11月7日最高人民法院公告公布 自2016年12月1日起施行)

为依法保护当事人、利害关系人的合法权益，规范人民法院办理财产保全案件，根据《中华人民共和国民事诉讼法》等法律规定，结合审判、执行实践，制定本规定。

第一条 当事人、利害关系人申请财产保全，应当向人民法院提交申请书，并提供相关证据材料。

申请书应当载明下列事项：

（一）申请保全人与被保全人的身份、送达地址、联系方式；

（二）请求事项和所根据的事实与理由；

（三）请求保全数额或者争议标的；

（四）明确的被保全财产信息或者具体的被保全财产线索；

（五）为财产保全提供担保的财产信息或资信证明，或者不需要提供担保的理由；

（六）其他需要载明的事项。

法律文书生效后，进入执行程序前，债权人申请财产保全的，应当写明生效法律文书的制作机关、文号和主要内容，并附生效法律文书副本。

第二条 人民法院进行财产保全，由立案、审判机构作出裁定，一般应当移送执行机构实施。

第三条 仲裁过程中，当事人申请财产保全的，应当通过仲裁机构向人民法院提交申请书及仲裁案件受理通知书等相关材料。人民法院裁定采取保全措施或者裁定驳回申请的，应当将裁定书送达当事人，并通知仲裁机构。

第四条 人民法院接受财产保全申请后，应当在五日内作出裁定；需要提供担保的，应当在提供担保后五日内作出裁定；裁定采取保全措施的，应当在五日内开始执行。对情况紧急的，必须在四十八小时内作出裁定；裁定采取保全措施的，应当立即开始执行。

第五条 人民法院依照民事诉讼法第一百条规定责令申请保全人提供财产保全担保的，担保数额不超过请求保全数额的百分之三十；申请保全的财产系争议标的的，担保数额不超过争议标的价值的百分之三十。

利害关系人申请诉前财产保全的，应当提供相当于请求保全数额的担保；情况特殊的，人民法院可以酌情处理。

财产保全期间，申请保全人提供的担保不足以赔偿可能给被保全人造成的损失的，人民法院可以责令其追加相应的担保；拒不追加的，可以裁定解除或者部分解除保全。

第六条 申请保全人或第三人为财产保全提供财产担保的，应当向人民法院出具担保书。担保书应当载明担保人、担保方式、担保范围、担保财产及其价值、担保责任承担等内容，并附相关证据材料。

第三人为财产保全提供保证担保的，应当向人民法院提交保证书。保证书应当载明保证人、保证方式、保证范围、保证责任承担等内容，并附相关证据材料。

对财产保全担保，人民法院经审查，认为违反物权法、担保法、公司法等有关法律禁止性规定的，应当责令申请保全人在指定期限内提供其他担保；逾期未提供的，裁定驳回申请。

第七条 保险人以其与申请保全人签订财产保全责任险合同的方式为财产保全提供担保的，应当向人民法院出具担保书。

担保书应当载明，因申请财产保全错误，由保险人赔偿被保全人因保全所遭受的损失等内容，并附相关证据材料。

第八条 金融监管部门批准设立的金融机构以独立保函形式为财产保全提供担保的，人民法院应当依法准许。

第九条 当事人在诉讼中申请财产保全，有下列情形之一的，人民法院可以不要求提供担保：

（一）追索赡养费、扶养费、抚育费、抚恤金、医疗费用、劳动报酬、工伤赔偿、交通事故人身损害赔偿的；

（二）婚姻家庭纠纷案件中遭遇家庭暴力且经济困难的；

（三）人民检察院提起的公益诉讼涉及损害赔偿的；

（四）因见义勇为遭受侵害请求损害赔偿的；

（五）案件事实清楚、权利义务关系明确，发生保全错误可能性较小的；

（六）申请保全人为商业银行、保险公司等由金融监管部门批准设立的具有独立偿付债务能力的金融机构及其分支机构的。

法律文书生效后，进入执行程序前，债权人申请财产保全的，人民法院可以不要求提供担保。

第十条 当事人、利害关系人申请财产保全，应当向人民法院提供明确的被保全财产信息。

当事人在诉讼中申请财产保全，确因客观原因不能提供明确的被保全财产信息，但提供了具体财产线索的，人民法院可以依法裁定采取财产保全措施。

第十一条 人民法院依照本规定第十条第二款规定作出保全裁定的，在该裁定执行过程中，申请保全人可以向已经建立网络执行查控系统的执行法院，书面申请通过该系统查询被保全人的财产。

申请保全人提出查询申请的，执行法院可以利用网络执行查控系统，对裁定保全的财产或者保全数额范围内的财产进行查询，并采取相应的查封、扣押、冻结措施。

人民法院利用网络执行查控系统未查询到可供保全财产的，应当书面告知申请保全人。

第十二条 人民法院对查询到的被保全人财产信息，应当依法保密。除依法保全的财产外，不得泄露被保全人其他财产信息，也不得在财产保全、强制执行以外使用相关信息。

第十三条 被保全人有多项财产可供保全的，在能够实现保全目的的情况下，人民法院应当选择对其生产经营活动影响较小的财产进行保全。

人民法院对厂房、机器设备等生产经营性财产进行保全时，指定被保全人保管的，应当允许其继续使用。

第十四条 被保全财产系机动车、航空器等特殊动产的，除被保全人下落不明的以外，人民法院应当责令被保全人书面报告该动产的权属和占有、使用等情况，并予以核实。

第十五条 人民法院应当依据财产保全裁定采取相应的查封、扣押、冻结措施。

可供保全的土地、房屋等不动产的整体价值明显高于保全裁定载明金额的，人民法院应当对该不动产的相应价值部分采取查封、扣押、冻结措施，但该不动产在使用上不可分或者分割会严重减损其价值的除外。

对银行账户内资金采取冻结措施的，人民法院应当明确具体的冻结数额。

第十六条 人民法院在财产保全中采取查封、扣押、冻结措施，需要有关单位协助办理登记手续的，有关单位应当在裁定书和协助执行通知书送达后立即办理。针对同一财产有多个裁定书和协助执行通知书的，应当按照送达的时间先后办理登记手续。

第十七条 利害关系人申请诉前财产保全，在人民法院采取保全措施后三十日内依法提起诉讼或者申请仲裁的，诉前财产保全措施自动转为诉讼或仲裁中的保全措施；进入执行程序后，保全措施自动转为执行中的查封、扣押、冻结措施。

依前款规定，自动转为诉讼、仲裁中的保全措施或者执行中的查封、扣押、冻结措施的，期限连续计算，人民法院无需重新制作裁定书。

第十八条 申请保全人申请续行财产保全的，应当在保全期限届满七日前向人民法院提出；逾期申请或者不申请的，自行承担不能续行保全的法律后果。

人民法院进行财产保全时，应当书面告知申请保全人明确的保全期限届满日以及前款有关申请续行保全的事项。

第十九条 再审审查期间，债务人申请保全生效法律文书确定给付的财产的，人民法院不予受理。

再审审理期间，原生效法律文书中止执行，当事人申请财产保全的，人民法院应当受理。

第二十条 财产保全期间，被保全人请求对被保全财产自行处分，人民法院经审查，认为不损害申请保全人和其他执行债权人合法权益的，可以准许，但应当监督被保全人按照合理价格在指定期限内处分，并控制相应价款。

被保全人请求对作为争议标的的被保全财产自行处分的，须经申请保全人同意。

人民法院准许被保全人自行处分被保全财产的，应当通知申请保全人；申请保全人不同意的，可以依照民事诉讼法第二百二十五条规定提出异议。

第二十一条 保全法院在首先采取查封、扣押、冻结措施后超过一年未对被保全财产进行处分的，除被保全财产系争议标的外，在先轮候查封、扣押、冻结的执行法院可以商请保全法院将被保全财产移送执行。但司法解释另有特别规定的，适用其规定。

保全法院与在先轮候查封、扣押、冻结的执行法院就移送被保全财产发生争议的，可以逐级报请共同的上级法院指定该财产的执行法院。

共同的上级法院应当根据被保全财产的种类及所在地、各债权数额与被保全财产价值之间的关系等案件具体情况指定执行法院，并督促其在指定期限内处分被保全财产。

第二十二条 财产纠纷案件，被保全人或第三人提供充分有效担保请求解除保全，人民法院应当裁定准许。被保全人请求对作为争议标的的财产解除保全的，须经申请保全人同意。

第二十三条 人民法院采取财产保全措施后，有下列情形之一的，申请保全人应当及时申请解除保全：

（一）采取诉前财产保全措施后三十日内不依法提起诉讼或者申请仲裁的；

（二）仲裁机构不予受理仲裁申请、准许撤回仲裁申请或者按撤回仲裁申请处理的；

（三）仲裁申请或者请求被仲裁裁决驳回的；

（四）其他人民法院对起诉不予受理、准许撤诉或者按撤诉处理的；

（五）起诉或者诉讼请求被其他人民法院生效裁判驳回的；

（六）申请保全人应当申请解除保全的其他情形。

人民法院收到解除保全申请后，应当在五日内裁定解除保全；对情况紧急的，必须在四十八小时内裁定解除保全。

申请保全人未及时申请人民法院解除保全，应当赔偿被保全人因财产保全所遭受的损失。

被保全人申请解除保全，人民法院经审查认为符合法律规定的，应当在本条第二款规定的期间内裁定解除保全。

第二十四条 财产保全裁定执行中，人民法院发现保全裁定的内容与被保全财产的实际情况不符的，应当予以撤销、变更或补正。

第二十五条 申请保全人、被保全人对保全裁定或者驳回申请裁定不服的，可以自裁定书送达之日起五日内向作出裁定的人民法院申请复议一次。人民法院应当自收到复议申请后十日内审查。

对保全裁定不服申请复议的，人民法院经审查，理由成立的，裁定撤销或变更；理由不成立的，裁定驳回。

对驳回申请裁定不服申请复议的，人民法院经审查，理由成立的，裁定撤销，并采取保全措施；理由不成立的，裁定驳回。

第二十六条 申请保全人、被保全人、利害关系人认为保全裁定实施过程中的执行行为违反法律规定提出书面异议的，人民法院应当依照民事诉讼法第二百二十五条规定审查处理。

第二十七条 人民法院对诉讼争议标的以外的财产进行保全，案外人对保全裁定或者保全裁定实施过程中的执行行为不服，基于实体权利对被保全财产提出书面异议的，人民法院应当依照民事诉讼法第二百二十七条规定审查处理并作出裁定。案外人、申请保全人对该裁定不服的，可以自裁定送达之日起十五日内向人民法院提起执行异议之诉。

人民法院裁定案外人异议成立后，申请保全人在法律规定的期间内未提起执行异议之诉的，人民法院应当自起诉期限届满之日起七日内对该被保全财产解除保全。

第二十八条 海事诉讼中，海事请求人申请海事请求保全，适用《中华人民共和国海事诉讼特别程序法》及相关司法解释。

第二十九条 本规定自 2016 年 12 月 1 日起施行。

本规定施行前公布的司法解释与本规定不一致的，以本规定为准。

最高人民法院
关于人民法院能否对信用证开证保证金采取冻结和扣划措施问题的规定

法释〔1997〕4 号

（1996 年 6 月 20 日最高人民法院审判委员会第 822 次会议通过
1997 年 9 月 3 日最高人民法院公告公布 自 1997 年 9 月 13 日起施行）

信用证开证保证金属于有进出口经营权的企业向银行申请对国外（境外）方开立信用证而备付的具有担保支付性质的资金。为了严肃执法和保护当事人的合法权益，现就有关冻结、扣划信用证开证保证金的问题规定如下：

一、人民法院在审理或执行案件时，依法可以对信用证开证保证金采取冻结措施，但不得扣划。如果当事人认为人民法院冻结和扣划的某项资金属于信用证开证保证金的，应当提供有关证据予以证明。人民法院审查后，可按以下原则处理：对于确系信用证开证保证金的，不得采取扣划措施；如果开证银行履行了对外支付义务，根据该银行的申请，人民法院应当立即解除对信用证开证保证金相应部分的冻结措施；如果申请开证人提供的开证保证金是外汇，当事人又举证证明信用证的受益人提供的单据与信用证条款相符时，人民法院应当立即解除冻结措施。

二、如果银行因信用证无效、过期，或者因单证不符而拒付信用证款项并且免除了对外支付义务，以及在正常付出了信用证款项并从信用证开证保证金中扣除相应款额后尚有剩余，即在信用证开证保证金账户存款已丧失保证金功能的情况下，人民法院可以依法采取扣划措施。

三、人民法院对于为逃避债务而提供虚假证据证明属信用证开证保证金的单位和个人，应当依照民事诉讼法的有关规定严肃处理。

最高人民法院
关于如何理解《关于适用〈中华人民共和国民事诉讼法〉若干问题的意见》第31条第2款的批复

法释〔1998〕5号

（1998年4月2日最高人民法院审判委员会第970次会议通过 1998年4月17日最高人民法院公告公布 自1998年4月25日起施行）

山西省高级人民法院：

你院晋高法〔1996〕148号关于对最高人民法院《关于适用〈中华人民共和国民事诉讼法〉若干问题的意见》第31条第2款如何理解的请示收悉。经研究，答复如下：

最高人民法院《关于适用〈中华人民共和国民事诉讼法〉若干问题的意见》第31条第2款的规定是指：在人民法院采取诉前财产保全后，申请人起诉的，应当向有管辖权的人民法院提起。采取诉前财产保全的人民法院对该案有管辖权的，应当依法受理；没有管辖权的，应当及时将采取诉前财产保全的全部材料移送有管辖权的受诉人民法院。

此复。

最高人民法院
关于对案外人的财产能否进行保全问题的批复

法释〔1998〕10号

(1998年4月2日最高人民法院审判委员会第970次会议通过 1998年5月19日最高人民法院公告公布 自1998年5月26日起施行)

湖北省高级人民法院：

你院鄂高法〔1996〕191号《关于对案外人的财产能否进行诉讼财产保全的请示》收悉。经研究，答复如下：

最高人民法院法发〔1994〕29号《关于在经济审判工作中严格执行〈中华人民共和国民事诉讼法〉的若干规定》第14条的规定与最高人民法院法发〔1992〕22号《关于适用〈中华人民共和国民事诉讼法〉若干问题的意见》第105条的规定精神是一致的，均应当严格执行。

对于债务人的财产不能满足保全请求，但对案外人有到期债权的，人民法院可以依债权人的申请裁定该案外人不得对债务人清偿。该案外人对其到期债务没有异议并要求偿付的，由人民法院提存财物或价款。但是，人民法院不应对其财产采取保全措施。

此复。

最高人民法院
关于人民法院发现本院作出的诉前保全裁定和在执行程序中作出的裁定确有错误以及人民检察院对人民法院作出的诉前保全裁定提出抗诉人民法院应当如何处理的批复

法释〔1998〕17号

（1998年7月21日最高人民法院审判委员会第1005次会议通过 1998年7月30日最高人民法院公告公布 自1998年8月5日起施行）

山东省高级人民法院：

你院鲁高法函〔1998〕57号《关于人民法院在执行程序中作出的裁定如发现确有错误应按何种程序纠正的请示》和鲁高法函〔1998〕58号《关于人民法院发现本院作出的诉前保全裁定确有错误或者人民检察院对人民法院作出的诉前保全提出抗诉人民法院应如何处理的请示》收悉。经研究，答复如下：

一、人民法院院长对本院已经发生法律效力的诉前保全裁定和在执行程序中作出的裁定，发现确有错误，认为需要撤销的，应当提交审判委员会讨论决定后，裁定撤销原裁定。

二、人民检察院对人民法院作出的诉前保全裁定提出抗诉，没有法律依据，人民法院应当通知其不予受理。

此复。

最高人民法院
关于诉前财产保全几个问题的批复

法释〔1998〕29号

(1998年11月19日最高人民法院审判委员会第1030次会议通过 1998年11月27日最高人民法院公告公布 自1998年12月5日起施行)

湖北省高级人民法院：

你院鄂高法〔1998〕63号《关于采取诉前财产保全几个问题的请示》收悉。经研究，答复如下：

一、人民法院受理当事人诉前财产保全申请后，应当按照诉前财产保全标的金额并参照《中华人民共和国民事诉讼法》关于级别管辖和专属管辖的规定，决定采取诉前财产保全措施。

二、采取财产保全措施的人民法院受理申请人的起诉后，发现所受理的案件不属于本院管辖的，应当将案件和财产保全申请费一并移送有管辖权的人民法院。

案件移送后，诉前财产保全裁定继续有效。

因执行诉前财产保全裁定而实际支出的费用，应由受诉人民法院在申请费中返还给作出诉前财产保全的人民法院。

此复。

最高人民法院
关于人民法院对注册商标权进行财产保全的解释

法释〔2001〕1号

(2000年11月22日最高人民法院审判委员会第1144次会议通过 2001年1月2日最高人民法院公告公布 自2001年1月21日起施行)

为了正确实施对注册商标权的财产保全措施，避免重复保全，现就人民法院对注册商标权进行财产保全有关问题解释如下：

第一条 人民法院根据民事诉讼法有关规定采取财产保全措施时，需要对注册商标权进行保全的，应当向国家工商行政管理局商标局（以下简称商标局）发出协助执行通知书，载明要求商标局协助保全的注册商标的名称、注册人、注册证号码、保全期限以及协助执行保全的内容，包括禁止转让、注销注册商标、变更注册事项和办理商标权质押登记等事项。

第二条 对注册商标权保全的期限一次不得超过6个月，自商标局收到协助执行通知书之日起计算。如果仍然需要对该注册商标权继续采取保全措施的，人民法院应当在保全期限届满前向商标局重新发出协助执行通知书，要求继续保全。否则，视为自动解除对该注册商标权的财产保全。

第三条 人民法院对已经进行保全的注册商标权，不得重复进行保全。

最高人民法院
关于冻结、拍卖上市公司国有股和社会法人股若干问题的规定

法释〔2001〕28号

（2001年8月28日最高人民法院审判委员会第1188次会议通过 2001年9月21日最高人民法院公告公布 自2001年9月30日起施行）

为了保护债权人以及其他当事人的合法权益，维护证券市场的正常交易秩序，根据《中华人民共和国证券法》、《中华人民共和国公司法》、《中华人民共和国民事诉讼法》，参照《中华人民共和国拍卖法》等法律的有关规定，对人民法院在财产保全和执行过程中，冻结、拍卖上市公司国有股和社会法人股（以下均简称股权）等有关问题，作如下规定：

第一条 人民法院在审理民事纠纷案件过程中，对股权采取冻结、评估、拍卖和办理股权过户等财产保全和执行措施，适用本规定。

第二条 本规定所指上市公司国有股，包括国家股和国有法人股。国家股指有权代表国家投资的机构或部门向股份有限公司出资或依据法定程序取得的股份；国有法人股指国有法人单位，包括国有资产比例超过50%的国有控股企业，以其依法占有的法人资产向股份有限公司出资形成或者依据法定程序取得的股份。

本规定所指社会法人股是指非国有法人资产投资于上市公司形成的股份。

第三条 人民法院对股权采取冻结、拍卖措施时，被保全人和被执行人应当是股权的持有人或者所有权人。被冻结、拍卖股权的上市公司非依据法定程序确定为案件当事人或者被执行人，人民法院不得对其采取保全或执行措施。

第四条 人民法院在审理案件过程中，股权持有人或者所有权人作为债务人，如有偿还能力的，人民法院一般不应对其股权采取冻结保全措施。

人民法院已对股权采取冻结保全措施的，股权持有人、所有权人或者第三人提供了有效担保，人民法院经审查符合法律规定的，可以解除对股权的冻结。

第五条 人民法院裁定冻结或者解除冻结股权，除应当将法律文书送达负有协助执行义务的单位以外，还应当在作出冻结或者解除冻结裁定后7日内，将法律文书送达股权持有人或者所有权人并书面通知上市公司。

人民法院裁定拍卖上市公司股权，应当于委托拍卖之前将法律文书送达股权持有人或者所有权人并书面通知上市公司。

被冻结或者拍卖股权的当事人是国有股份持有人的，人民法院在向该国有股份持有人送达冻结或者拍卖裁定时，应当告其于5日内报主管财政部门备案。

第六条 冻结股权的期限不超过1年。如申请人需要延长期限的，人民法院应当根据申请，在冻结期限届满前办理续冻手续，每次续冻期限不超过6个月。逾期不办理续冻手续的，视为自动撤销冻结。

第七条 人民法院采取保全措施，所冻结的股权价值不得超过股权持有人或者所有权人的债务总额。股权价值应当按照上市公司最近期报表每股资产净值计算。

股权冻结的效力及于股权产生的股息以及红利、红股等孳息，但股权持有人或者所有权人仍可享有因上市公司增发、配售新股而产生的权利。

第八条 人民法院采取强制执行措施时，如果股权持有人或者所有权人在限期内提供了方便执行的其他财产，应当首先执行其他财产。其他财产不足以清偿债务的，方可执行股权。

本规定所称可供方便执行的其他财产，是指存款、现金、成品和半成品、原材料、交通工具等。

人民法院执行股权，必须进行拍卖。

股权的持有人或者所有权人以股权向债权人质押的，人民法院执行时也应当通过拍卖方式进行，不得直接将股权执行给债权人。

第九条 拍卖股权之前，人民法院应当委托具有证券从业资格的资产评估机构对股权价值进行评估。资产评估机构由债权人和债务人协商选定。不能达成一致意见的，由人民法院召集债权人和债务人提出候选评估机构，以抽签方式决定。

第十条 人民法院委托资产评估机构评估时，应当要求资产评估机构严格依照国家规定的标准、程序和方法对股权价值进行评估，并说明其应当对所作出的评估报告依法承担相应责任。

人民法院还应当要求上市公司向接受人民法院委托的资产评估机构如实提供有关情况和资料；要求资产评估机构对上市公司提供的情况和资料保守秘密。

第十一条 人民法院收到资产评估机构作出的评估报告后，须将评估报告分别送达债权人和债务人以及上市公司。债权人和债务人以及上市公司对评估报告有异议的，应当在收到评估报告后7日内书面提出。人民法院应当将异议书交资产评估机构，要求该机构在10日之内作出说明或者补正。

第十二条 对股权拍卖，人民法院应当委托依法成立的拍卖机构进行。拍卖机构的选定，参照本规定第九条规定的方法进行。

第十三条 股权拍卖保留价，应当按照评估值确定。

第一次拍卖最高应价未达到保留价时，应当继续进行拍卖，每次拍卖的保留价应当不低于前次保留价的90％。经三次拍卖仍不能成交时，人民法院应当将所拍卖的股权按第三次拍卖的保留价折价抵偿给债权人。

人民法院可以在每次拍卖未成交后主持调解，将所拍卖的股权参照该次拍卖保留价折价抵偿给债权人。

第十四条 拍卖股权，人民法院应当委托拍卖机构于拍卖日前10天，在《中国证券报》、《证券时报》或者《上海证券报》上进行公告。

第十五条 国有股权竞买人应当具备依法受让国有股权的条件。

第十六条 股权拍卖过程中，竞买人已经持有的该上市公司股份数额和其竞买的股份数额累计不得超过该上市公司已经发行股份数额的30％。如竞买人累计持有该上市公司股份数额已达到30％仍参与竞买的，须依照《中华人民共和国证券法》的相关规定办理，在此期间应当中止拍卖程序。

第十七条 拍卖成交后，人民法院应当向证券交易市场和证券登记结算公司出具协助执行通知书，由买受人持拍卖机构出具的成交证明和财政主管部门对股权性质的界定等有关文件，向证券交易市场和证券登记结算公司办理股权变更登记。

最高人民法院
关于当事人申请财产保全错误造成案外人损失应否承担赔偿责任问题的解释

法释〔2005〕11号

（2005年7月4日最高人民法院审判委员会第1358次会议通过 2005年8月15日最高人民法院公告公布 自2005年8月24日起施行）

近来，一些法院就当事人申请财产保全错误造成案外人损失引发的赔偿纠纷案件应如何适用法律问题请示我院。经研究，现解释如下：

根据《中华人民共和国民法通则》第一百零六条、《中华人民共和国民事诉讼法》第九十六条等法律规定，当事人申请财产保全错误造成案外人损失的，应当依法承担赔偿责任。

此复。

最高人民法院关于银行擅自划拨法院已冻结的款项如何处理问题的函

1989年3月26日　　　　　　　　　　法（经）函〔1989〕10号

江西省高级人民法院：

你院赣法经〔1986〕第03号关于对银行擅自划拨已冻结款项如何处理的请示收悉，经研究答复如下：

根据《民事诉讼法（试行）》第一百六十四条和最高人民法院、中国人民银行《关于查询、冻结和扣划企业事业单位、机关、团体的银行存款的联合通知》的规定，银行有义务协助人民法院冻结企业事业单位、机关、团体的银行存款；已被冻结款项的解冻，应以人民法院的通知为凭，银行不得自行解冻，只有超过6个月冻结期限，法院未办理继续冻结手续的才视为自动撤销冻结。南宁市常乐贸易公司的银行存款于1985年6月27日被法院依法冻结。据你院来文所述，九江市中级人民法院的执行人员于1985年12月18日到工商银行南宁市支行民生路信用部要求划拨被冻结的款项时，该款已被民生路信用部扣划抵还其贷款。民生路信用部的行为，显属违反《民事诉讼法（试行）》和最高人民法院、中国人民银行联合通知的规定，应责成信用部将款追回并可依据《民事诉讼法（试行）》第七十七条的规定对直接人员追究责任。

最高人民法院关于在实体处理合同纠纷案件以前可以依法裁定终止合同履行的复函

1991年6月7日　　　　　　　　　　法（经）〔1991〕61号

广东省高级人民法院：

你院〔1991〕粤法经请字第1号请示收悉。关于对确无履行必要的承包合同纠纷在作出实体处理以前，可否使用裁定先终止合同履行的问题，经研究，答复如下：

对案件事实清楚，权利义务关系明确，原承包合同确无履行必要、情况紧急，不先行终止合同履行，将会造成更大经济损失，人民法院可以依照《中华人民共和国民事诉讼法》第九十七条（三）项、第九十八条之规定，裁定终止原承包合同履行。

此复。

最高人民法院经济审判庭
关于广东省江门市富田农工商经理部诉海南省海南宁赣贸易公司购销合同一案中法院可否冻结银行承兑汇票问题的复函

1992年3月24日　　　　　　　　　　　　法经〔1992〕42号

广东省高级人民法院：

你院〔1991〕粤法经请字第5号《关于法院可否冻结银行承兑汇票问题的请示》收悉。经研究，答复如下：

你院请示中的持票人海南机设信托投资股份（集团）有限公司经海南宁赣贸易公司背书，并且给付对价后取得编号为×18421208的银行承兑汇票，根据《银行结算办法》有关银行承兑汇票的规定和中国人民银行银发〔1991〕258号《关于加强商业汇票管理的通知》第六条的规定，有权持票要求承兑银行兑付，法院不得冻结该汇票。另外，持票人海南机设信托投资股份（集团）有限公司的前手海南宁赣贸易公司经背书转让了票据权利，现已无权将汇票返还签发银行。承兑银行应向承兑申请人追回欠款。富田经理部可以合同纠纷向宁赣公司追回欠款。

此复。

最高人民法院
关于黎川县人民法院对江苏省宜兴市堰头工业联合公司采取诉前财产保全措施执行情况报告的有关问题的复函

1992年12月4日　　　　　　　　　　　　法函〔1992〕150号

江西省高级人民法院：

你院赣法明传〔1992〕95号《关于黎川县人民法院对江苏省宜兴市堰头工业联合公司采取诉前财产保全措施执行情况的报告》收悉。经审查，提出以下意见：

一、黎川县人民法院在本案的诉前保全中既不是财产所在地法院，也不是被申请人所在地法院，无权受理诉前保全申请。

二、按法律规定，人民法院作出裁定后应当送达被申请人（法人）的主要营业地或主要办事机构所在地，并经签收后在该地具体执行。而黎川县人民法院在没有送达裁定书的情况下，却在"京杭公路至堰头乡的岔路口"拦下车辆开到江西，这种做法也是错误的。

三、黎川县人民法院在扣押车辆时，将车上的宜兴市人大代表、堰头乡乡长陈汉生一起带往江西，这是侵犯公民人身权利的行为。执行人员即使不知道陈的人大代表身份，也不能采取这种做法。

四、本案是一起借款纠纷，双方在合同中没有约定明确的履行地，因此，应当视接受给付一方的所在地为履行地。黎川县人民法院在本案中既不是履行地法院，也不是被告所在地法院，对本案无管辖权，应将本案交有管辖权的法院受理，已扣押的车辆随案一并移送。同时向宜兴市人大代表陈汉生同志正式道歉。

你院应当督促抚州地区中级人民法院、黎川县人民法院尽快落实以上意见并深刻认识错误。处理结果望书面报告我院。

最高人民法院
关于经济犯罪案件已移送公安机关后原来采取的查封措施应予解除的函

1993年6月23日　　　　　　　　　　法经〔1993〕121号

海南省高级人民法院：

你院《关于上海电视机一厂就本院对海南南方信托投资公司诉广东中山汇丰工贸集团有限公司借款合同纠纷一案诉前保全财产提出异议情况的报告》收悉。从你院报告看，本案涉嫌经济犯罪，已全案移送海南省公安厅查处，并将所查封的财产一并移交，但对有关财产的查封措施并未解除。我们认为，人民法院对已经受理的经济纠纷案件，经审查认为确属经济犯罪全案移送公安机关，并将所查封的财产一并移交，且公安机关又对该财产采取查封措施后，原来采取的查封措施即应解除。因此，请你院收到本函后立即解除你院对储存于广州市对外储运公司的彩色电视机的查封。至于该批彩电是否属于赃物，应否发还上海电视机一厂，应由公安机关查明情况后，依法处理。

最高人民法院
关于在审理经济合同纠纷案件中发现一方当事人利用签订经济合同进行诈骗的，人民法院可否直接追缴被骗钱物问题的复函

1994年3月26日　　　　　　　　　　　　法函〔1994〕16号

四川省高级人民法院：

你院川高法〔1994〕1号请求收悉。经研究，答复如下：

根据最高人民法院、最高人民检察院、公安部法（研）发〔1987〕7号《关于在审理经济纠纷案件中发现经济犯罪必须及时移送的通知》第三条的规定，人民法院在审理经济合同纠纷案件的过程中，发现一方当事人利用签订经济合同进行诈骗的案件，应将有关材料移送有管辖权的公安机关处理，不宜直接追缴该笔财物。但为了防止财物流失，避免造成难以挽回的损失，人民法院可同时对犯罪嫌疑人占有的所骗财物先行采取财产保全措施。对犯罪嫌疑人已将所骗财物转让给第三人，且第三人是善意有偿取得该财物的，人民法院则不宜对第三人采取财产保全措施。

最高人民法院
关于冻结单位银行存款六个月期限如何计算起止时间的复函

1995年1月16日　　　　　　　　　　　　法经〔1995〕16号

江西省高级人民法院：

你院《关于冻结单位银行存款六个月期限如何计算起止时间的请示》收悉，经研究，答复如下：

根据《中华人民共和国民事诉讼法》第八十二条第二款的规定，期间开始的时和日，不计算在期间内。宜春地区中级人民法院1994年4月18日冻结某企业的银行存款，冻结期限6个月应从1994年4月19日起算，到同年10月18日当天银行停止营业时止。冻结的效力则应从1994年4月18日冻结手续办结之时开始。

最高人民法院关于湖北省国际信托投资公司证券营业部申请解除四川省高级人民法院财产保全措施问题的通知

1995年7月5日　　　　　　　　　　　　　法函〔1995〕90号

湖北省国际信托投资公司证券营业部：

你部"关于请求解除诉讼保全的申请"收悉。经研究，通知如下：

关于你部系独立法人应否承担上级主管部门湖北省国际信托投资公司的民事责任的问题，中国人民银行条法司在答复中国人民银行重庆市分行的请示中，明确指出：根据《金融机构管理规定》第三十三条和《关于清理人民银行各级分行越权批设证券机构有关问题的通知》第二条第（2）项的规定，证券交易部、证券业务部作为证券公司、信托投资公司的全资附属营业机构，不具有独立法人资格，其民事责任由申请设置该证券交易营业部、证券业务部的金融机构承担。你部虽然领取了企业法人营业执照，但是属于中国人民银行《关于清理人民银行各级分行越权批设证券机构有关问题的通知》中规定的清理范围，应于1994年10月底以前清理完毕。你部应为湖北省国际信托投资公司的全资附属营业机构。四川省高级人民法院在审理重庆融资中心诉湖北省国际信托投资公司拆借合同纠纷一案时，根据重庆融资中心的申请，对湖北省国际信托投资公司及其全资附属营业机构的财产采取保全措施并无不妥。

最高人民法院关于人民法院依法有权查询、冻结和扣划邮政储蓄存款问题的批复

1996年2月29日　　　　　　　　　　　　　法复〔1996〕1号

福建省高级人民法院：

你院闽高法〔1995〕118号《关于人民法院查询、冻结邮政存款的请示》收悉。经研究，答复如下：

依照《中华人民共和国民事诉讼法》第六十五条的规定，人民法院有权向包括邮政企业的有关单位调查取证，有关单位不得拒绝。

《中华人民共和国民事诉讼法》第一百零三条、第二百一十八条和第二百一十九条中的"其他有储蓄业务的单位"，包括办理邮政储蓄业务的邮政企业。人民法院为财产保全、先予执行或者执行已经发生法律效力的法律文书，有权查询、冻结、扣划邮政企业办理的邮政储蓄存款；有关的邮政企业依法应当协助人民法院查询、冻结和扣划。

最高人民法院
关于税务机关是否有义务协助人民法院
直接划拨退税款问题的批复

1996年7月21日　　　　　　　　　　　　　　法复〔1996〕11号

湖北省高级人民法院：

你院〔1995〕鄂执函字第5号请示收悉。经研究，答复如下：

根据国家税务总局《出口货物退（免）税管理办法》的有关规定，企业出口退税款，在国家税务机关审查批准后，须经特定程序通过银行（国库）办理退库手续退给出口企业。国家税务机关只是企业出口退税的审核、审批机关，并不持有退税款项，故人民法院不能依据民事诉讼法第二百二十五条的规定，要求税务机关直接划拨被执行人应当得到的退税款项，但可依照民事诉讼法的有关规定，要求税务机关提供被执行人在银行的退税账户、退税数额及退税时间等情况，并依据税务机关提供的被执行人的退税账户，依法通知有关银行对需执行的款项予以冻结或划拨。

最高人民法院
印发《关于人民法院扣押铁路运输
货物若干问题的规定》的通知

1997年4月22日　　　　　　　　　　　　　　法发〔1997〕8号

全国地方各级人民法院、各级军事法院、各铁路运输中级法院和基层法院、各海事法院：

现将《最高人民法院关于人民法院扣押铁路运输货物若干问题的规定》印发给你

们，请贯彻执行。执行中有何问题，请及时报告我院。

附：

最高人民法院
关于人民法院扣押铁路运输货物若干问题的规定

根据《中华人民共和国民事诉讼法》等有关法律的规定，现就人民法院扣押铁路运输货物问题作如下规定：

一、人民法院依法可以裁定扣押铁路运输货物。铁路运输企业依法应当予以协助。

二、当事人申请人民法院扣押铁路运输货物，应当提供担保，申请人不提供担保的，驳回申请。申请人的申请应当写明：要求扣押货物的发货站、到货站，托运人、收货人的名称，货物的品名、数量、货票号码等。

三、人民法院扣押铁路运输货物，应当制作裁定书并附协助执行通知书。协助执行通知书中应当载明：扣押货物的发货站、到货站，托运人、收货人的名称，货物的品名、数量和货票号码。在货物发送前扣押的，人民法院应当将裁定书副本和协助执行通知书送达始发地的铁路运输企业由其协助执行；在货物发送后扣押的，一般应当将裁定书副本和协助执行通知书送达目的地或最近中转编组站的铁路运输企业由其协助执行。

人民法院一般不应在中途站、中转站扣押铁路运输货物。必要时，在不影响铁路正常运输秩序、不损害其他公民法人的合法权益的情况下，可在最近中转编组站或有条件的车站扣押。

人民法院裁定扣押国际铁路联运货物，应当通知铁路运输企业、海关、边防、商检等有关部门协助执行。属于进口货物的，人民法院应当向我国进口国境、边境站、到货站或有关部门送达裁定书副本和协助执行通知书；属于出口货物的，在货物发送前应当向发货站或有关部门送达，在货物发送后，未出我国国境、边境前，应当向我国出境站或有关部门送达。

四、经人民法院裁定扣押的铁路运输货物，该铁路运输企业与托运人之间签订的铁路运输合同中涉及被扣押货物部分合同终止履行的，铁路运输企业不承担责任。因扣押货物造成的损失，由有关责任人承担。

因申请人申请扣押错误所造成的损失，由申请人承担赔偿责任。

五、铁路运输企业及有关部门因协助执行扣押货物而产生的装卸、保管、检验、监护等费用，由有关责任人承担，但应先由申请人垫付。申请人不是责任人的，可以再向责任人追偿。

六、扣押后的进出口货物，因尚未办结海关手续，人民法院在对此类货物作出最终处理决定前，应当先责令有关当事人补交关税并办理海关其他手续。

最高人民法院
关于产业工会、基层工会是否具备社团法人资格和工会经费集中户可否冻结划拨问题的批复

1997年5月16日　　　　　　　　　　法复〔1997〕6号

各省、自治区、直辖市高级人民法院，解放军军事法院：

山东等省高级人民法院就审判工作中如何认定产业工会、基层工会的社团法人资格和对工会财产、经费查封、扣押、冻结、划拨的问题，向我院请示。经研究，批复如下：

一、根据《中华人民共和国工会法》（以下简称工会法）的规定，产业工会社团法人资格的取得是由工会法直接规定的，依法不需要办理法人登记。基层工会只要符合《中华人民共和国民法通则》（以下简称民法通则）、工会法和《中国工会章程》规定的条件，报上一级工会批准成立，即具有社团法人资格。人民法院在审理案件中，应当严格按照法律规定的社团法人条件，审查基层工会社团法人的法律地位。产业工会、具有社团法人资格的基层工会与建立工会的企业法人是各自独立的法人主体。企业或企业工会对外发生的经济纠纷，各自承担民事责任。上级工会对基层工会是否具备法律规定的社团法人的条件审查不严或不实，应当承担与其过错相应的民事责任。

二、确定产业工会或者基层工会兴办企业的法人资格，原则上以工商登记为准；其上级工会依据有关规定进行审批是必经程序，人民法院不应以此为由冻结、划拨上级工会的经费并替欠债企业清偿债务。产业工会或基层工会投资兴办的具备法人资格的企业，如果投资不足或者抽逃资金的，应当补足投资或者在注册资金不实的范围内承担责任；如果投资全部到位，又无抽逃资金的行为，当企业负债时，应当以企业所有的或者经营管理的财产承担有限责任。

三、根据工会法的规定，工会经费包括工会会员缴纳的会费，建立工会组织的企业事业单位、机关按每月全部职工工资总额的2%的比例向工会拨交的经费，以及工会所属的企业、事业单位上缴的收入和人民政府的补助等。工会经费要按比例逐月向地方各级总工会和全国总工会拨交。工会的经费一经拨交，所有权随之转移。在银行独立开列的"工会经费集中户"，与企业经营资金无关，专门用于工会经费的集中与分配，不能在此账户开支费用或挪用、转移资金。因此，人民法院在审理案件中，不应将工会经费视为所在企业的财产，在企业欠债的情况下，不应冻结、划拨工会经费及"工会经费集中户"的款项。

此复。

最高人民法院民事审判第三庭对国家知识产权局《关于征求对协助执行专利申请权财产保全裁定的意见的函》的答复意见

2001年10月25日　　　　　　　　　〔2001〕民三函字第1号

国家知识产权局：

　　贵局《关于征求对协助执行专利申请权财产保全裁定的意见的函》收悉。经研究，对有关问题答复如下：

　　一、专利申请权属于专利申请人的一项财产权利，可以作为人民法院财产保全的对象。人民法院根据民事诉讼法有关规定采取财产保全措施时，需要对专利申请权进行保全的，应当向国家知识产权局发出协助执行通知书，载明要求保全的专利申请的名称、申请人、申请号、保全期限以及协助执行保全的内容，包括禁止变更著录事项、中止审批程序等，并附人民法院作出的财产保全民事裁定书。

　　二、对专利申请权的保全期限一次不得超过6个月，自国家知识产权局收到协助执行通知书之日起计算。如果期限届满仍然需要对该专利申请权继续采取保全措施的，人民法院应当在保全期限届满前向国家知识产权局重新发出协助执行通知书，要求继续保全。否则，视为自动解除对该专利申请权的财产保全。

　　三、贵局收到人民法院发出的对专利申请权采取财产保全措施的协助执行通知书后，应当确保在财产保全期间专利申请权的法律状态不发生改变。因此，应当中止被保全的专利申请的有关程序。同意贵局提出的比照专利法实施细则第八十七条的规定处理的意见。

　　以上意见供参考。

最高人民法院民事审判第三庭
关于对注册商标专用权进行财产保全和执行等问题的复函

2002年1月9日　　　　　　　　　　〔2001〕民三函字第3号

国家工商行政管理总局商标局：

你局商标〔2001〕66号来函收悉。经研究，对该函中所提出的问题答复如下：

一、关于不同法院在同一天对同一注册商标进行保全的协助执行问题

根据《民事诉讼法》和我院有关司法解释的规定，你局在同一天内接到两份以上对同一注册商标进行保全的协助执行通知书时，应当按照收到文书的先后顺序，协助执行在先收到的协助执行通知书；同时收到文书无法确认先后顺序时，可以告知有关法院按照《最高人民法院关于人民法院执行工作若干问题的规定（试行）》第一百二十五条关于"两个或两个以上人民法院在执行相关案件中发生争议的，应当协商解决。协商不成的，逐级报请上级法院，直至报请共同的上级法院协调处理"的规定进行协商以及报请协调处理。在有关法院协商以及报请协调处理期间，你局可以暂不办理协助执行事宜。

二、关于你局在依据法院的生效判决办理权利人变更手续过程中，另一法院要求协助保全注册商标的协助执行问题

《最高人民法院关于人民法院执行工作若干问题的规定（试行）》第八十八条第一款规定，各债权人对执行标的物均无担保物权的，按照执行法院采取执行措施的先后顺序受偿。根据这一规定，对于某一法院依据已经发生法律效力的裁判文书要求你局协助办理注册商标专用权权利人变更等手续后，另一法院对同一注册商标以保全原商标专用权人财产的名义再行保全，又无权利质押情形的，同意你局来函中提出的处理意见，即协助执行在先采取执行措施法院的裁判文书，并将协助执行的情况告知在后采取保全措施的法院。

三、关于法院已经保全注册商标后，另一法院宣告其注册人进入破产程序并要求你局再行协助保全该注册商标的问题

根据《中华人民共和国企业破产法（试行）》第十一条的规定，人民法院受理破产案件后，对债务人财产的其他民事执行程序必须中止。人民法院应当按照这一规定办理相关案件。在具体处理问题上，你局可以告知审理破产案件的法院有关注册商标已被保

全的情况，由该法院通知在先采取保全措施的法院自行解除保全措施。你局收到有关解除财产保全措施的通知后，应立即协助执行审理破产案件法院的裁定。你局也可以告知在先采取保全措施的法院有关商标注册人进入破产程序的情况，由其自行决定解除保全措施。

四、关于法院裁决将注册商标作为标的执行时应否适用《商标法实施细则》第二十一条规定的问题

根据《商标法实施细则》第二十一条的规定，转让注册商标专用权的，商标注册人对其在同一种类或者类似商品上注册的相同或者近似的商标，必须一并办理。法院在执行注册商标专用权的过程中，应当根据上述规定的原则，对注册商标及相同或者类似商品上相同和近似的商标一并进行评估、拍卖、变卖等，并在采取执行措施时，裁定将相同或近似注册商标一并予以执行。商标局在接到法院有关转让注册商标的裁定时，如发现无上述内容，可以告知执行法院，由执行法院补充裁定后再协助执行。

来函中所涉及的具体案件，可按照上述意见处理。

此复。

最高人民法院
关于对大连证券有限责任公司自有资金专用存款账户资金采取诉讼保全措施或者执行措施有关问题的通知

2003年1月27日　　　　　　　　　　　　　法〔2003〕13号

各省、自治区、直辖市高级人民法院，解放军军事法院，新疆维吾尔自治区高级人民法院生产建设兵团分院：

大连证券有限责任公司因严重违法、违规经营，中国证券监督管理委员会（以下简称证监会）决定，自2002年9月7日起，对该公司实施停业整顿。按照证监会《客户交易结算资金管理办法》的规定，各证券公司应在经该会认定的商业银行开立自有资金专用存款账户和客户交易结算资金专用存款账户，分别存放其自有资金和客户交易结算资金；客户交易结算资金专用存款账户内的资金属客户所有，证券公司不得违规动用；客户交易结算资金专用存款账户的账号在报该会后方可使用。为方便涉及大连证券有限责任公司诉讼的人民法院冻结、扣划大连证券有限责任公司自有资金存款账户及其在证券登记结算机构开立的清算备付金账户内属于其自营业务对应部分的清算备付金，现将大连证券有限责任公司报证监会备案的客户交易结算资金专用存款账户提供给你们。各级人民法院应严格按照《关于冻结、划拨证券或期货交易所证券登记结算机构证券经营或期货经纪机构清算账号资金等问题的通知》（法发〔1997〕27号）和《关于贯彻最高人民法院法发〔1997〕27号通知应注意的几个问题的紧急通知》（法明传〔1998〕213号）的规定精神执行。对违反上述规定，将"客户交易结算资金专用存款账户"内的客户交易结算资金进行冻结、扣划的，应当立即依法纠正。

最高人民法院关于洪胜有限公司申请解除仲裁财产保全一案的请示的复函

2004年10月22日　　　　　　　　　　　〔2004〕民四他字第25号

辽宁省高级人民法院：

你院〔2004〕辽民四请字第3号"关于洪胜有限公司申请解除仲裁财产保全一案的请示报告"收悉。经研究，答复如下：

《中华人民共和国仲裁法》第六十四条明确规定："一方当事人申请执行裁决，另一方当事人申请撤销裁决的，人民法院应当裁定中止执行。"而本案中并未有当事人申请执行仲裁裁决，因此也不涉及中止执行的问题。

《中华人民共和国仲裁法》第二十八条规定："一方当事人因另一方当事人的行为或者其他原因，可能使裁决不能执行或者难以执行的，可以申请财产保全。"根据该条的规定，当事人申请财产保全的目的应当是为了保证仲裁裁决的执行。《最高人民法院关于适用〈中华人民共和国民事诉讼法〉若干问题的意见》第一百零九条规定："诉讼中的财产保全裁定的效力一般应维持到生效的法律文书执行时止。"对于仲裁程序中当事人申请人民法院作出的财产保全裁定的效力，可以参照该条规定确定，即仲裁程序中人民法院作出的财产保全裁定的效力应维持到生效的仲裁裁决执行时止。因此，如仲裁裁决发生法律效力后，一方当事人申请撤销仲裁裁决，另一方当事人则申请解除在仲裁程序中采取的财产保全，在人民法院审查是否撤销仲裁裁决的阶段，不应解除财产保全。

《中华人民共和国仲裁法》第六十四条第二款规定："人民法院裁定撤销裁决的，应当裁定终结执行。"《中华人民共和国仲裁法》第九条第二款规定："裁决被人民法院依法裁定撤销或者不予执行的，当事人就该纠纷可以根据双方重新达成的仲裁协议申请仲裁，也可以向人民法院起诉。"因此，如果人民法院裁定撤销仲裁裁决，则该仲裁案件不再存在，且终结执行，仲裁程序中采取财产保全的目的亦已消失，故人民法院在作出撤销仲裁裁决裁定的同时，亦应解除财产保全。

由于你院就本案所涉仲裁裁决是否应予撤销问题以〔2004〕辽民四请字第6号报告请示本院，本院以（2004）民四他字第24号函明确答复，本案所涉仲裁裁决应予撤销，因此，在人民法院裁定撤销本案仲裁裁决的同时，亦应解除在仲裁中采取的财产保全。

此复。

最高人民法院
关于部分人民法院冻结、扣划被风险处置证券公司客户证券交易结算资金有关问题的通知

2010年6月22日　　　　　　　　　　　　　〔2010〕民二他字第21号

北京市、上海市、江苏省、山东省、湖北省、福建省高级人民法院：

　　近日，中国证券监督管理委员会致函我院称，因部分人民法院前期冻结、扣划的客户证券交易结算资金未能及时解冻或退回，导致相应客户证券交易结算资金缺口难以弥补，影响被处置证券公司行政清理工作，请求我院协调有关人民法院解冻或退回客户证券交易结算资金。经研究，现就有关问题通知如下：

　　一、关于涉及客户证券交易结算资金的冻结与扣划事项，应严格按照《中华人民共和国证券法》、《最高人民法院关于冻结、扣划证券交易结算资金有关问题的通知》（法〔2004〕239号）、《最高人民法院、最高人民检察院、公安部、中国证券监督管理委员会关于查询、冻结、扣划证券和证券交易结算资金有关问题的通知》（法发〔2008〕4号）、《最高人民法院关于依法审理和执行被风险处置证券公司相关案件的通知》（法发〔2009〕35号）的相关规定进行。人民法院在保全、执行措施中违反上述规定冻结、扣划客户证券交易结算资金的，应坚决予以纠正。

　　二、在证券公司行政处置过程中，按照国家有关政策弥补客户证券交易结算资金缺口是中国证券投资者保护基金有限责任公司（以下简称保护基金公司）的重要职责，被风险处置证券公司的客户证券交易结算资金专用存款账户、结算备付金账户内资金均属于证券交易结算资金，保护基金公司对被风险处置证券公司因违法冻结、扣划的客户证券交易结算资金予以垫付弥补后，取得相应的代位权，其就此主张权利的，人民法院应予支持。被冻结、扣划的客户证券交易结算资金已经解冻并转入管理人账户的，经保护基金公司申请，相关破产案件审理法院应当监督管理人退回保护基金公司专用账户；仍处于冻结状态的，由保护基金公司向相关保全法院申请解冻，保全法院应将解冻资金返还保护基金公司专用账户；已经扣划的，由保护基金公司向相关执行法院申请执行回转，执行法院应将退回资金划入保护基金公司专用账户。此外，被冻结、扣划客户证券交易结算资金对应缺口尚未弥补的，由相关行政清理组申请保全或者执行法院解冻或退回。

　　请各高级法院督促辖区内相关法院遵照执行。

　　特此通知。

最高人民法院
关于股权冻结情况下能否办理增资扩股变更登记的答复

2013 年 11 月 14 日　　　　　　　　　　　〔2013〕执他字第 12 号

山东省高级人民法院：

　　你院〔2013〕鲁执监字第 82 号《关于济南迅华传媒广告有限公司与威海海澄水务有限公司股权确认纠纷一案中涉及法律问题的请示》收悉。经研究，答复如下：

　　原则上同意你院审判委员会意见。在人民法院对股权予以冻结的情况下，公司登记机关不得为公司或其他股东办理增资扩股变更登记。本案在按判决执行股权时，应向利害关系人释明，作为案外人的其他股东可以提出执行异议，对异议裁定不服，可以提起异议之诉，要注意从程序上对案外人给予必要的救济。

最高人民法院
《关于银行贷款账户能否冻结的请示报告》的批复

2014 年 4 月 2 日　　　　　　　　　　　　〔2014〕执他字第 8 号

河南省高级人民法院：

　　你院〔2013〕豫法执复字第 00042 号《关于银行贷款账户能否冻结的请示报告》收悉，经研究，答复如下：

　　在银行作为协助执行人时，现行法律和司法解释只规定了可以对被执行人的银行存款账户进行冻结，冻结银行贷款账户缺乏依据。强制执行应当通过控制和处分被执行人财产的措施来实现。银行开立的以被执行人为户名的贷款账户，是银行记载其向被执行人发放贷款及收回贷款情况的账户、其中所记载的账户余额为银行对被执行人享有的债权，属于贷款银行的资产，并非被执行人的资产，而只是被执行人对银行的负债。

　　因此，通过"冻结"银行贷款账户不能实现控制被执行人财产的目的。只要人民法院冻结到了被执行人的银行存款账户或控制其他可供执行的财产，即足以实现执行的目的，同时也足以防止被执行人以冻结或查封的资产向银行清偿债务。而所谓"冻结"被执行人银行贷款账户，实质是禁止银行自主地从法院查封、扣押、冻结的被执行人财产以外的财产中实现收回贷款的行为。这种禁止，超出执行的目的。将侵害银行的合法权益，如果确实存在银行在法律冻结被执行人存款账户之后，擅自扣收贷款的情况，则可以依法强制追回。

因此，在执行以银行为协助执行人的案件时，不能冻结户名为被执行人的银行贷款账户。

十、对妨害民事诉讼的强制措施

最高人民法院
关于工商行政管理局以收取查询费为由
拒绝人民法院无偿查询企业登记档案
人民法院是否应予民事制裁的复函

2000年6月29日　　　　　　　　　　　　　法函〔2000〕43号

甘肃省高级人民法院：

你院〔1999〕甘经他字第180号《关于工商行政管理以收取查询费为由拒绝人民法院无偿查询企业登记档案，人民法院是否应予民事制裁的请示》收悉。经研究，答复如下：

你省在请示中反映，张掖地区中级人民法院在审理经济合同纠纷案件中，向张掖市工商行政管理局查明某一企业工商登记情况时，该局依内部规定，以法院未交查询费为由，拒绝履行协助义务，妨碍了人民法院依法调查取证。张掖地区中级人民法院依照《中华人民共和国民事诉讼法》的有关规定，作出了对张掖市工商行政管理局罚款两万元的决定。张掖市工商行政管理局不服，向省高级人民法院提出复议申请。你院就《关于工商行政管理局以收取查询费为由拒绝人民法院无偿查询企业登记档案，人民法院是否应予民事制裁的问题》向我院请示。我院就此问题征求了国务院法制办公室的意见，经国务院法制办公室与国家工商行政管理局协商，国家工商行政管理局以工商企字〔2000〕第81号《关于修改〈企业登记档案资料查询办法〉第十条的通知》，对工商企字〔1996〕第398号《企业登记档案资料查询办法》进行了修改。第十条第一款改为："查询、复制企业登记档案资料，查询人应当交纳查询费、复制费。公、检、法、纪检监察、国家安全机关查询档案资料不交费。"

我们认为，张掖地区中级人民法院依照《中华人民共和国民事诉讼法》的有关规定，作出对张掖市工商行政管理局罚款两万元的决定是正确的。但是鉴于国家工商行政管理局已经于2000年4月29日，修改了《企业登记档案资料查询办法》的有关规定，故建议你院撤销张掖地区中级人民法院作出的〔1999〕张中法执罚字第01号罚款决定书，并及时与甘肃省工商行政管理局做好协调工作。

附：

国家工商行政管理局
关于修改《企业登记档案资料查询办法》第十条的通知

2000年4月29日　　　　　　　　　　工商企字〔2000〕第81号

各省、自治区、直辖市及计划单列市工商行政管理局：

　　经研究，现对《企业登记档案资料查询办法》（工商企字〔1996〕第398号）第十条进行修改。第十条第一款改为"查询、复制企业登记档案资料，查询人应当交纳查询费、复制费。公、检、法、纪检监察、国家安全机关查询档案资料不交费。"请遵照执行。

十一、诉讼费用

最高人民法院
关于本院各类案件诉讼费收交办法

2003年8月27日 法发〔2003〕15号

第一条 为规范我院各类案件诉讼费的收交和缓、减、免交申请的办理,根据《最高人民法院机关内设机构及新设事业单位职能》、《最高人民法院案件审限管理规定》和《人民法院诉讼收费办法》及其补充规定,制定本办法。

第二条 我院各类案件诉讼费的收交和缓交、减交交申请的办理,统一由立案庭负责。

第三条 一审法院报送的上诉案件,当事人已交纳诉讼费的,立案庭予以立案,并将案件卷宗移送相关审判庭。

一审法院报送的案卷中未附诉讼费交款收据,也未附上诉人缓交、减交、免交诉讼费申请的,立案庭向上诉人发出预交诉讼费通知,待收齐诉讼费后,立案庭予以立案,并将案卷移送相关审判庭。

第四条 上诉人自收到我院预交诉讼费通知的次日起七日内,既不交纳诉讼费,又不提出缓交、减交、免交诉讼费申请,且无其它正当理由的,立案庭裁定按撤回上诉处理。

第五条 上诉人提出缓交诉讼费申请,立案庭经审查决定缓交的,应当通知上诉人。缓交期限不得超过一个月。上诉人按照批准的缓交期限交纳诉讼费的,立案庭予以立案,并将案卷移送相关审判庭。逾期不交的,立案庭裁定按撤回上诉处理。

立案庭经审查认为缓交诉讼费的理由不能成立的当作出不予缓交诉讼费的决定,并向上诉人发出预交诉讼费通知书。逾期不交的,立案庭裁定按撤回上诉处理。

第六条 上诉人提出减交、免交诉讼费申请,立案庭经审查决定减交、免交诉讼费的,应当通知上诉人。上诉人在规定的期限内按批准减交的数额交纳诉讼费或被批准免交诉讼费后,立案庭予以立案,并将案卷移送相关审判庭。

立案庭认为减交、免交诉讼费的理由不能成立的,应当作出不予减交、免交诉讼费的决定，并向上诉人发出预交诉讼费通知书。逾期不交的，立案庭裁定按撤回上诉处理。

第七条 上诉人直接向我院提起上诉并提出缓交、减交、免交诉讼费申请的，立案庭通知一审法院向我院移送案卷。立案庭收到一审案卷后，按本办法第五条、第六条的规定办理。

第八条 上诉人向我院提出上诉并交纳诉讼费后，又提出撤诉的，立案庭立案后，将案卷移送相关的审判庭审查决定；准许撤诉的，上诉人持准许撤诉裁定书到我院司法行政装备管理局办理退还诉讼费的手续。

第九条 在案件审理中，需要收取其他诉讼费用的，由相关审判庭通知有关当事人预交。

第十条 本办法自二〇〇三年九月一日起实行。

最高人民法院
关于委托高级人民法院向当事人送达预交上诉案件受理费等有关事项的通知

2004年10月25日　　　　　　　　　　　　　法〔2004〕222号

各省、自治区、直辖市高级人民法院，解放军军事法院，新疆维吾尔自治区高级人民法院生产建设兵团分院：

为提高最高人民法院第二审民事、行政案件立案工作效率，保障当事人的诉权，方便当事人诉讼，最高人民法院实行委托高级人民法院向当事人送达《当事人提起上诉及预交上诉案件受理费有关事项的通知》制度。具体通知如下：

第一条 高级人民法院在向当事人送达第一审裁判文书的同时送达《当事人提起上诉及预交上诉案件受理费等事项的通知》。

第二条 当事人收到《当事人提起上诉及预交上诉案件受理费等事项的通知》后，未在规定的交费期间预交上诉案件受理费，也未提出缓交、减交、免交上诉案件受理费申请的，高级人民法院应将上诉状、送达回证、第一审裁判文书等有关材料报送最高人民法院立案庭。

第三条 当事人收到《当事人提起上诉及预交上诉案件受理费等事项的通知》后，在规定的期间内向作出第一审裁判的高级人民法院提出缓交、减交、免交上诉案件受理费申请及相关证明的，该高级人民法院应将申请连同全部案件卷宗报送最高人民法院立案庭。

第四条 高级人民法院报送的上诉案件卷宗材料应当符合《最高人民法院立案工作细则》和最高人民法院立案庭《关于严格执行〈最高人民法院立案工作细则〉的通知》

的有关规定。

高级人民法院报送的案件卷宗材料应当附上诉状、上诉状副本送达回证或邮寄回执、第一审裁判文书五份以及各方当事人签收《当事人提起上诉及预交上诉案件受理费等事项的通知》的送达回证或邮寄回执。

第五条 高级人民法院报送的案件卷宗材料不符合本通知第四条规定，最高人民法院立案庭通知该高级人民法院补报的，该高级人民法院接到通知后十日内仍未补报的，最高人民法院立案庭将全部案件卷宗材料退回该高级人民法院。

第六条 当事人直接向最高人民法院递交上诉状的，最高人民法院在上诉状上加盖签收印章，用例稿函将上诉状移交有关高级人民法院审查处理。当事人的上诉日期以最高人民法院签收的日期为准。

第七条 本通知自 2005 年 1 月 1 日起执行。

附件：《关于当事人提起上诉及预交上诉案件诉讼费等事项的通知》、印模、《例稿函》（略）

最高人民法院
关于适用《诉讼费用交纳办法》的通知

2007 年 4 月 20 日　　　　　　　　　　法发〔2007〕16 号

全国地方各级人民法院、各级军事法院、各铁路运输中级法院和基层法院、各海事法院，新疆生产建设兵团各级法院：

《诉讼费用交纳办法》（以下简称《办法》）自 2007 年 4 月 1 日起施行，最高人民法院颁布的《人民法院诉讼收费办法》和《〈人民法院诉讼收费办法〉补充规定》同时不再适用。为了贯彻落实《办法》，规范诉讼费用的交纳和管理，现就有关事项通知如下：

一、关于《办法》实施后的收费衔接

2007 年 4 月 1 日以后人民法院受理的诉讼案件和执行案件，适用《办法》的规定。

2007 年 4 月 1 日以前人民法院受理的诉讼案件和执行案件，不适用《办法》的规定。

对 2007 年 4 月 1 日以前已经作出生效裁判的案件依法再审的，适用《办法》的规定。人民法院对再审案件依法改判的，原审诉讼费用的负担按照原审时诉讼费用负担的原则和标准重新予以确定。

二、关于当事人未按照规定交纳案件受理费或者申请费的后果

当事人逾期不按照《办法》第二十条规定交纳案件受理费或者申请费并且没有提出

司法救助申请，或者申请司法救助未获批准，在人民法院指定期限内仍未交纳案件受理费或者申请费的，由人民法院依法按照当事人自动撤诉或者撤回申请处理。

三、关于诉讼费用的负担

《办法》第二十九条规定，诉讼费用由败诉方负担，胜诉方自愿承担的除外。对原告胜诉的案件，诉讼费用由被告负担，人民法院应当将预收的诉讼费用退还原告，再由人民法院直接向被告收取，但原告自愿承担或者同意被告直接向其支付的除外。

当事人拒不交纳诉讼费用的，人民法院应当依法强制执行。

四、关于执行申请费和破产申请费的收取

《办法》第二十条规定，执行申请费和破产申请费不由申请人预交，执行申请费执行后交纳，破产申请费清算后交纳。自2007年4月1日起，执行申请费由人民法院在执行生效法律文书确定的内容之外直接向被执行人收取，破产申请费由人民法院在破产清算后，从破产财产中优先拨付。

五、关于司法救助的申请和批准程序

《办法》对司法救助的原则、形式、程序等作出了规定，但对司法救助的申请和批准程序未作规定。为规范人民法院司法救助的操作程序，最高人民法院将于近期对《关于对经济确有困难的当事人提供司法救助的规定》进行修订，及时向全国法院颁布施行。

六、关于各省、自治区、直辖市案件受理费和申请费的具体交纳标准

《办法》授权各省、自治区、直辖市人民政府可以结合本地实际情况，在第十三条第（二）、（三）、（六）项和第十四条第（一）项规定的幅度范围内制定各地案件受理费和申请费的具体交纳标准。各高级人民法院要商同级人民政府，及时就上述条款制定本省、自治区、直辖市案件受理费和申请费的具体交纳标准，并尽快下发辖区法院执行。

最高人民法院
印发《关于诉讼收费监督管理的规定》的通知

2007年9月20日 法发〔2007〕30号

全国地方各级人民法院、各级军事法院、各铁路运输中级法院和基层法院、各海事法院，新疆生产建设兵团各级法院：

为进一步加强和完善对人民法院诉讼收费的监督管理，确保《诉讼费用交纳办法》

的正确执行，最高人民法院制定了《关于诉讼收费监督管理的规定》（以下简称《规定》）。现将《规定》印发给你们，请结合实际，认真贯彻执行。

附：

关于诉讼收费监督管理的规定

为了进一步加强和完善对人民法院诉讼收费的监督管理，防止和查处违规收费行为，维护当事人的合法权益，根据《民事诉讼法》、《行政诉讼法》和《诉讼费用交纳办法》的有关规定，制定本规定。

第一条 诉讼收费范围和收费标准应当严格执行《诉讼费用交纳办法》，不得提高收费标准。

第二条 当事人交纳诉讼费用确有困难的，可以依照《诉讼费用交纳办法》向人民法院申请缓交、减交或者免交诉讼费用的司法救助。对不符合司法救助情形的，不应准予免交、减交或者缓交。

第三条 诉讼收费严格实行"收支两条线"管理的规定，各级人民法院应当严格按照有关规定将依法收取的诉讼费用按照规定及时上缴同级财政，纳入预算管理，不得擅自开设银行账户收费，不得截留、坐支、挪用、私分诉讼费用。

第四条 各级人民法院收取诉讼费用应当到指定的价格主管部门办理收费许可证。

第五条 各级人民法院应当严格执行收费公示制度的有关规定，在立案场所公示收费许可证，诉讼费用交纳范围、交纳项目、交纳标准，以及投诉部门和电话等。

第六条 各级人民法院收取诉讼费用应当按照财务隶属关系使用国务院财政部门或者省级人民政府财政部门印制的财政票据，不得私自印制或者使用任何其他票据进行收费。

第七条 基层人民法院的人民法庭按照有关规定当场收取诉讼费用的，必须向当事人出具省级人民政府财政部门印制的财政票据，并及时将收取的诉讼费用缴入指定代理银行。

第八条 各级人民法院不得违反规定预收执行申请费和破产申请费用。

第九条 各级人民法院应当按照实际成本向当事人、辩护人以及代理人等收取复制案件卷宗材料、审判工作的声像档案和法律文书的工本费。实际成本按照人民法院所在地省级价格、财政部门的规定执行。

第十条 诉讼费用结算完毕后，各级人民法院按照规定应当退还当事人诉讼费用的，应当及时办理退还手续；案件经审理需移送、移交的，应当及时办理随案移交诉讼费用的手续，不得影响当事人诉讼；当事人需要补缴诉讼费用的，应当及时督促补缴。

第十一条 各级人民法院不得向法院内部各部门下达收费任务和指标，不得以诉讼收费数额的多少作为对部门或个人奖惩的依据，不得将诉讼费用的收取与奖金、福利、津贴等挂钩。

第十二条　各级人民法院应当对本院收取诉讼费用的情况每年进行一次自查。上级人民法院应当对所辖法院收取诉讼费用的情况有计划地开展检查。对检查中发现的问题，应当及时纠正。

各级人民法院应当按照有关规定接受并配合有关职能部门对诉讼收费情况的监督检查。

第十三条　各级人民法院监察部门负责受理对违反规定收取诉讼费用行为的举报，并查处违反规定收取诉讼费用的行为。

第十四条　各级人民法院监察部门对于违反规定收取诉讼费用的行为，应当认真进行调查。查证属实的，应当依照最高人民法院有关纪律处分的规定对直接责任人员进行处理。对于违反规定收取诉讼费用，严重损害当事人利益，造成恶劣影响的，还应当追究有关领导和责任人员的责任。

第十五条　本规定自下发之日起施行。

十二、第一审普通程序

最高人民法院
关于印发《第一审经济纠纷案件适用普通程序开庭审理的若干规定》的通知

1993年11月16日　　　　　　　　　　法发〔1993〕34号

全国地方各级人民法院、各级军事法院、各铁路运输中级法院和基层法院、各海事法院：

为改进经济审判工作，提高审判水平，充分发挥合议庭的作用，抓好开庭审理，实现审理案件规范化，现将《第一审经济纠纷案件适用普通程序开庭审理的若干规定》印发给你们，请依照执行。各地在执行中有什么问题和建议，请及时报告我院。

附：

第一审经济纠纷案件适用普通程序开庭审理的若干规定

（最高人民法院审判委员会第602次会议讨论通过）

一、开庭前的工作

1. 人民法院对决定受理的案件，应当在受理案件通知书和应诉通知书中，向当事人告知有关的诉讼权利义务，或者口头予以告知，如果已经确定开庭日期的，应当一并告知当事人及其诉讼代理人开庭的时间、地点。合议庭组成后，应当在3日内将合议庭组成人员告知当事人。告知后，因情事变化，必须调整合议庭组成人员的，应当于调整后3日内告知当事人。在开庭前3日内决定调整合议庭组成人员的，原定的开庭日期应予顺延。

2. 合议庭成员应当认真审核双方提供的诉讼材料，了解案情，审查证据，掌握争议的焦点和需要庭审调查、辩论的主要问题。

3. 必须共同进行诉讼的当事人没有参加诉讼的，应当通知其参加诉讼。

4. 对专门性问题合议庭认为需要鉴定、审计的，应及时交由法定鉴定部门或者指定有关部门鉴定，委托审计机关审计。

5. 开庭前，合议庭可以召集双方当事人及其诉讼代理人交换、核对证据，核算账目。对双方当事人无异议的事实、证据应当记录在卷，并由双方当事人签字确认。在开庭审理时如双方当事人不再提出异议，便可予以认定。

在双方当事人自愿的条件下，合议庭可以在开庭审理前让双方当事人及其诉讼代理人自行协商解决。当事人和解，原告申请撤诉，或者双方当事人要求发给调解书的，经审查认为不违反法律规定，不损害第三人利益的，可以裁定准予撤诉，或者按照双方当事人达成的和解协议制作调解书发给当事人。

6. 合议庭审查案卷材料后，认为法律关系明确、事实清楚，经征得当事人双方同意，可以在开庭审理前径行调解。调解达成协议的，制作调解书发给当事人。双方当事人对案件事实无争议，只是在责任承担上达不成协议的，开庭审理可以在双方当事人对事实予以确认的基础上，直接进行法庭辩论。

7. 开庭审理前达不成协议的，合议庭应即研究确定开庭审理的日期和庭审提纲，并明确合议庭成员在庭审中的分工。

8. 开庭日期确定后，书记员应当在开庭3日前将传票送达当事人，将开庭通知书送达当事人的诉讼代理人、证人、鉴定人、勘验人、翻译人员。当事人或其他诉讼参与人在外地的，应留有必要的在途时间。公开审理的，应当公告当事人姓名、案由和开庭的时间、地点。

9. 开庭审理前，书记员应当查明当事人和其他诉讼参与人是否到庭。当事人或其他诉讼参与人没有到庭的，应将情况及时报告审判长，并由合议庭确定是否需要延期开庭审理或者中止诉讼。决定延期开庭审理的，应当及时通知当事人和其他诉讼参与人；决定中止诉讼的，应当制作裁定书，发给当事人。原告经传票传唤，无正当理由拒不到庭的，可以按撤诉处理；被告经传票传唤，无正当理由拒不到庭的，可以缺席判决。

二、宣布开庭

10. 书记员宣布当事人及其诉讼代理人入庭。

11. 书记员宣布法庭纪律。

12. 书记员宣布全体起立，请审判长、审判员、陪审员入庭。

13. 书记员向审判长报告当事人及其诉讼代理人的出庭情况。审判长核对当事人及其诉讼代理人的身份，并询问各方当事人对于对方出庭人员有无异议。

14. 当事人的身份经审判长核对无误，且当事人对对方出庭人员没有异议，审判长宣布各方当事人及其诉讼代理人符合法律规定，可以参加本案诉讼。

15. 审判长宣布案由及开始庭审，不公开审理的应当说明理由。

16. 被告经人民法院传票传唤，无正当理由拒不到庭的，审判长可以宣布缺席审理，并说明传票送达合法和缺席审理的依据。无独立请求权的第三人经人民法院传票传唤，无正当理由拒不到庭的，不影响案件的审理。

17. 审判长宣布合议庭组成人员、书记员名单。

18. 审判长告知当事人有关的诉讼权利义务，询问各方当事人是否申请回避。当事人提出申请回避的，合议庭应当宣布休庭。院长担任审判长时的回避，由审判委员会决定；审判人员的回避，由院长决定；其他人员的回避，由审判长决定。当事人申请回避的理由不能成立的，由审判长在重新开庭时宣布予以驳回，记入笔录；当事人申请回避的理由成立，决定回避的，由审判长宣布延期审理。

当事人对驳回回避申请的决定不服，申请复议的，不影响案件的开庭。人民法院对复议申请，应当在3日内作出复议决定并通知复议申请人，也可以在开庭时当庭作出复议决定并告知复议申请人。

三、法庭调查

19. 审判长宣布进行法庭调查后，应当告知当事人法庭调查的重点是双方争议的事实。当事人对自己提出的主张，有责任提供证据，反驳对方主张的，也应提供证据或说明理由。

20. 原告简要陈述起诉的请求和理由，或者宣读起诉书。

21. 被告针对原告起诉中的请求和理由作出承认或者否定的答辩，对双方确认的事实，应当记入笔录，法庭无须再作调查。

22. 第三人陈述或答辩。有独立请求权的第三人陈述诉讼请求及理由。无独立请求权的第三人针对原、被告的陈述提出承认或否认的答辩意见。

23. 案件有多个诉讼请求或多个独立存在的事实的，可按每个诉讼请求、每段事实争议的问题由当事人依次陈述、核对证据。

24. 双方当事人就争议的事实所提供的书证、物证、视听资料，应经对方辨认，互相质证。

涉及国家机密、商业秘密的证据，当事人提交法庭的，法庭不能公开出示，但可以适当提示。

25. 凡是知道案件情况的单位和个人，都有义务出庭作证。证人出庭作证，法庭应查明证人身份，告知证人作证的义务以及作伪证应负的法律责任。证人作证后，应征询双方当事人对证人证言的意见。经法庭许可，当事人及其诉讼代理人可以向证人发问。

证人确有困难不能出庭的，其所提交的书面证言应当当庭宣读。当事人自己调查取得的证人证言，由当事人宣读后提交法庭，对方当事人可以质询；人民法院调查取得的证人证言，由书记员宣读，双方当事人可以质询。

26. 勘验人、鉴定人宣读勘验笔录、鉴定结论后，由双方当事人发表意见。经法庭许可，当事人及其诉讼代理人可以向勘验人、鉴定人发问。

27. 双方当事人争议的事实查清后，审判长应当询问双方当事人有无新的证据提出，原告的诉讼请求或被告的反诉请求有无变更。当事人重复陈述的，审判长应当及时提醒或制止。

28. 案件的事实清楚后，审判长宣布法庭调查结束。

29. 当事人要求提供新的证据或者合议庭认为事实尚未查清，确需人民法院补充调查、收集证据或通知新的证人到庭、重新鉴定、勘验，因而需要延期审理的，可以宣布延期审理。需要当事人补充证据的，应告知其在限定期间内提供。

四、法庭辩论

30. 审判长宣布法庭辩论开始，当事人及其诉讼代理人就本案争议的问题进行辩论。辩论应当实事求是，以理服人。必要时，审判长可以根据案情限定当事人及其诉讼代理人每次发表意见的时间。

31. 原告及其诉讼代理人发言。

32. 被告及其诉讼代理人答辩。

33. 第三人及其诉讼代理人发言或答辩。

34. 第一轮辩论结束，审判长应当询问当事人是否还有补充意见。当事人要求继续发言的，应当允许，但要提醒不可重复。

35. 当事人没有补充意见的，审判长宣布法庭辩论终结。

36. 法庭辩论终结，审判长按照原告、被告、第三人的顺序征询各方最后意见。

五、法庭辩论后的调解

37. 经过法庭调查和辩论，如果事实清楚的，审判长按照原告、被告和有独立请求权第三人的顺序询问当事人是否愿意调解。无独立请求权的第三人需要承担义务的，在询问原告、被告之后，还应询问其是否愿意调解。

当事人愿意调解的，可以当庭进行，也可以休庭后进行。

38. 调解时，可以先由各方当事人提出调解方案。当事人意见不一致的，合议庭要讲清法律规定，分清责任，促使双方当事人达成协议。必要时，合议庭可以根据双方当事人的请求提出调解方案，供双方当事人考虑；也可以先分别征询各方当事人意见，而后进行调解。

39. 经过调解，双方当事人达成协议的，应当在调解协议上签字盖章。人民法院应当根据双方当事人达成的调解协议制作调解书送达当事人。双方当事人达成协议后当即履行完毕，不要求发给调解书的，应当记入笔录，在双方当事人、合议庭成员、书记员签名或盖章后，即具有法律效力。

40. 双方当事人当庭达成调解协议的，合议庭应当宣布调解结果，告知当事人调解书经双方当事人签收后，即具有法律效力。

六、合议庭评议

41. 经过开庭审理后调解不成的，合议庭应当休庭进行评议，就案件的性质、认定的事实、适用的法律、是非责任和处理结果作出结论。

42. 评议中如发现案件事实尚未查清，需要当事人补充证据或者由人民法院自行调查收集证据的，可以决定延期审理，由审判长在继续开庭时宣布延期审理的理由和时间，以及当事人提供补充证据的期限。

43. 合议庭评议案件，实行少数服从多数的原则。评议中的不同意见，书记员必须如实记入笔录，由合议庭成员在笔录上签名。

七、宣　判

44. 合议庭评议后，由审判长宣布继续开庭并宣读裁判。宣判时，当事人及其他诉讼参与人、旁听人员应当起立。宣判的内容包括：认定的事实、适用的法律、判决的结果和理由、诉讼费用的负担、当事人的上诉权利、上诉期限和上诉法院。

45. 不能当庭宣判的，审判长应当宣布另定日期宣判。

46. 由书记员宣读庭审笔录，也可以告知当事人和其他诉讼参与人当庭或者在5日内阅读。

庭审笔录经宣读或阅读，当事人和其他诉讼参与人认为记录无误的，应当在笔录上签名或盖章；拒绝签名、盖章的，记明情况附卷；认为对自己的陈述记录有遗漏或者差错，申请补正的，允许在笔录后面或另页补正。

庭审笔录由合议庭成员和书记员签名。

八、闭　庭

47. 审判长宣布闭庭。
48. 书记员宣布全体起立，合议庭成员等退庭。
49. 合议庭成员退庭后，书记员宣布当事人和旁听人员退庭。

最高人民法院
关于第一审离婚判决生效后
应出具证明书的通知

1991年10月24日　　　　　　　　法（民）发〔1991〕33号

全国地方各级人民法院：

我国驻外使领馆和国内有关部门最近向我院反映，他们在工作中对当事人所持的我人民法院第一审离婚判决书无法判断是否已经发生法律效力，给工作带来不便，因此，建议我院采取措施，妥善解决。经研究，通知如下：

根据《中华人民共和国民事诉讼法》第一百四十一条的规定，当事人未上诉的第一审离婚案件的离婚判决，在上诉期届满发生法律效力后，原审人民法院应向当事人出具判决生效证明书并加盖院印，以此确认该判决业已发生法律效力。

附：×××人民法院证明书（样式）

附：

×××人民法院
证 明 书

（年度）×民初字第×号

本院关于×××诉×××离婚一案的（年度）×民初字第×号民事判决书，已于×年×月×日生效。

（院章）
年　月　日

十三、简易程序、小额速裁程序

最高人民法院
关于适用简易程序审理民事案件的若干规定

法释〔2003〕15号

（2003年7月4日最高人民法院审判委员会第1280次会议通过 2003年9月10日最高人民法院公告公布 自2003年12月1日起施行）

为保障和方便当事人依法行使诉讼权利，保证人民法院公正、及时审理民事案件，根据《中华人民共和国民事诉讼法》的有关规定，结合民事审判经验和实际情况，制定本规定。

一、适用范围

第一条 基层人民法院根据《中华人民共和国民事诉讼法》第一百四十二条规定审理简单的民事案件，适用本规定，但有下列情形之一的案件除外：
（一）起诉时被告下落不明的；
（二）发回重审的；
（三）共同诉讼中一方或者双方当事人人数众多的；
（四）法律规定应当适用特别程序、审判监督程序、督促程序、公示催告程序和企业法人破产还债程序的；
（五）人民法院认为不宜适用简易程序进行审理的。

第二条 基层人民法院适用第一审普通程序审理的民事案件，当事人各方自愿选择适用简易程序，经人民法院审查同意的，可以适用简易程序进行审理。

人民法院不得违反当事人自愿原则，将普通程序转为简易程序。

第三条 当事人就适用简易程序提出异议，人民法院认为异议成立的，或者人民法院在审理过程中发现不宜适用简易程序的，应当将案件转入普通程序审理。

二、起诉与答辩

第四条 原告本人不能书写起诉状，委托他人代写起诉状确有困难的，可以口头起诉。

原告口头起诉的，人民法院应当将当事人的基本情况、联系方式、诉讼请求、事实及理由予以准确记录，将相关证据予以登记。人民法院应当将上述记录和登记的内容向原告当面宣读，原告认为无误后应当签名或者捺印。

第五条 当事人应当在起诉或者答辩时向人民法院提供自己准确的送达地址、收件人、电话号码等其他联系方式，并签名或者捺印确认。

送达地址应当写明受送达人住所地的邮政编码和详细地址；受送达人是有固定职业的自然人的，其从业的场所可以视为送达地址。

第六条 原告起诉后，人民法院可以采取捎口信、电话、传真、电子邮件等简便方式随时传唤双方当事人、证人。

第七条 双方当事人到庭后，被告同意口头答辩的，人民法院可以当即开庭审理；被告要求书面答辩的，人民法院应当将提交答辩状的期限和开庭的具体日期告知各方当事人，并向当事人说明逾期举证以及拒不到庭的法律后果，由各方当事人在笔录和开庭传票的送达回证上签名或者捺印。

第八条 人民法院按照原告提供的被告的送达地址或者其他联系方式无法通知被告应诉的，应当按以下情况分别处理：

（一）原告提供了被告准确的送达地址，但人民法院无法向被告直接送达或者留置送达应诉通知书的，应当将案件转入普通程序审理；

（二）原告不能提供被告准确的送达地址，人民法院经查证后仍不能确定被告送达地址的，可以被告不明确为由裁定驳回原告起诉。

第九条 被告到庭后拒绝提供自己的送达地址和联系方式的，人民法院应当告知其拒不提供送达地址的后果；经人民法院告知后被告仍然拒不提供的，按下列方式处理：

（一）被告是自然人的，以其户籍登记中的住所地或者经常居住地为送达地址；

（二）被告是法人或者其他组织的，应当以其工商登记或者其他依法登记、备案中的住所地为送达地址。

人民法院应当将上述告知的内容记入笔录。

第十条 因当事人自己提供的送达地址不准确、送达地址变更未及时告知人民法院，或者当事人拒不提供自己的送达地址而导致诉讼文书未能被当事人实际接收的，按下列方式处理：

（一）邮寄送达的，以邮件回执上注明的退回之日视为送达之日；

（二）直接送达的，送达人当场在送达回证上记明情况之日视为送达之日。

上述内容，人民法院应当在原告起诉和被告答辩时以书面或者口头方式告知当事人。

第十一条 受送达的自然人以及他的同住成年家属拒绝签收诉讼文书的，或者法人、其他组织负责收件的人拒绝签收诉讼文书的，送达人应当依据《中华人民共和国民事诉讼法》第七十九条的规定邀请有关基层组织或者所在单位的代表到场见证，被邀请的人不愿到场见证的，送达人应当在送达回证上记明拒收事由、时间和地点以及被邀请人不愿到场见证的情形，将诉讼文书留在受送达人的住所或者从业场所，即视为送达。

受送达人的同住成年家属或者法人、其他组织负责收件的人是同一案件中另一方当事人的，不适用前款规定。

三、审理前的准备

第十二条 适用简易程序审理的民事案件，当事人及其诉讼代理人申请人民法院调查收集证据和申请证人出庭作证，应当在举证期限届满前提出，但其提出申请的期限不受《最高人民法院关于民事诉讼证据的若干规定》第十九条第一款、第五十四条第一款的限制。

第十三条 当事人一方或者双方就适用简易程序提出异议后，人民法院应当进行审查，并按下列情形分别处理：

（一）异议成立的，应当将案件转入普通程序审理，并将合议庭的组成人员及相关事项以书面形式通知双方当事人；

（二）异议不成立的，口头告知双方当事人，并将上述内容记入笔录。

转入普通程序审理的民事案件的审理期限自人民法院立案的次日起开始计算。

第十四条 下列民事案件，人民法院在开庭审理时应当先行调解：

（一）婚姻家庭纠纷和继承纠纷；

（二）劳务合同纠纷；

（三）交通事故和工伤事故引起的权利义务关系较为明确的损害赔偿纠纷；

（四）宅基地和相邻关系纠纷；

（五）合伙协议纠纷；

（六）诉讼标的额较小的纠纷。

但是根据案件的性质和当事人的实际情况不能调解或者显然没有调解必要的除外。

第十五条 调解达成协议并经审判人员审核后，双方当事人同意该调解协议经双方签名或者捺印生效的，该调解协议自双方签名或者捺印之日起发生法律效力。当事人要求摘录或者复制该调解协议的，应予准许。

调解协议符合前款规定的，人民法院应当另行制作民事调解书。调解协议生效后一方拒不履行的，另一方可以持民事调解书申请强制执行。

第十六条 人民法院可以当庭告知当事人到人民法院领取民事调解书的具体日期，也可以在当事人达成调解协议的次日起十日内将民事调解书发送给当事人。

第十七条 当事人以民事调解书与调解协议的原意不一致为由提出异议，人民法院审查后认为异议成立的，应当根据调解协议裁定补正民事调解书的相关内容。

四、开庭审理

第十八条 以捎口信、电话、传真、电子邮件等形式发送的开庭通知，未经当事人确认或者没有其他证据足以证明当事人已经收到的，人民法院不得将其作为按撤诉处理和缺席判决的根据。

第十九条 开庭前已经书面或者口头告知当事人诉讼权利义务，或者当事人各方均委托律师代理诉讼的，审判人员除告知当事人申请回避的权利外，可以不再告知当事人其他的诉讼权利义务。

第二十条 对没有委托律师代理诉讼的当事人，审判人员应当对回避、自认、举证责任等相关内容向其作必要的解释或者说明，并在庭审过程中适当提示当事人正确行使诉讼权利、履行诉讼义务，指导当事人进行正常的诉讼活动。

第二十一条 开庭时，审判人员可以根据当事人的诉讼请求和答辩意见归纳出争议焦点，经当事人确认后，由当事人围绕争议焦点举证、质证和辩论。

当事人对案件事实无争议的，审判人员可以在听取当事人就适用法律方面的辩论意见后径行判决、裁定。

第二十二条 当事人双方同时到基层人民法院请求解决简单的民事纠纷，但未协商举证期限，或者被告一方经简便方式传唤到庭的，当事人在开庭审理时要求当庭举证的，应予准许；当事人当庭举证有困难的，举证的期限由当事人协商决定，但最长不得超过十五日；协商不成的，由人民法院决定。

第二十三条 适用简易程序审理的民事案件，应当一次开庭审结，但人民法院认为确有必要再次开庭的除外。

第二十四条 书记员应当将适用简易程序审理民事案件的全部活动记入笔录。对于下列事项，应当详细记载：

（一）审判人员关于当事人诉讼权利义务的告知、争议焦点的概括、证据的认定和裁判的宣告等重大事项；

（二）当事人申请回避、自认、撤诉、和解等重大事项；

（三）当事人当庭陈述的与其诉讼权利直接相关的其他事项。

第二十五条 庭审结束时，审判人员可以根据案件的审理情况对争议焦点和当事人各方举证、质证和辩论的情况进行简要总结，并就是否同意调解征询当事人的意见。

第二十六条 审判人员在审理过程中发现案情复杂需要转为普通程序的，应当在审限届满前及时作出决定，并书面通知当事人。

五、宣判与送达

第二十七条 适用简易程序审理的民事案件，除人民法院认为不宜当庭宣判的以外，应当当庭宣判。

第二十八条 当庭宣判的案件，除当事人当庭要求邮寄送达的以外，人民法院应当告知当事人或者诉讼代理人领取裁判文书的期间和地点以及逾期不领取的法律后果。上述情况，应当记入笔录。

人民法院已经告知当事人领取裁判文书的期间和地点的，当事人在指定期间内领取裁判文书之日即为送达之日；当事人在指定期间内未领取的，指定领取裁判文书期间届满之日即为送达之日，当事人的上诉期从人民法院指定领取裁判文书期间届满之日的次日起开始计算。

第二十九条 当事人因交通不便或者其他原因要求邮寄送达裁判文书的，人民法院可以按照当事人自己提供的送达地址邮寄送达。

人民法院根据当事人自己提供的送达地址邮寄送达的，邮件回执上注明收到或者退回之日即为送达之日,当事人的上诉期从邮件回执上注明收到或者退回之日的次日起开始计算。

第三十条 原告经传票传唤,无正当理由拒不到庭或者未经法庭许可中途退庭的,可以按撤诉处理;被告经传票传唤,无正当理由拒不到庭或者未经法庭许可中途退庭的,人民法院可以根据原告的诉讼请求及双方已经提交给法庭的证据材料缺席判决。

按撤诉处理或者缺席判决的,人民法院可以按照当事人自己提供的送达地址将裁判文书送达给未到庭的当事人。

第三十一条 定期宣判的案件,定期宣判之日即为送达之日,当事人的上诉期自定期宣判的次日起开始计算。当事人在定期宣判的日期无正当理由未到庭的,不影响该裁判上诉期间的计算。

当事人确有正当理由不能到庭,并在定期宣判前已经告知人民法院的,人民法院可以按照当事人自己提供的送达地址将裁判文书送达给未到庭的当事人。

第三十二条 适用简易程序审理的民事案件,有下列情形之一的,人民法院在制作裁判文书时对认定事实或者判决理由部分可以适当简化:

(一)当事人达成调解协议并需要制作民事调解书的;

(二)一方当事人在诉讼过程中明确表示承认对方全部诉讼请求或者部分诉讼请求的;

(三)当事人对案件事实没有争议或者争议不大的;

(四)涉及个人隐私或者商业秘密的案件,当事人一方要求简化裁判文书中的相关内容,人民法院认为理由正当的;

(五)当事人双方一致同意简化裁判文书的。

六、其 他

第三十三条 本院已经公布的司法解释与本规定不一致的,以本规定为准。

第三十四条 本规定自2003年12月1日起施行。2003年12月1日以后受理的民事案件,适用本规定。

最高人民法院
关于印发《经济纠纷案件适用简易程序开庭审理的若干规定》的通知

1993年11月16日　　　　　　　　　　法发〔1993〕35号

全国地方各级人民法院、各级军事法院、各铁路运输中级法院和基层法院、各海事法院：

为改进经济审判工作，提高审判水平，抓好开庭审理，正确适用简易程序，实现审理案件规范化，现将《经济纠纷案件适用简易程序开庭审理的若干规定》印发给你们，请依照执行。各地在执行中，有什么问题和建议，请及时报告我院。

附：

经济纠纷案件适用简易程序开庭审理的若干规定

（最高人民法院审判委员会第602次会议讨论通过）

1. 基层人民法院和它派出的法庭收到起诉状经审查立案后，认为事实清楚、权利义务关系明确、争议不大的简单的经济纠纷案件，可以适用简易程序进行审理。

2. 原、被告双方同时到庭请求解决纠纷的，可以当即审理，当即调解。

3. 原告到庭请求解决纠纷，被告在本地的，可以用书面、电话、请基层组织工作人员捎信等简便方式传唤另一方当事人到庭。被告口头答辩的，记入笔录，可以当即审理；被告要求书面答辩的，可以征求其所需答辩期限的意见，但最长不得超过15天。

经询问双方当事人或者被告答辩后，发现双方争议较大、案情重大、复杂的，转入普通程序进行审理。

4. 经双方当事人陈述，权利义务关系明确、事实清楚，在征得双方当事人同意后，可以直接进行调解。调解达成协议，制作调解书发给当事人；即时履行完毕，当事人不要求发给调解书的，可将协议内容记入笔录，不制作调解书。双方当事人对案件事实无争议，只是在责任的承担上达不成协议的，开庭审理时可以在双方当事人对事实予以确认的基础上，直接进行法庭辩论。

5. 双方当事人对主要事实陈述不一致，或者庭前调解达不成协议的，可以当即开庭审理，也可以另定日期审理，并告知当事人开庭的时间、地点。

6. 开庭前，书记员查明当事人及其他诉讼参与人是否到庭。当事人或其他诉讼参与人没有到庭的，应将情况及时报告审判员，由审判员决定是否需要延期或者中止审理。决定延期或者中止审理的，应及时通知当事人和其他诉讼参与人。原告经传票传唤，无正当理由拒不到庭的，可以按撤诉处理。审判员决定如期审理的，书记员宣布当事人及其诉讼代理人入庭。

7. 开庭前书记员先宣布法庭纪律。

8. 书记员宣布全体起立，请审判员入庭。

9. 书记员向审判员报告当事人及其诉讼代理人的出庭情况，审判员核对当事人及其诉讼代理人的身份，并询问各方当事人对于对方出庭人员有无异议。

10. 当事人身份经审判员核对无误，且对对方出庭人员没有异议的，审判员宣布到庭的当事人及其诉讼代理人符合法律规定，可以参加本案诉讼。

11. 审判员宣布案由、开庭。

12. 审判员宣布审判员、书记员姓名，告知当事人有关的诉讼权利义务，询问各方当事人是否申请回避。

13. 原告简要陈述起诉的请求、事实和理由。

14. 被告针对原告起诉中陈述的事实提出承认或者否认的答辩。

15. 当事人对自己的主张有责任提供证据，各方当事人提供的证据，应经对方辨认、互相质证。

16. 证人出庭作证的，应查明证人身份，告知证人作证的义务以及作伪证应负的法律责任。证人作证后应征询双方当事人对证人证言的意见。经法庭许可，当事人及其诉讼代理人可以向证人发问。对确实不能出庭的证人提供的证言，当庭宣读后，也应征询双方当事人意见。

17. 当事人对争议的问题可以互相辩论。审判员对当事人在辩论中与本案无关的言辞应当及时制止。

18. 经法庭调查、辩论，事实基本清楚后，审判员按原告、被告的顺序询问双方当事人是否愿意调解。调解可以当庭进行，也可以休庭后进行。

19. 调解可先由各方当事人提出调解方案。当事人意见有分歧的，要讲明道理、分清责任，促使双方当事人自愿达成协议。审判员也可根据对方当事人的请求提出初步调解方案，征询各方当事人意见。

20. 经调解，双方当事人取得一致意见，根据协商的内容起草调解协议，由各方当事人签字或盖章，人民法院应当制作调解书发给当事人。

21. 调解达不成协议的，审判员可以当庭宣判。宣判时，审判员与当事人应当起立。宣判内容包括认定的事实、判决的理由、适用的法律依据、判决的结果、诉讼费用的负担、当事人的上诉权利、上诉期间和上诉的法院。

22. 书记员宣读庭审笔录或者告知当事人和其他诉讼参与人当庭或者在5日内阅读。

庭审笔录经宣读或阅读，记录无误的，当事人和其他诉讼参与人应当在笔录上签名或盖章；拒绝签名、盖章的，记明情况附卷；认为对自己的陈述记录有遗漏或者差错，申请补正的，允许在笔录后面或另页补正。

庭审笔录，由审判员和书记员签名。

23. 审判员宣布闭庭。

24. 书记员宣布全体起立，请审判员退庭。

25. 审判员退庭后，书记员宣布当事人和旁听人员等退庭。

最高人民法院印发《关于部分基层人民法院开展小额速裁试点工作的指导意见》的通知

2011年3月17日　　　　　　　　　　　　　　　　法〔2011〕129号

各省、自治区、直辖市高级人民法院，新疆维吾尔自治区高级人民法院生产建设兵团分院：

《最高人民法院关于部分基层人民法院开展小额速裁试点工作的指导意见》已经院领导批准，现印发给你们。请各地结合实际，认真贯彻执行。

附：

关于部分基层人民法院开展小额速裁试点工作的指导意见

目前，我国正处在经济转轨、社会转型的关键时期，由各种利益诉求引发的矛盾纠纷持续增加，并以诉讼的方式大量进入司法程序，不少地方法院"案多人少"的矛盾始终未得到根本缓解，难以满足人民群众不断增长的司法需求。为此，各级人民法院要认真贯彻社会主义法治理念，紧紧围绕"社会矛盾化解、社会管理创新、公正廉洁执法"三项重点工作，始终坚持"为大局服务，为人民司法"的工作主题，积极探索在基层人民法院适用小额速裁审理民事案件，通过进一步合理配置审判资源，便利人民群众诉讼，提高办案效率，维护司法公正，最大限度地满足人民群众的司法需求。为正确开展小额速裁试点工作，根据《中华人民共和国民事诉讼法》和相关司法解释规定，特提出以下意见：

一、开展小额速裁试点工作的目的

在现行民事诉讼立法和相关司法解释的框架下，小额速裁并非独立的诉讼程序，而是在司法体制和工作机制改革背景下，借鉴国内外民事审判实践经验特别是一些国家和地区小额诉讼立法的基础上，根据现有法律规定的基本原则和基本精神，积极探索改革民事诉讼简易程序的一种新形式。小额速裁通过设定专门的审理流程、设立专门的速裁机构，最大限度地简化民事诉讼程序。小额速裁比我国现行司法实践中所实行的简易程序更为简易、快捷、方便。选择部分基层人民法院，在给予当事人程序选择权的基础上，开展此项工作试点。以期通过试点，进一步完善民事诉讼简易程序，并为将来修改民事诉讼法，创设小额速裁程序积累审判实践经验。

二、小额速裁试点工作的内容

1. 小额速裁的适用对象

当事人起诉的案件法律关系单一，事实清楚，争议标的金额不足1万元的下列给付之诉的案件，可以适用小额速裁，但当事人提出异议的除外：

（1）权利义务关系明确的借贷、买卖、租赁和借用纠纷案件；

（2）身份关系清楚，仅在给付的数额、时间上存在争议的抚养费、赡养费、扶养费纠纷案件；

（3）责任明确、损失金额确定的道路交通事故损害赔偿和其他人身损害赔偿纠纷案件；

（4）权利义务关系明确的拖欠水、电、暖、天然气费及物业管理费纠纷案件；

（5）其他可以适用小额速裁的案件。

各省、自治区、直辖市高级人民法院可以根据当地经济发展情况，在上述规定范围内具体确定本辖区试点法院小额速裁案件的最高收案标的金额。经济发达地区可根据实际情况，适当放宽，但不得超过5万元。本辖区高级人民法院确定的前述最高收案标的金额以上5万元以下的给付之诉，当事人双方书面申请人民法院小额速裁的，人民法院可以适用。当事人变更诉讼请求，追加当事人或者提出反诉的，除当事人双方同意继续适用小额速裁并经人民法院准许外，一律不得适用小额速裁。

2. 小额速裁的起诉和审理

人民法院经立案审查认为当事人的起诉符合适用小额速裁条件的，应当以书面方式将小额速裁的适用条件、审判组织、审理方式、审理期限、裁判方式、诉讼费用收取标准、当事人的异议申请权利，以及人民法院对异议审查后的处理情况等相关程序性安排，告知当事人。当事人选择小额速裁的，人民法院应当记录在案并由当事人签名或捺印确认。

当事人以书面形式申请适用小额速裁的，人民法院应当将其申请入卷备查。双方当事人均选择适用小额速裁的，人民法院应当将适用小额速裁审理案件的决定告知当事人。

人民法院适用小额速裁审理民事案件，由审判员一人独任审理，并根据案件需要为当事人指定答辩期、举证期，但期限不得超过7日。

人民法院适用小额速裁审理民事案件，可以根据当事人的申请安排在晚间、休息日进行调解或者开庭。

人民法院适用小额速裁审理民事案件，可以灵活地安排询问证人的时间。当事人可以口头申请人民法院询问证人。当事人申请利用视频系统等方式询问证人的，人民法院认为适当的，予以准许。

人民法院适用小额速裁审理案件，可不区分法庭调查、法庭辩论阶段。

3. 小额速裁的裁判和收费

适用小额速裁审理民事案件，应当在立案之日起一个月内审结，不得延长审限。一个月内未能审结的，应当转而适用普通程序继续审理。

适用小额速裁审理民事案件，应当贯彻调解优先原则，调解不成的，要及时作出裁判。

适用小额速裁审理民事案件，可以当庭宣判。

当事人对于人民法院适用小额速裁作出的判决不服，可以在收到判决书之日起10日内向原审人民法院提出异议申请。

人民法院应当指定其他审判员对异议申请进行审查。

经审查异议不成立的，人民法院应当在3日内裁定驳回异议。经审查异议成立的，人民法院应当裁定撤销原判，并适用普通程序对案件进行审理。

人民法院适用小额速裁审理民事案件，诉讼费用按《诉讼费用交纳办法》确定的标准减半收取。

三、小额速裁工作试点安排

1. 试点法院的确定。由北京、天津、上海、广东、江苏、浙江、安徽、江西、湖北、四川、贵州、甘肃、青海等十三个省、直辖市高级人民法院在本辖区内各指定两个基层人民法院作为最高人民法院的试点单位。

各高级人民法院在本辖区内指定两个基层人民法院作为高级人民法院的试点单位。

2. 试点法院应当指定专人负责试点工作，并将实施试点工作的方案和联系人报所在省、自治区、直辖市高级人民法院。

试点法院应指定具有审判实践经验的审判员从事小额速裁案件的审理和异议审查工作。

试点法院应逐月做好相关统计工作，对适用小额速裁审理案件的数量、当事人对判决结果提出异议的案件数（比例）以及审查异议后维持的案件数（比例）进行统计，并及时总结试点工作中的经验及存在问题。

3. 各高级人民法院应当高度重视小额速裁试点工作，指定院内相关部门和人员对试点工作进行指导。尽快建立试点法院与高级人民法院和最高人民法院的沟通协调机制，将作为最高人民法院的试点法院和联系人以及本院负责小额速裁试点工作的人员名单及联系方式报最高人民法院民事审判第一庭。

各高级人民法院应当加强对试点法院的业务指导与监督，及时发现、总结试点工作的经验和存在问题，每三个月向最高人民法院报告一次。

最高人民法院
关于印发《最高人民法院关于民商事案件繁简分流和调解速裁操作规程（试行）》的通知

2017年5月8日　　　　　　　　　　　法发〔2017〕14号

各省、自治区、直辖市高级人民法院，解放军军事法院，新疆维吾尔自治区高级人民法院生产建设兵团分院：

现将《最高人民法院关于民商事案件繁简分流和调解速裁操作规程（试行）》予以印发，请在人民法院内部认真贯彻执行。执行中发现情况和问题请及时报告最高人民法院。

附：

最高人民法院
关于民商事案件繁简分流和调解速裁操作规程（试行）

为贯彻落实最高人民法院《关于进一步推进案件繁简分流优化司法资源配置的若干意见》《关于人民法院进一步深化多元化纠纷解决机制改革的意见》，推动和规范人民法院民商事案件繁简分流、先行调解、速裁等工作，依法高效审理民商事案件，实现简案快审、繁案精审，切实减轻当事人诉累，根据《中华人民共和国民事诉讼法》及有关司法解释，结合人民法院审判工作实际，制定本规程。

第一条 民商事简易纠纷解决方式主要有先行调解、和解、速裁、简易程序、简易程序中的小额诉讼、督促程序等。

人民法院对当事人起诉的民商事纠纷，在依法登记立案后，应当告知双方当事人可供选择的简易纠纷解决方式，释明各项程序的特点。

先行调解包括人民法院调解和委托第三方调解。

第二条 人民法院应当指派专职或兼职程序分流员。

程序分流员负责以下工作：

（一）根据案件事实、法律适用、社会影响等因素，确定案件应当适用的程序；

（二）对系列性、群体性或者关联性案件等进行集中分流；

（三）对委托调解的案件进行跟踪、提示、指导、督促；

（四）做好不同案件程序之间转换衔接工作；
（五）其他与案件分流、程序转换相关的工作。

第三条 人民法院登记立案后，程序分流员认为适宜调解的，在征求当事人意见后，转入调解程序；认为应当适用简易程序、速裁的，转入相应程序，进行快速审理；认为应当适用特别程序、普通程序的，根据业务分工确定承办部门。

登记立案前，需要制作诉前保全裁定书、司法确认裁定书、和解备案的，由程序分流员记录后转办。

第四条 案件程序分流一般应当在登记立案当日完成，最长不超过三日。

第五条 程序分流后，尚未进入调解或审理程序时，承办部门和法官认为程序分流不当的，应当及时提出，不得自行将案件退回或移送。

程序分流员认为异议成立的，可以将案件收回并重新分配。

第六条 在调解或审理中，由于出现或发现新情况，承办部门和法官决定转换程序的，向程序分流员备案。已经转换过一次程序的案件，原则上不得再次转换。

第七条 案件适宜调解的，应当出具先行调解告知书，引导当事人先行调解，当事人明确拒绝的除外。

第八条 先行调解告知书包括以下内容：
（一）先行调解特点；
（二）自愿调解原则；
（三）先行调解人员；
（四）先行调解程序；
（五）先行调解法律效力；
（六）诉讼费减免规定；
（七）其他相关事宜。

第九条 下列适宜调解的纠纷，应当引导当事人委托调解：
（一）家事纠纷；
（二）相邻关系纠纷；
（三）劳动争议纠纷；
（四）交通事故赔偿纠纷；
（五）医疗纠纷；
（六）物业纠纷；
（七）消费者权益纠纷；
（八）小额债务纠纷；
（九）申请撤销劳动争议仲裁裁决纠纷。

其他适宜调解的纠纷，也可以引导当事人委托调解。

第十条 人民法院指派法官担任专职调解员，负责以下工作：
（一）主持调解；
（二）对调解达成协议的，制作调解书；
（三）对调解不成适宜速裁的，径行裁判。

第十一条 人民法院调解或者委托调解的,应当在十五日内完成。各方当事人同意的,可以适当延长,延长期限不超过十五日。调解期间不计入审理期限。

当事人选择委托调解的,人民法院应当在三日内移交相关材料。

第十二条 委托调解达成协议的,调解人员应当在三日内将调解协议提交人民法院,由法官审查后制作调解书或者准许撤诉裁定书。

不能达成协议的,应当书面说明调解情况。

第十三条 人民法院调解或者委托调解未能达成协议,需要转换程序的,调解人员应当在三日内将案件材料移送程序分流员,由程序分流员转入其他程序。

第十四条 经委托调解达成协议后撤诉,或者人民调解达成协议未经司法确认,当事人就调解协议的内容或者履行发生争议的,可以提起诉讼。

人民法院应当就当事人的诉讼请求进行审理,当事人的权利义务不受原调解协议的约束。

第十五条 第二审人民法院在征得当事人同意后,可以在立案后移送审理前由专职调解员或者合议庭进行调解,法律规定不予调解的情形除外。

二审审理前的调解应当在十日内完成。各方当事人同意的,可以适当延长,延长期限不超过十日。调解期间不计入审理期限。

第十六条 当事人同意先行调解的,暂缓预交诉讼费。委托调解达成协议的,诉讼费减半交纳。

第十七条 人民法院先行调解可以在诉讼服务中心、调解组织所在地或者双方当事人选定的其他场所开展。

先行调解可以通过在线调解、视频调解、电话调解等远程方式开展。

第十八条 人民法院建立诉调对接管理系统,对立案前第三方调解的纠纷进行统计分析,与审判管理系统信息共享。

诉调对接管理系统按照"诉前调"字号对第三方调解的纠纷逐案登记,采集当事人情况、案件类型、简要案情、调解组织或调解员、处理时间、处理结果等基本信息,形成纠纷调解信息档案。

第十九条 基层人民法院可以设立专门速裁组织,对适宜速裁的民商事案件进行裁判。

第二十条 基层人民法院对于离婚后财产纠纷、买卖合同纠纷、商品房预售合同纠纷、金融借款合同纠纷、民间借贷纠纷、银行卡纠纷、租赁合同纠纷等事实清楚、权利义务关系明确、争议不大的金钱给付纠纷,可以采用速裁方式审理。

但下列情形除外:

(一)新类型案件;

(二)重大疑难复杂案件;

(三)上级人民法院发回重审、指令立案受理、指定审理、指定管辖,或者其他人民法院移送管辖的案件;

(四)再审案件;

(五)其他不宜速裁的案件。

第二十一条 采用速裁方式审理民商事案件,一般只开庭一次,庭审直接围绕诉讼请求进行,不受法庭调查、法庭辩论等庭审程序限制,但应当告知当事人回避、上诉等基本诉讼权利,并听取当事人对案件事实的陈述意见。

第二十二条 采用速裁方式审理的民商事案件,可以使用令状式、要素式、表格式等简式裁判文书,应当当庭宣判并送达。

当庭即时履行的,经征得各方当事人同意,可以在法庭笔录中记录后不再出具裁判文书。

第二十三条 人民法院采用速裁方式审理民商事案件,一般应当在十日内审结,最长不超过十五日。

第二十四条 采用速裁方式审理案件出现下列情形之一的,应当及时将案件转为普通程序:

(一)原告增加诉讼请求致案情复杂;

(二)被告提出反诉;

(三)被告提出管辖权异议;

(四)追加当事人;

(五)当事人申请鉴定、评估;

(六)需要公告送达。

程序转换后,审限连续计算。

第二十五条 行政案件的繁简分流、先行调解和速裁,参照本规程执行。

本规程自发布之日起施行。

十四、公益诉讼

最高人民法院
关于审理环境民事公益诉讼案件
适用法律若干问题的解释

法释〔2015〕1号

（2014年12月8日最高人民法院审判委员会第1631次会议通过 2015年1月6日最高人民法院公告公布 自2015年1月7日起施行）

为正确审理环境民事公益诉讼案件，根据《中华人民共和国民事诉讼法》《中华人民共和国侵权责任法》《中华人民共和国环境保护法》等法律的规定，结合审判实践，制定本解释。

第一条 法律规定的机关和有关组织依据民事诉讼法第五十五条、环境保护法第五十八条等法律的规定，对已经损害社会公共利益或者具有损害社会公共利益重大风险的污染环境、破坏生态的行为提起诉讼，符合民事诉讼法第一百一十九条第二项、第三项、第四项规定的，人民法院应予受理。

第二条 依照法律、法规的规定，在设区的市级以上人民政府民政部门登记的社会团体、民办非企业单位以及基金会等，可以认定为环境保护法第五十八条规定的社会组织。

第三条 设区的市、自治州、盟、地区，不设区的地级市，直辖市的区以上人民政府民政部门，可以认定为环境保护法第五十八条规定的"设区的市级以上人民政府民政部门"。

第四条 社会组织章程确定的宗旨和主要业务范围是维护社会公共利益，且从事环境保护公益活动的，可以认定为环境保护法第五十八条规定的"专门从事环境保护公益活动"。

社会组织提起的诉讼所涉及的社会公共利益，应与其宗旨和业务范围具有关联性。

第五条 社会组织在提起诉讼前五年内未因从事业务活动违反法律、法规的规定受过行政、刑事处罚的，可以认定为环境保护法第五十八条规定的"无违法记录"。

第六条 第一审环境民事公益诉讼案件由污染环境、破坏生态行为发生地、损害结果地或者被告住所地的中级以上人民法院管辖。

中级人民法院认为确有必要的,可以在报请高级人民法院批准后,裁定将本院管辖的第一审环境民事公益诉讼案件交由基层人民法院审理。

同一原告或者不同原告对同一污染环境、破坏生态行为分别向两个以上有管辖权的人民法院提起环境民事公益诉讼的,由最先立案的人民法院管辖,必要时由共同上级人民法院指定管辖。

第七条 经最高人民法院批准,高级人民法院可以根据本辖区环境和生态保护的实际情况,在辖区内确定部分中级人民法院受理第一审环境民事公益诉讼案件。

中级人民法院管辖环境民事公益诉讼案件的区域由高级人民法院确定。

第八条 提起环境民事公益诉讼应当提交下列材料:

(一)符合民事诉讼法第一百二十一条规定的起诉状,并按照被告人数提出副本;

(二)被告的行为已经损害社会公共利益或者具有损害社会公共利益重大风险的初步证明材料;

(三)社会组织提起诉讼的,应当提交社会组织登记证书、章程、起诉前连续五年的年度工作报告书或者年检报告书,以及由其法定代表人或者负责人签字并加盖公章的无违法记录的声明。

第九条 人民法院认为原告提出的诉讼请求不足以保护社会公共利益的,可以向其释明变更或者增加停止侵害、恢复原状等诉讼请求。

第十条 人民法院受理环境民事公益诉讼后,应当在立案之日起五日内将起诉状副本发送被告,并公告案件受理情况。

有权提起诉讼的其他机关和社会组织在公告之日起三十日内申请参加诉讼,经审查符合法定条件的,人民法院应当将其列为共同原告;逾期申请的,不予准许。

公民、法人和其他组织以人身、财产受到损害为由申请参加诉讼的,告知其另行起诉。

第十一条 检察机关、负有环境保护监督管理职责的部门及其他机关、社会组织、企业事业单位依据民事诉讼法第十五条的规定,可以通过提供法律咨询、提交书面意见、协助调查取证等方式支持社会组织依法提起环境民事公益诉讼。

第十二条 人民法院受理环境民事公益诉讼后,应当在十日内告知对被告行为负有环境保护监督管理职责的部门。

第十三条 原告请求被告提供其排放的主要污染物名称、排放方式、排放浓度和总量、超标排放情况以及防治污染设施的建设和运行情况等环境信息,法律、法规、规章规定被告应当持有或者有证据证明被告持有而拒不提供,如果原告主张相关事实不利于被告的,人民法院可以推定该主张成立。

第十四条 对于审理环境民事公益诉讼案件需要的证据,人民法院认为必要的,应当调查收集。

对于应当由原告承担举证责任且为维护社会公共利益所必要的专门性问题,人民法院可以委托具备资格的鉴定人进行鉴定。

第十五条 当事人申请通知有专门知识的人出庭，就鉴定人作出的鉴定意见或者就因果关系、生态环境修复方式、生态环境修复费用以及生态环境受到损害至恢复原状期间服务功能的损失等专门性问题提出意见的，人民法院可以准许。

前款规定的专家意见经质证，可以作为认定事实的根据。

第十六条 原告在诉讼过程中承认的对己方不利的事实和认可的证据，人民法院认为损害社会公共利益的，应当不予确认。

第十七条 环境民事公益诉讼案件审理过程中，被告以反诉方式提出诉讼请求的，人民法院不予受理。

第十八条 对污染环境、破坏生态，已经损害社会公共利益或者具有损害社会公共利益重大风险的行为，原告可以请求被告承担停止侵害、排除妨碍、消除危险、恢复原状、赔偿损失、赔礼道歉等民事责任。

第十九条 原告为防止生态环境损害的发生和扩大，请求被告停止侵害、排除妨碍、消除危险的，人民法院可以依法予以支持。

原告为停止侵害、排除妨碍、消除危险采取合理预防、处置措施而发生的费用，请求被告承担的，人民法院可以依法予以支持。

第二十条 原告请求恢复原状的，人民法院可以依法判决被告将生态环境修复到损害发生之前的状态和功能。无法完全修复的，可以准许采用替代性修复方式。

人民法院可以在判决被告修复生态环境的同时，确定被告不履行修复义务时应承担的生态环境修复费用；也可以直接判决被告承担生态环境修复费用。

生态环境修复费用包括制定、实施修复方案的费用和监测、监管等费用。

第二十一条 原告请求被告赔偿生态环境受到损害至恢复原状期间服务功能损失的，人民法院可以依法予以支持。

第二十二条 原告请求被告承担检验、鉴定费用，合理的律师费以及为诉讼支出的其他合理费用的，人民法院可以依法予以支持。

第二十三条 生态环境修复费用难以确定或者确定具体数额所需鉴定费用明显过高的，人民法院可以结合污染环境、破坏生态的范围和程度、生态环境的稀缺性、生态环境恢复的难易程度、防治污染设备的运行成本、被告因侵害行为所获得的利益以及过错程度等因素，并可以参考负有环境保护监督管理职责的部门的意见、专家意见等，予以合理确定。

第二十四条 人民法院判决被告承担的生态环境修复费用、生态环境受到损害至恢复原状期间服务功能损失等款项，应当用于修复被损害的生态环境。

其他环境民事公益诉讼中败诉原告所需承担的调查取证、专家咨询、检验、鉴定等必要费用，可以酌情从上述款项中支付。

第二十五条 环境民事公益诉讼当事人达成调解协议或者自行达成和解协议后，人民法院应当将协议内容公告，公告期间不少于三十日。

公告期满后，人民法院审查认为调解协议或者和解协议的内容不损害社会公共利益的，应当出具调解书。当事人以达成和解协议为由申请撤诉的，不予准许。

调解书应当写明诉讼请求、案件的基本事实和协议内容，并应当公开。

第二十六条 负有环境保护监督管理职责的部门依法履行监管职责而使原告诉讼请求全部实现,原告申请撤诉的,人民法院应予准许。

第二十七条 法庭辩论终结后,原告申请撤诉的,人民法院不予准许,但本解释第二十六条规定的情形除外。

第二十八条 环境民事公益诉讼案件的裁判生效后,有权提起诉讼的其他机关和社会组织就同一污染环境、破坏生态行为另行起诉,有下列情形之一的,人民法院应予受理:

(一)前案原告的起诉被裁定驳回的;

(二)前案原告申请撤诉被裁定准许的,但本解释第二十六条规定的情形除外。

环境民事公益诉讼案件的裁判生效后,有证据证明存在前案审理时未发现的损害,有权提起诉讼的机关和社会组织另行起诉的,人民法院应予受理。

第二十九条 法律规定的机关和社会组织提起环境民事公益诉讼的,不影响因同一污染环境、破坏生态行为受到人身、财产损害的公民、法人和其他组织依据民事诉讼法第一百一十九条的规定提起诉讼。

第三十条 已为环境民事公益诉讼生效裁判认定的事实,因同一污染环境、破坏生态行为依据民事诉讼法第一百一十九条规定提起诉讼的原告、被告均无需举证证明,但原告对该事实有异议并有相反证据足以推翻的除外。

对于环境民事公益诉讼生效裁判就被告是否存在法律规定的不承担责任或者减轻责任的情形、行为与损害之间是否存在因果关系、被告承担责任的大小等所作的认定,因同一污染环境、破坏生态行为依据民事诉讼法第一百一十九条规定提起诉讼的原告主张适用的,人民法院应予支持,但被告有相反证据足以推翻的除外。被告主张直接适用对其有利的认定的,人民法院不予支持,被告仍应举证证明。

第三十一条 被告因污染环境、破坏生态在环境民事公益诉讼和其他民事诉讼中均承担责任,其财产不足以履行全部义务的,应当先履行其他民事诉讼生效裁判所确定的义务,但法律另有规定的除外。

第三十二条 发生法律效力的环境民事公益诉讼案件的裁判,需要采取强制执行措施的,应当移送执行。

第三十三条 原告交纳诉讼费用确有困难,依法申请缓交的,人民法院应予准许。

败诉或者部分败诉的原告申请减交或者免交诉讼费用的,人民法院应当依照《诉讼费用交纳办法》的规定,视原告的经济状况和案件的审理情况决定是否准许。

第三十四条 社会组织有通过诉讼违法收受财物等牟取经济利益行为的,人民法院可以根据情节轻重依法收缴其非法所得、予以罚款;涉嫌犯罪的,依法移送有关机关处理。

社会组织通过诉讼牟取经济利益的,人民法院应当向登记管理机关或者有关机关发送司法建议,由其依法处理。

第三十五条 本解释施行前最高人民法院发布的司法解释和规范性文件,与本解释不一致的,以本解释为准。

最高人民法院
关于审理消费民事公益诉讼案件适用法律若干问题的解释

法释〔2016〕10号

（2016年2月1日最高人民法院审判委员会第1677次会议通过 2016年4月24日最高人民法院公告公布 自2016年5月1日起施行）

为正确审理消费民事公益诉讼案件，根据《中华人民共和国民事诉讼法》《中华人民共和国侵权责任法》《中华人民共和国消费者权益保护法》等法律规定，结合审判实践，制定本解释。

第一条 中国消费者协会以及在省、自治区、直辖市设立的消费者协会，对经营者侵害众多不特定消费者合法权益或者具有危及消费者人身、财产安全危险等损害社会公共利益的行为提起消费民事公益诉讼的，适用本解释。

法律规定或者全国人大及其常委会授权的机关和社会组织提起的消费民事公益诉讼，适用本解释。

第二条 经营者提供的商品或者服务具有下列情形之一的，适用消费者权益保护法第四十七条规定：

（一）提供的商品或者服务存在缺陷，侵害众多不特定消费者合法权益的；

（二）提供的商品或者服务可能危及消费者人身、财产安全，未作出真实的说明和明确的警示，未标明正确使用商品或者接受服务的方法以及防止危害发生方法的；对提供的商品或者服务质量、性能、用途、有效期限等信息作虚假或引人误解宣传的；

（三）宾馆、商场、餐馆、银行、机场、车站、港口、影剧院、景区、娱乐场所等经营场所存在危及消费者人身、财产安全危险的；

（四）以格式条款、通知、声明、店堂告示等方式，作出排除或者限制消费者权利、减轻或者免除经营者责任、加重消费者责任等对消费者不公平、不合理规定的；

（五）其他侵害众多不特定消费者合法权益或者具有危及消费者人身、财产安全危险等损害社会公共利益的行为。

第三条 消费民事公益诉讼案件管辖适用《最高人民法院关于适用〈中华人民共和国民事诉讼法〉的解释》第二百八十五条的有关规定。

经最高人民法院批准，高级人民法院可以根据本辖区实际情况，在辖区内确定部分中级人民法院受理第一审消费民事公益诉讼案件。

第四条 提起消费民事公益诉讼应当提交下列材料：

（一）符合民事诉讼法第一百二十一条规定的起诉状，并按照被告人数提交副本；

（二）被告的行为侵害众多不特定消费者合法权益或者具有危及消费者人身、财产安全危险等损害社会公共利益的初步证据；

（三）消费者组织就涉诉事项已按照消费者权益保护法第三十七条第四项或者第五项的规定履行公益性职责的证明材料。

第五条 人民法院认为原告提出的诉讼请求不足以保护社会公共利益的，可以向其释明变更或者增加停止侵害等诉讼请求。

第六条 人民法院受理消费民事公益诉讼案件后，应当公告案件受理情况，并在立案之日起十日内书面告知相关行政主管部门。

第七条 人民法院受理消费民事公益诉讼案件后，依法可以提起诉讼的其他机关或者社会组织，可以在一审开庭前向人民法院申请参加诉讼。

人民法院准许参加诉讼的，列为共同原告；逾期申请的，不予准许。

第八条 有权提起消费民事公益诉讼的机关或者社会组织，可以依据民事诉讼法第八十一条规定申请保全证据。

第九条 人民法院受理消费民事公益诉讼案件后，因同一侵权行为受到损害的消费者申请参加诉讼的，人民法院应当告知其根据民事诉讼法第一百一十九条规定主张权利。

第十条 消费民事公益诉讼案件受理后，因同一侵权行为受到损害的消费者请求对其根据民事诉讼法第一百一十九条规定提起的诉讼予以中止，人民法院可以准许。

第十一条 消费民事公益诉讼案件审理过程中，被告提出反诉的，人民法院不予受理。

第十二条 原告在诉讼中承认对己方不利的事实，人民法院认为损害社会公共利益的，不予确认。

第十三条 原告在消费民事公益诉讼案件中，请求被告承担停止侵害、排除妨碍、消除危险、赔礼道歉等民事责任的，人民法院可予支持。

经营者利用格式条款或者通知、声明、店堂告示等，排除或者限制消费者权利、减轻或者免除经营者责任、加重消费者责任，原告认为对消费者不公平、不合理主张无效的，人民法院可予支持。

第十四条 消费民事公益诉讼案件裁判生效后，人民法院应当在十日内书面告知相关行政主管部门，并可发出司法建议。

第十五条 消费民事公益诉讼案件的裁判发生法律效力后，其他依法具有原告资格的机关或者社会组织就同一侵权行为另行提起消费民事公益诉讼的，人民法院不予受理。

第十六条 已为消费民事公益诉讼生效裁判认定的事实，因同一侵权行为受到损害的消费者根据民事诉讼法第一百一十九条规定提起的诉讼，原告、被告均无需举证证明，但当事人对该事实有异议并有相反证据足以推翻的除外。

消费民事公益诉讼生效裁判认定经营者存在不法行为，因同一侵权行为受到损害的消费者根据民事诉讼法第一百一十九条规定提起的诉讼，原告主张适用的，人民法院可予支持，但被告有相反证据足以推翻的除外。被告主张直接适用对其有利认定的，人民法院不予支持，被告仍应承担相应举证证明责任。

第十七条　原告为停止侵害、排除妨碍、消除危险采取合理预防、处置措施而发生的费用，请求被告承担的，人民法院可予支持。

第十八条　原告及其诉讼代理人对侵权行为进行调查、取证的合理费用、鉴定费用、合理的律师代理费用，人民法院可根据实际情况予以相应支持。

第十九条　本解释自 2016 年 5 月 1 日起施行。

本解释施行后人民法院新受理的一审案件，适用本解释。

本解释施行前人民法院已经受理、施行后尚未审结的一审、二审案件，以及本解释施行前已经终审、施行后当事人申请再审或者按照审判监督程序决定再审的案件，不适用本解释。

最高人民法院　最高人民检察院关于检察公益诉讼案件适用法律若干问题的解释

法释〔2018〕6 号

（2018 年 2 月 23 日最高人民法院审判委员会第 1734 次会议、2018 年 2 月 11 日最高人民检察院第十二届检察委员会第 73 次会议通过　2018 年 3 月 1 日最高人民法院、最高人民检察院公告公布　自 2018 年 3 月 2 日起施行）

一、一般规定

第一条　为正确适用《中华人民共和国民事诉讼法》《中华人民共和国行政诉讼法》关于人民检察院提起公益诉讼制度的规定，结合审判、检察工作实际，制定本解释。

第二条　人民法院、人民检察院办理公益诉讼案件主要任务是充分发挥司法审判、法律监督职能作用，维护宪法法律权威，维护社会公平正义，维护国家利益和社会公共利益，督促适格主体依法行使公益诉权，促进依法行政、严格执法。

第三条　人民法院、人民检察院办理公益诉讼案件，应当遵守宪法法律规定，遵循诉讼制度的原则，遵循审判权、检察权运行规律。

第四条　人民检察院以公益诉讼起诉人身份提起公益诉讼，依照民事诉讼法、行政诉讼法享有相应的诉讼权利，履行相应的诉讼义务，但法律、司法解释另有规定的除外。

第五条　市（分、州）人民检察院提起的第一审民事公益诉讼案件，由侵权行为地或者被告住所地中级人民法院管辖。

基层人民检察院提起的第一审行政公益诉讼案件，由被诉行政机关所在地基层人民法院管辖。

第六条 人民检察院办理公益诉讼案件，可以向有关行政机关以及其他组织、公民调查收集证据材料；有关行政机关以及其他组织、公民应当配合；需要采取证据保全措施的，依照民事诉讼法、行政诉讼法相关规定办理。

第七条 人民法院审理人民检察院提起的第一审公益诉讼案件，可以适用人民陪审制。

第八条 人民法院开庭审理人民检察院提起的公益诉讼案件，应当在开庭三日前向人民检察院送达出庭通知书。

人民检察院应当派员出庭，并应当自收到人民法院出庭通知书之日起三日内向人民法院提交派员出庭通知书。派员出庭通知书应当写明出庭人员的姓名、法律职务以及出庭履行的具体职责。

第九条 出庭检察人员履行以下职责：

（一）宣读公益诉讼起诉书；

（二）对人民检察院调查收集的证据予以出示和说明，对相关证据进行质证；

（三）参加法庭调查，进行辩论并发表意见；

（四）依法从事其他诉讼活动。

第十条 人民检察院不服人民法院第一审判决、裁定的，可以向上一级人民法院提起上诉。

第十一条 人民法院审理第二审案件，由提起公益诉讼的人民检察院派员出庭，上一级人民检察院也可以派员参加。

第十二条 人民检察院提起公益诉讼案件判决、裁定发生法律效力，被告不履行的，人民法院应当移送执行。

二、民事公益诉讼

第十三条 人民检察院在履行职责中发现破坏生态环境和资源保护、食品药品安全领域侵害众多消费者合法权益等损害社会公共利益的行为，拟提起公益诉讼的，应当依法公告，公告期间为三十日。

公告期满，法律规定的机关和有关组织不提起诉讼的，人民检察院可以向人民法院提起诉讼。

第十四条 人民检察院提起民事公益诉讼应当提交下列材料：

（一）民事公益诉讼起诉书，并按照被告人数提出副本；

（二）被告的行为已经损害社会公共利益的初步证明材料；

（三）检察机关已经履行公告程序的证明材料。

第十五条 人民检察院依据民事诉讼法第五十五条第二款的规定提起民事公益诉讼，符合民事诉讼法第一百一十九条第二项、第三项、第四项及本解释规定的起诉条件的，人民法院应当登记立案。

第十六条 人民检察院提起的民事公益诉讼案件中，被告以反诉方式提出诉讼请求的，人民法院不予受理。

第十七条　人民法院受理人民检察院提起的民事公益诉讼案件后,应当在立案之日起五日内将起诉书副本送达被告。

人民检察院已履行诉前公告程序的,人民法院立案后不再进行公告。

第十八条　人民法院认为人民检察院提出的诉讼请求不足以保护社会公共利益的,可以向其释明变更或者增加停止侵害、恢复原状等诉讼请求。

第十九条　民事公益诉讼案件审理过程中,人民检察院诉讼请求全部实现而撤回起诉的,人民法院应予准许。

第二十条　人民检察院对破坏生态环境和资源保护、食品药品安全领域侵害众多消费者合法权益等损害社会公共利益的犯罪行为提起刑事公诉时,可以向人民法院一并提起附带民事公益诉讼,由人民法院同一审判组织审理。

人民检察院提起的刑事附带民事公益诉讼案件由审理刑事案件的人民法院管辖。

三、行政公益诉讼

第二十一条　人民检察院在履行职责中发现生态环境和资源保护、食品药品安全、国有财产保护、国有土地使用权出让等领域负有监督管理职责的行政机关违法行使职权或者不作为,致使国家利益或者社会公共利益受到侵害的,应当向行政机关提出检察建议,督促其依法履行职责。

行政机关应当在收到检察建议书之日起两个月内依法履行职责,并书面回复人民检察院。出现国家利益或者社会公共利益损害继续扩大等紧急情形的,行政机关应当在十五日内书面回复。

行政机关不依法履行职责的,人民检察院依法向人民法院提起诉讼。

第二十二条　人民检察院提起行政公益诉讼应当提交下列材料:

(一) 行政公益诉讼起诉书,并按照被告人数提出副本;

(二) 被告违法行使职权或者不作为,致使国家利益或者社会公共利益受到侵害的证明材料;

(三) 检察机关已经履行诉前程序,行政机关仍不依法履行职责或者纠正违法行为的证明材料。

第二十三条　人民检察院依据行政诉讼法第二十五条第四款的规定提起行政公益诉讼,符合行政诉讼法第四十九条第二项、第三项、第四项及本解释规定的起诉条件的,人民法院应当登记立案。

第二十四条　在行政公益诉讼案件审理过程中,被告纠正违法行为或者依法履行职责而使人民检察院的诉讼请求全部实现,人民检察院撤回起诉的,人民法院应当裁定准许;人民检察院变更诉讼请求,请求确认原行政行为违法的,人民法院应当判决确认违法。

第二十五条　人民法院区分下列情形作出行政公益诉讼判决:

(一) 被诉行政行为具有行政诉讼法第七十四条、第七十五条规定情形之一的,判决确认违法或者确认无效,并可以同时判决责令行政机关采取补救措施;

(二) 被诉行政行为具有行政诉讼法第七十条规定情形之一的,判决撤销或者部分撤销，并可以判决被诉行政机关重新作出行政行为；

（三）被诉行政机关不履行法定职责的，判决在一定期限内履行；

（四）被诉行政机关作出的行政处罚明显不当，或者其他行政行为涉及对款额的确定、认定确有错误的，判决予以变更；

（五）被诉行政行为证据确凿，适用法律、法规正确，符合法定程序，未超越职权，未滥用职权，无明显不当，或者人民检察院诉请被诉行政机关履行法定职责理由不成立的，判决驳回诉讼请求。

人民法院可以将判决结果告知被诉行政机关所属的人民政府或者其他相关的职能部门。

四、附　则

第二十六条　本解释未规定的其他事项，适用民事诉讼法、行政诉讼法以及相关司法解释的规定。

第二十七条　本解释自2018年3月2日起施行。

最高人民法院、最高人民检察院之前发布的司法解释和规范性文件与本解释不一致的，以本解释为准。

最高人民法院　民政部　环境保护部
关于贯彻实施环境民事公益诉讼制度的通知

2014年12月26日　　　　　　　　　　　　　　法〔2014〕352号

各省、自治区、直辖市高级人民法院、民政厅（局）、环境保护厅（局）、新疆维吾尔自治区高级人民法院生产建设兵团分院、民政局、环境保护局：

为正确实施《中华人民共和国民事诉讼法》、《中华人民共和国环境保护法》、《最高人民法院关于审理环境民事公益诉讼案件适用法律若干问题的解释》，现就贯彻实施环境民事公益诉讼制度有关事项通知如下：

一、人民法院受理和审理社会组织提起的环境民事公益诉讼，可根据案件需要向社会组织的登记管理机关查询或者核实社会组织的基本信息，包括名称、住所、成立时间、宗旨、业务范围、法定代表人或者负责人、存续状态、年检信息、从事业务活动的情况以及登记管理机关掌握的违法记录等，有关登记管理机关应及时将相关信息向人民法院反馈。

二、社会组织存在通过诉讼牟取经济利益情形的，人民法院应向其登记管理机关发送司法建议，由登记管理机关依法对其进行查处，查处结果应向社会公布并通报人民法院。

三、人民法院受理环境民事公益诉讼后,应当在十日内通报对被告行为负有监督管理职责的环境保护主管部门。环境保护主管部门收到人民法院受理环境民事公益诉讼案件线索后,可以根据案件线索开展核查;发现被告行为构成环境行政违法的,应当依法予以处理,并将处理结果通报人民法院。

四、人民法院因审理案件需要,向负有监督管理职责的环境保护主管部门调取涉及被告的环境影响评价文件及其批复、环境许可和监管、污染物排放情况、行政处罚及处罚依据等证据材料的,相关部门应及时向人民法院提交,法律法规规定不得对外提供的材料除外。

五、环境民事公益诉讼当事人达成调解协议或者自行达成和解协议的,人民法院应当将协议内容告知负有监督管理职责的环境保护主管部门。相关部门对协议约定的修复费用、修复方式等内容有意见和建议的,应及时向人民法院提出。

六、人民法院可以判决被告自行组织修复生态环境,可以委托第三方修复生态环境,必要时也可以商请负有监督管理职责的环境保护主管部门共同组织修复生态环境。对生态环境损害修复结果,人民法院可以委托具有环境损害评估等相关资质的鉴定机构进行鉴定,必要时可以商请负有监督管理职责的环境保护主管部门协助审查。

七、人民法院判决被告承担的生态环境修复费用、生态环境受到损害至恢复原状期间服务功能损失等款项,应当用于修复被损害的生态环境。提起环境民事公益诉讼的原告在诉讼中所需的调查取证、专家咨询、检验、鉴定等必要费用,可以酌情从上述款项中支付。

八、人民法院应将判决执行情况及时告知提起环境民事公益诉讼的社会组织。

各级人民法院、民政部门、环境保护部门应认真遵照执行。对于实施工作中存在的问题和建议,请分别及时报告最高人民法院、民政部、环境保护部。

最高人民法院
关于印发《人民法院审理人民检察院提起公益诉讼案件试点工作实施办法》的通知

2016年2月25日　　　　　　　　　　　法发〔2016〕6号

各省、自治区、直辖市高级人民法院,解放军军事法院,新疆维吾尔自治区高级人民法院生产建设兵团分院:

为全面贯彻落实党的十八届四中全会精神,完成中央部署的探索检察机关提起公益诉讼的司法改革任务,保障人民检察院提起公益诉讼案件的正确审理,根据《全国人民代表大会常务委员会关于授权最高人民检察院在部分地区开展公益诉讼试点工作的决定》,我院制定了《人民法院审理人民检察院提起公益诉讼案件试点工作实施办法》。该实施办法已于 2016 年 2 月 22 日由最高人民法院审判委员会第 1679 次会议通过，现予印发，自 2016 年 3 月 1 日起施行，请各试点地区人民法院认真贯彻执行。对于执行中遇到的重要情况和问题，请及时报告最高人民法院。

附：

人民法院审理人民检察院提起公益诉讼案件试点工作实施办法

为贯彻实施《全国人民代表大会常务委员会关于授权最高人民检察院在部分地区开展公益诉讼试点工作的决定》，依法审理人民检察院提起的公益诉讼案件，依据《中华人民共和国民事诉讼法》《中华人民共和国行政诉讼法》等法律的规定，结合审判工作实际，制定本办法。

一、民事公益诉讼

第一条 人民检察院认为被告有污染环境、破坏生态、在食品药品安全领域侵害众多消费者合法权益等损害社会公共利益的行为，在没有适格主体提起诉讼或者适格主体不提起诉讼的情况下，向人民法院提起民事公益诉讼，符合民事诉讼法第一百一十九条第二项、第三项、第四项规定的，人民法院应当登记立案。

第二条 人民检察院提起民事公益诉讼应当提交下列材料：

（一）符合民事诉讼法第一百二十一条规定的起诉状，并按照被告人数提出副本；

（二）污染环境、破坏生态、在食品药品安全领域侵害众多消费者合法权益等损害社会公共利益行为的初步证明材料；

（三）人民检察院已经履行督促或者支持法律规定的机关或有关组织提起民事公益诉讼的诉前程序的证明材料。

第三条 人民检察院提起民事公益诉讼，可以提出要求被告停止侵害、排除妨碍、消除危险、恢复原状、赔偿损失、赔礼道歉等诉讼请求。

第四条 人民检察院以公益诉讼人身份提起民事公益诉讼，诉讼权利义务参照民事诉讼法关于原告诉讼权利义务的规定。民事公益诉讼的被告是被诉实施损害社会公共利益行为的公民、法人或者其他组织。

第五条 人民检察院提起的第一审民事公益诉讼案件由侵害行为发生地、损害结果地或者被告住所地的中级人民法院管辖，但法律、司法解释另有规定的除外。

第六条 人民法院审理人民检察院提起的民事公益诉讼案件，被告提出反诉请求的，不予受理。

第七条 人民法院审理人民检察院提起的第一审民事公益诉讼案件，原则上适用人民陪审制。

当事人申请不适用人民陪审制审理的，人民法院经审查可以决定不适用人民陪审制审理。

第八条　人民检察院与被告达成和解协议或者调解协议后,人民法院应当将协议内容公告,公告期间不少于三十日。

公告期满后,人民法院审查认为和解协议或者调解协议内容不损害社会公共利益的,应当出具调解书。

第九条　人民检察院在法庭辩论终结前申请撤诉,或者在法庭辩论终结后,人民检察院的诉讼请求全部实现,申请撤诉的,应予准许。

第十条　对于人民法院作出的民事公益诉讼判决、裁定,当事人依法提起上诉、人民检察院依法提起抗诉或者其他当事人依法申请再审且符合民事诉讼法第二百条规定的,分别按照民事诉讼法规定的第二审程序、审判监督程序审理。

二、行政公益诉讼

第十一条　人民检察院认为在生态环境和资源保护、国有资产保护、国有土地使用权出让等领域负有监督管理职责的行政机关或者法律、法规、规章授权的组织违法行使职权或不履行法定职责,造成国家和社会公共利益受到侵害,向人民法院提起行政公益诉讼,符合行政诉讼法第四十九条第二项、第三项、第四项规定的,人民法院应当登记立案。

第十二条　人民检察院提起行政公益诉讼应当提交下列材料:

(一)行政公益诉讼起诉状,并按照被告人数提出副本;

(二)被告的行为造成国家和社会公共利益受到侵害的初步证明材料;

(三)人民检察院已经履行向相关行政机关提出检察建议、督促其纠正违法行政行为或者依法履行职责的诉前程序的证明材料。

第十三条　人民检察院提起行政公益诉讼,可以向人民法院提出撤销或者部分撤销违法行政行为、在一定期限内履行法定职责、确认行政行为违法或者无效等诉讼请求。

第十四条　人民检察院以公益诉讼人身份提起行政公益诉讼,诉讼权利义务参照行政诉讼法关于原告诉讼权利义务的规定。行政公益诉讼的被告是生态环境和资源保护、国有资产保护、国有土地使用权出让等领域行使职权或者负有行政职责的行政机关,以及法律、法规、规章授权的组织。

第十五条　人民检察院提起的第一审行政公益诉讼案件由最初作出行政行为的行政机关所在地基层人民法院管辖。经复议的案件,也可以由复议机关所在地基层人民法院管辖。

人民检察院对国务院部门或者县级以上地方人民政府所作的行政行为提起公益诉讼的案件以及本辖区内重大、复杂的公益诉讼案件由中级人民法院管辖。

第十六条　人民法院审理人民检察院提起的第一审行政公益诉讼案件,原则上适用人民陪审制。

第十七条　人民法院审理人民检察院提起的行政公益诉讼案件,不适用调解。

第十八条　人民法院对行政公益诉讼案件宣告判决或者裁定前,人民检察院申请撤诉的,是否准许,由人民法院裁定。

第十九条 对于人民法院作出的行政公益诉讼判决、裁定，当事人依法提起上诉、人民检察院依法提起抗诉或者其他当事人申请再审且符合行政诉讼法第九十一条规定的，分别按照行政诉讼法规定的第二审程序、审判监督程序审理。

三、其他规定

第二十条 人民法院审理人民检察院提起的公益诉讼案件，应当依法公开进行。人民法院可以邀请人大代表、政协委员等旁听庭审，并可以通过庭审直播录播等方式满足公众和媒体了解庭审实况的需要。裁判文书应当按照有关规定在互联网上公开发布。

第二十一条 人民法院审理人民检察院提起的公益诉讼案件，认为应当提出司法建议的，按照《最高人民法院关于加强司法建议工作的意见》办理。

第二十二条 人民法院审理人民检察院提起的公益诉讼案件，人民检察院免交《诉讼费用交纳办法》第六条 规定的诉讼费用。

第二十三条 人民法院审理人民检察院提起的公益诉讼案件，本办法没有规定的，适用《中华人民共和国民事诉讼法》《中华人民共和国行政诉讼法》及相关司法解释的规定。

四、附 则

第二十四条 本办法适用于北京、内蒙古、吉林、江苏、安徽、福建、山东、湖北、广东、贵州、云南、陕西、甘肃等十三个省、自治区、直辖市。

第二十五条 本办法自 2016 年 3 月 1 日起施行。

最高人民法院
关于贯彻《中华人民共和国民事诉讼法》《中华人民共和国行政诉讼法》做好检察机关公益诉讼案件审判工作的通知

2017 年 7 月 18 日　　　　　　　　　　　　法〔2017〕216 号

各省、自治区、直辖市高级人民法院，解放军军事法院，新疆维吾尔自治区高级人民法院生产建设兵团分院：

2017 年 6 月 27 日，全国人民代表大会常务委员会通过了《关于修改〈中华人民共和国民事诉讼法〉和〈中华人民共和国行政诉讼法〉的决定》。为保证统一正确适用修改后的民事诉讼法、行政诉讼法关于检察机关提起公益诉讼案件规定，特通知如下：

一、充分认识检察机关公益诉讼制度的重大意义。2017 年 6 月 27 日，全国人民代表大会常务委员会通过了《关于修改〈中华人民共和国民事诉讼法〉和〈中华人民共和国行政诉讼法〉的决定》，以立法形式确立了检察机关提起公益诉讼制度。各级人民法院应当充分认识检察机关公益诉讼制度对于优化司法职权配置、完善诉讼法律制度、维护社会公共利益，发展完善中国特色社会主义司法制度的重大意义，充分发挥审判职能作用，依法审理检察机关公益诉讼案件，确保法律正确实施。

二、认真领会立法精神，依法受理检察机关公益诉讼案件。各级人民法院特别是非试点地区人民法院要认真学习贯彻民事诉讼法，行政诉讼法，最高人民法院相关司法解释、规范性文件以及指导性案例，遵循民事诉讼、行政诉讼的基本制度和规律，按照试点期间探索的做法和经验，及时受理检察机关提起的符合法定条件的公益诉讼案件，确保检察机关公益诉讼制度的有效实施。同时，总结交流试点工作经验，加强业务培训，认真研究审判工作中的新情况新问题，提高审判能力和水平，做好审理检察机关公益诉讼案件的充分准备。

三、认真领会立法修改内容，确保审判质效。各级人民法院在受理、审理检察机关公益诉讼过程中，如遇适用民事诉讼法、行政诉讼法仍无法解决的问题，要严格落实《最高人民法院关于审理环境民事公益诉讼案件适用法律若干问题的解释》《最高人民法院关于审理环境公益诉讼案件的工作规范（试行）》等司法解释和规定的要求，受理、审理检察机关提起的公益诉讼案件，平等保障当事人诉讼权利，维护社会公共利益和人民群众合法权益。

四、保障修改后法律的有效实施，健全监督指导工作机制。各级人民法院应严格依法受理、审理检察机关提起的民事、行政公益诉讼，如遇与现行法律相冲突、相矛盾的情形及问题，要及时层报最高人民法院。

十五、第二审程序

最高人民法院
关于第二审人民法院因追加、更换当事人发回重审的民事裁定书上，应如何列当事人问题的批复

1990年4月14日　　　　　　　　　　　　　　　法民〔1990〕8号

山东省高级人民法院：

你院鲁法（经）函〔1990〕19号《关于在第二审追加当事人后调解不成发回重审的民事裁定书上，是否列上被追加的当事人问题的请示报告》收悉。经研究，我们认为：

第二审人民法院审理需要追加或更换当事人的案件，如调解不成，应发回重审。在发回重审的民事裁定书上，不应列被追加或更换的当事人。

最高人民法院
关于第二审人民法院在审理过程中可否对当事人的违法行为径行制裁等问题的批复

1990年7月25日　　　　　　　　　　　　　　　法经〔1990〕45号

湖北省高级人民法院：

你院鄂法〔1990〕经呈字第1号《关于人民法院在第二审中发现需要对当事人的违法行为予以民事制裁时，应由哪一审法院作出决定等问题的请示》报告收悉。经研究，答复如下：

一、第二审人民法院在审理案件过程中，认为当事人有违法行为应予依法制裁而原

审人民法院未予制裁的，可以径行予以民事制裁。

二、当事人不服人民法院民事制裁决定而向上一级人民法院申请复议的，该上级人民法院无论维持、变更或者撤销原决定，均应制作民事制裁决定书。

三、人民法院复议期间，被制裁人请求撤回复议申请的，经过审查，应当采取通知的形式，准予撤回申请或者驳回其请求。

最高人民法院
关于原审法院确认合同效力有错误而上诉人未对合同效力提出异议的案件第二审法院可否变更问题的复函

1991年8月14日　　　　　　　　　　法（经）函〔1991〕85号

四川省高级人民法院：

你院川法研〔1991〕34号《关于原审法院确认合同效力有错误而上诉人未对合同效力提出异议的案件第二审法院可否变更的请示》收悉。经研究，答复如下：

《中华人民共和国民事诉讼法》第一百五十一条规定："第二审人民法院应当对上诉请求的有关事实和适用法律进行审查。"这一规定并不排斥人民法院在审理上诉案件时，对上诉人在上诉请求中未提出的问题进行审查。如果第二审人民法院发现原判对上诉请求未涉及的问题的处理确有错误，应当在二审中予以纠正。

此复。

最高人民法院
关于原告诉讼请求的根据在第二审期间被人民政府撤销的案件第二审法院如何处理问题的复函

1991年10月24日　　　　　　　　　〔1991〕民他字第48号

海南省高级人民法院：

你院琼高法（民）函〔1991〕1号《关于原告诉讼请求的根据在第二审期间被人民政府撤销的案件，第二审程序上如何处理的请示报告》收悉。经我们研究认为，该案原告邓冠英、王文国持琼海县人民政府的决定,要求被告琼海县无线电厂腾退房屋,属于落实侨房政策问题,不属人民法院主管。据此,依照《民事诉讼法》第一百零八条第一款第四项、第一百五十三条第一款第二项和第一百五十八条的规定,第二审人民法院可以裁定撤销原判,驳回原告起诉。

最高人民法院
关于第二审人民法院发现原审人民法院
已生效的民事制裁决定确有错误
应如何纠正问题的复函

1994年11月21日　　　　　　　　　　　法经〔1994〕308号

西藏自治区高级人民法院:

你院藏高法〔1994〕49号请示收悉。经研究,答复如下:

同意你院审判委员会的意见。第二审人民法院纠正一审人民法院已生效的民事制裁决定,可比照我院1986年4月2日法(研)复〔1986〕14号批复的精神处理。即:上级人民法院发现下级人民法院已生效的民事制裁决定确有错误时,应及时予以纠正。纠正的方法,可以口头或者书面通知下级人民法院纠正,也可以使用决定书,撤销下级人民法院的决定。

最高人民法院
关于美籍华人要求向中国法院
上诉可否准许问题的函

1983年2月11日　　　　　　　　　　　〔83〕民他字第2号

外交部领事司:

我院收到我国驻旧金山总领事馆旧侨发字第37号关于美籍华人A·Gee要求向我院上诉的来函,我院不便直接函复,现转交你部,请你们函复旧金山总领事馆。

对来函所提问题,我们的意见是,双方当事人Alexander Gee和Rennie Gee都加入了美国籍,都在美国定居,侵权行为发生在我国境外,他们之间的争讼,按照我国民事诉讼法(试行)第一百八十五条、第二十条和第二十二条的规定,我国人民法院无管辖权。

以上意见供参考。

最高人民法院经济审判庭
关于不服一审判决上诉的案件二审人民法院可否作出裁定驳回起诉处理问题的电话答复

(1987年11月2日)

云南省高级人民法院：

你院1987年9月19日云法字〔1987〕第37号"关于不服一审判决上诉的案件，二审人民法院可否作出裁定驳回起诉处理的请示"收悉。经研究答复如下：

同意你院二审法院对当事人不服判决的上诉案件，不能采取直接驳回起诉的意见。二审人民法院如查明一审原告起诉不符合立案受理条件的，应依据民事诉讼法（试行）第一百五十一条第一款第（三）项规定，裁定撤销原判，发回原审人民法院。需要驳回的，由一审法院裁定驳回。

最高人民法院
关于人民法院在再审程序中应当如何处理当事人撤回原抗诉申请问题的复函

2004年4月20日　　　　　　　　　　　　法函〔2004〕25号

云南省高级人民法院：

你院《关于人民检察院因审查当事人申诉而提起抗诉的民事再审案件，申诉人在人民法院审理过程中申请撤诉、是否应当准许的请示》（云高法〔2003〕9号）收悉。经研究，答复如下：

人民法院对于人民检察院提起抗诉的民事案件作出再审裁定后，当事人正式提出撤回原抗诉申请，人民检察院没有撤回抗诉的，人民法院应当裁定终止审理，但原判决、裁定可能违反社会公共利益的除外。

十六、特别程序

最高人民法院关于人身安全保护令案件相关程序问题的批复

法释〔2016〕15号

（2016年6月6日最高人民法院审判委员会第1686次会议通过 2016年7月11日最高人民法院公告公布 自2016年7月13日起施行）

北京市高级人民法院：

你院《关于人身安全保护令案件相关程序问题的请示》（京高法〔2016〕45号）收悉。经研究，批复如下：

一、关于人身安全保护令案件是否收取诉讼费的问题。同意你院倾向性意见，即向人民法院申请人身安全保护令，不收取诉讼费用。

二、关于申请人身安全保护令是否需要提供担保的问题。同意你院倾向性意见，即根据《中华人民共和国反家庭暴力法》请求人民法院作出人身安全保护令的，申请人不需要提供担保。

三、关于人身安全保护令案件适用程序等问题。人身安全保护令案件适用何种程序，反家庭暴力法中没有作出直接规定。人民法院可以比照特别程序进行审理。家事纠纷案件中的当事人向人民法院申请人身安全保护令的，由审理该案的审判组织作出是否发出人身安全保护令的裁定；如果人身安全保护令的申请人在接受其申请的人民法院并无正在进行的家事案件诉讼，由法官以独任审理的方式审理。至于是否需要就发出人身安全保护令问题听取被申请人的意见，则由承办法官视案件的具体情况决定。

四、关于复议问题。对于人身安全保护令的被申请人提出的复议申请和人身安全保护令的申请人就驳回裁定提出的复议申请，可以由原审判组织进行复议；人民法院认为必要的，也可以另行指定审判组织进行复议。

此复。

最高人民法院研究室
关于四川汶川特大地震发生后人民法院受理宣告失踪、死亡案件应如何适用法律问题的答复

2008年6月5日　　　　　　　　　　　　法研〔2008〕73号

四川省高级人民法院：

你院《关于震后受理有关宣告失踪、死亡案件如何适用法律问题的紧急请示》（川高法〔2008〕212号）收悉。经研究，答复如下：

一、根据民事诉讼法第一百六十六条第一款、第一百六十七条的规定。申请宣告失踪、宣告死亡的，应当由利害关系人向下落不明人住所地基层人民法院提出。由于特大地震灾害后，"下落不明人住所地基层人民法院"受到严重破坏，难以开展审判工作，对申请宣告失踪、宣告死亡的案件不能行使管辖权的，上级人民法院可以依照民事诉讼法第三十七条第二款的规定，指定其他基层人民法院管辖。

二、民事诉讼法第一百六十八条"因意外事故下落不明，经有关机关证明该公民不可能生存的，宣告死亡的公告期间为三个月"中的"有关机关"，主要是指公安机关，也可以包括当地县级以上人民政府，但不包括村民委员会、居民委员会或者下落不明公民的工作单位。

三、民事诉讼法第一百六十八条关于"宣告死亡的公告期间为三个月"的规定明确具体，对公告期间应当严格依照法律规定掌握。

此复。

十七、审判监督程序

最高人民法院关于适用《中华人民共和国民事诉讼法》审判监督程序若干问题的解释

法释〔2008〕14号

(2008年11月10日最高人民法院审判委员会第1453次会议通过 2008年11月25日最高人民法院公告公布 自2008年12月1日起施行)

为了保障当事人申请再审权利,规范审判监督程序,维护各方当事人的合法权益,根据2007年10月28日修正的《中华人民共和国民事诉讼法》,结合审判实践,对审判监督程序中适用法律的若干问题作出如下解释:

第一条 当事人在民事诉讼法第一百八十四条规定的期限内,以民事诉讼法第一百七十九条所列明的再审事由,向原审人民法院的上一级人民法院申请再审的,上一级人民法院应当依法受理。

第二条 民事诉讼法第一百八十四条规定的申请再审期间不适用中止、中断和延长的规定。

第三条 当事人申请再审,应当向人民法院提交再审申请书,并按照对方当事人人数提出副本。

人民法院应当审查再审申请书是否载明下列事项:

(一)申请再审人与对方当事人的姓名、住所及有效联系方式等基本情况;法人或其他组织的名称、住所和法定代表人或主要负责人的姓名、职务及有效联系方式等基本情况;

(二)原审人民法院的名称,原判决、裁定、调解文书案号;

(三)申请再审的法定情形及具体事实、理由;

(四)具体的再审请求。

第四条 当事人申请再审,应当向人民法院提交已经发生法律效力的判决书、裁定书、调解书,身份证明及相关证据材料。

第五条 案外人对原判决、裁定、调解书确定的执行标的物主张权利,且无法提起新的诉讼解决争议的,可以在判决、裁定、调解书发生法律效力后二年内,或者自知道或应当知道利益被损害之日起三个月内,向作出原判决、裁定、调解书的人民法院的上一级人民法院申请再审。

在执行过程中,案外人对执行标的提出书面异议的,按照民事诉讼法第二百零四条的规定处理。

第六条 申请再审人提交的再审申请书或者其他材料不符合本解释第三条、第四条的规定,或者有人身攻击等内容,可能引起矛盾激化的,人民法院应当要求申请再审人补充或改正。

第七条 人民法院应当自收到符合条件的再审申请书等材料后五日内完成向申请再审人发送受理通知书等受理登记手续,并向对方当事人发送受理通知书及再审申请书副本。

第八条 人民法院受理再审申请后,应当组成合议庭予以审查。

第九条 人民法院对再审申请的审查,应当围绕再审事由是否成立进行。

第十条 申请再审人提交下列证据之一的,人民法院可以认定为民事诉讼法第一百七十九条第一款第(一)项规定的"新的证据":

(一)原审庭审结束前已客观存在庭审结束后新发现的证据;

(二)原审庭审结束前已经发现,但因客观原因无法取得或在规定的期限内不能提供的证据;

(三)原审庭审结束后原作出鉴定结论、勘验笔录者重新鉴定、勘验,推翻原结论的证据。

当事人在原审中提供的主要证据,原审未予质证、认证,但足以推翻原判决、裁定的,应当视为新的证据。

第十一条 对原判决、裁定的结果有实质影响、用以确定当事人主体资格、案件性质、具体权利义务和民事责任等主要内容所依据的事实,人民法院应当认定为民事诉讼法第一百七十九条第一款第(二)项规定的"基本事实"。

第十二条 民事诉讼法第一百七十九条第一款第(五)项规定的"对审理案件需要的证据",是指人民法院认定案件基本事实所必需的证据。

第十三条 原判决、裁定适用法律、法规或司法解释有下列情形之一的,人民法院应当认定为民事诉讼法第一百七十九条第一款第(六)项规定的"适用法律确有错误":

(一)适用的法律与案件性质明显不符的;

(二)确定民事责任明显违背当事人约定或者法律规定的;

(三)适用已经失效或尚未施行的法律的;

(四)违反法律溯及力规定的;

(五)违反法律适用规则的;

(六)明显违背立法本意的。

第十四条 违反专属管辖、专门管辖规定以及其他严重违法行使管辖权的,人民法院应当认定为民事诉讼法第一百七十九条第一款第(七)项规定的"管辖错误"。

第十五条 原审开庭过程中审判人员不允许当事人行使辩论权利,或者以不送达起诉状副本或上诉状副本等其他方式,致使当事人无法行使辩论权利的,人民法院应当认定为民事诉讼法第一百七十九条第一款第(十)项规定的"剥夺当事人辩论权利"。但依法缺席审理,依法径行判决、裁定的除外。

第十六条 原判决、裁定对基本事实和案件性质的认定系根据其他法律文书作出,而上述其他法律文书被撤销或变更的,人民法院可以认定为民事诉讼法第一百七十九条第一款第(十三)项规定的情形。

第十七条 民事诉讼法第一百七十九条第二款规定的"违反法定程序可能影响案件正确判决、裁定的情形",是指除民事诉讼法第一百七十九条第一款第(四)项以及第(七)项至第(十二)项之外的其他违反法定程序,可能导致案件裁判结果错误的情形。

第十八条 民事诉讼法第一百七十九条第二款规定的"审判人员在审理该案件时有贪污受贿,徇私舞弊,枉法裁判行为",是指该行为已经相关刑事法律文书或者纪律处分决定确认的情形。

第十九条 人民法院经审查再审申请书等材料,认为申请再审事由成立的,应当径行裁定再审。

当事人申请再审超过民事诉讼法第一百八十四条规定的期限,或者超出民事诉讼法第一百七十九条所列明的再审事由范围的,人民法院应当裁定驳回再审申请。

第二十条 人民法院认为仅审查再审申请书等材料难以作出裁定的,应当调阅原审卷宗予以审查。

第二十一条 人民法院可以根据案情需要决定是否询问当事人。

以有新的证据足以推翻原判决、裁定为由申请再审的,人民法院应当询问当事人。

第二十二条 在审查再审申请过程中,对方当事人也申请再审的,人民法院应当将其列为申请再审人,对其提出的再审申请一并审查。

第二十三条 申请再审人在案件审查期间申请撤回再审申请的,是否准许,由人民法院裁定。

申请再审人经传票传唤,无正当理由拒不接受询问,可以裁定按撤回再审申请处理。

第二十四条 人民法院经审查认为申请再审事由不成立的,应当裁定驳回再审申请。

驳回再审申请的裁定一经送达,即发生法律效力。

第二十五条 有下列情形之一的,人民法院可以裁定终结审查:

(一)申请再审人死亡或者终止,无权利义务承受人或者权利义务承受人声明放弃再审申请的;

(二)在给付之诉中,负有给付义务的被申请人死亡或者终止,无可供执行的财产,也没有应当承担义务的人的;

(三)当事人达成执行和解协议且已履行完毕的,但当事人在执行和解协议中声明不放弃申请再审权利的除外;

(四)当事人之间的争议可以另案解决的。

第二十六条 人民法院审查再审申请期间，人民检察院对该案提出抗诉的，人民法院应依照民事诉讼法第一百八十八条的规定裁定再审。申请再审人提出的具体再审请求应纳入审理范围。

第二十七条 上一级人民法院经审查认为申请再审事由成立的，一般由本院提审。最高人民法院、高级人民法院也可以指定与原审人民法院同级的其他人民法院再审，或者指令原审人民法院再审。

第二十八条 上一级人民法院可以根据案件的影响程度以及案件参与人等情况，决定是否指定再审。需要指定再审的，应当考虑便利当事人行使诉讼权利以及便利人民法院审理等因素。

接受指定再审的人民法院，应当按照民事诉讼法第一百八十六条第一款规定的程序审理。

第二十九条 有下列情形之一的，不得指令原审人民法院再审：

（一）原审人民法院对该案无管辖权的；

（二）审判人员在审理该案件时有贪污受贿、徇私舞弊、枉法裁判行为的；

（三）原判决、裁定系经原审人民法院审判委员会讨论作出的；

（四）其他不宜指令原审人民法院再审的。

第三十条 当事人未申请再审、人民检察院未抗诉的案件，人民法院发现原判决、裁定、调解协议有损害国家利益、社会公共利益等确有错误情形的，应当依照民事诉讼法第一百七十七条的规定提起再审。

第三十一条 人民法院应当依照民事诉讼法第一百八十六条的规定，按照第一审程序或者第二审程序审理再审案件。

人民法院审理再审案件应当开庭审理。但按照第二审程序审理的，双方当事人已经其他方式充分表达意见，且书面同意不开庭审理的除外。

第三十二条 人民法院开庭审理再审案件，应分别不同情形进行：

（一）因当事人申请裁定再审的，先由申请再审人陈述再审请求及理由，后由被申请人答辩及其他原审当事人发表意见；

（二）因人民检察院抗诉裁定再审的，先由抗诉机关宣读抗诉书，再由申请抗诉的当事人陈述，后由被申请人答辩及其他原审当事人发表意见；

（三）人民法院依职权裁定再审的，当事人按照其在原审中的诉讼地位依次发表意见。

第三十三条 人民法院应当在具体的再审请求范围内或在抗诉支持当事人请求的范围内审理再审案件。当事人超出原审范围增加、变更诉讼请求的，不属于再审审理范围。但涉及国家利益、社会公共利益，或者当事人在原审诉讼中已经依法要求增加、变更诉讼请求，原审未予审理且客观上不能形成其他诉讼的除外。

经再审裁定撤销原判决，发回重审后，当事人增加诉讼请求的，人民法院依照民事诉讼法第一百二十六条的规定处理。

第三十四条 申请再审人在再审期间撤回再审申请的，是否准许由人民法院裁定。裁定准许的，应终结再审程序。申请再审人经传票传唤，无正当理由拒不到庭的，或者未经法庭许可中途退庭的，可以裁定按自动撤回再审申请处理。

人民检察院抗诉再审的案件，申请抗诉的当事人有前款规定的情形，且不损害国家利益、社会公共利益或第三人利益的，人民法院应当裁定终结再审程序；人民检察院撤回抗诉的，应当准予。

终结再审程序的，恢复原判决的执行。

第三十五条 按照第一审程序审理再审案件时，一审原告申请撤回起诉的，是否准许由人民法院裁定。裁定准许的，应当同时裁定撤销原判决、裁定、调解书。

第三十六条 当事人在再审审理中经调解达成协议的，人民法院应当制作调解书。调解书经各方当事人签收后，即具有法律效力，原判决、裁定视为被撤销。

第三十七条 人民法院经再审审理认为，原判决、裁定认定事实清楚、适用法律正确的，应予维持；原判决、裁定在认定事实、适用法律、阐述理由方面虽有瑕疵，但裁判结果正确的，人民法院应在再审判决、裁定中纠正上述瑕疵后予以维持。

第三十八条 人民法院按照第二审程序审理再审案件，发现原判决认定事实错误或者认定事实不清的，应当在查清事实后改判。但原审人民法院便于查清事实，化解纠纷的，可以裁定撤销原判决，发回重审；原审程序遗漏必须参加诉讼的当事人且无法达成调解协议，以及其他违反法定程序不宜在再审程序中直接作出实体处理的，应当裁定撤销原判决，发回重审。

第三十九条 新的证据证明原判决、裁定确有错误的，人民法院应予改判。

申请再审人或者申请抗诉的当事人提出新的证据致使再审改判，被申请人等当事人因申请再审人或者申请抗诉的当事人的过错未能在原审程序中及时举证，请求补偿其增加的差旅、误工等诉讼费用的，人民法院应当支持；请求赔偿其由此扩大的直接损失，可以另行提起诉讼解决。

第四十条 人民法院以调解方式审结的案件裁定再审后，经审理发现申请再审人提出的调解违反自愿原则的事由不成立，且调解协议的内容不违反法律强制性规定的，应当裁定驳回再审申请，并恢复原调解书的执行。

第四十一条 民事再审案件的当事人应为原审案件的当事人。原审案件当事人死亡或者终止的，其权利义务承受人可以申请再审并参加再审诉讼。

第四十二条 因案外人申请人民法院裁定再审的，人民法院经审理认为案外人应为必要的共同诉讼当事人，在按第一审程序再审时，应追加其为当事人，作出新的判决；在按第二审程序再审时，经调解不能达成协议的，应撤销原判，发回重审，重审时应追加案外人为当事人。

案外人不是必要的共同诉讼当事人的，仅审理其对原判决提出异议部分的合法性，并应根据审理情况作出撤销原判决相关判项或者驳回再审请求的判决；撤销原判决相关判项的，应当告知案外人以及原审当事人可以提起新的诉讼解决相关争议。

第四十三条 本院以前发布的司法解释与本解释不一致的，以本解释为准。本解释未作规定的，按照以前的规定执行。

最高人民法院
关于人民法院对民事案件发回重审和指令再审有关问题的规定

法释〔2002〕24号

(2002年4月15日最高人民法院审判委员会第1221次会议通过 2002年7月31日最高人民法院公告公布 自2002年8月15日起施行)

各省、自治区、直辖市高级人民法院,解放军军事法院,新疆维吾尔自治区高级人民法院生产建设兵团分院:

根据《中华人民共和国民事诉讼法》(以下简称民事诉讼法)的有关规定,现对人民法院将民事案件发回重审和指令再审的有关问题作如下规定:

第一条 第二审人民法院根据民事诉讼法第一百五十三条第一款第(三)项的规定将案件发回原审人民法院重审的,对同一案件,只能发回重审一次。第一审人民法院重审后,第二审人民法院认为原判决认定事实仍有错误,或者原判决认定事实不清、证据不足的,应当查清事实后依法改判。

第二条 各级人民法院依照民事诉讼法第一百七十七条第一款的规定对同一案件进行再审的,只能再审一次。

上级人民法院根据民事诉讼法第一百七十七条第二款的规定指令下级人民法院再审的,只能指令再审一次。上级人民法院认为下级人民法院作出的发生法律效力的再审判决、裁定需要再次进行再审的,上级人民法院应当依法提审。

上级人民法院因下级人民法院违反法定程序而指令再审的,不受前款规定的限制。

第三条 同一人民法院根据民事诉讼法第一百七十八条的规定,对同一案件只能依照审判监督程序审理一次。

前款所称"依照审判监督程序审理一次"不包括人民法院对当事人的再审申请审查后用通知书驳回的情形。

最高人民法院
关于第二审法院裁定按自动撤回上诉处理的案件第一审法院能否再审问题的批复

法释〔1998〕19号

(1998年7月31日最高人民法院审判委员会第1009次会议通过 1998年8月10日最高人民法院公告公布 自1998年8月13日起施行)

河南省高级人民法院:

你院豫高法〔1997〕129号《关于再审案件中若干问题的请示》收悉。经研究,答复如下:

在民事诉讼中,上诉人不依法预交上诉案件受理费,或者经传唤无正当理由拒不到庭,由第二审人民法院裁定按自动撤回上诉处理后,第一审判决自第二审裁定确定之日起生效。当事人对生效的第一审判决不服,申请再审的,第一审人民法院及其上一级人民法院可以依法决定再审,上一级人民法院的同级人民检察院也可以依法提出抗诉。对第二审裁定不服申请再审的,由第二审人民法院或其上一级人民法院依法决定是否再审。

此复。

最高人民法院
关于人民法院不予受理人民检察院单独就诉讼费负担裁定提出抗诉问题的批复

法释〔1998〕22号

(1998年7月21日最高人民法院审判委员会第1005次会议通过 1998年8月31日最高人民法院公告公布 自1998年9月5日起施行)

河南省高级人民法院:

你院豫高法〔1998〕131号《关于人民检察院单独就诉讼费负担的裁定进行抗诉能否受理的请示》收悉。经研究,同意你院意见,即:人民检察院对人民法院就诉讼费负担的裁定提出抗诉,没有法律依据,人民法院不予受理。

此复。

最高人民法院
关于民事损害赔偿案件当事人的再审申请超出原审诉讼请求人民法院是否应当再审问题的批复

法释〔2002〕19号

(2002年7月15日最高人民法院审判委员会第1231次会议通过 2002年7月18日最高人民法院公告公布 自2002年7月20日起施行)

云南省高级人民法院：

你院云高法〔2001〕8号《关于再审民事案件能否超出原判诉讼请求判决的请示》收悉。经研究，答复如下：

根据《中华人民共和国民事诉讼法》第一百七十九条的规定，民事损害赔偿案件当事人的再审申请超出原审诉讼请求，或者当事人在原审判决、裁定执行终结前，以物价变动等为由向人民法院申请再审的，人民法院应当依法予以驳回。

此复。

最高人民法院
关于当事人对按自动撤回上诉处理的裁定不服申请再审人民法院应如何处理问题的批复

法释〔2002〕20号

(2002年7月15日最高人民法院审判委员会第1231次会议通过 2002年7月19日最高人民法院公告公布 自2002年7月24日起施行)

吉林省高级人民法院：

你院吉高法〔2001〕20号《关于当事人对按撤回上诉处理的裁定不服申请再审，人民法院经审查认为该裁定确有错误应如何进行再审问题的请示》收悉。经研究，答复如下：

当事人对按自动撤回上诉处理的裁定不服申请再审,人民法院认为符合《中华人民共和国民事诉讼法》第一百七十九条规定的情形之一的,应当再审。经再审,裁定确有错误的,应当予以撤销,恢复第二审程序。

此复。

最高人民法院关于判决生效后当事人将判决确认的债权转让债权受让人对该判决不服提出再审申请人民法院是否受理问题的批复

法释〔2011〕2号

(2010年12月16日最高人民法院审判委员会第1506次会议通过 2011年1月7日最高人民法院公告公布 自2011年2月1日起施行)

海南省高级人民法院:

你院《关于海南长江旅业有限公司、海南凯立中部开发建设股份有限公司与交通银行海南分行借款合同纠纷一案的请示报告》(〔2009〕琼民再终字第16号)收悉。经研究,答复如下:

判决生效后当事人将判决确认的债权转让,债权受让人对该判决不服提出再审申请的,因其不具有申请再审人主体资格,人民法院应依法不予受理。

最高人民法院关于民事审判监督程序严格依法适用指令再审和发回重审若干问题的规定

法释〔2015〕7号

(2015年2月2日最高人民法院审判委员会第1643次会议通过 2015年2月16日最高人民法院公告公布 自2015年3月15日起施行)

为了及时有效维护各方当事人的合法权益,维护司法公正,进一步规范民事案件指令再审和再审发回重审,提高审判监督质量和效率,根据《中华人民共和国民事诉讼法》,结合审判实际,制定本规定。

第一条　上级人民法院应当严格依照民事诉讼法第二百条等规定审查当事人的再审申请，符合法定条件的，裁定再审。不得因指令再审而降低再审启动标准，也不得因当事人反复申诉将依法不应当再审的案件指令下级人民法院再审。

第二条　因当事人申请裁定再审的案件一般应当由裁定再审的人民法院审理。有下列情形之一的，最高人民法院、高级人民法院可以指令原审人民法院再审：

（一）依据民事诉讼法第二百条第（四）项、第（五）项或者第（九）项裁定再审的；

（二）发生法律效力的判决、裁定、调解书是由第一审法院作出的；

（三）当事人一方人数众多或者当事人双方为公民的；

（四）经审判委员会讨论决定的其他情形。

人民检察院提出抗诉的案件，由接受抗诉的人民法院审理，具有民事诉讼法第二百条第（一）至第（五）项规定情形之一的，可以指令原审人民法院再审。

人民法院依据民事诉讼法第一百九十八条第二款裁定再审的，应当提审。

第三条　虽然符合本规定第二条可以指令再审的条件，但有下列情形之一的，应当提审：

（一）原判决、裁定系经原审人民法院再审审理后作出的；

（二）原判决、裁定系经原审人民法院审判委员会讨论作出的；

（三）原审审判人员在审理该案件时有贪污受贿，徇私舞弊，枉法裁判行为的；

（四）原审人民法院对该案无再审管辖权的；

（五）需要统一法律适用或裁量权行使标准的；

（六）其他不宜指令原审人民法院再审的情形。

第四条　人民法院按照第二审程序审理再审案件，发现原判决认定基本事实不清的，一般应当通过庭审认定事实后依法作出判决。但原审人民法院未对基本事实进行过审理的，可以裁定撤销原判决，发回重审。原判决认定事实错误的，上级人民法院不得以基本事实不清为由裁定发回重审。

第五条　人民法院按照第二审程序审理再审案件，发现第一审人民法院有下列严重违反法定程序情形之一的，可以依照民事诉讼法第一百七十条第一款第（四）项的规定，裁定撤销原判决，发回第一审人民法院重审：

（一）原判决遗漏必须参加诉讼的当事人的；

（二）无诉讼行为能力人未经法定代理人代为诉讼，或者应当参加诉讼的当事人，因不能归责于本人或者其诉讼代理人的事由，未参加诉讼的；

（三）未经合法传唤缺席判决，或者违反法律规定剥夺当事人辩论权利的；

（四）审判组织的组成不合法或者依法应当回避的审判人员没有回避的；

（五）原判决、裁定遗漏诉讼请求的。

第六条　上级人民法院裁定指令再审、发回重审的，应当在裁定书中阐明指令再审或者发回重审的具体理由。

第七条　再审案件应当围绕申请人的再审请求进行审理和裁判。对方当事人在再审庭审辩论终结前也提出再审请求的，应一并审理和裁判。当事人的再审请求超出原审诉讼请求的不予审理，构成另案诉讼的应告知当事人可以提起新的诉讼。

第八条 再审发回重审的案件，应当围绕当事人原诉讼请求进行审理。当事人申请变更、增加诉讼请求和提出反诉的，按照《最高人民法院关于适用〈中华人民共和国民事诉讼法〉的解释》第二百五十二条的规定审查决定是否准许。当事人变更其在原审中的诉讼主张、质证及辩论意见的，应说明理由并提交相应的证据，理由不成立或证据不充分的，人民法院不予支持。

第九条 各级人民法院对民事案件指令再审和再审发回重审的审判行为，应当严格遵守本规定。违反本规定的，应当依照相关规定追究有关人员的责任。

第十条 最高人民法院以前发布的司法解释与本规定不一致的，不再适用。

最高人民法院
关于辛伟克与张晓杰抚养子女纠纷案可否进行再审的复函

1992年1月24日　　　　　　　　　　　　　〔1991〕民他字第53号

河北省高级人民法院：

你院〔91〕民监字第203《关于辛伟克与张晓杰抚养子女纠纷申请再审一案的请示报告》收悉。经研究，答复如下：

张晓杰与辛伟克在离婚时自愿达成的抚养子女协议并不违反法律，双方在履行该协议中发生争执，仍属于抚养子女纠纷。对此，张晓杰以"侵害监护权"为由起诉，原第一、二审人民法院以"侵权"案件受理、审判，均属不当。故你院对本案可依照审判监督程序予以提审，撤销第一、二审判决，驳回原告"侵权"的诉讼请求，并告知原告如以子女抚养纠纷起诉，应依照民事诉讼法第二十二条规定，向被告住所地人民法院提出。

以上意见供参考。

最高人民法院
关于民事调解书确有错误当事人没有申请
再审的案件人民法院可否再审问题的批复

1993年3月8日　　　　　　　　　　　　　　〔1993〕民他字第1号

江苏省高级人民法院：

你院苏高法〔1992〕第174号《关于人民法院发现确有错误的民事调解书，当事人并未申请再审，人民法院是否可以提出再审问题的请示》收悉。经研究，答复如下：

对已经发生法律效力的调解书，人民法院如果发现确有错误，而又必须再审的，当事人没有申请再审，人民法院根据民事诉讼法的有关规定精神，可以按照审判监督程序再审。

最高人民法院
关于人民检察院提出抗诉按照审判监督程序
再审维持原裁判的民事、经济、行政案件，
人民检察院再次提出抗诉应否受理问题的批复

1995年10月6日　　　　　　　　　　　　　　法复〔1995〕7号

四川省高级人民法院：

你院关于人民检察院提出抗诉，人民法院按照审判监督程序再审维持原裁判的民事、经济、行政案件，人民检察院再次提出抗诉，人民法院应否受理的请示收悉。经研究，同意你院意见，即上级人民检察院对下级人民法院已经发生法律效力的民事、经济、行政案件提出抗诉的，无论是同级人民法院再审还是指令下级人民法院再审，凡作出维持原裁判的判决、裁定后，原提出抗诉的人民检察院再次提出抗诉的，人民法院不予受理；原提出抗诉的人民检察院的上级人民检察院提出抗诉的，人民法院应当受理。

最高人民法院
关于李丽云与丁克义离婚一案
可否进行再审的复函

1992年6月8日　　　　　　　　　　　　〔1991〕民他字第52号

河北省高级人民法院：

你院〔91〕民监字第456号关于李丽云与丁克义离婚一案，可否再审的请示报告收悉。经研究，答复如下：

李丽云与丁克义离婚一案，经第一、二审人民法院审理，在调解和好无效，夫妻感情确已破裂的情况下，按照婚姻法的有关规定判决离婚。根据民事诉讼法第一百八十一条的规定，对已经发生法律效力的解除婚姻关系的判决，当事人不得申请再审。本案判决离婚并无不当，人民法院不宜按照审判监督程序进行再审。请向当事人李丽云讲明不予再审的道理，以及判决离婚的有关法律规定，做好其思想工作。

最高人民法院研究室
关于第二审法院裁定按自动撤回上诉处理的案件，二审裁定确有错误，如何适用程序问题的答复

2000年5月29日　　　　　　　　　　　　法研〔2000〕39号

安徽省高级人民法院：

你院皖高法〔1999〕282号《关于第二审法院裁定按自动撤回上诉处理的案件，二审裁定确有错误，如何适用程序问题的请示》收悉。经研究，答复如下：

第二审法院裁定按自动撤回上诉处理的案件，二审裁定确有错误的，应当依照审判监督程序再审。

此复。

最高人民法院研究室
关于人民法院可否驳回人民检察院就民事案件提出的抗诉问题的答复

2001年4月20日　　　　　　　　　　　　　　　法研〔2001〕36号

黑龙江省高级人民法院：

你院〔1999〕黑监经再字第236号《关于下级人民法院能否对上级人民检察院就民事案件提起的抗诉判决驳回的请示》收悉。经研究，答复如下：

人民法院将同级人民检察院提出抗诉的民事案件转交下级人民法院再审，再审法院依法再审后，认为应当维持原判的，可以在判决、裁定中说明抗诉理由不能成立。判决、裁定作出后，再审法院应当将裁判文书送达提出抗诉的人民检察院。

最高人民法院
对山东省高级人民法院关于《人民检察院对人民法院再审裁定终结诉讼的案件能否提出抗诉的请示》的复函

2003年5月15日　　　　　　　　　　　　　〔2001〕民立他字第19号

山东省高级人民法院：

你院〔2001〕鲁立经发字第8号《关于人民检察院对人民法院再审裁定终结诉讼的案件能否提出抗诉的请示》收悉。经研究，答复如下：

你院请示涉及的山东省东阿县大李乡人民政府与东阿县水泵厂借款纠纷一案，属于再审中发现申请人主体不合格而裁定终结诉讼的案件，人民检察院对该裁定提起抗诉，缺乏法律依据，人民法院不予受理。

最高人民法院
关于下级法院撤销仲裁裁决后又以院长
监督程序提起再审应如何处理问题的复函

2004年8月27日　　　　　　　　　　　　〔2003〕民立他字第45号

黑龙江省高级人民法院：

你院2003年8月18日〔2003〕黑立民他字第1号《关于下级法院撤销仲裁裁决后又以院长监督程序进行再审应如何处理的请示》收悉。经研究，答复如下：

黑龙江国祥房地产开发有限公司与黑龙江省九利建筑工程公司欠款纠纷一案，经哈尔滨市中级人民法院裁定撤销仲裁裁决后，当事人可以依据《中华人民共和国仲裁法》第九条的规定重新达成仲裁协议申请仲裁，也可以向人民法院提起诉讼。哈尔滨市中级人民法院不应以院长发现撤销仲裁裁决的裁定确有错误为由提起再审。已经再审的，你院应当通知该院予以纠正。

最高人民法院
关于裁定准许撤回上诉后，第二审人民法院的同级
人民检察院能否对一审判决提出抗诉问题的复函

2004年12月22日　　　　　　　　　　　　〔2004〕民立他字第59号

湖北省高级人民法院：

你院鄂高法〔2004〕474号《关于裁定准许撤回上诉后，第二审人民法院的同级人民检察院能否对一审判决提出抗诉的请示》收悉。经研究，答复如下：

原则同意你院审判委员会第二种意见。武汉市中级人民法院裁定准许撤回上诉后，武汉市洪山区人民法院作出的第一审判决即发生法律效力。根据《中华人民共和国民事诉讼法》第一百八十五条的规定，武汉市人民检察院对武汉市洪山区人民法院已经发生法律效力的判决，发现有法律规定的情形的，有权按照审判监督程序提出抗诉。

最高人民法院
关于统一再审立案阶段和再审审理阶段民事案件编号的通知

2008年4月7日　　　　　　　　　法〔2008〕127号

各省、自治区、直辖市高级人民法院，解放军军事法院，新疆维吾尔自治区高级人民法院生产建设兵团分院：

为配合修改后的民事诉讼法的实施，现就再审立案阶段和再审审理阶段民事案件编号通知如下：

一、再审立案阶段民事案件编号

1. 当事人不服生效一审或者二审判决、裁定、调解书，向上一级人民法院申请再审，且符合申请再审受理条件的案件，编立"民申字"案号；

2. 当事人不服生效再审判决、裁定、调解书，向上一级人民法院申请再审，且符合申请再审受理条件的案件，编立"民再申字"案号；

3. 人民法院依据民事诉讼法第一百七十七条依职权进行审查的案件，编立"民监字"案号；

4. 人民检察院依法提出抗诉的案件，编立"民抗字"案号。

二、再审审理阶段民事案件编号

1. 上级人民法院提审的再审案件，编立"民提字"案号；

2. 下列案件，编立"民再字"案号：

（1）各级人民法院依据民事诉讼法第一百七十七条第一款对于本院生效判决、裁定决定再审的案件；

（2）最高人民法院对地方各级人民法院生效判决、裁定，上级人民法院对下级人民法院生效判决、裁定，依据民事诉讼法第一百七十七条第二款指令再审的案件。

（3）最高人民法院、高级人民法院依据民事诉讼法第一百八十一条第二款指令原审人民法院再审的案件；

（4）最高人民法院、高级人民法院依据民事诉讼法第一百八十一条第二款指令其他人民法院再审的案件；

（5）上级人民法院对于人民检察院提出抗诉的案件，依据民事诉讼法第一百八十八条指令下一级人民法院再审的案件。

本通知自下发之日起施行。本院以前发布的有关规定与本通知不一致的，以本通知为准。

最高人民法院关于印发《民事审判监督程序裁判文书样式（试行）》的通知

2008年12月8日　　　　　　　　　　　　　　　法发〔2008〕40号

各省、自治区、直辖市高级人民法院，解放军军事法院，新疆维吾尔自治区高级人民法院生产建设兵团分院：

2007年10月28日，第十届全国人民代表大会常务委员会第三十次会议通过了《关于修改〈中华人民共和国民事诉讼法〉的决定》，对民事审判监督程序作出了重大修改。据此，最高人民法院制定了《关于适用〈中华人民共和国民事诉讼法〉审判监督程序若干问题的解释》，于2008年11月10日最高人民法院审判委员会第1453次会议通过，已公布施行。为了更好地指导各级人民法院正确适用民事诉讼法及相关司法解释，规范民事审判监督程序裁判文书，提高办理民事审判监督案件质量，特制定《民事审判监督程序裁判文书样式（试行）》，现印发给你们，并就适用该文书样式的有关问题通知如下：

一、关于文书首部的写法

1. 标题中的法院名称

应当与法院院印的文字一致，但基层人民法院应冠以省、自治区、直辖市名称。涉外案件的司法文书应在法院全称前冠以"中华人民共和国"字样。

2. 当事人的诉讼地位

因当事人申请而进行审查以及再审的案件，表述为"申请再审人（一、二审的诉讼地位）"、"被申请人（一、二审的诉讼地位）"。其他当事人按原审诉讼地位表述，例如，一审终审的，列为"原审原告"、"原审被告"、"原审第三人"；二审终审的，列为"二审上诉人（一审原告）"、"二审被上诉人（一审被告）"等。

因检察机关抗诉而再审的，首先写明抗诉机关，随后列明"申诉人（一、二审的诉讼地位）"，再列明"被申诉人（一、二审的诉讼地位）"。其他当事人按原审诉讼地位表述，例如，一审终审的，列为"原审原告"、"原审被告"、"原审第三人"；二审终审的，列为"二审上诉人（一审原告）"、"二审被上诉人（一审被告）"等。

法院依职权提起再审的，当事人按原审诉讼地位表述，例如，一审终审的，列为"原审原告"、"原审被告"、"原审第三人"；二审终审的，列为"二审上诉人（一审原告）"、"二审被上诉人（一审被告）"等。

原审当事人的权利义务承受人参加再审诉讼的，仍按照其所承继的当事人的地位确定。以一审程序审理的再审案件，若原审遗漏必要共同诉讼人，本次再审追加当事人的，其地位直接写作"原告"、"被告"、"第三人"。

3. 当事人基本情况

当事人是自然人的，写明其姓名、性别、出生年月日、民族、职业（或工作单位和职务）及住所。有别名或者曾用名，且该别名或者曾用名与本案有关联的，应在姓名之后用括号标明。当事人是法人的，写明其名称和住所地，并写明法定代表人及其姓名和职务。当事人是依法成立的不具备法人资格的其他组织的，写明其名称和住所地，并写明负责人及其姓名和职务。

4. 代理人

有法定代理人或指定代理人的，应写明其姓名、性别、职业（或工作单位和职务）及住所，并在姓名之后用括号注明其与当事人的关系。有委托代理人的，应写明其姓名、性别、职业或者工作单位和职务及住所。委托代理人是当事人近亲属的，还应当在姓名之后用括号注明其与当事人的关系。如果委托代理人系律师，则只写明其姓名、单位和职业。

5. 案件由来和审理经过

判决书应写明案由、提起再审的根据、本次再审的审判组织、开庭方式、当事人出庭情况等。当事人经传票传唤未到庭的，写明"经本院传票传唤无正当理由拒不到庭"。当事人未经法庭许可中途退庭的，写明"未经法庭许可中途退庭"。本次再审中有诉讼中止、申请回避等情况的，应予写明。原审当事人的权利义务承受人参加本次再审诉讼的，应写明承继当事人参加诉讼的理由和经过。本次再审中追加当事人的，应写明理由和经过。调解书和裁定书在此部分可适当简略。

二、关于文书事实部分的写法

再审判决书等文书中案件事实部分的写法，应根据案件的具体情况，灵活处理。本文书样式（试行）中的写法，仅供参考，不必拘泥其结构和顺序，可以适当调整。总体要求是：第一，使人读后能够明了从最初发生诉讼直到本次再审的基本脉络。第二，使人读后能够了解当事人在本案以往诉讼中的基本诉辩主张，尤其是一审原告在一审中提出的诉讼请求应当准确地交待清楚，因为这一点涉及再审审理范围。而当事人在二审等程序中的诉辩主张可以视情况简写或者省略。第三，使人读后能够了解本案历次裁判认定的基本事实，并应完整、准确叙明本次再审所认定的案件事实。应当注意繁简得当，着重叙述与本次再审争议相关的事实，其他事实概括叙述，避免不必要的重复，避免遗漏有关事实。交待历次裁判认定的事实，不意味着完全照抄以往历次裁判文书，而应当灵活处理。例如，如果一审认定的事实准确、完整，二审及再审均予以确认的，则可以通过"×××人民法院二审确认了一审认定的事实"、"×××人民法院认定事实正确，本院再审予以确认"等方式，予以简化；如果二审、再审有另查明的事实，则可以在确认一审查明的事实基础上，再写明另查明的事实。如果再审查明的事实完全不同于原审查明的事实，则应当分别写明。第四，使人读后能够了解历次裁判的基本理由。对此不必完全照抄历次裁判文书，而应适当归纳后简要写明，也可视情况予以省略。例如，二审裁判理由基本与一审相同并维持一审裁判时，也可以简单地写明"二审根据与一审同样的理由作出裁判"。第五，要写明历次裁判的时间、案号及裁判主文的准确内容，包括诉讼费用承担。写明历次裁判主文准确内容，不意味着完全照抄，而应当根据具体情况适当调整。第六，写明当事人在本次再审中的诉辩主张。

裁定书的事实部分应当简单明了。调解书一般应简要写明案件的基本事实，当事人双方要求或同意略写的，也可以略写。

三、关于文书裁判理由部分的写法

判决书和裁定书应重点针对当事人在再审中的诉辩主张、争议焦点阐述裁判理由。裁判引用法律、法规、司法解释应当全面。再审维持原判的，一般只引程序法条文。再审以程序性裁定结案的，裁定书中只引程序法条文。再审改判的，应当同时引用程序法条文和实体法条文。在阐述裁判理由时，应当尽量与所依据的相关法律规定结合起来。引用法条的顺序是先上位法后下位法，先法律、法规后司法解释。案件的处理经过审判委员会讨论决定的，应在援引法律之前，写明"经本院审判委员会讨论决定"。

四、关于裁判文书主文的写法

裁判主文应当对当事人的全部诉讼请求作出明确具体的裁判，表述应当准确、周密，且应当明白无误、易于理解、便于执行，避免引起歧义。

五、关于诉讼费用负担部分的写法

再审维持原判的，不对原审确定的诉讼费用负担进行调整。再审维持原判但发生了再审案件受理费等费用的，应当写明再审诉讼费用的负担。再审改判的，应当对原一、二审以及本次再审的诉讼费用负担一并作出判定。

六、几点技术性要求

1. 标点和符号

在诉讼地位与当事人名称或姓名之间用冒号，如"申请再审人（一审原告、二审上诉人）：北京昌盛商贸有限责任公司，住所地北京市海淀区中关村南路28号。"另起一行"法定代表人：×××，董事长。"抗诉案件，在写明抗诉机关名称后用句号。在"人民法院一审认为"、"本院再审查明"等处，一律使用逗号。使用书名号援引法律法规时，应注意写全法律法规的正式名称，如《中华人民共和国合同法》，而不能写成《合同法》。

2. 简称

文书首部表述当事人基本情况时，不用"（简称）"。某主体的名称在通篇文书中出现次数很少的，不使用简称。需要使用简称的，从案件由来和审理经过部分起，第一次出现时，在其全称之后用"(简称)"的形式设定简称，如"北京昌盛商贸有限责任公司（简称昌盛公司）"。在原审裁判文书中已对某主体设定简称的，一般应当沿用。如果原审裁判文书设定简称不当的，应在表述原审事实时一并纠正。设定简称，应当尽量使用公司的商号等。在通篇文书中，使用简称应当一致，同一主体只能有一个简称，但法人等主体发生变更、承继等情况时，可以按照其不同阶段确定不同简称。本次再审作出的裁判主文及诉讼费用承担部分，应当表述当事人全称，不能使用简称。文书中出现的人民法院名称，不使用简称，例如，最高人民法院不能简称最高法院，北京市高级人民法院不能简称北京高院，北京市第一中级人民法院不能简称北京一中院，但可以用"一审法院"或"二审法院"来代称。

3. 数字

裁判文书引用法律、法规、司法解释条款，应当与其正式文本中的序号表示保持一致，如"《中华人民共和国民事诉讼法》第一百七十九条第一款第（二）项"，"最高人民法院《关于适用〈中华人民共和国民事诉讼法〉若干问题的意见》第204条"。裁判文书尾部落款日期用汉字小写数字，如"二〇〇七年十月二十日"。裁判文书主文及诉讼费用负担部分表示金额等数字，用阿拉伯数字。5位和5位数以上的阿拉伯数字，数字应连续写，不加空格或加分节号，如58948元；尾数零多的，可以改写以万、亿作单位，如245000000可以写作2.45亿。

七、对本文书样式（试行）的参照

人民法院适用民事审判监督程序审查或者审理的案件类型比较多，涉及到的文书样式十分复杂，且实践中也会不断遇到新的问题。这里列出的仅是常用的、具有典型代表性的样式。实践中如遇未列出的情形，则应参考这些常用的样式，根据案件的具体情况而加以适当的变通。

在适用本文书样式（试行）过程中有何问题，请及时报告最高人民法院审判监督庭。

特此通知。

附：《民事审判监督程序裁判文书样式（试行）》（略）

最高人民法院研究室
关于上级人民检察院向同级人民法院撤回抗诉后又决定支持抗诉的效力问题的答复

2009年12月23日　　　　　　　　　　　　法研〔2009〕226号

湖北省高级人民法院：

你院鄂高法〔2009〕282号《关于上级人民检察院向同级人民法院撤回抗诉后又决定支持抗诉的效力问题的请示》收悉。经研究，答复如下：抗诉期满后第二审人民法院宣告裁判前，上级人民检察院认为下级人民检察院的抗诉不当，向同级人民法院撤回抗诉，而后又重新支持抗诉的，应区分不同情况处理：如果人民法院未裁定准许人民检察院撤回抗诉的，原抗诉仍然有效；如果人民法院已裁定准许撤回抗诉的，对同级人民检察院重新支持抗诉不予准许。

此复。

最高人民法院关于印发《第一次全国民事再审审查工作会议纪要》的通知

2011年4月21日　　　　　　　　　　法〔2011〕159号

各省、自治区、直辖市高级人民法院，解放军军事法院，新疆维吾尔自治区高级人民法院生产建设兵团分院：

2011年1月6日至7日，最高人民法院召开了第一次全国民事再审审查工作会议。现将《第一次全国民事再审审查工作会议纪要》印发给你们，请结合审判工作实际，遵照执行。执行中有何问题，望及时报告我院。

附：

第一次全国民事再审审查工作会议纪要

为规范和加强人民法院民事再审审查工作，保障当事人申请再审权利，依法公正高效审查各类民事申请再审案件，推动民事再审审查工作科学发展，最高人民法院于2011年1月6日至7日在广东省广州市召开第一次全国民事再审审查工作会议。各省、自治区、直辖市高级人民法院、解放军军事法院、新疆维吾尔自治区高级人民法院生产建设兵团分院主管民事再审审查工作的副院长、民事再审审查机构负责人以及中央有关部门的代表共120余人参加了会议。最高人民法院院长王胜俊作重要批示，常务副院长沈德咏作重要讲话，副院长苏泽林作工作报告，立案二庭庭长郑学林对会议作了总结。

会议总结了修改后的民事诉讼法施行以来民事再审审查工作的情况，交流了工作经验，研究了审判实践中亟待解决的问题，对建立科学、有效的民事再审审查工作机制，推进民事再审审查工作提出了明确的目标和要求。与会同志通过认真讨论，就民事再审审查工作中涉及的部分问题达成了共识。现纪要如下：

一、民事再审审查工作的指导思想和原则

1. 民事再审审查工作是人民法院依法审查再审申请，确定再审事由是否成立，依法作出裁定的审判工作，是人民法院履行审判监督职能的重要内容，是保障当事人诉讼权利的法定手段，是启动民事再审程序的主要途径。

2. 民事再审审查工作应当坚持平等保护原则，既要依法保护申请再审人的诉讼权利，又要平等保护对方当事人的合法权益。

3. 民事再审审查工作应当坚持依法裁定原则。再审申请符合法定再审事由的，应当裁定再审，不符合的，应当裁定驳回，既要注重保护当事人的申请再审权，又要注重维护生效裁判的既判力。

4. 民事再审审查工作应当坚持"调解优先、调判结合"原则，积极探索符合民事申请再审案件特点的调解方法，努力化解社会矛盾。

5. 应当正确认识民事再审审查和再审审理的关系。民事再审审查和再审审理是审判监督程序的不同阶段。民事再审审查的主要任务是依据再审审查程序对再审申请是否符合法定再审事由进行审查，决定是否裁定再审。民事再审审理的主要任务是依据再审审理程序对裁定再审的案件进行审理，确定生效裁判是否确有错误，依法作出再审裁判。两个阶段具有不同的功能和裁判标准，不能简单地以再审改判率评判再审审查工作的质量。

二、民事申请再审案件的受理

6. 当事人对地方各级人民法院作出的已经发生法律效力的一审、二审民事判决、裁定、调解书，以及再审改变原审结果的民事判决、裁定、调解书，认为有法定再审事由，向上一级人民法院申请再审的，上一级人民法院应当受理。

当事人对不予受理、管辖权异议、驳回起诉以及按自动撤回上诉处理的裁定不服申请再审的，上一级人民法院应当受理。

7. 人民法院在审查申请再审案件过程中，被申请人或者其他当事人提出符合条件的再审申请的，应当将其列为申请再审人，对于其再审事由一并审查，审查期限重新计算。经审查，其中一方申请再审人主张的再审事由成立的，人民法院即应裁定再审。部分当事人主张的再审事由成立，其余当事人主张的再审事由不成立的，在裁定书中载明部分当事人主张的再审事由成立，对于其余当事人主张的再审事由是否成立不作结论。各方申请再审人主张的再审事由均不成立的，一并裁定驳回。

一方当事人申请再审经人民法院裁定再审后，被申请人或其他当事人在再审审理期间提出再审申请的，不再进行审查，移送再审审理机构处理。被申请人或其他当事人在前案再审结束后对原裁判申请再审的，告知其可针对新作出的再审裁判主张权利。

8. 案外人对判决、裁定、调解书确定的执行标的物主张权利，且无法提起新的诉讼解决争议而申请再审的，应予受理。

判决生效后当事人将判决确认的债权转让，债权受让人对该判决不服申请再审的，不予受理。

9. 当事人向原审人民法院申请再审的，原审人民法院应当做好释明、和解工作。原审人民法院发现本院生效判决、裁定确有错误，认为需要再审的，依照民事诉讼法第一百七十七条的规定处理。

10. 人民法院受理申请再审案件，应当依照《最高人民法院关于受理审查民事申请再审案件的若干意见》的规定，认真审查再审申请是否符合法定条件。有下列情形的，应当向申请再审人释明：

（1）申请再审人不是原审当事人、原审当事人的权利义务继受人或者《最高人民法院关于适用〈中华人民共和国民事诉讼法〉审判监督程序若干问题的解释》第五条规定的案外人；

（2）他人未经授权，以委托代理人名义代理当事人提出再审申请；

（3）再审申请不是向上一级人民法院提出；

（4）原审裁判系法律规定不得申请再审的裁判；

（5）申请再审的裁判尚未生效或已被再审撤销；

（6）再审申请书未列明再审事由或列明的再审事由不属于民事诉讼法第一百七十九条、第一百八十二条规定的再审事由范围；

（7）再审申请不符合民事诉讼法第一百八十四条规定的期间要求；

（8）其他不符合申请再审法定条件的情形。

人民法院受理再审申请后，发现当事人申请再审不符合法定条件的，裁定驳回再审申请。

11. 案件受理后，应当依法向申请再审人发送受理通知书，向被申请人和其他当事人发送受理通知书、再审申请书副本和送达地址确认书。因通讯地址不详等原因，受理通知书、再审申请书副本等材料未发送至当事人的，不影响案件的审查。

三、民事申请再审案件的审查

12. 人民法院审查民事申请再审案件，应当围绕当事人主张的再审事由是否成立进行，当事人未主张的事由不予审查。当事人主张的再审事由与其依据的事实和理由不一致的，可以向当事人释明。

13. 人民法院审查申请再审案件，可以根据案件具体情况，在审查当事人提交的再审申请书、书面意见后直接作出裁定，或者在审阅原审卷宗、询问当事人后作出裁定。

14. 人民法院审查申请再审案件可以根据审查工作需要调取相关卷宗，也可以要求原审人民法院以传真件、复印件、电子文档等方式及时报送相关卷宗材料。

上级人民法院决定调卷审查的，应当制发调卷函。调卷函应当载明案号、当事人名称、案由、送卷期限、调卷人及联系方式等内容，并写明需调取的卷宗案号。原审人民法院应当在收到调卷函后1个月内按要求调齐卷宗报送上级人民法院。各级人民法院应当确定专人负责调卷工作，提高调卷效率。

15. 人民法院可以根据审查工作需要询问一方或者各方当事人。对以有足以推翻原判决、裁定的新证据为由申请再审的案件，人民法院应当询问当事人。

询问由审判长或承办法官主持，围绕与再审事由相关的证据采信、事实认定、法律适用、裁判结果以及诉讼程序等问题和法院应当依职权查明的事项进行。

16. 人民法院审查民事申请再审案件，可以根据案件情况组织当事人进行调解。当事人经调解达成协议或自行达成和解协议，需要出具调解书的，应当裁定提审。提审后，由审查该申请再审案件的合议庭制作调解书。

当事人经调解达成协议或自行达成和解协议，申请撤回再审申请，经审查不违反法律规定的，应当裁定准许。当事人经调解达成协议或自行达成和解协议且已履行完毕，未申请撤回再审申请的，可以裁定终结审查。

17. 人民法院在审查过程中认为确有必要的，可以依职权调查核实案件事实，也可以向原审人民法院了解案件审理中的有关情况。

18. 人民法院应当自受理申请再审案件之日起3个月内审查完毕，但公告期间、鉴定期间、双方当事人申请调解期间以及调卷期间等不计入审查期限。有特殊情况需要延长的，由本院院长批准。

19. 审查过程中，出现下列情形之一的，裁定终结审查：

（1）申请再审人死亡或者终止，无权利义务承受人或者权利义务承受人声明放弃再审申请的；

（2）在给付之诉中，负有给付义务的被申请人死亡或者终止，无可供执行的财产，也没有应当承担义务的人的；

（3）当事人达成执行和解协议且已履行完毕的，但当事人在执行和解协议中声明不放弃申请再审权利的除外；

（4）他人未经授权，以委托代理人名义代理当事人提出再审申请的；

（5）人民检察院对该案提出抗诉的；

（6）原审人民法院对该案裁定再审的。

四、民事申请再审案件再审事由的认定

20. 人民法院审查民事申请再审案件，应当区分再审事由类型，结合案件具体情况，准确掌握再审事由成立的条件。

原判决、裁定存在民事诉讼法第一百七十九条第一款第（七）项至第（十三）项以及该条第二款规定情形的，应当认定再审事由成立。

当事人依据民事诉讼法第一百七十九条第一款第（一）项至第（六）项申请再审的，人民法院判断再审事由是否成立，应当审查原判决、裁定在证据采信、事实认定、法律适用方面是否存在影响基本事实、案件性质、裁判结果等情形。

21. 申请再审人申请人民法院委托鉴定、勘验，并请求以鉴定结论、勘验笔录作为新证据申请再审的，不予支持。

申请再审人在原审中依法申请鉴定、勘验，原审人民法院应当准许而未予准许，且未经鉴定、勘验可能影响案件基本事实认定的，可以依据民事诉讼法第一百七十九条第一款第（二）项的规定审查处理。

22. 民事诉讼法第一百七十九条第一款第（三）项、第（四）项规定的主要证据是指原判决、裁定认定基本事实的证据。

23. 人民法院可以根据原审卷宗中的庭审笔录、证据交换笔录、答辩意见、代理词等材料判断原判决、裁定认定事实的主要证据是否未经质证。

申请再审人对原判决、裁定认定事实的主要证据在原审拒绝发表质证意见，又依照民事诉讼法第一百七十九条第一款第（四）项申请再审的，不予支持。

24. 申请再审人能够在一审答辩期间提出管辖权异议而未提出，判决、裁定生效后又依照民事诉讼法第一百七十九条第一款第（七）项申请再审的，不予支持。但违反专属管辖规定的除外。

25. 有下列情形之一的，应当认定为民事诉讼法第一百七十九条第一款第（八）项规定的审判组织的组成不合法的情形：

（1）人民陪审员独任审理的；

（2）应当组成合议庭审理的案件采用独任制审理的；

（3）合议庭成员曾参加同一案件一审、二审或者再审程序审理的；

（4）参加开庭的审判组织成员与参加合议、在判决书、裁定书上署名的审判组织成员不一致的，但依法变更审判组织成员的除外；

（5）变更审判组织成员未依法告知当事人的；

（6）其他属于审判组织不合法的情形。

26. 民事诉讼法第一百七十九条第一款第（八）项、第二款规定的"审判人员"包括参加一审、二审、再审程序审理的审判人员。

27. 民事诉讼法第一百七十九条第一款第（十二）项规定的原判决、裁定遗漏或超出诉讼请求的情形，包括遗漏或超出一审原告的诉讼请求、被告的反诉请求，二审上诉人的上诉请求，申请再审人的再审请求。

28. 当事人同时提出确认之诉和给付之诉，且确认之诉是给付之诉前提条件的，原判决在主文里仅对给付之诉作出判定，但在判决理由中对确认之诉进行了分析认定的，不属于遗漏诉讼请求的情形。

五、民事再审审查工作的监督指导

29. 上级人民法院裁定指令再审的案件，原审人民法院应当及时将再审结果反馈给上级人民法院。

上级人民法院裁定驳回再审申请后，原审人民法院依照民事诉讼法第一百七十七条的规定决定再审的，应当报请上级人民法院同意。

30. 上级人民法院应当充分发挥监督指导职能，及时总结民事再审审查工作中发现的法律适用等具有共性的问题，以适当形式予以公布，指导下级人民法院民事再审审查工作。

31. 上级人民法院应当建立信息通报制度，定期公布申请再审案件审查结果，通报辖区内下级人民法院民事案件的申请再审率、裁定再审率、按期送卷率等工作指标，实现上下级人民法院和同级人民法院之间信息共享和良性互动。

32. 人民法院再审审查机构应当加强与再审审理机构的沟通，建立再审案件审判结果跟踪制度，及时了解再审案件审判结果，认真查找工作中存在的问题，提升民事再审审查工作质效。

最高人民法院办公厅
关于印发修改后的《民事申请再审案件诉讼文书样式》的通知

2012年12月24日　　　　　　　　　　　　法办发〔2012〕17号

各省、自治区、直辖市高级人民法院，解放军军事法院，新疆维吾尔自治区高级人民法院生产建设兵团分院：

2011年4月最高人民法院印发了《民事申请再审案件诉讼文书样式》（法〔2011〕160号），有效规范和统一了民事申请再审案件诉讼文书的制作。2012年8月31日，第十一届全国人民代表大会常务委员会第二十八次会议通过了《关于修改〈中华人民共和国民事诉讼法〉的决定》。为了全面贯彻修改后的民事诉讼法，进一步规范和完善民事申请再审案件诉讼文书的制作，结合民事再审审查工作实际，特对《民事申请再审案件诉讼文书样式》作出修改，现印发给你们。本文书样式自2013年1月1日起施行。在适用本文书样式过程中有何问题，请及时报告最高人民法院。

特此通知。

附：1. 关于民事申请再审案件诉讼文书写作的基本要求
2. 民事申请再审案件诉讼文书样式（略）

附件1：

关于民事申请再审案件诉讼文书写作的基本要求

一、关于当事人基本情况部分

（一）当事人申请再审的，列为"再审申请人"；各方当事人均申请再审的，均列为"再审申请人"；再审申请书载明的被申请人列为"被申请人"；未提出再审申请或者未被列为被申请人的原审其他当事人按照其在一审、二审中的地位依次列明，如"一审原告、二审被上诉人"；对不予受理裁定申请再审的案件，只列再审申请人。

（二）"再审申请人"、"被申请人"后的括号中按照"一审原告、反诉被告（或一审被告、反诉原告），二审上诉人（或二审被上诉人）"列明当事人在一审、二审中的诉讼地位。

（三）当事人名称变化的，在名称后加括号注明原名称。

（四）当事人是自然人的，列明姓名、性别、民族、出生日期、职业、住址；自然人职业不明确的，可以不表述；外国籍或港澳台地区的自然人，应注明其国籍及所处地区。当事人是法人或者其他组织的，列明名称、住所和法定代表人或者主要负责人的姓名、职务。

（五）当事人是自然人的，住址写为"住（具体地址）"；再审申请书上载明的地址与生效裁判或身份证上载明的住址不一致的，住址写为"住（身份证上载明的住址），现住（再审申请书上载明的地址）"。当事人是法人或者其他组织的，住所写为"住所地：（营业执照上载明的住所）"。

当事人住址或住所在市辖区的，写为"××省（直辖市、自治区）××市××区（具体地址）"；当事人住址或住所在市辖县、市辖县级市的，写为"××省（直辖市、自治区）××县（市）（具体地址）"，不写所在地级市（地区）；如有两个以上当事人住址相同，应当分别写明，不能用"住址同上"代替。

（六）法人或者其他组织的法定代表人或主要负责人写为"法定代表人（或负责人）：×××，该公司（或厂、村委会等）董事长（或厂长、主任等职务）"。

（七）委托代理人是律师的，写为"委托代理人：×××，×××律师事务所律师"；委托代理人是同一律师事务所律师的，应当分别写明所在律师事务所；同一律师事务所的实习律师与律师共同担任委托代理人的，实习律师写为"委托代理人：×××，×××律师事务所实习律师"；委托代理人是基层法律服务工作者的，写为"委托代理人：×××，×××法律服务所法律工作者"。

法人或者其他组织的工作人员受所在单位委托代为诉讼的，写为"委托代理人：×××，该公司（或厂、村委会等）工作人员（可写明职务）"。

委托代理人是当事人的近亲属或者当事人所在社区、单位以及有关社会团体推荐的公民的，写为"委托代理人：×××，性别，民族，出生日期，职业，住址"；委托代理人是当事人近亲属的，还应当在住址之后注明其与当事人的关系。

（八）诉讼地位与当事人姓名或名称、代理人姓名之间用冒号隔开。

（九）一方当事人死亡，其继承人明确表示参加诉讼的，列其继承人为当事人，但应在其后加括号注明其与原当事人的关系。

示例：

再审申请人（一审被告、二审被上诉人）：××生物技术工程有限公司（原××生物技术研究所）。住所地：××省××市××区××街××号。

法定代表人：×××，该公司董事长。

委托代理人：×××，该公司工作人员。

委托代理人：×××，××律师事务所律师。

被申请人（一审原告、二审上诉人）：李××，女，汉族，××年××月××日出生，个体工商户，住北京市××区××路××号（李×之女，李×于××年××月××日死亡）。

委托代理人：×××，×××法律服务所法律工作者。

委托代理人：王××，男，汉族，××年××月××日出生，个体工商户，住北京市××区××路××号，系李××之夫。

一审被告、二审上诉人：×××市城市管理局。住所地：××省××市××路××号。

法定代表人：×××，该局局长。

二、关于案件来源部分

（一）本部分在当事人全称后加括号注明简称。

（二）当事人简称应当保持一致，做到简明规范，体现当事人的特点。

（三）未提出再审申请或者未被列为被申请人的原审其他当事人应当在被申请人之后，按照其在一审、二审中的诉讼地位依次列明。

（四）申请再审的裁判文书表述为"不服××人民法院（××××）××字第××号民事判决（裁定、调解书）"。

示例：

再审申请人天成生物技术工程有限公司（以下简称天成公司）因与被申请人中阳科技发展有限公司（以下简称中阳公司）及一审被告、二审上诉人××市城市管理局（以下简称××城管局）居间合同纠纷一案，不服××省××人民法院（或本院）（××××）××字第××号民事判决，向本院申请再审。本院依法组成合议庭（如不服本院生效裁判，应表述为依法另行组成合议庭）对本案进行了审查，现已审查终结。

三、关于申请再审的事实与理由部分

（一）本部分首句表述为"×××（再审申请人的简称）申请再审称"，中间与具体事实和理由以冒号隔开。

（二）对于申请再审的事实与理由应当进行总体概括，做到简洁、准确、全面，避免按照再审申请书罗列的具体事实和理由照抄。

（三）申请再审的事实与理由有多个，且分为多级层次的，结构层次序数依次按照"（一）"、"1."和"（1）"写明，应注意"（一）"和"（1）"之后不加顿号，结构层次序数中的阿拉伯数字右下用圆点，不用逗号或顿号；只有一级层次的，结构层次序数写为"（一）"、"（二）"、"（三）"；有两级层次的，写为"（一）"、"1."；有三级层次的，写为"（一）"、"1."、"（1）"。

（四）本部分应在结尾处写明申请再审的法律依据，表述为"×××依据《中华人民共和国民事诉讼法》第二百条第×项的规定申请再审"。条、项的序号应用汉字注明，项的序号不加括号。

示例：

××公司申请再审称：（一）本案二审判决认定的基本事实缺乏证据证明……（概括理由）。（二）本案二审判决适用法律错误……（概括理由）。××公司依据《中华人民共和国民事诉讼法》第二百条第二项、第六项的规定申请再审。

四、关于被申请人意见部分

（一）被申请人以书面或口头形式发表意见的，表述为"×××提交意见称：×××的再审申请缺乏事实与法律依据，请求予以驳回"；也可以根据案件情况对被申请人的意见进行归纳。

（二）被申请人未提交书面或口头意见的，不作表述。

五、关于本院审查查明部分

驳回再审申请的案件，如在审查过程中查明了与申请再审事由相关的新的事实，可以在本部分写明，对于原审查明的事实不予表态。当事人诉讼主体资格变化的，应当在本部分写明。

六、关于本院经审查认为部分

本部分应针对申请再审所依据的事由和理由逐一进行分析评判，避免漏审。

七、几点技术性要求

（一）为避免引起歧义，裁定书中不使用"原审"的表述，应当指出具体审级，如"一审法院"、"二审判决"。

（二）在裁定书中指代本院时，应当使用"本院"，不应使用"我院"的表述。在内部函中指代发函法院时，应当使用"我院"，不应使用"本院"的表述。

（三）当事人有简称的，在当事人基本情况、案件来源和裁定书主文部分用当事人全称，裁定书其余部分均用简称指代该当事人，不使用"再审申请人、被申请人"等代称。出现次数很少的当事人不必使用简称。

（四）第一次引用法律或司法解释的，应写明全称并注明简称，如《中华人民共和国合同法》（以下简称合同法），此后使用该简称不加书名号。引用次数很少的法律或司法解释不必使用简称。

（五）引用法律法规条文，应当用汉字注明条文序号，如《中华人民共和国合同法》第六十六条。引用司法解释，司法解释条文序号使用汉字的，用汉字注明条文序号，如《最高人民法院关于适用〈中华人民共和国合同法〉若干问题的解释（二）》第十条；司法解释条文序号使用阿拉伯数字的，用阿拉伯数字注明条文序号，如《最高人民法院关于适用〈中华人民共和国民事诉讼法〉若干问题的意见》第1条。

（六）五位及五位以上的阿拉伯数字，数字应当连续写，数字中间不加空格或分节号，如123456元；尾数零多的，可以改写为以万、亿作单位的数，如100000元可以写作10万元。一个用阿拉伯数字书写的多位数不能移行。

本规定自公布之日起施行。

最高人民法院

印发《关于建立最高人民法院发回重审、指令再审案件信息反馈机制的工作意见》的通知

2011年11月30日　　　　　　　　法〔2011〕335号

各省、自治区、直辖市高级人民法院，解放军军事法院，新疆维吾尔自治区高级人民法院生产建设兵团分院：

现将最高人民法院《关于建立最高人民法院发回重审、指令再审案件信息反馈机制的工作意见》印发给你们，请结合工作实际，认真贯彻执行。

附：

关于建立最高人民法院发回重审、指令再审案件信息反馈机制的工作意见

为加强对最高人民法院发回重审、指令再审案件的监督与管理，提高审判工作质量和效率，促进司法公正，结合审判工作实际，制定本工作意见。

一、发回重审、指令再审案件信息反馈机制是指，人民法院专门审判管理机构利用案件信息管理平台，对审判业务部门发回重审、指令再审的案件，进行信息汇总、分析、跟踪、反馈的工作机制。

二、本意见适用于最高人民法院各审判业务部门发回重审、指令再审以及以其他形式要求报送处理结果的案件（不包括死刑案件）。

三、最高人民法院执法办案协调督办工作领导小组负责发回重审、指令再审案件信息反馈工作。最高人民法院审判管理办公室负责具体事务，向执法办案协调督办工作领导小组负责。

各高级人民法院审判管理办公室负责发回重审、指令再审案件信息反馈机制的相关工作。

四、最高人民法院审判管理办公室建立发回重审、指令再审案件台帐，各审判业务部门于每季度末将案件相关信息送交审判管理办公室。

五、最高人民法院审判管理办公室每季度将各审判业务部门提供的案件信息汇总分析，分发各高级人民法院审判管理办公室，相关案件纳入各高级人民法院跟踪督办和重点案件评查范围。各高级人民法院审判管理办公室将相关案件办理信息每半年向最高人

民法院审判管理办公室报送一次。

六、最高人民法院审判管理办公室将各高级人民法院审判管理办公室报送的相关案件办理信息汇总分析,每半年向本院各审判业务部门反馈一次。本院各审判业务部门根据下级法院相关案件办理情况有针对性地进行指导和监督,并将情况向审判管理办公室反馈。

七、最高人民法院审判管理办公室适时根据各高级人民法院报送的材料和最高人民法院审判业务部门反馈的情况,就最高人民法院发回重审、指令再审案件办理情况及存在问题书面报告院执法办案协调督办工作领导小组,并依程序以通报形式反馈各高级人民法院。

八、本意见由最高人民法院执法办案协调督办工作领导小组负责解释。

最高人民法院审判监督庭
最高人民检察院民事行政检察厅
关于印发《最高人民法院审判监督庭 最高人民检察院民事行政检察厅关于办理民事诉讼检察监督案件若干问题的会议纪要》的通知

2016年9月1日　　　　　　　　　　　　　法审〔2016〕2号

各省、自治区、直辖市高级人民法院审判监督庭、人民检察院民事行政检察部门,解放军军事法院审判监督庭、军事检察院民事检察厅,新疆维吾尔自治区高级人民法院生产建设兵团分院审判监督庭、新疆生产建设兵团人民检察院民事行政检察处:

现将《最高人民法院审判监督庭最高人民检察院民事行政检察厅关于办理民事诉讼检察监督案件若干问题的会议纪要》予以印发,请结合实际,认真贯彻落实。

附:

最高人民法院审判监督庭
最高人民检察院民事行政检察厅
关于办理民事诉讼检察监督案件若干问题的会议纪要

为全面实施《中华人民共和国民事诉讼法》关于民事诉讼法律监督的规定,加强人民法院和人民检察院的工作沟通,共同研究解决民事诉讼检察监督过程中遇到的问题,规范司法行为、维护司法公正,最高人民法院审判监督庭与最高人民检察院民事行政检

察厅于近期召开座谈会,就相关问题进行了深入研讨交流,在一些重要方面形成共识。现纪要如下:

一、关于再审检察建议中的相关问题

民事诉讼法第二百零八条第二款规定了再审检察建议,这一规定有利于完善法律监督方式、强化同级监督制约,加强人民法院和人民检察院在审判监督方面的协作配合,有助于人民法院发现和纠正错误,应给予高度重视。

落实再审检察建议制度的关键在于依法提出再审检察建议和采纳正确的再审检察建议,因此,人民检察院应当仅就能够通过再审程序纠正的生效判决、裁定和调解书发出再审检察建议。人民检察院向人民法院提出再审检察建议的,人民法院应组成合议庭依法进行审查。

二、关于出席再审法庭的相关问题

民事诉讼法第二百一十三条规定,人民检察院提出抗诉的案件,人民法院再审时,应当通知人民检察院派员出席法庭。人民检察院派员出席再审法庭,对有效履行法律监督职能、提高再审审判质量、维护司法权威具有十分重要的意义。

检察人员出席再审法庭应当宣读抗诉书;对于依职权向当事人和案外人调查取得的证据,应当向法庭提交和说明。检察人员认为庭审活动有违法情形的,应当待休庭或者庭审结束后,以人民检察院的名义提出检察建议。

人民法院采纳再审检察建议而裁定再审的案件,开庭审理程序可以参照适用上述规定。

三、关于对裁定的监督方式问题

民事诉讼法第一百五十四条规定,当事人不服不予受理、驳回起诉、管辖权异议的裁定,可以上诉,但民事诉讼法第二百条不再将管辖错误规定为再审事由。根据上述规定精神,人民检察院对不予受理和驳回起诉的裁定可以采用抗诉或者再审检察建议的方式进行监督,对其他裁定如确有必要进行监督的,可以采用一般检察建议。

四、关于法律条文引用问题

当事人依据民事诉讼法第二百零九条规定向人民检察院申请抗诉或者检察建议,人民检察院经审查后依法向人民法院提出抗诉或者检察建议的,在抗诉书或再审检察建议书中引用《中华人民共和国民事诉讼法》第二百零九条第一款、第二百零八条第×款、第二百条第×项的规定。

五、关于法律文书的送达问题

人民检察院决定对人民法院的判决、裁定、调解书提出抗诉的,应当制作抗诉书,连同案件卷宗移送同级人民法院;同时制作决定抗诉的通知书,发送当事人,并将发送情况记录于移送的案件卷宗。接受抗诉的人民法院应当自收到抗诉书之日起三十日内,依照有关规定作出再审裁定,在向当事人送达再审裁定时一并送达抗诉书,同时向提出抗诉的人民检察院抄送再审裁定。人民法院审结抗诉案件后,送达当事人的结案文书应当抄送人民检察院。

六、关于建立长效协调机制

人民法院审判监督部门与人民检察院民事行政检察部门就民事诉讼监督案件的办理,建立灵活、有效的实时沟通机制,公正办理民事诉讼检察监督案件。最高人民法院审判监督庭与最高人民检察院民事行政检察厅建立定期、长效协调机制,适时分析解决民事行政诉讼监督工作中出现的新情况、新问题,并可开展专题联合调研。

最高人民法院办公厅
关于印发修订后的《最高人民法院民事案件当事人申请再审指南》的通知

2017年1月16日　　　　　　　　　　法办〔2017〕11号

本院各单位:

《最高人民法院民事案件当事人申请再审指南》(修订稿)已经本院民事行政审判专业委员会讨论通过,现印发给你们,请认真贯彻执行。

附:

最高人民法院
民事案件当事人申请再审指南

(2016年10月18日最高人民法院审判委员会第250次会议修订)

为引导当事人正确行使申请再审权,方便当事人诉讼,根据《中华人民共和国民事诉讼法》《最高人民法院关于适用〈中华人民共和国民事诉讼法〉的解释》的规定,结合最高人民法院民事申请再审案件受理工作实际,制定本指南。

一、向最高人民法院申请再审的法定条件

第一条 当事人对最高人民法院、高级人民法院已经发生法律效力的一审、二审民事判决、裁定、调解书,可以向最高人民法院申请再审。但下列情形不得申请再审:

（一）已经发生法律效力的解除婚姻关系的判决、调解；

（二）当事人将生效判决、调解书确认的债权转让，债权受让人对该判决、调解书不服申请再审的案件；

（三）适用特别程序、督促程序、公示催告程序、破产程序等非讼程序审理的案件；

（四）再审申请被驳回的案件；

（五）再审判决、裁定；

（六）人民检察院对当事人的申请作出不予提出再审检察建议或者抗诉决定的案件。

第二条 当事人可以对最高人民法院、高级人民法院作出的下列裁定向最高人民法院申请再审：

（一）不予受理的裁定；

（二）驳回起诉的裁定。

第三条 再审申请人应当符合下列情形之一：

（一）判决、裁定、调解书列明的当事人；

（二）认为原判决、裁定、调解书损害其民事权益，所提出的执行异议被裁定驳回的案外人；

（三）上述当事人或案外人死亡或者终止的，其权利义务承继者。

第四条 再审申请书列明的再审事由应当是民事诉讼法第二百条、第二百零一条规定的情形。

再审申请书列明的再审事由不属于民事诉讼法第二百条、第二百零一条规定情形的，应当改正；再审申请书未列明再审事由的，应当补充。

第五条 当事人申请再审，应当在判决、裁定、调解书发生法律效力后六个月内提出；有民事诉讼法第二百条第一项、第三项、第十二项、第十三项规定情形的，自知道或者应当知道之日起六个月内提出。

二、向最高人民法院申请再审的方式

第六条 当事人向最高人民法院申请再审，可以下列方式提出：

（一）到最高人民法院申诉立案大厅提交申请再审案件材料；

（二）向最高人民法院邮寄提交申请再审案件材料；

（三）通过最高人民法院诉讼服务网提交申请再审案件材料。

三、向最高人民法院申请再审应当提交的书面材料

第七条 再审申请人应当提交再审申请书，并按照被申请人及原审其他当事人人数提交再审申请书副本。

第八条 再审申请书应当载明下列事项：

（一）再审申请人、被申请人及原审其他当事人的基本情况。当事人是自然人的，应列明姓名、性别、出生日期、民族、职业（或工作单位及职务）、住所及有效联系电话、邮寄地址；当事人是法人或者其他组织的，应列明名称、住所和法定代表人或者主要负责人的姓名、职务及有效联系电话、邮寄地址；

（二）作出判决、裁定、调解书的人民法院名称，判决、裁定、调解文书案号；

（三）具体的再审请求；

（四）申请再审所依据的法定情形（须列明所依据的民事诉讼法的具体条、款、项）及具体事实、理由；

（五）向最高人民法院申请再审的明确表述；

（六）再审申请人的签名或者盖章。

第九条 再审申请人除应提交符合规定的再审申请书外，还应当提交以下材料：

（一）再审申请人是自然人的，应提交身份证明复印件；再审申请人是法人或其他组织的，应提交加盖公章的组织机构代码证复印件、营业执照复印件、法定代表人或主要负责人身份证明书；

（二）委托他人代为申请，除提交授权委托书外，委托代理人是律师的，应提交律师事务所函和律师执业证复印件；委托代理人是基层法律服务工作者的，应提交基层法律服务所函和法律服务工作者执业证，以及当事人一方位于本辖区内的证明材料。委托代理人是当事人的近亲属的，应提交代理人身份证明复印件以及与当事人有近亲属关系的证明材料；委托代理人是当事人的工作人员的，应提交代理人身份证明复印件和与当事人有合法劳动人事关系的证明材料；委托代理人是当事人所在社区、单位以及有关社会团体推荐的公民的，应提交代理人身份证明复印件、推荐材料和当事人隶属于该社区、单位的证明材料；

（三）申请再审的判决、裁定、调解书原件，或者经核对无误的复印件；判决、裁定、调解书系二审裁判的，应同时提交一审裁判文书原件，或者经核对无误的复印件；

（四）在原审诉讼过程中提交的主要证据复印件；

（五）支持申请再审所依据的法定情形和再审请求的证据材料；

（六）再审申请人有新证据的，应按照被申请人及原审其他当事人人数提交相应份数的新证据。

第十条 再审申请人提交再审申请书等材料应使用A4型纸，同时应当附与书面材料内容一致的可编辑的一审、二审裁判文书和再审申请书的电子文本（WORD文本），并提供所有纸质文件的便携式格式文本（PDF文本），将上述两种格式的电子文本刻录在同一张光盘中，与纸质材料一并提交。

第十一条 再审申请人提交的再审申请书等材料不符合上述要求，或者有人身攻击等内容，可能引起矛盾激化的，应当补充或改正。

四、到最高人民法院申诉立案大厅及巡回法庭提交申请再审案件材料的要求

第十二条 最高人民法院在申诉立案大厅及巡回法庭设立专门窗口负责审查接受申请再审案件材料。

第十三条 再审申请人到最高人民法院申诉立案大厅及巡回法庭提交申请再审材料的，应当填写来访人员登记表，按照提交登记表的顺序，由接谈法官审查其再审申请是否符合受理条件以及材料是否齐备。

第十四条　再审申请人提出的再审申请符合受理条件且材料齐备的，应填写《最高人民法院民事申请再审诉讼材料收取清单》一式两份，签名并注明日期，由接谈法官加盖最高人民法院收取诉讼材料专用章后返还一份清单。

再审申请人应同时填写送达地址确认书。

五、向最高人民法院邮寄提交申请再审案件材料的要求

第十五条　再审申请人向最高人民法院邮寄提交申请再审案件材料的，应当符合以下要求：

（一）按照本指南第七条至第十一条的要求提供材料，并附材料清单、送达地址确认书及电话等有效联系方式；

（二）在信封上注明提交民事申请再审案件材料；

（三）在信封上注明来信地址、邮政编码及联系电话。

第十六条　再审申请人以邮寄方式提出再审申请符合受理条件，但申请再审案件材料不齐备或需要改正的，应当按要求予以补充或改正。

六、通过最高人民法院诉讼服务网提交申请再审案件材料的要求

第十七条　再审申请人可通过登录最高人民法院诉讼服务网通过预约方式立案，通过诉讼服务网提交申请再审案件材料应当符合以下要求：

（一）按照本指南第七条至第十一条的要求提供材料，并附材料清单、送达地址确认书及电话等有效联系方式；

（二）上传与书面材料内容一致的可编辑的一审、二审裁判文书和再审申请书的电子文本（WORD 文本），并提供所有纸质文件的便携式格式文本（PDF 文本）；

（三）填写送达方式、送达地址确认书。

当事人可按照最高人民法院网上审核通过的要求和地址，向最高人民法院及巡回法庭邮寄书面申请再审材料，也可凭预约立案通知书到最高人民法院申诉立案大厅及巡回法庭现场确认立案。

第十八条　再审申请人通过诉讼服务网提出的再审申请，符合受理条件的，立案受理。但申请再审案件材料不齐备或需要补正的，应当按要求予以补正。

七、涉外民事案件申请再审的特别规定

第十九条　涉外民事案件中的外国当事人向最高人民法院申请再审，申请人为外国人的，应当提交其与原件核对无误的护照复印件，或能证明其身份信息的其他证件复印件；申请人为外国企业或组织的，应当提交申请人身份证明及代表人身份证明。上述身份证明应当经所在国公证机关公证，并经中华人民共和国驻该国使领馆认证，或者履行中华人民共和国与该所在国订立的有关条约中规定的证明手续。

外国人、外国企业或者组织从中华人民共和国领域外寄交或者托交的授权委托书，应当经所在国公证机关公证，并经中华人民共和国驻该国使领馆认证，或者履行中华人民共和国与该所在国订立的有关条约中规定的证明手续。外国人、外国企业或者组织的

代表人在中华人民共和国境内签署授权委托书的，应当根据民事诉讼法司法解释第五百二十五条的规定，在人民法院法官见证下签署，或根据民事诉讼法司法解释第五百二十六条的规定提交中华人民共和国公证机构的公证书。

八、其　他

第二十条　最高人民法院网站可供查询民事申请再审相关规定和诉讼文书样式，网址为 www.court.gov.cn。中国法院诉讼服务网可以提交民事申请再审案件材料，网址为 www.susong.chinacourt.org。也可拨打 12368 诉讼服务热线查询。

第二十一条　申请再审材料邮寄地址：北京市东城区北花市大街 9 号最高人民法院立案庭诉讼服务中心登记四室，邮政编码：100062。如需实地查询请到北京市朝阳区南四环肖村桥南顶路红寺村 316 号最高法院申诉信访大厅办理。

附件：1. 再审申请书参考样式（略）
　　　2. 最高人民法院当事人送达地址确认书（略）

最高人民法院
关于加强民事指令再审、再审发回重审案件审理工作沟通衔接和跟踪监督的通知

2017 年 4 月 17 日　　　　　　　　　　　　　　法〔2017〕125 号

各省、自治区、直辖市高级人民法院，解放军军事法院，新疆维吾尔自治区高级人民法院生产建设兵团分院：

为确保指令再审、再审发回重审的民事案件依法、及时审理，防止和杜绝相关案件久拖不立、久拖不决、有错不纠，切实维护各方当事人的合法权益，维护司法公正和权威，现就民事指令再审、再审发回重审案件审理工作沟通衔接和跟踪监督等事项通知如下：

一、明确调卷职责，提高调卷效率。申请再审案件审查以及再审案件审理工作中，需要调取原审卷宗的，可以委托下一级人民法院一并调取所需的原审历次审理相关卷宗，条件具备的也可以向卷宗所属各人民法院直接发送调卷函。调卷函应载明承办案件合议庭书记员姓名与联系方式以及需要调取卷宗的案号、当事人名称和案由等信息，以便及时准确调取。

受托调卷的人民法院应当在收到委托手续之日起五个工作日内向卷宗所属人民法院发送调卷函，并在收齐所有卷宗之日起五个工作日内完成卷宗的报送。原审相关人民法院应当在收到调卷函之日起二十个工作日内调齐卷宗，报送发函的上级人民法院。相关卷宗尚未归档的，应当在收到调卷函之日起十个工作日内完成卷宗整理归档工作，并按

时完成卷宗的报送。确有特殊原因,不能在上述期限内报送卷宗的,应当及时向发函调卷的人民法院报告,由其决定调卷的其他方式。

各级人民法院应当明确本院负责调卷的部门和责任人员,并在收到本通知之日起三十日内将相关部门和责任人员的联系方式在本院办公网上公布,并层报上一级人民法院。

二、强化信息沟通,方便下级法院再审、重审审判工作。上级人民法院裁定指令再审或者再审裁定发回重审的,向当事人送达裁定书的同时,应将裁定书抄送原审各人民法院。调阅了原审卷宗的,还应同时送还原审卷宗材料。抄送裁定书、送还卷宗材料时,应附书记员姓名及联系方式,有当事人新的住所地、联系方式的,应一并附函告知,方便下级人民法院工作联系。

接受指令再审或发回重审的人民法院因审理相关案件需要查阅上级人民法院相关卷宗的,上级人民法院应及时提供相关卷宗供再审、重审合议庭查阅、复制。

三、严格立案和送达期限,坚决杜绝再审、重审案件久拖不立。接受指令再审或回重审的人民法院应当在收到裁定书之日起五个工作日内完成立案登记手续,并在立案之日起五个工作日内将立案受理通知书发送当事人,告知当事人在十五日内提交载明再审请求、重审请求的相关诉讼文书、证据及其他诉讼材料。不得以无法直接送达、未完成卷宗调取等为由,对再审、重审案件不予立案登记。确有特殊原因,不能在上述期限内完成立案和送达事项的,应当向作出指令再审、发回重审裁定的人民法院书面报告,并说明具体原因。

四、切实加强跟踪监督,确保再审纠错及时、有效。再审、重审案件裁判生效后,作出该生效裁判的人民法院应当在裁判生效之日起五个工作日内,向作出指令再审、发回重审裁定的人民法院报送相关生效裁判文书。

作出指令再审、发回重审裁定的人民法院应当建立相关的生效裁判文书库,定期对指令再审、发回重审的案件进行总结分析,高度关注有案不立、久拖不决、有错不纠、尺度不一等典型问题,研究改进对策并选择适当方式对下指导。

五、严肃审判纪律和责任追究,共同维护司法公正和权威。各级人民法院应当严格依法适用指令再审、再审发回重审,依法确定再审和重审审理范围,切实加强沟通和协调,确保民事案件指令再审和再审发回重审审判环节的无缝衔接,确保审判监督案件依法及时审判,共同维护司法公正和权威。

对民事案件指令再审和再审发回重审审判活动中违反民事诉讼法及相关司法解释规定的行为,依照《最高人民法院关于民事审判监督程序严格依法适用指令再审和发回重审若干问题的规定》第九条的规定追究有关人员的责任。

十八、督促程序

最高人民法院
关于适用督促程序若干问题的规定

法释〔2001〕2号

(2000年11月13日最高人民法院审判委员会第1137次会议通过 2001年1月8日最高人民法院公告公布 自2001年1月21日起施行)

为了在审判工作中正确适用督促程序,根据《中华人民共和国民事诉讼法》有关规定,现对适用督促程序处理案件的若干问题规定如下:

第一条 基层人民法院受理债权人依法申请支付令的案件,不受争议金额的限制。

第二条 共同债务人住所地、经常居住地不在同一基层人民法院辖区,各有关人民法院都有管辖权的,债权人可以向其中任何一个基层人民法院申请支付令;债权人向两个以上有管辖权的人民法院申请支付令的,由最先立案的人民法院管辖。

第三条 人民法院收到债权人的书面申请后,认为申请书不符合要求的,人民法院可以通知债权人限期补正。补正期间不计入民事诉讼法第一百九十二条规定的期限。

第四条 对设有担保的债务案件主债务人发出的支付令,对担保人没有拘束力。债权人就担保关系单独提起诉讼的,支付令自行失效。

第五条 人民法院受理债权人的支付令申请后,经审理,有下列情况之一的,应当裁定驳回申请:

(一) 当事人不适格;

(二) 给付金钱或者汇票、本票、支票以及股票、债券、国库券、可转让的存款单等有价证券的证明文件没有约定逾期给付利息或者违约金、赔偿金,债权人坚持要求给付利息或者违约金、赔偿金;

(三) 债权人要求给付的金钱或者汇票、本票、支票以及股票、债券、国库券、可转让的存款单等有价证券属于违法所得;

(四) 债权人申请支付令之前已向人民法院申请诉前保全,或者申请支付令同时又要求诉前保全。

第六条 人民法院受理支付令申请后，债权人就同一债权关系又提起诉讼，或者人民法院发出支付令之日起 30 日内无法送达债务人的，应当裁定终结督促程序。

第七条 债务人对债权债务关系没有异议，但对清偿能力、清偿期限、清偿方式等提出不同意见的，不影响支付令的效力。

第八条 债权人基于同一债权债务关系，向债务人提出多项支付请求，债务人仅就其中一项或几项请求提出异议的，不影响其他各项请求的效力。

第九条 债权人基于同一债权债务关系，就可分之债向多个债务人提出支付请求，多个债务人中的 1 人或几人提出异议的，不影响其他请求的效力。

第十条 人民法院作出终结督促程序前，债务人请求撤回异议的，应当准许。

第十一条 人民法院院长对本院已发生法律效力的支付令，发现确有错误，认为需要撤销的，应当提交审判委员会讨论决定后，裁定撤销支付令，驳回债权人的申请。

第十二条 最高人民法院有关适用督促程序的其他司法解释与本规定不一致的，以本规定为准。

最高人民法院
关于中级人民法院能否适用督促程序的复函

1993 年 11 月 9 日　　　　　　　　　　　〔1993〕法民字第 29 号

内蒙古自治区高级人民法院：

你院内高法〔1993〕51 号关于中级人民法院能否适用督促程序的请示收悉。经研究，我们认为，督促程序是人民法院催促债务人向债权人履行债务的一种简便的程序，它只适用于债权债务关系明确，当事人又无争议的特定的债务案件。为使此类案件能够迅速得到解决，《中华人民共和国民事诉讼法》第一百八十九条第一款规定，债权人"可以向有管辖权的基层人民法院申请支付令"。据此，我们同意你院的意见，即中级人民法院适用督促程序是不符合《中华人民共和国民事诉讼法》规定的。

此复。

最高人民法院关于支付令生效后发现确有错误应当如何处理问题的复函

1992年7月13日　　　　　　　　　　法函〔1992〕98号

山东省高级人民法院：

你院鲁高法函〔1992〕35号请示收悉。经研究，答复如下：

一、债务人未在法定期间提出书面异议，支付令即发生法律效力，债务人不得申请再审；超过法定期间债务人提出的异议，不影响支付令的效力。

二、人民法院院长对本院已经发生法律效力的支付令，发现确有错误，认为需要撤销的，应当提交审判委员会讨论通过后，裁定撤销原支付令，驳回债权人的申请。

此复。

十九、公示催告程序

最高人民法院
关于对遗失金融债券可否按"公示催告"程序办理的复函

1992年5月8日　　　　　　　　　　　　法函〔1992〕60号

中国银行：

你行中银综〔1992〕59号《关于对遗失债券有关法律问题的请示》收悉。经研究，答复如下：

我国《民事诉讼法》第一百九十三条规定："按照规定可以背书转让的票据持有人，因票据被盗、遗失或者灭失，可以向票据支付地的基层人民法院申请公示催告。依照法律规定可以申请公示催告的其他事项，适用本章规定。"这里的票据是指汇票、本票和支票。你行发行的金融债券不属于以上几种票据，也不属于"依照法律规定可以申请公示催告的其他事项"。而且你行在"发行通知"中明确规定，此种金融债券"不计名、不挂失，可以转让和抵押。"因此，对你行发行的金融债券不能适用公示催告程序。

最高人民法院
关于人民法院发布公示催告程序中公告有关问题的通知

2016年4月11日　　　　　　　　　　　　　　法〔2016〕109号

各省、自治区、直辖市高级人民法院,解放军军事法院,新疆维吾尔自治区高级人民法院生产建设兵团分院;本院各单位:

为切实规范公示催告程序中公告的发布工作,解决风险票据发布公告平台不统一、不规范的问题,现通知如下:

依据《中华人民共和国民事诉讼法》第二百一十九条、最高人民法院《关于适用〈中华人民共和国民事诉讼法〉的解释》第四百四十八条、最高人民法院《关于进一步规范法院公告发布工作的通知》等文件的规定,人民法院受理公示催告申请后发布公告的,应当在《人民法院报》上刊登,《人民法院报》电子版、中国法院网同步免费刊载。

特此通知。

二十、执行程序

最高人民法院
关于适用《中华人民共和国民事诉讼法》
执行程序若干问题的解释

法释〔2008〕13号

(2008年9月8日最高人民法院审判委员会第1452次会议通过
2008年11月3日最高人民法院公告公布 自2009年1月1日起施行)

为了依法及时有效地执行生效法律文书,维护当事人的合法权益,根据2007年10月修改后的《中华人民共和国民事诉讼法》(以下简称民事诉讼法),结合人民法院执行工作实际,对执行程序中适用法律的若干问题作出如下解释:

第一条 申请执行人向被执行的财产所在地人民法院申请执行的,应当提供该人民法院辖区有可供执行财产的证明材料。

第二条 对两个以上人民法院都有管辖权的执行案件,人民法院在立案前发现其他有管辖权的人民法院已经立案的,不得重复立案。

立案后发现其他有管辖权的人民法院已经立案的,应当撤销案件;已经采取执行措施的,应当将控制的财产交先立案的执行法院处理。

第三条 人民法院受理执行申请后,当事人对管辖权有异议的,应当自收到执行通知书之日起十日内提出。

人民法院对当事人提出的异议,应当审查。异议成立的,应当撤销执行案件,并告知当事人向有管辖权的人民法院申请执行;异议不成立的,裁定驳回。当事人对裁定不服的,可以向上一级人民法院申请复议。

管辖权异议审查和复议期间,不停止执行。

第四条 对人民法院采取财产保全措施的案件,申请执行人向采取保全措施的人民法院以外的其他有管辖权的人民法院申请执行的,采取保全措施的人民法院应当将保全的财产交执行法院处理。

第五条 执行过程中,当事人、利害关系人认为执行法院的执行行为违反法律规定的，可以依照民事诉讼法第二百零二条的规定提出异议。

执行法院审查处理执行异议，应当自收到书面异议之日起十五日内作出裁定。

第六条 当事人、利害关系人依照民事诉讼法第二百零二条规定申请复议的，应当采取书面形式。

第七条 当事人、利害关系人申请复议的书面材料，可以通过执行法院转交，也可以直接向执行法院的上一级人民法院提交。

执行法院收到复议申请后，应当在五日内将复议所需的案卷材料报送上一级人民法院；上一级人民法院收到复议申请后，应当通知执行法院在五日内报送复议所需的案卷材料。

第八条 上一级人民法院对当事人、利害关系人的复议申请，应当组成合议庭进行审查。

第九条 当事人、利害关系人依照民事诉讼法第二百零二条规定申请复议的，上一级人民法院应当自收到复议申请之日起三十日内审查完毕，并作出裁定。有特殊情况需要延长的，经本院院长批准，可以延长，延长的期限不得超过三十日。

第十条 执行异议审查和复议期间，不停止执行。

被执行人、利害关系人提供充分、有效的担保请求停止相应处分措施的，人民法院可以准许；申请执行人提供充分、有效的担保请求继续执行的，应当继续执行。

第十一条 依照民事诉讼法第二百零三条的规定，有下列情形之一的，上一级人民法院可以根据申请执行人的申请，责令执行法院限期执行或者变更执行法院：

（一）债权人申请执行时被执行人有可供执行的财产，执行法院自收到申请执行书之日起超过六个月对该财产未执行完结的；

（二）执行过程中发现被执行人可供执行的财产，执行法院自发现财产之日起超过六个月对该财产未执行完结的；

（三）对法律文书确定的行为义务的执行，执行法院自收到申请执行书之日起超过六个月未依法采取相应执行措施的；

（四）其他有条件执行超过六个月未执行的。

第十二条 上一级人民法院依照民事诉讼法第二百零三条规定责令执行法院限期执行的，应当向其发出督促执行令，并将有关情况书面通知申请执行人。

上一级人民法院决定由本院执行或者指令本辖区其他人民法院执行的，应当作出裁定，送达当事人并通知有关人民法院。

第十三条 上一级人民法院责令执行法院限期执行，执行法院在指定期间内无正当理由仍未执行完结的，上一级人民法院应当裁定由本院执行或者指令本辖区其他人民法院执行。

第十四条 民事诉讼法第二百零三条规定的六个月期间，不应当计算执行中的公告期间、鉴定评估期间、管辖争议处理期间、执行争议协调期间、暂缓执行期间以及中止执行期间。

第十五条 案外人对执行标的主张所有权或者有其他足以阻止执行标的转让、交付的实体权利的，可以依照民事诉讼法第二百零四条的规定，向执行法院提出异议。

第十六条　案外人异议审查期间，人民法院不得对执行标的进行处分。

案外人向人民法院提供充分、有效的担保请求解除对异议标的的查封、扣押、冻结的，人民法院可以准许；申请执行人提供充分、有效的担保请求继续执行的，应当继续执行。

因案外人提供担保解除查封、扣押、冻结有错误，致使该标的无法执行的，人民法院可以直接执行担保财产；申请执行人提供担保请求继续执行有错误，给对方造成损失的，应当予以赔偿。

第十七条　案外人依照民事诉讼法第二百零四条规定提起诉讼，对执行标的主张实体权利，并请求对执行标的停止执行的，应当以申请执行人为被告；被执行人反对案外人对执行标的所主张的实体权利的，应当以申请执行人和被执行人为共同被告。

第十八条　案外人依照民事诉讼法第二百零四条规定提起诉讼的，由执行法院管辖。

第十九条　案外人依照民事诉讼法第二百零四条规定提起诉讼的，执行法院应当依照诉讼程序审理。经审理，理由不成立的，判决驳回其诉讼请求；理由成立的，根据案外人的诉讼请求作出相应的裁判。

第二十条　案外人依照民事诉讼法第二百零四条规定提起诉讼的，诉讼期间，不停止执行。

案外人的诉讼请求确有理由或者提供充分、有效的担保请求停止执行的，可以裁定停止对执行标的进行处分；申请执行人提供充分、有效的担保请求继续执行的，应当继续执行。

案外人请求停止执行、请求解除查封、扣押、冻结或者申请执行人请求继续执行有错误，给对方造成损失的，应当予以赔偿。

第二十一条　申请执行人依照民事诉讼法第二百零四条规定提起诉讼，请求对执行标的许可执行的，应当以案外人为被告；被执行人反对申请执行人请求的，应当以案外人和被执行人为共同被告。

第二十二条　申请执行人依照民事诉讼法第二百零四条规定提起诉讼的，由执行法院管辖。

第二十三条　人民法院依照民事诉讼法第二百零四条规定裁定对异议标的中止执行后，申请执行人自裁定送达之日起十五日内未提起诉讼的，人民法院应当裁定解除已经采取的执行措施。

第二十四条　申请执行人依照民事诉讼法第二百零四条规定提起诉讼的，执行法院应当依照诉讼程序审理。经审理，理由不成立的，判决驳回其诉讼请求；理由成立的，根据申请执行人的诉讼请求作出相应的裁判。

第二十五条　多个债权人对同一被执行人申请执行或者对执行财产申请参与分配的，执行法院应当制作财产分配方案，并送达各债权人和被执行人。债权人或者被执行人对分配方案有异议的，应当自收到分配方案之日起十五日内向执行法院提出书面异议。

第二十六条　债权人或者被执行人对分配方案提出书面异议的，执行法院应当通知未提出异议的债权人或被执行人。

未提出异议的债权人、被执行人收到通知之日起十五日内未提出反对意见的，执行法院依异议人的意见对分配方案审查修正后进行分配；提出反对意见的，应当通知异议人。异议人可以自收到通知之日起十五日内，以提出反对意见的债权人、被执行人为被告，向执行法院提起诉讼；异议人逾期未提起诉讼的，执行法院依原分配方案进行分配。

诉讼期间进行分配的，执行法院应当将与争议债权数额相应的款项予以提存。

第二十七条 在申请执行时效期间的最后六个月内，因不可抗力或者其他障碍不能行使请求权的，申请执行时效中止。从中止时效的原因消除之日起，申请执行时效期间继续计算。

第二十八条 申请执行时效因申请执行、当事人双方达成和解协议、当事人一方提出履行要求或者同意履行义务而中断。从中断时起，申请执行时效期间重新计算。

第二十九条 生效法律文书规定债务人负有不作为义务的，申请执行时效期间从债务人违反不作为义务之日起计算。

第三十条 执行员依照民事诉讼法第二百一十六条规定立即采取强制执行措施的，可以同时或者自采取强制执行措施之日起三日内发送执行通知书。

第三十一条 人民法院依照民事诉讼法第二百一十七条规定责令被执行人报告财产情况的，应当向其发出报告财产令。报告财产令中应当写明报告财产的范围、报告财产的期间、拒绝报告或者虚假报告的法律后果等内容。

第三十二条 被执行人依照民事诉讼法第二百一十七条的规定，应当书面报告下列财产情况：

（一）收入、银行存款、现金、有价证券；
（二）土地使用权、房屋等不动产；
（三）交通运输工具、机器设备、产品、原材料等动产；
（四）债权、股权、投资权益、基金、知识产权等财产性权利；
（五）其他应当报告的财产。

被执行人自收到执行通知之日前一年至当前财产发生变动的，应当对该变动情况进行报告。

被执行人在报告财产期间履行全部债务的，人民法院应当裁定终结报告程序。

第三十三条 被执行人报告财产后，其财产情况发生变动，影响申请执行人债权实现的，应当自财产变动之日起十日内向人民法院补充报告。

第三十四条 对被执行人报告的财产情况，申请执行人请求查询的，人民法院应当准许。申请执行人对查询的被执行人财产情况，应当保密。

第三十五条 对被执行人报告的财产情况，执行法院可以依申请执行人的申请或者依职权调查核实。

第三十六条 依照民事诉讼法第二百三十一条规定对被执行人限制出境的，应当由申请执行人向执行法院提出书面申请；必要时，执行法院可以依职权决定。

第三十七条 被执行人为单位的，可以对其法定代表人、主要负责人或者影响债务履行的直接责任人员限制出境。

被执行人为无民事行为能力人或者限制民事行为能力人的，可以对其法定代理人限制出境。

第三十八条 在限制出境期间，被执行人履行法律文书确定的全部债务的，执行法院应当及时解除限制出境措施；被执行人提供充分、有效的担保或者申请执行人同意的，可以解除限制出境措施。

第三十九条 依照民事诉讼法第二百三十一条的规定，执行法院可以依职权或者依申请执行人的申请，将被执行人不履行法律文书确定义务的信息，通过报纸、广播、电视、互联网等媒体公布。

媒体公布的有关费用，由被执行人负担；申请执行人申请在媒体公布的，应当垫付有关费用。

第四十条 本解释施行前本院公布的司法解释与本解释不一致的，以本解释为准。

最高人民法院关于对被执行人存在银行的凭证式国库券可否采取执行措施问题的批复

法释〔1998〕2号

（1998年2月5日最高人民法院审判委员会第958次会议通过　1998年2月10日最高人民法院公告公布　自1998年2月12日起施行）

北京市高级人民法院：

你院京高法〔1997〕194号《关于对被执行人在银行的凭证式记名国库券可否采取冻结、扣划强制措施的请示》收悉。经研究，答复如下：

被执行人存在银行的凭证式国库券是由被执行人交银行管理的到期偿还本息的有价证券，在性质上与银行的定期储蓄存款相似，属于被执行人的财产。依照《中华人民共和国民事诉讼法》第二百一十八条规定的精神，人民法院有权冻结、划拨被执行人存在银行的凭证式国库券。有关银行应当按照人民法院的协助执行通知书将本息划归执行申请人。

此复。

最高人民法院
关于人民法院执行工作若干问题的规定（试行）

法释〔1998〕15号

（1998年6月11日最高人民法院审判委员会第992次会议通过 1998年7月8日最高人民法院公告公布 自1998年7月18日起施行）

为了保证在执行程序中正确适用法律，及时有效地执行生效法律文书，维护当事人的合法权益，根据《中华人民共和国民事诉讼法》（以下简称民事诉讼法）等有关法律的规定，结合人民法院执行工作的实践经验，现对人民法院执行工作若干问题作如下规定。

一、执行机构及其职责

1. 人民法院根据需要，依据有关法律的规定，设立执行机构，专门负责执行工作。
2. 执行机构负责执行下列生效法律文书：
（1）人民法院民事、行政判决、裁定、调解书，民事制裁决定、支付令，以及刑事附带民事判决、裁定、调解书；
（2）依法应由人民法院执行的行政处罚决定、行政处理决定；
（3）我国仲裁机构作出的仲裁裁决和调解书，人民法院依据《中华人民共和国仲裁法》有关规定作出的财产保全和证据保全裁定；
（4）公证机关依法赋予强制执行效力的关于追偿债款、物品的债权文书；
（5）经人民法院裁定承认其效力的外国法院作出的判决、裁定，以及国外仲裁机构作出的仲裁裁决；
（6）法律规定由人民法院执行的其他法律文书。
3. 人民法院在审理民事、行政案件中作出的财产保全和先予执行裁定，由审理案件的审判庭负责执行。
4. 人民法庭审结的案件，由人民法庭负责执行。其中复杂、疑难或被执行人不在本法院辖区的案件，由执行机构负责执行。
5. 执行程序中重大事项的办理，应由3名以上执行员讨论，并报经院长批准。
6. 依据民事诉讼法第二百一十三条或第二百五十八条的规定对仲裁裁决是否有不予执行事由进行审查的，应组成合议庭进行。
7. 执行机构应配备必要的交通工具、通讯设备、音像设备和警械用具等，以保障及时有效地履行职责。
8. 执行人员执行公务时，应向有关人员出示工作证和执行公务证，并按规定着装。

必要时应由司法警察参加。

执行公务证由最高人民法院统一制发。

9. 上级人民法院执行机构负责本院对下级人民法院执行工作的监督、指导和协调。

二、执行管辖

10. 仲裁机构作出的国内仲裁裁决、公证机关依法赋予强制执行效力的公证债权文书，由被执行人住所地或被执行的财产所在地人民法院执行。

前款案件的级别管辖，参照各地法院受理诉讼案件的级别管辖的规定确定。

11. 在国内仲裁过程中，当事人申请财产保全，经仲裁机构提交人民法院的，由被申请人住所地或被申请保全的财产所在地的基层人民法院裁定并执行；申请证据保全的，由证据所在地的基层人民法院裁定并执行。

12. 在涉外仲裁过程中，当事人申请财产保全，经仲裁机构提交人民法院的，由被申请人住所地或被申请保全的财产所在地的中级人民法院裁定并执行；申请证据保全的，由证据所在地的中级人民法院裁定并执行。

13. 专利管理机关依法作出的处理决定和处罚决定，由被执行人住所地或财产所在地的省、自治区、直辖市有权受理专利纠纷案件的中级人民法院执行。

14. 国务院各部门、各省、自治区、直辖市人民政府和海关依照法律、法规作出的处理决定和处罚决定，由被执行人住所地或财产所在地的中级人民法院执行。

15. 两个以上人民法院都有管辖权的，当事人可以向其中一个人民法院申请执行；当事人向两个以上人民法院申请执行的，由最先立案的人民法院管辖。

16. 人民法院之间因执行管辖权发生争议的，由双方协商解决；协商不成的，报请双方共同的上级人民法院指定管辖。

17. 基层人民法院和中级人民法院管辖的执行案件，因特殊情况需要由上级人民法院执行的，可以报请上级人民法院执行。

三、执行的申请和移送

18. 人民法院受理执行案件应当符合下列条件：

（1）申请或移送执行的法律文书已经生效；

（2）申请执行人是生效法律文书确定的权利人或其继承人、权利承受人；

（3）申请执行人在法定期限内提出申请；

（4）申请执行的法律文书有给付内容，且执行标的和被执行人明确；

（5）义务人在生效法律文书确定的期限内未履行义务；

（6）属于受申请执行的人民法院管辖。

人民法院对符合上述条件的申请，应当在 7 日内予以立案；不符合上述条件之一的，应当在 7 日内裁定不予受理。

19. 生效法律文书的执行，一般应当由当事人依法提出申请。

发生法律效力的具有给付赡养费、扶养费、抚育费内容的法律文书、民事制裁决定书，以及刑事附带民事判决、裁定、调解书，由审判庭移送执行机构执行。

20. 申请执行，应向人民法院提交下列文件和证件：

（1）申请执行书。申请执行书中应当写明申请执行的理由、事项、执行标的，以及申请执行人所了解的被执行人的财产状况。

申请执行人书写申请执行书确有困难的，可以口头提出申请。人民法院接待人员对口头申请应当制作笔录，由申请执行人签字或盖章。

外国一方当事人申请执行的，应当提交中文申请执行书。当事人所在国与我国缔结或共同参加的司法协助条约有特别规定的，按照条约规定办理。

（2）生效法律文书副本。

（3）申请执行人的身份证明。公民个人申请的，应当出示居民身份证；法人申请的，应当提交法人营业执照副本和法定代表人身份证明；其他组织申请的，应当提交营业执照副本和主要负责人身份证明。

（4）继承人或权利承受人申请执行的，应当提交继承或承受权利的证明文件。

（5）其他应当提交的文件或证件。

21. 申请执行仲裁机构的仲裁裁决，应当向人民法院提交有仲裁条款的合同书或仲裁协议书。

申请执行国外仲裁机构的仲裁裁决的，应当提交经我国驻外使领馆认证或我国公证机关公证的仲裁裁决书中文本。

22. 申请执行人可以委托代理人代为申请执行。委托代理的，应当向人民法院提交经委托人签字或盖章的授权委托书，写明委托事项和代理人的权限。

委托代理人代为放弃、变更民事权利，或代为进行执行和解，或代为收取执行款项的，应当有委托人的特别授权。

23. 申请人民法院强制执行，应当按照人民法院诉讼收费办法的规定缴纳申请执行的费用。

四、执行前的准备和对被执行人财产状况的查明

24. 人民法院决定受理执行案件后，应当在 3 日内向被执行人发出执行通知书，责令其在指定的期间内履行生效法律文书确定的义务，并承担民事诉讼法第二百二十九条规定的迟延履行期间的债务利息或迟延履行金。

25. 执行通知书的送达，适用民事诉讼法关于送达的规定。

26. 被执行人未按执行通知书指定的期间履行生效法律文书确定的义务的，应当及时采取执行措施。

在执行通知书指定的期限内，被执行人转移、隐匿、变卖、毁损财产的，应当立即采取执行措施。

人民法院采取执行措施，应当制作裁定书，送达被执行人。

27. 人民法院执行非诉讼生效法律文书，必要时可向制作生效法律文书的机构调取卷宗材料。

28. 申请执行人应当向人民法院提供其所了解的被执行人的财产状况或线索。被执行人必须如实向人民法院报告其财产状况。

人民法院在执行中有权向被执行人、有关机关、社会团体、企业事业单位或公民个人，调查了解被执行人的财产状况，对调查所需的材料可以进行复制、抄录或拍照，但应当依法保密。

29．为查明被执行人的财产状况和履行义务的能力，可以传唤被执行人或被执行人的法定代表人或负责人到人民法院接受询问。

30．被执行人拒绝按人民法院的要求提供其有关财产状况的证据材料的，人民法院可以按照民事诉讼法第二百二十四条的规定进行搜查。

31．人民法院依法搜查时，对被执行人可能存放隐匿的财物及有关证据材料的处所、箱柜等，经责令被执行人开启而拒不配合的，可以强制开启。

五、金钱给付的执行

32．查询、冻结、划拨被执行人在银行（含其分理处、营业所和储蓄所）、非银行金融机构、其他有储蓄业务的单位（以下简称金融机构）的存款，依照中国人民银行、最高人民法院、最高人民检察院、公安部《关于查询、冻结、扣划企业事业单位、机关、团体银行存款的通知》的规定办理。

33．金融机构擅自解冻被人民法院冻结的款项，致冻结款项被转移的，人民法院有权责令其限期追回已转移的款项。在限期内未能追回的，应当裁定该金融机构在转移的款项范围内以自己的财产向申请执行人承担责任。

34．被执行人为金融机构的，对其交存在人民银行的存款准备金和备付金不得冻结和扣划，但对其在本机构、其他金融机构的存款，及其在人民银行的其他存款可以冻结、划拨，并可对被执行人的其他财产采取执行措施，但不得查封其营业场所。

35．作为被执行人的公民，其收入转为储蓄存款的，应当责令其交出存单。拒不交出的，人民法院应当作出提取其存款的裁定，向金融机构发出协助执行通知书，并附生效法律文书，由金融机构提取被执行人的存款交人民法院或存入人民法院指定的账户。

36．被执行人在有关单位的收入尚未支取的，人民法院应当作出裁定，向该单位发出协助执行通知书，由其协助扣留或提取。

37．有关单位收到人民法院协助执行被执行人收入的通知后，擅自向被执行人或其他人支付的，人民法院有权责令其限期追回；逾期未追回的，应当裁定其在支付的数额内向申请执行人承担责任。

38．被执行人无金钱给付能力的，人民法院有权裁定对被执行人的其他财产采取查封、扣押措施。裁定书应送达被执行人。

采取前款措施需有关单位协助的，应当向有关单位发出协助执行通知书，连同裁定书副本一并送达有关单位。

39．查封、扣押财产的价值应当与被执行人履行债务的价值相当。

40．人民法院对被执行人所有的其他人享有抵押权、质押权或留置权的财产，可以采取查封、扣押措施。财产拍卖、变卖后所得价款，应当在抵押权人、质押权人或留置权人优先受偿后，其余额部分用于清偿申请执行人的债权。

41．对动产的查封，应当采取加贴封条的方式。不便加贴封条的，应当张贴公告。

对有产权证照的动产或不动产的查封，应当向有关管理机关发出协助执行通知书，要求其不得办理查封财产的转移过户手续，同时可以责令被执行人将有关财产权证照交人民法院保管。必要时也可以采取加贴封条或张贴公告的方法查封。

既未向有关管理机关发出协助执行通知书，也未采取加贴封条或张贴公告的办法查封的，不得对抗其他人民法院的查封。

42. 被查封的财产，可以指令由被执行人负责保管。如继续使用被查封的财产对其价值无重大影响，可以允许被执行人继续使用。因被执行人保管或使用的过错造成的损失，由被执行人承担。

43. 被扣押的财产，人民法院可以自行保管，也可以委托其他单位或个人保管。对扣押的财产，保管人不得使用。

44. 被执行人或其他人擅自处分已被查封、扣押、冻结财产的，人民法院有权责令责任人限期追回财产或承担相应的赔偿责任。

45. 被执行人的财产经查封、扣押后，在人民法院指定的期间内履行义务的，人民法院应当及时解除查封、扣押措施。

46. 人民法院对查封、扣押的被执行人财产进行变价时，应当委托拍卖机构进行拍卖。

财产无法委托拍卖、不适于拍卖或当事人双方同意不需要拍卖的，人民法院可以交由有关单位变卖或自行组织变卖。

47. 人民法院对拍卖、变卖被执行人的财产，应当委托依法成立的资产评估机构进行价格评估。

48. 被执行人申请对人民法院查封的财产自行变卖的，人民法院可以准许，但应当监督其按照合理价格在指定的期限内进行，并控制变卖的价款。

49. 拍卖、变卖被执行人的财产成交后，必须即时钱物两清。

委托拍卖、组织变卖被执行人财产所发生的实际费用，从所得价款中优先扣除。所得价款超出执行标的数额和执行费用的部分，应当退还被执行人。

50. 被执行人不履行生效法律文书确定的义务，人民法院有权裁定禁止被执行人转让其专利权、注册商标专用权、著作权（财产权部分）等知识产权。上述权利有登记主管部门的，应当同时向有关部门发出协助执行通知书，要求其不得办理财产权转移手续，必要时可以责令被执行人将产权或使用权证照交人民法院保存。

对前款财产权，可以采取拍卖、变卖等执行措施。

51. 对被执行人从有关企业中应得的已到期的股息或红利等收益，人民法院有权裁定禁止被执行人提取和有关企业向被执行人支付，并要求有关企业直接向申请执行人支付。

对被执行人预期从有关企业中应得的股息或红利等收益，人民法院可以采取冻结措施，禁止到期后被执行人提取和有关企业向被执行人支付。到期后人民法院可从有关企业中提取，并出具提取收据。

52. 对被执行人在其他股份有限公司中持有的股份凭证（股票），人民法院可以扣押，并强制被执行人按照公司法的有关规定转让，也可以直接采取拍卖、变卖的方式进行处分，或直接将股票抵偿给债权人，用于清偿被执行人的债务。

53. 对被执行人在有限责任公司、其他法人企业中的投资权益或股权，人民法院可以采取冻结措施。

冻结投资权益或股权的，应当通知有关企业不得办理被冻结投资权益或股权的转移手续，不得向被执行人支付股息或红利。被冻结的投资权益或股权，被执行人不得自行转让。

54. 被执行人在其独资开办的法人企业中拥有的投资权益被冻结后，人民法院可以直接裁定予以转让，以转让所得清偿其对申请执行人的债务。

对被执行人在有限责任公司中被冻结的投资权益或股权，人民法院可以依据《中华人民共和国公司法》第三十五条、第三十六条的规定，征得全体股东过半数同意后，予以拍卖、变卖或以其他方式转让。不同意转让的股东，应当购买该转让的投资权益或股权，不购买的，视为同意转让，不影响执行。

人民法院也可允许并监督被执行人自行转让其投资权益或股权，将转让所得收益用于清偿对申请执行人的债务。

55. 对被执行人在中外合资、合作经营企业中的投资权益或股权，在征得合资或合作他方的同意和对外经济贸易主管机关的批准后，可以对冻结的投资权益或股权予以转让。

如果被执行人除在中外合资、合作企业中的股权以外别无其他财产可供执行，其他股东又不同意转让的，可以直接强制转让被执行人的股权，但应当保护合资他方的优先购买权。

56. 有关企业收到人民法院发出的协助冻结通知后，擅自向被执行人支付股息或红利，或擅自为被执行人办理已冻结股权的转移手续，造成已转移的财产无法追回的，应当在所支付的股息或红利或转移的股权价值范围内向申请执行人承担责任。

六、交付财产和完成行为的执行

57. 生效法律文书确定被执行人交付特定标的物的，应当执行原物。原物被隐匿或非法转移的，人民法院有权责令其交出。原物确已变质、损坏或灭失的，应当裁定折价赔偿或按标的物的价值强制执行被执行人的其他财产。

58. 有关单位或公民持有法律文书指定交付的财物或票证，在接到人民法院协助执行通知书或通知书后，协同被执行人转移财物或票证的，人民法院有权责令其限期追回；逾期未追回的，应当裁定其承担赔偿责任。

59. 被执行人的财产经拍卖、变卖或裁定以物抵债后，需从现占有人处交付给买受人或申请执行人的，适用民事诉讼法第二百二十五条、第二百二十六条和本规定57条、58条的规定。

60. 被执行人拒不履行生效法律文书中指定的行为的，人民法院可以强制其履行。

对于可以替代履行的行为，可以委托有关单位或他人完成，因完成上述行为发生的费用由被执行人承担。

对于只能由被执行人完成的行为，经教育，被执行人仍拒不履行的，人民法院应当按照妨害执行行为的有关规定处理。

七、被执行人到期债权的执行

61. 被执行人不能清偿债务，但对本案以外的第三人享有到期债权的，人民法院可以依申请执行人或被执行人的申请，向第三人发出履行到期债务的通知（以下简称履行通知）。履行通知必须直接送达第三人。

履行通知应当包含下列内容：

（1）第三人直接向申请执行人履行其对被执行人所负的债务，不得向被执行人清偿；

（2）第三人应当在收到履行通知后的 15 日内向申请执行人履行债务；

（3）第三人对履行到期债权有异议的，应当在收到履行通知后的 15 日内向执行法院提出；

（4）第三人违背上述义务的法律后果。

62. 第三人对履行通知的异议一般应当以书面形式提出，口头提出的，执行人员应记入笔录，并由第三人签字或盖章。

63. 第三人在履行通知指定的期间内提出异议的，人民法院不得对第三人强制执行，对提出的异议不进行审查。

64. 第三人提出自己无履行能力或其与申请执行人无直接法律关系，不属于本规定所指的异议。

第三人对债务部分承认、部分有异议的，可以对其承认的部分强制执行。

65. 第三人在履行通知指定的期限内没有提出异议，而又不履行的，执行法院有权裁定对其强制执行。此裁定同时送达第三人和被执行人。

66. 被执行人收到人民法院履行通知后，放弃其对第三人的债权或延缓第三人履行期限的行为无效，人民法院仍可在第三人无异议又不履行的情况下予以强制执行。

67. 第三人收到人民法院要求其履行到期债务的通知后，擅自向被执行人履行，造成已向被执行人履行的财产不能追回的，除在已履行的财产范围内与被执行人承担连带清偿责任外，可以追究其妨害执行的责任。

68. 在对第三人作出强制执行裁定后，第三人确无财产可供执行的，不得就第三人对他人享有的到期债权强制执行。

69. 第三人按照人民法院履行通知向申请执行人履行了债务或已被强制执行后，人民法院应当出具有关证明。

八、对案外人异议的处理

70. 案外人对执行标的主张权利的，可以向执行法院提出异议。

案外人异议一般应当以书面形式提出，并提供相应的证据。以书面形式提出确有困难的，可以允许以口头形式提出。

71. 对案外人提出的异议，执行法院应当依照民事诉讼法第二百零四条的规定进行审查。

审查期间可以对财产采取查封、扣押、冻结等保全措施，但不得进行处分。正在实施的处分措施应当停止。

经审查认为案外人的异议理由不成立的，裁定驳回其异议，继续执行。

72. 案外人提出异议的执行标的物是法律文书指定交付的特定物，经审查认为案外人的异议成立的，报经院长批准，裁定对生效法律文书中该项内容中止执行。

73. 执行标的物不属生效法律文书指定交付的特定物，经审查认为案外人的异议成立的，报经院长批准，停止对该标的物的执行。已经采取的执行措施应当裁定立即解除或撤销，并将该标的物交还案外人。

74. 对案外人提出的异议一时难以确定是否成立，案外人已提供确实有效的担保的，可以解除查封、扣押措施。申请执行人提供确实有效的担保的，可以继续执行。因提供担保而解除查封扣押或继续执行有错误，给对方造成损失的，应裁定以担保的财产予以赔偿。

75. 执行上级人民法院的法律文书遇有本规定第72条规定的情形的，或执行的财产是上级人民法院裁定保全的财产时遇有本规定第73条、74条规定的情形的，需报经上级人民法院批准。

九、被执行主体的变更和追加

76. 被执行人为无法人资格的私营独资企业，无能力履行法律文书确定的义务的，人民法院可以裁定执行该独资企业业主的其他财产。

77. 被执行人为个人合伙组织或合伙型联营企业，无能力履行生效法律文书确定的义务的，人民法院可以裁定追加该合伙组织的合伙人或参加该联营企业的法人为被执行人。

78. 被执行人为企业法人的分支机构不能清偿债务时，可以裁定企业法人为被执行人。企业法人直接经营管理的财产仍不能清偿债务的，人民法院可以裁定执行该企业法人其他分支机构的财产。

若必须执行已被承包或租赁的企业法人分支机构的财产时，对承包人或承租人投入及应得的收益应依法保护。

79. 被执行人按法定程序分立为两个或多个具有法人资格的企业，分立后存续的企业按照分立协议确定的比例承担债务；不符合法定程序分立的，裁定由分立后存续的企业按照其从被执行企业分得的资产占原企业总资产的比例对申请执行人承担责任。

80. 被执行人无财产清偿债务，如果其开办单位对其开办时投入的注册资金不实或抽逃注册资金，可以裁定变更或追加其开办单位为被执行人，在注册资金不实或抽逃注册资金的范围内，对申请执行人承担责任。

81. 被执行人被撤销、注销或歇业后，上级主管部门或开办单位无偿接受被执行人的财产，致使被执行人无遗留财产清偿债务或遗留财产不足清偿的，可以裁定由上级主管部门或开办单位在所接受的财产范围内承担责任。

82. 被执行人的开办单位已经在注册资金范围内或接受财产的范围内向其他债权人承担了全部责任的，人民法院不得裁定开办单位重复承担责任。

83. 依照民事诉讼法第二百零九条、最高人民法院关于适用民事诉讼法若干问题的意见第 271 条至第 274 条及本规定裁定变更或追加被执行主体的，由执行法院的执行机构办理。

十、执行担保和执行和解

84. 被执行人或其担保人以财产向人民法院提供执行担保的，应当依据《中华人民共和国担保法》的有关规定，按照担保物的种类、性质，将担保物移交执行法院，或依法到有关机关办理登记手续。

85. 人民法院在审理案件期间，保证人为被执行人提供保证，人民法院据此未对被执行人的财产采取保全措施或解除保全措施的，案件审结后如果被执行人无财产可供执行或其财产不足清偿债务时，即使生效法律文书中未确定保证人承担责任，人民法院有权裁定执行保证人在保证责任范围内的财产。

86. 在执行中，双方当事人可以自愿达成和解协议，变更生效法律文书确定的履行义务主体、标的物及其数额、履行期限和履行方式。

和解协议一般应当采取书面形式。执行人员应将和解协议副本附卷。无书面协议的，执行人员应将和解协议的内容记入笔录，并由双方当事人签名或盖章。

87. 当事人之间达成的和解协议合法有效并已履行完毕的，人民法院作执行结案处理。

十一、多个债权人对一个债务人申请执行和参与分配

88. 多份生效法律文书确定金钱给付内容的多个债权人分别对同一被执行人申请执行，各债权人对执行标的物均无担保物权的，按照执行法院采取执行措施的先后顺序受偿。

多个债权人的债权种类不同的，基于所有权和担保物权而享有的债权，优先于金钱债权受偿。有多个担保物权的，按照各担保物权成立的先后顺序清偿。

一份生效法律文书确定金钱给付内容的多个债权人对同一被执行人申请执行，执行的财产不足清偿全部债务的，各债权人对执行标的物均无担保物权的，按照各债权比例受偿。

89. 被执行人为企业法人，其财产不足清偿全部债务的，可告知当事人依法申请被执行人破产。

90. 被执行人为公民或其他组织，其全部或主要财产已被一个人民法院因执行确定金钱给付的生效法律文书而查封、扣押或冻结，无其他财产可供执行或其他财产不足清偿全部债务的，在被执行人的财产被执行完毕前，对该被执行人已经取得金钱债权执行依据的其他债权人可以申请对该被执行人的财产参与分配。

91. 对参与被执行人财产的具体分配，应当由首先查封、扣押或冻结的法院主持进行。

首先查封、扣押、冻结的法院所采取的执行措施如系为执行财产保全裁定，具体分配应当在该院案件审理终结后进行。

92. 债权人申请参与分配的,应当向其原申请执行法院提交参与分配申请书,写明参与分配的理由,并附有执行依据。该执行法院应将参与分配申请书转交给主持分配的法院,并说明执行情况。

93. 对人民法院查封、扣押或冻结的财产有优先权、担保物权的债权人,可以申请参加参与分配程序,主张优先受偿权。

94. 参与分配案件中可供执行的财产,在对享有优先权、担保权的债权人依照法律规定的顺序优先受偿后,按照各个案件债权额的比例进行分配。

95. 被执行人的财产被分配给各债权人后,被执行人对其剩余债务应当继续清偿。债权人发现被执行人有其他财产的,人民法院可以根据债权人的申请继续依法执行。

96. 被执行人为企业法人,未经清理或清算而撤销、注销或歇业,其财产不足清偿全部债务的,应当参照本规定第90条至95条的规定,对各债权人的债权按比例清偿。

十二、对妨害执行行为的强制措施的适用

97. 对必须到人民法院接受询问的被执行人或被执行人的法定代表人或负责人,经两次传票传唤,无正当理由拒不到场的,人民法院可以对其进行拘传。

98. 对被拘传人的调查询问不得超过24小时,调查询问后不得限制被拘传人的人身自由。

99. 在本辖区以外采取拘传措施时,应当将被拘传人拘传到当地法院,当地法院应予以协助。

100. 被执行人或其他人有下列拒不履行生效法律文书或者妨害执行行为之一的,人民法院可以依照民事诉讼法第一百零二条的规定处理:
(1) 隐藏、转移、变卖、毁损向人民法院提供执行担保的财产的;
(2) 案外人与被执行人恶意串通转移被执行人财产的;
(3) 故意撕毁人民法院执行公告、封条的;
(4) 伪造、隐藏、毁灭有关被执行人履行能力的重要证据,妨碍人民法院查明被执行人财产状况的;
(5) 指使、贿买、胁迫他人对被执行人的财产状况和履行义务的能力问题作伪证的;
(6) 妨碍人民法院依法搜查的;
(7) 以暴力、威胁或其他方法妨碍或抗拒执行的;
(8) 哄闹、冲击执行现场的;
(9) 对人民法院执行人员或协助执行人员进行侮辱、诽谤、诬陷、围攻、威胁、殴打或者打击报复的;
(10) 毁损、抢夺执行案件材料、执行公务车辆、其他执行器械、执行人员服装和执行公务证件的。

101. 在执行过程中遇有被执行人或其他人拒不履行生效法律文书或者妨害执行情节严重,需要追究刑事责任的,应将有关材料移交有关机关处理。

十三、执行的中止、终结、结案和执行回转

102. 有下列情形之一的，人民法院应当依照民事诉讼法第二百三十二条第一款第五项的规定裁定中止执行：

（1）人民法院已受理以被执行人为债务人的破产申请的；

（2）被执行人确无财产可供执行的；

（3）执行的标的物是其他法院或仲裁机构正在审理的案件争议标的物，需要等待该案件审理完毕确定权属的；

（4）一方当事人申请执行仲裁裁决，另一方当事人申请撤销仲裁裁决的；

（5）仲裁裁决的被申请执行人依据民事诉讼法第二百一十三条第二款的规定向人民法院提出不予执行请求，并提供适当担保的。

103. 按照审判监督程序提审或再审的案件，执行机构根据上级法院或本院作出的中止执行裁定书中止执行。

104. 中止执行的情形消失后，执行法院可以根据当事人的申请或依职权恢复执行。恢复执行应当书面通知当事人。

105. 在执行中，被执行人被人民法院裁定宣告破产的，执行法院应当依照民事诉讼法第二百三十三条第六项的规定，裁定终结执行。

106. 中止执行和终结执行的裁定书应当写明中止或终结执行的理由和法律依据。

107. 人民法院执行生效法律文书，一般应当在立案之日起 6 个月内执行结案，但中止执行的期间应当扣除。确有特殊情况需要延长的，由本院院长批准。

108. 执行结案的方式为：

（1）生效法律文书确定的内容全部执行完毕；

（2）裁定终结执行；

（3）裁定不予执行；

（4）当事人之间达成执行和解协议并已履行完毕。

109. 在执行中或执行完毕后，据以执行的法律文书被人民法院或其他有关机关撤销或变更的，原执行机构应当依照民事诉讼法第二百一十条的规定，依当事人申请或依职权，按照新的生效法律文书，作出执行回转的裁定，责令原申请执行人返还已取得的财产及其孳息。拒不返还的，强制执行。

执行回转应重新立案，适用执行程序的有关规定。

110. 执行回转时，已执行的标的物系特定物的，应当退还原物。不能退还原物的，可以折价抵偿。

十四、委托执行、协助执行和执行争议的协调

111. 凡需要委托执行的案件，委托法院应在立案后 1 个月内办妥委托执行手续。超过此期限委托的，应当经对方法院同意。

112. 委托法院明知被执行人有下列情形的，应当及时依法裁定中止执行或终结执行，不得委托当地法院执行：

（1）无确切住所，长期下落不明，又无财产可供执行的；

（2）有关法院已经受理以被执行人为债务人的破产案件或者已经宣告其破产的。

113. 委托执行一般应在同级人民法院之间进行。经对方法院同意，也可委托上一级的法院执行。

被执行人是军队企业的，可以委托其所在地的军事法院执行。

执行标的物是船舶的，可以委托有关海事法院执行。

114. 委托法院应当向受委托法院出具书面委托函，并附送据以执行的生效法律文书副本原件、立案审批表复印件及有关情况说明，包括财产保全情况、被执行人的财产状况、生效法律文书履行的情况，并注明委托法院地址、联系电话、联系人等。

115. 委托执行案件的实际支出费用，由受托法院向被执行人收取，确有必要的，可以向申请执行人预收。委托法院已经向申请执行人预收费用的，应当将预收的费用转交受托法院。

116. 案件委托执行后，未经受托法院同意，委托法院不得自行执行。

117. 受托法院接到委托后，应当及时将指定的承办人、联系电话、地址等告知委托法院；如发现委托执行的手续、资料不全，应及时要求委托法院补办。但不得据此拒绝接受委托。

118. 受托法院对受托执行的案件应当严格按照民事诉讼法和最高人民法院有关规定执行，有权依法采取强制执行措施和对妨害执行行为的强制措施。

119. 被执行人在受托法院当地有工商登记或户籍登记，但人员下落不明，如有可供执行的财产，可以直接执行其财产。

120. 对执行担保和执行和解的情况以及案外人对非属法律文书指定交付的执行标的物提出的异议，受托法院可以按照有关法律规定处理，并及时通知委托法院。

121. 受托法院在执行中，认为需要变更被执行人的，应当将有关情况函告委托法院，由委托法院依法决定是否作出变更被执行人的裁定。

122. 受托法院认为受托执行的案件应当中止、终结执行的，应提供有关证据材料，函告委托法院作出裁定。受托法院提供的证据材料确实、充分的，委托法院应当及时作出中止或终结执行的裁定。

123. 受托法院认为委托执行的法律文书有错误，如执行可能造成执行回转困难或无法执行回转的，应当首先采取查封、扣押、冻结等保全措施，必要时要将保全款项划到法院账户，然后函请委托法院审查。受托法院按照委托法院的审查结果继续执行或停止执行。

124. 人民法院在异地执行时，当地人民法院应当积极配合，协同排除障碍，保证执行人员的人身安全和执行装备、执行标的物不受侵害。

125. 两个或两个以上人民法院在执行相关案件中发生争议的，应当协商解决。协商不成的，逐级报请上级法院，直至报请共同的上级法院协调处理。

执行争议经高级人民法院协商不成的，由有关的高级人民法院书面报请最高人民法院协调处理。

126. 执行中发现两地法院或人民法院与仲裁机构就同一法律关系作出不同裁判内

容的法律文书的，各有关法院应当立即停止执行，报请共同的上级法院处理。

127. 上级法院协调处理有关执行争议案件，认为必要时，可以决定将有关款项划到本院指定的账户。

128. 上级法院协调下级法院之间的执行争议所作出的处理决定，有关法院必须执行。

十五、执行监督

129. 上级人民法院依法监督下级人民法院的执行工作。最高人民法院依法监督地方各级人民法院和专门法院的执行工作。

130. 上级法院发现下级法院在执行中作出的裁定、决定、通知或具体执行行为不当或有错误的，应当及时指令下级法院纠正，并可以通知有关法院暂缓执行。

下级法院收到上级法院的指令后必须立即纠正。如果认为上级法院的指令有错误，可以在收到该指令后 5 日内请求上级法院复议。

上级法院认为请求复议的理由不成立，而下级法院仍不纠正的，上级法院可直接作出裁定或决定予以纠正，送达有关法院及当事人，并可直接向有关单位发出协助执行通知书。

131. 上级法院发现下级法院执行的非诉讼生效法律文书有不予执行事由，应当依法作出不予执行裁定而不制作的，可以责令下级法院在指定时限内作出裁定，必要时可直接裁定不予执行。

132. 上级法院发现下级法院的执行案件（包括受委托执行的案件）在规定的期限内未能执行结案的，应当作出裁定、决定、通知而不制作的，或应当依法实施具体执行行为而不实施的，应当督促下级法院限期执行，及时作出有关裁定等法律文书，或采取相应措施。

对下级法院长期未能执结的案件，确有必要的，上级法院可以决定由本院执行或与下级法院共同执行，也可以指定本辖区其他法院执行。

133. 上级法院在监督、指导、协调下级法院执行案件中，发现据以执行的生效法律文书确有错误的，应当书面通知下级法院暂缓执行，并按照审判监督程序处理。

134. 上级法院在申诉案件复查期间，决定对生效法律文书暂缓执行的，有关审判庭应当将暂缓执行的通知抄送执行机构。

135. 上级法院通知暂缓执行的，应同时指定暂缓执行的期限。暂缓执行的期限一般不得超过 3 个月。有特殊情况需要延长的，应报经院长批准，并及时通知下级法院。

暂缓执行的原因消除后，应当及时通知执行法院恢复执行。期满后上级法院未通知继续暂缓执行的，执行法院可以恢复执行。

136. 下级法院不按照上级法院的裁定、决定或通知执行，造成严重后果的，按照有关规定追究有关主管人员和直接责任人员的责任。

十六、附　则

137. 本规定自公布之日起试行。

本院以前作出的司法解释与本规定有抵触的,以本规定为准。本规定未尽事宜,按照以前的规定办理。

最高人民法院
关于如何处理人民检察院提出的
暂缓执行建议问题的批复

法释〔2000〕16号

(2000年6月30日最高人民法院审判委员会第1121次会议通过 2000年7月10日最高人民法院公告公布 自2000年7月15日起施行)

广东省高级人民法院:

你院粤高法民〔1998〕186号《关于检察机关对法院生效民事判决建议暂缓执行是否采纳的请示》收悉。经研究,答复如下:

根据《中华人民共和国民事诉讼法》的规定,人民检察院对人民法院生效民事判决提出暂缓执行的建议没有法律依据。

此复。

最高人民法院
关于人民法院民事执行中查封、
扣押、冻结财产的规定

法释〔2004〕15号

(2004年10月26日最高人民法院审判委员会第1330次会议通过 2004年11月4日最高人民法院公告公布 自2005年1月1日起施行)

为了进一步规范民事执行中的查封、扣押、冻结措施,维护当事人的合法权益,根据《中华人民共和国民事诉讼法》等法律的规定,结合人民法院民事执行工作的实践经验,制定本规定。

第一条 人民法院查封、扣押、冻结被执行人的动产、不动产及其他财产权,应当作出裁定,并送达被执行人和申请执行人。

采取查封、扣押、冻结措施需要有关单位或者个人协助的,人民法院应当制作协助执行通知书，连同裁定书副本一并送达协助执行人。查封、扣押、冻结裁定书和协助执行通知书送达时发生法律效力。

第二条 人民法院可以查封、扣押、冻结被执行人占有的动产、登记在被执行人名下的不动产、特定动产及其他财产权。

未登记的建筑物和土地使用权，依据土地使用权的审批文件和其他相关证据确定权属。

对于第三人占有的动产或者登记在第三人名下的不动产、特定动产及其他财产权，第三人书面确认该财产属于被执行人的，人民法院可以查封、扣押、冻结。

第三条 作为执行依据的法律文书生效后至申请执行前，债权人可以向有执行管辖权的人民法院申请保全债务人的财产。人民法院可以参照民事诉讼法第九十二条的规定作出保全裁定，保全裁定应当立即执行。

第四条 诉讼前、诉讼中及仲裁中采取财产保全措施的，进入执行程序后，自动转为执行中的查封、扣押、冻结措施，并适用本规定第二十九条关于查封、扣押、冻结期限的规定。

第五条 人民法院对被执行人下列的财产不得查封、扣押、冻结：

（一）被执行人及其所扶养家属生活所必需的衣服、家具、炊具、餐具及其他家庭生活必需的物品；

（二）被执行人及其所扶养家属所必需的生活费用。当地有最低生活保障标准的，必需的生活费用依照该标准确定；

（三）被执行人及其所扶养家属完成义务教育所必需的物品；

（四）未公开的发明或者未发表的著作；

（五）被执行人及其所扶养家属用于身体缺陷所必需的辅助工具、医疗物品；

（六）被执行人所得的勋章及其他荣誉表彰的物品；

（七）根据《中华人民共和国缔结条约程序法》，以中华人民共和国、中华人民共和国政府或者中华人民共和国政府部门名义同外国、国际组织缔结的条约、协定和其他具有条约、协定性质的文件中规定免于查封、扣押、冻结的财产；

（八）法律或者司法解释规定的其他不得查封、扣押、冻结的财产。

第六条 对被执行人及其所扶养家属生活所必需的居住房屋，人民法院可以查封，但不得拍卖、变卖或者抵债。

第七条 对于超过被执行人及其所扶养家属生活所必需的房屋和生活用品，人民法院根据申请执行人的申请，在保障被执行人及其所扶养家属最低生活标准所必需的居住房屋和普通生活必需品后，可予以执行。

第八条 查封、扣押动产的，人民法院可以直接控制该项财产。人民法院将查封、扣押的动产交付其他人控制的，应当在该动产上加贴封条或者采取其他足以公示查封、扣押的适当方式。

第九条 查封不动产的，人民法院应当张贴封条或者公告，并可以提取保存有关财产权证照。

查封、扣押、冻结已登记的不动产、特定动产及其他财产权，应当通知有关登记机关办理登记手续。未办理登记手续的，不得对抗其他已经办理了登记手续的查封、扣押、冻结行为。

第十条 查封尚未进行权属登记的建筑物时，人民法院应当通知其管理人或者该建筑物的实际占有人，并在显著位置张贴公告。

第十一条 扣押尚未进行权属登记的机动车辆时，人民法院应当在扣押清单上记载该机动车辆的发动机编号。该车辆在扣押期间权利人要求办理权属登记手续的，人民法院应当准许并及时办理相应的扣押登记手续。

第十二条 查封、扣押的财产不宜由人民法院保管的，人民法院可以指定被执行人负责保管；不宜由被执行人保管的，可以委托第三人或者申请执行人保管。

由人民法院指定被执行人保管的财产，如果继续使用对该财产的价值无重大影响，可以允许被执行人继续使用；由人民法院保管或者委托第三人、申请执行人保管的，保管人不得使用。

第十三条 查封、扣押、冻结担保物权人占有的担保财产，一般应当指定该担保物权人作为保管人；该财产由人民法院保管的，质权、留置权不因转移占有而消灭。

第十四条 对被执行人与其他人共有的财产，人民法院可以查封、扣押、冻结，并及时通知共有人。

共有人协议分割共有财产，并经债权人认可的，人民法院可以认定有效。查封、扣押、冻结的效力及于协议分割后被执行人享有份额内的财产；对其他共有人享有份额内的财产的查封、扣押、冻结，人民法院应当裁定予以解除。

共有人提起析产诉讼或者申请执行人代位提起析产诉讼的，人民法院应当准许。诉讼期间中止对该财产的执行。

第十五条 对第三人为被执行人的利益占有的被执行人的财产，人民法院可以查封、扣押、冻结；该财产被指定给第三人继续保管的，第三人不得将其交付给被执行人。

对第三人为自己的利益依法占有的被执行人的财产，人民法院可以查封、扣押、冻结，第三人可以继续占有和使用该财产，但不得将其交付给被执行人。

第三人无偿借用被执行人的财产的，不受前款规定的限制。

第十六条 被执行人将其财产出卖给第三人，第三人已经支付部分价款并实际占有该财产，但根据合同约定被执行人保留所有权的，人民法院可以查封、扣押、冻结；第三人要求继续履行合同的，应当由第三人在合理期限内向人民法院交付全部余款后，裁定解除查封、扣押、冻结。

第十七条 被执行人将其所有的需要办理过户登记的财产出卖给第三人，第三人已经支付部分或者全部价款并实际占有该财产，但尚未办理产权过户登记手续的，人民法院可以查封、扣押、冻结；第三人已经支付全部价款并实际占有，但未办理过户登记手续的，如果第三人对此没有过错，人民法院不得查封、扣押、冻结。

第十八条 被执行人购买第三人的财产，已经支付部分价款并实际占有该财产，但第三人依合同约定保留所有权，申请执行人已向第三人支付剩余价款或者第三人书面同意剩余价款从该财产变价款中优先支付的，人民法院可以查封、扣押、冻结。

第三人依法解除合同的，人民法院应当准许，已经采取的查封、扣押、冻结措施应当解除，但人民法院可以依据申请执行人的申请，执行被执行人因支付价款而形成的对该第三人的债权。

第十九条 被执行人购买需要办理过户登记的第三人的财产，已经支付部分或者全部价款并实际占有该财产，虽未办理产权过户登记手续，但申请执行人已向第三人支付剩余价款或者第三人同意剩余价款从该财产变价款中优先支付的，人民法院可以查封、扣押、冻结。

第二十条 查封、扣押、冻结被执行人的财产时，执行人员应当制作笔录，载明下列内容：

（一）执行措施开始及完成的时间；

（二）财产的所在地、种类、数量；

（三）财产的保管人；

（四）其他应当记明的事项。

执行人员及保管人应当在笔录上签名，有民事诉讼法第二百二十一条规定的人员到场的，到场人员也应当在笔录上签名。

第二十一条 查封、扣押、冻结被执行人的财产，以其价额足以清偿法律文书确定的债权额及执行费用为限，不得明显超标的额查封、扣押、冻结。

发现超标的额查封、扣押、冻结的，人民法院应当根据被执行人的申请或者依职权，及时解除对超标的额部分财产的查封、扣押、冻结，但该财产为不可分物且被执行人无其他可供执行的财产或者其他财产不足以清偿债务的除外。

第二十二条 查封、扣押的效力及于查封、扣押物的从物和天然孳息。

第二十三条 查封地上建筑物的效力及于该地上建筑物使用范围内的土地使用权，查封土地使用权的效力及于地上建筑物，但土地使用权与地上建筑物的所有权分属被执行人与他人的除外。

地上建筑物和土地使用权的登记机关不是同一机关的，应当分别办理查封登记。

第二十四条 查封、扣押、冻结的财产灭失或者毁损的，查封、扣押、冻结的效力及于该财产的替代物、赔偿款。人民法院应当及时作出查封、扣押、冻结该替代物、赔偿款的裁定。

第二十五条 查封、扣押、冻结协助执行通知书在送达登记机关时，登记机关已经受理被执行人转让不动产、特定动产及其他财产的过户登记申请，尚未核准登记的，应当协助人民法院执行。人民法院不得对登记机关已经核准登记的被执行人已转让的财产实施查封、扣押、冻结措施。

查封、扣押、冻结协助执行通知书在送达登记机关时，其他人民法院已向该登记机关送达了过户登记协助执行通知书的，应当优先办理过户登记。

第二十六条 被执行人就已经查封、扣押、冻结的财产所作的移转、设定权利负担或者其他有碍执行的行为，不得对抗申请执行人。

第三人未经人民法院准许占有查封、扣押、冻结的财产或者实施其他有碍执行的行为的，人民法院可以依据申请执行人的申请或者依职权解除其占有或者排除其妨害。

人民法院的查封、扣押、冻结没有公示的，其效力不得对抗善意第三人。

第二十七条 人民法院查封、扣押被执行人设定最高额抵押权的抵押物的，应当通知抵押权人。抵押权人受抵押担保的债权数额自收到人民法院通知时起不再增加。

人民法院虽然没有通知抵押权人，但有证据证明抵押权人知道查封、扣押事实的，受抵押担保的债权数额从其知道该事实时起不再增加。

第二十八条 对已被人民法院查封、扣押、冻结的财产，其他人民法院可以进行轮候查封、扣押、冻结。查封、扣押、冻结解除的，登记在先的轮候查封、扣押、冻结即自动生效。

其他人民法院对已登记的财产进行轮候查封、扣押、冻结的，应当通知有关登记机关协助进行轮候登记，实施查封、扣押、冻结的人民法院应当允许其他人民法院查阅有关文书和记录。

其他人民法院对没有登记的财产进行轮候查封、扣押、冻结的，应当制作笔录，并经实施查封、扣押、冻结的人民法院执行人员及被执行人签字，或者书面通知实施查封、扣押、冻结的人民法院。

第二十九条 人民法院冻结被执行人的银行存款及其他资金的期限不得超过六个月，查封、扣押动产的期限不得超过一年，查封不动产、冻结其他财产权的期限不得超过二年。法律、司法解释另有规定的除外。

申请执行人申请延长期限的，人民法院应当在查封、扣押、冻结期限届满前办理续行查封、扣押、冻结手续，续行期限不得超过前款规定期限的二分之一。

第三十条 查封、扣押、冻结期限届满，人民法院未办理延期手续的，查封、扣押、冻结的效力消灭。

查封、扣押、冻结的财产已经被执行拍卖、变卖或者抵债的，查封、扣押、冻结的效力消灭。

第三十一条 有下列情形之一的，人民法院应当作出解除查封、扣押、冻结裁定，并送达申请执行人、被执行人或者案外人：

（一）查封、扣押、冻结案外人财产的；

（二）申请执行人撤回执行申请或者放弃债权的；

（三）查封、扣押、冻结的财产流拍或者变卖不成，申请执行人和其他执行债权人又不同意接受抵债的；

（四）债务已经清偿的；

（五）被执行人提供担保且申请执行人同意解除查封、扣押、冻结的；

（六）人民法院认为应当解除查封、扣押、冻结的其他情形。

解除以登记方式实施的查封、扣押、冻结的，应当向登记机关发出协助执行通知书。

第三十二条 财产保全裁定和先予执行裁定的执行适用本规定。

第三十三条 本规定自 2005 年 1 月 1 日起施行。施行前本院公布的司法解释与本规定不一致的，以本规定为准。

最高人民法院关于人民法院民事执行中拍卖、变卖财产的规定

法释〔2004〕16号

（2004年10月26日最高人民法院审判委员会第1330次会议通过 2004年11月15日最高人民法院公告公布 自2005年1月1日起施行）

为了进一步规范民事执行中的拍卖、变卖措施，维护当事人的合法权益，根据《中华人民共和国民事诉讼法》等法律的规定，结合人民法院民事执行工作的实践经验，制定本规定。

第一条 在执行程序中，被执行人的财产被查封、扣押、冻结后，人民法院应当及时进行拍卖、变卖或者采取其他执行措施。

第二条 人民法院对查封、扣押、冻结的财产进行变价处理时，应当首先采取拍卖的方式，但法律、司法解释另有规定的除外。

第三条 人民法院拍卖被执行人财产，应当委托具有相应资质的拍卖机构进行，并对拍卖机构的拍卖进行监督，但法律、司法解释另有规定的除外。

第四条 对拟拍卖的财产，人民法院应当委托具有相应资质的评估机构进行价格评估。对于财产价值较低或者价格依照通常方法容易确定的，可以不进行评估。

当事人双方及其他执行债权人申请不进行评估的，人民法院应当准许。

对被执行人的股权进行评估时，人民法院可以责令有关企业提供会计报表等资料；有关企业拒不提供的，可以强制提取。

第五条 评估机构由当事人协商一致后经人民法院审查确定；协商不成的，从负责执行的人民法院或者被执行人财产所在地的人民法院确定的评估机构名册中，采取随机的方式确定；当事人双方申请通过公开招标方式确定评估机构的，人民法院应当准许。

第六条 人民法院收到评估机构作出的评估报告后，应当在五日内将评估报告发送当事人及其他利害关系人。当事人或者其他利害关系人对评估报告有异议的，可以在收到评估报告后十日内以书面形式向人民法院提出。

当事人或者其他利害关系人有证据证明评估机构、评估人员不具备相应的评估资质或者评估程序严重违法而申请重新评估的，人民法院应当准许。

第七条 拍卖机构由当事人协商一致后经人民法院审查确定；协商不成的，从负责执行的人民法院或者被执行人财产所在地的人民法院确定的拍卖机构名册中，采取随机的方式确定；当事人双方申请通过公开招标方式确定拍卖机构的，人民法院应当准许。

第八条 拍卖应当确定保留价。

拍卖保留价由人民法院参照评估价确定；未作评估的，参照市价确定，并应当征询有关当事人的意见。

人民法院确定的保留价，第一次拍卖时，不得低于评估价或者市价的百分之八十；如果出现流拍，再行拍卖时，可以酌情降低保留价，但每次降低的数额不得超过前次保留价的百分之二十。

第九条 保留价确定后，依据本次拍卖保留价计算，拍卖所得价款在清偿优先债权和强制执行费用后无剩余可能的，应当在实施拍卖前将有关情况通知申请执行人。申请执行人于收到通知后五日内申请继续拍卖的，人民法院应当准许，但应当重新确定保留价；重新确定的保留价应当大于该优先债权及强制执行费用的总额。

依照前款规定流拍的，拍卖费用由申请执行人负担。

第十条 执行人员应当对拍卖财产的权属状况、占有使用情况等进行必要的调查，制作拍卖财产现状的调查笔录或者收集其他有关资料。

第十一条 拍卖应当先期公告。

拍卖动产的，应当在拍卖七日前公告；拍卖不动产或者其他财产权的，应当在拍卖十五日前公告。

第十二条 拍卖公告的范围及媒体由当事人双方协商确定；协商不成的，由人民法院确定。拍卖财产具有专业属性的，应当同时在专业性报纸上进行公告。

当事人申请在其他新闻媒体上公告或者要求扩大公告范围的，应当准许，但该部分的公告费用由其自行承担。

第十三条 拍卖不动产、其他财产权或者价值较高的动产的，竞买人应当于拍卖前向人民法院预交保证金。申请执行人参加竞买的，可以不预交保证金。保证金的数额由人民法院确定，但不得低于评估价或者市价的百分之五。

应当预交保证金而未交纳的，不得参加竞买。拍卖成交后，买受人预交的保证金充抵价款，其他竞买人预交的保证金应当在三日内退还；拍卖未成交的，保证金应当于三日内退还竞买人。

第十四条 人民法院应当在拍卖五日前以书面或者其他能够确认收悉的适当方式，通知当事人和已知的担保物权人、优先购买权人或者其他优先权人于拍卖日到场。

优先购买权人经通知未到场的，视为放弃优先购买权。

第十五条 法律、行政法规对买受人的资格或者条件有特殊规定的，竞买人应当具备规定的资格或者条件。

申请执行人、被执行人可以参加竞买。

第十六条 拍卖过程中，有最高应价时，优先购买权人可以表示以该最高价买受，如无更高应价，则拍归优先购买权人；如有更高应价，而优先购买权人不作表示的，则拍归该应价最高的竞买人。

顺序相同的多个优先购买权人同时表示买受的，以抽签方式决定买受人。

第十七条 拍卖多项财产时，其中部分财产卖得的价款足以清偿债务和支付被执行人应当负担的费用的，对剩余的财产应当停止拍卖，但被执行人同意全部拍卖的除外。

第十八条 拍卖的多项财产在使用上不可分，或者分别拍卖可能严重减损其价值的，应当合并拍卖。

第十九条 拍卖时无人竞买或者竞买人的最高应价低于保留价，到场的申请执行人或者其他执行债权人申请或者同意以该次拍卖所定的保留价接受拍卖财产的，应当将该财产交其抵债。

有两个以上执行债权人申请以拍卖财产抵债的，由法定受偿顺位在先的债权人优先承受；受偿顺位相同的，以抽签方式决定承受人。承受人应受清偿的债权额低于抵债财产的价额的，人民法院应当责令其在指定的期间内补交差额。

第二十条 在拍卖开始前，有下列情形之一的，人民法院应当撤回拍卖委托：

（一）据以执行的生效法律文书被撤销的；

（二）申请执行人及其他执行债权人撤回执行申请的；

（三）被执行人全部履行了法律文书确定的金钱债务的；

（四）当事人达成了执行和解协议，不需要拍卖财产的；

（五）案外人对拍卖财产提出确有理由的异议的；

（六）拍卖机构与竞买人恶意串通的；

（七）其他应当撤回拍卖委托的情形。

第二十一条 人民法院委托拍卖后，遇有依法应当暂缓执行或者中止执行的情形的，应当决定暂缓执行或者裁定中止执行，并及时通知拍卖机构和当事人。拍卖机构收到通知后，应当立即停止拍卖，并通知竞买人。

暂缓执行期限届满或者中止执行的事由消失后，需要继续拍卖的，人民法院应当在十五日内通知拍卖机构恢复拍卖。

第二十二条 被执行人在拍卖日之前向人民法院提交足额金钱清偿债务，要求停止拍卖的，人民法院应当准许，但被执行人应当负担因拍卖支出的必要费用。

第二十三条 拍卖成交或者以流拍的财产抵债的，人民法院应当作出裁定，并于价款或者需要补交的差价全额交付后十日内，送达买受人或者承受人。

第二十四条 拍卖成交后，买受人应当在拍卖公告确定的期限或者人民法院指定的期限内将价款交付到人民法院或者汇入人民法院指定的账户。

第二十五条 拍卖成交或者以流拍的财产抵债后，买受人逾期未支付价款或者承受人逾期未补交差价而使拍卖、抵债的目的难以实现的，人民法院可以裁定重新拍卖。重新拍卖时，原买受人不得参加竞买。

重新拍卖的价款低于原拍卖价款造成的差价、费用损失及原拍卖中的佣金，由原买受人承担。人民法院可以直接从其预交的保证金中扣除。扣除后保证金有剩余的，应当退还原买受人；保证金数额不足的，可以责令原买受人补交；拒不补交的，强制执行。

第二十六条 拍卖时无人竞买或者竞买人的最高应价低于保留价，到场的申请执行人或者其他执行债权人不申请以该次拍卖所定的保留价抵债的，应当在六十日内再行拍卖。

第二十七条 对于第二次拍卖仍流拍的动产，人民法院可以依照本规定第十九条的规定将其作价交申请执行人或者其他执行债权人抵债。申请执行人或者其他执行债权人拒绝接受或者依法不能交付其抵债的，人民法院应当解除查封、扣押，并将该动产退还被执行人。

第二十八条 对于第二次拍卖仍流拍的不动产或者其他财产权，人民法院可以依照本规定第十九条的规定将其作价交申请执行人或者其他执行债权人抵债。申请执行人或者其他执行债权人拒绝接受或者依法不能交付其抵债的，应当在六十日内进行第三次拍卖。

第三次拍卖流拍且申请执行人或者其他执行债权人拒绝接受或者依法不能接受该不动产或者其他财产权抵债的，人民法院应当于第三次拍卖终结之日起七日内发出变卖公告。自公告之日起六十日内没有买受人愿意以第三次拍卖的保留价买受该财产，且申请执行人、其他执行债权人仍不表示接受该财产抵债的，应当解除查封、冻结，将该财产退还被执行人，但对该财产可以采取其他执行措施的除外。

第二十九条 动产拍卖成交或者抵债后，其所有权自该动产交付时起转移给买受人或者承受人。

不动产、有登记的特定动产或者其他财产权拍卖成交或者抵债后，该不动产、特定动产的所有权、其他财产权自拍卖成交或者抵债裁定送达买受人或者承受人时起转移。

第三十条 人民法院裁定拍卖成交或者以流拍的财产抵债后，除有依法不能移交的情形外，应当于裁定送达后十五日内，将拍卖的财产移交买受人或者承受人。被执行人或者第三人占有拍卖财产应当移交而拒不移交的，强制执行。

第三十一条 拍卖财产上原有的担保物权及其他优先受偿权，因拍卖而消灭，拍卖所得价款，应当优先清偿担保物权人及其他优先受偿权人的债权，但当事人另有约定的除外。

拍卖财产上原有的租赁权及其他用益物权，不因拍卖而消灭，但该权利继续存在于拍卖财产上，对在先的担保物权或者其他优先受偿权的实现有影响的，人民法院应当依法将其除去后进行拍卖。

第三十二条 拍卖成交的，拍卖机构可以按照下列比例向买受人收取佣金：

拍卖成交价200万元以下的，收取佣金的比例不得超过5%；超过200万元至1000万元的部分，不得超过3%；超过1000万元至5000万元的部分，不得超过2%；超过5000万元至1亿元的部分，不得超过1%；超过1亿元的部分，不得超过0.5%。

采取公开招标方式确定拍卖机构的，按照中标方案确定的数额收取佣金。

拍卖未成交或者非因拍卖机构的原因撤回拍卖委托的，拍卖机构为本次拍卖已经支出的合理费用，应当由被执行人负担。

第三十三条 在执行程序中拍卖上市公司国有股和社会法人股的，适用最高人民法院《关于冻结、拍卖上市公司国有股和社会法人股若干问题的规定》。

第三十四条 对查封、扣押、冻结的财产，当事人双方及有关权利人同意变卖的，可以变卖。

金银及其制品、当地市场有公开交易价格的动产、易腐烂变质的物品、季节性商品、保管困难或者保管费用过高的物品，人民法院可以决定变卖。

第三十五条 当事人双方及有关权利人对变卖财产的价格有约定的，按照其约定价格变卖；无约定价格但有市价的，变卖价格不得低于市价；无市价但价值较大、价格不易确定的,应当委托评估机构进行评估,并按照评估价格进行变卖。

按照评估价格变卖不成的,可以降低价格变卖,但最低的变卖价不得低于评估价的二分之一。

变卖的财产无人应买的,适用本规定第十九条的规定将该财产交申请执行人或者其他执行债权人抵债;申请执行人或者其他执行债权人拒绝接受或者依法不能交付其抵债的,人民法院应当解除查封、扣押,并将该财产退还被执行人。

第三十六条 本规定自 2005 年 1 月 1 日起施行。施行前本院公布的司法解释与本规定不一致的,以本规定为准。

最高人民法院
关于人民法院执行设定抵押的房屋的规定

法释〔2005〕14 号

(2005 年 11 月 14 日最高人民法院审判委员会第 1371 次会议通过 2005 年 12 月 14 日最高人民法院公告公布 自 2005 年 12 月 21 日起施行)

根据《中华人民共和国民事诉讼法》等法律的规定,结合人民法院民事执行工作的实践,对人民法院根据抵押权人的申请,执行设定抵押的房屋的问题规定如下:

第一条 对于被执行人所有的已经依法设定抵押的房屋,人民法院可以查封,并可以根据抵押权人的申请,依法拍卖、变卖或者抵债。

第二条 人民法院对已经依法设定抵押的被执行人及其所扶养家属居住的房屋,在裁定拍卖、变卖或者抵债后,应当给予被执行人六个月的宽限期。在此期限内,被执行人应当主动腾空房屋,人民法院不得强制被执行人及其所扶养家属迁出该房屋。

第三条 上述宽限期届满后,被执行人仍未迁出的,人民法院可以作出强制迁出裁定,并按照民事诉讼法第二百二十六条的规定执行。

强制迁出时,被执行人无法自行解决居住问题的,经人民法院审查属实,可以由申请执行人为被执行人及其所扶养家属提供临时住房。

第四条 申请执行人提供的临时住房,其房屋品质、地段可以不同于被执行人原住房,面积参照建设部、财政部、民政部、国土资源部和国家税务总局联合发布的《城镇最低收入家庭廉租住房管理办法》所规定的人均廉租住房面积标准确定。

第五条 申请执行人提供的临时住房,应当计收租金。租金标准由申请执行人和被执行人双方协商确定;协商不成的,由人民法院参照当地同类房屋租金标准确定,当地无同类房屋租金标准可以参照的,参照当地房屋租赁市场平均租金标准确定。

已经产生的租金,可以从房屋拍卖或者变卖价款中优先扣除。

第六条 被执行人属于低保对象且无法自行解决居住问题的,人民法院不应强制迁出。

第七条 本规定自公布之日起施行。施行前本院已公布的司法解释与本规定不一致的，以本规定为准。

最高人民法院
关于在执行工作中如何计算迟延履行期间的债务利息等问题的批复

法释〔2009〕6号

（2009年3月30日最高人民法院审判委员会第1465次会议通过 2009年5月11日最高人民法院公告公布 自2009年5月18日起施行）

四川省高级人民法院：

你院《关于执行工作几个适用法律问题的请示》（川高法〔2007〕390号）收悉。经研究，批复如下：

一、人民法院根据《中华人民共和国民事诉讼法》第二百二十九条计算"迟延履行期间的债务利息"时，应当按照中国人民银行规定的同期贷款基准利率计算。

二、执行款不足以偿付全部债务的，应当根据并还原则按比例清偿法律文书确定的金钱债务与迟延履行期间的债务利息，但当事人在执行和解中对清偿顺序另有约定的除外。

此复。

附：

具体计算方法

（1）执行款＝清偿的法律文书确定的金钱债务＋清偿的迟延履行期间的债务利息。

（2）清偿的迟延履行期间的债务利息＝清偿的法律文书确定的金钱债务×同期贷款基准利率×2×迟延履行期间。

最高人民法院关于人民法院委托评估、拍卖和变卖工作的若干规定

法释〔2009〕16号

（2009年8月24日最高人民法院审判委员会第1472次会议通过 2009年11月12日最高人民法院公告公布 自2009年11月20日起施行）

为规范人民法院委托评估、拍卖和变卖工作，保障当事人的合法权益，维护司法公正，根据《中华人民共和国民事诉讼法》等有关法律的规定，结合人民法院委托评估、拍卖和变卖工作实际，制定本规定。

第一条 人民法院司法技术管理部门负责本院的委托评估、拍卖和流拍财产的变卖工作，依法对委托评估、拍卖机构的评估、拍卖活动进行监督。

第二条 根据工作需要，下级人民法院可将评估、拍卖和变卖工作报请上级人民法院办理。

第三条 人民法院需要对异地的财产进行评估或拍卖时，可以委托财产所在地人民法院办理。

第四条 人民法院按照公开、公平、择优的原则编制人民法院委托评估、拍卖机构名册。

人民法院编制委托评估、拍卖机构名册，应当先期公告，明确入册机构的条件和评审程序等事项。

第五条 人民法院在编制委托评估、拍卖机构名册时，由司法技术管理部门、审判部门、执行部门组成评审委员会，必要时可邀请评估、拍卖行业的专家参加评审。

第六条 评审委员会对申请加入人民法院委托评估、拍卖名册的机构，应当从资质等级、职业信誉、经营业绩、执业人员情况等方面进行审查、打分，按分数高低经过初审、公示、复审后确定进入名册的机构，并对名册进行动态管理。

第七条 人民法院选择评估、拍卖机构，应当在人民法院委托评估、拍卖机构名册内采取公开随机的方式选定。

第八条 人民法院选择评估、拍卖机构，应当通知审判、执行人员到场，视情况可邀请社会有关人员到场监督。

第九条 人民法院选择评估、拍卖机构，应当提前通知各方当事人到场；当事人不到场的，人民法院可将选择机构的情况，以书面形式送达当事人。

第十条 评估、拍卖机构选定后，人民法院应当向选定的机构出具委托书，委托书中应当载明本次委托的要求和工作完成的期限等事项。

第十一条　评估、拍卖机构接受人民法院的委托后,在规定期限内无正当理由不能完成委托事项的,人民法院应当解除委托,重新选择机构,并对其暂停备选资格或从委托评估、拍卖机构名册内除名。

第十二条　评估机构在工作中需要对现场进行勘验的,人民法院应当提前通知审判、执行人员和当事人到场。当事人不到场的,不影响勘验的进行,但应当有见证人见证。评估机构勘验现场,应当制作现场勘验笔录。

勘验现场人员、当事人或见证人应当在勘验笔录上签字或盖章确认。

第十三条　拍卖财产经过评估的,评估价即为第一次拍卖的保留价;未作评估的,保留价由人民法院参照市价确定,并应当征询有关当事人的意见。

第十四条　审判、执行部门未经司法技术管理部门同意擅自委托评估、拍卖,或对流拍财产进行变卖的,按照有关纪律规定追究责任。

第十五条　人民法院司法技术管理部门,在组织评审委员会审查评估、拍卖入册机构,或选择评估、拍卖机构,或对流拍财产进行变卖时,应当通知本院纪检监察部门。纪检监察部门可视情况派员参加。

第十六条　施行前本院公布的司法解释与本规定不一致的,以本规定为准。

最高人民法院
关于委托执行若干问题的规定

法释〔2011〕11号

(2011年4月25日最高人民法院审判委员会第1521次会议通过
2011年5月3日最高人民法院公告公布　自2011年5月16日起施行)

为了规范委托执行工作,维护当事人的合法权益,根据《中华人民共和国民事诉讼法》的规定,结合司法实践,制定本规定。

第一条　执行法院经调查发现被执行人在本辖区内已无财产可供执行,且在其他省、自治区、直辖市内有可供执行财产的,应当将案件委托异地的同级人民法院执行。

执行案件中有三个以上被执行人或者三处以上被执行财产在本省、自治区、直辖市辖区以外,且分属不同异地的,执行法院根据案件具体情况,报经高级人民法院批准后可以异地执行。

第二条　案件委托执行后,受托法院应当依法立案,委托法院应当在收到受托法院的立案通知书后作委托结案处理。

委托异地法院协助查询、冻结、查封、调查或者送达法律文书等有关事项的,受托法院不作为委托执行案件立案办理,但应当积极予以协助。

第三条　委托执行应当以执行标的物所在地或者执行行为实施地的同级人民法院为

受托执行法院。有两处以上财产在异地的，可以委托主要财产所在地的人民法院执行。

被执行人是现役军人或者军事单位的，可以委托对其有管辖权的军事法院执行。

执行标的物是船舶的，可以委托有管辖权的海事法院执行。

第四条 委托执行案件应当由委托法院直接向受托法院办理委托手续，并层报各自所在的高级人民法院备案。

事项委托应当以机要形式送达委托事项的相关手续，不需报高级人民法院备案。

第五条 案件委托执行时，委托法院应当提供下列材料：

（一）委托执行函；

（二）申请执行书和委托执行案件审批表；

（三）据以执行的生效法律文书副本；

（四）有关案件情况的材料或者说明，包括本辖区无财产的调查材料、财产保全情况、被执行人财产状况、生效法律文书的履行情况等；

（五）申请执行人地址、联系电话；

（六）被执行人身份证件或者营业执照复印件、地址、联系电话；

（七）委托法院执行员和联系电话；

（八）其他必要的案件材料等。

第六条 委托执行时，委托法院应当将已经查封、扣押、冻结的被执行人的异地财产，一并移交受托法院处理，并在委托执行函中说明。

委托执行后，委托法院对被执行人财产已经采取查封、扣押、冻结等措施的，视为受托法院的查封、扣押、冻结措施。受托法院需要继续查封、扣押、冻结，持委托执行函和立案通知书办理相关手续。续封续冻时，仍为原委托法院的查封冻结顺序。

查封、扣押、冻结等措施的有效期限在移交受托法院时不足 1 个月的，委托法院应当先行续封或者续冻，再移交受托法院。

第七条 受托法院收到委托执行函后，应当在 7 日内予以立案，并及时将立案通知书通过委托法院送达申请执行人，同时将指定的承办人、联系电话等书面告知委托法院。

委托法院收到上述通知书后，应当在 7 日内书面通知申请执行人案件已经委托执行，并告知申请执行人可以直接与受托法院联系执行相关事宜。

第八条 受托法院如发现委托执行的手续、材料不全，可以要求委托法院补办。委托法院应当在 30 日内完成补办事项，在上述期限内未完成的，应当作出书面说明。委托法院既不补办又不说明原因的，视为撤回委托，受托法院可以将委托材料退回委托法院。

第九条 受托法院退回委托的，应当层报所在辖区高级人民法院审批。高级人民法院同意退回后，受托法院应当在 15 日内将有关委托手续和案卷材料退回委托法院，并作出书面说明。

委托执行案件退回后，受托法院已立案的，应当作销案处理。委托法院在案件退回原因消除之后可以再行委托。确因委托不当被退回的，委托法院应当决定撤销委托并恢复案件执行，报所在的高级人民法院备案。

第十条 委托法院在案件委托执行后又发现有可供执行财产的,应当及时告知受托法院。受托法院发现被执行人在受托法院辖区外另有可供执行财产的,可以直接异地执行,一般不再行委托执行。根据情况确需再行委托的,应当按照委托执行案件的程序办理,并通知案件当事人。

第十一条 受托法院未能在6个月内将受托案件执结的,申请执行人有权请求受托法院的上一级人民法院提级执行或者指定执行,上一级人民法院应当立案审查,发现受托法院无正当理由不予执行的,应当限期执行或者作出裁定提级执行或者指定执行。

第十二条 执行法院赴异地执行案件时,应当持有其所在辖区高级人民法院的批准函件,但异地采取财产保全措施和查封、扣押、冻结等非处分性执行措施的除外。

异地执行时,可以根据案件具体情况,请求当地法院协助执行,当地法院应当积极配合,保证执行人员的人身安全和执行装备、执行标的物不受侵害。

第十三条 高级人民法院应当对辖区内委托执行和异地执行工作实行统一管理和协调,履行以下职责:

(一)统一管理跨省、自治区、直辖市辖区的委托和受托执行案件;

(二)指导、检查、监督本辖区内的受托案件的执行情况;

(三)协调本辖区内跨省、自治区、直辖市辖区的委托和受托执行争议案件;

(四)承办需异地执行的有关案件的审批事项;

(五)对下级法院报送的有关委托和受托执行案件中的相关问题提出指导性处理意见;

(六)办理其他涉及委托执行工作的事项。

第十四条 本规定所称的异地是指本省、自治区、直辖市以外的区域。各省、自治区、直辖市内的委托执行,由各高级人民法院参照本规定,结合实际情况,制定具体办法。

第十五条 本规定施行之后,其他有关委托执行的司法解释不再适用。

最高人民法院
关于人民法院委托评估、拍卖工作的若干规定

法释〔2011〕21号

(2010年8月16日最高人民法院审判委员会第1492次会议通过
2011年9月7日最高人民法院公告公布 自2012年1月1日起施行)

为进一步规范人民法院委托评估、拍卖工作,促进审判执行工作公正、廉洁、高效,维护当事人的合法权益,根据《中华人民共和国民事诉讼法》等有关法律规定,结合人民法院工作实际,制定本规定。

第一条 人民法院司法辅助部门负责统一管理和协调司法委托评估、拍卖工作。

第二条 取得政府管理部门行政许可并达到一定资质等级的评估、拍卖机构,可以自愿报名参加人民法院委托的评估、拍卖活动。

人民法院不再编制委托评估、拍卖机构名册。

第三条 人民法院采用随机方式确定评估、拍卖机构。高级人民法院或者中级人民法院可以根据本地实际情况统一实施对外委托。

第四条 人民法院委托的拍卖活动应在有关管理部门确定的统一交易场所或网络平台上进行,另有规定的除外。

第五条 受委托的拍卖机构应通过管理部门的信息平台发布拍卖信息,公示评估、拍卖结果。

第六条 涉国有资产的司法委托拍卖由省级以上国有产权交易机构实施,拍卖机构负责拍卖环节相关工作,并依照相关监管部门制定的实施细则进行。

第七条 《中华人民共和国证券法》规定应当在证券交易所上市交易或转让的证券资产的司法委托拍卖,通过证券交易所实施,拍卖机构负责拍卖环节相关工作;其他证券类资产的司法委托拍卖由拍卖机构实施,并依照相关监管部门制定的实施细则进行。

第八条 人民法院对其委托的评估、拍卖活动实行监督。出现下列情形之一,影响评估、拍卖结果,侵害当事人合法利益的,人民法院将不再委托其从事委托评估、拍卖工作。涉及违反法律法规的,依据有关规定处理:

(1) 评估结果明显失实;

(2) 拍卖过程中弄虚作假、存在瑕疵;

(3) 随机选定后无正当理由不能按时完成评估拍卖工作;

(4) 其他有关情形。

第九条 各高级人民法院可参照本规定,结合各地实际情况,制定实施细则,报最高人民法院备案。

第十条 本规定自2012年1月1日起施行。此前的司法解释和有关规定,与本规定相抵触的,以本规定为准。

最高人民法院
关于实施最高人民法院《关于人民法院委托评估、拍卖工作的若干规定》有关问题的通知

2012年2月6日　　　　　　　　　　　法〔2012〕30号

各省、自治区、直辖市高级人民法院，新疆维吾尔自治区高级人民法院生产建设兵团分院：

《最高人民法院关于人民法院委托评估、拍卖工作的若干规定》（以下简称《规定》）已由最高人民法院审判委员会第1492次会议通过，并于2012年1月1日起实施。为保证《规定》的顺利实施，现就有关问题通知如下：

一、各省、自治区、直辖市高级人民法院可以根据司法委托评估、拍卖财产的价值和拍卖标的的实际情况，确定参加司法委托评估、拍卖活动机构的资质等级范围。

未开展资质等级评定的评估行业，人民法院可以会同当地行业主管部门或评估行业协会，确定参加人民法院评估活动机构的资质条件。

二、拍卖机构的资质等级，指由中国拍卖行业协会根据《拍卖企业的等级评估与等级划分》评定的拍卖机构资质等级。

评估机构的资质等级，指由国家有关评估行业主管部门或评估行业协会评定的评估机构资质等级。

三、符合资质等级标准的评估、拍卖机构，每年年末向所在地区的高级或中级人民法院提出申请，作为下一年度人民法院委托评估、拍卖入选机构，履行相应的责任和义务。

四、各级人民法院对外委托拍卖案件，均须在"人民法院诉讼资产网"上发布拍卖公告，公示评估、拍卖相关信息和结果，法律法规另有规定不需向社会公开的除外。

五、司法委托拍卖标的为国有及国有控股企业的资产及其权益，人民法院委托拍卖机构后，通过省级以上国有产权交易机构的国有产权交易平台依照相关法律法规和司法解释进行拍卖，法律法规另有规定的除外。

六、司法委托拍卖标的为在证券交易所或国务院批准的其他证券交易场所交易、转让的证券，包括股票、国债、公司债券、封闭式基金等证券类资产，人民法院通过证券公司委托证券交易所或国务院批准的其他证券交易场所，由其设立的司法拍卖机构依照相关法律法规、司法解释和交易规则进行拍卖。

七、通过产权交易机构等交易场所或网络平台进行司法委托拍卖所产生的费用在拍卖佣金中扣除。

八、对从事司法委托评估、拍卖活动的机构及责任人未尽责任义务、违规违法操

作、存在严重瑕疵，影响评估、拍卖结果的，人民法院可以根据其情节暂停或取消其司法评估、拍卖资格，对违反法律法规的依法处理。

九、最高人民法院负责对各地人民法院实施《规定》的情况进行监督指导。

请各级人民法院将实施《规定》的过程中遇到的问题和情况及时逐级报告我院。

最高人民法院
关于网络查询、冻结被执行人存款的规定

法释〔2013〕20号

(2013年8月26日最高人民法院审判委员会第1587次会议通过 2013年8月29日最高人民法院公告公布 自2013年9月2日起施行)

为规范人民法院办理执行案件过程中通过网络查询、冻结被执行人存款及其他财产的行为，进一步提高执行效率，根据《中华人民共和国民事诉讼法》的规定，结合人民法院工作实际，制定本规定。

第一条 人民法院与金融机构已建立网络执行查控机制的，可以通过网络实施查询、冻结被执行人存款等措施。

网络执行查控机制的建立和运行应当具备以下条件：

（一）已建立网络执行查控系统，具有通过网络执行查控系统发送、传输、反馈查控信息的功能；

（二）授权特定的人员办理网络执行查控业务；

（三）具有符合安全规范的电子印章系统；

（四）已采取足以保障查控系统和信息安全的措施。

第二条 人民法院实施网络执行查控措施，应当事前统一向相应金融机构报备有权通过网络采取执行查控措施的特定执行人员的相关公务证件。办理具体业务时，不再另行向相应金融机构提供执行人员的相关公务证件。

人民法院办理网络执行查控业务的特定执行人员发生变更的，应当及时向相应金融机构报备人员变更信息及相关公务证件。

第三条 人民法院通过网络查询被执行人存款时，应当向金融机构传输电子协助查询存款通知书。多案集中查询的，可以附汇总的案件查询清单。

对查询到的被执行人存款需要冻结或者续行冻结的，人民法院应当及时向金融机构传输电子冻结裁定书和协助冻结存款通知书。

对冻结的被执行人存款需要解除冻结的，人民法院应当及时向金融机构传输电子解除冻结裁定书和协助解除冻结存款通知书。

第四条 人民法院向金融机构传输的法律文书，应当加盖电子印章。

作为协助执行人的金融机构完成查询、冻结等事项后，应当及时通过网络向人民法院回复加盖电子印章的查询、冻结等结果。

人民法院出具的电子法律文书、金融机构出具的电子查询、冻结等结果，与纸质法律文书及反馈结果具有同等效力。

第五条 人民法院通过网络查询、冻结、续冻、解冻被执行人存款，与执行人员赴金融机构营业场所查询、冻结、续冻、解冻被执行人存款具有同等效力。

第六条 金融机构认为人民法院通过网络执行查控系统采取的查控措施违反相关法律、行政法规规定的，应当向人民法院书面提出异议。人民法院应当在15日内审查完毕并书面回复。

第七条 人民法院应当依据法律、行政法规规定及相应操作规范使用网络执行查控系统和查控信息，确保信息安全。

人民法院办理执行案件过程中，不得泄露通过网络执行查控系统取得的查控信息，也不得用于执行案件以外的目的。

人民法院办理执行案件过程中，不得对被执行人以外的非执行义务主体采取网络查控措施。

第八条 人民法院工作人员违反第七条规定的，应当按照《人民法院工作人员处分条例》给予纪律处分；情节严重构成犯罪的，应当依法追究刑事责任。

第九条 人民法院具备相应网络扣划技术条件，并与金融机构协商一致的，可以通过网络执行查控系统采取扣划被执行人存款措施。

第十条 人民法院与工商行政管理、证券监管、土地房产管理等协助执行单位已建立网络执行查控机制，通过网络执行查控系统对被执行人股权、股票、证券账户资金、房地产等其他财产采取查控措施的，参照本规定执行。

最高人民法院
关于执行程序中计算迟延履行期间的债务利息适用法律若干问题的解释

法释〔2014〕8号

（2014年6月9日最高人民法院审判委员会第1619次会议通过
2014年7月7日最高人民法院公告公布　自2014年8月1日起施行）

为规范执行程序中迟延履行期间债务利息的计算，根据《中华人民共和国民事诉讼法》的规定，结合司法实践，制定本解释。

第一条 根据民事诉讼法第二百五十三条规定加倍计算之后的迟延履行期间的债务利息，包括迟延履行期间的一般债务利息和加倍部分债务利息。

迟延履行期间的一般债务利息，根据生效法律文书确定的方法计算；生效法律文书未确定给付该利息的，不予计算。

加倍部分债务利息的计算方法为：加倍部分债务利息＝债务人尚未清偿的生效法律文书确定的除一般债务利息之外的金钱债务×日万分之一点七五×迟延履行期间。

第二条 加倍部分债务利息自生效法律文书确定的履行期间届满之日起计算；生效法律文书确定分期履行的，自每次履行期间届满之日起计算；生效法律文书未确定履行期间的，自法律文书生效之日起计算。

第三条 加倍部分债务利息计算至被执行人履行完毕之日；被执行人分次履行的，相应部分的加倍部分债务利息计算至每次履行完毕之日。

人民法院划拨、提取被执行人的存款、收入、股息、红利等财产的，相应部分的加倍部分债务利息计算至划拨、提取之日；人民法院对被执行人财产拍卖、变卖或者以物抵债的，计算至成交裁定或者抵债裁定生效之日；人民法院对被执行人财产通过其他方式变价的，计算至财产变价完成之日。

非因被执行人的申请，对生效法律文书审查而中止或者暂缓执行的期间及再审中止执行的期间，不计算加倍部分债务利息。

第四条 被执行人的财产不足以清偿全部债务的，应当先清偿生效法律文书确定的金钱债务，再清偿加倍部分债务利息，但当事人对清偿顺序另有约定的除外。

第五条 生效法律文书确定给付外币的，执行时以该种外币按日万分之一点七五计算加倍部分债务利息，但申请执行人主张以人民币计算的，人民法院应予准许。

以人民币计算加倍部分债务利息的，应当先将生效法律文书确定的外币折算或者套算为人民币后再进行计算。

外币折算或者套算为人民币的，按照加倍部分债务利息起算之日的中国外汇交易中心或者中国人民银行授权机构公布的人民币对该外币的中间价折合成人民币计算；中国外汇交易中心或者中国人民银行授权机构未公布汇率中间价的外币，按照该日境内银行人民币对该外币的中间价折算成人民币，或者该外币在境内银行、国际外汇市场对美元汇率，与人民币对美元汇率中间价进行套算。

第六条 执行回转程序中，原申请执行人迟延履行金钱给付义务的，应当按照本解释的规定承担加倍部分债务利息。

第七条 本解释施行时尚未执行完毕部分的金钱债务，本解释施行前的迟延履行期间债务利息按照之前的规定计算；施行后的迟延履行期间债务利息按照本解释计算。

本解释施行前本院发布的司法解释与本解释不一致的，以本解释为准。

最高人民法院关于人民法院办理执行异议和复议案件若干问题的规定

法释〔2015〕10号

(2014年12月29日最高人民法院审判委员会第1638次会议通过 2015年5月5日最高人民法院公告公布 自2015年5月5日起施行)

为了规范人民法院办理执行异议和复议案件,维护当事人、利害关系人和案外人的合法权益,根据民事诉讼法等法律规定,结合人民法院执行工作实际,制定本规定。

第一条 异议人提出执行异议或者复议申请人申请复议,应当向人民法院提交申请书。申请书应当载明具体的异议或者复议请求、事实、理由等内容,并附下列材料:

(一)异议人或者复议申请人的身份证明;

(二)相关证据材料;

(三)送达地址和联系方式。

第二条 执行异议符合民事诉讼法第二百二十五条或者第二百二十七条规定条件的,人民法院应当在三日内立案,并在立案后三日内通知异议人和相关当事人。不符合受理条件的,裁定不予受理;立案后发现不符合受理条件的,裁定驳回申请。

执行异议申请材料不齐备的,人民法院应当一次性告知异议人在三日内补足,逾期未补足的,不予受理。

异议人对不予受理或者驳回申请裁定不服的,可以自裁定送达之日起十日内向上一级人民法院申请复议。上一级人民法院审查后认为符合受理条件的,应当裁定撤销原裁定,指令执行法院立案或者对执行异议进行审查。

第三条 执行法院收到执行异议后三日内既不立案又不作出不予受理裁定,或者受理后无正当理由超过法定期限不作出异议裁定的,异议人可以向上一级人民法院提出异议。上一级人民法院审查后认为理由成立的,应当指令执行法院在三日内立案或者在十五日内作出异议裁定。

第四条 执行案件被指定执行、提级执行、委托执行后,当事人、利害关系人对原执行法院的执行行为提出异议的,由提出异议时负责该案件执行的人民法院审查处理;受指定或者受委托的人民法院是原执行法院的下级人民法院的,仍由原执行法院审查处理。

执行案件被指定执行、提级执行、委托执行后,案外人对原执行法院的执行标的提出异议的,参照前款规定处理。

第五条 有下列情形之一的,当事人以外的公民、法人和其他组织,可以作为利害关系人提出执行行为异议：

（一）认为人民法院的执行行为违法，妨碍其轮候查封、扣押、冻结的债权受偿的；

（二）认为人民法院的拍卖措施违法，妨碍其参与公平竞价的；

（三）认为人民法院的拍卖、变卖或者以物抵债措施违法，侵害其对执行标的的优先购买权的；

（四）认为人民法院要求协助执行的事项超出其协助范围或者违反法律规定的；

（五）认为其他合法权益受到人民法院违法执行行为侵害的。

第六条 当事人、利害关系人依照民事诉讼法第二百二十五条规定提出异议的，应当在执行程序终结之前提出，但对终结执行措施提出异议的除外。

案外人依照民事诉讼法第二百二十七条规定提出异议的，应当在异议指向的执行标的执行终结之前提出；执行标的由当事人受让的，应当在执行程序终结之前提出。

第七条 当事人、利害关系人认为执行过程中或者执行保全、先予执行裁定过程中的下列行为违法提出异议的，人民法院应当依照民事诉讼法第二百二十五条规定进行审查：

（一）查封、扣押、冻结、拍卖、变卖、以物抵债、暂缓执行、中止执行、终结执行等执行措施；

（二）执行的期间、顺序等应当遵守的法定程序；

（三）人民法院作出的侵害当事人、利害关系人合法权益的其他行为。

被执行人以债权消灭、丧失强制执行效力等执行依据生效之后的实体事由提出排除执行异议的，人民法院应当参照民事诉讼法第二百二十五条规定进行审查。

除本规定第十九条规定的情形外，被执行人以执行依据生效之前的实体事由提出排除执行异议的，人民法院应当告知其依法申请再审或者通过其他程序解决。

第八条 案外人基于实体权利既对执行标的提出排除执行异议又作为利害关系人提出执行行为异议的，人民法院应当依照民事诉讼法第二百二十七条规定进行审查。

案外人既基于实体权利对执行标的提出排除执行异议又作为利害关系人提出与实体权利无关的执行行为异议的，人民法院应当分别依照民事诉讼法第二百二十七条和第二百二十五条规定进行审查。

第九条 被限制出境的人认为对其限制出境错误的，可以自收到限制出境决定之日起十日内向上一级人民法院申请复议。上一级人民法院应当自收到复议申请之日起十五日内作出决定。复议期间，不停止原决定的执行。

第十条 当事人不服驳回不予执行公证债权文书申请的裁定的，可以自收到裁定之日起十日内向上一级人民法院申请复议。上一级人民法院应当自收到复议申请之日起三十日内审查，理由成立的，裁定撤销原裁定，不予执行该公证债权文书；理由不成立的，裁定驳回复议申请。复议期间，不停止执行。

第十一条 人民法院审查执行异议或者复议案件，应当依法组成合议庭。

指令重新审查的执行异议案件，应当另行组成合议庭。

办理执行实施案件的人员不得参与相关执行异议和复议案件的审查。

第十二条 人民法院对执行异议和复议案件实行书面审查。案情复杂、争议较大的,应当进行听证。

第十三条 执行异议、复议案件审查期间,异议人、复议申请人申请撤回异议、复议申请的,是否准许由人民法院裁定。

第十四条 异议人或者复议申请人经合法传唤,无正当理由拒不参加听证,或者未经法庭许可中途退出听证,致使人民法院无法查清相关事实的,由其自行承担不利后果。

第十五条 当事人、利害关系人对同一执行行为有多个异议事由,但未在异议审查过程中一并提出,撤回异议或者被裁定驳回异议后,再次就该执行行为提出异议的,人民法院不予受理。

案外人撤回异议或者被裁定驳回异议后,再次就同一执行标的提出异议的,人民法院不予受理。

第十六条 人民法院依照民事诉讼法第二百二十五条规定作出裁定时,应当告知相关权利人申请复议的权利和期限。

人民法院依照民事诉讼法第二百二十七条规定作出裁定时,应当告知相关权利人提起执行异议之诉的权利和期限。

人民法院作出其他裁定和决定时,法律、司法解释规定了相关权利人申请复议的权利和期限的,应当进行告知。

第十七条 人民法院对执行行为异议,应当按照下列情形,分别处理:

(一)异议不成立的,裁定驳回异议;

(二)异议成立的,裁定撤销相关执行行为;

(三)异议部分成立的,裁定变更相关执行行为;

(四)异议成立或者部分成立,但执行行为无撤销、变更内容的,裁定异议成立或者相应部分异议成立。

第十八条 执行过程中,第三人因书面承诺自愿代被执行人偿还债务而被追加为被执行人后,无正当理由反悔并提出异议的,人民法院不予支持。

第十九条 当事人互负到期债务,被执行人请求抵销,请求抵销的债务符合下列情形的,除依照法律规定或者按照债务性质不得抵销的以外,人民法院应予支持:

(一)已经生效法律文书确定或者经申请执行人认可;

(二)与被执行人所负债务的标的物种类、品质相同。

第二十条 金钱债权执行中,符合下列情形之一,被执行人以执行标的系本人及所扶养家属维持生活必需的居住房屋为由提出异议的,人民法院不予支持:

(一)对被执行人有扶养义务的人名下有其他能够维持生活必需的居住房屋的;

(二)执行依据生效后,被执行人为逃避债务转让其名下其他房屋的;

(三)申请执行人按照当地廉租住房保障面积标准为被执行人及所扶养家属提供居住房屋,或者同意参照当地房屋租赁市场平均租金标准从该房屋的变价款中扣除五至八年租金的。

执行依据确定被执行人交付居住的房屋,自执行通知送达之日起,已经给予三个月的宽限期,被执行人以该房屋系本人及所扶养家属维持生活的必需品为由提出异议的,人民法院不予支持。

第二十一条 当事人、利害关系人提出异议请求撤销拍卖，符合下列情形之一的，人民法院应予支持：

（一）竞买人之间、竞买人与拍卖机构之间恶意串通，损害当事人或者其他竞买人利益的；

（二）买受人不具备法律规定的竞买资格的；

（三）违法限制竞买人参加竞买或者对不同的竞买人规定不同竞买条件的；

（四）未按照法律、司法解释的规定对拍卖标的物进行公告的；

（五）其他严重违反拍卖程序且损害当事人或者竞买人利益的情形。

当事人、利害关系人请求撤销变卖的，参照前款规定处理。

第二十二条 公证债权文书对主债务和担保债务同时赋予强制执行效力的，人民法院应予执行；仅对主债务赋予强制执行效力未涉及担保债务的，对担保债务的执行申请不予受理；仅对担保债务赋予强制执行效力未涉及主债务的，对主债务的执行申请不予受理。

人民法院受理担保债务的执行申请后，被执行人仅以担保合同不属于赋予强制执行效力的公证债权文书范围为由申请不予执行的，不予支持。

第二十三条 上一级人民法院对不服异议裁定的复议申请审查后，应当按照下列情形，分别处理：

（一）异议裁定认定事实清楚，适用法律正确，结果应予维持的，裁定驳回复议申请，维持异议裁定；

（二）异议裁定认定事实错误，或者适用法律错误，结果应予纠正的，裁定撤销或者变更异议裁定；

（三）异议裁定认定基本事实不清、证据不足的，裁定撤销异议裁定，发回作出裁定的人民法院重新审查，或者查清事实后作出相应裁定；

（四）异议裁定遗漏异议请求或者存在其他严重违反法定程序的情形，裁定撤销异议裁定，发回作出裁定的人民法院重新审查；

（五）异议裁定对应当适用民事诉讼法第二百二十七条规定审查处理的异议，错误适用民事诉讼法第二百二十五条规定审查处理的，裁定撤销异议裁定，发回作出裁定的人民法院重新作出裁定。

除依照本条第一款第三、四、五项发回重新审查或者重新作出裁定的情形外，裁定撤销或者变更异议裁定且执行行为可撤销、变更的，应当同时撤销或者变更该裁定维持的执行行为。

人民法院对发回重新审查的案件作出裁定后，当事人、利害关系人申请复议的，上一级人民法院复议后不得再次发回重新审查。

第二十四条 对案外人提出的排除执行异议，人民法院应当审查下列内容：

（一）案外人是否系权利人；

（二）该权利的合法性与真实性；

（三）该权利能否排除执行。

第二十五条　对案外人的异议，人民法院应当按照下列标准判断其是否系权利人：

（一）已登记的不动产，按照不动产登记簿判断；未登记的建筑物、构筑物及其附属设施，按照土地使用权登记簿、建设工程规划许可、施工许可等相关证据判断；

（二）已登记的机动车、船舶、航空器等特定动产，按照相关管理部门的登记判断；未登记的特定动产和其他动产，按照实际占有情况判断；

（三）银行存款和存管在金融机构的有价证券，按照金融机构和登记结算机构登记的账户名称判断；有价证券由具备合法经营资质的托管机构名义持有的，按照该机构登记的实际投资人账户名称判断；

（四）股权按照工商行政管理机关的登记和企业信用信息公示系统公示的信息判断；

（五）其他财产和权利，有登记的，按照登记机构的登记判断；无登记的，按照合同等证明财产权属或者权利人的证据判断。

案外人依据另案生效法律文书提出排除执行异议，该法律文书认定的执行标的权利人与依照前款规定得出的判断不一致的，依照本规定第二十六条规定处理。

第二十六条　金钱债权执行中，案外人依据执行标的被查封、扣押、冻结前作出的另案生效法律文书提出排除执行异议，人民法院应当按照下列情形，分别处理：

（一）该法律文书系就案外人与被执行人之间的权属纠纷以及租赁、借用、保管等不以转移财产权属为目的的合同纠纷，判决、裁决执行标的归属于案外人或者向其返还执行标的且其权利能够排除执行的，应予支持；

（二）该法律文书系就案外人与被执行人之间除前项所列合同之外的债权纠纷，判决、裁决执行标的归属于案外人或者向其交付、返还执行标的的，不予支持。

（三）该法律文书系案外人受让执行标的的拍卖、变卖成交裁定或者以物抵债裁定且其权利能够排除执行的，应予支持。

金钱债权执行中，案外人依据执行标的被查封、扣押、冻结后作出的另案生效法律文书提出排除执行异议的，人民法院不予支持。

非金钱债权执行中，案外人依据另案生效法律文书提出排除执行异议，该法律文书对执行标的权属作出不同认定的，人民法院应当告知案外人依法申请再审或者通过其他程序解决。

申请执行人或者案外人不服人民法院依照本条第一、二款规定作出的裁定，可以依照民事诉讼法第二百二十七条规定提起执行异议之诉。

第二十七条　申请执行人对执行标的依法享有对抗案外人的担保物权等优先受偿权，人民法院对案外人提出的排除执行异议不予支持，但法律、司法解释另有规定的除外。

第二十八条　金钱债权执行中，买受人对登记在被执行人名下的不动产提出异议，符合下列情形且其权利能够排除执行的，人民法院应予支持：

（一）在人民法院查封之前已签订合法有效的书面买卖合同；

（二）在人民法院查封之前已合法占有该不动产；

（三）已支付全部价款，或者已按照合同约定支付部分价款且将剩余价款按照人民法院的要求交付执行；

（四）非因买受人自身原因未办理过户登记。

第二十九条 金钱债权执行中，买受人对登记在被执行的房地产开发企业名下的商品房提出异议，符合下列情形且其权利能够排除执行的，人民法院应予支持：

（一）在人民法院查封之前已签订合法有效的书面买卖合同；

（二）所购商品房系用于居住且买受人名下无其他用于居住的房屋；

（三）已支付的价款超过合同约定总价款的百分之五十。

第三十条 金钱债权执行中，对被查封的办理了受让物权预告登记的不动产，受让人提出停止处分异议的，人民法院应予支持；符合物权登记条件，受让人提出排除执行异议的，应予支持。

第三十一条 承租人请求在租赁期内阻止向受让人移交占有被执行的不动产，在人民法院查封之前已签订合法有效的书面租赁合同并占有使用该不动产的，人民法院应予支持。

承租人与被执行人恶意串通，以明显不合理的低价承租被执行的不动产或者伪造交付租金证据的，对其提出的阻止移交占有的请求，人民法院不予支持。

第三十二条 本规定施行后尚未审查终结的执行异议和复议案件，适用本规定。本规定施行前已经审查终结的执行异议和复议案件，人民法院依法提起执行监督程序的，不适用本规定。

最高人民法院关于修改《最高人民法院关于限制被执行人高消费的若干规定》的决定

法释〔2015〕17号

（2015年7月6日最高人民法院审判委员会第1657次会议通过 2015年7月20日最高人民法院公告公布 自2015年7月22日起施行）

根据最高人民法院审判委员会第1657次会议决定，对《最高人民法院关于限制被执行人高消费的若干规定》作如下修改：

一、将《最高人民法院关于限制被执行人高消费的若干规定》修改为："《最高人民法院关于限制被执行人高消费及有关消费的若干规定》"。

二、将第一条修改为："被执行人未按执行通知书指定的期间履行生效法律文书确定的给付义务的，人民法院可以采取限制消费措施，限制其高消费及非生活或者经营必需的有关消费。"

第一条增加第二款："纳入失信被执行人名单的被执行人，人民法院应当对其采取限制消费措施。"

三、将第二条修改为:"人民法院决定采取限制消费措施时,应当考虑被执行人是否有消极履行、规避执行或者抗拒执行的行为以及被执行人的履行能力等因素。"

四、将第三条第一款修改为:"被执行人为自然人的,被采取限制消费措施后,不得有以下高消费及非生活和工作必需的消费行为:"

第一款第(九)项修改为:"(九)乘坐G字头动车组列车全部座位、其他动车组列车一等以上座位等其他非生活和工作必需的消费行为。"

第二款修改为:"被执行人为单位的,被采取限制消费措施后,被执行人及其法定代表人、主要负责人、影响债务履行的直接责任人员、实际控制人不得实施前款规定的行为。因私消费以个人财产实施前款规定行为的,可以向执行法院提出申请。执行法院审查属实的,应予准许。"

五、将第四条修改为:"限制消费措施一般由申请执行人提出书面申请,经人民法院审查决定;必要时人民法院可以依职权决定。"

六、将第五条修改为:"人民法院决定采取限制消费措施的,应当向被执行人发出限制消费令。限制消费令由人民法院院长签发。限制消费令应当载明限制消费的期间、项目、法律后果等内容。"

七、将第六条修改为:"人民法院决定采取限制消费措施的,可以根据案件需要和被执行人的情况向有义务协助调查、执行的单位送达协助执行通知书,也可以在相关媒体上进行公告。"

八、将第七条修改为:"限制消费令的公告费用由被执行人负担;申请执行人申请在媒体公告的,应当垫付公告费用。"

九、将第八条修改为:"被限制消费的被执行人因生活或者经营必需而进行本规定禁止的消费活动的,应当向人民法院提出申请,获批准后方可进行。"

十、将第九条修改为:"在限制消费期间,被执行人提供确实有效的担保或者经申请执行人同意的,人民法院可以解除限制消费令;被执行人履行完毕生效法律文书确定的义务的,人民法院应当在本规定第六条通知或者公告的范围内及时以通知或者公告解除限制消费令。"

十一、将第十条修改为:"人民法院应当设置举报电话或者邮箱,接受申请执行人和社会公众对被限制消费的被执行人违反本规定第三条的举报,并进行审查认定。"

十二、将第十一条第一款修改为:"被执行人违反限制消费令进行消费的行为属于拒不履行人民法院已经发生法律效力的判决、裁定的行为,经查证属实的,依照《中华人民共和国民事诉讼法》第一百一十一条的规定,予以拘留、罚款;情节严重,构成犯罪的,追究其刑事责任。"

第二款修改为:"有关单位在收到人民法院协助执行通知书后,仍允许被执行人进行高消费及非生活或者经营必需的有关消费的,人民法院可以依照《中华人民共和国民事诉讼法》第一百一十四条的规定,追究其法律责任。"

十三、将第十二条删除。

根据本决定,将《最高人民法院关于限制被执行人高消费的若干规定》作相应修改,重新公布。

附：

最高人民法院
关于限制被执行人高消费及有关消费的若干规定

（2010年5月17日最高人民法院审判委员会第1487次会议通过 根据2015年7月6日最高人民法院审判委员会第1657次会议通过的《最高人民法院关于修改〈最高人民法院关于限制被执行人高消费的若干规定〉的决定》修正 该修正自2015年7月22日起施行）

为进一步加大执行力度，推动社会信用机制建设，最大限度保护申请执行人和被执行人的合法权益，根据《中华人民共和国民事诉讼法》的有关规定，结合人民法院民事执行工作的实践经验，制定本规定。

第一条 被执行人未按执行通知书指定的期间履行生效法律文书确定的给付义务的，人民法院可以采取限制消费措施，限制其高消费及非生活或者经营必需的有关消费。

纳入失信被执行人名单的被执行人，人民法院应当对其采取限制消费措施。

第二条 人民法院决定采取限制消费措施时，应当考虑被执行人是否有消极履行、规避执行或者抗拒执行的行为以及被执行人的履行能力等因素。

第三条 被执行人为自然人的，被采取限制消费措施后，不得有以下高消费及非生活和工作必需的消费行为：

（一）乘坐交通工具时，选择飞机、列车软卧、轮船二等以上舱位；

（二）在星级以上宾馆、酒店、夜总会、高尔夫球场等场所进行高消费；

（三）购买不动产或者新建、扩建、高档装修房屋；

（四）租赁高档写字楼、宾馆、公寓等场所办公；

（五）购买非经营必需车辆；

（六）旅游、度假；

（七）子女就读高收费私立学校；

（八）支付高额保费购买保险理财产品；

（九）乘坐G字头动车组列车全部座位、其他动车组列车一等以上座位等其他非生活和工作必需的消费行为。

被执行人为单位的，被采取限制消费措施后，被执行人及其法定代表人、主要负责人、影响债务履行的直接责任人员、实际控制人不得实施前款规定的行为。因私消费以个人财产实施前款规定行为的，可以向执行法院提出申请。执行法院审查属实的，应予准许。

第四条 限制消费措施一般由申请执行人提出书面申请，经人民法院审查决定；必要时人民法院可以依职权决定。

第五条 人民法院决定采取限制消费措施的，应当向被执行人发出限制消费令。限制消费令由人民法院院长签发。限制消费令应当载明限制消费的期间、项目、法律后果等内容。

第六条 人民法院决定采取限制消费措施的，可以根据案件需要和被执行人的情况向有义务协助调查、执行的单位送达协助执行通知书，也可以在相关媒体上进行公告。

第七条 限制消费令的公告费用由被执行人负担；申请执行人申请在媒体公告的，应当垫付公告费用。

第八条 被限制消费的被执行人因生活或者经营必需而进行本规定禁止的消费活动的，应当向人民法院提出申请，获批准后方可进行。

第九条 在限制消费期间，被执行人提供确实有效的担保或者经申请执行人同意的，人民法院可以解除限制消费令；被执行人履行完毕生效法律文书确定的义务的，人民法院应当在本规定第六条通知或者公告的范围内及时以通知或者公告解除限制消费令。

第十条 人民法院应当设置举报电话或者邮箱，接受申请执行人和社会公众对被限制消费的被执行人违反本规定第三条的举报，并进行审查认定。

第十一条 被执行人违反限制消费令进行消费的行为属于拒不履行人民法院已经发生法律效力的判决、裁定的行为，经查证属实的，依照《中华人民共和国民事诉讼法》第一百一十一条的规定，予以拘留、罚款；情节严重，构成犯罪的，追究其刑事责任。

有关单位在收到人民法院协助执行通知书后，仍允许被执行人进行高消费及非生活或者经营必需的有关消费的，人民法院可以依照《中华人民共和国民事诉讼法》第一百一十四条的规定，追究其法律责任。

最高人民法院
关于对人民法院终结执行行为提出执行异议期限问题的批复

法释〔2016〕3号

(2015年11月30日最高人民法院审判委员会第1668次会议通过 2016年2月14日最高人民法院公告公布 自2016年2月15日起施行)

湖北省高级人民法院：

你院《关于咸宁市广泰置业有限公司与咸宁市枫丹置业有限公司房地产开发经营合同纠纷案的请示》（鄂高法〔2015〕295号）收悉。经研究，批复如下：

当事人、利害关系人依照民事诉讼法第二百二十五条规定对终结执行行为提出异议的，应当自收到终结执行法律文书之日起六十日内提出；未收到法律文书的，应当自知道或者应当知道人民法院终结执行之日起六十日内提出。批复发布前终结执行的，自批复发布之日起六十日内提出。超出该期限提出执行异议的，人民法院不予受理。

此复。

最高人民法院
关于首先查封法院与优先债权执行法院处分查封财产有关问题的批复

法释〔2016〕6号

(2015年12月16日最高人民法院审判委员会第1672次会议通过 2016年4月12日最高人民法院公告公布 自2016年4月14日起施行)

福建省高级人民法院：

你院《关于解决法院首封处分权与债权人行使优先受偿债权冲突问题的请示》（闽高法〔2015〕261号）收悉。经研究，批复如下：

一、执行过程中，应当由首先查封、扣押、冻结（以下简称查封）法院负责处分查封财产。但已进入其他法院执行程序的债权对查封财产有顺位在先的担保物权、优先权（该债权以下简称优先债权），自首先查封之日起已超过60日，且首先查封法院就该查封财产尚未发布拍卖公告或者进入变卖程序的，优先债权执行法院可以要求将该查封财产移送执行。

二、优先债权执行法院要求首先查封法院将查封财产移送执行的，应当出具商请移送执行函，并附确认优先债权的生效法律文书及案件情况说明。

首先查封法院应当在收到优先债权执行法院商请移送执行函之日起15日内出具移送执行函，将查封财产移送优先债权执行法院执行，并告知当事人。

移送执行函应当载明将查封财产移送执行及首先查封债权的相关情况等内容。

三、财产移送执行后，优先债权执行法院在处分或继续查封该财产时，可以持首先查封法院移送执行函办理相关手续。

优先债权执行法院对移送的财产变价后，应当按照法律规定的清偿顺序分配，并将相关情况告知首先查封法院。

首先查封债权尚未经生效法律文书确认的，应当按照首先查封债权的清偿顺位，预留相应份额。

四、首先查封法院与优先债权执行法院就移送查封财产发生争议的，可以逐级报请双方共同的上级法院指定该财产的执行法院。

共同的上级法院根据首先查封债权所处的诉讼阶段、查封财产的种类及所在地、各债权数额与查封财产价值之间的关系等案件具体情况，认为由首先查封法院执行更为妥当的，也可以决定由首先查封法院继续执行，但应当督促其在指定期限内处分查封财产。

此复。

附件：1.××××人民法院商请移送执行函
　　　2.××××人民法院移送执行函

附件1：

××××人民法院
商请移送执行函

（××××）……号

××××人民法院：

　　……（写明当事人姓名或名称和案由）一案的……（写明生效法律文书名称）已经发生法律效力。由于……［写明本案债权人依法享有顺位在先的担保物权（优先权）和首先查封法院没有及时对查封财产进行处理的情况，以及商请移送执行的理由］。根据《最高人民法院关于首先查封法院与优先债权执行法院处分查封财产有关问题的批复》之规定，请你院在收到本函之日起15日内向我院出具移送执行函，将……（写明具体查封财产）移送我院执行。

　　附件：1.据以执行的生效法律文书
　　　　　2.有关案件情况说明［内容包括本案债权依法享有顺位在先的担保物权（优先权）的具体情况、案件执行情况、执行员姓名及联系电话、申请执行人地址及联系电话等］
　　　　　3.其他必要的案件材料

××××年××月××日
（院印）

本院地址：　　　　　　　邮编：
联系人：　　　　　　　　联系电话：

附件2：

××××人民法院
移送执行函

（××××）……号

××××人民法院：

　　你院（××××）……号商请移送执行函收悉。我院于××××年××月××日对……（写明具体查封财产，以下简称查封财产）予以查封（或者扣押、冻结），鉴于你院（××××）……号执行案件债权人对该查封财产享有顺位在先的担保物权（优先权），现根据《最高人民法院关于首先查封法院与优先债权执行法院处分查封财产有关问题的批复》之规定及你院的来函要求，将上述查封财产移送你院执行，对该财产的续封、解封和变价、分配等后续工作，交由你院办理，我院不再负责。请你院在后续执行程序中，对我院执行案件债权人××作为首先查封债权人所享有的各项权利依法予以保护，并将执行结果及时告知我院。

　　附件：1. 据以执行的生效法律文书
　　　　　2. 有关案件情况的材料和说明（内容包括查封财产的查封、调查、异议、评估、处置和剩余债权数额等案件执行情况，执行员姓名及联系电话、申请执行人地址及联系电话等）
　　　　　3. 其他必要的案件材料

××××年××月××日
（院印）

本院地址：　　　　　　　　邮编：
联系人：　　　　　　　　　联系电话：

最高人民法院
关于人民法院网络司法拍卖若干问题的规定

法释〔2016〕18号

（2016年5月30日最高人民法院审判委员会第1685次会议通过 2016年8月2日最高人民法院公告公布 自2017年1月1日起施行）

为了规范网络司法拍卖行为，保障网络司法拍卖公开、公平、公正、安全、高效，维护当事人的合法权益，根据《中华人民共和国民事诉讼法》等法律的规定，结合人民法院执行工作的实际，制定本规定。

第一条 本规定所称的网络司法拍卖，是指人民法院依法通过互联网拍卖平台，以网络电子竞价方式公开处置财产的行为。

第二条 人民法院以拍卖方式处置财产的，应当采取网络司法拍卖方式，但法律、行政法规和司法解释规定必须通过其他途径处置，或者不宜采用网络拍卖方式处置的除外。

第三条 网络司法拍卖应当在互联网拍卖平台上向社会全程公开，接受社会监督。

第四条 最高人民法院建立全国性网络服务提供者名单库。网络服务提供者申请纳入名单库的，其提供的网络司法拍卖平台应当符合下列条件：

（一）具备全面展示司法拍卖信息的界面；
（二）具备本规定要求的信息公示、网上报名、竞价、结算等功能；
（三）具有信息共享、功能齐全、技术拓展等功能的独立系统；
（四）程序运作规范、系统安全高效、服务优质价廉；
（五）在全国具有较高的知名度和广泛的社会参与度。

最高人民法院组成专门的评审委员会，负责网络服务提供者的选定、评审和除名。最高人民法院每年引入第三方评估机构对已纳入和新申请纳入名单库的网络服务提供者予以评审并公布结果。

第五条 网络服务提供者由申请执行人从名单库中选择；未选择或者多个申请执行人的选择不一致的，由人民法院指定。

第六条 实施网络司法拍卖的，人民法院应当履行下列职责：

（一）制作、发布拍卖公告；
（二）查明拍卖财产现状、权利负担等内容，并予以说明；
（三）确定拍卖保留价、保证金的数额、税费负担等；
（四）确定保证金、拍卖款项等支付方式；
（五）通知当事人和优先购买权人；

（六）制作拍卖成交裁定；

（七）办理财产交付和出具财产权证照转移协助执行通知书；

（八）开设网络司法拍卖专用账户；

（九）其他依法由人民法院履行的职责。

第七条 实施网络司法拍卖的，人民法院可以将下列拍卖辅助工作委托社会机构或者组织承担：

（一）制作拍卖财产的文字说明及视频或者照片等资料；

（二）展示拍卖财产，接受咨询，引领查看，封存样品等；

（三）拍卖财产的鉴定、检验、评估、审计、仓储、保管、运输等；

（四）其他可以委托的拍卖辅助工作。

社会机构或者组织承担网络司法拍卖辅助工作所支出的必要费用由被执行人承担。

第八条 实施网络司法拍卖的，下列事项应当由网络服务提供者承担：

（一）提供符合法律、行政法规和司法解释规定的网络司法拍卖平台，并保障安全正常运行；

（二）提供安全便捷配套的电子支付对接系统；

（三）全面、及时展示人民法院及其委托的社会机构或者组织提供的拍卖信息；

（四）保证拍卖全程的信息数据真实、准确、完整和安全；

（五）其他应当由网络服务提供者承担的工作。

网络服务提供者不得在拍卖程序中设置阻碍适格竞买人报名、参拍、竞价以及监视竞买人信息等后台操控功能。

网络服务提供者提供的服务无正当理由不得中断。

第九条 网络司法拍卖服务提供者从事与网络司法拍卖相关的行为，应当接受人民法院的管理、监督和指导。

第十条 网络司法拍卖应当确定保留价，拍卖保留价即为起拍价。

起拍价由人民法院参照评估价确定；未作评估的，参照市价确定，并征询当事人意见。起拍价不得低于评估价或者市价的百分之七十。

第十一条 网络司法拍卖不限制竞买人数量。一人参与竞拍，出价不低于起拍价的，拍卖成交。

第十二条 网络司法拍卖应当先期公告，拍卖公告除通过法定途径发布外，还应同时在网络司法拍卖平台发布。拍卖动产的，应当在拍卖十五日前公告；拍卖不动产或者其他财产权的，应当在拍卖三十日前公告。

拍卖公告应当包括拍卖财产、价格、保证金、竞买人条件、拍卖财产已知瑕疵、相关权利义务、法律责任、拍卖时间、网络平台和拍卖法院等信息。

第十三条 实施网络司法拍卖的，人民法院应当在拍卖公告发布当日通过网络司法拍卖平台公示下列信息：

（一）拍卖公告；

（二）执行所依据的法律文书，但法律规定不得公开的除外；

（三）评估报告副本，或者未经评估的定价依据；

（四）拍卖时间、起拍价以及竞价规则；

（五）拍卖财产权属、占有使用、附随义务等现状的文字说明、视频或者照片等；

（六）优先购买权主体以及权利性质；

（七）通知或者无法通知当事人、已知优先购买权人的情况；

（八）拍卖保证金、拍卖款项支付方式和账户；

（九）拍卖财产产权转移可能产生的税费及承担方式；

（十）执行法院名称，联系、监督方式等；

（十一）其他应当公示的信息。

第十四条　实施网络司法拍卖的，人民法院应当在拍卖公告发布当日通过网络司法拍卖平台对下列事项予以特别提示：

（一）竞买人应当具备完全民事行为能力，法律、行政法规和司法解释对买受人资格或者条件有特殊规定的，竞买人应当具备规定的资格或者条件；

（二）委托他人代为竞买的，应当在竞价程序开始前经人民法院确认，并通知网络服务提供者；

（三）拍卖财产已知瑕疵和权利负担；

（四）拍卖财产以实物现状为准，竞买人可以申请实地看样；

（五）竞买人决定参与竞买的，视为对拍卖财产完全了解，并接受拍卖财产一切已知和未知瑕疵；

（六）载明买受人真实身份的拍卖成交确认书在网络司法拍卖平台上公示；

（七）买受人悔拍后保证金不予退还。

第十五条　被执行人应当提供拍卖财产品质的有关资料和说明。

人民法院已按本规定第十三条、第十四条的要求予以公示和特别提示，且在拍卖公告中声明不能保证拍卖财产真伪或者品质的，不承担瑕疵担保责任。

第十六条　网络司法拍卖的事项应当在拍卖公告发布三日前以书面或者其他能够确认收悉的合理方式，通知当事人、已知优先购买权人。权利人书面明确放弃权利的，可以不通知。无法通知的，应当在网络司法拍卖平台公示并说明无法通知的理由，公示满五日视为已经通知。

优先购买权人经通知未参与竞买的，视为放弃优先购买权。

第十七条　保证金数额由人民法院在起拍价的百分之五至百分之二十范围内确定。

竞买人应当在参加拍卖前以实名交纳保证金，未交纳的，不得参加竞买。申请执行人参加竞买的，可以不交保证金；但债权数额小于保证金数额的按差额部分交纳。

交纳保证金，竞买人可以向人民法院指定的账户交纳，也可以由网络服务提供者在其提供的支付系统中对竞买人的相应款项予以冻结。

第十八条　竞买人在拍卖竞价程序结束前交纳保证金经人民法院或者网络服务提供者确认后，取得竞买资格。网络服务提供者应当向取得资格的竞买人赋予竞买代码、参拍密码；竞买人以该代码参与竞买。

网络司法拍卖竞价程序结束前，人民法院及网络服务提供者对竞买人以及其他能够确认竞买人真实身份的信息、密码等，应当予以保密。

第十九条 优先购买权人经人民法院确认后，取得优先竞买资格以及优先竞买代码、参拍密码，并以优先竞买代码参与竞买；未经确认的，不得以优先购买权人身份参与竞买。

顺序不同的优先购买权人申请参与竞买的，人民法院应当确认其顺序，赋予不同顺序的优先竞买代码。

第二十条 网络司法拍卖从起拍价开始以递增出价方式竞价，增价幅度由人民法院确定。竞买人以低于起拍价出价的无效。

网络司法拍卖的竞价时间应当不少于二十四小时。竞价程序结束前五分钟内无人出价的，最后出价即为成交价；有出价的，竞价时间自该出价时点顺延五分钟。竞买人的出价时间以进入网络司法拍卖平台服务系统的时间为准。

竞买代码及其出价信息应当在网络竞买页面实时显示，并储存、显示竞价全程。

第二十一条 优先购买权人参与竞买的，可以与其他竞买人以相同的价格出价，没有更高出价的，拍卖财产由优先购买权人竞得。

顺序不同的优先购买权人以相同价格出价的，拍卖财产由顺序在先的优先购买权人竞得。

顺序相同的优先购买权人以相同价格出价的，拍卖财产由出价在先的优先购买权人竞得。

第二十二条 网络司法拍卖成交的，由网络司法拍卖平台以买受人的真实身份自动生成确认书并公示。

拍卖财产所有权自拍卖成交裁定送达买受人时转移。

第二十三条 拍卖成交后，买受人交纳的保证金可以充抵价款；其他竞买人交纳的保证金应当在竞价程序结束后二十四小时内退还或者解冻。拍卖未成交的，竞买人交纳的保证金应当在竞价程序结束后二十四小时内退还或者解冻。

第二十四条 拍卖成交后买受人悔拍的，交纳的保证金不予退还，依次用于支付拍卖产生的费用损失、弥补重新拍卖价款低于原拍卖价款的差价、冲抵本案被执行人的债务以及与拍卖财产相关的被执行人的债务。

悔拍后重新拍卖的，原买受人不得参加竞买。

第二十五条 拍卖成交后，买受人应当在拍卖公告确定的期限内将剩余价款交付人民法院指定账户。拍卖成交后二十四小时内，网络服务提供者应当将冻结的买受人交纳的保证金划入人民法院指定账户。

第二十六条 网络司法拍卖竞价期间无人出价的，本次拍卖流拍。流拍后应当在三十日内在同一网络司法拍卖平台再次拍卖，拍卖动产的应当在拍卖七日前公告；拍卖不动产或者其他财产权的应当在拍卖十五日前公告。再次拍卖的起拍价降价幅度不得超过前次起拍价的百分之二十。

再次拍卖流拍的，可以依法在同一网络司法拍卖平台变卖。

第二十七条 起拍价及其降价幅度、竞价增价幅度、保证金数额和优先购买权人竞买资格及其顺序等事项，应当由人民法院依法组成合议庭评议确定。

第二十八条 网络司法拍卖竞价程序中，有依法应当暂缓、中止执行等情形的，人民法院应当决定暂缓或者裁定中止拍卖；人民法院可以自行或者通知网络服务提供者停止拍卖。

网络服务提供者发现系统故障、安全隐患等紧急情况的，可以先行暂缓拍卖，并立即报告人民法院。

暂缓或者中止拍卖的，应当及时在网络司法拍卖平台公告原因或者理由。

暂缓拍卖期限届满或者中止拍卖的事由消失后，需要继续拍卖的，应当在五日内恢复拍卖。

第二十九条　网络服务提供者对拍卖形成的电子数据，应当完整保存不少于十年，但法律、行政法规另有规定的除外。

第三十条　因网络司法拍卖本身形成的税费，应当依照相关法律、行政法规的规定，由相应主体承担；没有规定或者规定不明的，人民法院可以根据法律原则和案件实际情况确定税费承担的相关主体、数额。

第三十一条　当事人、利害关系人提出异议请求撤销网络司法拍卖，符合下列情形之一的，人民法院应当支持：

（一）由于拍卖财产的文字说明、视频或者照片展示以及瑕疵说明严重失实，致使买受人产生重大误解，购买目的无法实现的，但拍卖时的技术水平不能发现或者已经就相关瑕疵以及责任承担予以公示说明的除外；

（二）由于系统故障、病毒入侵、黑客攻击、数据错误等原因致使拍卖结果错误，严重损害当事人或者其他竞买人利益的；

（三）竞买人之间，竞买人与网络司法拍卖服务提供者之间恶意串通，损害当事人或者其他竞买人利益的；

（四）买受人不具备法律、行政法规和司法解释规定的竞买资格的；

（五）违法限制竞买人参加竞买或者对享有同等权利的竞买人规定不同竞买条件的；

（六）其他严重违反网络司法拍卖程序且损害当事人或者竞买人利益的情形。

第三十二条　网络司法拍卖被人民法院撤销，当事人、利害关系人、案外人认为人民法院的拍卖行为违法致使其合法权益遭受损害的，可以依法申请国家赔偿；认为其他主体的行为违法致使其合法权益遭受损害的，可以另行提起诉讼。

第三十三条　当事人、利害关系人、案外人认为网络司法拍卖服务提供者的行为违法致使其合法权益遭受损害的，可以另行提起诉讼；理由成立的，人民法院应当支持，但具有法定免责事由的除外。

第三十四条　实施网络司法拍卖的，下列机构和人员不得竞买并不得委托他人代为竞买与其行为相关的拍卖财产：

（一）负责执行的人民法院；

（二）网络服务提供者；

（三）承担拍卖辅助工作的社会机构或者组织；

（四）第（一）至（三）项规定主体的工作人员及其近亲属。

第三十五条　网络服务提供者有下列情形之一的，应当将其从名单库中除名：

（一）存在违反本规定第八条第二款规定操控拍卖程序、修改拍卖信息等行为的；

（二）存在恶意串通、弄虚作假、泄漏保密信息等行为的；

（三）因违反法律、行政法规和司法解释等规定受到处罚，不适于继续从事网络司法拍卖的；

（四）存在违反本规定第三十四条规定行为的；

（五）其他应当除名的情形。

网络服务提供者有前款规定情形之一，人民法院可以依照《中华人民共和国民事诉讼法》的相关规定予以处理。

第三十六条 当事人、利害关系人认为网络司法拍卖行为违法侵害其合法权益的，可以提出执行异议。异议、复议期间，人民法院可以决定暂缓或者裁定中止拍卖。

案外人对网络司法拍卖的标的提出异议的，人民法院应当依据《中华人民共和国民事诉讼法》第二百二十七条及相关司法解释的规定处理，并决定暂缓或者裁定中止拍卖。

第三十七条 人民法院通过互联网平台以变卖方式处置财产的，参照本规定执行。

执行程序中委托拍卖机构通过互联网平台实施网络拍卖的，参照本规定执行。

本规定对网络司法拍卖行为没有规定的，适用其他有关司法拍卖的规定。

第三十八条 本规定自 2017 年 1 月 1 日起施行。施行前最高人民法院公布的司法解释和规范性文件与本规定不一致的，以本规定为准。

最高人民法院
关于认真学习贯彻适用《最高人民法院关于人民法院网络司法拍卖若干问题的规定》的通知

2016 年 12 月 12 日　　　　　　　　　　　　法〔2016〕431 号

各省、自治区、直辖市高级人民法院，解放军军事法院，新疆维吾尔自治区高级人民法院生产建设兵团分院：

《最高人民法院关于人民法院网络司法拍卖若干问题的规定》（法释〔2016〕18 号，以下简称《网拍规定》）已于 2016 年 5 月 30 日最高人民法院审判委员会第 1685 次会议通过并于 2016 年 8 月 2 日予以公布，自 2017 年 1 月 1 日起施行。为准确把握和正确适用《网拍规定》，现就有关问题通知如下：

一、充分认识制定实施《网拍规定》的重要意义

涉案财产处置是执行程序的重要环节，直接关系债权人权益的实现。司法拍卖是涉案财产处置变现的基本手段，做好司法拍卖工作，对基本解决执行难具有重要作用和意义。几年来，经过全国多地法院的积极探索，法院自主开展的网络司法拍卖模式凭借公

开透明、便捷高效、成本低廉、广泛参与等优势，解决了传统拍卖模式中存在的不少问题。但各地网拍形式多种多样，拍卖主体多元并存，操作规程各不相同，迫切需要在总结经验的基础上，统一法律适用标准，规范操作程序。为此，最高人民法院以全面保护当事人合法权益为宗旨，以进一步提高执行工作质效为目标制定了《网拍规定》，对人民法院自主开展的网络司法拍卖的平台准入规则、运行模式、各主体之间的权责划分、具体的竞拍规则进行了全面而系统的梳理和规范。加强和规范人民法院网络司法拍卖工作，是公开司法、司法为民的本质要求，是保障当事人合法权益、实现拍卖财产价值最大化的有效途径，是提高人民法院司法公信力的重要举措。

二、《网拍规定》适用中应当注意的问题

（一）地方各级人民法院在开展网络司法拍卖过程中，要严格执行法律法规及司法解释的规定，建立健全各项规章制度，加强对网络司法拍卖流程节点和对工作人员的监管，确保网络司法拍卖依法有序进行。

（二）《网拍规定》施行后，地方各级人民法院在开展司法拍卖工作过程中应严格坚持网络司法拍卖优先原则。对法律、行政法规和司法解释规定必须通过其他途径处置或不宜采取网络拍卖方式处置的，报经执行法院院领导审批后可采用委托拍卖方式或其他方式对涉案财产进行变价。

（三）《网拍规定》确立了由最高人民法院建立全国司法拍卖网络服务提供者名单库制度。经评审，最高人民法院将淘宝网、京东网、人民法院诉讼资产网、公拍网和中国拍卖行业协会网纳入首批公布的网络服务提供者名单库。地方各级人民法院在工作中应严格遵守《网拍规定》的要求，将申请执行人选择网拍平台程序前置于执行案件立案阶段，切实保障申请执行人从全国网络服务提供者名单库中自主选择平台进行网络司法拍卖的权利。

（四）为避免地方各级人民法院与名单库中的平台分别对接带来的工作负担与操作不便，最高人民法院在人民法院执行案件流程信息管理系统中嵌入专门的网络司法拍卖工作子平台，直接与名单库中的网络司法拍卖平台对接进行数据交互。地方各级人民法院在工作中应严格按照《网拍规定》及子平台操作规范的要求，在流程信息管理系统中创建网络司法拍卖、发布拍卖公告及拍卖财产信息、查看或改变拍卖状态、获取竞价信息与拍卖结果等。

（五）网络司法拍卖工作由执行局负责实施，委托拍卖工作由司法技术辅助工作部门负责。网络司法拍卖中辅助工作的组织管理既可由执行局负责，也可以由司法技术辅助工作部门负责，具体由哪个部门组织管理，由各高级人民法院根据实际予以规范。

（六）地方各级人民法院应严格按照《网拍规定》确定的拍卖程序开展网络司法拍卖。《网拍规定》施行前，就同一不动产或其他财产权利通过网络平台第二次拍卖流拍、已发布第三次拍卖公告，且第三次拍卖将于2017年1月1日后举行的，该次拍卖按拍卖公告进行。

（七）个案中，执行法院根据《网拍规定》委托相关社会机构或者组织承担网络司法拍卖辅助工作的，所支出的必要费用由本案被执行人承担。具体收费标准在最高人民

法院通过司法解释或规范性文件予以明确前，地方各级人民法院可根据实际情况酌情确定。

三、认真抓好《网拍规定》的贯彻执行

《网拍规定》将于 2017 年 1 月 1 日正式施行，地方各级人民法院要组织全体执行人员认真学习理解《网拍规定》和本通知的内容，尽快准确掌握其精神实质和重要内涵。各高级人民法院要加强调查研究和对下指导，对于执行过程中出现的新情况新问题，要及时报告我院。

我院将通过人民法院执行案件流程信息管理系统或者派组抽查的方式，检查、监督地方各级人民法院对《网拍规定》的贯彻执行情况。

最高人民法院
关于民事执行中变更、追加当事人若干问题的规定

法释〔2016〕21 号

（2016 年 8 月 29 日最高人民法院审判委员会第 1691 次会议通过　2016 年 11 月 7 日最高人民法院公告公布　自 2016 年 12 月 1 日起施行）

为正确处理民事执行中变更、追加当事人问题，维护当事人、利害关系人的合法权益，根据《中华人民共和国民事诉讼法》等法律规定，结合执行实践，制定本规定。

第一条　执行过程中，申请执行人或其继承人、权利承受人可以向人民法院申请变更、追加当事人。申请符合法定条件的，人民法院应予支持。

第二条　作为申请执行人的公民死亡或被宣告死亡，该公民的遗嘱执行人、受遗赠人、继承人或其他因该公民死亡或被宣告死亡依法承受生效法律文书确定权利的主体，申请变更、追加其为申请执行人的，人民法院应予支持。

作为申请执行人的公民被宣告失踪，该公民的财产代管人申请变更、追加其为申请执行人的，人民法院应予支持。

第三条　作为申请执行人的公民离婚时，生效法律文书确定的权利全部或部分分割给其配偶，该配偶申请变更、追加其为申请执行人的，人民法院应予支持。

第四条　作为申请执行人的法人或其他组织终止，因该法人或其他组织终止依法承受生效法律文书确定权利的主体，申请变更、追加其为申请执行人的，人民法院应予支持。

第五条　作为申请执行人的法人或其他组织因合并而终止，合并后存续或新设的法人、其他组织申请变更其为申请执行人的，人民法院应予支持。

第六条　作为申请执行人的法人或其他组织分立，依分立协议约定承受生效法律文

书确定权利的新设法人或其他组织,申请变更、追加其为申请执行人的,人民法院应予支持。

第七条 作为申请执行人的法人或其他组织清算或破产时,生效法律文书确定的权利依法分配给第三人,该第三人申请变更、追加其为申请执行人的,人民法院应予支持。

第八条 作为申请执行人的机关法人被撤销,继续履行其职能的主体申请变更、追加其为申请执行人的,人民法院应予支持,但生效法律文书确定的权利依法应由其他主体承受的除外;没有继续履行其职能的主体,且生效法律文书确定权利的承受主体不明确,作出撤销决定的主体申请变更、追加其为申请执行人的,人民法院应予支持。

第九条 申请执行人将生效法律文书确定的债权依法转让给第三人,且书面认可第三人取得该债权,该第三人申请变更、追加其为申请执行人的,人民法院应予支持。

第十条 作为被执行人的公民死亡或被宣告死亡,申请执行人申请变更、追加该公民的遗嘱执行人、继承人、受遗赠人或其他因该公民死亡或被宣告死亡取得遗产的主体为被执行人,在遗产范围内承担责任的,人民法院应予支持。继承人放弃继承或受遗赠人放弃受遗赠,又无遗嘱执行人的,人民法院可以直接执行遗产。

作为被执行人的公民被宣告失踪,申请执行人申请变更该公民的财产代管人为被执行人,在代管的财产范围内承担责任的,人民法院应予支持。

第十一条 作为被执行人的法人或其他组织因合并而终止,申请执行人申请变更合并后存续或新设的法人、其他组织为被执行人的,人民法院应予支持。

第十二条 作为被执行人的法人或其他组织分立,申请执行人申请变更、追加分立后新设的法人或其他组织为被执行人,对生效法律文书确定的债务承担连带责任的,人民法院应予支持。但被执行人在分立前与申请执行人就债务清偿达成的书面协议另有约定的除外。

第十三条 作为被执行人的个人独资企业,不能清偿生效法律文书确定的债务,申请执行人申请变更、追加其投资人为被执行人的,人民法院应予支持。个人独资企业投资人作为被执行人的,人民法院可以直接执行该个人独资企业的财产。

个体工商户的字号为被执行人的,人民法院可以直接执行该字号经营者的财产。

第十四条 作为被执行人的合伙企业,不能清偿生效法律文书确定的债务,申请执行人申请变更、追加普通合伙人为被执行人的,人民法院应予支持。

作为被执行人的有限合伙企业,财产不足以清偿生效法律文书确定的债务,申请执行人申请变更、追加未按期足额缴纳出资的有限合伙人为被执行人,在未足额缴纳出资的范围内承担责任的,人民法院应予支持。

第十五条 作为被执行人的法人分支机构,不能清偿生效法律文书确定的债务,申请执行人申请变更、追加该法人为被执行人的,人民法院应予支持。法人直接管理的责任财产仍不能清偿债务的,人民法院可以直接执行该法人其他分支机构的财产。

作为被执行人的法人,直接管理的责任财产不能清偿生效法律文书确定债务的,人民法院可以直接执行该法人分支机构的财产。

第十六条 个人独资企业、合伙企业、法人分支机构以外的其他组织作为被执行人，不能清偿生效法律文书确定的债务，申请执行人申请变更、追加依法对该其他组织的债务承担责任的主体为被执行人的，人民法院应予支持。

第十七条 作为被执行人的企业法人，财产不足以清偿生效法律文书确定的债务，申请执行人申请变更、追加未缴纳或未足额缴纳出资的股东、出资人或依公司法规定对该出资承担连带责任的发起人为被执行人，在尚未缴纳出资的范围内依法承担责任的，人民法院应予支持。

第十八条 作为被执行人的企业法人，财产不足以清偿生效法律文书确定的债务，申请执行人申请变更、追加抽逃出资的股东、出资人为被执行人，在抽逃出资的范围内承担责任的，人民法院应予支持。

第十九条 作为被执行人的公司，财产不足以清偿生效法律文书确定的债务，其股东未依法履行出资义务即转让股权，申请执行人申请变更、追加该原股东或依公司法规定对该出资承担连带责任的发起人为被执行人，在未依法出资的范围内承担责任的，人民法院应予支持。

第二十条 作为被执行人的一人有限责任公司，财产不足以清偿生效法律文书确定的债务，股东不能证明公司财产独立于自己的财产，申请执行人申请变更、追加该股东为被执行人，对公司债务承担连带责任的，人民法院应予支持。

第二十一条 作为被执行人的公司，未经清算即办理注销登记，导致公司无法进行清算，申请执行人申请变更、追加有限责任公司的股东、股份有限公司的董事和控股股东为被执行人，对公司债务承担连带清偿责任的，人民法院应予支持。

第二十二条 作为被执行人的法人或其他组织，被注销或出现被吊销营业执照、被撤销、被责令关闭、歇业等解散事由后，其股东、出资人或主管部门无偿接受其财产，致使该被执行人无遗留财产或遗留财产不足以清偿债务，申请执行人申请变更、追加该股东、出资人或主管部门为被执行人，在接受的财产范围内承担责任的，人民法院应予支持。

第二十三条 作为被执行人的法人或其他组织，未经依法清算即办理注销登记，在登记机关办理注销登记时，第三人书面承诺对被执行人的债务承担清偿责任，申请执行人申请变更、追加该第三人为被执行人，在承诺范围内承担清偿责任的，人民法院应予支持。

第二十四条 执行过程中，第三人向执行法院书面承诺自愿代被执行人履行生效法律文书确定的债务，申请执行人申请变更、追加该第三人为被执行人，在承诺范围内承担责任的，人民法院应予支持。

第二十五条 作为被执行人的法人或其他组织，财产依行政命令被无偿调拨、划转给第三人，致使该被执行人财产不足以清偿生效法律文书确定的债务，申请执行人申请变更、追加该第三人为被执行人，在接受的财产范围内承担责任的，人民法院应予支持。

第二十六条 被申请人在应承担责任范围内已承担相应责任的，人民法院不得责令其重复承担责任。

第二十七条 执行当事人的姓名或名称发生变更的，人民法院可以直接将姓名或名称变更后的主体作为执行当事人，并在法律文书中注明变更前的姓名或名称。

第二十八条 申请人申请变更、追加执行当事人，应当向执行法院提交书面申请及相关证据材料。

除事实清楚、权利义务关系明确、争议不大的案件外，执行法院应当组成合议庭审查并公开听证。经审查，理由成立的，裁定变更、追加；理由不成立的，裁定驳回。

执行法院应当自收到书面申请之日起六十日内作出裁定。有特殊情况需要延长的，由本院院长批准。

第二十九条 执行法院审查变更、追加被执行人申请期间，申请人申请对被申请人的财产采取查封、扣押、冻结措施的，执行法院应当参照民事诉讼法第一百条的规定办理。

申请执行人在申请变更、追加第三人前，向执行法院申请查封、扣押、冻结该第三人财产的，执行法院应当参照民事诉讼法第一百零一条的规定办理。

第三十条 被申请人、申请人或其他执行当事人对执行法院作出的变更、追加裁定或驳回申请裁定不服的，可以自裁定书送达之日起十日内向上一级人民法院申请复议，但依据本规定第三十二条的规定应当提起诉讼的除外。

第三十一条 上一级人民法院对复议申请应当组成合议庭审查，并自收到申请之日起六十日内作出复议裁定。有特殊情况需要延长的，由本院院长批准。

被裁定变更、追加的被申请人申请复议的，复议期间，人民法院不得对其争议范围内的财产进行处分。申请人请求人民法院继续执行并提供相应担保的，人民法院可以准许。

第三十二条 被申请人或申请人对执行法院依据本规定第十四条第二款、第十七条至第二十一条规定作出的变更、追加裁定或驳回申请裁定不服的，可以自裁定书送达之日起十五日内，向执行法院提起执行异议之诉。

被申请人提起执行异议之诉的，以申请人为被告。申请人提起执行异议之诉的，以被申请人为被告。

第三十三条 被申请人提起的执行异议之诉，人民法院经审理，按照下列情形分别处理：

（一）理由成立的，判决不得变更、追加被申请人为被执行人或者判决变更责任范围；

（二）理由不成立的，判决驳回诉讼请求。

诉讼期间，人民法院不得对被申请人争议范围内的财产进行处分。申请人请求人民法院继续执行并提供相应担保的，人民法院可以准许。

第三十四条 申请人提起的执行异议之诉，人民法院经审理，按照下列情形分别处理：

（一）理由成立的，判决变更、追加被申请人为被执行人并承担相应责任或者判决变更责任范围；

（二）理由不成立的，判决驳回诉讼请求。

第三十五条 本规定自 2016 年 12 月 1 日起施行。

本规定施行后，本院以前公布的司法解释与本规定不一致的，以本规定为准。

最高人民法院关于修改《最高人民法院关于公布失信被执行人名单信息的若干规定》的决定

法释〔2017〕7号

（2017年1月16日最高人民法院审判委员会第1707次会议通过 2017年2月28日最高人民法院公告公布 自2017年5月1日起施行）

根据最高人民法院审判委员会第1707次会议决定，对《最高人民法院关于公布失信被执行人名单信息的若干规定》作如下修改：

一、将第一条修改为："被执行人未履行生效法律文书确定的义务，并具有下列情形之一的，人民法院应当将其纳入失信被执行人名单，依法对其进行信用惩戒：

（一）有履行能力而拒不履行生效法律文书确定义务的；

（二）以伪造证据、暴力、威胁等方法妨碍、抗拒执行的；

（三）以虚假诉讼、虚假仲裁或者以隐匿、转移财产等方法规避执行的；

（四）违反财产报告制度的；

（五）违反限制消费令的；

（六）无正当理由拒不履行执行和解协议的。"

二、增加一条，作为第二条："被执行人具有本规定第一条第二项至第六项规定情形的，纳入失信被执行人名单的期限为二年。被执行人以暴力、威胁方法妨碍、抗拒执行情节严重或具有多项失信行为的，可以延长一至三年。

失信被执行人积极履行生效法律文书确定义务或主动纠正失信行为的，人民法院可以决定提前删除失信信息。"

三、增加一条，作为第三条："具有下列情形之一的，人民法院不得依据本规定第一条第一项的规定将被执行人纳入失信被执行人名单：

（一）提供了充分有效担保的；

（二）已被采取查封、扣押、冻结等措施的财产足以清偿生效法律文书确定债务的；

（三）被执行人履行顺序在后，对其依法不应强制执行的；

（四）其他不属于有履行能力而拒不履行生效法律文书确定义务的情形。"

四、增加一条，作为第四条："被执行人为未成年人的，人民法院不得将其纳入失信被执行人名单。"

五、将第二条改为第五条，修改为："人民法院向被执行人发出的执行通知中，应当载明有关纳入失信被执行人名单的风险提示等内容。

申请执行人认为被执行人具有本规定第一条规定情形之一的，可以向人民法院申请将其纳入失信被执行人名单。人民法院应当自收到申请之日起十五日内审查并作出决定。人民法院认为被执行人具有本规定第一条规定情形之一的，也可以依职权决定将其纳入失信被执行人名单。

人民法院决定将被执行人纳入失信被执行人名单的，应当制作决定书，决定书应当写明纳入失信被执行人名单的理由，有纳入期限的，应当写明纳入期限。决定书由院长签发，自作出之日起生效。决定书应当按照民事诉讼法规定的法律文书送达方式送达当事人。"

六、将第三条改为第十一条，修改为："被纳入失信被执行人名单的公民、法人或其他组织认为有下列情形之一的，可以向执行法院申请纠正：

（一）不应将其纳入失信被执行人名单的；

（二）记载和公布的失信信息不准确的；

（三）失信信息应予删除的。"

七、将第四条改为第六条，第（一）项修改为："作为被执行人的法人或者其他组织的名称、统一社会信用代码（或组织机构代码）、法定代表人或者负责人姓名；"

八、将第六条改为第八条，将第三款改为："国家工作人员、人大代表、政协委员等被纳入失信被执行人名单的，人民法院应当将失信情况通报其所在单位和相关部门。"

将第四款改为："国家机关、事业单位、国有企业等被纳入失信被执行人名单的，人民法院应当将失信情况通报其上级单位、主管部门或者履行出资人职责的机构。"

九、增加一条，作为第九条："不应纳入失信被执行人名单的公民、法人或其他组织被纳入失信被执行人名单的，人民法院应当在三个工作日内撤销失信信息。

记载和公布的失信信息不准确的，人民法院应当在三个工作日内更正失信信息。"

十、将第七条改为第十条，修改为："具有下列情形之一的，人民法院应当在三个工作日内删除失信信息：

（一）被执行人已履行生效法律文书确定的义务或人民法院已执行完毕的；

（二）当事人达成执行和解协议且已履行完毕的；

（三）申请执行人书面申请删除失信信息，人民法院审查同意的；

（四）终结本次执行程序后，通过网络执行查控系统查询被执行人财产两次以上，未发现有可供执行财产，且申请执行人或者其他人未提供有效财产线索的；

（五）因审判监督或破产程序，人民法院依法裁定对失信被执行人中止执行的；

（六）人民法院依法裁定不予执行的；

（七）人民法院依法裁定终结执行的。

有纳入期限的，不适用前款规定。纳入期限届满后三个工作日内，人民法院应当删除失信信息。

依照本条第一款规定删除失信信息后，被执行人具有本规定第一条规定情形之一的，人民法院可以重新将其纳入失信被执行人名单。

依照本条第一款第三项规定删除失信信息后六个月内，申请执行人申请将该被执行人纳入失信被执行人名单的，人民法院不予支持。"

十一、增加一条，作为第十二条："公民、法人或其他组织对被纳入失信被执行人名单申请纠正的，执行法院应当自收到书面纠正申请之日起十五日内审查，理由成立的，应当在三个工作日内纠正；理由不成立的，决定驳回。公民、法人或其他组织对驳回决定不服的，可以自决定书送达之日起十日内向上一级人民法院申请复议。上一级人民法院应当自收到复议申请之日起十五日内作出决定。复议期间，不停止原决定的执行。"

十二、增加一条，作为第十三条："人民法院工作人员违反本规定公布、撤销、更正、删除失信信息的，参照有关规定追究责任。"

根据本决定，将《最高人民法院关于公布失信被执行人名单信息的若干规定》作相应修改，重新公布。

附：

最高人民法院
关于公布失信被执行人名单信息的若干规定

（2013年7月1日最高人民法院审判委员会第1582次会议通过
根据2017年1月16日最高人民法院审判委员会第1707次会议
通过的《最高人民法院关于修改〈最高人民法院关于公布
失信被执行人名单信息的若干规定〉的决定》修正
该修正自2017年5月1日起施行）

为促使被执行人自觉履行生效法律文书确定的义务，推进社会信用体系建设，根据《中华人民共和国民事诉讼法》的规定，结合人民法院工作实际，制定本规定。

第一条 被执行人未履行生效法律文书确定的义务，并具有下列情形之一的，人民法院应当将其纳入失信被执行人名单，依法对其进行信用惩戒：

（一）有履行能力而拒不履行生效法律文书确定义务的；

（二）以伪造证据、暴力、威胁等方法妨碍、抗拒执行的；

（三）以虚假诉讼、虚假仲裁或者以隐匿、转移财产等方法规避执行的；

（四）违反财产报告制度的；

（五）违反限制消费令的；

（六）无正当理由拒不履行执行和解协议的。

第二条 被执行人具有本规定第一条第二项至第六项规定情形的，纳入失信被执行人名单的期限为二年。被执行人以暴力、威胁方法妨碍、抗拒执行情节严重或具有多项失信行为的，可以延长一至三年。

失信被执行人积极履行生效法律文书确定义务或主动纠正失信行为的，人民法院可以决定提前删除失信信息。

第三条 具有下列情形之一的，人民法院不得依据本规定第一条第一项的规定将被执行人纳入失信被执行人名单：

（一）提供了充分有效担保的；

（二）已被采取查封、扣押、冻结等措施的财产足以清偿生效法律文书确定债务的；

（三）被执行人履行顺序在后，对其依法不应强制执行的；

（四）其他不属于有履行能力而拒不履行生效法律文书确定义务的情形。

第四条 被执行人为未成年人的，人民法院不得将其纳入失信被执行人名单。

第五条 人民法院向被执行人发出的执行通知中，应当载明有关纳入失信被执行人名单的风险提示等内容。

申请执行人认为被执行人具有本规定第一条规定情形之一的，可以向人民法院申请将其纳入失信被执行人名单。人民法院应当自收到申请之日起十五日内审查并作出决定。人民法院认为被执行人具有本规定第一条规定情形之一的，也可以依职权决定将其纳入失信被执行人名单。

人民法院决定将被执行人纳入失信被执行人名单的，应当制作决定书，决定书应当写明纳入失信被执行人名单的理由，有纳入期限的，应当写明纳入期限。决定书由院长签发，自作出之日起生效。决定书应当按照民事诉讼法规定的法律文书送达方式送达当事人。

第六条 记载和公布的失信被执行人名单信息应当包括：

（一）作为被执行人的法人或者其他组织的名称、统一社会信用代码（或组织机构代码）、法定代表人或者负责人姓名；

（二）作为被执行人的自然人的姓名、性别、年龄、身份证号码；

（三）生效法律文书确定的义务和被执行人的履行情况；

（四）被执行人失信行为的具体情形；

（五）执行依据的制作单位和文号、执行案号、立案时间、执行法院；

（六）人民法院认为应当记载和公布的不涉及国家秘密、商业秘密、个人隐私的其他事项。

第七条 各级人民法院应当将失信被执行人名单信息录入最高人民法院失信被执行人名单库，并通过该名单库统一向社会公布。

各级人民法院可以根据各地实际情况，将失信被执行人名单通过报纸、广播、电视、网络、法院公告栏等其他方式予以公布，并可以采取新闻发布会或者其他方式对本院及辖区法院实施失信被执行人名单制度的情况定期向社会公布。

第八条 人民法院应当将失信被执行人名单信息，向政府相关部门、金融监管机构、金融机构、承担行政职能的事业单位及行业协会等通报，供相关单位依照法律、法规和有关规定，在政府采购、招标投标、行政审批、政府扶持、融资信贷、市场准入、资质认定等方面，对失信被执行人予以信用惩戒。

人民法院应当将失信被执行人名单信息向征信机构通报，并由征信机构在其征信系统中记录。

国家工作人员、人大代表、政协委员等被纳入失信被执行人名单的，人民法院应当将失信情况通报其所在单位和相关部门。

国家机关、事业单位、国有企业等被纳入失信被执行人名单的，人民法院应当将失信情况通报其上级单位、主管部门或者履行出资人职责的机构。

第九条 不应纳入失信被执行人名单的公民、法人或其他组织被纳入失信被执行人名单的，人民法院应当在三个工作日内撤销失信信息。

记载和公布的失信信息不准确的，人民法院应当在三个工作日内更正失信信息。

第十条 具有下列情形之一的，人民法院应当在三个工作日内删除失信信息：

（一）被执行人已履行生效法律文书确定的义务或人民法院已执行完毕的；

（二）当事人达成执行和解协议且已履行完毕的；

（三）申请执行人书面申请删除失信信息，人民法院审查同意的；

（四）终结本次执行程序后，通过网络执行查控系统查询被执行人财产两次以上，未发现有可供执行财产，且申请执行人或者其他人未提供有效财产线索的；

（五）因审判监督或破产程序，人民法院依法裁定对失信被执行人中止执行的；

（六）人民法院依法裁定不予执行的；

（七）人民法院依法裁定终结执行的。

有纳入期限的，不适用前款规定。纳入期限届满后三个工作日内，人民法院应当删除失信信息。

依照本条第一款规定删除失信信息后，被执行人具有本规定第一条规定情形之一的，人民法院可以重新将其纳入失信被执行人名单。

依照本条第一款第三项规定删除失信信息后六个月内，申请执行人申请将该被执行人纳入失信被执行人名单的，人民法院不予支持。

第十一条 被纳入失信被执行人名单的公民、法人或其他组织认为有下列情形之一的，可以向执行法院申请纠正：

（一）不应将其纳入失信被执行人名单的；

（二）记载和公布的失信信息不准确的；

（三）失信信息应予删除的。

第十二条 公民、法人或其他组织对被纳入失信被执行人名单申请纠正的，执行法院应当自收到书面纠正申请之日起十五日内审查，理由成立的，应当在三个工作日内纠正；理由不成立的，决定驳回。公民、法人或其他组织对驳回决定不服的，可以自决定书送达之日起十日内向上一级人民法院申请复议。上一级人民法院应当自收到复议申请之日起十五日内作出决定。

复议期间，不停止原决定的执行。

第十三条 人民法院工作人员违反本规定公布、撤销、更正、删除失信信息的，参照有关规定追究责任。

最高人民法院
关于民事执行中财产调查若干问题的规定

法释〔2017〕8号

（2017年1月25日最高人民法院审判委员会第1708次会议通过 2017年2月28日最高人民法院公告公布 自2017年5月1日起施行）

为规范民事执行财产调查，维护当事人及利害关系人的合法权益，根据《中华人民共和国民事诉讼法》等法律的规定，结合执行实践，制定本规定。

第一条 执行过程中，申请执行人应当提供被执行人的财产线索；被执行人应当如实报告财产；人民法院应当通过网络执行查控系统进行调查，根据案件需要应当通过其他方式进行调查的，同时采取其他调查方式。

第二条 申请执行人提供被执行人财产线索，应当填写财产调查表。财产线索明确、具体的，人民法院应当在七日内调查核实；情况紧急的，应当在三日内调查核实。财产线索确实的，人民法院应当及时采取相应的执行措施。

申请执行人确因客观原因无法自行查明财产的，可以申请人民法院调查。

第三条 人民法院依申请执行人的申请或依职权责令被执行人报告财产情况的，应当向其发出报告财产令。金钱债权执行中，报告财产令应当与执行通知同时发出。

人民法院根据案件需要再次责令被执行人报告财产情况的，应当重新向其发出报告财产令。

第四条 报告财产令应当载明下列事项：

（一）提交财产报告的期限；

（二）报告财产的范围、期间；

（三）补充报告财产的条件及期间；

（四）违反报告财产义务应承担的法律责任；

（五）人民法院认为有必要载明的其他事项。

报告财产令应附财产调查表，被执行人必须按照要求逐项填写。

第五条 被执行人应当在报告财产令载明的期限内向人民法院书面报告下列财产情况：

（一）收入、银行存款、现金、理财产品、有价证券；

（二）土地使用权、房屋等不动产；

（三）交通运输工具、机器设备、产品、原材料等动产；

（四）债权、股权、投资权益、基金份额、信托受益权、知识产权等财产性权利；

（五）其他应当报告的财产。

被执行人的财产已出租、已设立担保物权等权利负担,或者存在共有、权属争议等情形的,应当一并报告;被执行人的动产由第三人占有,被执行人的不动产、特定动产、其他财产权等登记在第三人名下的,也应当一并报告。

被执行人在报告财产令载明的期限内提交书面报告确有困难的,可以向人民法院书面申请延长期限;申请有正当理由的,人民法院可以适当延长。

第六条 被执行人自收到执行通知之日前一年至提交书面财产报告之日,其财产情况发生下列变动的,应当将变动情况一并报告:

(一)转让、出租财产的;

(二)在财产上设立担保物权等权利负担的;

(三)放弃债权或延长债权清偿期的;

(四)支出大额资金的;

(五)其他影响生效法律文书确定债权实现的财产变动。

第七条 被执行人报告财产后,其财产情况发生变动,影响申请执行人债权实现的,应当自财产变动之日起十日内向人民法院补充报告。

第八条 对被执行人报告的财产情况,人民法院应当及时调查核实,必要时可以组织当事人进行听证。

申请执行人申请查询被执行人报告的财产情况的,人民法院应当准许。申请执行人及其代理人对查询过程中知悉的信息应当保密。

第九条 被执行人拒绝报告、虚假报告或者无正当理由逾期报告财产情况的,人民法院可以根据情节轻重对被执行人或者其法定代理人予以罚款、拘留;构成犯罪的,依法追究刑事责任。

人民法院对有前款规定行为之一的单位,可以对其主要负责人或者直接责任人员予以罚款、拘留;构成犯罪的,依法追究刑事责任。

第十条 被执行人拒绝报告、虚假报告或者无正当理由逾期报告财产情况的,人民法院应当依照相关规定将其纳入失信被执行人名单。

第十一条 有下列情形之一的,财产报告程序终结:

(一)被执行人履行完毕生效法律文书确定义务的;

(二)人民法院裁定终结执行的;

(三)人民法院裁定不予执行的;

(四)人民法院认为财产报告程序应当终结的其他情形。

发出报告财产令后,人民法院裁定终结本次执行程序的,被执行人仍应依照本规定第七条的规定履行补充报告义务。

第十二条 被执行人未按执行通知履行生效法律文书确定的义务,人民法院有权通过网络执行查控系统、现场调查等方式向被执行人、有关单位或个人调查被执行人的身份信息和财产信息,有关单位和个人应当依法协助办理。

人民法院对调查所需资料可以复制、打印、抄录、拍照或以其他方式进行提取、留存。

申请执行人申请查询人民法院调查的财产信息的,人民法院可以根据案件需要决定是否准许。申请执行人及其代理人对查询过程中知悉的信息应当保密。

第十三条 人民法院通过网络执行查控系统进行调查，与现场调查具有同等法律效力。

人民法院调查过程中作出的电子法律文书与纸质法律文书具有同等法律效力；协助执行单位反馈的电子查询结果与纸质反馈结果具有同等法律效力。

第十四条 被执行人隐匿财产、会计账簿等资料拒不交出的，人民法院可以依法采取搜查措施。

人民法院依法搜查时，对被执行人可能隐匿财产或者资料的处所、箱柜等，经责令被执行人开启而拒不配合的，可以强制开启。

第十五条 为查明被执行人的财产情况和履行义务的能力，可以传唤被执行人或被执行人的法定代表人、负责人、实际控制人、直接责任人员到人民法院接受调查询问。

对必须接受调查询问的被执行人、被执行人的法定代表人、负责人或者实际控制人，经依法传唤无正当理由拒不到场的，人民法院可以拘传其到场；上述人员下落不明的，人民法院可以依照相关规定通知有关单位协助查找。

第十六条 人民法院对已经办理查封登记手续的被执行人机动车、船舶、航空器等特定动产未能实际扣押的，可以依照相关规定通知有关单位协助查找。

第十七条 作为被执行人的法人或其他组织不履行生效法律文书确定的义务，申请执行人认为其有拒绝报告、虚假报告财产情况，隐匿、转移财产等逃避债务情形或者其股东、出资人有出资不实、抽逃出资等情形的，可以书面申请人民法院委托审计机构对该被执行人进行审计。人民法院应当自收到书面申请之日起十日内决定是否准许。

第十八条 人民法院决定审计的，应当随机确定具备资格的审计机构，并责令被执行人提交会计凭证、会计账簿、财务会计报告等与审计事项有关的资料。

被执行人隐匿审计资料的，人民法院可以依法采取搜查措施。

第十九条 被执行人拒不提供、转移、隐匿、伪造、篡改、毁弃审计资料，阻挠审计人员查看业务现场或者有其他妨碍审计调查行为的，人民法院可以根据情节轻重对被执行人或其主要负责人、直接责任人员予以罚款、拘留；构成犯罪的，依法追究刑事责任。

第二十条 审计费用由提出审计申请的申请执行人预交。被执行人存在拒绝报告或虚假报告财产情况，隐匿、转移财产或者其他逃避债务情形的，审计费用由被执行人承担；未发现被执行人存在上述情形的，审计费用由申请执行人承担。

第二十一条 被执行人不履行生效法律文书确定的义务，申请执行人可以向人民法院书面申请发布悬赏公告查找可供执行的财产。申请书应当载明下列事项：

（一）悬赏金的数额或计算方法；

（二）有关人员提供人民法院尚未掌握的财产线索，使该申请执行人的债权得以全部或部分实现时，自愿支付悬赏金的承诺；

（三）悬赏公告的发布方式；

（四）其他需要载明的事项。

人民法院应当自收到书面申请之日起十日内决定是否准许。

第二十二条 人民法院决定悬赏查找财产的，应当制作悬赏公告。悬赏公告应当载明悬赏金的数额或计算方法、领取条件等内容。

悬赏公告应当在全国法院执行悬赏公告平台、法院微博或微信等媒体平台发布，也可以在执行法院公告栏或被执行人住所地、经常居住地等处张贴。申请执行人申请在其他媒体平台发布，并自愿承担发布费用的，人民法院应当准许。

第二十三条 悬赏公告发布后，有关人员向人民法院提供财产线索的，人民法院应当对有关人员的身份信息和财产线索进行登记；两人以上提供相同财产线索的，应当按照提供线索的先后顺序登记。

人民法院对有关人员的身份信息和财产线索应当保密，但为发放悬赏金需要告知申请执行人的除外。

第二十四条 有关人员提供人民法院尚未掌握的财产线索，使申请发布悬赏公告的申请执行人的债权得以全部或部分实现的，人民法院应当按照悬赏公告发放悬赏金。

悬赏金从前款规定的申请执行人应得的执行款中予以扣减。特定物交付执行或者存在其他无法扣减情形的，悬赏金由该申请执行人另行支付。

有关人员为申请执行人的代理人、有义务向人民法院提供财产线索的人员或者存在其他不应发放悬赏金情形的，不予发放。

第二十五条 执行人员不得调查与执行案件无关的信息，对调查过程中知悉的国家秘密、商业秘密和个人隐私应当保密。

第二十六条 本规定自 2017 年 5 月 1 日起施行。

本规定施行后，本院以前公布的司法解释与本规定不一致的，以本规定为准。

最高人民法院
关于人民法院办理仲裁裁决执行案件若干问题的规定

法释〔2018〕5 号

（2018 年 1 月 5 日最高人民法院审判委员会第 1730 次会议通过
2018 年 2 月 23 日最高人民法院公告公布 自 2018 年 3 月 1 日起施行）

为了规范人民法院办理仲裁裁决执行案件，依法保护当事人、案外人的合法权益，根据《中华人民共和国民事诉讼法》《中华人民共和国仲裁法》等法律规定，结合人民法院执行工作实际，制定本规定。

第一条 本规定所称的仲裁裁决执行案件，是指当事人申请人民法院执行仲裁机构依据仲裁法作出的仲裁裁决或者仲裁调解书的案件。

第二条 当事人对仲裁机构作出的仲裁裁决或者仲裁调解书申请执行的，由被执行人住所地或者被执行的财产所在地的中级人民法院管辖。

符合下列条件的，经上级人民法院批准，中级人民法院可以参照民事诉讼法第三十八条的规定指定基层人民法院管辖：

（一）执行标的额符合基层人民法院一审民商事案件级别管辖受理范围；

（二）被执行人住所地或者被执行的财产所在地在被指定的基层人民法院辖区内。

被执行人、案外人对仲裁裁决执行案件申请不予执行的，负责执行的中级人民法院应当另行立案审查处理；执行案件已指定基层人民法院管辖的，应当于收到不予执行申请后三日内移送原执行法院另行立案审查处理。

第三条 仲裁裁决或者仲裁调解书执行内容具有下列情形之一导致无法执行的，人民法院可以裁定驳回执行申请；导致部分无法执行的，可以裁定驳回该部分的执行申请；导致部分无法执行且该部分与其他部分不可分的，可以裁定驳回执行申请。

（一）权利义务主体不明确；

（二）金钱给付具体数额不明确或者计算方法不明确导致无法计算出具体数额；

（三）交付的特定物不明确或者无法确定；

（四）行为履行的标准、对象、范围不明确。

仲裁裁决或者仲裁调解书仅确定继续履行合同，但对继续履行的权利义务，以及履行的方式、期限等具体内容不明确，导致无法执行的，依照前款规定处理。

第四条 对仲裁裁决主文或者仲裁调解书中的文字、计算错误以及仲裁庭已经认定但在裁决主文中遗漏的事项，可以补正或说明的，人民法院应当书面告知仲裁庭补正或说明，或者向仲裁机构调阅仲裁案卷查明。仲裁庭不补正也不说明，且人民法院调阅仲裁案卷后执行内容仍然不明确具体无法执行的，可以裁定驳回执行申请。

第五条 申请执行人对人民法院依照本规定第三条、第四条作出的驳回执行申请裁定不服的，可以自裁定送达之日起十日内向上一级人民法院申请复议。

第六条 仲裁裁决或者仲裁调解书确定交付的特定物确已毁损或者灭失的，依照《最高人民法院关于适用〈中华人民共和国民事诉讼法〉的解释》第四百九十四条的规定处理。

第七条 被执行人申请撤销仲裁裁决并已由人民法院受理的，或者被执行人、案外人对仲裁裁决执行案件提出不予执行申请并提供适当担保的，执行法院应当裁定中止执行。中止执行期间，人民法院应当停止处分性措施，但申请执行人提供充分、有效的担保请求继续执行的除外；执行标的查封、扣押、冻结期限届满前，人民法院可以根据当事人申请或者依职权办理续行查封、扣押、冻结手续。

申请撤销仲裁裁决、不予执行仲裁裁决案件司法审查期间，当事人、案外人申请对已查封、扣押、冻结之外的财产采取保全措施的，负责审查的人民法院参照民事诉讼法第一百条的规定处理。司法审查后仍需继续执行的，保全措施自动转为执行中的查封、扣押、冻结措施；采取保全措施的人民法院与执行法院不一致的，应当将保全手续移送执行法院，保全裁定视为执行法院作出的裁定。

第八条 被执行人向人民法院申请不予执行仲裁裁决的，应当在执行通知书送达之日起十五日内提出书面申请；有民事诉讼法第二百三十七条第二款第四、六项规定情形且执行程序尚未终结的，应当自知道或者应当知道有关事实或案件之日起十五日内提出书面申请。

本条前款规定期限届满前，被执行人已向有管辖权的人民法院申请撤销仲裁裁决且已被受理的，自人民法院驳回撤销仲裁裁决申请的裁判文书生效之日起重新计算期限。

第九条 案外人向人民法院申请不予执行仲裁裁决或者仲裁调解书的，应当提交申请书以及证明其请求成立的证据材料，并符合下列条件：

（一）有证据证明仲裁案件当事人恶意申请仲裁或者虚假仲裁，损害其合法权益；

（二）案外人主张的合法权益所涉及的执行标的尚未执行终结；

（三）自知道或者应当知道人民法院对该标的采取执行措施之日起三十日内提出。

第十条 被执行人申请不予执行仲裁裁决，对同一仲裁裁决的多个不予执行事由应当一并提出。不予执行仲裁裁决申请被裁定驳回后，再次提出申请的，人民法院不予审查，但有新证据证明存在民事诉讼法第二百三十七条第二款第四、六项规定情形的除外。

第十一条 人民法院对不予执行仲裁裁决案件应当组成合议庭围绕被执行人申请的事由、案外人的申请进行审查；对被执行人没有申请的事由不予审查，但仲裁裁决可能违背社会公共利益的除外。

被执行人、案外人对仲裁裁决执行案件申请不予执行的，人民法院应当进行询问；被执行人在询问终结前提出其他不予执行事由的，应当一并审查。人民法院审查时，认为必要的，可以要求仲裁庭作出说明，或者向仲裁机构调阅仲裁案卷。

第十二条 人民法院对不予执行仲裁裁决案件的审查，应当在立案之日起两个月内审查完毕并作出裁定；有特殊情况需要延长的，经本院院长批准，可以延长一个月。

第十三条 下列情形经人民法院审查属实的，应当认定为民事诉讼法第二百三十七条第二款第二项规定的"裁决的事项不属于仲裁协议的范围或者仲裁机构无权仲裁的"情形：

（一）裁决的事项超出仲裁协议约定的范围；

（二）裁决的事项属于依照法律规定或者当事人选择的仲裁规则规定的不可仲裁事项；

（三）裁决内容超出当事人仲裁请求的范围；

（四）作出裁决的仲裁机构非仲裁协议所约定。

第十四条 违反仲裁法规定的仲裁程序、当事人选择的仲裁规则或者当事人对仲裁程序的特别约定，可能影响案件公正裁决，经人民法院审查属实的，应当认定为民事诉讼法第二百三十七条第二款第三项规定的"仲裁庭的组成或者仲裁的程序违反法定程序的"情形。

当事人主张未按照仲裁法或仲裁规则规定的方式送达法律文书导致其未能参与仲裁，或者仲裁员根据仲裁法或仲裁规则的规定应当回避而未回避，可能影响公正裁决，经审查属实的，人民法院应当支持；仲裁庭按照仲裁法或仲裁规则以及当事人约定的方式送达仲裁法律文书，当事人主张不符合民事诉讼法有关送达规定的，人民法院不予支持。

适用的仲裁程序或仲裁规则经特别提示，当事人知道或者应当知道法定仲裁程序或选择的仲裁规则未被遵守,但仍然参加或者继续参加仲裁程序且未提出异议,在仲裁裁决作出之后以违反法定程序为由申请不予执行仲裁裁决的,人民法院不予支持。

第十五条　符合下列条件的,人民法院应当认定为民事诉讼法第二百三十七条第二款第四项规定的"裁决所根据的证据是伪造的"情形:

(一)该证据已被仲裁裁决采信;

(二)该证据属于认定案件基本事实的主要证据;

(三)该证据经查明确属通过捏造、变造、提供虚假证明等非法方式形成或者获取,违反证据的客观性、关联性、合法性要求。

第十六条　符合下列条件的,人民法院应当认定为民事诉讼法第二百三十七条第二款第五项规定的"对方当事人向仲裁机构隐瞒了足以影响公正裁决的证据的"情形:

(一)该证据属于认定案件基本事实的主要证据;

(二)该证据仅为对方当事人掌握,但未向仲裁庭提交;

(三)仲裁过程中知悉存在该证据,且要求对方当事人出示或者请求仲裁庭责令其提交,但对方当事人无正当理由未予出示或者提交。

当事人一方在仲裁过程中隐瞒已方掌握的证据,仲裁裁决作出后以己方所隐瞒的证据足以影响公正裁决为由申请不予执行仲裁裁决的,人民法院不予支持。

第十七条　被执行人申请不予执行仲裁调解书或者根据当事人之间的和解协议、调解协议作出的仲裁裁决,人民法院不予支持,但该仲裁调解书或者仲裁裁决违背社会公共利益的除外。

第十八条　案外人根据本规定第九条申请不予执行仲裁裁决或者仲裁调解书,符合下列条件的,人民法院应当支持:

(一)案外人系权利或者利益的主体;

(二)案外人主张的权利或者利益合法、真实;

(三)仲裁案件当事人之间存在虚构法律关系,捏造案件事实的情形;

(四)仲裁裁决主文或者仲裁调解书处理当事人民事权利义务的结果部分或者全部错误,损害案外人合法权益。

第十九条　被执行人、案外人对仲裁裁决执行案件逾期申请不予执行的,人民法院应当裁定不予受理;已经受理的,应当裁定驳回不予执行申请。

被执行人、案外人对仲裁裁决执行案件申请不予执行,经审查理由成立的,人民法院应当裁定不予执行;理由不成立的,应当裁定驳回不予执行申请。

第二十条　当事人向人民法院申请撤销仲裁裁决被驳回后,又在执行程序中以相同事由提出不予执行申请的,人民法院不予支持;当事人向人民法院申请不予执行被驳回后,又以相同事由申请撤销仲裁裁决的,人民法院不予支持。

在不予执行仲裁裁决案件审查期间,当事人向有管辖权的人民法院提出撤销仲裁裁决申请并被受理的,人民法院应当裁定中止对不予执行申请的审查;仲裁裁决被撤销或者决定重新仲裁的,人民法院应当裁定终结执行,并终结对不予执行申请的审查;撤销仲裁裁决申请被驳回或者申请执行人撤回撤销仲裁裁决申请的,人民法院应当恢复对不予执行申请的审查;被执行人撤回撤销仲裁裁决申请的,人民法院应当裁定终结对不予执行申请的审查，但案外人申请不予执行仲裁裁决的除外。

第二十一条 人民法院裁定驳回撤销仲裁裁决申请或者驳回不予执行仲裁裁决、仲裁调解书申请的，执行法院应当恢复执行。

人民法院裁定撤销仲裁裁决或者基于被执行人申请裁定不予执行仲裁裁决，原被执行人申请执行回转或者解除强制执行措施的，人民法院应当支持。原申请执行人对已履行或者被人民法院强制执行的款物申请保全的，人民法院应当依法准许；原申请执行人在人民法院采取保全措施之日起三十日内，未根据双方达成的书面仲裁协议重新申请仲裁或者向人民法院起诉的，人民法院应当裁定解除保全。

人民法院基于案外人申请裁定不予执行仲裁裁决或者仲裁调解书，案外人申请执行回转或者解除强制执行措施的，人民法院应当支持。

第二十二条 人民法院裁定不予执行仲裁裁决、驳回或者不予受理不予执行仲裁裁决申请后，当事人对该裁定提出执行异议或者申请复议的，人民法院不予受理。

人民法院裁定不予执行仲裁裁决的，当事人可以根据双方达成的书面仲裁协议重新申请仲裁，也可以向人民法院起诉。

人民法院基于案外人申请裁定不予执行仲裁裁决或者仲裁调解书，当事人不服的，可以自裁定送达之日起十日内向上一级人民法院申请复议；人民法院裁定驳回或者不予受理案外人提出的不予执行仲裁裁决、仲裁调解书申请，案外人不服的，可以自裁定送达之日起十日内向上一级人民法院申请复议。

第二十三条 本规定第八条、第九条关于对仲裁裁决执行案件申请不予执行的期限自本规定施行之日起重新计算。

第二十四条 本规定自2018年3月1日起施行，本院以前发布的司法解释与本规定不一致的，以本规定为准。

本规定施行前已经执行终结的执行案件，不适用本规定；本规定施行后尚未执行终结的执行案件，适用本规定。

最高人民法院
关于执行担保若干问题的规定

法释〔2018〕4号

（2017年12月11日最高人民法院审判委员会第1729次会议通过 2018年2月23日最高人民法院公告公布 自2018年3月1日起施行）

为了进一步规范执行担保，维护当事人、利害关系人的合法权益，根据《中华人民共和国民事诉讼法》等法律规定，结合执行实践，制定本规定。

第一条 本规定所称执行担保，是指担保人依照民事诉讼法第二百三十一条规定，为担保被执行人履行生效法律文书确定的全部或者部分义务，向人民法院提供的担保。

第二条 执行担保可以由被执行人提供财产担保，也可以由他人提供财产担保或者保证。

第三条 被执行人或者他人提供执行担保的，应当向人民法院提交担保书，并将担保书副本送交申请执行人。

第四条 担保书中应当载明担保人的基本信息、暂缓执行期限、担保期间、被担保的债权种类及数额、担保范围、担保方式、被执行人于暂缓执行期限届满后仍不履行时担保人自愿接受直接强制执行的承诺等内容。

提供财产担保的，担保书中还应当载明担保财产的名称、数量、质量、状况、所在地、所有权或者使用权归属等内容。

第五条 公司为被执行人提供执行担保的，应当提交符合公司法第十六条规定的公司章程、董事会或者股东会、股东大会决议。

第六条 被执行人或者他人提供执行担保，申请执行人同意的，应当向人民法院出具书面同意意见，也可以由执行人员将其同意的内容记入笔录，并由申请执行人签名或者盖章。

第七条 被执行人或者他人提供财产担保，可以依照物权法、担保法规定办理登记等担保物权公示手续；已经办理公示手续的，申请执行人可以依法主张优先受偿权。

申请执行人申请人民法院查封、扣押、冻结担保财产的，人民法院应当准许，但担保书另有约定的除外。

第八条 人民法院决定暂缓执行的，可以暂缓全部执行措施的实施，但担保书另有约定的除外。

第九条 担保书内容与事实不符，且对申请执行人合法权益产生实质影响的，人民法院可以依申请执行人的申请恢复执行。

第十条 暂缓执行的期限应当与担保书约定一致，但最长不得超过一年。

第十一条 暂缓执行期限届满后被执行人仍不履行义务，或者暂缓执行期间担保人有转移、隐藏、变卖、毁损担保财产等行为的，人民法院可以依申请执行人的申请恢复执行，并直接裁定执行担保财产或者保证人的财产，不得将担保人变更、追加为被执行人。

执行担保财产或者保证人的财产，以担保人应当履行义务部分的财产为限。被执行人有便于执行的现金、银行存款的，应当优先执行该现金、银行存款。

第十二条 担保期间自暂缓执行期限届满之日起计算。

担保书中没有记载担保期间或者记载不明的，担保期间为一年。

第十三条 担保期间届满后，申请执行人申请执行担保财产或者保证人财产的，人民法院不予支持。他人提供财产担保的，人民法院可以依其申请解除对担保财产的查封、扣押、冻结。

第十四条 担保人承担担保责任后，提起诉讼向被执行人追偿的，人民法院应予受理。

第十五条 被执行人申请变更、解除全部或者部分执行措施，并担保履行生效法律文书确定义务的，参照适用本规定。

第十六条　本规定自 2018 年 3 月 1 日起施行。

本规定施行前成立的执行担保，不适用本规定。

本规定施行前本院公布的司法解释与本规定不一致的，以本规定为准。

最高人民法院
关于执行和解若干问题的规定

法释〔2018〕3 号

（2017 年 11 月 6 日最高人民法院审判委员会第 1725 次会议通过　2018 年 2 月 23 日最高人民法院公告公布　自 2018 年 3 月 1 日起施行）

为了进一步规范执行和解，维护当事人、利害关系人的合法权益，根据《中华人民共和国民事诉讼法》等法律规定，结合执行实践，制定本规定。

第一条　当事人可以自愿协商达成和解协议，依法变更生效法律文书确定的权利义务主体、履行标的、期限、地点和方式等内容。

和解协议一般采用书面形式。

第二条　和解协议达成后，有下列情形之一的，人民法院可以裁定中止执行：

（一）各方当事人共同向人民法院提交书面和解协议的；

（二）一方当事人向人民法院提交书面和解协议，其他当事人予以认可的；

（三）当事人达成口头和解协议，执行人员将和解协议内容记入笔录，由各方当事人签名或者盖章的。

第三条　中止执行后，申请执行人申请解除查封、扣押、冻结的，人民法院可以准许。

第四条　委托代理人代为执行和解，应当有委托人的特别授权。

第五条　当事人协商一致，可以变更执行和解协议，并向人民法院提交变更后的协议，或者由执行人员将变更后的内容记入笔录，并由各方当事人签名或者盖章。

第六条　当事人达成以物抵债执行和解协议的，人民法院不得依据该协议作出以物抵债裁定。

第七条　执行和解协议履行过程中，符合合同法第一百零一条规定情形的，债务人可以依法向有关机构申请提存；执行和解协议约定给付金钱的，债务人也可以向执行法院申请提存。

第八条　执行和解协议履行完毕的，人民法院作执行结案处理。

第九条　被执行人一方不履行执行和解协议的，申请执行人可以申请恢复执行原生效法律文书，也可以就履行执行和解协议向执行法院提起诉讼。

第十条 申请恢复执行原生效法律文书，适用民事诉讼法第二百三十九条申请执行期间的规定。

当事人不履行执行和解协议的，申请恢复执行期间自执行和解协议约定履行期间的最后一日起计算。

第十一条 申请执行人以被执行人一方不履行执行和解协议为由申请恢复执行，人民法院经审查，理由成立的，裁定恢复执行；有下列情形之一的，裁定不予恢复执行：

（一）执行和解协议履行完毕后申请恢复执行的；

（二）执行和解协议约定的履行期限尚未届至或者履行条件尚未成就的，但符合合同法第一百零八条规定情形的除外；

（三）被执行人一方正在按照执行和解协议约定履行义务的；

（四）其他不符合恢复执行条件的情形。

第十二条 当事人、利害关系人认为恢复执行或者不予恢复执行违反法律规定的，可以依照民事诉讼法第二百二十五条规定提出异议。

第十三条 恢复执行后，对申请执行人就履行执行和解协议提起的诉讼，人民法院不予受理。

第十四条 申请执行人就履行执行和解协议提起诉讼，执行法院受理后，可以裁定终结原生效法律文书的执行。执行中的查封、扣押、冻结措施，自动转为诉讼中的保全措施。

第十五条 执行和解协议履行完毕，申请执行人因被执行人迟延履行、瑕疵履行遭受损害的，可以向执行法院另行提起诉讼。

第十六条 当事人、利害关系人认为执行和解协议无效或者应予撤销的，可以向执行法院提起诉讼。执行和解协议被确认无效或者撤销后，申请执行人可以据此申请恢复执行。

被执行人以执行和解协议无效或者应予撤销为由提起诉讼的，不影响申请执行人申请恢复执行。

第十七条 恢复执行后，执行和解协议已经履行部分应当依法扣除。当事人、利害关系人认为人民法院的扣除行为违反法律规定的，可以依照民事诉讼法第二百二十五条规定提出异议。

第十八条 执行和解协议中约定担保条款，且担保人向人民法院承诺在被执行人不履行执行和解协议时自愿接受直接强制执行的，恢复执行原生效法律文书后，人民法院可以依申请执行人申请及担保条款的约定，直接裁定执行担保财产或者保证人的财产。

第十九条 执行过程中，被执行人根据当事人自行达成但未提交人民法院的和解协议，或者一方当事人提交人民法院但其他当事人不予认可的和解协议，依照民事诉讼法第二百二十五条规定提出异议的，人民法院按照下列情形，分别处理：

（一）和解协议履行完毕的，裁定终结原生效法律文书的执行；

（二）和解协议约定的履行期限尚未届至或者履行条件尚未成就的，裁定中止执行，但符合合同法第一百零八条规定情形的除外；

（三）被执行人一方正在按照和解协议约定履行义务的，裁定中止执行；

（四）被执行人不履行和解协议的，裁定驳回异议；

（五）和解协议不成立、未生效或者无效的，裁定驳回异议。

第二十条 本规定自 2018 年 3 月 1 日起施行。

本规定施行前本院公布的司法解释与本规定不一致的，以本规定为准。

最高人民法院
关于审判监督程序中，上级人民法院对下级人民法院已经发生法律效力的判决、裁定，何时裁定中止执行和中止执行的裁定由谁署名问题的批复

1985 年 7 月 9 日　　　　法（民）复〔1985〕41 号

山东省高级人民法院：

你院〔85〕鲁法民字第 20 号《关于执行审判监督程序中几个问题的请示》收悉。经研究，我们认为：

一、上级人民法院对下级人民法院已经发生法律效力的判决、裁定，须发现确有错误，并作出了提审或者指令再审决定的，才可裁定中止执行。所以，上级人民法院对下级人民法院已经发生法律效力的判决、裁定，在调卷审查的过程中，如尚未发现确有错误，且未作出提审或者指令再审决定的，不得裁定中止执行。

二、上级人民法院对下级人民法院已经发生法律效力的判决、裁定，发现确有错误，可作出提审或者指令下级人民法院再审的裁定。此裁定应包括中止执行的内容，由院长署名，并加盖人民法院印章。

此复。

最高人民法院关于人民法院发现已经受理的申请执行仲裁裁决或不服仲裁裁决而起诉的案件不属本院管辖应如何处理问题的批复

1988年1月13日　　　　　　　　　法（研）复〔1988〕8号

河北省高级人民法院：

你院〔87〕冀法（经）请字第3号请示报告收悉。经研究，答复如下：

人民法院对于当事人申请执行仲裁机关生效裁决或者不服仲裁机关裁决向人民法院起诉的案件，应当进行认真审查。在受理案件后，如发现案件不属本院管辖，应当根据民事诉讼法（试行）第三十二条的规定，将案件及时移送有管辖权的人民法院，并同时通知各方当事人。凡当事人申请执行或起诉时未超过法定期限的，有管辖权的人民法院不得以受移送时已超过法定期限为由而拒绝接受移送。

此复。

最高人民法院经济审判庭关于银行不根据法院通知私自提取人民法院冻结在银行的存款应如何处理问题的电话答复

（1988年3月8日）

云南省高级人民法院：

你院云法字〔1987〕第35号请示收悉，经研究并征询有关部门意见，现答复如下：

景东县人民法院在审理个体户李世民诉云县航运公司一案时，依法冻结航运公司在营业所的存款后，营业所不经法院准许，仅根据航运代理人的证明，就让航运公司将款取走。如果取款时未超过六个月的冻结期限，或者虽已超过六个月，但法院又进行了续冻，则营业所的这一做法违反了最高人民法院、中国人民银行《关于查询、冻结和扣划企业事业单位、机关、团体的银行存款的联合通知》的有关规定，也违反民事诉讼法（试行）第七十七条第一款第三项规定的精神，应由营业所负责将款追回；无法追回、航运公司又无其他财产可以执行，营业所应承担经济赔偿责任。

此复。

最高人民法院关于季素梅、张勇诉泰兴县人民医院（第三人马兆霞、生炳林）确认血亲关系一案执行问题的电话答复

（1989年3月21日）

江苏省高级人民法院：

你院关于季素梅、张勇诉泰兴县人民医院确认血亲关系一案执行问题的请示报告收悉。经研究，同意你院审判委员会意见。即根据医院发生的错换手牌的事实以及血液足印鉴定结论，可以认定季素梅现抚养的孩子是马兆霞的，而马兆霞现抚养之子不是马兆霞的，所以马兆霞应当将她抚养的孩子交出来。如果马兆霞不交出孩子，对其拒不交出孩子的行为，则可以按照民事诉讼法第七十七条的规定采取强制措施。如果有刑法一百五十七条规定的行为，也可适用一百五十七条的规定。但要充分做好当地党政等有关部门的工作，取得他们的支持，以防矛盾激化。

最高人民法院关于由省级人民政府确定单独编制城市规划的矿区行政管理部门有权对拆迁纠纷作出处理决定并可向人民法院申请强制执行的复函

1989年7月4日　　　　　　　　　　　　〔1989〕民他字第6号

贵州省高级人民法院：

你院黔法〔1989〕民请字第1号关于个体工商户闫兴文、黄祥荣所经营商店被拆除一案处理意见的请示报告收悉。经研究，并征求了建设部和化工部的意见，我们认为：

由省、自治区、直辖市人民政府确定单独编制城市规划的矿区行政管理部门，对拆迁纠纷可以作出处理决定，也可以根据其处理决定申请人民法院强制执行。个体工商户闫兴文和黄祥荣是拆迁户，在他们拒不搬迁的情况下，开阳县人民法院于1984年1月根据有关法律规定精神以及开阳矿务局的申请，强制执行闫、黄搬迁并无不当。至于一

些遗留问题,可根据具体情况妥善处理。

以上意见,仅供你院参考。

最高人民法院
关于对民事诉讼法(试行)施行前已经申请执行而至今尚未执行的案件是否应予执行的函[*]

1989年8月15日　　　　　　　　　　　　〔1989〕民他字第3号

贵州省高级人民法院:

你院〔88〕民请字第2号《关于蒋素华诉陈树清房屋纠纷案执行问题的请示报告》收悉。对民事诉讼法(试行)施行前已经申请执行而至今尚未执行的案件是否应予执行的问题,经我们研究认为:

民事诉讼法(试行)施行前,法律没有规定申请执行的期限。民事诉讼法(试行)实施后,虽然规定了申请执行的期限,但对其实施前已经申请执行的案件没有溯及力。蒋素华在判决生效多年后提出申请执行,法律是允许的,况且此案至今未予执行法院也负有一定责任。因此,我们同意你院的第二种意见,即该案应予执行。在执行过程中应注意做好双方当事人的工作,妥善解决。

以上意见,供你们参考。

最高人民法院
关于上海市嘉定县法院的裁定遭行政干预执行继续受阻如何处理问题的复函

1989年11月4日　　　　　　　　　　　　法(经)函〔1989〕69号

上海市高级人民法院、辽宁省高级人民法院:

上海市高级人民法院《关于本市嘉定县法院的裁定遭行政干预执行继续受阻的请示报告》收悉。经研究,答复如下:

上海市嘉定县人民法院审结的嘉定县工业供销公司诉辽宁省阜新市华光信托贸易公

---

[*] 也作"最高人民法院关于蒋素华诉陈树清房屋纠纷案执行问题的复函"。

司购销合同货款纠纷一案，在执行中裁定变更阜新市第二轻工业局为被执行人并无不当，案外人不得无理干预。为保证已生效的法律文书得以执行，请上海、辽宁两地有关人民法院继续密切协作配合，向被执行人讲明道理，促其自动履行应承担的义务。如果被执行人仍无理拒不履行，则应当依法排除非法干预，强制执行。

最高人民法院
关于军队单位作为经济纠纷案件的当事人可否对其银行账户上的存款采取诉讼保全和军队费用能否强行划拨偿还债务问题的批复

1990年10月9日　　　　　　　　　　法（经）复〔1990〕15号

河北省高级人民法院、江苏省高级人民法院：

〔87〕冀法请字第5号关于军队单位作为经济纠纷案件的当事人可否对其银行账户上的存款采取诉讼保全的请示和苏法经〔1987〕51号关于军队费用能否强行划拨偿还债务的请示均已收悉。经研究，现答复如下：

一、最高人民法院和中国人民银行《关于查询、冻结和扣划企事业单位、机关、团体的银行存款的通知》，同样适用于军队系统的企事业单位。

二、按照中国人民银行、中国工商银行、中国农业银行、中国人民解放军总后勤部〔1985〕财字第110号通知印发的《军队单位在银行开设账户和存款的管理办法》中"军队工厂（矿）、农场、马场、军人服务部、省军区以上单位实行企业经营的招待所（含经总部、军区、军兵种批准实行企业经营的军以下单位招待所）和企业的上级财务主管部门等单位，开设'特种企业存款，有息存款'"的规定，军队从事生产经营活动应当以此账户结算。因此，在经济纠纷诉讼中，人民法院根据对方当事人申请或者依职权有权对军队的"特种企业存款"账户的存款采取诉讼保全措施，并可依照《民事诉讼法（试行）》第一百七十九条的规定，对该账户的存款采取执行措施。

三、人民法院在审理经济纠纷案件过程中，如果发现军队机关或所属单位以不准用于从事经营性业务往来结算的账户从事经营性业务往来结算和经营性借贷或者担保等违反国家政策、法律的，人民法院有权依法对其账户动用的资金采取诉讼保全措施和执行措施。军队一方当事人的上级领导机关，应当协助人民法院共同查清其账户的情况，依法予以冻结或者扣划。

最高人民法院经济审判庭关于经人民法院裁定查封的财产检察院能否就同一财产重复扣押及检察院能否以民事服从刑事为由阻止法院对已结经济纠纷案件向已被捕的当事人进行宣判送达问题的电话答复

（1990年10月29日）

江西省高级人民法院：

你院赣法（经）发〔1990〕20号"关于经人民法院裁定查封的财产检察院能否就同一财产重复扣押及检察院能否以民事服从刑事为由阻止法院对已结经济纠纷案件向已被捕的当事人进行宣判送达的请示"已收悉。经研究，电话答复如下：

一、经人民法院裁定查封扣押的财产，其他任何机关均不应当重复查封、扣押。当前检察院、公安机关就同一财产重复查封、扣押问题确实存在。在有关部门对此尚未联合作出规定，人民法院也不宜对此问题单独作出司法解释。因此，目前遇到此类问题受诉法院应根据查封、扣押财产的性质，与检察院或公安机关协商解决。协商不成的，各自报请上级机关协调解决。

二、民事诉讼法（试行）第七十三条规定，"受送达人员被监禁的，通过其所在监所或者劳动改造单位转交"，第七十四条规定，"代为转交的机关、单位收到诉讼文书后，必须立即交受送达人签收"。莱州市检察院在法院送达民事判决书时，以被送达人已被收审，民事应服从刑事等为由，阻止法院向被告宣判，送达民事判决书是错误的，受诉法院应依法同莱州市检察院协商解决。

最高人民法院经济审判庭
关于在执行程序中被执行人资不抵债人民法院能否直接裁定被执行人的申报单位对被执行人的债务承担连带责任问题的电话答复

(1990年12月31日)

西藏自治区高级人民法院：

你院1990年11月8日的请示报告收悉。关于在执行程序中，被执行人（公司）资不抵债，人民法院能否直接裁定被执行人（公司）的申报单位对被执行人的债务承担连带责任的问题，经研究，答复如下：

本院法（经）复〔1987〕42号批复已对这个问题作过答复。你院请示的西藏自治区对外贸易综合服务公司与尼泊尔籍商人索朗羊毛换购呢子合同纠纷案进入执行程序后，该服务公司资不抵债，如根据规定和事实其申报单位确应对该服务公司的债务承担责任，则应按本院法（经）复〔1987〕42号批复办理。国务院已于1990年12月12日发出《国务院关于在清理整顿公司中被撤并公司债权债务清偿问题的通知》（国发〔1990〕68号）。现在处理本案中的有关问题，应适用这个通知的规定。

最高人民法院
关于企业法人无力偿还债务时可否执行其分支机构财产问题的复函

1991年4月2日　　　　　　　　　　法（经）函〔1991〕38号

辽宁省高级人民法院：

你院〔1990〕经执字第20号"关于企业法人无力偿还债务时，可否执行其分支机构财产的请示报告"收悉。经研究答复如下：

据来文看，本案被执行人本溪化工塑料总厂（下称"总厂"）的管理体制、经营方式，在案件执行期间与案件审理期间相比，尽管发生了很大变化，但总厂与其分支机构的关系及各自的性质并未改变，总厂的经营活动仍由其分支机构的经营行为具体体现，分支机构经营管理的财产仍是总厂经营管理的财产或者属总厂所有的财产，仍为总厂对外承担民事责任的物质基础。因此，在总厂经济体制改革后，不应视其为无偿付能力。鉴于本案的具体情况，对总厂的债务，同意你院的意见，二审法院可以裁定由总厂的分支机构负责偿还。

此复。

最高人民法院关于中国农业银行南京信托投资公司就深圳市上埗区法院划拨其银行存款申诉一案有关问题的复函

1991年4月21日　　　　　　　　法（经）函〔1991〕46号

广东省高级人民法院：

你院经济审判庭粤法经行字〔1990〕第40号《关于中国农业银行南京信托投资公司就深圳市上埗区法院划拨其银行存款申诉一案的处理意见》收悉。经研究，答复如下：

深圳市上埗区人民法院在未让中国农业银行南京信托投资公司参加诉讼的情况下，扣划其银行存款没有执行依据，应予纠正。如果没有证据证明南京信托投资公司与江淮公司串通骗取亚泰公司的财物或明知江淮公司用以归还其贷款的117370美元系采用欺诈手段得来的，则不宜追加该公司作为当事人参加江淮公司与亚泰公司之间的诉讼。

此复。

最高人民法院关于能否扣划被执行单位投资开办的企业法人的资金偿还被执行单位债务问题的复函

1991年4月29日　　　　　　　　法（经）函〔1991〕94号

广东省高级人民法院：

你院1990年7月2日《关于执行深圳市儿童福利中心诉中国农村能源协会一案的情况报告》及8月27日转来的深圳市中级人民法院《关于能否扣划被执行人的投资款以偿还债务的请示报告》均收悉。经研究，答复如下：

在深圳市儿童福利中心诉中国农村能源协会一案中，被执行人应当是发生法律效力的民事判决中的义务承担人，即中国农村能源协会。强制执行的财产只能是被执行人所有或能够处分的财产。被执行人投资兴办的企业即经注册登记为企业法人，则其投资已成为该企业法人的注册资金，属于该企业法人经营管理的财产，作为投资人的被执行人已无权随意处分。即使可以用投资款偿还投资人的债务，也只能依法转让股权或以所得收益偿还，而不能直接扣划。因此，深圳中院以正大科技贸易总公司是中国农村能源协会投资兴办的为由，扣划正大科技贸易总公司的存款，冻结广东鸿大国际科技中心的账户，用以偿还中国农村能源协会的债务是不妥当的。

此复。

最高人民法院经济审判庭
关于信用合作社责任财产范围问题的答复

1991年6月17日　　　　　　　　　　　法经〔1991〕67号

广东省高级人民法院：

你院粤法执请字〔1990〕7号和〔1991〕1号请示收悉。经研究，答复如下：

农村信用合作社是集体所有制的合作金融组织，是自主经营、独立核算、自负盈亏的集体企业法人。依照民法通则第四十八条之规定，集体所有制企业法人以企业所有的财产承担民事责任。因此，在信用合作社作为被执行人时，责任财产的范围只限于属于企业所有的财产。不属于其所有的财产（如企业、公民个人在信用社的存款）不得作为执行标的。

另：将中国农业银行《关于"信用社作为被执行人时哪些财产可供执行"及有关问题的函》（复印件）转去，供参考。该行对你院粤法经上字〔1989〕第139号民事判决所提的问题，请你院认真复查，并告结果。

此复。

最高人民法院经济审判庭
关于松花江地区中院和双城市法院在云南省昆明市执行受阻有关问题的复函

1991年8月7日　　　　　　　　　　　　　　法经〔1991〕字第87号

中国人民银行条法司、中国农业银行：

我庭接到黑龙江省高级法院黑法执字〔1991〕88号《关于松花江地区中院和双城市法院在云南省昆明市执行受阻的请示报告》，反映黑龙江省双城市农村粮油购销总站诉昆明市西山区养殖场购销合同拖欠货款纠纷一案，经双城市法院和松花江地区中院两审终审，判决由昆明市农行西山区支行承担给付双城市农村粮油购销总站的货款及利息的担保责任。判决书生效后，被执行人未自动履行义务，双城市法院到昆明市执行，划拨法院冻结的西山区支行在昆明市人民银行的0242账户的存款72万元。西山区支行拒绝执行，并提出西山区支行的担保不成立，法院冻结的0242账户上的资金不属该行财产，不能执行划拨。双城市法院认为判决无误，0242账户不属存款准备金，应该划拨。为此，我们听了双城市法院和西山区支行的情况反映，审阅了双方提供的有关证据材料，经研究认为：

一、从案件的事实看，西山区支行的分支机构西山黑林铺营业所（以下简称营业所）为本购销合同的货款作了担保。合同签订前，营业所主任莫昆宁同志支持西山区养殖场与双城市购销总站签订购销玉米、豆饼合同。合同签订后，莫收到双方当事人签订的合同书，对合同的"付款记录"栏内注明"有昆明市西山区黑林铺营业所信保"的字样未提出反对意见；庭审中也承认营业所给西山养殖场作了信誉担保。在合同履行期内，又两次以营业所名义发信函、电报催双城购销总站发货，表明"已为西山区养殖场备足千吨玉米、豆饼货款，货到昆明签收后方能托收承付"，"请见此书后速发货等"。但双城购销总站迟迟未发货。过了合同期后，西山养殖场一再电催双城购销总站"仍按原合同履行"，该站即给需方发货，本来这属于双方当事人延期履行合同，未经营业所认可，营业所对此不应承担担保责任。但当货到昆明市后，营业所主任莫昆宁同志到现场查看货物，在无款贷给西山区养殖场付该贷款的情况下，莫又于1988年3月23日主持双方当事人达成了还款协议。该协议规定全部货款于1989年6月底还清。由营业所负责。该营业所虽未在协议上加盖公章，但莫作为营业所的主任，在此协议上签了字。营业所与双方当事人又签订了还款协议是担保的继续，应确认其负担保责任。营业所不具备法人资格，以自己的名义为西山养殖场担保，应认定担保无效。但依照民法通则六十一条和八十九条及经济合同法第十五条的规定，专业银行、信用社若作为经济合同当事人一方的保证人，在被保证人不履行合同义务时，应当根据我院法（研）复〔1988〕

17号批复二、三项和我院贯彻执行民法通则若干问题意见（试行）第107条之规定，营业所无偿付能力，由它的上级西山区支行承担清偿债务责任。

二、关于银行应承担债务清偿责任时用什么资金支付的问题。黑龙江省高院认为备付金在没有进入清偿程序前属于西山支行可供执行的财产，而且法律法规包括银行内部文件都没有规定0242账户不能执行。银行系统认为0242账户是银行间结算所用账户，不能执行。我庭提出以下两个方案征求你们意见：

1. 在不影响银行间结算的前提下，分期分批（也应限在一定时间内）动用0242账户内的资金予以执行。

2. 用西山区支行或昆明市支行的全部自有资金（包括全部利润留成和预算外自有资金收入），承担清偿责任。如果全部自有资金太少，需相当长时间才能清偿，则在自有资金偿付之外，再动用0242账户内部分资金予以清偿。

以上意见，请你们予以考虑，并提出妥善解决方案，协助我们执行此案。

最高人民法院经济审判庭
对上饶市人民法院关于依法拘留郭琳的情况报告的有关问题的复函

1992年1月7日　　　　　　　　　　　　　法经〔1992〕5号

江西省高级人民法院：

你院经济审判庭赣法（经）函〔1991〕5号及转来的《上饶市人民法院关于依法拘留郭琳的情况报告》收悉。经审查，提出以下意见：

一、上饶市人民法院制作的支付令，委托濮阳市中级人民法院送达，濮阳市中级人民法院又移至濮阳市市区人民法院送达。濮阳市市区人民法院经济庭证明，该院是1991年8月3日送达被申请人的。上饶市人民法院所派人员于1991年7月25日向债务人送达支付令后，于8月3日即拘留了债务人的委托代理人、副经理郭琳。根据民事诉讼法第一百九十一条第二款的规定，"债务人应当自收到支付令之日起十五日内清偿债务，或者向人民法院提出书面异议。"上饶市人民法院的支付令送达后未满十五日，就将郭琳拘禁至上饶市，是违反法律规定的。

二、在《上饶市人民法院关于依法拘留郭琳的情况报告》中，没有提供足够的证据证明郭琳妨害诉讼的行为已达到应当拘留的程度。

鉴于上述情况，上饶市人民法院违反《民事诉讼法》规定剥夺被申请人自动清偿债务或提出书面异议的权利，拘留郭琳是错误的，应立即释放。如果债务人对支付令提出异议，应终止督促程序，由债权人向有管辖权的人民法院提起诉讼。请你院迅速责成上饶市人民法院纠正错误，并妥善处理有关事宜。全部情况及处理结果望告。

(抄送：上饶市人民法院)

最高人民法院
关于案外人对执行标的提出异议问题的复函

1992年5月5日　　　　　　　　　　　　　　法函〔1992〕59号

贵州省高级人民法院：

从你院报送的材料看，遵义市北关贸易经营部（需方）与老河口市两个粮管所（供方）签订的购销粮食合同，明确约定在遵义市南站交货，运费由供方负担，货到站需方先付总货款的50％。供方将货物托运后，又派人与需方的合同签订人一道到遵义市收款交货，提货单由供方携带，待收到需方先付50％的货款后，再交提货单给需方提货。以上事实表明该合同是有约定附加条件的。需方在未按约履行附加条件又未取得提货单的情况下，故意避开已到遵义市的供方派员，将货物提出变卖抵债，应当视为非法占有处分了他人的合法财产。

因其他案件，执行法院根据已生效法律文书，监控执行了遵义市北关贸易经营部非法占有处分的他人的合法财产，直接损害了案外人的合法权益，应当立即予以执行回转，并依法做好善后工作。

最高人民法院经济审判庭
关于生效判决的连带责任人代偿债务后应以
何种诉讼程序向债务人追偿问题的复函

1992年7月29日　　　　　　　　　　　　　　法经〔1992〕121号

吉林省高级人民法院：

你院经济审判庭吉高法经请字〔1992〕1号《关于在执行生效判决时，连带责任人代偿债务后，应依何种诉讼程序向债务人追偿问题的请示》收悉。经研究，答复如下：

根据生效的法律文书，连带责任人代主债务人偿还了债务，或者连带责任人对外承担的责任超过了自己应承担的份额的，可以向原审人民法院请求行使追偿权。原审人民法院应当裁定主债务人或其他连带责任人偿还。此裁定不允许上诉，但可复议一次。如果生效法律文书中，对各连带责任人应承担的份额没有确定的，连带责任人对外偿还债务后向其他连带责任人行使追偿权的,应当向人民法院另行起诉。

最高人民法院关于在执行经济纠纷案件中严禁违法拘留人的通知

1992年8月29日　　　　　　　　　　　　　法发〔1992〕25号

各省、自治区、直辖市高级人民法院,解放军军事法院:

近来,少数人民法院在执行经济纠纷案件中,不严格依照民事诉讼法的规定办事,以拘留被执行人促使其执行判决的事件时有发生,损害了人民法院严肃执法的形象,必须认真纠正。为此,特重申如下:

一、民事诉讼中的拘留是对妨害民事诉讼的一种强制措施。人民法院在执行中采取这种强制措施,必须十分慎重,只有符合民事诉讼法第一百零二条规定的条件,才可采取拘留措施。

二、人民法院根据民事诉讼法第一百零二条的规定决定采用拘留措施时,应当经院长批准,作出《拘留决定书》,由司法警察将《拘留决定书》连同被拘留人一并送交拘留地的公安机关看管。

三、按照上述规定,各级人民法院对正在执行中的拘留决定,要立即进行一次清查。凡不符合法律规定条件的,法律手续不全的,必须立即放人,并做好善后工作。

四、根据人民法院组织法关于下级人民法院的审判工作受上级人民法院监督的规定,上级人民法院如果发现下级人民法院采取拘留措施不当时,应督促该法院及时予以纠正。

五、对在执行经济纠纷案件的判决中违法拘人的,要严肃查处,并追究有关领导和直接责任人员的责任。

应当指出,发生法律效力的法律文书,必须坚决执行,但执法必须严格依法进行。这两个方面都是维护法律的严肃性。各级人民法院在执行中,要善于从实际情况出发,注意执行的社会效果,提高执法水平,进一步搞好执行工作。

最高人民法院
关于被执行人以其全部资产作股本与外方成立合资企业的应当如何执行问题的函

1992年9月7日　　　　　　　　　　　　法函〔1992〕114号

湖南省高级人民法院：

你院湘高法经〔1992〕1号请示报告收悉。经研究，答复如下：

鉴于被执行人于1990年12月31日与浙江省绍兴县轻工业公司、美国桦品企业有限公司合资成立浙江钻石制衣厂有限公司，业经注册登记，该公司领取了中华人民共和国企业法人营业执照，具有法人资格，故不宜直接执行该公司的财产。为有利于改革开放，可将被执行人绍兴县第二衬衫厂在合资企业中享有的部分股权（相当于应当偿还的债务），在征得合资对方同意后予以转让，转让时合资对方享有优先受让权；合资对方不同意转让股权的，可分期分批执行被执行人从合资企业分得的红利及其他收益。必要时可以裁定采取保全措施，限制被执行人支取到期应得的部分或全部收益，同时通知（附裁定书副本）有关单位协助执行。

此复。

最高人民法院经济审判庭
关于大庆市中级人民法院、望奎县人民法院对大同市中级人民法院已经实施冻结的银行存款及扣押的财产擅自扣划启封问题的复函

1992年11月4日　　　　　　　　　　　　法经〔1992〕169号

山西省高级人民法院、黑龙江省高级人民法院：

山西省高级人民法院〔1990〕晋法经字第5号请示报告和黑龙江省高级人民法院黑法经字〔1991〕158号报告均已收悉。关于大庆市中级人民法院、望奎县人民法院对大同市中级人民法院已经实施冻结的银行存款及扣押的财产擅自扣划、启封的问题，经研究答复如下：

大同市中级人民法院在审理山西省石油公司大同分公司（下称"大同分公司"）诉

黑龙江省大庆市牧工商联合公司炼油厂（下称"炼油厂"，系刘清波个人开办，未经当地工商行政管理局注册登记）购销合同纠纷案中，于1989年10月10日以〔1989〕法经裁字第66号裁定冻结了炼油厂270万元银行存款（该账户实际存款仅有16.1万元）。刘清波为了偿还欠款，以欺诈手段，与吉林省石油公司双辽支公司签订了一份购销500吨柴汽油的合同。10月28日，吉林省石油公司双辽支公司将70万元货款汇入该账户中。对这笔货款，大庆市中级人民法院于11月8日先以便函通知被告开户行不准扣划，1990年1月5日又以〔1989〕经裁字第23号先行给付裁定和〔1990〕执划字第1号扣划存款通知扣划退还给了吉林省石油公司双辽支公司。1990年3月19日，刘清波被招聘为望奎县石油化工厂负责人。5月20日，刘清波擅自以该厂的全部资产作为对大同分公司债务的担保。大同市中级人民法院于1990年6月23日依据刘清波提供的债务担保查封扣押了望奎县石油化工厂的两台油槽车。但这一被查封、扣押物，又被望奎县政府于1990年10月30日擅自解封，退还给了望奎县石油化工厂。望奎县人民法院参与了这项活动。大庆市中级人民法院扣划已经大同市中级人民法院冻结的当事人银行账户上的存款和望奎县人民法院参与当地县政府擅自解封已经大同市中级人民法院查封、扣押的财产尽管有一定原因，刘清波骗取吉林省石油公司双辽支公司的货款及擅自以望奎县石油化工厂的资产为自己债务担保，属于无效行为，不受法律保护，受骗人的合法权益应当依法保护，但在做法上应通过两地法院依法协调处理，由大同市中级人民法院给予解封，当地法院在未征得查封法院同意前自行解封，是违反法律规定的。鉴于本案债务大部分已基本了结，对尚留债务，大庆市中级人民法院和望奎县人民法院应当积极协助大同市中级人民法院执行，并应当注意今后不要再发生类似问题。

此复。

最高人民法院
关于李谷一诉《声屏周报》社、记者汤生午侵害名誉权案执行问题请示的复函

1993年1月8日　　　　　　　　　　　　〔1992〕民他字第53号

河南省高级人民法院：

你院豫高法〔1992〕190号《关于李谷一诉〈声屏周报〉社及记者汤生午侵害名誉权案执行问题的请示》报告收悉。经研究我们认为：1992年12月16日《声屏周报》社在该报刊登的向李谷一赔礼道歉文章，有向李谷一道歉的意思表示，应视为执行了法院的判决。对其法定代表人王根礼擅自修改经法院核准同意的道歉文章内容的错误做法，应进行严肃的批评教育。

以上意见，仅供参考。

最高人民法院
关于河南省西华县艾岗粮管所申请执行
河南省西平县人民政府、西平县城乡建设
环境保护局一案如何执行问题的复函

1993年3月9日　　　　　　　　　　　　〔93〕经他3号

河南省高级人民法院：

你院关于如何执行西平县人民政府财产的请示报告收悉。经研究，答复如下：

根据国务院《关于加强预算外资金管理的通知》和财政部有关预算外资金管理的文件规定，地方财政的预算外资金属于地方财政部门按国家规定管理的各项附加收入，应主要用于社会公益，由地方财政部门统一管理，专项安排，专项使用。法院根据生效的判决依法执行时，不能划拨该项资金，应划拨县政府机关的预算外资金。至于本案西平县人民政府是否应当与西平县城乡建设环境保护局共同承担连带责任问题，也应慎重研究，请再酌。

此复。

最高人民法院经济审判庭
关于南宁市军分区拒不执行〔1990〕新中法经判字
第12号判决问题的复函

1993年3月11日　　　　　　　　　　　　法经〔1993〕33号

河南省高级人民法院：

你院《关于南宁市军分区拒不执行〔1990〕新中法经判字第12号判决问题的请示报告》收悉。经研究，现答复如下：

南宁市军分区（简称"军分区"）收取河南省辉县市农机公司（简称"农机公司"）的60万元贷款的根据，一是农机公司与军分区知青综合商店（简称"知青店"）之间购销合同中关于货款汇入军分区营建办账号的约定，二是知青店经理王刚在履行合同过程中的安排。而知青店为农机公司汇来的合同项下的全部款项138万元（包括汇入军分区账号上的60万元）出具了收条。因此，在知青店存续期间，军分区在这笔60万元款项

问题上与农机公司并无直接的权利义务关系,没有义务直接向农机公司返还。只是在知青店撤销以后,新乡市中级人民法院根据有关文件判决由其承担知青店对农机公司的返还货款的责任。军分区承担责任仍然应当适用国发〔1990〕68 号文件第七条规定的精神。根据最高人民法院法(经)发〔1991〕10 号通知第三条,对南宁市军分区应依 68 号文件第七条的规定执行。

最高人民法院经济审判庭
关于可否执行当事人邮政储蓄存款的复函

1993 年 3 月 19 日　　　　　　　　　　　　　法经〔1993〕37 号

江苏省高级人民法院:

你院苏高法研〔1993〕2 号请示报告收悉。经研究答复如下:

根据《民事诉讼法》第二百二十一条的规定,"被执行人未按执行通知履行法律文书确定的义务,人民法院有权向银行、信用合作社和其他储蓄业务的单位查询被执行人的存款情况,有权冻结、划拨被执行人的存款"。按照最高人民法院关于适用《中华人民共和国民事诉讼法》若干问题的意见,该邮电支局既对外开办储蓄业务,如东县人民法院即可以依法直接查询、冻结和扣划被执行人在邮电支局的定期储蓄存款。人民法院在决定冻结划拨被执行人储蓄存款时应当作出裁定,并发出协助执行通知书。

最高人民法院经济审判庭
关于对国营新疆五五农工商联合企业公司驻兰州办事处执行问题的函

1993 年 3 月 19 日　　　　　　　　　　　　　法经〔1993〕38 号

甘肃省高级人民法院:

国营新疆五五农工商联合企业公司驻兰州办事处(简称"驻兰办")向我院申诉称:兰州五五机电设备供应站(简称"供应站")是其下属单位,其注册资金 15 万元是由该办事处提供担保的。现该供应站已撤销,资不抵债,对外负债 105 万余元,债权人共十四个单位,已有六起纠纷经法院判决,其中兰州市城关区法院判决并裁定的三件,均确定由驻兰办承担责任。现兰州市城关区法院欲单独执行该院判决的债权人为兰州市电信局工贸中心的案件。驻兰办提出，它只应在其为供应站提供担保的 15 万元注册资金范围内承担有限责任，法院执行案件应一并考虑所有债权人的利益，要求制止兰州市城关区法院单独执行一案的做法。

本庭经审查认为，若供应站领有企业法人营业执照，或者是实行独立核算，自负盈亏的独立企业，驻兰办对供应站债务责任的承担问题，应适用国务院国发〔1990〕68 号文件第四条第二款的规定，即由驻兰办在其担保的注册资金 15 万元的范围内承担责任。68 号文件所说的在担保的注册范围内承担连带责任，是指对被撤销企业的全部债务在注册资金范围内承担连带责任，不是对每一笔债务都必须单独在注册资金范围内承担连带责任。在开办单位用以承担责任的财产仍不足以清偿所有债权的情况下，也应按照 68 号文件第六条规定顺序和原则清偿，具体程序适用最高人民法院 1991 年 3 月 16 日法（经）发〔1991〕10 号通知第四条的规定。被撤销单位所在地法院在执行本院判决的案件时，应按照上述规定统一清偿债务，保护所有债权人的合法权益。

现将申诉人的有关材料转给你院审查。请责成兰州市城关区法院立即停止单独执行其城法经〔1990〕227 号民事裁定书的行为，严格按照最高人民法院法（经）发〔1991〕10 号通知第四条的要求，对供应站的所有债权人按比例公平清偿。

最高人民法院
关于法院扣押的财产被转卖应否追索问题的复函

1993 年 8 月 16 日　　　　　　　　　　　　　　经他〔1993〕19 号

内蒙古自治区高级人民法院：

你院内高法〔1993〕20 号关于开鲁县人民法院扣押的拖拉机是否应追究的请示收悉。现答复如下：

鉴于对开鲁县人民法院在扣押张洪杰的拖拉机时手续不够完备，而根据你院报送的材料尚难以断定建材厂知道拖拉机已被扣押，以后建材厂又实际占有并出资对拖拉机进行了修理，因此，同意你院提出的不再追索拖拉机，而由建材厂一次性给付小街基供销社五千余元，由张洪杰赔偿建材厂所受损失及承担执行费用的处理意见。

关于执行过程中发生冲突及伤害问题，请你院根据查明的事实依法妥善处理。

最高人民法院
关于人民法院相互办理委托事项的规定

1993年9月25日　　　　　　　　　　　　　　法发〔1993〕26号

全国地方各级人民法院、各级军事法院、各铁路运输中级法院和基层法院、各海事法院：

为了使人民法院相互办理委托事项的工作进一步规范化、制度化，防止推诿扯皮、贻误工作，保证已生效的判决、裁定及其他法律文书及时依法执行，从而提高审判工作的效率，现根据民事诉讼法的有关规定，结合审判工作经验，对人民法院相互办理委托事项，规定如下：

一、人民法院在案件审理和执行过程中，根据需要，可以委托其他人民法院代为调查、送达、宣判和代为执行。

二、被调查人或者被调查的事项在外地的，受理案件的人民法院可以委托当地基层人民法院代为调查。必要时也可以委托当地中级人民法院代为调查。

三、委托外地人民法院代为调查，委托人民法院应当出具委托书，提出明确的调查事项和要求。必要时，应当简要介绍案情或者附具调查提纲。

根据情况需要，受委托人民法院也可以主动作补充调查。

四、委托调查，受委托人民法院应当在收到委托书之日起30日内完成。委托书中对完成委托调查的时间有特殊要求的，应当在要求的期限内完成。因故不能完成的，应当在上述期限内函告委托人民法院，说明情况。

五、人民法院在审理案件过程中，需要勘验现场的，一般不应委托其他人民法院代为调查。

六、受送达人在外地，或者虽在本地但由受理案件的人民法院直接送达有困难的，可以委托送达，由受理案件的人民法院将需要送达的诉讼文书交由受送达人住所地的基层人民法院代为送达。

七、委托送达，委托人民法院应当出具委托书，并附需要送达的诉讼文书和送达回证。委托人民法院对送达诉讼文书有特殊要求的，应当在委托书中说明。

受委托送达的人民法院应当在收到委托书之日起7日内完成，并将送达回证寄回委托人民法院。因故无法送达的，应当在上述期限内函告委托人民法院。

八、受送达人下落不明，或者诉讼文书需要由有关单位转交送达的，受理案件的人民法院不得委托其他人民法院代为送达。

九、接受宣判的当事人在外地的，受理案件的人民法院可以委托当地基层人民法院代为宣判。明知接受宣判的当事人下落不明的，不应委托宣判。

十、委托宣判，委托人民法院应当出具委托书和需要宣判的法律文书。委托人民法院对委托宣判事项有特殊要求的，应当在委托书中说明。

受委托人民法院应当在收到委托书之日起7日内完成，并将宣判情况制作笔录；宣判后，及时将宣判笔录和送达回证寄回委托人民法院。

十一、在执行中，被执行人、被执行的财产在外地的，负责执行的人民法院可以委托当地基层人民法院代为执行。

十二、委托执行，委托人民法院应当出具委托书和生效的法律文书。委托书应当提出明确的执行要求。有关需要说明的事项，应当另附函件。

十三、委托执行，受委托人民法院必须接受，并应当严格按照生效法律文书的规定和委托人民法院的要求执行，不对生效的法律文书进行审查。

十四、受委托人民法院必须在收到委托书和生效法律文书之日起15日内开始执行，并在开始执行后，及时告知委托人民法院。

对债务人履行债务的时间、期限和方式需要变通的，应当征得委托人民法院的同意。

十五、受委托人民法院在办理委托执行过程中，有权依法采取必要的执行措施。

十六、在委托执行中，被执行人和申请人自行和解达成协议的，受委托人民法院应当及时将协议内容告知委托人民法院。

一方当事人不履行和解协议或者翻悔的，对方当事人应当向委托人民法院申请恢复执行，并由委托人民法院通知受委托人民法院。

十七、在委托执行中，被执行人申请提供担保，并经申请执行人同意的，受委托人民法院应当及时函告委托人民法院，由委托人民法院决定是否暂缓执行及暂缓执行的期限。

十八、在委托执行中，案外人对执行标的提出异议的，受委托人民法院应当函告委托人民法院处理。

十九、受委托人民法院遇有需要中止执行或者终结执行的情形，应当及时函告委托人民法院，由委托人民法院作出裁定。受委托人民法院不得自行裁定中止执行或者终结执行。

二十、被执行人的财产不足以清偿所有申请人的债权，受委托人民法院应当在征得委托人民法院的同意后，严格按照规定的清偿顺序执行。

二十一、执行完毕后，受委托人民法院应当将执行结果及时函复委托人民法院；如果在30日内还未执行完毕，也应当将执行情况函告委托人民法院。

二十二、委托人民法院自委托书和生效法律文书发送之日起30日内，没有收到受委托人民法院关于开始执行的通知的，可以请求受委托人民法院的上一级人民法院指令受委托人民法院执行。

受委托人民法院的上一级人民法院在接到委托人民法院的请求后，应当在5日内指令受委托人民法院执行，并将这一情况及时告知委托人民法院。

委托人民法院自向受委托人民法院的上一级人民法院发出指令执行的请求之日起20日内，没有收到该人民法院关于已经指令执行的通知的，可以再行向该人民法院的上级人民法院逐级请求。上级人民法院必须及时指令执行。

二十三、委托执行，受委托人民法院的执行员应当将执行情况制作笔录，在执行完毕后，交由委托人民法院存档备查。

二十四、在委托执行的执行过程中，受委托人民法院发现委托执行的法律文书有错误的，应当及时函请委托人民法院进行审查。在委托人民法院作出答复后，受委托人民法院如有异议，可以向委托人民法院的上一级人民法院反映，但不得停止执行。

二十五、办理委托执行，委托人民法院不应收取执行费，受委托人民法院也不得向委托人民法院收取费用。在执行中实际支出的费用，按照《人民法院诉讼收费办法》收取。

二十六、被执行人、被执行的财产在外地的，根据需要，人民法院可以直接到外地执行；要求当地人民法院协助执行的，当地人民法院应当积极配合，不得推拖、阻挠执行。

二十七、办理委托调查、送达、宣判事项，由人民法院审判庭负责。办理委托执行事项，由人民法院执行庭负责；尚未设立执行庭的，由有关审判庭负责。

二十八、受委托人民法院办理委托事项，应当建立登记制度，登记内容包括：委托人民法院、委托时间、委托事项和办理结果等。

二十九、上级人民法院应当督促下级人民法院及时办理委托事项。受委托人民法院应当向上一级人民法院报告办理委托事项的情况。委托人民法院也可定期或不定期向受委托人民法院的上一级人民法院反映受委托人民法院办理委托事项的情况。

三十、受委托人民法院要把办理委托事项作为考核干部的一项重要内容，纳入岗位责任制，同其他工作一样进行考核和奖惩。

三十一、上级人民法院对下级人民法院不依法办理委托事项，造成重大影响或后果的，应当予以通报批评；情节严重的，追究相应的行政和法律责任。

最高人民法院研究室
关于对有义务协助执行单位拒不协助予以罚款后又拒不执行应如何处理问题的答复

（1993年9月27日）

湖南省高级人民法院：

你院湘高法研字〔1993〕第1号《关于对罚款决定书拒不执行应如何处理的请示报告》收悉。经研究，答复如下：

根据《中华人民共和国民事诉讼法》第一百零三条第一款第（二）项和第二款的规定，人民法院依据生效判决、裁定，通知有关银行协助执行划拨被告在银行的存款，而银行拒不划拨的，人民法院可对该银行或者其主要负责人或者直接责任人员予以罚款，并可向同级政府的监察机关或者有关机关提出给予纪律处分的司法建议。被处罚人拒不履行罚款决定的，人民法院可以根据民事诉讼法第二百三十一条的规定，予以强制执行。执行中，被处罚人如以暴力、威胁或者其他方法阻碍司法工作人员执行职务的，依照民事诉讼法第一百零二条第一款第（五）项、第二款规定，人民法院可对被处罚人或对有上述行为的被处罚单位的主要负责人或者直接责任人员予以罚款、拘留，构成犯罪的，依照刑法第一百五十七条的规定追究刑事责任。

人民法院在具体执行过程中，应首先注意向有关单位和人员宣传民事诉讼法的有关规定，多做说服教育工作，坚持文明执法、严肃执法。

最高人民法院
关于坚决纠正和制止以扣押人质方式解决经济纠纷的通知

1994年10月28日　　　　　　　　　　　　　　　法〔1994〕130号

各省、自治区、直辖市高级人民法院，解放军军事法院：

中央政法委员会于1994年9月12日发出了《严禁以扣押人质方式解决经济纠纷的通知》。《通知》指出的受经济利益驱动，越权插手经济纠纷，滥用强制手段，非法扣押人质的现象，在人民法院审理经济纠纷案件以及执行工作中，也时有发生。对此，各高级人民法院、军事法院必须引起高度重视，认真组织干警学习、贯彻中政委《通知》精神，并制订切实可行、有效的措施，坚决纠正和制止非法扣押人质事件的发生。为此，特通知如下：

一、严禁以扣押人质的办法解决和执行经济纠纷案件。在审理和执行经济纠纷案件过程中，非法扣押人质，不仅违背了程序法的规定，破坏了正常的审判、执行秩序，而且严重侵犯了公民的人身自由权，必须坚决禁止。各级法院都要组织广大干警对本院有无非法扣押人质问题进行一次认真检查，一经发现，即要迅速查明情况，并立即放人，处理好善后事宜。各级法院要坚决清除经济利益驱动的影响，打破人情关系网，克服和抵制地方保护主义、部门保护主义，积极查处本院内部扣押人质的案件，对非法扣押人质造成严重后果的，要坚决依法追究有关人员的责任，直至刑事责任。

二、严格执行民事诉讼法及最高人民法院有关司法解释的规定，严禁滥用强制手段解决经济纠纷。审理经济纠纷案件，一定要尊重当事人的诉讼权利，坚持当事人诉讼地位平等的原则。在当事人不到庭应诉的情况下，可以通知其限期答辩、举证，期满仍不答辩的可缺席判决。除有证据证明当事人有民事诉讼法规定的妨害民事诉讼的行为之外，不准对当事人实行拘留，以迫使一方当事人接受另一方当事人的请求或法院的调解方案；更不准非法转为逮捕，追究所谓的刑事责任。对有禁不止者，本院和上级法院必须严肃查处，追究有关人员的责任。

三、要严格法院内部的职责分工。一、二审经济纠纷案件必须由经济审判庭和人民法庭严格依法定程序审理，由执行庭依法执行，其他庭、室不得审理或执行经济纠纷案件，更不得采取强制措施。任何个人不得越权插手经济纠纷案件的审理和执行。经济审判力量或执行力量不足的，应当统筹兼顾，抽调人员予以充实、加强。

四、人民法院要与其他政法部门加强联系、协调和配合。人民法院在审判活动中，要严格区分经济纠纷与经济犯罪的界限，确实构成犯罪的，要依法及时、主动移送有关政法部门查处，部分构成犯罪的部分移送，经济纠纷继续审理；全案构成犯罪的，全案移送；在审理或执行经济纠纷案件中，遇到其他政法机关干扰、阻碍的，要依据中央政法委员会政法〔1994〕31号通知，与有关政法机关进行协商，克服各种阻力，切实维护法律尊严、保护当事人的合法权益；如协商不成，要及时报请同级政法委员会和上级人民法院解决。上级人民法院要坚决支持下级人民法院依法审理和执行经济纠纷案件。

五、各级法院要就中央政法委《关于严禁以扣押人质方式解决经济纠纷的通知》中指出的问题，立即进行一次认真、全面的检查，并将检查处理情况逐级上报。各高级人民法院于今年11月底前报最高人民法院。

最高人民法院执行工作办公室
法经〔1995〕118号函

1995年4月18日　　　　　　　　　　　　　　　　　法经〔1995〕118号

辽宁省高级人民法院：

哈尔滨工程大学向我院反映，抚顺市中级人民法院在执行该院〔1994〕抚经初字第115号民事判决书（被执行人为哈尔滨工程大学）过程中，将该被执行人在中国工商银行哈尔滨市大直支行××××××××××－××账户上的国防科研经费冻结210万元，扣划110万元。

经查，哈尔滨工程大学是承担国家国防科技预研重点项目和国防科技重点实验室建设项目的单位。根据中国工商银行、国防科工委《关于办理国防科研试制费委托拨款工作有关问题的通知》的规定，该校在中国工商银行哈尔滨市大直支行××××××××××－××账户的存款，应属国防科工委拨付给其为完成上述项目的国家预算内拨款，不能挪作他用。请你院尽快核实，如抚顺市中级人民法院冻结和扣划的款项确属上述性质，应立即解除冻结，停止扣划，以确保国防科研重点项目工作的正常进行。

最高人民法院
关于对执行程序中的裁定的抗诉不予受理的批复

1995年8月10日　　　　　　　　　　　　　　法复〔1995〕5号

广东省高级人民法院:

你院粤高法〔1995〕37号《关于人民法院在执行程序中作出的裁定检察院是否有权抗诉的请示》收悉。经研究,答复如下:

根据《中华人民共和国民事诉讼法》的有关规定,人民法院为了保证已发生法律效力的判决、裁定或者其他法律文书的执行而在执行程序中作出的裁定,不属于抗诉的范围。因此,人民检察院针对人民法院在执行程序中作出的查封财产裁定提出抗诉,于法无据,人民法院不予受理。

最高人民法院
关于认真贯彻仲裁法依法执行仲裁裁决的通知

1995年10月4日　　　　　　　　　　　　　　法发〔1995〕21号

各省、自治区、直辖市高级人民法院:

《中华人民共和国仲裁法》(简称仲裁法)已于1994年8月31日由第八届全国人民代表大会常务委员会第九次会议通过,自今年9月1日起实施。根据仲裁法第七十九条的规定,国务院和省、自治区人民政府、自治州人民政府以及县级人民政府的工商、城建、科技等部门设立的现有仲裁机构自今年9月1日起终止,设在直辖市和省、自治区人民政府所在地的市以及其他设区的市现有隶属于行政部门的仲裁机构最迟到明年9月1日终止。为保证仲裁法的贯彻实施,公正、及时地执行仲裁裁决,特通知如下:

一、各级人民法院于今年9月1日起,都应当严格执行仲裁法,并依照民事诉讼法、经济合同法和我国加入的1958年《承认及执行外国仲裁裁决公约》的规定,认真处理好每一起向人民法院请求作出裁定,申请撤销或者执行的仲裁裁决案件,切实做到严肃执法。

二、根据国办发〔1995〕38号《关于进一步做好重新组建仲裁机构工作的通知》,

现有仲裁机构在依法终止前受理的案件应当自该仲裁机构依法终止之日起6个月内作出仲裁裁决。因此，仲裁机构在此期间将当事人的财产保全申请提交人民法院的，人民法院应当依照民事诉讼法的有关规定作出裁决，予以受理或者驳回申请；仲裁机构在此期间按照仲裁程序作出的裁决书、调解书，一方当事人不履行，另一方当事人依照民事诉讼法的有关规定向人民法院申请执行的，受申请的人民法院应当执行。但被申请人提出证据证明裁决有民事诉讼法第二百一十三条第二款和第二百五十八条第一款规定的情形之一的，或者当事人提出证据证明裁决有民事诉讼法第二百五十八条第一款、仲裁法第五十八条规定的情形之一的，应当分别作出不予执行和撤销裁决的裁定。一方当事人申请执行，另一方当事人申请撤销裁决的，人民法院应当裁定中止执行。

最高人民法院
关于中银信托投资公司作为被执行人的案件应中止执行问题的通知

1995年12月21日　　　　　　　　　　法〔1995〕209号

各省、自治区、直辖市高级人民法院，解放军军事法院：

鉴于中国人民银行已决定对中银信托投资公司进行接管，凡涉及中银信托投资公司作为被执行人的案件，在接管、清理期间，有关执行法院应根据《中华人民共和国民事诉讼法》第二百三十四条第一款第（五）项之规定，对生效的法律文书，裁定中止执行。

请各高级法院、军事法院接通知后，立即告知所辖中级法院、基层法院及专门法院按本通知认真执行。

最高人民法院
关于判决中已确定承担连带责任的一方向其他连带责任人追偿数额的可直接执行问题的复函

1996年3月20日　　　　　　　　　　　　经他〔1996〕4号

陕西省高级人民法院：

你院陕高法〔1995〕93号请示收悉。经研究，答复如下：

基本同意你院报告中的第二种意见。我院法经〔1992〕121号复函所指的追偿程序，针对的是判决后连带责任人依照判决代主债务人偿还了债务或承担的连带责任超过自己应承担的份额的情况。而你院请示案件所涉及的生效判决所确认的中国机电设备西北公司应承担的连带责任已在判决前履行完毕，判决主文中已判定该公司向其他连带责任人追偿的数额，判决内容是明确的，可执行的。据此，你院可根据生效判决和该公司的申请立案执行，不必再作裁定。

最高人民法院
关于山西省太原市中级人民法院执行深圳市罗湖对外经济发展公司房产问题的复函

1996年5月26日　　　　　　　　　　　　法函〔1996〕89号

山西省高级人民法院、广东省高级人民法院：

山西省高级人民法院晋高法执字〔1994〕第65号和广东省高级人民法院粤高法经一行字〔1995〕第66号报告均已收悉。经研究，答复如下：

1994年4月20日山西省太原市中级人民法院对山西省物资贸易中心诉深圳市罗湖对外经济发展公司购销合同纠纷案做出判决，双方当事人均未上诉。同年7月21日太原市中级人民法院开始执行。10月7日，该院裁定将深圳市罗湖对外经济发展公司坐落在深圳市莲塘第一工业小区135栋总建筑面积为6326平方米的六层厂房以物抵债给山西省物资贸易中心。11月4日双方当事人在太原市、深圳市中级人民法院的监督下，对该厂房进行了交接。因该厂房所在地莲塘工业区属深圳市土地未清理区域，所以深圳市规划国土局暂不办理房地产证。同年12月8日深圳市人民政府给山西省物资贸易中心发了产权代用证。本院认为，虽然深圳市中级人民法院于1994年11月3日受理了罗湖对外经济发展公司申请破产案，但是考虑到上述实际情况，应认定山西省太原市中级人民法院已执行完毕，以物抵债的厂房所有权已经转移。深圳市中级人民法院不应再将该厂房作为破产财产处理。如果该房产的价值超过山西省物资贸易中心所享有的债权，超过部分可作为破产财产。

最高人民法院
关于当事人因对不予执行仲裁裁决的裁定不服而申请再审人民法院不予受理的批复

1996年6月26日　　　　　　　　　　　　法复〔1996〕8号

四川省高级人民法院：

你院川高法〔1995〕198号《关于当事人认为人民法院对仲裁裁决作出的不予执行的裁定有错误而申请再审，人民法院应否受理的请示》收悉。经研究，答复如下：

依照《中华人民共和国民事诉讼法》第二百一十三条的规定，人民法院对仲裁裁决依法裁定不予执行，当事人不服而申请再审的，没有法律依据，人民法院不予受理。

此复。

最高人民法院
关于对企业住房基金执行问题的复函

1996年7月9日　　　　　　　　　　　　经他〔1996〕17号

浙江省高级人民法院：

你院〔1996〕浙高法执字第9号请示报告收悉。经研究，现答复如下：

《中华人民共和国民法通则》第48条规定："全民所有制企业法人以国家授予它经营管理的财产承担民事责任……"临海市化肥厂将属其经管的房产出售给本厂职工，所得28万元款项仍属国营企业经营管理的财产。至于作为"住房基金"，仅仅是临海市化肥厂对这笔财产的一种用途，并不能改变这笔财产是国家授予其经营管理的性质。因此，可以用于承担民事责任。

鉴于临海市化肥厂已将售房款用作"住房基金",直接涉及企业职工的切身利益,因此,执行此案时一定要慎重。在确无其他可供执行财产的情况下,应在切实做好有关方面工作的基础上予以执行。

最高人民法院
关于劳动争议仲裁委员会的复议仲裁决定书可否作为执行依据问题的批复

1996年7月21日　　　　　　　　　　　　法复〔1996〕10号

河南省高级人民法院:

你院〔1995〕豫法执请字第1号《关于郑劳仲复裁字〔1991〕第1号复议仲裁决定书能否作为执行依据的请示》收悉。经研究,答复如下:

仲裁一裁终局制度,是指仲裁决定一经作出即发生法律效力,当事人没有提请再次裁决的权利,但这并不排除原仲裁机构发现自己作出的裁决有错误进行重新裁决的情况。劳动争议仲裁委员会发现自己作出的仲裁决定书有错误而进行重新仲裁,符合实事求是的原则,不违背一裁终局制度,不应视为违反法定程序。因此对当事人申请执行劳动争议仲裁委员会复议仲裁决定的,应予立案执行。如被执行人提出申辩称该复议仲裁决定书有其他应不予执行的情形,应按照民事诉讼法第二百一十七条的规定,认真审查,慎重处理。

最高人民法院
关于中国人民保险公司营口市支公司的债务可否由中国人民保险公司承担的函

1996年8月19日　　　　　　　　　　　〔1996〕经他字第21号

辽宁省高级人民法院:

你院1996年6月18日《关于中国人民保险公司分支机构没有履行能力能否执行中国人民保险公司问题的请示》一文收悉。经研究答复如下:

中国人民保险公司营口市支公司不能履行你院〔1995〕辽民初字第47号民事调解书确定的义务,又无财产可供执行,即其已不能单独承担民事责任。依据我国《保险法》第七十九条第二款关于"保险公司分支机构不具有法人资格,其民事责任由保险公司承担"的规定,你院可在执行程序中裁定变更中国人民保险公司为该案的被执行主体,即同意你院的请示意见。

此复。

最高人民法院关于必须严格控制对被执行人采取拘捕措施的通知

1996年10月9日　　　　　　　　　　　　　法〔1996〕96号

各省、自治区、直辖市高级人民法院,解放军军事法院:

近年来,各级人民法院坚持严肃执法,克服困难,依法执结了大批案件,为保护当事人的合法权益,维护社会稳定,做出了应有的贡献。但是,最近一个时期,在执行过程中接连发生执行人员或被执行人伤亡等严重事件。为防止类似事件再次发生,做好执行工作,特通知如下:

一、人民法院在执行生效法律文书的过程中,应当依法及时采取各种有效措施,切实保护当事人的合法权益。对采取暴力、胁迫或其他方法妨害或抗拒执行的被执行人及其他人员必须采取拘留措施时,应当严格履行法定手续,并持证、着装进行。执行中,遇有其他执法部门拦截或盘查时,应当主动出示证件并讲明情况,不得强行通过。必要时,要报告当地党委协调解决。

二、对被执行人采取逮捕措施,必须十分慎重。凡被执行人已经提出申诉或申请再审,执行依据的生效法律文书可能有实体处理错误的,或者被执行人确无财产可供执行的,均不得逮捕。对企业的法定代表人实施逮捕可能影响该企业生产秩序和社会稳定的,一般不得逮捕。对人大代表和政协委员采取逮捕措施时,应当严格按照有关法律规定报批或通报。未经批准的,不得逮捕。

三、基层人民法院、中级人民法院在执行中认为被执行人的行为已经构成犯罪,需要作出逮捕决定的,一律逐级报经省、自治区、直辖市高级人民法院审批。

四、高级人民法院批准逮捕后,受案法院应当制作逮捕决定书,交由同级公安机关执行。执行逮捕是公安机关的法定职责,即使公安机关不执行,人民法院也不得自行逮捕,应当及时报告当地党委解决。

五、各高级人民法院自收到本通知之日起至今年年底,对本辖区内各级人民法院自去年以来在执行中采取拘捕措施和对被执行人及有关人员定罪判刑的案件进行一次检查,凡发现错抓错判的,应当坚决纠正,其中造成人员伤亡等严重后果的,必须严肃查处,追究主管人员和直接责任人员的法律责任。检查情况及时书面报告我院。

以上通知，请各高级人民法院立即传达到所辖各级人民法院和专门法院。各级人民法院务必遵照执行。

最高人民法院执行工作办公室
关于不合法的"强制执行公证书"
不能作为执行依据问题的函

1996年12月10日　　　　　　　　　　　　法经〔1996〕427号

辽宁省高级人民法院：

近日，沈阳飞行船广告有限公司就沈阳市和平区法院执行沈阳市公证处〔1996〕沈证执字第023号"强制执行公证书"一案，向我院申诉称：沈阳市和平区法院据以执行的公证债权文书是在原合同未经公证，后又由沈阳国际投资公司单方申请，未经对方同意的情况下，由沈阳市公证处作出的。该公证文书于法相悖。而且，本公司也没有义务替海外电脑公司清偿债务。沈阳市和平区法院以错误的公证文书为依据扣划本公司款项的执行行为是错误的，应予纠正。

我们认为，本案涉及的这一份公证文书不属于民诉法第二百一十八条中所称的"赋予强制执行效力的债权文书"，也不符合《公证程序规则（试行）》第三十五条的规定，不能作为执行依据。沈阳飞行船广告有限公司申诉有理，应予支持。现将其申诉材料转去，请你院依法妥善处理，并将处理结果函报我院。

最高人民法院
关于法院冻结财产的户名与账号不符
银行能否自行解冻的请示的答复

1997年1月20日　　　　　　　　　　　　法经〔1997〕32号

江西省高级人民法院：

你院赣高法研〔1996〕6号请示收悉。经研究，答复如下：

人民法院根据当事人申请，对财产采取冻结措施，是我国民事诉讼法赋予人民法院的职权，其他单位、组织和个人均不得加以妨碍。人民法院在完成对财产冻结手续后，银行如发现被冻结的户名与账号不符时，应主动向法院提出存在的问题，由法院更正，而不能自行解冻；如因自行解冻不当造成损失，应视其过错程度承担相应的法律责任。

此复。

最高人民法院关于民事诉讼委托代理人在执行程序中的代理权限问题的批复

1997年1月23日　　　　　　　　　　　　　　　法复〔1997〕1号

陕西省高级人民法院：

你院陕高法〔1996〕78号《关于诉讼委托代理人的代理权限是否包括执行程序的请示》收悉。经研究，答复如下：

根据民事诉讼法的规定，当事人在民事诉讼中有权委托代理人。当事人委托代理人时，应当依法向人民法院提交记明委托事项和代理人具体代理权限的授权委托书。如果当事人在授权委托书中没有写明代理人在执行程序中有代理权及具体的代理事项，代理人在执行程序中没有代理权，不能代理当事人直接领取或者处分标的物。

此复。

最高人民法院执行工作办公室关于企业职工建房集资款不属企业所得问题的函

1997年1月27日　　　　　　　　　　　　　　　法经〔1997〕12号

湖北省高级人民法院：

陕西建光机器厂给我院来函反映：你省荆沙市沙市区人民法院在执行荆沙市中级法院〔1996〕荆经终字第175号生效判决时，将所有权不属于该厂的职工建房集资款60万元人民币予以冻结。为此，该厂向沙市区人民法院提出异议，沙市区人民法院则以此款是职工预购房款，属该厂所有为由，驳回其异议。

经审查，陕西建光机器厂为解决本厂职工住房困难，于1995年12月15日以集资修建职工成本价住房方案为题下发了〔1995〕180号文件，该文件明确了集资对象、条件及方式。经上报市房改办公室获批后，该厂按市房改办批复的要求，将上述职工个人集资款存入指定银行的专项账户。上列事实清楚,证据充分。国务院住房制度改革领导小组办公室还专就此事致函我办,明确指出:"此款其性质属于职工个人的,不应视为企业的其他资金。"请你院接到此函后,通知并监督荆沙市沙市区人民法院立即将此款解冻。

最高人民法院执行工作办公室
关于第三债务人异议问题的函

1997年3月4日　　　　　　　　　　法经〔1997〕16号

内蒙古自治区高级人民法院:

　　北京帝都商贸发展公司向我院反映:赤峰市红山区法院在执行〔1996〕赤公证字380号公证书中,根据最高人民法院《关于适用〈中华人民共和国民事诉讼法〉若干问题的意见》(以下简称《适用意见》)第三百条的规定,向该公司发出通知书,要求该公司就其所欠被执行人赤峰市第一造纸厂的债务186363.92元本金和利息向申请执行人赤峰市基本建设投资公司履行,同时采取了冻结该公司银行存款的措施。该公司否认通知书中所述的债权债务关系,提出了异议。但赤峰市红山区法院的冻结措施仍未解除。

　　我们认为:按照我院《适用意见》第三百条的规定向第三人发出履行债务通知后,如第三人就其与被执行人之间的债权债务关系提出了否定的异议,即不应对第三人采取强制执行措施。现将有关材料转你院,请认真核查。如所反映赤峰市红山区法院采取冻结措施的情况属实,应依法纠正。请将处理结果报告我院。

最高人民法院
关于转卖人民法院查封房屋
行为无效问题的复函

1997年4月7日　　　　　　　　　　〔1997〕经他字第8号

北京市高级人民法院:

　　你院京高法〔1996〕385号《关于查封房屋因未告知房管部门被出卖应如何执行的请示》收悉。经研究,答复如下:

　　北京市第二中级人民法院在审理广州市海珠区南华西物资公司诉北京亚运特需供应

公司购销合同纠纷一案中,依法作出的〔1994〕中法调字第23号民事裁定书虽未抄告房管部门,但已送达当事人,根据《中华人民共和国民事诉讼法》第一百四十一条规定,诉前保全的裁定是不准上诉的裁定,依该裁定书保全查封被告的房产,属合法有效。北京亚运特需供应公司在此后擅自将其已被查封的房产转卖给北京沃克曼贸易开发有限责任公司的行为是违法的,所订立的房屋买卖合同系无效合同。北京市高级人民法院〔1995〕高经终字第11号民事判决书确定该案保全查封的房产为执行的标的物是正确的。北京亚运特需供应公司在其未能履行生效判决书所确定的还债义务时,以拍卖或变卖本案保全查封的房产的价款偿还债务,于法有据。至于北京沃克曼开发有限责任公司是否为善意第三人及其利益的保护等问题,可通过诉讼另案解决。

最高人民法院执行工作办公室
关于能否委托军事法院执行的复函

1997年5月9日　　　　　　　　　　　　　　法经〔1997〕132号

海南省高级人民法院:

你院给我办的《关于海南赛特实业总公司诉海南琼山钟诚房地产开发公司房屋买卖纠纷一案委托执行的请示报告》收悉。经研究,答复如下:

《中华人民共和国民事诉讼法》第二百一十条规定的可以委托代为执行的当地人民法院,一般是指按照行政区划设置的地方人民法院。凡需要委托执行的,除特殊情况适合由专门法院执行的以外,应当委托地方人民法院代为执行。鉴于军事法院受理试办的经济纠纷案件仅限于双方当事人都是军队内部单位的案件,对涉及地方的经济纠纷案件不能行使审判权和执行权。因此,你院请示的案件不宜委托军事法院执行。

最高人民法院执行工作办公室关于适用民事诉讼法若干问题的意见第三百条问题的函

1997年5月13日　　　　　　　　　　　　法经〔1997〕133号

新疆维吾尔自治区高级人民法院：

　　大连华益科技发展公司向我院反映：乌鲁木齐市东山区法院在执行该院〔1995〕东经字第214号民事判决时，根据乌鲁木齐市惠东城市信用社（以下简称信用社）的申请，以〔1996〕乌东法执字第16号民事裁定由被执行人新疆华龙工程开发有限公司（以下简称华龙公司）的到期债权义务人大连经济技术开发区富华运输公司（以下简称富华公司）向信用社直接履行欠款及利息993736.40元，又根据被执行人华龙公司的申请，以〔1997〕东执字第37号民事裁定由富华公司的到期债权义务人大连华益科技发展公司（以下简称华益公司）向华龙公司履行义务，并扣划华益公司银行存款8万元。

　　根据最高人民法院《关于适用〈中华人民共和国民事诉讼法〉若干问题的意见》第三百条规定，信用社申请对被执行人华龙公司到期债权义务人富华公司履行债务符合法律规定，执行法院据以通知富华公司向信用社履行债务正确；被执行人华龙公司再申请执行富华公司的到期债权义务人华益公司履行债务没有法律依据，执行法院据此申请的执行为错误。

　　现将华益公司的反映材料转去，请你院认真审查，如反映情况属实，立即纠正执行错误，并将查处结果报告我院。

最高人民法院
关于对粮棉油政策性收购资金是否可以采取财产保全措施问题的复函

1997年8月14日　　　　　　　　　　　　法函〔1997〕97号

山东省高级人民法院：

你院鲁法经〔1997〕33号《关于对粮棉油政策性收购资金专户是否可以采取财产保全措施的请示》收悉。经研究，答复如下：

同意你院请示的倾向性意见。粮棉油政策性收购资金是用于国家和地方专项储备的粮食、棉花、油料的收购、储备、调销资金和国家定购粮食、棉花收购资金。包括各级财政开支的直接用于粮棉油收购环节的价格补贴款、银行粮棉油政策性收购贷款和粮棉油政策性收购企业的粮棉油调销回笼款。该资金只能用于粮棉油收购及相关费用支出。人民法院在审理涉及到政策性粮棉油收购业务之外的经济纠纷案件中，不宜对粮棉油政策性收购企业在中国农业发展银行及其代理行或经人民银行当地分行批准的其他金融机构开立账上的这类资金采取财产保全措施，以保证这类资金专款专用，促进农业的发展。

最高人民法院
关于股民保证金不宜作为证券公司财产执行的函

1997年9月5日　　　　　　　　　　　　法经〔1997〕300号

江苏省高级人民法院：

据全国证券回购债务清欠办公室和江西证券公司反映，盐城市中级人民法院在执行该院〔1995〕盐法经初字第84号、85号民事判决书过程中，于今年7月31日扣划了被执行人江西省证券公司上海业务部在工商银行上海市分行营业部开设的深圳股票交易资金清算户上的资金1426万元，该账户上的资金全部为客户保证金，此资金的划拨，影响了股民进行股票交易和提出存款，影响到社会的安定团结。

我院认为，证券机构代理股民买卖股票的资金即股民保证金，其所有权属于股民。

证券经营机构必须通过保证金账户保证股民经营的正常清算支付。证券经营机构在银行开立的证券经营资金结算账户，是股民保证金账户的存在形式，人民法院在执行以证券经营机构为被执行人的案件时，可以通过冻结证券商自营账户上的资金、股票、国库券以及其自有财产的办法解决，不宜冻结、扣划证券经营机构在其证券经营资金结算账户上的存款。

最高人民法院执行工作办公室
关于股民保证金属于股民所有问题的函

1997年9月10日　　　　　　　　　　法经〔1997〕297号

北京市高级人民法院：

　　海南港澳国际信托投资有限公司向我院反映：北京市第一中级法院在执行该院〔1996〕一中经初字第1106号民事判决书时，分别于1997年8月20日和8月21日冻结了该公司在花旗银行上海分行和渣打银行深圳分行开设的B股股票交易账户项下的资金。该两账户是经有关机关批准而开立的B股股票交易账户，其项下的资金是境外股民存入该账户的股票交易保证金，其所有权属境外股民所有。由于北京一中院的冻结，致使股票交易受阻，股民权益受损，境外股民欲在十五大期间进京上访。为此，请求我院监督纠错。

　　我们认为，B股股票交易账户上的股民保证金，其所有权为股民所有，不属被执行人的财产。现将当事人反映材料转去，如情况属实，请你院立即通知北京市第一中级法院务必在本月15日前解除冻结，并报告结果。

最高人民法院关于冻结、划拨证券或期货交易所、证券登记结算机构、证券经营或期货经纪机构清算账户资金等问题的通知

1997年12月2日　　　　　　　　　　　　　法发〔1997〕27号

各省、自治区、直辖市高级人民法院，解放军军事法院：

为了维护证券、期货市场的正常交易秩序，现对人民法院在财产保全或执行生效法律文书过程中，冻结、划拨证券或期货交易所、证券登记结算机构、证券经营或期货经纪机构清算账户清算资金等问题，作如下通知：

一、证券交易所、证券登记结算机构及其异地清算代理机构开设的清算账户上的资金，是证券经营机构缴存的自营及其所代理的投资者的证券交易清算资金。当证券经营机构为债务人，人民法院确需冻结、划拨其交易清算资金时，应冻结、划拨其自营账户中的资金；如证券经营机构未开设自营账户而进行自营业务的，依法可以冻结其在证券交易所、证券登记结算机构及其异地清算代理机构清算账户上的清算资金，但暂时不得划拨。如果证券经营机构在法院规定的合理期限内举证证明被冻结的上述清算账户中的资金是其他投资者的，应当对投资者的资金解除冻结。否则，人民法院可以划拨已冻结的资金。

证券经营机构清算账户上的资金是投资者为进行证券交易缴存的清算备付金。当投资者为债务人时，人民法院对证券经营机构清算账户中该投资者的相应部分资金依法可以冻结、划拨。

人民法院冻结、划拨期货交易所清算账户上期货经纪机构的清算资金及期货经纪机构清算账户上投资者的清算备付金（亦称保证金），适用上述规定。

二、证券经营机构的交易席位系该机构向证券交易所申购的用以参加交易的权利，是一种无形财产。人民法院对证券经营机构的交易席位进行财产保全或执行时，应依法裁定其不得自行转让该交易席位，但不能停止该交易席位的使用。人民法院认为需要转让该交易席位时，按交易所的有关规定应转让给有资格受让席位的法人。

人民法院对期货交易所、期货经纪机构的交易席位采取财产保全或执行措施，适用上述规定。

三、证券经营机构在证券交易所、证券登记结算机构的债券实物代保管处托管的债券，是其自营或代销的其他投资者的债券。当证券经营机构或投资者为债务人时，人民法院如需冻结、提取托管的债券，应当通过证券交易所查明该债务人托管的债券是否已作回购质押，对未作回购质押，而且确属债务人所有的托管债券可以依法冻结、提取。

四、交易保证金是证券经营机构向证券交易所缴存的用以防范交易风险的资金,该资金由证券交易所专项存储,人民法院不应冻结、划拨交易保证金。但在该资金失去保证金作用的情况下,人民法院可以依法予以冻结、划拨。

最高人民法院执行工作办公室
关于执行程序中可否以注册资金未达法定数额为由裁定企业不具备法人资格问题的函

1997年12月16日　　　　　　　　　〔1997〕法经字第389号

江苏省高级人民法院:

黑龙江省五常市邮电局对你院〔1996〕苏法执字第43—12号民事裁定书不服,向我院申诉称:该局于1993年2月组建了五常市邮电实业开发公司(以下简称邮电公司),注册资金20万元,工商局核发了企业法人营业执照。1995年6月,邮电公司因与他人进行购销活动产生纠纷诉至你院。你院经审理于1996年1月10日作出〔1995〕苏经初字第50号民事判决书。你院在执行此判决时,以邮电公司的注册资金未达到《中华人民共和国企业法人登记条例实施细则》第十五条第七项规定的数额为由,于1997年6月26日裁定邮电公司不具备法人资格,其应承担的向债权人返还定金200万元、赔偿损失400万元的义务,由其开办单位五常市邮电局承担。该局认为邮电公司具有法人资格,应独立承担民事责任,请求撤销你院〔1996〕苏法执字第43—12号民事裁定书。

我院认为,你院在执行生效判决过程中,以被执行人注册资金未达到《中华人民共和国企业法人登记条例实施细则》第十五条第七项规定的数额为由,裁定变更被执行主体的做法无法律依据。现将有关材料随函转去,请你院认真核查,如情况属实,应纠正错误,撤销你院〔1996〕苏法执字第43—12号裁定书,并将结果报告我院。

最高人民法院
关于处理案外人异议问题的函[*]

1998年1月4日 〔1998〕经他字第1号

天津市高级人民法院：

　　香港旭展有限公司向本院反映：天津市第二中级法院在执行该公司与山西省海外贸易公司购销生铁纠纷仲裁案时，驳回了案外人山西省粮油总公司天津金良科工贸实业公司对财产保全裁定的异议，5个月后又受理了该案外人与所持异议主张相同的诉讼请求，此案现正由你院审理。对此，该公司认为：天津市第二中级法院停止执行和受理案外人诉讼，在程序上违法，损害了该公司的合法权益，请求本院对此案予以审查并纠正错误。

　　本院经审查认为：天津市第二中级法院在执行生效仲裁裁决过程中，已依法驳回了案外人对该院财产保全裁定的异议，此后再受理此"异议之诉"并作出〔1997〕二中经一初字第74号民事判决，没有法律依据；且该院在其制作的法律文书仍发生法律效力的情况下，又用普通程序予以审理，与法相悖。为此，特通知你院：

　　一、依法撤销天津市第二中级法院〔1997〕二中经一初字第74号民事判决，驳回起诉。

　　二、监督天津市第二中级法院依法执行本案仲裁裁决书，妥善处理相关事宜，并将执行结果报告本院。

---

[*] 也作"最高人民法院关于处理案外人异议被驳回后又提起'异议之诉'问题的函"。

最高人民法院
关于继续中止执行涉及"辽国发"经济纠纷案件生效法律文书等问题的通知

1998年2月24日　　　　　　　　　　　　法〔1998〕10号

各省、自治区、直辖市高级人民法院,解放军军事法院:

　　1996年4月23日,本院曾发出法明传〔1996〕155号《关于中止执行涉及"辽国发"经济纠纷案件生效判决的通知》。鉴于公安机关对辽宁国发(集团)股份有限公司重大金融诈骗案仍在侦察阶段,国务院组织有关部门对"辽国发"的资产及负债情况正在进行核查,待核查结束后,国务院将授权有关机构按确定的清偿率统一清偿"辽国发"的债务,为保证统一清偿工作的顺利进行,现特作如下通知:

　　一、各级人民法院对涉及"辽国发"的证券回购及其他经济纠纷案件,自本通知下达之日起不再受理。日后有关清偿机构在统一清偿过程中,当事人请求人民法院确认债权数额的,可依法受理。

　　二、各级人民法院对涉及"辽国发"经济纠纷案件的生效判决、调解协议及裁定,继续中止执行。有关事宜,本院将另行通知。

最高人民法院
关于贯彻最高人民法院法发〔1997〕27号通知应注意的几个问题的紧急通知

1998年7月22日　　　　　　　　　　　　法明传〔1998〕213号

各省、自治区、直辖市高级人民法院、解放军军事法院:

　　最高人民法院法发〔1997〕27号《关于冻结、划拨证券或期货交易所、证券登记结算机构、证券经营或期货经纪机构清算账户资金等问题的通知》(以下简称27号通知)下发后,多数法院执行是好的,但少数法院未能严格执行,有的地区甚至发生影响社会稳定的问题。为保障金融和社会秩序的稳定,现就有关贯彻27号通知中应注意的几个问题通知如下:

　　一、对证券经营机构、期货经纪机构为债务人的案件,在保全或执行其财产时,首先要指令该证券经营机构、期货经纪机构提供可供执行的不动产或其他财产。经查明该证券经营机构、期货经纪机构确有可供执行的不动产或其他财产的,人民法院应当先执行该财产。

二、如无上述可供执行的财产,需要执行证券经营机构或期货经纪机构清算资金时,必须严格按 27 号通知第一条的有关规定冻结、划拨其自营账户中的资金。

三、对未开设自营账户而进行自营业务的证券经营机构、期货经纪机构,需采取冻结其在证券或期货交易所、证券登记结算机构或异地清算代理机构清算账户内的清算资金措施时,必须十分慎重。只能依法在债务人承担的债务数额范围内予以冻结。同时,依据 27 号通知第一条的有关规定,必须保障证券经营机构、期货经纪机构的举证权利,如有证据证明上述账户中的资金是其他投资者的,必须对其他投资者的资金及时解除冻结。

四、在执行 27 号通知时,如遇有影响金融和社会秩序安定的情况时,应当及时采取暂缓或中止执行措施。

特此通知。

最高人民法院
关于在执行工作中正确处置暴力抗法事件的紧急通知

1998 年 8 月 3 日　　　　　　　　　　　　　　法明传〔1998〕272 号

各省、自治区、直辖市高级人民法院:

一个时期以来,人民法院执行工作中的暴力抗法事件屡屡发生,有的辱骂、威胁、非法拘禁、围攻、殴打、伤害执行人员;有的拦截、毁坏执行车辆,抢夺执行卷宗和被执行的财物;有的聚众哄闹、冲击执行现场,阻挠执行等等,严重损害了法律的尊严和权威,破坏了执行工作的正常开展。今年 6 月 3 日,最高人民法院通报了几起严重暴力抗法事件,但此类事件仍不断发生,且有愈演愈烈之势。为减少或避免暴力抗法事件的发生,特通知如下:

一、坚决维护法律的权威,生效的法律文书必须依法执行。各级人民法院要坚决支持秉公执法的执行干警,妥善处置此类事件。对暴力抗法的有关人员必须严肃处理,触犯刑律的,要坚决依法追究刑事责任。

二、树立政治意识、大局意识、责任意识,对于可能引发群体性矛盾激化的案件以及一些敏感案件的执行,要慎之又慎,在当地党委的领导下,在当地人大、政府的支持下,妥善办理。

三、认真做好执行前的准备工作,注意工作方法,讲究执行策略,加强法制宣传,依法执行,文明执行。异地执行时,要及时与当地法院联系,取得协助和支持。杜绝因法院自身原因引发矛盾激化,力求做到严肃执法与社会效果的统一。

四、遇到暴力抗法事件时,要沉着、冷静、及时采取措施,避免矛盾进一步激化,避免执行干警受到伤害;要及时向当地党委、人大、政府和上级法院报告,救得帮助和支持。

五、充分利用新闻媒介,对暴力执法的典型案件公开曝光。要大力开展多种形式的法制宣传,提高公民的法制观念,改善执法环境。

请将本通知迅速传达至所属中级人民法院和基层人民法院。

最高人民法院
关于对中外合资企业股份执行问题的复函

1998年8月26日　　　　　　　　　　　　　〔1998〕执他字第1号

宁夏回族自治区高级人民法院：

你院〔1998〕宁法执字第05号《关于中外合资企业外商股份能否执行即如何办理转股手续的请示报告》收悉。经研究答复如下：

根据我院《关于人民法院执行工作若干问题的规定（试行）》第五十五条规定，中外合资企业的外商股份可以作为执行标的，依法转让。你院将被执行人香港太嘉勋发有限公司在天津温泉大酒店有限公司中的30％股份执行转让给申请执行人中国包装进出口宁夏公司，并无不当，应依据有关规定办结相关手续，其中需要天津市对外经济贸易委员会协助执行的事宜，你院应主动联系，请其按你院协助执行通知书依法处理。

此复。

最高人民法院
关于未被续聘的仲裁员在原参加审理的案件裁决书上签名人民法院应当执行该仲裁裁决书的批复

法释〔1998〕21号

(1998年7月13日最高人民法院审判委员会第1001次会议通过 1998年8月31日最高人民法院公告公布 自1998年9月5日起施行)

广东省高级人民法院：

你院〔1996〕粤高法执函字第5号《关于未被续聘的仲裁员继续参加审理并作出裁决的案件，人民法院应否立案执行的请示》收悉。经研究，答复如下：

在中国国际经济贸易仲裁委员会深圳分会对深圳东鹏实业有限公司与中国化工建设深圳公司合资经营合同纠纷案件仲裁过程中，陈野被当事人指定为该案的仲裁员时具有合法的仲裁员身份，并参与了开庭审理工作。之后，新的仲裁员名册中没有陈野的名字，说明仲裁机构不再聘任陈野为仲裁员，但这只能约束仲裁机构以后审理的案件，不影响陈野在此前已合法成立的仲裁庭中的案件审理工作。其在该仲裁庭所作的〔94〕深国仲结字第47号裁决书上签字有效。深圳市中级人民法院应当根据当事人的申请对该仲裁裁决书予以执行。

此复。

最高人民法院
关于国防科工委司令部管理局对深圳市中级人民法院执行深圳南丰工贸公司提出异议案的复函

1998年11月12日　　　　　　　　　　〔1998〕执他字第15号

广东省高级人民法院：

你院〔1997〕粤高法执监字第47号关于海南电子集团公司申请执行深圳南丰工贸公司财产一案的报告收悉，经研究，答复如下：

一、根据你院及深圳市中级人民法院的报告，在该案审理期间，被执行人深圳南丰工贸公司以服从命令，无条件将其物业转为军产为由致函深圳市规划国土局，将已被深圳市中级人民法院查封的位于深圳市园岭新村91栋208、406、406号房产，熙龙大厦6楼F、G、H座房产，11栋E、D座房产，房地产大厦17楼C座房产过户到其上级主管部门国防科工委机关生产办公室（现为管理局）名下。同时，被执行人深圳市南丰工贸公司在清理整顿军产中已被撤销。根据本院《关于人民法院执行工作若干问题的规定（试行）》第八十一条规定，上级主管部门应在其接受的财产范围内承担责任。又鉴于该财产是上级主管部门接收的财产，因此，深圳市中级人民法院裁定拍卖该房产以执行该案的生效判决，其效力应予维持。

二、该案诉讼中深圳市中级人民法院对该争议财产的房产依法作出了财产保全裁定予以查封，但被执行人在该案诉讼期间将该查封的财产转移给其上级主管部门，对此应适用我院《关于适用〈中华人民共和国民事诉讼法〉若干问题的意见》第一百零九条的规定，而不能适用与我院司法解释相抵触的《深圳经济特区房地产登记条例》第21条的规定，国防科工委司令部管理局的异议理由不能成立。

三、请你院通知深圳市中级人民法院，恢复办理该财产拍卖后的过户登记手续，依法执结此案。

最高人民法院
关于不得对中国人民银行及其分支机构的办公楼、运钞车、营业场所等进行查封的通知

1999年3月4日　　　　　　　　　　　　　　法〔1999〕28号

各省、自治区、直辖市高级人民法院，解放军军事法院，新疆维吾尔自治区高级人民法院生产建设兵团分院：

近年来，一些地方发生中国人民银行分支机构因行使金融监管权而被列为被告的案件，有的受案法院查封了人民银行的办公楼（内有金库）、运钞车、营业场所，影响了人民银行金融监管工作的正常进行。为防止和杜绝类似事件的发生，特就有关问题通知如下：

中国人民银行是依法行使国家金融行政管理职权的国家机关，根据《中国人民银行法》和《非法金融机构和非法金融活动取缔办法》的规定，对金融业实施监督管理，行使撤销、关闭金融机构，取缔非法金融机构等行政职权。因此，被撤销、关闭的金融机构或被取缔的非法金融机构自身所负的民事责任不应当由行使监督管理职权的中国人民银行承担，更不应以此为由查封中国人民银行及其分支机构的办公楼、运钞车和营业场所。各级人民法院在审理、执行当事人一方为被撤销、关闭的金融机构或被取缔的非法

金融机构的经济纠纷案件中,如发现上述问题,应当及时依法予以纠正。

对确应由中国人民银行及其分支机构承担民事责任的案件,人民法院亦不宜采取查封其办公楼、运钞车、营业场所的措施。中国人民银行及其分支机构应当自觉履行已生效的法律文书,逾期不履行的,人民法院在查明事实的基础上,可以依法执行其他财产。

最高人民法院执行工作办公室
关于如何处理因当事人达成和解协议致使逾期申请执行问题的复函

1999年4月21日　　　　　　　　　　　　　〔1999〕执他字第10号

广东省高级人民法院:

你院〔1999〕粤高法执请字第36号《关于深圳华达化工有限公司申请执行深圳东部实业有限公司一案申请执行期限如何认定问题的请示报告》收悉。经研究,答复如下:

《民事诉讼法》第219条规定,申请执行的期限,双方或者一方当事人是公民的为1年,双方是法人或者其他组织的为6个月。申请执行人未在法定期限内申请执行,便丧失了请求法院强制执行保护其合法权益的权利。双方当事人于判决生效后达成还款协议,并不能引起法定申请执行期限的更改。本案的债权人超过法定期限申请执行,深圳市中级人民法院仍立案执行无法律依据。深圳华达化工有限公司的债权成为自然债,可自行向债务人索取,也可以深圳东部实业有限公司不履行还款协议为由向有管辖权的人民法院提起诉讼。

此复。

最高人民法院执行工作办公室
关于人身可否强制执行问题的复函

1999年10月15日 〔1999〕执他字第18号

湖北省高级人民法院：

你院鄂高法〔1998〕107号《关于刘满枝诉王义松、赖烟煌、陈月娥等解除非法收养关系一案执行中有关问题的请示》报告收悉。经研究，答复如下：

武汉市青山区人民法院〔1996〕青民初字第101号民事判决书已经发生法律效力，依法应予执行。但必须注意执行方法，不得强制执行王斌的人身。可通过当地妇联、村委会等组织在做好养父母的说服教育工作的基础上，让生母刘满枝将孩子领回。对非法干预执行的人员，可酌情对其采取强制措施。请福建高院予以协助执行。

最高人民法院
关于人民法院查封的财产被转卖是否
保护善意取得人利益问题的复函

1999年11月17日 〔1999〕执他字第21号

河北省高级人民法院：

你院《关于被执行人转卖法院查封财产第三人善意取得是否应予保护的请示》收悉。经研究，答复如下：

人民法院依法查封的财产被转卖的，对买受人原则上不适用善意取得制度。但鉴于所请示的案件中，有关法院在执行本案时，对液化气铁路罐车的查封手续不够完备，因此在处理时对申请执行人和买受人的利益均应给予照顾，具体可对罐车或其变价款在申请执行人和买受人之间进行公平合理分配。

最高人民法院
关于严禁冻结或划拨国有企业下岗职工
基本生活保障资金的通知

1999年11月24日　　　　　　　　　　　　　法〔1999〕228号

各省、自治区、直辖市高级人民法院，新疆维吾尔自治区高级人民法院生产建设兵团分院：

　　据悉，最近一些地方人民法院在审理或执行经济纠纷案件中，冻结并划拨国有企业下岗职工基本生活保障资金，导致下岗职工基本生活无法保障，影响了社会稳定。为杜绝此类事件发生，特通知如下：

　　国有企业下岗职工基本生活保障资金是采取企业、社会、财政各承担1/3的办法筹集的，由企业再就业服务中心设立专户管理，专项用于保障下岗职工基本生活，具有专项资金的性质，不得挪作他用，不能与企业的其他财产等同对待。各地人民法院在审理和执行经济纠纷案件时，不得将该项存于企业再就业服务中心的专项资金作为企业财产处置，不得冻结或划拨该项资金用以抵偿企业债务。

　　各地人民法院应对已审结和执行完毕的经济纠纷案件做一下清理，凡发现违反上述规定的，应当及时依法予以纠正。

最高人民法院
关于执行《封闭贷款管理暂行办法》和
《外经贸企业封闭贷款管理暂行办法》
中应注意的几个问题的通知

2000年1月10日　　　　　　　　　　　　　法发〔2000〕4号

各省、自治区、直辖市高级人民法院，新疆维吾尔自治区高级人民法院生产建设兵团分院：

　　1999年7月26日，中国人民银行、国家经贸委、国家计委、财政部和国家税务总局联合下发了《封闭贷款管理暂行办法》（银发〔1999〕261号），同年8月5日中国人民银行、国家计委、财政部、外经贸部和国家税务总局又联合下发了《外经贸企业封闭贷款管理暂行办法》（银发〔1999〕285号）。封闭贷款是商业银行根据国家政策向特定企业发放的具有特定用途的贷款，为保证这项工作的顺利进行，使封闭贷款达到预期目的，现将有关问题通知如下：

一、人民法院审理民事经济纠纷案件，不得对债务人的封闭贷款结算专户采取财产保全措施或者先予执行。

二、人民法院在执行案件时，不得执行被执行人的封闭贷款结算专户中的款项。

三、如果有证据证明债务人为逃避债务将其他款项打入封闭贷款结算专户的，人民法院可以仅就所打入的款项采取执行措施。

四、如果债权人从债务人的封闭贷款结算专户中扣取了老的贷款和欠息，或者扣收老的欠税及各种费用，债务人起诉的，人民法院应当受理，并按照《封闭贷款管理暂行办法》第十四条的规定处理。债务人属于外经贸企业的，则按照《外经贸企业封闭贷款管理暂行办法》第二十一条的规定处理。

执行中有何问题，请及时向我院报告。

最高人民法院
关于高级人民法院统一管理执行工作若干问题的规定

2000年1月14日　　　　　　　　　　　　　　　　　法发〔2000〕3号

为了保障依法公正执行，提高执行工作效率，根据有关规定和执行工作具体情况，现就高级人民法院统一管理执行工作的若干问题规定如下：

一、高级人民法院在最高人民法院的监督和指导下，对本辖区执行工作的整体部署、执行案件的监督和协调、执行力量的调度以及执行装备的使用等，实行统一管理。

地方各级人民法院办理执行案件，应当依照法律规定分级负责。

二、高级人民法院应当根据法律、法规、司法解释和最高人民法院的有关规定，结合本辖区的实际情况制定统一管理执行工作的具体规章制度，确定一定时期内执行工作的目标和重点，组织本辖区内的各级人民法院实施。

三、高级人民法院应当根据最高人民法院的统一部署或本地区的具体情况适时组织集中执行和专项执行活动。

四、高级人民法院在组织集中执行、专项执行或其他重大执行活动中，可以统一调度、使用下级人民法院的执行力量，包括执行人员、司法警察、执行装备等。

五、高级人民法院有权对下级人民法院的违法、错误的执行裁定、执行行为函告下级法院自行纠正或直接下达裁定、决定予以纠正。

六、高级人民法院负责协调处理本辖区内跨中级人民法院辖区的法院与法院之间的执行争议案件。对跨高级人民法院辖区的法院与法院之间的执行争议案件，由争议双方所在地的两地高级人民法院协商处理；协商不成的，按有关规定报请最高人民法院协调处理。

七、对跨高级人民法院辖区的法院与公安、检察等机关之间的执行争议案件，由执行法院所在地的高级人民法院与有关公安、检察等机关所在地的高级人民法院商有关机关协调解决，必要时可报请最高人民法院协调处理。

八、高级人民法院对本院及下级人民法院的执行案件，认为需要指定执行的，可以裁定指定执行。

高级人民法院对最高人民法院函示指定执行的案件，应当裁定指定执行。

九、高级人民法院对下级人民法院的下列案件可以裁定提级执行：

1. 高级人民法院指令下级人民法院限期执结，逾期未执结需要提级执行的；
2. 下级人民法院报请高级人民法院提级执行，高级人民法院认为应当提级执行的；
3. 疑难、重大和复杂的案件，高级人民法院认为应当提级执行的。

高级人民法院对最高人民法院函示提级执行的案件，应当裁定提级执行。

十、高级人民法院应监督本辖区内各级人民法院按有关规定精神配备合格的执行人员，并根据最高人民法院的要求和本辖区的具体情况，制订培训计划，确定培训目标，采取切实有效措施予以落实。

十一、中级人民法院、基层人民法院和专门人民法院执行机构的主要负责人在按干部管理制度和法定程序规定办理任免手续前应征得上一级人民法院的同意。

上级人民法院认为下级人民法院执行机构的主要负责人不称职的，可以建议有关部门予以调整、调离或者免职。

十二、高级人民法院应根据执行工作需要，商信财政、计划等有关部门编制本辖区内各级人民法院关于交通工具、通信设备、警械器具、摄录器材等执行装备和业务经费的计划，确定执行装备的标准和数量，并由本辖区内各级人民法院协同当地政府予以落实。

十三、下级人民法院不执行上级人民法院对执行工作和案件处理作出的决定，上级人民法院应通报批评；情节严重的，可以建议有关部门对有关责任人员予以纪律处分。

十四、中级人民法院、基层人民法院和专门人民法院对执行工作的管理职责由高级人民法院规定。

十五、本规定自颁布之日起执行。

最高人民法院
关于在审理和执行民事、经济纠纷案件时
不得查封、冻结和扣划社会保险基金的通知

2000年2月18日　　　　　　　　　　　　　　　　法〔2000〕19号

各省、自治区、直辖市高级人民法院，新疆维吾尔自治区高级人民法院生产建设兵团分院：

　　近一个时期，少数法院在审理和执行社会保险机构原下属企业（现已全部脱钩）与其他企业、单位的经济纠纷案件时，查封社会保险机构开设的社会保险基金账户，影响了社会保险基金的正常发放，不利于社会的稳定。为杜绝此类情况发生，特通知如下：

　　社会保险基金是由社会保险机构代参保人员管理，并最终由参保人员享用的公共基金，不属于社会保险机构所有。社会保险机构对该项基金设立专户管理，专款专用，专项用于保障企业退休职工、失业人员的基本生活需要，属专项资金，不得挪作他用。因此，各地人民法院在审理和执行民事、经济纠纷案件时，不得查封、冻结或扣划社会保险基金；不得用社会保险基金偿还社会保险机构及其原下属企业的债务。

　　各地人民法院如发现有违反上述规定的，应当及时依法予以纠正。

最高人民法院
关于审理和执行涉外民商事案件
应当注意的几个问题的通知

2000年4月17日　　　　　　　　　　　　　　　　法〔2000〕51号

各省、自治区、直辖市高级人民法院：

　　为了依法及时、公正地处理好涉外民商事案件，促进我国对外经济贸易和招商引资等重大经济活动，适应即将加入世贸组织的新形势，现就审理和执行涉外民商事案件中应当注意的问题通知如下：

　　一、严格执行涉外民商事案件审查程序，切实保护各方当事人的诉讼权利。各级人民法院要严格遵守《中华人民共和国民事诉讼法》和最高人民法院及其批准的高级人民法院有关案件管辖的规定，对诉至法院的涉外民商事案件认真进行审查。对属于人民法

院受理范围、符合级别管辖、地域管辖和专属管辖规定并符合法律规定的起诉条件的，应当在法定期限内及时立案，不得拖延、推诿；对不属于人民法院受理范围的要及时告知当事人采取其他救济方式，不得违法滥用管辖权或无故放弃管辖权。对涉外合同中订有仲裁条款或者当事人事后达成书面仲裁协议的，人民法院不予受理；根据当事人的申请，依照法律规定，拟裁定涉外合同仲裁协议无效的，应先逐级呈报最高人民法院，待最高人民法院答复同意后才可以确认仲裁协议无效。涉外民商事案件法律文书的送达手续必须合法；如用公告方式送达，必须严格按照《中华人民共和国民事诉讼法》第八十四条规定办理，并应当在《人民法院报》或省级以上对外公开发行的报纸上和在受案法院公告栏内同时刊登。

二、严格依照冲突规范适用处理案件的民商事法律，切实做到依法公开、公正、及时、平等地保护国内外当事人的合法权益。各级人民法院审理涉外民商事案件时，要坚持国家主权原则和依法独立审判原则，保证案件处理的程序公正和实体公正。涉外民商事案件除法律另有规定的以外一律公开审理，允许新闻媒体自负其责地进行报道。审理案件必须做到认定事实客观、全面，适用法律准确、适当，实体处理公正、合法，除《中华人民共和国合同法》第一百二十六条第二款规定的三类合同必须适用中国法律外，均应依照有关规定或者当事人约定，准确选用准据法；对我国参加的国际公约，除我国声明保留的条款外，应予优先适用，同时可以参照国际惯例。制作涉外法律文书应文字通畅，逻辑严密，格式规范，说理透彻。

三、严格遵守涉外民商事案件生效法律文书的执行规定，切实维护国家司法权威。各级人民法院在强化执行工作过程中，应从维护国家司法形象和法制尊严的高度认识涉外执行工作的重要性，进一步加强涉外案件的执行，要注意执行方法，提高执行效率，注重执行效果。对涉外仲裁裁决和国外仲裁裁决的审查与执行，要严格依照有关国际公约和《中华人民共和国民事诉讼法》、最高人民法院《关于适用〈中华人民共和国民事诉讼法〉若干问题的意见》、《最高人民法院关于人民法院执行工作若干问题的规定（试行）》中有关涉外执行的规定和最高人民法院（法）经发〔1987〕5号通知、法发〔1995〕18号通知、法释〔1998〕28号规定及法〔1998〕40号通知办理。各级人民法院凡拟适用《中华人民共和国民事诉讼法》第二百五十八条和有关国际公约规定，不予执行涉外仲裁裁决、撤销涉外仲裁裁决或拒绝承认和执行外国仲裁机构的裁决的，均应按规定逐级呈报最高人民法院审查，在最高人民法院答复前，不得制发裁定。

四、各级人民法院要加强对国际条约、国际惯例等国际经贸规范的学习，不断提高审理涉外民商事案件的水平。对在适用法律上有重大争议的，应按最高人民法院《关于建立经济纠纷大案要案报告制度的通知》（法经函〔1989〕第4号）执行。审判人员要严格遵守审判纪律，不得私自接待国外当事人或其他有关人员；严格执行回避制度，不得单独接触一方当事人及其关系人；对于涉外案件外国当事人所在国家外交机构代表的正式询问，应由受案法院负责接待，有关情况应及时报告上级法院。

最高人民法院执行工作办公室
关于人民法院能否提取投保人在保险公司所投的第三人责任险应得的保险赔偿款问题的复函

2000年7月13日　　　　　　　　　　　　〔2000〕执他字第15号

江苏省高级人民法院：

你院〔1999〕苏法执他字第15号《关于人民法院能否提取投保人在保险公司所投的第三人责任险应得的保险赔偿款的请示》收悉。经研究，答复如下：

人民法院受理此类申请执行案件，如投保人不履行义务时，人民法院可以依据债权人（或受益人）的申请向保险公司发出协助执行通知书，由保险公司依照有关规定理赔，并给付申请执行人；申请执行人对保险公司理赔数额有异议的，可通过诉讼予以解决；如保险公司无正当理由拒绝理赔的，人民法院可依法予以强制执行。

最高人民法院　司法部
关于公证机关赋予强制执行效力的债权文书执行有关问题的联合通知

2000年9月1日　　　　　　　　　　　　司发通〔2000〕107号

各省、自治区、直辖市高级人民法院、司法厅（局），解放军军事法院、司法局，新疆维吾尔自治区高级人民法院生产建设兵团分院、新疆生产建设兵团司法局：

为了贯彻《中华人民共和国民事诉讼法》、《中华人民共和国公证暂行条例》的有关规定，规范赋予强制执行效力债权文书的公证和执行行为，现就有关问题通知如下：

一、公证机关赋予强制执行效力的债权文书应当具备以下条件：

（一）债权文书具有给付货币、物品、有价证券的内容；

（二）债权债务关系明确，债权人和债务人对债权文书有关给付内容无疑义；

（三）债权文书中载明债务人不履行义务或不完全履行义务时，债务人愿意接受依法强制执行的承诺。

二、公证机关赋予强制执行效力的债权文书的范围：

（一）借款合同、借用合同、无财产担保的租赁合同；

（二）赊欠货物的债权文书；

（三）各种借据、欠单；

（四）还款（物）协议；

（五）以给付赡养费、扶养费、抚育费、学费、赔（补）偿金为内容的协议；

（六）符合赋予强制执行效力条件的其他债权文书。

三、公证机关在办理符合赋予强制执行的条件和范围的合同、协议、借据、欠单等债权文书公证时，应当依法赋予该债权文书具有强制执行效力。

未经公证的符合本通知第二条规定的合同、协议、借据、欠单等债权文书，在履行过程中，债权人申请公证机关赋予强制执行效力的，公证机关必须征求债务人的意见；如债务人同意公证并愿意接受强制执行的，公证机关可以依法赋予该债权文书强制执行效力。

四、债务人不履行或不完全履行公证机关赋予强制执行效力的债权文书的，债权人可以向原公证机关申请执行证书。

五、公证机关签发执行证书应当注意审查以下内容：

（一）不履行或不完全履行的事实确实发生；

（二）债权人履行合同义务的事实和证据，债务人依照债权文书已经部分履行的事实；

（三）债务人对债权文书规定的履行义务有无疑义。

六、公证机关签发执行证书应当注明被执行人、执行标的和申请执行的期限。债务人已经履行的部分，在执行证书中予以扣除。因债务人不履行或不完全履行而发生的违约金、利息、滞纳金等，可以列入执行标的。

七、债权人凭原公证书及执行证书可以向有管辖权的人民法院申请执行。

八、人民法院接到申请执行书，应当依法按规定程序办理。必要时，可以向公证机关调阅公证卷宗，公证机关应当提供。案件执行完毕后，由人民法院在15日内将公证卷宗附结案通知退回公证机关。

九、最高人民法院、司法部《关于执行〈民事诉讼法（试行）〉中涉及公证条款的几个问题的通知》和《关于已公证的债权文书依法强制执行问题的答复》自本联合通知发布之日起废止。

最高人民法院　中国人民银行
关于依法规范人民法院执行和
金融机构协助执行的通知

2000年9月4日　　　　　　　　　　　　　　法发〔2000〕21号

各省、自治区、直辖市高级人民法院，解放军军事法院，新疆维吾尔自治区高级人民法院生产建设兵团分院，中国人民银行各分行，中国工商银行，中国农业银行，中国银行，中国建设银行及其他金融机构：

为依法保障当事人的合法权益，维护经济秩序，根据《中华人民共和国民事诉讼法》，现就规范人民法院执行和银行（含其分理处、营业所和储蓄所）以及其他办理存款业务的金融机构（以下统称金融机构）协助执行的有关问题通知如下：

一、人民法院查询被执行人在金融机构的存款时，执行人员应当出示本人工作证和执行公务证，并出具法院协助查询存款通知书。金融机构应当立即协助办理查询事宜，不需办理签字手续，对于查询的情况，由经办人签字确认。对协助执行手续完备拒不协助查询的，按照民事诉讼法第一百零二条规定处理。

人民法院对查询到的被执行人在金融机构的存款，需要冻结的，执行人员应当出示本人工作证和执行公务证，并出具法院冻结裁定书和协助冻结存款通知书。金融机构应当立即协助执行。对协助执行手续完备拒不协助冻结的，按照民事诉讼法第一百零二条规定处理。

人民法院扣划被执行人在金融机构存款的，执行人员应当出示本人工作证和执行公务证，并出具法院扣划裁定书和协助扣划存款通知书，还应当附生效法律文书副本。金融机构应当立即协助执行。对协助执行手续完备拒不协助扣划的，按照民事诉讼法第一百零二条规定处理。

人民法院查询、冻结、扣划被执行人在金融机构的存款时，可以根据工作情况要求存款人开户的营业场所的上级机构责令该营业场所做好协助执行工作，但不得要求该上级机构协助执行。

二、人民法院要求金融机构协助冻结、扣划被执行人的存款时，冻结、扣划裁定和协助执行通知书适用留置送达的规定。

三、对人民法院依法冻结、扣划被执行人在金融机构的存款，金融机构应当立即予以办理，在接到协助执行通知书后，不得再扣划应当协助执行的款项用以收贷收息；不得为被执行人隐匿、转移存款。违反此项规定的，按照民事诉讼法第一百零二条的有关规定处理。

四、金融机构在接到人民法院的协助执行通知书后，向当事人通风报信，致使当事人转移存款的，法院有权责令该金融机构限期追回，逾期未追回的，按照民事诉讼法第一百零二条的规定予以罚款、拘留；构成犯罪的，依法追究刑事责任，并建议有关部门给予行政处分。

五、对人民法院依法向金融机构查询或查阅的有关资料，包括被执行人开户、存款情况以及会计凭证、账簿、有关对账单等资料（含电脑储存资料），金融机构应当及时如实提供并加盖印章；人民法院根据需要可抄录、复制、照相，但应当依法保守秘密。

六、金融机构作为被执行人，执行法院到有关人民银行查询其在人民银行开户、存款情况的，有关人民银行应当协助查询。

七、人民法院在查询被执行人存款情况时，只提供单位账户名称而未提供账号的，开户银行应当根据银发〔1997〕94号《关于贯彻落实中共中央政法委〈关于司法机关冻结、扣划银行存款问题的意见〉的通知》第二条的规定，积极协助查询并书面告知。

八、金融机构的分支机构作为被执行人的，执行法院应当向其发出限期履行通知书，期限为15日；逾期未自动履行的，依法予以强制执行；对被执行人未能提供可供执行财产的，应当依法裁定逐级变更其上级机构为被执行人，直至其总行、总公司。每次变更前，均应当给予被变更主体15日的自动履行期限；逾期未自动履行的，依法予以强制执行。

九、人民法院依法可以对银行承兑汇票保证金采取冻结措施，但不得扣划。如果金融机构已对汇票承兑或者已对外付款，根据金融机构的申请，人民法院应当解除对银行承兑汇票保证金相应部分的冻结措施。银行承兑汇票保证金已丧失保证金功能时，人民法院可以依法采取扣划措施。

十、有关人民法院在执行由两个人民法院或者人民法院与仲裁、公证等有关机构就同一法律关系作出的两份或者多份生效法律文书的过程中，需要金融机构协助执行的，金融机构应当协助最先送达协助执行通知书的法院，予以查询、冻结，但不得扣划。有关人民法院应当就该两份或多份生效法律文书上报共同上级法院协调解决，金融机构应当按照共同上级法院的最终协调意见办理。

十一、财产保全和先予执行依照上述规定办理。

此前的规定与本通知有抵触的，以本通知为准。

最高人民法院
就新疆高院《关于执行我院〔1999〕新经初字第 10 号民事判决书而义务协助单位持不同意见要求协调的报告》的复函

2000 年 9 月 4 日　　　　　　　　　　　　　　〔2000〕执协字第 34 号

新疆维吾尔自治区高级人民法院：

你院〔1999〕新执字第 35—2 号《关于执行我院〔1999〕新经初字第 10 号民事判决书而义务协助单位持不同意见要求协调的报告》收悉。经研究，答复如下：

北京三峡兴业商贸公司三门峡分公司（以下简称兴业公司）向中国农业银行河南省三门峡市湖滨区支行营业部（以下简称湖滨支行）申请办理银行承兑汇票，以张朝钧在湖滨支行的人民币 240 万元存款作担保，并将存单交给湖滨支行作质押，取得湖滨支行开出的金额为人民币 240 万元的银行承兑汇票。中国农业银行杭州市西湖支行（以下简称西湖支行）依据此银行承兑汇票依法办理了贴现手续，支付了对价款，同时成为此银行汇票的合法持票人；在该汇票到期日，承兑行湖滨支行应无条件向西湖支行支付此笔票据款项。依据《担保法》的有关规定，湖滨支行对张朝钧出质的人民币 240 万元存单享有质权。故你院〔1999〕新执字第 35—1 号民事裁定书裁定扣划湖滨支行享有质权的存款人民币 240 万元及相应利息、裁定"终止执行"西湖支行合法持有的 VIV03784522 号银行承兑汇票是错误的。请你院在接到此件后，十日内撤销〔1999〕新执字第 35—1 号民事裁定书。

最高人民法院
关于石狮德辉开发建设有限公司对江苏省高级人民法院执行异议案的复函

2000年9月22日　　　　　　　　　〔2000〕执监字第304号

江苏省高级人民法院：

你院〔1998〕苏法执字第9号《关于执行第三人石狮市德辉开发建设有限公司（以下简称德辉公司）有关情况的报告》收悉，经研究，答复如下：

你院在执行江苏省针棉织品进出口（集团）公司（以下简称针棉公司）诉中国天衡国际贸易合作公司（以下简称天衡公司）第四被告融资合同纠纷一案生效判决的过程中，针棉公司以被执行人天衡公司对德辉公司享有到期债权，且经本院〔1997〕民终字第39号民事判决书确认为由向你院提出申请，请求执行天衡公司的此笔到期债权。你院即依据本院《关于适用〈中华人民共和国民事诉讼法〉若干问题的意见》第三百条（以下简称"第三百条"）的规定，向德辉公司发出《执行通知书》，此后又作出〔1998〕苏执字第9号民事裁定书裁定德辉公司将应偿还给天衡公司的5359万元人民币直接支付给针棉公司，并查封了德辉公司部分土地及建筑物。对此，德辉公司向你院提出异议向本院申诉，请求本院监督处理。

本院认为，法院判决的债权不适用"第300条"的规定。"第300条"规定的到期债权是指未经法院判决的债权，如果把经法院判决的债权视为"第300条"规定的到期债权去执行，就会使当事人的申请执行权、执行和解权和法院的执行管辖权及执行实施权发生冲突。因此，你院依据"第300条"的规定执行德辉公司的财产属于适用法律错误，应当予以纠正。

本院〔1997〕民终字第38号民事判决书判决德辉公司应返还天衡公司垫资款及利息等。由于被执行人天衡公司怠于行使该判决书确定的其对德辉公司享有的债权，未向执行法院福建省高级人民法院申请执行损害了债权人针棉公司的利益，故针棉公司可代位向福建省高级人民法院申请执行天衡公司对德辉公司享有的债权。代位申请执行的标的范围以针棉公司对天衡公司的债权为限，并不得超过天衡公司对德辉公司享有的债权数额。代位申请执行的期限与《中华人民共和国民事诉讼法》第219条规定的申请执行期限一致。

鉴于针棉公司已在法定的期限内向江苏省高级人民法院提出了执行天衡公司对德辉公司的债权的请求，而且江苏省高级人民法院已采取了执行措施，故该案作为特殊情况可视为针棉公司已在法定期限内提出了代位申请执行的请求。请你院将本案有关对德辉公司财产的查封手续移送福建省高级人民法院，由该院依法执行本院〔1997〕民终字第

38 号民事判决书,以偿还天衡公司欠付针棉公司的债务。

最高人民法院关于对粮棉油政策性收购资金形成的粮棉油不宜采取财产保全措施和执行措施的通知

2000 年 11 月 16 日　　　　　　　　　　　　　法〔2000〕164 号

各省、自治区、直辖市高级人民法院,解放军军事法院,新疆维吾尔自治区高级人民法院生产建设兵团分院:

　　根据国务院国发〔1998〕15 号《关于进一步深化粮食流通体制改革的决定》和国发〔1998〕42 号《关于深化棉花流通体制改革的决定》以及《粮食收购条例》等有关法规和规范性文件的规定,人民法院在保全和执行国有粮棉油购销企业从事粮棉油政策性收购以外业务所形成的案件时,除继续执行我院法函〔1997〕97 号《关于对粮棉油政策性收购资金是否可以采取财产保全措施问题的复函》外,对中国农业发展银行提供的粮棉油收购资金及由该项资金形成的库存的粮棉油不宜采取财产保全措施和执行措施。

最高人民法院执行工作办公室关于执行案件中车辆登记单位与实际出资购买人不一致应如何处理问题的复函

2000 年 11 月 21 日　　　　　　　　　　　　〔2000〕执他字第 25 号

上海市高级人民法院:

　　你院沪高法〔1999〕321 号《关于执行案件车辆登记单位与实际出资购买人不一致应如何处理问题的请示》收悉。经研究,答复如下:

　　本案被执行人即登记名义人上海福久快餐有限公司对其名下的三辆机动车并不主张所有权;其与第三人上海人工半岛建设发展有限公司签订的协议书与承诺书意思表示真实,并无转移财产之嫌;且第三人出具的购买该三辆车的财务凭证、银行账册明细表、缴纳养路费和税费的凭证,证明第三人为实际出资人,独自对该三辆机动车享有占有、使用、收益和处分权。因此,对本案的三辆机动车不应确定登记名义人为车主,而应当依据公平、等价有偿原则,确定归第三人所有。故请你院监督执行法院对该三辆机动车予以解封。

最高人民法院执行工作办公室
关于判决交付的特定物灭失后
如何折价问题的复函

2000年12月25日　　　　　　　　　　　〔2000〕执他字第31号

山东省高级人民法院:

你院鲁高法函〔1999〕78号《关于判决交付的特定标的物灭失后如何折价问题的请示》收悉。经研究,答复如下:

山东省聊城地区中级人民法院〔1993〕聊中法民终字第166号民事判决,系判决交付可替代的种类物的执行案件而不是判决交付特定物的执行案件。如被执行人有该种类物,执行法院直接执行即可;如被执行人无该种类物,应发出履行通知书要求被执行人依判决购买该种类物偿还债务;被执行人拒不购买交付的,执行法院可以该种类物的现时市场价格及运费确定其债务数额,命被执行人预行交付;拒不交付的,可裁定强制执行被执行人的其他财产。

鉴于本案的特殊情况,可就执行标的问题征求申请执行人意见,或按上述关于执行可替代物的有关原则办理;或直接裁定转入金钱代偿执行。对本案的迟延履行金,应当按照《最高人民法院关于适用〈中华人民共和国民事诉讼法〉若干问题的意见》第二百九十五条的规定办理。

此复。

最高人民法院执行工作办公室关于异议人深圳市天华电力投资有限公司申诉案的复函

2000年12月27日　　　　　　　　　〔2000〕执监字第68—1号

湖南省高级人民法院：

你院湘高法函〔2000〕38号关于《湖南有色金属企业财务公司、湖南有色金属财务公司深圳证券业务部与东莞赛格花园股份有限公司、深圳市尊荣集团有限公司、惠州市大亚湾运通企业集团公司还款及担保协议纠纷一案的情况报告》收悉，经研究，答复如下：

1. 深圳市天华电力投资有限公司（以下简称天华公司）系经工商部门核准登记，并具有独立法人资格的企业。你院在执行你院〔1998〕湘法经一初字第15号民事调解书时，于1999年9月6日以〔1999〕湘高法执字第03—4号民事裁定书追加天华公司为被执行人，由其承担深圳市尊荣集团有限公司（以下简称尊荣集团公司）人民币4亿元的债务，并查封了天华公司持有的上市公司陕西精密合金股份有限公司国有法人股7415万股没有法律依据，该裁定错误，应依法予以撤销，并解除对该股权的冻结。

2. 尊荣集团公司在投资开办深圳市尊荣电力投资公司即现在的天华公司时，虽然协议约定以人民币1.8亿元作为投资，但此后该公司又将其拥有的60％股权转让给珠海天华集团公司、20％股权转让给欧亚集团（陕西）有限公司。至此，尊荣集团公司在天华公司中仅占有10％的股权。你院应重新裁定执行尊荣集团公司在天华公司中10％的股权。

3. 尊荣集团公司将其在天华公司中的60％股权转让给珠海天华集团公司，20％转让给欧亚集团（陕西）有限公司后，两受让人并未按照约定支付对价款，双方对此均予以承认。你院在执行时，可以对珠海天华集团公司、欧亚集团（陕西）有限公司应该支付的股权转让款按执行到期债权的有关规定执行。

最高人民法院执行工作办公室
关于已执行完毕的案件被执行人又恢复到执行前的状况应如何处理问题的复函

2001年1月2日　　　　　　　　　　　〔2000〕执他字第34号

天津市高级人民法院：

你院〔1999〕津高法执请字第31号《关于已执行完毕的案件，被执行人又恢复执行前状况，应如何处理的请示》收悉。经研究，答复如下：

被执行人或者其他人对人民法院已执行的标的又恢复执行前的状况，虽属新发生的侵权事实，但是与已经生效法律文书认定的侵权事实并无区别，如果申请执行人另行起诉，人民法院将会作出与已经生效法律文书完全相同的裁判。这样，不仅增加了申请执行人的讼累，同时也增加了人民法院的审判负担。因此，被执行人或者其他人在人民法院执行完毕后对已执行的标的又恢复到执行前状况的，应当认定为对已执行标的的妨害行为，依照《最高人民法院关于适用〈中华人民共和国民事诉讼法〉若干问题的意见》第三百零三条的规定对其作出拘留、罚款，直至追究刑事责任的处理。对申请执行人要求排除妨害的，人民法院应当继续按照原生效法律文书执行。至于被执行人或者其他人实施同样妨害行为的次数，只能作为认定妨害行为情节轻重的依据，并不涉及诉讼时效问题，不能据以要求申请执行人另行起诉；如果妨害行为给申请执行人或者其他人造成新的损失，受害人可以另行起诉。

此复。

最高人民法院
关于执行旅行社质量保证金问题的通知

2001年1月8日　　　　　　　　　　　　法〔2001〕1号

各省、自治区、直辖市高级人民法院，新疆维吾尔自治区高级人民法院生产建设兵团分院：

人民法院在执行涉及旅行社的案件时，遇有下列情形而旅行社不承担或无力承担赔偿责任的，可以执行旅行社质量保证金：

（1）旅行社因自身过错未达到合同约定的服务质量标准而造成旅游者的经济权益损失；

（2）旅行社的服务未达到国家或行业规定的标准而造成旅游者的经济权益损失；

（3）旅行社破产后造成旅游者预交旅行费损失；

（4）人民法院判决、裁定及其他生效法律文书认定的旅行社损害旅游者合法权益的情形。

除上述情形之外，不得执行旅行社质量保证金。同时，执行涉及旅行社的经济赔偿案件时，不得从旅游行政管理部门行政经费账户上划转行政经费资金。

特此通知。

最高人民法院
关于海南美虹集团公司申请对仲裁裁决不予执行案的复函

2001年3月6日　　　　　　　　　　　　　　〔2001〕执他字第7号

海南省高级人民法院：

你院〔1999〕琼高法协执字第25号《关于海南美虹集团公司申请对仲裁裁决不予执行有关问题的请示报告》收悉。经研究，答复如下：

海南美虹物业集团公司（以下简称美虹公司）与海南中机物业经营管理公司（以下简称中机公司）之间虽然没有直接的仲裁协议，但海口交易美食城（以下简称美食城）与美虹公司签订的《转让经营合同》中明确约定《房产租用合同》对美虹公司继续有效，中机公司虽然未在《转让经营合同》上签字或盖章予以认可，但事后就该房产欠交租金问题与美虹公司签订了《抵押协议书》。根据《民法通则》第九十一条的规定，应认为美食城在《房产租用合同》中的权利义务已概括转让给了美虹公司，《房产租用合同》中的仲裁条款对美虹公司应有拘束力。仲裁条款的约定虽然不够明确，但当时的有关法律对仲裁协议并无特殊要求。仲裁机构受理本案时，仲裁法尚未生效，不应适用《仲裁法》第18条的规定否定该仲裁条款的效力。而且，中机公司申请仲裁后，美虹公司未对仲裁协议的效力问题提出异议，并应诉答辩，仲裁裁决作出后，不应再以仲裁协议无效为由裁定不予执行。仲裁机构的仲裁裁决中并未涉及抵押物的执行问题，《抵押协议书》是否有效不应影响该案的执行。

此外，从案件材料看，美虹公司称曾于1995年12月仲裁裁决下发后向执行法院申请撤销仲裁裁决，但执行法院未予审理；并称本案在评估、拍卖过程中亦存在问题。如当事人反映的问题属实，你院应督促执行法院依法予以纠正。

最高人民法院执行工作办公室
关于中国重型汽车集团公司股权执行案的复函

2001年4月13日　　　　　　　　　　　　〔2001〕执协字第16号

上海市、安徽省、四川省、陕西省、新疆维吾尔自治区、天津市、北京市、福建省高级人民法院：

　　近日，联合证券有限责任公司（以下简称联合公司）向我院反映，有多家法院冻结了中国重型汽车集团公司（以下简称重汽公司）所持其公司的股权，冻结股权的数额已超出重汽公司所有的份额，影响了其正常的经营活动，请求本院协调处理。

　　经查，联合公司反映的情况属实。重汽公司只拥有联合公司8000万股股权，价值9220.8万元人民币，1998年12月至2000年7月，上海二中院、安徽高院、四川眉山中院、陕西西安中院、新疆高院、天津一中院、北京二中院等7家法院在执行以重汽公司为债务人的生效判决过程中，却先后裁定冻结了联合公司的股权共12334万股，超出被执行人拥有的股权份额。按照《最高人民法院关于人民法院执行工作若干问题的规定（试行）》第88条的规定，本案各债权人对执行标的物均无担保物权，应当按照执行法院采取执行措施的先后顺序受偿。在采取执行措施的时间顺序上，各家法院均无争议，依次为上海二中院、安徽高院、四川眉山中院、陕西西安中院、新疆高院、天津一中院、北京二中院。但天津一中院、北京二中院提出，上海二中院和四川眉山中院虽然在先向联合公司送达了冻结股权的相关法律文书，但没有在工商机关办理登记手续，应视其冻结措施无效，不能对抗在后既向联合公司送达了相关法律文书，又在工商机关办理了登记手续的法院所采取的冻结措施。

　　我们认为，根据《最高人民法院关于人民法院执行工作若干问题的规定（试行）》第53条的规定，人民法院冻结被执行人在有限责任公司、其他法人企业的投资权益或股权的，只要依法向相关有限责任公司、其他法人企业送达了冻结被执行人投资权益或股权的法律文书，即为合法有效。因此，本案中上海二十院、四川眉山中院实施的冻结重汽公司股权的措施是合法有效的。天津一中院、北京二中院关于既向联合公司送达冻结股权的法律文书，又到工商管理机关进行登记才发生冻结效力的主张，并无法律规定，故不能否定上海二中院、四川眉山中院冻结股权的效力。天津一中院、北京二中院冻结股权的措施，实际上是在重汽公司已无股权可供执行的情况下进行的，当属无效，应当解除。两院可依法执行被执行人的其他财产。

　　此外，厦门中院关于重汽公司不承担有关民事责任的判决已经发生法律效力，应当解除该院在审判过程中对重汽公司股权冻结的保全措施。接此函后，请天津、北京、福建省高级人民法院监督所辖相关法院立即解除对重汽公司的股权冻结措施，以保证本案执行工作的顺利进行。

最高人民法院执行工作办公室
对甘肃高院《关于能否强制执行金昌市东区管委会有关财产的请示》的复函

2001 年 4 月 19 日　　　　　　　　　　　〔2001〕执他字第 10 号

甘肃省高级人民法院：

你院甘高法〔1999〕07 号《关于能否强制执行金昌市东区管委会有关财产的请示》收悉。经研究，答复如下：

我们认为，预算内资金和预算外资金均属国家财政性资金，其用途国家有严格规定，不能用来承担连带经济责任。金昌市东区管委会属行政性单位，人民法院在执行涉及行政性单位承担连带责任的生效法律文书时，只能用该行政单位财政资金以外的自有资金清偿债务。为了保证行政单位正常的履行职能，不得对行政单位的办公用房、车辆等其他办公必需品采取执行措施。

此复。

最高人民法院
关于湖南省高级人民法院与北京市高级人民法院执行中国机电总公司协调案的复函

2001 年 6 月 18 日　　　　　　　　　　　〔2001〕执协字第 8 号

湖南省高级人民法院、北京市高级人民法院：

湖南省高级人民法院（2000）湘执请字第 10 号《关于请求最高人民法院协调处理湖南省长沙市中级人民法院强制执行中国机电设备总公司相关财产是否应列为破产财产的请示》和〔2001〕湘高法执请字第 1 号有关该案的《紧急报告》及北京市高级人民法院京高法〔2001〕74 号报告均收悉。

经研究，我们认为，鉴于中国机电设备总公司（以下简称机电总公司）对长沙市中级人民法院依法查封的位于北京市宣武区马连道北路 1 号的机电大厦院内的房产不同意拍卖，而对长沙市中级人民法院提出的将该房产按评估价以物抵债的意见并未反对，故应视为同意以物抵债;由于北京市政府有关部门规定在京房地产不能直接过户给外地单位,因此,本案债权人长沙市商业银行商由长沙市政府驻京联络处接收该案标的物即机电大厦院内的部分房产,应予准许;长沙市中级人民法院据此于 2000 年 7 月 12 日裁定将上述房产过户给长沙市政府驻京联络处,其实质是依法将该标的物变卖给长沙市政府驻京联络处,并无不当,该案至此已执行完毕。而北京市第一中级人民法院 2000 年 8 月 2 日受理破产案件时将上述房产列入破产财产错误,应予纠正。

关于北京市高级人民法院在报告中反映机电总公司将上述房产抵押给中国银行总行的问题,因其未依法到有关房地产管理部门办理抵押登记,故不得对抗人民法院的执行。至于中国汽车贸易总公司对上述房产主张产权的问题,因该房产的产权证在机电总公司名下,根据国务院《企业国有资产产权登记管理办法》有关国有资产管理部门审定的企业国有资产产权登记表、登记证是确认企业产权归属的法律凭证的规定,上述房产只能认定归机电总公司所有。如果中国汽车贸易总公司坚持主张产权,应另行通过诉讼解决。对机电总公司不服原判的问题,应告其可按照审判监督程序提出申诉,但其申诉不影响本案的执行。

最高人民法院
关于北京华油石油公司申请执行辽宁营口华油实业公司对第三人沈阳龙源石油化工有限公司到期债权案的复函

2001 年 6 月 19 日　　　　　　　　　　〔2000〕执他字第 19 号

内蒙古自治区高级人民法院:

你院〔2000〕内高法执请字第 1 号乌盟电业局物资供应公司、北京华油公司申请执行辽宁省营口华油实业公司、辽宁省营口市油品加工厂联营购销合同纠纷一案的请示报告收悉。经研究,答复如下:

根据执行法院乌兰察布盟中级人民法院补充提供的材料,该案所执行的辽宁营口市华油实业公司(以下简称营口华油)对第三人沈阳龙源石油化工有限公司(以下简称沈阳龙源)的到期债权是经营口仲裁委仲裁确认的,且营口华油已经向营口中院申请执行,乌盟中院在执行前已经与营口中院沟通,故乌盟中院可以直接执行该债权。同样因为该债权已经仲裁确认,第三人沈阳龙源无权对该债权的存在与否提出实质上的异议,因此是否对其事先通知,并不能影响执行结果。沈阳龙源与营口华油之间虽然签订了还款协议,但由于该协议没有明确的还款期限,故可以依法认定营口华油可以随时请求其履行,执行法院可以随时根据营口华油的申请恢复对仲裁调解书的执行。因此执行中已经扣划的款项不应退还给沈阳龙源,但应将执行结果告知营口中院,以便及时扣减营口华油对沈阳龙源的可执行债权的数额。至于有关案外人提出的执行异议,应由执行法院依法审查。

最高人民法院
关于严格执行对证券或者期货交易机构的账号资金采取诉讼保全或者执行措施规定的通知

2001年7月17日　　　　　　　　　　　　　　　法〔2001〕98号

各省、自治区、直辖市高级人民法院,解放军军事法院,新疆维吾尔自治区高级人民法院生产建设兵团分院:

最近,国务院证券管理部门和一些地方政府有关部门向我院反映,已列入我院《关于清理整顿信托投资公司中有关问题的通知》公布名单中的信托投资公司和有关证券公司因债务纠纷,其下属一些证券营业部交易结算资金账户被部分法院冻结,投资者交易结算资金被扣划。关于对证券或者期货交易机构的账号、资金采取诉讼保全或者执行措施问题,我院曾下发了《关于冻结、划拨证券或期货交易所证券登记结算机构证券经营或期货经纪机构清算账号资金等问题的通知》(法发〔1997〕27号)和《关于贯彻最高人民法院法发〔1997〕27号通知应注意的几个问题的紧急通知》(法明传〔1998〕213号)。2001年5月28日,针对清理整顿信托投资公司中的有关问题,我院又下发了《最高人民法院关于发布延长部分停业整顿重组和撤销信托投资公司暂缓受理和中止执行期限名单的通知》。各级人民法院应当按照上述通知规定的精神,严格执行。对确属违反上述规定的,应当立即依法纠正。

最高人民法院
关于深圳市华旅汽车运输公司出租车牌照持有人对深圳市中级人民法院执行异议案的复函

2001年10月30日　　　　　　　　　　〔2001〕执监字第232号

广东省高级人民法院：

你院〔2001〕粤高法执监字第188号《关于深圳中院执行华旅汽车运输公司一案的复查报告》收悉。经研究，同意你院的复查意见，现具体答复如下：

一、《最高人民法院关于适用〈中华人民共和国民事诉讼法〉若干问题的意见》第一百零八、一百零九条规定，诉讼中的财产保全裁定的效力一般应维持到生效的法律文书执行时止；在财产保全期内，任何单位均不得擅自解除保全措施。《最高人民法院关于人民法院执行工作若干问题的规定（试行）》第44条规定，"被执行人或其他人擅自处分已被查封、扣押、冻结财产的，人民法院有权责令责任人限期追回财产或承担相应的赔偿责任。"本案被执行人深圳市华旅汽车运输公司在诉讼保全期间内将人民法院已经查封的142块出租车营运牌照作为合同标的物以每块28万元至45万元不等的价格融资租赁给他人的行为无效。执行法院有权责令被执行人深圳市华旅汽车运输公司限期追回查封标的物（出租车营运牌照）或直接执行该标的物。

二、《最高人民法院关于人民法院执行工作若干问题的规定（试行）》第86条第1款规定："在执行程序中，双方当事人可以自愿达成执行和解协议，变更生效法律文书确定的履行义务主体、标的物及其数额、履行期限和履行方式。"依据本规定，执行和解协议的有效要件之一是双方当事人出于自愿并就协议内容的意思表示一致。而本案的各申请执行人于2001年4月29日、5月9日（拍卖前一日）两次向执行法院明确表示不同意和解并要求执行法院依法对查封标的物进行拍卖，表明本案申请执行人与被执行人之间并没有达成有效的执行和解协议。申诉人（牌照持有人）要求按所谓的和解协议执行，没有事实根据，不予支持。

三、《最高人民法院关于人民法院执行工作若干问题的规定（试行）》第47条规定："人民法院对拍卖、变卖被执行人的财产应当委托依法成立的资产评估机构进行价格评估。"据此规定，评估程序应当是人民法院拍卖、变卖被执行人财产的必经程序。本案执行法院曾于1999年12月委托深圳市国颂资产评估有限公司对华旅公司所有的100个出租车营运牌照（产权证编号为：03151－03250）的权益进行评估，评估公司于同年12月16日出具《关于法院委托评估的资产评估结果报告书》。评估报告书确认：每个出租车营运牌照权益价值的评估值为45.49万元；建议拍卖保留价为40.941万元/个。评估公司出具的《评估过程说明》第5条第6项注明：本次评估报告在市场价格无较大波动情况下的有效期为半年，若超过此期限或市场价格发生较大波动时，需重新评估。后因双方当事人磋商执行和解，此次拍卖没有进行。2001年5月10日，深圳市中级法院在没有进行重新评估的情况下，合议庭决定该批出租车营运牌照的拍卖保留价为70万元/个，委托广东机电深圳拍卖行进行拍卖。我们认为，在第一次评估报告已经过期并自动失效的情况下，深圳市中级法院未经重新评估，执行合议庭合议确定拍卖保留价并委托拍卖的行为违反法定程序。鉴于该批出租车营运牌照的拍定价格大幅度高于原评估价格且已经公开拍卖完毕，可予以维持。但为维护程序公正和保证拍卖物的价格真实，应由深圳市中级法院另行指定评估机构按拍卖时的市场行情再行评估一次，如重新评估的价格未超过原拍卖价，则维持拍卖结果；如超过原拍卖价，则重新拍卖。

鉴于本案的执行涉及群体利益，故请你院接函后即督促深圳市中级法院制定详细工作方案，积极、稳妥地做好申诉人息诉工作，以维护社会稳定。

此复。

最高人民法院
关于上海市第一中级人民法院驳回上海久事大厦置业有限公司、上海久茂对外贸易公司不予执行仲裁裁决申请案的复函

2001年11月20日 〔2001〕执他字第15号

上海市高级人民法院：

你院沪高法〔2001〕224号《关于对上海市第一中级人民法院驳回上海久事大厦置业有限公司、上海久茂对外贸易公司不予执行仲裁裁决申请案件的请示报告》收悉。经研究，答复如下：

根据《仲裁法》第六十五条的规定，涉外仲裁是指对涉外经济贸易、运输和海事中发生的纠纷的仲裁。本案所涉及的合同是涉外合同，是因外国公司破产而使涉外合同的履行发生纠纷，故该纠纷应当属于"涉外经济贸易"中发生的纠纷。本案仲裁的对象、事实及结果均直接涉及外国公司及其权利义务，应属于涉外仲裁案件。因此，本案应依据《中华人民共和国民事诉讼法》第二百六十条和《中华人民共和国仲裁法》第七十一条的规定，只对程序性问题进行审查，而不应适用《中华人民共和国民事诉讼法》第二百一十七条的规定对证据和事实认定问题进行审查。

关于上海美特幕墙有限公司提供的外文证据材料中未附中文译本是否违反法定程序的问题。我们认为，虽然《上海仲裁委员会仲裁规则（暂行）》中对外文材料附中文译本有明确要求，但该要求是仲裁庭可以根据实际需要决定的事项。至于当事人是否需要将证据材料的英文翻译成中文，应当由当事人自行决定。当事人在仲裁过程中没有提出

需要中文译本，其事后对申请人提出的证据材料进行了逐项整理和辨别，说明当事人自己有能力识别理解外文资料，且本案中只是部分证据材料未附中文译本。我们认为，不能据此认定为本案的仲裁违反法定程序。

综上，我们认为，对上海久事大厦置业有限公司、上海久茂对外贸易公司不予执行仲裁裁决的申请，应依法予以驳回。

此复。

最高人民法院执行工作办公室
关于深圳金安集团公司和深圳市鹏金安实业发展有限公司执行申诉案的复函

2001年11月23日　　　　　　　　　　　　〔2001〕执监字第188号

广东省高级人民法院：

关于深圳金安集团公司（以下简称金安公司）、深圳市鹏金安实业发展有限公司（以下简称鹏金安公司）申诉一案，本院现已审查完毕，经研究，提出处理意见如下：

一、关于金安公司是否全面履行你院〔1999〕粤高法审监民再字第7、8号民事调解书所确定的义务问题，经查金安公司向本院提供的证据材料，虽能证明其曾向深圳市龙岗区国土局申报过要求转让相关土地给广东建邦集团有限公司（以下简称建邦集团），但国土局已以"资金不落实""与龙东村非农建设用地有冲突，不同意选址"为由，退回金安公司有关办文资料。因土地转让存有瑕疵，建邦公司的权利无法实现，所以不能认定金安公司已全面履行了民事调解书所确定的义务。

二、关于本案的执行依据问题

根据《最高人民法院关于适用〈中华人民共和国民事诉讼法〉若干问题的意见》第201条的规定，你院〔1999〕粤高法审监民再字第7、8号民事调解书发生法律效力后，原生效判决即〔1997〕深中法房初字第75号民事判决和〔1998〕粤法民终字第28号民事判决即已被撤销，故你院据两份判决作出〔2001〕粤高法执指字第5号民事裁定，指令广州铁路运输中级人民法院执行原判决错误，而应依法执行〔1999〕粤高法审监民再字第7、8号民事调解书所确定的金安公司应承担的债务。

三、关于执行深圳市金来顺饮食有限公司、深圳市京来顺饮食有限公司和深圳市东来顺饮食有限公司的问题

请你院监督执行法院进一步核实此三公司的注册资本投入和鹏金安公司受让深圳市金来顺饮食有限公司和深圳市京来顺饮食有限公司各90%股权的情况，如三公司确系金安公司全部或部分投资，现有其他股东全部或部分为名义股东，可依据《最高人民法院关于人民法院执行工作若干问题的规定（试行）》第53条、第54条的规定，执行金

安公司在三公司享有的投资权益。但不应在执行程序中直接裁定否定三公司的法人资格。

此复。

最高人民法院执行工作办公室
关于案外人李福胜异议一案的复函

2001年11月26日　　　　　　　　　　〔2000〕执监字第226—1号

新疆维吾尔自治区高级人民法院：

　　关于案外人李福胜异议一案，本院现已审查完毕，经研究，提出处理意见如下：

　　你院在执行本院〔1997〕经终字第147号民事判决时，于1999年6月25日追加刘晓军为被执行人，而刘晓军将其所购买的长安花园A—20—G房屋通过深圳市长城房地产发展公司（以下简称长城公司）转让给李福胜，时间是在1998年7月。同年10月15日，深圳市人民政府向李福胜核发了房地产证。你院以刘晓军与李福胜恶意串通，逃避债务为由，强制执行李福胜名下的房产，证据并不充分。而李福胜向本院提供了如下证据：1. 刘晓军同意将其购买的长安花园A—20—G号房屋转让给李福胜；2. 李福胜支付购房尾款60987元给长城公司，刘晓军先前支付的房款723172元，李福胜以现金和存折支付给李晓军；1998年7月16日，李福胜从存折上取款53万元，同一天，刘晓军储蓄开户存款53万元，3. 刘晓军2000年6月8日出具证明：1998年7月16日将上述房屋转让给李福胜，并收受63万元的转让费；4. 长城公司于1998年7月22日为李福胜开具的购买上述房屋的转让（销售）房地产收入发票，金额为784159.00元；5. 长城公司与李福胜签订的上述房屋买卖合同（13443号）；6. 1998年10月15日，深圳市政府为李福胜核发的《房地产证》。这些证据足以证明李福胜对该房屋拥有所有权，本院予以认可。故你院强制执行李福胜名下的房屋是错误的，应当依法纠正。如申请执行人对李福胜名下的房屋权属有异议，认为刘晓军与李福胜之间转让房屋的行为侵犯其合法权益，可通过诉讼程序解决。

　　你院应将纠正执行错误的情况报告我院。

最高人民法院
关于人民法院在强制执行程序中处分被执行人
国有资产适用法律问题的请示报告的复函

2001年12月27日　　　　　　　　　　　　〔2001〕执他字第13号

陕西省高级人民法院：

你院〔2000〕陕执请字第09号《关于人民法院在强制执行程序中处分被执行人国有资产适用问题的请示报告》收悉。经研究，答复如下：

国务院发布的《国有资产评估管理办法》（国务院91号令）关于国有资产评估中申请立项及审核确认的规定，确定了对国有资产占用单位在自主交易中进行评估的程序，其委托评估的主体是国有资产的占有企业，在特殊情况下可由国有资产管理部门委托评估。该《办法》对人民法院在执行程序中委托评估作为被执行人的国有企业的资产，并无相应的规定。人民法院在执行中委托评估也无须参照适用该《办法》，而应根据《最高人民法院关于人民法院执行工作若干问题的规定（试行）》第47条的规定办理，即由人民法院自行委托依法成立的资产评估机构进行；对评估机构的评估结论，应由执行法院独立审核确认并据以确定拍卖、变卖的底价。因此，只要执行法院委托了依法成立的评估机构进行评估，并据以判断认为核评估结论不存在重大错误，该评估程序和结果就是合法有效的。故石泉县人民法院在执行中委托评估的执行行为合法，应予以维持。

此复。

最高人民法院执行工作办公室
关于中奥（珠海）塑料包装有限公司
执行申诉一案的复函

2002年1月17日　　　　　　　　　　　　〔2001〕执监字第80号

广东省高级人民法院：

你院〔1999〕粤高法执督字第57号函收悉，经研究，答复如下：

一、珠海王子实业有限公司在执行程序中提供的汇率结算协议书，未经实体判决认定，在执行程序中不能采信。债务人应按生效判决之判定以美元给付债权人。若给付美元不能的，应按实际给付之日的国家外汇牌价汇率予以折算成人民币给付。

二、珠海市中级人民法院根据珠海市人民政府的协调安排意见，裁定由中奥（珠海）塑料包装有限公司承担11套职工住房转让款及租金，缺乏法律依据，且改变了（1996）粤高法审监经字第4号民事判决的内容，应予纠正。

三、中奥（珠海）塑料包装有限公司将位于珠海拱北湾二路排洪沟北侧的10,853平方米土地使用权及地上附着物5878平方米建筑物抵押给中国银行珠海分行的抵押登记时间是1999年12月26日，而此时依〔1998〕珠法执字第62—1号民事裁定书，珠海王子实业有限公司尚欠中奥（珠海）塑料包装有限公司3,493,025,13元人民币，故不能认定中奥（珠海）塑料包装有限公司为逃避债务恶意抵押。珠海市中级人民法院在执行程序中裁定登记机关的抵押登记行为失当，应予纠正。

请你院按照上述意见予以办理。

最高人民法院执行工作办公室
关于四川石油管理局勘察设计研究院与成都广视房地产开发公司拆迁安置合同纠纷一案的复函

2002年1月20日　　　　　　　　　　〔1999〕执监字第231—2号

四川省高级人民法院：

你院〔1998〕川协字第5—1号和第38—1号《关于四川石油管理局勘察设计研究院与成都广视房地产开发公司拆迁安置合同纠纷一案执行情况的报告》收悉。经研究答复如下：

你院在执行本院〔1997〕民终字第47号民事判决书过程中，于1999年9月裁定四川石油管理局勘察设计研究院（以下简称石油研究院）申请执行成都广视房地产开发公司（以下简称广视公司）一案中止执行。根据全国人大代表的反映，我办以（1999）执监字第231—1号函，要求你院恢复执行。你院报告认为，申请执行人石油研究院提不出可供执行的财产线索，你院依职权也找不到被执行人广视公司有可供执行的财产，故该案尚无恢复执行的条件。

我办认为，本院（1997）民终字第47号民事判决书，判决广视公司"将尚未拆迁安置的9户及其他未拆除的房屋予以拆迁安置和拆除"。该拆迁安置和拆除行为，属可替代行为的执行，你院应委托有关单位完成该行为，费用由被执行人承担。为了确保被执行人支付替代完成行为的费用，你院应对广视公司的注册资金是否属实予以调查，若注册资金不实，应追加投资者注册资金不实的责任；同时，你院还应对本案执行中先前执行的拆迁安置款流失情况予以核查，追回流失款项，并对有关责任人员追究相应责任。

鉴于此案系全国人大代表多次反映的案件，请你院充分认识到本案执行的重要性。在接到本函后立即恢复执行，加大执行力度，并在三个月内执行结案。

此复。

最高人民法院研究室
关于执行程序中能否扣划离退休人员
离休金退休金清偿其债务问题的答复

2002年1月30日　　　　　　　　　　　　　法研〔2002〕13号

天津市高级人民法院：

你院津高法〔2001〕28号《关于劳动保障部门应依法协助人民法院扣划被执行人工资收入的请示》收悉。经研究，答复如下：

为公平保护债权人和离退休债务人的合法权益，根据《民法通则》和《民事诉讼法》的有关规定，在离退休人员的其他可供执行的财产或者收入不足偿还其债务的情况下，人民法院可以要求其离退休金发放单位或者社会保障机构协助扣划其离休金或退休金，用以偿还该离退休人员的债务。上述单位或者机构应当予以协助。

人民法院在执行时应当为离退休人员留出必要的生活费用。生活费用标准可参照当地的有关标准确定。

最高人民法院
关于阳江波士发时装厂对广州市
中级人民法院执行异议案的复函

2002年3月6日　　　　　　　　　　　　〔1999〕执监字第167—1号

广东省高级人民法院：

你院〔1996〕粤高法执监字第66—2号《关于阳江波士发时装厂来信反映广州中院违反执行程序低价处理其股权权益问题的审查情况报告》收悉，经研究，答复如下：

阳光波士发时装厂（以下简称波士发）与中国农村发展信托投资公司广东办事处证券交易营业部（以下简称中农信）证券承销兑付纠纷一案，广东省高级人民法院经二审于1996年8月29日作出判决，由债务人波士发在判决生效后10日内向中农信交付债券本金1000万元及利息。波士发逾期未履行义务，中农信申请执行。

在执行过程中，广州市中级人民法院将被执行人波士发在其与第三人广东省信托房地产开发公司广州开发区公司（以下简称广信托）合作开发广州芳村花地湾项目中投入的1200万元定金按照投资权益裁定作价1392万元以物抵债给中农信。波士发对此裁定不服，以如下理由向本院提出申诉：（一）涉案财产未经拍卖就裁定以物抵债，违反法定程序，应予纠正；（二）执行法院委托的评估是在未通知被执行人，没有得到被执行人地产资料的情况下所作的评估，该评估与其他评估机构的评估价相差10倍左右，显失公平；（三）涉案房地产为被执行人与第三人共有，在未经审判确定双方权益的情况下，执行法院在执行中裁定确定被执行人与第三人的具体权益，于法不符。

本院经审查认为：在被执行人波士发没有财产可供执行时，执行法院可以执行其投资权益。但是，波士发与广信托之间就涉案房地产的开发合作仅有合作开发协议，没有成立开发该项目的公司或者其他形式的合作开发房地产的企业，尚无投资权益依附的民事主体，且波士发在履约之初交付定金后，双方是否继续履行合作协议，是否形成投资权益，该定金应如何处理，以及该合作协议的效力如何，出现的民事责任是违约责任还是过错责任等问题，应当通过诉讼等途径解决。广州市中级人民法院在执行程序中认定波士发支付的1200万元定金为投资权益，并裁定予以抵债1392万元，不符合法律规定，应予纠正。请你院督促执行法院纠正执行错误，撤销〔1996〕穗中法经执字第367号裁定。

此复。

最高人民法院
关于深圳市广夏文化实业总公司、宁夏伊斯兰国际信托投资公司、深圳兴庆电子公司与密苏尔有限公司仲裁裁决不予执行案的复函

2002年4月20日　　　　　　　　　　〔2000〕执监字第96—2号

广东省高级人民法院：

深圳市广夏文化实业总公司（以下简称广夏公司）、宁夏伊斯兰国际信托公司（以下简称宁夏公司）、深圳兴庆电子公司与密苏尔有限公司（以下简称密苏尔公司）合资纠纷一案，中国国际经济贸易仲裁委员会于1996年7月30日作出〔1996〕贸仲裁字第0271号裁决书。裁决：三申请人于裁决作出之日起60日内向被申请人密苏尔公司支付160万美元，逾期不付按年息8%计付利息；驳回双方的其他仲裁请求；本案仲裁费20950元由三申请人承担，反请求费及实际费用计145800元由被申请人密苏尔公司承担。同年9月9日，申请人三个公司以该仲裁裁决在程序和实体上存在错误为由向北京

市第二中级人民法院申请撤销此裁决书。1997年7月29日，该院以本案中存在申请人三个公司由于其他不属于三个公司负责的原因未能陈述意见的情形，裁定本案中止撤销程序，通知中国国际经济贸易仲裁委员会对本案重新作出裁决。1998年6月30日，该仲裁委重新作出裁决；维持〔1996〕贸仲裁字第0271号裁决书的结果；本裁决构成原裁决的一部分。裁决生效后，密苏尔公司向深圳市中级人民法院申请强制执行；三个公司不服，则分别向北京市第二中级人民法院和深圳市中级人民法院申请，请求不予执行并撤销中国国际经济贸易仲裁委员会作出的裁决，被两地法院裁定驳回。深圳市中级人民法院遂裁定查封了三个公司的有关财产。三个公司则向我院提出申诉。

本院经审查认为：〔1996〕贸仲裁字第0271号仲裁裁决书原文第26页称"仲裁庭认为，申请人通过不正当的手段获取了不符事实的验资报告，并据此向政府有关部门提出变更股东的要求。政府有关部门作出的上述行政决定乃是申请人侵权行为的结果，决不是孤立的行政行为，申请人不能以行政机关行政行为为理由摆脱其应承担的侵权责任"。该文字表述违反了《民事诉讼法》和《仲裁规则》关于仲裁庭仲裁范围和管辖权限的有关规定，主要有以下两个错误：

一、该仲裁裁决的事项超越了仲裁范围。〔1996〕贸仲裁字第0271号裁决书认定了密苏尔公司对合资公司履行了出资义务，实际上否定了深圳市工商行政管理局关于密苏尔公司未按照合营合同规定的期限、金额出资，构成违约的结论；同时也违反了深圳市人民政府关于取消密苏尔公司股东资格的决定。合资公司如果认为股东出资没有到位，可以依据合资公司的章程等有关规定向有关行政管理部门申请更换或取消其股东资格，行政机关经审查后，可以依法作出行政决定。对行政机关依法作出的行政决定的合法性，仲裁庭无权进行裁决。依据《民事诉讼法》第二百六十条第一款第四项之规定，该仲裁庭裁决的事项超越了仲裁范围，系无权仲裁。

二、仲裁裁决内容违反了仲裁规则。《中国国际经济贸易仲裁委员会仲裁规则》第二条规定"中国国际经济贸易仲裁委员会以仲裁的方式，独立、公正地解决产生于国际或涉外的契约性或非契约性的经济贸易等争议"。由此可知，仲裁庭仲裁的案件仅限于契约或非契约性的民商事纠纷案件，对于涉及侵权性质的纠纷案件则无权进行仲裁。本案的仲裁庭在裁决中认定政府等有关部门作出的具体行政行为是申请人三个公司侵权行为的结果，即认定合资公司按照政府等有关部门的批准进行股东更换，是一种侵权行为。因此，裁决申请人三个公司承担因侵权而产生的责任。仲裁庭的上述裁决明显违反了《中国国际经济贸易仲裁委员会仲裁规则》关于裁决案件受理范围的有关规定。

综上所述，申请人三个公司以中国国际经济贸易仲裁委员会〔1996〕贸仲裁字第0271号裁决书存在程序错误，向北京市第二中级人民法院和深圳市中级人民法院请求予以撤销和申请不予执行该裁决的异议理由成立，两中院裁定驳回三个公司的申请错误。深圳市中级人民法院应撤销该院作出的〔1998〕深中法经二初字第97号裁定书，同时裁定对中国国际经济贸易仲裁委员会〔1996〕贸仲裁字第0271号裁决不予执行，并函复当事人。

请你院收到此函后，立即监督深圳市中级人民法院照此意见执行并报告落实情况。

最高人民法院
关于仲裁协议无效是否可以裁定不予执行的处理意见

2002年6月20日　　　　　　　　　　〔1999〕执监字第174—1号

广东省高级人民法院：

你院〔1999〕粤高法执监字第65—2号《关于中国农业银行杭州市延安路支行申请执行杭州市经济合同仲裁和会杭裁字〔1996〕第80号裁决书一案》的报告收悉，经研究，答复如下：

申请人中国农业银行浙江省信托投资公司（现为中国农业银行杭州市延安路支行，以下简称农业银行）与被申请人深圳政华实业公司（以下简称政华公司）、招商银行深圳福田支行（以下简称招商银行）合作投资担保合同纠纷一案，杭州市经济合同仲裁委员会于1996年10月25日作出杭裁字〔1996〕第80号裁决书裁决：政华公司在裁决生效后十日内归还农业银行借款及利息人民币617万余元，招商银行承担连带偿付责任。在执行该仲裁裁决过程中，被执行人招商银行向深圳市中级人民法院申请不予执行该仲裁裁决。深圳市中级人民法院认为：由于当事人只约定了仲裁地点，未约定仲裁机构，且双方当事人事后又未达成补充协议，故仲裁协议无效，杭州市经济合同仲裁和会无权对本案进行仲裁。因此，以〔1997〕深中法执字第10—15号民事裁定书裁定不予执行。

本院认为：本案的仲裁协议只约定仲裁地点而没有约定具体的仲裁机构，应当认定无效，但仲裁协议无效并不等于没有仲裁协议。仲裁协议无效的法律后果是不排除人民法院的管辖权，当事人可以选择由法院管辖而排除仲裁管辖，当事人未向法院起诉而选择仲裁应诉的，应视为当事人对仲裁庭管辖权的认可。招商银行在仲裁裁决前未向人民法院起诉，而参加仲裁应诉，应视为其对仲裁庭关于管辖权争议的裁决的认可。本案仲裁庭在裁决驳回管辖权异议后作出的仲裁裁决，在程序上符合仲裁法和民诉法的规定，没有不予执行的法定理由。执行法院不应再对该仲裁协议的效力进行审查。执行法院也不能将"仲裁协议无效"视为"没有仲裁协议"而裁定不予执行。因此，深圳市中级人民法院裁定不予执行错误，本案仲裁裁决应当恢复执行。

请你院监督执行法院按上述意见办理，在两个月内执结此案并报告本院。

此复。

最高人民法院执行工作办公室关于石油工业出版社申请执行回转一案的复函

2002年9月12日　　　　　　　　　　〔2002〕执监字第103—1号

湖南省高级人民法院：

你院〔2002〕湘高法执函字第16号《关于石油工业出版社申请执行回转一案有关问题的请示报告》收悉。经研究，答复如下：

同意你院对本案的第一种处理意见，即不应将深圳凯利集团公司（以下简称凯利公司）列为本执行回转案的被执行人。理由如下：

一、按照《民事诉讼法》第214条和《关于人民法院执行工作若干问题的规定（试行）》第109条规定，"原申请执行人"，是指原执行案件中的申请执行人，才能作为执行回转案中的被执行人。在本案中，原申请执行人是湖南利达国际贸易长沙物资公司（以下简称利达公司），凯利公司并非该案的当事人，故将凯利公司列为执行回转案中的被执行人没有事实和法律依据。

二、凯利公司取得的248万元，是在利达公司对其欠债的情况下，依据长沙市中级人民法院〔1997〕长中经初字第124号民事调解书，通过执行程序取得的，而且不论利达公司与北京城市合作银行和平里支行、石油工业出版社纠纷案是否按撤诉处理，均不能否定凯利公司对利达公司的债权。

三、利达公司在长沙市中级人民法院〔1997〕长中经初字第124号民事调解书中，明确表示其将用从石油工业出版社执行回的款项清偿其对凯利公司的债务。

四、利达公司与凯利公司的债权债务关系同石油工业出版社与利达公司的债权债务关系是两种不同的法律关系，不能混淆，单独处理前者的债权债务并无不妥。

最高人民法院
印发《关于正确适用暂缓执行措施若干问题的规定》的通知

2002年9月28日　　　　　　　　　　　　　　　法发〔2002〕16号

各省、自治区、直辖市高级人民法院，解放军军事法院，新疆维吾尔自治区高级人民法院生产建设兵团分院：

最高人民法院《关于正确适用暂缓执行措施若干问题的规定》已于2002年9月24日第1244次审判委员会讨论通过，现印发给你们，望认真学习，贯彻执行。

附：

关于正确适用暂缓执行措施若干问题的规定

为了在执行程序中正确适用暂缓执行措施，维护当事人及其他利害关系人的合法权益，根据《中华人民共和国民事诉讼法》和其他有关法律的规定，结合司法实践，制定本规定。

第一条　执行程序开始后，人民法院因法定事由，可以决定对某一项或者某几项执行措施在规定的期限内暂缓实施。

执行程序开始后，除法定事由外，人民法院不得决定暂缓执行。

第二条　暂缓执行由执行法院或者其上级人民法院作出决定，由执行机构统一办理。

人民法院决定暂缓执行的，应当制作暂缓执行决定书，并及时送达当事人。

第三条　有下列情形之一的，经当事人或者其他利害关系人申请，人民法院可以决定暂缓执行：

（一）执行措施或者执行程序违反法律规定的；

（二）执行标的物存在权属争议的；

（三）被执行人对申请执行人享有抵消权的。

第四条　人民法院根据本规定第三条决定暂缓执行的，应当同时责令申请暂缓执行的当事人或者其他利害关系人在指定的期限内提供相应的担保。

被执行人或者其他利害关系人提供担保申请暂缓执行，申请执行人提供担保要求继续执行的，执行法院可以继续执行。

第五条 当事人或者其他利害关系人提供财产担保的,应当出具评估机构对担保财产价值的评估证明。

评估机构出具虚假证明给当事人造成损失的,当事人可以对担保人、评估机构另行提起损害赔偿诉讼。

第六条 人民法院在收到暂缓执行申请后,应当在十五日内作出决定,并在作出决定后五日内将决定书发送当事人或者其他利害关系人。

第七条 有下列情形之一的,人民法院可以依职权决定暂缓执行:

(一)上级人民法院已经受理执行争议案件并正在处理的;

(二)人民法院发现据以执行的生效法律文书确有错误,并正在按照审判监督程序进行审查的。

人民法院依照前款规定决定暂缓执行的,一般应由申请执行人或者被执行人提供相应的担保。

第八条 依照本规定第七条第一款第(一)项决定暂缓执行的,由上级人民法院作出决定。依照本规定第七条第一款第(二)项决定暂缓执行的,审判机构应当向本院执行机构发出暂缓执行建议书,执行机构收到建议书后,应当办理暂缓相关执行措施的手续。

第九条 在执行过程中,执行人员发现据以执行的判决、裁定、调解书和支付令确有错误的,应当依照最高人民法院《关于适用〈中华人民共和国民事诉讼法〉若干问题的意见》第二百五十八条的规定处理。

在审查处理期间,执行机构可以报经院长决定对执行标的暂缓采取处分性措施,并通知当事人。

第十条 暂缓执行的期间不得超过三个月。因特殊事由需要延长的,可以适当延长,延长的期限不得超过三个月。

暂缓执行的期限从执行法院作出暂缓执行决定之日起计算。暂缓执行的决定由上级人民法院作出的,从执行法院收到暂缓执行决定之日起计算。

第十一条 人民法院对暂缓执行的案件,应当组成合议庭对是否暂缓执行进行审查,必要时应当听取当事人或者其他利害关系人的意见。

第十二条 上级人民法院发现执行法院对不符合暂缓执行条件的案件决定暂缓执行,或者对符合暂缓执行条件的案件未予暂缓执行的,应当作出决定予以纠正。执行法院收到该决定后,应当遵照执行。

第十三条 暂缓执行期限届满后,人民法院应当立即恢复执行。

暂缓执行期限届满前,据以决定暂缓执行的事由消灭的,如果该暂缓执行的决定是由执行法院作出的,执行法院应当立即作出恢复执行的决定;如果该暂缓执行的决定是由执行法院的上级人民法院作出的,执行法院应当将该暂缓执行事由消灭的情况及时报告上级人民法院,该上级人民法院应当在收到报告后十日内审查核实并作出恢复执行的决定。

第十四条 本规定自公布之日起施行。本规定施行后,其他司法解释与本规定不一致的,适用本规定。

最高人民法院
关于广东省高级人民法院、湖南省岳阳市中级人民法院就执行深圳市"洪湖大厦"发生争议案的复函

2002年10月8日　　　　　　　　　　　〔2002〕执协字第50号

广东省高级人民法院、湖南省高级人民法院：

广东省高级人民法院〔1996〕粤法经一上字第259号《关于深圳市罗湖区国土局擅自解除人民法院对深圳洪湖大厦的保全措施后，如何协调处理外省法院重复查封问题的请示》和湖南省高级人民法院湘高法执〔2001〕02号《关于请求监督协调湖南省岳阳市中院与广东省高院在执行深圳市洪湖大厦房屋问题上发生争议的报告》均收悉。经研究，答复如下：

一、广东省高级人民法院反映的深圳市罗湖区国土局对该院保全查封的洪湖大厦第4层、第7层、第13层房屋，以该查封已超过《深圳经济特区房地产登记条例》（以下简称《条例》）规定的6个月期限为由，径行予以解封，导致该房产部分被其他法院执行，部分被洪湖公司销售过户给第三人。对此，同意广东省高级人民法院的意见，即依据我院《关于适用〈中华人民共和国民事诉讼法〉若干问题的意见》第109条的规定，人民法院财产保全裁定书的效力，应维持到案件生效判决执行时止。罗湖区国土局依据本市地方法规，将广东省高级人民法院裁定保全查封的财产解封是错误的。地方法规只能在其辖区内发生效力，且不得对抗国家法律、法规和司法解释。罗湖区国土局适用《条例》的规定，对抗法律规定，并扩大了该《条例》的适用范围，应对其行为后果承担民事责任。

二、湖南省岳阳市中级人民法院在审理湖南德银房地产开发有限公司诉深圳市洪湖实业有限公司房屋租赁纠纷一案时，于1998年7月10日以〔1998〕岳民初字第2号民事裁定书依法查封了洪湖大厦第七层房屋。岳阳市中级人民法院的查封行为，是在该楼层无查封的状态下进行的，且协助执行人深圳市罗湖区国土局受理了该院的查封并为其办理了查封登记手续，符合我院《关于人民法院执行工作若干问题的规定（试行）》第41条的规定，应认定该查封行为合法有效；且在无争议的情况下，于2000年2月2日将执行款项划拨给了债权人，应当予以维持。至于本案在广东、湖南两高院报请本院协调期间，岳阳市中级人民法院于2001年2月14日下达（1999）岳中执字第64—1号民事裁定书，确属不妥，但此裁定主要是用于前期执行财产的受让人办理财产过户手续，此执行行为结果与本院协调工作结果并无冲突；无须执行回转，故可予以维持。

三、广东省高级人民法院报告反映，深圳市人大常委会法制委员会于2001年4月10日以深人法函〔2001〕第11号《关于洪湖大厦有关查封问题请示的答复》中仍依据

《条例》认为,"未依法办理续封手续的标的物、予以径为注销查封的行为合法有效"。对此,请广东省高级人民法院向广东省人大常委会作专题报告,以期依法有效地解决这一问题。同时,请广东省高级人民法院做好相关当事人的工作。

此复。

最高人民法院执行工作办公室关于河北省安平县法院与江苏省张家港市法院执行争议案的处理意见

2002年11月11日　　　　　　　　　　　　　〔2002〕执协字第3号

河北省高级人民法院、江苏省高级人民法院:

河北省高级人民法院〔2001〕冀高法执字第10号《关于安平县法院与江苏张家港市法院执行同一房产发生争议的情况报告》和江苏省高级人民法院〔2001〕苏执他字第132号《关于江苏省张家港市法院执行一房产与河北省安平县法院发生争议的情况报告》均收悉。经过研究,答复如下:

一、河北省安平县法院在审理安平县供销合作社联合社(以下简称安平县供销社)与海南省黄金岛联合实业开发公司、第三人张家港黄金岛公司返回投资款纠纷案件时,于1999年12月16日以〔1999〕安经初字第53号民事调解书,将张家港保税区黄金岛经济开发公司(以下简称张家港黄金岛公司)投资开发的、位于张家港保税区的锦帆国际贸易大厦(以下简称锦帆大厦)的第4、5、6层房屋,确权给予安平县供销社。而张家港市法院在执行张家港市东莱建筑工程有限责任公司(以下简称东莱公司)诉张家港黄金岛公司工程纠纷一案的生效判决时,于2001年4月5日以〔2000〕张民执字第1190号民事裁定书,将锦帆大厦按整体评估价以4474745元抵偿给申请执行人东莱公司抵偿全部债款。本院在协调中查明,张家港市法院在明知锦帆大厦4、5、6层房屋已确权给安平县供销社的情况下,依然裁定将整幢锦帆大厦以物抵债给东莱公司,侵犯了安平县供销社的合法权益,依法应予纠正。

二、据被执行人张家港黄金岛公司向我院反映,该公司对锦帆大厦投资1958万元,而张家港市法院执行案件的标的只有400余万元,却在审理阶段即将锦帆大厦整体保全查封,严重超标的;执行中又未经拍卖、变卖程序将锦帆大厦以447万元抵债,既未将评估价格通知被执行人,也未征求被执行人的意见,直接裁定以物抵债。经查,此反映的情况属实。张家港市法院的上述执行行为违反了我院《关于适用〈中华人民共和国民事诉讼法〉若干问题的意见》第301条和《关于人民法院执行工作若干问题的规定(试行)》第39条、第46条的规定,依法应予纠正。

三、请江苏高院接此函后立即指令苏州市中级人民法院裁定撤销张家港市法院

〔2000〕张民执字第1190号民事裁定书，由苏州市中级人民法院重新委托法定评估机构对锦帆大厦（扣除安平县法院已确权的第4、5、6层）进行评估并依法予以拍卖。鉴于张家港市法院以物抵债裁定生效后锦帆大厦被东莱公司委托东莱镇政府以200万元的价格转让给了张家港华润玻璃有限公司，华润玻璃有限公司又对锦帆大厦进行了整体装修，故对华润玻璃有限公司受让后添附的部分费用，苏州市中级人民法院在处理拍卖款时可以从中给予华润玻璃有限公司适当补偿。

请江苏高院指导、监督苏州市中级人民法院尽快落实我院的意见，并将结果及时报告我院。

最高人民法院
关于中国工商银行运城市分行广场分理处与中国建设银行太原市分行承兑汇票纠纷执行争议案的复函

2002年11月19日　　　　　　　　　　　　〔2001〕执监字第26号

山西省高级人民法院：

你院〔2001〕晋法执字第54号《关于申请人中国工商银行运城分行广场办事处解州分理处与被执行人中国建设银行太原市分行承兑汇票纠纷一案执行情况的报告》收悉，经研究，答复如下：

1. 你院〔1998〕晋经监字第2号再审判决为本案最终执行依据，该判决明确判定了中国建设银行太原市分行（以下简称建行太原分行）、中国工商银行运城分行广场办事处解州分理处（现为中国工商银行运城分行城建办事处解州分理处，以下简称工行运城分行）、山西宏宝贸易公司（以下简称宏宝公司）、山西省朔州市物贸中心（以下简称朔州物贸）、山西金丰实业有限公司（以下简称金丰公司）具有返还义务的法律责任，且各方当事人的权利义务明确，各债权人可据以单独申请执行。

2. 依据《民事诉讼法》第二百零七条、二百一十六条、二百一十九条和《最高人民法院关于人民法院执行工作若干问题的规定（试行）》第十九条之规定，你院〔1998〕晋经监字第2号再审判决生效后，债权人未向法院申请执行的，法院不应依职权进行执行。本案只有朔州物贸、工行运城分行向太原市中级人民法院申请执行，且朔州物贸申请执行宏宝公司后，在太原市中级人民法院主持下，双方已于2000年11月达成执行和解协议并已履行完毕。工行运城分行申请执行建行太原分行后，因后者申诉而至今尚未执行。其他债权人均未申请执行，且已过法定申请执行期限，放弃申请执行的后果只能由其自行承担。建行太原分行未在法定期限内向法院申请强制执行，不能因其债权未予实现而拒绝履行其应向工行运城分行返还款项的义务。

3. 你院〔1997〕晋经终字第102号二审判决生效后，金丰公司于1997年12月14

日向太原市中级人民法院申请执行，该院于同年12月22日立案后将冻结在建行太原分行账户上贴现款486.4597万元全部执行给金丰公司。二审判决执行完毕后，你院又以〔1998〕晋经终字第2号再审判决撤销了你院二审判决。本案由于判决的错误而造成执行的错误，根据《民事诉讼法》第二百一十四条和《最高人民法院关于人民法院执行工作若干问题的规定（试行）》第一百零九条之规定，应依职权对金丰公司依据二审判决获得的款项执行回转，并返还建行太原分行，以维护其合法权益。

4. 请你院按上述意见函复本案有关的执行当事人。

最高人民法院关于湖北安陆市政府反映河南焦作中院"错误裁定"、"错误执行"案及河南高院反映焦作中院在执行安陆市政府时遭到暴力抗法案的复函

2002年12月25日　　　　　　　　　　〔2002〕执监字第262号

河南省高级人民法院：

关于湖北省安陆市政府向我院反映焦作市中级人民法院执行湖北三鹏化工股份有限公司一案的有关问题，经研究，现提出如下处理意见：

经核查，焦作市中级人民法院立案执行的依据是河南省修武县公证处〔2001〕修证经字第18号"具有强制执行效力的债权文书公证书"。该公证书认定湖北三鹏化工股份有限公司如不能在约定的期限内履行还款义务，申请人丁慈咪有权向申请人所在地人民法院申请强制执行。

本院认为，关于此类执行管辖问题，《中华人民共和国民事诉讼法》第207条第2款、最高人民法院《关于适用〈中华人民共和国民事诉讼法〉若干问题的意见》第256条和《关于人民法院执行工作若干问题的规定（试行）》第10条均已有明确规定，即公证机关依法赋予强制执行效力的公证债权文书，由被执行人住所地或被执行人的财产所在地人民法院执行。据此，当事人无权约定执行管辖，公证机关也无权确认当事人约定执行管辖，焦作市中级人民法院更不能依据当事人的约定予以立案执行。请你院监督焦作市中级人民法院依法撤销案件及相关法律文书，并告知申请人依法向有管辖权的人民法院申请执行。

最高人民法院执行工作办公室
关于中国工商银行西安市东新街支行对陕西省高级人民法院强制执行2000万元提出异议一案的处理意见

2003年5月13日　　　　　　　　　　〔2000〕执监字第346—2号

陕西省高级人民法院：

中国工商银行西安市东新街支行（原中国工商银行陕西省分行，以下简称陕西工行）对你院强制执行该行2000万元人民币提出异议一案，本院已审查完毕，作出如下处理意见：

一、基本事实

1996年初，陕西省高级人民法院（以下简称陕西高院）分别审理了西安证券公司诉青海证券有限责任公司、湖北省潜江市城市信用社、海南省证券公司、海南省三亚市国债券经营有限公司、海南省东方八所城市信用社等五起国债回购纠纷案件。1996年8月12日、8月23日，根据原告的诉讼保全申请和五被告的证明，陕西高院分别作出〔1996〕陕经初字第23、24、25、26、31号民事裁定书，保全查封了五被告交存在西安证券交易中心（以下简称西交中心）总面值为1330万元、到期兑现值为1908余万元及利息的国债券。1996年9月至1997年1月，陕西高院对上述五案依法分别作出判决书、调解书，确认五被告应分别退还原告购券款及利息。在此期间，西交中心曾提出对上述国债券享有质押权的异议，经陕西高院审查后认为异议理由不成立并予书面驳回。上述五案进入执行程序后，陕西高院向西交中心发出协助执行通知书，但西交中心以国债券不存在为由拒不协助执行。陕西高院遂以西交中心擅自处分法院冻结财产且在指定的期限内未能追回为由，于1998年6月19日裁定冻结了西交中心在陕西工行营业部273033—38账户上的存款2000万元人民币。后陕西高院裁定扣划上述款项时，发现该账户已于1998年7月10日销户，冻结款项全部流失。因陕西工行擅自解冻行为造成法院冻结款项流失，陕西高院责令陕西工行在限期内追回已转移的款项，并拟强制执行陕西工行已追回的2000万元款项。对此陕西工行向本院提出异议，请求本院监督陕西高院的执行行为。

二、相关法院和当事人的意见和理由

陕西高院认为，西交中心属于不以赢利为目的的事业法人，无权以债权债务主体的身份直接进行交易，故其对铺底券（国债券）享有的质押权因其进行国债回购交易行为

本身违法而无效。券商欠西交中心的债务只能是佣金和有关费用，如因此以券商交存的铺底券作为质押物应有明确的约定，故西交中心关于对国债券享有质押权的异议不成立。西交中心擅自处分法院冻结的国债券且在限期内未能追回，应承担相应的责任。该院冻结西交中心在陕西工行营业部273033－38账户内的存款合法有效，并未超标的冻结。西交中心在存续期间进行了大量的自营业务，273033－38账户是混合账户，该账户上的资金既包括证券清算资金，也有西交中心的自营资金。该院冻结的2000万元并未超出西交中心的自营资金部分。陕西工行擅自解冻法院冻结账户内的款项，已按照要求追回，应以该款承担相应的责任。

陕西工行认为，西交中心在该行开立的273033－38账户是证券交易账户，该账户内的资金均是股民保证金，陕西高院冻结该账户违反了最高人民法院的有关司法解释，影响了证券资金结算业务。

三、分析意见

本院认为，陕西高院对五被告人寄存在西交中心的国债券实施查封时，除海南省证券公司外，其余四被告人在西交中心均实际存有与查封数额相等的国债券实物。陕西高院未对海南省证券公司的300万元国债券实物是否存在进行核实确有失误，故对该笔300万元国债券的查封效力不予认可。对其余四被告人交存的国债券查封手续完备，程序合法，查封效力应予维持。陕西高院驳回西交中心对国债券享有质押权主张的理由成立，本院予以支持。西交中心作为协助执行人拒不履行协助义务，并擅自处分已被法院查封的国债券，且在限期内不能追回，根据最高人民法院《关于执行工作若干问题的规定（试行）》第四十四条的规定，应承担相应的赔偿责任。陕西高院冻结西交中心的银行存款合法有效。陕西工行所举证据不足以证明273033－38账户为股民保证金账户，亦不足以证明该账户上的资金全部为股民保证金。陕西工行未经人民法院许可，将273033－38账户销户致使该账户内的资金流失，是擅自解冻被人民法院冻结款项的行为，根据最高人民法院《关于执行工作若干问题的规定（试行）》第三十三条的规定，应在转移款项范围内承担责任。

四、处理结论

陕西工行的异议理由不成立，本院不予支持。接到本函后陕西高院可恢复执行，但应按照有效查封保全的国债券价值重新核对应执行的数额后，在已冻结的2000万元人民币范围内依法执行，并将落实情况于1个月内报告我院。

最高人民法院执行工作办公室
关于被执行企业产权转让其上级主管部门应否承担责任问题的复函

2003年6月2日　　　　　　　　　　　　　〔2002〕执他字第26号

湖北省高级人民法院：

你院《关于请求迅速排除深圳市地方保护主义对开发区法院执行案件违法阻挠的紧急报告》及开发区法院《关于申请执行人中国农业银行武汉市江城支行与被执行人深圳经济协作发展公司（以下简称经协公司）信用证担保纠纷一案被执行人开办人未依法履行出资义务的补充报告》均已收悉。经审查，提出如下处理意见：

一、深圳市国有资产管理办公室（以下简称国资办）作为国有资产管理部门，批准、授权将原企业性质为全民所有制的经协公司有偿转让，并不违反法律规定。经协公司已经深圳市工商行政管理部门办理了变更登记，其法人更名为深圳市国泰联合广场投资有限公司（以下简称国泰公司），即其法人的主体资格并未终止。你院及开发区法院认定经协公司被撤销，没有事实依据。开发区法院〔2002〕武开法执字第95—3号民事裁定书以国资办授权转让经协公司为由，适用《民事诉讼法》第213条的规定，裁定国资办承担责任没有法律依据，属适用法律错误，应予纠正。

二、关于国资办应否承担经协公司注册资金不实的责任，请你院注意以下问题：1. 经协公司的注册资金是否不实？2. 经协公司的权利义务承受人的注册资金是否到位？3. 如经协公司的注册资金不实的情况属实，谁应承担此注册资金不实的责任？

最高人民法院执行工作办公室
关于恢复执行北京正合坊企划有限公司诉北京万通股份有限公司、北京星辰投资咨询公司房产中介合同的报告

2003年6月5日　　　　　　　　　　　　〔2002〕执监字第81号

北京市高级人民法院：

你院《关于恢复执行北京正合坊企划有限公司诉北京万通股份有限公司、北京星辰投资咨询公司房产中介合同的报告》收悉。经研究，答复如下：

一、本案诉讼程序中，北京正合坊企划有限公司具备民事主体资格，我院〔1997〕民终字第135号民事判决并无不当，应予执行。在执行程序中，虽然北京正合坊企划有限公司被工商部门撤销设立登记，但不影响其在此前所进行的正常交易活动，更不能以此否定二审判决的效力。故对北京万通实业股份有限公司和北京星辰投资咨询公司申诉的北京正合坊企划有限公司自始不具备法人资格的理由不予支持。

二、北京正合坊企划有限公司被撤销设立登记，即丧失了作为市场主体进行经营活动的权利，也失去了对本案的判决申请执行的主体资格。但是，公司法人人格并不因被工商行政管理机关吊销营业执照当然终止，其法人资格必须经清算后才可终止。因此，根据《公司法》第一百九十一条的规定，本案应当对北京正合坊企划有限公司进行清算，由原股东组成的清算组作为其法人机关代表行使权利。

此复。

最高人民法院执行工作办公室关于河北省工商联、河北省总商会申诉案的复函

2003年6月6日　　　　　　　　　　　　　　　〔2003〕执他字第3号

天津市高级人民法院：

你院《关于对被执行人河北省工商联（又称河北省总商会）欠款案执行情况的报告》收悉。经研究，答复如下：

一、各级工商联是党领导下的具有统战性质的人民团体。其与挂靠企业脱钩时，是按照中央文件的要求执行的。因此人民法院在执行与其脱钩企业的案件时，也应比照适用最高人民法院法释〔2001〕8号《关于审理军队、武警部队、政法机关移交、撤销企业和与党政机关脱钩企业相关纠纷案件若干问题的规定》。根据该司法解释第十五条、第十六条的规定，开办单位应当承担民事责任的，人民法院不得对开办单位的国库款、财政经费账户、办公用房、车辆等其他办公必需品采取查封、扣押、冻结、拍卖、变卖等执行措施。开办单位只能用其财政资金以外的自有资金清偿债务。如果开办单位没有财政资金以外自有资金的，应当依法裁定终结执行。请你院监督南开区人民法院在执行河北省工商联时，严格按照上述规定执行。

二、河北省工商联和河北省总商会是两个独立的法人单位。河北省工商联是党委领导下的具有统战性质的人民团体，列入省编委编制序列，为财政预算拨款单位。而河北省总商会是在省民政厅单独注册的社团法人，经费由会员的会费构成。南开区人民法院将河北省工商联与河北省总商会视为同一个单位，将河北省总商会列为被执行人并扣划其银行存款是错误的，你院应监督该院立即纠正。

你院将督办结果报告我院。

最高人民法院执行工作办公室关于攀枝花市国债服务部与重庆市涪陵财政国债服务部证券回购纠纷执行请示案的复函

2003年6月9日　　　　　　　　　　　　〔2003〕执他字第7号

四川省高级人民法院：

你院〔2001〕川执督字第100号《关于攀枝花市国债服务部申请执行重庆市涪陵财政国债服务部证券回购纠纷案件的请示报告》收悉。经研究，答复如下：

同意你院第一种意见。

根据《公司法》第四条第二款规定："公司享有由股东投资形成的全部法人财产权，依法享有民事权利，承担民事责任。"因此，具有独立法人资格的重庆市涪陵国有资产经营公司（以下简称经营公司）对其持有的"长丰通信"国家股股票享有全部的财产权。被执行人重庆涪陵区财政局虽然投资开办了经营公司，并占有其100%的股权，但其无权直接支配经营公司的资产，其权力只能通过处分其股权或者收取投资权益来实现。因此，执行法院只能执行涪陵区财政局在经营公司的股权或投资权益，而不能直接执行经营公司所有的股票。

最高人民法院执行工作办公室关于对案外人未协助法院冻结债权应如何处理问题的复函

2003年6月14日　　　　　　　　　　　　〔2002〕执他字第19号

江苏省高级人民法院：

你院《关于案外人沛县城镇郝小楼村村委员未协助法院冻结债权应如何处理的请示报告》收悉。经研究，答复如下：

徐州市中级人民法院在诉讼中做出了查封冻结盐城金海岸建筑安装有限公司（下称建筑公司）财产的裁定，并向沛县城镇郝小楼村村委会（下称村委会）发出了冻结建筑公司对村委会的债权的协助执行通知书。当你院〔2001〕苏民终字第154号民事调解书确定建筑公司对村委会的债权时，徐州中院对该债权的冻结尚未逾期，仍然有效，因此村委会不得就该债权向建筑公司支付。如果村委会在收到上述调解书后，擅自向建筑公司支付，致使徐州中院的生效法律文书无法执行，则除可以根据《中华人民共和国民事诉讼法》第一百零二条的规定，对村委会妨害民事诉讼的行为进行处罚外，也可以根据最高人民法院《关于执行工作若干问题的规定（试行）》第四十四条的规定，责令村委会限期追回财产或承担相应的赔偿责任。

最高人民法院执行工作办公室
关于广东省高级人民法院请示的交通银行汕头分行与汕头经济特区龙湖乐园发展有限公司申请不予执行仲裁裁决案的复函

2003年7月30日　　　　　　　　　　　　　〔2003〕执他字第10号

广东省高级人民法院：

你院〔2003〕粤高法47号《关于交通银行汕头分行与汕头经济特区龙湖乐园发展有限公司申请不予执行仲裁裁决一案的请示》收悉。经研究，现答复如下：

我国《合同法》第114条第2款规定："约定的违约金低于造成的损失的，当事人可以请求人民法院或者仲裁机构予以增加；约定的违约金过分高于造成的损失的，当事人可以请求人民法院或者仲裁机构予以适当减少。"违约金由双方当事人自由约定，只要不违反法律规定和不损害第三人合法权益，国家一般不予干涉。国家认为双方当事人约定的违约金过高或者过低的，可以予以调整，但必须是基于一方当事人的请求。在本案中，交通银行汕头分行作为仲裁案件的被申请人和向汕头市中级人民法院申请不予执行仲裁裁决的申请人，始终未就违约金提出异议。依据我国《民法通则》第112条规定，当事人可以在合同中约定赔偿额的计算方法，本仲裁庭对本案违约金的计算和确认的数额并无不当。因此，本仲裁案的裁决不存在《民事诉讼法》第217条第2款第（5）项规定的适用法律确有错误的情形，人民法院应予执行。

此复。

最高人民法院执行工作办公室
关于股份有限公司转让其正在被执行的独资开办的企业能否追加该股份有限公司为被执行人问题的复函

2003年7月30日　　　　　　　　　　〔2002〕执他字第2号

广西壮族自治区高级人民法院：

你院桂高法〔2001〕294号《关于股份有限公司转让其正在被执行的独资开办的企业能否追加该股份有限公司为被执行人的请示》，收悉，经研究，答复如下：

一、中国四川国际合作股份有限公司（以下简称四川公司）转让北海中川国际房地产开发公司（以下简称北海公司）的股权，收取受让人支付的对价款不属抽逃北海公司的注册资金，即不能以抽逃资金为由追加四川公司为广西城乡房地产开发北海公司申请执行北海公司一案的被执行人。

二、四川公司转让北海公司股权的行为，是依据《公司法》的规定合法转让的行为。因该转让既不改变北海公司的独立法人地位；也未造成北海公司资产的减少；且四川公司转让北海公司而获益的1000万元，是四川公司通过转让股权获得的对价款，该对价款也不是四川公司在北海公司获得的投资权益或投资收益；至于四川公司与北海公司的并表财务报告等，并不表明四川公司对北海公司的债权债务有继受关系或者属法人格滥用行为。因此，北海市中级人民法院追加四川公司为被执行人没有事实依据和法律依据。

此复。

最高人民法院执行工作办公室
关于澳门大明集团有限公司与广州市东建实业总公司合作开发房地产纠纷仲裁裁决执行案的复函

2003 年 8 月 5 日　　　　　　　　　　　　　〔2003〕执他字第 9 号

广东省高级人民法院：

你院〔2002〕粤高法执监字第 119 号《关于澳门大明集团有限公司与广州市东建实业总公司合作开发房地产纠纷仲裁执行一案的请示》收悉。经研究，答复如下：

本案基本同意你院审委会少数意见双方当事人在合同中有关合作合同的争议提交中国国际经济贸易仲裁委员会仲裁的约定，应当理解为双方选择的仲裁机构为中国国际经济贸易仲裁委员会，仲裁地点为北京。因此，根据澳门大明集团有限公司（简称澳门大明公司）的申请，中国国际经济贸易仲裁委员会有权对该案在北京进行仲裁。至于此前广州市东建实业总公司（简称广州东建公司）将其争议的事项提交中国国际经济贸易仲裁委员会深圳分会在深圳进行仲裁，鉴于双方当事人对仲裁事项无异议，且深圳分会也是中国国际经济贸易仲裁委员会的分支机构，其仲裁在程序上并不违法，即可维持其管辖权的效力，但并不影响在北京进行的仲裁。

因两个仲裁的申请人不同，请求裁决的内容和范围不同，且当事人对同一事项的法律权利不同，因此中国国际经济贸易仲裁委员会受理澳门大明公司的仲裁请求并不违反"一事不再理"的原则。同样，中国国际经济贸易仲裁委员会裁决支持澳门大明公司提出的解除两份协议书和合作合同的请求，与深圳分会裁决驳回广州东建公司提出的解除两份协议书的请求，因当事人各自基于解除协议的理由不同，并不矛盾，不会产生执行冲突。

因此，本案不存在《民事诉讼法》第二百六十条规定的不予执行的事由，应当对中国国际经济贸易仲裁委员会在北京作出的裁决予以执行。

此复。

最高人民法院执行工作办公室
关于中国银行海南省分行质押股权异议案的复函

2003年8月26日　　　　　　　　　　　　〔2000〕执监字第126号

海南省高级人民法院：

你院〔1998〕琼高法执字第26—8号《关于执行海口管道燃气股份有限公司750万股权的报告》收悉，经研究，答复如下：

依据最高人民法院和司法部于1985年4月9日作出的《关于已公证的债权文书依法强制执行问题的答复》，公证机关能够证明有强制执行效力的，仅限于《中华人民共和国公证暂行条例》第四条第（十）项规定的"追偿债款，物品的文书"；即使此后的司法解释扩大了公证管辖的范围，仍不包括担保协议。海南省第二公证处于1997年11月26日对本案的《抵押协议》作出（97）琼二证字第1527号并注明具有强制执行的法律效力的公证书，不符合法律规定。

根据《中华人民共和国民事诉讼法（试行）》第168条的规定，受申请的人民法院发现公证文书确有错误的，不予执行，并通知原公证机关。故你院依据上述1527号公证书强制执行担保人海南赛格燃气有限公司显属不妥。

请你院接此函后，依法妥善处理，并将结果径复异议人中国银行海南省分行。

最高人民法院
对福建高院《关于执行中国建设银行厦门市分行诉远华集团有限公司、厦门东盛建设发展公司借款合同纠纷一案中涉及几个相关法律、政策问题的请示》的答复函（节录）

2003年8月28日　　　　　　　　　　　　〔2002〕执他字第21号

福建省高级人民法院：

你院闽高法〔2002〕265号《关于执行中国建设银行厦门市分行诉远华集团有限公司、厦门东盛建设发展公司借款合同纠纷一案中涉及几个相关法律、政策问题的请示》收悉。经研究，答复如下：

关于该案执行中所涉及的工程款优先权问题，根据法律不溯及既往的原则和物权法定原则，如果作为执行标的的建设工程竣工或者停工于《中华人民共和国合同法》实施之前，则工程承包人从该建设工程价款中受偿的权利不得对抗已经在该工程上设定的抵押权。

最高人民法院
关于在中国法院网公布民事案件被执行人名单的通知

2003年9月18日　　　　　　　　　　　　　法明传〔2003〕247号

各省、自治区、直辖市高级人民法院，解放军军事法院，新疆维吾尔自治区高级人民法院生产建设兵团分院：

为了进一步加强人民法院的执行工作，督促被执行人履行生效法律文书确定的义务，保护申请执行人的合法权益，促进社会信用制度的建立，本着公开、公平的原则，最高人民法院决定对拒不履行生效法律文书确定的义务的被执行人名称及有关情况在中国法院网上予以公布。现将有关事项通知如下：

一、关于公布的对象和条件

（一）作为被执行人的法人或者其他组织，有下列行为之一的，可以将其列入被执行人名单予以公布：

1. 被执行人超过规定执行期限（6个月）未履行生效法律文书确定的义务的；

2. 被执行人转移、隐匿、变卖、毁损财产的。

（二）各高级法院可以自行规定本辖区法院上网公布的被执行人的最低债务额。

（三）执行程序中被依法追加为被执行人的法人或者其他组织，超过6个月未履行义务，符合上述条件的，也可以上网公布。

（四）如果公布后有损党和国家机关的形象以及社会公共利益，或者可能影响社会稳定的，一般不予公布。难以确定是否公布时，由省级法院审查决定；必要时，可以报请最高人民法院审查决定。

二、公布的内容

公布的内容包括：（一）被执行人和申请执行人的名称、法定代表人或主要负责人、住所地；（二）执行依据；（三）执行法院；（四）立案时间；（五）申请执行标的额和未履行的债务数额。

三、登录被执行人名单的程序

（一）对符合公布条件的被执行人，申请执行人可以向执行法院提出申请，由执行法院审查决定；执行法院也可以依职权作出公布决定。

（二）执行法院对准备在中国法院网上公布的被执行人，应当通知该被执行人。如果该被执行人在收到通知后15日内履行了债务或者提供了经申请执行人认可的担保，应当决定不予公布。被执行人在收到通知后15日内未履行义务又不提供担保的，执行法院可以作出公布名单的决定并予以公布。

（三）被执行人下落不明致使执行法院无法通知的，执行法院可以不经通知直接决定并予以公布。

（四）执行法院决定在中国法院网上公布被执行人名单的，可以直接或者通过上一级法院向中国法院网提供公布信息。中国法院网应当于收到该信息的次日发布。

四、公布事项的变更

（一）执行法院应当告知被执行人，如果公布的事项发生变化，应当及时报告执行法院，提出变更申请。

（二）执行法院接到被执行人变更公布事项的报告后，应当及时进行审查，并在三日内决定是否需要变更。决定变更的，应当在三日内通知中国法院网。

（三）中国法院网应当在收到变更事项通知的次日予以变更。

五、公布名单的删除

（一）被公布的被执行人，自动履行了生效法律文书确定的义务，或者与申请执行人双方达成执行和解，或者案件已经执行完毕，或者经裁定终结执行，执行法院应当在三日内通知中国法院网将被执行人从公布的名单中删除。

（二）中国法院网应当在收到通知后二日内予以删除。

六、费　用

（一）公布被执行人名单，每件收费100元，列入实际支出费。由申请执行人预付的，应当经申请执行人同意。

（二）公布费用由执行法院直接汇入中国法院网账户。

七、其他事项

中国法院网网址：www.chinacourt.org
中国法院网地址：北京市崇文区东花市北里西区22号。
邮政编码：100062
账户名称：北京中法科网络技术有限公司。
开户行：北京市商业银行东花市支行。
账号：3001201081059－46

在中国法院网公布被执行人名单，是人民法院加强执行工作的一项重要举措，各级法院要高度重视，按照通知要求严格掌握公布对象的条件和程序，保证这项工作规范有序进行。各地法院在执行中遇到的问题，请及时报告最高人民法院执行工作办公室。

最高人民法院
关于涉外股权质押未经登记在执行中质押权人是否享有优先受偿权问题的复函

2003年10月9日　　　　　　　　　　　　　　〔2003〕执他字第6号

江苏省高级人民法院：

你院〔2002〕苏执监字第114号报告收悉，经研究，答复如下：

同意你院审判委员会第一种意见。（香港）越信隆财务有限公司（以下简称越信隆）与香港千帆投资有限公司（以下简称香港千帆）于1995年7月13日签订的《抵押契约》所涉及的质押物，是香港千帆在南京千帆房地产开发有限公司（以下简称南京千帆）持有的65％股权。虽然我国法律对涉外动产物权的法律适用没有明确的规定，但根据《民法通则》第142条第3款规定的精神，本案可参照世界各国目前普遍采用的物之所在地法原则。因南京千帆系在中华人民共和国注册成立的有限责任公司，故该公司股权的质押是否有效，应根据中华人民共和国的法律法规来认定。上述《抵押契约》订立时，《中华人民共和国担保法》已经全国人大常委会通过并颁布，且于1995年10月1日实施。《担保法》实施后，越信隆应当按照该法第78条第3款的规定，将香港千帆在南京千帆持有的65％股权在内地办理股份出质记载手续，但越信隆未办理股份出质登记。因此，其抵押权不具有对抗第三人的效力。鉴于香港千帆所持南京千帆65％股权已经南京有关行政主管部门批准转让，非经法定程序不得撤销。

此复。

最高人民法院执行工作办公室
关于确定外资企业清算的裁决执行问题的复函

2003年10月10日　　　　　　　　　　　　　〔2002〕执他字第11号

广东省高级人民法院：

你院〔2001〕粤高法执监字第288号《关于是否受理澳大利亚庄臣有限公司依仲裁裁决申请执行广州金城房地产股份有限公司一案的请示报告》收悉。经研究，答复如下：

一、根据你院报告反映的情况，未发现本案仲裁裁决存在《民事诉讼法》第二百六十条规定的不予执行事由。

二、本案仲裁裁决主文（裁决项）要求进行的清算属于给付内容。只是根据现行司法解释和行政法规的规定，人民法院不主管对合营企业的清算，当事人不能自行清算的，由企业审批机关组织特别清算。因裁决主文明确指引清算以理由部分［仲裁庭的意见（三）］确定的原则进行，因此，本案裁决主文应当与理由联系起来理解，理由部分所述内容应当理解为构成裁决主文的一部分，其中关于清算后按比例分配资产的要求，也是给付内容，但具体给付数额需要根据清算结果确定。

三、本案中企业审批机关组织了特别清算。对于清算结果的依法确认问题，同意你院关于仲裁委秘书处无权代表仲裁庭对清算结果进行确认的意见，同时本案中仲裁委秘书处实际上并未真正确认清算结果。但清算委员会的清算报告经过审批机关确认后，在利害关系人没有明确异议的情况下，应当视为是确定的、有效的。该清算的结果使裁决中按比例分配资产的内容在具体分配数额方面得以明确。

四、为了维护生效裁判文书的权威性，维护清算的法律秩序和经济秩序，人民法院应当在适当的条件下，以强制力保障根据法院判决或者仲裁裁决所作的清算的依法进行和清算结果的实现。对本案中已经因清算结果而进一步明确的按比例分配资产的裁决内容，应当予以执行。

五、执行中应当注意，如果利害关系人对清算结果依法提出了异议，并启动了相应的行政或司法程序，执行法院对其争议的财产或其相应的数额应当暂时不予处理。

最高人民法院执行工作办公室
关于股东因公司设立后的增资瑕疵应否对公司债权人承担责任问题的复函

2003年12月11日 〔2003〕执他字第33号

江苏省高级人民法院：

你院〔2002〕苏执监字第171号《关于南通开发区富马物资公司申请执行深圳龙岗电影城实业有限公司一案的请示报告》收悉，经研究，答复如下：

我们认为，公司增加注册资金是扩张经营规模、增强责任能力的行为，原股东约定按照原出资比例承担增资责任，与公司设立时的初始出资是没有区别的。公司股东若有增资瑕疵，应承担与公司设立时的出资瑕疵相同的责任。但是，公司设立后增资与公司设立时出资的不同之处在于，股东履行交付资产的时间不同。正因为这种时间上的差异，导致交易人（公司债权人）对于公司责任能力的预期是不同的。股东按照其承诺履行出资或增资的义务是相对于社会的一种法定的资本充实义务，股东出资或增资的责任应与公司债权人基于公司的注册资金对其责任能力产生的判断相对应。本案中，南通开发区富马物资公司（以下简称富马公司）与深圳龙岗电影城实业有限公司（以下简称龙岗电影城）的交易发生在龙岗电影城变更注册资金之前，富马公司对于龙岗电影城责任能力的判断应以其当时的注册资金500万元为依据，而龙岗电影城能否偿还富马公司的债务与此后龙岗电影城股东深圳长城（惠华）实业企业集团（以下简称惠华集团）增加注册资金是否到位并无直接的因果关系。惠华集团的增资瑕疵行为仅对龙岗电影城增资注册之后的交易人（公司债权人）承担相应的责任，富马公司在龙岗电影城增资前与之交易所产生的债权，不能要求此后增资行为瑕疵的惠华集团承担责任。

此复。

最高人民法院执行工作办公室
关于辽宁省高级人民法院关于能否以判决主文或判决理由作为执行依据请示的复函

2004年1月18日　　　　　　　　　　〔2004〕执他字第19号

辽宁省高级人民法院：

你院〔2003〕辽执监字第157号《关于营口市鲅鱼圈区海星建筑工程公司与营口东方外国语专修学校建筑工程欠款纠纷执行一案的疑请报告》收悉，经研究，答复如下：

同意你院审判委员会少数人意见。判决主文是人民法院就当事人的诉讼请求作出的结论，而判决书中的"本院认为"部分，是人民法院就认定的案件事实和判决理由所作的叙述，其本身并不构成判项的内容。人民法院强制执行只能依据生效判决的主文，而"本院认为"部分不能作为执行依据。但在具体处理上，你院可根据本案的实际情况，依法保护各方当事人的合法权益。

此复。

最高人民法院　国土资源部　建设部
关于依法规范人民法院执行和国土资源房地产管理部门协助执行若干问题的通知

2004年2月10日　　　　　　　　　　法发〔2004〕5号

各省、自治区、直辖市高级人民法院，解放军军事法院，新疆维吾尔自治区高级人民法院生产建设兵团分院；各省、自治区、直辖市国土资源厅（国土环境资源厅、国土资源和房屋管理局、房屋土地资源管理局、规划和国土资源局），新疆生产建设兵团国土资源局；各省、自治区建设厅，新疆生产建设兵团建设局，各直辖市房地产管理局：

为保证人民法院生效判决、裁定及其他生效法律文书依法及时执行，保护当事人的合法权益，根据《中华人民共和国民事诉讼法》、《中华人民共和国土地管理法》、《中华人民共和国城市房地产管理法》等有关法律规定，现就规范人民法院执行和国土资源、房地产管理部门协助执行的有关问题通知如下：

一、人民法院在办理案件时，需要国土资源、房地产管理部门协助执行的，国土资源、房地产管理部门应当按照人民法院的生效法律文书和协助执行通知书办理协助执行事项。

国土资源、房地产管理部门依法协助人民法院执行时，除复制有关材料所必需的工本费外，不得向人民法院收取其他费用。登记过户的费用按照国家有关规定收取。

二、人民法院对土地使用权、房屋实施查封或者进行实体处理前，应当向国土资源、房地产管理部门查询该土地、房屋的权属。

人民法院执行人员到国土资源、房地产管理部门查询土地、房屋权属情况时，应当出示本人工作证和执行公务证，并出具协助查询通知书。

人民法院执行人员到国土资源、房地产管理部门办理土地使用权或者房屋查封、预查封登记手续时，应当出示本人工作证和执行公务证，并出具查封、预查封裁定书和协助执行通知书。

三、对人民法院查封或者预查封的土地使用权、房屋，国土资源、房地产管理部门应当及时办理查封或者预查封登记。

国土资源、房地产管理部门在协助人民法院执行土地使用权、房屋时，不对生效法律文书和协助执行通知书进行实体审查。国土资源、房地产管理部门认为人民法院查封、预查封或者处理的土地、房屋权属错误的，可以向人民法院提出审查建议，但不应当停止办理协助执行事项。

四、人民法院在国土资源、房地产管理部门查询并复制或者抄录的书面材料，由土地、房屋权属的登记机构或者其所属的档案室（馆）加盖印章。无法查询或者查询无结果的，国土资源、房地产管理部门应当书面告知人民法院。

五、人民法院查封时，土地、房屋权属的确认以国土资源、房地产管理部门的登记或者出具的权属证明为准。权属证明与权属登记不一致的，以权属登记为准。

在执行人民法院确认土地、房屋权属的生效法律文书时，应当按照人民法院生效法律文书所确认的权利人办理土地、房屋权属变更、转移登记手续。

六、土地使用权和房屋所有权归属同一权利人的，人民法院应当同时查封；土地使用权和房屋所有权归属不一致的，查封被执行人名下的土地使用权或者房屋。

七、登记在案外人名下的土地使用权、房屋，登记名义人（案外人）书面认可该土地、房屋实际属于被执行人时，执行法院可以采取查封措施。

如果登记名义人否认该土地、房屋属于被执行人，而执行法院、申请执行人认为登记为虚假时，须经当事人另行提起诉讼或者通过其他程序，撤销该登记并登记在被执行人名下之后，才可以采取查封措施。

八、对被执行人因继承、判决或者强制执行取得，但尚未办理过户登记的土地使用权、房屋的查封，执行法院应当向国土资源、房地产管理部门提交被执行人取得财产所依据的继承证明、生效判决书或者执行裁定书及协助执行通知书，由国土资源、房地产管理部门办理过户登记手续后，办理查封登记。

九、对国土资源、房地产管理部门已经受理被执行人转让土地使用权、房屋的过户登记申请，尚未核准登记的，人民法院可以进行查封，已核准登记的，不得进行查封。

十、人民法院对可以分割处分的房屋应当在执行标的额的范围内分割查封，不可分割的房屋可以整体查封。

分割查封的，应当在协助执行通知书中明确查封房屋的具体部位。

十一、人民法院对土地使用权、房屋的查封期限不得超过二年。期限届满可以续封一次，续封时应当重新制作查封裁定书和协助执行通知书，续封的期限不得超过一年。确有特殊情况需要再续封的，应当经过所属高级人民法院批准，且每次再续封的期限不得超过一年。

查封期限届满，人民法院未办理继续查封手续的，查封的效力消灭。

十二、人民法院在案件执行完毕后，对未处理的土地使用权、房屋需要解除查封的，应当及时作出裁定解除查封，并将解除查封裁定书和协助执行通知书送达国土资源、房地产管理部门。

十三、被执行人全部缴纳土地使用权出让金但尚未办理土地使用权登记的，人民法院可以对该土地使用权进行预查封。

十四、被执行人部分缴纳土地使用权出让金但尚未办理土地使用权登记的，对可以分割的土地使用权，按已缴付的土地使用权出让金，由国土资源管理部门确认被执行人的土地使用权，人民法院可以对确认后的土地使用权裁定预查封。对不可以分割的土地使用权，可以全部进行预查封。

被执行人在规定的期限内仍未全部缴纳土地出让金的，在人民政府收回土地使用权的同时，应当将被执行人缴纳的按照有关规定应当退还的土地出让金交由人民法院处理，预查封自动解除。

十五、下列房屋虽未进行房屋所有权登记，人民法院也可以进行预查封：

（一）作为被执行人的房地产开发企业，已办理了商品房预售许可证且尚未出售的房屋；

（二）被执行人购买的已由房地产开发企业办理了房屋权属初始登记的房屋；

（三）被执行人购买的办理了商品房预售合同登记备案手续或者商品房预告登记的房屋。

十六、国土资源、房地产管理部门应当依据人民法院的协助执行通知书和所附的裁定书办理预查封登记。土地、房屋权属在预查封期间登记在被执行人名下的，预查封登记自动转为查封登记，预查封转为正式查封后，查封期限从预查封之日起开始计算。

十七、预查封的期限为二年。期限届满可以续封一次，续封时应当重新制作预查封裁定书和协助执行通知书，预查封的续封期限为一年。确有特殊情况需要再续封的，应当经过所属高级人民法院批准，且每次再续封的期限不得超过一年。

十八、预查封的效力等同于正式查封。预查封期限届满之日，人民法院未办理预查封续封手续的，预查封的效力消灭。

十九、两个以上人民法院对同一宗土地使用权、房屋进行查封的，国土资源、房地产管理部门为首先送达协助执行通知书的人民法院办理查封登记手续后，对后来办理查封登记的人民法院作轮候查封登记，并书面告知该土地使用权、房屋已被其他人民法院查封的事实及查封的有关情况。

二十、轮候查封登记的顺序按照人民法院送达协助执行通知书的时间先后进行排列。查封法院依法解除查封的，排列在先的轮候查封自动转为查封；查封法院对查封的土地使用权、房屋全部处理的，排列在后的轮候查封自动失效；查封法院对查封的土地使用权、房屋部分处理的，对剩余部分，排列在后的轮候查封自动转为查封。

预查封的轮候登记参照第十九条和本条第一款的规定办理。

二十一、已被人民法院查封、预查封并在国土资源、房地产管理部门办理了查封、预查封登记手续的土地使用权、房屋，被执行人隐瞒真实情况，到国土资源、房地产管理部门办理抵押、转让等手续的，人民法院应当依法确认其行为无效，并可视情节轻重，依法追究有关人员的法律责任。国土资源、房地产管理部门应当按照人民法院的生效法律文书撤销不合法的抵押、转让等登记，并注销所颁发的证照。

二十二、国土资源、房地产管理部门对被人民法院依法查封、预查封的土地使用权、房屋，在查封、预查封期间不得办理抵押、转让等权属变更、转移登记手续。

国土资源、房地产管理部门明知土地使用权、房屋已被人民法院查封、预查封，仍然办理抵押、转让等权属变更、转移登记手续的，对有关的国土资源、房地产管理部门和直接责任人可以依照民事诉讼法第一百零二条的规定处理。

二十三、在变价处理土地使用权、房屋时，土地使用权、房屋所有权同时转移；土地使用权与房屋所有权归属不一致的，受让人继受原权利人的合法权利。

二十四、人民法院执行集体土地使用权时，经与国土资源管理部门取得一致意见后，可以裁定予以处理，但应当告知权利受让人到国土资源管理部门办理土地征用和国有土地使用权出让手续，缴纳土地使用权出让金及有关税费。

对处理农村房屋涉及集体土地的，人民法院应当与国土资源管理部门协商一致后再行处理。

二十五、人民法院执行土地使用权时，不得改变原土地用途和出让年限。

二十六、经申请执行人和被执行人协商同意，可以不经拍卖、变卖，直接裁定将被执行人以出让方式取得的国有土地使用权及其地上房屋经评估作价后交由申请执行人抵偿债务，但应当依法向国土资源和房地产管理部门办理土地、房屋权属变更、转移登记手续。

二十七、人民法院制作的土地使用权、房屋所有权转移裁定送达权利受让人时即发生法律效力，人民法院应当明确告知权利受让人及时到国土资源、房地产管理部门申请土地、房屋权属变更、转移登记。

国土资源、房地产管理部门依据生效法律文书进行权属登记时，当事人的土地、房屋权利应当追溯到相关法律文书生效之时。

二十八、人民法院进行财产保全和先予执行时适用本通知。

二十九、本通知下发前已经进行的查封，自本通知实施之日起计算期限。

三十、本通知自2004年3月1日起实施。

最高人民法院执行工作办公室
关于上市公司发起人股份质押合同及红利抵债协议效力问题请示案的复函

2004年4月15日　　　　　　　　　　　　　　〔2002〕执他字第22号

江苏省高级人民法院：

你院《关于上市公司发起人以其持有的法人股在法定不得转让期内设质押担保在可转让时清偿期届满的债权其质押合同效力如何确认等两个问题的请示报告》收悉。经研究，答复如下：

一、关于本案发起人股份质押合同效力的问题，基本同意你院的第二种意见。《公司法》第147条规定对发起人股份转让的期间限制，应当理解为是对股权实际转让的时间的限制，而不是对达成股权转让协议的时间的限制。本案质押的股份不得转让期截止到2002年3月3日，而质押权行使期至2005年9月25日才可开始，在质押权人有权行使质押权时，该质押的股份已经没有转让期间的限制，因此不应以该股份在设定质押时依法尚不得转让为由确认质押合同无效。

二、关于本案中三方当事人达成的以股份所产生的红利抵债的协议（简称三方抵债协议），我们认为：首先，该协议性质上属于三方当事人之间的连环债务的协议抵消关系。在协议抵消的情况下，抵消的条件、标的物、范围，均由当事人自主约定。《合同法》第100条关于双方当事人协议抵消的规定，并不排除本案中三方当事人协议抵消的做法。其次，该协议属于预定抵消合同。根据这种合同，当事人之间将来发生可以抵消的债务时，无须另行作出抵消的意思表示，而当然发生抵消债务的效果。这种协议并不违反法律的强制性规定，应予以认可。本案中吴江工艺织造厂（以下简称织造厂）在中国服装股份有限公司（以下简称服装公司）中的预期红利收益处于不确定状态，符合这种预定抵消合同的特点。

三、关于股份质押协议与三方抵债协议的关系问题，因本案股份质押权的行使附有期限，故质押的效力只能及于质押权行使期到来（即2005年9月25日）之后该股份产生的红利，质押权人中国银行吴江支行（以下简称吴江支行）不能对此前的红利行使质押权。因此，对于织造厂于2001年6月9日从服装公司分得的该期红利，吴江支行不能以股份质押合同有效而对抗服装公司依据三方抵债协议所为的抵消。

四、织造厂在服装公司的红利一旦产生，按照三方抵债协议的约定，服装公司给付织造厂的红利即时自动抵消面料厂对服装公司的债务，不需要实际支付。因此，在宜兴市人民法院向服装公司送达协助执行通知时，被执行人织造厂在服装公司的红利债权已经消灭，不再有可供执行的债权。宜兴市人民法院从服装公司划拨红利的执行是错误的，应予纠正。

最高人民法院
关于辽宁省沈阳市中级人民法院与北京市第一中级人民法院执行争议案的处理意见

2004年7月5日　　　　　　　　　　　　　〔2003〕执协字第23号

北京市高级人民法院、辽宁省高级人民法院：

北京市高级人民法院《关于再次请求协调我市第一中级人民法院受理的北京北美物产集团诉本溪满族自治县天民集团公司、辽宁省财务开发总公司加工承揽合同纠纷执行一案的报告》和辽宁省高级人民法院《关于最高人民法院访〔2003〕第104号的答复》及相关卷宗收悉。经研究，现答复如下：

经审核查明：沈阳市中级人民法院于1997年7月31日在执行辽宁省财务开发总公司（以下简称财务公司）与辽宁本溪满族自治县天民集团公司（以下简称天民公司）、本溪满族自治县绢纺厂（以下简称绢纺厂）借款合同强制执行公证债权文书一案时，强制执行证书中明确载明："天民公司和绢纺厂履行债务的期限是1997年8月10日前"。而沈阳市中级人民法院采取强制执行措施时，债务人履行债务的期限尚未届满。1997年7月31日，沈阳市中级人民法院向上述二被执行人下发了执行通知书和查封裁定书，查封存放在辽宁省纺织工业供销公司储运库（以下简称供销公司）的落绵102吨、绢纱72吨，但并未向财产保管单位供销公司送达查封裁定书和协助执行通知书。

1997年8月1日，北京市第一中级人民法院在审理北京北美物产集团诉天民公司、第三人财务公司、第三人辽宁中泰实业发展公司加工承揽合同纠纷一案时，作出查封上述争议财产的诉讼保全裁定。同时，分别向被执行人、协助执行人送达了保全裁定书和协助执行通知书，并制作了查封笔录，张贴了查封封条。1997年8月6日，沈阳市中级人民法院裁定将上述争议财产抵债给申请人财务公司时，明知该财产已被北京市第一中级人民法院查封，仍继续采取强制执行措施。

我们认为，沈阳市中级人民法院在债务人履行期限届满前即对债务人采取强制执行的做法缺乏事实和法律依据。虽然沈阳市中级人民法院作出查封争议财产裁定的时间在先，但因没有向争议财产保管人供销公司送达有关查封裁定书和协助执行通知书等法律文书，对争议财产并未取得实际有效的控制，故沈阳市中级人民法院的查封不能对抗北京市第一中级人民法院合法有效的查封，依法应予以纠正。

鉴于沈阳市中级人民法院在执行公证债权文书一案中存在的错误做法，请辽宁省高级人民法院在监督沈阳市中级人民法院纠错的同时，应积极协助北京市高级人民法院做好下一步的执行工作。

最高人民法院
关于采取民事强制措施不得逐级变更由行为人的上级机构承担责任的通知

2004年7月9日　　　　　　　　　　　　　　法〔2004〕127号

各省、自治区、直辖市高级人民法院,解放军军事法院,新疆维吾尔自治区高级人民法院生产建设兵团分院:

近一个时期,一些地方法院在执行银行和非银行金融机构(以下简称金融机构)作为被执行人或者协助执行人的案件中,在依法对该金融机构采取民事强制措施,作出罚款或者司法拘留决定后,又逐级对其上级金融机构直至总行、总公司采取民事强制措施,再次作出罚款或者司法拘留决定,造成不良影响。为纠正这一错误,特通知如下:

一、人民法院在执行程序中,对作为协助执行人的金融机构采取民事强制措施,应当严格依法决定,不得逐级变更由其上级金融机构负责。依据我院与中国人民银行于2000年9月4日会签下发的法发〔2000〕21号即《关于依法规范人民法院执行和金融机构协助执行的通知》第八条的规定,执行金融机构时逐级变更其上级金融机构为被执行人须具备五个条件:其一,该金融机构须为被执行人,其债务已由生效法律文书确认;其二,该金融机构收到执行法院对其限期十五日内履行偿债义务的通知;其三,该金融机构逾期未能自动履行偿债义务,并经过执行法院的强制执行;其四,该金融机构未能向执行法院提供其可供执行的财产;其五,该金融机构的上级金融机构对其负有民事连带清偿责任。金融机构作为协助执行人因其妨害执行行为而被采取民事强制措施,不同于金融机构为被执行人的情况,因此,司法处罚责任应由其自行承担;逐级变更由其上级金融机构承担此责任,属适用法律错误。

二、在执行程序中,经依法逐级变更由上级金融机构为被执行人的,如该上级金融机构在履行此项偿债义务时有妨害执行行为,可以对该上级金融机构采取民事强制措施。但人民法院应当严格按照前述通知第八条的规定,及时向该上级金融机构发出允许其于十五日内自动履行偿债义务的通知,在其自动履行的期限内,不得对其采取民事强制措施。

三、采取民事强制措施应当坚持过错责任原则。金融机构的行为基于其主观上的故意并构成妨害执行的,才可以对其采取民事强制措施;其中构成犯罪的,也可以通过法定程序追究其刑事责任。这种民事强制措施和刑事惩罚手段只适用于有故意过错的金融机构行为人,以充分体现国家法律对违法行为的惩罚性。

四、金融机构对执行法院的民事强制措施即罚款和司法拘留的决定书不服的,可以依据《民事诉讼法》第105条的规定,向上一级法院申请复议;当事人向执行法院提出复议申请的，执行法院应当立即报送上一级法院，不得扣押或者延误转交；上一级法院受理复议申请后，应当及时审查处理；执行法院在上一级法院审查复议申请期间，可以继续执行处罚决定，但经上一级法院决定撤销处罚决定的，执行法院应当立即照办。

以上通知，希望各级人民法院认真贯彻执行。执行过程中有什么情况和问题，应当及时层报我院执行工作办公室。

最高人民法院
关于冻结、扣划证券交易结算资金有关问题的通知

2004年11月9日　　　　　　　　　　　　　　法〔2004〕239号

各省、自治区、直辖市高级人民法院，解放军军事法院，新疆维吾尔自治区高级人民法院生产建设兵团分院：

为了保障金融安全和社会稳定，维护证券市场正常交易结算秩序，保护当事人的合法权益，保障人民法院依法执行，经商中国证券监督管理委员会，现就人民法院冻结、扣划证券交易结算资金有关问题通知如下：

一、人民法院办理涉及证券交易结算资金的案件，应当根据资金的不同性质区别对待。证券交易结算资金，包括客户交易结算资金和证券公司从事自营证券业务的自有资金。证券公司将客户交易结算资金全额存放于客户交易结算资金专用存款账户和结算备付金账户，将自营证券业务的自有资金存放于自有资金专用存款账户，而上述账户均应报中国证券监督管理委员会备案。因此，对证券市场主体为被执行人的案件，要区别处理：

当证券公司为被执行人时，人民法院可以冻结、扣划该证券公司开设的自有资金存款账户中的资金，但不得冻结、扣划该证券公司开设的客户交易结算资金专用存款账户中的资金。

当客户为被执行人时，人民法院可以冻结、扣划该客户在证券公司营业部开设的资金账户中的资金，证券公司应当协助执行。但对于证券公司在存管银行开设的客户交易结算资金专用存款账户中属于所有客户共有的资金，人民法院不得冻结、扣划。

二、人民法院冻结、扣划证券结算备付金时，应当正确界定证券结算备付金与自营结算备付金。证券结算备付金是证券公司从客户交易结算资金、自营证券业务的自有资金中缴存于中国证券登记结算有限责任公司（以下简称登记结算公司）的结算备用资金，专用于证券交易成交后的清算，具有结算履约担保作用。登记结算公司对每个证券公司缴存的结算备付金分别设立客户结算备付金账户和自营结算备付金账户进行账务管理，并依照经中国证券监督管理委员会批准的规则确定结算备付金最低限额。因此，对

证券公司缴存在登记结算公司的客户结算备付金,人民法院不得冻结、扣划。

当证券公司为被执行人时,人民法院可以向登记结算公司查询确认该证券公司缴存的自营结算备付金余额;对其最低限额以外的自营结算备付金,人民法院可以冻结、扣划,登记结算公司应当协助执行。

三、人民法院不得冻结、扣划新股发行验资专用账户中的资金。登记结算公司在结算银行开设的新股发行验资专用账户,专门用于证券市场的新股发行业务中的资金存放、调拨,并按照中国证券监督管理委员会批准的规则开立、使用、备案和管理,故人民法院不得冻结、扣划该专用账户中的资金。

四、人民法院在执行中应当正确处理清算交收程序与执行财产顺序的关系。当证券公司或者客户为被执行人时,人民法院可以冻结属于该被执行人的已完成清算交收后的证券或者资金,并以书面形式责令其在7日内提供可供执行的其他财产。被执行人提供了其他可供执行的财产的,人民法院应当先执行该财产;逾期不提供或者提供的财产不足清偿债务的,人民法院可以执行上述已经冻结的证券或者资金。

对被执行人的证券交易成交后进入清算交收期间的证券或者资金,以及被执行人为履行清算交收义务交付给登记结算公司但尚未清算的证券或者资金,人民法院不得冻结、扣划。

五、人民法院对被执行人证券账户内的流通证券采取执行措施时,应当查明该流通证券确属被执行人所有。

人民法院执行流通证券,可以指令被执行人所在的证券公司营业部在30个交易日内通过证券交易将该证券卖出,并将变卖所得价款直接划付到人民法院指定的账户。

六、人民法院在冻结、扣划证券交易结算资金的过程中,对于当事人或者协助执行人对相关资金是否属客户交易结算资金、结算备付金提出异议的,应当认真审查;必要时,可以提交中国证券监督管理委员会作出审查认定后,依法处理。

七、人民法院在证券交易、结算场所采取保全或者执行措施时,不得影响证券交易、结算业务的正常秩序。

八、本通知自发布之日起执行。发布前最高人民法院的其他规定与本通知的规定不一致的,以本通知为准。

特此通知。

最高人民法院
关于集中清理拖欠工程款和
农民工工资案件的紧急通知

2004年12月21日　　　　　　　　　　　　　　法〔2004〕259号

各省、自治区、直辖市高级人民法院，解放军军事法院，新疆维吾尔自治区高级人民法院生产建设兵团分院：

解决建设领域拖欠工程款和农民工工资问题，关系到人民群众的切身利益，关系到国民经济的健康发展和社会稳定。对此，党中央高度重视，国务院也建立了部际工作联席会议制度，并于2004年8月23日召开了全国清理拖欠工程款和农民工工资电视电话会议，10月29日下发了国办发〔2004〕78号《关于进一步解决建设领域拖欠工程款问题意见的通知》，明确要求各级政府应当在三年内完成清欠建设领域拖欠工程款的任务，对2003年年底前拖欠的农民工工资，要在2005年春节前清偿，并由省级人民政府负责统筹协调解决。11月29日，解决建设领域拖欠工程款部际工作协商会议又下发了建市电〔2004〕57号《关于抓紧做好农民工工资偿付工作的通知》。各级人民法院要抓住这一机遇，按照司法为民的要求，高度重视解决建设领域拖欠工程款和农民工工资问题，切实做好涉及工程款和农民工工资案件的执行工作。为此，紧急通知如下：

一、各级人民法院应当充分借助各级人民政府为解决拖欠工程款和农民工工资问题所建立的工作机制，及时与当地政府及有关部门进行沟通、协调，并将人民法院受理的建设领域拖欠工程款和农民工工资的执行案件通报给相关的人民政府和部门，争取政府和有关部门的协助、支持和配合，使这类案件得到更加及时、有效的执行。

二、各级人民法院应当将2004年12月20日以前未执结的拖欠工程款和农民工工资案件，按照中央政府预算拨款工程项目、地方各级政府投资工程项目和企业投资开发工程项目分类统计，逐级上报到所属的高级人民法院。属于中央投资项目的拖欠工程款执行案件，由各高级人民法院汇总后于今年12月30日前报告最高人民法院执行工作办公室。

三、对于地方政府投资项目需转由地方各级政府负责清理和协助执行的拖欠工程款和农民工工资执行案件，各高级人民法院要尽快制订适合本辖区实际情况的工作方案，统一组织实施，并将转由地方各级政府负责清理和协助执行的案件列表通报给省级人民政府。

四、在清理拖欠工程款和农民工工资执行案件的过程中，各级人民法院要分别不同情况，迅速处理。对于中央政府投资项目拖欠的工程款，由最高人民法院统一转国务院有关部门，由其负责清理并协助人民法院于2005年3月底前执结；对于各级地方政府投资建设项目拖欠的工程款,由执行法院分别转有关地方政府,由其负责清理并协助人民法院于 2005 年年底前执结;对于企业投资开发工程项目拖欠的工程款,各级人民法院应当借助各级人民政府解决拖欠工程款的工作机制,加大执行力度,最迟于 2006 年年底前全部执结。

五、在清理拖欠工程款和农民工工资案件的过程中,对于依法提起诉讼的案件,人民法院应当尽快立案,尽快审结;依法申请人民法院强制执行的,人民法院应当及时办理,尽快执结;需要转由地方人民政府负责清理和协助执行的,应按照本通知第三条的要求处理。

六、对国有或者国有控股企业投资项目形成的合同结清拖欠工程款的公证书,债务人应按经公证的结清工程款合同的约定履行义务。其中公证机关赋予强制执行效力,并经债权人申请执行的,人民法院应予受理,并在执行中及时转由政府的项目主管部门,由其监督落实经过公证的还款计划或者协助人民法院执行。

七、凡转由各级人民政府负责清理和协助执行或解决的案件,执行法院应当及时书面通知执行当事人,并定期向相关人民政府和部门了解清偿进展情况,及时协调这类案件在清偿过程中遇到的困难和问题,确保清偿工作落到实处。必要时,执行法院应当依职权直接予以执行。

八、在集中执行拖欠工程款和农民工工资案件的过程中,对于有履行能力而拒不履行,恶意拖欠工程款和农民工工资的有关单位和个人,应当依法给予制裁。必要时,可以借助新闻媒体的舆论监督作用,在媒体上公布债务人名单。

九、对于转由地方各级人民政府负责清理和协助执行的拖欠工程款和农民工工资执行案件,地方政府在规定的期限内未予清理和协助执行的,执行法院应当及时将有关情况层报省级高级人民法院。省级高级人民法院应当及时将有关情况反馈给省级人民政府。

十、各级人民法院在清理拖欠工程款和农民工工资案件工作中,要紧紧依靠党委领导、人大监督和政府支持;要加强调查研究,及时发现问题,总结经验,采取措施,推进清欠和执行工作的深入开展;要注重作好群众工作,力避矛盾激化,切实维护社会稳定。工作进展情况及遇到的问题,应及时报告最高人民法院。

特此通知。

最高人民法院执行工作办公室
关于执行监督程序中裁定不予执行仲裁裁决几个问题请示案的复函

2004年12月24日 〔2004〕执他字第13号

广东省高级人民法院:

你院《关于执行监督程序中裁定不予执行仲裁裁决几个问题的请示》收悉。经研究,答复如下:

一、关于审判部门裁定驳回当事人撤销仲裁裁决的申请后,执行部门能否再裁定不予执行的问题。

本院正在起草适用《中华人民共和国仲裁法》司法解释,其中涉及此问题已有意见,请你院待该司法解释生效后,按有关规定办理。

二、关于当事人未向审判部门提出撤销仲裁裁决的申请而在执行阶段申请不予执行的,是否由执行部门审查并依法作出裁定的问题。

《中华人民共和国民事诉讼法》第二百一十七条规定"被申请人提出证据证明仲裁裁决有下列情形之一的,经人民法院组成合议庭审查核实,裁定不予执行……"。据此,只要是人民法院的审判人员组成的合议庭都符合法律规定。各法院可按照法院内部各部门之间业务分工的规定办理。

三、关于上级法院执行部门是否有权监督下级法院作出的不予执行仲裁裁决裁定,是否适用法复（1996）8号批复的问题。

本院《关于人民法院执行工作若干问题的规定（试行）》（以下简称《执行规定》）第一百三十条第一款规定:"上级法院发现下级法院在执行中作出的裁定、决定、通知或具体执行行为不当或有错误的,应当及时指令下级法院纠正,并可以通知有关法院暂缓执行"。该条规定赋予了上级法院对下级法院在执行中作出的不当或错误裁定的监督权。上级法院的执行部门代表人民法院行使职权,有权依据《执行规定》第一百三十条监督纠正下级法院作出的不予执行仲裁裁决的裁定。而最高人民法院法复（1996）8号批复是针对当事人申请再审而言的,并不影响上级法院对下级法院执行工作的监督权。

此复。

最高人民法院
关于在执行程序中能否将被执行人享有到期债权的第三人的开办单位裁定追加为被执行主体的请示的答复[*]

2005年1月25日 〔2004〕执他字第28号

湖北省高级人民法院：

你院粤高法〔2004〕470号《关于在执行程序中能否将被执行人享有到期债权的第三人的开办单位裁定追加为被执行主体的请示》一案收悉。经研究，答复如下：

同意你院第二种意见。我们认为，人民法院在执行程序中不得裁定追加被执行人享有到期债权的第三人的开办单位，因该第三人的法律地位不同于被执行人，其本身不是案件的当事人，裁定追加第三人的开办单位无法无据。且本案中，黄石市中级人民法院于2003年8月18日裁定追加第三人长岭黄河集团有限公司时，该公司已根据陕西省人民政府的决定实施资产分离，分离后原长岭黄河集团有限公司更名为陕西长岭集团有限公司，故黄石市中级人民法院裁定追加长岭黄河集团有限公司缺乏事实依据。因此，上诉裁定依法应予纠正。

此复。

---

[*] 也作"最高人民法院答复湖北省高院《关于在执行程序中能否将被执行人享有到期债权的第三人的开办单位裁定追加为被执行主体的请示》的函"。

最高人民法院
对天津市高级人民法院《关于请求协调解决上市国有法人股票变更问题的请示》的答复函[*]

2005年6月25日　　　　　　　　　　　　　　〔2005〕执他字第6号

天津市高级人民法院：

你院〔2004〕执他字第7号《关于请求协调解决上市国有法人股股票变更问题的请示》收悉。经研究，答复如下：

关于上市公司国有法人股股权转让和性质界定的有关事宜，2004年2月1日财政部《企业国有产权转让管理暂行办法》、2001年11月2日财政部《关于上市公司国有股权被人民法院冻结拍卖有关问题的通知》和2000年5月19日财政部《关于股份有限公司国有股权管理工作有关问题的通知》等规范性文件有明确规定。按照上述文件的规定，对企业国有产权的转让必须经有关机关的行政审批。因此，在没有明文规定的情况下，对企业国有产权的变动，人民法院的执行程序不能替代前述规范性文件要求的审批程序。你院请示的问题应按有关规定的要求办理。

此复。

最高人民法院
关于当事人对迟延履行和解协议的争议应当另诉解决的复函^{**}

2005年6月24日　　　　　　　　　　　　　〔2005〕执监字第24—1号

四川省高级人民法院：

关于云南川龙翔实业有限责任公司（下称龙翔公司）申请执行四川省烟草公司资阳分公司简阳卷烟营销管理中心（下称烟草公司）债务纠纷一案，你院以〔2004〕川执请字第1号答复资阳市中级人民法院，认为龙翔公司申请恢复执行并无不当。烟草公司不

---

* 也作"最高人民法院对天津市高级人民法院的答复函"。
** 也作"最高人民法院关于云南江川龙翔实业有限责任公司申请执行四川省烟草公司资阳分公司简阳卷烟营销管理中心债务纠纷一案请示的答复"。

服你院的答复，向我院提出申诉。

我院经调卷审查认为，根据我国民事诉讼法和我院司法解释的有关规定，执行和解协议已履行完毕的，人民法院不予恢复执行。本案执行和解协议的履行尽管存在瑕疵，但和解协议确已履行完毕，人民法院应不予恢复执行。至于当事人对迟延履行和解协议的争议，不属执行程序处理，应由当事人另诉解决。请你院按此意见妥善处理该案。

最高人民法院
关于生效法律文书未确定履行期限能否依当事人约定的履行期限受理执行的复函[*]

2005年6月29日　　　　　　　　　　　〔2004〕执他字第23号

山西省高级人民法院：

你院《生效法律文书未确定履行期限能否依当事人约定的履行期限受理执行的请示》收悉，经研究，答复如下：

一、关于法律文书生效后，当事人在自动履行期间内达成和解协议，申请执行期限是否可以延长的问题，现行法律及司法解释没有明确规定。

二、从本案的实际情况看，当事人是在一审法院审判法官的主持下多次达成和解协议，这是造成债权人未能在法律文书生效后及时向人民法院申请强制执行的主要原因。为充分保护债权人的合法权益，本案可参照最高人民法院《关于适用〈中华人民共和国民事诉讼法〉若干问题的意见》第267条规定的精神，作为个案的特殊情况妥善处理。

此复。

---

[*] 也作"最高人民法院致山西省人民法院的复函"。

最高人民法院
关于机关法人作为被执行人在
执行程序中变更问题的复函

2005年8月3日　　　　　　　　　　　　　　　　法函〔2005〕65号

青海省高级人民法院：

你院2005年3月22日的请示收函。经研究，答复如下：

鉴于在执行过程中，被执行人在机构改革中被撤销，其上级主管部门无偿接受了被执行人的财产，致使被执行人无遗留财产清偿债务，按照《最高人民法院关于适用〈中华人民共和国民事诉讼法〉若干问题的意见》（法发〔92〕22号）第271条和《最高人民法院关于人民法院执行工作若干问题的规定（试行）》（法释〔1998〕15号）第81条的规定，可以裁定变更本案的被执行人主体为被执行人的上级主管部门，由其在所接受财产价值的范围内承担民事责任。

此复。

最高人民法院执行工作办公室
关于执行案件中如何适用最高人民法院《关于冻结、
拍卖上市公司国有股和社会法人股若干问题的
规定》第八条第三款的请示的答复

2005年8月23日　　　　　　　　　　　　　　〔2005〕执他字第10号

陕西省高级人民法院：

你院就如何适用最高人民法院《关于冻结、拍卖上市公司国有股和社会法人股若干问题的规定》第八条第三款的问题向我院请示。经研究，答复如下：

最高人民法院《关于冻结、拍卖上市公司国有股和社会法人股若干问题的规定》第八条第三款明确规定，人民法院执行股权，必须进行拍卖。你院应严格按照该规定执行。

此复。

最高人民法院
关于强制执行中不应将企业党组织的党费作为企业财产予以冻结或划拨的通知

2005年11月22日　　　　　　　　　　　　法〔2005〕209号

各省、自治区、直辖市高级人民法院,解放军军事法院,新疆维吾尔自治区高级人民法院生产建设兵团分院:

据悉,近一个时期,少数法院在强制执行过程中,将企业党组织的党费账户予以冻结,影响了企业党组织的正常工作。为避免此类情况发生,特通知如下:

企业党组织的党费是企业每个党员按月工资比例向党组织缴纳的用于党组织活动的经费。党费由党委组织部门代党委统一管理,单立账户,专款专用,不属于企业的责任财产。因此,在企业作为被执行人时,人民法院不得冻结或划拨该企业党组织的党费,不得用党费偿还该企业的债务。执行中,如果申请执行人提供证据证明企业的资金存入党费账户,并申请人民法院对该项资金予以执行的,人民法院可以对该项资金先行冻结;被执行人提供充分证据证明该项资金属于党费的,人民法院应当解除冻结。

各级人民法院发现执行案件过程中有违反上述规定情形的,应当及时依法纠正。

最高人民法院执行工作办公室
关于再审判决作出后如何处理原执行裁定的答复函

2006年3月13日　　　　　　　　　　　〔2005〕执他字第25号

辽宁省高级人民法院:

你院《关于本溪钢铁(集团)有限责任公司申请执行无锡梁溪冷轧薄板有限公司一案的疑难请示报告》收悉。经研究,答复如下:

一、关于再审判决生效后,本溪市中级人民法院已给付裁定的抵债标的额在没有超出再审判决所确认标的额的情况下,是否需要依据再审判决重新进行评估的问题。

本院认为,执行裁定发生法律效力后,并不因据以执行的法律文书的撤销而撤销。如果新的执行依据改变了原执行内容,需要执行回转的,则人民法院作出执行回转的裁定;如已执行的标的额没有超出新的执行依据所确定的标的额,则人民法院应继续执行。本案中，本溪市中级人民法院已给付裁定的抵债标的额没有超出再审判决所确认标的额，因此，是否需重新评估，关键看执行程序是否合法。如果执行程序合法，则维持原执行裁定的效力，继续执行，否则应予纠正，重新评估。

二、关于被执行人无锡梁溪冷轧薄板有限公司（以下简称梁溪公司）的投资权益未经当事人同意直接抵债是否合法的问题。

本院认为，本案不存在以物抵债的问题。韩国联合钢铁工业株式会社（以下简称韩方）只是作为合资他方，收购了被执行人梁溪公司的股权，其并不是债权人。本溪市中级人民法院处理梁溪公司在无锡长江薄板有限公司、无锡太平洋镀锌板有限公司各占有的25%股份时，考虑到韩方在两公司分别占有75%的股份，根据最高人民法院《关于人民法院执行工作若干问题的规定（试行）》第五十四条第二款以及第五十五条第二款的规定，同意韩方以评估价格收购上述股权，由于当时的法律和司法解释，均未明确在拍卖过程中保护优先购买权，因此本溪市中级人民法院未经拍卖，在韩方同意收购梁溪公司股权的情况下，直接以评估价格将上述股权转给韩方并不违法。

此外，请你院对中国航天科工集团公司，被执行人梁溪公司反映的评估报告中存在的问题，尤其是对评估程序、评估方法及评估价格过低的问题认真进行核查，如反映属实，可考虑重新评估拍卖，同时依据最高人民法院《关于人民法院民事执行拍卖、变卖财产的规定》第十四条、第十六条的规定保护韩方作为合资他方的优先购买权。

最高人民法院
印发《关于执行案件督办工作的规定》等三项执行工作制度的通知

2006年5月18日　　　　　　　　　　　　法发〔2006〕11号

各省、自治区、直辖市高级人民法院，解放军军事法院，新疆维吾尔自治区高级人民法院生产建设兵团分院：

现将《关于执行案件督办工作的规定（试行）》、《关于执行款物管理工作的规定（试行）》、《人民法院执行文书立卷归档办法（试行）》等三项执行工作制度印发给你们，请认真贯彻执行。

执行中有何问题，请及时报告我院。

附一：

关于执行案件督办工作的规定（试行）

为了加强和规范上级法院对下级法院执行案件的监督，根据《中华人民共和国民事诉讼法》及有关司法解释的规定，结合人民法院执行工作的实践，制定本规定。

第一条 最高人民法院对地方各级人民法院执行案件进行监督。高级人民法院、中级人民法院对本辖区内人民法院执行案件进行监督。

第二条 当事人反映下级法院有消极执行或者案件长期不能执结，上级法院认为情况属实的，应当督促下级法院及时采取执行措施，或者在指定期限内办结。

第三条 上级法院应当在受理反映下级法院执行问题的申诉后十日内，对符合督办条件的案件制作督办函，并附相关材料函转下级法院。遇有特殊情况，上级法院可要求下级法院立即进行汇报，或派员实地进行督办。

下级法院在接到上级法院的督办函后，应指定专人办理。

第四条 下级法院应当在上级法院指定的期限内，将案件办理情况或者处理意见向督办法院作出书面报告。

第五条 对于上级法院督办的执行案件，被督办法院应当按照上一级法院的要求，及时制作案件督办函，并附案件相关材料函转至执行法院。被督办法院负责在上一级法院限定的期限届满前，将督办案件办理情况书面报告上一级法院，并附相关材料。

第六条 下级法院逾期未报告工作情况或案件处理结果的，上级法院根据情况可以进行催报，也可以直接调卷审查，指定其他法院办理，或者提级执行。

第七条 上级法院收到下级法院的书面报告后，认为下级法院的处理意见不当的，应当提出书面意见函告下级法院。下级法院应当按照上级法院的意见办理。

第八条 下级法院认为上级法院的处理意见错误，可以按照有关规定提请上级法院复议。

对下级法院提请复议的案件，上级法院应当另行组成合议庭进行审查。经审查认为原处理意见错误的，应当纠正；认为原处理意见正确的，应当拟函督促下级法院按照原处理意见办理。

第九条 对于上级法院督办的执行案件，下级法院无正当理由逾期未报告工作情况或案件处理结果，或者拒不落实、消极落实上级法院的处理意见，经上级法院催办后仍未纠正的，上级法院可以在辖区内予以通报，并依据有关规定追究相关法院或者责任人的责任。

第十条 本规定自公布之日起施行。

附二：

关于执行款物管理工作的规定（试行）

为了加强人民法院执行款物的管理工作，维护当事人的合法权益，根据《中华人民共和国民事诉讼法》及有关司法解释，参照有关财务管理规定，结合执行工作实际，制定本规定。

第一条　本规定所指的执行款物是在执行程序中，依法应当由人民法院经管的财物。

第二条　各级人民法院财务部门应当开设执行款专户，对执行款实行专项管理、专款专付。

执行机构和财务部门应当分工负责，相互配合，相互监督。

第三条　财务部门对执行款的收付进行逐案登记并建立明细账，执行机构应当指定专人负责对执行款的收付情况设立台账，同时对每个案件实行明细记账。案件承办人应当对每个执行案件的执行款往来情况进行登记，并归入案件档案。

第四条　人民法院在强制执行中，执行款可以由被执行人直接交付给申请执行人，也可以从被执行人账户直接划至申请执行人账户。但对于有争议或需再分配的执行款，或因其他情况，人民法院认为确有必要先存入执行款专户的，应当划进执行款专户。

第五条　被执行人直接向法院支付现金或票据的，执行人员应当会同被执行人将现金或者票据交本院财务部门，财务部门应当出具收款凭据。

第六条　执行中确需执行人员直接代收现金或者票据的，应当不少于两名执行人员在场，即时向付款人出具收据，并将收款情况记入笔录并由付款人签名。

收款人应当在回院后一个工作日内移交本院财务部门或将有关款项缴入执行款专户。

第七条　人民法院委托拍卖机构拍卖被执行人财产时，应在拍卖委托书中要求竞买人或买受人将保证金或者拍卖价款直接汇入法院执行款专户。汇款时应注明汇款单位、拍卖机构名称、被执行人名称、案号。

第八条　执行款到账次日，财务部门应当将到账情况告知执行机构，执行机构应当在五日内将收款时间和数额等有关情况告知案件当事人。

第九条　执行款到账后，执行法院应当在一个月内核算执行费用和执行款，并及时通知申请执行人办理取款手续。需要延期划付的，应当在期限届满前书面说明原因并报主管院领导审查批准。

第十条　执行款专户的款项需要支付时，执行人员应当填报有关支付案款审批表并附以下材料，报经执行局长或主管院领导审批后，交由财务部门办理。

（一）生效的法律文书、立案审批表；

（二）款项到账的相关证明；

（三）申请付款人的有效身份证明。委托他人代收的，应当向法院出具特别授权委托书；

（四）已扣缴或应当扣缴的票据或说明。

财务部门支付执行款时，应当按照有关财务管理规定认真审核。

第十一条 人民法院向申请执行人支付执行款前，应当依法扣除未缴的申请执行费和执行中实际支出费用。

第十二条 人民法院向当事人交付执行款时，应当同时收取和审核当事人出具的收款凭据。

第十三条 由人民法院保管的查封、扣押物品应当指定专人负责，妥善保管，任何人不得擅自使用。

第十四条 执行法院解除对财产的查封、扣押、冻结措施后，应当将财产及时返还。

第十五条 案件承办人调离执行机构，在移交案件时，必须同时移交执行款物及相关材料。执行款物交接不清的，不得办理调离手续。

第十六条 严禁使用、截留、挪用、侵吞和私分执行款物。违反者，按有关规定追究责任。

第十七条 各高级人民法院在实施本规定过程中，可以根据实际需要制定实施细则。

第十八条 本规定自公布之日起施行。

附三：

人民法院执行文书立卷归档办法（试行）

一、总　则

第一条　为了加强执行文书的立卷归档工作，根据《中华人民共和国档案法》、《人民法院档案管理办法》等有关规定，结合人民法院执行工作实际，制定本办法。

第二条　本办法所称的执行文书，是指人民法院在案件执行过程中所形成的一切与案件有关的各类文书材料。

第三条　人民法院办理的下列执行案件，纳入立卷归档的范围。

1. 本院直接受理的执行案件；
2. 提级执行、受指定执行的案件；
3. 受托执行的案件；
4. 执行监督、请示、协调的案件；
5. 申请复议的案件；
6. 其他执行案件。

第四条 执行案件由立案庭统一立案，按照案件类型分类编号。

执行案件必须一案一号。一个案件从收案到结案所形成的法律文书、公文、函电等所有司法文书以及执行文书的立卷、归档、保管均使用收案时编定的案号。

中止执行的案件恢复执行后，不得重新立案，应继续使用原案号。

第五条 执行文书材料由承办书记员负责收集、整理立卷，承办执行法官或执行员和部门领导负责检查卷宗质量，并监督、承办书记员按期归档。

二、执行文书材料的收集

第六条 执行案件收案后，承办书记员即开始收集有关本案的各种文书材料，着手立卷工作。

第七条 执行文书材料应全面、真实地反映执行的整个过程和具体情况。

第八条 送达法律文书应当有送达回证附卷。

邮寄送达法律文书被退回的，挂号函件收据、附有邮局改退批条的退回邮件信封应当附卷。

公告送达法律文书的，公告的原件和附件、刊登公告的报纸版面或张贴公告的照片应当附卷。

第九条 执行款物的收付材料必须附卷，包括收取执行款物的收据存根；交付、退回款物后当事人开具的收据；划款通知书；法院扣收申请执行费、实际支出费的票据；以物抵债裁定书及抵债物交付过程的材料；双方当事人签订和解协议后交付款物的收据复印件等。

第十条 入卷的执行法律文书，除卷内装订的外，应当随卷各附三份归档，装入卷底袋内备用。其他文书材料，一般只保存一份（有领导人批示的材料除外）。

第十一条 入卷的执行文书材料应当保留原件，未能提供原件的可保存一份复印件，但要注明没有原件的原因。执行人员依职权通过摘录、复制方式取得的与案件有关的证明材料，应注明来源、日期，并由经手人或经办人签名，同时加盖提供单位印章。

第十二条 下列文书材料一般不归档：

1. 没有证明价值的信封、工作材料；
2. 内容相同的重复材料；
3. 法规、条例复制件；
4. 一般的法律文书草稿（未定稿）；
5. 与本案无关的材料。

第十三条 在案件办结以后，执行人员应当认真检查全案的文书材料是否收集齐全，若发现法律文书不完备的，应当及时补齐。

三、执行文书材料的排列

第十四条 执行文书材料的排列顺序应当按照执行程序的进程、形成文书的时间顺序，兼顾文书材料之间的有机联系进行排列。

执行卷宗应当按照利于保密、方便利用的原则，分别立正卷和副卷。无不宜公开内容的案件可以不立副卷。

第十五条 执行案件正卷文书材料排列顺序：

1. 卷宗封面；
2. 卷内目录；
3. 立案审批表；
4. 申请执行书；
5. 执行依据；
6. 受理案件通知书、举证通知书及送达回执；
7. 案件受理费及实际支出费收据；
8. 执行通知书、财产申报通知书及送达回执；
9. 申请执行人、被执行人身份证明、工商登记资料、法定代表人身份证明及授权委托书、律师事务所函；
10. 申请执行人、被执行人、案外人举证材料；
11. 询问笔录、调查笔录、听证笔录、执行笔录及人民法院取证材料；
12. 采取、解除、撤销强制执行措施（包括查询、查封、冻结、扣划、扣押、评估、拍卖、变卖、搜查、拘传、罚款、拘留等）文书材料；
13. 追加、变更执行主体裁定书正本；
14. 强制执行裁定书正本；
15. 执行和解协议；
16. 执行和解协议履行情况的证明材料；
17. 以物抵债裁定书及相关材料；
18. 中止执行、终结执行、不予执行裁定书及执行凭证；
19. 执行款物收取、交付凭证及有关审批材料；
20. 延长执行期限的审批表；
21. 结案报告、结案审批表；
22. 送达回证；
23. 备考表；
24. 证物袋；
25. 卷底。

第十六条 执行监督案件正卷文书材料的排列顺序：

1. 卷宗封面；
2. 卷内目录；
3. 立案审批表；
4. 执行监督申请书；
5. 原执行裁定书；
6. 当事人身份证明或法定代表人身份证明及授权委托书、律师事务所函；
7. 当事人提供的证据材料；
8. 听证笔录、调查笔录；

9. 督办函；

10. 执行法院书面报告；

11. 监督结果或有关裁定书；

12. 结案报告、结案审批表；

13. 送达回证；

14. 备考表；

15. 证物袋；

16. 卷底。

第十七条 执行协调案件文书材料的排列顺序：

1. 卷宗封面；

2. 卷内目录；

3. 立案审批表；

4. 请求协调报告及相关证据材料；

5. 协调函；

6. 被协调法院的报告及相关证据材料；

7. 协调会议记录；

8. 承办人审查报告；

9. 合议庭评议案件笔录；

10. 执行局（庭）研究案件记录及会议纪要；

11. 审判委员会研究案件记录及会议纪要；

12. 协调意见书；

13. 结案报告、结案审批表；

14. 备考表；

15. 证物袋；

16. 卷底。

第十八条 执行请示案件文书材料的排列顺序：

1. 卷宗封面；

2. 卷内目录；

3. 立案审批表；

4. 请示报告及相关证据材料；

5. 承办人审查报告；

6. 合议庭评议案件笔录；

7. 执行局（庭）研究案件笔录及会议纪要；

8. 本院审判委员会评议案件笔录及会议纪要；

9. 向上级法院的请示或报告；

10. 批复意见；

11. 结案报告、结案审批表；

12. 备考表；

13. 证物袋；

14. 卷底。

第十九条 执行复议案件正卷文书材料的排列顺序：

1. 卷宗封面；

2. 卷内目录；

3. 立案审批表；

4. 复议申请书；

5. 原决定书；

6. 复议申请人身份证明、法定代表人身份证明及授权委托书、律师事务所函；

7. 复议申请人提供的证据材料；

8. 听证笔录、调查笔录；

9. 复议决定书；

10. 结案报告、结案审批表；

11. 送达回证；

12. 备考表；

13. 证物袋；

14. 卷底。

第二十条 各类执行案件副卷文书材料的排列顺序：

1. 卷宗封面；

2. 卷内目录；

3. 阅卷笔录；

4. 执行方案；

5. 承办人与有关部门内部交换意见的材料或笔录；

6. 有关案件的内部请示与批复；

7. 上级法院及有关单位领导人对案件的批示；

8. 承办人审查报告；

9. 合议庭评议案件笔录；

10. 执行局（庭）研究案件记录及会议纪要；

11. 审判委员会研究案件记录及会议纪要；

12. 法律文书签发件；

13. 其他不宜公开的材料；

14. 备考表；

15. 证物袋；

16. 卷底。

四、执行文书的立卷及卷宗装订

第二十一条 人民法院执行文书材料经过系统收集、整理、排列后，逐页编号。页号一律用阿拉伯数字编写，正面书写在右上角，背面书写在左上角，背面无字迹的不编页号。卷宗封面、卷内目录、备考表、证物袋、卷底不编页号。

第二十二条　执行文书材料包括卷皮的书写、签发必须使用碳素墨水、蓝黑墨水或微机打印，如出现文书材料使用红、蓝墨水或铅笔、圆珠笔及易褪色不易长期保管书写工具书写的，要附复印件。需要归档的传真文书材料必须复印，复印件归档，传真件不归档。

第二十三条　卷宗封面必须按项目要求填写齐全，字迹工整、规范、清晰。卷面案号应当与卷内文件案号一致；案件类别栏填写"执行"；案由栏填写执行依据确认的案由；当事人栏应当填写准确、完整，不能缩写、简称或省略；收、结案日期应当与卷内文书记载一致；执行标的栏，应当填写申请执行标的；执行结果栏，应当填写已经执行的金额或其他情况；裁决机关栏，应当填写作出生效法律文书的机关；结案方式栏，按不同情况分别填写自动履行、强制执行、终结执行、执行和解或不予执行等；结案日期栏，应当填写批准报结的日期。

第二十四条　卷内目录应当按文书材料顺序逐项填写。一份文书材料编一个顺序号。

第二十五条　卷内文件目录所在页的编号，除最后一份需填写起止号外，其余只填起号。

第二十六条　卷内备考表，由本卷情况说明、立卷人、检查人、验收人、立卷日期等项目组成。

"本卷情况说明"栏内填写卷内文书缺损、修改、补充、移出、销毁等情况；"立卷人"由立卷人签字；"检查人"由承办执行法官或执行员签字；"验收人"由档案部门接收人签字；"立卷日期"填写立卷完成的日期。

第二十七条　卷宗的装订必须牢固、整齐、美观，便于保管和利用。

每卷的厚度以不超15毫米为宜，材料过多的，应当按顺序分册装订。每册案卷都从"1"开始编写页号。卷宗装订齐下齐右、三孔一线，长度以180毫米左右为宜，并在卷底装订线结扣处粘贴封条，由立卷人盖章。

第二十八条　卷宗装订前，要对文书材料进行全面检查，材料不完整的要补齐，破损或褪色、字迹扩散的要修补、复制。

卷内材料用纸以A4办公纸为标准。纸张过大的要修剪折叠，纸张过小、订口过窄的要加贴衬纸。

外文及少数民族文字材料应当附上汉语译文。

作为证据查考日期的信封，保留原件，打开展平加贴衬纸。

卷宗内严禁留置金属物。

五、执行卷宗的归档和保管

第二十九条　执行人员应当妥善保管执行卷宗，防止卷宗毁损、遗漏、丢失。

第三十条　承办书记员应当在案件报结后一个月内将执行卷宗装订完毕，并送有关部门或负责人核查是否符合案件归档条件，验收合格的应当立即归档。不合格的，应当及时予以补救。

执行卷宗应当在案件报结后的三个月内完成归档工作。

第三十一条 执行机构应当对执行卷宗的归档情况登记造册,归档案件必须有档案部门的签收手续。

第三十二条 中止执行的案件可以由执行机构统一保管执行卷宗,不得在执行人员处存放。

第三十三条 执行档案的保管期限由档案管理部门按照有关规定确定。

第三十四条 已经归档的卷宗不得抽取材料,确需增添材料的,应当征得档案管理人员同意后,按立卷要求办理。

第三十五条 对违反本办法未及时归档、任意从案卷中抽取文书材料或损毁、遗漏、丢失案卷材料的有关人员,视情节轻重,依有关规定作出相应处理。

六、附　则

第三十六条 各高级人民法院在实施本办法过程中,可以根据实际需要制定实施细则。

第三十七条 本办法自公布之日起施行。

最高人民法院关于赋予强制执行效力的公证债权文书在签发执行证书时当事人应否到场问题的请示的答复

2006年6月19日　　　　　　　　　　〔2006〕执他字第1号

陕西省高级人民法院:

你院〔2005〕陕执复字第02号报送的《关于西安国际投资有限公司依据公证债权文书申请执行陕西东隆投资有限公司、西部信用担保有限公司、宋胜广借款担保的六起案件的请示报告》收悉。经研究,答复如下:

对最高人民法院和司法部于2000年9月21日会签联合发布的《关于公证机关赋予强制执行效力的债权文书执行有关问题的联合通知》第五条相关内容应理解为:公证机关在作出赋予强制执行效力的公证债权文书时,已要求当事人到场接受询问或作出承诺,因此,公证机关在签发执行证书时,只要依照上述联合通知的规定进行审查即可,并未有要求债务人、担保人再次接受询问的明确规定。至于请示中所涉的案件,请陕西省高级人民法院依照法律和上述联合通知的精神予以处理。对担保人申诉中提出的一些问题,也请陕西省高级人民法院认真予以审查并依法妥善处理。

最高人民法院
关于民事执行中查封、扣押、冻结财产有关期限问题的答复

2006年7月11日　　　　　　　　　　　　法函〔2006〕76号

上海市高级人民法院：

你院《关于民事执行续行查封、扣押、冻结财产问题的请示》（沪高法〔2006〕12号）收悉。经研究，答复如下：

同意你院倾向性意见，即《最高人民法院关于人民法院民事执行中查封、扣押、冻结财产的规定》施行前采取的查封、扣押、冻结措施，除了当时法律、司法解释及有关通知对期限问题有专门规定的以外，没有期限限制。但人民法院应当对有关案件尽快处理。

最高人民法院
关于进一步清理拖欠工程款和农民工工资案件的通知

2006年7月24日　　　　　　　　　　　　法〔2006〕158号

各省、自治区、直辖市高级人民法院，解放军军事法院，新疆维吾尔自治区高级人民法院生产建设兵团分院：

目前，国务院"清欠"工作已进入关键阶段。为确保国务院提出的三年"清欠"工作目标的实现，今年7月7日，国务院组织召开全国清理拖欠工程款电视电话会议，对两年多来"清欠"工作取得的成效和经验进行了总结，对当前"清欠"工作中面临的主要问题进行了分析，并提出了具体的对策和措施。为充分发挥各级法院的司法职能作用，配合国务院下一阶段"清欠"工作的开展，现通知如下：

一、各级人民法院要在继续贯彻落实《最高人民法院关于集中清理拖欠工程款和农民工工资案件的紧急通知》（法〔2004〕259号）的基础上，本着政府"清欠"、法院配合的工作原则，积极、主动地与有关地方政府、有关部门进行沟通、协商，为下一阶段的"清欠"工作提供充分的司法保障。

二、接到本通知后，各级人民法院要对本院负责清理的拖欠工程款和农民工工资案件进行一次全面清查。对于已经受理、尚未审结的拖欠工程款和农民工工资的诉讼案件，要加快审理进度，及时审结；对于已经受理、尚未执结的拖欠工程款和农民工工资执行案件，要采取切实有效的措施，限期执结。

三、在清理拖欠工程款执行案件过程中，对于属各级地方政府投资建设项目拖欠的工程款，按照国务院确立的解决拖欠工程款和农民工工资问题有效工作机制，由各级人民法院分别转有关地方政府负责清理后，各级法院要积极督促有关地方政府及时清理，并适时提供必要的法律帮助。

对于转有关地方政府负责清理和协助法院执行的拖欠工程款执行案件，各高级人民法院将有关案件通报给省级政府后，要及时了解有关案件的清理情况，并配合政府有关部门依法采取相应措施，确保"清欠"工作落到实处。

对不属于人民法院主管、应当由有关地方政府负责解决的拖欠工程款和农民工工资问题，各级法院要将有关情况及时通报给有关地方政府由其负责处理。

四、各级人民法院要按照"司法为民"的要求，特别重视对农民工等社会弱势群体的保护。对涉及农民工追索劳动报酬案件，要按照快立案、快审理、快执行的原则处理；对追索劳动报酬确有困难的农民工，要按照《最高人民法院关于对经济确有困难的当事人提供司法救助的规定》（法发〔2005〕6号），提供必要的司法救助。

五、在执行拖欠工程款和农民工工资案件过程中，各级法院要重视发挥新闻媒体的舆论监督作用，督促作为被执行人的有关单位和个人主动履行义务。对主动履行、积极履行的有关单位和个人，要选择典型事例通过新闻媒体予以公开报道、表扬；对有履行能力而拒不履行，或者有意、恶意拖欠工程款和农民工工资的有关单位和个人，要在依法给予必要的法律制裁的同时，选择其中的典型案例适时通过新闻媒体予以曝光。

六、要加强调查研究，注意发现问题，总结经验。各级人民法院要进一步发挥司法职能作用，对彻底解决拖欠工程款和农民工工资问题适时提出司法建议；要从长效机制的制度建设上对减少和杜绝拖欠工程款和农民工工资问题提出建议。

七、各高级人民法院要负责对辖区内法院下一阶段"清欠"工作的监督指导。遇有重大、疑难问题，下级法院要及时向上级法院报告；上级法院要帮助下级法院排除执行障碍和阻力，切实解决下级法院"清欠"工作中遇到的困难和问题。

特此通知。

最高人民法院
关于进一步规范跨省、自治区、直辖市执行案件协调工作的通知

2006年9月30日　　　　　　　　　　　　　　　法〔2006〕285号

各省、自治区、直辖市高级人民法院，解放军军事法院，新疆维吾尔自治区高级人民法院生产建设兵团分院：

为了充分发挥高级人民法院对执行工作一管理、统一协调的职能作用，进一步规范跨省、自治区、直辖市（以下简称省）执行案件协调工作，现就有关事项通知如下：

一、跨省执行争议案件需要报请最高人民法院协调处理的，应当在上报前，经过争议各方高级人民法院执行局（庭）负责人之间面对面协商；对重大疑难案件，必要时，应当经过院领导出面协商。

协商应当形成书面记录或者纪要，并经双方签字。

二、相关高级人民法院应当对本辖区法院执行争议案件的事实负责。对于下级法院上报协调的案件，高级人民法院应当对案件事实进行核查，必要时应当采取听证方式进行。

三、高级人民法院报请最高人民法院协调的执行争议案件，必须经过执行局（庭）组织研究，形成处理意见，对下级法院报送的意见不得简单地照抄照转。

四、相关高级人民法院在相互协商跨省执行争议案件过程中，发现本辖区法院的执行行为存在错误的，应当依法纠正。

五、相关高级人民法院之间对处理执行争议的法律适用问题不能达成一致意见的，应当各自经审委会讨论后形成倾向性意见。

六、请求最高人民法院协调跨省执行争议案件的报告，应当经高级人民法院主管院领导审核签发，一式五份。报告应当附相关法律文书和高级人民法院之间的协调记录或纪要，必要时应附案卷。

七、跨省执行争议案件，一方法院提出协商处理请求后，除采取必要的控制财产措施外，未经争议各方法院或者最高人民法院同意，任何一方法院不得处分争议财产。

八、跨省执行争议案件经最高人民法院协调达成一致处理意见的，形成协调纪要。相关高级人民法院应当负责协调意见的落实；协调不成的，由最高人民法院作出处理意见。必要时，最高人民法院可以作出决定或者裁定，并直接向有关部门发出协助执行通知书。

以上通知，请遵照执行。

最高人民法院
关于执行程序中被执行人无偿转让抵押财产人民法院应如何处理的请示的答复

2006 年 10 月 27 日　　　　　　　　　　〔2006〕执他字第 13 号

山东省级人民法院：

　　你院《关于执行程序中被执行人无偿转让抵押财产人民法院应如何处理的请示》收悉。经研究，答复如下：

　　作为执行标的物的抵押财产在执行程序中被转让的，如果抵押财产已经依法办理了抵押登记，则不论转让行为是有偿还是无偿，也不论是否通知了抵押债权人，只要抵押权人没有放弃抵押权，人民法院均可以直接对该抵押物进行执行。因此，你院可以直接对被执行人已经设定抵押的财产采取执行措施，必要时，可以将抵押财产的现登记名义人列为被执行人。

　　此复。

最高人民法院执行工作办公室
关于执行回转案件的申请执行人在被执行人破产案件中能否得到优先受偿保护的请示的答复

2006 年 12 月 14 日　　　　　　　　　　〔2005〕执他字第 27 号函

天津市高级人民法院：

　　你院《关于执行回转案件的申请执行人在被执行人破产案件中能否得到优先受偿保护的请示》收悉。经研究，答复如下：

　　人民法院因原错误判决被撤销而进行执行回转，申请执行人在被执行人破产案件中能否得到优先受偿保护的问题，目前我国法律尚无明确规定。我们认为，因原错误判决而被执行的财产，并非因当事人的自主交易而转移。为此，不应当将当事人请求执行回转的权利作为普通债权对待。在执行回转案件被执行人破产的情况下，可以比照取回权制度，对执行回转案件申请执行人的权利予以优先保护，认定应当执行回转部分的财产数额,不属于破产财产。因此,审理破产案件的法院应当将该部分财产交由执行法院继续执行。

最高人民法院
印发《关于人民法院执行公开的若干规定》和《关于人民法院办理执行案件若干期限的规定》的通知

2006年12月23日　　　　　　　　　　　　　　　　法发〔2006〕35号

各省、自治区、直辖市高级人民法院,解放军军事法院,新疆维吾尔自治区高级人民法院生产建设兵团分院:

现将最高人民法院《关于人民法院执行公开的若干规定》和《关于人民法院办理执行案件若干期限的规定》印发给你们,请遵照执行。

执行中有何问题,请及时报告最高人民法院。

附一:

关于人民法院执行公开的若干规定

为进一步规范人民法院执行行为,增强执行工作的透明度,保障当事人的知情权和监督权,进一步加强对执行工作的监督,确保执行公正,根据《中华人民共和国民事诉讼法》和有关司法解释等规定,结合执行工作实际,制定本规定。

第一条 本规定所称的执行公开,是指人民法院将案件执行过程和执行程序予以公开。

第二条 人民法院应当通过通知、公告或者法院网络、新闻媒体等方式,依法公开案件执行各个环节和有关信息,但涉及国家秘密、商业秘密等法律禁止公开的信息除外。

第三条 人民法院应当向社会公开执行案件的立案标准和启动程序。

人民法院对当事人的强制执行申请立案受理后,应当及时将立案的有关情况、当事人在执行程序中的权利和义务以及可能存在的执行风险书面告知当事人;不予立案的,应当制作裁定书送达申请人,裁定书应当载明不予立案的法律依据和理由。

第四条 人民法院应当向社会公开执行费用的收费标准和根据,公开执行费减、缓、免交的基本条件和程序。

第五条 人民法院受理执行案件后，应当及时将案件承办人或合议庭成员及联系方式告知双方当事人。

第六条 人民法院在执行过程中，申请执行人要求了解案件执行进展情况的，执行人员应当如实告知。

第七条 人民法院对申请执行人提供的财产线索进行调查后，应当及时将调查结果告知申请执行人；对依职权调查的被执行人财产状况和被执行人申报的财产状况，应当主动告知申请执行人。

第八条 人民法院采取查封、扣押、冻结、划拨等执行措施的，应当依法制作裁定书送达被执行人，并在实施执行措施后将有关情况及时告知双方当事人，或者以方便当事人查询的方式予以公开。

第九条 人民法院采取拘留、罚款、拘传等强制措施的，应当依法向被采取强制措施的人出示有关手续，并说明对其采取强制措施的理由和法律依据。采取强制措施后，应当将情况告知其他当事人。

采取拘留或罚款措施的，应当在决定书中告知被拘留或者被罚款的人享有向上级人民法院申请复议的权利。

第十条 人民法院拟委托评估、拍卖或者变卖被执行人财产的，应当及时告知双方当事人及其他利害关系人，并严格按照《中华人民共和国民事诉讼法》和最高人民法院《关于人民法院民事执行中拍卖、变卖财产的规定》等有关规定，采取公开的方式选定评估机构和拍卖机构，并依法公开进行拍卖、变卖。

评估结束后，人民法院应当及时向双方当事人及其他利害关系人送达评估报告；拍卖、变卖结束后，应当及时将结果告知双方当事人及其他利害关系人。

第十一条 人民法院在办理参与分配的执行案件时，应当将被执行人财产的处理方案、分配原则和分配方案以及相关法律规定告知申请参与分配的债权人。必要时，应当组织各方当事人举行听证会。

第十二条 人民法院对案外人异议、不予执行的申请以及变更、追加被执行主体等重大执行事项，一般应当公开听证进行审查；案情简单、事实清楚，没有必要听证的，人民法院可以直接审查。审查结果应当依法制作裁定书送达各方当事人。

第十三条 人民法院依职权对案件中止执行的，应当制作裁定书并送达当事人。裁定书应当说明中止执行的理由，并明确援引相应的法律依据。

对已经中止执行的案件，人民法院应当告知当事人中止执行案件的管理制度、申请恢复执行或者人民法院依职权恢复执行的条件和程序。

第十四条 人民法院依职权对据以执行的生效法律文书终结执行的，应当公开听证，但申请执行人没有异议的除外。

终结执行应当制作裁定书并送达双方当事人。裁定书应当充分说明终结执行的理由，并明确援引相应的法律依据。

第十五条 人民法院未能按照最高人民法院《关于人民法院办理执行案件若干期限的规定》中规定的期限完成执行行为的，应当及时向申请执行人说明原因。

第十六条 人民法院对执行过程中形成的各种法律文书和相关材料，除涉及国家秘密、商业秘密等不宜公开的文书材料外，其他一般都应当予以公开。

当事人及其委托代理人申请查阅执行卷宗的，经人民法院许可，可以按照有关规定查阅、抄录、复制执行卷宗正卷中的有关材料。

第十七条 对违反本规定不公开或不及时公开案件执行信息的，视情节轻重，依有关规定追究相应的责任。

第十八条 各高级人民法院在实施本规定过程中，可以根据实际需要制定实施细则。

第十九条 本规定自2007年1月1日起施行。

附二：

关于人民法院办理执行案件若干期限的规定

为确保及时、高效、公正办理执行案件，依据《中华人民共和国民事诉讼法》和有关司法解释的规定，结合执行工作实际，制定本规定。

第一条 被执行人有财产可供执行的案件，一般应当在立案之日起6个月内执结；非诉执行案件一般应当在立案之日起3个月内执结。

有特殊情况须延长执行期限的，应当报请本院院长或副院长批准。

申请延长执行期限的，应当在期限届满前5日内提出。

第二条 人民法院应当在立案后7日内确定承办人。

第三条 承办人收到案件材料后，经审查认为情况紧急、需立即采取执行措施的，经批准后可立即采取相应的执行措施。

第四条 承办人应当在收到案件材料后3日内向被执行人发出执行通知书，通知被执行人按照有关规定申报财产，责令被执行人履行生效法律文书确定的义务。

被执行人在指定的履行期间内有转移、隐匿、变卖、毁损财产等情形的，人民法院在获悉后应当立即采取控制性执行措施。

第五条 承办人应当在收到案件材料后3日内通知申请执行人提供被执行人财产状况或财产线索。

第六条 申请执行人提供了明确、具体的财产状况或财产线索的，承办人应当在申请执行人提供财产状况或财产线索后5日内进行查证、核实。情况紧急的，应当立即予以核查。

申请执行人无法提供被执行人财产状况或财产线索，或者提供财产状况或财产线索确有困难，需人民法院进行调查的，承办人应当在申请执行人提出调查申请后10日内启动调查程序。

根据案件具体情况，承办人一般应当在1个月内完成对被执行人收入、银行存款、有价证券、不动产、车辆、机器设备、知识产权、对外投资权益及收益、到期债权等资产状况的调查。

第七条　执行中采取评估、拍卖措施的，承办人应当在10日内完成评估、拍卖机构的遴选。

第八条　执行中涉及不动产、特定动产及其他财产需办理过户登记手续的，承办人应当在5日内向有关登记机关送达协助执行通知书。

第九条　对执行异议的审查，承办人应当在收到异议材料及执行案卷后15日内提出审查处理意见。

第十条　对执行异议的审查需进行听证的，合议庭应当在决定听证后10日内组织异议人、申请执行人、被执行人及其他利害关系人进行听证。

承办人应当在听证结束后5日内提出审查处理意见。

第十一条　对执行异议的审查，人民法院一般应当在1个月内办理完毕。

需延长期限的，承办人应当在期限届满前3日内提出申请。

第十二条　执行措施的实施及执行法律文书的制作需报经审批的，相关负责人应当在7日内完成审批程序。

第十三条　下列期间不计入办案期限：

1. 公告送达执行法律文书的期间；
2. 暂缓执行的期间；
3. 中止执行的期间；
4. 就法律适用问题向上级法院请示的期间；
5. 与其他法院发生执行争议报请共同的上级法院协调处理的期间。

第十四条　法律或司法解释对办理期限有明确规定的，按照法律或司法解释规定执行。

第十五条　本规定自2007年1月1日起施行。

最高人民法院
关于在民事判决书中增加向当事人告知民事诉讼法第二百二十九条规定内容的通知

2007年2月7日　　　　　　　　　　　　　　法〔2007〕19号

全国地方各级人民法院、各级军事法院、各铁路运输中级法院和基层法院、各海事法院，新疆生产建设兵团各级法院：

根据《中共中央关于构建社会主义和谐社会若干重大问题的决定》有关"落实当事人权利义务告知制度"的要求，为使胜诉的当事人及时获得诉讼成果，促使败诉的当事人及时履行义务，经研究决定，在具有金钱给付内容的民事判决书中增加向当事人告知民事诉讼法第二百二十九条规定的内容。现将在民事判决书中具体表述方式通知如下：

一、一审判决中具有金钱给付义务的，应当在所有判项之后另起一行写明：如果未按本判决指定的期间履行给付金钱义务，应当依照《中华人民共和国民事诉讼法》第二百二十九条之规定，加倍支付迟延履行期间的债务利息。

二、二审判决作出改判的案件，无论一审判决是否写入了上述告知内容，均应在所有判项之后另起一行写明第一条的告知内容。

三、如一审判决已经写明上述告知内容，二审维持原判的判决，可不再重复告知。

特此通知。

最高人民法院执行工作办公室
关于原执行裁定被撤销后能否对第三人从债权人处买受的财产进行回转的请示的答复[*]

2007年9月10日　　　　　　　　　　〔2007〕执他字第2号函

辽宁省高级人民法院：

你院《关于申请执行人中国工商银行铁岭市清河支行西丰分理处与被执行人西丰县百货公司第三商店借款合同纠纷一案的请示报告》收悉。经研究，答复如下：

依据我院《关于人民法院执行工作若干问题的规定（试行）》第109条、第110条的规定，如果涉案执行财产已经被第三人合法取得，执行回转时应当由原申请执行人折价抵偿。至于涉案执行财产的原所有人是否申请国家赔偿，可告知其自行按照国家有关法律规定办理。

此复。

---

[*] 也作"最高人民法院执行办公室关于申请执行人中国工商银行铁岭市清河支行西丰分理处与被执行人西丰县百货公司第三商店借款合同纠纷一案请示的答复"。

最高人民法院
关于查封法院全部处分标的物后
轮候查封的效力问题的批复

2007年9月11日　　　　　　　　　　　法函〔2007〕100号

北京市高级人民法院：

你院《关于查封法院全部处分标的物后，轮候查封的效力问题的请示》（京高法〔2007〕208号）收悉。经研究，答复如下：

根据《最高人民法院关于人民法院民事执行中查封、扣押、冻结财产的规定》（法释〔2004〕15号）第二十八条第一款的规定，轮候查封、扣押、冻结自在先的查封、扣押、冻结解除时自动生效，故人民法院对已查封、扣押、冻结的全部财产进行处分后，该财产上的轮候查封自始未产生查封、扣押、冻结的效力。同时，根据上述司法解释第三十条的规定，人民法院对已查封、扣押、冻结的财产进行拍卖、变卖或抵债的，原查封、扣押、冻结的效力消灭，人民法院无需先行解除该财产上的查封、扣押、冻结，可直接进行处分，有关单位应当协助办理有关财产权证照转移手续。

此复。

最高人民法院
关于不动产所有权发生转移的时间
如何确定的请示的答复

2008年10月6日　　　　　　　　　〔2007〕执他字第19号

云南省高级人民法院：

你院《关于拍卖、变卖财产规定第二十九条第二款规定不动产所有权发生转移是否包括"变卖方式的情形"的请示报告》收悉。经研究，答复如下：

人民法院在执行过程中依法裁定变卖土地使用权的，对该土地使用权转移时间的确定，适用最高人民法院《关于人民法院民事执行中拍卖、变卖财产的规定》第二十九条第二款和最高人民法院、国土资源部、建设部《关于依法规范人民法院执行和国土资源房地产管理部门协助执行若干问题的通知》（法发〔2004〕5号）第二十七条的规定。

你院请示的陕西弘丰农业生产资料有限公司是否已根据陕西省高级人民法院〔2002〕陕高法执一民字第025—2号民事裁定书取得争议土地使用权的问题，应当按照上述规定精神，依法予以确定并妥善处理。

此复。

最高人民法院关于执行工作中正确适用修改后民事诉讼法第202条、第204条规定的通知

2008年11月28日　　　　　　　　　　　法明传〔2008〕1223号

各省、自治区、直辖市高级人民法院，解放军军事法院，新疆维吾尔自治区高级人民法院生产建设兵团分院：

近期，我院陆续收到当事人直接或通过执行法院向我院申请复议的案件。经审查发现，部分申请复议的案件不符合法律规定。为了保证各级人民法院在执行工作过程中正确适用修改后民事诉讼法第202条、第204条的规定，现通知如下：

一、当事人、利害关系人根据民事诉讼法第202条的规定，提出异议或申请复议，只适用于发生在2008年4月1日后作出的执行行为；对于2008年4月1日前发生的执行行为，当事人、利害关系人可以依法提起申诉，按监督案件处理。

二、案外人对执行标的提出异议的，执行法院应当审查并作出裁定。按民事诉讼法第204条的规定，案外人不服此裁定只能提起诉讼或者按审判监督程序办理。执行法院在针对异议作出的裁定书中赋予案外人、当事人申请复议的权利，无法律依据。

三、当事人、利害关系人认为执行法院的执行行为违法的，应当先提出异议，对执行法院作出的异议裁定不服的才能申请复议。执行法院不得在作出执行行为的裁定书中直接赋予当时人申请复议的权力。

特此通知。

最高人民法院
关于印发《执行文书样式（试行）》的通知

2009年2月12日　　　　　　　　　　　　　法发〔2009〕11号

各省、自治区、直辖市高级人民法院，解放军军事法院，新疆维吾尔自治区高级人民法院生产建设兵团分院：

2007年10月28日，第十届全国人民代表大会常务委员会第三十次会议通过了《关于修改〈中华人民共和国民事诉讼法〉的决定》，对执行程序作出了重大修改。据此，最高人民法院制定了《关于适用〈中华人民共和国民事诉讼法〉执行程序若干问题的解释》，于2008年9月8日最高人民法院审判委员会第1452次会议通过，已公布施行。为了更好地指导各级人民法院正确适用民事诉讼法及相关司法解释，规范执行程序裁判文书，提高办理执行案件质量，特制定《执行文书样式（试行）》（以下简称本文书样式），现印发给你们，请在执行工作中予以试行。试行中，应注意如下问题：

一、认真组织学习相关法律和司法解释。本文书样式制作的主要依据包括：修改后的《中华人民共和国民事诉讼法》、《最高人民法院关于适用〈中华人民共和国民事诉讼法〉执行程序若干问题的解释》、《最高人民法院关于人民法院执行工作若干问题的规定（试行）》、《最高人民法院关于人民法院民事执行中查封、扣押、冻结财产的规定》、《最高人民法院关于人民法院民事执行中拍卖、变卖财产的规定》等有关法律和司法解释。修改后的《中华人民共和国民事诉讼法》关于执行程序的修改有11个条文，涉及到执行措施、执行管辖、执行救济、执行机构、申请执行期间、执行通知、被执行人财产报告、执行威慑机制等多项内容，对上述司法解释有重大修订，特别是在执行管辖和执行救济制度上的变化，如对执行异议程序、执行复议程序与案外人异议程序的区分等已经突破了以往法律和司法解释的规定。各级人民法院要认真组织全体执行人员学习，并在执行工作中正确适用法律和司法解释，继而加深对本文书样式的理解。

二、正确适用本文书样式。本文书样式从统一和规范执行行为的目的出发，结合执行工作改革的基本思路，在执行程序和适用法律等方面规范执行文书。在编写体例上，贯彻"执行实施与执行审查分离"的原则，同时兼顾文书样式的归类，以案件类型和程序措施的大致顺序作为划分标准，便于执行人员明确案件类属、执行程序和措施步骤。在形式和内容上，体现执行工作的特点，简约明确、兼顾效率，部分文书样式通过填写较少的文字，即可发文使用，减轻执行人员在制作文书上的负担。在适用法律方面，对执行实施行为的法律依据予以明确，避免适用法律的偏差。本文书样式能够反映目前执行工作的实际情况，基本满足执行程序上各类法律文书的写作需要。因此，在制作执行法律文书时，要严格按照本文书样式的要求进行规范，以提高执行法律文书的质量。

三、及时反馈有关问题和意见。人民法院受理的执行实施案件和执行审查案件类型比较多，涉及到的文书样式十分复杂，且实践中也会不断遇到新的问题。这里列出的仅是常用的、具有典型代表性的样式。实践中如遇未列出的情形，则应参考这些常用的样式，根据案件的具体情况而加以适当的变通。在适用本文书样式（试行）过程中有何问题，请及时报告我院执行局。

特此通知。

附：执行文书样式（试行）（略）

中央政法委 最高人民法院
关于规范集中清理执行积案结案标准的通知

2009年3月19日　　　　　　　　　　法发〔2009〕15号

各省、自治区、直辖市党委政法委、新疆生产建设兵团党委政法委，各省、自治区、直辖市高级人民法院、新疆维吾尔自治区高级人民法院兵团分院，解放军总政治部、军事法院：

全国集中清理执行积案活动开展以来，各地人民法院已执结了一大批积案，清积活动取得了阶段性成果。但也存在一些问题：有的地方认识不到位，清积力度不大，执结率不高；有的地方理解慎用强制措施有误区，不敢依法执行，不敢碰硬，导致债权人权益无法实现；有的地方结案标准存在偏差，存在不当中止、不当终结等问题；有的地方基础数据不准确，存在瞒报、漏报甚至弄虚作假的现象；有的地方案件卷宗质量不高，内容缺损。为实现这次集中清理执行积案活动的总体目标，现就进一步规范清理执行积案的结案标准通知如下：

一、坚决依法执结有财产可供执行的案件，切实提高执行到位率。

1. 属于被执行人所有的财产，除法律或司法解释规定的被执行人及其所抚养家属生活所必需的房屋、生活用品、生活费用或其他不得查封、扣押、冻结的财产外，均为可供执行的财产。

2. 执行法院对已查明的被执行人可供执行的财产，应当依法及时采取查封、扣押、冻结等相应的执行措施，并依法采取拍卖、变卖、以物抵债等执行措施。

3. 被执行人下落不明但有财产可供执行的，可以直接对其财产采取执行措施。执行通知书的送达应依照有关法律规定办理。

4. 被执行人可供执行的财产在其他法院或者其他执法机关的控制之下，或该财产上存有权属争议或其他优先权正在审理或审查之中的，应按照法定程序提请上级法院或有关部门协调处理，不得作结案处理。

5.因协助执行周期或财产变现周期较长、无法在清理积案活动期间执行完毕的案件,执行法院应积极协调有关部门,争取尽快依法执结;在执结之前,不得作结案处理。

6.因涉及稳定、信访等因素在清理积案活动期间不宜强制执行的案件,执行法院应报请当地清理积案领导小组协调解决;在执结之前,不得作结案处理。

7.原统计为有财产可供执行的案件,在清理积案期间经进一步调查属于无财产可供执行的案件,须报上一级法院审查确认。

二、执行法院应依法穷尽财产调查措施,并将调查结果告知申请执行人。只有在积极采取法律赋予的调查手段、穷尽对被执行人财产状况的相关调查措施之后,才可以将有关案件认定为无财产可供执行的案件。

1.申请执行人不能提供被执行人的财产或财产线索的,执行法院应当要求被执行人进行财产申报。

被执行人进行了财产申报,或者申请执行人提供了被执行人的财产或财产线索的,执行法院必须进行调查核实。调查结果应当告知申请执行人。

如果根据有关线索认定被执行人有履行能力,但无法查到确切财产下落的,执行法院可以根据案件具体情况,采取在征信系统记录、通过媒体公布不履行义务信息等合法措施。

2.被执行人申报无财产或申请执行人无法提供被执行人财产或财产线索的,执行法院应按照下列情况处理:

(1)被执行人是法人的,应当向有关金融机构查询银行存款,向有关房地产管理部门查询房地产登记,向法人登记机关查询股权,向有关车管部门查询车辆等。

(2)被执行人是自然人的,应当向被执行人所在单位及居住地周边群众调查了解被执行人的财产状况或财产线索,包括被执行人的经济收入来源、被执行人到期债权等。如果根据财产线索判断被执行人有较高收入,应当按照对法人的调查途径进行调查。

3.作为被执行人的企业法人被撤销、注销、吊销营业执照或者歇业的,在申请执行人提出清算或审计申请并预交相关费用后,执行法院可以责令股东进行清算或者由执行法院委托中介机构进行审计。

4.需要查找被执行人的案件,执行依据中记载被执行人地址或者联系方式的,必须根据该线索进行查找或联系。无其他适当线索的,被执行人是法人的,应根据登记机关的登记资料查找其负责人;被执行人是自然人的,应到其户籍所在地、住所地(暂住地)向当地公安派出所、居委会、村委会、被执行人的亲属和邻居进行调查。

5.如果认定被执行人下落不明且无财产可供执行,案卷中必须具备下列材料:

(1)被执行人是法人的,其注册登记情况、法律文书中注明的营业地址现场调查情况或者登记机关的书面证明材料。

(2)被执行人是自然人的,其近亲属、邻居、当地村委会、居委会、公安派出所的调查笔录或者证明材料。

6.认定被执行人无财产可供执行的,必须将所采取的各种财产调查措施的材料归入案卷。包括工作记录、调查(询问)笔录、谈话笔录、当事人书面确认材料、被查询单位出具的书面查询结果,以及其他能够证明被执行人财产状况和执行法院进行相关调查工作情况的材料。

7. 执行法院应当及时将案件执行情况向申请执行人反馈,反馈情况记录必须归入案卷。

8. 对无财产可供执行的重点案件,应分别按照下列情况办理:

(1) 申请执行人属于特困群体,已经设立救助资金的,应当启动特困群体救助程序,给予申请执行人适当救助金;未设立救助资金的,应报请当地清理积案领导小组,协调有关部门给予申请执行人以适当救助。

(2) 申请执行人不属于特困群体但坚持要求执行的,应通过说明解释工作,实现当事人息诉息访。

给予申请执行人适当救助资金后,如发现被执行人有可供执行的财产,执行法院应积极采取措施执行。在申请执行人实现债权后,应将救助资金扣回纳入救助资金循环使用。

三、对有财产可供执行的案件,应依法按规定结案;对无财产可供执行的案件,可按下列条件和方式结案。

1. 符合法律或司法解释规定的终结执行情形的,可依法结案。仲裁裁决、公证债权文书被裁定不予执行的,可依法结案。

2. 被执行人可供执行的财产执行完毕后,申请执行人书面表示放弃剩余债权的,可依法结案。

3. 案件执行标的款全部执行到执行款专户,因申请执行人下落不明无法领取或不愿领取,执行法院已依法予以提存的,可以作结案处理。

4. 委托执行的案件,受托法院可以按照新收执行案件办理,委托法院不得作结案处理。待受托法院将案件依法结案后,委托法院的案件一并依法结案。

5. 中止执行的案件,不得作结案处理。

6. 提级执行或指定执行的案件,提级执行的法院或被指定执行的法院应当按照新收执行案件办理,原执行法院可作销案处理,不得作结案处理。

7. 因重复立案移送管辖的案件,原执行法院应作销案处理,不得作结案处理。

8. 无财产可供执行的案件,执行程序在一定期间无法继续进行,且有下列情形之一的,经合议庭评议,可裁定终结本次执行程序后结案:

(1) 被执行人确无财产可供执行,申请执行人书面同意人民法院终结本次执行程序的;

(2) 因被执行人无财产而中止执行满两年,经查证被执行人确无财产可供执行的;

(3) 申请执行人明确表示提供不出被执行人的财产或财产线索,并在人民法院穷尽财产调查措施之后对人民法院认定被执行人无财产可供执行书面表示认可的;

(4) 被执行人的财产无法拍卖变卖,或者动产经两次拍卖、不动产或其他财产权经三次拍卖仍然流拍,申请执行人拒绝接受或者依法不能交付其抵债,经人民法院穷尽财产调查措施,被执行人确无其他财产可供执行的;

(5) 作为被执行人的企业法人被撤销、注销、吊销营业执照或者歇业后既无财产可

供执行,又无义务承受人,也没有能够依法追加变更执行主体的;

(6)经人民法院穷尽财产调查措施,被执行人确无财产可供执行或虽有财产但不宜强制执行,当事人达成分期履行和解协议的;

(7)被执行人确无财产可供执行,申请执行人属于特困群体,执行法院已经给予其适当救助资金的。

9. 裁定终结本次执行程序的,应当符合下列要求:

(1)裁定书中应当载明执行标的总额、已经执行的债权数额和剩余的债权数额,并写明申请执行人在具备执行条件时,可以向有管辖权的人民法院申请执行剩余债权。

(2)执行法院终结本次执行程序,在下达裁定前应当告知申请执行人。申请执行人对终结本次执行程序有异议的,执行法院应当另行派员组织当事人就被执行人是否有财产可供执行进行听证;申请执行人提供被执行人财产线索的,执行法院应当就其提供的线索重新调查核实,发现被执行人有财产可供执行的,应当继续执行。

10. 裁定终结本次执行程序后,如发现被执行人有财产可供执行的,申请执行人可以再次提出执行申请。申请执行人再次提出执行申请不受申请执行期间的限制。

申请执行人申请或者人民法院依职权恢复执行的,应当重新立案。

各地法院对清理积案活动以来已经报结的执行案件要重新进行核查,对不符合本通知要求的已结案件要抓紧整改。清理积案领导小组将适时派出检查组进行检查验收。发现故意弄虚作假、欺上瞒下等情况的,将坚决依照有关规定严肃处理。

最高人民法院
关于执行工作中谨防发生暴力抗拒执行事件的紧急通知

2009年4月14日　　　　　　　　法明传〔2009〕280号

各省、自治区、直辖市高级人民法院,新疆维吾尔自治区高级人民法院生产建设兵团分院:

近期,在人民法院执行案件中,少数地方连续发生了多起暴力抗拒执行事件,造成执行严重受阻、人身伤亡的严重后果。这些事件发生的原因是多方面的,既有被执行人恶意逃避抗拒执行、群众法治观念淡薄等外部原因,也有执行法院和执行人员准备工作不充分、不讲究工作策略、执行方式方法简单、对紧急情况应对不当等内部原因。为了减少和避免暴力抗拒执行和群体性事件的发生,保护执行人员的人身安全,维护正常的执行秩序,现紧急通知如下:

一、执行法院在执行被执行人在农村或者被执行人经济困难等案件时,必须认真做好执行预案。要全面了解双方当事人的情况,尤其是注意了解、掌握被执行人的性格特征、道德品行、受教育程度、家族势力等，全面分析案情，有针对性地确定执行工作方案，并报经分管院长或者执行局长批准；对执行情况复杂、对抗情绪大、可能发生群体性事件的案件，必须事先与基层政权组织和公安机关取得联系，请求协助执行。

二、执行人员要强化人文执行、和谐执行意识，把说服教育放在重要位置，努力做好思想疏导和释法工作。要坚持以人为本，讲究执行艺术，耐心细致地对被执行人晓之以法，喻之以理，动之以情，努力促使被执行人自觉履行法定义务，不得感情用事、言行失控，不得激化矛盾，不得随意带走被执行人。

三、执行人员应当进一步规范执行行为，坚持依法执行，文明执行。严格按照法定程序实施执行行为，确保程序公正。改进工作作风，讲究执行方法，力戒粗暴执行、野蛮执行。凡是因为执行不当或者作风粗暴导致暴力抗法事件的发生，或者造成其他严重后果的，要追究执行人员和相关领导的责任。

四、执行人员应当切实增强预见和处理各种突发事件的能力。对于可能发生暴力抗法事件的，要及时发现苗头，妥善处理，把抗拒执行事件消灭在萌芽状态。发生暴力抗法时，执行人员要保持理智，冷静处理，按照执行预案控制局面，争取支持，尽量化解矛盾，避免酿成群体性事件和大规模骚乱。

五、注意执行工作策略，注重执行安全，依法处置暴力抗法者。对于参与人数较多、矛盾尖锐、可能导致严重后果的暴力抗法事件，首先要确保执行人员的安全，及时撤离，以避免对抗加剧，事态扩大。要特别注意及时收集并固定证据。对那些情节恶劣、后果严重的抗法者，事后应当依照有关法律规定给予严厉制裁。

请各高级人民法院收到通知后，立即转发到下级法院，并切实贯彻落实。

特此通知。

最高人民法院
关于新疆建工集团建设工程有限责任公司与新疆宝亨房地产开发有限公司一案有关问题的答复

2009年4月16日　　　　　　　　　　〔2007〕执他字第9号函文

新疆维吾尔自治区高级人民法院：

你院《关于新疆建工集团建设工程有限责任公司与新疆宝亨房地产开发有限公司一案中有关问题的请示》收悉。经研究，现对有关法律问题答复如下：

在人民法院已经查封的财产又被仲裁裁决确权给案外人的情况下，执行法院可以依照民事诉讼法第二百一十三条第三款的规定对仲裁裁决进行审查。如果认定当事人恶意串通进行仲裁裁决损害其他债权人利益，妨害执行秩序，执行法院应当依法将该裁决视为有违背社会公共利益的情形而裁定不予执行。同时，还应将此种行为视为妨害人民法院执行的行为，依法予以制裁。

此复。

最高人民法院
关于判决书主文已经判明担保人承担担保责任后有权向被担保人追偿，该追偿权是否须另行诉讼问题请示的答复

2009年5月8日 〔2009〕执他字第4号

四川省高级人民法院：

你院〔2008〕川执监字第34号《关于成都达义物业有限责任公司申请执行西藏华西药业集团有限责任公司借款合同纠纷一案的请示》收悉。经研究，答复如下：

原则同意你院倾向性意见中无须另行诉讼的意见。即对人民法院的生效判决已确定担保人承担担保责任后，可向主债务人行使追偿权的案件，担保人无须另行诉讼，可以直接向人民法院申请执行。但行使追偿权的范围应当限定在抵押担保责任范围内。

最高人民法院
印发《关于应对国际金融危机做好当前执行工作的若干意见》的通知

2009年5月25日 法发〔2009〕34号

各省、自治区、直辖市高级人民法院，解放军军事法院，新疆维吾尔自治区高级人民法院生产建设兵团分院：

现将最高人民法院《关于应对国际金融危机做好当前执行工作的若干意见》印发给你们，请结合工作实际，认真贯彻落实。

附：

关于应对国际金融危机做好
当前执行工作的若干意见

当前，国际金融危机影响日益加深，世界经济出现衰退迹象，我国经济增速明显放缓，保持经济持续稳定发展的难度明显加大。金融危机的影响已经逐渐反映到司法领域，给人民法院的执行工作带来新的压力和挑战，被执行人履行能力降低，执行和解难度加大，金融纠纷、投资纠纷、劳资纠纷等新类型案件增加，收案大幅上升，资产处置难度加大。在金融危机冲击下，为企业和市场提供司法服务，积极应对宏观经济环境变化引发的新情况、新问题，为保增长、保民生、保稳定"三保"方针的贯彻落实提供司法保障，是当前和今后一段时期人民法院工作的重中之重。现就应对金融危机形势，稳妥执行各类案件，进一步做好执行工作，提出以下意见：

一、指导思想和基本原则

1. 坚持科学发展观，坚持"三个至上"的指导思想，切实增强政治意识、大局意识、责任意识，不断适应"三保"对执行工作提出的新要求，不断解决"三保"面临的新问题，将落实"三保"的方针作为执行工作的重要目标，将有利于实现"三保"的目标作为评价执行工作的重要标准。

2. 坚持依法执行与贯彻国家宏观政策相结合。既要在法律的框架内正确适用法律，又要在国家宏观政策出现新变化，对司法工作提出新需求时，将国家宏观政策精神和要求切实贯彻落实到执行工作中，以顺应社会和国家对司法的总体需求。

3. 坚持区别对待。区别被执行人是故意消极执行、规避执行和抗拒执行还是因经济形势影响造成临时无力履行债务的情况；区别债务是因历史原因造成还是正常市场交易下造成的情况。

4. 坚持和谐执行。既要加大执行力度，切实提高执行效率，尽快实现申请执行人债权，又要讲究执行艺术和方式方法，防止激化矛盾，始终坚持执行工作政治效果、法律效果和社会效果的有机统一。

5. 坚持统筹兼顾。既要依法、充分、及时地保护和实现申请执行人的合法权益，也要妥善平衡各方当事人和相关利害关系人的利益关系，兼顾对被执行人、其他利害关系人的合法权利的保护。

二、服务经济平稳较快发展

6. 对于因资金暂时短缺但仍处于正常生产经营状态、有发展前景的被执行人企业，慎用查封、扣押、冻结等执行措施和罚款、拘留等强制措施，多做执行和解工作，争取申请执行人同意延缓被执行企业的履行期限，以维持企业正常运转，帮助困难企业渡过难关。

7. 对于被执行企业正在使用的厂房、机器设备等主要生产设施，慎用扣押、拍卖和变卖等执行措施。要及时组织当事人协商，争取使申请执行人同意通过生产设施抵押方式给被执行人企业以缓冲时间。确需查封相关生产设施的，可以采取查封措施，但应当允许被执行人使用，并加强对查封资产的监管。

8. 对于被执行人的企业资产进行处置时，综合平衡分割处置和整体处置企业资产的效果，最大限度地减少对企业整体生产经营的影响或者财产价值的贬损。

9. 对于已经控制的被执行企业资产，要选择适当的处置时机和处置方式，最大程度地实现执行财产的价值，避免因仓促、草率执行导致财产处置变现价值与实际价值产生重大悬殊，从而加重被执行人的负担，甚至损害其合法利益。

10. 对于被执行人为国有大中型企业、金融机构、上市公司或国有控股上市公司，对其资产采取强制执行措施可能导致其破产或影响社会稳定的，可主动与其国有资产管理部门、监管部门进行沟通协调，争取其通盘考虑，帮助企业解决债务问题，防止影响企业的平稳和长远发展。

三、服务社会民生持续改善

11. 高度关注中央和地方有关改善民生的决策部署，积极稳妥地处理好重大基础设施建设工程、旧区改造、市政动迁、违章拆除等涉及民生改善和社会发展的执行案件。

12. 对于公司清算、企业破产、裁员欠薪等引发的职工安置保障、劳动争议、讨要工资报酬以及追索赡养费、抚育费、扶养费等案件，进一步完善"绿色通道"，建立快速执行机制，优先执行。

13. 对于职工人数较多的企业，执行时尽量不要影响被执行人企业职工工资的发放以及社保、医保费用的交纳。因此而影响申请执行人职工工资发放和相关费用交纳的，要优先保障申请执行人企业职工利益。

14. 对于农村土地承包经营权纠纷、农村土地承包经营权流转纠纷等执行案件，要及时采取有效措施，依法维护农民权益，保护农业、农村发展。

四、维护社会和谐稳定

15. 建立重点案件排查机制。定期对可能影响社会稳定的案件进行排查，对矛盾有可能激化的案件，做到及时掌握，及时向当地党委、人大报告，及时与政府沟通情况，争取重视和支持，寻求有效的解决措施。

16. 建立异地执行预案机制。对于被执行人跨辖区的案件，必须认真做好执行预案，事先与当地法院取得联系。对于可能发生暴力抗法事件的，要及时发现苗头，妥善处理，把抗拒执行事件消灭在萌芽状态。

17. 建立群体性事件预警机制。对于短期内涉及同一企业的执行案件数量骤增现象及具有示范效应、可能引起批量案件的情况应当引起重视，及时发现"群访"苗头并梳理汇总，向党委政府报送预警信息。

18. 建立汇报沟通协调机制。对于执行工作中发现的影响区域经济发展的突出问题,及时向当地党委、人大报告,及时与政府沟通情况,积极争取党委的领导和政府的支持;对案件执行中需要相关部门做好配合工作的,要主动利用执行联动机制或执行联席会议制度,进行沟通协调,努力为案件执行创造有利条件。

19. 完善执行和解机制。通过多做双方当事人的执行和解与协调工作,既维护申请执行人的合法权益,也妥善关照、处理好被执行人的实际困难,提高执行工作的社会效果;既满足申请执行人的实现债权的执行诉求,又保障被执行人正常经营发展或者正常生活。

五、加大管理力度,强化监督指导

20. 建立业务指导制度。对直接涉及社会稳定、有影响的执行案件,要通过建立业务交流平台、召开业务交流会、发布典型案例等多种形式加强业务指导。

21. 建立系列案件执行统一协调机制。对于众多债权人集中向同一债务企业启动的系列执行案件,受理案件的不同地区、不同审级法院之间以及同一法院的不同部门之间要加强信息沟通,在上级法院的统一协调下执行。

22. 建立专项案件报告制度。下级法院在执行工作中对因金融危机引发的各类涉外、涉港澳台及其他敏感性、重大案件,要及时向上级法院报告。必要时,由上级法院提级执行或集中指定执行。

六、认真开展调查研究,积极做好法律服务

23. 加强对辖区企业状况的调研。通过召开企业及相关部门座谈会、走访企业等多种形式加强对辖区企业经营状况的调研,与基层社区管理部门保持密切联系,形成共同应对经济危机的联动机制。

24. 加强法律知识的宣传。采取剖析典型案例、提供法律咨询、开展业务培训等多种形式,广泛宣传法律知识,教育和引导各类市场主体增强风险防范意识,努力营造公平有序的社会主义市场经济秩序。

25. 加强法律适用疑难问题的研究。对因金融危机引发的各类执行问题,深入开展前瞻性研究,及时总结经验,提出相应的对策。

26. 加强司法建议工作。及时收集执行实践中遇到的法律适用疑难问题及与金融危机密切相关的新类型、疑难及敏感案件,及时向有关部门提出应对措施和建议,帮助有关部门和企业堵塞管理漏洞。

最高人民法院
印发《关于进一步加强和规范执行工作的若干意见》的通知

2009 年 7 月 17 日　　　　　　　　　　　　　　法发〔2009〕43 号

各省、自治区、直辖市高级人民法院，解放军军事法院，新疆维吾尔自治区高级人民法院生产建设兵团分院：

现将最高人民法院《关于进一步加强和规范执行工作的若干意见》印发给你们，请结合工作实际，认真贯彻落实。

附：

关于进一步加强和规范执行工作的若干意见

近年来，在各级党委领导、人大监督、政府支持下，人民法院不断推进执行体制和机制改革，健全执行工作长效机制，组织开展集中清理执行积案活动，有力保障了人民群众的合法权益，维护了社会公平正义，促进了社会和谐稳定。但是执行难问题并未从根本上得到解决，执行工作规范化水平仍需进一步提高，执行的力度和时效性有待进一步加强。为此，各级人民法院要进一步贯彻落实科学发展观和中央一系列文件精神，以解决执行难为重点，切实改进和完善执行工作体制机制，着力推进执行工作长效机制建设，全面提升执行工作规范化水平。

一、进一步加大执行工作力度

（一）建立执行快速反应机制

要努力提高执行工作的快速反应能力，加强与公安、检察等部门的联系，及时处理执行线索和突发事件。高、中级人民法院应当成立执行指挥中心，组建快速反应力量。有条件的基层人民法院根据工作需要也可以成立执行指挥中心。指挥中心负责人由院长或其授权的副院长担任，执行局长具体负责组织实施。为了便于与纪检、公安、检察等有关部门的协调，统一调用各类司法资源，符合条件的执行局长可任命为党组成员。指挥中心办事机构设在执行局，并开通 24 小时值班电话。快速反应力量由辖区法院的执行人员、司法警察等人员组成，下设快速反应执行小组，根据指挥中心的指令迅速采取执行行动。

(二) 完善立审执协调配合机制

加强立案、审判和执行三个环节的协作配合，形成法院内部解决执行难的合力。立案阶段要加强诉讼指导、法律释明、风险告知和审前和解，尤其是对符合法定条件的案件依法及时采取诉前财产保全措施。审判阶段对符合条件的案件要依法及时采取诉讼保全和先予执行措施；要大力推进诉讼调解，提高调解案件的当庭履行率和自觉履行率；要增强裁判文书的说理性，强化判后答疑制度，促使当事人服判息诉，案结事了；要努力提高裁判文书质量，增强说理性，对双方的权利义务要表述准确、清晰，并充分考虑判项的可执行性。

(三) 建立有效的执行信访处理机制

各级人民法院要设立专门的执行申诉处理机构，负责执行申诉信访的审查和督办，在理顺与立案庭等部门职能分工的基础上，探索建立四级法院上下一体的执行信访审查处理机制。上级法院要建立辖区法院执行信访案件挂牌督办制度，在人民法院网上设置专页，逐案登记，加强督办，分类办结后销号。进一步规范执行信访案件的办理流程，畅通民意沟通途径，对重大、复杂信访案件一律实行公开听证。要重视初信初访，从基层抓起，从源头抓起。要加强与有关部门的协作配合，充分发挥党委领导下的信访终结机制的作用。加大信访案件督办力度，落实领导包案制度，开展执行信访情况排名通报。完善执行信访工作的考评机制，信访责任追究和责任倒查机制。

(四) 强化执行宣传工作

各级人民法院要加强同党委宣传部门的联系，将执行工作作为法制宣传工作的重要内容，制定执行工作宣传的整体规划，提高全社会的法制意识和风险意识。要与广播、报纸、电视、网络等媒体建立稳定的合作关系，采取召开新闻发布会、专题报道、跟踪报道、现场采访、设置专栏等方式，开展执行法规政策讲解、重大执行活动报道、典型案例通报、被执行人逃避、规避或抗拒执行行为的曝光等宣传活动。要高度重视民意沟通工作，通过进农村、进社区、进企业等多种形式，广泛深入地了解人民群众和社会各界对执行工作的意见和建议，把合理的社情民意转化为改进工作的具体措施，提高执行工作水平。

二、加快执行工作长效机制建设

(一) 建立执行工作联席会议制度

各级人民法院要在各级党委的领导下，充分发挥执行工作联席会议制度的作用，组织排查和清理阻碍执行的地方性规定和文件，解决执行工作中遇到的突出困难和法院自身难以解决的问题，督促查处党政部门、领导干部非法干预执行或特殊主体阻碍、抗拒执行的违法违纪行为，协调处理可能影响社会稳定的重大突发事件或暴力抗法事件、重大执行信访案件；组织集中清理执行积案活动，对各类重点执行案件实行挂牌督办；对政府机关、国有企业等特殊主体案件，研究解决办法。重大执行事项经联席会讨论作出决定或形成会议纪要后，交由相关部门负责落实，落实情况纳入综合治理考核范围。

(二) 加快执行联动威慑机制建设

各级人民法院要努力争取党委的支持，动员全社会的力量共同解决执行难问题。要在制度上明确与执行工作相关的党政管理部门,包括纪检监察、组织人事、新闻宣传、综合治理、检察、公安、政府法制、财政、民政、发展和改革、司法行政、国土资源管理、住房和城乡建设管理、人民银行、银行业监管、税务、工商行政管理和证券监管等部门在执行工作中的具体职责,积极协助人民法院开展有关工作。要建设好全国法院执行案件信息管理系统,积极参与社会信用体系建设,实现执行案件信息与其他部门信用信息的共享,并通过信用惩戒手段促使债务人自动履行义务。

(三)实施严格的执行工作考评机制

要完善和细化现有的执行工作考核体系,科学设定执行标的到位率、执行申诉率、执行结案率、执行结案合格率、自行履行率等指标,合理分配考核分值,建立规范有效的考核评价机制。考核由各级人民法院在辖区范围内定期、统一进行,考核结果实行公开排位,并建立末位情况分析制、报告制以及责任追究制。实行执行案件质量评查和超期限分析制度,将执行案件的质量和效率纳入质效管理部门的监管范围。各级人民法院要建立执行人员考评机制,建立质效档案,并将其作为考评定级、提职提级、评优评先的重要依据。要规定科学的结案标准,建立严格的无财产案件的程序终结制度,并作结案统计。建立上级法院执行局和本院质效管理部门对执行错案和瑕疵案件的分析和责任倒查制度。上级法院撤销或改变下级法院裁定或决定时,要附带对案件进行责任分析。本院质效管理部门发现执行案件存在问题的,也要进行责任分析。

三、继续推进执行改革

(一)优化执行职权配置

一是进一步完善高级人民法院执行机构统一管理、统一协调的执行工作管理机制,中级人民法院(直辖市除外)对所辖地区执行工作实行统一管理、统一协调。进一步推进"管案、管事、管人"相结合的管理模式。二是实行案件执行重心下移,最高人民法院和高级人民法院作为执行工作统一管理、统一协调的机构,原则上不执行具体案件,案件主要由中级人民法院和基层人民法院执行,也可以指定专门法院执行某些特定案件,以排除不当干预。三是科学界定执行审查权和执行实施权,并分别由不同的内设机构或者人员行使。将财产调查、控制、处分及交付和分配、采取罚款、拘留强制措施等事项交由实施机构办理,对各类执行异议、复议、案外人异议及变更执行法院的申请等事项交由审查机构办理。四是实行科学的执行案件流程管理,打破一个人负责到底的传统执行模式,积极探索建立分段集约执行的工作机制。指定专人负责统一调查、控制和处分被执行财产,以提高执行效率。要实施以节点控制为特征的流程管理制度,充分发挥合议庭和审判长(执行长)联席会议在审查、评议并提出执行方案方面的作用。

(二)统一执行机构设置

各级人民法院统一设立执行局,并统一执行局内设机构及职能。高级人民法院设立复议监督、协调指导、申诉审查以及综合管理机构,中级人民法院和基层人民法院设执行实施、执行审查、申诉审查和综合管理机构。复议监督机构负责执行案件的监督,并办理异议复议、申请变更执行法院和执行监督案件;协调指导机构负责跨辖区委托执行案件和异地执行案件的协调和管理,办理执行请示案件以及负责与同级政府有关部门的协调；申诉审查机构负责执行申诉信访案件的审查和督办等事项；综合管理机构负责辖区执行工作的管理部署、巡视督查、评估考核、起草规范性文件、调研统计等各类综合性事项。

（三）合理确定执行机构与其他部门的职责分工

要理顺执行机构与法院其他相关部门的职责分工，推进执行工作专业化和执行队伍职业化建设。实行严格的归口管理，明确行政非诉案件和行政诉讼案件的执行，财产保全、先予执行、财产刑等统一由执行机构负责实施。加强和规范司法警察参与执行工作。基层人民法院审判监督庭和高、中级人民法院的质效管理部门承担执行工作质量监督、瑕疵案件责任分析等职能。

四、强化执行监督制约机制

各级人民法院要把强化执行监督制约机制作为长效机制建设的重要内容，切实抓紧抓好。一是按照分权制衡的原则对执行权进行科学配置。区分执行审查权和执行实施权，分别由不同的内设机构或者人员行使，使各项权能之间相互制约、相互监督，保证执行权的正当行使。二是对执行实施的重点环节和关键节点进行风险防范。除编制很少的地区外，应当对执行实施权再行分解，总结出重点环节和关键节点，划分为若干阶段，由不同组织或人员负责，加强相互监督和制约，以此强化对执行工作的动态管理，防止执行权的滥用。三是加大上级法院对下级法院的监督力度。认真实施、严格落实修改后的民事诉讼法，通过办理执行异议、执行复议和案外人异议案件，以及上级法院提级执行、指定执行、交叉执行等途径，纠正违法执行和消极执行行为，加强对执行权行使的监督。四是进一步实行执行公开，自觉接受执行各方当事人的监督。建立执行立案阶段发放廉政监督卡或者执行监督卡、送达执行文书时公布或告知举报电话、当事人正当参与执行等制度。要抓好执行公开制度的贯彻落实，利用信息化手段和网络增强执行工作透明度，严禁暗箱操作，切实保障当事人的知情权、参与权、监督权，预防徇私枉法、权钱交易、违法干预办案等问题的发生，确保执行公正。五是拓宽监督渠道，主动接受社会各界对执行工作的监督。完善党委、人大、舆论等各类监督机制，探索人民陪审员和执行监督员参与执行工作的办法和途径，提高执行的公信力。

五、进一步加强执行队伍建设

各级人民法院要高度重视执行队伍建设。要加强对各级人民法院执行局负责人和执行人员的培训，开展执行人员与各业务部门审判人员的定期交流。要突出加强执行队伍廉政建设，逐步在执行机构配备廉政监察员，加大执行中容易产生腐败的重点环节的监督力度；加强对执行人员的职业道德教育、权力观教育和警示教育；规范执行人员与当事人、律师的交往，细化岗位职责，强化工作管理措施，化解廉政风险；建立顺畅的举报、检举、控告渠道和强有力的违法违纪行为的查纠机制，确保"五个严禁"在执行工作中得到全面贯彻。要根据执行工作的实际需要，配齐配强执行人员，确保实现中发〔1999〕11号文件规定的执行人员比例不少于全体干警现有编制总数15%的要求，确保执行人员的文化程度不低于所在法院人员的平均水平。要尽快制定下发《人民法院执行员条例》，对执行员的任职条件、任免程序、工作职责、考核培训等内容作出规定，努力建设一支公正、高效、廉洁、文明的执行队伍。

最高人民法院印发《关于人民法院预防和处理执行突发事件的若干规定》（试行）的通知

2009年9月22日　　　　　　　　　　　　　　法发〔2009〕50号

各省、自治区、直辖市高级人民法院，解放军军事法院，新疆维吾尔自治区高级人民法院生产建设兵团分院：

现将最高人民法院《关于人民法院预防和处理执行突发事件的若干规定》（试行）印发给你们，请结合各地实际，贯彻执行。

附：

关于人民法院预防和处理执行突发事件的若干规定（试行）

为预防和减少执行突发事件的发生，控制、减轻和消除执行突发事件引起的社会危害，规范执行突发事件应急处理工作，保护执行人员及其他人员的人身财产安全，维护社会稳定，根据《中华人民共和国民事诉讼法》、《中华人民共和国突发事件应对法》等有关法律规定，结合执行工作实际，制定本规定。

第一条 本规定所称执行突发事件，是指在执行工作中突然发生，造成或可能危及执行人员及其他人员人身财产安全，严重干扰执行工作秩序，需要采取应急处理措施予以应对的群体上访、当事人自残、群众围堵执行现场、以暴力或暴力相威胁抗拒执行等事件。

第二条 按照危害程度、影响范围等因素，执行突发事件分为特别重大、重大、较大和一般四级。

特别重大的执行突发事件是指严重影响社会稳定、造成人员死亡或3人以上伤残的事件。

除特别重大执行突发事件外，分级标准由各高级人民法院根据辖区实际自行制定。

第三条 高级人民法院应当加强对辖区法院执行突发事件应急处理工作的指导。

执行突发事件的应急处理工作由执行法院或办理法院负责。各级人民法院应当成立由院领导负责的应急处理工作机构，并建立相关工作机制。

异地执行发生突发事件时，发生地法院必须协助执行法院做好现场应急处理工作。

第四条 执行突发事件应对工作实行预防为主、预防与应急处理相结合的原则。执行突发事件应急处理坚持人身安全至上、社会稳定为重的原则。

第五条 各级人民法院应当制定执行突发事件应急处理预案。执行应急处理预案包括组织与指挥、处理原则与程序、预防和化解、应急处理措施、事后调查与报告、装备及人员保障等内容。

第六条 执行突发事件实行事前、事中和事后全程报告制度。执行人员应当及时将有关情况报告本院执行应急处理工作机构。

异地执行发生突发事件的，发生地法院应当及时将有关情况报告当地党委、政府。

第七条 各级人民法院应当定期对执行应急处理人员和执行人员进行执行突发事件应急处理有关知识培训。

第八条 执行人员办理案件时，应当认真研究全案执行策略，讲究执行艺术和执行方法，积极做好执行和解工作，从源头上预防执行突发事件的发生。

第九条 执行人员应当强化程序公正意识，严格按照法定执行程序采取强制执行措施，规范执行行为，防止激化矛盾引发执行突发事件。

第十条 执行人员必须严格遵守执行工作纪律有关规定，廉洁自律，防止诱发执行突发事件。

第十一条 执行人员应当认真做好强制执行准备工作，制定有针对性的执行方案。执行人员在采取强制措施前，应当全面收集并研究被执行人的相关信息，结合执行现场的社会情况，对发生执行突发事件的可能性进行分析，并研究相关应急化解措施。

第十二条 执行人员在执行过程中，发现有执行突发事件苗头，应当及时向执行突发事件应急处理工作机构报告。执行法院必须启动应急处理预案，采取有效措施全力化解执行突发事件危机。

第十三条 异地执行时，执行人员请求当地法院协助的，当地法院必须安排专人负责和协调，并做好应急准备。

第十四条 发生下列情形，必须启动执行突发事件应急处理预案：

（一）涉执上访人员在 15 人以上的；

（二）涉执上访人员有无理取闹、缠诉领导、冲击机关等严重影响国家机关办公秩序行为的；

（三）涉执上访人员有自残行为的；

（四）当事人及相关人员携带易燃、易爆物品及管制刀具等凶器上访的；

（五）当事人及相关人员聚众围堵，可能导致执行现场失控的；

（六）当事人及相关人员在执行现场使用暴力或以暴力相威胁抗拒执行的；

（七）其他严重影响社会稳定或危害执行人员安全的。

第十五条 执行突发事件发生后，执行人员应当立即报告执行突发事件应急处理工作机构。应急处理工作机构负责人应当迅速启动应急处理机制，采取有效措施防止事态恶性发展。同时协调公安机关及时出警控制现场，并将有关情况报告党委、政府。

第十六条　执行突发事件造成人伤亡或财产损失的，执行应急处理人员应当及时协调公安、卫生、消防等部门组织力量进行抢救，全力减轻损害和减少损失。

第十七条　对继续采取执行措施可能导致现场失控、激发暴力事件、危及人身安全的，执行人员应当立即停止执行措施，及时撤离执行现场。

第十八条　异地执行发生执行突发事件的，执行人员应当在第一时间将有关情况通报发生地法院，发生地法院应当积极协助组织开展应急处理工作。发生地法院必须立即派员赶赴现场，同时报告当地党委和政府，协调公安等有关部门出警控制现场，采取有效措施进行控制，防止事态恶化。

第十九条　执行突发事件发生后，执行法院必须就该事件进行专项调查，形成书面报告材料，在5个工作日内逐级上报至高级人民法院。对特别重大执行突发事件，高级人民法院应当立即组织调查，并在3个工作日内书面报告最高人民法院。

第二十条　执行突发事件调查报告应包括以下内容：

（一）事件发生的时间、地点和经过；

（二）事件后果及人员伤亡、财产损失；

（三）与事件相关的案件；

（四）有关法院采取的预防和处理措施；

（五）事件原因分析及经验、教训总结；

（六）事件责任认定及处理；

（七）其他需要报告的事项。

第二十一条　执行突发事件系由执行人员过错引发，或执行应急处理不当加重事件后果，或事后瞒报、谎报、缓报的，必须按照有关纪律处分办法追究相关人员责任。

第二十二条　对当事人及相关人员在执行突发事件中违法犯罪行为，有关法院应当协调公安、检察和纪检监察等有关部门，依法依纪予以严肃查处。

第二十三条　本规定自2009年10月1日起施行。

最高人民法院执行局
关于被执行人擅自出租已查封的财产执行程序中人民法院排除执行妨害能否认定该合同无效或解除租赁合同的答复

2009年12月22日　　　　　　　　　　〔2009〕执他字第7号

山东省高级人民法院：

你院《关于被执行人擅自出租已查封的财产执行程序中人民法院排除执行妨害能否认定该合同无效或解除租赁合同的请示》收悉。经研究，答复如下：

在执行程序中被执行人擅自处分法院的查封物，包括本案中以出租的形式妨害查封效果的行为，执行法院有权以裁定形式直接予以处理。根据《最高人民法院关于人民法院民事执行中查封、扣押、冻结财产的规定》第二十六条，被执行人擅自处分查封物，与第三人签订的租赁合同，并不当然无效，只是不得对抗申请执行人。第三人依据租赁合同占有查封物的，人民法院可以解除其占有，但不应当在裁定中直接宣布租赁合同无效或解除租赁合同，而仅应指出租赁合同不能对抗申请执行人。

最高人民法院
关于认真贯彻落实全国人大常委会审议意见进一步做好人民法院执行工作的通知

2009年12月30日　　　　　　　　　　法〔2009〕417号

各省、自治区、直辖市高级人民法院，解放军军事法院，新疆维吾尔自治区高级人民法院生产建设兵团分院：

2009年10月29日，十一届全国人大常委会第十一次会议听取和审议了最高人民法院王胜俊院长《关于加强民事执行工作维护法制权威和司法公正情况的报告》，委员和代表们对王胜俊院长的报告给予了高度评价，认为报告总结成绩实事求是，分析问题深刻透彻，报告中提出的加强和改进工作的措施切实可行。与会委员和代表普遍认为，近年来，全国各级法院认真贯彻落实中央精神，自觉接受人大监督，切实加强执行队伍和执行制度建设，采取有力措施加大执行力度，开展大规模集中清理执行积案活动，执行工作取得了明显成效。但是,"执行难"问题仍未从根本上得到解决,执行工作面临的任务更加艰巨。审议中,委员和代表们还就加强执行队伍建设、提高执行工作规范化水平、完善综合治理执行难的工作格局、推进社会诚信体系建设、加大执行救助力度和改进执行统计工作提出了一些具体的意见和建议。

根据全国人大常委会的审议意见和委员、代表们讨论的情况,经最高人民法院党组研究,现就进一步做好当前和今后一个时期的执行工作,通知如下:

一、要狠抓规范执行。各级法院要把执行工作规范化建设作为当前和今后一个时期的工作主题,全面提高执行工作规范化水平。一是下大力气,采取有力措施,解决查封、评估拍卖、暂缓执行、查封案外人财产等方面存在的执行乱问题。二是严格适用执行异议和复议制度,当事人对执行行为依法提出异议、复议的,依法妥善处理,切实维护当事人的异议权、复议权等救济权利。三是重点解决消极执行、拖延执行问题,完善执行案件流程管理制度。当事人反映执行不力、消极执行、拖延执行等问题的,及时核查,迅速处理。四是重点解决委托执行中存在的问题,进一步完善委托执行的相关制度;简化委托执行手续,减少委托执行环节;强化内部监督和管理,建立委托执行案件专项登记制度,将受托案件纳入本院案件流程管理及统一目标考核,强化委托执行的催办、督办制度,严格责任追究制度。2010年我院将在全国法院系统开展委托执行案件专项清理活动,切实解决委托执行案件积压的问题。五是针对逃避执行现象普遍的问题,探索反规避执行的对策,建立和完善规避执行反制机制,进一步凝聚共识,拓宽思路,推动执行难问题的解决。六是进一步强化执行公开,有效利用"全国法院执行案件信息管理系统"公开执行过程、执行措施和执行结果等信息,切实保障当事人的知情权、参与权、监督权,以公开促公正,以公正立公信。七是研究设计更为科学、合理的执行案件统计体系,细化执行实际到位率、执行结案方式等指标,真实反映执行工作的实际情况。八是加强调查研究,对执行工作中的重点环节和方面,以及执行实践中的新情况、新问题,进行系统的梳理,有计划、有步骤地出台司法解释和相关制度,建立健全执行工作长效机制。

二、要加大执行力度。一是在2009年集中清理执行积案的基础上,继续开展清理执行积案活动,力争用一到两年的时间基本解决执行积案问题。二是要用足、用好现行法律规定的执行制度和措施。准确适用向上一级法院申请执行制度,通过依法更换执行法院等措施,有效克服各种非法干预。充分利用罚款、拘留等强制措施和手段,促使被执行人履行法律文书确定的义务。进一步探索适用在征信系统记载被执行人不履行义务信息、限制被执行人出境、限制高消费、委托律师调查、强制审计、公安机关协查等方式方法,最大限度地提高债权实现的实效。三是强化被执行人报告财产制度和限制高消费措施的适用力度,提高财产调查的实效。通过贯彻落实民事诉讼法修改决定和即将出台的限制高消费的司法解释,要求各级法院加大被执行人财产报告制度和限制高消费措施的适用力度,力争及时、全面地查明被执行人可供执行的财产。四是加大对跨地区执行案件的监督力度,充分利用督促执行、提级执行、指定执行、挂牌督办等手段,排除地方部门保护主义等因素的干扰。五是建立完善执行快速反应机制。进一步发挥高、中级人民法院和基层人民法院执行指挥中心的作用,加强与公安、检察等部门的联系,组建快速反应力量，努力提高执行工作的快速反应能力，及时处理执行线索和突发事件。

三、要狠抓执行队伍建设。要把队伍建设作为自身建设的重中之重，加强理想、信念教育，牢固树立正确的权力观、地位观、利益观。加强社会主义法治理念教育，自觉坚持用社会主义法治理念武装头脑，指导实践。要切实改进工作作风，力戒简单生硬、敷衍塞责、推诿扯皮的工作方法和工作态度，树立亲民、文明、负责、务实、公正、高效、廉洁的新形象。要切实加强执行队伍的司法能力建设，制定专门培训计划，对执行人员特别是基层法院执行人员进行系统培训，大力提高执行人员的业务素质以及善于做群众工作、妥善化解矛盾纠纷的能力，全面提升执行队伍的执法水平。要把反腐倡廉建设放在突出位置抓好抓实，重点解决徇私枉法、玩忽职守、权钱交易、执法不文明、不规范等问题。要加强对财产保全、查封、拍卖、罚款、拘留等重点环节的监督，继续推广在执行部门设立廉政监察员等做法，加强对执行行为的直接、适时监督。要畅通人民群众对执行人员违法违纪行为的检举、举报、控告渠道，加大对违纪违法行为的查处力度。要进一步优化执行队伍结构，要根据即将发布实施的《人民法院执行员条例》，推动执行人员专业化进程。

四、要狠抓执行信访。抓好执行信访工作，重点是从制度入手，以属地管理、分级负责为原则，尽快建立起一整套执行信访工作机制：完善执行信访处理机制，统一执行信访的主管部门，明确界定执行机构与专职信访部门的工作职责，根据需要设立执行信访的常设机构和人员。规范执行信访案件的办理流程，充分发挥党委领导下的涉法涉诉信访终结机制的作用。强化执行信访督办机制，力争信访问题得到切实解决。建立执行信访责任机制，克服只接不处或推诿扯皮现象。完善执行信访的考评机制，建立以信访量和信访问题解决程度为主要指标的核查制度。探索执行信访责任倒查制度，对因违法执行、消极执行、失职渎职等引发信访的有关人员，严格追究党纪政纪责任。

五、要狠抓执行环境的优化。紧紧依靠党委协调解决执行工作中遇到的困难和问题，要将法院执行工作纳入社会治安综合治理目标责任考核范围，通过多种方式和途径强化各有关部门对执行工作的协助和配合，切实形成社会各界综合治理执行难的合力。当前，要重点推动执行联动机制的建立和完善，积极加强与各有关部门的沟通协调，争取以省级人大决议或者省级"两办"文件形式转发成立执行联动机制的文件，通过制定执行联动机制的实施细则，进一步明确各有关部门协助执行的法定职责，加大对干扰、逃避、抗拒执行等行为的查处力度，简化协助执行的工作程序，提高协助执行效率，对故意拖延、规避协助执行义务的单位由其主管部门及时予以通报批评，对拒不协助执行或利用国家机关工作人员职权妨害执行造成执行不能的，依法追究直接责任人和主管人员的行政责任或刑事责任。进一步完善执行联动的条件和程序，建立起一整套可操作性强的运行和管理机制，使执行联动机制切实发挥作用。针对信用体系不完善问题，积极推动社会信用体系的建立和完善，为执行工作营造良好的制度环境。

最高人民法院
关于民事诉讼法第二百四十条在执行程序中亦应运用的答复[*]

2010年4月23日　　　　　　　　　〔2010〕执他字第5号函

安徽省高级人民法院：

你院〔2009〕皖执字第00002号《关于百事达（美国）企业有限公司申请执行中美合资安徽饭店有限公司清算委员会侵权纠纷一案的请示报告》收悉。经研究，我院认为：

执行程序亦属于广义的诉讼程序的范畴，因此，《民事诉讼法》第二百四十条在执行程序中亦应予以适用。本案中，百事达（美国）企业有限公司在案件进入执行程序后，另外委托信永中和会计师事务所有限责任公司对中美合资安徽饭店有限公司就有关公司清算的财务会计进行特别审计，如果该授权委托书是从中华人民共和国领域外寄交或者托交的，应当在所在国公证机关证明，并经中华人民共和国驻该国使领馆认证，或者履行中华人民共和国与该所在国定立的有关条约中规定的证明手续后，才具有效力。

---

[*] 也作"最高人民法院〔2010〕执他字第5号函"。

中央纪律检查委员会　中央组织部　中央宣传部
中央政法委员会　中央社会治安综合治理委员会
办公室　最高人民法院　最高人民检察院
国务院法制工作办公室　国家发展和改革委员会
公安部　监察部　司法部　民政部　国土资源部
住房和城乡建设部　中国人民银行　国家税务总局
国家工商行政管理总局　中国银监会　中国证监会

关于建立和完善执行联动机制若干问题的意见

2010年7月7日　　　　　　　　　　　　法发〔2010〕15号

为深入贯彻落实中央关于解决执行难问题的指示精神，形成党委领导、人大监督、政府支持、社会各界协作配合的执行工作新格局，建立健全解决执行难问题长效机制，确保生效法律文书得到有效执行，切实维护公民、法人和其他组织的合法权益，维护法律权威和尊严，推进社会诚信体系建设，依据有关法律、政策规定，现就建立和完善执行联动机制提出以下意见。

第一条　纪检监察机关对人民法院移送的在执行工作中发现的党员、行政监察对象妨碍人民法院执行工作和违反规定干预人民法院执行工作的违法违纪线索，应当及时组织核查；必要时，应当立案调查。对于党员、行政监察对象妨碍人民法院执行工作或者违反规定干预人民法院执行工作，以及拒不履行生效法律文书确定义务的，应当依法依纪追究党纪政纪责任。

第二条　组织人事部门应当通过群众信访举报、干部考察考核等多种途径，及时了解和掌握党员、公务员拒不履行生效法律文书以及非法干预、妨害执行等情况，对有上述问题的党员、公务员，通过诫勉谈话、函询等形式，督促其及时改正。对拒不履行生效法律文书、非法干预或妨碍执行的党员、公务员，按照《中国共产党纪律处分条例》和《行政机关公务员处分条例》等有关规定处理。

第三条　新闻宣传部门应当加强对人民法院执行工作的宣传，教育引导社会各界树立诚信意识，形成自觉履行生效法律文书确定的义务、依法协助人民法院执行的良好风尚；把握正确的舆论导向，增强市场主体的风险意识。配合人民法院建立被执行人公示制度，及时将人民法院委托公布的被执行人名单以及其他干扰、阻碍执行的行为予以曝光。

第四条 综合治理部门应当将当地党委、人大、政府、政协重视和支持人民法院执行工作情况、被执行人特别是特殊主体履行债务情况、有关部门依法协助执行的情况、执行救助基金的落实情况等，纳入社会治安综合治理目标责任考核范围。建立健全基层协助执行网络，充分发挥基层组织的作用，配合人民法院做好执行工作。

第五条 检察机关应当对拒不执行法院判决、裁定以及其他妨害执行构成犯罪的人员，及时依法从严进行追诉；依法查处执行工作中出现的渎职侵权、贪污受贿等职务犯罪案件。

第六条 公安机关应当依法严厉打击拒不执行法院判决、裁定和其他妨害执行的违法犯罪行为；对以暴力、威胁方法妨害或者抗拒执行的行为，在接到人民法院通报后立即出警，依法处置。协助人民法院查询被执行人户籍信息、下落，在履行职责过程中发现人民法院需要拘留、拘传的被执行人的，及时向人民法院通报情况；对人民法院在执行中决定拘留的人员，及时予以收押。协助限制被执行人出境；协助人民法院办理车辆查封、扣押和转移登记等手续；发现被执行人车辆等财产时，及时将有关信息通知负责执行的人民法院。

第七条 政府法制部门应当依法履行备案审查监督职责，加强备案审查工作，对报送备案的规章和有关政府机关发布的具有普遍约束力的行政决定、命令，发现有超越权限、违反上位法规定、违反法定程序、规定不适当等情形，不利于人民法院开展执行工作的，应当依照《法规规章备案条例》等规定予以处理。

第八条 民政部门应当对生活特别困难的申请执行人，按照有关规定及时做好救助工作。

第九条 发展和改革部门应当协助人民法院依法查询被执行人有关工程项目的立项情况及相关资料；对被执行人正在申请办理的投资项目审批、核准和备案手续，协调有关部门和地方，依法协助人民法院停止办理相关手续。

第十条 司法行政部门应当加强法制宣传教育，提高人民群众的法律意识，提高债务人主动履行生效法律文书的自觉性。对各级领导干部加强依法支持人民法院执行工作的观念教育，克服地方和部门保护主义思想。对监狱、劳教单位作为被执行人的案件，督促被执行人及时履行。指导律师、公证人员和基层法律服务工作者做好当事人工作，积极履行生效法律文书确定的义务。监狱、劳教所、强制隔离戒毒所对服刑、劳教人员和强制隔离戒毒人员作为被执行人的案件，积极协助人民法院依法执行。

第十一条 国土资源管理部门应当协助人民法院及时查询有关土地使用权、探矿权、采矿权及相关权属等登记情况，协助人民法院及时办理土地使用权、探矿权、采矿权等的查封、预查封和轮候查封登记，并将有关情况及时告知人民法院。被执行人正在办理土地使用权、采矿权、探矿权等权属变更登记手续的，根据人民法院协助执行通知书的要求，停止办理相关手续。债权人持生效法律文书申请办理土地使用权变更登记的，依法予以办理。

第十二条 住房和城乡建设管理部门应当协助人民法院及时查询有关房屋权属登记、变更、抵押等情况，协助人民法院及时办理房屋查封、预查封和轮候查封及转移登记手续，并将有关情况及时告知人民法院。被执行人正在办理房屋所有权转移登记等手续的,根据人民法院协助执行通知书的要求,停止办理相关手续。轮候查封的人民法院违法要求协助办理房屋登记手续的,依法不予办理。债权人持生效法律文书申请办理房屋转移登记手续的,依法予以办理。协助人民法院查询有关工程项目的规划审批情况,向人民法院提供必要的经批准的规划文件和规划图纸等资料。被执行人正在申请办理涉案项目规划审批手续的,根据人民法院协助执行通知书的要求,停止办理相关手续。将房地产、建筑企业不依法履行生效法律文书义务的情况,记入房地产和建筑市场信用档案,向社会披露有关信息。对拖欠房屋拆迁补偿安置资金的被执行人,依法采取制裁措施。

第十三条 人民银行应当协助人民法院查询人民币银行结算账户管理系统中被执行人的账户信息;将人民法院提供的被执行人不履行法律文书确定义务的情况纳入企业和个人信用信息基础数据库。

第十四条 银行业监管部门应当监督银行业金融机构积极协助人民法院查询被执行人的开户、存款情况,依法及时办理存款的冻结、轮候冻结和扣划等事宜。对金融机构拒不履行生效法律文书、拒不协助人民法院执行的行为,依法追究有关人员的责任。制定金融机构对被执行人申请贷款进行必要限制的规定,要求金融机构发放贷款时应当查询企业和个人信用信息基础数据库,并将被执行人履行生效法律文书确定义务的情况作为审批贷款时的考量因素。对拒不履行生效法律文书义务的被执行人,涉及金融债权的,可以采取不开新户、不发放新贷款、不办理对外支付等制裁措施。

第十五条 证券监管部门应当监督证券登记结算机构、证券、期货经营机构依法协助人民法院查询、冻结、扣划证券和证券交易结算资金。督促作为被执行人的证券公司自觉履行生效裁判文书确定的义务;对证券登记结算机构、证券公司拒不履行生效法律文书确定义务、拒不协助人民法院执行的行为,督促有关部门依法追究有关负责人和直接责任人员的责任。

第十六条 税务机关应当依法协助人民法院调查被执行人的财产情况,提供被执行人的纳税情况等相关信息;根据人民法院协助执行通知书的要求,提供被执行人的退税账户、退税金额及退税时间等情况。被执行人不缴、少缴税款的,请求法院依照法定清偿顺序追缴税款,并按照税款预算级次上缴国库。

第十七条 工商行政管理部门应当协助人民法院查询有关企业的设立、变更、注销登记等情况;依照有关规定,协助人民法院办理被执行人持有的有限责任公司股权的冻结、转让登记手续。对申请注销登记的企业,严格执行清算制度,防止被执行人转移财产,逃避执行。逐步将不依法履行生效法律文书确定义务的被执行人录入企业信用分类监管系统。

第十八条 人民法院应当将执行案件的有关信息及时、全面、准确地录入执行案件信息管理系统,并与有关部门的信息系统实现链接,为执行联动机制的顺利运行提供基础数据信息。

第十九条 人民法院认为有必要对被执行人采取执行联动措施的,应当制作协助执行通知书或司法建议函等法律文书,并送达有关部门。

第二十条 有关部门收到协助执行通知书或司法建议函后,应当在法定职责范围内协助采取执行联动措施。有关协助执行部门不应对生效法律文书和协助执行通知书、司法建议函等进行实体审查。对人民法院请求采取的执行联动措施有异议的，可以向人民法院提出审查建议，但不应当拒绝采取相应措施。

第二十一条　被执行人依法履行了生效法律文书确定的义务或者申请执行人同意解除执行联动措施的，人民法院经审查，认为符合有关规定的，应当解除相应措施。被执行人提供担保请求解除执行联动措施的，由人民法院审查决定。

第二十二条　为保障执行联动机制的建立和有效运行，成立执行联动机制工作领导小组，成员单位有中央纪律检查委员会、中央组织部、中央宣传部、中央政法委员会、中央社会治安综合治理委员会办公室、最高人民法院、最高人民检察院、国家发展和改革委员会、公安部、监察部、民政部、司法部、国土资源部、住房和城乡建设部、中国人民银行、国家税务总局、国家工商行政管理总局、国务院法制办公室、中国银监会、中国证监会等有关部门。领导小组下设办公室，具体负责执行联动机制建立和运行中的组织、协调、督促、指导等工作。

各成员单位确定一名联络员，负责执行联动机制运行中的联络工作。

各地应成立相应的执行联动机制工作领导小组及办公室。

第二十三条　执行联动机制工作领导小组由各级政法委员会牵头，定期、不定期召开会议，通报情况，研究解决执行联动机制运行中出现的问题，确保执行联动机制顺利运行。

第二十四条　有关单位不依照本意见履行职责的，人民法院可以向监察机关或其他有关机关提出相应的司法建议，或者报请执行联动机制领导小组协调解决，或者依照《中华人民共和国民事诉讼法》第一百一十四条的规定处理。

第二十五条　为确保本意见贯彻执行，必要时，人民法院可以会同有关部门制定具体的实施细则。

最高人民法院 中国人民银行
关于人民法院查询和人民银行协助查询被执行人人民币银行结算账户开户银行名称的联合通知

2010年7月14日　　　　　　　　　　　　法发〔2010〕27号

各省、自治区、直辖市高级人民法院，解放军军事法院，新疆维吾尔自治区高级人民法院生产建设兵团分院，中国人民银行上海总部，各分行、营业管理部、省会（首府）城市中心支行，深圳市中心支行：

为维护债权人合法权益和国家司法权威，根据《中华人民共和国民事诉讼法》、《中华人民共和国中国人民银行法》等法律，现就人民法院通过人民币银行结算账户管理系统查询被执行人银行结算账户开户银行名称的有关事项通知如下：

一、人民法院查询对象限于生效法律文书所确定的被执行人，包括法人、其他组织及自然人。

二、人民法院需要查询被执行人银行结算账户开户银行名称的，人民银行上海总部，被执行人注册地（身份证发证机关所在地）所在省（自治区、直辖市）人民银行各分行、营业管理部、省会（首府）城市中心支行及深圳市中心支行应当予以查询。

三、人民法院查询被执行人银行结算账户开户银行名称的，由被执行人注册地（身份证发证机关所在地）所在省（自治区、直辖市）高级人民法院（另含深圳市中级人民法院）统一集中批量办理。

四、高级人民法院（另含深圳市中级人民法院）审核汇总有关查询申请后，应当就协助查询被执行人名称（姓名、身份证号码）、注册地（身份证发证机关所在地）、执行法院、执行案号等事项填写《协助查询书》（见附件1），加盖高级人民法院（另含深圳市中级人民法院）公章后于每周一上午（节假日顺延）安排专人向所在地人民银行上述机构送交《协助查询书》（并附协助查询书的电子版光盘）。

五、人民银行上述机构接到高级人民法院（另含深圳市中级人民法院）送达的《协助查询书》后，应当核查《协助查询书》的要素是否完备。经核查无误的，在5个工作日内通过人民币银行结算账户管理系统查询被执行人的银行结算账户开户行名称，根据查询结果如实填写《协助查询答复书》（见附件2），并加盖人民银行公章或协助查询专用章。经核查《协助查询书》要素不完备的，人民银行上述机构不予查询，并及时通知相关人民法院。

六、被执行人的人民币银行结算账户开户银行名称由银行业金融机构向人民银行报备，人民银行只对银行业金融机构报备的被执行人的人民币银行结算账户开户银行名称进行汇总，不负责审查其真实性和准确性。

七、人民法院应当依法使用人民银行上述机构提供的被执行人银行结算账户开户银行名称信息，为当事人保守秘密。

人民银行上述机构及其工作人员在协助查询过程中应当保守查询秘密，不得向被查询当事人及其关联人泄露与查询有关的信息。

八、人民银行上述机构因按本通知协助人民法院查询被执行人银行结算账户开户银行名称而被起诉的，人民法院应不予受理。

九、人民法院对人民银行上述机构及工作人员执行本通知规定，或依法执行公务的行为，不应采取强制措施。如发生争议，高级人民法院（另含深圳市中级人民法院）与人民银行上述机构应当协商解决；协商不成的，应及时报请最高人民法院和中国人民银行处理。

十、本通知自下发之日起正式施行，原下发的《最高人民法院 中国人民银行关于在全国清理执行积案期间人民法院查询法人被执行人人民币银行结算账户开户银行名称的通知》（法发〔2009〕5号）同时废止。

附：1. 协助查询书
　　2. 协助查询答复书

附件1：

××××高级人民法院（或深圳市中级人民法院）协助查询书

（××××）执查银字第××号

中国人民银行_____：
　　根据有关案件执行法院的查询申请，现向你单位查询____个被执行人（其中法人和其他组织____个，自然人____个）的人民币银行结算账户开户银行名称（查询清单附后），请予协助查询为盼。

（高级人民法院或深圳市中级人民法院章）
××××年××月××日

单位被执行人查询清单：			
序号	单位名称	注册地名称（具体到区县级）	执行法院名称	执行案号

××××高级人民法院（或深圳市中级人民法院）协助查询书

自然人被执行人查询清单：

序号	姓名	身份证号码	发证机关所在名称（具体到区县级）	执行法院名称	执行案号

经办人签章：
××××年××月××日

附件2：

协助查询答复书

编号：　年第　号

××××高级人民法院（或深圳市中级人民法院）：

根据贵院《协助查询书》（文号：　　　）的要求，我行通过人民币银行结算账户管理系统对被执行人的银行结算账户开户银行名称进行了查询，现将截至　年　月　日的查询结果提供给贵单位。查询结果详见《协助查询被执行人银行结算账户开户银行名称清单》。

该查询结果仅供参考，请有关法院依法使用。

（人民银行公章或协助查询专用章）
年　月　日

查询结果					
单位被执行人					
序号	单位名称	注册地名称	执行法院名称	执行案号	查询结果

协助查询答复书				
自然人被执行人				
序号	姓名	身份证号码	执行法院名称	执行案号	查询结果

经办人签章：
××××年××月××日

填表说明：

1. 如在人民币银行结算账户管理系统中查询到被执行人银行结算账户开户银行名称的，"查询结果"栏填写"有"；如未查询到被执行人银行结算账户开户银行名称的，"查询结果"栏填写"无"；如因协助查询要素不全而导致无法查询的，"查询结果"栏填写具体原因。

2. 本答复书一式两联，一联送高级人民法院留存，一联由中国人民银行上海总部、各分行、营业管理部、省会（首府）城市中心及深圳市中心支行留存。

最高人民法院 最高人民检察院
关于在部分地方开展民事执行活动法律监督试点工作的通知

2011年3月10日　　　　　　　　高检会〔2011〕2号

山西、内蒙古、上海、浙江、福建、江西、山东、湖北、广东、陕西、甘肃、宁夏等省（自治区、直辖市）高级人民法院、人民检察院：

为了贯彻落实中央司法体制和工作机制改革精神，规范人民法院执行行为，支持人民法院依法执行，最高人民法院与最高人民检察院商定，在部分地方开展民事执行活动法律监督的试点工作。现就有关问题通知如下：

一、各试点省、自治区、直辖市高级人民法院、人民检察院可以协商选定适当数量的中级人民法院、基层人民法院以及相应的人民检察院作为试点单位，分别报最高人民法院、最高人民检察院备案。

二、人民检察院可以依当事人、利害关系人的申请，对下列民事执行活动实施法律监督：

（一）人民法院收到执行案款后超过规定期限未将案款支付给申请执行人的，有正当理由的除外；

（二）当事人、利害关系人依据《中华人民共和国民事诉讼法》第二百零二条之规定向人民法院提出书面异议或者复议申请，人民法院在收到书面异议、复议申请后，无正当理由未在法定期限内作出裁定的；

（三）人民法院自立案之日起超过两年未采取适当执行措施，且无正当理由的；

（四）被执行人提供了足以保障执行的款物，并经申请执行人认可后，人民法院无正当理由仍然执行被执行人其他财产，严重损害当事人合法权益的；

（五）人民法院的执行行为严重损害国家利益、社会公共利益的。

三、人民检察院对符合本通知第二条规定情形的民事执行活动，应当经检察委员会决定并通过提出书面检察建议的方式对同级或者下级人民法院的民事执行活动实施法律监督。

人民法院应当在收到检察建议后一个月内作出处理并将处理情况书面回复人民检察院。

人民检察院对人民法院的回复意见有异议的，可以通过上一级人民检察院向上一级人民法院提出。上一级人民法院认为人民检察院的意见正确的，应当监督下级人民法院及时纠正。

四、当事人或者利害关系人认为人民法院的民事执行活动违法，损害了自己合法权益，直接向人民检察院申诉的，人民检察院应当告知其依照法律规定向人民法院提出异议、申请复议或者申诉。

五、对于国家机关等特殊主体为被执行人的执行案件，人民法院因不当干预难以执行的，人民检察院应当向相关国家机关等提出检察建议。

六、人民检察院对民事执行活动进行法律监督，应当依法履行职责，不得滥用监督权力；检察人员违法行使职权的，应当追究责任人员的纪律和法律责任。

七、人民法院发现检察监督行为违反法律或者检察纪律的，可以向人民检察院提出书面建议。人民检察院应当在收到书面建议后一个月内作出处理并将处理情况书面回复人民法院；人民法院对于人民检察院的回复有异议的，可以通过上一级人民法院向上一级人民检察院提出。上一级人民检察院认为人民法院建议正确的，应当要求下级人民检察院及时纠正。

八、人民检察院对人民法院执行行政判决、裁定、行政赔偿调解和行政决定的活动实施法律监督，其范围和程序参照本通知执行。

九、各试点省、自治区、直辖市高级人民法院、人民检察院应当密切配合，共同研究，加强对试点工作的指导，并及时向最高人民法院、最高人民检察院报告试点工作开展情况，以保证试点工作积极稳妥地开展。

最高人民法院印发《关于依法制裁规避执行行为的若干意见》的通知

2011年5月27日　　　　　　　　　　　　　　　法〔2011〕195号

各省、自治区、直辖市高级人民法院，解放军军事法院，新疆维吾尔自治区高级人民法院生产建设兵团分院：

现将《关于依法制裁规避执行行为的若干意见》印发给你们，请认真贯彻执行。

附：

关于依法制裁规避执行行为的若干意见

为了最大限度地实现生效法律文书确认的债权，提高执行效率，强化执行效果，维护司法权威，现就依法制裁规避执行行为提出以下意见：

一、强化财产报告和财产调查，多渠道查明被执行人财产

1. 严格落实财产报告制度。对于被执行人未按执行通知履行法律文书确定义务的，执行法院应当要求被执行人限期如实报告财产，并告知拒绝报告或者虚假报告的法律后果。对于被执行人暂时无财产可供执行的，可以要求被执行人定期报告。

2. 强化申请执行人提供财产线索的责任。各地法院可以根据案件的实际情况，要求申请执行人提供被执行人的财产状况或者财产线索，并告知不能提供的风险。各地法院也可根据本地的实际情况，探索尝试以调查令、委托调查函等方式赋予代理律师法律规定范围内的财产调查权。

3. 加强人民法院依职权调查财产的力度。各地法院要充分发挥执行联动机制的作用，完善与金融、房地产管理、国土资源、车辆管理、工商管理等各有关单位的财产查控网络，细化协助配合措施，进一步拓宽财产调查渠道，简化财产调查手续，提高财产调查效率。

4. 适当运用审计方法调查被执行人财产。被执行人未履行法律文书确定的义务，且有转移隐匿处分财产、投资开设分支机构、入股其他企业或者抽逃注册资金等情形的，执行法院可以根据申请执行人的申请委托中介机构对被执行人进行审计。审计费用由申请执行人垫付，被执行人确有转移隐匿处分财产等情形的，实际执行到位后由被执

行人承担。

5. 建立财产举报机制。执行法院可以依据申请执行人的悬赏执行申请,向社会发布举报被执行人财产线索的悬赏公告。举报人提供的财产线索经查证属实并实际执行到位的,可按申请执行人承诺的标准或者比例奖励举报人。奖励资金由申请执行人承担。

二、强化财产保全措施,加大对保全财产和担保财产的执行力度

6. 加大对当事人的风险提示。各地法院在立案和审判阶段,要通过法律释明向当事人提示诉讼和执行风险,强化当事人的风险防范意识,引导债权人及时申请财产保全,有效防止债务人在执行程序开始前转移财产。

7. 加大财产保全力度。各地法院要加强立案、审判和执行环节在财产保全方面的协调配合,加大依法进行财产保全的力度,强化审判与执行在财产保全方面的衔接,降低债务人或者被执行人隐匿、转移财产的风险。

8. 对保全财产和担保财产及时采取执行措施。进入执行程序后,各地法院要加大对保全财产和担保财产的执行力度,对当事人、担保人或者第三人提出的异议要及时进行审查,审查期间应当依法对相应财产采取控制性措施,驳回异议后应当加大对相应财产的执行力度。

三、依法防止恶意诉讼,保障民事审判和执行活动有序进行

9. 严格执行关于案外人异议之诉的管辖规定。在执行阶段,案外人对人民法院已经查封、扣押、冻结的财产提起异议之诉的,应当依照《中华人民共和国民事诉讼法》第二百零四条和《最高人民法院关于适用〈民事诉讼法〉执行程序若干问题的解释》第十八条的规定,由执行法院受理。

案外人违反上述管辖规定,向执行法院之外的其他法院起诉,其他法院已经受理尚未作出裁判的,应当中止审理或者撤销案件,并告知案外人向作出查封、扣押、冻结裁定的执行法院起诉。

10. 加强对破产案件的监督。执行法院发现被执行人有虚假破产情形的,应当及时向受理破产案件的人民法院提出。申请执行人认为被执行人利用破产逃债的,可以向受理破产案件的人民法院或者其上级人民法院提出异议,受理异议的法院应当依法进行监督。

11. 对于当事人恶意诉讼取得的生效裁判应当依法再审。案外人违反上述管辖规定,向执行法院之外的其他法院起诉,并取得生效裁判文书将已被执行法院查封、扣押、冻结的财产确权或者分割给案外人,或者第三人与被执行人虚构事实取得人民法院生效裁判文书申请参与分配,执行法院认为该生效裁判文书系恶意串通规避执行损害执行债权人利益的,可以向作出该裁判文书的人民法院或者其上级人民法院提出书面建议,有关法院应当依照《中华人民共和国民事诉讼法》和有关司法解释的规定决定再审。

四、完善对被执行人享有债权的保全和执行措施，运用代位权、撤销权诉讼制裁规避执行行为

12. 依法执行已经生效法律文书确认的被执行人的债权。对于被执行人已经生效法律文书确认的债权，执行法院可以书面通知被执行人在限期内向有管辖权的人民法院申请执行该生效法律文书。限期届满被执行人仍怠于申请执行的，执行法院可以依法强制执行该到期债权。

被执行人已经申请执行的，执行法院可以请求执行该债权的人民法院协助扣留相应的执行款物。

13. 依法保全被执行人的未到期债权。对被执行人的未到期债权，执行法院可以依法冻结，待债权到期后参照到期债权予以执行。第三人仅以该债务未到期为由提出异议的，不影响对该债权的保全。

14. 引导申请执行人依法诉讼。被执行人怠于行使债权对申请执行人造成损害的，执行法院可以告知申请执行人依照《中华人民共和国合同法》第七十三条的规定，向有管辖权的人民法院提起代位权诉讼。

被执行人放弃债权、无偿转让财产或者以明显不合理的低价转让财产，对申请执行人造成损害的，执行法院可以告知申请执行人依照《中华人民共和国合同法》第七十四条的规定向有管辖权的人民法院提起撤销权诉讼。

五、充分运用民事和刑事制裁手段，依法加强对规避执行行为的刑事处罚力度

15. 对规避执行行为加大民事强制措施的适用。被执行人既不履行义务又拒绝报告财产或者进行虚假报告、拒绝交出或者提供虚假财务会计凭证、协助执行义务人拒不协助执行或者妨碍执行、到期债务第三人提出异议后又擅自向被执行人清偿等，给申请执行人造成损失的，应当依法对相关责任人予以罚款、拘留。

16. 对构成犯罪的规避执行行为加大刑事制裁力度。被执行人隐匿财产、虚构债务或者以其他方法隐藏、转移、处分可供执行的财产，拒不交出或者隐匿、销毁、制作虚假财务会计凭证或资产负债表等相关资料，以虚假诉讼或者仲裁手段转移财产、虚构优先债权或者申请参与分配，中介机构提供虚假证明文件或者提供的文件有重大失实，被执行人、担保人、协助义务人有能力执行而拒不执行或者拒不协助执行等，损害申请执行人或其他债权人利益，依照刑法的规定构成犯罪的，应当依法追究行为人的刑事责任。

17. 加强与公安、检察机关的沟通协调。各地法院应当加强与公安、检察机关的协调配合，建立快捷、便利、高效的协作机制，细化拒不执行判决裁定罪和妨害公务罪的适用条件。

18. 充分调查取证。各地法院在执行案件过程中，在行为人存在拒不执行判决裁定或者妨害公务行为的情况下，应当注意收集证据。认为构成犯罪的，应当及时将案件及相关证据材料移送犯罪行为发生地的公安机关立案查处。

19. 抓紧依法审理。对检察机关提起公诉的拒不执行判决裁定或者妨害公务案件，人民法院应当抓紧审理，依法审判，快速结案，加大判后宣传力度，充分发挥刑罚手段的威慑力。

六、依法采取多种措施，有效防范规避执行行为

20. 依法变更追加被执行主体或者告知申请执行人另行起诉。有充分证据证明被执行人通过离婚析产、不依法清算、改制重组、关联交易、财产混同等方式恶意转移财产规避执行的，执行法院可以通过依法变更追加被执行人或者告知申请执行人通过诉讼程序追回被转移的财产。

21. 建立健全征信体系。各地法院应当逐步建立健全与相关部门资源共享的信用平台，有条件的地方可以建立个人和企业信用信息数据库，将被执行人不履行债务的相关信息录入信用平台或者信息数据库，充分运用其形成的威慑力制裁规避执行行为。

22. 加大宣传力度。各地法院应当充分运用新闻媒体曝光、公开执行等手段，将被执行人因规避执行被制裁或者处罚的典型案例在新闻媒体上予以公布，以维护法律权威，提升公众自觉履行义务的法律意识。

23. 充分运用限制高消费手段。各地法院应当充分运用限制高消费手段，逐步构建与有关单位的协作平台，明确有关单位的监督责任，细化协作方式，完善协助程序。

24. 加强与公安机关的协作查找被执行人。对于因逃避执行而长期下落不明或者变更经营场所的被执行人，各地法院应当积极与公安机关协调，加大查找被执行人的力度。

最高人民法院
印发《关于执行权合理配置和科学运行的若干意见》的通知

2011年10月19日   法发〔2011〕15号

各省、自治区、直辖市高级人民法院，解放军军事法院，新疆维吾尔自治区高级人民法院生产建设兵团分院：

现将《最高人民法院关于执行权合理配置和科学运行的若干意见》印发给你们，请结合工作实际，认真贯彻执行。

附：

关于执行权合理配置和科学运行的若干意见

为了促进执行权的公正、高效、规范、廉洁运行,实现立案、审判、执行等机构之间的协调配合,完善执行工作的统一管理,根据《中华人民共和国民事诉讼法》和有关司法解释的规定,提出以下意见。

一、关于执行权分权和高效运行机制

1. 执行权是人民法院依法采取各类执行措施以及对执行异议、复议、申诉等事项进行审查的权力,包括执行实施权和执行审查权。

2. 地方人民法院执行局应当按照分权运行机制设立和其他业务庭平行的执行实施和执行审查部门,分别行使执行实施权和执行审查权。

3. 执行实施权的范围主要是财产调查、控制、处分、交付和分配以及罚款、拘留措施等实施事项。执行实施权由执行员或者法官行使。

4. 执行审查权的范围主要是审查和处理执行异议、复议、申诉以及决定执行管辖权的移转等审查事项。执行审查权由法官行使。

5. 执行实施事项的处理应当采取审批制,执行审查事项的处理应当采取合议制。

6. 人民法院可以将执行实施程序分为财产查控、财产处置、款物发放等不同阶段并明确时限要求,由不同的执行人员集中办理,互相监督,分权制衡,提高执行工作质量和效率。执行局的综合管理部门应当对分段执行实行节点控制和流程管理。

7. 执行中因情况紧急必须及时采取执行措施的,执行人员经执行指挥中心指令,可依法采取查封、扣押、冻结等财产保全和其他控制性措施,事后两个工作日内应当及时补办审批手续。

8. 人民法院在执行局内建立执行信访审查处理机制,以有效解决消极执行和不规范执行问题。执行申诉审查部门可以参与涉执行信访案件的接访工作,并应采取排名通报、挂牌督办等措施促进涉执行信访案件的及时处理。

9. 继续推进全国法院执行案件信息管理系统建设,积极参与社会信用体系建设。执行信息部门应当发挥职能优势,采取多种措施扩大查询范围,实现执行案件所有信息在法院系统内的共享,推进执行案件信息与其他部门信用信息的共享,并通过信用惩戒手段促使债务人自动履行义务。

二、关于执行局与立案、审判等机构之间的分工协作

10. 执行权由人民法院的执行局行使;人民法庭可根据执行局授权执行自审案件,但应接受执行局的管理和业务指导。

11. 办理执行实施、执行异议、执行复议、执行监督、执行协调、执行请示等执行

案件和案外人执行异议之诉、申请执行人执行异议之诉、执行分配方案异议之诉、代位析产之诉等涉执行的诉讼案件，由立案机构进行立案审查，并纳入审判和执行案件统一管理体系。

人民法庭经授权执行自审案件，可由其自行办理立案登记手续，并纳入执行案件的统一管理。

12. 案外人执行异议之诉、申请执行人执行异议之诉、执行分配方案异议之诉、代位析产之诉等涉执行的诉讼，由人民法院的审判机构按照民事诉讼程序审理。逐步促进涉执行诉讼审判的专业化，具备条件的人民法院可以设立专门审判机构，对涉执行的诉讼案件集中审理。

案外人、当事人认为据以执行的判决、裁定错误的，由作出生效判决、裁定的原审人民法院或其上级人民法院按照审判监督程序审理。

13. 行政非诉案件、行政诉讼案件的执行申请，由立案机构登记后转行政审判机构进行合法性审查；裁定准予强制执行的，再由立案机构办理执行立案登记后移交执行局执行。

14. 强制清算的实施由执行局负责，强制清算中的实体争议由民事审判机构负责审理。

15. 诉前、申请执行前的财产保全申请由立案机构进行审查并作出裁定；裁定保全的，移交执行局执行。

16. 诉中财产保全、先予执行的申请由相关审判机构审查并作出裁定；裁定财产保全或者先予执行的，移交执行局执行。

17. 当事人、案外人对财产保全、先予执行的裁定不服申请复议的，由作出裁定的立案机构或者审判机构按照民事诉讼法第九十九条的规定进行审查。

当事人、案外人、利害关系人对财产保全、先予执行的实施行为提出异议的，由执行局根据异议事项的性质按照民事诉讼法第二百零二条或者第二百零四条的规定进行审查。

当事人、案外人的异议既指向财产保全、先予执行的裁定，又指向实施行为的，一并由作出裁定的立案机构或者审判机构分别按照民事诉讼法第九十九条和第二百零二条或者第二百零四条的规定审查。

18. 具有执行内容的财产刑和非刑罚制裁措施的执行由执行局负责。

19. 境外法院、仲裁机构作出的生效法律文书的执行申请，由审判机构负责审查；依法裁定准予执行或者发出执行令的，移交执行局执行。

20. 不同法院因执行程序，执行与破产、强制清算、审判等程序之间对执行标的产生争议，经自行协调无法达成一致意见的，由争议法院的共同上级法院执行局中的协调指导部门处理。

21. 执行过程中依法需要变更、追加执行主体的，由执行局按照法定程序办理；应当通过另诉或者提起再审追加、变更的，由审判机构按照法定程序办理。

22. 委托评估、拍卖、变卖由司法辅助部门负责，对评估、拍卖、变卖所提异议由执行局审查。

23. 被执行人对国内仲裁裁决提出不予执行抗辩的，由执行局审查。

24. 立案、审判机构在办理民商事和附带民事诉讼案件时，应当根据案件实际，就追加诉讼当事人、申请诉前、诉中和申请执行前的财产保全等内容向当事人作必要的释明和告知。

25. 立案、审判机构在办理民商事和附带民事诉讼案件时，除依法缺席判决等无法准确查明当事人身份和地址的情形外，应当在有关法律文书中载明当事人的身份证号码，在卷宗中载明送达地址。

26. 审判机构在审理确权诉讼时，应当查询所要确权的财产权属状况，发现已经被执行局查封、扣押、冻结的，应当中止审理；当事人诉请确权的财产被执行局处置的，应当撤销确权案件；在执行局查封、扣押、冻结后确权的，应当撤销确权判决或者调解书。

27. 对符合法定移送执行条件的法律文书，审判机构应当在法律文书生效后及时移送执行局执行。

三、关于执行工作的统一管理

28. 中级以上人民法院对辖区人民法院的执行工作实行统一管理。下级人民法院拒不服从上级人民法院统一管理的，依照有关规定追究下级人民法院有关责任人的责任。

29. 上级人民法院可以根据本辖区的执行工作情况，组织集中执行和专项执行活动。

30. 对下级人民法院违法、错误的执行裁定、执行行为，上级人民法院有权指令下级人民法院自行纠正或者通过裁定、决定予以纠正。

31. 上级人民法院在组织集中执行、专项执行或其他重大执行活动中，可以统一指挥和调度下级人民法院的执行人员、司法警察和执行装备。

32. 上级人民法院根据执行工作需要，可以商政府有关部门编制辖区内人民法院的执行装备标准和业务经费计划。

33. 上级人民法院有权对下级人民法院的执行工作进行考核，考核结果向下级人民法院通报。

最高人民法院
关于做好当前涉农民工工资案件执行工作的通知

2012年1月16日　　　　　　　　　　　　　法发〔2012〕25号

各省、自治区、直辖市高级人民法院，新疆生产建设兵团法院：

春节至两会期间，既是农民工返乡高峰期，也是农民工申请执行工资案件的频发期。为确保农民工及时、足额取得劳动报酬，保障民生，为春节、"两会"营造和谐稳定的社会环境，根据人民法院工作实际，就进一步做好涉农民工工资案件的执行工作，通知如下：

一、各级人民法院要紧密结合中央有关农村工作的方针政策，把做好涉农民工工资案件的执行工作作为当前的工作重点，高度重视，加强领导，明确要求，严格责任，切实维护农民工合法权益。

二、各级人民法院要对涉农民工工资执行案件进行全面排查，掌握案件总数、种类等情况，研究提出对策。要充分发挥执行指挥中心的作用，对农民工申请人开辟绿色通道，对案件特别是群体性申请或上访案件，要及时受理或处理，优先安排解决。按照有关规定主动减免或垫付申请执行费、实际执行支出等费用。

三、对涉农民工工资案件，要按照申请人请求或者按照规定流程及时主动查找被执行人财产线索。根据情况强化冻结、扣押、查封、拍卖、变卖等强制措施。对被执行人恶意拖欠、携款逃匿等行为依法追究规避执行的责任，依法处罚。违法情节严重的，依法拘留、罚款直至追究刑事责任。涉农民工工资执行案件较多的法院，可开展专项集中执行活动。

四、紧紧依靠党委领导，充分发挥各级法院以执行工作联席会议等为载体的联动机制作用，及时查找被执行人及其财产，对符合限制高消费、限制出境等条件的，与有关部门协调，及时采取相应措施。尤其对重大、疑难案件，要与劳动、工会、信访、公安、城管等执法部门密切配合，做好预案，联动出击。

五、对已经到位的执行款，要简化审批发放手续，保障农民工及时、足额领取。当事人农民工身份得到确认的，对被执行人没有履行能力而申请执行农民工确有经济困难的，根据各地司法救助的规定，及时给予执行救助。

六、对假借农民工身份恶意上访、闹访，尤其是聚众闹事影响社会稳定的，经查证属实，依法予以处置。

以上通知要求请认真贯彻落实，贯彻中遇有新情况及新问题，请及时报告我院执行局。

最高人民法院
关于能否在执行程序中确定夫妻共同债务的答复

2012年6月12日　　　　　　　　　　　　〔2012〕执他字第8号

山东省高级人民法院：

你院〔2011〕鲁执监字第82号《关于平阴县农村信用合作联社与任尚民、郭淑华借款担保纠纷执行一案中有关法律问题的请示》收悉。经研究，答复如下：

原则同意你院审委会第一种意见。发生法律效力的判决、裁定、调解书和其他应当由人民法院执行的法律文书，是人民法院执行的依据。对于是否为夫妻共同债务，我们认为，该问题属于实体问题。在涉案生效判决并未明确的情况下，不应通过执行程序直接确定为夫妻共同债务。

最高人民法院
关于被执行人大宗商品交易资金结算账户内资金能否采取执行措施的答复

2012年7月9日　　　　　　　　　　　　〔2012〕执他字第7号

山东省高级人民法院：

你院〔2012〕鲁执他字第5号《关于被执行人大宗商品交易资金结算账户内的资金能否采取冻结、扣划措施问题的请示》收悉。我院经研究认为：对于山东新龙鼎电子商务股份有限公司（以下简称龙鼎公司）名下大宗商品交易资金结算账户，执行法院应当查明账户资金的性质，严格区分账户内龙鼎公司自有资金与客户交易资金，并只能对龙鼎公司自有资金予以执行。

在本案执行过程中，应当切实保障当事人举证权利，审慎查明案涉账户内资金情况，维护市场秩序安全，避免影响社会稳定。

此复。

最高人民法院
关于《最高人民法院关于人民法院执行工作若干问题的规定（试行）》第 88 条、第 90 条如何理解适用等问题的请示答复

2013 年 6 月 28 日　　　　　　　　　　　　　　〔2013〕执他字第 5 号

山东省高级人民法院：

你院《关于〈最高人民法院关于人民法院执行工作若干问题的规定（试行）〉第 88 条、第 90 条如何理解适用等问题的请示》收悉，经研究，答复如下：

原则同意你院对本案的处理意见。参与分配程序中，执行法院应按照债权比例进行财产分配。关于税款执行的问题，请你院根据《中华人民共和国税收征收管理法》相关条文，查明案情，依法执行。根据《最高人民法院关于适用〈中华人民共和国民事诉讼法〉执行程序若干问题的解释》，本案新债权人不能进入参与分配异议之诉中，其如对财产分配方案有异议，可依正常的诉讼程序解决。根据《最高人民法院关于人民法院执行工作若干问题的规定（试行）》第 90 条的规定，本案新债权人申请对被执行的财产参与分配，由执行法院依法审查处理。

此复。

最高人民法院
关于强制执行住房公积金问题的答复

2013 年 7 月 31 日　　　　　　　　　　　　　　〔2013〕执他字第 14 号函

安徽省高级人民法院：

你院〔2012〕皖执他字第 00050 号《关于强制划拨被执行人住房公积金问题的请示报告》收悉。经研究，答复如下：

根据你院报告中所述事实情况，被执行人吴某某已经符合国务院《住房公积金管理条例》第二十四条规定的提取职工住房公积金账户内的存储余额的条件，在保障被执行人依法享有的基本生活及居住条件的情况下，执行法院可以对被执行人住房公积金账户内的存储余额强制执行。

最高人民法院
关于祁某某申请执行回转中国农业银行张掖市分行一案的复函

2013年8月8日　　　　　　　　　　　　〔2013〕执监字第37号

甘肃省高级人民法院：

你院〔2012〕甘执复字第07号《关于祁某某申请执行回转中国农业银行张掖市分行一案的请示报告》收悉。现就有关问题答复如下：

一、关于应否适用执行回转程序

依照本院《关于人民法院执行工作若干问题的规定（试行）》第109条规定，适用执行回转程序的条件为：一是原执行依据中关于给付内容的主文被依法撤销或者变更，二是原执行依据确定的给付内容执行完毕。从你院报告情况看，本院再审判决撤销了原执行依据你院〔2007〕甘民一终字第268号民事判决的全部主文，即原执行依据主文第二项关于祁某某向中国农业银行张掖市分行（以下简称张掖农行）返还财产的给付内容也被撤销。同时，再审判决仍然认定祁某某与张掖农行之间的《抵债资产处置合同》为有效合同，而依据合同，将涉案房地产交付祁某某占有是张掖农行的义务之一。因此，张掖市中级人民法院（以下简称张掖中院）应当裁定执行回转。至于实际上能否回转，则是另外一个问题。

二、关于执行回转的内容

执行回转的实质是将原执行的结果恢复到执行前的状态，因此，执行回转的内容应当根据原执行的内容进行判断。就本案而言，祁某某丧失涉案房地产所有权并非法院的执行所造成的，而是在进入强制执行程序前，由于相关行政机关的行政行为所致，所以，执行回转不是恢复祁某某对涉案房产的所有权。同样，祁某某一直没有取得涉案土地使用权，也不存在恢复其土地使用权的问题。但是祁某某基于与张掖农行之间的合同合法占有涉案房产，而张掖中院在执行程序中剥夺了其占有，因此，执行回转的内容应该是恢复祁对涉案房地产的占有。

三、关于不能恢复对涉案房地产的占有时能否折价抵偿

依照本院《关于人民法院执行工作若干问题的规定（试行）》第110条的规定，当特定物无法执行回转时看，适用"折价抵偿"程序的前提，是执行回转的申请人已经取得特定物的所有权或者相关财产权利，且该物或者财产权利的价值在执行程序中能够确

定。如果需要回转的内容不能以货币折算对价，则只能寻求其他程序解决。本案中，由于在张掖中院执行之前，相关行政机关已经撤销了祁某某对涉案房产的所有权登记，也由于其一直没有取得涉案土地使用权，从而使其对涉案房地产的占有处于对物支配的事实状态，而占有的事实状态无法折算为具体的财产对价，因此，不能使用折价抵偿程序。本案如果无法恢复占有，应当终结执行回转程序。同时，此案中申请执行人的合法权益应当得到保护和救济，请你院监督张掖中院务必做好该案的审、执协调配合工作，向祁某某释明其享有另行提起民事诉讼和行政诉讼要求赔偿的权利。如祁某某另案提起诉讼，应当做到及时立案、审理和执行，避免久拖不决。另将张掖农行的申诉材料一并转你院依法妥处。

最高人民法院
关于对被执行人进行风险提示的公告

（2013年8月21日）

《最高人民法院关于公布失信被执行人名单信息的若干规定》（以下简称《规定》）已于2013年7月1日由最高人民法院审判委员会第1582次会议通过，自2013年10月1日起正式施行。《规定》第一条规定："被执行人具有履行能力而不履行生效法律文书确定的义务，并具有下列情形之一的，人民法院应当将其纳入失信被执行人名单，依法对其进行信用惩戒：（一）以伪造证据、暴力、威胁等方法妨碍、抗拒执行的；（二）以虚假诉讼、虚假仲裁或者以隐匿、转移财产等方法规避执行的；（三）违反财产报告制度的；（四）违反限制高消费令的；（五）被执行人无正当理由拒不履行执行和解协议的；（六）其他有履行能力而拒不履行生效法律文书确定义务的。"

对于2013年10月1日前已经进入执行程序尚未执行完毕的案件，本院以本公告的形式统一向被执行人作出纳入失信被执行人名单的风险提示。请尚未履行生效法律文书确定义务的被执行人积极履行所负义务，逾期仍未履行的，自2013年10月1日起，各地法院对符合《规定》第一条所列情形之一的被执行人，将依法纳入失信被执行人名单并予以信用惩戒。

特此公告。

最高人民法院
关于如何确定生效法律文书确定的抵押权优先受偿范围的请示答复

2013年11月27日　　　　　　　　　　　　〔2013〕执他字第26号

山东省高级人民法院：

你院《关于如何确定生效法律文书确定的抵押权优先受偿范围的请示》〔(2013)鲁执三他字第7号〕收悉。经研究，答复如下：

在参与分配程序中，抵押权的实现并不以生效法律文书的确认为前提。《最高人民法院关于人民法院执行工作若干问题的规定（试行）》第93条规定，对人民法院查封、扣押或冻结的财产有优先权、担保物权的债权人，可以申请参加参与分配程序，主张优先受偿权。第94条规定，参与分配案件中可供执行的财产，在对享有优先权、担保权的债权人依照法律规定的顺序优先受偿后，按照各个案件债权额的比例进行分配。依照上述规定，在参与分配程序中，债权人只要在实体上享有抵押权，即可主张债权的优先受偿。如果其他债权人、被执行人对于抵押权及其担保债权的范围存在异议，可以根据《最高人民法院关于适用〈中华人民共和国民事诉讼法〉执行程序若干问题的解释》第二十五条、第二十六条的规定，通过分配方案异议、分配方案异议之诉程序予以救济。

请你院按照此法律规定规范处理，向当事人释明相关程序救济措施，保障各方当事人的合法权益。

中央文明办　最高人民法院　公安部　国务院国资委
国家工商总局　中国银监会　中国民用航空局
中国铁路总公司
关于印发《"构建诚信　惩戒失信"
合作备忘录》的通知

2014年3月20日　　　　　　　　　　　　文明办〔2014〕4号

各省、自治区、直辖市文明办、高级人民法院、公安厅（局）、国资委、工商局、银监局、民航各地区管理局，各铁路局：

为深入贯彻党的十八届三中全会精神，建立健全褒扬诚信、惩戒失信的机制，大力推动诚信建设，中央文明办、最高人民法院、公安部、国务院国资委、国家工商总局、中国银监会、中国民用航空局、中国铁路总公司联合签署了《"构建诚信　惩戒失信"合作备忘录》。现印发给你们，请认真贯彻执行。

附：

"构建诚信　惩戒失信"合作备忘录

为贯彻党的十八届三中全会关于褒扬诚信、惩戒失信的工作部署，促进社会主体诚实守信，维护法律权威，树立诚信社会风尚，中央文明办、最高人民法院、公安部、国务院国资委、国家工商总局、中国银监会、中国民用航空局、中国铁路总公司就限制失信被执行人高消费行为和采取其他信用惩戒措施达成如下意见。

一、信用惩戒的对象

信用惩戒对象为最高人民法院失信被执行人名单库中所有失信被执行人，以及被人民法院发出限制高消费令的其他被执行人（以下统称失信被执行人）。失信被执行人为自然人时，即为被执行人本人；失信被执行人为单位时，还包括其法定代表人、主要负责人、影响债务履行的直接责任人。

二、信用惩戒的内容

根据最高人民法院《关于限制被执行人高消费的若干规定》和《关于公布失信被执行人名单信息的若干规定》，最高人民法院统一在"全国法院失信被执行人名单信息公布与查询平台"上对失信被执行人发出限制高消费令,与相关部门一道,对失信被执行人限制高消费,并采取其他信用惩戒措施。

三、信用惩戒的范围

一是禁止部分高消费行为,包括禁止乘坐飞机、列车软卧;
二是实施其他信用惩戒,包括限制在金融机构贷款或办理信用卡;
(以上两条的法律依据为最高人民法院司法解释)
三是失信被执行人为自然人的,不得担任企业的法定代表人、董事、监事、高级管理人员等。
(此条的法律依据为《中华人民共和国公司法》第146条和国务院《企业法人法定代表人登记管理规定》第4条)

四、信用惩戒的实施方式

最高人民法院通过光盘、专线等信息技术手段向公安部、国务院国资委、国家工商总局、中国银监会、中国民用航空局、中国铁路总公司推送失信被执行人名单。相关部门收到名单后,在其管理系统中记载限制高消费和实施其他信用惩戒措施等内容的名单信息,或者要求受监管各企业、部门、行业成员和分支机构实时监控,进行有效信用惩戒。在媒体广为发布,对失信被执行人形成强大的舆论压力,营造构建诚信、惩戒失信的浓厚氛围。

五、信用惩戒的动态管理

被执行人因履行义务等原因,其失信信息被依法从最高人民法院失信被执行人名单库中删除后,最高人民法院应在两个工作日内通知各单位解除限制。对新增加的失信被执行人名单,最高人民法院应及时向各单位推送。

六、其他事宜

各部门应积极落实本合作备忘录,确保2014年3月31日前实现失信被执行人名单的推送,并对其联合实施限制高消费等信用惩戒。
具体合作细节由各部门相关业务、技术部门依法另行协商。

最高人民法院办公厅
关于切实保障执行当事人及案外人异议权的通知

2014年5月9日　　　　　　　　　　　　　法办〔2014〕62号

各省、自治区、直辖市高级人民法院，解放军军事法院，新疆维吾尔自治区高级人民法院生产建设兵团分院：

2007年民事诉讼法修正案实施之后，各级人民法院在执行案件压力大、任务重的情况下，办理了大量的执行异议和复议案件，有效维护了执行当事人及案外人的合法权益。但是，我院在处理人民群众来信来访的过程中，也发现在个别地方法院，仍然不同程度地存在忽视甚至漠视执行当事人及案外人异议权的一些问题：有的法院对执行当事人及案外人提出的异议不受理、不立案；有的法院受理异议后，无正当理由不按照法定的异议期限作出异议裁定；有的法院违背法定程序，对异议裁定一裁终局，剥夺异议当事人通过执行复议和异议之诉再行救济的权利。

出现上述问题，既有执行案件数量大幅增加、执行机构人手不够、法律规定不够完善等客观方面的原因，也有个别执行人员司法为民意识不强、素质不高等主观方面的原因。执行当事人及案外人异议权行使渠道不畅，将使当事人对执行程序的公正性存在疑问，对强制执行产生抵触情绪，在一定程度上加剧"执行难"；另一方面，也会使部分群众对人民法院的执行工作产生负面评价，降低司法公信力。因此，必须采取切实有力的措施加以解决。现就有关事项通知如下：

一、高度重视执行当事人异议权的保障。执行异议制度是2007年民事诉讼法修正案所建立的一项救济制度，它对于规范执行程序，维护执行当事人及案外人的合法权利和利益，防止执行权滥用和"执行乱"具有重要意义。各级人民法院要认真组织学习领会民事诉讼法的规定，纠正"提异议就会妨碍执行"的错误认识，克服"怕麻烦"的思想，真正把法律赋予执行当事人及案外人的这项救济权利在司法实践中落到实处。同时，还要注意把政治素质高、业务素质强、作风扎实的法官充实到执行异议审查机构中来，为执行当事人及案外人的异议审查提供人员保障。

二、严格依法受理和审查执行异议。对于符合法律规定条件的执行异议和复议、异议之诉案件，各级人民法院必须及时受理并办理正式立案手续，受理后必须及时审查、及时作出异议、复议裁定或者异议之诉判决。依法应当再审、另诉或者通过其他程序解决的，应当及时向异议当事人进行释明，引导当事人申请再审、另诉或者通过其他程序解决。上级人民法院应当恪尽监督职责，对于执行当事人及案外人反映下级人民法院存在拒不受理异议或者受理异议后久拖不决的，应当责令下级人民法院依法及时受理和审查异议，必要时，可以指定异地人民法院受理和审查执行异议。

三、提高执行异议案件审查的质量。对于受理的执行异议案件，一要注意正确区分不同性质的异议，严守法定程序，确保认定事实清楚，适用法律正确，处理得当；二要注意提高法律文书质量，做到格式规范，逻辑清晰，说理透彻，依据充分；三要注意公开透明，该听证的要及时组织公开听证，确保当事人的知情权和程序参与权。

四、开展专项检查和抽查活动。各高级人民法院要结合最高人民法院安排的各项专项活动，对辖区内各级人民法院保障执行当事人及案外人异议权的情况进行检查，对检查中发现的问题应当及时提出意见、建议并报告我院。我院将结合群众来信来访适时进行抽查。本通知下发之后，对于人民群众反映相关法院存在前述问题的案例，我院一经查实，将在全国法院范围内予以通报批评；情节严重的，要依法依纪严肃处理。

最高人民法院
关于指定执行后的法院能否对原执行法院的执行行为进行审查的答复[*]

2014年6月13日　　　　　　　　　　　　〔2014〕执他字第20号

山东省高级人民法院：

你院《关于指定后的法院能否对原执行法院的执行行为进行审查的请示》（〔2013〕鲁执监字第170号）收悉。经研究，答复如下：

根据《中华人民共和国民事诉讼法》第二百二十五条之规定，当事人、利害关系人认为执行行为违反法律规定，应当向负责执行的人民法院提出书面异议。指定执行后，原执行法院的执行管辖权因指定执行而转移到被指定的执行法院，执行异议申请应当向当前负责执行的人民法院提出，并由当前执行法院受理审查。但考虑上下级人民法院之间审判执行业务的监督指导职责，当争议的执行行为系当前执行法院的直接上级人民法院作出的情况下，执行异议应当向原执行法院提出，并由其受理审查。本案，当前执行法院是五莲县人民法院，作出变更裁定的栖霞县人民法院的上级法院是烟台市中级人民法院，不是五莲县人民法院的直接上级法院，所以，五莲县人民法院、日照市中级人民法院可以受理当事人所提异议与复议申请，并进行审查。

特此函复。

---

[*] 也作"最高人民法院执行局关于山东省高级人民法院《关于指定后的法院能否对原执行法院的执行行为进行审查的请示》的答复"。

最高人民法院
印发《关于人民法院执行流程公开的若干意见》的通知

2014 年 9 月 3 日　　　　　　　　　　　法发〔2014〕18 号

各省、自治区、直辖市高级人民法院,解放军军事法院,新疆维吾尔自治区高级人民法院生产建设兵团分院:

为贯彻落实执行公开原则,规范人民法院执行流程公开工作,进一步提高执行工作的透明度,推进执行信息公开平台建设,最高人民法院制定了《关于人民法院执行流程公开的若干意见》。现将该意见予以印发,请加强组织领导,采取有效措施,按照该意见的要求,切实做好执行流程信息公开工作。

附:

关于人民法院执行流程公开的若干意见

为贯彻落实执行公开原则,规范人民法院执行流程公开工作,方便当事人及时了解案件执行进展情况,更好地保障当事人和社会公众对执行工作的知情权、参与权、表达权和监督权,进一步提高执行工作的透明度,以公开促公正、以公正立公信,根据最高人民法院《关于人民法院执行公开的若干规定》(法发〔2006〕35 号)、最高人民法院《关于推进司法公开三大平台建设的若干意见》(法发〔2013〕13 号)等规定,结合执行工作实际,制定本意见。

一、总体要求

第一条　人民法院执行流程信息以公开为原则、不公开为例外。对依法应当公开、可以公开的执行流程及其相关信息,一律予以公开,实现执行案件办理过程全公开、节点全告知、程序全对接、文书全上网,为当事人和社会公众提供全方位、多元化、实时性的执行公开服务,全面推进阳光执行。

第二条　人民法院执行流程公开工作,以各级人民法院互联网门户网站(政务网)为基础平台和主要公开渠道,辅以手机短信、电话语音系统、电子公告屏和触摸屏、手机应用客户端、法院微博、法院微信公众号等其他平台或渠道,将执行案件流程节点信息、案件进展状态及有关材料向案件当事人及委托代理人公开,将与法院执行工作有关的执行服务信息、执行公告信息等公共信息向社会公众公开。

各级人民法院应当在本院门户网站（政务网）下设的审判流程信息公开网上建立查询执行流程信息的功能模块。最高人民法院在政务网上建立"中国执行信息公开网"，开设"中国审判流程信息公开网"的入口，提供查询执行案件流程信息的功能以及全国各级人民法院执行流程信息公开平台的链接。各级人民法院应当建立电话语音系统，在立案大厅或信访接待等场所设立电子触摸屏，供案件当事人和委托代理人以及社会公众查阅有关执行公开事项。具备条件的法院，应当建立电子公告屏、在执行指挥系统建设中增加12368智能短信服务平台、法院微博以及法院微信公众号等公开渠道。

二、公开的渠道和内容

第三条 下列执行案件信息应当向当事人及委托代理人公开：

（一）当事人名称、案号、案由、立案日期等立案信息；

（二）执行法官以及书记员的姓名和办公电话；

（三）采取执行措施信息，包括被执行人财产查询、查封、冻结、扣划、扣押等信息；

（四）采取强制措施信息，包括司法拘留、罚款、拘传、搜查以及限制出境、限制高消费、纳入失信被执行人名单库等信息；

（五）执行财产处置信息，包括委托评估、拍卖、变卖、以物抵债等信息；

（六）债权分配和执行款收付信息，包括债权分配方案、债权分配方案异议、债权分配方案修改、执行款进入法院执行专用账户、执行款划付等信息；

（七）暂缓执行、中止执行、委托执行、指定执行、提级执行等信息；

（八）执行和解协议信息；

（九）执行实施案件结案信息，包括执行结案日期、执行标的到位情况、结案方式、终结本次执行程序征求申请执行人意见等信息；

（十）执行异议、执行复议、案外人异议、执行主体变更和追加等案件的立案时间、案件承办法官和合议庭其他组成人员以及书记员的姓名和办公电话、执行裁决、结案时间等信息；

（十一）执行申诉信访、执行督促、执行监督等案件的立案时间、案件承办法官和合议庭其他组成人员以及书记员的姓名和办公电话、案件处理意见、结案时间等信息；

（十二）执行听证、询问的时间、地点等信息；

（十三）案件的执行期限或审查期限，以及执行期限或审查期限扣除、延长等变更情况；

（十四）执行案件受理通知书、执行通知书、财产申报通知书、询问通知、听证通知、传票和询问笔录、调查取证笔录、执行听证笔录等材料；

（十五）执行裁定书、决定书等裁判文书；

（十六）执行裁判文书开始送达时间、完成送达时间、送达方式等送达信息；

（十七）执行裁判文书在执行法院执行流程信息公开模块、中国执行信息公开网及中国裁判文书网公布的情况，包括公布时间、查询方式等；

（十八）有关法律或司法解释要求公布的其他执行流程信息。

第四条 具备条件的法院,询问当事人、执行听证和开展重大执行活动时应当进行录音录像。询问、听证和执行活动结束后,该录音录像应当向当事人及委托代理人公开。当事人及委托代理人申请查阅录音录像的,执行法院经核对身份信息后,及时提供查阅。

第五条 各级人民法院通过网上办案,自动生成执行案件电子卷宗。电子卷宗正卷应当向当事人及委托代理人公开。当事人及委托代理人申请查阅电子卷宗的,执行法院经核对身份信息后,及时提供查阅。

第六条 对于执行裁定书、决定书以外的程序性执行文书,各级法院通过执行流程信息公开模块,向当事人及诉讼代理人提供电子送达服务。当事人及委托代理人同意人民法院采用电子方式送达执行文书的,应当在立案时提交签名或者盖章的确认书。

第七条 各级人民法院通过互联网门户网站(政务网)向社会公众公开本院下列信息:

(一)法院地址、交通图示、联系方式、管辖范围、下辖法院、内设部门及其职能、投诉渠道等机构信息;

(二)审判委员会组成人员、审判执行人员的姓名、职务等人员信息;

(三)执行流程、执行裁判文书和执行信息的公开范围和查询方法等执行公开指南信息;

(四)执行立案条件、执行流程、申请执行书等执行文书样式、收费标准、执行费缓减免交的条件和程序、申请强制执行风险提示等执行指南信息;

(五)听证公告、悬赏公告、拍卖公告;

(六)评估、拍卖及其他社会中介入选机构名册等名册信息。

(七)司法解释、指导性案例、执行业务文件等。

三、公开的流程

第八条 除执行请示、执行协调案件外,各级人民法院受理的各类执行案件,应当及时向案件当事人及委托代理人预留的手机号码,自动推送短信,提示案件流程进展情况,提醒案件当事人及委托代理人及时接受电子送达的执行文书。

立案部门、执行机构在向案件当事人及其委托代理人送达案件受理通知书、执行通知书时,应当告知案件流程进展查询、接受电子送达执行文书的方法,并做好宣传、咨询服务等工作。

在执行过程中,追加或变更当事人、委托代理人的,由执行机构在送达相关法律文书时告知前述事项。

第九条 在执行案件办理过程中,案件当事人及委托代理人可凭有效证件号码或组织机构代码、手机号码以及执行法院提供的查询码、密码,通过执行流程信息公开模块、电话语音系统、电子公告屏和触摸屏、手机应用客户端、法院微博、法院微信公众号等多种载体,查询、下载有关执行流程信息、材料等。

第十条 执行流程信息公开模块应具备双向互动功能。案件当事人及委托代理人登录执行流程信息公开模块后,可向案件承办人留言。留言内容应于次日自动导入网上办案平台，案件承办人可通过网上办案平台对留言进行回复。

第十一条 同意采用电子方式送达执行文书的当事人及委托代理人，可以通过执行流程信息公开模块签收执行法院以电子方式送达的各类执行文书。

当事人及委托代理人下载或者查阅以电子方式送达的执行文书时，自动生成送达回证，记录受送达人下载文书的名称、下载时间、IP地址等。自动生成的送达回证归入电子卷宗。

执行机构书记员负责跟踪受送达人接受电子送达的情况，提醒、指导受送达人及时下载、查阅电子送达的执行文书。提醒短信发出后三日内受送达人未下载或者查阅电子送达的执行文书的，应当通过电子邮件、传真、邮寄等方式及时送达。

四、职责分工

第十二条 具备网上办案条件的法院，应当严格按照网上办案的相关要求，在网上办案系统中流转、审批执行案件，制作各类文书、笔录和报告，及时、准确、完整地扫描、录入案件材料和案件信息。

执行案件因特殊情形未能严格实行网上办案的，案件信息录入工作应当与实际操作同步完成。

因具有特殊情形不能及时录入信息的，应当详细说明原因，报执行机构负责人和分管院领导审批。

第十三条 各级人民法院网上办案系统生成的执行流程数据和执行过程中生成的其他流程信息，应当存储在网上办案系统数据库中，作为执行信息公开的基础数据，通过数据摆渡的方式同步到互联网上的执行信息公开模块，并及时、全面、准确将执行案件流程数据录入全国法院执行案件信息管理系统数据库。

执行法院网上办案系统形成的执行裁判文书，通过数据摆渡的方式导出至执行法院互联网门户网站（政务网）下设的裁判文书公开网，并提供与中国裁判文书网和中国执行信息公开网链接的端口。

第十四条 案件承办人认为具体案件不宜按照本意见第三条、第四条和第五条公开全部或部分流程信息及材料的，应当填写《执行流程信息不予公开审批表》，详细说明原因，经执行机构负责人审核后，呈报分管院领导审批。

第十五条 已在执行流程信息公开平台上发布的信息，因故需要变更的，案件承办人应当呈报执行机构领导审批后，及时更正网上办案平台中的相关信息，并通知当事人及网管人员，由网管人员及时更新执行流程信息公开平台上的相关信息。

第十六条 各级人民法院立案部门、执行机构是执行流程信息公开平台具体执行案件进度信息公开工作的责任部门，负责确保案件信息的准确性、完整性和录入、公开的及时性。

第十七条 各级人民法院司法行政装备管理部门应当为执行信息公开工作提供物质保障。

信息技术部门负责网站建设、运行维护、技术支持，督促技术部门每日定时将网上办案平台中的有关信息数据，包括领导已经签发的各类执行文书等，导出至执行流程信息公开平台,并通过执行流程信息公开平台将收集的有关信息,包括自动生成的送达回证等,导入网上办案平台,实现网上办案平台与执行流程信息公开平台的数据安全传输和对接。

第十八条 审判管理部门负责组织实施执行流程公开工作,监管执行流程信息公开平台,适时组织检查,汇总工作信息,向院领导报告工作情况,编发通报,进行督促、督办等。

发现案件信息不完整、滞后公开或存在错误的,审判管理部门应当督促相关部门补正,并协调、指导信息技术部门及时做好信息更新等工作。

第十九条 向公众公开信息的发布和更新,由各级法院确定具体负责部门。

五、责任与考评

第二十条 因过失导致公开的执行流程信息出现重大错漏,造成严重后果的,依据相关规定追究有关人员的责任。

第二十一条 执行流程信息公开工作纳入司法公开工作绩效考评范围,考评办法另行制定。

六、附　则

第二十二条 本意见自下发之日起执行。

最高人民法院
关于公证机关赋予强制执行效力的包含担保协议的公证债权文书能否强制执行的请示的答复

2014年9月18日　　　　　　　　　　　　　〔2014〕执他字第36号

山东省高级人民法院:

你院《关于公证机关赋予强制执行效力的包含担保协议的公证债权文书能否强制执行的请示》(〔2014〕鲁执复议字第47号)收悉。经研究,答复如下:

原则同意你院执行复议审查意见。人民法院对公证债权文书的执行监督应从债权人的债权是否真实存在并合法,当事人是否自愿接受强制执行等方面进行审查。《中华人民共和国民事诉讼法》第二百三十八条第二款规定,公证债权文书确有错误的,人民法院裁定不予执行,并将裁定书送达双方当事人和公证机关。现行法律、司法解释并未对公证债权文书所附担保协议的强制执行作出限制性规定,公证机构可以对附有担保协议债权文书的真实性与合法性予以证明,并赋予强制执行效力。

本案当事人泰安志高实业集团有限责任公司、淮南志高动漫文化科技发展有限责任公司、江东廷、岳洋、江焕溢等，在公证活动中，提交书面证明材料，认可本案所涉《股权收益权转让及回购合同》、《支付协议》、《股权质押合同》、《抵押合同》、《保证合同》等合同的约定，承诺在合同、协议不履行或不适当履行的情况下，放弃诉权，自愿直接接受人民法院强制执行。但当债权人申请强制执行后，本案担保人却主张原本由其申请的公证事项不合法，对公证机构出具执行证书提出抗辩，申请人民法院不予执行，作出前后相互矛盾的承诺与抗辩，有违诚实信用原则，不应予以支持。公证机构依法赋予强制执行效力的包含担保协议的公证债权文书，人民法院可以强制执行。

此复。

最高人民法院关于被执行人在执行程序中能否行使抵销权问题的答复

2014年10月9日　　　　　　　　　　　〔2014〕执他字第25号

山东省高级人民法院：

你院《关于在贸易中心与华港公司借贷纠纷执行一案中被执行人能否行使抵销权问题的请示报告》（〔2014〕鲁执三他字第1号）收悉。经研究，答复如下：

原则同意你院第二种意见。抵销权是《合同法》规定的当事人的实体权利，被执行人在执行程序中可以行使。执行法院应当依照《合同法》的相关规定，对于抵销权行使的条件是否具备等进行合法性审查。对于被执行人受让债权后主张抵销的，执行法院还应当审查被执行人受让债权的合法性，防止损害对方当事人、第三人的合法权益或者社会公共利益。当事人对于审查结果不服的，可以依照《民事诉讼法》第二百二十五条的规定进行救济。

对请示所涉案件而言，应结合具体案情，严格审查抵销权行使的条件，依法保护各方当事人的权利。

最高人民法院 国家工商总局
关于加强信息合作规范执行与协助执行的通知

2014年10月10日　　　　　　　　　　法〔2014〕251号

各省、自治区、直辖市高级人民法院，解放军军事法院，新疆维吾尔自治区高级人民法院生产建设兵团分院；各省、自治区、直辖市工商行政管理局：

按照中央改革工商登记制度的决策部署，根据全国人大常委会、国务院对注册资本登记制度改革涉及的法律、行政法规的修改决定，以及国务院印发的《注册资本登记制度改革方案》《企业信息公示暂行条例》，最高人民法院、国家工商行政管理总局就加强信息合作、规范人民法院执行与工商行政管理机关协助执行等事项通知如下：

一、进一步加强信息合作

1. 各级人民法院与工商行政管理机关通过网络专线、电子政务平台等媒介，将双方业务信息系统对接，建立网络执行查控系统，实现网络化执行与协助执行。

2. 人民法院与工商行政管理机关要积极创造条件，逐步实现人民法院通过企业信用信息公示系统自行公示相关信息。

3. 已建立网络执行查控系统的地区，可以通过该系统办理协助事项。

有关网络执行查控系统要求、电子文书要求、法律效力等规定，按照《最高人民法院关于网络查询、冻结被执行人存款的规定》（法释〔2013〕20号）执行。通过网络冻结、强制转让股权、其他投资权益（原按照法释〔2013〕20号第九、十条等规定执行）的程序，按照本通知要求执行，但协助请求、结果反馈的方式由现场转变为通过网络操作。

4. 未建成网络执行查控系统的地区，工商行政管理机关有条件的，可以设立专门的司法协助窗口或者指定专门的机构或者人员办理协助执行事务。

5. 各级人民法院与工商行政管理机关通过网络专线、电子政务平台等媒介，建立被执行人、失信被执行人名单、刑事犯罪人员等信息交换机制。工商行政管理机关将其作为加强市场信用监管的信息来源。

二、进一步规范人民法院执行与工商行政管理机关协助执行

6. 人民法院办理案件需要工商行政管理机关协助执行的，工商行政管理机关应当按照人民法院的生效法律文书和协助执行通知书办理协助执行事项。

人民法院要求协助执行的事项，应当属于工商行政管理机关的法定职权范围。

7. 工商行政管理机关协助人民法院办理以下事项：

（1）查询有关主体的设立、变更、注销登记，对外投资，以及受处罚等情况及原始资料（企业信用信息公示系统已经公示的信息除外）；

（2）对冻结、解除冻结被执行人股权、其他投资权益进行公示；

（3）因人民法院强制转让被执行人股权，办理有限责任公司股东变更登记；

（4）法律、行政法规规定的其他事项。

8. 工商行政管理机关在企业信用信息公示系统中设置"司法协助"栏目，公开登载人民法院要求协助执行的事项。

人民法院要求工商行政管理机关协助公示时，应当制作协助公示执行信息需求书，随协助执行通知书等法律文书一并送达工商行政管理机关。工商行政管理机关按照协助公示执行信息需求书，发布公示信息。

公示信息应当记载执行法院，执行裁定书及执行通知书文号，被执行人姓名（名称），被冻结或转让的股权、其他投资权益所在市场主体的姓名（名称），股权、其他投资权益数额，受让人，协助执行的时间等内容。

9. 人民法院对股权、其他投资权益进行冻结或者实体处分前，应当查询权属。

人民法院应先通过企业信用信息公示系统查询有关信息。需要进一步获取有关信息的，可以要求工商行政管理机关予以协助。

执行人员到工商行政管理机关查询时，应当出示工作证或者执行公务证，并出具协助查询通知书。协助查询通知书应当载明被查询主体的姓名（名称）、查询内容，并记载执行依据、人民法院经办人员的姓名和电话等内容。

10. 人民法院对从工商行政管理机关业务系统、企业信用信息公示系统以及公司章程中查明属于被执行人名下的股权、其他投资权益，可以冻结。

11. 人民法院冻结股权、其他投资权益时，应当向被执行人及其股权、其他投资权益所在市场主体送达冻结裁定，并要求工商行政管理机关协助公示。

人民法院要求协助公示冻结股权、其他投资权益时，执行人员应当出示工作证或者执行公务证，向被冻结股权、其他投资权益所在市场主体登记的工商行政管理机关送达执行裁定书、协助公示通知书和协助公示执行信息需求书。

协助公示通知书应当载明被执行人姓名（名称），执行依据，被冻结的股权、其他投资权益所在市场主体的姓名（名称），股权、其他投资权益数额，冻结期限，人民法院经办人员的姓名和电话等内容。

工商行政管理机关应当在收到通知后三个工作日内通过企业信用信息公示系统公示。

12. 股权、其他投资权益被冻结的，未经人民法院许可，不得转让，不得设定质押或者其他权利负担。

有限责任公司股东的股权被冻结期间，工商行政管理机关不予办理该股东的变更登记、该股东向公司其他股东转让股权被冻结部分的公司章程备案，以及被冻结部分股权的出质登记。

13. 工商行政管理机关在多家法院要求冻结同一股权、其他投资权益的情况下，应当将所有冻结要求全部公示。

首先送达协助公示通知书的执行法院的冻结为生效冻结。送达在后的冻结为轮候冻结。有效的冻结解除的，轮候的冻结中，送达在先的自动生效。

14. 冻结股权、其他投资权益的期限不得超过两年。申请人申请续行冻结的，人民法院应当在本次冻结期限届满三日前按照本通知第11条办理。续冻期限不得超过一年。续行冻结没有次数限制。

有效的冻结期满，人民法院未办理续行冻结的，冻结的效力消灭。按照前款办理了续行冻结的，冻结效力延续，优先于轮候冻结。

15. 人民法院对被执行人股权、其他投资权益等解除冻结的，应当通知当事人，同时通知工商行政管理机关公示。

人民法院通知和工商行政管理机关公示的程序，按照本通知第11条办理。

16. 人民法院强制转让被执行人的股权、其他投资权益，完成变价等程序后，应当向受让人、被执行人或者其股权、其他投资权益所在市场主体送达转让裁定，要求工商行政管理机关协助公示并办理有限责任公司股东变更登记。

人民法院要求办理有限责任公司股东变更登记的，执行人员应当出示工作证或者执行公务证，送达生效法律文书副本或者执行裁定书、协助执行通知书、协助公示执行信息需求书、合法受让人的身份或资格证明，到被执行人股权所在有限责任公司登记的工商行政管理机关办理。

法律、行政法规对股东资格、持股比例等有特殊规定的，人民法院要求工商行政管理机关办理有限责任公司股东变更登记前，应当进行审查，并确认该公司股东变更符合公司法第二十四条、第五十八条的规定。

工商行政管理机关收到人民法院上述文书后，应当在三个工作日内直接在业务系统中办理，不需要该有限责任公司另行申请，并及时公示股东变更登记信息。公示后，该股东权利以公示信息确定。

17. 人民法院可以对有关材料查询、摘抄、复制，但不得带走原件。

工商行政管理机关对人民法院复制的书面材料应当核对并加盖印章。人民法院要求提供电子版，工商行政管理机关有条件的，应当提供。

对于工商行政管理机关无法协助的事项，人民法院要求出具书面说明的，工商行政管理机关应当出具。

18. 工商行政管理机关对按人民法院要求协助执行产生的后果，不承担责任。

当事人、案外人对工商行政管理机关协助执行的行为不服，提出异议或者行政复议的，工商行政管理机关不予受理；向人民法院起诉的，人民法院不予受理。

当事人、案外人认为人民法院协助执行要求存在错误的，应当按照民事诉讼法第二百二十五条之规定，向人民法院提出执行异议，人民法院应当受理。

当事人认为工商行政管理机关在协助执行时扩大了范围或者违法采取措施造成其损害，提起行政诉讼的，人民法院应当受理。

19. 人民法院冻结股权、其他投资权益的通知在2014年2月28日之前送达工商行政管理机关、冻结到期日在2014年3月1日以后的，工商行政管理机关应当在2014年11月30日前将冻结信息公示。公示后续行冻结的，按照本通知第11条办理。

冻结到期日在 2014 年 3 月 1 日以后、2014 年 11 月 30 日前，人民法院送达了续行冻结通知书的，续行冻结有效。工商行政管理机关还应当在 2014 年 11 月 30 日前公示续行冻结信息。

人民法院对股权、其他投资权益的冻结未设定期限的，工商行政管理机关应当在 2014 年 11 月 30 日前将冻结信息公示。从公示之日起满两年，人民法院未续行冻结的，冻结的效力消灭。

各高级人民法院与各省级工商行政管理局可以根据本通知，结合本地实际，制定贯彻实施办法。对执行本通知的情况和工作中遇到的问题，要及时报告最高人民法院、国家工商行政管理总局。

最高人民法院 中国银行业监督管理委员会关于人民法院与银行业金融机构开展网络执行查控和联合信用惩戒工作的意见

2014 年 10 月 24 日　　　　　　　　　　　法〔2014〕266 号

各省、自治区、直辖市高级人民法院，解放军军事法院，新疆维吾尔自治区高级人民法院生产建设兵团分院；各银监局；各政策性银行、国有商业银行、股份制商业银行、邮储银行、各省级农村信用联社：

为维护司法权威，防范金融风险，保障当事人合法权益，推动社会信用体系建设，根据《中华人民共和国民事诉讼法》《中华人民共和国商业银行法》及《关于建立和完善执行联动机制若干问题的意见》等规定，结合工作实际，最高人民法院和中国银行业监督管理委员会就人民法院和银行业金融机构开展网络执行查控和联合信用惩戒工作，提出如下意见：

一、最高人民法院、中国银行业监督管理委员会鼓励和支持各级人民法院与银行业金融机构通过网络信息化方式，开展执行与协助执行、联合对失信被执行人进行信用惩戒等工作。

二、最高人民法院、中国银行业监督管理委员会鼓励和支持银行业金融机构与人民法院建立网络执行查控机制，通过网络查询被执行人存款和其他金融资产信息，办理其他协助事项。

银行业金融机构应当推进电子信息化建设，协助人民法院建立网络执行查控机制。

三、中国银行业监督管理委员会督促指导各银行业金融机构确定专门机构和人员负责网络执行查控工作，及时准确反馈办理结果；鼓励和支持开发批量自动查控功能，实现查询数据的准确和高效。

四、中国银行业监督管理委员会鼓励和支持人民法院与银行业金融机构在完备法律手续、保证资金安全的情况下,逐步通过网络实施查询、冻结、扣划等执行措施。

银行业金融机构尚未与人民法院建立网络执行查控机制,或者协助事项不能通过网络办理的,应当根据法律、司法解释和有关规定,协助人民法院现场办理。

五、中国银行业监督管理委员会鼓励和支持银行业金融机构与人民法院以全国法院执行案件信息系统为基础,建立全国网络执行查控机制。

全国网络执行查控机制建设主要采取两种模式。一是"总对总"联网,即最高人民法院通过中国银行业监督管理委员会金融专网通道与各银行业金融机构总行网络对接。各级人民法院通过最高人民法院网络执行查控系统实施查控。二是"点对点"联网,即高级人民法院通过当地银监局金融专网通道与各银行业金融机构省级分行网络对接。本地人民法院通过高级人民法院执行查控系统实施本地查控,外地法院通过最高人民法院网络中转接入当地高级人民法院执行查控系统实施查控。

各级人民法院与银行业金融机构及其分支机构已协议通过专线或其他网络建立网络查控机制的,可继续按原有模式建设和运行。本意见下发后,采用第二款以外模式建设的,应当经最高人民法院和中国银行业监督管理委员会同意。

六、人民法院与银行业金融机构建立了网络执行查控机制的,通过网络执行查控系统对被执行人存款或其他金融资产采取查控措施,按照《最高人民法院关于网络查询、冻结被执行人存款的规定》(法释〔2013〕20号)执行。

七、各级法院应当加强管理,确保依照法律、法规、司法解释以及金融监管规定,查询和使用被执行人银行账户等信息,确保有关人员严格遵守保密规定。

八、最高人民法院、中国银行业监督管理委员会鼓励和支持银行业金融机构与人民法院建立联合信用惩戒机制。银行业金融机构与人民法院通过网络传输等方式,共享失信被执行人名单及其他执行案件信息;银行业金融机构依照法律、法规规定,在融资信贷等金融服务领域,对失信被执行人等采取限制贷款、限制办理信用卡等措施。

九、上级法院和银行业监管机构应当加强对网络执行查控机制和联合信用惩戒机制建设的监督指导,协调处理两个机制建设和运行中产生的分歧和争议。

建立了合作关系的人民法院、银行业金融机构应当安排专人协调处理两个机制运行中发生的争议。协调无果的,可通过上级法院、银行业监管机构协调解决。

建立了合作关系的人民法院、银行业金融机构应当制定应急预案,配备专门的技术人员处理两个机制运行中的突发事件,保障系统安全。

十、银行业金融机构依法协助人民法院办理网络执行查控措施,当事人或者利害关系人有异议的,银行业金融机构应当告知其根据民事诉讼法第二百二十五条之规定向执行法院提出,但银行业金融机构未按照协助执行通知书办理的除外。

十一、人民法院与银行业金融机构关于协助执行的有关规范性文件与本意见不一致的,以本意见为准。

最高人民法院关于"岩矿归原告经营"的判决能否执行及如何执行的请示的答复

2014年10月28日　　　　　　　　　　〔2014〕执他字第35号

河北省高级人民法院：

你院《关于刘振树与隆化县郭家屯镇人民政府、姜凤春承包合同纠纷执行一案的请示报告》收悉。经研究，答复如下：

一、关于执行依据中具体执行内容的判断。具体执行内容应主要根据执行依据主文进行判断。必要时，应结合执行依据的其他部分，比如判决书的说理、当事人诉讼请求等内容综合判断。

本案判决的具体内容为"交付岩矿经营权"，该判决能够强制执行。理由如下：第一，本案执行依据的终审判决主文表述为："……岩矿自××年××月××日起归原告经营"，体现了在规定时间交付经营权的意思；第二，上述终审判决在"本院认为"部分也体现了协议期限届满后，涉案岩矿的经营应恢复到协议前由原告经营状态的意思；第三，当事人的诉讼请求也是要求交还岩矿（包括手续变更）。

二、关于"岩矿经营权"与采矿权证办理的关系。采矿权是一种经行政许可的权利，对于采矿权的执行涉及司法权与行政权的界限。作为本案执行依据的终审判决谨慎地处理了"岩矿经营权"与采矿权证的关系。该判决在"本院认为"部分一方面认定原告享有"岩矿经营权"，同时认为采矿权资格的审查、采矿权属的变更都属于行政机关的职权范围。基于这一判断，判决书在主文中确认了岩矿在规定时间归原告经营，同时撤销了一审主文关于"被告协助原告办理过户手续"的内容。忠实遵照执行依据进行执行，是执行程序的基本原则。由于作为本案执行依据的终审判决已经明确区分了"岩矿的经营权"与"采矿权证的许可"，并将判决的内容限定在前者的范围内，所以执行程序应当严格依判决内容执行。

三、关于"交付岩矿经营权"的具体执行。由于占有是经营的基础，所以在执行程序中应当移交涉案岩矿的占有；由于执行依据区分了"岩矿经营权"与采矿权证的办理，所以执行程序中不能要求行政机关办理采矿权过户手续。如果岩矿经营的权利人因采矿权的许可发生了争议，应当通过其他途径进行救济。

请你院根据上述意见，结合案件具体情况，依法妥善处理相关案件。

最高人民法院执行局
关于山东省高级人民法院《关于人民法院在执行程序中应否协助税务机关征收税款问题的请示报告》的答复

2014年12月8日　　　　　　　　　　〔2014〕执他字第28号

山东省高级人民法院：

你院《关于人民法院在执行程序中应否协助税务机关征收税款问题的请示报告》收悉，经研究，现答复如下：

根据《中华人民共和国税收征收管理办法》有关规定，人民法院应当支持、协助税务机关依法执行职务。

最高人民法院　中国证券监督管理委员会
关于加强信用信息共享及司法协助机制建设的通知

2014年12月9日　　　　　　　　　　法〔2014〕312号

各省、自治区、直辖市高级人民法院，解放军军事法院，新疆维吾尔自治区高级人民法院生产建设兵团分院；中国证券监督管理委员会各派出机构，各交易所，各下属单位，各协会，会内各部门：

为推动社会信用体系建设，最高人民法院、中国证券监督管理委员会决定加强执行联动机制建设，开展信用信息共享合作。现就有关事项通知如下：

一、最高人民法院与中国证券监督管理委员会加强信用信息共享机制建设，通过网络专线，实现全国法院执行案件信息管理系统与资本市场诚信数据库之间的信用信息共享。

二、通过网络专线，中国证券监督管理委员会可查询被执行人信息和失信被执行人名单信息，人民法院可查询中国证券监督管理委员会作出的行政处罚、市场禁入决定类诚信信息。

被执行人信息包括：被执行人的姓名或者名称、身份证号码或者组织机构代码、执行案号、立案时间、执行法院、执行标的、执行状态等；失信被执行人名单信息包括：被执行人的姓名或者名称、身份证号码或者组织机构代码、年龄和性别（自然人）、法定代表人或者负责人姓名（法人或者其他组织）、生效法律文书确定的义务、被执行人的履行情况、被执行人失信行为的具体情形、执行依据的制作单位和文号、执行案号、立案时间、执行法院等。

三、中国证券监督管理委员会系统各单位、各部门在证券期货监管工作中，可以根据查询的被执行人信息，依法对拒不履行生效法律文书确定义务的有关机构、个人，在行政许可等环节予以限制或者约束。

四、中国证券监督管理委员会协调中国证券登记结算有限责任公司为北京市、上海市、广东省、福建省、浙江省的试点人民法院提供对被执行人证券账户的网络查控协助。最高人民法院与中国证券监督管理委员会建立"总对总"网络查控专线。网络查控专线与中国证券登记结算有限责任公司直接相通。各试点人民法院借助网络查控专线通过中国证券登记结算有限责任公司直接依法实施查控措施。网络查控用于对执行案件中被执行人证券账户的查询、冻结，不得对被执行人以外的非执行义务主体采取网络查询、冻结。

试点人民法院通过网络查控专线查询、冻结证券，应当确保信息技术安全，并处理好与相关制度规范之间的协调。试点人民法院通过网络查控专线冻结证券，与人民检察院、公安机关及其他人民法院等法定有权机关的书面冻结指令具有同等法律效力，适用《最高人民法院最高人民检察院公安部中国证监会关于查询、冻结、扣划证券和证券交易结算资金有关问题的通知》（法发〔2008〕4号）冻结的有关规定。产生争议的，由最高人民法院负责协调解决。

经过一段时间的试点后，双方及时总结经验，扩大试点成果的应用。

最高人民法院印发《关于执行案件立案、结案若干问题的意见》的通知

2014年12月17日　　　　　　　　　　　法发〔2014〕26号

各省、自治区、直辖市高级人民法院，解放军军事法院，新疆维吾尔自治区高级人民法院生产建设兵团分院：

为统一执行案件立案、结案标准，规范执行行为，最高人民法院制定了《关于执行案件立案、结案若干问题的意见》，现予以印发。请遵照执行，并通过建立、健全辖区三级法院统一使用、切合实际、功能完备、科学有效的案件管理系统，加强对执行案件立、结案工作的管理。该意见自2015年1月1日起施行，执行局要及时与立案庭进行沟通，做好新、旧年度执行案件立案、结案的衔接工作，确保该意见规定的立、结案标准得到全面实施。

附：

关于执行案件立案、结案若干问题的意见

为统一执行案件立案、结案标准，规范执行行为，根据《中华人民共和国民事诉讼法》等法律、司法解释的规定，结合人民法院执行工作实际，制定本意见。

第一条 本意见所称执行案件包括执行实施类案件和执行审查类案件。

执行实施类案件是指人民法院因申请执行人申请、审判机构移送、受托、提级、指定和依职权，对已发生法律效力且具有可强制执行内容的法律文书所确定的事项予以执行的案件。

执行审查类案件是指在执行过程中，人民法院审查和处理执行异议、复议、申诉、请示、协调以及决定执行管辖权的移转等事项的案件。

第二条 执行案件统一由人民法院立案机构进行审查立案，人民法庭经授权执行自审案件的，可以自行审查立案，法律、司法解释规定可以移送执行的，相关审判机构可以移送立案机构办理立案登记手续。

立案机构立案后，应当依照法律、司法解释的规定向申请人发出执行案件受理通知书。

第三条 人民法院对符合法律、司法解释规定的立案标准的执行案件，应当予以立案，并纳入审判和执行案件统一管理体系。

人民法院不得有审判和执行案件统一管理体系之外的执行案件。

任何案件不得以任何理由未经立案即进入执行程序。

第四条 立案机构在审查立案时，应当按照本意见确定执行案件的类型代字和案件编号，不得违反本意见创设案件类型代字。

第五条 执行实施类案件类型代字为"执字"，按照立案时间的先后顺序确定案件编号，单独进行排序；但执行财产保全裁定的，案件类型代字为"执保字"，按照立案时间的先后顺序确定案件编号，单独进行排序；恢复执行的，案件类型代字为"执恢字"，按照立案时间的先后顺序确定案件编号，单独进行排序。

第六条 下列案件，人民法院应当按照恢复执行案件予以立案：

（一）申请执行人因受欺诈、胁迫与被执行人达成和解协议，申请恢复执行原生效法律文书的；

（二）一方当事人不履行或不完全履行执行和解协议，对方当事人申请恢复执行原生效法律文书的；

（三）执行实施案件以裁定终结本次执行程序方式报结后，如发现被执行人有财产可供执行，申请执行人申请或者人民法院依职权恢复执行的；

（四）执行实施案件因委托执行结案后，确因委托不当被已立案的受托法院退回委托的；

（五）依照民事诉讼法第二百五十七条的规定而终结执行的案件，申请执行的条件具备时，申请执行人申请恢复执行的。

第七条　除下列情形外，人民法院不得人为拆分执行实施案件：

（一）生效法律文书确定的给付内容为分期履行的，各期债务履行期间届满，被执行人未自动履行，申请执行人可分期申请执行，也可以对几期或全部到期债权一并申请执行；

（二）生效法律文书确定有多个债务人各自单独承担明确的债务的，申请执行人可以对每个债务人分别申请执行，也可以对几个或全部债务人一并申请执行；

（三）生效法律文书确定有多个债权人各自享有明确的债权的（包括按份共有），每个债权人可以分别申请执行；

（四）申请执行赡养费、扶养费、抚养费的案件，涉及金钱给付内容的，人民法院应当根据申请执行时已发生的债权数额进行审查立案，执行过程中新发生的债权应当另行申请执行；涉及人身权内容的，人民法院应当根据申请执行时义务人未履行义务的事实进行审查立案，执行过程中义务人延续消极行为的，应当依据申请执行人的申请一并执行。

第八条　执行审查类案件按下列规则确定类型代字和案件编号：

（一）执行异议案件类型代字为"执异字"，按照立案时间的先后顺序确定案件编号，单独进行排序；

（二）执行复议案件类型代字为"执复字"，按照立案时间的先后顺序确定案件编号，单独进行排序；

（三）执行监督案件类型代字为"执监字"，按照立案时间的先后顺序确定案件编号，单独进行排序；

（四）执行请示案件类型代字为"执请字"，按照立案时间的先后顺序确定案件编号，单独进行排序；

（五）执行协调案件类型代字为"执协字"，按照立案时间的先后顺序确定案件编号，单独进行排序。

第九条　下列案件，人民法院应当按照执行异议案件予以立案：

（一）当事人、利害关系人认为人民法院的执行行为违反法律规定，提出书面异议的；

（二）执行过程中，案外人对执行标的提出书面异议的；

（三）人民法院受理执行申请后，当事人对管辖权提出异议的；

（四）申请执行人申请追加、变更被执行人的；

（五）被执行人以债权消灭、超过申请执行期间或者其他阻止执行的实体事由提出阻止执行的；

（六）被执行人对仲裁裁决或者公证机关赋予强制执行效力的公证债权文书申请不予执行的；

（七）其他依法可以申请执行异议的。

第十条　下列案件，人民法院应当按照执行复议案件予以立案：

（一）当事人、利害关系人不服人民法院针对本意见第九条第（一）项、第（三）项、第（五）项作出的裁定，向上一级人民法院申请复议的；

（二）除因夫妻共同债务、出资人未依法出资、股权转让引起的追加和对一人公司股东的追加外，当事人、利害关系人不服人民法院针对本意见第九条第（四）项作出的裁定，向上一级人民法院申请复议的；

（三）当事人不服人民法院针对本意见第九条第（六）项作出的不予执行公证债权文书、驳回不予执行公证债权文书申请、不予执行仲裁裁决、驳回不予执行仲裁裁决申请的裁定，向上一级人民法院申请复议的；

（四）其他依法可以申请复议的。

第十一条 上级人民法院对下级人民法院，最高人民法院对地方各级人民法院依法进行监督的案件，应当按照执行监督案件予以立案。

第十二条 下列案件，人民法院应当按照执行请示案件予以立案：

（一）当事人向人民法院申请执行内地仲裁机构作出的涉港澳仲裁裁决或者香港特别行政区、澳门特别行政区仲裁机构作出的仲裁裁决或者临时仲裁庭在香港特别行政区、澳门特别行政区作出的仲裁裁决，人民法院经审查认为裁决存在依法不予执行的情形，在作出裁定前，报请所属高级人民法院进行审查的，以及高级人民法院同意不予执行，报请最高人民法院的；

（二）下级人民法院依法向上级人民法院请示的。

第十三条 下列案件，人民法院应当按照执行协调案件予以立案：

（一）不同法院因执行程序、执行与破产、强制清算、审判等程序之间对执行标的产生争议，经自行协调无法达成一致意见，向共同上级人民法院报请协调处理的；

（二）对跨高级人民法院辖区的法院与公安、检察等机关之间的执行争议案件，执行法院报请所属高级人民法院与有关公安、检察等机关所在地的高级人民法院商有关机关协调解决或者报请最高人民法院协调处理的；

（三）当事人对内地仲裁机构作出的涉港澳仲裁裁决分别向不同人民法院申请撤销及执行，受理执行申请的人民法院对受理撤销申请的人民法院作出的决定撤销或者不予撤销的裁定存在异议，亦不能直接作出与该裁定相矛盾的执行或者不予执行的裁定，报请共同上级人民法院解决的；

（四）当事人对内地仲裁机构作出的涉港澳仲裁裁决向人民法院申请执行且人民法院已经作出应予执行的裁定后，一方当事人向人民法院申请撤销该裁决，受理撤销申请的人民法院认为裁决应予撤销且该人民法院与受理执行申请的人民法院非同一人民法院时，报请共同上级人民法院解决的；

（五）跨省、自治区、直辖市的执行争议案件报请最高人民法院协调处理的；

（六）其他依法报请协调的。

第十四条 除执行财产保全裁定、恢复执行的案件外，其他执行实施类案件的结案方式包括：

（一）执行完毕；

（二）终结本次执行程序；

（三）终结执行；

（四）销案；

（五）不予执行；

（六）驳回申请。

第十五条 生效法律文书确定的执行内容，经被执行人自动履行、人民法院强制执行，已全部执行完毕，或者是当事人达成执行和解协议，且执行和解协议履行完毕，可以以"执行完毕"方式结案。

执行完毕应当制作结案通知书并发送当事人。双方当事人书面认可执行完毕或口头认可执行完毕并记入笔录的，无需制作结案通知书。

执行和解协议应当附卷，没有签订书面执行和解协议的，应当将口头和解协议的内容作成笔录，经当事人签字后附卷。

第十六条 有下列情形之一的，可以以"终结本次执行程序"方式结案：

（一）被执行人确无财产可供执行，申请执行人书面同意人民法院终结本次执行程序的；

（二）因被执行人无财产而中止执行满两年，经查证被执行人确无财产可供执行的；

（三）申请执行人明确表示提供不出被执行人的财产或财产线索，并在人民法院穷尽财产调查措施之后，对人民法院认定被执行人无财产可供执行书面表示认可的；

（四）被执行人的财产无法拍卖变卖，或者动产经两次拍卖、不动产或其他财产权经三次拍卖仍然流拍，申请执行人拒绝接受或者依法不能交付其抵债，经人民法院穷尽财产调查措施，被执行人确无其他财产可供执行的；

（五）经人民法院穷尽财产调查措施，被执行人确无财产可供执行或虽有财产但不宜强制执行，当事人达成分期履行和解协议，且未履行完毕的；

（六）被执行人确无财产可供执行，申请执行人属于特困群体，执行法院已经给予其适当救助的。

人民法院应当依法组成合议庭，就案件是否终结本次执行程序进行合议。

终结本次执行程序应当制作裁定书，送达申请执行人。裁定应当载明案件的执行情况、申请执行人债权已受偿和未受偿的情况、终结本次执行程序的理由，以及发现被执行人有可供执行财产，可以申请恢复执行等内容。

依据本条第一款第（二）（四）（五）（六）项规定的情形裁定终结本次执行程序前，应当告知申请执行人可以在指定的期限内提出异议。申请执行人提出异议的，应当另行组成合议庭组织当事人就被执行人是否有财产可供执行进行听证；申请执行人提供被执行人财产线索的，人民法院应当就其提供的线索重新调查核实，发现被执行人有财产可供执行的，应当继续执行；经听证认定被执行人确无财产可供执行，申请执行人亦不能提供被执行人有可供执行财产的，可以裁定终结本次执行程序。

本条第一款第（三）（四）（五）项中规定的"人民法院穷尽财产调查措施"，是指至少完成下列调查事项：

（一）被执行人是法人或其他组织的，应当向银行业金融机构查询银行存款，向有关房地产管理部门查询房地产登记，向法人登记机关查询股权，向有关车管部门查询车辆等情况；

（二）被执行人是自然人的，应当向被执行人所在单位及居住地周边群众调查了解被执行人的财产状况或财产线索，包括被执行人的经济收入来源、被执行人到期债权等。如果根据财产线索判断被执行人有较高收入，应当按照对法人或其他组织的调查途径进行调查；

（三）通过最高人民法院的全国法院网络执行查控系统和执行法院所属高级人民法院的"点对点"网络执行查控系统能够完成的调查事项；

（四）法律、司法解释规定必须完成的调查事项。

人民法院裁定终结本次执行程序后，发现被执行人有财产的，可以依申请执行人的申请或依职权恢复执行。申请执行人申请恢复执行的，不受申请执行期限的限制。

第十七条　有下列情形之一的，可以以"终结执行"方式结案：

（一）申请人撤销申请或者是当事人双方达成执行和解协议，申请执行人撤回执行申请的；

（二）据以执行的法律文书被撤销的；

（三）作为被执行人的公民死亡，无遗产可供执行，又无义务承担人的；

（四）追索赡养费、扶养费、抚育费案件的权利人死亡的；

（五）作为被执行人的公民因生活困难无力偿还借款，无收入来源，又丧失劳动能力的；

（六）作为被执行人的企业法人或其他组织被撤销、注销、吊销营业执照或者歇业、终止后既无财产可供执行，又无义务承受人，也没有能够依法追加变更执行主体的；

（七）依照刑法第五十三条规定免除罚金的；

（八）被执行人被人民法院裁定宣告破产的；

（九）行政执行标的灭失的；

（十）案件被上级人民法院裁定提级执行的；

（十一）案件被上级人民法院裁定指定由其他法院执行的；

（十二）按照最高人民法院《关于委托执行若干问题的规定》，办理了委托执行手续，且收到受托法院立案通知书的；

（十三）人民法院认为应当终结执行的其他情形。

前款除第（十）项、第（十一）项、第（十二）项规定的情形外，终结执行的，应当制作裁定书，送达当事人。

第十八条　执行实施案件立案后，有下列情形之一的，可以以"销案"方式结案：

（一）被执行人提出管辖异议，经审查异议成立，将案件移送有管辖权的法院或申请执行人撤回申请的；

（二）发现其他有管辖权的人民法院已经立案在先的；

（三）受托法院报经高级人民法院同意退回委托的。

第十九条　执行实施案件立案后，被执行人对仲裁裁决或公证债权文书提出不予执行申请，经人民法院审查，裁定不予执行的，以"不予执行"方式结案。

第二十条　执行实施案件立案后，经审查发现不符合最高人民法院《关于人民法院执行工作若干问题的规定（试行）》第18条规定的受理条件，裁定驳回申请的，以"驳回申请"方式结案。

第二十一条 执行财产保全裁定案件的结案方式包括：

（一）保全完毕，即保全事项全部实施完毕；

（二）部分保全，即因未查询到足额财产，致使保全事项未能全部实施完毕；

（三）无标的物可实施保全，即未查到财产可供保全。

第二十二条 恢复执行案件的结案方式包括：

（一）执行完毕；

（二）终结本次执行程序；

（三）终结执行。

第二十三条 下列案件不得作结案处理：

（一）人民法院裁定中止执行的；

（二）人民法院决定暂缓执行的；

（三）执行和解协议未全部履行完毕，且不符合本意见第十六条、第十七条规定终结本次执行程序、终结执行条件的。

第二十四条 执行异议案件的结案方式包括：

（一）准予撤回异议或申请，即异议人撤回异议或申请的；

（二）驳回异议或申请，即异议不成立或者案外人虽然对执行标的享有实体权利但不能阻止执行的；

（三）撤销相关执行行为、中止对执行标的的执行、不予执行、追加变更当事人，即异议成立的；

（四）部分撤销并变更执行行为、部分不予执行、部分追加变更当事人，即异议部分成立的；

（五）不能撤销、变更执行行为，即异议成立或部分成立，但不能撤销、变更执行行为的；

（六）移送其他人民法院管辖，即管辖权异议成立的。

执行异议案件应当制作裁定书，并送达当事人。法律、司法解释规定对执行异议案件可以口头裁定的，应当记入笔录。

第二十五条 执行复议案件的结案方式包括：

（一）准许撤回申请，即申请复议人撤回复议申请的；

（二）驳回复议申请，维持异议裁定，即异议裁定认定事实清楚，适用法律正确，复议理由不成立的；

（三）撤销或变更异议裁定，即异议裁定认定事实错误或者适用法律错误，复议理由成立的；

（四）查清事实后作出裁定，即异议裁定认定事实不清，证据不足的；

（五）撤销异议裁定，发回重新审查，即异议裁定遗漏异议请求或者异议裁定错误对案外人异议适用执行行为异议审查程序的。

人民法院对重新审查的案件作出裁定后，当事人申请复议的，上级人民法院不得再次发回重新审查。

执行复议案件应当制作裁定书，并送达当事人。法律、司法解释规定对执行复议案件可以口头裁定的，应当记入笔录。

第二十六条 执行监督案件的结案方式包括：

（一）准许撤回申请，即当事人撤回监督申请的；

（二）驳回申请，即监督申请不成立的；

（三）限期改正，即监督申请成立，指定执行法院在一定期限内改正的；

（四）撤销并改正，即监督申请成立，撤销执行法院的裁定直接改正的；

（五）提级执行，即监督申请成立，上级人民法院决定提级自行执行的；

（六）指定执行，即监督申请成立，上级人民法院决定指定其他法院执行的；

（七）其他，即其他可以报结的情形。

第二十七条 执行请示案件的结案方式包括：

（一）答复，即符合请示条件的；

（二）销案，即不符合请示条件的。

第二十八条 执行协调案件的结案方式包括：

（一）撤回协调请求，即执行争议法院自行协商一致，撤回协调请求的；

（二）协调解决，即经过协调，执行争议法院达成一致协调意见，将协调意见记入笔录或者向执行争议法院发出协调意见函的。

第二十九条 执行案件的立案、执行和结案情况应当及时、完整、真实、准确地录入全国法院执行案件信息管理系统。

第三十条 地方各级人民法院不能制定与法律、司法解释和本意见规定相抵触的执行案件立案、结案标准和结案方式。

违反法律、司法解释和本意见的规定立案、结案，或者在全国法院执行案件信息管理系统录入立案、结案情况时弄虚作假的，通报批评；造成严重后果或恶劣影响的，根据《人民法院工作人员纪律处分条例》追究相关领导和工作人员的责任。

第三十一条 各高级人民法院应当积极推进执行信息化建设，通过建立、健全辖区三级法院统一使用、切合实际、功能完备、科学有效的案件管理系统，加强对执行案件立、结案的管理。实现立、审、执案件信息三位一体的综合管理；实现对终结本次执行程序案件的单独管理；实现对恢复执行案件的动态管理；实现辖区的案件管理系统与全国法院执行案件信息管理系统的数据对接。

第三十二条 本意见自 2015 年 1 月 1 日起施行。

最高人民法院
关于山东省高级人民法院《关于人民法院在执行程序中能否对被执行人是否歇业进行认定问题的请示》的答复

2014年12月17日　　　　　　　　　　　　　　〔2014〕执他字第40号

山东省高级人民法院：

你院《关于人民法院在执行程序中能否对被执行人是否歇业进行认定问题的请示》收悉。经研究，答复如下：

《最高人民法院关于人民法院执行工作若干问题的规定（试行）》第96条规定，"被执行人为企业法人，未经清理或清算而撤销、注销或歇业，其财产不足清偿全部债务的，应当参照本规定90条至95条的规定，对各债权人的债权按比例清偿。"依照该条规定，在作为被执行人的企业法人有多个金钱债权人的情形下，该企业法人是否处于歇业状态，直接决定着对各债权人的债权是否按比例清偿，是债权清偿前必须解决的问题，人民法院有权在执行程序中审查认定。

人民法院在执行程序中审查认为被执行人是否处于歇业状态，应当结合被执行企业的工商登记及实际经营活动情况等证据材料进行综合判断。依据《企业法人登记管理条例》第二十二条的规定，企业法人领取《企业法人营业执照》后，满6个月尚未开展经营活动或者停止经营活动满1年的，视同歇业。因此，司法实践中可以将企业的经营活动情况作为判断该企业是否歇业的重要证据。经调查，如果查明企业尚未开展经营活动或停止经营活动达到上述期限的，即可认定为歇业。

此复。

最高人民法院 中国银行业监督管理委员会关于联合下发《人民法院、银行业金融机构网络执行查控工作规范》的通知

2015 年 11 月 13 日　　　　　　　　　　法〔2015〕321 号

各省、自治区、直辖市高级人民法院，解放军军事法院，新疆维吾尔自治区高级人民法院生产建设兵团分院；各银监局，各政策性银行、大型银行、股份制银行，邮储银行，各省级农村信用联社：

　　为全面落实《最高人民法院、中国银行业监督管理委员会关于人民法院与银行业金融机构开展网络执行查控和联合信用惩戒工作的意见》（法〔2014〕266 号），加快推进网络执行查控机制建设，依法规范人民法院与银行业金融机构（以下简称金融机构）之间的网络执行查控工作，最高人民法院与中国银行业监督管理委员会研究制定了《人民法院、银行业金融机构网络执行查控工作规范》，现联合下发给你们，请遵照执行。具体要求如下：

　　一、已与最高人民法院建立"总对总"网络执行查控系统的，应当在 2016 年 2 月底前完善网络查控功能；未建立的，各银行业金融机构总行应当在 2015 年 12 月底前通过最高人民法院与中国银行业监督管理委员会之间的专线完成本单位与最高人民法院的网络对接工作；2016 年 2 月底前网络查控功能上线。

　　二、各省、自治区、直辖市高级人民法院执行局，新疆维吾尔自治区高级人民法院生产建设兵团分院执行局，负责督促、落实总行设在本辖区的银行业金融机构与最高人民法院"总对总"网络执行查控系统建设的工作，并向最高人民法院报告进展情况。

　　三、各省、自治区、直辖市高级人民法院，解放军军事法院，新疆维吾尔自治区高级人民法院生产建设兵团分院；各银监局，各银行业金融机构总行，应当各指定一名主管领导、业务和技术人员，专门负责网络查控工作，并填报联系表（见后），于 2015 年 11 月 30 日前分别上报最高人民法院和中国银行业监督管理委员会。其中，各地方法人银行业金融机构应将联系表报当地银监局汇总后统一上报最高人民法院和中国银行业监督管理委员会。

最高人民法院
印发《关于加强和规范人民法院网络司法拍卖工作的意见》的通知

2015年12月24日　　　　　　　　　　　　　　　法〔2015〕384号

各省、自治区、直辖市高级人民法院,解放军军事法院,新疆维吾尔自治区高级人民法院生产建设兵团分院:

《最高人民法院关于加强和规范人民法院网络司法拍卖工作的意见》经最高人民法院2015年第11次院长办公会讨论通过,现予印发,请认真贯彻执行。

附:

最高人民法院
关于加强和规范人民法院网络司法拍卖工作的意见

为贯彻落实《最高人民法院关于全面深化人民法院改革的意见》,适应互联网信息技术发展新形势,实现依法、公开、公平、便民的司法拍卖工作目标,根据《中华人民共和国民事诉讼法》、最高人民法院相关司法解释和有关文件规定,制定本意见。

一、各级人民法院要高度重视网络司法拍卖工作

网络司法拍卖工作是人民法院依照法律规定,在互联网平台上公开拍卖诉讼资产的司法行为,是执行工作的重要组成部分。加强和规范人民法院网络司法拍卖工作,是公开司法、司法为民的本质要求,是保障当事人合法权益、实现诉讼资产价值最大化的有效途径,是全面深化人民法院改革的重要内容,是提高人民法院司法公信力的重要举措,要切实抓紧抓好。

二、进一步明确职责,实行归口管理

网络司法拍卖工作坚持执行与拍卖相分离的原则,最高人民法院司法行政装备管理局司法辅助工作办公室负责指导全国法院网络司法拍卖工作。地方各级人民法院司法技术辅助工作部门负责网络司法拍卖工作。

三、坚持公开透明，接受各方面监督

各级人民法院必须在人民法院诉讼资产网以及各地法院选择的网络交易平台上发布拍卖公告、随机选择机构结果和成交结果等信息，公开司法拍卖信息。

四、严格依法办事，方便人民群众和审判工作

人民法院开展司法拍卖应全面推行网上拍卖方式，各高级人民法院结合当地实际，选择具有信息发布、网上报名、网上竞价、网上结算等功能且运作规范、安全可靠、服务优质的网络平台开展网络司法拍卖。选定的网络平台必须链接人民法院诉讼资产网，实现信息与资源共享。对不宜在网上拍卖或不具备条件的，可以采取现场拍卖方式。

五、完善、规范委托拍卖和法院自主拍卖行为

人民法院开展网络司法拍卖原则上应将拍卖事物委托给符合要求的专业拍卖机构进行，选择拍卖机构一律采取公开随机方式。有条件的法院或不适宜委托拍卖的诉讼资产，可由法院在网络平台上自主拍卖。各高级人民法院应根据相关规定，降低司法拍卖佣金和拍卖成本。采取委托拍卖方式的，司法拍卖成本由买受人以拍卖佣金方式承担。人民法院自主拍卖诉讼资产的，成本由法院承担。

六、加强监督监察，确保司法廉洁

人民法院在开展网络司法拍卖过程中，要严格执行法律法规司及司法解释，健全各项规章制度，加强对网络平台流程环节的监管，强化对法院工作人员、拍卖机构的监管，严防串标等违规行为，确保网络拍卖资产、资金、信息的安全。

本意见自 2016 年 1 月 1 日起执行。各高级人民法院根据本意见，结合当地实际，制定实施细则，并报最高人民法院备案。

国家发展改革委　最高人民法院　中国人民银行等
关于印发对失信被执行人实施联合惩戒的合作备忘录的通知

2016 年 1 月 20 日　　　　　　　　发改财金〔2016〕141 号

各省、自治区、直辖市有关部门、机构：

为深入贯彻党的十八届三中、四中、五中全会精神，落实《中央政法委关于切实解决人民法院执行难问题的通知》（政法〔2005〕52 号）、《国务院关于促进市场公平竞争维护市场正常秩序的若干意见》（国发〔2014〕20 号）、《国务院关于印发社会信用体系

建设规划纲要（2014—2020 年）的通知》（国发〔2014〕21 号）等文件精神及"褒扬诚信、惩戒失信"的总体要求，促进大数据信息共享融合，创新驱动健全社会信用体系，国家发展改革委、最高人民法院、人民银行、中央组织部、中央宣传部、中央编办、中央文明办、最高人民检察院、教育部、工业和信息化部、公安部、安全部、民政部、司法部、财政部、人力资源社会保障部、国土资源部、环境保护部、住房城乡建设部、交通运输部、农业部、商务部、文化部、卫生计生委、国资委、海关总署、税务总局、工商总局、质检总局、安全监管总局、食品药品监管总局、林业局、知识产权局、旅游局、法制办、国家网信办、银监会、证监会、保监会、公务员局、外汇局、共青团中央、全国工商联、中国铁路总公司联合签署了《关于对失信被执行人实施联合惩戒的合作备忘录》。现印发你们，请认真贯彻执行。

一、联合惩戒对象

联合惩戒对象为最高人民法院公布的失信被执行人（包括自然人和单位）。

二、信息共享与联合惩戒的实施方式

国家发展改革委基于全国信用信息共享平台建立失信行为联合惩戒系统。最高人民法院通过该系统向签署本备忘录的其他部门和单位提供失信被执行人信息并按照有关规定更新动态。其他部门和单位从失信行为联合惩戒系统获取失信被执行人信息，执行或协助执行本备忘录规定的惩戒措施并按季度将执行情况通过该系统反馈给最高人民法院和国家发展改革委。

三、惩戒措施、共享内容及实施单位

（一）设立证券公司、基金管理公司、期货公司审批，私募投资基金管理人登记参考；限制发行企业债券及公司债券；限制收购上市公司

将失信被执行人相关信息作为设立证券公司、基金管理公司、期货公司审批，私募投资基金管理人登记的依据或参考；限制失信被执行人发行公司债券；对失信情形严重的被执行人，限制其收购上市公司，由证监会实施；限制失信被执行人发行企业债券，由国家发展改革委实施。

（二）从严审核在银行间市场发行债券

对失信被执行人在银行间市场发行债券从严审核，由人民银行实施。

（三）限制设立融资性担保公司；限制任职融资性担保公司或金融机构的董事、监事、高级管理人员

限制失信被执行人设立融资性担保公司；限制失信被执行人任职融资性担保公司或金融机构的董事、监事、高级管理人员。由银监会、证监会、国家发展改革委、保监会、工信部、财政部、商务部、人民银行、工商总局等具有金融机构任职资格核准职能的部门实施。

（四）协助查询政府采购项目信息；依法限制参加政府采购活动

协助查询政府采购项目信息；依法限制失信被执行人作为供应商参加政府采购活

动。由财政部实施。

（五）限制设立保险公司；限制支付高额保费购买具有现金价值的保险产品

限制失信被执行人设立保险公司；限制失信被执行人（自然人）及失信被执行人（企事业单位）的法定代表人、主要负责人、影响债务履行的直接责任人员、实际控制人支付高额保费购买具有现金价值的保险产品，由保监会实施。

（六）供设立商业银行或分行、代表处以及参股、收购商业银行审批时审慎性参考

将失信被执行人相关信息作为设立商业银行或分行、代表处以及参股、收购商业银行的审批时审慎性参考，由银监会实施。

（七）中止境内国有控股上市公司股权激励计划或终止股权激励对象行权资格

对失信被执行人为境内国有控股上市公司的，协助中止其股权激励计划或终止其股权激励对象行权资格，由国资委、财政部实施。

（八）供外汇额度核准与管理时审慎性参考

在合格境外机构投资者、合格境内机构投资者额度审批和管理中，将失信状况作为审慎性参考依据，由外汇管理局实施。

（九）供金融机构融资授信时审慎性参考

引导各金融机构在融资授信时查询拟授信对象及其法定代表人、实际控制人、董事、监事、高级管理人员是否为失信被执行人，对拟授信对象为失信被执行人的从严审核，由人民银行、银监会实施。

（十）限制补贴性资金和社会保障资金支持

协助限制失信被执行人申请补贴性资金和社会保障资金支持，由国家发展改革委、财政部、人力资源社会保障部、国资委等相关部门实施。

（十一）享受优惠性政策认定参考

在实施投资、税收、进出口等优惠性政策时，查询相关机构及其法定代表人、实际控制人、董事、监事、高级管理人员是否为失信被执行人，对其享受该政策时审慎性参考，由国家发展改革委、商务部、海关总署、税务总局、质检总局实施。

（十二）加强日常监管检查

将失信被执行人和以失信被执行人为法定代表人、实际控制人、董事、监事、高级管理人员的单位，作为重点监管对象，加大日常监管力度，提高随机抽查的比例和频次，并可依据相关法律法规对其采取行政监管措施，由各市场监管、行业主管部门实施。

（十三）限制担任国有企业法定代表人、董事、监事

失信被执行人为个人的，限制其担任国有独资公司董事、监事及国有资本控股或参股公司董事、监事及国有企业的高级管理人员；已担任相关职务的，提出其不再担任相关职务的意见。由国资委、财政部等相关部门实施。

（十四）限制登记为事业单位法定代表人

失信被执行人为个人的，限制登记为事业单位法定代表人，由中央编办实施。

（十五）通过"信用中国"网站和企业信用信息公示系统向社会公布

将失信被执行人信息通过"信用中国"网站、企业信用信息公示系统向社会公布，

由国家发展改革委、工商总局实施。

（十六）通过主要新闻网站向社会公布

协调相关互联网新闻信息服务单位向社会公布失信被执行人信息，由国家网信办实施。

（十七）限制招录（聘）为公务员或事业单位工作人员

协助限制招录（聘）失信被执行人为公务员或事业单位工作人员，由中组部、人力资源社会保障部、公务员局等有关部门实施。

（十八）禁止参评文明单位、道德模范

对于机关、企事业单位、社会团体或其领导成员为失信被执行人的，不得参加文明单位评选，已经取得文明单位荣誉称号的予以撤销。各类失信被执行人均不得参加道德模范评选，已获得道德模范荣誉称号的予以撤销。由中央宣传部、中央文明办实施。

（十九）限制乘坐飞机、列车软卧等其他非生活和工作必需的消费行为

限制失信被执行人及失信被执行人的法定代表人、主要负责人、影响债务履行的直接责任人员、实际控制人乘坐飞机、列车软卧、乘坐G字头动车组列车全部座位、其他动车组列车一等以上座位等其他非生活和工作必需的消费行为，由交通运输部、铁路总公司等实施。

（二十）限制住宿较高星级宾馆、酒店；限制在夜总会、高尔夫球场消费

限制失信被执行人及失信被执行人的法定代表人、主要负责人、影响债务履行的直接责任人员、实际控制人住宿四星级以上宾馆、酒店及其他高等级、高消费宾馆、酒店；限制在夜总会、高尔夫球场消费，由国家旅游局、商务部、公安部、文化部实施。

（二十一）限制购买不动产及国有产权交易

限制失信被执行人及失信被执行人的法定代表人、主要负责人、影响债务履行的直接责任人员、实际控制人购买房产、土地等不动产；协助限制失信被执行人参与国有企业资产、国家资产等国有产权交易。由国土资源部、住房城乡建设部、国资委等相关部门实施。

（二十二）限制在一定范围的旅游、度假

协助提供四星级及以上星级评定宾馆及其他高等级、高消费宾馆、酒店信息；限制失信被执行人及失信被执行人的法定代表人、主要负责人、影响债务履行的直接责任人员、实际控制人参加旅行社组织的团队旅游，限制其享受旅行社提供的旅游相关的其他服务；限制失信被执行人在获得旅游等级评定的度假区等旅游企业消费。由商务部、旅游局实施。

（二十三）限制子女就读高收费私立学校

限制失信被执行人及失信被执行人的法定代表人、主要负责人、影响债务履行的直接责任人员、实际控制人的子女就读高收费私立学校，由最高人民法院、教育部实施。

（二十四）查询身份、护照、车辆财产信息；协助查找失信被执行人；限制出境；协助查封、扣押车辆

协助查询反馈失信被执行人身份、护照信息及车辆财产信息；协助查找下落不明的失信被执行人；限制失信被执行人出境；协助查封、扣押失信被执行人名下的车辆。由

公安部实施。

（二十五）限制使用国有林地；限制申报重点林业建设项目；限制国有草原占地审批；限制申报重点草原保护建设项目

限制失信被执行人使用国有林地项目；限制其申报重点林业建设项目；限制失信被执行人申报国有草原占地项目；限制其申报重点草原保护建设项目。由国家发展改革委、国家林业局、农业部实施。

（二十六）查询失信被执行人海关认证资格情况；限制成为海关认证企业；对进出口货物实施严密监管

协助查询失信被执行人海关认证资格情况；限制失信被执行人成为海关认证企业；在失信被执行人办理通关业务时，实施严密监管，加强单证审核和布控查验。由海关总署实施。

（二十七）查询安全生产许可审批等信息；限制从事药品、食品等行业；限制担任生产经营单位主要负责人及董事、监事、高级管理人员

协助查询失信被执行人安全生产许可审批登记信息、药品医疗器械登记信息、出入境检验检疫信用等级信息；将失信被执行人信息作为从事药品、食品安全行业从严审批的参考；协助限制失信被执行人从事危险化学品生产经营储存、烟花爆竹生产经营、矿山生产、安全评价等行业；协助限制失信被执行人担任生产经营单位主要负责人及董事、监事、高级管理人员，已担任相关职务的，按规定程序要求变更。由食品药品监管总局、安全监管总局、质检总局、工商总局实施。

（二十八）查询渔业船舶登记信息

协助查询失信被执行人渔业船舶登记信息，由农业部实施。

（二十九）查询客运、货运车辆登记信息

协助查询失信被执行人客运、货运车辆等登记信息，由交通运输部实施。

（三十）查询律师登记信息；限制参与评先、评优

协助查询失信被执行人的律师身份信息、律师事务所登记信息；对失信被执行人为律师、律师事务所的，在一定期限内限制其参与评先、评优。由司法部实施。

（三十一）查询婚姻登记信息

协助查询失信被执行人的婚姻登记信息，由民政部、外交部、卫生计生委实施。

（三十二）以拒不执行判决、裁定罪处罚

协助对失信被执行人以拒不执行判决、裁定罪立案侦查、起诉等，由最高人民检察院、公安部实施。

四、共享信息的持续管理

最高人民法院在全国信用信息共享平台失信行为联合惩戒系统上实时更新失信被执行人信息。其他部门和单位根据各自职责，下发给下级单位，指导监督下级单位按照本备忘录及有关规定实施惩戒或解除惩戒。

协作过程中各方应建立完备系统日志，完整记录用户的访问、操作及客户端信息，确保系统的安全和正常使用；建立必要的技术隔离措施，保护敏感核心信息的数据安

全，杜绝超权限操作。

五、其他事宜

各部门和单位应密切协作，积极落实本备忘录，制定失信被执行人信息的使用、管理、监督的相关实施细则和操作流程，确保2016年2月底前实现失信被执行人信息共享和联合惩戒。

本备忘录实施过程中的具体操作问题，由各部门另行协商解决。

最高人民法院　中国证券监督管理委员会
关于试点法院通过网络查询、冻结被执行人证券有关事项的通知

2016年3月4日　　　　　　　　　　　　　　　法〔2016〕72号

北京、上海、浙江、福建、广东省（市）高级人民法院，中国证券登记结算有限责任公司，北京、上海、浙江、福建、广东证监局：

为协助人民法院提高执行效率、依法保护被执行人合法权益，最高人民法院、中国证券监督管理委员会（以下简称中国证监会）决定建立网络执行查控系统，开展人民法院通过网络查询、冻结被执行人证券的试点工作。现将有关事项通知如下：

一、建立网络查控工作机制

最高人民法院与中国证监会建立"总对总"的网络执行查控工作机制。最高人民法院和中国证监会负责协调解决建立网络执行查控系统及网络查控试点阶段有关的重大问题。建立和通过网络执行查控系统查询、冻结证券的具体工作由最高人民法院执行局和中国证券登记结算有限责任公司（以下简称中国结算）负责。

中国结算与最高人民法院之间建立网络查控专线联接。试点法院通过最高人民法院网络执行查控系统提出查询、冻结（含初次冻结、续冻、轮候冻结、解除冻结）被执行人证券的请求。中国结算按照人民法院的请求完成相应的协助执行事项，并将查询、冻结结果反馈最高人民法院。最高人民法院通过网络执行查控系统将查询、冻结结果反馈提出查询、冻结请求的试点法院。

二、坚持依法查控、依法保密原则

人民法院通过网络执行查控系统查询、冻结被执行人证券的，应当坚持"一案一查一冻一用原则"，即只查询、冻结执行案件中被执行人证券及相关信息，不得查询、冻结被执行人以外的非执行义务主体的证券及相关信息；查询、冻结所获被执行人证券相

关信息只用于该案件的执行工作，不得用于该案件执行以外的其他任何用途。

人民法院应当将所获得的被执行人证券相关信息作为内部办案信息予以保护，做好信息处理、传输、接收、使用中的信息保护工作，切实防范相关信息被违规泄露、扩散。

被执行人持有证券的市值总额信息可以提供给申请执行人等与案件执行直接相关的人员，但被执行人持有证券的品种、数量、价格等敏感、明细信息的反馈结果不得提供给法院办案人员以外的其他任何人。

网络查控涉及的与被执行人证券信息有关的单位和个人，应当遵守证券市场有关信息披露、禁止内幕交易等法律法规和业务规则。

三、规范冻结执行顺序及执行争议的处理

人民法院通过网络执行查控系统提交的冻结请求，同一批次冻结请求以系统提交时的自然排序作为执行顺序，不同批次冻结请求之间以系统提交的时间先后作为执行顺序。

在同一交易日，对同一被执行人的证券，既有法定有权机关通过证券公司或者中国结算的业务柜台提交冻结或者扣划请求，又有人民法院通过网络执行查控系统提交冻结请求的，以人民法院通过网络执行查控系统提交的冻结请求排序作为当日最后到达的冻结请求。

人民法院通过网络执行查控系统提交的冻结被执行人证券的请求，与其他法定有权机关的书面冻结请求具有同等法律效力，适用《最高人民法院 最高人民检察院 公安部 中国证监会关于查询、冻结、扣划证券和证券交易结算资金有关问题的通知》（法发〔2008〕4号）关于冻结的有关规定。本通知有关人民法院通过网络查询、冻结被执行人证券的相关规定与法发〔2008〕4号文件规定不一致的，以本通知为准。

人民法院与其他法定有权机关就执行被执行人证券产生争议的，由最高人民法院与最高人民检察院、公安部等依法协调解决。争议协调解决期间，中国结算控制发生执行争议的相关证券，不协助任何一方执行。争议协调解决完成，中国结算按照最高人民法院与最高人民检察院、公安部等协商的最终结论处理。

人民法院在查询、冻结被执行人证券的具体执行工作中，应当符合中国结算依法制定的协助执行有关业务规则，维护证券登记结算系统的安全稳定运行、维护登记结算工作的正常秩序。

四、提交有效、规范的法律文书

人民法院通过网络执行查控系统查询、冻结被执行人证券的，应当分别提交盖章的协助查询通知书、协助冻结通知书和执行裁定书的电子版，并附两名执行人员公务证件复印件的扫描件。

五、规范查询、冻结的具体操作

人民法院应当在中国结算相关业务系统工作时间内通过网络执行查控系统提交协助

查询、冻结请求。

人民法院应当按照网络执行查控系统规定的相关项目和格式，准确、完整地填写查询、冻结请求及相关信息，做到查询、冻结请求明确、具体、可执行。

中国结算接收到人民法院通过网络执行查控系统提交的协助查询、冻结请求后进行合规性核对。核对无误的，协助查询、冻结并通过网络执行查控系统将协助查询、冻结的结果反馈最高人民法院；核对后存在查询、冻结请求不明确、不具体、不可执行等情形的，予以退回并提示退回原因。人民法院可以在补充完善后重新发出查询、冻结请求，相关冻结请求按照再次提交的时间重新排序。

法律、行政法规以及最高人民法院、中国证监会规定不得被强制执行的证券或者资金，依法依规不予实施冻结，并在查询结果中予以标识。此类不予实施冻结的证券或者资金，由中国结算负责依据有关规定在网络执行查控系统中以清单方式具体列明，并根据有关规定的变动及时更新。

通过网络执行查控系统查询、冻结被执行人证券的具体范围、法律文书必备要素和格式、查控系统工作时间段等具体事项，由最高人民法院执行局与中国结算商定后另行规定。

六、网络查控系统技术安全保障及故障处理

网络执行查控系统与中国结算的证券登记结算业务技术系统之间应当实现有效隔离，确保各自技术系统的运行安全，切实防范各自技术系统的运行风险。

因技术故障导致网络执行查控系统无法正常运行的，发现故障一方应当立即通知另一方，故障一方应当及时排除故障。因技术系统故障或者不可抗力而未能及时办理查询、冻结请求的，最高人民法院执行局与中国结算均不承担任何法律责任。

七、试点工作相关安排

通过网络查询、冻结被执行人证券的试点区域包括北京、上海、浙江、福建、广东等省、市高级人民法院及其辖区各级人民法院。

试点期间，网络执行查控系统先上线开通查询被执行人证券信息的功能。经过一段时间的查询试点，待条件成熟后，再行上线开展通过网络冻结被执行人证券的试点工作。网络执行查控系统查询、冻结功能上线开通的具体时间由最高人民法院执行局与中国结算另行通知。

经过试点，待条件成熟后，将网络查控工作机制推广到其他地区。

最高人民法院
印发《关于建立执行约谈机制的若干规定》的通知

2016年3月4日　　　　　　　　　　法发〔2016〕7号

各省、自治区、直辖市高级人民法院,解放军军事法院,新疆维吾尔自治区高级人民法院生产建设兵团分院:

现将《关于建立执行约谈机制的若干规定》予以印发,请认真遵照执行。

附:

关于建立执行约谈机制的若干规定

为进一步规范全国法院执行工作,及时发现、纠正下级法院在执行履职中存在的消极执行、违法执行等问题,促进解决"执行难",根据《中华人民共和国民事诉讼法》等法律、司法解释的规定,结合人民法院执行工作实际,制定本规定。

第一条　本规定所称约谈,是指最高人民法院在本规定明确的有关情形发生时,约见未履行职责或履行职责不到位的高级人民法院相关负责人,进行告诫谈话、指出问题、责令整改纠正的一种执行监督措施。

第二条　有下列情形之一的,可进行约谈:

(一)通过全国法院执行案件流程信息管理系统发现高级人民法院辖区内超期执行案件超过已受理案件比例5%、或存在有财产可供执行案件无正当理由超期不作为等其他严重消极执行问题的;

(二)通过信访渠道等发现辖区内违法执行等问题突出,产生不良影响的;

(三)对最高人民法院有明确处理意见的监督、督办案件,无正当理由在规定期限内或者在合理期限内不予落实或者落实不到位的;

(四)对最高人民法院部署的重点执行工作、专项工作等不予落实或者落实情况未达到要求的;

(五)其他需要约谈的情形。

第三条　最高人民法院执行局在履行执行监督、管理职责中,认为符合本规定第二条规定的情形,有必要进行约谈的,经局长办公会研究同意后,可先向拟约谈的高级人民法院发出《约谈预通知》,指出其存在的问题、提出整改要求及时限,并明确整改不落实将予以正式约谈。

高级人民法院收到《约谈预通知》后，未能落实整改要求且无合理解释的，经最高人民法院相关院领导批准后，向其正式发出《约谈通知》，启动约谈程序。

第四条 《约谈通知》一般以最高人民法院执行局名义于约谈前七个工作日发出，告知被约谈人关于约谈的事由、方式、时间、地点、参加人等事项。

第五条 约谈工作由最高人民法院执行局组织实施，必要时可报请院领导参加。

约谈可由最高人民法院执行局单独实施，也可邀请最高人民法院监察部门等其他部门共同实施；邀请相关部门共同实施的，应提前就约谈事项与其进行沟通、会商。

第六条 约谈具体程序如下：

（一）向被约谈人说明约谈的事由和目的；

（二）向被约谈人提出处理意见，明确整改要求及时限；

（三）被约谈人对落实处理意见、整改要求进行表态。

第七条 约谈结束后应制作约谈纪要，主要内容包括约谈事由、处理意见、整改要求及时限等。

约谈纪要报批准约谈的院领导同意后，以最高人民法院执行局名义印发被约谈人。

第八条 最高人民法院执行局监督、指导被约谈人落实约谈提出的处理意见和整改要求，并将落实情况层报批准约谈的院领导。

对按期落实处理意见和整改要求的，不再处理；对超期未落实或者落实不到位的，可采取以下方式处理：

（一）向被约谈人所在高级人民法院党组通报；

（二）在全国法院系统通报；

（三）涉嫌违法违纪的，向最高人民法院监察部门通报情况，并提出对相关责任人员进行调查处理的建议；

（四）在社会治安综合治理目标责任考核中予以相应的扣分。

第九条 就社会舆论关注事项进行的约谈，可视情况对外公布约谈情况及结果，也可邀请媒体及相关公众代表列席约谈。

第十条 本规定自2016年3月9日起施行。

最高人民法院
印发《关于远程视频办理执行案件若干问题的规定》的通知

2016年4月28日　　　　　　　　　　　　法〔2016〕143号

各省、自治区、直辖市高级人民法院，解放军军事法院，新疆维吾尔自治区高级人民法院生产建设兵团分院：

现将《最高人民法院关于远程视频办理执行案件若干问题的规定》印发你们，请结合工作实际，认真遵照执行。

附：

最高人民法院
关于远程视频办理执行案件若干问题的规定

为推动执行案件办理方式改革，充分运用现代信息技术提高工作效率，创新司法便民措施，规范执行案件办理过程中远程视频的应用，制定本规定。

第一条　人民法院执行机构办理执行案件中的下列事项可以采用远程视频方式进行：

（一）询问当事人；

（二）听证；

（三）组织当事人质证；

（四）进行法律释明；

（五）人民法院认为可以采用远程视频方式进行的其他事项。

案件当事人申请会见案件承办人员的，承办人员可以采用远程视频方式会见。

人民法院采用远程视频方式组织听证或组织当事人对提交的证据进行质证的，需经双方当事人同意。

第二条　人民法院决定以远程视频方式办理执行案件的，应当通过人民法院执行指挥系统进行。人民法院执行指挥室应当配备打印、扫描、传真设备和投影设备。

第三条　远程视频的发起端为办理案件的人民法院执行指挥室，对端地点一般为执行法院执行指挥室。案件当事人及其代理人与执行法院不在同一地的，对端地点也可以是当事人及其代理人所在地的中级、基层人民法院执行指挥室。

对端人民法院应当至少有一名执行机构工作人员参与远程视频。

第四条 需要鉴定机构、评估机构的相关人员参加远程视频的,鉴定机构、评估机构的相关人员可以就近选择发起端人民法院或对端人民法院参加视频。

第五条 人民法院决定通过远程视频方式办理执行案件的,应当将确定的视频连接时间、对端人民法院执行指挥室所在地点、参加视频的人员等信息,提前通知案件当事人及其代理人。

第六条 发起端人民法院应当提前将约定的视频连接时间告知对端人民法院执行机构,对端人民法院执行机构接到通知后应当予以配合。发起端人民法院和对端人民法院应当在视频连接的前一日完成设备调试工作,并对视频连接提供全程技术保障。发起端人民法院或对端人民法院执行指挥室因其他活动需调整视频连接时间的,发起端人民法院应当及时调整视频连接时间。

第七条 参加远程视频的相关人员身份核实、执行指挥室远程视频的现场秩序等分别由所在端人民法院执行机构工作人员负责。

参加视频连接的各端人民法院工作人员均应着法官服,佩戴小法徽。

第八条 视频连接过程中,当事人及其代理人出示证据材料的,由所在端人民法院执行机构工作人员核对、复印后交由当事人及其代理人签名,并将签名后的复印件通过机要寄至发起端人民法院承办案件的合议庭。

第九条 发起端人民法院负责对视频全程的各端视频画面进行不间断同步录音、录像,录音、录像的起止时间、有无间断等情况应当记入笔录。录音、录像内容应当存入案件电子卷宗。

第十条 远程视频结束后,发起端人民法院应当当场将笔录的电子文本通过人民法院专网发送至对端人民法院,对端人民法院执行机构在场工作人员下载打印后由案件当事人及其代理人等核对、签名。

案件当事人及其代理人等对笔录修改较多或有重要修改的,对端人民法院执行机构在场工作人员应当告知发起端人民法院办案人员。案件当事人及其代理人等核对、签名完毕后,对端人民法院执行机构在场工作人员应当当场将笔录扫描后发送至发起端人民法院或传真至发起端人民法院核对,并尽快将案件当事人及其代理人签名后的笔录原件通过机要寄至发起端人民法院承办案件的合议庭。远程视频笔录应当存入案件卷宗。

人民法院对已结案件的当事人及其代理人远程视频进行法律释明的,可以不制作笔录。

第十一条 人民法院之间对执行案件进行协调,上级法院对下级法院的执行案件进行督办等,可以根据需要采用远程视频方式进行。

第十二条 本规定自 2016 年 5 月 1 日起施行。

最高人民法院
印发《关于落实"用两到三年时间基本解决执行难问题"的工作纲要》的通知

2016年4月29日　　　　　　　　　　　　　　　法发〔2016〕10号

各省、自治区、直辖市高级人民法院,解放军军事法院,新疆维吾尔自治区高级人民法院生产建设兵团分院:

"用两到三年时间基本解决执行难问题",是最高人民法院经过认真研判和广泛征求意见后作出的重大决策部署,是当前和今后一段时期人民法院工作的重中之重。为实现基本解决执行难总体目标,全面强化各项执行工作,最高人民法院制定了《关于落实"用两到三年时间基本解决执行难问题"的工作纲要》,对基本解决执行难的总体思路、主要任务及组织保障提出了明确、具体要求。

现将《关于落实"用两到三年时间基本解决执行难问题"的工作纲要》印发给你们,请结合实际认真贯彻执行。执行中发现情况和问题请及时报告最高人民法院。

附:

最高人民法院
关于落实"用两到三年时间基本解决执行难问题"的工作纲要

2016年3月13日,周强院长在十二届全国人大四次会议上报告最高人民法院工作时庄严承诺:"用两到三年时间基本解决执行难问题",这是人民法院满足人民群众日益增长的多元司法需求、提升司法公信力的内在要求,是人民法院为实现全面建成小康社会和"四个全面"战略布局目标提供有力司法保障的应有之义,是对人民法院执行工作的极大鞭策和鼓舞。各级人民法院要牢固树立政治意识、大局意识、为民意识,切实增强使命感、责任感和紧迫感,求真务实、锐意进取,勇于担当、奋发有为,全力推进各项执行工作健康快速发展,确保在两到三年期限内完成基本解决执行难目标任务,切实"让人民群众在每一个司法案件中感受到公平正义"。

一、基本解决执行难的总体目标与评价体系

（一）总体目标

全面推进执行体制、执行机制、执行模式改革，加强正规化、专业化、职业化执行队伍建设，建立健全信息化执行查控体系、执行管理体系、执行指挥体系及执行信用惩戒体系，不断完善执行规范体系及各种配套措施，破解执行难题，补齐执行短板，在两到三年内实现以下目标：被执行人规避执行、抗拒执行和外界干预执行现象基本得到遏制；人民法院消极执行、选择性执行、乱执行的情形基本消除；无财产可供执行案件终结本次执行的程序标准和实质标准把握不严、恢复执行等相关配套机制应用不畅的问题基本解决；有财产可供执行案件在法定期限内基本执行完毕，人民群众对执行工作的满意度显著提升，人民法院执行权威有效树立，司法公信力进一步增强。

（二）评价体系

引入第三方评估机构研究制定基本解决执行难的评价体系，确定两到三年内解决执行难的具体目标及指标体系，广泛征求意见后向社会公开发布。两到三年期限届满前由该第三方评估机构及参与单位按照既定的评价体系进行效果评估，向社会发布评估结果。

二、基本解决执行难应坚持的原则

基本解决执行难，要把握新时期执行工作基本规律，坚持问题导向，秉持发展理念，系统设计、整体布局、突出重点、多措并举。

1. 坚持党的领导，确保正确方向。要始终坚持和依靠党的领导，积极主动向党委汇报解决执行难的各项工作部署，充分发挥党委总揽全局、协调各方的领导核心作用，帮助解决工作推进中的重大问题。同时也要充分发挥主观能动性，开拓进取，积极作为，按照总体要求和部署坚持不懈狠抓落实。

2. 加强顶层设计，鼓励改革创新。最高人民法院要立足中国国情，科学谋划解决执行难的顶层设计。作为有益补充，各地法院要紧紧围绕提高执行工作效率、增强司法公信力目标，在执行理念、执行方式、执行管理等方面勇于探索、大胆创新，不断积累解决执行难的实践经验。

3. 实行整体推进，强调重点突破。解决执行难涉及方方面面的工作，必须整体布局、有序推进，同时也要突出重点，集中精力破解影响整体工作推进的瓶颈和障碍，确保各项工作部署顺利进行。

4. 坚持标本兼治，注重长远发展。破解执行难是一项系统工程，需多措并举、标本兼治。既要立足现实，着力解决当前工作推进中的突出问题；也要着眼长远，从影响执行难的全局性问题入手，积极推动社会诚信体系建设和破产、保险、救助等制度完善，谋划解决执行难的长效治本之策。

三、基本解决执行难的主要任务

基本解决执行难，要坚持以信息化建设为抓手，着力强化执行规范化建设和专业化建设，切实完善执行体制机制，努力实现执行工作各个领域的深刻变革。

（一）实现执行模式改革

全力推进执行信息化进程，联合惩戒失信被执行人，畅通被执行人及其财产发现渠道，基本改变"登门临柜"查人找物的传统模式，真正破解查人找物传统执行难题。

1. 实现网络执行查控系统全覆盖。建成以最高人民法院"总对总"网络执行查控系统为核心、以地方各级法院"点对点"网络执行查控系统为补充、覆盖全国地域存款及其他金融产品、车辆、证券、股权、房地产等主要财产形式的网络化、自动化执行查控体系，实现全国四级法院互联互通、全面应用，所有负责办理执行实施案件的执行人员均能熟练使用系统，快速查找、控制所承办案件的被执行人及其财产。

2. 强力惩戒失信被执行人。贯彻落实党中央关于加强社会诚信建设的战略部署，制定出台关于加快建立失信被执行人信用监督、威慑和惩戒机制的意见，不断拓展对失信被执行人联合信用惩戒的范围和深度。确保最高人民法院、国家发改委等44家单位达成的联合惩戒合作协议落地生根，形成多部门、多行业、多领域、多手段联合信用惩戒工作新常态，让失信被执行人寸步难行、无处逃遁，迫使其自动履行法定义务。

3. 拓宽被执行财产发现渠道。严格落实被执行人财产申报制度，对拒不申报或申报不实的被执行人依法进行制裁；探索、推行委托审计调查、委托律师调查、悬赏举报等制度，最大限度发现被执行人财产。

（二）实现执行体制改革

要按照党的十八届四中全会确定的"完善司法管理体制，推动实行审判权和执行权相分离的体制改革试点"要求，蹄疾步稳推进执行体制改革，让改革成果更多惠及执行当事人，促进解决执行难。

4. 实行执行权和审判权科学合理分离。进一步优化执行权的科学配置，设立执行裁判庭，审理执行程序中涉及实体权利的重大事实和法律争议，形成审判权对执行权的有效制约和监督。

5. 强化执行工作统一管理体制。依托执行指挥系统，强化全国四级法院统一管理、统一指挥、统一协调的执行工作管理体制，规范指定执行、提级执行、异地交叉执行的提起和审批程序，提高执行实施效率。

6. 探索改革基层法院执行机构设置。采取两种模式进行试点：一是中级人民法院打破行政区划设立执行分局、负责执行实施原基层人民法院的执行案件；二是强化中级人民法院执行局对基层人民法院执行人员、实施案件、执行装备的统一管理、调度和指挥职能，在破除地方保护主义、提高执行工作效率方面进行探索。

（三）实现执行管理改革

要以全国法院执行案件信息管理系统为依托，强化对执行程序各个环节的监督制约，严格规范执行行为，切实提高执行效率，努力增强司法公信力。

7. 全面运行案件流程信息管理系统。建立全国四级法院一体化的执行案件办案平台、案件节点管理系统，强化节点管控，自动生成、公开相关流程信息，形成执行法院、上级法院、当事人对执行案件多位一体的监督功能，堵塞廉政漏洞，有效解决消极执行、拖延执行、选择执行、乱执行等失范执行、违法执行问题。

8. 开展执行案款专项清理活动。在全国法院部署开展执行案款专项清理，集中解决执行案款管理中的历史遗留问题。通过清理活动建章立制，制定出台执行案款管理办法，全面实现执行款物的信息化管理，确保对执行案款的流转与发放透明高效，全程留痕、全程公开。

9. 推动建立执行救助制度。积极推动普遍建立执行救助制度，结合执行案款清理工作，研究扩充救助资金来源，充分体现国家和社会对弱势群体的人文关怀，彰显人民法院司法为民的核心宗旨。

（四）实现财产处置改革

要针对当前经济增速放缓、经济下行压力加大的形势，树立互联网思维，加大被执行财产的处置力度，及时、有效兑现债权人权益。

10. 推行网络司法评估管理。对拟处置的被执行人财产，通过网络平台进行流程管理，自动筛选评估机构，按照预设的程序进行价值评估，避免暗箱操作、低值高估、高值低估等侵害执行当事人权益现象，斩断利益输送链条，为后续拍卖工作奠定基础。

11. 推广网络司法拍卖。广泛推动各地法院以网络司法拍卖方式处置被执行财产，从源头上减少和杜绝串通压价、恶意竞买等有损公平公正的现象，祛除权力寻租空间，实现当事人利益最大化。

（五）完善执行工作机制

要在人民法院内部深挖潜力，理顺各种关系，完善相关工作衔接机制，努力提高执行工作效率。

12. 建立无财产可供执行案件退出和恢复执行机制。建立健全无财产可供执行案件终结本次执行程序的实质标准和程序标准；终结本次执行程序后，在一定年限内继续对被执行人采取限制高消费及有关消费的跟进措施；被执行人恢复履行能力后，执行法院依职权或依当事人申请启动恢复执行程序；全国法院执行案件流程信息管理系统设置专门数据库集中管理无财产可供执行案件，实现退出和恢复执行程序自动衔接。

13. 完善保全和先予执行协调配合机制。在立案阶段强化执行风险告知和保全、先予执行申请提示，支持、鼓励财产保全保险担保，做好保全申请与执行查控系统的有序衔接，提高保全债务人财产的及时性、有效性，以保全促调解、促和解、促执行，从源头上减少进入执行程序的案件数量，降低申请执行人权利落空的风险。

14. 建立和完善行为执行机制。加强对要求被执行人履行作为或不作为义务强制执行的专题研究，有针对性地解决实践中对行为履行义务的强制执行难题，出台相关指导意见。

15. 建立执行与破产有序衔接机制。将被执行人中大量资不抵债、符合破产条件的"僵尸企业"依法转入破产程序，充分发挥破产法律制度消化执行积案、缓解执行难的功能，促进市场经济按照规律健康有序发展。

16. 完善异地执行协作机制。树立全国执行一盘棋的理念，总结推广各地法院之间开展异地执行协作的经验，修改完善委托执行规定，以执行事项委托为主，建立全国统一的协作协助执行工作机制。

17. 建立繁简分流办案机制。根据执行案件财产查找、争议解决、拍卖处置等环节的难易程度,结合执行人员的个人专长,建立和完善案件分配、人员组合机制,最大限度发挥执行人员个人优势和人民法院集体优势。

18. 完善执行纠错机制。建立执行与赔偿的联动对接机制,对国家赔偿审理中发现的应当由执行监督程序解决的案件,及时进行审查纠正;完善执行回转案件的执行机制,确保原执行依据被撤销后当事人依法享有的执行回转权利能够得到及时行使,最大限度减少当事人因裁判错误受到的损失。

(六) 完善执行规范体系

要针对执行工作实践中执法办案的法律适用难题,着力解决执行中因法律资源不足、法律空白点多、法律规定不明确、缺乏可操作性导致的执行人员规范意识淡薄、执行行为失范等现象,及时制定出台相关司法解释、规范性文件、指导意见,形成比较完善的执行工作司法解释规范体系。

19. 及时出台单行司法解释或指导性意见。出台变更追加执行主体、财产申报和财产调查、财产保全、网络司法拍卖、执行和解、仲裁裁决执行、公证债权文书执行、参与分配、股权执行等系列单行司法解释或指导性意见。

20. 全面梳理司法解释体系。对现行执行司法解释进行系统梳理,消除矛盾冲突,填补规则漏洞,提高司法解释的系统性。

21. 推动强制执行单独立法进程。配合立法机关深入开展强制执行法调研起草工作,形成比较完善的草案稿,提交立法机关审议,推动强制执行法尽快出台。

(七) 完善执行监督体系

要健全和强化执行监督体系,从内到外、从上至下全方位加强对执行工作的监督制约,确保执行权高效、廉洁、有序运行。

22. 加强法院内部监督。最高人民法院要充分运用执行综治考核办法、执行工作约谈办法两个规范性文件,切实加强和改进执行监督工作。上级法院要适时成立督查组,对下级法院应用执行案件流程信息管理系统、清理执行案款、办理重点督办案件等方面的落实情况,进行全面督查指导,发现问题及时问责。

23. 主动接受人大监督。定期或不定期向各级人大报告执行工作,邀请人大代表到法院视察,及时办理代表议案和质询,主动接受监督。

24. 依法接受检察监督。与检察机关联合出台规范民事执行活动法律监督的规定,主动邀请检察机关对具有重大影响以及群体性、敏感性的执行案件,被执行人为特殊主体或因不当干预难以执行的案件,被执行人以暴力或其他方式抗拒执行的案件等进行监督,改善执行环境,维护当事人的合法权益。

25. 广泛接受社会监督。全力打造中国执行信息公开网,将执行案件流程信息、失信被执行人名单信息、执行裁判文书等及时向社会公开,保障当事人和社会公众对执行案件及执行工作的知情权、监督权,让执行权在阳光下运行。

(八) 完善专项治理机制

要针对严重制约和影响执行质效的突出问题,持续深入开展反消极执行、反规避执行、反抗拒执行等整治行动,将专项治理要求转变为长期性、常态化工作机制。

26. 建立反消极执行长效机制。利用案件流程信息管理系统对消极执行现象进行自动筛查,发现问题及时予以警示、督促,经警示后在一定期限内仍消极不作为的,视情节轻重追究有关人员的责任。

27. 建立特别案件执行长效机制。继续深化涉党政机关执行积案清理专项活动,通过联合通报机制督促自动履行,推动将特殊主体的债务纳入预算管理,形成破解涉党政机关执行积案的合力与机制;建立涉民生案件执行常态化、随时性、优先性机制,将功夫用在平时,逐步改变每逢年节要靠组织开展集中清理活动突击解决问题的状况。

28. 建立反规避执行长效机制。持续深入开展反规避执行整治行动,提高查处规避执行行为的司法能力,完善相关协调配合工作机制,加大依法制裁力度,全面压缩规避执行行为的存在空间。

29. 建立反抗拒执行长效机制。依法加大对抗拒执行、阻碍执行甚至暴力抗法行为的惩治力度。执行过程中及时收集、固定被执行人或相关人员抗拒执行的音视频证据,充分利用罚款、拘留强制措施,以及公诉、自诉两种渠道追究拒不执行判决、裁定罪责任等手段进行依法制裁,定期公布典型案例,形成打击抗拒执行违法犯罪的高压态势。

四、基本解决执行难的组织保障

基本解决执行难,任务艰巨、责任重大、时间紧迫,要切实做好相关组织保障工作,确保各项安排部署有计划、按步骤顺利推进,达到预期目标。

(一)加强组织领导工作

1. 强化组织领导。各级人民法院党组要高度重视、切实加强对解决执行难工作的组织领导,要将解决执行难工作作为"一把手工程"来抓,各级法院党组书记、院长作为第一责任人要亲自过问、亲自部署、亲自协调,集中各方力量,确保抓出成效。

(二)加强执行队伍建设

要努力建设一支专业化、职业化、清正廉明的执行队伍,为基本解决执行难提供强有力的人力支撑。

2. 加强力量配备。认真落实《中共中央关于转发〈中共最高人民法院党组关于解决人民法院"执行难"问题的报告〉的通知》(中发〔1999〕11号)要求,合理确定和配备从事执行工作的人员比例,并确保执行人员具备必要的政治素质、专业素质和任职资格,对不具备相应任职资格的现有人员进行调整,严格杜绝将不具备任职资格的人员安排到执行工作岗位。

3. 推行人员分类管理。在法官员额制改革中对执行部门原具备法官资格的人员要与其他业务部门同等对待;执行局及执行裁判庭的法官员额比例总体不低于其他业务部门;积极推动现有执行人员的分类管理改革,在执行机构配备法官以及法官助理、司法警察等司法辅助人员,分别落实相应待遇,分工负责行使执行权。

4. 强化教育培训。始终以加强思想政治工作为核心,增强广大执行干警的政治意识、大局意识、责任意识、核心意识、看齐意识,确保执行工作方向正确;以强化党风廉政建设为关键,坚决整治执行队伍在纪律作风方面存在的突出问题,确保廉洁司法;以提升业务素养为重点,鼓励和保障广大执行干警钻研执行业务、优化知识结构、强化实践锻炼,确保执行队伍的司法能力。

（三）强化物质装备建设

要进一步落实科技强院的工作方针，强化对执行工作的物质装备建设，抓好技术、经费、设备三大保障。

5. 全面完成执行指挥系统建设。坚持高标准、高起点，全面完成执行指挥系统的软硬件建设，实现全国四级法院执行指挥系统音视频互联互通。

6. 加强执行队伍装备建设。为执行机构配备必要的执法车辆、通讯系统，给每一位从事执行实施工作的人员配备单兵执法仪以及其他必要的物质装备，加强执行人员人身安全保障，确保应急处置工作及时到位。

（四）切实加大宣传力度

要充分认识新闻宣传工作的重要性，充分利用各种新闻平台，加大执行工作宣传力度，凝聚全社会理解执行、尊重执行、协助执行的广泛共识，推动形成良好的法治环境。

7. 不断宣传执行工作新成效。通过多种形式在报纸、广播、电视、新媒体、户外广场、社区等平台或场所，全面展示一定时期内执行工作取得的成效，扩大影响。讲究宣传策略，重点选择正反两方面典型案例进行宣传报道，惩戒失信，褒奖诚信，营造形成守法光荣、违法可耻的社会氛围，促进社会诚信体系建设。

8. 宣传对执行难的理性认识。通过大力宣传，让人民群众深刻认识到，被执行人无财产可供执行、丧失履行能力的案件虽然在形式上表现为生效法律文书确定的权利义务未能最终实现，但其本质上属于当事人应当自己承担的商业风险、交易风险或法律风险，不属于应由人民法院解决的执行难。

最高人民法院
关于人民法院办理执行信访案件若干问题的意见

2016年6月27日　　　　　　　　　　法发〔2016〕15号

为贯彻落实中央关于涉诉信访纳入法治轨道解决、实行诉访分离以及建立健全信访终结制度的指导精神，根据《中华人民共和国民事诉讼法》（以下简称《民事诉讼法》）及有关司法解释，结合人民法院执行工作实际，现针对执行信访案件交办督办、实行诉访分离以及信访终结等若干问题，提出如下意见：

一、关于办理执行信访案件的基本要求

1. 执行信访案件，指信访当事人向人民法院申诉信访，请求督促执行或者纠正执行错误的案件。执行信访案件分为执行实施类信访案件、执行审查类信访案件两类。

2. 各级人民法院执行部门应当设立执行信访专门机构；执行信访案件的接待处理、

交办督办以及信访终结的复查、报请、决定及备案等各项工作，由各级人民法院执行部门统一归口管理。

3. 各级人民法院应当建立健全执行信访案件办理机制，畅通执行申诉信访渠道，切实公开信访办理流程与处理结果，确保相关诉求依法、及时、公开得到处理：

（1）设立执行申诉来访接待窗口，公布执行申诉来信邮寄地址，并配备专人接待来访与处理来信；

（2）收到申诉信访材料后，应当通过网络系统、内部函文等方式，及时向下级人民法院交办；

（3）以书面通知或其他适当方式，向信访当事人告知案件处理过程及结果。

4. 各级人民法院应当建立执行信访互联网申诉、远程视频接访等网络系统，引导信访当事人通过网络反映问题，减少传统来人来信方式信访。

5. 各级人民法院应当建立和落实执行信访案件交办督办制度：

（1）上级人民法院交办执行信访案件后，通过挂牌督办、巡回督导、领导包案等有效工作方式进一步督促办理；

（2）设立执行信访案件台账，以执行信访案件总数、已化解信访案件数量等作为基数，以案访比、化解率等作为指标，定期对辖区法院进行通报；

（3）将辖区法院执行信访工作情况纳入绩效考评，并提请同级党委政法委纳入社会治安综合治理考核范围；

（4）下级人民法院未落实督办意见或者信访化解工作长期滞后，上级人民法院可以约谈下级人民法院分管副院长或者执行局长，进行告诫谈话，提出整改要求。

二、关于执行实施类信访案件的办理

6. 执行实施类信访案件，指申请执行人申诉信访，反映执行法院消极执行，请求督促执行的案件。

执行实施类信访案件的办理，应当遵照"执行到位、有效化解"原则。如果被执行人具有可供执行财产，应当穷尽各类执行措施，尽快执行到位。如果被执行人确无财产可供执行，应当尽最大努力解释说明，争取息诉罢访，有效化解信访矛盾；经解释说明，仍然反复申诉、缠访闹访，可以依法终结信访。

7. 执行实施类信访案件，符合下列情形的，可以认定为有效化解，上级人民法院不再交办督办：

（1）案件确已执行到位；

（2）当事人达成执行和解协议并已开始依协议实际履行；

（3）经重新核查，被执行人确无财产可供执行，经解释说明或按照有关规定进行司法救助后，申请执行人书面承诺息诉罢访。

8. 申请执行人申诉信访请求督促执行，如果符合下列情形，上级人民法院不再作为执行信访案件交办督办：

（1）因受理破产申请而中止执行，已告知申请执行人依法申报债权；

（2）再审裁定中止执行，已告知申请执行人依法应诉；

(3) 因牵涉犯罪，案件已根据相关规定中止执行并移送有关机关处理；

(4) 信访诉求系认为执行依据存在错误。

9. 案件已经执行完毕，但申请执行人以案件尚未执行完毕为由申诉信访，应当制作结案通知书，并告知针对结案通知书提出执行异议。

10. 被执行人确无财产可供执行，执行法院根据相关规定作出终结本次执行程序裁定，申请执行人以案件尚未执行完毕为由申诉信访，告知针对终结本次执行程序裁定提出执行异议。

三、关于执行审查类信访案件的办理

11. 执行审查类信访案件，指信访当事人申诉信访，反映执行行为违反法律规定或对执行标的主张实体权利，请求纠正执行错误的案件。

执行审查类信访案件的办理，应当遵照"诉访分离"原则。如果能够通过《民事诉讼法》及相关司法解释予以救济，必须通过法律程序审查；如果已经穷尽法律救济程序以及本意见所规定的执行监督程序，仍然反复申诉、缠访闹访，可以依法终结信访。如果属于审判程序、国家赔偿程序处理范畴，告知通过相应程序寻求救济。

12. 信访当事人向执行法院请求纠正执行错误，如果符合执行异议、案外人异议受理条件，应当严格按照立案登记制要求，正式立案审查。

13. 信访当事人未向执行法院提交《执行异议申请》，但以"申诉书"、"情况反映"等形式主张执行行为违反法律规定或对执行标的主张实体权利的，应当参照执行异议申请予以受理。

14. 信访当事人向上级人民法院申诉信访，主张下级人民法院执行行为违反法律规定或对执行标的主张实体权利，如案件尚未经过异议程序或执行监督程序处理，上级人民法院一般不进行实质性审查，按照如下方式处理：

(1) 告知信访当事人按照相关规定寻求救济；

(2) 通过信访制度交办督办，责令下级人民法院按照异议程序或执行监督程序审查；

(3) 下级人民法院正式立案审查后，上级人民法院不再交办督办。

15. 当事人、利害关系人不服《民事诉讼法》第二百二十五条所规定执行复议裁定，向上一级人民法院申诉信访，上一级人民法院应当作为执行监督案件立案审查，以裁定方式作出结论。

16. 当事人、利害关系人在异议期限之内已经提出异议，但是执行法院未予立案审查，如果当事人、利害关系人在异议期限之后继续申诉信访，执行法院应当作为执行监督案件立案审查，以裁定方式作出结论。

当事人、利害关系人不服前款所规定执行监督裁定，向上一级人民法院继续申诉信访，上一级人民法院应当作为执行监督案件立案审查，以裁定方式作出结论。

17. 信访当事人向上级人民法院申诉信访，反映异议、复议案件严重超审限的，上级人民法院应当通过信访制度交办督办，责令下级人民法院限期作出异议、复议裁定。

18. 当事人、利害关系人申诉信访请求纠正执行错误，如果符合下列情形，上级人民法院不再作为执行信访案件交办督办：

（1）信访诉求系针对人民法院根据行政机关申请所作出准予执行裁定，并非针对执行行为；

（2）信访诉求系认为执行依据存在错误。

四、关于执行信访案件的依法终结

19. 被执行人确无财产可供执行，申请执行人书面承诺息诉罢访，如果又以相同事由持续反复申诉、缠访闹访，执行法院可以逐级报请高级人民法院决定终结信访。

20. 当事人、利害关系人提出执行异议，经异议程序、复议程序及执行监督程序审查，最终结论驳回其请求，如果仍然反复申诉、缠访闹访，可以依法终结信访：

（1）执行监督裁定由高级人民法院作出的，由高级人民法院决定终结信访；

（2）执行复议、监督裁定由最高人民法院作出的，由最高人民法院决定终结信访或交高级人民法院终结信访。

21. 执行实施类信访案件，即使已经终结信访，执行法院仍然应当定期查询被执行人财产状况；申请执行人提出新的财产线索而请求恢复执行的，执行法院应当立即恢复执行。

22. 申请执行人因案件未能执行到位而导致生活严重困难的，一般不作信访终结。

23. 高级人民法院决定终结信访之前，应当报请最高人民法院备案。最高人民法院对于不符合条件的，及时通知高级人民法院予以补正或者退回。不予终结备案的，高级人民法院不得终结。

24. 最高人民法院、高级人民法院决定终结信访的，应当书面告知信访当事人。

25. 已经终结的执行信访案件，除另有规定外，上级人民法院不再交办督办，各级人民法院不再重复审查；信访终结后，信访当事人仍然反复申诉、缠访闹访的，依法及时处理，并报告同级党委政法委。

26. 执行信访终结其他程序要求，依照民事案件信访终结相关规定办理。

最高人民法院　国家发展改革委员会　工业和信息化部等
关于在招标投标活动中对失信被执行人实施联合惩戒的通知

2016年8月30日　　　　　　　　　　法〔2016〕285号

为贯彻党的十八届三中、四中、五中全会精神，落实《中央政法委关于切实解决人民法院执行难问题的通知》（政法〔2005〕52号）、《国务院关于促进市场公平竞争维护市场正常秩序的若干意见》（国发〔2014〕20号）、《国务院关于印发社会信用体系建设规划纲要（2014—2020年）的通知》（国发〔2014〕21号）、《关于对失信被执行人实施联合惩戒的合作备忘录》（发改财金〔2016〕141号）要求，加快推进社会信用体系建设，健全跨部门失信联合惩戒机制，促进招标投标市场健康有序发展，现就在招标投标活动中对失信被执行人实施联合惩戒的有关事项通知如下。

一、充分认识在招标投标活动中实施联合惩戒的重要性

诚实信用是招标投标活动的基本原则之一。在招标投标活动中对失信被执行人开展联合惩戒，有利于规范招标投标活动中当事人的行为，促进招标投标市场健康有序发展；有利于建立健全"一处失信，处处受限"的信用联合惩戒机制，推进社会信用体系建设；有利于维护司法权威，提升司法公信力，在全社会形成尊重司法，诚实守信的良好氛围。各有关单位要进一步提高认识，在招标投标活动中对失信被执行人实施联合惩戒，有效应用失信被执行人信息，推动招标投标活动规范、高效、透明。

二、联合惩戒对象

联合惩戒对象为被人民法院列为失信被执行人的下列人员：投标人、招标代理机构、评标专家以及其他招标从业人员。

三、失信被执行人信息查询内容及方式

（一）查询内容

失信被执行人（法人或者其他组织）的名称、统一社会信用代码（或组织机构代码）、法定代表人或者负责人姓名；失信被执行人（自然人）的姓名、性别、年龄、身份证号码；生效法律文书确定的义务和被执行人的履行情况；失信被执行人失信行为的具体情形；执行依据的制作单位和文号、执行案号、立案时间、执行法院；人民法院认为应当记载和公布的不涉及国家秘密、商业秘密、个人隐私的其他事项。

（二）推送及查询方式

最高人民法院将失信被执行人信息推送到全国信用信息共享平台和"信用中国"网站，并负责及时更新。

招标人、招标代理机构、有关单位应当通过"信用中国"网站（www.creditchina.gov.cn）或各级信用信息共享平台查询相关主体是否为失信被执行人，并采取必要方式做好失信被执行人信息查询记录和证据留存。投标人可通过"信用中国"网站查询相关主体是否为失信被执行人。

国家公共资源交易平台、中国招标投标公共服务平台、各省级信用信息共享平台通过全国信用信息共享平台共享失信被执行人信息，各省级公共资源交易平台通过国家公共资源交易平台共享失信被执行人信息，逐步实现失信被执行人信息推送、接收、查询、应用的自动化。

四、联合惩戒措施

各相关部门应依据《中华人民共和国民事诉讼法》《中华人民共和国招标投标法》

《中华人民共和国招标投标法实施条例》《最高人民法院关于公布失信被执行人名单信息的若干规定》等相关法律法规，依法对失信被执行人在招标投标活动中采取限制措施。

（一）限制失信被执行人的投标活动

依法必须进行招标的工程建设项目，招标人应当在资格预审公告、招标公告、投标邀请书及资格预审文件、招标文件中明确规定对失信被执行人的处理方法和评标标准，在评标阶段，招标人或者招标代理机构、评标专家委员会应当查询投标人是否为失信被执行人，对属于失信被执行人的投标活动依法予以限制。

两个以上的自然人、法人或者其他组织组成一个联合体，以一个投标人的身份共同参加投标活动的，应当对所有联合体成员进行失信被执行人信息查询。联合体中有一个或一个以上成员属于失信被执行人的，联合体视为失信被执行人。

（二）限制失信被执行人的招标代理活动

招标人委托招标代理机构开展招标事宜的，应当查询其失信被执行人信息，鼓励优先选择无失信记录的招标代理机构。

（三）限制失信被执行人的评标活动

依法建立的评标专家库管理单位在对评标专家聘用审核及日常管理时，应当查询有关失信被执行人信息，不得聘用失信被执行人为评标专家。对评标专家在聘用期间成为失信被执行人的，应及时清退。

（四）限制失信被执行人招标从业活动

招标人、招标代理机构在聘用招标从业人员前，应当明确规定对失信被执行人的处理办法，查询相关人员的失信被执行人信息，对属于失信被执行人的招标从业人员应按照规定进行处理。

以上限制自失信被执行人从最高人民法院失信被执行人信息库中删除之时起终止。

五、工作要求

（一）有关单位要根据本《通知》，共同推动在招标投标活动中对失信被执行人开展联合惩戒工作，指导、督促各地、各部门落实联合惩戒工作要求，确保联合惩戒工作规范有序进行。

（二）有关单位应在规范招标投标活动中，建立相关单位和个人违法失信行为信用记录，通过全国信用信息共享平台、国家公共资源交易平台和中国招标投标公共服务平台实现信用信息交换共享和动态更新，并按照有关规定及时在"信用中国"网站予以公开。

（三）有关单位应当妥善保管失信被执行人信息，不得用于招标投标以外的事项，不得泄露企业经营秘密和相关个人隐私。

最高人民法院
关于明确执行案款无法发放认定标准的通知

2016年9月5日　　　　　　　　法明传〔2016〕541号

各省、自治区、直辖市高级人民法院，解放军军事法院，新疆维吾尔自治区高级人民法院生产建设兵团分院：

自今年4月1日执行案款集中清理活动开展以来，各级法院切实加强组织领导，将执行案款与其他暂存款相分离，依法予以发放，取得了一定成绩。但在清理活动中，个别法院没有采取有效措施核对案款与案件，未能采取有力措施发放案款，存在敷衍塞责的情况。为规范执行案款集中清理工作，加强案款管理，保障当事人权利，现进一步明确执行案款无法发放的认定标准。该标准将同时作为邀请检察院抽查时的参考依据。请各地法院对照标准，切实采取措施加大发放力度，对不符合标准的，一律不得作为无法发放案款对待。

一、无交款人姓名的认定标准。案件卷宗、会计凭证没有记载也无法推断出交款人姓名或者其对应的案件；如果款项经银行转账进入账户，经向银行查询后依然无法确定交款人姓名或者其对应的案件。

二、无法对应具体案件的认定标准。会计凭证记载有交款人姓名但没有记载案号，没有案件其他信息，无法联系交款人或经联系依然无法对应具体案件。

三、申请执行人明确拒绝或者放弃的认定标准。经书面告知拒绝或者放弃领款将导致无权领取案款的法律后果后，申请执行人或有权代理人以书面（含短信、微信、电子邮件等形式）或口头（需要有录音等证据证明）方式，明确作出拒绝或者放弃的意思表示；办理领款手续通知明确了逾期不领取视为放弃案款、无权领取案款的法律后果，申请执行人收到通知后在规定期限内既不领取也未提出延期领取的书面申请。

四、联系不上当事人的认定标准。根据案件卷宗记载的联系方式或者送达地址确认书确定的地址（含审判程序中确认的地址）联系不上并且无法送达。为切实保障当事人利益，联系不上当事人的，应当予以公告。公告主要内容包括申请执行人姓名或名称、案由、案号、案款数额、执行法院及联系方式。在最高人民法院确定统一的公告媒体前，各地法院可自行在网络或者报刊予以公告。

五、因等待程序事项暂时不能发还的认定标准。因执行中止、异议、复议、再审、参与分配、继承（受）、等待他案裁决结果、其他案件的保全、协助执行等程序原因暂时不能发还。

六、其他原因的认定标准。确认申请执行人消亡且无权利继承（受）人、领款人领款资格或身份无法确认、因特殊事由依法暂时不宜发还、权利人明确表示暂缓领取等。

特此通知。

最高人民法院印发《关于建立和管理网络服务提供者名单库的办法》的通知

2016年9月19日　　　　　　　　　　　　　　　法发〔2016〕23号

各省、自治区、直辖市高级人民法院，解放军军事法院，新疆维吾尔自治区高级人民法院生产建设兵团分院：

现将《关于建立和管理网络服务提供者名单库的办法》予以印发，请各地结合实际，认真贯彻执行。

附：

关于建立和管理网络服务提供者名单库的办法

为落实最高人民法院《关于人民法院网络司法拍卖若干问题的规定》（以下简称《网拍规定》），科学建立和管理全国性网络服务提供者名单库，确保网络司法拍卖工作依法有序进行，制定本办法。

第一条　最高人民法院设立网络服务提供者名单库评审委员会，负责网络服务提供者的选定、评审和除名工作。评审委员会由互联网专家、全国人大代表、全国政协委员、特约监督员和最高人民法院审判、执行、行装、技术等部门人员组成。

第二条　能够提供符合《网拍规定》和本办法要求的网络司法拍卖平台并有意开展网络司法拍卖业务的网络服务提供者，可以向评审委员会提出申请。申请入库的，应当提交入库申请书及符合要求的相关证明材料。

第三条　申请入库的网络服务提供者应当具备保障全国法院网络司法拍卖安全、便捷、有序进行的信息系统、硬件设备、资金及人员等，且服务质优价廉。

第四条　申请入库的网络服务提供者应当同时符合以下基本要求：

（一）网络服务提供者提供的网络司法拍卖平台应当在全国范围内具有较高知名度和较大影响力；

（二）在同类平台中取得行业公认的领先地位；

（三）已开展涉公共事务领域网络拍卖业务一年以上；

（四）无违法违规记录。

第五条 申请入库的网络服务提供者应当对其提供的网络司法拍卖平台的安全性负责,具备法律法规规定的资质和安全管理体系等。

第六条 网络司法拍卖平台应当具备系统开放性、技术先进性和持续发展性,能与人民法院执行案件管理系统实现信息联通共享,能顺应网络司法拍卖发展需求及时提升扩展服务。

第七条 为保障网络司法拍卖有序进行,网络司法拍卖平台应当符合下列要求:

(一)为司法拍卖设置首页入口和专用频道以提高用户辨识度和使用便捷性,并通过该频道向社会公众真实、准确、完整展示网络司法拍卖的各类信息;

(二)具备实时在线核验报名竞买人身份信息功能,确保竞买人可自主完成报名和随机生成竞买代码、密码;

(三)使用具备合法经营牌照和符合安全标准的网络支付系统,可自动处理保证金的交纳、冻结和结算;

(四)具备通过互联网进行电子竞价的功能;

(五)为不同层级人民法院设置系统操作功能及管理权限,并具备自动化统计功能,确保人民法院随时发布、管理、统计和监督司法拍卖活动;

(六)对拍卖形成的全部数据进行加密保护,确保安全,并具备自动归档留存功能,可下载制作副本;

(七)具备大数据实时计算分析、精准投放与推介能力,确保拍卖信息及时推送潜在竞买人,扩大参与竞买人数量;

(八)具备包括PC端和移动端的多终端登陆系统与操作功能,方便竞买人多渠道参与竞买;

(九)为网络司法拍卖交易各方提供及时全面的咨询、答疑和提醒等服务;

(十)后台未设置监控竞买人信息和操控、干预竞价程序的功能等;

(十一)其他人民法院认为应当符合的要求。

第八条 评审委员会有权审查网络司法拍卖平台的相关程序,确保后台未设置监控竞买人信息、操控和干预竞价程序的功能。

第九条 评审委员会采用委托第三方评估机构评估方式定期对新申请入库的网络服务提供者进行评审,择优入库并公示,免收服务费用的可优先入库;每年对已入库的网络服务提供者开展的网络司法拍卖情况进行评估并公布结果。

第十条 网络服务提供者发生影响网络司法拍卖业务正常运行的重大经营变化的,应当及时向评审委员会报告。

网络服务提供者不再为网络司法拍卖提供网络平台的,应当提前三个月书面向评审委员会申请从名单库中退出,不得自行中断服务。

第十一条 网络服务提供者存在违反《网拍规定》第三十五条规定情形的,评审委员会经评审后将其从名单库中除名并公示。

第十二条 网络服务提供者被除名或被准许退出名单库的,应当做好交接和善后工作,包括保障尚未完成的拍卖顺利进行完毕、将存储的全部拍卖信息数据移交评审委员会保存、妥善处理好保证金的划转和解冻事宜等。

第十三条 本办法自 2016 年 9 月 20 日起施行。

最高人民法院
关于自愿申请加入网络服务提供者名单库的公告

(2016 年 9 月 20 日)

为了进一步规范网络司法拍卖行为,维护当事人合法权益,我院相继出台《最高人民法院关于人民法院网络司法拍卖若干问题的规定》(以下简称《网拍规定》)和《最高人民法院关于建立和管理网络服务提供者名单库的办法》(以下简称《办法》),对全国性网络服务提供者名单库的建立和管理等事宜进行了规范。根据《网拍规定》和《办法》的要求,现将网络服务提供者自愿申请加入名单库相关事宜公告如下:

一、申请入库的网络服务提供者及其提供的网络司法拍卖平台应当符合《网拍规定》及《办法》的相关要求;

二、有意申请纳入名单库的网络服务提供者可向我院评审委员会递交申请书及证明符合《网拍规定》及《办法》要求的相关资料;

三、申请材料需装订成册,一式二十份,并附电子版;递交申请材料截止日为 2016 年 9 月 30 日;

四、申请材料通过邮局 EMS 方式递交。

最高人民法院 国土资源部
关于推进信息共享和网络执行查询
机制建设的意见

2016 年 10 月 26 日　　　　　　　　法〔2016〕357 号

为加强网络执行查询不动产联动机制建设,提高人民法院执行工作效率,切实保障当事人的合法权益,维护司法权威,推动社会信用体系建设,根据《中华人民共和国民事诉讼法》《不动产登记暂行条例》的有关规定和《关于建立和完善执行联动机制若干问题的意见》(法发〔2010〕15 号)的要求,最高人民法院、国土资源部就推进信息共享和网络执行查询机制建设提出如下意见:

一、明确目标，全面建设网络执行查询机制

各级人民法院与国土资源主管部门联合推进信息共享和网络执行查询机制建设，是贯彻落实中央改革任务的重要内容，是推进网络查询不动产登记信息的积极探索，对于提高人民法院执行效率，切实解决执行难，以及推动不动产登记信息管理基础平台建设，扩大登记信息应用服务范围具有重要意义。各级人民法院会同国土资源主管部门，结合不动产登记信息管理基础平台建设推进情况，在已有工作基础上逐步建立和完善网络执行查询工作机制。

已建立"点对点"网络执行查询机制的地区，要严格按照最高人民法院、国土资源部联合制定的《人民法院网络查询不动产登记信息技术规范（试行）》要求改造系统，尽快完成与最高人民法院网络执行查控系统的对接，建立"点对总"网络执行查控机制，最高人民法院统一汇总全国各级人民法院的查询申请，通过专线提交至相应地区的不动产登记机构进行查询。

尚未建立"点对点"网络执行查询机制的地区，人民法院要抓紧与同级国土资源主管部门建立网络对接，并按照《人民法院网络查询不动产登记信息技术规范（试行）》要求研发查控软件，开展信息共享，同步推进"点对总"网络执行查询机制建设，优先在已经实施不动产统一登记制度的地区开展试点，逐步推广。

最高人民法院与国土资源部稳步推进"总对总"网络执行查询机制建设。

二、突出重点，着力提高规范化水平

各级人民法院与国土资源主管部门通过专线或其他方式建立网络查询通道，依法查询被执行人的不动产登记信息。

人民法院发送的协助查询通知书应当载明执行法院、执行案号、承办人及联系方式、被执行人、具体查询事项等内容；国土资源主管部门对人民法院的查询申请进行统一查询和反馈，反馈的结果主要包括不动产权利人和不动产坐落、面积、位置等基本情况，以及抵押、查封、地役权等信息。提供的查询结果要符合不动产统一登记相关政策、技术要求。

各级人民法院要严格按照"谁承办、谁提起、谁负责"的原则，由案件的承办人对其承办案件的被执行人提起查询请求和查看反馈信息。国土资源主管部门要进一步强化管理，健全配套制度、规范工作流程、细化工作要求，依法规范做好协助查询工作。

对网络查询结果各级人民法院可以到相应不动产登记机构进行现场核实。网络查询反馈结果与实际信息或权属不一致的，以实际信息为准。不动产登记机构对按人民法院要求协助执行产生的后果，不承担责任。

三、落实责任，确保信息安全

各级人民法院和国土资源主管部门要高度重视不动产登记信息安全保密工作，严格执行不动产登记资料查询制度，通过建立严格的规章制度和采取必要措施，确保不动产登记信息安全。

各级人民法院应当依法使用查询结果，不得将查询信息用于办案之外的用途，不动产登记机构应当依法协助完成查询工作，不得隐瞒、修改和泄露信息。

四、统筹协调，深化拓展部门合作

建立不动产统一登记制度为人民法院实施网络查询不动产奠定了基础。各地应以构建网络查询机制为契机，进一步加快不动产登记制度建设，有序推进不动产登记信息管理基础平台建设和更新维护，同步推进部门间常态化的信息共享机制，构建和完善信息动态更新机制。已经实施不动产统一登记、实现不动产权证书发新停旧的地区，不动产登记机构要按照职能分工，依法开展涉及各类不动产的协助查询工作，全面履行职责。尚未实施不动产统一登记、发新停旧的地区，要进一步加快工作进度，为规范开展协助查询工作创造条件，已经与各级人民法院建立信息合作机制的，要继续做好过渡时期信息共享工作。

各高级人民法院与各省级国土资源主管部门可以根据本意见，结合本地实际，制定贯彻实施办法。对执行本意见的情况和工作中遇到的问题，要及时报告最高人民法院、国土资源部。

最高人民法院
印发《关于严格规范终结本次执行程序的规定（试行）》的通知

2016年10月29日　　　　　　　　　　　　法〔2016〕373号

各省、自治区、直辖市高级人民法院，解放军军事法院，新疆维吾尔自治区高级人民法院生产建设兵团分院：

现将《最高人民法院关于严格规范终结本次执行程序的规定（试行）》予以印发，请认真贯彻执行。

附：

关于严格规范终结本次执行程序的规定（试行）

为严格规范终结本次执行程序，维护当事人的合法权益，根据《中华人民共和国民事诉讼法》及有关司法解释的规定，结合人民法院执行工作实际，制定本规定。

第一条 人民法院终结本次执行程序，应当同时符合下列条件：

（一）已向被执行人发出执行通知、责令被执行人报告财产；

（二）已向被执行人发出限制消费令，并将符合条件的被执行人纳入失信被执行人名单；

（三）已穷尽财产调查措施，未发现被执行人有可供执行的财产或者发现的财产不能处置；

（四）自执行案件立案之日起已超过三个月；

（五）被执行人下落不明的，已依法予以查找；被执行人或者其他人妨害执行的，已依法采取罚款、拘留等强制措施，构成犯罪的，已依法启动刑事责任追究程序。

第二条 本规定第一条第一项中的"责令被执行人报告财产"，是指应当完成下列事项：

（一）向被执行人发出报告财产令；

（二）对被执行人报告的财产情况予以核查；

（三）对逾期报告、拒绝报告或者虚假报告的被执行人或者相关人员，依法采取罚款、拘留等强制措施，构成犯罪的，依法启动刑事责任追究程序。

人民法院应当将财产报告、核实及处罚的情况记录入卷。

第三条 本规定第一条第三项中的"已穷尽财产调查措施"，是指应当完成下列调查事项：

（一）对申请执行人或者其他人提供的财产线索进行核查；

（二）通过网络执行查控系统对被执行人的存款、车辆及其他交通运输工具、不动产、有价证券等财产情况进行查询；

（三）无法通过网络执行查控系统查询本款第二项规定的财产情况的，在被执行人住所地或者可能隐匿、转移财产所在地进行必要调查；

（四）被执行人隐匿财产、会计账簿等资料且拒不交出的，依法采取搜查措施；

（五）经申请执行人申请，根据案件实际情况，依法采取审计调查、公告悬赏等调查措施；

（六）法律、司法解释规定的其他财产调查措施。

人民法院应当将财产调查情况记录入卷。

第四条 本规定第一条第三项中的"发现的财产不能处置"，包括下列情形：

（一）被执行人的财产经法定程序拍卖、变卖未成交，申请执行人不接受抵债或者依法不能交付其抵债，又不能对该财产采取强制管理等其他执行措施的；

（二）人民法院在登记机关查封的被执行人车辆、船舶等财产，未能实际扣押的。

第五条 终结本次执行程序前，人民法院应当将案件执行情况、采取的财产调查措施、被执行人的财产情况、终结本次执行程序的依据及法律后果等信息告知申请执行人，并听取其对终结本次执行程序的意见。

人民法院应当将申请执行人的意见记录入卷。

第六条 终结本次执行程序应当制作裁定书，载明下列内容：

（一）申请执行的债权情况；

（二）执行经过及采取的执行措施、强制措施；

（三）查明的被执行人财产情况；

（四）实现的债权情况；

（五）申请执行人享有要求被执行人继续履行债务及依法向人民法院申请恢复执行的权利，被执行人负有继续向申请执行人履行债务的义务。

终结本次执行程序裁定书送达申请执行人后，执行案件可以作结案处理。人民法院进行相关统计时，应当对以终结本次执行程序方式结案的案件与其他方式结案的案件予以区分。

终结本次执行程序裁定书应当依法在互联网上公开。

第七条 当事人、利害关系人认为终结本次执行程序违反法律规定的，可以提出执行异议。人民法院应当依照民事诉讼法第二百二十五条的规定进行审查。

第八条 终结本次执行程序后，被执行人应当继续履行生效法律文书确定的义务。被执行人自动履行完毕的，当事人应当及时告知执行法院。

第九条 终结本次执行程序后，申请执行人发现被执行人有可供执行财产的，可以向执行法院申请恢复执行。申请恢复执行不受申请执行时效期间的限制。执行法院核查属实的，应当恢复执行。

终结本次执行程序后的五年内，执行法院应当每六个月通过网络执行查控系统查询一次被执行人的财产，并将查询结果告知申请执行人。符合恢复执行条件的，执行法院应当及时恢复执行。

第十条 终结本次执行程序后，发现被执行人有可供执行财产，不立即采取执行措施可能导致财产被转移、隐匿、出卖或者毁损的，执行法院可以依申请执行人申请或依职权立即采取查封、扣押、冻结等控制性措施。

第十一条 案件符合终结本次执行程序条件，又符合移送破产审查相关规定的，执行法院应当在作出终结本次执行程序裁定的同时，将执行案件相关材料移送被执行人住所地人民法院进行破产审查。

第十二条 终结本次执行程序裁定书送达申请执行人以后，执行法院应当在七日内将相关案件信息录入最高人民法院建立的终结本次执行程序案件信息库，并通过该信息库统一向社会公布。

第十三条 终结本次执行程序案件信息库记载的信息应当包括下列内容：

（一）作为被执行人的法人或者其他组织的名称、住所地、组织机构代码及其法定代表人或者负责人的姓名，作为被执行人的自然人的姓名、性别、年龄、身份证件号码和住址；

（二）生效法律文书的制作单位和文号、执行案号、立案时间、执行法院；

（三）生效法律文书确定的义务和被执行人的履行情况；

（四）人民法院认为应当记载的其他事项。

第十四条 当事人、利害关系人认为公布的终结本次执行程序案件信息错误的，可以向执行法院申请更正。执行法院审查属实的，应当在三日内予以更正。

第十五条 终结本次执行程序后，人民法院已对被执行人依法采取的执行措施和强制措施继续有效。

第十六条 终结本次执行程序后,申请执行人申请延长查封、扣押、冻结期限的,人民法院应当依法办理续行查封、扣押、冻结手续。

终结本次执行程序后,当事人、利害关系人申请变更、追加执行当事人,符合法定情形的,人民法院应予支持。变更、追加被执行人后,申请执行人申请恢复执行的,人民法院应予支持。

第十七条 终结本次执行程序后,被执行人或者其他人妨害执行的,人民法院可以依法予以罚款、拘留;构成犯罪的,依法追究刑事责任。

第十八条 有下列情形之一的,人民法院应当在三日内将案件信息从终结本次执行程序案件信息库中屏蔽:

（一）生效法律文书确定的义务执行完毕的;
（二）依法裁定终结执行的;
（三）依法应予屏蔽的其他情形。

第十九条 本规定自 2016 年 12 月 1 日起施行。

最高人民法院　最高人民检察院印发《关于民事执行活动法律监督若干问题的规定》的通知

2016 年 11 月 2 日　　　　　　　　　　　法发〔2016〕30 号

各省、自治区、直辖市高级人民法院、人民检察院,军事法院、军事检察院,新疆维吾尔自治区高级人民法院生产建设兵团分院、新疆生产建设兵团人民检察院：

为促进人民法院依法执行,规范人民检察院民事执行法律监督活动,根据《中华人民共和国民事诉讼法》和其他有关法律规定,最高人民法院、最高人民检察院联合制定了《关于民事执行活动法律监督若干问题的规定》。现予印发,请认真贯彻执行。对执行中遇到的问题,请分别及时报告最高人民法院执行局和最高人民检察院民事行政检察厅。

附：

关于民事执行活动法律监督若干问题的规定

为促进人民法院依法执行,规范人民检察院民事执行法律监督活动,根据《中华人民共和国民事诉讼法》和其他有关法律规定,结合人民法院民事执行和人民检察院民事执行法律监督工作实际，制定本规定。

第一条 人民检察院依法对民事执行活动实施法律监督。人民法院依法接受人民检察院的法律监督。

第二条 人民检察院办理民事执行监督案件，应当以事实为依据，以法律为准绳，坚持公开、公平、公正和诚实信用原则，尊重和保障当事人的诉讼权利，监督和支持人民法院依法行使执行权。

第三条 人民检察院对人民法院执行生效民事判决、裁定、调解书、支付令、仲裁裁决以及公证债权文书等法律文书的活动实施法律监督。

第四条 对民事执行活动的监督案件，由执行法院所在地同级人民检察院管辖。

上级人民检察院认为确有必要的，可以办理下级人民检察院管辖的民事执行监督案件。下级人民检察院对有管辖权的民事执行监督案件，认为需要上级人民检察院办理的，可以报请上级人民检察院办理。

第五条 当事人、利害关系人、案外人认为人民法院的民事执行活动存在违法情形向人民检察院申请监督，应当提交监督申请书、身份证明、相关法律文书及证据材料。提交证据材料的，应当附证据清单。

申请监督材料不齐备的，人民检察院应当要求申请人限期补齐，并明确告知应补齐的全部材料。申请人逾期未补齐的，视为撤回监督申请。

第六条 当事人、利害关系人、案外人认为民事执行活动存在违法情形，向人民检察院申请监督，法律规定可以提出异议、复议或者提起诉讼，当事人、利害关系人、案外人没有提出异议、申请复议或者提起诉讼的，人民检察院不予受理，但有正当理由的除外。

当事人、利害关系人、案外人已经向人民法院提出执行异议或者申请复议，人民法院审查异议、复议期间，当事人、利害关系人、案外人又向人民检察院申请监督的，人民检察院不予受理，但申请对人民法院的异议、复议程序进行监督的除外。

第七条 具有下列情形之一的民事执行案件，人民检察院应当依职权进行监督：

（一）损害国家利益或者社会公共利益的；

（二）执行人员在执行该案时有贪污受贿、徇私舞弊、枉法执行等违法行为、司法机关已经立案的；

（三）造成重大社会影响的；

（四）需要跟进监督的。

第八条 人民检察院因办理监督案件的需要，依照有关规定可以调阅人民法院的执行卷宗，人民法院应当予以配合。

通过拷贝电子卷、查阅、复制、摘录等方式能够满足办案需要的，不调阅卷宗。

人民检察院调阅人民法院卷宗，由人民法院办公室（厅）负责办理，并在五日内提供，因特殊情况不能按时提供的，应当向人民检察院说明理由，并在情况消除后及时提供。

人民法院正在办理或者已结案尚未归档的案件，人民检察院办理民事执行监督案件时可以直接到办理部门查阅、复制、拷贝、摘录案件材料，不调阅卷宗。

第九条 人民检察院因履行法律监督职责的需要，可以向当事人或者案外人调查核实有关情况。

第十条 人民检察院认为人民法院在民事执行活动中可能存在怠于履行职责情形的，可以向人民法院书面了解相关情况，人民法院应当说明案件的执行情况及理由，并在十五日内书面回复人民检察院。

第十一条 人民检察院向人民法院提出民事执行监督检察建议，应当经检察长批准或者检察委员会决定，制作检察建议书，在决定之日起十五日内将检察建议书连同案件卷宗移送同级人民法院。

检察建议书应当载明检察机关查明的事实、监督理由、依据以及建议内容等。

第十二条 人民检察院提出的民事执行监督检察建议，统一由同级人民法院立案受理。

第十三条 人民法院收到人民检察院的检察建议书后，应当在三个月内将审查处理情况以回复意见函的形式回复人民检察院，并附裁定、决定等相关法律文书。有特殊情况需要延长的，经本院院长批准，可以延长一个月。

回复意见函应当载明人民法院查明的事实、回复意见和理由并加盖院章。不采纳检察建议的，应当说明理由。

第十四条 人民法院收到检察建议后逾期未回复或者处理结果不当的，提出检察建议的人民检察院可以依职权提请上一级人民检察院向其同级人民法院提出检察建议。上一级人民检察院认为应当跟进监督的，应当向其同级人民法院提出检察建议。人民法院应当在三个月内提出审查处理意见并以回复意见函的形式回复人民检察院，认为人民检察院的意见正确的，应当监督下级人民法院及时纠正。

第十五条 当事人在人民检察院审查案件过程中达成和解协议且不违反法律规定的，人民检察院应当告知其将和解协议送交人民法院，由人民法院依照民事诉讼法第二百三十条的规定进行处理。

第十六条 当事人、利害关系人、案外人申请监督的案件，人民检察院认为人民法院民事执行活动不存在违法情形的，应当作出不支持监督申请的决定，在决定之日起十五日内制作不支持监督申请决定书，发送申请人，并做好释法说理工作。

人民检察院办理依职权监督的案件，认为人民法院民事执行活动不存在违法情形的，应当作出终结审查决定。

第十七条 人民法院认为检察监督行为违反法律规定的，可以向人民检察院提出书面建议。人民检察院应当在收到书面建议后三个月内作出处理并将处理情况书面回复人民法院；人民法院对于人民检察院的回复有异议的，可以通过上一级人民法院向上一级人民检察院提出。上一级人民检察院认为人民法院建议正确的，应当要求下级人民检察院及时纠正。

第十八条 有关国家机关不依法履行生效法律文书确定的执行义务或者协助执行义务的，人民检察院可以向相关国家机关提出检察建议。

第十九条 人民检察院民事检察部门在办案中发现被执行人涉嫌构成拒不执行判决、裁定罪且公安机关不予立案侦查的，应当移送侦查监督部门处理。

第二十条 人民法院、人民检察院应当建立完善沟通联系机制，密切配合，互相支持，促进民事执行法律监督工作依法有序稳妥开展。

第二十一条 人民检察院对人民法院行政执行活动实施法律监督，行政诉讼法及有关司法解释没有规定的，参照本规定执行。

第二十二条 本规定自2017年1月1日起施行。

最高人民法院关于在执行工作中规范执行行为切实保护各方当事人财产权益的通知

2016年11月22日　　　　　　　　　　　　　　　法〔2016〕401号

各省、自治区、直辖市高级人民法院，解放军军事法院，新疆维吾尔自治区高级人民法院生产建设兵团分院：

2016年11月4日，中共中央、国务院下发《关于完善产权保护制度依法保护产权的意见》（中发〔2016〕28号，以下简称《意见》）。11月10日，最高人民法院召开学习贯彻《意见》专题会议，要求深入贯彻落实《意见》精神，充分发挥人民法院审判职能作用，依法保护各种所有制经济组织和公民财产权，不断推进产权保护法治化，为经济社会发展提供有力司法保障。根据《意见》及上述会议精神，现就执行程序中贯彻落实产权保护制度、依法保护产权提出以下工作要求：

一、在执行工作中牢固树立依法保护产权的理念。执行工作是整个司法程序中的关键一环，是运用国家强制力实现生效裁判的复杂过程，既关系胜诉债权的实现，也关系被执行人、案外人等相关方的合法产权保护，关系经济社会发展大局。各级人民法院要严格依照法律规定执行，既要最大限度地让债权人实现胜诉权益，又不能随意扩大执行范围，侵犯被执行人、案外人等相关方的合法产权；要牢固树立依法执行、文明执行、善意执行理念，在充分考虑和保护债权人合法权益的基础上，统筹兼顾相关方利益，把握执行时机，讲究执行策略，注意执行方法，努力实现执行的法律效果与社会效果有机统一，加大执行力度与保护各方合法权益有机统一，履行职责与服务大局、促进发展有机统一，努力让人民群众在每一个执行案件中感受到公平正义。

二、依法准确甄别被执行人财产。只能执行被执行人的财产，是法院强制执行的基本法律原则。各级人民法院在执行过程中，要依法准确甄别被执行人财产，加强对财产登记、权属证书、证明及有关信息的审查，加强与有关财产权属登记部门的沟通合作，推进信息化执行查询机制建设，准确、及时地甄别被执行人财产，避免对案外人等非被执行人的合法财产采取强制执行措施。同时，对确定属于执行人的财产，则应加大执行力度，及时执行到位，确保申请执行人的债权及时兑现。

在财产刑案件执行中,要依法严格区分违法所得和合法财产,对于经过审理不能确认为违法所得的,不得判决追缴或者责令退赔;严格区分个人财产和企业法人财产,处理股东、企业经营管理者等自然人犯罪不得任意牵连企业法人财产,处理企业犯罪不得任意牵连股东、企业经营管理者个人合法财产;严格区分涉案人员个人财产和家庭成员财产,处理涉案人员犯罪不得牵连其家庭成员合法财产。

在执行程序中直接变更、追加被执行人的,应严格限定于法律、司法解释明确规定的情形。各级人民法院应严格依照即将施行的《最高人民法院关于民事执行中变更、追加当事人若干问题的规定》,避免随意扩大变更、追加范围。

三、在采取查冻扣措施时注意把握执行政策。查封、扣押、冻结财产要严格遵守相应的适用条件与法定程序,坚决杜绝超范围、超标的查封、扣押、冻结财产,对银行账户内资金采取冻结措施的,应当明确具体冻结数额;对土地、房屋等不动产保全查封时,如果登记在一个权利证书下的不动产价值超过应保全的数额,则应加强与国土部门的沟通、协商,尽量仅对该不动产的相应价值部分采取保全措施,避免影响其他部分财产权益的正常行使。

在采取具体执行措施时,要注意把握执行政策,尽量寻求依法平等保护各方利益的平衡点;对能采取"活封""活扣"措施的,尽量不"死封""死扣",使保全财产继续发挥其财产价值,防止减损当事人利益,如对厂房、机器设备等生产经营性财产进行保全时,指定被保全人保管的,应当允许其继续使用;对车辆进行查封,可考虑与交管部门建立协助执行机制,以在车辆行驶证上加注查封标记的方式进行,既可防止被查封车辆被擅自转让,也能让车辆继续使用,避免"死封"带来的价值贬损及高昂停车费用。对有多种财产并存的,尽量优先采取方便执行且对当事人生产经营影响较小的执行措施。在不损害债权人利益前提下,允许被执行人在法院监督下处置财产,尽可能保全财产市场价值。在条件允许的情况下可以为企业预留必要的流动资金和往来账户,最大限度降低对企业正常生产经营活动的不利影响。对符合法定情形的,应当在法定期限内及时解除保全措施,避免因拖延解保给被保全人带来财产损失。《最高人民法院关于人民法院办理财产保全案件若干问题的规定》即将正式施行,各级人民法院要在执行工作中认真贯彻落实。

四、提高财产处置变现效率。对被依法查封的财产进行变价处置时,要依法优先采取拍卖等有利于公开公平公正实现财产价值的变现方式。要严格规范评估、拍卖、变卖和以物抵债等变价环节,防止对拟处置财产低估贱卖,侵害被执行人合法权益。对于司法强制拍卖要求一次性付清价款,门槛较高,可能不利于扩大竞买范围的问题,可借鉴部分地方法院的成熟经验,在司法拍卖中开展与银行业金融机构的按揭合作,降低竞买门槛,通过更广范围的竞价更好地让拍品变现。2017年1月1日起,全面推行优先用网络司法拍卖方式处置财产,以降低处置成本、提高成交率、溢价率,保护双方当事人的合法权益。各级人民法院要认真贯彻落实《最高人民法院关于人民法院网络司法拍卖若干问题的规定》最大限度提高司法财产处置的公开性、透明度,坚决杜绝任何形式的暗箱操作,有效去除拍卖环节的权力寻租空间,斩断利益链条。

五、规范执行案款管理与发放。对于已经执行到位的执行案款,除有权属争议或存在参与分配等不宜立即发放情形的,应按照规定时限及时发还债权人,坚决避免执行案款长期沉淀在法院账户,以维护各方当事人的合法权益,最大限度地铲除侵占、挪用执行案款的土壤。各级人民法院要在今年开展执行案款集中清理工作成果的基础上,积极探索建立"一案一账户"的执行案款归集管理制度,形成案、款、人一一对应,账目清晰、程序透明、发放高效的规范化管理新模式。

六、严格规范适用终结本次执行程序。各级人民法院应严格落实即将正式施行的《最高人民法院关于终结本次执行程序若干问题的意见(试行)》,规范终结本次执行程序的适用,坚决避免为片面追求结案率而滥用终本程序,将具备执行条件的案件"一终了事",导致执行案件涉及的财产长期滞留在执行程序中,不能得到有效的处置和利用,同时,对已有的终结本次执行程序案件进行梳理,对于符合恢复执行条件的案件要及时恢复执行,对于进入终结本次执行程序的被执行人依法采取限制消费措施。

七、要严格落实执行异议制度。切实推进立案登记制在执行领域的贯彻落实,当事人、案外人对执行财产权属等提出异议的,要做到有案必立、有诉必理,保障当事人的救济权利。对于执行领域中已经发现的社会反映强烈的产权申诉案件,应及时依法审查,确属执行错误的,要坚持有错必纠的原则及时予以纠正。

八、依法用好执行和解制度。依法推进执行中债务重组及和解,对符合条件的,可以引导各方当事人积极达成重组、和解协议,采取分期偿债、收入抵债等方式,既保障被执行人利益,又兼顾被执行人利益。

九、充分发挥执行信访工作的作用。要有效发挥执行信访工作在发现、纠正执行不作为、乱作为方面的功能作用,对来信来访中反映的不作为、乱作为案件要扭住不放,一查到底,一抓到底。凡是反映情况属实的坚决及时纠正。对上级法院挂网督办或以其他方式督办的案件必须在指定期限内报送处理结果。对措施不力、拖延办理或拒不办理的,要按照有关规定约谈有关领导及责任人,并定期向全国法院通报。

十、以信息化手段强化执行监督管理。各级法院要充分运用信息化手段,加强对执行案件流程的监督管理。2016年11月底,四级法院统一的办案平台和流程节点管理平台将在全国3519个法院全面运行。通过执行流程节点管理,严格执行办案期限,有效解决消极执行、拖延执行、选择性执行等问题。各级法院要安排专门的监督管理人员,对流程节点及时管理监控,对执行办案流程中出现的各种违规现象要即查即纠,充分发挥平台在规范执行行为,全面及时监督管理,全面及时纠偏纠错方面的功能作用,彻底改变执行监督管理弱化、存在死角和漏洞的局面。

请各高级人民法院将本通知精神迅速传达到辖区内各级人民法院,并加强督促与指导,确保本通知精神的及时有效落实。

最高人民法院
关于司法拍卖网络服务提供者名单库的公告

(2016年11月25日)

为进一步规范网络司法拍卖行为，维护当事人合法权益，我院出台了《最高人民法院关于人民法院网络司法拍卖若干问题的规定》和《最高人民法院关于建立和管理网络服务提供者名单库的办法》，对全国性网络服务提供者名单库的建立和管理进行规范。根据上述规定，网络服务提供者入库采取自愿申请的方式，经公告，截止2016年9月30日，共有48家网络服务提供者递交了申请材料。最高人民法院司法拍卖网络服务提供者名单库评审委员会通过委托第三方评估机构评估方式对全部申报材料进行评审，根据评审和投票结果，以下网络服务提供者提供的网络司法拍卖平台纳入名单库（排名不分先后）：

一、淘宝网，网址为www.taobao.com；
二、京东网，网址为www.jd.com；
三、人民法院诉讼资产网，网址为www.rmfysszc.gov.cn；
四、公拍网，网址为www.gpai.net；
五、中国拍卖行业协会网，网址为www.caa123.org.cn。

特此公告。

最高人民法院 中国银行业监督管理委员会
印发《关于人民法院与银行业金融机构开展金融理财产品网络执行查控的意见》的通知

2017年1月4日　　　　　　　　　　　　　　法〔2017〕1号

各省、自治区、直辖市高级人民法院，解放军军事法院，新疆维吾尔自治区高级人民法院生产建设兵团分院；各银监局，各政策性银行、大型银行、股份制银行，邮储银行，外资银行：

为全面落实《最高人民法院、中国银行业监督管理委员会关于人民法院与银行业金融机构开展网络执行查控和联合信用惩戒工作的意见》（法〔2014〕266号），加快推进金融理财产品的网络执行查控机制建设,最高人民法院与中国银行业监督管理委员会研究制定了《关于人民法院与银行业金融机构开展金融理财产品网络执行查控的意见》,现印发给你们,请遵照执行。

附:

最高人民法院　中国银行业监督管理委员会
关于人民法院与银行业金融机构开展金融
理财产品网络执行查控的意见

为依法规范人民法院与银行业金融机构之间的关于金融理财产品网络执行查控工作,提高网络查询、冻结(包括续冻和解冻)被执行人金融理财产品的工作效率,保护当事人、利害关系人的合法权益,根据《中华人民共和国民事诉讼法》《最高人民法院关于网络查询、冻结被执行人存款的规定》(法释〔2013〕20号)、《人民法院、银行业金融机构网络执行查控工作规范》(法〔2015〕321号)、《最高人民法院、中国银行业监督管理委员会关于人民法院与银行业金融机构开展网络执行查控和联合信用惩戒工作的意见》(法〔2014〕266号)的规定,制定本意见。

一、本意见所称金融理财产品(以下简称理财产品)是指被执行人所持有的银行业金融机构(以下简称银行)及其他金融机构发行的具有财产价值和理财性质的产品。包括金融机构直销和代销的银行理财产品、信托产品、基金产品、保险产品、资产管理计划产品等。其中金融机构直销的理财产品是指金融机构自有研发、设计、发行并通过本机构渠道(含营业网点和电子渠道)销售的理财产品。

二、人民法院在执行被执行人持有的理财产品时,银行应当依法予以协助。

人民法院按照法〔2015〕321号文规定的方式通过"总对总"网络查控专线向金融机构发送查控请求,接收金融机构查询、冻结的结果数据和电子回执。

三、人民法院查询的理财产品属于银行机构直销的理财产品的,银行应当协助反馈产品的名称、种类(保本或非保本;直销或代销)、编号/代码、数量/份额、发行人、到期日/开放日、产品对应的回款资金账户(被执行人名下或与他人共有专户)、产品状态(质押/冻结/其他担保/正常)、质押权人、联系电话等信息;

人民法院查询的理财产品属于银行代销的理财产品的,银行应当协助反馈产品的名称、种类(保本或非保本;直销或代销)、编号/代码、数量/份额、发行人/实际管理人、托管人、受益人、期限(成立日、赎回日)、托管账号(本行)、产品对应的回款资金账户(被执行人名下或与他人共有专户)、联系电话等信息;

被执行人未持有理财产品的,银行应当反馈查无理财产品信息。

银行反馈信息,仅以协助办理查控事项时的银行系统的数据为限。

四、银行应当在收到查控请求及电子法律文书后,根据办理结果数据生成加盖电子印章(可以是单位公章或网络查控专用章)的协助执行结果回执,通过网络执行查控系统向执行法院反馈。

五、人民法院冻结银行直销的理财产品时，应当在执行裁定书中裁定冻结被执行人所持有的理财产品及产品所对应的回款资金账户。

六、人民法院裁定冻结银行直销的理财产品时，应当在协助执行通知书中载明所冻结理财产品的名称、编号/代码、数量/份额/金额、冻结期限、产品所对应的回款资金账户及数额等。

七、人民法院裁定冻结银行直销的理财产品时，银行应当协助同时冻结该理财产品及产品所对应的回款资金账户，该回款资金账户在人民法院冻结理财产品之前已经被其他机关冻结的，不影响人民法院对该理财产品的冻结。

理财产品冻结期间，除平仓、补仓或补充保证金外，发行人、管理人、托管人不得进行赎回、变现、交付、转让、转换或变更该理财产品对应的回款资金账户等操作。理财产品冻结期限届满前，人民法院可以续冻、解冻。

八、人民法院裁定冻结银行代销的理财产品时，应当向该理财产品的发行人发出协助执行通知书，要求发行人冻结被执行人持有的理财产品及所对应的资金回款账户。协助执行通知书中应当载明所冻结理财产品的名称、编号/代码、数量/份额、金额等。

人民法院裁定冻结银行代销的理财产品时，应当同时向该理财产品所对应的回款资金账户所在行发出协助执行通知书，银行应当协助冻结理财产品所对应的回款资金账户；冻结期间，不得为被执行人变更该理财产品所对应的回款资金账户。

九、银行、其他金融机构或第三人对人民法院冻结理财产品有异议的，可以依法向执行法院提出异议，执行法院应当依法审查处理。审查处理期间，执行法院不得强制扣划该理财产品。

被执行人与案外人开设联名账户等共有账户，案外人对人民法院执行理财产品有异议的，参照上述规定处理。

十、银行、其他金融机构接收查控数据及相关电子法律文书后，无法协助人民法院对被执行人的理财产品采取冻结措施的，应当在反馈回执中载明原因。

十一、人民法院和银行、其他金融机构通过网络执行查控系统实施查询、冻结理财产品的，不受地域限制。

十二、最高人民法院与中国银行业监督管理委员会制定理财产品网络执行查控系统的技术规范（包括数据格式、法律文书、查控结果回执样式等），作为本规范的附件。

十三、已与最高人民法院通过专线对接的二十一家商业银行，应当根据附件1的技术规范，对本行业务系统进行改造，并在2017年2月底之前完成金融理财产品的网络查控工作（包括系统研发、联调、测试及上线）。

十四、按照《关于开展〈人民法院、银行业金融机构网络执行查控工作规范〉实施工作的通知》（银监办便函〔2016〕204号）采用文件交换软件传输接口文件的金融机构，应当根据附件2的技术规范，对本行业务系统进行改造，并在2017年6月底之前完成金融理财产品的网络查控工作（包括系统研发、联调、测试及上线）。

十五、最高人民法院与中国银行业监督管理委员会建立理财产品网络查控工作应急处理机制，负责解决人民法院与金融机构间因网络查控发生的一切事宜。

附件：1.《人民法院网络执行查控系统与金融机构查控业务数据交互规范（金融理财产品 Web 版）》（略）
2.《人民法院网络执行查控系统与金融机构查控业务数据交互规范（金融理财产品文件交换版）》（略）

最高人民法院
印发《关于执行案件移送破产审查若干问题的指导意见》的通知

2017 年 1 月 20 日　　　　　　　　　　法发〔2017〕2 号

各省、自治区、直辖市高级人民法院，解放军军事法院，新疆维吾尔自治区高级人民法院生产建设兵团分院：

现将《最高人民法院关于执行案件移送破产审查若干问题的指导意见》印发给你们，请认真遵照执行。

附：

最高人民法院
关于执行案件移送破产审查若干问题的指导意见

推进执行案件移送破产审查工作，有利于健全市场主体救治和退出机制，有利于完善司法工作机制，有利于化解执行积案，是人民法院贯彻中央供给侧结构性改革部署的重要举措，是当前和今后一段时期人民法院服务经济社会发展大局的重要任务。为促进和规范执行案件移送破产审查工作，保障执行程序与破产程序的有序衔接，根据《中华人民共和国企业破产法》《中华人民共和国民事诉讼法》《最高人民法院关于适用〈中华人民共和国民事诉讼法〉的解释》等规定，现对执行案件移送破产审查的若干问题提出以下意见。

一、执行案件移送破产审查的工作原则、条件与管辖

1. 执行案件移送破产审查工作，涉及执行程序与破产程序之间的转换衔接，不同法院之间，同一法院内部执行部门、立案部门、破产审判部门之间，应坚持依法有序、协调配合、高效便捷的工作原则，防止推诿扯皮，影响司法效率，损害当事人合法权益。

2. 执行案件移送破产审查，应同时符合下列条件：
（1）被执行人为企业法人；
（2）被执行人或者有关被执行人的任何一个执行案件的申请执行人书面同意将执行案件移送破产审查；
（3）被执行人不能清偿到期债务，并且资产不足以清偿全部债务或者明显缺乏清偿能力。

3. 执行案件移送破产审查，由被执行人住所地人民法院管辖。在级别管辖上，为适应破产审判专业化建设的要求，合理分配审判任务，实行以中级人民法院管辖为原则、基层人民法院管辖为例外的管辖制度。中级人民法院经高级人民法院批准，也可以将案件交由具备审理条件的基层人民法院审理。

二、执行法院的征询、决定程序

4. 执行法院在执行程序中应加强对执行案件移送破产审查有关事宜的告知和征询工作。执行法院采取财产调查措施后，发现作为被执行人的企业法人符合破产法第二条规定的，应当及时询问申请执行人、被执行人是否同意将案件移送破产审查。申请执行人、被执行人均不同意移送且无人申请破产的，执行法院应当按照《最高人民法院关于适用〈中华人民共和国民事诉讼法〉的解释》第五百一十六条的规定处理，企业法人的其他已经取得执行依据的债权人申请参与分配的，人民法院不予支持。

5. 执行部门应严格遵守执行案件移送破产审查的内部决定程序。承办人认为执行案件符合移送破产审查条件的，应提出审查意见，经合议庭评议同意后，由执行法院院长签署移送决定。

6. 为减少异地法院之间移送的随意性，基层人民法院拟将执行案件移送异地中级人民法院进行破产审查的，在作出移送决定前，应先报请其所在地中级人民法院执行部门审核同意。

7. 执行法院作出移送决定后，应当于五日内送达申请执行人和被执行人。申请执行人或被执行人对决定有异议的，可以在受移送法院破产审查期间提出，由受移送法院一并处理。

8. 执行法院作出移送决定后，应当书面通知所有已知执行法院，执行法院均应中止对被执行人的执行程序。但是，对被执行人的季节性商品、鲜活、易腐烂变质以及其他不宜长期保存的物品，执行法院应当及时变价处置，处置的价款不作分配。受移送法院裁定受理破产案件的，执行法院应当在收到裁定书之日起七日内，将该价款移交受理破产案件的法院。

案件符合终结本次执行程序条件的，执行法院可以同时裁定终结本次执行程序。

9. 确保对被执行人财产的查封、扣押、冻结措施的连续性，执行法院决定移送后、受移送法院裁定受理破产案件之前，对被执行人的查封、扣押、冻结措施不解除。查封、扣押、冻结期限在破产审查期间届满的，申请执行人可以向执行法院申请延长期限，由执行法院负责办理。

三、移送材料及受移送法院的接收义务

10. 执行法院作出移送决定后，应当向受移送法院移送下列材料：
（1）执行案件移送破产审查决定书；
（2）申请执行人或被执行人同意移送的书面材料；
（3）执行法院采取财产调查措施查明的被执行人的财产状况，已查封、扣押、冻结财产清单及相关材料；
（4）执行法院已分配财产清单及相关材料；
（5）被执行人债务清单；
（6）其他应当移送的材料。

11. 移送的材料不完备或内容错误，影响受移送法院认定破产原因是否具备的，受移送法院可以要求执行法院补齐、补正，执行法院应于十日内补齐、补正。该期间不计入受移送法院破产审查的期间。

受移送法院需要查阅执行程序中的其他案件材料，或者依法委托执行法院办理财产处置等事项的，执行法院应予协助配合。

12. 执行法院移送破产审查的材料，由受移送法院立案部门负责接收。受移送法院不得以材料不完备等为由拒绝接收。立案部门经审核认为移送材料完备的，应以"破申"作为案件类型代字编制案号登记立案，并及时将案件移送破产审判部门进行破产审查。破产审判部门在审查过程中发现本院对案件不具有管辖权的，应当按照《中华人民共和国民事诉讼法》第三十六条的规定处理。

四、受移送法院破产审查与受理

13. 受移送法院的破产审判部门应当自收到移送的材料之日起三十日内作出是否受理的裁定。受移送法院作出裁定后，应当在五日内送达申请执行人、被执行人，并送交执行法院。

14. 申请执行人申请或同意移送破产审查的，裁定书中以该申请执行人为申请人，被执行人为被申请人；被执行人申请或同意移送破产审查的，裁定书中以该被执行人为申请人；申请执行人、被执行人均同意移送破产审查的，双方均为申请人。

15. 受移送法院裁定受理破产案件的，在此前的执行程序中产生的评估费、公告费、保管费等执行费用，可以参照破产费用的规定，从债务人财产中随时清偿。

16. 执行法院收到受移送法院受理裁定后，应当于七日内将已经扣划到账的银行存款、实际扣押的动产、有价证券等被执行人财产移交给受理破产案件的法院或管理人。

17. 执行法院收到受移送法院受理裁定时，已通过拍卖程序处置且成交裁定已送达买受人的拍卖财产，通过以物抵债偿还债务且抵债裁定已送达债权人的抵债财产，已完成转账、汇款、现金交付的执行款，因财产所有权已经发生变动，不属于被执行人的财产，不再移交。

五、受移送法院不予受理或驳回申请的处理

18. 受移送法院做出不予受理或驳回申请裁定的，应当在裁定生效后七日内将接收的材料、被执行人的财产退回执行法院，执行法院应当恢复对被执行人的执行。

19. 受移送法院作出不予受理或驳回申请的裁定后，人民法院不得重复启动执行案件移送破产审查程序。申请执行人或被执行人以有新证据足以证明被执行人已经具备了破产原因为由，再次要求将执行案件移送破产审查的，人民法院不予支持。但是，申请执行人或被执行人可以直接向具有管辖权的法院提出破产申请。

20. 受移送法院裁定宣告被执行人破产或裁定终止和解程序、重整程序的，应当自裁定作出之日起五日内送交执行法院，执行法院应当裁定终结对被执行人的执行。

六、执行案件移送破产审查的监督

21. 受移送法院拒绝接收移送的材料，或者收到移送的材料后不按规定的期限作出是否受理裁定的，执行法院可函请受移送法院的上一级法院进行监督。上一级法院收到函件后应当指令受移送法院在十日内接收材料或作出是否受理的裁定。

受移送法院收到上级法院的通知后，十日内仍不接收材料或不作出是否受理裁定的，上一级法院可以径行对移送破产审查的案件行使管辖权。上一级法院裁定受理破产案件的，可以指令受移送法院审理。

最高人民法院
印发《关于执行款物管理工作的规定》的通知

2017年2月27日　　　　　　　　　　法发〔2017〕6号

各省、自治区、直辖市高级人民法院，解放军军事法院，新疆维吾尔自治区高级人民法院生产建设兵团分院：

为规范人民法院对执行款物的管理工作，维护当事人的合法权益，最高人民法院对2006年5月18日发布施行的《关于执行款物管理工作的规定（试行）》（法发〔2006〕11号）进行了修订。现将修订后的最高人民法院《关于执行款物管理工作的规定》予以印发，请遵照执行。

附：

关于执行款物管理工作的规定

为规范人民法院对执行款物的管理工作，维护当事人的合法权益，根据《中华人民共和国民事诉讼法》及有关司法解释，参照有关财务管理规定，结合执行工作实际，制定本规定。

第一条 本规定所称执行款物，是指执行程序中依法应当由人民法院经管的财物。

第二条 执行款物的管理实行执行机构与有关管理部门分工负责、相互配合、相互监督的原则。

第三条 财务部门应当对执行款的收付进行逐案登记，并建立明细账。

对于由人民法院保管的查封、扣押物品，应当指定专人或部门负责，逐案登记，妥善保管，任何人不得擅自使用。

执行机构应当指定专人对执行款物的收发情况进行管理，设立台账、逐案登记，并与执行款物管理部门对执行款物的收发情况每月进行核对。

第四条 人民法院应当开设执行款专户或在案款专户中设置执行款科目，对执行款实行专项管理、独立核算、专款专付。

人民法院应当采取一案一账号的方式，对执行款进行归集管理，案号、款项、被执行人或交款人应当一一对应。

第五条 执行人员应当在执行通知书或有关法律文书中告知人民法院执行款专户或案款专户的开户银行名称、账号、户名，以及交款时应当注明执行案件案号、被执行人姓名或名称、交款人姓名或名称、交款用途等信息。

第六条 被执行人可以将执行款直接支付给申请执行人；人民法院也可以将执行款从被执行人账户直接划至申请执行人账户。但有争议或需再分配的执行款，以及人民法院认为确有必要的，应当将执行款划至执行款专户或案款专户。

人民法院通过网络执行查控系统扣划的执行款，应当划至执行款专户或案款专户。

第七条 交款人直接到人民法院交付执行款的，执行人员可以会同交款人或由交款人直接到财务部门办理相关手续。

交付现金的，财务部门应当即时向交款人出具收款凭据；交付票据的，财务部门应当即时向交款人出具收取凭证，在款项到账后三日内通知执行人员领取收款凭据。

收到财务部门的收款凭据后，执行人员应当及时通知被执行人或交款人在指定期限内用收取凭证更换收款凭据。被执行人或交款人未在指定期限内办理更换手续或明确拒绝更换的，执行人员应当书面说明情况，连同收款凭据一并附卷。

第八条 交款人采用转账汇款方式交付和人民法院采用扣划方式收取执行款的，财务部门应当在款项到账后三日内通知执行人员领取收款凭据。

收到财务部门的收款凭据后，执行人员应当参照本规定第七条第三款规定办理。

第九条 执行人员原则上不直接收取现金和票据;确有必要直接收取的,应当不少于两名执行人员在场,即时向交款人出具收取凭证,同时制作收款笔录,由交款人和在场人员签名。

执行人员直接收取现金或者票据的,应当在回院后当日将现金或票据移交财务部门;当日移交确有困难的,应当在回院后一日内移交并说明原因。财务部门应当按照本规定第七条第二款规定办理。

收到财务部门的收款凭据后,执行人员应当按照本规定第七条第三款规定办理。

第十条 执行人员应当在收到财务部门执行款到账通知之日起三十日内,完成执行款的核算、执行费用的结算、通知申请执行人领取和执行款发放等工作。

有下列情形之一的,报经执行局局长或主管院领导批准后,可以延缓发放:

(一)需要进行案款分配的;

(二)申请执行人因另案诉讼、执行或涉嫌犯罪等原因导致执行款被保全或冻结的;

(三)申请执行人经通知未领取的;

(四)案件被依法中止或者暂缓执行的;

(五)有其他正当理由需要延缓发放执行款的。

上述情形消失后,执行人员应当在十日内完成执行款的发放。

第十一条 人民法院发放执行款,一般应当采取转账方式。

执行款应当发放给申请执行人,确需发放给申请执行人以外的单位或个人的,应当组成合议庭进行审查,但依法应当退还给交款人的除外。

第十二条 发放执行款时,执行人员应当填写执行款发放审批表。执行款发放审批表中应当注明执行案件案号、当事人姓名或名称、交款人姓名或名称、交款金额、交款时间、交款方式、收款人姓名或名称、收款人账号、发款金额和方式等情况。报经执行局局长或主管院领导批准后,交由财务部门办理支付手续。

委托他人代为办理领取执行款手续的,应当附特别授权委托书、委托代理人的身份证复印件。委托代理人是律师的,应当附所在律师事务所出具的公函及律师执照复印件。

第十三条 申请执行人要求或同意人民法院采取转账方式发放执行款的,执行人员应当持执行款发放审批表及申请执行人出具的本人或本单位接收执行款的账户信息的书面证明,交财务部门办理转账手续。

申请执行人或委托代理人直接到人民法院办理领取执行款手续的,执行人员应当在查验领款人身份证件、授权委托手续后,持执行款发放审批表,会同领款人到财务部门办理支付手续。

第十四条 财务部门在办理执行款支付手续时,除应当查验执行款发放审批表,还应当按照有关财务管理规定进行审核。

第十五条 发放执行款时,收款人应当出具合法有效的收款凭证。财务部门另有规定的,依照其规定。

第十六条 有下列情形之一,不能在规定期限内发放执行款的,人民法院可以将执行款提存:

（一）申请执行人无正当理由拒绝领取的；
（二）申请执行人下落不明的；
（三）申请执行人死亡未确定继承人或者丧失民事行为能力未确定监护人的；
（四）按照申请执行人提供的联系方式无法通知其领取的；
（五）其他不能发放的情形。

第十七条 需要提存执行款的，执行人员应当填写执行款提存审批表并附具有提存情形的证明材料。执行款提存审批表中应注明执行案件案号、当事人姓名或名称、交款人姓名或名称、交款金额、交款时间、交款方式、收款人姓名或名称、提存金额、提存原因等情况。报经执行局局长或主管院领导批准后，办理提存手续。

提存费用应当由申请执行人负担，可以从执行款中扣除。

第十八条 被执行人将执行依据确定交付、返还的物品（包括票据、证照等）直接交付给申请执行人的，被执行人应当向人民法院出具物品接收证明；没有物品接收证明的，执行人员应当将履行情况记入笔录，经双方当事人签字后附卷。

被执行人将物品交由人民法院转交给申请执行人或由人民法院主持双方当事人进行交接的，执行人员应当将交付情况记入笔录，经双方当事人签字后附卷。

第十九条 查封、扣押至人民法院或被执行人、担保人等直接向人民法院交付的物品，执行人员应当立即通知保管部门对物品进行清点、登记，有价证券、金银珠宝、古董等贵重物品应当封存，并办理交接。保管部门接收物品后，应当出具收取凭证。

对于在异地查封、扣押，且不便运输或容易毁损的物品，人民法院可以委托物品所在地人民法院代为保管，代为保管的人民法院应当按照前款规定办理。

第二十条 人民法院应当确定专门场所存放本规定第十九条规定的物品。

第二十一条 对季节性商品、鲜活、易腐烂变质以及其他不宜长期保存的物品，人民法院可以责令当事人及时处理，将价款交付人民法院；必要时，执行人员可予以变卖，并将价款依照本规定要求交财务部门。

第二十二条 人民法院查封、扣押或被执行人交付，且属于执行依据确定交付、返还的物品，执行人员应当自查封、扣押或被执行人交付之日起三十日内，完成执行费用的结算、通知申请执行人领取和发放物品等工作。不属于执行依据确定交付、返还的物品，符合处置条件的，执行人员应当依法启动财产处置程序。

第二十三条 人民法院解除对物品的查封、扣押措施的，除指定由被执行人保管的外，应当自解除查封、扣押措施之日起十日内将物品发还给所有人或交付人。

物品在人民法院查封、扣押期间，因自然损耗、折旧所造成的损失，由物品所有人或交付人自行负担，但法律另有规定的除外。

第二十四条 符合本规定第十六条规定情形之一的，人民法院可以对物品进行提存。

物品不适于提存或者提存费用过高的，人民法院可以提存拍卖或者变卖该物品所得价款。

第二十五条 物品的发放、延缓发放、提存等，除本规定有明确规定外，参照执行款的有关规定办理。

第二十六条　执行款物的收发凭证、相关证明材料,应当附卷归档。

第二十七条　案件承办人调离执行机构,在移交案件时,必须同时移交执行款物收发凭证及相关材料。执行款物收发情况复杂的,可以在交接时进行审计。执行款物交接不清的,不得办理调离手续。

第二十八条　各高级人民法院在实施本规定过程中,结合行政事业单位内部控制建设的要求,以及执行工作实际,可制定具体实施办法。

第二十九条　本规定自 2017 年 5 月 1 日起施行。2006 年 5 月 18 日施行的最高人民法院《关于执行款物管理工作的规定(试行)》(法发〔2006〕11 号)同时废止。

最高人民法院
关于加强中级人民法院协同执行基层的人民法院执行实施案件的通知

2017 年 5 月 23 日　　　　　　　　　　　　法〔2017〕158 号

各省、自治区、直辖市高级人民法院,解放军军事法院,新疆维吾尔自治区高级人民法院生产建设兵团分院:

中级人民法院在执行工作中具有承上启下的作用,是实现执行工作统一管理、统一指挥、统一协调的关键环节。执行指挥中心在执行工作中处于枢纽地位,对统筹执行力量、强化系统管理、提升执行质效、破解执行难题具有重要意义。为充分发挥中级人民法院执行指挥中心的功能优势,推动解决重大、疑难、复杂案件执行,根据有关规定,就加强中级人民法院对辖区法院执行实施案件的协同执行工作通知如下:

一、中级人民法院要发挥协调和统筹优势,统一调度使用辖区法院执行力量,协同、帮助基层人民法院对重大、疑难、复杂或长期未结案件实施强制执行;

二、基层人民法院难以执行的下列执行实施案件,可报请中级人民法院协同执行:

(一) 长期未结案件;

(二) 受到严重非法干预的案件;

(三) 有重大影响,社会高度关注的案件;

(四) 受暴力、威胁或其他方法妨碍、抗拒执行的案件;

(五) 多个法院立案受理的系列、关联案件;

(六) 被执行人主要财产在其他法院辖区的案件;

(七) 其他重大、疑难、复杂案件。

上级人民法院在督办、信访、巡查等工作中发现下级法院立案执行的执行实施案件存在上述情形的,可以指定或决定实施协同执行。

三、实施协同执行的,中级人民法院应作出《协同执行决定书》,决定书同时送交执行法院和参与协同执行的的相关法院。执行法院报请的案件不符合协同执行条件的，中级人民法院应告知其自行执行。

四、协同执行由执行指挥中心具体负责，中级人民法院执行指挥中心应指定专人负责协同执行，与执行法院共同商定执行实施方案，及时组织实施强制执行。

协同执行案件不移送、不提级，办案主体仍是执行法院，仍由执行法院以本院名义对外出具法律文书。参与协同执行的其他法院执行干警可以凭《协同执行决定书》和公务证件开展具体执行工作。

五、中级人民法院应统筹考虑辖区法院执行案件数量、执行力量等因素，均衡开展协同执行，优先协助案多人少矛盾更加突出的辖区法院。应按照就近、便利原则开展协同执行，统筹使用辖区法院执行力量，最大限度节约执行成本，防止频繁、大跨度调用执行力量对辖区法院正常办案造成影响。

六、中级人民法院每年应办理一定数量的的协同执行案件，办案数量和质效纳入执行考核范围，具体办案数量由高级人民法院根据辖区各中级人民法院实际情况确定。

七、上级人民法院要加强对协同执行工作的监督、管理和考核，每半年将协同执行工作开展情况予以通报。人民法院执行指挥中心要建立协同执行案件管理模块，加强对协同执行案件的信息化管理。

八、协同执行工作方案中，应明确中级人民法院、执行法院和参与协同执行的相关法院具体职责。各法院应分工负责、密切配合，存在消极执行、乱执行等不规范执行的，追究相应责任。

九、高级人民法院应就协同执行案件具体条件，职责分工，辖区各中级人民法院办理协同执行案件数量，协同执行的监督、指导、考核等制定实施细则并报最高人民法院备案。

十、高级人民法院可参照本通知要求，就辖区中基层法院需要协同执行的执行实施案件开展协同执行。

十一、本通知自2017年7月1日起实施，实施过程有何问题和建议，及时层报最高人民法院。

特此通知。

最高人民法院 司法部 中国银监会
关于充分发挥公证书的强制执行效力服务银行金融债权风险防控的通知

2017年7月13日　　　　　　　　　　　　司发通〔2017〕76号

各省、自治区、直辖市高级人民法院、司法厅（局），解放军军事法院，新疆维吾尔自治区高级人民法院生产建设兵团分院、新疆生产建设兵团司法局；各银监局，各政策性银行、大型银行、股份制银行，邮储银行，外资银行，金融资产管理公司，其他有关金融机构：

为进一步加强金融风险防控，充分发挥公证作为预防性法律制度的作用，提高银行业金融机构金融债权实现效率，降低金融债权实现成本，有效提高银行业金融机构防控风险的水平，现就在银行业金融机构经营业务中进一步发挥公证书的强制执行效力，服务银行金融债权风险防控通知如下：

一、公证机构可以对银行业金融机构运营中所签署的符合《公证法》第37条规定的以下债权文书赋予强制执行效力：

（一）各类融资合同，包括各类授信合同，借款合同、委托贷款合同、信托贷款合同等各类贷款合同，票据承兑协议等各类票据融资合同，融资租赁合同，保理合同，开立信用证合同，信用卡融资合同（包括信用卡合约及各类分期付款合同）等；

（二）债务重组合同、还款合同、还款承诺等；

（三）各类担保合同、保函；

（四）符合本通知第二条规定条件的其他债权文书。

二、公证机构对银行业金融机构运营中所签署的合同赋予强制执行效力应当具备以下条件：

（一）债权文书具有给付货币、物品、有价证券的内容；

（二）债权债务关系明确，债权人和债务人对债权文书有关给付内容无疑义；

（三）债权文书中载明债务人不履行义务或不完全履行义务时，债务人愿意接受依法强制执行的承诺。该项承诺也可以通过承诺书或者补充协议等方式在债权文书的附件中载明。

三、银行业金融机构申办强制执行公证，应当协助公证机构完成对当事人身份证明、财产权利证明等与公证事项有关材料的收集、核实工作；根据公证机构的要求通过修改合同、签订补充协议或者由当事人签署承诺书等方式将债务人、担保人愿意接受强制执行的承诺、出具执行证书前的核实方式、公证费和实现债权的其他费用的承担等内容载入公证的债权文书中。

四、公证机构在办理赋予各类债权文书强制执行效力的公证业务中应当严格遵守法律、法规规定的程序，切实做好当事人身份、担保物权属、当事人内部授权程序、合同条款及当事人意思表示等审核工作，确认当事人的签约行为的合法效力，告知当事人申请赋予债权文书强制执行效力的法律后果，提高合同主体的履约意识，预防和降低金融机构的操作风险。

五、银行业金融机构申请公证机构出具执行证书应当在《中华人民共和国民事诉讼法》第二百三十九条所规定的执行期间内提出申请，并应当向公证机构提交经公证的具有强制执行效力的债权文书、申请书、合同项下往来资金结算的明细表以及其他与债务履行相关的证据，并承诺所申请强制执行的债权金额或者相关计算公式准确无误。

六、公证机构受理银行业金融机构提出出具执行证书的申请后，应当按照法律法规规定的程序以及合同约定的核实方式进行核实，确保执行证书载明的债权债务明确无误，尽力减少执行争议的发生。

公证机构对符合条件的申请，应当在受理后十五个工作日内出具执行证书，需要补充材料、核实相关情况所需的时间不计算在期限内。

七、执行证书应当载明被执行人、执行标的、申请执行的期限。因债务人不履行或不完全履行而发生的违约金、利息、滞纳金等，以及按照债权文书的约定由债务人承担的公证费等实现债权的费用，有明确数额或计算方法的，可以根据银行业金融机构的申请依法列入执行标的。

八、人民法院支持公证机构对银行业金融机构的各类债权文书依法赋予强制执行效力，加大对公证债权文书的执行力度，银行业金融机构提交强制执行申请书、赋予债权文书强制执行效力公证书及执行证书申请执行公证债权文书符合法律规定条件的，人民法院应当受理，切实保障银行业金融机构快速实现金融债权，防范金融风险。

九、被执行人提出执行异议的银行业金融机构执行案件，人民法院经审查认为相关公证债权文书确有错误的，裁定不予执行。个别事项执行标的不明确，但不影响其他事项执行的，人民法院应对其他事项予以执行。

十、各省（区、市）司法行政部门要会同价格主管部门合理确定银行业金融债权文书强制执行公证的收费标准。公证机构和银行业金融机构协商一致的，可以在办理债权文书公证时收取部分费用，出具执行证书时收齐其余费用。

十一、银行业监督管理机构批准设立的其他金融机构，以及经国务院银行业监督管理机构公布的地方资产管理公司，参照本通知执行。

最高人民法院
关于认真做好网络司法拍卖与网络司法变卖衔接工作的通知

2017年7月18日　　　　　　　　　　　　法明传〔2017〕455号

各省、自治区、直辖市高级人民法院，新疆维吾尔自治区高级人民法院生产建设兵团分院：

变卖是执行程序财产处置程序的重要组成部分，《最高人民法院关于人民法院网络司法拍卖若干问题的规定》（以下简称《网拍规定》）明确规定通过互联网平台进行变卖的，参照《网拍规定》执行。司法解释实施以来，网络司法拍卖二拍流拍后进行网络司法变卖的，各地法院操作不统一，为规范人民法院网络司法变卖行为，做好网络司法拍卖与网络司法变卖的衔接工作，现通知如下：

一、关于网络司法变卖平台选择的问题。网络司法拍卖二拍流拍后，人民法院采取网络司法变卖方式处置财产的，应当在最高人民法院确定的网络服务提供者名单库中的平台上实施。原则上沿用网拍程序适用的平台，但申请执行人在网拍二拍流拍后10日内书面要求更换到名单库中的其他平台上实施的，执行法院应当准许。

二、关于发布网络司法变卖公告期限的问题。网拍二拍流拍后，人民法院应当于10日内询问申请执行人或其他执行债权人是否接受以物抵债。不接受以物抵债的，人民法院应当于网拍二拍流拍之日起15日内发布网络司法变卖公告。

三、关于网络司法变卖公告期、变卖期的问题。网络司法变卖期为60天，人民法院应当在公告中确定变卖期的开始时间。变卖动产的，应当在变卖期开始7日前公告；变卖不动产或者其他财产权的，应当在变卖期开始15日前公告。变卖公告应当包括但不限于变卖财产、变卖价、变卖期、变卖期开始时间、变卖流程、保证金数额、加价幅度等内容，应当特别提示变卖成交后不交纳尾款的，保证金不予退还。

四、关于变卖价确定的问题。网络司法变卖的变卖价为网络司法拍卖二拍流拍价。各级人民法院应当认真领会《网拍规定》关于确定一拍、二拍起拍价的精神，在评估价（或市场价）基础上按《网络规定》进行降价拍卖。

五、关于竞买人资格确定的问题。竞买人交齐变卖价全款后，取得竞买资格。竞买人可以向法院指定的账户交纳，也可以在变卖平台上在线报名并交纳。竞买人向法院指定账户交纳的，人民法院应当及时通过操作系统录入并推送给确定的变卖平台。

六、关于网络司法拍卖变卖流程问题。变卖期开始后，取得竞买资格的竞买人即可以出价。自第一次出价开始进入24小时竞价程序，其他取得竞买资格的竞买人可在竞价程序内以递增出价方式参与竞买。竞价程序参照《网拍规定》第二十条规定进行，加价幅度参照我院法明传〔2017〕第253号通知要求进行设置。竞价程序内无其他人出价的，变卖财产由第一次出价的竞买人竞得；竞价程序内有其他人出价的，变卖财产由竞价程序结束时最高出价者竞得。变卖成交的，竞价程序结束时变卖期结束。

七、关于网络司法变卖结束后相关事宜处理的问题。变卖成交的，由平台以买受人的真实身份自动生成确认书并公示；变卖期内无人出价的，变卖期结束时变卖程序结束，相关财产按相关司法解释和规范性文件依法处置。

八、关于变卖成交后买受人不交纳尾款如何处理的问题。经过竞价变卖成交后，买受人反悔不交纳尾款的，从所交纳变卖价款中扣留变卖公告中所确定的保证金不予退还，扣留的保证金参照《网络规定》第二十四条处理，买受人反悔不交纳尾款导致人民法院重新变卖的，原买受人不得再次参与竞买。

九、关于未经拍卖直接变卖财产如何处置的问题。未经拍卖直接变卖的财产，按照《最高人民法院关于人民法院民事执行中拍卖、变卖财产的规定》进行变卖。

各高级人民法院应当及时指导辖区内法院认真学习本通知精神，按通知要求开展好网络司法变卖工作。我院已根据上述规则要求各网络服务提供者进行程序改造，同时一并开发内网变卖操作系统，系统具体上线时间及操作手册将另行下发。请各高级人民法院工作中注意收集辖区内法院在实施过程中遇到的问题、提出的意见及建议，及时报告我院。

特此通知。

最高人民法院关于对工业企业结构调整专项奖补资金不宜采取财产保全措施和执行措施的通知

2017年7月19日　　　　　　　　　　法〔2017〕220号

各省、自治区、直辖市高级人民法院，解放军军事法院，新疆维吾尔自治区高级人民法院生产建设兵团分院：

根据《国务院关于钢铁行业化解过剩产能实现脱困发展的意见》（国发〔2015〕6号）、《国务院关于煤炭行业化解过剩产能实现脱困发展的意见》（国发〔2016〕7号）、《财政部工业企业结构调整专项奖补资金管理办法》（财建〔2016〕253号）的规定，工业企业结构调整专项奖补资金系中央财政为支持地方政府和中央企业推动钢铁、煤炭等行业化解过剩产能工作而设立的专项资金。该资金专项用于相关国有企业职工以及符合条件的非国有企业职工的分流安置工作，目的在于去除钢铁、煤炭等行业的过剩产能，推进供给侧结构性改革。因此，除为实现企业职工权利，审理、执行因企业职工分流安置工作形成的纠纷外，人民法院在审理、执行涉及有关国有和非国有钢铁、煤炭企业的其他纠纷时，不宜对工业企业结构调整专项奖补资金采取保全和执行措施。

各高级人民法院收到本通知后，要立即组织辖区人民法院对正在审理、执行中的案件进行自查，发现相关工业企业结构调整专项奖补资金已被冻结，或者已经划拨但未发放的，除为实现企业职工权利，审理、执行因企业职工分流安置工作形成的纠纷外，应立即解除冻结措施，退还相关款项。

各级人民法院应结合账户性质、资金来源、发放程序、审批手续等因素准确判断资金性质，同时保障各方当事人的权利，既要避免因普通经济纠纷冻结、扣划工业企业结构调整专项奖补资金，也要防止债务人恶意借奖补资金之名逃避债务。

最高人民法院
印发《关于严格规范执行事项委托工作的管理办法（试行）》的通知

2017年9月8日　　　　　　　　　　　　法发〔2017〕27号

各省、自治区、直辖市高级人民法院，解放军军事法院，新疆维吾尔自治区高级人民法院生产建设兵团分院：

现将《最高人民法院关于严格规范执行事项委托工作的管理办法（试行）》印发给你们，请认真贯彻执行。

附：

关于严格规范执行事项委托工作的管理办法（试行）

为严格规范人民法院执行事项委托工作，加强各地法院之间的互助协作，发挥执行指挥中心的功能优势，节约人力物力，提高工作效率，结合人民法院执行工作实际，制定本办法。

第一条 人民法院在执行案件过程中遇有下列事项需赴异地办理的，可以委托相关异地法院代为办理。

（一）冻结、续冻、解冻、扣划银行存款、理财产品；

（二）公示冻结、续冻、解冻股权及其他投资权益；

（三）查封、续封、解封、过户不动产和需要登记的动产；

（四）调查被执行人财产情况；

（五）其他人民法院执行事项委托系统中列明的事项。

第二条 委托调查被执行人财产情况的，委托法院应当在委托函中明确具体调查内容、具体协助执行单位并附对应的协助执行通知书。调查内容应当为总对总查控系统尚不支持的财产类型及范围。

第三条 委托法院进行事项委托一律通过执行办案系统发起和办理，不再通过线下邮寄材料方式进行。受托法院收到线下邮寄材料的，联系委托法院线上补充提交事项委托后再予办理。

第四条 委托法院发起事项委托应当由承办人在办案系统事项委托模块中录入委托法院名称、受托法院名称、案号、委托事项、办理期限、承办人姓名、联系方式，并附相关法律文书。经审批后，该事项委托将推送至人民法院执行事项委托系统，委托法院执行指挥中心核查文书并加盖电子签章后推送给受托法院。

第五条 受托法院一般应当为委托事项办理地点的基层人民法院，受托同级人民法院更有利于事项委托办理的除外。

第六条 办理期限应当根据具体事项进行合理估算，一般应不少于十天，不超过二十天，需要紧急办理的，推送事项委托后，通过执行指挥中心联系受托法院，受托法院应当于24小时内办理完毕。

第七条 相关法律文书应当包括执行裁定书、协助执行通知书、委托执行函、送达回证（或回执），并附执行公务证件扫描件，委托扣划已冻结款项的，应当提供执行依据扫描件并加盖委托法院电子签章。

第八条 受托法院通过人民法院执行事项委托系统收到事项委托后，应当尽快核实材料并签收办理。

第九条 委托办理的事项超出本办法第一条所列范围且受托法院无法办理的，受托法院与委托法院沟通后可予以退回。

第十条 委托法院提供的法律文书不符合要求或缺少必要文书、收到法院无法办理的，应及时与委托法院沟通告知应当补充的材料。未经沟通，受托法院不得直接退回该委托。委托法院应予3日内通过系统补充材料，补充材料后仍无法办理的，受托法院可说明原因后退回。

第十一条 受托法院应当及时签收并办理事项委托，完成后及时将办理情况及送达回证、回执或其他材料通过系统反馈委托法院，委托法院应当及时确认办结。

第十二条 执行事项委托不作为委托执行案件立案办理，事项委托由受托法院根据本地的实际按一定比例折合为执行实施案件计入执行人员工作量并纳入考核范围。

第十三条 委托法院可在人民法院执行事项委托系统中对已经办结的事项委托进行评价，或向受托法院的上级法院进行投诉并说明具体投诉原因，被投诉的受托法院可通过事项委托系统说明情况。评价、投诉信息将作为考核事项委托工作的一项指标。

第十四条 各高级、中级人民法院应当认真履行督促职责，通过执行指挥管理平台就辖区法院未及时签收并办理、未及时确认办结情况进行督办。最高人民法院、高级人民法院定期对辖区法院事项委托办理情况进行统计、通报。

最高人民法院
关于对重庆高院《关于破产申请受理前已经划扣到执行法院账户尚未支付给申请执行人的款项是否属于债务人财产及执行法院收到破产管理人中止执行告知函后应否中止执行问题的请示》的答复函

2017年12月12日　　　　　　　　〔2017〕最高法民他72号

重庆市高级人民法院：

你院〔2017〕渝民他12号《关于破产申请受理前已经划扣到执行法院账户尚未支付给申请执行人的款项是否属于债务人财产及执行法院收到破产管理人中止执行告知函后应否中止执行问题的请示》收悉，经研究，答复如下：

人民法院裁定受理破产申请时已经扣划到执行法院账户但尚未支付给申请执行人的款项，仍属于债务人财产。人民法院裁定受理破产申请后，执行法院应当中止对该财产的执行。执行法院收到破产管理人发送的中止执行告知函后仍继续执行的，应当根据《最高人民法院关于适用〈中华人民共和国企业破产法〉若干问题的规定（二）》第五条依法予以纠正，故同意你院审判委员会的倾向性意见。由于法律、司法解释和司法政策的变化，我院2004年12月22日作出的《关于如何理解〈最高人民法院关于破产法司法解释〉第六十八条的请示的答复》（〔2003〕民二他字第52号）相应废止。

此复。

国家发展和改革委员会　最高人民法院　国土资源部
关于对失信被执行人实施限制不动产交易惩戒措施的通知

2018年3月1日　　　　　　　　发改财金〔2018〕370号

各省、自治区、直辖市、新疆生产建设兵团社会信用体系建设牵头单位、高级人民法院、国土资源厅（局）：

为深入学习贯彻习近平新时代中国特色社会主义思想和党的十九大精神，进一步落实《中共中央办公厅 国务院办公厅关于加快推进失信被执行人信用监督、警示和惩戒机制建设的意见》(中办发〔2016〕64号)、《国务院关于建立完善守信联合激励和失信联合惩戒制度加快推进社会诚信建设的指导意见》(国发〔2016〕33号)和《最高人民法院关于限制被执行人高消费的若干规定》(法释〔2010〕8号)等有关要求,加大对失信被执行人的惩戒力度,建立健全联合奖惩机制,国家发展改革委、最高人民法院、国土资源部共同对失信被执行人及失信被执行人的法定代表人、主要负责人、实际控制人、影响债务履行的直接责任人员,采取限制不动产交易的惩戒措施。现将有关事项通知如下。

一、各级人民法院限制失信被执行人及失信被执行人的法定代表人、主要负责人、实际控制人、影响债务履行的直接责任人员参与房屋司法拍卖。

二、市、县国土资源部门限制失信被执行人及失信被执行人的法定代表人、主要负责人、实际控制人、影响债务履行的直接责任人员取得政府供应土地。

三、各地国土资源部门与人民法院要积极推进建立同级不动产登记信息和失信被执行人名单信息互通共享机制,有条件的地区,国土资源部门在为失信被执行人及失信被执行人的法定代表人、主要负责人、实际控制人、影响债务履行的直接责任人员办理转移、抵押、变更等涉及不动产权变化的不动产登记时,应将相关信息通报给人民法院,便于人民法院依法采取执行措施。

四、建立健全全国信用信息共享平台与国家不动产登记信息平台信息互通共享机制。全国信用信息共享平台将最高人民法院提供的失信被执行人名单信息及时推送至国家不动产登记信息平台;国家不动产登记信息平台将失信被执行人名下的不动产登记信息及时反馈至全国信用信息共享平台。

国家发展改革委 民航局 最高人民法院
财政部 人力资源社会保障部 税务总局 证监会等

关于在一定期限内适当限制特定严重失信人乘坐火车推动社会信用体系建设的意见

2018年3月2日　　　　　　　　　　发改财金〔2018〕384号

各省、自治区、直辖市、新疆生产建设兵团社会信用体系建设牵头单位、文明办、高级人民法院、财政厅(局)、人力资源社会保障厅(局)、国家税务局、地方税务局,中国证监会各派出机构,铁路运输企业、铁科院、各铁路公安局:

为深入学习贯彻习近平新时代中国特色社会主义思想和党的十九大精神,落实习近平总书记关于构建"一处失信、处处受限"信用惩戒大格局的重要指示,按照《国务院关于建立完善守信联合激励和失信联合惩戒制度加快推进社会诚信建设的指导意见》

(国发〔2016〕33号）要求，防范部分旅客违法失信行为对铁路运行安全的不利影响，进一步加大对其他领域严重违法失信行为的惩戒力度，现就限制特定严重失信人乘坐火车提出以下意见。

一、限制范围

（一）严重影响铁路运行安全和生产安全有关的行为责任人被公安机关处罚或铁路站车单位认定的

1. 扰乱铁路站车运输秩序且危及铁路安全、造成严重社会不良影响的；
2. 在动车组列车上吸烟或者在其他列车的禁烟区域吸烟的；
3. 查处的倒卖车票、制贩假票的；
4. 冒用优惠（待）身份证件、使用伪造或无效优惠（待）身份证件购票乘车的；
5. 持伪造、过期等无效车票或冒用挂失补车票乘车的；
6. 无票乘车、越站（席）乘车且拒不补票的；
7. 依据相关法律法规应予以行政处罚的。

对上述行为责任人限制乘坐火车。

（二）其他领域的严重违法失信行为有关责任人

1. 有履行能力但拒不履行的重大税收违法案件当事人；
2. 在财政性资金管理使用领域中存在弄虚作假、虚报冒领、骗取套取、截留挪用、拖欠国际金融组织和外国政府到期债务的严重失信行为责任人；
3. 在社会保险领域中存在以下情形的严重失信行为责任人：用人单位未按相关规定参加社会保险且拒不整改的；用人单位未如实申报社会保险缴费基数且拒不整改的；应缴纳社会保险费且具备缴纳能力但拒不缴纳的；隐匿、转移、侵占、挪用社会保险基金或者违规投资运营的；以欺诈、伪造证明材料或者其他手段骗取社会保险待遇的；社会保险服务机构违反服务协议或相关规定的；拒绝协助社会保险行政部门对事故和问题进行调查核实的；
4. 证券、期货违法被处以罚没款，逾期未缴纳的；上市公司相关责任主体逾期不履行公开承诺的；
5. 被人民法院按照有关规定依法采取限制消费措施，或依法纳入失信被执行名单的；
6. 相关部门认定的其他限制乘坐火车高级别席位的严重失信行为责任人，相关部门加入本文件的，应当通过修改本文件的方式予以明确。

对上述行为责任人限制乘坐火车高级别席位，包括列车软卧、G字头动车组列车全部座位、其他动车组列车一等座以上座位。

二、信息采集

（一）铁路旅客相关失信信息采集

在铁路站车发生上述行为，被公安机关予以行政处罚或立为刑事案件的，由相关铁路公安局通报相关铁路局集团有限公司，并纳入惩戒名单。未被公安机关处理的上述行为,由铁路站车工作人员收集有关音视频证据或 2 名旅客以上的证人证言或行为责任人本人书面证明,报铁路运输企业审核、认定后,纳入惩戒名单。

(二)其他领域相关失信信息采集

国家发展改革委、最高人民法院、财政部、人力资源社会保障部、税务总局、证监会将本部门确定的因发生严重失信行为需要纳入限制乘火车高级别席位的名单归集至全国信用信息共享平台,由平台推送给铁路总公司,由其按国家规定程序纳入限制乘火车高级别席位名单。如果之前已和铁路总公司建立数据传输通道的、实现名单信息共享的,可以保持原数据传统通道和信息共享方式,全国信用信息共享平台不再重复推送名单信息。

向铁路总公司提供的名单信息应当包括:被列入限制乘火车高级别席位名单人员的姓名、旅行证件号码、列入原因,有作为依据的法律文书的,还应当提供该法律文书的名称与编号。有关部门应当确定名单异议处理人,并通报铁路总公司。

三、发布执行和权利救济

各铁路运输企业每月第一个工作日在中国铁路客户服务中心(12306)网站、"信用中国"网站发布限制购买车票人员名单的完整信息,有关部门的异议处理人联系方式应当同时公布。名单自发布之日起 7 个工作日为公示期,公示期内,被公示人可通过铁路"12306"客服电话或向有关部门提出异议,公示期满,被公示人未提出异议或者提出异议经审查未予支持的,各铁路运输企业开始按照公示名单执行惩戒措施。被纳入限制购买车票名单的人员认为纳入错误的,可以向有关机关、单位提起复核。

四、移除机制

对特定严重失信人在一定期限内适当限制乘坐火车。相关主体从限制乘火车人员名单中移除后,不再对其采取限制乘火车措施,具体移除办法如下:

(一)行为责任人发生严重影响铁路运行安全和生产安全有关行为第 1~3、7 条的,各铁路运输企业限制其购买车票,有效期为 180 天,自公布期满无有效异议之日起计算,180 天期满自动移除,铁路运输企业对其恢复发售车票。

(二)行为责任人发生严重影响铁路运行安全和生产安全有关的行为第 4~6 条的,各铁路运输企业限制其购买车票。行为责任人补齐所欠票款后(自补票次日算起),铁路运输企业恢复发售车票;行为责任人补齐第一次所欠票款一年内,三次发生上述 4~6 条行为的,行为责任人补齐所欠票款 90 天后(含 90 天),铁路运输企业恢复发售车票,不补齐所欠票款,铁路运输企业不对其恢复发售车票。

(三)其他领域产生的限制乘坐火车高级别席位的相关人员名单,有效期为一年,自公示期满之日起计算,一年期满自动移除;在有效期内,其法定义务履行完毕的,有关部门应当在 7 个工作日内通知铁路总公司移除名单。

五、诉讼指导

最高人民法院加强对各级人民法院指导,依法处理因执行限制乘坐火车名单而引发的有关民事诉讼和行政诉讼，明确审理标准，公正司法，维护各方合法权益。

六、宣传工作

各相关部门及各铁路运输企业应当借助各类媒体平台，发挥舆论的宣传引导作用，大力开展铁路信用宣传普及教育活动。利用"诚信活动周""安全生产月""诚信兴商宣传月""3·15国际消费者权益保护日""6·14信用记录关爱日""12·4全国法制宣传日"等公益活动，有步骤、有重点地介绍宣传限制乘坐火车制度的内容和实施情况，帮助广大社会公众熟悉并监督这一制度的实施。

本通知自2018年5月1日起实施。

国家发展改革委 最高人民法院 财政部 人力资源社会保障部 税务总局 证监会等 关于在一定期限内适当限制特定严重失信人 乘坐民用航空器推动社会信用体系建设的意见

2018年3月2日　　　　　　　　　　发改财金〔2018〕385号

各省、自治区、直辖市、新疆生产建设兵团社会信用体系建设牵头单位、文明办、高级人民法院、财政厅（局）、人力资源社会保障厅（局）、国家税务局、地方税务局，中国证监会各派出机构，民航各地区管理局，各运输（通用）航空公司、机场公司，中国民航信息集团、机场公安局：

为深入学习贯彻习近平新时代中国特色社会主义思想和党的十九大精神，落实习近平总书记关于构建"一处失信、处处受限"信用惩戒大格局的重要指示，按照《国务院关于建立完善守信联合激励和失信联合惩戒制度加快推进社会诚信建设的指导意见》（国发〔2016〕33号）要求，防范部分旅客违法行为对民航飞行安全的不利影响，进一步加大对其他领域严重违法失信行为的惩戒力度，现就限制特定严重失信人乘坐民用航空器提出以下意见。

一、限制范围

（一）旅客在机场或航空器内实施下列行为被公安机关处以行政处罚或被追究刑事责任的：

1. 编造、故意传播涉及民航空防安全虚假恐怖信息的；
2. 使用伪造、变造或冒用他人乘机身份证件、乘机凭证的；
3. 堵塞、强占、冲击值机柜台、安检通道、登机口（通道）的；
4. 随身携带或托运国家法律、法规规定的危险品、违禁品和管制物品的；在随身携带或托运行李中故意藏匿国家规定以外属于民航禁止、限制运输物品的；

5. 强行登占、拦截航空器，强行闯入或冲击航空器驾驶舱、跑道和机坪的；

6. 妨碍或煽动他人妨碍机组、安检、值机等民航工作人员履行职责，实施或威胁实施人身攻击的；

7. 强占座位、行李架，打架斗殴、寻衅滋事，故意损坏、盗窃、擅自开启航空器或航空设施设备等扰乱客舱秩序的；

8. 在航空器内使用明火、吸烟、违规使用电子设备，不听劝阻的；

9. 在航空器内盗窃他人物品的。

（二）其他领域的严重违法失信行为有关责任人

1. 有履行能力但拒不履行的重大税收违法案件当事人；

2. 在财政性资金管理使用领域中存在弄虚作假、虚报冒领、骗取套取、截留挪用、拖欠国际金融组织和外国政府到期债务的严重失信行为责任人；

3. 在社会保险领域中存在以下情形的严重失信行为责任人：用人单位未按相关规定参加社会保险且拒不整改的；用人单位未如实申报社会保险缴费基数且拒不整改的；应缴纳社会保险费且具备缴纳能力但拒不缴纳的；隐匿、转移、侵占、挪用社会保险基金或者违规投资运营的；以欺诈、伪造证明材料或者其他手段骗取社会保险待遇的；社会保险服务机构违反服务协议或相关规定的；拒绝协助社会保险行政部门对事故和问题进行调查核实的；

4. 证券、期货违法被处以罚没款，逾期未缴纳的；上市公司相关责任主体逾期不履行公开承诺的；

5. 被人民法院按照有关规定依法采取限制消费措施，或依法纳入失信被执行人名单的；

6. 相关部门认定的其他限制乘坐民用航空器的严重失信行为责任人，相关部门加入本文件的，应当通过修改本文件的方式予以明确。

二、信息采集

（一）民航旅客相关失信信息采集

民航局应当和公安机关、人民法院协调建立信息推送机制。因本意见第一部分第（一）项所列行为而被公安机关处罚或者被追究刑事责任的，由做出处罚决定的公安机关和做出判决的人民法院将名单推送民航局，由民航局按照规定程序纳入限制乘机名单。

（二）其他领域相关失信信息采集

国家发展改革委、最高人民法院、财政部、人力资源社会保障部、税务总局、证监会将本部门确定的因发生严重失信行为需要纳入限制乘飞机的名单归集至全国信用信息共享平台，由平台推送给民航局，由其按规定程序纳入限制乘飞机名单。如果之前已和民航局建立数据传输通道的、实现名单信息共享的，可以保持原数据传统通道和信息共享方式，全国信用信息共享平台不再重复推送名单信息。

向民航局提供的名单信息应当包括：被列入限制乘机名单人员的姓名、旅行证件号码、列入原因,有作为依据的法律文书的,还应当提供该法律文书的名称与编号。有关部门应当确定名单异议处理人,并通报民航局。

三、发布执行和权利救济

民航局按照规定程序,每月第一个工作日在指定的民航网站和"信用中国"网站发布限制乘机名单信息,异议处理部门及联系方式应当同时公布。名单自发布之日起7个工作日为公示期,公示期内,被公示人可以向有关部门提出异议,公示期满,被公示人未提出异议或者提出异议经审查未予支持的,名单开始执行。被纳入限制乘机名单的人员认为纳入错误的,可以向有关机关、单位提起复核。

四、移除机制

对特定严重失信人在一定期限内适当限制乘坐民用航空器。相关主体从限制乘机人员名单中移除后,不再对其采取限制乘机措施,具体移除办法如下:

(一)因严重影响民航飞行安全和生产安全的特定严重失信人限制乘坐民用航空器的,有效期为一年,自公示期满之日起计算,一年期满自动移除。

(二)其他领域产生的限制乘坐民用航空器的相关人员名单,有效期为一年,自公示期满之日起计算,一年期满自动移除;在有效期内,其法定义务履行完毕的,有关部门应当在7个工作日内通知民航局移除名单。

因押解犯罪嫌疑人或者犯罪人员需要乘坐飞机的,由押解部门向民航局提出申请后,予以暂时解除。

五、诉讼指导

最高人民法院加强对各级人民法院指导,依法处理因执行限制乘机名单而引发的有关民事诉讼和行政诉讼,明确审理标准,公正司法,维护各方合法权益。

六、宣传工作

本意见的签署单位以及各航空运输(通用)公司、机场公司、民航有关协会,应当借助各类媒体平台,发挥舆论的宣传引导作用,大力开展民航信用宣传普及教育活动。利用"诚信活动周""安全生产月""诚信兴商宣传月""3·15国际消费者权益保护日""6·14信用记录关爱日""12·4全国法制宣传日"等公益活动,有步骤、有重点地介绍宣传限制乘坐民用航空器制度的内容和实施情况,帮助广大社会公众熟悉并监督这一制度的实施。

本通知自2018年5月1日起实施。

最高人民法院　中国银行业监督管理委员会
关于进一步推进网络执行查控工作的通知

2018年3月12日　　　　　　　　　　　　　　法〔2018〕64号

各省、自治区、直辖市高级人民法院，解放军军事法院，新疆维吾尔自治区高级人民法院生产建设兵团分院；各银监局，各政策性银行、大型银行、股份银行、中国邮政储蓄银行，各省级农村信用联社：

为全面落实中共中央办公厅、国务院办公厅《关于加快推进失信被执行人信用监督、警示和惩戒机制建设的意见》（中办发〔2016〕64号）、《最高人民法院、中国银行业监督管理委员会关于人民法院与银行业金融机构开展网络执行查控和联合信用惩戒工作的意见》（法〔2014〕266号）、《最高人民法院、中国银行业监督管理委员会关于联合下发〈人民法院、银行业金融机构网络执行查控工作规范〉的通知》（法〔2015〕321号），维护司法权威，防范金融风险，推动社会信用体系建设，最高人民法院、中国银行业监督管理委员会决定进一步推进人民法院和银行业金融机构的网络执行查控及联合信用惩戒作，现将有关事项通知如下：

一、21家银行（中国工商银行、中国农业银行、中国银行、中国建设银行、交通银行、中国光大银行、中国民生银行、华夏银行、招商银行、广发银行、浦发银行、中国农业发展银行、中信银行、平安银行、渤海银行、浙商银行、兴业银行、恒丰银行、中国邮政储蓄银行、中国进出口银行、北京银行）在2018年3月31日前上线银行存款网络冻结功能和网络扣划功能。

二、有金融理财产品业务的19家银行（中国工商银行、中国农业银行、中国银行、中国建设银行、交通银行、中国光大银行、中国民生银行、华夏银行、招商银行、广发银行、浦发银行、中信银行、平安银行、渤海银行、浙商银行、兴业银行、恒丰银行、中国邮政储蓄银行、北京银行）在2018年3月31日前上线金融理财产品网络冻结功能。

三、21家银行以外的地方性银行业金融机构在2018年4月30日前上线银行存款网络冻结功能和网络扣划功能。

四、21家银行以外的地方性银行业金融机构在2018年3月28日前完成与最高人民法院的金融理财产品查控功能测试（有无金融理财产品业务都需进行测试）；有金融理财产品业务的地方性银行业金融机构，在2018年5月31日前上线金融理财产品网络查询功能，在2018年6月30日前上线金融理财产品网络冻结功能。

五、银行业金融机构应当支持银行存款在网络冻结状态下的全额扣划和部分扣划。网络扣划功能上线后，网络冻结的款项，原则上应进行网络扣划。

六、人民法院网络扣划被执行人银行存款时，应当提供相关《执行裁定书》《协助执行通知书》、执行人员工作证件及联系方式；现场扣划的，参照执行。

七、人民法院网络扣划被执行人银行存款的，应先采取网络冻结措施；网络扣划款项应当划至人民法院执行款专户或案款专户；人民法院在网络冻结被执行人款项后，应当及时通知被执行人。

八、因人民法院网络扣划失败、资金滞留在银行内部账户的，由银行联系执行法院执行人员携带《执行裁定书》《协助执行通知书》、工作证件到现场办理扣划。

异地执行法院委托当地法院代为办理的，委托法院应当提供：《执行裁定书》《协助执行通知书》《委托执行函》《送达回证》（或《回执》）及执行人员工作证件扫描件，以上法律文书应加盖委托法院电子签章，或是将盖章后的法律文书转换成彩色扫描件；受托法院应当携带以上材料的彩色打印件和受托法院执行人员工作证；银行应当协助办理。

异地执行法院通过司法专邮邮寄《执行裁定书》《协助执行通知书》原件及执行人员工作证件复印件的，银行应当协助办理。

九、银行业金融机构应研究完善银行端，网络查控数据库，确保网络查控系统反馈的数据和线下柜台查询的数据保持一致；应提升银行端网络查控数据库性能，提高反馈速度和反馈率，解决查控数据积压问题；自收到全国法院网络执行查控系统发起的网络查控请求 24 小时之内，应予以有效反馈。

十、各省（市、区）高级人民法院，新疆维吾尔自治区高级人民法院生产建设兵团分院，各省（市、区）银监局，负责督促、落实本辖区地方性银行业金融机构，按时上线银行存款网络冻结功能和网络扣划功能、按时上线金融理财产品网络查询功能和网络冻结功能；负责跟踪、督促本辖区地方性银行业金融机构切实履行好协助执行的法定义务，提高网络查控反馈信息的准确性和反馈率；并向最高人民法院和中国银行业监督管理委员会报告进展情况。

十一、银行业金融机构要切实履行好协助执行的法定义务，严禁违法向被执行人透露案件相关信息、为被执行人逃避规避执行提供帮助。人民法院和银行业金融机构工作人员违反以上规定、造成不良影响的，将追究相关责任。

十二、人民法院与银行业金融机构关于协助执行的有关规范性文件与本通知不一致的，以本通知为准。

最高人民法院将与中国银行业监督管理委员会建立网络查控工作督促、通报、协商和检查机制，研究解决在执行过程中遇到相关问题。请各银监局将本文转发至银监分局和辖区内地方性银行业金融机构。

最高人民法院
关于进一步规范近期执行工作相关问题的通知

2018年5月28日　　　　　　　　　　　　　　法〔2018〕141号

各省、自治区、直辖市高级人民法院，解放军军事法院，新疆维吾尔自治区高级人民法院生产建设兵团分院：

为进一步推进"用两到三年时间基本解决执行难问题"整体目标的实现，充分保障当事人的合法权益，结合近期执行工作中发现的问题，现就有关问题通知如下：

一、关于失信被执行人名单相关问题

（一）执行法院应当严格依照《最高人民法院关于公布失信被执行人名单信息的若干规定》（法释〔2017〕7号，以下简称《失信规定》）第一条的规定审查被执行人是否符合纳入名单的法定情形，严禁将不符合条件的被执行人纳入失信名单。

（二）具有《失信规定》第三条规定情形之一的，不得依据《失信规定》第一条第一项的规定将被执行人纳入失信名单。已经纳入的，应当撤销，纳入后才具有《失信规定》第三条第（一）、（二）项情形之一的，应当屏蔽。

（三）对于有失信期限的失信被执行人名单信息，失信被执行人履行完毕的，应当依照《失信规定》第二条第二款的规定提前删除失信信息，具体操作按我院"法明传〔2018〕33号"通知要求进行。

（四）案件已经以终结本次执行程序方式报结，执行法院按照我院"法明传〔2017〕699号"通知要求，已将案件标注为实结，尚有失信被执行人名单信息处于发布状态的，应当屏蔽；如果纳入失信被执行人名单错误的，应当撤销。

二、关于终结本次执行程序相关问题

（一）原终结本次执行程序中已发出限制消费令的恢复执行案件，人民法院再次终结本次执行程序的，可无须再根据《终本规定》第一条第二项发出限制消费令。

（二）在严格按照《终本规定》的程序标准和实质标准完成必要的执行措施后，人民法院终结本次执行程序，可不受《终本规定》第一条第四项三个月期限的限制，同时，要严格杜绝随立随结、违规报结等滥用终结本次程序的行为，立案后不满三个月即终结本次执行程序的案件，将作为日常考核和本次巡查、评估工作中重点抽查的案件。

（三）执行法院通过总对总网络执行查控系统查询被执行人财产的，必须完成对所有已开通查询功能的财产项目的查询，仅查询部分财产项目的，不符合完成网络调查事项的要求。拟终结本次执行程序时距完成前次总对总网络查控已超过三个月的，还应在

终结本次程序之前再次通过总对总网络执行查控系统查询被执行人的财产。

（四）根据《终本规定》第五条征求申请执行人意见时，可以采取面谈、电话、邮件、传真、短信、微信等方式，必须将征求意见情况记录入卷为凭；有下列情形之一的，可不再征求申请执行人意见：

1. 执行内容仅为追缴诉讼费或罚款的；
2. 行政非诉执行案件；
3. 刑事财产刑执行案件；
4. 申请执行人申请终结本次执行程序的。

（五）人民法院终结本次执行程序前，应严格执行《最高人民法院关于民事执行中财产调查若干问题的规定》，积极采取现场调查等方式，查明被执行人财产状况和履行义务能力，一般应当完成下列调查事项：

1. 对申请执行人提供的财产线索，必须予以核实，并将核实情况记录入卷；
2. 向被执行人发出报告财产令时，应及时传唤被执行人或其法定代表人、负责人、实际控制人到人民法院接受调查询问；
3. 住房公积金、金融理财产品、收益类保险、股息红利等未实现网络查控的财产，应前往现场调查，并制作调查笔录附卷为凭；
4. 被执行人是自然人的，向被执行人所在单位及居住地周边群众调查了解被执行人生活居住、劳动就业、收入、债权、股权等情况，并制作调查笔录附卷为凭；
5. 被执行人是法人或其他组织的，对其住所地、经营场所进行现场调查；全面核查被执行人企业性质及设立、合并分立、投资经营、债权债务、变更终止等情况，并可依申请进行审计调查。

（六）本辖区中级、基层人民法院机构发生调整的，对此前已裁定终结本次执行程序的案件，高级人民法院应及时指定相关法院负责后续管理。

三、关于和解长期履行案件的报结问题

当事人达成执行和解协议，要长期履行的，可以以终结执行方式（选择"和解长期履行"情形）报结。执行案件流程系统须进行相应改造，在终结执行内增加"和解长期履行"作为终结执行的一种情形；同时，对该种情形终结执行的案件在报结时可以不作必须解除强制执行措施的要求，因被执行人不履行和解协议申请执行人申请恢复执行原生效法律文书的，以恢复执行方式立案。对接使用最高人民法院执行案件流程信息管理系统的执行法院，由各高级人民法院负责改造系统；直接使用最高人民法院执行案件流程信息管理系统的执行法院，由我院负责改造系统并进行远程升级。

以上通知，请遵照执行。执行中发现的新情况、新问题，请及时报告我院。

二十一、涉港澳、涉台民事诉讼程序

最高人民法院
关于内地与香港特别行政区法院
相互委托送达民商事司法文书的安排

法释〔1999〕9号

(1998年12月30日最高人民法院审判委员会第1038次会议通过
1999年3月29日最高人民法院公告公布　自1999年3月30日起施行)

根据《中华人民共和国香港特别行政区基本法》第九十五条的规定，经最高人民法院与香港特别行政区代表协商，现就内地与香港特别行政区法院相互委托送达民商事司法文书问题规定如下：

一、内地法院和香港特别行政区法院可以相互委托送达民商事司法文书。

二、双方委托送达司法文书，均须通过各高级人民法院和香港特别行政区高等法院进行。最高人民法院司法文书可以直接委托香港特别行政区高等法院送达。

三、委托方请求送达司法文书，须出具盖有其印章的委托书，并须在委托书中说明委托机关的名称、受送达人的姓名或者名称、详细地址及案件的性质。

委托书应当以中文文本提出。所附司法文书没有中文文本的，应当提供中文译本。以上文件一式两份。受送达人为两人以上的，每人一式两份。

受委托方如果认为委托书与本安排的规定不符，应当通知委托方，并说明对委托书的异议。必要时可以要求委托方补充材料。

四、不论司法文书中确定的出庭日期或者期限是否已过，受委托方均应送达。委托方应当尽量在合理期限内提出委托请求。

受委托方接到委托书后，应当及时完成送达，最迟不得超过自收到委托书之日起两个月。

五、送达司法文书后，内地人民法院应当出具送达回证；香港特别行政区法院应当出具送达证明书。出具送达回证和证明书，应当加盖法院印章。

受委托方无法送达的，应当在送达回证或者证明书上注明妨碍送达的原因、拒收事由和日期，并及时退回委托书及所附全部文书。

六、送达司法文书，应当依照受委托方所在地法律规定的程序进行。

七、受委托方对委托方委托送达的司法文书的内容和后果不负法律责任。

八、委托送达司法文书费用互免。但委托方在委托书中请求以特定送达方式送达所产生的费用，由委托方负担。

九、本安排中的司法文书在内地包括：起诉状副本、上诉状副本、授权委托书、传票、判决书、调解书、裁定书、决定书、通知书、证明书、送达回证；在香港特别行政区包括：起诉状副本、上诉状副本、传票、状词、誓章、判案书、判决书、裁决书、通知书、法庭命令、送达证明。

上述委托送达的司法文书以互换司法文书样本为准。

十、本安排在执行过程中遇有问题和修改，应当通过最高人民法院与香港特别行政区高等法院协商解决。

最高人民法院
关于内地与香港特别行政区相互执行仲裁裁决的安排

法释〔2000〕3号

（1999年6月18日最高人民法院审判委员会第1069次会议通过 2000年1月24日最高人民法院公告公布 自2000年2月1日起施行）

根据《中华人民共和国香港特别行政区基本法》第九十五条的规定，经最高人民法院与香港特别行政区（以下简称香港特区）政府协商，香港特区法院同意执行内地仲裁机构（名单由国务院法制办公室经国务院港澳事务办公室提供）依据《中华人民共和国仲裁法》所作出的裁决，内地人民法院同意执行在香港特区按香港特区《仲裁条例》所作出的裁决。现就内地与香港特区相互执行仲裁裁决的有关事宜作出如下安排：

一、在内地或者香港特区作出的仲裁裁决，一方当事人不履行仲裁裁决的，另一方当事人可以向被申请人住所地或者财产所在地的有关法院申请执行。

二、上条所述的有关法院，在内地指被申请人住所地或者财产所在地的中级人民法院，在香港特区指香港特区高等法院。

被申请人住所地或者财产所在地在内地不同的中级人民法院辖区内的，申请人可以选择其中一个人民法院申请执行裁决，不得分别向两个或者两个以上人民法院提出申请。

被申请人的住所地或者财产所在地，既在内地又在香港特区的，申请人不得同时分别向两地有关法院提出申请。只有一地法院执行不足以偿还其债务时，才可就不足部分向另一地法院申请执行。两地法院先后执行仲裁裁决的总额,不得超过裁决数额。

三、申请人向有关法院申请执行在内地或者香港特区作出的仲裁裁决的,应当提交以下文书:

(一)执行申请书;

(二)仲裁裁决书;

(三)仲裁协议。

四、执行申请书的内容应当载明下列事项:

(一)申请人为自然人的情况下,该人的姓名、地址;申请人为法人或者其他组织的情况下,该法人或其他组织的名称、地址及法定代表人姓名;

(二)被申请人为自然人的情况下,该人的姓名、地址;被申请人为法人或者其他组织的情况下,该法人或其他组织的名称、地址及法定代表人姓名;

(三)申请人为法人或者其他组织的,应当提交企业注册登记的副本。申请人是外国籍法人或者其他组织的,应当提交相应的公证和认证材料;

(四)申请执行的理由与请求的内容,被申请人的财产所在地及财产状况。

执行申请书应当以中文文本提出,裁决书或者仲裁协议没有中文文本的,申请人应当提交正式证明的中文译本。

五、申请人向有关法院申请执行内地或者香港特区仲裁裁决的期限依据执行地法律有关时限的规定。

六、有关法院接到申请人申请后,应当按执行地法律程序处理及执行。

七、在内地或者香港特区申请执行的仲裁裁决,被申请人接到通知后,提出证据证明有下列情形之一的,经审查核实,有关法院可裁定不予执行:

(一)仲裁协议当事人依对其适用的法律属于某种无行为能力的情形;或者该项仲裁协议依约定的准据法无效;或者未指明以何种法律为准时,依仲裁裁决地的法律是无效的;

(二)被申请人未接到指派仲裁员的适当通知,或者因他故未能陈述意见的;

(三)裁决所处理的争议不是交付仲裁的标的或者不在仲裁协议条款之内,或者裁决载有关于交付仲裁范围以外事项的决定的;但交付仲裁事项的决定可与未交付仲裁的事项划分时,裁决中关于交付仲裁事项的决定部分应当予以执行;

(四)仲裁庭的组成或者仲裁庭程序与当事人之间的协议不符,或者在有关当事人没有这种协议时与仲裁地的法律不符的;

(五)裁决对当事人尚无约束力,或者业经仲裁地的法院或者按仲裁地的法律撤销或者停止执行的。

有关法院认定依执行地法律,争议事项不能以仲裁解决的,则可不予执行该裁决。

内地法院认定在内地执行该仲裁裁决违反内地社会公共利益,或者香港特区法院决定在香港特区执行该仲裁裁决违反香港特区的公共政策,则可不予执行该裁决。

八、申请人向有关法院申请执行在内地或者香港特区作出的仲裁裁决,应当根据执行地法院有关诉讼收费的办法交纳执行费用。

九、1997年7月1日以后申请执行在内地或者香港特区作出的仲裁裁决按本安排执行。

十、对1997年7月1日至本安排生效之日的裁决申请问题，双方同意：

1997年7月1日至本安排生效之日因故未能向内地或者香港特区法院申请执行，申请人为法人或者其他组织的，可以在本安排生效后6个月内提出；如申请人为自然人的，可以在本安排生效后1年内提出。

对于内地或香港特区法院在1997年7月1日至本安排生效之日拒绝受理或者拒绝执行仲裁裁决的案件，应允许当事人重新申请。

十一、本安排在执行过程中遇有问题和修改，应当通过最高人民法院和香港特区政府协商解决。

附：

内地仲裁委员会名单

截止至1999年5月31日，内地依照《中华人民共和国仲裁法》成立的仲裁委员会名单如下：

一、中国国际商会设立的仲裁委员会

中国国际经济贸易仲裁委员会、中国海事仲裁委员会

二、各省、自治区、直辖市成立的仲裁委员会

北京市
北京仲裁委员会
天津市
天津仲裁委员会
河北省
石家庄仲裁委员会、邯郸仲裁委员会、邢台仲裁委员会、沧州仲裁委员会、承德仲裁委员会、张家口仲裁委员会、衡水仲裁委员会
山西省
大同仲裁委员会、阳泉仲裁委员会
内蒙古自治区
呼和浩特仲裁委员会、乌海仲裁委员会、包头仲裁委员会、赤峰仲裁委员会
辽宁省
鞍山仲裁委员会、抚顺仲裁委员会、本溪仲裁委员会、锦州仲裁委员会、辽阳仲裁委员会、朝阳仲裁委员会、大连仲裁委员会、葫芦岛仲裁委员会、沈阳仲裁委员会、营口仲裁委员会、丹东仲裁委员会、阜新仲裁委员会、铁岭仲裁委员会、盘锦仲裁委员会

吉林省

长春仲裁委员会、白山仲裁委员会、通化仲裁委员会

黑龙江省

牡丹江仲裁委员会、哈尔滨仲裁委员会、七台河仲裁委员会、鸡西仲裁委员会、佳木斯仲裁委员会、黑河仲裁委员会、鹤岗仲裁委员会、大庆仲裁委员会

上海市

上海仲裁委员会

江苏省

常州仲裁委员会、南京仲裁委员会、南通仲裁委员会、徐州仲裁委员会、连云港仲裁委员会、淮阴仲裁委员会、盐城仲裁委员会、扬州仲裁委员会、苏州仲裁委员会、无锡仲裁委员会、镇江仲裁委员会

浙江省

杭州仲裁委员会、金华仲裁委员会、绍兴仲裁委员会、温州仲裁委员会、宁波仲裁委员会、舟山仲裁委员会、嘉兴仲裁委员会、湖州仲裁委员会、台州仲裁委员会

安徽省

马鞍山仲裁委员会、滁州仲裁委员会、黄山仲裁委员会、安庆仲裁委员会、铜陵仲裁委员会、芜湖仲裁委员会、合肥仲裁委员会、淮南仲裁委员会、蚌埠仲裁委员会、淮北仲裁委员会、阜阳仲裁委员会

福建省

福州仲裁委员会、厦门仲裁委员会

江西省

南昌仲裁委员会、新余仲裁委员会、萍乡仲裁委员会

山东省

淄博仲裁委员会、潍坊仲裁委员会、青岛仲裁委员会、威海仲裁委员会、济南仲裁委员会、烟台仲裁委员会、东营仲裁委员会、泰安仲裁委员会、枣庄仲裁委员会、临沂仲裁委员会、日照仲裁委员会、德州仲裁委员会、莱芜仲裁委员会、济宁仲裁委员会

河南省

洛阳仲裁委员会、平顶山仲裁委员会

湖北省

武汉仲裁委员会、荆州仲裁委员会、宜昌仲裁委员会、襄樊仲裁委员会

湖南省

长沙仲裁委员会、株洲仲裁委员会、郴州仲裁委员会、常德仲裁委员会、益阳仲裁委员会、湘潭仲裁委员会、衡阳仲裁委员会、邵阳仲裁委员会、岳阳仲裁委员会

广东省

广州仲裁委员会、深圳仲裁委员会、佛山仲裁委员会、江门仲裁委员会、汕头仲裁委员会、肇庆仲裁委员会、韶关仲裁委员会、惠州仲裁委员会

广西壮族自治区

柳州仲裁委员会、南宁仲裁委员会、桂林仲裁委员会、钦州仲裁委员会、梧州仲裁

委员会

海南省

海口仲裁委员会

重庆市

重庆仲裁委员会、万县仲裁委员会

四川省

广元仲裁委员会、遂宁仲裁委员会、德阳仲裁委员会、成都仲裁委员会、泸州仲裁委员会、攀枝花仲裁委员会、自贡仲裁委员会、乐山仲裁委员会、绵阳仲裁委员会

贵州省

六盘水仲裁委员会、贵阳仲裁委员会

云南省

昆明仲裁委员会

陕西省

西安仲裁委员会、宝鸡仲裁委员会、咸阳仲裁委员会、铜川仲裁委员会、汉中仲裁委员会

甘肃省

天水仲裁委员会、兰州仲裁委员会、嘉峪关仲裁委员会

青海省

西宁仲裁委员会

宁夏回族自治区

银川仲裁委员会、石嘴山仲裁委员会

新疆维吾尔自治区

克拉玛依仲裁委员会

三、迄今曾受理过涉港澳仲裁案件的仲裁委员会

中国国际经济贸易仲裁委员会、中国海事仲裁委员会。

北京仲裁委员会、天津仲裁委员会、石家庄仲裁委员会、抚顺仲裁委员会、长春仲裁委员会、常州仲裁委员会、南通仲裁委员会、连云港仲裁委员会、苏州仲裁委员会、杭州仲裁委员会、深圳仲裁委员会、佛山仲裁委员会、长沙仲裁委员会、呼和浩特仲裁委员会、上海仲裁委员会、广州仲裁委员会、江门仲裁委员会、厦门仲裁委员会、青岛仲裁委员会、济南仲裁委员会、东营仲裁委员会、烟台仲裁委员会、汕头仲裁委员会、岳阳仲裁委员会、南宁仲裁委员会、桂林仲裁委员会、昆明仲裁委员会、柳州仲裁委员会。

最高人民法院
关于内地与澳门特别行政区法院就民商事案件相互委托送达司法文书和调取证据的安排

法释〔2001〕26号

(2001年8月7日最高人民法院审判委员会第1186次会议通过 2001年8月27日最高人民法院公告公布 自2001年9月15日起施行)

根据《中华人民共和国澳门特别行政区基本法》第九十三条的规定,最高人民法院与澳门特别行政区代表经协商,现就内地与澳门特别行政区法院就民商事案件相互委托送达司法文书和调取证据问题规定如下:

一、一般规定

第一条 内地人民法院与澳门特别行政区法院就民商事案件(在内地包括劳动争议案件,在澳门特别行政区包括民事劳工案件)相互委托送达司法文书和调取证据,均适用本安排。

第二条 双方相互委托送达司法文书和调取证据,均须通过各高级人民法院和澳门特别行政区终审法院进行。最高人民法院与澳门特别行政区终审法院可以直接相互委托送达和调取证据。

本安排在执行过程中遇有问题,应当通过最高人民法院与澳门特别行政区终审法院协商解决。

第三条 各高级人民法院和澳门特别行政区终审法院相互收到对方法院的委托书后,应当立即将委托书及所附司法文书和相关文件转送根据其本辖区法律规定有权完成该受托事项的法院。

如果受委托方法院认为委托书不符合本安排规定,影响其完成受托事项时,应当及时通知委托方法院,并说明对委托书的异议。必要时可以要求委托方法院补充材料。

第四条 委托书应当以中文文本提出。所附司法文书及其他相关文件没有中文文本的,应当提供中文译本。

第五条 委托方法院应当在合理的期限内提出委托请求,以保证受委托方法院收到委托书后,及时完成受托事项。

受委托方法院应优先处理受托事项。完成受托事项的期限,送达文书最迟不得超过自收到委托书之日起两个月,调取证据最迟不得超过自收到委托书之日起三个月。

第六条 受委托方法院应当根据本辖区法律规定执行受托事项。委托方法院请求按照特殊方式执行委托事项的,如果受委托方法院认为不违反本辖区的法律规定,可以按照其特殊方式执行。

第七条 委托方法院无须支付受委托方法院在送达司法文书或调取证据时发生的费用或税项。但受委托方法院根据其本辖区法律规定，有权在调取证据时，要求委托方法院预付鉴定人、证人、翻译人员的费用，以及因采用委托方法院在委托书中请求以特殊方式送达司法文书或调取证据所产生的费用。

第八条 受委托方法院收到委托书后，不得以其本辖区法律规定对委托方法院审理的该民商事案件享有专属管辖权或不承认对该请求事项提起诉讼的权利为由，不予执行受托事项。

受委托方法院在执行受托事项时，如果该事项不属于法院职权范围，或者内地人民法院认为在内地执行该受托事项将违反其基本法律原则或社会公共利益，或者澳门特别行政区法院认为在澳门特别行政区执行该受托事项将违反其基本法律原则或公共秩序的，可以不予执行，但应当及时向委托方法院书面说明不予执行的原因。

二、司法文书的送达

第九条 委托方法院请求送达司法文书，须出具盖有其印章的委托书，并在委托书中说明委托机关的名称、受送达人的姓名或者名称、详细地址及案件性质。如果执行方法院请求按特殊方式送达或者有特别注意的事项的，应当在委托书中注明。

第十条 委托书及所附司法文书和其他相关文件一式两份，受送达人为两人以上的，每人一式两份。

第十一条 完成司法文书送达事项后，内地人民法院应当出具送达回证；澳门特别行政区法院应当出具送达证明书。出具的送达回证和送达证明书，应当注明送达的方法、地点和日期，及司法文书接收人的身份，并加盖法院印章。

受委托方法院无法送达的，应当在送达回证或者送达证明书上注明妨碍送达的原因、拒收事由和日期，并及时退回委托书及所附全部文件。

第十二条 不论委托方法院司法文书中确定的出庭日期或者期限是否已过，受委托方法院均应送达。

第十三条 受委托方法院对委托方法院委托送达的司法文书和所附相关文件的内容和后果不负法律责任。

第十四条 本安排中的司法文书在内地包括：起诉状副本、上诉状副本、反诉状副本、答辩状副本、授权委托书、传票、判决书、调解书、裁定书、支付令、决定书、通知书、证明书、送达回证以及其他司法文书和所附相关文件；在澳门特别行政区包括：起诉状复本、答辩状复本、反诉状复本、上诉状复本、陈述书、申辩书、声明异议书、反驳书、申请书、撤诉书、认诺书、和解书、财产目录、财产分割表、和解建议书、债权人协议书、传唤书、通知书、法官批示、命令状、法庭许可令状、判决书、合议庭裁判书、送达证明书以及其他司法文书和所附相关文件。

三、调取证据

第十五条 委托方法院请求调取的证据只能是用于与诉讼有关的证据。

第十六条 双方相互委托代为调取证据的委托书应当写明：
（一）委托法院的名称；
（二）当事人及其诉讼代理人的姓名、地址，及其他一切有助于辨别其身份的情况；
（三）委托调取证据的原因，以及委托调取证据的具体事项；
（四）被调查人的姓名、地址，及其他一切有助于辨别其身份的情况，以及需要向其提出的问题；
（五）调取证据需采用的特殊方式；
（六）有助于执行该委托的其他一切情况。

第十七条 代为调取证据的范围包括：代为询问当事人、证人和鉴定人，代为进行鉴定和司法勘验，调取其他与诉讼有关的证据。

第十八条 如委托方法院提出要求，受委托方法院应当将取证的时间、地点通知委托方法院，以便有关当事人及其诉讼代理人能够出席。

第十九条 受委托方法院在执行委托调取证据时，根据委托方法院的请求，可以允许委托方法院派司法人员出席。必要时，经受委托方允许，委托方法院的司法人员可以向证人、鉴定人等发问。

第二十条 受委托方法院完成委托调取证据的事项后，应当向委托方法院书面说明。

如果未能按委托方法院的请求全部或部分完成调取证据事项，受委托方法院应当向委托方法院书面说明妨碍调取证据的原因，并及时退回委托书及所附全部文件。

如果当事人、证人根据受委托方的法律规定，拒绝作证或推辞提供证言时，受委托方法院应当以书面通知委托方法院，并退回委托书及所附全部文件。

第二十一条 受委托方法院可以根据委托方法院的请求，并经证人、鉴定人同意，协助安排其辖区的证人、鉴定人到对方辖区出庭作证。

证人、鉴定人在委托方地域内逗留期间，不得因在其离开受委托方地域之前，在委托方境内所实施的行为或针对他所作的裁决而被刑事起诉、羁押，或者为履行刑罚或者其他处罚而被剥夺财产或者扣留身份证件，或者以任何方式对其人身自由加以限制。

证人、鉴定人完成所需诉讼行为，且可自由离开委托方地域后，在委托方境内逗留超过7天，或者已离开委托方地域又自行返回时，前款所指的豁免即行终止。

证人、鉴定人到委托方法院出庭而导致的费用及补偿，由委托方法院预付。

该条所指出庭作证人员，在澳门特别行政区还包括当事人。

第二十二条 受委托方法院取证时，被调查的当事人、证人、鉴定人等的代理人可以出席。

四、附 则

第二十三条 受委托方法院可以根据委托方法院的请求代为查询并提供本辖区的有关法律。

第二十四条 如果本安排需要修改，应当通过最高人民法院与澳门特别行政区代表协商解决。

第二十五条 本安排自 2001 年 9 月 15 日起生效。

最高人民法院
关于内地与澳门特别行政区关于相互认可和执行民商事判决的安排

法释〔2006〕2 号

(2006 年 2 月 13 日最高人民法院审判委员会第 1378 次会议通过 2006 年 3 月 21 日最高人民法院公告公布 自 2006 年 4 月 1 日起生效)

根据《中华人民共和国澳门特别行政区基本法》第九十三条的规定,最高人民法院与澳门特别行政区经协商,就内地与澳门特别行政区法院相互认可和执行民商事判决事宜,达成如下安排:

第一条 内地与澳门特别行政区民商事案件(在内地包括劳动争议案件,在澳门特别行政区包括劳动民事案件)判决的相互认可和执行,适用本安排。

本安排亦适用于刑事案件中有关民事损害赔偿的判决、裁定。

本安排不适用于行政案件。

第二条 本安排所称"判决",在内地包括:判决、裁定、决定、调解书、支付令;在澳门特别行政区包括:裁判、判决、确认和解的裁定、法官的决定或者批示。

本安排所称"被请求方",指内地或者澳门特别行政区双方中,受理认可和执行判决申请的一方。

第三条 一方法院作出的具有给付内容的生效判决,当事人可以向对方有管辖权的法院申请认可和执行。

没有给付内容,或者不需要执行,但需要通过司法程序予以认可的判决,当事人可以向对方法院单独申请认可,也可以直接以该判决作为证据在对方法院的诉讼程序中使用。

第四条 内地有权受理认可和执行判决申请的法院为被申请人住所地、经常居住地或者财产所在地的中级人民法院。两个或者两个以上中级人民法院均有管辖权的,申请人应当选择向其中一个中级人民法院提出申请。

澳门特别行政区有权受理认可判决申请的法院为中级法院,有权执行的法院为初级法院。

第五条 被申请人在内地和澳门特别行政区均有可供执行财产的,申请人可以向一地法院提出执行申请。

申请人向一地法院提出执行申请的同时,可以向另一地法院申请查封、扣押或者冻结被执行人的财产。待一地法院执行完毕后,可以根据该地法院出具的执行情况证明,就不足部分向另一地法院申请采取处分财产的执行措施。

两地法院执行财产的总额，不得超过依据判决和法律规定所确定的数额。

第六条 请求认可和执行判决的申请书，应当载明下列事项：

（一）申请人或者被申请人为自然人的，应当载明其姓名及住所；为法人或者其他组织的，应当载明其名称及住所，以及其法定代表人或者主要负责人的姓名、职务和住所；

（二）请求认可和执行的判决的案号和判决日期；

（三）请求认可和执行判决的理由、标的，以及该判决在判决作出地法院的执行情况。

第七条 申请书应当附生效判决书副本，或者经作出生效判决的法院盖章的证明书，同时应当附作出生效判决的法院或者有权限机构出具的证明下列事项的相关文件：

（一）传唤属依法作出，但判决书已经证明的除外；

（二）无诉讼行为能力人依法得到代理，但判决书已经证明的除外；

（三）根据判决作出地的法律，判决已经送达当事人，并已生效；

（四）申请人为法人的，应当提供法人营业执照副本或者法人登记证明书；

（五）判决作出地法院发出的执行情况证明。

如被请求方法院认为已充分了解有关事项时，可以免除提交相关文件。

被请求方法院对当事人提供的判决书的真实性有疑问时，可以请求作出生效判决的法院予以确认。

第八条 申请书应当用中文制作。所附司法文书及其相关文件未用中文制作的，应当提供中文译本。其中法院判决书未用中文制作的，应当提供由法院出具的中文译本。

第九条 法院收到申请人请求认可和执行判决的申请后，应当将申请书送达被申请人。

被申请人有权提出答辩。

第十条 被请求方法院应当尽快审查认可和执行的请求，并作出裁定。

第十一条 被请求方法院经审查核实存在下列情形之一的，裁定不予认可：

（一）根据被请求方的法律，判决所确认的事项属被请求方法院专属管辖；

（二）在被请求方法院已存在相同诉讼，该诉讼先于待认可判决的诉讼提起，且被请求方法院具有管辖权；

（三）被请求方法院已认可或者执行被请求方法院以外的法院或仲裁机构就相同诉讼作出的判决或仲裁裁决；

（四）根据判决作出地的法律规定，败诉的当事人未得到合法传唤，或者无诉讼行为能力人未依法得到代理；

（五）根据判决作出地的法律规定，申请认可和执行的判决尚未发生法律效力，或者因再审被裁定中止执行；

（六）在内地认可和执行判决将违反内地法律的基本原则或者社会公共利益；在澳门特别行政区认可和执行判决将违反澳门特别行政区法律的基本原则或者公共秩序。

第十二条 法院就认可和执行判决的请求作出裁定后，应当及时送达。

当事人对认可与否的裁定不服的，在内地可以向上一级人民法院提请复议，在澳门特别行政区可以根据其法律规定提起上诉；对执行中作出的裁定不服的，可以根据被请求方法律的规定，向上级法院寻求救济。

第十三条　经裁定予以认可的判决，与被请求方法院的判决具有同等效力。判决有给付内容的，当事人可以向该方有管辖权的法院申请执行。

第十四条　被请求方法院不能对判决所确认的所有请求予以认可和执行时，可以认可和执行其中的部分请求。

第十五条　法院受理认可和执行判决的申请之前或者之后，可以按照被请求方法律关于财产保全的规定，根据申请人的申请，对被申请人的财产采取保全措施。

第十六条　在被请求方法院受理认可和执行判决的申请期间，或者判决已获认可和执行，当事人再行提起相同诉讼的，被请求方法院不予受理。

第十七条　对于根据本安排第十一条第（一）、（四）、（六）项不予认可的判决，申请人不得再行提起认可和执行的申请。但根据被请求方的法律，被请求方法院有管辖权的，当事人可以就相同案件事实向当地法院另行提起诉讼。

本安排第十一条第（五）项所指的判决，在不予认可的情形消除后，申请人可以再行提起认可和执行的申请。

第十八条　为适用本安排，由一方有权限公共机构（包括公证员）作成或者公证的文书正本、副本及译本，免除任何认证手续而可以在对方使用。

第十九条　申请人依据本安排申请认可和执行判决，应当根据被请求方法律规定，交纳诉讼费用、执行费用。

申请人在生效判决作出地获准缓交、减交、免交诉讼费用的，在被请求方法院申请认可和执行判决时，应当享有同等待遇。

第二十条　对民商事判决的认可和执行，除本安排有规定的以外，适用被请求方的法律规定。

第二十一条　本安排生效前提出的认可和执行请求，不适用本安排。

两地法院自1999年12月20日以后至本安排生效前作出的判决，当事人未向对方法院申请认可和执行，或者对方法院拒绝受理的，仍可以于本安排生效后提出申请。

澳门特别行政区法院在上述期间内作出的判决，当事人向内地人民法院申请认可和执行的期限，自本安排生效之日起重新计算。

第二十二条　本安排在执行过程中遇有问题或者需要修改，应当由最高人民法院与澳门特别行政区协商解决。

第二十三条　为执行本安排，最高人民法院和澳门特别行政区终审法院应当相互提供相关法律资料。

最高人民法院和澳门特别行政区终审法院每年相互通报执行本安排的情况。

第二十四条　本安排自2006年4月1日起生效。

最高人民法院关于内地与澳门特别行政区相互认可和执行仲裁裁决的安排

法释〔2007〕17号

(2007年9月17日最高人民法院审判委员会第1437次会议通过 2007年12月12日最高人民法院公告公布 2008年1月1日起实施)

根据《中华人民共和国澳门特别行政区基本法》第九十三条的规定，经最高人民法院与澳门特别行政区协商，现就内地与澳门特别行政区相互认可和执行仲裁裁决的有关事宜达成如下安排：

第一条 内地人民法院认可和执行澳门特别行政区仲裁机构及仲裁员按照澳门特别行政区仲裁法规在澳门作出的民商事仲裁裁决，澳门特别行政区法院认可和执行内地仲裁机构依据《中华人民共和国仲裁法》在内地作出的民商事仲裁裁决，适用本安排。

本安排没有规定的，适用认可和执行地的程序法律规定。

第二条 在内地或者澳门特别行政区作出的仲裁裁决，一方当事人不履行的，另一方当事人可以向被申请人住所地、经常居住地或者财产所在地的有关法院申请认可和执行。

内地有权受理认可和执行仲裁裁决申请的法院为中级人民法院。两个或者两个以上中级人民法院均有管辖权的，当事人应当选择向其中一个中级人民法院提出申请。

澳门特别行政区有权受理认可仲裁裁决申请的法院为中级法院，有权执行的法院为初级法院。

第三条 被申请人的住所地、经常居住地或者财产所在地分别在内地和澳门特别行政区的，申请人可以向一地法院提出认可和执行申请，也可以分别向两地法院提出申请。

当事人分别向两地法院提出申请的，两地法院都应当依法进行审查。予以认可的，采取查封、扣押或者冻结被执行人财产等执行措施。仲裁地法院应当先进行执行清偿；另一地法院在收到仲裁地法院关于经执行债权未获清偿情况的证明后，可以对申请人未获清偿的部分进行执行清偿。两地法院执行财产的总额，不得超过依据裁决和法律规定所确定的数额。

第四条 申请人向有关法院申请认可和执行仲裁裁决的，应当提交以下文件或者经公证的副本：

（一）申请书；

（二）申请人身份证明；

（三）仲裁协议；

（四）仲裁裁决书或者仲裁调解书。

上述文件没有中文文本的，申请人应当提交经正式证明的中文译本。

第五条 申请书应当包括下列内容：

（一）申请人或者被申请人为自然人的，应当载明其姓名及住所；为法人或者其他组织的，应当载明其名称及住所，以及其法定代表人或者主要负责人的姓名、职务和住所；申请人是外国籍法人或者其他组织的，应当提交相应的公证和认证材料；

（二）请求认可和执行的仲裁裁决书或者仲裁调解书的案号或识别资料和生效日期；

（三）申请认可和执行仲裁裁决的理由及具体请求，以及被申请人财产所在地、财产状况及该仲裁裁决的执行情况。

第六条 申请人向有关法院申请认可和执行内地或者澳门特别行政区仲裁裁决的期限，依据认可和执行地的法律确定。

第七条 对申请认可和执行的仲裁裁决，被申请人提出证据证明有下列情形之一的，经审查核实，有关法院可以裁定不予认可：

（一）仲裁协议一方当事人依对其适用的法律在订立仲裁协议时属于无行为能力的；或者依当事人约定的准据法，或当事人没有约定适用的准据法而依仲裁地法律，该仲裁协议无效的；

（二）被申请人未接到选任仲裁员或者进行仲裁程序的适当通知，或者因他故未能陈述意见的；

（三）裁决所处理的争议不是提交仲裁的争议，或者不在仲裁协议范围之内；或者裁决载有超出当事人提交仲裁范围的事项的决定，但裁决中超出提交仲裁范围的事项的决定与提交仲裁事项的决定可以分开的，裁决中关于提交仲裁事项的决定部分可以予以认可；

（四）仲裁庭的组成或者仲裁程序违反了当事人的约定，或者在当事人没有约定时与仲裁地的法律不符的；

（五）裁决对当事人尚无约束力，或者业经仲裁地的法院撤销或者拒绝执行的。

有关法院认定，依执行地法律，争议事项不能以仲裁解决的，不予认可和执行该裁决。

内地法院认定在内地认可和执行该仲裁裁决违反内地法律的基本原则或者社会公共利益，澳门特别行政区法院认定在澳门特别行政区认可和执行该仲裁裁决违反澳门特别行政区法律的基本原则或者公共秩序，不予认可和执行该裁决。

第八条 申请人依据本安排申请认可和执行仲裁裁决的，应当根据执行地法律的规定，交纳诉讼费用。

第九条 一方当事人向一地法院申请执行仲裁裁决，另一方当事人向另一地法院申请撤销该仲裁裁决，被执行人申请中止执行且提供充分担保的，执行法院应当中止执行。

根据经认可的撤销仲裁裁决的判决、裁定，执行法院应当终结执行程序；撤销仲裁裁决申请被驳回的，执行法院应当恢复执行。

当事人申请中止执行的，应当向执行法院提供其他法院已经受理申请撤销仲裁裁决案件的法律文书。

第十条 受理申请的法院应当尽快审查认可和执行的请求，并作出裁定。

第十一条 法院在受理认可和执行仲裁裁决申请之前或者之后，可以依当事人的申请，按照法院地法律规定，对被申请人的财产采取保全措施。

第十二条 由一方有权限公共机构（包括公证员）作成的文书正本或者经公证的文书副本及译本，在适用本安排时，可以免除认证手续在对方使用。

第十三条 本安排实施前，当事人提出的认可和执行仲裁裁决的请求，不适用本安排。

自1999年12月20日至本安排实施前，澳门特别行政区仲裁机构及仲裁员作出的仲裁裁决，当事人向内地申请认可和执行的期限，自本安排实施之日起算。

第十四条 为执行本安排，最高人民法院和澳门特别行政区终审法院应当相互提供相关法律资料。

最高人民法院和澳门特别行政区终审法院每年相互通报执行本安排的情况。

第十五条 本安排在执行过程中遇有问题或者需要修改的，由最高人民法院和澳门特别行政区协商解决。

第十六条 本安排自2008年1月1日起实施。

最高人民法院
关于内地与香港特别行政区法院相互认可和执行当事人协议管辖的民商事案件判决的安排

法释〔2008〕9号

（2006年6月12日最高人民法院审判委员会第1390次会议通过 2008年7月3日最高人民法院公告公布 自2008年8月1日起生效）

根据《中华人民共和国香港特别行政区基本法》第九十五条的规定，最高人民法院与香港特别行政区政府经协商，现就当事人协议管辖的民商事案件判决的认可和执行问题作出如下安排：

第一条 内地人民法院和香港特别行政区法院在具有书面管辖协议的民商事案件中作出的须支付款项的具有执行力的终审判决，当事人可以根据本安排向内地人民法院或者香港特别行政区法院申请认可和执行。

第二条 本安排所称"具有执行力的终审判决"：

（一）在内地是指：

1. 最高人民法院的判决；

2. 高级人民法院、中级人民法院以及经授权管辖第一审涉外、涉港澳台民商事案件的基层人民法院（名单附后）依法不准上诉或者已经超过法定期限没有上诉的第一审判决，第二审判决和依照审判监督程序由上一级人民法院提审后作出的生效判决。

（二）在香港特别行政区是指终审法院、高等法院上诉法庭及原讼法庭和区域法院作出的生效判决。

本安排所称判决，在内地包括判决书、裁定书、调解书、支付令；在香港特别行政区包括判决书、命令和诉讼费评定证明书。

当事人向香港特别行政区法院申请认可和执行判决后，内地人民法院对该案件依法再审的，由作出生效判决的上一级人民法院提审。

第三条 本安排所称"书面管辖协议"，是指当事人为解决与特定法律关系有关的已经发生或者可能发生的争议，自本安排生效之日起，以书面形式明确约定内地人民法院或者香港特别行政区法院具有唯一管辖权的协议。

本条所称"特定法律关系"，是指当事人之间的民商事合同，不包括雇佣合同以及自然人因个人消费、家庭事宜或者其他非商业目的而作为协议一方的合同。

本条所称"书面形式"是指合同书、信件和数据电文（包括电报、电传、传真、电子数据交换和电子邮件）等可以有形地表现所载内容、可以调取以备日后查用的形式。

书面管辖协议可以由一份或者多份书面形式组成。

除非合同另有规定，合同中的管辖协议条款独立存在，合同的变更、解除、终止或者无效，不影响管辖协议条款的效力。

第四条 申请认可和执行符合本安排规定的民商事判决，在内地向被申请人住所地、经常居住地或者财产所在地的中级人民法院提出，在香港特别行政区向香港特别行政区高等法院提出。

第五条 被申请人住所地、经常居住地或者财产所在地在内地不同的中级人民法院辖区的，申请人应当选择向其中一个人民法院提出认可和执行的申请，不得分别向两个或者两个以上人民法院提出申请。

被申请人的住所地、经常居住地或者财产所在地，既在内地又在香港特别行政区的，申请人可以同时分别向两地法院提出申请，两地法院分别执行判决的总额，不得超过判决确定的数额。已经部分或者全部执行判决的法院应当根据对方法院的要求提供已执行判决的情况。

第六条 申请人向有关法院申请认可和执行判决的，应当提交以下文件：

（一）请求认可和执行的申请书；

（二）经作出终审判决的法院盖章的判决书副本；

（三）作出终审判决的法院出具的证明书，证明该判决属于本安排第二条所指的终审判决，在判决作出地可以执行；

（四）身份证明材料：

1. 申请人为自然人的，应当提交身份证或者经公证的身份证复印件；

2. 申请人为法人或者其他组织的，应当提交经公证的法人或者其他组织注册登记证书的复印件；

3. 申请人是外国籍法人或者其他组织的，应当提交相应的公证和认证材料。

向内地人民法院提交的文件没有中文文本的，申请人应当提交证明无误的中文译本。

执行地法院对于本条所规定的法院出具的证明书，无需另行要求公证。

第七条 请求认可和执行申请书应当载明下列事项：

（一）当事人为自然人的，其姓名、住所；当事人为法人或者其他组织的，法人或者其他组织的名称、住所以及法定代表人或者主要负责人的姓名、职务和住所；

（二）申请执行的理由与请求的内容，被申请人的财产所在地以及财产状况；

（三）判决是否在原审法院地申请执行以及已执行的情况。

第八条 申请人申请认可和执行内地人民法院或者香港特别行政区法院判决的程序，依据执行地法律的规定。本安排另有规定的除外。

申请人申请认可和执行的期间为二年。

前款规定的期间，内地判决到香港特别行政区申请执行的，从判决规定履行期间的最后一日起计算，判决规定分期履行的，从规定的每次履行期间的最后一日起计算，判决未规定履行期间的，从判决生效之日起计算；香港特别行政区判决到内地申请执行的，从判决可强制执行之日起计算，该日为判决上注明的判决日期，判决对履行期间另有规定的，从规定的履行期间届满后开始计算。

第九条 对申请认可和执行的判决，原审判决中的债务人提供证据证明有下列情形之一的，受理申请的法院经审查核实，应当裁定不予认可和执行：

（一）根据当事人协议选择的原审法院地的法律，管辖协议属于无效。但选择法院已经判定该管辖协议为有效的除外；

（二）判决已获完全履行；

（三）根据执行地的法律，执行地法院对该案享有专属管辖权；

（四）根据原审法院地的法律，未曾出庭的败诉一方当事人未经合法传唤或者虽经合法传唤但未获依法律规定的答辩时间。但原审法院根据其法律或者有关规定公告送达的，不属于上述情形；

（五）判决是以欺诈方法取得的；

（六）执行地法院就相同诉讼请求作出判决，或者外国、境外地区法院就相同诉讼请求作出判决，或者有关仲裁机构作出仲裁裁决，已经为执行地法院所认可或者执行的。

内地人民法院认为在内地执行香港特别行政区法院判决违反内地社会公共利益，或者香港特别行政区法院认为在香港特别行政区执行内地人民法院判决违反香港特别行政区公共政策的，不予认可和执行。

第十条 对于香港特别行政区法院作出的判决，判决确定的债务人已经提出上诉，或者上诉程序尚未完结的，内地人民法院审查核实后，可以中止认可和执行程序。经上诉，维持全部或者部分原判决的，恢复认可和执行程序；完全改变原判决的，终止认可和执行程序。

内地地方人民法院就已经作出的判决按照审判监督程序作出提审裁定，或者最高人民法院作出提起再审裁定的，香港特别行政区法院审查核实后，可以中止认可和执行程序。再审判决维持全部或者部分原判决的，恢复认可和执行程序；再审判决完全改变原判决的，终止认可和执行程序。

第十一条 根据本安排而获认可的判决与执行地法院的判决效力相同。

第十二条 当事人对认可和执行与否的裁定不服的，在内地可以向上一级人民法院申请复议，在香港特别行政区可以根据其法律规定提出上诉。

第十三条 在法院受理当事人申请认可和执行判决期间，当事人依相同事实再行提起诉讼的，法院不予受理。

已获认可和执行的判决，当事人依相同事实再行提起诉讼的，法院不予受理。

对于根据本安排第九条不予认可和执行的判决，申请人不得再行提起认可和执行的申请，但是可以按照执行地的法律依相同案件事实向执行地法院提起诉讼。

第十四条 法院受理认可和执行判决的申请之前或者之后，可以按照执行地法律关于财产保全或者禁制资产转移的规定，根据申请人的申请，对被申请人的财产采取保全或强制措施。

第十五条 当事人向有关法院申请执行判决，应当根据执行地有关诉讼收费的法律和规定交纳执行费或者法院费用。

第十六条 内地与香港特别行政区法院相互认可和执行的标的范围，除判决确定的数额外，还包括根据该判决须支付的利息、经法院核定的律师费以及诉讼费，但不包括税收和罚款。

在香港特别行政区诉讼费是指经法官或者司法常务官在诉讼费评定证明书中核定或者命令支付的诉讼费用。

第十七条 内地与香港特别行政区法院自本安排生效之日（含本日）起作出的判决，适用本安排。

第十八条 本安排在执行过程中遇有问题或者需要修改，由最高人民法院和香港特别行政区政府协商解决。

附：

内地经授权管辖第一审涉外涉港澳台民商事案件的基层人民法院名单

（截至 2006 年 5 月 31 日）

广东省
广州市越秀区人民法院
广州市海珠区人民法院
广州市天河区人民法院

广州市番禺区人民法院
广州市萝岗区人民法院
广州市南沙区人民法院
深圳市福田区人民法院
深圳市罗湖区人民法院
深圳市宝安区人民法院
深圳市龙岗区人民法院
深圳市南山区人民法院
深圳市盐田区人民法院
佛山市禅城区人民法院
东莞市人民法院
湛江经济技术开发区人民法院
惠州市大亚湾经济技术开发区人民法院

山东省
济南高新技术产业开发区人民法院
淄博高新技术产业开发区人民法院
泰安高新技术产业开发区人民法院
烟台经济技术开发区人民法院
日照经济开发区人民法院

河北省
石家庄高新技术产业开发区人民法院
廊坊经济技术开发区人民法院
秦皇岛市经济技术开发区人民法院

湖北省
武汉市经济技术开发区人民法院
武汉东湖新技术开发区人民法院
襄樊高新技术开发区人民法院

辽宁省
沈阳经济技术开发区人民法院
沈阳高新技术产业开发区人民法院
大连经济技术开发区人民法院

江苏省
苏州市工业园区人民法院
无锡市高新技术产业开发区人民法院
常州高新技术产业开发区人民法院
南通经济技术开发区人民法院

上海市
浦东新区人民法院

黄浦区人民法院
吉林省
长春市经济技术开发区人民法院
吉林高新技术产业开发区人民法院
天津市
天津市经济技术开发区人民法院
浙江省
义乌市人民法院
河南省
郑州高新技术产业开发区人民法院
洛阳市高新技术开发区人民法院
四川省
成都高新技术产业开发区人民法院
绵阳高新技术产业开发区人民法院
海南省
洋浦开发区人民法院
内蒙古自治区
包头稀土高新技术产业开发区人民法院
安徽省
合肥高新技术产业开发区人民法院

最高人民法院根据审判工作的需要，对授权管辖第一审涉外、涉港澳台民商事案件的基层人民法院进行增减的，在通报香港特别行政区政府后，列入附件。

最高人民法院
关于涉港澳民商事案件司法文书送达问题若干规定

法释〔2009〕2号

（2009年2月16日最高人民法院审判委员会第1463次会议通过
2009年3月9日最高人民法院公告公布　自2009年3月16日起施行）

为规范涉及香港特别行政区、澳门特别行政区民商事案件司法文书送达，根据《中华人民共和国民事诉讼法》的规定，结合审判实践，制定本规定。

第一条　人民法院审理涉及香港特别行政区、澳门特别行政区的民商事案件时，向住所地在香港特别行政区、澳门特别行政区的受送达人送达司法文书,适用本规定。

第二条 本规定所称司法文书,是指起诉状副本、上诉状副本、反诉状副本、答辩状副本、传票、判决书、调解书、裁定书、支付令、决定书、通知书、证明书、送达回证等与诉讼相关的文书。

第三条 作为受送达人的自然人或者企业、其他组织的法定代表人、主要负责人在内地的,人民法院可以直接向该自然人或者法定代表人、主要负责人送达。

第四条 除受送达人在授权委托书中明确表明其诉讼代理人无权代为接收有关司法文书外,其委托的诉讼代理人为有权代其接受送达的诉讼代理人,人民法院可以向该诉讼代理人送达。

第五条 受送达人在内地设立有代表机构的,人民法院可以直接向该代表机构送达。

受送达人在内地设立有分支机构或者业务代办人并授权其接受送达的,人民法院可以直接向该分支机构或者业务代办人送达。

第六条 人民法院向在内地没有住所的受送达人送达司法文书,可以按照《最高人民法院关于内地与香港特别行政区法院相互委托送达民商事司法文书的安排》或者《最高人民法院关于内地与澳门特别行政区法院就民商事案件相互委托送达司法文书和调取证据的安排》送达。

按照前款规定方式送达的,自内地的高级人民法院或者最高人民法院将有关司法文书递送香港特别行政区高等法院或者澳门特别行政区终审法院之日起满三个月,如果未能收到送达与否的证明文件且不存在本规定第十二条规定情形的,视为不能适用上述安排中规定的方式送达。

第七条 人民法院向受送达人送达司法文书,可以邮寄送达。

邮寄送达时应附有送达回证。受送达人未在送达回证上签收但在邮件回执上签收的,视为送达,签收日期为送达日期。

自邮寄之日起满三个月,虽未收到送达与否的证明文件,但存在本规定第十二条规定情形的,期间届满之日视为送达。

自邮寄之日起满三个月,如果未能收到送达与否的证明文件,且不存在本规定第十二条规定情形的,视为未送达。

第八条 人民法院可以通过传真、电子邮件等能够确认收悉的其他适当方式向受送达人送达。

第九条 人民法院不能依照本规定上述方式送达的,可以公告送达。公告内容应当在内地和受送达人住所地公开发行的报刊上刊登,自公告之日起满三个月即视为送达。

第十条 除公告送达方式外,人民法院可以同时采取多种法定方式向受送达人送达。

采取多种方式送达的,应当根据最先实现送达的方式确定送达日期。

第十一条 人民法院向在内地的受送达人或者受送达人的法定代表人、主要负责人、诉讼代理人、代表机构以及有权接受送达的分支机构、业务代办人送达司法文书,可以适用留置送达的方式。

第十二条 受送达人未对人民法院送达的司法文书履行签收手续，但存在以下情形之一的，视为送达：

（一）受送达人向人民法院提及了所送达司法文书的内容；

（二）受送达人已经按照所送达司法文书的内容履行；

（三）其他可以确认已经送达的情形。

第十三条 下级人民法院送达司法文书，根据有关规定需要通过上级人民法院转递的，应当附申请转递函。

上级人民法院收到下级人民法院申请转递的司法文书，应当在七个工作日内予以转递。

上级人民法院认为下级人民法院申请转递的司法文书不符合有关规定需要补正的，应当在七个工作日内退回申请转递的人民法院。

最高人民法院
关于内地与香港特别行政区法院就民商事案件相互委托提取证据的安排

法释〔2017〕4号

（2016年10月31日最高人民法院审判委员会第1697次会议通过 2017年2月27日最高人民法院公告公布 自2017年3月1日起生效）

根据《中华人民共和国香港特别行政区基本法》第九十五条的规定，最高人民法院与香港特别行政区经协商，就民商事案件相互委托提取证据问题作出如下安排：

第一条 内地人民法院与香港特别行政区法院就民商事案件相互委托提取证据，适用本安排。

第二条 双方相互委托提取证据，须通过各自指定的联络机关进行。其中，内地指定各高级人民法院为联络机关；香港特别行政区指定香港特别行政区政府政务司司长办公室辖下行政署为联络机关。

最高人民法院可以直接通过香港特别行政区指定的联络机关委托提取证据。

第三条 受委托方的联络机关收到对方的委托书后，应当及时将委托书及所附相关材料转送相关法院或者其他机关办理，或者自行办理。

如果受委托方认为委托材料不符合本辖区相关法律规定，影响其完成受托事项，应当及时通知委托方修改、补充。委托方应当按照受委托方的要求予以修改、补充，或者重新出具委托书。

如果受委托方认为受托事项不属于本安排规定的委托事项范围，可以予以退回并说明原因。

第四条 委托书及所附相关材料应当以中文文本提出。没有中文文本的，应当提供中文译本。

第五条 委托方获得的证据材料只能用于委托书所述的相关诉讼。

第六条 内地人民法院根据本安排委托香港特别行政区法院提取证据的，请求协助的范围包括：

（一）讯问证人；

（二）取得文件；

（三）检查、拍摄、保存、保管或扣留财产；

（四）取得财产样品或对财产进行试验；

（五）对人进行身体检验。

香港特别行政区法院根据本安排委托内地人民法院提取证据的，请求协助的范围包括：

（一）取得当事人的陈述及证人证言；

（二）提供书证、物证、视听资料及电子数据；

（三）勘验、鉴定。

第七条 受委托方应当根据本辖区法律规定安排取证。

委托方请求按照特殊方式提取证据的，如果受委托方认为不违反本辖区的法律规定，可以按照委托方请求的方式执行。

如果委托方请求其司法人员、有关当事人及其诉讼代理人（法律代表）在受委托方取证时到场，以及参与录取证言的程序，受委托方可以按照其辖区内相关法律规定予以考虑批准。批准同意的，受委托方应当将取证时间、地点通知委托方联络机关。

第八条 内地人民法院委托香港特别行政区法院提取证据，应当提供加盖最高人民法院或者高级人民法院印章的委托书。香港特别行政区法院委托内地人民法院提取证据，应当提供加盖香港特别行政区高等法院印章的委托书。

委托书或者所附相关材料应当写明：

（一）出具委托书的法院名称和审理相关案件的法院名称；

（二）与委托事项有关的当事人或者证人的姓名或者名称、地址及其他一切有助于联络及辨别其身份的信息；

（三）要求提供的协助详情，包括但不限于：与委托事项有关的案件基本情况（包括案情摘要、涉及诉讼的性质及正在进行的审理程序等）；需向当事人或者证人取得的指明文件、物品及询（讯）问的事项或问题清单；需要委托提取有关证据的原因等；必要时，需陈明有关证据对诉讼的重要性及用来证实的事实及论点等；

（四）是否需要采用特殊方式提取证据以及具体要求；

（五）委托方的联络人及其联络信息；

（六）有助执行委托事项的其他一切信息。

第九条 受委托方因执行受托事项产生的一般性开支，由受委托方承担。

受委托方因执行受托事项产生的翻译费用、专家费用、鉴定费用、应委托方要求的特殊方式取证所产生的额外费用等非一般性开支，由委托方承担。

如果受委托方认为执行受托事项或会引起非一般性开支,应先与委托方协商,以决定是否继续执行受托事项。

第十条 受委托方应当尽量自收到委托书之日起六个月内完成受托事项。受委托方完成受托事项后,应当及时书面回复委托方。

如果受委托方未能按委托方的请求完成受托事项,或者只能部分完成受托事项,应当向委托方书面说明原因,并按委托方指示及时退回委托书所附全部或者部分材料。

如果证人根据受委托方的法律规定,拒绝提供证言时,受委托方应当以书面通知委托方,并按委托方指示退回委托书所附全部材料。

第十一条 本安排在执行过程中遇有问题,或者本安排需要修改,应当通过最高人民法院与香港特别行政区政府协商解决。

第十二条 本安排在内地由最高人民法院发布司法解释和香港特别行政区完成有关内部程序后,由双方公布生效日期。

本安排适用于受委托方在本安排生效后收到的委托事项,但不影响双方根据现行法律考虑及执行在本安排生效前收到的委托事项。

最高人民法院
关于我国公民周芳洲向我国法院申请承认香港地方法院离婚判决效力我国法院应否受理问题的批复

1991年9月20日　　　　　　　　　　　　　　　　〔1991〕民他字第43号

黑龙江省高级人民法院:

你院〔1991〕民复字第5号请示收悉。经研究,我们同意你院意见,即:我国公民周芳洲向人民法院提出申请,要求承认香港地方法院关于解除英国籍人卓见与其婚姻关系的离婚判决的效力,有管辖权的中级人民法院应予受理。受理后经审查,如该判决不违反我国法律的基本原则和社会公共利益,可裁定承认其法律效力。

此复。

最高人民法院
关于如何确定涉港澳台当事人公告送达期限和答辩、上诉期限的请示的复函

2001年8月7日　　　　　　　　　　〔2001〕民四他字第29号

上海市高级人民法院：

你院2000年8月15日沪高法〔2000〕485号《关于如何确定涉港澳台当事人公告送达期限和答辩、上诉期限的请示》收悉。经研究认为：香港、澳门和台湾地区的当事人在内地法院起诉、应诉或者上诉时，需要履行一定的认证、公证或者转递手续，人民法院的司法文书目前尚无法采用与内地当事人完全相同的方式对港澳台当事人送达。因此，对港澳台当事人在内地诉讼时的公告送达期限和答辩、上诉的期限，应参照我国《民事诉讼法》涉外编的有关规定执行。

此复。

最高人民法院
关于印发《全国法院涉港澳商事审判工作座谈会纪要》的通知

2008年1月21日　　　　　　　　　　法发〔2008〕8号

各省、自治区、直辖市高级人民法院，新疆维吾尔自治区高级人民法院生产建设兵团分院：

2007年11月21日至22日，最高人民法院召开了全国法院涉港澳商事审判工作座谈会。现将《全国法院涉港澳商事审判工作座谈会纪要》印发给你们，请结合工作实际，贯彻执行。

附:

全国法院涉港澳商事审判工作座谈会纪要

为进一步贯彻"公正司法,一心为民"的方针,落实"公正与效率"工作主题,规范涉港澳审判工作,增强司法能力,提高司法水平,最高人民法院于 2007 年 11 月 21 日至 22 日在广西壮族自治区南宁市召开了全国法院涉港澳商事审判工作座谈会。各高级人民法院分管院长和庭长,以及具有涉港澳商事案件管辖权的中级人民法院分管院长参加了会议。最高人民法院副院长万鄂湘出席会议并讲话。

会议总结交流了近年来涉港澳商事审判工作的经验,研究了审判实践中亟待解决的问题,讨论了促进内地与香港特别行政区、内地与澳门特别行政区司法协助的措施。现就会议达成共识的若干问题纪要如下:

一、关于案件管辖权

1. 人民法院受理涉港澳商事案件,应当参照《中华人民共和国民事诉讼法》第四编和《最高人民法院关于涉外民商事案件诉讼管辖若干问题的规定》确定案件的管辖。

2. 有管辖权的人民法院受理的涉港澳商事案件,如果被告以存在有效仲裁协议为由对人民法院的管辖权提出异议,受理案件的人民法院可以对案件管辖问题作出裁定。如果认定仲裁协议无效、失效或者内容不明确无法执行的,在作出裁定前应当按照《最高人民法院关于人民法院处理与涉外仲裁及外国仲裁事项有关问题的通知》(法发〔1995〕18 号)逐级上报。

3. 人民法院受理涉港澳商事案件后,被告以存在有效仲裁协议为由对人民法院的管辖权提出异议,且在人民法院受理商事案件的前后或者同时向另一人民法院提起确认仲裁协议效力之诉的,应分别以下情况处理:

(1) 确认仲裁协议效力之诉受理在先或者两案同时受理的,受理商事案件的人民法院应中止对管辖权异议的审理,待确认仲裁协议效力之诉审结后,再恢复审理并就管辖权问题作出裁定;

(2) 商事案件受理在先且管辖权异议尚未审结的,对于被告另行提起的确认仲裁协议效力之诉,人民法院应不予受理;受理后发现其他人民法院已经先予受理当事人间的商事案件并正在就管辖权异议进行审理的,应当将案件移送受理商事案件的人民法院在管辖权异议程序中一并解决。

(3) 商事案件受理在先且人民法院已经就案件管辖权问题作出裁定,确认仲裁协议无效的,被告又向其他人民法院提起确认仲裁协议效力之诉,人民法院应不予受理;受理后发现上述情况的,应裁定驳回当事人的起诉。

4. 下级人民法院违反《最高人民法院关于涉外民商事案件诉讼管辖若干问题的规定》受理涉港澳商事案件并作出实体判决的,上级人民法院可以程序违法为由撤销下级人民法院的判决,将案件移送有管辖权的人民法院审理。

5. 人民法院受理破产申请后,即使该人民法院不享有涉外民商事案件管辖权,但根据《中华人民共和国企业破产法》第二十一条的规定,有关债务人的涉港澳商事诉讼仍应由该人民法院管辖。

6. 内地人民法院和香港特别行政区法院或者澳门特别行政区法院都享有管辖权的涉港澳商事案件,一方当事人向香港特别行政区法院或者澳门特别行政区法院起诉被受理后,当事人又向内地人民法院提起相同诉讼,香港特别行政区法院或者澳门特别行政区法院是否已经受理案件或作出判决,不影响内地人民法院行使管辖权,但是否受理由人民法院根据案件具体情况决定。

内地人民法院已经受理当事人申请认可或执行香港特别行政区法院或者澳门特别行政区法院就相同诉讼作出的判决的,或者香港特别行政区法院、澳门特别行政区法院的判决已获内地人民法院认可和执行的,内地人民法院不应再受理相同诉讼。

7. 人民法院受理的涉港澳商事案件,如果被告未到庭应诉,即使案件存在不方便管辖的因素,在被告未提出管辖权异议的情况下,人民法院不应依职权主动适用不方便法院原则放弃对案件的管辖权。

二、关于当事人主体资格

8. 香港特别行政区、澳门特别行政区的当事人参加诉讼,应提供经注册地公证、认证机构公证、认证的商业登记等身份证明材料。

9. 人民法院受理香港特别行政区、澳门特别行政区的当事人作为被告的案件的,该当事人在内地设立"三资企业"时向"三资企业"的审批机构提交并经审批的商业登记等身份证明材料可以作为证明其存在的证据,但有相反证据的除外。

10. 原告起诉时提供了作为被告的香港特别行政区、澳门特别行政区的当事人存在的证明,香港特别行政区、澳门特别行政区的当事人拒绝提供证明其身份的公证材料的,不影响人民法院对案件的审理。

三、关于司法文书送达

11. 作为受送达人的香港特别行政区、澳门特别行政区的自然人或者企业、组织的法定代表人、主要负责人在内地的,人民法院可以向该自然人或者法定代表人、主要负责人送达。

12. 除受送达人在授权委托书中明确表明其诉讼代理人无权代为接收有关司法文书外,其委托的诉讼代理人为有权代其接受送达的诉讼代理人,人民法院可以向该诉讼代理人送达。

13. 人民法院向香港特别行政区、澳门特别行政区的受送达人送达司法文书,可以送达给其在内地依法设立的代表机构。

受送达人在内地有分支机构或者业务代办人的,经该受送达人授权,人民法院可以向其分支机构或者业务代办人送达。

14. 人民法院向香港特别行政区、澳门特别行政区受送达人送达司法文书,可以分别按照《最高人民法院关于内地与香港特别行政区法院相互委托送达民商事司法文书的安排》或者《最高人民法院关于内地与澳门特别行政区法院就民商事案件相互委托送达司法文书和调取证据的安排》送达。

按照前款规定方式送达的,自内地的高级人民法院或者最高人民法院将有关司法文书递送香港特别行政区高等法院或者澳门特别行政区终审法院之日起满三个月,如果未能收到送达与否的证明文件且根据各种情况不足以认定已经送达的,视为不能适用上述安排中规定的方式送达。

15. 人民法院向香港特别行政区、澳门特别行政区受送达人送达司法文书,可以邮寄送达。

邮寄送达时应附有送达回证。受送达人未在送达回证上签收但在邮件回执上签收的,视为送达,签收日期为送达日期。

自邮寄之日起满三个月,虽未收到送达与否的证明文件,但根据各种情况足以认定已经送达的,期间届满之日视为送达。

自邮寄之日起满三个月,如果未能收到送达与否的证明文件,且根据各种情况不足以认定已经送达的,视为不能适用邮寄方式送达。

16. 除上述送达方式外,人民法院可以通过传真、电子邮件等能够确认收悉的其他适当方式向受送达人送达。

17. 人民法院不能依照上述方式送达的,可以公告送达。公告内容应当在境内外公开发行的报刊上刊登,自公告之日起满三个月即视为送达。

18. 除公告送达方式外,人民法院可以同时采取多种方式向香港特别行政区、澳门特别行政区的受送达人进行送达,但应当根据最先实现送达的送达方式确定送达时间。

19. 人民法院向在内地的香港特别行政区、澳门特别行政区的自然人或者企业、组织的法定代表人、主要负责人、诉讼代理人、代表机构以及有权接受送达的分支机构、业务代办人送达司法文书,可以适用留置送达的方式。

20. 香港特别行政区、澳门特别行政区的受送达人未对人民法院送达的司法文书履行签收手续,但存在以下情形之一的,视为送达:

(1) 受送达人向人民法院提及了所送达司法文书的内容;

(2) 受送达人已经按照所送达司法文书的内容履行;

(3) 其他可以视为已经送达的情形。

21. 人民法院送达司法文书,根据有关规定需通过上级人民法院转递的,应附申请转递函。

上级人民法院收到下级人民法院申请转递的司法文书,应在七个工作日内予以转递。

上级人民法院认为下级人民法院申请转递的司法文书不符合有关规定需要补正的,应说明需补正的事由并在七个工作日内退回申请转递的人民法院。

四、关于"三资企业"股权纠纷、清算

22. 在内地依法设立的"三资企业"的股东及其股权份额应当根据外商投资企业批

准证书记载的股东名称及股权份额确定。

23. 外商投资企业批准证书记载的股东以外的自然人、法人或者其他组织向人民法院提起民事诉讼,请求确认委托投资合同的效力及其在该"三资企业"中的股东地位和股权份额的,人民法院可以对当事人间是否存在委托投资合同、委托投资合同的效力等问题经过审理后作出判决,但应驳回其请求确认股东地位和股权份额的诉讼请求。

24. 在内地设立的"三资企业"的原股东向人民法院提起民事诉讼,请求确认股权转让合同无效并恢复其在该"三资企业"中的股东地位和股权份额的,人民法院审理后可以依法对股权转让合同的效力作出判决,但应驳回其请求恢复股东地位和股权份额的诉讼请求。

五、关于仲裁司法审查

25. 人民法院审理当事人申请撤销、执行内地仲裁机构作出的涉港澳仲裁裁决案件,申请认可和执行香港特别行政区、澳门特别行政区仲裁机构作出的仲裁裁决或者临时仲裁庭在香港特别行政区、澳门特别行政区作出的仲裁裁决案件,对于事实清楚、争议不大的,可以经过书面审理后径行作出裁定;对于事实不清、争议较大的,可以在询问当事人、查清事实后再作出裁定。

26. 当事人向人民法院申请执行涉港澳仲裁裁决,应当在《中华人民共和国民事诉讼法》第二百一十九条规定的期限内提出申请。如果裁决书未明确履行期限,应从申请人收到裁决书正本或者正式副本之日起计算申请人申请执行的期限。

27. 当事人对内地仲裁机构作出的涉港澳仲裁裁决分别向不同人民法院申请撤销及执行的,受理执行申请的人民法院应当按照《最高人民法院关于适用〈中华人民共和国仲裁法〉若干问题的解释》第二十五条的规定中止执行。受理执行申请的人民法院如果对于受理撤销申请的人民法院作出的决定撤销或者不予撤销的裁定存在异议,亦不能直接作出与该裁定相矛盾的执行或者不予执行的裁定,而应报请它们的共同上级人民法院解决。

当事人对内地仲裁机构作出的涉港澳仲裁裁决向人民法院申请执行且人民法院已经作出应予执行的裁定后,如果一方当事人向人民法院申请撤销该裁决,受理撤销申请的人民法院认为裁决应予撤销且该人民法院与受理执行申请的人民法院非同一人民法院时,不应直接作出撤销仲裁裁决的裁定,而应报请它们的共同上级人民法院解决。

28. 当事人向人民法院申请执行内地仲裁机构作出的涉港澳仲裁裁决或者申请认可和执行香港特别行政区、澳门特别行政区仲裁机构作出的仲裁裁决或者临时仲裁庭在香港特别行政区、澳门特别行政区作出的仲裁裁决,人民法院经审查认为裁决存在依法不予执行或者不予认可和执行的情形,在作出裁定前,应当报请本辖区所属高级人民法院进行审查;如果高级人民法院同意不予执行或者不予认可和执行,应将其审查意见报最高人民法院,待最高人民法院答复后,方可作出裁定。

29. 当事人向人民法院申请撤销内地仲裁机构作出的涉港澳仲裁裁决,人民法院经审查认为裁决存在依法应予撤销或者可以重新仲裁的情形,在裁定撤销裁决或者通知仲裁庭重新仲裁之前，应当报请本辖区所属高级人民法院进行审查；如果高级人民法院同意撤销或者通知仲裁庭重新仲裁，应将其审查意见报最高人民法院，待最高人民法院答复后，方可裁定撤销或者通知仲裁庭重新仲裁。

30. 当事人申请内地人民法院撤销香港特别行政区、澳门特别行政区仲裁机构作出的仲裁裁决或者临时仲裁庭在香港特别行政区、澳门特别行政区作出的仲裁裁决的，人民法院应不予受理。

六、其 他

31. 有管辖权的基层人民法院审理事实清楚、权利义务关系明确、争议不大的涉港澳商事案件，可以适用《中华人民共和国民事诉讼法》规定的简易程序。

32. 人民法院审理涉港澳商事案件，在内地无住所的香港特别行政区、澳门特别行政区当事人的答辩、上诉期限，参照适用《中华人民共和国民事诉讼法》第二百四十八条、第二百四十九条的规定。

33. 本纪要中所称涉港澳商事案件是指当事人一方或者双方是香港特别行政区、澳门特别行政区的自然人或者企业、组织，或者当事人之间商事法律关系的设立、变更、终止的法律事实发生在香港特别行政区、澳门特别行政区，或者诉讼标的物在香港特别行政区、澳门特别行政区的商事案件。

最高人民法院
关于北泰汽车工业控股有限公司申请认可香港特别行政区法院命令案的请示的复函

2011年9月28日　　　　　　　　　　　〔2011〕民四他字第19号

北京市高级人民法院：

你院京高法〔2011〕第156号《关于北泰汽车工业控股有限公司申请认可香港特别行政区法院命令案的请示》收悉。经研究，答复如下：

本案系当事人申请认可香港特别行政区高等法院作出的清盘命令案件。根据《最高人民法院关于内地与香港特别行政区法院相互认可和执行当事人协议管辖的民商事案件判决的安排》第一条的规定，涉案清盘命令不属于该安排规定的可以相互认可和执行的判决范围，故本案不能适用该安排的规定。《中华人民共和国民事诉讼法》[①] 第二百六十五条和《中华人民共和国企业破产法》第五条是对外国法院所作判决的承认和执行的规定，亦不能适用于本案。你院关于适用上述法律规定对涉案清盘命令予以认可的理由

---

① 2012年修改前的《民事诉讼法》。——编者注

不能成立。

综上，目前内地法院认可香港特别行政区高等法院作出的清盘命令没有法律依据，故对涉案清盘命令应不予认可。

此复。

最高人民法院
关于香港特别行政区企业在国内开办全资独资企业法律文书送达问题的请示的复函

2011年10月27日　　　　　　　　　　〔2011〕民四他字第44号

湖南省高级人民法院民三庭：

你庭《关于香港特别行政区企业在国内开办全资独资企业法律文书送达问题的请示》收悉。经研究，答复如下：

一、在涉港商事案件的审理过程中，如果当事人提交了经合法公证认证的香港特别行政区受送达人（以下简称受送达人）的登记注册资料，首先，人民法院应当对该受送达人的主体资格予以确认；其次，人民法院可以通过《最高人民法院关于涉港澳民商事案件司法文书送达问题若干规定》中规定的途径向该受送达人登记注册资料中载明的地址进行送达。即使人民法院向受送达人登记注册资料中载明的地址无法成功送达的，亦不能必然得出受送达人登记注册资料不实的结论，人民法院亦不能主动对此予以纠正。

二、参照《最高人民法院关于涉港澳民商事案件司法文书送达问题若干规定》第五条第二款的相关规定，受送达人在内地设立的独资企业未经其明确授权的，人民法院不能直接向该独资企业送达司法文书，但有证据证明通过该独资企业送达的司法文书成功送达到了受送达人的除外。参照《最高人民法院关于涉港澳民商事案件司法文书送达问题若干规定》第三条的规定，受送达人的董事一般可以被认定为有权代表该受送达人接受司法文书的主体。如果有证据证明受送达人的现任董事在内地出现，人民法院可以将送达给受送达人的司法文书向其董事本人进行送达。

今后此类案件应以你院的名义而非你庭的名义报送请示。

此复。

最高人民法院
关于进一步规范人民法院涉港调查取证司法协助工作的通知

2013年2月4日　　　　　　　　　　　　法〔2013〕26号

各省、自治区、直辖市高级人民法院,解放军军事法院,新疆维吾尔自治区高级人民法院生产建设兵团分院：

近日,国务院港澳事务办公室向我院通报了内地个别高级人民法院未经最高人民法院批准直接向香港特别行政区请求协助调查取证的有关情况。为进一步规范人民法院涉港调查取证司法协助工作,现就有关事项通知如下：

在内地与香港特别行政区就相互协助调查取证达成制度性安排之前,地方人民法院不得直接向香港方面提出协助调查取证请求,也不得擅自接受香港方面的协助调查取证请求。地方人民法院在具体案件审理中确需香港方面协助调查取证的,须层报最高人民法院批准并通过国务院港澳事务办公室与香港特别行政区政府联系和转递有关请求。如香港方面直接向地方人民法院提出协助调查取证请求,可告知香港方面通过香港特别行政区政府和国务院港澳事务办公室向最高人民法院转递有关请求。

请各高级人民法院接此通知后,及时将有关精神传达至辖区内各级人民法院。执行中遇有问题,请及时层报最高人民法院港澳台司法事务办公室。

最高人民法院
关于取得内地律师执业证书的港澳居民在人民法院代理涉港澳民事案件有关事项的通知

2013年9月11日　　　　　　　　　　　法明传〔2013〕533号

各省、自治区、直辖市高级人民法院,解放军军事法院,新疆维吾尔自治区高级人民法院生产建设兵团分院：

为贯彻落实中央政府与香港、澳门特别行政区政府分别签署的《〈内地与香港（澳门）关于建立更紧密经贸关系的安排〉补充协议八》中关于"研究扩大取得内地法律职业资格并获得内地律师执业证书的香港（澳门）居民在内地从事涉及香港（澳门）居民、法人的民事诉讼代理业务范围"的规定，司法部于 2013 年 8 月 7 日修改了《取得内地法律职业资格的香港特别行政区和澳门特别行政区居民在内地从事律师职业管理办法》，并于次日发布了《司法部公告》（第 136 号）。该公告放宽并进一步明确了取得内地法律职业资格并获得内地律师执业证书的香港、澳门居民以内地律师身份在人民法院代理涉港澳民事案件的范围。为进一步规范该类代理活动，现就有关事项通知如下：

1. 各级人民法院在办案中审查诉讼代理人手续时，应当加强对律师所持《律师执业证》所记载的全部内容的审核。与内地一般的《律师执业证》不同，取得内地律师执业证书的港澳台居民的《律师执业证》封二页内印有"本证为港、澳、台居民获准在中国内地（大陆）律师执业的有效证件"的字样，该执业证式样详见司法部官方网站。

2. 取得内地律师执业证书的港澳居民代理涉港澳民事案件的，各级人民法院应当注意根据上述《司法部公告》（第 136 号）审查所涉案件是否属于可代理案件的范围。超出公告范围代理的，人民法院不应当准许其以内地律师身份担任案件诉讼代理人。

3. 对于取得内地律师执业证书的港澳居民在内地代理活动中出现的问题，有关人民法院要注意与当地司法行政机关沟通协调并及时逐级上报我院。

4. 请将本通知及时传达到辖区内各级人民法院的相关审判人员。

特此通知。

最高人民法院
关于涉台民事诉讼文书送达的若干规定

法释〔2008〕4 号

（最高人民法院审判委员会第1421次会议通过
2008 年 4 月 17 日最高人民法院公告公布
自 2008 年 4 月 23 日起施行）

为维护涉台民事案件当事人的合法权益，保障涉台民事案件诉讼活动的顺利进行，促进海峡两岸人员往来和交流，根据民事诉讼法的有关规定，制定本规定。

第一条 人民法院审理涉台民事案件向住所地在台湾地区的当事人送达民事诉讼文书，以及人民法院接受台湾地区有关法院的委托代为向住所地在大陆的当事人送达民事诉讼文书，适用本规定。

涉台民事诉讼文书送达事务的处理，应当遵守一个中国原则和法律的基本原则，不违反社会公共利益。

第二条 人民法院送达或者代为送达的民事诉讼文书包括：起诉状副本、上诉状副本、反诉状副本、答辩状副本、授权委托书、传票、判决书、调解书、裁定书、支付令、决定书、通知书、证明书、送达回证以及与民事诉讼有关的其他文书。

第三条 人民法院向住所地在台湾地区的当事人送达民事诉讼文书，可以采用下列方式：

（一）受送达人居住在大陆的，直接送达。受送达人是自然人，本人不在的，可以交其同住成年家属签收；受送达人是法人或者其他组织的，应当由法人的法定代表人、其他组织的主要负责人或者该法人、组织负责收件的人签收；

受送达人不在大陆居住，但送达时在大陆的，可以直接送达；

（二）受送达人在大陆有诉讼代理人的，向诉讼代理人送达。受送达人在授权委托书中明确表明其诉讼代理人无权代为接收的除外；

（三）受送达人有指定代收人的，向代收人送达；

（四）受送达人在大陆有代表机构、分支机构、业务代办人的，向其代表机构或者经受送达人明确授权接受送达的分支机构、业务代办人送达；

（五）受送达人在台湾地区的地址明确的，可以邮寄送达；

（六）有明确的传真号码、电子信箱地址的，可以通过传真、电子邮件方式向受送达人送达；

（七）按照两岸认可的其他途径送达。

采用上述方式不能送达或者台湾地区的当事人下落不明的，公告送达。

第四条 采用本规定第三条第一款第（一）、（二）、（三）、（四）项方式送达的，由受送达人、诉讼代理人或者有权接受送达的人在送达回证上签收或者盖章，即为送达；拒绝签收或者盖章的，可以依法留置送达。

第五条 采用本规定第三条第一款第（五）项方式送达的，应当附有送达回证。受送达人未在送达回证上签收但在邮件回执上签收的，视为送达，签收日期为送达日期。

自邮寄之日起满三个月，如果未能收到送达与否的证明文件，且根据各种情况不足以认定已经送达的，视为未送达。

第六条 采用本规定第三条第一款第（六）项方式送达的，应当注明人民法院的传真号码或者电子信箱地址，并要求受送达人在收到传真件或者电子邮件后及时予以回复。以能够确认受送达人收悉的日期为送达日期。

第七条 采用本规定第三条第一款第（七）项方式送达的，应当由有关的高级人民法院出具盖有本院印章的委托函。委托函应当写明案件各方当事人的姓名或者名称、案由、案号；受送达人姓名或者名称、受送达人的详细地址以及需送达的文书种类。

第八条 采用公告方式送达的，公告内容应当在境内外公开发行的报刊或者权威网站上刊登。

公告送达的，自公告之日起满三个月，即视为送达。

第九条 人民法院按照两岸认可的有关途径代为送达台湾地区法院的民事诉讼文书的，应当有台湾地区有关法院的委托函。

人民法院收到台湾地区有关法院的委托函后，经审查符合条件的，应当在收到委托函之日起两个月内完成送达。

民事诉讼文书中确定的出庭日期或者其他期限逾期的，受委托的人民法院亦应予送达。

第十条 人民法院按照委托函中的受送达人姓名或者名称、地址不能送达的,应当附函写明情况,将委托送达的民事诉讼文书退回。

完成送达的送达回证以及未完成送达的委托材料,可以按照原途径退回。

第十一条 受委托的人民法院对台湾地区有关法院委托送达的民事诉讼文书的内容和后果不负法律责任。

最高人民法院关于人民法院办理海峡两岸送达文书和调查取证司法互助案件的规定

法释〔2011〕15号

(2010年12月16日最高人民法院审判委员会第1506次会议通过 2011年6月14日最高人民法院公告公布 自2011年6月25日起施行)

为落实《海峡两岸共同打击犯罪及司法互助协议》(以下简称协议),进一步推动海峡两岸司法互助业务的开展,确保协议中涉及人民法院有关送达文书和调查取证司法互助工作事项的顺利实施,结合各级人民法院开展海峡两岸司法互助工作实践,制定本规定。

一、总 则

第一条 人民法院依照协议,办理海峡两岸民事、刑事、行政诉讼案件中的送达文书和调查取证司法互助业务,适用本规定。

第二条 人民法院应当在法定职权范围内办理海峡两岸司法互助业务。

人民法院办理海峡两岸司法互助业务,应当遵循一个中国原则,遵守国家法律的基本原则,不得违反社会公共利益。

二、职责分工

第三条 人民法院和台湾地区业务主管部门通过各自指定的协议联络人,建立办理海峡两岸司法互助业务的直接联络渠道。

第四条 最高人民法院是与台湾地区业务主管部门就海峡两岸司法互助业务进行联络的一级窗口。最高人民法院台湾司法事务办公室主任是最高人民法院指定的协议联络人。

最高人民法院负责:就协议中涉及人民法院的工作事项与台湾地区业务主管部门开展磋商、协调和交流;指导、监督、组织、协调地方各级人民法院办理海峡两岸司法互助业务；就海峡两岸调查取证司法互助业务与台湾地区业务主管部门直接联络，并在必要时具体办理调查取证司法互助案件；及时将本院和台湾地区业务主管部门指定的协议联络人的姓名、联络方式及变动情况等工作信息通报高级人民法院。

第五条 最高人民法院授权高级人民法院就办理海峡两岸送达文书司法互助案件，建立与台湾地区业务主管部门联络的二级窗口。高级人民法院应当指定专人作为经最高人民法院授权的二级联络窗口联络人。

高级人民法院负责：指导、监督、组织、协调本辖区人民法院办理海峡两岸送达文书和调查取证司法互助业务；就办理海峡两岸送达文书司法互助案件与台湾地区业务主管部门直接联络，并在必要时具体办理送达文书和调查取证司法互助案件；登记、统计本辖区人民法院办理的海峡两岸送达文书司法互助案件；定期向最高人民法院报告本辖区人民法院办理海峡两岸送达文书司法互助业务情况；及时将本院联络人的姓名、联络方式及变动情况报告最高人民法院，同时通报台湾地区联络人和下级人民法院。

第六条 中级人民法院和基层人民法院应当指定专人负责海峡两岸司法互助业务。

中级人民法院和基层人民法院负责：具体办理海峡两岸送达文书和调查取证司法互助案件；定期向高级人民法院层报本院办理海峡两岸送达文书司法互助业务情况；及时将本院海峡两岸司法互助业务负责人员的姓名、联络方式及变动情况层报高级人民法院。

三、送达文书司法互助

第七条 人民法院向住所地在台湾地区的当事人送达民事和行政诉讼司法文书，可以采用下列方式：

（一）受送达人居住在内地的，直接送达。受送达人是自然人，本人不在的，可以交其同住成年家属签收；受送达人是法人或者其他组织的，应当由法人的法定代表人、其他组织的主要负责人或者该法人、其他组织负责收件的人签收。

受送达人不在内地居住，但送达时在内地的，可以直接送达。

（二）受送达人在内地有诉讼代理人的，向诉讼代理人送达。但受送达人在授权委托书中明确表明其诉讼代理人无权代为接收的除外。

（三）受送达人有指定代收人的，向代收人送达。

（四）受送达人在内地有代表机构、分支机构、业务代办人的，向其代表机构或者经受送达人明确授权接受送达的分支机构、业务代办人送达。

（五）通过协议确定的海峡两岸司法互助方式，请求台湾地区送达。

（六）受送达人在台湾地区的地址明确的，可以邮寄送达。

（七）有明确的传真号码、电子信箱地址的，可以通过传真、电子邮件方式向受送达人送达。

采用上述方式均不能送达或者台湾地区当事人下落不明的，可以公告送达。

人民法院需要向住所地在台湾地区的当事人送达刑事司法文书，可以通过协议确定的海峡两岸司法互助方式，请求台湾地区送达。

第八条 人民法院协助台湾地区法院送达司法文书，应当采用民事诉讼法、刑事诉讼法、行政诉讼法等法律和相关司法解释规定的送达方式，并应当尽可能采用直接送达方式，但不采用公告送达方式。

第九条 人民法院协助台湾地区送达司法文书，应当充分负责，及时努力送达。

第十条 审理案件的人民法院需要台湾地区协助送达司法文书的，应当填写《〈海峡两岸共同打击犯罪及司法互助协议〉送达文书请求书》附录部分，连同需要送达的司法文书，一式二份，及时送交高级人民法院。

需要台湾地区协助送达的司法文书中有指定开庭日期等类似期限的，一般应当为协助送达程序预留不少于六个月的时间。

第十一条 高级人民法院收到本院或者下级人民法院《〈海峡两岸共同打击犯罪及司法互助协议〉送达文书请求书》附录部分和需要送达的司法文书后，应当在七个工作日内完成审查。经审查认为可以请求台湾地区协助送达的，高级人民法院联络人应当填写《〈海峡两岸共同打击犯罪及司法互助协议〉送达文书请求书》正文部分，连同附录部分和需要送达的司法文书，立即寄送台湾地区联络人；经审查认为欠缺相关材料、内容或者认为不需要请求台湾地区协助送达的，应当立即告知提出请求的人民法院补充相关材料、内容或者在说明理由后将材料退回。

第十二条 台湾地区成功送达并将送达证明材料寄送高级人民法院联络人，或者未能成功送达并将相关材料送还，同时出具理由说明给高级人民法院联络人的，高级人民法院应当在收到之日起七个工作日内，完成审查并转送提出请求的人民法院。经审查认为欠缺相关材料或者内容的，高级人民法院联络人应当立即与台湾地区联络人联络并请求补充相关材料或者内容。

自高级人民法院联络人向台湾地区寄送有关司法文书之日起满四个月，如果未能收到送达证明材料或者说明文件，且根据各种情况不足以认定已经送达的，视为不能按照协议确定的海峡两岸司法互助方式送达。

第十三条 台湾地区请求人民法院协助送达台湾地区法院的司法文书并通过其联络人将请求书和相关司法文书寄送高级人民法院联络人的，高级人民法院应当在七个工作日内完成审查。经审查认为可以协助送达的，应当立即转送有关下级人民法院送达或者由本院送达；经审查认为欠缺相关材料、内容或者认为不宜协助送达的，高级人民法院联络人应当立即向台湾地区联络人说明情况并告知其补充相关材料、内容或者将材料送还。

具体办理送达文书司法互助案件的人民法院应当在收到高级人民法院转送的材料之日起五个工作日内，以"协助台湾地区送达民事（刑事、行政诉讼）司法文书"案由立案，指定专人办理，并应当自立案之日起十五日内完成协助送达，最迟不得超过两个月。

收到台湾地区送达文书请求时，司法文书中指定的开庭日期或者其他期限逾期的，人民法院亦应予以送达，同时高级人民法院联络人应当及时向台湾地区联络人说明情况。

第十四条 具体办理送达文书司法互助案件的人民法院成功送达的，应当由送达人在《〈海峡两岸共同打击犯罪及司法互助协议〉送达回证》上签名或者盖章，并在成功送达之日起七个工作日内将送达回证送交高级人民法院；未能成功送达的，应当由送达人在《〈海峡两岸共同打击犯罪及司法互助协议〉送达回证》上注明未能成功送达的原因并签名或者盖章，在确认不能送达之日起七个工作日内，将该送达回证和未能成功送达的司法文书送交高级人民法院。

高级人民法院应当在收到前款所述送达回证之日起七个工作日内完成审查，由高级人民法院联络人在前述送达回证上签名或者盖章，同时出具《〈海峡两岸共同打击犯罪及司法互助协议〉送达文书回复书》，连同该送达回证和未能成功送达的司法文书，立即寄送台湾地区联络人。

四、调查取证司法互助

第十五条 人民法院办理海峡两岸调查取证司法互助业务，限于与台湾地区法院相互协助调取与诉讼有关的证据，包括取得证言及陈述；提供书证、物证及视听资料；确定关系人所在地或者确认其身份、前科等情况；进行勘验、检查、扣押、鉴定和查询等。

第十六条 人民法院协助台湾地区法院调查取证，应当采用民事诉讼法、刑事诉讼法、行政诉讼法等法律和相关司法解释规定的方式。

在不违反法律和相关规定、不损害社会公共利益、不妨碍正在进行的诉讼程序的前提下，人民法院应当尽力协助调查取证，并尽可能依照台湾地区请求的内容和形式予以协助。

台湾地区调查取证请求书所述的犯罪事实，依照内地法律规定不认为涉嫌犯罪的，人民法院不予协助，但有重大社会危害并经双方业务主管部门同意予以个案协助的除外。台湾地区请求促使内地居民至台湾地区作证，但未作出非经内地主管部门同意不得追诉其进入台湾地区之前任何行为的书面声明的，人民法院可以不予协助。

第十七条 审理案件的人民法院需要台湾地区协助调查取证的，应当填写《〈海峡两岸共同打击犯罪及司法互助协议〉调查取证请求书》附录部分，连同相关材料，一式三份，及时送交高级人民法院。

高级人民法院应当在收到前款所述材料之日起七个工作日内完成初步审查，并将审查意见和《〈海峡两岸共同打击犯罪及司法互助协议〉调查取证请求书》附录部分及相关材料，一式二份，立即转送最高人民法院。

第十八条 最高人民法院收到高级人民法院转送的《〈海峡两岸共同打击犯罪及司法互助协议〉调查取证请求书》附录部分和相关材料以及高级人民法院审查意见后，应当在七个工作日内完成最终审查。经审查认为可以请求台湾地区协助调查取证的，最高人民法院联络人应当填写《〈海峡两岸共同打击犯罪及司法互助协议〉调查取证请求书》正文部分，连同附录部分和相关材料，立即寄送台湾地区联络人；经审查认为欠缺相关材料、内容或者认为不需要请求台湾地区协助调查取证的，应当立即通过高级人民法院告知提出请求的人民法院补充相关材料、内容或者在说明理由后将材料退回。

第十九条 台湾地区成功调查取证并将取得的证据材料寄送最高人民法院联络人，或者未能成功调查取证并将相关材料送还，同时出具理由说明给最高人民法院联络人的，最高人民法院应当在收到之日起七个工作日内完成审查并转送高级人民法院，高级人民法院应当在收到之日起七个工作日内转送提出请求的人民法院。经审查认为欠缺相关材料或者内容的，最高人民法院联络人应当立即与台湾地区联络人联络并请求补充相关材料或者内容。

第二十条　台湾地区请求人民法院协助台湾地区法院调查取证并通过其联络人将请求书和相关材料寄送最高人民法院联络人的，最高人民法院应当在收到之日起七个工作日内完成审查。经审查认为可以协助调查取证的，应当立即转送有关高级人民法院或者由本院办理，高级人民法院应当在收到之日起七个工作日内转送有关下级人民法院办理或者由本院办理；经审查认为欠缺相关材料、内容或者认为不宜协助调查取证的，最高人民法院联络人应当立即向台湾地区联络人说明情况并告知其补充相关材料、内容或者将材料送还。

具体办理调查取证司法互助案件的人民法院应当在收到高级人民法院转送的材料之日起五个工作日内，以"协助台湾地区民事（刑事、行政诉讼）调查取证"案由立案，指定专人办理，并应当自立案之日起一个月内完成协助调查取证，最迟不得超过三个月。因故不能在期限届满前完成的，应当提前函告高级人民法院，并由高级人民法院转报最高人民法院。

第二十一条　具体办理调查取证司法互助案件的人民法院成功调查取证的，应当在完成调查取证之日起七个工作日内将取得的证据材料一式三份，连同台湾地区提供的材料，并在必要时附具情况说明，送交高级人民法院；未能成功调查取证的，应当出具说明函一式三份，连同台湾地区提供的材料，在确认不能成功调查取证之日起七个工作日内送交高级人民法院。

高级人民法院应当在收到前款所述材料之日起七个工作日内完成初步审查，并将审查意见和前述取得的证据材料或者说明函等，一式二份，连同台湾地区提供的材料，立即转送最高人民法院。

最高人民法院应当在收到之日起七个工作日内完成最终审查，由最高人民法院联络人出具《〈海峡两岸共同打击犯罪及司法互助协议〉调查取证回复书》，必要时连同相关材料，立即寄送台湾地区联络人。

证据材料不适宜复制或者难以取得备份的，可不按本条第一款和第二款的规定提供备份材料。

五、附　则

第二十二条　人民法院对于台湾地区请求协助所提供的和执行请求所取得的相关资料应当予以保密。但依据请求目的使用的除外。

第二十三条　人民法院应当依据请求书载明的目的使用台湾地区协助提供的资料。但最高人民法院和台湾地区业务主管部门另有商定的除外。

第二十四条　对于依照协议和本规定从台湾地区获得的证据和司法文书等材料，不需要办理公证、认证等形式证明。

第二十五条　人民法院办理海峡两岸司法互助业务，应当使用统一、规范的文书样式。

第二十六条　对于执行台湾地区的请求所发生的费用，由有关人民法院负担。但下列费用应当由台湾地区业务主管部门负责支付：

（一）鉴定费用；

（二）翻译费用和誊写费用；

（三）为台湾地区提供协助的证人和鉴定人，因前往、停留、离开台湾地区所发生的费用；

（四）其他经最高人民法院和台湾地区业务主管部门商定的费用。

第二十七条　人民法院在办理海峡两岸司法互助案件中收到、取得、制作的各种文件和材料，应当以原件或者复制件形式，作为诉讼档案保存。

第二十八条　最高人民法院审理的案件需要请求台湾地区协助送达司法文书和调查取证的，参照本规定由本院自行办理。

专门人民法院办理海峡两岸送达文书和调查取证司法互助业务，参照本规定执行。

第二十九条　办理海峡两岸司法互助案件和执行本规定的情况，应当纳入对有关人民法院及相关工作人员的工作绩效考核和案件质量评查范围。

第三十条　此前发布的司法解释与本规定不一致的，以本规定为准。

最高人民法院
关于认可和执行台湾地区法院民事判决的规定

法释〔2015〕13号

（2015年6月2日最高人民法院审判委员会第1653次会议通过
2015年6月29日最高人民法院公告公布　自2015年7月1日起施行）

为保障海峡两岸当事人的合法权益，更好地适应海峡两岸关系和平发展的新形势，根据民事诉讼法等有关法律，总结人民法院涉台审判工作经验，就认可和执行台湾地区法院民事判决，制定本规定。

第一条　台湾地区法院民事判决的当事人可以根据本规定，作为申请人向人民法院申请认可和执行台湾地区有关法院民事判决。

第二条　本规定所称台湾地区法院民事判决，包括台湾地区法院作出的生效民事判决、裁定、和解笔录、调解笔录、支付命令等。

申请认可台湾地区法院在刑事案件中作出的有关民事损害赔偿的生效判决、裁定、和解笔录的，适用本规定。

申请认可由台湾地区乡镇市调解委员会等出具并经台湾地区法院核定，与台湾地区法院生效民事判决具有同等效力的调解文书的，参照适用本规定。

第三条 申请人同时提出认可和执行台湾地区法院民事判决申请的，人民法院先按照认可程序进行审查，裁定认可后，由人民法院执行机构执行。

申请人直接申请执行的，人民法院应当告知其一并提交认可申请；坚持不申请认可的，裁定驳回其申请。

第四条 申请认可台湾地区法院民事判决的案件，由申请人住所地、经常居住地或者被申请人住所地、经常居住地、财产所在地中级人民法院或者专门人民法院受理。

申请人向两个以上有管辖权的人民法院申请认可的，由最先立案的人民法院管辖。

申请人向被申请人财产所在地人民法院申请认可的，应当提供财产存在的相关证据。

第五条 对申请认可台湾地区法院民事判决的案件，人民法院应当组成合议庭进行审查。

第六条 申请人委托他人代理申请认可台湾地区法院民事判决的，应当向人民法院提交由委托人签名或者盖章的授权委托书。

台湾地区、香港特别行政区、澳门特别行政区或者外国当事人签名或者盖章的授权委托书应当履行相关的公证、认证或者其他证明手续，但授权委托书在人民法院法官的见证下签署或者经中国大陆公证机关公证证明是在中国大陆签署的除外。

第七条 申请人申请认可台湾地区法院民事判决，应当提交申请书，并附有台湾地区有关法院民事判决文书和民事判决确定证明书的正本或者经证明无误的副本。台湾地区法院民事判决为缺席判决的，申请人应当同时提交台湾地区法院已经合法传唤当事人的证明文件，但判决已经对此予以明确说明的除外。

申请书应当记明以下事项：

（一）申请人和被申请人姓名、性别、年龄、职业、身份证件号码、住址（申请人或者被申请人为法人或者其他组织的，应当记明法人或者其他组织的名称、地址、法定代表人或者主要负责人姓名、职务）和通讯方式；

（二）请求和理由；

（三）申请认可的判决的执行情况；

（四）其他需要说明的情况。

第八条 对于符合本规定第四条和第七条规定条件的申请，人民法院应当在收到申请后七日内立案，并通知申请人和被申请人，同时将申请书送达被申请人；不符合本规定第四条和第七条规定条件的，应当在七日内裁定不予受理，同时说明不予受理的理由；申请人对裁定不服的，可以提起上诉。

第九条 申请人申请认可台湾地区法院民事判决，应当提供相关证明文件，以证明该判决真实并且已经生效。

申请人可以申请人民法院通过海峡两岸调查取证司法互助途径查明台湾地区法院民事判决的真实性和是否生效以及当事人得到合法传唤的证明文件；人民法院认为必要时，也可以就有关事项依职权通过海峡两岸司法互助途径向台湾地区请求调查取证。

第十条 人民法院受理认可台湾地区法院民事判决的申请之前或者之后，可以按照民事诉讼法及相关司法解释的规定，根据申请人的申请，裁定采取保全措施。

第十一条 人民法院受理认可台湾地区法院民事判决的申请后,当事人就同一争议起诉的,不予受理。

一方当事人向人民法院起诉后,另一方当事人向人民法院申请认可的,对于认可的申请不予受理。

第十二条 案件虽经台湾地区有关法院判决,但当事人未申请认可,而是就同一争议向人民法院起诉的,应予受理。

第十三条 人民法院受理认可台湾地区法院民事判决的申请后,作出裁定前,申请人请求撤回申请的,可以裁定准许。

第十四条 人民法院受理认可台湾地区法院民事判决的申请后,应当在立案之日起六个月内审结。有特殊情况需要延长的,报请上一级人民法院批准。

通过海峡两岸司法互助途径送达文书和调查取证的期间,不计入审查期限。

第十五条 台湾地区法院民事判决具有下列情形之一的,裁定不予认可:

(一)申请认可的民事判决,是在被申请人缺席又未经合法传唤或者在被申请人无诉讼行为能力又未得到适当代理的情况下作出的;

(二)案件系人民法院专属管辖的;

(三)案件双方当事人订有有效仲裁协议,且无放弃仲裁管辖情形的;

(四)案件系人民法院已作出判决或者中国大陆的仲裁庭已作出仲裁裁决的;

(五)香港特别行政区、澳门特别行政区或者外国的法院已就同一争议作出判决且已为人民法院所认可或者承认的;

(六)台湾地区、香港特别行政区、澳门特别行政区或者外国的仲裁庭已就同一争议作出仲裁裁决且已为人民法院所认可或者承认的。

认可该民事判决将违反一个中国原则等国家法律的基本原则或者损害社会公共利益的,人民法院应当裁定不予认可。

第十六条 人民法院经审查能够确认台湾地区法院民事判决真实并且已经生效,而且不具有本规定第十五条所列情形的,裁定认可其效力;不能确认该民事判决的真实性或者已经生效的,裁定驳回申请人的申请。

裁定驳回申请的案件,申请人再次申请并符合受理条件的,人民法院应予受理。

第十七条 经人民法院裁定认可的台湾地区法院民事判决,与人民法院作出的生效判决具有同等效力。

第十八条 人民法院依据本规定第十五条和第十六条作出的裁定,一经送达即发生法律效力。

当事人对上述裁定不服的,可以自裁定送达之日起十日内向上一级人民法院申请复议。

第十九条 对人民法院裁定不予认可的台湾地区法院民事判决,申请人再次提出申请的,人民法院不予受理,但申请人可以就同一争议向人民法院起诉。

第二十条 申请人申请认可和执行台湾地区法院民事判决的期间,适用民事诉讼法第二百三十九条的规定,但申请认可台湾地区法院有关身份关系的判决除外。

申请人仅申请认可而未同时申请执行的,申请执行的期间自人民法院对认可申请作出的裁定生效之日起重新计算。

第二十一条 人民法院在办理申请认可和执行台湾地区法院民事判决案件中作出的法律文书,应当依法送达案件当事人。

第二十二条 申请认可和执行台湾地区法院民事判决,应当参照《诉讼费用交纳办法》的规定,交纳相关费用。

第二十三条 本规定自 2015 年 7 月 1 日起施行。最高人民法院《关于人民法院认可台湾地区有关法院民事判决的规定》(法释〔1998〕11 号)、最高人民法院《关于当事人持台湾地区有关法院民事调解书或者有关机构出具或确认的调解协议书向人民法院申请认可人民法院应否受理的批复》(法释〔1999〕10 号)、最高人民法院《关于当事人持台湾地区有关法院支付命令向人民法院申请认可人民法院应否受理的批复》(法释〔2001〕13 号)和最高人民法院《关于人民法院认可台湾地区有关法院民事判决的补充规定》(法释〔2009〕4 号)同时废止。

最高人民法院
关于认可和执行台湾地区仲裁裁决的规定

法释〔2015〕14 号

(2015 年 6 月 2 日最高人民法院审判委员会第 1653 次会议通过
2015 年 6 月 29 日最高人民法院公告公布 自 2015 年 7 月 1 日起施行)

为保障海峡两岸当事人的合法权益,更好地适应海峡两岸关系和平发展的新形势,根据民事诉讼法、仲裁法等有关法律,总结人民法院涉台审判工作经验,就认可和执行台湾地区仲裁裁决,制定本规定。

第一条 台湾地区仲裁裁决的当事人可以根据本规定,作为申请人向人民法院申请认可和执行台湾地区仲裁裁决。

第二条 本规定所称台湾地区仲裁裁决是指,有关常设仲裁机构及临时仲裁庭在台湾地区按照台湾地区仲裁规定就有关民商事争议作出的仲裁裁决,包括仲裁判断、仲裁和解和仲裁调解。

第三条 申请人同时提出认可和执行台湾地区仲裁裁决申请的,人民法院先按照认可程序进行审查,裁定认可后,由人民法院执行机构执行。

申请人直接申请执行的,人民法院应当告知其一并提交认可申请;坚持不申请认可的,裁定驳回其申请。

第四条 申请认可台湾地区仲裁裁决的案件,由申请人住所地、经常居住地或者被申请人住所地、经常居住地、财产所在地中级人民法院或者专门人民法院受理。

申请人向两个以上有管辖权的人民法院申请认可的,由最先立案的人民法院管辖。

申请人向被申请人财产所在地人民法院申请认可的，应当提供财产存在的相关证据。

第五条 对申请认可台湾地区仲裁裁决的案件，人民法院应当组成合议庭进行审查。

第六条 申请人委托他人代理申请认可台湾地区仲裁裁决的，应当向人民法院提交由委托人签名或者盖章的授权委托书。

台湾地区、香港特别行政区、澳门特别行政区或者外国当事人签名或者盖章的授权委托书应当履行相关的公证、认证或者其他证明手续，但授权委托书在人民法院法官的见证下签署或者经中国大陆公证机关公证证明是在中国大陆签署的除外。

第七条 申请人申请认可台湾地区仲裁裁决，应当提交以下文件或者经证明无误的副本：

（一）申请书；

（二）仲裁协议；

（三）仲裁判断书、仲裁和解书或者仲裁调解书。

申请书应当记明以下事项：

（一）申请人和被申请人姓名、性别、年龄、职业、身份证件号码、住址（申请人或者被申请人为法人或者其他组织的，应当记明法人或者其他组织的名称、地址、法定代表人或者主要负责人姓名、职务）和通讯方式；

（二）申请认可的仲裁判断书、仲裁和解书或者仲裁调解书的案号或者识别资料和生效日期；

（三）请求和理由；

（四）被申请人财产所在地、财产状况及申请认可的仲裁裁决的执行情况；

（五）其他需要说明的情况。

第八条 对于符合本规定第四条和第七条规定条件的申请，人民法院应当在收到申请后七日内立案，并通知申请人和被申请人，同时将申请书送达被申请人；不符合本规定第四条和第七条规定条件的，应当在七日内裁定不予受理，同时说明不予受理的理由；申请人对裁定不服的，可以提起上诉。

第九条 申请人申请认可台湾地区仲裁裁决，应当提供相关证明文件，以证明该仲裁裁决的真实性。

申请人可以申请人民法院通过海峡两岸调查取证司法互助途径查明台湾地区仲裁裁决的真实性；人民法院认为必要时，也可以就有关事项依职权通过海峡两岸司法互助途径向台湾地区请求调查取证。

第十条 人民法院受理认可台湾地区仲裁裁决的申请之前或者之后，可以按照民事诉讼法及相关司法解释的规定，根据申请人的申请，裁定采取保全措施。

第十一条 人民法院受理认可台湾地区仲裁裁决的申请后，当事人就同一争议起诉的，不予受理。

当事人未申请认可，而是就同一争议向人民法院起诉的，亦不予受理，但仲裁协议无效的除外。

第十二条 人民法院受理认可台湾地区仲裁裁决的申请后,作出裁定前,申请人请求撤回申请的,可以裁定准许。

第十三条 人民法院应当尽快审查认可台湾地区仲裁裁决的申请,决定予以认可的,应当在立案之日起两个月内作出裁定;决定不予认可或者驳回申请的,应当在作出决定前按有关规定自立案之日起两个月内上报最高人民法院。

通过海峡两岸司法互助途径送达文书和调查取证的期间,不计入审查期限。

第十四条 对申请认可和执行的仲裁裁决,被申请人提出证据证明有下列情形之一的,经审查核实,人民法院裁定不予认可:

(一)仲裁协议一方当事人依对其适用的法律在订立仲裁协议时属于无行为能力的;或者依当事人约定的准据法,或当事人没有约定适用的准据法而依台湾地区仲裁规定,该仲裁协议无效的;或者当事人之间没有达成书面仲裁协议的,但申请认可台湾地区仲裁调解的除外;

(二)被申请人未接到选任仲裁员或进行仲裁程序的适当通知,或者由于其他不可归责于被申请人的原因而未能陈述意见的;

(三)裁决所处理的争议不是提交仲裁的争议,或者不在仲裁协议范围之内;或者裁决载有超出当事人提交仲裁范围的事项的决定,但裁决中超出提交仲裁范围的事项的决定与提交仲裁事项的决定可以分开的,裁决中关于提交仲裁事项的决定部分可以予以认可;

(四)仲裁庭的组成或者仲裁程序违反当事人的约定,或者在当事人没有约定时与台湾地区仲裁规定不符的;

(五)裁决对当事人尚无约束力,或者业经台湾地区法院撤销或者驳回执行申请的。

依据国家法律,该争议事项不能以仲裁解决的,或者认可该仲裁裁决将违反一个中国原则等国家法律的基本原则或损害社会公共利益的,人民法院应当裁定不予认可。

第十五条 人民法院经审查能够确认台湾地区仲裁裁决真实,而且不具有本规定第十四条所列情形的,裁定认可其效力;不能确认该仲裁裁决真实性的,裁定驳回申请。

裁定驳回申请的案件,申请人再次申请并符合受理条件的,人民法院应予受理。

第十六条 人民法院依据本规定第十四条和第十五条作出的裁定,一经送达即发生法律效力。

第十七条 一方当事人向人民法院申请认可或者执行台湾地区仲裁裁决,另一方当事人向台湾地区法院起诉撤销该仲裁裁决,被申请人申请中止认可或者执行并且提供充分担保的,人民法院应当中止认可或者执行程序。

申请中止认可或者执行的,应当向人民法院提供台湾地区法院已经受理撤销仲裁裁决案件的法律文书。

台湾地区法院撤销该仲裁裁决的,人民法院应当裁定不予认可或者裁定终结执行;台湾地区法院驳回撤销仲裁裁决请求的,人民法院应当恢复认可或者执行程序。

第十八条 对人民法院裁定不予认可的台湾地区仲裁裁决,申请人再次提出申请的,人民法院不予受理。但当事人可以根据双方重新达成的仲裁协议申请仲裁,也可以就同一争议向人民法院起诉。

第十九条　申请人申请认可和执行台湾地区仲裁裁决的期间，适用民事诉讼法第二百三十九条的规定。

申请人仅申请认可而未同时申请执行的，申请执行的期间自人民法院对认可申请作出的裁定生效之日起重新计算。

第二十条　人民法院在办理申请认可和执行台湾地区仲裁裁决案件中所作出的法律文书，应当依法送达案件当事人。

第二十一条　申请认可和执行台湾地区仲裁裁决，应当参照《诉讼费用交纳办法》的规定，交纳相关费用。

第二十二条　本规定自2015年7月1日起施行。

本规定施行前，根据最高人民法院《关于人民法院认可台湾地区有关法院民事判决的规定》（法释〔1998〕11号），人民法院已经受理但尚未审结的申请认可和执行台湾地区仲裁裁决的案件，适用本规定。

最高人民法院
关于授权高级人民法院就办理以送达文书为唯一目的的请求台湾地区调查取证司法互助案件直接与台湾地区业务主管部门联络的通知

2015年12月11日　　　　　　　　　　　　　法〔2015〕362号

各省、自治区、直辖市高级人民法院，解放军军事法院，新疆维吾尔自治区高级人民法院生产建设兵团分院：

自《海峡两岸共同打击犯罪及司法互助协议》（以下简称协议）签署以来，各级人民法院依据《最高人民法院关于人民法院办理海峡两岸送达文书和调查取证司法互助案件的规定》，办理了大量涉台司法互助案件。根据《最高人民法院关于做好开通人民法院办理海峡两岸司法互助案件二级联络窗口相关工作的通知》（法〔2011〕203号）有关要求，自2011年6月25日起，大陆方面正式启动人民法院办理海峡两岸送达文书司法互助案件的二级联络窗口，即由最高人民法院授权各高级人民法院就办理海峡两岸送达文书司法互助案件直接与台湾地区业务主管部门联络。

为进一步提高两岸司法互助工作效率，尽可能减少案件材料周转环节，根据协议第二条之规定，近期最高人民法院与台湾地区业务主管部门经会商达成共识，对于大陆法院以送达文书为唯一目的的请求台湾地区调查取证司法互助案件，可以由大陆方面二级联络窗口直接与台湾地区业务主管部门联络办理，同时分别作为调查取证和送达文书两个案件进行统计和管理。据此，最高人民法院决定，自2016年1月1日起，对于人民法院办理的以送达文书为唯一目的的请求台湾地区调查取证的司法互助案件，即仅有受送达人姓名及其台湾地区身份证号码而没有其在台湾地区的送达地址，请求台湾方面协助查明地址并同时请求根据查明的地址协助送达相关文书的案件（以下简称以送达为目的的调查取证案件），由最高人民法院授权各高级人民法院二级联络窗口直接与台湾地区业务主管部门联络办理，无需再经最高人民法院审查转递；同时，对以送达为目的的调查取证案件，应当分别作为请求台湾地区调查取证和请求台湾地区送达文书两个案件进行统计和管理，同时编立两个文书文号（即分别根据请求调查取证案件和请求送达文书案件各自的序号编立文号）。

在办理以送达为目的的调查取证案件时，各高级人民法院要切实担负起审查把关和监督指导职责，尤其要注意审查案件办理时限和文书表述规范问题。对于拟提交台湾方面的材料，要认真审查案件审理法院制作的司法文书和调查取证及送达文书请求书及其附录中的表述和填写是否规范、引用的法律条文是否准确，所附材料是否完整等；对于台湾地区完成调查取证及送达协助的回复材料，审查发现问题的，要在第一时间与台湾方面联络人沟通，同时立即照转案件审理法院并说明有关沟通情况。

此外，以送达为目的的调查取证案件，与一般的请求台湾地区送达文书案件对台寄送材料的名址不同，各高级人民法院要注意区分，并严格按照本通知所附名址信息，针对不同案件类型选择相应名址对台寄送材料。

为规范和统一人民法院办理以送达为目的的调查取证案件文书格式，最高人民法院特制定《人民法院办理海峡两岸司法互助案件文书样式（试行）》之补充文书样式（样式11—3、样式11—4、样式12—1、样式14—1），一并下发使用。

地方各级人民法院在开展涉台司法互助工作中遇有重要问题，一般应当逐级书面请示或者报告我院，也可视情电话咨询我院台湾司法事务办公室（电话：010—67557767，联系人：张鑫萌）。

以上通知，请遵照执行。

附件：1.《人民法院办理海峡两岸司法互助案件文书样式（试行）》补充文书样式（略）

2.对台湾地区寄送材料名址信息（略）

二十二、涉外民事诉讼程序

最高人民法院关于人民法院受理申请承认外国法院离婚判决案件有关问题的规定

法释〔2000〕6号

(1999年12月1日最高人民法院审判委员会第1090次会议通过 2000年2月29日最高人民法院公告公布 自2000年3月1日起施行)

1998年9月17日,我院以法〔1998〕86号通知印发了《关于人民法院受理申请承认外国法院离婚判决案件几个问题的意见》,现根据新的情况,对人民法院受理申请承认外国法院离婚判决案件的有关问题重新作如下规定:

一、中国公民向人民法院申请承认外国法院离婚判决,人民法院不应以其未在国内缔结婚姻关系而拒绝受理;中国公民申请承认外国法院在其缺席情况下作出的离婚判决,应同时向人民法院提交作出该判决的外国法院已合法传唤其出庭的有关证明文件。

二、外国公民向人民法院申请承认外国法院离婚判决,如果其离婚的原配偶是中国公民的,人民法院应予受理;如果其离婚的原配偶是外国公民的,人民法院不予受理,但可告知其直接向婚姻登记机关申请再婚登记。

三、当事人向人民法院申请承认外国法院离婚调解书效力的,人民法院应予受理,并根据《关于中国公民申请承认外国法院离婚判决程序问题的规定》进行审查,作出承认或不予承认的裁定。

自本规定公布之日起,我院法〔1998〕86号通知印发的《关于人民法院受理申请承认外国法院离婚判决案件几个问题的意见》同时废止。

最高人民法院
关于涉外民商事案件诉讼管辖若干问题的规定

法释〔2002〕5号

(2001年12月25日最高人民法院审判委员会第1203次会议通过 2002年2月25日最高人民法院公告公布 自2002年3月1日起施行)

为正确审理涉外民商事案件,依法保护中外当事人的合法权益,根据《中华人民共和国民事诉讼法》第十九条的规定,现将有关涉外民商事案件诉讼管辖的问题规定如下:

第一条 第一审涉外民商事案件由下列人民法院管辖:
(一)国务院批准设立的经济技术开发区人民法院;
(二)省会、自治区首府、直辖市所在地的中级人民法院;
(三)经济特区、计划单列市中级人民法院;
(四)最高人民法院指定的其他中级人民法院;
(五)高级人民法院。
上述中级人民法院的区域管辖范围由所在地的高级人民法院确定。

第二条 对国务院批准设立的经济技术开发区人民法院所作的第一审判决、裁定不服的,其第二审由所在地中级人民法院管辖。

第三条 本规定适用于下列案件:
(一)涉外合同和侵权纠纷案件;
(二)信用证纠纷案件;
(三)申请撤销、承认与强制执行国际仲裁裁决的案件;
(四)审查有关涉外民商事仲裁条款效力的案件;
(五)申请承认和强制执行外国法院民商事判决、裁定的案件。

第四条 发生在与外国接壤的边境省份的边境贸易纠纷案件,涉外房地产案件和涉外知识产权案件,不适用本规定。

第五条 涉及香港、澳门特别行政区和台湾地区当事人的民商事纠纷案件的管辖,参照本规定处理。

第六条 高级人民法院应当对涉外民商事案件的管辖实施监督,凡越权受理涉外民商事案件的,应当通知或者裁定将案件移送有管辖权的人民法院审理。

第七条 本规定于2002年3月1日起施行。本规定施行前已经受理的案件由原受理人民法院继续审理。

本规定发布前的有关司法解释、规定与本规定不一致的,以本规定为准。

最高人民法院关于认真学习贯彻《关于涉外民商事案件诉讼管辖若干问题的规定》的通知

2002年3月1日　　　　　　　　　　　　　　　　法〔2002〕22号

各省、自治区、直辖市高级人民法院,解放军军事法院,新疆维吾尔自治区高级人民法院生产建设兵团分院:

为适应我国加入世界贸易组织形势的需要,依法及时公正地审理涉外民商事案件,切实保护中外当事人的合法权益,最高人民法院审判委员会近日通过了《关于涉外民商事案件诉讼管辖若干问题的规定》(以下简称《规定》)。为学习贯彻好这一司法解释,现通知如下:

一、要深刻领会实施《规定》的重要意义,尽快做好各项准备工作。对涉外民商事案件实行集中管辖,是因应"入世"后面临的新形势而采取的一项重要改革举措;是优化案件管辖,充分发挥审判效能所作出的一项重要决策。各高级人民法院要积极做好各项准备工作,按照《规定》要求,尽快明确实行集中管辖的法院的区域划分,并及时运作,坚决维护国家大局和法制统一。

二、根据《规定》有权管辖涉外民商事案件的中级人民法院应当设立专门审理涉外民商事案件的审判庭,此类案件较少的地区的中级人民法院应当设立专门的合议庭。

三、要针对涉外民商事审判工作的特点,采取切实有效的措施,大力开展不同形式的业务培训,使涉外民商事法官尽快熟悉世界贸易组织规则、相关国际公约和国际惯例,努力建设一支懂法律、懂国际贸易、懂外语的专家型涉外民商事审判队伍。

四、对涉外民商事生效裁判的申请再审和申诉案件,由人民法院负责审理涉外民商事案件的审判庭负责办理。对本级法院作出的涉外民商事生效裁判的申请再审和申诉案件,由审判监督庭负责办理。

五、各高级人民法院要对集中管辖的实施加强监督与协调,积极做好相关工作。在执行《规定》过程中遇到的问题,请及时报告我院。

特此通知。

最高人民法院关于向外国公司送达司法文书能否向其驻华代表机构送达并适用留置送达问题的批复

法释〔2002〕15号

（2002年6月11日最高人民法院审判委员会第1225次会议通过 2002年6月18日最高人民法院公告公布 自2002年6月22日起施行）

北京市高级人民法院：

你院京高法〔2001〕216号《关于对外国公司送达司法文书能否向其驻华代表机构送达并适用留置送达的请示》收悉。经研究，答复如下：

《关于向国外送达民事或商事司法文书和司法外文书公约》（以下简称海牙送达公约）第一条规定："在所有民事或商事案件中，如有须递送司法文书或司法外文书以便向国外送达的情形，均应适用本公约。"根据《中华人民共和国民事诉讼法》（以下简称民事诉讼法）第二百四十五条的规定，人民法院对在中华人民共和国领域内没有住所的当事人送达诉讼文书，可以依照受送达人所在国与中华人民共和国缔结或者共同参加的国际条约中规定的方式送达；当受送达人在中华人民共和国领域内设有代表机构时，便不再属于海牙送达公约规定的"有须递送司法文书或司法外文书以便向国外送达的情形"。因此，人民法院可以根据民事诉讼法第二百四十五条第（五）项的规定向受送达人在中华人民共和国领域内设立的代表机构送达诉讼文书，而不必根据海牙送达公约向国外送达。

根据民事诉讼法第二百三十五条的规定，人民法院向外国公司的驻华代表机构送达诉讼文书时，可以适用留置送达的方式。

此复。

最高人民法院
关于涉外民事或商事案件司法文书送达问题若干规定

法释〔2006〕5号

(2006年7月17日最高人民法院审判委员会第1394次会议通过 2006年8月10日最高人民法院公告公布 自2006年8月22日起施行)

为规范涉外民事或商事案件司法文书送达,根据《中华人民共和国民事诉讼法》(以下简称民事诉讼法)的规定,结合审判实践,制定本规定。

第一条 人民法院审理涉外民事或商事案件时,向在中华人民共和国领域内没有住所的受送达人送达司法文书,适用本规定。

第二条 本规定所称司法文书,是指起诉状副本、上诉状副本、反诉状副本、答辩状副本、传票、判决书、调解书、裁定书、支付令、决定书、通知书、证明书、送达回证以及其他司法文书。

第三条 作为受送达人的自然人或者企业、其他组织的法定代表人、主要负责人在中华人民共和国领域内的,人民法院可以向该自然人或者法定代表人、主要负责人送达。

第四条 除受送达人在授权委托书中明确表明其诉讼代理人无权代为接收有关司法文书外,其委托的诉讼代理人为民事诉讼法第二百四十五条第(四)项规定的有权代其接受送达的诉讼代理人,人民法院可以向该诉讼代理人送达。

第五条 人民法院向受送达人送达司法文书,可以送达给其在中华人民共和国领域内设立的代表机构。

受送达人在中华人民共和国领域内有分支机构或者业务代办人的,经该受送达人授权,人民法院可以向其分支机构或者业务代办人送达。

第六条 人民法院向在中华人民共和国领域内没有住所的受送达人送达司法文书时,若该受送达人所在国与中华人民共和国签订有司法协助协定,可以依照司法协助协定规定的方式送达;若该受送达人所在国是《关于向国外送达民事或商事司法文书和司法外文书公约》的成员国,可以依照该公约规定的方式送达。

受送达人所在国与中华人民共和国签订有司法协助协定,且为《关于向国外送达民事或商事司法文书和司法外文书公约》成员国的,人民法院依照司法协助协定的规定办理。

第七条 按照司法协助协定、《关于向国外送达民事或商事司法文书和司法外文书公约》或者外交途径送达司法文书,自我国有关机关将司法文书转递受送达人所在国有关机关之日起满六个月，如果未能收到送达与否的证明文件，且根据各种情况不足以认定已经送达的，视为不能用该种方式送达。

第八条　受送达人所在国允许邮寄送达的，人民法院可以邮寄送达。

邮寄送达时应附有送达回证。受送达人未在送达回证上签收但在邮件回执上签收的，视为送达，签收日期为送达日期。

自邮寄之日起满六个月，如果未能收到送达与否的证明文件，且根据各种情况不足以认定已经送达的，视为不能用邮寄方式送达。

第九条　人民法院依照民事诉讼法第二百四十五条第（七）项规定的公告方式送达时，公告内容应在国内外公开发行的报刊上刊登。

第十条　除本规定上述送达方式外，人民法院可以通过传真、电子邮件等能够确认收悉的其他适当方式向受送达人送达。

第十一条　除公告送达方式外，人民法院可以同时采取多种方式向受送达人进行送达，但应根据最先实现送达的方式确定送达日期。

第十二条　人民法院向受送达人在中华人民共和国领域内的法定代表人、主要负责人、诉讼代理人、代表机构以及有权接受送达的分支机构、业务代办人送达司法文书，可以适用留置送达的方式。

第十三条　受送达人未对人民法院送达的司法文书履行签收手续，但存在以下情形之一的，视为送达：

（一）受送达人书面向人民法院提及了所送达司法文书的内容；

（二）受送达人已经按照所送达司法文书的内容履行；

（三）其他可以视为已经送达的情形。

第十四条　人民法院送达司法文书，根据有关规定需要通过上级人民法院转递的，应附申请转递函。

上级人民法院收到下级人民法院申请转递的司法文书，应在七个工作日内予以转递。

上级人民法院认为下级人民法院申请转递的司法文书不符合有关规定需要补正的，应在七个工作日内退回申请转递的人民法院。

第十五条　人民法院送达司法文书，根据有关规定需要提供翻译件的，应由受理案件的人民法院委托中华人民共和国领域内的翻译机构进行翻译。

翻译件不加盖人民法院印章，但应由翻译机构或翻译人员签名或盖章证明译文与原文一致。

第十六条　本规定自公布之日起施行。

最高人民法院
关于依据国际公约和双边司法协助条约办理民商事案件司法文书送达和调查取证司法协助请求的规定

法释〔2013〕11号

（2013年1月21日最高人民法院审判委员会第1568次会议通过 2013年4月7日最高人民法院公告公布 自2013年5月2日起施行）

为正确适用有关国际公约和双边司法协助条约，依法办理民商事案件司法文书送达和调查取证请求，根据《中华人民共和国民事诉讼法》《关于向国外送达民事或商事司法文书和司法外文书的公约》（海牙送达公约）、《关于从国外调取民事或商事证据的公约》（海牙取证公约）和双边民事司法协助条约的规定，结合我国的司法实践，制定本规定。

第一条 人民法院应当根据便捷、高效的原则确定依据海牙送达公约、海牙取证公约，或者双边民事司法协助条约，对外提出民商事案件司法文书送达和调查取证请求。

第二条 人民法院协助外国办理民商事案件司法文书送达和调查取证请求，适用对等原则。

第三条 人民法院协助外国办理民商事案件司法文书送达和调查取证请求，应当进行审查。外国提出的司法协助请求，具有海牙送达公约、海牙取证公约或双边民事司法协助条约规定的拒绝提供协助的情形的，人民法院应当拒绝提供协助。

第四条 人民法院协助外国办理民商事案件司法文书送达和调查取证请求，应当按照民事诉讼法和相关司法解释规定的方式办理。

请求方要求按照请求书中列明的特殊方式办理的，如果该方式与我国法律不相抵触，且在实践中不存在无法办理或者办理困难的情形，应当按照该特殊方式办理。

第五条 人民法院委托外国送达民商事案件司法文书和进行民商事案件调查取证，需要提供译文的，应当委托中华人民共和国领域内的翻译机构进行翻译。

译文应当附有确认译文与原文一致的翻译证明。翻译证明应当有翻译机构的印章和翻译人的签名。译文不得加盖人民法院印章。

第六条 最高人民法院统一管理全国各级人民法院的国际司法协助工作。高级人民法院应当确定一个部门统一管理本辖区各级人民法院的国际司法协助工作并指定专人负责。中级人民法院、基层人民法院和有权受理涉外案件的专门法院，应当指定专人管理国际司法协助工作；有条件的，可以同时确定一个部门管理国际司法协助工作。

第七条 人民法院应当建立独立的国际司法协助登记制度。

第八条 人民法院应当建立国际司法协助档案制度。办理民商事案件司法文书送达的送达回证、送达证明在各个转递环节应当以适当方式保存。办理民商事案件调查取证的材料应当作为档案保存。

第九条 经最高人民法院授权的高级人民法院，可以依据海牙送达公约、海牙取证公约直接对外发出本辖区各级人民法院提出的民商事案件司法文书送达和调查取证请求。

第十条 通过外交途径办理民商事案件司法文书送达和调查取证，不适用本规定。

第十一条 最高人民法院国际司法协助统一管理部门根据本规定制定实施细则。

第十二条 最高人民法院以前所作的司法解释及规范性文件，凡与本规定不一致的，按本规定办理。

最高人民法院
关于中、日两国之间委托送达法律文书使用送达回证问题的通知

1982年10月12日　　　　　　　　　　　　〔82〕法研字第11号

各省、市、自治区高级人民法院：

外交部领事司与日本驻华大使馆就中、日两国之间委托送达法律文书使用送达回证问题进行商谈后约定：自1982年11月1日起，中、日双方委托对方代为送达法律文书，由受委托一方依照本国法律的有关规定出具送达回证。据此，地方各级人民法院自今年11月1日起，凡需通过外交途径发往日本国的法律文书，经高级人民法院审查后送外交部领事司转递时，可不再附送我人民法院的送达回证，由日方受委托的裁判所出具送达回证；日本国委托我方送达的法律文书，则由我国受委托的人民法院出具送达回证。请即告知下级人民法院照此办理。

最高人民法院
关于旅美华侨张雪芬先后向我国法院和美国法院起诉离婚美国法院已判决离婚我国法院是否再作判决问题的批复*

1985年9月18日　　　　　　　　　　　　〔1985〕民他字第27号

上海市高级人民法院：

你院1985年7月25日〈1985〉沪高民核字第76号请示报告收悉。经研究，答复如下：

（一）关于旅居美国的中国公民张雪芬，为与居住国内的贺安廷离婚，向我国法院起诉，同时也向美国法院起诉，现美国法院已作出判决，我国受诉法院是否还应作出判决的问题，我们同意你院报告的意见，在我国与美国尚无司法协助的协定，张雪芬未撤回向我国法院起诉的情况，按《中华人民共和国民事诉讼法（试行）》第二十条第一款的规定，我国受诉法院得依法做出裁决，不受外国法院受理同一案件和是否作出裁决的影响。

（二）关于华侨同居住国法院起诉离婚，其国内配偶不应诉；或外国法院判决离婚后，其国内配偶不上诉，而另向我国法院提起离婚之诉，我国法院是否受理的问题，我们也同意你院报告的意见，即我国领域内的中国公民的婚姻关系，受我国法律的保护和调整。在上述情况下的起诉，按《中华人民共和国民事诉讼法（试行）》第二十一条第（二）项的规定，我国法院应予受理并依法裁决。

另外，你院报告中提到，在张雪芬一家中，美国法院通过美国驻沪总领事馆向我方当事人送达诉讼文书，这种做法，是我国法律所不允许的。以后遇有此类情况，应及时向外交部反映。

---

* 也作"最高人民法院关于我国法院有权受理旅居外国的中国公民同时向两国法院起诉的案件的批复"。

最高人民法院
关于美国法院未通过外交途径径直将离婚判决书寄给我人民法院应如何处理问题的批复

1985 年 12 月 26 日　　　　　　　　　　　　　　〔85〕民他字第 37 号

江苏省高级人民法院：

你院〔85〕民请第 27 号请示报告及美国加利福尼亚高等法院给我苏州市中级人民法院寄来的蔡德林与周才德离婚判决书副本收悉。经与有关部门研究，现答复如下：

美国加利福尼亚高等法院给苏州市中级人民法院寄来的蔡德林与周才德离婚判决书副本等材料，既无委托书，又无中文译本，亦未通过外交途径。在中美两国目前尚无司法协助协定的情况下，美国法院的这种做法，不仅违反了我国民事诉讼法的有关规定，也不符合一般的国际惯例。根据国际关系中的对等原则，以上材料可由苏州市中级人民法院径直退回美国加利福尼亚高等法院。

最高人民法院
关于外国公民因子女抚养问题如何在人民法院进行诉讼问题的函

1988 年 11 月 25 日　　　　　　　　　　　　　　〔88〕民他字第 61 号

外交部领事司：

转来的澳大利亚驻华使馆的照会收悉。关于该国公民 Levens 希望在中国通过法律程序，向住在新疆乌鲁木齐市解放路 32 号的钱国华领回由其丈夫 Genady Shrbakov（澳大利亚籍）带至该处的孩子 Daniel（澳大利亚籍）一事，我们研究认为，如 Levens 通过有关程序能证明澳大利亚法院在判决 Levens 与 Genady Shrbakov 离婚时，将 Daniel 判归 Levens 抚养，此事可先通过当地外办和公安部门，与钱国华协商解决；协商不成，Levens 可按照我国民事诉讼法（试行）的有关规定，向新疆乌鲁木齐市中级人民法院提交经我驻澳大利亚使领馆认证的本国判决书，证明 Daniel 归其抚养，对钱国华提起诉讼。根据我国民事诉讼收费办法（试行）的规定，原告起诉时应预交案件受理费人民币 5 元至 20 元。如有其他财产争议，则按财产案件另行收费。关于律师收费问题，请向司法部了解。

最高人民法院关于中国留学生在留学期间如何在人民法院进行离婚诉讼问题的函

1989年6月3日　　　　　　　　　　　　　　法民〔89〕13号

外交部领事司：

驻法使馆教育处于最近来函，希望法院为一留学生解答一些法律问题。经研究，这类来函，我们的意见是以通过你部商有关单位办理为宜。如需法院办理的，可由法院提出意见函告你部，供你部回复驻外使领馆时参考。

对此次来函询问有关法律问题，兹提出如下意见，供参考：

一、在国外留学的夫妻，回国向人民法院提起离婚诉讼的，人民法院适用中国法律处理。

二、在这种离婚诉讼中，一方对在国外的财产主张权利的，应负举证责任，对其主张有责任向人民法院提供有关证据。人民法院需要查证时，两国之间有司法协助协议的，人民法院可按协议的规定，委托外国法院代为查证。

三、父母离婚后，子女无论由父亲或母亲抚养，仍是父母双方的子女。子女由谁抚养，可由父母协商。协商不成的，人民法院可以根据子女的权益和父母的个体情况，判决由一方抚养。

最高人民法院
关于中国公民接受外侨遗赠法律程序问题的批复[*]

1989年6月12日　　　　　　　　　　〔88〕民他字第26号

黑龙江省高级人民法院：

你院〔1988〕民复字第13号函关于中国公民宁俊华申请接受苏侨比斯阔·维克托尔·帕夫洛维赤遗赠案件的请示，经我院审判委员会第404次会议讨论认为，可由哈尔滨市中级人民法院知告比斯阔的遗产代管部门，比期阔将自己的个人财产遗赠给宁俊华、李成海，符合我国继承法的有关规定，对宁、李2人领受遗赠财产的请求应予允许。如经告知，遗产代管部门仍阻碍公民合法权利的实现，宁俊华、李成海则可以遗产代管部门为被告向法院起诉，人民法院应按照普通程序进行审理，并适用继承法的有关规定。

最高人民法院
印发《关于中国公民申请承认外国法院离婚判决程序问题的规定》的通知

1991年8月13日　　　　　　　　　　法（民）〈1991〉21号

全国地方各级人民法院、各级军事法院、各铁路运输中级法院和基层法院、各海事法院：

现将《关于中国公民申请承认外国法院离婚判决程序问题的规定》发给你们，请认真执行。在执行中注意总结经验，有何意见和问题，请及时报告我院。

---

[*] 也作"最高人民法院关于中国公民宁俊华申请接受苏侨比斯阔·维克托尔·帕夫洛维赤遗赠案件的批复"。

附件：

关于中国公民申请承认外国法院离婚判决程序问题的规定

(1991年7月5日最高人民法院审判委员会第503次会议讨论通过)

第一条 对与我国没有订立司法协助协议的外国法院作出的离婚判决，中国籍当事人可以根据本规定向人民法院申请承认该外国法院的离婚判决。

对与我国有司法协助协议的外国法院作出的离婚判决，按照协议的规定申请承认。

第二条 外国法院离婚判决中的夫妻财产分割、生活费负担、子女抚养方面判决的承认执行，不适用本规定。

第三条 向人民法院申请承认外国法院的离婚判决，申请人应提出书面申请书，并须附有外国法院离婚判决书正本及经证明无误的中文译本。否则，不予受理。

第四条 申请书应记明以下事项：

（一）申请人姓名、性别、年龄、工作单位和住址；

（二）判决由何国法院作出，判结果、时间；

（三）受传唤及应诉的情况；

（四）申请理由及请求；

（五）其他需要说明的情况。

第五条 申请由申请人住所地中级人民法院受理。申请人住所地与经常居住地不一致的，由经常居住地中级人民法院受理。

申请人不在国内的，由申请人原国内住所地中级人民法院受理。

第六条 人民法院接到申请书，经审查，符合本规定的受理条件的，应当在7日内立案；不符合的，应当在7日内通知申请人不予受理，并说明理由。

第七条 人民法院审查承认外国法院离婚判决的申请，由三名审判员组成合议庭进行，作出的裁定不得上诉。

第八条 人民法院受理申请后，对于外国法院离婚判决书没有指明已生效或生效时间的，应责令申请人提交作出判决的法院出具的判决已生效的证明文件。

第九条 外国法院作出离婚判决的原告为申请人的，人民法院应责令其提交作出判决的外国法院已合法传唤被告出庭的有关证明文件。

第十条 按照第八条、第九条要求提供的证明文件，应经该外国公证部门公证和我国驻该国使、领馆认证。同时应由申请人提供经证明无误的中文译本。

第十一条 居住在我国境内的外国法院离婚判决的被告为申请人，提交第八条、第十条所要求的证明文件和公证、认证有困难的，如能提交外国法院的应诉通知或出庭传票的，可推定外国法院离婚判决书为真实和已经生效。

第十二条 经审查，外国法院的离婚判决具有下列情形之一的，不予承认：

（一）判决尚未发生法律效力；

（二）作出判决的外国法院对案件没有管辖权；

（三）判决是在被告缺席且未得到合法传唤情况下作出的；

（四）该当事人之间的离婚案件，我国法院正在审理或已作出判决，或者第三国法院对该当事人之间作出的离婚案件判决已为我国法院所承认；

（五）判决违反我国法律的基本原则或者危害我国国家主权、安全和社会公共利益。

第十三条 对外国法院的离婚判决的承认，以裁定方式作出。没有第十二条规定的情形的，裁定承认其法律效力；具有第十二条规定的情形之一的，裁定驳回申请人的申请。

第十四条 裁定书以"中华人民共和国××中级人民法院"名义作出，由合议庭成员署名，加盖人民法院印章。

第十五条 裁定书一经送达，即发生法律效力。

第十六条 申请承认外国法院的离婚判决，申请人应向人民法院交纳案件受理费人民币100元。

第十七条 申请承认外国法院的离婚判决，委托他人代理的，必须向人民法院提交由委托人签名或盖章的授权委托书。委托人在国外出具的委托书，必须经我国驻该国的使、领馆证明。

第十八条 人民法院受理离婚诉讼后，原告一方变更请求申请承认外国法院离婚判决，或者被告一方另提出承认外国法院离婚判决申请的，其申请均不受理。

第十九条 人民法院受理承认外国法院离婚判决的申请后，对方当事人向人民法院起诉离婚的，人民法院不予受理。

第二十条 当事人之间的婚姻虽经外国法院判决，但未向人民法院申请承认的，不妨碍当事人一方另行向人民法院提出离婚诉讼。

第二十一条 申请人的申请为人民法院受理后，申请人可以撤回申请，人民法院以裁定准予撤回。申请人撤回申请后，不得再提出申请，但可以另向人民法院起诉离婚。

第二十二条 申请人的申请被驳回后，不得再提出申请，但可以另行向人民法院起诉离婚。

司法部　最高人民法院　外交部
关于印发《关于执行海牙送达公约的实施办法》的通知

1992年9月19日　　　　　　　　司发通〔1992〕093号

有关人民法院、驻外使领馆、司法厅（局）：

　　1992年3月4日，我们发出了《关于执行〈关于向国外送达民事或商事司法文书和司法外文书公约〉有关程序的通知》。现将根据该通知制定的《关于执行海牙送达公约的实施办法》印发给你们，请遵照执行。

附：

关于执行海牙送达公约的实施办法

　　为了正确、及时、有效地按照《关于向国外送达民事或商事司法文书和司法外文书公约》（下称《公约》）向在《公约》成员国的当事人送达文书和执行成员国提出的送达请求，根据最高人民法院、外交部和司法部"外发〔1992〕8号"《关于执行〈关于向国外送达民事或商事司法文书和司法外文书公约〉有关程序的通知》（下称《通知》），制定本实施办法。

　　一、司法部收到国外的请求书后，对于有中文译本的文书，应于五日内转给最高人民法院；对于用英文或法文写成，或者附有英文或法文译本的文书，应于七日内转给最高人民法院，对于不符合《公约》规定的文书，司法部将予以退回或要求请求方补充、修正材料。

　　二、最高人民法院应于五日内将文书转给送达执行地高级人民法院；高级人民法院收文后，应于三日内转有关的中级人民法院或者专门人民法院；中级人民法院或者专门人民法院收文后，应于十日内完成送达，并将送达回证尽快交最高人民法院转司法部。

　　三、执行送达的法院不管文书中确定的出庭日期或期限是否已过，均应送达。如受送达人拒收，应在送达回证上注明。

　　四、对于国外按《公约》提交的未附中文译本而附英、法文译本的文书，法院仍应予以送达。除双边条约中规定英、法文译本为可接受文字者外，受送达人有权以未附中文译本为由拒收。凡当事人拒收的，送达法院应在送达回证上注明。

　　五、司法部接到送达回证后，按《公约》的要求填写证明书，并将其转回国外请求方。

六、司法部在转递国外文书时，应说明收到请求书的日期、被送达的文书是否附有中文译本、出庭日期是否已过等情况。

七、我国法院需要向在公约成员国居住的该国公民、第三国公民、无国籍人送达文书时，应将文书及相应文字的译本各一式三份（无需致外国法院的送达委托书及空白送达回证）按《通知》规定的途径送最高人民法院转司法部。译文应由译者签名或翻译单位盖章证明无误。

八、司法部收到最高人民法院转来向国外送达的文书后，应按《公约》附录中的格式制作请求书、被送达文书概要和空白证明书，与文书一并送交被请求国的中央机关；必要时，也可由最高人民法院将文书通过我国驻该国的使馆转交该国指定的机关。

九、我国法院如果需要通过我驻公约成员国的使领馆向居住在该国的中国公民送达文书，应将被送达的文书、致使领馆的送达委托书及空白送达回证按《通知》规定的途径转最高人民法院，由最高人民法院径送或经司法部转送我驻该国使领馆送达当事人。

十、司法部将国内文书转往公约成员国中央机关两个半月后，如果未收到证明书，将发函催办；请求法院如果直接收到国外寄回的证明书，应尽快通报最高人民法院告知司法部。

十一、本办法中的"文书"兼指司法文书和司法外文书。

十二、本办法自下发之日起施行。

注：

(1) 截至1992年9月，我国与外国签订的双边司法协助条约（协定）中允许被送达文书附第三种文字译本的情况：

国家名称	第三语种	国家名称	第三语种
一、已生效的			
波兰	英文	蒙古	英文
二、已签署的			
意大利	英文、法文	俄罗斯	英文
西班牙	英文、法文	罗马尼亚	英文
三、已草签的			
土耳其	英文	古巴	英文
泰国	英文	保加利亚	英文

(2) 本《实施办法》适用于香港地区。

最高人民法院
关于向居住在外国的我国公民送达
司法文书问题的复函

1993年11月19日　　　　　　　　法民字〔1993〕第34号

外交部领事司：

你司转来的我国驻纽约总领事馆"关于向我国公民和华人送达司法文书事的请示"收悉。经研究，现答复如下：

一、关于我国人民法院向海牙送达公约成员国送达民、商事司法文书的程序问题，最高人民法院、外交部、司法部外发〔1992〕8号《关于执行〈关于向国外送达民事或商事司法文书和司法外文书公约〉有关程序的通知》和司发通〔1992〕093号《关于印发〈关于执行海牙送达公约〉的实施办法的通知》中已有明确规定，即我国法院若请求公约成员国向该国公民或第三国公民或无国籍人送达民事或商事司法文书，有关中级人民法院或专门人民法院应将请求书和所送司法文书送有关高级人民法院转最高人民法院，由最高人民法院送司法部转送给该国指定的中央机关；必要时也可由最高人民法院送我国驻该国使馆转送给该国指定的中央机关。我国法院向在公约成员国的中国公民送达民事或商事司法文书，可委托我国驻该国的使、领馆代为送达。委托书和所送司法文书应由有关中级人民法院或专门人民法院送有关高级人民法院转最高人民法院，由最高人民法院径送或经司法部转送我国驻该国使领馆送达给当事人。送达证明按原途径退委托法院。

二、接到我国法院委托送达司法文书的使、领馆发现委托法院有违反规定的送达程序或者司法文书的格式不规范、地址不详细等情况以致不能完成送达时，应备函说明原因，将司法文书及时退回原委托法院。

三、一方或双方居住在外国的中国公民就同一案件，不论其起诉案由如何，分别向我国法院和外国法院起诉，我国法院已经受理，或者正在审理，或者已经判决的案件，不发生人民法院承认和执行外国法院判决的问题。在我国领域内，我国法院发生法律效力的判决，或者我国法院裁定承认的外国法院判决，对当事人具有拘束力。

四、关于我驻纽约总领事馆请示函所提司法文书邮寄给当事人后，当事人未及时退回送达回证，应如何回复原委托法院问题，我们意见仍按外交部领事司领五函〔1991〕12号《关于送达司法文书若干问题的说明》第三、四、五的规定办理。对使、领馆在驻在国通过邮寄方式送达的诉讼文书，经过一定时间（由使领馆根据具体情况掌握，如一个月内），送达回证、回执等没有退回，但根据各种情况足以认定已经送达的，可以将情况写明函复委托法院，由委托法院依法确定送达日期。

最高人民法院
关于执行领事条约中对派遣国船舶实行强制措施时保护条款的通知

1994年1月14日　　　　　　　　　　　　　　法〔1994〕2号

海南省、广东省、福建省、浙江省、上海市、湖北省、山东省、天津市、辽宁省高级人民法院、各海事法院：

为了认真执行我国和外国缔结的领事条约中关于对派遣国的船舶采取强制措施，或在其船舶上进行正式调查时，应事先通知领馆，以便在采取行动时领事官员或其代表能到场。如情况紧急，不能事先通知，应在采取上述行动后立即通知，并应领馆官员的请求迅速提供所采取行动的全部情况的规定，特通知如下：

一、诉前扣船是在紧急情况下采取的财产保全措施，执行扣押船舶的海事法院，必须在发布扣船命令的同时，书面通知船籍国驻我国的使、领馆。

二、海事法院裁定拍卖被扣押船舶清偿债务的，必须在发布拍卖船舶公告前，书面通知被告所在国驻我国的使、领馆。

三、海事法院因海事、海商纠纷需要，在缔约国船舶上进行正式调查的，应事先通知船籍国驻我国的使、领馆，如情况紧急，不能事先通知，应在调查之后立即书面通知。

四、各海事法院在采取上述行动时，凡因情况紧急，事后通知船籍国驻我国使领馆的，如该国领事官员请求提供所采取行动的全部情况的，应当迅速提供。

五、上述通知书由海事法院报送其所在省、市高级人民法院审查后，径送外交部领事司，再通过领事司负责转给被通知的船舶派遣国驻我国的使、领馆。

六、在送达通知书时，须附有扣押船舶的民事裁定书。或强制拍卖被扣押船舶的民事裁定书和送达回证。

附：（1）通知书的文书样式（略）
　　（2）我国已签订的领事条约情况

附（2）：

我国已签订的领事条约情况

（一）已生效的中外领事条约对方缔约国为：

美国、南斯拉夫、波兰、朝鲜、匈牙利、意大利、古巴、俄罗斯（继承原《中苏领事条约》）、墨西哥、保加利亚、捷克、老挝、立陶宛、阿根廷、突尼斯、土耳其、伊拉克、罗马尼亚、印度、蒙古、斯洛伐克（继承原《中捷领事条约》）、克罗地亚（适用原《中南领事条约》）、斯洛文尼亚（适用原《中南领事条约》）。

（二）尚未生效的中外领事条约对方缔约国为：

哈萨克斯坦、巴基斯坦、摩尔多瓦、玻利维亚、乌克兰、也门、土库曼斯坦、白俄罗斯。

最高人民法院
关于我国人民法院应否承认和执行日本国法院具有债权债务内容裁判的复函

1995年6月26日　　　　　　　　　　　　〔1995〕民他字第17号

辽宁省高级人民法院：

你院〔1994〕民外字第72号请示收悉。关于日本国民五味晃向大连市中级人民法院申请承认和执行日本国横滨地方法院小田原分院具有债权债务内容的判决和熊本地方法院玉名分院所作债权扣押命令及债权转让命令，我国人民法院应否承认和执行问题，经研究认为，我国与日本国之间没有缔结或者参加相互承认和执行法院判决、裁定的国际条约，亦未建立相应的互惠关系。根据《中华人民共和国民事诉讼法》第二百六十八条的规定，我国人民法院对该日本国法院裁判应不予承认和执行。故同意你们以裁定驳回日本国民五味晃申请的处理意见。至于裁定的理由如何表述，请根据上述精神斟酌考虑。

最高人民法院
关于明斯克自动线生产联合公司申请承认及执行白俄罗斯共和国最高经济法庭判决一案有关问题的请示的复函

2003年3月10日　　　　　　　　　〔2003〕民四他字第4号

北京市高级人民法院：

你院京高法〔2003〕第15号请示报告收悉。经研究，答复如下：

本案涉及对白俄罗斯共和国法院所作判决的承认及执行问题，应根据我国与白俄罗斯签订的《中华人民共和国和白俄罗斯共和国关于民事和刑事司法协助的条约》（以下简称《双边条约》）的有关规定进行审查。根据你院请示报告所述事实，白俄罗斯最高经济法庭是通过邮寄方式向我国被执行人中国机床总公司送达判决书，而我国在加入《关于向国外送达民事或商事司法文书和司法外文书公约》时明确表明不承认外国司法机关通过邮寄途径直接向我国境内当事人送达司法文书，且我国与白俄罗斯共和国签订的《双边条约》中，也没有表明白俄罗斯的司法机关可以通过邮寄方式直接向我国境内当事人送达司法文书，而是规定应该经双方的中央机关联系，通过相互提供司法协助的方式进行。因此，白俄罗斯最高经济法庭通过邮寄方式向我国被执行人送达判决的行为，不具有法律效力，可以认定本案所涉判决并未合法送达给我国相应的当事人。

承认和执行判决的一个必要的前提条件就是判决已经合法送达给相关当事人，由于白俄罗斯最高经济法庭所作判决未通过合法途径送达我国当事人中国机床总公司，依照我国与白俄罗斯共和国签订的《双边条约》第二十一条第（五）项的规定，应不予承认和执行本案所涉判决。

此复。

最高人民法院
关于中国公民黄爱京申请承认外国
法院离婚确认书受理问题的复函

2003 年 5 月 12 日　　　　　　　　　　　〔2003〕民立他字第 15 号

吉林省高级人民法院：

你院吉高法〔2003〕23 号《关于中国公民申请承认外国法院离婚确认书的请示》收悉。经研究答复如下：

对于中国公民黄爱京申请人民法院承认的韩国法院离婚确认书，应视为韩国法院出具的法律文书。当事人向人民法院申请承认该离婚确认书法律效力的案件，人民法院可比照最高人民法院《关于中国公民申请承认外国法院离婚判决程序问题的规定》第一条和《关于人民法院受理申请承认外国法院离婚判决案件有关问题的规定》第三条规定的精神予以受理。

最高人民法院办公厅
关于就外国执行民商事文书送达收费事项的通知

2003 年 7 月 29 日　　　　　　　　　　　法办〔2003〕242 号

各省、自治区、直辖市高级人民法院：

自 2003 年 6 月 1 日，美国由一私人送达公司 PROCESS FORWARDING INTERNATIONAL（PPI）代为行使《海牙送达公约》美国中央机关的部分职能，为期五年，并就每件向其国民送达请求收取执行费用。我国与新加坡根据中新司法协助双边条约规定的途径办理司法协助事宜以来，新方根据中新条约第 10 条的规定已对我国请求向其国民送达事宜，要求执行送达后支付执行费用。加拿大根据《海牙送达公约》的规定声明向请求提供司法协助的国家进行收费。实践中亦已实际对我国请求向其国民送达事宜进行收费。现将上述三个国家有关支付送达费用的具体要求通知如下：

一、向美国支付送达执行费用的具体要求：

支付时间：预付

支付方式：汇票

支付金额：89 美元（2003 年），91 美元（2004 年），93 美元（2005 年），95 美元（2007 年）

汇票收款人：美国"PROCESS FORWARDING INTERNATIONAL"

二、向新加坡支付送达执行费用的具体要求：

支付时间：执行后支付

支付方式：汇票

支付金额：根据送达情况收取费用数额不等（由 20 新元到 130 新元或更高）。

汇票收款人："The Registrar, Supreme Court, Singapore"。

三、向加拿大支付送达费用的具体要求

支付时间：预付

支付方式：汇票

支付金额：50 加元

汇票收款人：根据下列不同的省填写不同的名称

Alberta：Provincial Treasurer of Alberta

British Columbia：Minister of Fiance of British Columbia

Prince Edward Island：Provincial Treasurer of Prince Edward Island

Manitoba：Mimister of Finance of Manitoba

New Brunswick：Minister of Finance of New Brunswick

Nova Scotia：Minister of Finance of Nova Scotia

Ontario：Treasurer of Ontario

Quebec：Minlstre des Finances du Quebec

Saskatchewan：DePartment of Justice of Saskatchewan—Sheriff Services

Newfoundland：Newfoundland Exchequer Account

Yukon Territoril：Treasurer of the Government of Yukon

Northwest Territories：Government Territories

Nunavut：Government of Nunavut

请各高级法院有关部门照此办理。对美国、加拿大的送达，将汇票连同送达文书一并送最高人民法院外事局转递。对新加坡的送达，在文书送达后，按新方确定的送达费用支付，汇票经最高人民法院外事局转递。

请求送达的当事人可根据我院转发国家外汇管理局（法〔2003〕73 号）的通知，到当地外汇管理部门申购所需外汇，办理有关汇票。

最高人民法院办公厅
关于指定北京市、上海市、广东省、浙江省、江苏省高级人民法院依据海牙送达公约和海牙取证公约直接向外国中央机关提出和转递司法协助请求和相关材料的通知

2003年9月23日　　　　　　　　　　　　法办〔2003〕297号

北京市、上海市、广东省、浙江省、江苏省高级人民法院：

为进一步提高国际司法协助工作效率，更好地为审判工作服务，我院决定，指定你院就涉及海牙送达公约、海牙取证公约的司法协助工作进行试点，由高级人民法院直接对公约成员国中央机关提出和转递司法协助请求书和相关材料。

试点工作所涉司法协助范围包括：

1. 依照《关于向国外送达民事或商事司法文书和司法外文书公约》，直接向海牙送达公约成员国中央机关提出和转递本院及下级人民法院依据海牙送达公约提出的送达民事司法文书和司法外文书的请求书及相关材料。但海牙送达公约成员国中与我国签订含有民事司法协助内容的双边司法协助条约的，按条约规定的途径办理。

2. 依照《关于从国外获取民事或商事证据公约》，直接向海牙取证公约成员国中接受我国加入并且该公约已在我国与该国之间生效的成员国中央机关提出和转递本院及下级人民法院依据海牙取证公约提出的涉外民事调查取证的请求书及相关材料。但上述成员国中与我国签订含有民事司法协助内容的双边司法协助条约的，按条约规定的途径办理。

依我国和外国签订的双边司法协助条约，规定由双方中央机关负责转递的司法协助请求，需通过外交途径、领事途径提出的司法协助事务，仍按原程序办理。

你院在试点工作中，应当严格审批程序，提高工作质量和效率。建立催询制度，三个月后发文催询。注意调查研究，总结经验。建立统计备案制度，有关统计数据，每半年报送我院外事局一次。工作中发现问题注意研究并及时报我院处理。

试点工作自2003年11月1日始。

最高人民法院
关于加强涉外商事案件诉讼管辖工作的通知

2004 年 12 月 29 日　　　　　　　　　　　　法〔2004〕265 号

各省、自治区、直辖市高级人民法院，解放军军事法院，新疆维吾尔自治区高级人民法院生产建设兵团分院：

最高人民法院 2002 年 3 月 1 日法释〔2002〕5 号《关于涉外民商事案件诉讼管辖若干问题的规定》施行以来，各地法院认真贯彻落实，建立了涉外商事审判工作的新格局，提高了审判质量和涉外商事法官素质，为应对我国加入世界贸易组织后所面临的挑战作出了较大贡献。为进一步方便当事人诉讼，防止涉外商事案件流失，培育并充分利用司法资源，不断提高涉外商事审判能力，现根据最高人民法院《关于涉外民商事案件诉讼管辖若干问题的规定》第一条第（四）项的规定，通知如下：

一、受理边境贸易纠纷案件法院的上诉审中级人民法院，国务院批准设立的经济技术开发区法院的上诉审中级人民法院，以及其他中级人民法院，需要指定管辖一审涉外商事案件的，由其所在地的高级人民法院报请最高人民法院审批。

各高级人民法院要在调研的基础上，于 2005 年 3 月底前将需要指定管辖的上列中级人民法院上报指定。

二、授权广东省和各直辖市的高级人民法院根据实际工作需要指定辖区内的基层人民法院管辖本区的第一审涉外（含涉港澳台）商事案件，明确基层人民法院与中级人民法院的案件管辖分工，并将指定管辖的情况报最高人民法院备案。

三、指定管辖一审涉外商事案件的法院，必须坚持标准。要设立专门的涉外商事审判庭或者合议庭，配备足够的审判力量，确保审判质量。需要管辖第一审涉外商事案件但暂不具备条件的，要加强法官培训，待符合条件后再报请指定。

四、指定管辖一审涉外商事案件的法院，要及时确定其管辖区域，并向社会公布，确保最高人民法院《关于涉外民商事案件诉讼管辖若干问题的规定》的正确贯彻实施。

五、各高级人民法院要切实加强对涉外商事案件诉讼管辖工作的监督指导，坚决纠正不当管辖，认真解决涉外商事案件管辖中存在的问题，正确行使涉外商事案件的管辖权，维护我国的司法权威。

特此通知。

最高人民法院
关于人民法院受理涉及特权与豁免的民事案件有关问题的通知

2007年5月22日　　　　　　　　　　　　　　　法〔2007〕69号

各省、自治区、直辖市高级人民法院，解放军军事法院，新疆维吾尔自治区高级人民法院生产建设兵团分院：

为严格执行《中华人民共和国民事诉讼法》以及我国参加的有关国际公约的规定，保障正确受理涉及特权与豁免的民事案件，我院决定对人民法院受理的涉及特权与豁免的案件建立报告制度，特做如下通知：

凡以下列在中国享有特权与豁免的主体为被告、第三人向人民法院起诉的民事案件，人民法院应在决定受理之前，报请本辖区高级人民法院审查；高级人民法院同意受理的，应当将其审查意见报最高人民法院。在最高人民法院答复前，一律暂不受理。

一、外国国家；

二、外国驻中国使馆和使馆人员；

三、外国驻中国领馆和领馆成员；

四、途经中国的外国驻第三国的外交代表和与其共同生活的配偶及未成年子女；

五、途经中国的外国驻第三国的领事官员和与其共同生活的配偶及未成年子女；

六、持有中国外交签证或者持有外交护照（仅限互免签证的国家）来中国的外国官员；

七、持有中国外交签证或者持有与中国互免签证国家外交护照的领事官员；

八、来中国访问的外国国家元首、政府首脑、外交部长及其他具有同等身份的官员；

九、来中国参加联合国及其专门机构召开的国际会议的外国代表；

十、临时来中国的联合国及其专门机构的官员和专家；

十一、联合国系统组织驻中国的代表机构和人员；

十二、其他在中国享有特权与豁免的主体。

最高人民法院办公厅
关于我国法院委托新加坡法院协助送达民事司法文书付费事项的通知

2008年7月29日　　　　　　　　　　　　　　法办〔2008〕389号

各省、自治区、直辖市高级人民法院：

经我院与新加坡方面商定，自2008年8月1日起，我国法院委托新加坡法院协助送达民事司法文书采取预付费方式，每件送达费为100新加坡元，以银行汇票支付，收款人为 Registrar Supreme Cout/AC。请各高级人民法院在办理相关业务时，将银行汇票连同所送达的民事司法文书一并送最高人民法院外事局转递。

最高人民法院
关于中国公民申请承认外国法院和解劝告决定书等法律文书的请示的复函

2010年9月29日　　　　　　　　　　　　　〔2010〕民四他字第56号

辽宁省高级人民法院：

你院《关于中国公民申请承认外国法院和解劝告决定书等法律文书的请示》收悉，经研究，答复如下：

同意你院的处理意见。中国公民郑成花向铁岭市中级人民法院申请承认大韩民国首尔家庭法院2008DEDAN111209离婚和解劝告决定书，我国与大韩民国虽然签订有《关于民事和商事司法协助的条约》，但该条约并未涉及相关判决的承认问题，中国籍当事人可以根据《关于中国公民申请承认外国法院离婚判决程序问题的规定》向人民法院申请承认大韩民国法院的离婚判决。

大韩民国首尔家庭法院2008DEDAN111209离婚和解劝告决定书是解决当事人之间婚姻存续问题的法律文书，在当事人未提出异议的情况下，具有与判决相同的法律效力。根据《最高人民法院关于中国公民黄爱京申请承认外国法院离婚确认书受理问题的复函》的精神，离婚和解劝告决定书应当视为大韩民国法院出具的解除当事人之间婚姻关系的法律文书，人民法院可以比照最高人民法院《关于中国公民申请承认外国法院离婚判决程序问题的规定》、《关于人民法院受理申请承认外国法院离婚判决案件有关问题的规定》受理并进行审查，如果不存在《关于中国公民申请承认外国法院离婚判决程序问题的规定》第十二条规定的情形的，应予裁定承认其法律效力。

此复。

最高人民法院关于山东省农业生产资料有限责任公司与法国兴业银行信用证纠纷一案中如何处理免除丧失上诉权效果申请的请示的复函

2010年12月8日　　　　　　　　　　　〔2010〕民四他字第72号

山东省高级人民法院：

你院〔2010〕鲁民四他字第3号《关于山东省农业生产资料有限责任公司与法国兴业银行信用证纠纷一案中如何处理免除丧失上诉权效果申请的请示》收悉。经研究，答复如下：

一、关于法国兴业银行是否有权提出免除丧失上诉权效果的申请。中国和法国均为《关于向国外送达民事或商事司法文书和司法外文书公约》（以下简称"海牙送达公约"）的成员国，本案的送达是依据该公约进行的，故依照该公约第十六条和全国人大常委会《关于批准加入〈关于向国外送达民事或商事司法文书和司法外文书公约〉的决定》第五条的规定，法国兴业银行有权在判决之日起一年内提出免除丧失上诉权效果的申请。

二、关于法国兴业银行提出的免除丧失上诉权效果的申请是否成立。依照海牙送达公约第十六条的规定，如未出庭被告非因自己的过失未能在足够的期间内知悉传票或判决等文书，且被告对该案的实质问题提出了表面可以成立的答辩理由，法官有权根据未出庭被告在合理期间内提出的申请，使该被告免于判决因上诉期届满所产生的丧失上诉权的效果。根据你院请示，法国兴业银行非因自己的过失未能在足够期间内知悉传票等文书的事实是清楚的，其在判决作出后一年内提出申请的事实也是清楚的，关键在于确定法国兴业银行是否对本案的实质问题提出表面可以成立的答辩理由。在作为受益人的山东省农业生产资料有限责任公司接受法国兴业银行开立的信用证后，法国兴业银行应按照其在信用证中作出的承诺，在收到与信用证规定相符的单据后，在规定的时间内付款或发出拒付通知。法国兴业银行从未提出单据存在不符点等拒付理由，在付款期届满和发出拒付通知期届满后才以开证申请人已向法国法院申请止付令为由，表示将不予付款。在提出免除丧失上诉权效果的申请中，法国兴业银行的答辩理由仍未包括单证之间或者单单之间不符等表面可以成立的拒付理由，而仅以法国法院作出止付令作为答辩理由。鉴于山东省农业生产资料有限责任公司与法国兴业银行之间形成了独立于买卖关系的信用证关系,法国法院依据开证申请人瑞士银行的付款义务。故法国兴业银行在免除丧失上诉权效果的申请中提出的答辩理由表面不能成立,应驳回申请。同意你院第一种意见。

三、关于其它问题。由于对法国兴业银行申请的处理涉及其重大民事诉讼权利,故同意以裁定形式作出处理意见。你院请示的应由涉外商事审判庭还是执行机构审查该申请,如何编立案号等问题不属于法律适用问题,本院不予答复。

另外,根据你院请示,在该案审理过程中,济南市中级人民法院在通过海牙送达公约送达有关诉讼文书之同时进行公告送达的做法,似与《中华人民共和国民事诉讼法》第二百四十五条第(七)项的规定不付,请你院在正式作出决定之前注意该问题,并作出妥善处理。

此复。

最高人民法院办公厅
关于委托新西兰主管机关送达司法文书时应提供详细送达地址的通知

2011年11月30日　　　　　　　　　　法办〔2011〕487号

各省、自治区、直辖市高级人民法院:

近日,我国法院通过外交部领事司委托新西兰主管机关协助送达的司法文书,凡送达地址仅为邮寄信箱(P.O.BOX)的,均被新西兰外交贸易部以"无法送达"或"找不到当事人签收"为由退回。

为避免延误送达,请各高级人民法院通过外交途径委托新西兰主管机关协助送达司法文书时,必须提供受送达人的英文详细住址或办公地址。

特此通知。

最高人民法院
关于涉外案外人执行异议之诉案件
是否实行集中管辖的请示的复函

2012 年 10 月 29 日　　　　　　　　　　〔2012〕民四他字第 28 号

广西壮族自治区高级人民法院：

你院〔2012〕桂立民终字第 1 号《关于涉外案外人执行异议之诉案件是否实行集中管辖的请示》收悉。经研究，答复如下：

案外人执行异议之诉属于《最高人民法院关于涉外民商事案件诉讼管辖若干问题的规定》规定的涉外民商事纠纷的，应由执行法院所在区域有涉外民商事案件管辖权的法院受理。你院请示报告中涉及的案件应由柳州市中级人民法院受理。

此复。

最高人民法院
印发《关于依据国际公约和双边司法协助条约办理
民商事案件司法文书送达和调查取证司法协助
请求的规定实施细则（试行）》的通知

2013 年 4 月 7 日　　　　　　　　　　法发〔2013〕6 号

各省、自治区、直辖市高级人民法院，解放军军事法院，新疆维吾尔自治区高级人民法院生产建设兵团分院：

现将《最高人民法院关于依据国际公约和双边司法协助条约办理民商事案件司法文书送达和调查取证司法协助请求的规定实施细则（试行）》印发给你们，请认真贯彻执行。

附：

最高人民法院
关于依据国际公约和双边司法协助条约办理
民商事案件司法文书送达和调查取证司法
协助请求的规定实施细则（试行）

第一章 总 则

第一条 根据《最高人民法院关于依据国际公约和双边司法协助条约办理民商事案件司法文书送达和调查取证司法协助请求的规定》，制定本实施细则。

第二条 本实施细则适用于人民法院依据海牙送达公约、海牙取证公约和双边民事、民商事、民刑事和民商刑事司法协助条约、协定（以下简称双边民事司法协助条约）办理民商事案件司法文书送达和调查取证请求。

第三条 人民法院应当根据便捷、高效的原则，优先依据海牙取证公约提出民商事案件调查取证请求。

第四条 有权依据海牙送达公约、海牙取证公约直接对外发出司法协助请求的高级人民法院，应当根据便捷、高效的原则，优先依据海牙送达公约和海牙取证公约提出、转递本辖区各级人民法院提出的民商事案件司法文书送达和调查取证请求。

第五条 人民法院国际司法协助统一管理部门和专门负责国际司法协助工作的人员（国际司法协助专办员）负责国际司法协助请求的审查、转递、督办和登记、统计、指导、调研等工作。

第二章 我国法院委托外国协助送达民商事案件司法文书

第六条 人民法院审判、执行部门向国际司法协助专办员、国际司法协助统一管理部门报送民商事案件司法文书送达请求时，应当制作给国际司法协助专办员或者国际司法协助统一管理部门的转递函，并按照下列要求办理：

（一）向在国外的法人和非中国籍公民送达

1. 所送达的各项文书应当附有被请求国官方文字的译文，对于不同地区使用不同官方文字的国家，如加拿大、瑞士等，应当附有该地区所使用的官方文字的译文。翻译为被请求国官方文字确有困难的，可以依据双边民事司法协助条约提出司法文书送达请求，并附双边民事司法协助条约中规定的第三方文字的译文。被请求国不接受双边民事司法协助条约中规定的第三方文字译文的，所送达的各项文书应当附有被请求国官方文字的译文。

2. 所送达的文书应当一式两份，分别装订为两套文书。

每套文书应当独立成册，参照下列顺序装订：

（1）起诉状中文及译文；

（2）应诉通知书中文及译文；

（3）传票中文及译文；

（4）合议庭组成人员通知书中文及译文；

（5）举证通知书中文及译文；

（6）其他材料之一中文及译文（其他材料之二、三依此类推）；

（7）证据一中文及译文（证据二、三依此类推）；

（8）翻译证明。

人民法院向在国外的法人和非中国籍公民送达民商事案件司法文书无需附送达回证及译文。但是，所送达的文书不能反映准确送达地址的，应当通过附送达回证及译文的方式说明准确的送达地址。

3. 被请求国协助送达要求支付费用的，送达费用由当事人负担。被请求国要求预付费的，应当将送达费用汇票与所送文书一并转递，并在转递函上注明汇票编号。

4. 所送达的各项文书中，受送达人的姓名、名称和送达地址应当一致、完整、准确。送达地址应当打印，不便打印的，手写地址应当清晰、可明确辨认；受送达人姓名、名称和送达地址不一致的，应当修改一致；送达地址不便修改的，应当在转递函中列明准确的送达地址，并注明"已核对，以此送达地址为准"。

5. 确定开庭日期时应当预留足够的送达时间。

（二）向在国外的中国籍公民送达

1. 转递函中列明受送达人为中国国籍。

2. 所送达的文书应当一式两份，无需译文，分别装订为两套文书。

每套文书应当独立成册，参照下列顺序装订：

（1）起诉状；

（2）应诉通知书；

（3）传票；

（4）合议庭组成人员通知书；

（5）举证通知书；

（6）其他材料之一（其他材料之二、三依此类推）；

（7）证据一（证据二、三依此类推）；

（8）送达回证（送达回证中应当列明上述文书各一份）。

3. 送达回证中应当打印受送达人准确的外文（所在国官方文字）送达地址；不便打印的，手写地址应当清晰、可明确辨认；受送达人如有外文姓名的，亦应当在送达回证中注明外文姓名。

4. 确定开庭日期时应当预留足够的送达时间。

5. 我国驻外使、领馆要求出具委托书的，应当附提出送达请求的法院致我国驻该国使、领馆的委托书。委托书随文书一并转递。

第七条 国际司法协助专办员收到本院审判、执行部门或者下级法院报送的民商事案件司法文书送达请求后，应当按照下列标准进行审查：

（一）有审判、执行部门或者下级法院的转递函；

（二）被请求国是海牙送达公约缔约国，或者被请求国与我国签订的双边民事司法协助条约已经生效；

（三）审判、执行部门或者下级法院转来的文书与转递函中所列的文书清单在名称和份数上一致；

（四）所送达的文书按照第六条的相关规定分别装订成两套，两套文书的装订顺序一致；

（五）应当附译文的，译文文字符合海牙送达公约或者双边民事司法协助条约的规定；

（六）所送达的各项文书中载明的受送达人姓名、名称、送达地址应当一致；受送达人姓名、名称前后不一致的，应当退回审判、执行部门修改；送达地址不一致的，审判、执行部门或者下级法院应当在转递函中列明最终确认的送达地址并注明"已核对，以此送达地址为准"；

（七）如果受送达人是外国国家、外国政府、外国政府组成机构以及享有外交特权和豁免权的主体，最高人民法院已经批准受理该案件；

（八）需要受送达人出庭的，确定开庭日期时预留了足够的送达时间；

（九）被请求国要求预付送达费用的，附有送达费用汇票；汇票中所列的收款机构、币种、数额符合被请求国的要求；汇票在有效期内；

（十）向在国外的中国籍公民送达民商事案件司法文书，附有送达回证；送达回证中列明受送达人所在国官方文字的送达地址；送达回证中所列明的文书清单与实际送达的文书的名称、份数一致；

（十一）向在国外的中国籍公民送达民商事案件司法文书，我国驻外使、领馆要求出具委托书的，附有提出送达请求的法院致我国驻该国使、领馆的委托书；

（十二）送达的民商事案件司法文书，特别是证据材料中，不含有明确标注密级的材料；

（十三）所送达的文书中，不存在应当填写而未填写的内容的情形；

（十四）翻译证明符合被请求国的要求；

（十五）其他应当审查的事项。

第八条 国际司法协助专办员对审判、执行部门报送的民商事案件司法文书送达请求审查合格的，应当制作转递函，及时报送高级人民法院国际司法协助统一管理部门。高级人民法院审查合格的，应当制作转递函，及时报送最高人民法院国际司法协助统一管理部门。文书中受送达人地址前后不一致的，高级人民法院应当在转递函中说明已核对无误的送达地址。最高人民法院审查合格的，应当制作转递函，及时转递中央机关。

除另有规定外，有权依据海牙送达公约直接对外发出民商事案件司法文书送达请求的高级人民法院国际司法协助统一管理部门收到下级法院或者本院审判、执行部门报送的民商事案件司法文书送达请求并审查合格的，应当填写符合海牙送达公约所附范本格式的请求书并加盖该高级人民法院国际司法协助专用章后邮寄被请求国中央机关。

第九条 最高人民法院国际司法协助统一管理部门收到中央机关转回的送达证明和被请求国事后要求支付送达费用的通知后，应当及时登记并转递有关高级人民法院国际司法协助统一管理部门。

高级人民法院收到最高人民法院转回的送达证明和付费通知后，或者有权依据海牙送达公约直接对外发出送达请求的高级人民法院收到外国中央机关转回的送达证明和付费通知后，应当及时登记并转递提出送达请求的人民法院。

第十条 提出送达请求的人民法院收到付费通知后，应当及时向当事人代收。当事人根据被请求国要求支付的费用，应当以汇票等形式支付并通过原途径转交被请求国相关机构。

第三章 外国委托我国法院协助送达民商事案件司法文书

第十一条 最高人民法院国际司法协助统一管理部门收到中央机关转来的外国委托我国法院协助送达的民商事案件司法文书后，应当按照下列标准进行审查：

（一）有中央机关的转递函或者请求书；
（二）请求国是海牙送达公约缔约国或者与我国签订的双边民事司法协助条约已经生效；
（三）属于海牙送达公约或者双边民事司法协助条约规定的范围；
（四）属于人民法院的办理范围；
（五）不具有海牙送达公约或者双边民事司法协助条约中规定的拒绝提供协助的情形；
（六）请求方要求采取特殊方式送达的，所要求的特殊方式与我国法律不相抵触，且在实践中不存在无法办理或者办理困难的情形；
（七）实际送达的文书与请求书中列明的文书在名称、份数上一致；
（八）依据海牙送达公约委托我国协助送达的文书，应当附有中文译文，但请求方仅要求按照海牙送达公约第五条第二款规定的方式予以送达的除外；
（九）依据双边民事司法协助条约委托我国协助送达的司法文书，附有中文译文或者双边民事司法协助条约中规定的第三方文字译文；
（十）其他应当审查的事项。

第十二条 我国法院委托外国协助送达的司法文书附有双边民事司法协助条约规定的第三方文字译文，但被请求国依然要求必须附有该国官方文字译文的，按照对等原则，该国委托我国协助送达的司法文书应当附有中文译文。

第十三条 最高人民法院国际司法协助统一管理部门审查合格的，应当制作转递函，与所送达的文书一并转递受送达人所在地高级人民法院国际司法协助统一管理部门。

第十四条 高级人民法院收到最高人民法院转来的转递函和所送达的文书后，应当参照第十一条的规定进行审查。审查合格的，应当制作转递函，与所送达的文书一并转递受送达人所在地中级或者基层人民法院国际司法协助专办员。高级人民法院国际司法协助统一管理部门认为由本院办理更为适宜的，可以直接移交本院负责民商事案件司法文书送达工作的部门办理。

第十五条 中级或者基层人民法院国际司法协助专办员收到高级人民法院转来的转递函和所送达的文书后，亦应当参照第十一条的规定进行审查。审查合格的，及时移交本院负责民商事案件司法文书送达工作的部门办理。

第十六条 人民法院送达司法文书时，应当使用本院的送达回证。

第十七条 依据海牙送达公约委托我国法院协助送达的司法文书，无论文书中确定的开庭日期或者期限是否已过，办理送达的人民法院均应当予以送达。但是，请求方另有明确表示的除外。

第十八条 受送达人是自然人的，应当由其本人签收司法文书；受送达人是法人或者其他组织的，应当由法人的法定代表人、其他组织的主要负责人或者该法人、组织负责收件的人签收司法文书。他人代收的，应当符合民事诉讼法和相关司法解释的规定。

第十九条 请求方要求采取海牙送达公约第五条第二款规定的方式送达的，办理送达的人民法院应当告知受送达人享有自愿接收的权利。受送达人拒收的，应当在送达回证上注明。

第二十条 送达成功的，办理送达的部门应当将送达回证转递本院国际司法协助专办员。送达不成功的，办理送达的部门应当将送达回证和未能送达的文书一并转递本院国际司法协助专办员。

第二十一条 国际司法协助专办员收到送达回证后，应当按照下列标准进行审查：

（一）送达回证加盖人民法院院章；

（二）送达回证填写规范、完整。包括：逐一列明所送达的文书的名称和份数、送达日期、代收人与受送达人的关系以及受送达人、代收人、送达人的签字或者盖章。如果未能成功送达，送达人还应当在送达回证中说明未能成功送达的原因。

第二十二条 通过邮寄方式送达的，国际司法协助专办员收到邮政机构出具的邮寄送达证明后，应当参照第二十一条的规定进行审查。

第二十三条 国际司法协助专办员审查合格后，应当制作送达结果转递函，与送达回证、邮寄送达证明、未能送达的文书一并转递高级人民法院国际司法协助统一管理部门。

第二十四条 高级人民法院收到送达回证、邮寄送达证明、未能成功送达的文书后，应当参照第二十一条的规定进行审查。审查合格的，应当制作给最高人民法院国际司法协助统一管理部门的转递函，并在转递函和送达回证右上角注明最高人民法院原始转递函的函号，然后将高级人民法院转递函、送达回证、邮寄送达证明、未能送达的文书转递最高人民法院国际司法协助统一管理部门。

第二十五条 最高人民法院收到高级人民法院转来的转递函、送达回证、邮寄送达证明、未能送达的文书后，应当进行审查。审查合格的，应当及时退回中央机关。

第四章　我国法院委托外国法院协助进行民商事案件调查取证

第二十六条　人民法院审判、执行部门依据海牙取证公约提出调查取证请求时，应当按照下列要求办理：

（一）制作符合海牙取证公约规定的调查取证请求书。

被请求国对请求书及其附件文字未作出声明或者保留的，请求书及其附件应当附有被请求国官方文字、英文或者法文译文。

被请求国对请求书及其附件文字作出声明或者保留的，请求书及其附件应当附有被请求国官方文字的译文。

被请求国不同地区使用不同官方文字的，请求书及其附件应当附有该地区官方文字的译文。

请求书有附件的，附件译文的语种应当与请求书译文的语种一致。

（二）请求书、附件及其译文应当一式两份，参照下列顺序装订成两套：

1．请求书原文及译文；

2．附件一原文及译文（附件二、三依此类推）；

3．证明请求书及其附件的译文与原文一致的翻译证明。

（三）请求书在最终向外国中央机关发出之前，不填写签发日期、地点，也不加盖任一经手法院或者部门的印章。

（四）制作转递函，与请求书及其附件等一并报送国际司法协助专办员或者国际司法协助统一管理部门。

第二十七条　国际司法协助专办员收到本院审判、执行部门或者下级法院报送的依据海牙取证公约提出的调查取证请求后，应当按照下列标准进行审查：

（一）有审判、执行部门或者下级法院的转递函；

（二）被请求国是海牙取证公约缔约国且该公约已经在我国和该国之间生效；

（三）请求书及其附件的译文符合海牙取证公约的规定和被请求国对此所作的声明和保留；附件译文的语种与请求书的语种一致；

（四）请求书的各项内容填写规范、完整；

（五）附件中不含有明确标注密级的材料；

（六）其他应当审查的事项。

第二十八条　国际司法协助专办员对审判、执行部门报送的依据海牙取证公约提出的调查取证请求审查合格的，应当制作转递函，及时报送高级人民法院国际司法协助统一管理部门。高级人民法院审查合格的，应当制作转递函，及时报送最高人民法院国际司法协助统一管理部门。最高人民法院审查合格的，应当在请求书及其译文上填写签发日期、地点并加盖最高人民法院国际司法协助专用章后邮寄被请求国中央机关。

除另有规定外，有权依据海牙取证公约直接对外发出调查取证请求的高级人民法院国际司法协助统一管理部门收到下级法院或者本院审判、执行部门报送的调查取证请求并审查合格的，应当在请求书及其译文上填写签发日期、地点并加盖该高级人民法院国际司法协助专用章后邮寄被请求国中央机关。

第二十九条 人民法院审判、执行部门依据双边民事司法协助条约提出调查取证请求时，应当按照下列要求办理：

（一）制作符合双边民事司法协助条约规定的调查取证请求书。

请求书及其附件应当附有被请求国官方文字的译文。翻译为被请求国官方文字确有困难的，可以翻译为双边民事司法协助条约中规定的第三方文字。被请求国不接受双边民事司法协助条约中规定的第三方文字译文的，请求书及其附件应当附有被请求国官方文字的译文。

（二）请求书、附件及其译文应当一式两份，按照下列顺序装订成两套：

1.请求书原文及译文；

2.附件一原文及译文（附件二、三依此类推）；

3.证明请求书及其附件的译文与原文一致的翻译证明。

（三）请求书加盖提出调查取证请求的人民法院院章。

（四）制作转递函，与请求书及其附件等一并报送国际司法协助专办员或者国际司法协助统一管理部门。

第三十条 国际司法协助专办员收到本院审判、执行部门或者下级法院报送的依据双边民事司法协助条约提出的调查取证请求后，应当按照下列标准进行审查：

（一）有审判、执行部门或者下级法院的转递函；

（二）被请求国与我国签订双边民事司法协助条约且已经生效；

（三）请求书及其附件的译文符合双边民事司法协助条约的规定；附件译文的语种与请求书的语种一致；

（四）请求书的各项内容符合双边民事司法协助条约的具体规定，填写规范、完整；

（五）附件中不含有明确标注密级的材料；

（六）其他应当审查的事项。

第三十一条 国际司法协助专办员对审判、执行部门报送的依据双边民事司法协助条约提出的调查取证请求审查合格的，应当制作转递函，及时报送高级人民法院国际司法协助统一管理部门。高级人民法院审查合格的，应当制作转递函，及时报送最高人民法院国际司法协助统一管理部门。最高人民法院审查合格的，应当制作转递函，及时转递中央机关。

第三十二条 最高人民法院国际司法协助统一管理部门收到中央机关转回的调查取证结果和被请求国事后要求支付相关费用的通知后，应当及时登记并转递有关高级人民法院国际司法协助统一管理部门。

高级人民法院收到最高人民法院转回的调查取证结果、付费通知后，或者有权依据海牙取证公约直接对外发出调查取证请求的高级人民法院收到外国中央机关转回的调查取证结果、付费通知后，应当及时登记并转递提出调查取证请求的人民法院。

第三十三条 被请求国要求支付调查取证费用，符合海牙取证公约或者双边民事司法协助条约规定的，提出调查取证请求的人民法院应当及时向当事人代收，当事人根据被请求国要求支付的费用，应当以汇票等形式支付并通过原途径转交被请求国相关机构。

第五章 外国法院委托我国法院协助进行民商事案件调查取证

第三十四条 最高人民法院国际司法协助统一管理部门收到中央机关转来的外国法院依据海牙取证公约或者双边民事司法协助条约提出的民商事案件调查取证请求后,应当按照下列标准进行审查:

(一)有中央机关的转递函或者请求书;

(二)依据海牙取证公约提出调查取证请求的,该公约在我国与请求国之间已经生效;依据双边民事司法协助条约提出调查取证请求的,该条约已经生效;

(三)属于海牙取证公约或者双边民事司法协助条约规定的范围;

(四)属于人民法院的办理范围;

(五)不具有海牙取证公约或者双边民事司法协助条约中规定的拒绝提供协助的情形;

(六)请求方要求采取特殊方式调查取证的,所要求的特殊方式与我国法律不相抵触,且在实践中不存在无法办理或者办理困难的情形;

(七)请求书及其附件有中文译文或者符合海牙取证公约、双边民事司法协助条约规定的语种译文;

(八)其他应当审查的事项。

第三十五条 我国法院委托外国协助调查取证,请求书及其附件附有双边民事司法协助条约规定的第三方文字译文,但被请求国依然要求必须附有该国官方文字译文的,按照对等原则,该国委托我国协助调查取证的请求书及其附件应当附有中文译文。

第三十六条 最高人民法院国际司法协助统一管理部门审查合格的,应当制作转递函,与请求书及其附件一并转递证据或者证人所在地高级人民法院国际司法协助统一管理部门。同一调查取证请求中的证人或者证据位于不同高级人民法院辖区的,最高人民法院可以指定其中一个高级人民法院统一办理。如有需要,相关高级人民法院应当给予必要的协助。

第三十七条 高级人民法院国际司法协助统一管理部门收到最高人民法院转来的调查取证请求后,应当会同本院审判部门进一步审查。审查后认为可以提供协助的,应当制作转递函,与请求书及其附件一并转递证据或者证人所在地中级或者基层人民法院审查、办理。高级人民法院认为本院办理更为适宜的,可以直接办理。

第三十八条 调查取证请求应当由相应的审判部门的法官办理。

第三十九条 调查取证完毕后,办理调查取证的法官应当对调查取证结果按照下列标准进行审查:

(一)调查取证的内容符合请求书的要求;

(二)不含有明确标注密级的材料;

(三)调查取证结果对外提供后不存在损害国家主权、安全、泄露国家秘密、侵犯商业秘密等情形;

（四）提供的证据材料符合民事诉讼法和相关司法解释规定的形式要件；

（五）其他应当审查的事项。

第四十条 办理调查取证的法官审查合格后，应当将调查取证结果转递本院国际司法协助专办员。国际司法协助专办员应当参照第三十九条的规定对调查取证结果进行审查。审查合格的，应当制作转递函，与调查取证结果一并转递高级人民法院国际司法协助统一管理部门。

第四十一条 高级人民法院收到调查取证结果后，应当参照第三十九条的规定进行审查。审查合格的，应当制作转递函，与调查取证结果一并转递最高人民法院国际司法协助统一管理部门。

第四十二条 对于存在第三十九条第（三）项情形的证据材料，各级人民法院应当在转递函中注明，并将该材料按照第四十条、第四十一条的规定与其他材料一并转递。

第四十三条 最高人民法院收到高级人民法院转来的转递函和调查取证结果后，应当进行审查，认为可以转交请求方的，应当及时转交中央机关。

第四十四条 我国法院协助外国法院调查取证产生的费用，根据海牙取证公约或者双边民事司法协助条约应当由请求方支付的，由办理调查取证的法院提出收费依据和费用清单，通过高级人民法院国际司法协助统一管理部门报请最高人民法院国际司法协助统一管理部门审核。最高人民法院认为应当收取的，通过中央机关要求请求方支付。请求方支付的费用，通过原途径转交办理调查取证的法院。

第六章 附　　则

第四十五条 人民法院办理民商事案件司法文书送达的送达回证、送达证明在各个转递环节均应当扫描为 PDF 文件以电子文档的形式保存，保存期限为三年；人民法院办理民商事案件调查取证的材料应当作为档案保存。

第四十六条 通过外交途径办理民商事案件司法文书送达、调查取证，以及向在国外的中国籍公民进行简单询问形式的调查取证，不适用本实施细则。

第四十七条 本实施细则自 2013 年 5 月 2 日起试行。

最高人民法院
关于调整通过外交途径转递民商事案件司法文书送达和调查取证请求程序的通知

2014年4月10日　　　　　　　　　　法外〔2014〕117号

各省、自治区、直辖市高级人民法院：

经我局与外交部领事司商定，自2014年5月1日起调整人民法院通过外交途径转递民商事案件司法文书送达和调查取证请求的转递程序。现将有关事项通知如下：

一、我国法院和与我国既没有双边条约关系，也没有海牙送达公约、海牙取证公约关系的国家的法院相互委托送达民商事案件司法文书和进行民商事案件调查取证，通过外交途径办理。

二、自2014年5月1日起，我国法院通过外交途径委托外国法院送达民商事案件司法文书和调查取证，一律由高级法院审查合格后，报送我局审查。然后，由我局转递外交部领事司对外发出。外国法院通过外交途径委托我国法院送达民商事案件司法文书和调查取证，一律由外交部领事司转我局审查后，由我局转递相关高级人民法院进一步审查、办理。送达回证、送达证明和调查取证结果，通过原途径转回。

三、2014年5月1日以前通过外交途径受理，尚未办理完毕的民商事案件司法文书送达和调查取证请求，仍按原转递程序办理。

四、2014年5月1日以后报送我局审查转递的民商事案件司法文书送达请求，应当分别按不同情况，附有填写完整的后附格式函，其中，通过外交途径向中国公民送达民商事案件司法文书的，应当附有格式函一；向非中国公民和法人送达的，应当附有格式函二、格式函三两个函件。通过外交途径委托外国法院进行民商事案件调查取证的格式函另行制定。

五、其余各项事宜，参照《最高人民法院关于依据国际公约和双边司法协助条约办理民商事案件司法文书送达和调查取证司法协助请求的规定》（法释〔2013〕11号）和《最高人民法院关于依据国际公约和双边司法协助条约办理民商事案件司法文书送达和调查取证司法协助请求的规定实施细则（试行）》（法发〔2013〕6号）的规定办理。

格式函一：1.供通过外交途径向中国公民送达便用。2.无需译文。3.此函由提出司法文书送达请求的法院制作，由高级人民法院编号、填写发出日期并加盖国际司法协助专用章。

中华人民共和国××高级人民法院
委托送达函

高级人民法院编号

驻×××国使（领）馆：

　　×××省×××区人民法院受理的×××（原告）与×××（被告或第三人）×××（案由）纠纷一案，需向下列当事人送达有关司法文书。请贵馆径向受送达人送达并及时将送达结果及证明材料退回外交部领事司。

　　受送达人：×××

　　国籍：中国

　　送达地址：×××国

　　（此处打印或粘贴已打印好的被请求国官方文字的地址，确实无法打印的，手写外文地址应当清晰、可辨认）

　　所送达的文书清单：

1. ××××
2. ××××
3. ××××
4. ××××
5. 送达回证

以上文书各两份。

年　　月　　日

（加盖高级人民法院国际司法协助专用章）

　　格式函二：1. 供通过外交途径向非中国籍公民和法人送达使用。2. 无需译文。3. 此函由提出司法文书送达请求的法院制作，由高级人民法院编号、填写发出日期并加盖国际司法协助专用章。

中华人民共和国××高级人民法院
委托送达函

高级人民法院编号

驻×××国使馆：

　　×××省×××区人民法院受理的×××（原告）与×××（被告或第三人）×××（案由）纠纷一案，需向下列当事人送达有关司法文书。请贵馆通过外交途径办理送达并及时将送达结果及证明材料退回外交部领事司。

　　受送达人：×××

　　国籍：××国（如无法确定，此项可删除）

　　送达地址：×××国

　　（此处打印或粘贴已打印好的被请求国官方文字的地址，确实无法打印的，手写外

文地址应当清晰、可辨认）

所送达的文书清单：

1.××××
2.××××
3.××××
4.××××
5.××××
6. 以上文书的译文

以上文书及译文各两份。

年　月　日

（加盖高级人民法院国际司法协助专用章）

格式函三：1. 供通过外交途径向非中国籍公民和法人送达使用。2. 除提供中文文本外，还需提供被请求国官方文字的译文。3. 此函中文文本由提出司法文书送达请求的法院制作，中文文本和译文报至高级人民法院后，由高级人民法院编号、填写发出日期并加盖国际司法协助专用章。4. 译文中落款日期格式为D/M/Y（日/月/年）。5. 提出送达请求的人民法院向高级人民法院报送本函及译文时，应当同时报送电子版。

高级人民法院编号

×××国主管法院：

中华人民共和国×××省×××区人民法院受理的×××（原告）与×××（被告或第三人）×××（案由）纠纷一案，需向下列当事人送达有关司法文书。请贵法院协助送达并及时将送达结果通过原途径退回。

受送达人：×××

国籍：××国（如无法确定，此项可删除）

送达地址：×××国

（此处打印或粘贴已打印好的被请求国官方文字的地址，确实无法打印的，手写外文地址应当清晰、可辨认）

所送达的文书清单：

1.××××
2.××××
3.××××
4.××××
5.××××
6. 以上文书的译文

以上文书及译文各两份。

年　月　日

（加盖高级人民法院国际司法协助专用章）

最高人民法院办公厅
关于委托外国送达民商事案件司法文书
支付送达费用的通知

2014 年 11 月 27 日　　　　　　　　　　　　法办〔2014〕123 号

各省、自治区、直辖市高级人民法院：

2003 年最高人民法院办公厅发布的《关于就外国执行民商事文书送达收费事项的通知》（法办〔2003〕242 号）中有关支付时间、支付金额或汇款收款人的部分内容已经发生变化。除美国、加拿大之外，部分《海牙送达公约》成员国也提出了收费要求。

我国法院依据《海牙送达公约》委托外国主管机关协助送达民商事案件司法文书，需向外国主管机关支付送达费用的情况，请查阅 www.hcch.net 网站。

我国法院委托新加坡法院送达民商事案件司法文书的送达费用问题，适用 2008 年 7 月 29 日最高人民法院办公厅《关于我国法院委托新加坡法院协助送达民商事司法文书付费事项的通知》（法办〔2008〕389 号）。

最高人民法院
关于明确第一审涉外民商事案件级别管辖标准
以及归口办理有关问题的通知

2017 年 12 月 7 日　　　　　　　　　　　　法〔2017〕359 号

各省、自治区、直辖市高级人民法院、解放军军事法院、新疆维吾尔自治区高级人民法院生产建设兵团分院：

为合理定位四级法院涉外民商事审判职能，统一裁判尺度，维护当事人的合法权益，保障开放型经济的发展，现就第一审涉外民商事案件级别管辖标准以及归口办理的有关问题，通知如下：

一、关于第一审涉外民商事案件的级别管辖标准

北京、上海、江苏、浙江、广东高级人民法院管辖诉讼标的额人民币 2 亿元以上的第一审涉外民商事案件；直辖市中级人民法院以及省会城市、计划单列市、经济特区所在地的市中级人民法院管辖诉讼标的额人民币 2000 万元以上的第一审涉外民商事案件，

其他中级人民法院管辖诉讼标的额人民币 1000 万元以上的第一审涉外民商事案件。

天津、河北、山西、内蒙古、辽宁、安徽、福建、山东、河南、湖北、湖南、广西、海南、四川、重庆高级人民法院管辖诉讼标的额人民币 8000 万元以上的第一审涉外民商事案件；直辖市中级人民法院以及省会城市、计划单列市、经济特区所在地的市中级人民法院管辖诉讼标的额人民币 1000 万元以上的第一审涉外民商事案件，其他中级人民法院管辖诉讼标的额人民币 500 万元以上的第一审涉外民商事案件。

吉林、黑龙江、江西、云南、陕西、新疆高级人民法院和新疆生产建设兵团分院管辖诉讼标的额人民币 4000 万元以上的第一审涉外民商事案件；省会城市、计划单列市中级人民法院，管辖诉讼标的额人民币 500 万元以上的第一审涉外民商事案件，其他中级人民法院管辖诉讼标的额人民币 200 万元以上的第一审涉外民商事案件。

贵州、西藏、甘肃、青海、宁夏高级人民法院管辖诉讼标的额人民币 2000 万元以上的第一审涉外民商事案件；省会城市、计划单列市中级人民法院，管辖诉讼标的额人民币 200 万元以上的第一审涉外民商事案件，其他中级人民法院管辖诉讼标的额人民币 100 万元以上的第一审涉外民商事案件。

各高级人民法院发布的本辖区级别管辖标准，除于 2011 年 1 月后经我院批复同意的外，不再作为确定第一审涉外民商事案件级别管辖的依据。

二、下列案件由涉外审判庭或专门合议庭审理：

（一）当事人一方或者双方是外国人、无国籍人、外国企业或者组织，或者当事人一方或者双方的经常居所地在中华人民共和国领域外的民商事案件；

（二）产生、变更或者消灭民事关系的法律事实发生在中华人民共和国领域外，或者标的物在中华人民共和国领域外的民商事案件；

（三）外商投资企业设立、出资、确认股东资格、分配利润、合并、分立、解散等与该企业有关的民商事案件；

（四）一方当事人为外商独资企业的民商事案件；

（五）信用证、保函纠纷案件，包括申请止付保全案件；

（六）对第一项至第五项案件的管辖权异议裁定提起上诉的案件；

（七）对第一项至第五项案件的生效裁判申请再审的案件，但当事人依法向原审人民法院申请再审的除外；

（八）跨境破产协助案件；

（九）民商事司法协助案件；

（十）最高人民法院《关于仲裁司法审查案件归口办理有关问题的通知》确定的仲裁司法审查案件。

前款规定的民商事案件不包括婚姻家庭纠纷、继承纠纷、劳动争议、人事争议、环境污染侵权纠纷及环境公益诉讼。

三、海事海商及知识产权纠纷案件，不适用本通知。

四、涉及香港、澳门特别行政区和台湾地区的民商事案件参照适用本通知。

五、本通知自 2018 年 1 月 1 日起执行。之前已经受理的案件不适用本通知。

本通知执行过程中遇到的问题，请及时报告我院。

二十三、仲　　裁

最高人民法院关于适用《中华人民共和国仲裁法》若干问题的解释

法释〔2006〕7号

（2005年12月26日最高人民法院审判委员会第1375次会议通过　2006年8月23日最高人民法院公告公布　自2006年9月8日起施行）

根据《中华人民共和国仲裁法》和《中华人民共和国民事诉讼法》等法律规定，对人民法院审理涉及仲裁案件适用法律的若干问题作如下解释：

第一条　仲裁法第十六条规定的"其他书面形式"的仲裁协议，包括以合同书、信件和数据电文（包括电报、电传、传真、电子数据交换和电子邮件）等形式达成的请求仲裁的协议。

第二条　当事人概括约定仲裁事项为合同争议的，基于合同成立、效力、变更、转让、履行、违约责任、解释、解除等产生的纠纷都可以认定为仲裁事项。

第三条　仲裁协议约定的仲裁机构名称不准确，但能够确定具体的仲裁机构的，应当认定选定了仲裁机构。

第四条　仲裁协议仅约定纠纷适用的仲裁规则的，视为未约定仲裁机构，但当事人达成补充协议或者按照约定的仲裁规则能够确定仲裁机构的除外。

第五条　仲裁协议约定两个以上仲裁机构的，当事人可以协议选择其中的一个仲裁机构申请仲裁；当事人不能就仲裁机构选择达成一致的，仲裁协议无效。

第六条　仲裁协议约定由某地的仲裁机构仲裁且该地仅有一个仲裁机构的，该仲裁机构视为约定的仲裁机构。该地有两个以上仲裁机构的，当事人可以协议选择其中的一个仲裁机构申请仲裁；当事人不能就仲裁机构选择达成一致的，仲裁协议无效。

第七条　当事人约定争议可以向仲裁机构申请仲裁也可以向人民法院起诉的，仲裁协议无效。但一方向仲裁机构申请仲裁，另一方未在仲裁法第二十条第二款规定期间内提出异议的除外。

第八条 当事人订立仲裁协议后合并、分立的，仲裁协议对其权利义务的继受人有效。

当事人订立仲裁协议后死亡的，仲裁协议对承继其仲裁事项中的权利义务的继承人有效。

前两款规定情形，当事人订立仲裁协议时另有约定的除外。

第九条 债权债务全部或者部分转让的，仲裁协议对受让人有效，但当事人另有约定、在受让债权债务时受让人明确反对或者不知有单独仲裁协议的除外。

第十条 合同成立后未生效或者被撤销的，仲裁协议效力的认定适用仲裁法第十九条第一款的规定。

当事人在订立合同时就争议达成仲裁协议的，合同未成立不影响仲裁协议的效力。

第十一条 合同约定解决争议适用其他合同、文件中的有效仲裁条款的，发生合同争议时，当事人应当按照该仲裁条款提请仲裁。

涉外合同应当适用的有关国际条约中有仲裁规定的，发生合同争议时，当事人应当按照国际条约中的仲裁规定提请仲裁。

第十二条 当事人向人民法院申请确认仲裁协议效力的案件，由仲裁协议约定的仲裁机构所在地的中级人民法院管辖；仲裁协议约定的仲裁机构不明确的，由仲裁协议签订地或者被申请人住所地的中级人民法院管辖。

申请确认涉外仲裁协议效力的案件，由仲裁协议约定的仲裁机构所在地、仲裁协议签订地、申请人或者被申请人住所地的中级人民法院管辖。

涉及海事海商纠纷仲裁协议效力的案件，由仲裁协议约定的仲裁机构所在地、仲裁协议签订地、申请人或者被申请人住所地的海事法院管辖；上述地点没有海事法院的，由就近的海事法院管辖。

第十三条 依照仲裁法第二十条第二款的规定，当事人在仲裁庭首次开庭前没有对仲裁协议的效力提出异议，而后向人民法院申请确认仲裁协议无效的，人民法院不予受理。

仲裁机构对仲裁协议的效力作出决定后，当事人向人民法院申请确认仲裁协议效力或者申请撤销仲裁机构的决定的，人民法院不予受理。

第十四条 仲裁法第二十六条规定的"首次开庭"是指答辩期满后人民法院组织的第一次开庭审理，不包括审前程序中的各项活动。

第十五条 人民法院审理仲裁协议效力确认案件，应当组成合议庭进行审查，并询问当事人。

第十六条 对涉外仲裁协议的效力审查，适用当事人约定的法律；当事人没有约定适用的法律但约定了仲裁地的，适用仲裁地法律；没有约定适用的法律也没有约定仲裁地或者仲裁地约定不明的，适用法院地法律。

第十七条 当事人以不属于仲裁法第五十八条或者民事诉讼法第二百五十八条规定的事由申请撤销仲裁裁决的，人民法院不予支持。

第十八条 仲裁法第五十八条第一款第一项规定的"没有仲裁协议"是指当事人没有达成仲裁协议。仲裁协议被认定无效或者被撤销的，视为没有仲裁协议。

第十九条 当事人以仲裁裁决事项超出仲裁协议范围为由申请撤销仲裁裁决，经审查属实的，人民法院应当撤销仲裁裁决中的超裁部分。但超裁部分与其他裁决事项不可分的，人民法院应当撤销仲裁裁决。

第二十条 仲裁法第五十八条规定的"违反法定程序"，是指违反仲裁法规定的仲裁程序和当事人选择的仲裁规则可能影响案件正确裁决的情形。

第二十一条 当事人申请撤销国内仲裁裁决的案件属于下列情形之一的，人民法院可以依照仲裁法第六十一条的规定通知仲裁庭在一定期限内重新仲裁：

（一）仲裁裁决所根据的证据是伪造的；

（二）对方当事人隐瞒了足以影响公正裁决的证据的。

人民法院应当在通知中说明要求重新仲裁的具体理由。

第二十二条 仲裁庭在人民法院指定的期限内开始重新仲裁的，人民法院应当裁定终结撤销程序；未开始重新仲裁的，人民法院应当裁定恢复撤销程序。

第二十三条 当事人对重新仲裁裁决不服的，可以在重新仲裁裁决书送达之日起六个月内依据仲裁法第五十八条规定向人民法院申请撤销。

第二十四条 当事人申请撤销仲裁裁决的案件，人民法院应当组成合议庭审理，并询问当事人。

第二十五条 人民法院受理当事人撤销仲裁裁决的申请后，另一方当事人申请执行同一仲裁裁决的，受理执行申请的人民法院应当在受理后裁定中止执行。

第二十六条 当事人向人民法院申请撤销仲裁裁决被驳回后，又在执行程序中以相同理由提出不予执行抗辩的，人民法院不予支持。

第二十七条 当事人在仲裁程序中未对仲裁协议的效力提出异议，在仲裁裁决作出后以仲裁协议无效为由主张撤销仲裁裁决或者提出不予执行抗辩的，人民法院不予支持。

当事人在仲裁程序中对仲裁协议的效力提出异议，在仲裁裁决作出后又以此为由主张撤销仲裁裁决或者提出不予执行抗辩，经审查符合仲裁法第五十八条或者民事诉讼法第二百一十三条、第二百五十八条规定的，人民法院应予支持。

第二十八条 当事人请求不予执行仲裁调解书或者根据当事人之间的和解协议作出的仲裁裁决书的，人民法院不予支持。

第二十九条 当事人申请执行仲裁裁决案件，由被执行人住所地或者被执行的财产所在地的中级人民法院管辖。

第三十条 根据审理撤销、执行仲裁裁决案件的实际需要，人民法院可以要求仲裁机构作出说明或者向相关仲裁机构调阅仲裁案卷。

人民法院在办理涉及仲裁的案件过程中作出的裁定，可以送相关的仲裁机构。

第三十一条 本解释自公布之日起实施。

本院以前发布的司法解释与本解释不一致的，以本解释为准。

最高人民法院
关于仲裁司法审查案件报核问题的有关规定

法释〔2017〕21号

（2017年11月20日最高人民法院审判委员会第1727次会议通过 2017年12月26日最高人民法院公告公布 自2018年1月1日起施行）

为正确审理仲裁司法审查案件，统一裁判尺度，依法保护当事人合法权益，保障仲裁发展，根据《中华人民共和国民事诉讼法》《中华人民共和国仲裁法》等法律规定，结合审判实践，制定本规定。

第一条 本规定所称仲裁司法审查案件，包括下列案件：

（一）申请确认仲裁协议效力案件；

（二）申请撤销我国内地仲裁机构的仲裁裁决案件；

（三）申请执行我国内地仲裁机构的仲裁裁决案件；

（四）申请认可和执行香港特别行政区、澳门特别行政区、台湾地区仲裁裁决案件；

（五）申请承认和执行外国仲裁裁决案件；

（六）其他仲裁司法审查案件。

第二条 各中级人民法院或者专门人民法院办理涉外涉港澳台仲裁司法审查案件，经审查拟认定仲裁协议无效，不予执行或者撤销我国内地仲裁机构的仲裁裁决，不予认可和执行香港特别行政区、澳门特别行政区、台湾地区仲裁裁决，不予承认和执行外国仲裁裁决，应当向本辖区所属高级人民法院报核；高级人民法院经审查拟同意的，应当向最高人民法院报核。待最高人民法院审核后，方可依最高人民法院的审核意见作出裁定。

各中级人民法院或者专门人民法院办理非涉外涉港澳台仲裁司法审查案件，经审查拟认定仲裁协议无效，不予执行或者撤销我国内地仲裁机构的仲裁裁决，应当向本辖区所属高级人民法院报核；待高级人民法院审核后，方可依高级人民法院的审核意见作出裁定。

第三条 本规定第二条第二款规定的非涉外涉港澳台仲裁司法审查案件，高级人民法院经审查拟同意中级人民法院或者专门人民法院认定仲裁协议无效，不予执行或者撤销我国内地仲裁机构的仲裁裁决，在下列情形下，应当向最高人民法院报核，待最高人民法院审核后，方可依最高人民法院的审核意见作出裁定：

（一）仲裁司法审查案件当事人住所地跨省级行政区域；

（二）以违背社会公共利益为由不予执行或者撤销我国内地仲裁机构的仲裁裁决。

第四条 下级人民法院报请上级人民法院审核的案件，应当将书面报告和案件卷宗材料一并上报。书面报告应当写明审查意见及具体理由。

第五条 上级人民法院收到下级人民法院的报核申请后，认为案件相关事实不清的，可以询问当事人或者退回下级人民法院补充查明事实后再报。

第六条 上级人民法院应当以复函的形式将审核意见答复下级人民法院。

第七条 在民事诉讼案件中，对于人民法院因涉及仲裁协议效力而作出的不予受理、驳回起诉、管辖权异议的裁定，当事人不服提起上诉，第二审人民法院经审查拟认定仲裁协议不成立、无效、失效、内容不明确无法执行的，须按照本规定第二条的规定逐级报核，待上级人民法院审核后，方可依上级人民法院的审核意见作出裁定。

第八条 本规定自2018年1月1日起施行，本院以前发布的司法解释与本规定不一致的，以本规定为准。

最高人民法院
关于审理仲裁司法审查案件若干问题的规定

法释〔2017〕22号

（2017年12月4日最高人民法院审判委员会第1728次会议通过 2017年12月26日最高人民法院公告公布 自2018年1月1日起施行）

为正确审理仲裁司法审查案件，依法保护各方当事人合法权益，根据《中华人民共和国民事诉讼法》《中华人民共和国仲裁法》等法律规定，结合审判实践，制定本规定。

第一条 本规定所称仲裁司法审查案件，包括下列案件：
（一）申请确认仲裁协议效力案件；
（二）申请执行我国内地仲裁机构的仲裁裁决案件；
（三）申请撤销我国内地仲裁机构的仲裁裁决案件；
（四）申请认可和执行香港特别行政区、澳门特别行政区、台湾地区仲裁裁决案件；
（五）申请承认和执行外国仲裁裁决案件；
（六）其他仲裁司法审查案件。

第二条 申请确认仲裁协议效力的案件，由仲裁协议约定的仲裁机构所在地、仲裁协议签订地、申请人住所地、被申请人住所地的中级人民法院或者专门人民法院管辖。

涉及海事海商纠纷仲裁协议效力的案件，由仲裁协议约定的仲裁机构所在地、仲裁协议签订地、申请人住所地、被申请人住所地的海事法院管辖；上述地点没有海事法院的，由就近的海事法院管辖。

第三条 外国仲裁裁决与人民法院审理的案件存在关联，被申请人住所地、被申请人财产所在地均不在我国内地，申请人申请承认外国仲裁裁决的，由受理关联案件的人民法院管辖。受理关联案件的人民法院为基层人民法院的，申请承认外国仲裁裁决的案件应当由该基层人民法院的上一级人民法院管辖。受理关联案件的人民法院是高级人民法院或者最高人民法院的，由上述法院决定自行审查或者指定中级人民法院审查。

外国仲裁裁决与我国内地仲裁机构审理的案件存在关联，被申请人住所地、被申请人财产所在地均不在我国内地，申请人申请承认外国仲裁裁决的，由受理关联案件的仲裁机构所在地的中级人民法院管辖。

第四条 申请人向两个以上有管辖权的人民法院提出申请的，由最先立案的人民法院管辖。

第五条 申请人向人民法院申请确认仲裁协议效力的，应当提交申请书及仲裁协议正本或者经证明无误的副本。

申请书应当载明下列事项：

（一）申请人或者被申请人为自然人的，应当载明其姓名、性别、出生日期、国籍及住所；为法人或者其他组织的，应当载明其名称、住所以及法定代表人或者代表人的姓名和职务；

（二）仲裁协议的内容；

（三）具体的请求和理由。

当事人提交的外文申请书、仲裁协议及其他文件，应当附有中文译本。

第六条 申请人向人民法院申请执行或者撤销我国内地仲裁机构的仲裁裁决、申请承认和执行外国仲裁裁决的，应当提交申请书及裁决书正本或者经证明无误的副本。

申请书应当载明下列事项：

（一）申请人或者被申请人为自然人的，应当载明其姓名、性别、出生日期、国籍及住所；为法人或者其他组织的，应当载明其名称、住所以及法定代表人或者代表人的姓名和职务；

（二）裁决书的主要内容及生效日期；

（三）具体的请求和理由。

当事人提交的外文申请书、裁决书及其他文件，应当附有中文译本。

第七条 申请人提交的文件不符合第五条、第六条的规定，经人民法院释明后提交的文件仍然不符合规定的，裁定不予受理。

申请人向对案件不具有管辖权的人民法院提出申请，人民法院应当告知其向有管辖权的人民法院提出申请，申请人仍不变更申请的，裁定不予受理。

申请人对不予受理的裁定不服的，可以提起上诉。

第八条 人民法院立案后发现不符合受理条件的，裁定驳回申请。

前款规定的裁定驳回申请的案件，申请人再次申请并符合受理条件的，人民法院应予受理。

当事人对驳回申请的裁定不服的，可以提起上诉。

第九条 对于申请人的申请，人民法院应当在七日内审查决定是否受理。

人民法院受理仲裁司法审查案件后，应当在五日内向申请人和被申请人发出通知书，告知其受理情况及相关的权利义务。

第十条 人民法院受理仲裁司法审查案件后，被申请人对管辖权有异议的，应当自收到人民法院通知之日起十五日内提出。人民法院对被申请人提出的异议，应当审查并作出裁定。当事人对裁定不服的，可以提起上诉。

在中华人民共和国领域内没有住所的被申请人对人民法院的管辖权有异议的，应当自收到人民法院通知之日起三十日内提出。

第十一条 人民法院审查仲裁司法审查案件，应当组成合议庭并询问当事人。

第十二条 仲裁协议或者仲裁裁决具有《最高人民法院关于适用〈中华人民共和国涉外民事关系法律适用法〉若干问题的解释（一）》第一条规定情形的，为涉外仲裁协议或者涉外仲裁裁决。

第十三条 当事人协议选择确认涉外仲裁协议效力适用的法律，应当作出明确的意思表示，仅约定合同适用的法律，不能作为确认合同中仲裁条款效力适用的法律。

第十四条 人民法院根据《中华人民共和国涉外民事关系法律适用法》第十八条的规定，确定确认涉外仲裁协议效力适用的法律时，当事人没有选择适用的法律，适用仲裁机构所在地的法律与适用仲裁地的法律将对仲裁协议的效力作出不同认定的，人民法院应当适用确认仲裁协议有效的法律。

第十五条 仲裁协议未约定仲裁机构和仲裁地，但根据仲裁协议约定适用的仲裁规则可以确定仲裁机构或者仲裁地的，应当认定其为《中华人民共和国涉外民事关系法律适用法》第十八条中规定的仲裁机构或者仲裁地。

第十六条 人民法院适用《承认及执行外国仲裁裁决公约》审查当事人申请承认和执行外国仲裁裁决案件时，被申请人以仲裁协议无效为由提出抗辩的，人民法院应当依照该公约第五条第一款（甲）项的规定，确定确认仲裁协议效力应当适用的法律。

第十七条 人民法院对申请执行我国内地仲裁机构作出的非涉外仲裁裁决案件的审查，适用《中华人民共和国民事诉讼法》第二百三十七条的规定。

人民法院对申请执行我国内地仲裁机构作出的涉外仲裁裁决案件的审查，适用《中华人民共和国民事诉讼法》第二百七十四条的规定。

第十八条 《中华人民共和国仲裁法》第五十八条第一款第六项和《中华人民共和国民事诉讼法》第二百三十七条第二款第六项规定的仲裁员在仲裁该案时有索贿受贿，徇私舞弊，枉法裁决行为，是指已经由生效刑事法律文书或者纪律处分决定所确认的行为。

第十九条 人民法院受理仲裁司法审查案件后，作出裁定前，申请人请求撤回申请的，裁定准许。

第二十条 人民法院在仲裁司法审查案件中作出的裁定，除不予受理、驳回申请、管辖权异议的裁定外，一经送达即发生法律效力。当事人申请复议、提出上诉或者申请再审的，人民法院不予受理，但法律和司法解释另有规定的除外。

第二十一条 人民法院受理的申请确认涉及香港特别行政区、澳门特别行政区、台湾地区仲裁协议效力的案件，申请执行或者撤销我国内地仲裁机构作出的涉及香港特别行政区、澳门特别行政区、台湾地区仲裁裁决的案件，参照适用涉外仲裁司法审查案件的规定审查。

第二十二条 本规定自 2018 年 1 月 1 日起施行，本院以前发布的司法解释与本规定不一致的，以本规定为准。

最高人民法院关于审理当事人申请撤销仲裁裁决案件几个具体问题的批复

法释〔1998〕16号

(1998年6月11日最高人民法院审判委员会第992次会议通过 1998年7月21日最高人民法院公告公布 自1998年7月28日起施行)

安徽省高级人民法院：

你院〔1996〕经他字第26号《关于在审理一方当事人申请撤销仲裁裁决的案件中几个具体问题应如何解决的请示报告》收悉。经研究，答复如下：

一、原依照有关规定设立的仲裁机构在《中华人民共和国仲裁法》（以下简称仲裁法）实施前受理、实施后审理的案件，原则上应当适用仲裁法的有关规定。鉴于原仲裁机构的体制与仲裁法规定的仲裁机构有所不同，原仲裁机构适用仲裁法某些规定有困难的，如仲裁庭的组成，也可以适用《中华人民共和国经济合同仲裁条例》的有关规定，人民法院在审理有关申请撤销仲裁裁决案件中不应以未适用仲裁法的规定为由，撤销仲裁裁决。

二、一方当事人向人民法院申请撤销仲裁裁决的，人民法院在审理时，应当列对方当事人为被申请人。

三、当事人向人民法院申请撤销仲裁裁决的案件，应当按照非财产案件收费标准计收案件受理费；该费用由申请人交纳。

此复。

最高人民法院
关于确认仲裁协议效力几个问题的批复

法释〔1998〕27号

(1998年10月21日最高人民法院审判委员会第1029次会议通过 1998年10月26日最高人民法院公告公布 自1998年11月5日起施行)

山东省高级人民法院：

你院鲁高法函〔1997〕84号《关于认定重建仲裁机构前达成的仲裁协议的效力的几个问题的请示》收悉。经研究，答复如下：

一、在《中华人民共和国仲裁法》实施后重新组建仲裁机构前，当事人达成的仲裁协议只约定了仲裁地点，未约定仲裁机构，双方当事人在补充协议中选定了在该地点依法重新组建的仲裁机构的，仲裁协议有效；双方当事人达不成补充协议的，仲裁协议无效。

二、在仲裁法实施后依法重新组建仲裁机构前，当事人在仲裁协议中约定了仲裁机构，一方当事人申请仲裁，另一方当事人向人民法院起诉的，经人民法院审查，按照有关规定能够确定新的仲裁机构的，仲裁协议有效。对当事人的起诉，人民法院不予受理。

三、当事人对仲裁协议的效力有异议，一方当事人申请仲裁机构确认仲裁协议效力，另一方当事人请求人民法院确认仲裁协议无效，如果仲裁机构先于人民法院接受申请并已作出决定，人民法院不予受理；如果仲裁机构接受申请后尚未作出决定，人民法院应予受理，同时通知仲裁机构终止仲裁。

四、一方当事人就合同纠纷或者其他财产权益纠纷申请仲裁，另一方当事人对仲裁协议的效力有异议，请求人民法院确认仲裁协议无效并就合同纠纷或者其他财产权益纠纷起诉的，人民法院受理后应当通知仲裁机构中止仲裁。人民法院依法作出仲裁协议有效或者无效的裁定后，应当将裁定书副本送达仲裁机构，由仲裁机构根据人民法院的裁定恢复仲裁或者撤销仲裁案件。

人民法院依法对仲裁协议作出无效的裁定后，另一方当事人拒不应诉的，人民法院可以缺席判决；原受理仲裁申请的仲裁机构在人民法院确认仲裁协议无效后仍不撤销其仲裁案件的，不影响人民法院对案件的审理。

此复。

最高人民法院关于承认和执行外国仲裁裁决收费及审查期限问题的规定

法释〔1998〕28号

(1998年10月21日最高人民法院审判委员会第1029次会议通过 1998年11月14日最高人民法院公告公布 自1998年11月21日起施行)

为正确执行我国加入的联合国《承认及执行外国仲裁裁决公约》(以下称纽约公约),现对人民法院依照纽约公约规定,承认和执行外国仲裁裁决收费及审查期限问题作出如下规定:

一、人民法院受理当事人申请承认外国仲裁裁决的,预收人民币500元。

二、人民法院受理当事人申请承认和执行外国仲裁裁决的,应按照《人民法院诉讼收费办法》有关规定,依申请执行的金额或标的价额预收执行费。如人民法院最终决定仅承认而不予执行外国仲裁裁决时,在扣除本规定第一条所列费用后,其余退还申请人。

三、人民法院受理当事人申请承认和执行外国仲裁裁决,不得对承认和执行分别两次收费。对所预收费用的负担,按照《人民法院诉讼收费办法》有关规定执行。

四、当事人依照纽约公约第四条规定的条件申请承认和执行外国仲裁裁决,受理申请的人民法院决定予以承认和执行的,应在受理申请之日起两个月内作出裁定,如无特殊情况,应在裁定后6个月内执行完毕;决定不予承认和执行的,须按最高人民法院法发〔1995〕18号《关于人民法院处理与涉外仲裁及外国仲裁事项有关问题的通知》的有关规定,在受理申请之日起两个月内上报最高人民法院。

最高人民法院
关于当事人对人民法院撤销仲裁裁决的裁定不服申请再审人民法院是否受理问题的批复

法释〔1999〕6号

(1999年1月29日最高人民法院审判委员会第1042次会议通过 1999年2月11日最高人民法院公告公布 自1999年2月16日起施行)

陕西省高级人民法院:

你院陕高法〔1998〕78号《关于当事人对人民法院撤销仲裁裁决的裁定不服申请再审是否应当受理的请示》收悉。经研究,答复如下:

根据《中华人民共和国仲裁法》第九条规定的精神,当事人对人民法院撤销仲裁裁决的裁定不服申请再审的,人民法院不予受理。

此复。

最高人民法院
关于人民检察院对撤销仲裁裁决的民事裁定提起抗诉人民法院应如何处理问题的批复

法释〔2000〕17号

(2000年6月30日最高人民法院审判委员会第1121次会议通过 2000年7月10日最高人民法院公告公布 自2000年7月15日起施行)

陕西省高级人民法院:

你院陕高法〔1999〕183号《关于下级法院撤销仲裁裁决的民事裁定确有错误,检察机关抗诉应如何处理的请示》收悉。经研究,答复如下:

检察机关对发生法律效力的撤销仲裁裁决的民事裁定提起抗诉,没有法律依据,人民法院不予受理。依照《中华人民共和国仲裁法》第九条的规定,仲裁裁决被人民法院依法撤销后,当事人可以重新达成仲裁协议申请仲裁,也可以向人民法院提起诉讼。

此复。

最高人民法院关于当事人对仲裁协议的效力提出异议由哪一级人民法院管辖问题的批复

法释〔2000〕25号

(2000年7月20日最高人民法院审判委员会第1126次会议通过 2000年8月8日最高人民法院公告公布 自2000年8月12日起施行)

山东省高级人民法院：

你院鲁高法〔1998〕144号《关于当事人对仲裁协议的效力有异议应该向何人民法院请求作出裁定以及人民法院如何作出裁定的请示》收悉。经研究，答复如下：

关于请示的第一个问题，当事人协议选择国内仲裁机构仲裁后，一方对仲裁协议的效力有异议请求人民法院作出裁定的，由该仲裁委员会所在地的中级人民法院管辖。当事人对仲裁委员会没有约定或者约定不明的，由被告所在地的中级人民法院管辖。

关于请示的第二个问题，我院法释〔1998〕27号批复已有明确规定，在此不再答复。

此复。

最高人民法院关于人民检察院对不撤销仲裁裁决的民事裁定提出抗诉人民法院应否受理问题的批复

法释〔2000〕46号

(2000年12月12日最高人民法院审判委员会第1150次会议通过 2000年12月13日最高人民法院公告公布 自2000年12月19日起施行)

内蒙古自治区高级人民法院：

你院〔2000〕内法民再字第29号《关于人民检察院能否对人民法院不予撤销仲裁裁决的民事裁定抗诉的请示报告》收悉。经研究，答复如下：

人民检察院对发生法律效力的不撤销仲裁裁决的民事裁定提出抗诉，没有法律依据，人民法院不予受理。

此复。

最高人民法院
关于解除劳动合同的劳动争议仲裁申请期限应当如何起算问题的批复

法释〔2004〕8号

(2004年7月20日最高人民法院审判委员会第1320次会议通过 2004年7月26日最高人民法院公告公布 自2004年7月29日起施行)

云南省高级人民法院：

你院云高法〔2004〕256号《关于审理劳动争议案件的当事人申请劳动争议仲裁期限应如何起算的请示》收悉。经研究，答复如下：

用人单位依据《中华人民共和国劳动法》第二十五条第（四）项的规定解除劳动合同，与劳动者发生争议的，劳动者向劳动争议仲裁委员会申请仲裁的期限应当自收到解除劳动合同书面通知之日起计算。

此复。

最高人民法院
关于当事人对驳回其申请撤销仲裁裁决的裁定不服而申请再审，人民法院不予受理问题的批复

法释〔2004〕9号

(2004年7月20日最高人民法院审判委员会第1320次会议通过 2004年7月26日最高人民法院公告公布 自2004年7月29日起施行)

陕西省高级人民法院：

你院陕高法〔2004〕225号《关于当事人不服人民法院驳回其申请撤销仲裁裁决的裁定申请再审，人民法院是否受理的请示》收悉。经研究，答复如下：

根据《中华人民共和国仲裁法》第九条规定的精神，当事人对人民法院驳回其申请撤销仲裁裁决的裁定不服而申请再审的，人民法院不予受理。

此复。

最高人民法院关于对上海市高级人民法院等就涉及中国国际经济贸易仲裁委员会及其原分会等仲裁机构所作仲裁裁决司法审查案件请示问题的批复

法释〔2015〕15号

（2015年6月23日最高人民法院审判委员会第1655次会议通过 2015年7月15日最高人民法院公告公布 自2015年7月17日起施行）

上海市高级人民法院、江苏省高级人民法院、广东省高级人民法院：

因中国国际经济贸易仲裁委员会（以下简称中国贸仲）于2012年5月1日施行修订后的仲裁规则以及原中国国际经济贸易仲裁委员会华南分会（现已更名为华南国际经济贸易仲裁委员会，同时使用深圳国际仲裁院的名称，以下简称华南贸仲）、原中国国际经济贸易仲裁委员会上海分会（现已更名为上海国际经济贸易仲裁委员会，同时使用上海国际仲裁中心的名称，以下简称上海贸仲）变更名称并施行新的仲裁规则，致使部分当事人对相关仲裁协议的效力以及上述各仲裁机构受理仲裁案件的权限、仲裁的管辖、仲裁的执行等问题产生争议，向人民法院请求确认仲裁协议效力、申请撤销或者不予执行相关仲裁裁决，引发诸多仲裁司法审查案件。上海市高级人民法院、江苏省高级人民法院、广东省高级人民法院就有关问题向我院请示。

为依法保护仲裁当事人合法权益，充分尊重当事人意思自治，考虑中国贸仲和华南贸仲、上海贸仲的历史关系，从支持和维护仲裁事业健康发展、促进建立多元纠纷解决机制出发，经研究，对有关问题答复如下：

一、当事人在华南贸仲更名为华南国际经济贸易仲裁委员会、上海贸仲更名为上海国际经济贸易仲裁委员会之前签订仲裁协议约定将争议提交"中国国际经济贸易仲裁委员会华南分会"或者"中国国际经济贸易仲裁委员会上海分会"仲裁的，华南贸仲或者上海贸仲对案件享有管辖权。当事人以华南贸仲或者上海贸仲无权仲裁为由请求人民法院确认仲裁协议无效、申请撤销或者不予执行仲裁裁决的，人民法院不予支持。

当事人在华南贸仲更名为华南国际经济贸易仲裁委员会、上海贸仲更名为上海国际经济贸易仲裁委员会之后（含更名之日）本批复施行之前签订仲裁协议约定将争议提交"中国国际经济贸易仲裁委员会华南分会"或者"中国国际经济贸易仲裁委员会上海分会"仲裁的，中国贸仲对案件享有管辖权。但申请人向华南贸仲或者上海贸仲申请仲裁，被申请人对华南贸仲或者上海贸仲的管辖权没有提出异议的，当事人在仲裁裁决作出后以华南贸仲或者上海贸仲无权仲裁为由申请撤销或者不予执行仲裁裁决的，人民法院不予支持。

当事人在本批复施行之后（含施行起始之日）签订仲裁协议约定将争议提交"中国国际经济贸易仲裁委员会华南分会"或者"中国国际经济贸易仲裁委员会上海分会"仲裁的，中国贸仲对案件享有管辖权。

二、仲裁案件的申请人向仲裁机构申请仲裁的同时请求仲裁机构对案件的管辖权作出决定，仲裁机构作出确认仲裁协议有效、其对案件享有管辖权的决定后，被申请人在仲裁庭首次开庭前向人民法院提起申请确认仲裁协议效力之诉的，人民法院应予受理并作出裁定。申请人或者仲裁机构根据最高人民法院《关于确认仲裁协议效力几个问题的批复》（法释〔1998〕27号）第三条或者最高人民法院《关于适用〈中华人民共和国仲裁法〉若干问题的解释》（法释〔2006〕7号）第十三条第二款的规定主张人民法院对被申请人的起诉应当不予受理的，人民法院不予支持。

三、本批复施行之前，中国贸仲或者华南贸仲、上海贸仲已经受理的根据本批复第一条规定不应由其受理的案件，当事人在仲裁裁决作出后以仲裁机构无权仲裁为由申请撤销或者不予执行仲裁裁决的，人民法院不予支持。

四、本批复施行之前，中国贸仲或者华南贸仲、上海贸仲受理了同一仲裁案件，当事人在仲裁庭首次开庭前向人民法院申请确认仲裁协议效力的，人民法院应当根据本批复第一条的规定进行审理并作出裁定。

本批复施行之前，中国贸仲或者华南贸仲、上海贸仲受理了同一仲裁案件，当事人并未在仲裁庭首次开庭前向人民法院申请确认仲裁协议效力的，先受理的仲裁机构对案件享有管辖权。

此复。

最高人民法院
关于仲裁机构"先予仲裁"裁决或者调解书立案、执行等法律适用问题的批复

法释〔2018〕10号

（2018年5月28日最高人民法院审判委员会第1740次会议通过 2018年6月5日最高人民法院公告公布 自2018年6月12日起施行）

广东省高级人民法院：

你院《关于"先予仲裁"裁决应否立案执行的请示》（粤高法〔2018〕99号）收悉。经研究，批复如下：

当事人申请人民法院执行仲裁机构根据仲裁法作出的仲裁裁决或者调解书，人民法院经审查，符合民事诉讼法、仲裁法相关规定的，应当依法及时受理，立案执行。但

是，根据仲裁法第二条的规定，仲裁机构可以仲裁的是当事人间已经发生的合同纠纷和其他财产权益纠纷。因此，网络借贷合同当事人申请执行仲裁机构在纠纷发生前作出的仲裁裁决或者调解书的，人民法院应当裁定不予受理；已经受理的，裁定驳回执行申请。

你院请示中提出的下列情形，应当认定为民事诉讼法第二百三十七条第二款第三项规定的"仲裁庭的组成或者仲裁的程序违反法定程序"的情形：

一、仲裁机构未依照仲裁法规定的程序审理纠纷或者主持调解，径行根据网络借贷合同当事人在纠纷发生前签订的和解或者调解协议作出仲裁裁决、仲裁调解书的；

二、仲裁机构在仲裁过程中未保障当事人申请仲裁员回避、提供证据、答辩等仲裁法规定的基本程序权利的。

前款规定情形中，网络借贷合同当事人以约定弃权条款为由，主张仲裁程序未违反法定程序的，人民法院不予支持。

人民法院办理其他合同纠纷、财产权益纠纷仲裁裁决或者调解书执行案件，适用本批复。

此复。

最高人民法院
关于执行我国加入的《承认及执行外国仲裁裁决公约》的通知

1987年4月10日　　　　　　　　　　法（经）发〔1987〕5号

全国地方各高、中级人民法院，各海事法院、铁路运输中级法院：

第六届全国人民代表大会常务委员会第十八次会议于1986年12月2日决定我国加入1958年在纽约通过的《承认及执行外国仲裁裁决公约》（以下简称《1958年纽约公约》），该公约将于1987年4月22日对我国生效。各高、中级人民法院都应立即组织经济、民事审判人员、执行人员以及其他有关人员认真学习这一重要的国际公约，并且切实依照执行。现就执行该公约的几个问题通知如下：

一、根据我国加入该公约时所作的互惠保留声明，我国对在另一缔约国领土内作出的仲裁裁决的承认和执行适用该公约。该公约与我国民事诉讼法（试行）有不同规定的，按该公约的规定办理。

对于在非缔约国领土内作出的仲裁裁决，需要我国法院承认和执行的，应按民事诉讼法（试行）第二百零四条的规定办理。

二、根据我国加入该公约时所作的商事保留声明，我国仅对按照我国法律属于契约性和非契约性商事法律关系所引起的争议适用该公约。所谓"契约性和非契约性商事法律关系",具体的是指由于合同、侵权或者根据有关法律规定而产生的经济上的权利义务关系,例如货物买卖、财产租赁、工程承包、加工承揽、技术转让、合资经营、合作经营、勘探开发自然资源、保险、信贷、劳务、代理、咨询服务和海上、民用航空、铁路、公路的客货运输以及产品责任、环境污染、海上事故和所有权争议等,但不包括外国投资者与东道国政府之间的争端。

三、根据《1958年纽约公约》第四条的规定,申请我国法院承认和执行在另一缔约国领土内作出的仲裁裁决,是由仲裁裁决的一方当事人提出的。对于当事人的申请应由我国下列地点的中级人民法院受理:

(一)被执行人为自然人的,为其户籍所在地或者居所地;

(二)被执行人为法人的,为其主要办事机构所在地;

(三)被执行人在我国无住所、居所或者主要办事机构,但有财产在我国境内的,为其财产所在地。

四、我国有管辖权的人民法院接到一方当事人的申请后,应对申请承认及执行的仲裁裁决进行审查,如果认为不具有《1958年纽约公约》第五条第一、二两项所列的情形,应当裁定承认其效力,并且依照民事诉讼法(试行)规定的程序执行;如果认定具有第五条第二项所列的情形之一的,或者根据被执行人提供的证据证明具有第五条第一项所列的情形之一的,应当裁定驳回申请,拒绝承认及执行。

五、申请我国法院承认及执行的仲裁裁决,仅限于《1958年纽约公约》对我国生效后在另一缔约国领土内作出的仲裁裁决。该项申请应当在民事诉讼法(试行)第一百六十九条规定的申请执行期限内提出。

特此通知,希遵照执行。

附件一:

本通知引用的《承认及执行外国仲裁裁决公约》有关条款

第四条 一、声请承认及执行之一造,为取得前条所称之承认及执行,应于声请时提具:

(甲)原裁决之正本或其正式副本;

(乙)第二条所称协定之原本或其正式副本。

二、倘前述裁决或协定所用文字非为援引裁决地所在国之正式文字,声请承认及执行裁决之一造应具备各该文件之此项文字译本。译本应由公设或宣誓之翻译员或外交或领事人员认证之。

第五条 一、裁决唯有受裁决援用之一造向声请承认及执行地之主管机关提具证据证明有下列情形之一时,始得依该造之请求,拒予承认及执行:

(甲)第二条所称协定之当事人依对其适用之法律有某种无行为能力情形者,或该项协定依当事人作为协定准据之法律系属无效，或未指明以何法律为准时，依裁决地所在国法律系属无效者；

（乙）受裁决援用之一造未接获关于指派仲裁员或仲裁程序之适当通知，或因他故，致未能申辩者；

（丙）裁决所处理之争议非为交付仲裁之标的或不在其条款之列，或裁决载有关于交付仲裁范围以外事项之决定者，但交付仲裁事项之决定可与未交付仲裁之事项划分时，裁决中关于交付仲裁事项之决定部分得予承认及执行；

（丁）仲裁机关之组成或仲裁程序与各造间之协议不符，或无协议而与仲裁地所在国法律不符者；

（戊）裁决对各造尚无拘束力，或业经裁决地所在国或裁决所依据法律之国家之主管机关撤销或停止执行者。

二、倘声请承认及执行地所在国之主管机关认定有下列情形之一，亦得拒不承认及执行仲裁裁决：

（甲）依该国法律，争议事项系不能以仲裁解决者；

（乙）承认或执行裁决有违该国公共政策者。

附件二：

本通知引用的《中华人民共和国民事诉讼法（试行）》有关条款

第一百六十九条 申请执行的期限，双方或者一方当事人是个人的为一年；双方是企业事业单位、机关、团体的为六个月。

第二百零四条 中华人民共和国人民法院对外国法院委托执行的已经确定的判决、裁决，应当根据中华人民共和国缔结或者参加的国际条约，或者按照互惠原则进行审查，认为不违反中华人民共和国法律的基本准则或者我国国家、社会利益的，裁定承认其效力，并且依照本法规定的程序执行。否则，应当退回外国法院。

附件三：

加入《承认及执行外国仲裁裁决公约》的国家

丹麦（1、2） 法国（1、2） 希腊（1、2） 罗马教庭（1、2） 美国（1、2） 奥地利（1） 比利时（1） 联邦德国（1） 爱尔兰（1） 日本（1） 卢森堡（1） 荷兰（1） 瑞士（1） 英国（1） 挪威（1） 澳大利亚 芬兰 新西兰（1） 圣马利诺 西班牙 意大利 加拿大 瑞典 民主德国（1、2） 匈牙利（1、2）

波兰(1、2)　　罗马尼亚(1、2)　　南斯拉夫(1、2、3)　　保加利亚(1)　　捷克斯洛伐克(1)　　苏联(1)　　苏联白俄罗斯共和国(1)　　苏联乌克兰共和国(1)　　博茨瓦纳(1、2)　　中非共和国(1、2)　　中国(1、2)　　古巴(1、2)　　塞浦路斯(1、2)　　厄瓜多尔(1、2)　　印度(1、2)　　印度尼西亚(1、2)　　马达加斯加(1、2)　　尼日利亚(1、2)　　菲律宾(1、2)　　特立尼达和多巴哥(1、2)　　突尼斯(1、2)　　危地马拉(1、2)　　南朝鲜(1、2)　　摩纳哥(1、2)　　科威特(1)　　摩洛哥(1)　　坦桑尼亚(1)　　贝宁　　智利　　哥伦比亚　　民主柬埔寨　　埃及　　加纳　　以色列　　约旦　　墨西哥　　尼日尔　　南非　　斯里兰卡　　叙利亚　　泰国　　乌拉圭　　吉布提　　海地　　巴拿马　　马来西亚　　新加坡

注：1. 该国声明，只适用本公约于在另一缔约国领土内作出的仲裁裁决，即作互惠保留。

2. 该国声明，只适用本公约于根据其本国的法律认定为属于商事的法律关系（契约性或非契约性的）所引起争议，即作商事保留。

3. 该国声明，只承认和执行该国加入本公约之后在外国作出的仲裁裁决。

最高人民法院
关于福建省生产资料总公司与金鸽航运有限公司国际海运纠纷一案中提单仲裁条款效力问题的复函

1995年10月20日　　　　　　　　　　　　法函〔1995〕135号

广东省高级人民法院：

你院〔1994〕粤法经二上字第146号请示收悉。经研究，现答复如下：

涉外案件，当事人事先在合同中约定或争议发生后约定由国外的临时仲裁机构或非常设仲裁机构仲裁的，原则上应当承认该仲裁条款的效力，法院不再受理当事人的起诉。

本案上诉人福建省生产资料总公司虽然不是租船合同和海上货物运输合同的签约人，但其持有承运人签发的含有合并租约和仲裁条款的提单，并明示接受该仲裁条款，因此，该条款对承运人和提单持有人均有约束力。此案中，我国法院应承认该临时仲裁条款的效力。

最高人民法院经济审判庭
关于四川省高级人民法院经一请字第13号请示报告的复函

1996年10月10日　　　　　　　　　　　　　〔1996〕经他字第26号

四川省高级人民法院：

你院〔1996〕川高法经一请字第13号请示报告收悉。经研究，我们认为，本案中双方当事人在合资合同中约定的仲裁机构并不存在，根据《最高人民法院关于适用〈中华人民共和国民事诉讼法〉若干问题的意见》第146条的规定，重庆市中级人民法院有权受理该案。你院请示报告中的意见是正确的。

此复。

最高人民法院
关于同时选择两个仲裁机构的仲裁条款效力问题的函

1996年12月12日　　　　　　　　　　　　　法函〔1996〕176号

山东省高级人民法院：

你院鲁法经〔1996〕88号《关于齐鲁制药厂诉美国安泰国际贸易公司合资合同纠纷一案中仲裁条款效力的审查报告》收悉。经研究，答复如下：本案当事人订立的合同中仲裁条款约定"合同争议应提交中国国际贸易促进委员会对外经济贸易仲裁委员会，或瑞典斯德哥尔摩商会仲裁院仲裁"，该仲裁条款对仲裁机构的约定是明确的，亦是可以执行的。当事人只要选择约定的仲裁机构之一即可进行仲裁。根据《中华人民共和国民事诉讼法》第一百一十一条第二项之规定，本案纠纷应由当事人提交仲裁解决，人民法院对本案没有管辖权。

此复。

最高人民法院关于仅选择仲裁地点而对仲裁机构没有约定的仲裁条款效力问题的函

1997年3月19日　　　　　　　　　　　　　　　法函〔1997〕36号

浙江省高级人民法院：

你院浙法经字〔1997〕7号关于朱国珲诉浙江省义乌市对外经济贸易公司国际货物买卖合同纠纷一案中仲裁条款效力的函收悉。经研究，答复如下：本案合同仲裁条款中双方当事人仅约定仲裁地点，而对仲裁机构没有约定。发生纠纷后，双方当事人就仲裁机构达不成补充协议，应依据《中华人民共和国仲裁法》第十八条之规定，认定本案所涉仲裁协议无效，浙江省金华市中级人民法院可以依法受理本案。

此复。

最高人民法院关于人民法院裁定撤销仲裁裁决或驳回当事人申请后当事人能否上诉问题的批复

1997年4月23日　　　　　　　　　　　　　　　法复〔1997〕5号

广西壮族自治区高级人民法院：

你院桂高法〔1996〕144号请示及1997年1月20日补充意见均已收悉。经研究，答复如下：

根据《中华人民共和国民事诉讼法》第一百四十条、第一百四十一条和《中华人民共和国仲裁法》第九条第二款规定，对人民法院依法作出的撤销仲裁裁决或驳回当事人申请的裁定，当事人无权上诉。人民法院依法裁定撤销仲裁裁决的，当事人可以根据双方重新达成的仲裁协议申请仲裁，也可以向人民法院起诉。

此复。

最高人民法院
对仲裁条款中所选仲裁机构的名称漏字，但不影响仲裁条款效力的意见

1998年4月2日　　　　　　　　　　　　法经〔1998〕159号

中国国际经济贸易仲裁委员会：

你会〔98〕贸仲字第1381号征询意见函收悉，经研究，答复如下：

一、《中外合资经营连云港云卿房地产开发有限公司合同》（以下简称合营合同）系灌云县建银房地产开发公司、灌云县煤炭工业公司和美国西雅图凡亚投资公司三方所订立，该合营合同约定争议解决方式是提交仲裁，虽然当事人的仲裁条款中将你会名称漏掉"经济"二字，但不影响该仲裁条款的效力，因而上述三方凡因执行该合营合同所发生的或与该合营合同有关的一切争议，你会具有管辖权。

二、中国建设银行江苏省灌云县支行诉灌云县煤炭工业公司房屋确权纠纷一案，不是合营合同纠纷，灌云县支行也不是上述合营合同的当事人，故该纠纷不受合营合同中仲裁条款的约束，当事人可依《中华人民共和国民事诉讼法》的有关规定向人民法院提起诉讼。

三、江苏省高级人民法院〔1997〕苏民终字第62号民事裁定，以上述合营合同约定的仲裁机构（即北京中国国际贸易仲裁委员会）不存在为由，认定仲裁条款无效，驳回上诉人的管辖异议。对此问题，我院民庭已责令江苏省高级人民法院复查具报。

最高人民法院
关于V97329号武汉金龙高科技有限公司合资争议仲裁案仲裁条款效力事的复函

1998年5月12日　　　　　　　　　　　　法经〔1998〕212号

湖北省高级人民法院：

中国国际经济贸易仲裁委员会以〔98〕贸仲字第2148号"关于V97329号武汉金龙高科技有限公司合资争议仲裁案仲裁条款效力事"函向我庭反映武汉市中级人民法院〔1997〕武经终字第277号民事裁定关于仲裁协议效力认定的问题。我们经研究认为：

武汉中苑科教公司与香港龙海（集团）有限公司签订的协议书只是对原合营合同部分条款的变更，未变更的原合营合同其他条款仍然有效。双方在工商行政管理部门变更登记时，没有就争议解决条款进行修改变更登记。工商行政管理部门审批备案的是香港龙海（集团）有限公司与武汉中苑科教公司签订的协议和香港龙海（集团）有限公司与武汉东湖新技术开发进出口公司签订的原合营合同，应视为双方当事人对原合营合同的仲裁条款是认同的。故当事人因合营合同而发生的争议，应按原合营合同的约定提交中国国际经济贸易仲裁委员会仲裁，法院对此合营纠纷无管辖权。请你院按审判监督程序对武汉市中级人民法院〔1997〕武经终字第0277号民事裁定予以纠正。

最高人民法院
关于安徽国泰物业有限公司申请确认仲裁协议效力一案的复函

2000年8月14日　　　　　　　　　　　　〔2000〕经监字第200号

安徽省高级人民法院：

你院〔1999〕皖经监字第008号《关于安徽国泰物业有限公司申请确认仲裁协议效力一案的请示报告》收悉。经研究，答复如下：

本案双方当事人在《商品房购销合同》中明确约定，合同履行中发生争议由当地合同仲裁委员会仲裁。该约定对仲裁事项的表述，符合国务院办公厅《关于贯彻实施〈中华人民共和国仲裁法〉需要明确的几个问题的通知》第四条第一款关于仲裁事项的格式要求，应确认对仲裁事项约定明确。同时，本案双方当事人住所地及合同签订地、履行地、标的物所在地均在安庆市，合同中约定的"当地合同仲裁委员会"应认定为安庆仲裁委员会。故本案仲裁协议有效。原审以仲裁事项和仲裁委员会约定都不明确为由，裁定本案仲裁协议无效不当，应予纠正。

最高人民法院
关于中化国际石油（巴哈马）有限公司诉
海南昌盛石油开发有限公司购销合同
纠纷案中仲裁协议效力问题的复函

2000年12月5日　　　　　　　　　　〔2000〕交他字第14号

海南省高级人民法院：

你院2000年11月6日〔2000〕琼高法立字第55号"关于中化国际石油（巴哈马）有限公司诉海南昌盛石油开发有限公司购销合同纠纷案中仲裁协议效力的请示报告"收悉。本院经审查认为：根据1996年6月8日国办发〔1996〕22号"关于贯彻实施《中华人民共和国仲裁法》需要明确的几个问题的通知"的规定，新组建的仲裁委员会可以受理涉外仲裁案件。因此，所谓"中国相关的国际贸易仲裁机构"不能推定为就是受理涉外仲裁案件的中国国际经济贸易仲裁委员会。鉴于本案当事人对仲裁机构的约定不明确，而一方当事人已起诉至有关人民法院，表明双方当事人已不可能就仲裁机构达成补充协议。依据《中华人民共和国仲裁法》第十八条之规定，应认定本案仲裁条款无效。

此复。

最高人民法院知识产权审判庭
对国务院法制办公室秘书行政司
〔1999〕107号函的答复意见

2000年12月21日　　　　　　　　　　〔2000〕法知字第1号函

国务院法制办公室秘书行政司：

你司国法秘函（1999）107函收悉。经研究，答复如下：

《中华人民共和国仲裁法》第十八条规定："仲裁协议对仲裁事项或者仲裁委员会没有约定或者约定不明确的，当事人可以补充协议；达不成补充协议的，仲裁协议无效。"我院1995年4月2日发布的《关于审理科技纠纷案件的若干问题的规定》（法发〔1995〕6号）第八条第一款第（1）项亦规定没有写明具体的仲裁机构的名称的仲裁条款或仲裁协议无效。就你司来函中所反映的情况看，河北万岁药业有限公司与丁晓昆、陈景修在签订的《关于联合开发国家一类新药胶陀螺和颐尔颐银屑胶囊的协议》中约定的仲裁条款虽有"仲裁地由申请方选择"的内容,但没有写明具体的仲裁机构的名称,事后双方也没有达成补充协议,因此该仲裁条款应属于无效的仲裁条款。吉林省高级人民法院(1999)吉管经终字第41号民事裁定将该仲裁条款认定为无效,是正确的。

关于吉林省长春市中级人民法院对本案是否有管辖权问题,从你司转来的材料看,本案合同属技术开发合同,合同名称虽称"联合开发",但合同内容实为委托开发合同,研究开发方为丁晓昆等四人。根据原《中华人民共和国技术合同法实施条例》第二十一条第二款第(三)项关于"履行地点不明确的,技术开发合同在研究开发方所在地履行"的规定,本案合同的履行地应在长春市。依据《中华人民共和国民事诉讼法》第二十四条规定,长春市中级人民法院以合同履行地对本案行使管辖权,并无不当。河北万岁药业有限公司虽称本案合同是在沧州市履行的,但其没有提供相应的证据,故无法确认。

综上,本案如无相反证据,我们认为吉林省高级人民法院(1999)吉管经终字第41号民事裁定是正确的,长春市中级人民法院对本案有管辖权。

特此函告。

最高人民法院
关于捷成洋行申请执行中国国际经济贸易仲裁委员会(97)贸仲裁字第0256号裁决一案的复函

2001年1月6日　　　　　　　　　　　〔2001〕民四他字第42号

天津市高级人民法院:

你院《关于执行捷成洋行与中化天津进出口公司仲裁案件的审查意见》收悉。本院经研究同意你院对本案的审查意见。本案双方当事人在L53/93/075号合同仲裁条款中没有明确约定仲裁机构,应认定仲裁条款无效。双方委托代理人的往来函件亦不能视为双方对仲裁机构的确认达成补充协议。因此本案符合《中华人民共和国民事诉讼法》第二百一十七条第二款第(一)项规定的情形,中国国际经济贸易仲裁委员会(97)贸仲裁字第0256号裁决应不予执行。

由于本案系船舶滞期费纠纷,根据《中华人民共和国海事诉讼特别程序法》第十一条的规定,本案应由天津海事法院管辖。

此复。

最高人民法院
关于申请人浙江省诸暨市对外经济贸易公司与被申请人香港铠威贸易公司申请确认仲裁协议效力问题的复函

2001年2月26日　　　　　　　　　　〔2000〕交他字第15号

浙江省高级人民法院：

你院2000年11月2日〔2000〕浙经他字第29－2号"关于申请人浙江省诸暨市对外经济贸易公司与被申请人香港铠威贸易公司申请确认仲裁协议效力一案的请示报告"收悉。经研究认为：浙江省诸暨市对外经济贸易公司印制的销售确认书含有明确的仲裁条款，但在何煜生将未经该公司签字盖章的销售确认书传真给香港铠威贸易公司法定代表人庄文振后，庄并未签字或者盖章予以确认，故以销售确认书的全部条款为内容的买卖合同在本案双方当事人之间并未成立。本案双方当事人在装运货物和支付货款之前及在此期间未签订任何书面合同。根据双方的履行事实可以认定，双方当事人实际上仅就阿拉伯头巾的数量、尺寸、装箱、单价、总值达成了一致，但并无达成仲裁解决其纠纷的意思表示。香港铠威贸易公司据以向仲裁庭申请仲裁的销售确认书是事后补签的且是何煜生代签的，作为卖方的浙江省诸暨市对外经济贸易公司并未在该销售确认书上签字或者盖章，而何煜生所谓的代签事先未获授权，事后亦未获追认。根据《中华人民共和国仲裁法》第四条和第二十条之规定，该份销售确认书中的仲裁条款应当认定为无效条款。

此复。

最高人民法院
关于英国嘉能可有限公司申请承认和执行英国伦敦金属交易所仲裁裁决一案请示的复函

2001年4月19日　　　　　　　　　　〔2001〕民四他字第2号

重庆市高级人民法院：

你院2000年12月12日〔2000〕渝高法执示字第26号《关于对英国嘉能可有限公司申请承认及执行英国伦敦金属交易所仲裁裁决一案有关问题的请示》收悉。经研究认为：根据联合国《承认及执行外国仲裁裁决公约》第五条第一款（甲）项规定，对合同当事人行为能力的认定，应依照属人主义原则适用我国法律。重庆机械设备进出口公司职员孙健与英国嘉能可有限公司签订合同，孙健在"代表"公司签订本案合同时未经授权且公司也未在该合同上加盖印章，缺乏代理关系成立的形式要件，事后重庆机械设备进出口公司对孙健的上述行为明确表示否认。同时孙健的签约行为也不符合两公司之间以往的习惯做法，不能认定为表见代理。根据《中华人民共和国民法通则》第六十六条第一款和我院《关于适用〈中华人民共和国涉外经济合同法〉若干问题的解答》第三条第一款第四项之规定，孙健不具代理权，其"代表"公司签订的合同应当认定为无效合同，其民事责任不应由重庆机械设备进出口公司承担。同理，孙健"代表"公司签订的仲裁条款亦属无效，其法律后果亦不能及于重庆机械设备进出口公司。本案所涉仲裁裁决，依法应当拒绝承认及执行。

此复。

最高人民法院
关于麦考·奈浦敦有限公司申请承认和执行仲裁裁决一案请示的复函

2001年4月23日　　　　　　　　　　　　法民二〔2001〕32号

上海市高级人民法院：

你院〔1999〕沪高执他字第5号函"关于麦考·奈浦敦有限公司申请承认和执行仲裁裁决一案的请示"收悉。经研究，答复如下：

一、关于申请人提出的承认及执行申请是否符合立案受理条件的问题。根据我院1987年《关于执行我国加入的〈承认和执行外国仲裁裁决公约〉的通知》第五条的规定，申请承认及执行的期限为六个月，该期限应从法律文书规定的履行期限的最后一日起计算。具体到本案，因裁决书没有关于履行期限的内容，但应给当事人一个合理的履行期限，故从仲裁裁决送达当事人第二日起计算较为合理，而不应从仲裁裁决作出之日起计算申请承认及执行的期限。另外，尽管申请人在有效期内提供的申请材料不完全符合有关规定，但经人民法院通知补充后基本上是符合要求的，人民法院应当立案受理并已受理，故不能以"申请人未在法定期限内提出有效的申请"为由拒绝承认和执行本案所涉仲裁裁决。

二、关于本案所涉仲裁裁决是否存在不予承认和执行的情形的问题。申请人提出的六点理由均不构成《纽约公约》第五条第一款规定的可以据以拒绝承认和执行的几种情形。你院对此点的分析与认定是全面、正确的。申请人提出的"裁决本身存在不予承认和执行的情形"没有事实和法律依据，不能成为拒绝承认及执行本案所涉仲裁裁决的理由。

三、关于你院提出的"本案仲裁裁决因未作初步裁决而违反仲裁地法律"以及"裁决裁定被诉人补偿申诉人律师费，超出当事人交付仲裁范围"的问题。根据《纽约公约》第五条的规定，这类问题属应当事人请求才予审查的情形，人民法院不应依职权提起。而本案当事人始终未提及该问题，故人民法院不能以此为由拒绝承认及执行本案所涉仲裁裁决。

四、关于本案是否适用《纽约公约》的问题。《纽约公约》第一条第一款规定的适用范围有两种情形，一是"仲裁裁决，因自然人或法人间之争议而产生且在声请承认及执行地所在国以外之国家领土内做成者，其承认及执行适用本公约"。你院请示所述案符合此种情形，应当适用《纽约公约》；另一种情形是"本公约对于仲裁裁决经声请承认及执行地所在国认为非内国裁决者，亦适用之"。这里所指的"非内国裁决"是相对"声请承认及执行地所在国"而言的。你院请示所述案并非我国国内裁决，当然应适用

《纽约公约》。你院提出的"本案所涉裁决系'非国内裁决',尚不能明确是否适用于《纽约公约》"的问题,系对公约有关条款的误解。

综上,本案不存在可以拒绝承认和执行所涉仲裁裁决的理由。上海市中级人民法院应当裁定承认和执行本案所涉瑞士苏黎士商会仲裁庭的仲裁裁决。

此复。

最高人民法院
关于广州市东方酒店集团有限公司申请撤销仲裁裁决一案的复函

2001年4月27日　　　　　　　　　　　　　〔2000〕经监字第349号

广东省高级人民法院:

你院粤高法立〔2000〕34号关于广州市东方酒店集团有限公司申请撤销仲裁裁决一案的请示收悉。经研究,答复如下:

本案《承包经营合同》规定:"甲乙双方一致同意,在乙方独立行使合作企业经营管理权期间,除本补充合同已作出具体明确约定的事项外,其他事项按原合作合同的条款执行。"从上述内容看,双方当事人对"其他事项"是否包括产生争议后的解决方式并无明确约定,故以该条款为依据,援引双方当事人在合作合同中约定的仲裁条款适用于本案争议,理由不充分。鉴于《承包经营合同》中未明确约定仲裁条款,且仲裁机关亦明确表示该案不属仲裁机关管辖,对双方当事人在履行承包经营合同中产生的争议,应由人民法院受理。

根据《仲裁法》第七十条的规定,人民法院裁定撤销涉外仲裁裁决应当符合《民事诉讼法》第二百六十条第一款的规定,你院拟同意深圳市中级法院受理并裁定撤销中国国际经济贸易仲裁委员会深圳分会仲裁裁决的意见,没有法律依据。

最高人民法院
关于不承认及执行伦敦最终仲裁裁决案的请示的复函

2001年9月11日　　　　　　　　　〔2000〕交他字第11号

湖北省高级人民法院：

你院鄂高法〔2000〕231号关于不承认及执行伦敦最终仲裁裁决案的请示收悉。经研究认为：

一、鉴于本案被申请人中国外运南京公司的所有活动都是通过其经纪人丸红公司进行的，因此应当认定丸红公司是被申请人的代理人，被申请人应当受丸红公司代其签订的租船合同的约束。

二、被申请人签发航次指令的行为是一种履行合同的行为，该行为表明被申请人与申请人之间有租船合同。

三、因为本案租船合同和租船概要中均含有仲裁条款，所以应当认定被申请人与申请人之间存在仲裁协议，本案仲裁裁决不具有不予承认和执行的情形。根据《中华人民共和国民事诉讼法》第二百六十九条和《承认和执行外国仲裁裁决公约》的规定，该仲裁裁决应当得到承认与执行。

此复。

最高人民法院
关于对崇正国际联盟集团有限公司申请撤销仲裁裁决人民法院应否受理的复函

2001年9月28日　　　　　　　　　〔2001〕民立他字第36号

北京市高级人民法院：

你院《关于案外第三人申请撤销仲裁裁决人民法院是否受理的请示》已收悉。经研究，答复如下：《中华人民共和国仲裁法》第七十条规定的"当事人"是指仲裁案件的申请人或被申请人，崇正国际联盟集团有限公司并非V19990351号仲裁案件的申请人或被申请人，该公司不具备申请撤销该仲裁裁决的主体资格，故对该申请人民法院不予受理。

最高人民法院
关于内蒙古至诚矿业有限公司与南非华金国际集团有限公司合资经营纠纷一案中仲裁条款效力问题的函

2002年4月13日　　　　　　　　〔2001〕民四他字第26号

内蒙古自治区高级人民法院：

你院〔2001〕内经请字第4号关于内蒙古至诚矿业有限公司与南非华金国际集团有限公司合资经营合同纠纷一案中仲裁条款效力的请示收悉。经研究，答复如下：

本案双方当事人在合同中约定："凡因履行本合同发生的或与本合同有关的一切争议，各方应尽力友好协商解决。协商不成，可提请北京中国对外经济贸易仲裁委员会进行仲裁。"该仲裁条款订明仲裁地点在北京，仲裁机构使用了中国国际经济贸易仲裁委员会的旧名称。虽然仲裁条款对仲裁机构名称的表述不完整，但可以辨别出该名称系指更名后的中国国际经济贸易仲裁委员会，不存在仲裁条款无效的法定事由。鉴此，应认定合同双方当事人选择的仲裁机构是明确的，合同仲裁条款合法有效。根据《中华人民共和国仲裁法》第五条的规定，人民法院对本案没有管辖权。

此复。

最高人民法院
关于香港运惟船务代理有限公司诉深圳土畜产茶叶进出口公司航次租船合同纠纷一案仲裁条款效力问题的请示的复函

2002年7月16日　　　　　　　　〔2002〕民四他字第18号

广东省高级人民法院：

你院粤高法立〔2002〕15号请示报告收悉。经研究，认为对租船合同中仲裁条款效力的审查，应当适用当事人在仲裁条款中约定适用的法律。当事人没有约定或者约定不明确的，应当适用合同中约定的仲裁地的法律。本案当事人之间订立的《租船协议》中明确约定仲裁地点在香港，故应当适用香港特别行政区的相关法律审查本案中仲裁条款的效力。你院报告中认为应当依据《中华人民共和国仲裁法》的规定审查涉外仲裁条款效力的意见属于适用法律不当。依照香港特别行政区的法律审查本案仲裁条款的效力，需经当事人举证查明香港法后才能认定。审查后，如你院认为仲裁条款无效，应当将审查的意见再报告本院。

此复。

最高人民法院
关于不予执行中国国际经济贸易仲裁委员会作出的广州总统大酒店有限公司与杨光大仲裁一案请示的复函

2002 年 7 月 22 日　　　　　　　　　〔2001〕民四他字第 41 号

广东省高级人民法院：

你院 2001 年 2 月 12 日〔2000〕粤高法执监字第 226 号《关于不予执行中国国际经济贸易仲裁委员会作出的广州总统大酒店有限公司与杨光大仲裁一案的请示报告》收悉。经本院审判委员会研究，答复如下：

本案涉及不同当事人签订的三份合同，即：广州总统大酒店有限公司于 1995 年 12 月 17 日分别与香港高速货运有限公司、潮粤海鲜楼签订的《租赁总统大酒店潮粤海鲜楼合同》、《总统大酒店、潮粤海鲜楼经营管理协议》，于 1996 年 10 月 17 日与高速货运（FAST & CARE CARGO SERVICES）杨光大签订的《总统大酒店与潮粤海鲜楼补充管理协议》。在广州总统大酒店有限公司与香港高速货运有限公司签订的租赁合同中，双方约定将争议"提交中国国际经济贸易仲裁委员会北京分会按照该会的仲裁规则进行仲裁"。鉴于中国国际经济贸易仲裁委员会仅在上海和深圳设有分会，在北京没有分会且各分会均适用与北京总会不同的仲裁规则，因此，该合同约定的仲裁机构实际上并不存在，中国国际经济贸易仲裁委员会北京总会无权依据该款约定仲裁广州总统大酒店有限公司与香港高速货运有限公司或者合同签字人杨光大之间的租赁合同纠纷。在广州总统大酒店有限公司与高速货运（FAST & CARE CARGO SERVICES）杨光大签订的补充管理协议中，双方约定将争议"提交中国国际经济贸易仲裁委员会深圳分会依该会仲裁规则进行仲裁"。鉴于补充管理协议的一方当事人为杨光大个人，而提请中国国际经济贸易仲裁委员会深圳分会仲裁的申请人是高速货运（FAST & CARE CARGO SERVICES），因此，中国国际经济贸易仲裁委员会深圳分会亦无权仲裁广州总统大酒店有限公司与高速货运（FAST & CARE CARGO SERVICES）之间的任何纠纷。依照《中华人民共和国仲裁法》第十六条、第十八条及《中华人民共和国民事诉讼法》第二百六十条第一款的规定，有关法院对本案所涉中国国际经济贸易仲裁委员会〔2000〕贸仲裁字第 0148 号裁决书和中国国际经济贸易仲裁委员会深圳分会〔2000〕深国仲结字第 23 号裁决书均应当不予执行。

此复。

最高人民法院
关于清华同方股份有限公司、清华同方光盘股份有限公司申请撤销〔2002〕贸仲裁字第 0095 号仲裁裁决一案的请示的复函

2003 年 2 月 28 日　　　　　　　　　　〔2003〕民四他字第 2 号

北京市高级人民法院：

你院京高法〔2003〕6 号关于清华同方股份有限公司、清华同方光盘股份有限公司申请撤销〔2002〕贸仲裁字第 0095 号仲裁裁决一案的请示报告收悉。经研究，答复如下：

一、关于本案的性质问题，同意你院请示报告中对该问题的第二种意见，即本案属于涉外仲裁案件。

本案一方当事人鱼谷由佳系旅日华侨，其经常居住地在日本，此类案件在性质上类似于涉及香港、澳门、台湾地区的当事人的案件，即当事人国籍虽然是中国国籍，但考虑到客观上存在涉外因素，应作为涉外案件处理。

二、对于清华同方光盘股份有限公司是否已经接受了仲裁庭的管辖问题，同意你院请示报告中对该问题的第二种意见，即应视为清华同方光盘股份有限公司接受了仲裁庭的管辖，其无权对仲裁庭的管辖权再提出异议。

本案中，清华同方光盘股份有限公司并非《赠与及相关领域合作合同》的当事人，《赠与及相关领域合作合同》中的仲裁条款对其并不当然产生约束力。但鱼谷由佳基于清华同方光盘股份有限公司承继了《赠与及相关领域合作合同》中的当事人清华大学光盘国家工程研究中心的权利义务，以清华同方光盘股份有限公司为被申请人提起仲裁，清华同方光盘股份有限公司作为当事人参加了仲裁，进行了实体答辩，且至仲裁庭最终作出仲裁裁决，其未就管辖权问题提出异议。根据上述事实以及《中国国际经济贸易仲裁委员会仲裁规则》第六条、第七条、第五十一条的规定，同时为了维护经济秩序稳定，减少当事人不必要的讼累，应该认定清华同方光盘股份有限公司接受了仲裁庭对本案的管辖，且其已丧失了再对仲裁庭管辖权提出异议的权利。

此复。

最高人民法院
关于撤销中国国际经济贸易仲裁委员会〔2002〕
贸仲裁字第 0039 号裁决一案的请示的复函

2003 年 3 月 10 日　　　　　　　　　　　　　〔2002〕民四他字第 44 号

北京市高级人民法院：

　　你院 2002 年 11 月 21 日京高法〔2002〕307 号《关于撤销中国国际经济贸易仲裁委员会〔2002〕贸仲裁字第 0039 号裁决一案的请示》收悉。经研究，答复如下：

　　根据《中国国际经济贸易仲裁委员会仲裁规则》第三十二条的规定，仲裁庭应当开庭审理案件。但经双方当事人申请或者征得双方当事人同意，仲裁庭也认为不必要开庭审理的，仲裁庭可以只依据书面文件进行审理并做出裁决。仲裁庭在审理台湾桦庆塑胶制品有限公司与烟台开发区塑料制网有限责任公司合作经营合同纠纷一案中，未经双方当事人同意即对台湾桦庆塑胶制品有限公司提出的反请求进行书面审理，违反了仲裁规则的规定，属于民事诉讼法第二百六十条第一款规定的"仲裁程序与仲裁规则不符"的情形，依法应当予以撤销。

　　此复。

最高人民法院
关于对高福忠申请撤销中国国际经济贸易
仲裁委员会〔2002〕贸仲裁字第 0237 号
仲裁裁决一案的请示的复函

2003 年 5 月 8 日　　　　　　　　　　　　　〔2003〕民四他字第 5 号

北京市高级人民法院：

　　你院京高法〔2003〕14 号《关于高福忠申请撤销中国国际经济贸易仲裁委员会〔2002〕贸仲裁字第 0237 号仲裁裁决一案的请示》收悉。经研究，答复如下：

　　仲裁条款是以协议双方的合意为前提的，只有仲裁协议的主体受仲裁协议的约束。虽然仲裁协议当事方龙桥宾馆被吊销营业执照，但龙桥宾馆作为企业法人尚未消灭，其在法律程序上仍具有主体资格。如果本案仅涉及《中外合作经营芜湖龙桥宾馆有限公司合同书》项下债权债务的纠纷，龙桥村委会作为龙桥宾馆的开办单位，为清理龙桥宾馆债权债务的目的，只能以龙桥宾馆或其清算组织的名义提起仲裁，以龙桥村委会自身的名义提起仲裁主体不适格。此外，不能依据《中外合作经营芜湖龙桥宾馆有限公司合同书》中的仲裁条款裁决其他合同引发的争议，不能超越仲裁条款解决争议的范围。

现高福忠向人民法院申请撤销中国国际经济贸易仲裁委员会仲裁庭就其与龙桥村委会之间的争议作出的〔2002〕贸仲裁字第0237号裁决，根据《中华人民共和国民事诉讼法》第二百六十条第一款、《中华人民共和国仲裁法》第七十条的规定，人民法院应当裁定予以撤销。

此复。

最高人民法院关于安徽省合肥联合发电有限公司诉阿尔斯通发电股份有限公司建设工程合同纠纷一案的请示的复函

2003年5月14日　　　　　　　　　　　　　　〔2003〕民四他字第7号

安徽省高级人民法院：

你院〔2003〕皖民一初字第01号《请求对拟受理安徽省合肥联合发电有限公司诉阿尔斯通发电股份有限公司建设工程合同纠纷一案的意见给予答复的报告》收悉。经研究，答复如下：

从本案当事人在合同中约定的仲裁条款内容看，其仲裁的意思表示明确；亦有明确的仲裁事项，没有超出法律规定的仲裁范围，而且选定了明确的仲裁机构，故该条款是明确有效可以执行的。当事人在该条款中没有明确约定可以通过诉讼方式解决纠纷。英文仲裁条款中的"may"主要作用于主语，其含义是指"任何一方（anyparty）"都可以提起仲裁，而不应理解为"既可以提起仲裁，也可以提起诉讼"。你院请示报告中认为当事人未排除诉讼，缺乏充分的依据，也与本院对此前类似案件请示的批复精神不一致。本案纠纷应通过仲裁方式解决，人民法院无管辖权。

此复。

最高人民法院
关于中国国际经济贸易仲裁委员会深圳分会作出的〔2001〕深国仲结字第 31 号裁决是否应予执行的复函

2003 年 5 月 27 日　　　　　　　　　　　　　〔2002〕民四他字第 39 号

重庆市高级人民法院：

你院《关于对中国国际经济贸易仲裁委员会深圳分会作出的〔2001〕深国仲结字第 31 号裁决应不予执行的报告》收悉。本院经研究认为：

《合资经营重庆台华公司房地产开发有限公司合同书》（以下称合资经营合同）订有股权转让的内容和仲裁条款，鲍扬波、重庆上桥实业总公司和重庆沙坪坝区物资公司均为该合同的当事人，他们之间因股权转让而产生的纠纷应当提交仲裁解决。据此，有关上述三方当事人之间股权转让行为效力的裁决应为有效，可予以执行。

因重庆晨光实业发展（集团）有限责任公司（以下称晨光公司）不是本案合资经营合同的主体，合资经营合同的仲裁条款对其没有约束力，且晨光公司与本案其他几方当事人的股权转让合同中没有订立仲裁条款，事后也未达成仲裁协议，故上述裁决中涉及晨光公司股权转让的内容超出仲裁范围，不应予以执行。

此复。

最高人民法院
关于新加坡益得满亚洲私人有限公司申请承认及执行外国仲裁裁决一案的请示的复函

2003 年 6 月 12 日　　　　　　　　　　　　　〔2001〕民四他字第 43 号

江苏省高级人民法院：

你院 2001 年 11 月 9 日《关于新加坡益得满亚洲私人有限公司申请承认与执行外国仲裁裁决一案的请示》收悉。经本院审判委员会研究，答复如下：

仲裁条款或者仲裁协议独立生效的前提，是有关当事人就通过仲裁解决争议达成合意。本案中，根据新加坡益得满亚洲私人有限公司与无锡华新可可食品有限公司之间的来往传真，双方当事人之间未就购买可可豆事宜产生的争议达成通过仲裁解决的合意。

英国伦敦可可协会以新加坡益得满亚洲私人有限公司单方拟定的仲裁条款仲裁有关纠纷缺乏事实和法律依据。依照《中华人民共和国民事诉讼法》第二百六十九条及我国参加的《承认及执行外国仲裁裁决公约》的有关规定，我国人民法院应拒绝承认与执行本案仲裁裁决。

此复。

最高人民法院
关于山东省房地产开发集团青岛公司请求撤销中国国际经济贸易仲裁委员会〔2000〕贸仲裁字第0333号仲裁裁决案的复函

2003年7月8日　　　　　　　　　　　　　　〔2002〕民四他字第8号

北京市高级人民法院：

你院2002年2月19日京高法〔2002〕20号《关于山东省房地产开发集团青岛公司请求撤销中国国际经济贸易仲裁委员会〔2000〕贸仲裁字第0333号仲裁裁决案的请示》收悉。经本院审判委员会讨论，答复如下：

山东省房地产开发集团青岛公司与香港跃龙实业有限公司于1999年5月24日签订的《关于联合解决青岛房天成大房地产开发有限公司股东投资争议的协议书》明确约定，双方同意股东在合资过程中发生的争议，可提交中国国际经济贸易仲裁委员会仲裁。该约定对山东省房地产开发集团青岛公司与香港跃龙实业有限公司具有约束力，仲裁庭依据此约定受理该两公司之间的合资争议并据此做出裁决是有法律依据的。本案仲裁裁决不存在超裁或者其他依法应予撤销的情形，依法应当予以执行。

此复。

最高人民法院
关于浙江省天河房地产联合发展公司申请撤销中国经济贸易仲裁委员会上海分会仲裁裁决案的复函

2003年11月10日　　　　　　　　　〔2003〕民四他字第19号

上海市高级人民法院：

你院〔2003〕沪高民三（商）他字第3号《关于上海市第一中级人民法院拟裁定撤销（97）沪贸仲字第096号裁决一案的请示》收悉。经研究，答复如下：

本案中，浙江省天河房地产联合发展公司（以下简称天河公司）申请撤销中国国际经济贸易仲裁委员会上海分会〔97〕沪贸仲字第096号仲裁裁决的理由归结起来主要是：（1）仲裁庭对远湖有限公司（以下简称远湖公司）提供的部分证据材料未经质证，天河公司因此丧失了陈述、申辩的机会，仲裁庭的做法违反了仲裁规则；（2）仲裁庭对有关出资问题的认定错误；（3）仲裁庭对天河公司与合资公司关于土地使用面积是80亩还是68亩的争议、台湾宁诚公司的购房款应付给谁、远湖公司的出资是否到位等问题进行认定超出了仲裁协议的范围；（4）该仲裁裁决违反了社会公共利益。

本案系对涉外仲裁裁决的申请撤销，人民法院应当依据《中华人民共和国仲裁法》第七十条的规定和《中华人民共和国民事诉讼法》第二百六十条的规定进行审查并作出裁决。

关于本案有关证据材料是否经过质证以及是否因此导致当事人未能陈述意见的问题。本案于1996年6月28日由仲裁委员会受理，组成仲裁庭后，经过两次开庭审理，1997年5月23日作出仲裁裁决。根据本案卷宗材料反映的事实，在仲裁过程中，仲裁庭均向双方当事人分别提供了相关的证据材料，组织了对有关证据材料的质证，当事人有充分的陈述自己意见的机会，符合仲裁规则的基本要求。对证据的分析和认定属于仲裁庭的权力范围，当事人不能以仲裁庭对有关证据材料的质证程度、采信与否作为申请撤销仲裁裁决的理由。天河公司认为远湖公司提出的几份证据材料系伪证且未予质证使其丧失了对该证据申辩的机会没有事实和法律依据。你院认为"远湖公司在提供给仲裁庭的一览表及附件上注明'只提供仲裁庭，不送天河公司'，仲裁卷中虽有证据证明仲裁庭于收到一览表第二日将该补充材料及附件邮寄给天河公司，但在相关的函上并没有列明各份材料的名称及页数，故无法证明一览表及所附的材料已全部交给天河公司进行质证。仲裁庭的庭审记录上也只能反映曾出示过一览表，未能反映出该表所附的证据也经质证"，并以此认为"仲裁庭该做法违反法定程序"欠妥。

关于仲裁庭对有关出资问题的认定是否属实的问题。对当事人出资是否到位的认定系实体问题，而不是程序问题，人民法院对涉外仲裁裁决进行司法监督的范围仅限于程序问题。

关于本案是否部分超裁的问题。本案所涉仲裁裁决书对天河公司与合资公司关于土地使用面积是 80 亩还是 68 亩的争议、台湾宁诚公司的购房款应付给谁、远湖公司的出资是否到位等问题有所论及，但并没有对这些问题作出裁决，且裁决书中明确表示台湾宁诚公司与天河公司之间的有关约定系另一法律关系、合资公司与远湖公司、天河公司之间的争议系另一法律关系、不属于本案仲裁的范围。因此，不能认为本案仲裁裁决超出了仲裁庭应当裁决的范围。

关于执行该仲裁裁决是否会违反社会公共利益的问题。天河公司认为本案仲裁裁决的执行将会违反社会公共利益，没有事实和法律依据。

综上，天河公司申请撤销中国国际经济贸易仲裁委员会上海分会（97）沪贸仲字第 096 号仲裁裁决的理由均不能成立，不构成《中华人民共和国民事诉讼法》第二百六十条规定的对仲裁裁决应予撤销的情形。因此，人民法院应当驳回天河公司撤销该仲裁裁决的申请。

此复。

最高人民法院
关于美国 GMI 公司申请承认英国伦敦金属交易所仲裁裁决案的复函

2003 年 11 月 12 日　　　　　　　　　　〔2003〕民四他字第 12 号

安徽省高级人民法院：

你院〔2002〕皖民二他终字第 10 号《关于对美国 GMI 公司申请承认英国伦敦金属交易所仲裁裁决一案的审查意见》收悉，经研究，答复如下：

你院请示报告对于争议的焦点问题归纳准确，对于当事人争议的 GMI 公司提出申请的期限问题、芜湖冶炼厂称已丧失履行能力裁决不应执行问题、芜湖冶炼厂是否得到指派仲裁员及仲裁程序通知的问题等，请示报告中均依据充分的事实和法律作出了清晰的分析，本院同意你院对上述问题的分析意见。

本案仲裁庭根据美国 GMI 公司与芜湖冶炼厂签订的买卖合同中的仲裁条款受理案件，就仲裁范围而言，仲裁庭只能对 GMI 公司与芜湖冶炼厂之间的买卖合同纠纷作出裁决，但其却根据 GMI 公司的申请，将与 GMI 公司之间没有仲裁协议的芜湖恒鑫铜业集团有限公司列为仲裁被申请人，对所谓的 GMI 公司与芜湖冶炼厂及芜湖恒鑫铜业集团有限公司三方之间的纠纷作出了裁决，仲裁庭对 GMI 公司与芜湖恒鑫铜业集团有限公司之间所谓的买卖合同纠纷所作裁决，显然已经超出了本案仲裁协议的范围。

根据《纽约公约》第 5 条第 1 款（丙）项的规定，仲裁事项超出仲裁协议范围的，应不予执行，但如果仲裁庭有权裁决部分与超裁的部分是可分的，则有权裁决的部分是应该承认和执行的。本案中仲裁庭有权裁决部分和超裁部分是明确可以区分的。虽然仲裁庭在裁决书中多次使用"被申请人"的称谓，均未指明是芜湖冶炼厂还是芜湖恒鑫铜业集团有限公司，而从裁决书首部将芜湖冶炼厂和芜湖恒鑫铜业集团有限公司均列为被申请人看，裁决书在没有特别指明的情况下，其被申请人的含义应该既包括芜湖冶炼厂，也包括芜湖恒鑫铜业集团有限公司，但使用这种称谓，并不表明有权裁决部分和超裁部分是不可分的，从最终裁决结果看，有明确裁决芜湖冶炼厂单独承担责任的部分，就该部分裁决而言，仲裁庭有权裁决，而且与超裁部分是可分的，亦不存在其他不应予以承认和执行的情形，因此对于涉及芜湖冶炼厂单独承担责任部分的裁决应予承认和执行。而其他使用"被申请人"这个称谓表明应该承担责任部分的裁决，由于对于芜湖冶炼厂及芜湖恒鑫铜业集团有限公司承担的责任没有明确区分，因此，人民法院对于仲裁庭有权裁决部分和超裁部分亦无法区分，故对于无法区分部分的裁决不应予以承认和执行。

此复。

最高人民法院
关于香港享进粮油食品有限公司申请执行
香港国际仲裁中心仲裁裁决案的复函

2003 年 11 月 14 日　　　　　　　　　　〔2003〕民四他字第 9 号

安徽省高级人民法院：

你院〔2003〕皖执他字第 01 号"关于对香港国际仲裁中心仲裁裁决香港享进粮油食品有限公司与安徽粮油食品进出口（集团）公司买卖合同纠纷案不予执行的审查情况报告"收悉。经研究，答复如下：

根据你院所述事实，安徽粮油食品进出口（集团）公司（以下简称安徽粮油公司）系海南高富瑞工贸有限公司（以下简称海南高富瑞公司）的股东。本案所涉合同是海南高富瑞公司总经理张根杰，利用其持有的安徽粮油公司派驻海南高富瑞公司任职人员的相关文件的便利，采取剪取、粘贴、复印、传真等违法手段，盗用安徽粮油公司圆形行政公章，以安徽粮油公司的名义与香港享进粮油食品有限公司（以下简称享进公司）签订的。由于张根杰没有得到安徽粮油公司的明确授权，而是采用违法的手段盗用其印章签订合同，且事后张根杰未告知安徽粮油公司，更未得到追认，根据当事人的属人法即我国内地相应的法律规定，张根杰无权代理安徽粮油公司签订合同，亦即其不具备以安徽粮油公司名义签订合同的行为能力，相应地，其亦不具有以安徽粮油公司名义签订合同中仲裁条款的行为能力。由于本案所涉仲裁协议是张根杰通过欺诈手段签订的，因此，根据本案仲裁地法即香港特别行政区的法律，该仲裁协议也应认定无效。故根据《最高人民法院关于内地与香港特别行政区相互执行仲裁裁决的安排》第七条第一款第（一）项的规定，应不予执行本案仲裁裁决。同意你院的处理意见，但你院不宜以《最高人民法院关于内地与香港特别行政区相互执行仲裁裁决的安排》第七条第三款的规定作为不予执行本案仲裁裁决的法律依据。

此复。

最高人民法院关于黑龙江鸿昌国际货物运输代理有限公司申请撤销中国海事仲裁委员会仲裁裁决案的复函

2003年12月10日　　　　　　　　　　〔2003〕民四他字第32号

天津市高级人民法院：

你院津高法〔2003〕171号《关于黑龙江鸿昌国际货物运输代理有限公司与福建省轮船总公司、美国连捷海运有限公司（TRANSMARINE INC）申请撤销仲裁裁决一案的请示报告》收悉。经研究，答复如下：

根据天津海事法院查明的事实，中国海事仲裁委员会于2002年11月29日受理福建省轮船总公司与美国连捷海运有限公司、黑龙江鸿昌国际货物运输代理有限公司（以下简称鸿昌公司）租金及滞纳金纠纷案，并于2002年11月29日将仲裁文件以特快专递方式向鸿昌公司进行送达，送达地址为哈尔滨市香坊区珠江路31号。但当时鸿昌公司已在工商行政管理机关将公司经营地址变更登记为哈尔滨市开发区嵩山路38号。在送达仲裁文件的特快专递被邮政部门因"迁移新址不明"退回的情况下，仲裁委员会仍委托送达人按原地址进行送达，而未采取向当地工商行政管理机关查询这一最通常的合理查询的方法。因此，本案仲裁文件的送达不符合《中国海事仲裁委员会仲裁规则》第八十一条"向当事人或其代理人发送的任何书面通讯，如经当面递交收讯人或投递至收讯人的营业地点、惯常住所或通讯地址，或者经合理查询不能找到上述任一地点而以挂号信或能提供作过投递企图的记录的其他任何手段投递给收讯人最后一个为人所知的营业地点、惯常住所或通讯地址"的规定，不能视为已经送达。中国海事仲裁委员会的仲裁裁决是在鸿昌公司没有得到指定仲裁员和进行仲裁程序通知的情况下作出的，属于不应由鸿昌公司负责的原因未能陈述意见的情况，符合《中华人民共和国民事诉讼法》第二百六十条第一款规定的情形。根据《中华人民共和国仲裁法》第七十条的规定，此仲裁裁决应予撤销。

此复。

最高人民法院
关于越南海防万华国际旅游公司起诉海南热岛风情国际旅行社有限公司旅游服务合同纠纷案仲裁条款效力的请示的复函

2004年1月10日　　　　　　　　　　　〔2003〕民四他字第36号

海南省高级人民法院：

你院〔2003〕琼立他字第4号《关于越南海防万华国际旅游公司起诉海南热岛风情国际旅行社有限公司旅游服务合同纠纷案仲裁条款效力的请示》收悉。经研究，答复如下：

同意你院的请示意见。越南海防万华国际旅游公司与海南热岛风情国际旅行社有限公司在双方于2002年1月18日签订的旅游服务合同中约定："若遇不可抗力及政治因素，双方应友好商量及相助来解决，若无法解决，双方同意请在发生纠纷的当地仲裁机关来解决。甲乙双方有责任服从仲裁机关的最后判决"。该仲裁条款没有约定确认其效力的准据法，也没有明确约定仲裁地，因此，应当根据法院地法的中国有关法律确认其效力。根据《中华人民共和国仲裁法》第十六条的规定，有效的仲裁条款应当明确约定仲裁机构。本案仲裁条款仅约定由发生纠纷地的仲裁机关进行处理，而发生纠纷地不是一个明确的诉讼法上的概念。本案纠纷是因海南热岛风情国际旅行社有限公司拖欠越南海防万华国际旅游公司团费引起的，合同中没有明确约定该费用的支付地点，因此，不能对发生纠纷地做出准确的认定。相应地，也就不能对发生纠纷地的仲裁机构做出认定。鉴于越南海防万华国际旅游公司已经就有关纠纷起诉至海口市中级人民法院，应当认定双方没有就仲裁机构达成补充协议，根据《中华人民共和国仲裁法》第十八条的规定，应当认定本案仲裁条款无效，海口市中级人民法院对此案具有管辖权。

此复。

最高人民法院
关于对中国国际经济贸易仲裁委员会〔2002〕贸仲裁字第0112号仲裁裁决不予执行的请示的复函

2004年2月24日　　　　　　　　　　　　〔2003〕民四他字第26号

重庆市高级人民法院：

你院〔2003〕渝高法执示字第22号《关于对中国国际经济贸易仲裁委员会〔2002〕贸仲裁字第0112号仲裁裁决不予执行的报告》收悉。经研究，答复如下：

根据你院请示报告所述事实，本案各方当事人均为在我国注册成立的法人，且争议事项也不具有涉外因素，因此虽然本案仲裁裁决是由中国国际经济贸易仲裁委员会作出，但该裁决在性质上应属于国内裁决，而非涉外仲裁裁决，不适用《最高人民法院关于人民法院处理与涉外仲裁及外国仲裁事项有关问题的通知》的规定。本案可由你院自行决定是否予以执行。

此复。

最高人民法院
关于戴维斯—标准公司与宁波协成电子电线有限公司买卖合同货款纠纷一案仲裁条款无效的请示的复函

2004年6月25日　　　　　　　　　　　　〔2004〕民四他字第13号

浙江省高级人民法院：

你院〔2004〕浙告他字第12号《关于戴维斯—标准公司与宁波协成电子电线有限公司买卖合同货款纠纷一案仲裁条款无效的请示》收悉。经研究，答复如下：

戴维斯—标准公司（DAVIS—STANDARD CORPORATION）与宁波协成电子电线有限公司签订的买卖合同中约定："有关本合同或在执行合同过程中发生的一切争执，应通过友好协商解决。当不能解决时，应提交仲裁。仲裁应该在WTO组织中的一个由买卖双方共同商定选择的中立国进行。仲裁费用由败诉方承担。"双方在合同中没有约定确认仲裁条款效力的准据法，亦未约定明确的仲裁地，现一方当事人已将产生的纠纷向人民法院提起诉讼，即应当根据法院地法律确认仲裁条款的效力。本案仲裁条款虽然明确表达了仲裁意愿以及仲裁事项，但其约定的仲裁地点不明确，亦未约定仲裁机构，属于我国《仲裁法》第十八条规定的对仲裁机构约定不明的情况。在当事一方戴维斯—标准公司已经向人民法院提起诉讼的情况下，可以认定双方就仲裁机构无法达成补充协议。根据《中华人民共和国仲裁法》第十六条、第十八条的规定，该仲裁条款应当认定无效。根据本院《关于适用〈中华人民共和国民事诉讼法〉若干问题的意见》第一百四十五条的规定，宁波市中级人民法院对本案享有管辖权。

此复。

最高人民法院
关于不予执行国际商会仲裁院 10334/AMW/BWD/TE 最终裁决一案的请示的复函

2004 年 7 月 5 日　　　　　　　　　　　　　〔2004〕民四他字第 6 号

山西省高级人民法院：

你院〔2004〕晋法民四请字第 1 号"关于同意太原中院不予执行国际商会仲裁院 10334/AMW/BWD/TE 最终裁决一案的报告"收悉。经研究，答复如下：

本案所涉裁决是国际商会仲裁院根据当事人之间达成的仲裁协议及申请作出的一份机构仲裁裁决，由于国际商会仲裁院系在法国设立的仲裁机构，而我国和法国均为《承认及执行外国仲裁裁决公约》的成员国，因此审查本案裁决的承认和执行，应适用该公约的规定，而不应适用《最高人民法院关于内地与香港特别行政区相互承认和执行仲裁裁决的安排》的规定。你院请示报告中所述两点不予承认和执行本案裁决的理由，均不符合《承认及执行外国仲裁裁决公约》的规定，因此你院以该两点理由不予承认和执行本案裁决的意见不能成立。

对于本案中伟贸国际（香港）有限公司是否在申请执行期限内提交了申请这一事实，你院应审查清楚。如其确系在申请执行期限内提交了申请，则即使其提交的材料不完备，你院亦不应直接裁定拒绝承认和执行本案裁决，而应该明确告知当事人，并限定一合理的时间让其补正，如其在限定的合理时间内拒绝补正，则应考虑以其申请不符合立案条件为由驳回其申请。

此复。

最高人民法院
关于德国旭普林国际有限责任公司与无锡沃可通用工程橡胶有限公司申请确认仲裁协议效力一案请示的复函

2004年7月8日　　　　　　　　　　　　　〔2003〕民四他字第23号

江苏省高级人民法院：

你院〔2003〕苏民三立他字第006号《关于德国旭普林国际有限责任公司与无锡沃可通用工程橡胶有限公司申请确认仲裁协议效力一案的请示》收悉。经研究，答复如下：

同意你院倾向性意见。

本案当事人在合同中约定了仲裁条款"Arbitration：ICC Rules，Shanghai shall apply"。在当事人没有约定确认仲裁条款效力准据法的情况下，根据确认仲裁条款效力准据法的一般原则，应当按照仲裁地的法律予以认定，即本案应当根据我国法律确认所涉仲裁条款的效力。

根据我国仲裁法的有关规定，有效的仲裁条款应当同时具备仲裁的意思表示、仲裁的事项和明确的仲裁机构三个方面的内容。本案所涉仲裁条款从字面上看，虽然有明确的仲裁的意思表示、仲裁规则和仲裁地点，但并没有明确指出仲裁机构。因此，应当认定该仲裁条款无效。

此复。

最高人民法院
关于对驳回申请撤销仲裁裁决的
裁定能否申请再审问题的复函

2004 年 7 月 27 日 〔2003〕民立他字第 71 号

北京市高级人民法院:

　　你院 2003 年 9 月 19 日京高法〔2003〕286 号《北京市高级人民法院关于对驳回申请撤销仲裁裁决的裁定能否申请再审问题的请示》收悉。经研究,答复如下:

　　同意你院的第一种意见。当事人对人民法院驳回申请撤销仲裁裁决的裁定不服申请再审的,不属于申请再审案件受理范围,人民法院不予受理。

最高人民法院
关于确认武汉中恒新科技产业有限公司与
锦利兴业股份有限公司合资经营合同
仲裁条款无效的请示的复函

2004 年 7 月 27 日 〔2004〕民四他字第 19 号

湖北省高级人民法院:

　　你院〔2004〕鄂民四他字第 2 号"关于确认武汉中恒新科技产业有限公司与锦利兴业股份有限公司合资经营合同仲裁条款无效的请示"收悉。经研究,答复如下:

　　根据你院报送的材料,武汉中恒新科技产业有限公司与锦利兴业股份有限公司签订的《武汉恒生光电产业有限公司合同》中的仲裁条款约定:"凡因执行本合同所发生的或与本合同有关的一切争议,各方应通过友好协商解决或协调解决。如果协商或协调不能解决,经各方协商,可提交仲裁委员会,按仲裁机构的仲裁程序进行仲裁。仲裁裁决是终局的,对双方都有约束力。仲裁费用由败诉方负担。"本案系涉及台湾地区当事人的纠纷案件,双方当事人未约定确定仲裁条款效力所适用的法律,亦未约定仲裁地点,应当依据法院地即我国内地的法律来确定仲裁条款的效力。由于当事人对仲裁机构与仲裁地点均未有约定,同时当事人一方已经向人民法院提起诉讼,请求确认仲裁条款无效,故可以认定双方无法就仲裁机构问题达成补充协议,根据《中华人民共和国仲裁法》第十六条、第十八条的规定，该仲裁条款应当认定无效。

最高人民法院
关于不予执行佛山仲裁委〔1998〕佛仲字第04号仲裁裁决报请审查的请示的复函

2004年8月30日　　　　　　　　　　　　　〔2004〕民四他字第16号

广东省高级人民法院：

你院〔2002〕粤高法执请复字第35号"关于不予执行佛山仲裁委〔1998〕佛仲字第04号仲裁裁决报请审查的请示"收悉，经研究，答复如下：

本案系涉港纠纷案件，CLINTON ENGINEERING LIMITED（以下简称克林顿公司）与广州市东峻房地产有限公司（以下简称东峻公司）根据双方签订的《机电工程协议书》中的仲裁条款，将纠纷提交佛山仲裁委员会进行仲裁，对于是否应当执行该仲裁裁决的审查应当参照适用《民事诉讼法》第二百六十条的规定。

东峻公司与克林顿公司在仲裁委员会委托鉴定机构之前，对鉴定机构的选定有明确的要求，即：不同意选择广州以及佛山的鉴定机构。在仲裁委员会委托注册地在佛山辖区之内的广东德正会计师事务所之后，东峻公司对该情况及鉴定资质曾经提出了异议。现有证据显示：德正会计师事务所不具备工程质量与工程造价项目的鉴定资质。《仲裁法》第四十四条、《佛山仲裁规则》第五十六条均规定：仲裁庭对案件涉及的专门性问题认为需要鉴定的，可以交由当事人约定的鉴定部门鉴定；也可以交由仲裁庭指定的鉴定部门鉴定。在双方当事人共同委托仲裁庭指定鉴定机构时，仲裁庭可以依法以及依照仲裁规则作出指定，但该指定有一个基本的前提与限制：仲裁庭必须在对相关项目有鉴定资质的鉴定机构中进行选择。鉴定机构资质方面的要求，有关法律、仲裁规则虽未明确加以限定，但却是有关法律以及仲裁规则对鉴定结论作为证据形成程序合法性方面的隐含的必然要求。在鉴定机构缺乏法定资质的情况下，可以认定裁决存在《民事诉讼法》第二百六十条第一款第三项规定的"仲裁的程序与仲裁规则不符的"情形。根据《民事诉讼法》第二百六十条第一款第三项、《仲裁法》第七十一条的规定，本案仲裁裁决应当不予执行。

此复。

最高人民法院
关于申请人日本双叶被服有限会社申请
确认仲裁协议效力案件的请示的复函

2004 年 9 月 8 日　　　　　　　　　　　〔2004〕民四他字第 30 号

辽宁省高级人民法院：

你院〔2004〕辽民四请字第 5 号《关于申请人日本双叶被服有限会社申请确认仲裁协议效力案件的请示》收悉。经研究，答复如下：

本案中当事人在合同中约定了仲裁条款，即"凡因执行本合同所发生的或与本合同有关的一切争议双方应通过友好协商解决，如果协商不能解决，可以在中国的仲裁机构进行仲裁，也可以在其他仲裁机构仲裁"。当事人没有约定确认该仲裁条款效力的准据法，对仲裁地点也没有明确约定，因此本案应根据法院地的法律即我国法律确定该仲裁条款的效力。根据《中华人民共和国仲裁法》第十六条的规定，有效的仲裁条款应当包括明确的仲裁机构，而本案当事人约定的仲裁条款并没有明确约定仲裁机构；且当事人之间又未能就仲裁机构达成补充协议，因此，根据《中华人民共和国仲裁法》第十八条的规定，应当认定该仲裁条款无效。同意你院的处理意见。

此复。

最高人民法院
关于廊坊市中级人民法院对中国国际经济贸易
仲裁委员会〔2003〕贸仲裁字第 0060 号裁决书
裁定不予执行问题的请示的复函

2004 年 9 月 9 日　　　　　　　　　　　〔2004〕民四他字第 18 号

河北省高级人民法院：

你院〔2004〕冀执监一字第 2 号《关于廊坊市中级人民法院对中国国际经济贸易仲裁委员会〔2003〕贸仲裁字第 0060 号裁决书裁定不予执行问题的请示报告》收悉。经研究，答复如下：

廊坊东方房地产开发有限公司于 1995 年 5 月 22 日与爱科工程咨询国际有限公司签

订了一份东方花园别墅售楼合同。该合同第十六条约定"合同用中、英文书写，两种文本具有同等效力"。另据瑞士、意大利驻华使馆照会及仲裁委反映，廊坊东方房地产开发有限公司又就相同标的与史密德个人订立了内容与上述中文本相同的英文本合同。两份合同第十四条均约定"本合同依据中华人民共和国有关法律、廊坊市人民政府有关规定、条例制定；双方因履行合同发生纠纷，应友好协商解决；不能友好协商的，双方将交由设在北京的中国国际经济贸易仲裁委员会裁决。仲裁的裁决是终局的，败诉方将按中国有关规定承担费用"。事实上，史密德作为合同主体之一也得到了廊坊东方房地产开发有限公司的认可。如上述情况属实，应认定史密德个人也是东方花园别墅售楼合同及仲裁协议的一方当事人。仲裁庭将史密德与爱科工程咨询国际有限公司并列为共同主体并无不当，你院认为史密德不是仲裁协议的一方当事人没有事实依据。本案仲裁裁决不存在我国《民事诉讼法》第二百六十条规定的不予执行的情形，依法应予执行。

此复。

最高人民法院
关于辉影媒体销售有限公司申请撤销〔2003〕大仲字第083号仲裁裁决一案的请示的复函

2004年9月14日　　　　　　　　　　　　〔2004〕民四他字24号

辽宁省高级人民法院：

你院〔2004〕辽民四请字第6号"关于辉影媒体销售有限公司申请撤销〔2003〕大仲字第083号仲裁裁决一案的请示报告"收悉。经研究，答复如下：

同意你院请示报告中的处理意见。

本案仲裁庭依据合资合同中的仲裁条款受理本案，该条款约定："凡因执行本合同所发生的或与本合同有关的一切争议，合营各方应通过友好协商解决。如果协商不成，应提交大连市仲裁委员会仲裁。该仲裁是终局的，对双方都有约束力，仲裁费用由、败诉方承担。"依据该仲裁条款，仲裁庭裁决的范围只能限定于当事人之间合资性质的纠纷。现仲裁庭对不属于合资纠纷性质的当事人于2000年5月30日签订的关于支付顾问费的协议（以下简称530协议）进行了审理并作出裁决，而双方当事人签订的该份协议中没有仲裁条款，当事人事后也没有达成仲裁协议，仲裁庭无权对530协议进行审理并裁决。仲裁庭依据当事人之间关于解决合资纠纷的仲裁条款对530协议进行审理并作出裁决，就该仲裁事项而言，已经超出了仲裁协议的范围，且从裁决主文的内容看，超出仲裁协议范围的事项与其他事项不可分。因此，依照《中华人民共和国民事诉讼法》第二百六十条第一款第（一）、（四）项、《中华人民共和国仲裁法》第七十条的规定，应裁定撤销本案仲裁裁决。

此复。

最高人民法院
关于香港七好（集团）有限公司申请部分撤销〔2002〕深仲裁字第641号裁决一案的请示的复函

2004年9月14日　　　　　　　　　　〔2004〕民四他字第26号

广东省高级人民法院：

你院〔2003〕粤高法民四他字第14号《关于香港七好（集团）有限公司申请部分撤销〔2002〕深仲裁字第641号裁决一案的请示》收悉。经研究，答复如下：

对仲裁裁决进行司法审查是我国法律赋予人民法院的职责。我国法律并没有赋予当事人约定撤销仲裁裁决审查标准的权利，因此，人民法院对是否应当撤销有关仲裁裁决进行审查应当严格依照法律规定进行，不能以当事人选择的仲裁规则中有关于撤销仲裁裁决范围的规定，进而认为当事人选择了撤销有关仲裁裁决的审查标准；并以该标准对仲裁裁决进行审查。本案所涉仲裁裁决为涉港仲裁裁决，应当参照我国《民事诉讼法》第二百六十条的规定予以审查。本案反请求人金乌公司在仲裁庭开庭过程中虽然撤回了其提交的"索赔清单"中"（7）办衣、面辅料采购、成衣加工的费用4070854元"的证据，但其并未表示变更其反请求事项以及具体的请求数额，因此，仲裁庭最终裁定七好公司向金乌公司赔偿实际损失中包括"办衣、面辅料采购、成衣加工的费用4070854元"没有超出仲裁协议约定的仲裁事项的范围和金乌公司仲裁反请求的范围，不构成超裁。本案应当裁定驳回七好公司撤销深圳仲裁委员〔2002〕深仲裁字第641号仲裁裁决的申请。

此复。

最高人民法院
关于裁定不予承认和执行英国伦敦仲裁庭作出的塞浦路斯瓦赛斯航运有限公司与中国粮油饲料有限公司、中国人民财产保险股份有限公司河北省分公司、中国人保控股公司仲裁裁决一案的请示的复函

2004年9月30日　　　　　　　　民四他字〔2004〕第32号

天津市高级人民法院：

你院津高法〔2004〕123号《关于裁定不予承认和执行英国伦敦仲裁庭作出的塞浦路斯瓦赛斯航运有限公司与中国粮油饲料有限公司、中国人民财产保险股份有限公司河北省分公司、中国人保控股公司仲裁裁决一案的请示》收悉。经研究答复如下：

本案伦敦仲裁庭的三份仲裁裁决分别于2001年3月14日、2001年6月20日、2002年2月13日作出，天津海事法院收到申请人塞浦路斯瓦赛斯航运有限公司申请承认和执行仲裁裁决申请材料的日期是2004年1月17日。虽然三份仲裁裁决均未明确履行期限，且送达时间不明，但本案两被申请人中国粮油饲料有限公司、中国人民财产保险股份有限公司河北省分公司向英国高等法院提出起诉的时间，表明三份仲裁裁决书已于2002年3月28日前送达给两被申请人。本案中英国高等法院对仲裁裁决异议案件的审理与裁决不构成申请人申请承认和执行仲裁裁决期限中断或延长的理由。

根据我国《民事诉讼法》第二百一十九条关于申请执行期限的规定，本案申请人塞浦路斯瓦赛斯航运有限公司申请承认和执行伦敦仲裁裁决，已超过六个月申请执行期限，应不予承认和执行。

最高人民法院
关于湖北省出版进出口公司、湖北东湖光盘技术有限责任公司与康维克科技（成都）有限公司买卖合同纠纷一案中仲裁条款效力的请示的复函

2004年11月12日　　　　　　　　〔2004〕民四他字第34号

湖北省高级人民法院：

你院〔2004〕鄂民四终字第34号《关于湖北省出版进出口公司、湖北东湖光盘技术有限责任公司与康维克科技（成都）有限公司买卖合同纠纷一案中仲裁条款效力的请示》收悉。经研究，答复如下：

本案当事人在"买卖合同"中约定了仲裁条款，即"仲裁：凡因本合同引起的或与本合同引起的有关争议，均应提交中国国际贸易促进会仲裁委员会按照该委员会颁布的仲裁程序暂行条例进行仲裁，仲裁地点在北京。仲裁委员会的裁决是终局的，双方均受其约束。任何一方均不寻求法院或其他当局上诉以修改其决定。仲裁费用由败诉一方负担。在仲裁期间，除正在进行的仲裁部分外，合同其他部分继续执行。"虽然，在此后的"第二次补充合同"中有康维克科技（成都）有限公司（以下简称康维克公司）"同意无需中国国际贸易促进会仲裁"的表述，但综合该"第二次补充合同"的具体内容以及有关条款的上下文意思，对该表述应当理解为是指在康维克公司经过一系列作为仍然不能满足要求的情况下即应直接无条件退货并承担湖北东湖光盘技术有限责任公司（以下简称光盘公司）一切损失，对此不需要通过"中国国际贸易促进会仲裁"确定责任。在"第三次补充合同"中也有类似表述，即康维克公司同意"对合同内容不寻求任何仲裁或申诉"，综合分析，该表述的真实意思是在出现了约定的条件时，该补充合同无效，康维克公司仍按前述合同中有关退货、赔偿损失等相关条款执行，对此不需要由"中国国际贸易促进会仲裁"。在此"无需仲裁"、"不寻求仲裁"并未解除"买卖合同"中的仲裁条款。因此，当康维克公司未主动接受退货并赔偿损失时，纠纷仍应通过仲裁解决。本案正是由于湖北省出版进出口公司、光盘公司认为康维克公司并未按"买卖合同"以及此后的"补充合同"履行引发，因此，应当认为"第二次补充合同"、"第三次补充合同"中的相关约定并没有实质地改变当事人在原"买卖合同"中通过仲裁解决纠纷的意思表示。

本案当事人虽然约定了仲裁条款，但没有约定认定该仲裁条款效力的准据法，因此应当根据当事人约定的仲裁地点——"北京"，即中华人民共和国的法律认定该仲裁条款的效力。该仲裁条款表达了当事人希望将有关纠纷交付仲裁解决的意思表示；有明确的仲裁事项；尽管对仲裁机构"中国国际贸易促进会仲裁委员会"的约定不是十分准

确，但可以推定当事人选择的是"中国国际经济贸易仲裁委员会"。该仲裁条款符合《中华人民共和国仲裁法》的有关规定，应当认定为有效。人民法院对本案不享有管辖权。

此复。

最高人民法院关于中国人民保险公司广东省分公司诉中成国际运输有限公司广州分公司、道南船务代理股份有限公司、上海中海船务代理有限公司海上货物运输合同货损纠纷案仲裁条款效力的请示的复函

2004年11月12日　　　　　　　　　　　〔2004〕民四他字第39号

广东省高级人民法院：

你院〔2004〕粤高法民四他字第5号《关于中国人民保险公司广东省分公司诉中成国际运输有限公司广州分公司、道南船务代理股份有限公司、上海中海船务代理有限公司海上货物运输合同货损纠纷案仲裁条款效力的请示》收悉。经研究，答复如下：

涉案货运代理合同第八条约定"本合同产生的任何争议双方协商解决。双方不能协商解决的，提交广州海事仲裁委员会按照中国现行法规仲裁"。根据我国仲裁法的规定，有效的仲裁条款或仲裁协议应当具有三项内容，即请求仲裁的意思表示、仲裁事项和选定的仲裁委员会。由于该仲裁条款约定的仲裁机构"广州海事仲裁委员会"不存在，该协议对仲裁委员会约定不明确，双方当事人对此又未达成补充协议，根据《中华人民共和国仲裁法》第十八条的规定，本案中的仲裁协议无效，广州海事法院对本案具有管辖权。

此复。

最高人民法院
关于武汉市洪山区房地产公司与兴业（香港）有限公司合资合同中仲裁条款效力的请示的复函

2004年11月26日 〔2004〕民四他字第29号

湖北省高级人民法院：

你院〔2004〕鄂民四终字第33号"关于武汉市洪山区房地产公司与兴业（香港）有限公司合资合同中仲裁条款效力的请示"收悉。经研究，答复如下：

1. 关于你院请示的"审理涉外合同纠纷中，若当事人之间所争议的合同含有仲裁条款或单独订立仲裁协议，是否必须有一个申请确认仲裁协议效力的前置程序"的问题。

无论是《中华人民共和国民事诉讼法》还是《中华人民共和国仲裁法》，均未规定人民法院在审理涉外合同纠纷中，若当事人之间所争议的合同含有仲裁条款或单独订立仲裁协议，必须有一个申请确认仲裁协议效力的前置程序。《中华人民共和国仲裁法》第二十条第一款规定："当事人对仲裁协议的效力有异议的，可以请求仲裁委员会作出决定或者请求人民法院作出裁定。一方请求仲裁委员会作出决定，另一方请求人民法院作出裁定的，由人民法院裁定。"根据该规定，当事人可以单独就仲裁协议效力问题向人民法院提起一个确认之诉。《中华人民共和国仲裁法》第二十六条规定："当事人达成仲裁协议，一方向人民法院起诉未声明有仲裁协议，人民法院受理后，另一方在首次开庭前提交仲裁协议的，人民法院应当驳回起诉，但仲裁协议无效的除外；另一方在首次开庭前未对人民法院受理该案件提出异议的，视为放弃仲裁协议，人民法院应当继续审理。"根据上述规定，即使当事人在涉外合同中订有仲裁条款或者在合同外达成单独的仲裁协议，在发生纠纷后，当事人仍然可以径直向人民法院提起诉讼，并不要求当事人必须先提起一个确认仲裁条款或仲裁协议效力的确认之诉作为前置程序。

2. 关于本案所涉仲裁协议的效力问题。

本案双方当事人在合同中约定："因执行本合同所发生的或与本合同有关的一切争议，双方应通过友好协商解决，如果协商不能解决，乙方〔兴业（香港）有限公司〕提出争议应提交北京中国国际经济贸易促进委员会对外经济贸易仲裁委员会仲裁，如甲方〔武汉市洪山区房地产公司〕提出争议应提交香港仲裁机构或国际仲裁机构仲裁，仲裁终局的，对双方均有约束力。"确认本案仲裁协议的效力，首先要明确确认仲裁协议效力所应适用的准据法。本案当事人未对确认仲裁协议效力的准据法作出约定，且从该仲裁协议的内容看，若武汉市洪山区房地产公司提出争议，仲裁地点亦是不明确的，因此，应该适用法院地法即我国内地的法律确认本案仲裁协议的效力。《中华人民共和国仲裁法》第十八条规定："仲裁协议对仲裁事项或者仲裁委员会没有约定或者约定不明确的，当事人可以补充协议；达不成补充协议的，仲裁协议无效。"《最高人民法院关于适用〈民事诉讼法〉若干问题的意见》第一百四十五条规定："依照民事诉讼法第一百一十一条第（二）项的规定，当事人在书面合同中订有仲裁条款，一方向人民法院起诉的，人民法院裁定不予受理，告知原告向仲裁机构申请仲裁。但仲裁条款、仲裁协议无效、失效或者内容不明确无法执行的除外。"由于本案当事人在仲裁协议中对仲裁委员会的约定不明确，且不能达成补充协议，因此该仲裁协议应认定无效。人民法院对本案纠纷享有管辖权。

综上，同意你院请示报告中对所请示的两个问题的处理意见。

此复。

最高人民法院关于不予执行中国国际经济贸易仲裁委员会〔2004〕中国贸仲京字第 0105 号裁决的请示的复函

2004 年 11 月 30 日　　　　　　　　　　　〔2004〕民四他字第 40 号

宁夏回族自治区高级人民法院：

你院〔2004〕宁高法执他字第 1 号《关于同意石嘴山中院不予执行中国国际经济贸易仲裁委员会〔2004〕中国贸仲京字第 0105 号裁决的请示报告》收悉。经研究，答复如下：

本案系一方当事人申请执行我国涉外仲裁裁决案。在另一方当事人提出不予执行的抗辩理由的情况下，人民法院应当根据《中华人民共和国仲裁法》第七十一条和《中华人民共和国民事诉讼法》第二百六十条的规定对所涉仲裁裁决进行审查。

本案中宁夏民族化工集团有限责任公司（以下简称民族化工）提出的不予执行所涉仲裁裁决的理由主要有两个：一是仲裁程序违法；二是仲裁事项不属于仲裁协议的范围。

关于仲裁程序是否违法的问题。本案仲裁过程中，新加坡永航私人有限公司（以下简称永航公司）、新加坡新川利有限公司（以下简称新川利公司）委托司富韬为两公司的代理人参与仲裁，向仲裁庭出具了经过公证、认证的授权委托书，委托手续合法有效，并不存在仅银川变压器有限公司（以下简称变压器公司）一方参与仲裁的事实。因此，民族化工关于司富韬未获永航公司和新川利公司的授权、仅变压器公司一方参与仲裁、仲裁程序违法的抗辩理由不能成立。对此，同意你院的意见。

关于所涉仲裁裁决是否超裁的问题。本案当事人在《宁夏永川食品有限责任公司转让合同书》(以下简称《转让合同书》) 中约定的仲裁条款称:"因履行本合同及与本合同有关的事宜发生纠纷,甲乙各方应协商处理。若协商不成,则提请中国国际经济贸易仲裁委员会(北京)仲裁处理,依据该委员会的规则,且仲裁是终局的。"因此,"因履行本合同及与本合同有关的事宜发生纠纷"均属于可交付仲裁的事项。本案中,永航公司、新川利公司、变压器公司以民族化工未履行合同、构成违约为由向中国国际经济贸易仲裁委员会申请仲裁,并提出了具体的请求,仲裁庭围绕《转让合同书》的履行情况认定民族化工构成违约,并根据仲裁申请人的具体请求作出了仲裁裁决。解除合同并支付人民币 1241.41 万元或交付与人民币 1241.41 万元等额的财产、支付占用和使用财产费 619.49 万元等,均是仲裁庭针对仲裁被申请人民族化工的违约行为,并根据仲裁申请人的具体请求作出的实体处理结果,属于在当事人交付仲裁事项的范围内作出的裁决,不能以仲裁裁决对于违约行为的实际处理结果与合同中约定的违约责任不同而认为仲裁裁决超出了仲裁协议的范围。因此,民族化工关于本案所涉仲裁裁决事项不属于仲裁协议范围的观点不能成立。本案仲裁裁决的实体处理结果是否得当,不属于人民法院对涉外仲裁裁决的司法审查范围,这是当事人选择仲裁解决纠纷所应承受的风险。综上,本案所涉仲裁裁决不存在我国法律规定可不予执行的情形,人民法院应予执行。

此复。

最高人民法院
关于湖州市二耐耐火材料联营厂申请
确认仲裁条款无效一案请示的复函

2004 年 11 月 30 日　　　　　　　　　〔2004〕民四他字第 42 号

浙江省高级人民法院:

你院〔2004〕浙民三他字第 1 号"关于申请人湖州市二耐耐火材料联营厂与被申请人 Minteq International Inc. 确认仲裁条款无效一案的报告"收悉。经研究,答复如下:

湖州市二耐耐火材料联营厂、Minteq International Inc. 与香港菱电国际有限公司签订的《合资经营合同》约定:"因本合同签署生效引起的任何争议,或与本合同有关而发生的争议,应通过各方友好协商解决。如果一方向另一方发出要求协商的通知后 90 天内仍未能通过该等协商达成解决办法,应提交中国仲裁机构仲裁,如还不能解决,再提交瑞典斯德哥尔摩商会仲裁院,由一特别仲裁法庭按照该仲裁院的仲裁规则在斯德哥尔摩进行终局性仲裁。"从条款内容看,当事人对仲裁地没有约定,亦未约定确认仲裁条款效力的准据法,应适用法院地法即中国内地的法律认定该仲裁条款的效力。本案所涉仲裁条款对仲裁机构约定不明,而且违反了我国一裁终局的仲裁制度,根据《中华人民共和国仲裁法》第九条、第十六条、第十八条的规定,该仲裁条款应当认定无效。

此复。

最高人民法院
关于宁波市中级人民法院受理的中岛道代诉何爱兵、宁波江北杰美科微电教业厂、吴向洋民间借贷纠纷一案所涉仲裁条款效力的请示的复函

2004年12月13日　　　　　　　　　　　　〔2004〕民四他字第47号

浙江省高级人民法院：

你院〔2004〕浙告他字第24号关于宁波市中级人民法院受理的中岛道代诉何爱兵、宁波江北杰美科微电教业厂、吴向洋民间借贷纠纷一案所涉仲裁条款效力的请示收悉。经研究，答复如下：

同意你院的处理意见。

本案系涉外案件，当事人在合同中约定有仲裁条款，即"本合同发生纠纷，甲乙双方协商解决。若协商未决，任何一方均可向仲裁机构申请调解或仲裁，也可向法院起诉"，但没有约定识别该仲裁条款效力的准据法，也没有约定仲裁地点。因此，本案应当根据法院地国法律，即中华人民共和国法律，认定所涉仲裁条款的效力。

该仲裁条款在约定通过仲裁解决纠纷的同时，并没有排除法院管辖。应当说，当事人通过仲裁解决纠纷的意思表示是不明确的，不符合《中华人民共和国仲裁法》第十六条关于有效仲裁协议的规定，因此，应当认定该仲裁条款无效。宁波市中级人民法院作为被告住所地的法院，对本案享有管辖权。

此复。

最高人民法院
关于通知中国国际经济贸易仲裁委员会对〔2003〕贸仲裁字第 0398 号案件重新仲裁的请示的复函

2005 年 3 月 21 日　　　　　　　　　　　　　　〔2005〕民四他字第 7 号

北京市高级人民法院：

你院京高法〔2004〕405 号《关于通知中国国际经济贸易仲裁委员会对〔2003〕贸仲裁字第 0398 号案件重新仲裁裁决的请示》收悉，经研究，答复如下：

同意你院通知中国国际经济贸易仲裁委员会对〔2003〕贸仲裁字第 0398 号案件重新仲裁的意见。申请人大连水产集团有限公司（以下简称大连水产公司）与被申请人美国国际商品与投资有限公司（International Commodity & Investment，INC. 以下简称 ICI 公司）签订的《和解协议》约定：为表诚意和增强本《和解协议》的约束力，双方一致同意将本《和解协议》提交中国国际经济贸易仲裁委员会，请求该会按照现行有效仲裁规则，在北京提请仲裁；双方同意共同指定该仲裁委员会《仲裁员名册》中的穆子砺先生作为独任仲裁员组成独任仲裁庭，按照该会《仲裁规则》简易程序进行书面审理，并以快捷方式按照本《和解协议》的内容作出裁决。双方在随后签订的《〈和解协议〉补充修改协议》中又约定补充协议为《和解协议》的组成部分并受该协议中的仲裁条款约束。中国国际经济贸易仲裁委员会据此于 2003 年 12 月 26 日向大连水产公司函寄仲裁及组庭通知，确定本案适用 2000 年 10 月 1 日起施行的仲裁规则中的简易程序审理，但仲裁庭于同年 12 月 30 日作出裁决，并未完全遵守规则中有关简易程序的第六十六条"被申请人应在收到仲裁通知之日起 30 日内向仲裁委员会提交答辩书及有关证据文件"之规定，影响了当事人答辩权利的行使。但结合本案的实际情况，本案仲裁中存在的程序瑕疵尚未严重到必须以撤销裁决的方式来对当事人予以救济的程度，该程序瑕疵可以通过通知仲裁庭重新仲裁的方式予以弥补。根据《中华人民共和国仲裁法》第六十一条的规定，本案应裁定中止撤销程序，通知中国国际经济贸易仲裁委员会重新仲裁。

此复。

最高人民法院
关于得　企业有限公司与荣成丰盛源食品有限公司买卖合同纠纷一案仲裁条款效力的请示的复函

2005年3月25日　　　　　　　　　　〔2005〕民四他字第11号

山东省高级人民法院：

你院〔2005〕鲁民四他字第1号"关于得暐企业有限公司与荣成丰盛源食品有限公司买卖合同纠纷一案仲裁条款效力的请示"收悉。经研究，答复如下：

根据你院请示报告所述事实及所附案卷材料分析，蔡志祥既非得暐企业有限公司（以下简称企业公司）的法定代表人，也非该公司的职员，其以企业公司名义于2004年5月5日与荣成丰盛源食品有限公司（以下简称食品公司）签署包含有仲裁条款的协议时未得到企业公司的明确授权，而且企业公司对蔡志祥以本公司名义签署的该协议明确表示不予追认，因此，蔡志祥无权代表企业公司签署此份协议，该协议对企业公司不具有法律约束力。你院的请示意见和青岛中院第一种意见是正确的。青岛中院第二种意见认为蔡志祥的行为构成表见代理，其理由主要有两点：（1）蔡志祥与企业公司之间有密切的联系。（2）在诉讼中蔡志祥接受企业公司的委托，作为其诉讼代理人。

首先，仅以蔡志祥与企业公司有密切联系为由认定蔡志祥的行为构成表见代理，显然是缺乏法律依据的。而且从食品公司提交的几份证据材料看，蔡志祥均是代表其本人或者其他公司签署协议，从未代表企业公司签署过协议。

其次，关于蔡志祥作为企业公司诉讼代理人的问题。本案蔡志祥签署包含有仲裁条款协议的日期是2004年5月5日，而本案诉讼是企业公司于2004年5月20日向青岛中院提起，青岛中院于2004年5月21日立案。企业公司委托蔡志祥作为本案诉讼代理人是在青岛中院立案之后，授权委托书载明台湾台南地方法院公证处对该委托书的公证日期是2004年11月19日。即企业公司委托蔡志祥作为诉讼代理人是在蔡志祥签署协议之后，蔡志祥签署包含有仲裁条款的协议时，并非是企业公司的诉讼代理人，因此以蔡志祥是企业公司的诉讼代理人作为认定蔡志祥签署包含仲裁条款的协议的行为构成表见代理的理由显然亦不能成立。故青岛中院第二种意见是缺乏根据的。

综上，同意你院的请示意见和青岛中院的第一种意见。

此复。

最高人民法院
关于圣美家居休闲发展有限公司与杭州凰顺国际贸易有限公司买卖合同纠纷一案中仲裁条款效力的请示的复函

2005年3月25日　　　　　　　　　〔2005〕民四他字第4号

浙江省高级人民法院：

你院〔2004〕浙告他字第38号请示报告收悉，经研究，答复如下：

根据你院请示报告所述事实及所附卷宗内容看，圣美家居休闲发展有限公司与杭州凰顺国际贸易有限公司在所签订的购销合同中约定："合同发生纠纷时，当事人双方应及时协商解决，协商不成，任何一方可向仲裁机关申请调解仲裁，也可在合同签订地的人民法院起诉"。本案双方当事人未约定确认仲裁条款效力所应适用的准据法，亦未约定明确的仲裁地点，因此，应该适用法院地法即我国内地的法律确认该仲裁条款的效力。本案当事人未约定明确的仲裁机构，亦未就此达成补充协议，根据《中华人民共和国仲裁法》第十八条的规定，该仲裁条款应认定无效。且本案双方当事人在约定通过仲裁方式解决纠纷的同时，又约定可以通过诉讼的方式解决纠纷，未明确排除人民法院的管辖权，仲裁意愿是不明确的，从此点讲该仲裁协议亦应认定无效。人民法院对该纠纷享有管辖权。同意你院请示报告中关于本案所涉仲裁条款无效的请示意见。

此复。

最高人民法院
关于四川华航建设有限公司申请撤销仲裁纠纷一案的请示的复函

2005年6月15日　　　　　　　　　〔2005〕民四他字第13号

四川省高级人民法院：

你院〔2005〕川立仲字第1号《关于四川华航建设有限公司申请撤销仲裁纠纷一案的请示》收悉。经研究，答复如下：

本案裁决为我国仲裁机构作出的涉及台湾当事人的仲裁裁决，根据司法实践，涉及该裁决的撤销问题,应参照适用我国关于涉外仲裁裁决的有关规定。

根据你院请示报告所述事实,在仲裁案件的申请人王忠诚主张的法律关系的性质和民事行为的效力与仲裁庭的认定不一致时,仲裁庭未按照仲裁规则的规定告知当事人可以变更仲裁请求,而是直接自行代替当事人变更了请求并作出裁决,且未给被申请人重新指定举证期限,因此可以认定仲裁庭的仲裁程序与仲裁规则不符。根据《中华人民共和国仲裁法》第七十条和《中华人民共和国民事诉讼法》第二百六十条第一款第(三)项的规定,此案裁决具有应予撤销的情形。但从仲裁庭违反仲裁规则的情况看,尚未严重到撤销该裁决的程度。你院可告成都中院,依照《中华人民共和国仲裁法》第六十一条的规定,通知仲裁庭重新仲裁并裁定中止撤销程序。若仲裁庭拒绝重新仲裁,则可以恢复撤销程序,以仲裁程序与仲裁规则不符为由,撤销该裁决。

此复。

最高人民法院
关于江智锋申请撤销仲裁裁决一案的请示的复函

2005 年 6 月 28 日　　　　　　　　　〔2005〕民四他字第 23 号

上海市高级人民法院:

你院〔2005〕沪高民四(商)他字第 1 号《关于江智锋申请撤销仲裁裁决一案的请示》收悉。经研究,答复如下:

同意你院的请示意见。根据你院请示报告反映的事实,申请人江智锋于 2004 年 3 月 3 日与被申请人上海南阳建筑安装工程有限公司达成协议,约定:因 2003 年 6 月 26 日、7 月 16 日双方签订的工程协议及装潢装饰工程协议发生的一切纠纷,任何一方均可提请上海仲裁委员会装饰装修争议仲裁中心按其仲裁规则进行仲裁。同日,上海仲裁委员会受理了当事人的仲裁申请,并根据双方调解协议出具了〔2004〕沪裁(经)字第 1062 号调解书。后上海南阳建筑安装工程有限公司以上述调解书内容不全面、江智锋不积极履行等为由就同一纠纷申请仲裁,上海仲裁委员会于 2004 年 11 月 5 日作出〔2004〕沪裁(经)字第 1068 号裁决书。《中华人民共和国仲裁法》第九条第一款、《上海仲裁委员会装饰装修争议简易程序仲裁规则》(试行)第八条、第九条均规定,仲裁实行一裁终局的制度,调解书与裁决书具有同等法律效力。上海仲裁委员会在就本案所涉纠纷作出〔2004〕沪裁(经)字第 1062 号调解书之后,又就相同当事人之间的同一纠纷作出〔2004〕沪裁(经)字第 1068 号裁决书,违反了我国《仲裁法》和《上海仲裁委员会仲裁规则》有关一裁终局的规定,也属于仲裁程序与仲裁规则不符的情形。根据《中华人民共和国仲裁法》第七十条和《中华人民共和国民事诉讼法》第二百六十条第一款第（三）项之规定，本案应裁定撤销上海仲裁委员会〔2004〕沪裁（经）字第1068号仲裁裁决。

此复。

最高人民法院
关于对海口中院不予承认和执行瑞典斯德哥尔摩商会仲裁院仲裁裁决请示的复函

2005年7月13日　　　　　　　　　　〔2001〕民四他字第12号

海南省高级人民法院：

你院〔2001〕琼经复字第1号《关于对海口中院"瑞典斯德哥尔摩商会仲裁院第060/1999号仲裁裁决书不予承认和执行案"审查意见的请示报告》收悉。经本院审判委员会研究，答复如下：

海南省纺织工业总公司作为国有企业，在未经国家外汇管理部门批准并办理外债登记手续的情况下，对日本三井物产株式会社直接承担债务，违反了我国有关外债审批及登记的法律规定和国家的外汇管理政策。但是，对于行政法规和部门规章中强制性规定的违反，并不当然构成对我国公共政策的违反。你院请示报告中所述的应当拒绝承认和执行本案仲裁裁决的理由依法均不成立，本案仲裁裁决不应以违反公共政策为由拒绝承认和执行。

此复。

最高人民法院
关于阿克苏诺贝尔涂料（东莞）有限公司诉香港诚信金属工程有限公司买卖合同纠纷一案仲裁条款效力问题的请示的复函

2005年7月26日　　　　　　　　　　〔2005〕民四他字第32号

广东省高级人民法院：

你院〔2005〕粤高法立请字第1号"关于阿克苏诺贝尔涂料（东莞）有限公司诉香港诚信金属工程有限公司买卖合同纠纷一案仲裁条款效力问题的请示"收悉。经研究，

答复如下:

同意你院的请示意见。阿克苏诺贝尔涂料(东莞)有限公司(以下简称阿克苏公司)与香港诚信金属工程有限公司签订的买卖《合同》中的仲裁条款约定:"解决合同纠纷的方式:向东莞市仲裁委员会申请仲裁。"本案系涉港纠纷案件,双方当事人未约定确定仲裁条款效力所适用的法律,亦未约定仲裁地,应当根据法院地即中国内地的法律来判断仲裁条款的效力。由于东莞市并不存在当事人所约定的仲裁机构,同时当事人一方已经向人民法院提起诉讼,故可以认定双方无法就仲裁机构问题达成补充协议。根据《中华人民共和国仲裁法》第十六条、第十八条的规定,该仲裁条款应当认定无效。现阿克苏公司向合同履行地的深圳市中级人民法院提起诉讼,根据《中华人民共和国民事诉讼法》第二百四十三条、《最高人民法院关于适用〈中华人民共和国民事诉讼法〉若干问题的意见》第一百四十六条的规定,深圳市中级人民法院对本案享有管辖权。

此复。

最高人民法院
关于天津先达大酒店申请撤销〔2003〕津仲裁字第364号仲裁裁决案请示的答复

2005年8月11日　　　　　　　　　　　　　〔2005〕民四他字第26号

天津市高级人民法院:

你院津高法〔2005〕74号"关于天津先达大酒店申请撤销〔2003〕津仲裁字第364号仲裁裁决一案的请示"收悉。经研究,答复如下:

天津仲裁委员会依据天津先达大酒店(以下简称先达大酒店)与大一能量株式会社签订的《协作型联营合同》中的仲裁条款作出〔2003〕津仲裁字第364号仲裁裁决后,先达大酒店以仲裁庭拒绝接受其提供的证据,程序违法;法律关系定性错误;裁决结果危害公共利益等为由申请人民法院撤销该裁决。本案系涉外商事纠纷案件,天津仲裁委员会就该纠纷所作出的裁决属于涉外仲裁裁决。根据《中华人民共和国民事诉讼法》和《中华人民共和国仲裁法》关于涉外仲裁的规定,人民法院对仲裁庭就本案法律关系性质所作的认定和裁决结果无权进行审查。《天津仲裁委员会仲裁规则》没有要求仲裁庭必须接受一方当事人提交的全部证据材料,先达大酒店亦未举证证明被拒绝接受的证据对裁决结果存在任何实质性影响,仲裁庭拒绝接受证据材料本身不能作为仲裁程序违法的理由。根据《中华人民共和国仲裁法》第七十条、《中华人民共和国民事诉讼法》第二百六十条的规定,本案不存在依法应予撤销的情形,先达大酒店撤销仲裁裁决的申请应当予以驳回。

此复。

最高人民法院
关于确认深圳市华汉城贸易发展有限公司与熊牌远东化工股份有限公司分销合同中仲裁条款效力的请示的复函

2005年9月13日　　　　　　　　　　〔2005〕民四他字第41号

广东省高级人民法院：

你院〔2005〕粤高法民四他字第13号《关于确认深圳市华汉城贸易发展有限公司与熊牌远东化工股份有限公司分销合同中仲裁条款无效的请示》收悉。经研究，答复如下：

同意你院的请示意见。深圳市华汉城贸易发展有限公司与熊牌远东化工股份有限公司签订的《分销合同》中的仲裁条款约定："如果任何一方不能友好协商解决与协议有关的分歧或争端，包括协议执行、有效性或终止而引起的争议或分歧，双方同意依据中国国际仲裁中心现时有效的调解与调停规则将争议在中国提交仲裁，该规则应当被视为纳入协议之中。"本案系涉外合同纠纷，双方当事人未约定确定仲裁条款效力所适用的法律，但约定在中国仲裁，应当根据仲裁地即中国内地的法律来判断仲裁条款的效力。本案合同的仲裁条款虽然明确表达了仲裁意愿以及仲裁事项，但其没有约定仲裁机构。目前，当事一方深圳市华汉城贸易发展有限公司已经向人民法院提起诉讼，可以认定双方就仲裁机构无法达成补充协议，根据《中华人民共和国仲裁法》第十六条、第十八条的规定，应当认为仲裁条款无效。根据《中华人民共和国民事诉讼法》第二百四十三条的规定，深圳市中级人民法院对本案享有管辖权。

此复。

最高人民法院
关于对伏尔加—第聂伯航运公司申请执行俄罗斯联邦乌里扬诺夫斯克州仲裁法院裁决处理结果的请示的复函

2005年9月25日　　　　　　　　　　　　〔2005〕民四他字第33号

北京市高级人民法院：

你院京高法〔2005〕138号《关于对伏尔加——第聂伯航运公司申请执行俄罗斯联邦乌里扬诺夫斯克州仲裁法院裁决处理结果的请示》收悉。经研究，答复如下：

该八份裁决均为俄罗斯法院的裁决。对你院请示的第一个问题，我们认为：本案系被申请人Garment Fashion Corporation（中国）〔服装时装总公司（中国）〕未到庭而缺席作出裁决的案件。根据1993年11月14日生效的《中华人民共和国和俄罗斯联邦关于民事和刑事司法协助的条约》第十七条第二款第（二）项之规定，应当证明未出庭的当事人一方已经合法传唤。而俄罗斯联邦乌里扬诺夫斯克州仲裁法院仅证明开庭审理的日期和地点已通过应有的途径通知了被申请人，但未同时指明"应有的途径"具体是什么途径。此种证明是不充分的。此外，该法院亦未证明申请人申请执行的八份裁决已经合法送达给了被申请人。鉴于上述情况，可以认定申请人提出司法协助请求的手续不齐全，但不宜以上述条约第二十条第（五）项之规定拒绝承认与执行。

对你院请示的第二个问题，由于被申请人在国家工商行政管理局和北京市工商行政管理局均未注册，而申请人提供的被申请人的法定地址系客房，不存在长期包租情况，亦从未被被申请人包租过，因此，可以认定被申请人主体不明或者不存在。上述条约第十八条第一款规定，法院裁决的承认与执行，由被请求的缔约一方依照本国法律规定的程序进行，故本案所涉八份裁决应依照我国《民事诉讼法》规定的程序和条件进行审查。根据我国《民事诉讼法》第一百零八条第（二）项、第二百零七条第二款之规定，本案没有明确的被申请人，亦无证据证明被申请人在我国境内存在任何财产，因此，本案不符合法律规定的受理条件，依法应予退回并明确告知退回理由。至于被申请人在北京以外地区注册成立可能引起的问题，我们认为：如果有事实证明被申请人在我国境内其他地区注册成立或者在其他地区存在财产，说明申请人向北京有关法院申请承认与执行有关裁决不当。在此情形下，申请人可以依法向有管辖权的人民法院申请承认与执行，有关人民法院应依法进行审查，不存在裁定相互矛盾的问题。

对你院请示的第三个问题，我们认为，翻译费用不同于诉讼费用。人民法院在申请人依法缴纳诉讼费用之后，要求其支付人民法院因履行通知职能而发生的翻译费用没有法律依据，该笔费用应由受理案件的人民法院自行承担。

此复。

最高人民法院
关于中国人民财产保险股份有限公司深圳市分公司诉广州远洋运输公司海上货物运输合同货损纠纷一案仲裁条款效力问题的请示的复函

2005年10月9日　　　　　　　　　　　〔2005〕民四他字第29号

广东省高级人民法院：

你院粤高法民四他字第7号《关于中国人民财产保险股份有限公司深圳市分公司诉广州远洋运输公司海上货物运输合同货损纠纷一案仲裁条款效力问题的请示》收悉。经研究，答复如下：

本案提单仲裁条款是订立海上货物运输合同当事人为仲裁解决纠纷而订立的有效仲裁条款。作为保险人的中国人民财产保险股份有限公司深圳市分公司，依据保险合同在赔付被保险人即提单持有人深圳市华联粮油贸易有限公司提单项下的货物损失后，依法取得向作为承运人的广州远洋运输公司请求赔偿货物损失的代位求偿权利。由于保险人不是协商订立仲裁条款的当事人，仲裁条款并非保险人的意思表示，除非保险人明确表示接受，否则提单仲裁条款对保险人不具有约束力。本案争议发生后，保险人并未与承运人达成新的仲裁协议，因此本案提单仲裁条款不应约束保险人。同意你院的倾向性意见。

此复。

最高人民法院
关于确认仲裁协议效力请示的复函

2005年12月1日　　　　　　　　　　　〔2005〕民四他字第52号

北京市高级人民法院：

你院京高法发〔2005〕309号《关于杭州泰利德纺织科技有限公司申请确认仲裁协议无效一案的请示》收悉。经研究，答复如下：

同意你院的处理意见。杭州泰利德纺织科技有限公司与泓旸实业股份有限公司签订的《买卖合约书》第十七条规定："在履行本合同中发生纠纷的，双方友好协商解决，协商不成的，则纠纷呈送北京经济贸易仲裁委员会为最终裁决。"本案系涉港纠纷案件，双方当事人未约定确定仲裁条款效力所适用的法律，亦未约定仲裁地，应当根据法院地即中国内地的法律来判断仲裁条款的效力。北京市并不存在当事人所约定的仲裁机构，同时北京市有北京仲裁委员会、中国国际经济贸易仲裁委员会以及中国海事仲裁委员会三家仲裁机构，亦无法推定当事人的真实意思表示。在当事人一方已经向人民法院申请确认仲裁条款无效的情况下，可以认定双方无法就仲裁机构问题达成补充协议。根据《中华人民共和国仲裁法》第十六条、第十八条的规定，该仲裁条款应当认定无效。

此复。

最高人民法院
关于仲裁条款效力请示的复函[*]

2005年12月30日　　　　　　　　　　　　〔2005〕民四他字第50号

天津市高级人民法院：

你院〔2005〕津高民四终字第171号《关于爱尔建材（天津）有限公司与德国玛莎（集团）股份有限公司、玛莎（天津）建材机械有限公司买卖合同纠纷一案仲裁条款无效的请示》收悉。经研究，答复如下：

本案中，爱尔建材（天津）有限公司（以下简称爱尔公司）与德国玛莎集团公司（以下简称德国玛莎公司）签订的中、英文本《合同》中均约定了仲裁条款，并明确约定以中文本为准，故本案应以《合同》中文本所载仲裁条款为准确定仲裁条款的效力。《合同》中文本约定："一切因执行本合同所引起的争执，双方应友好协商解决。如双方协商不能解决时，此争执通过仲裁解决。仲裁执行地点在中国北京或天津进行由中国或天津对外国际贸易促进委员会按照现行仲裁章程进行仲裁。仲裁委员会的裁决为终局裁决，对双方均有约束力，双方均应执行。仲裁费用由败诉方负担。"双方未约定认定该仲裁条款效力的准据法，但约定了仲裁地点为中国北京或天津，因此，应当根据仲裁地法即中国法律认定该仲裁条款的效力。该仲裁条款表达了将与合同有关的争议交付仲裁解决的意思，并约定由"中国或天津对外国际贸易促进委员会"进行仲裁，由于"天津对外国际贸易促进委员会"并不存在，且在当事人约定由"中国对外国际贸易促进委员会"仲裁时可以认为当事人选择的是由"中国国际经济贸易仲裁委员会"进行仲裁，因此，应当认为该仲裁条款符合我国仲裁法的规定，是有效的仲裁条款。爱尔公司与德国

---

[*] 也作"最高人民法院关于原告迈可达（青岛）运动用品有限公司与被告云中漫步国际公司还款合同纠纷一案管辖权争议的请示的复函"。

玛莎公司之间的合同纠纷即应当通过仲裁解决,人民法院不享有管辖权。

由于爱尔公司与玛莎（天津）建材机械有限公司之间并不存在仲裁协议,因此,对于爱尔公司与玛莎（天津）建材机械有限公司之间的争议,天津市第一中级人民法院作为被告住所地的人民法院,依法享有管辖权。

此外,你院应当注意本案被告中文名称应与《合同》载明的中文名称一致。

此复。

最高人民法院
关于是否裁定不予执行中国国际经济贸易仲裁委员会仲裁裁决的复函

2006年1月23日　　　　　　　　　　〔2005〕民四他字第45号

安徽省高级人民法院：

你院〔2005〕皖执他字第11号《关于能否裁定不予执行〔2003〕贸仲裁字第0138号仲裁裁决的请示》收悉。经研究,答复如下：

中国国际经济贸易仲裁委员会依据深圳宝升竞高环保发展有限公司、合肥市市容环境卫生管理委员会（后变更为合肥市市容环境卫生管理局,以下简称市容管理局）、香港合升国际有限公司、合肥市进出口公司（后变更为合肥市进出口有限公司）以及美国Wildcat Mfg. Co. Inc.之间签订的《合肥市市容环境卫生管理委员会引进美国野猫公司城市生活垃圾处理设备及技术合同》中的仲裁条款作出〔2003〕贸仲裁字第0138号仲裁裁决后,市容管理局以仲裁裁决违反法定程序、主要证据未经当事人质证、认定事实的主要依据不足、适用法律错误等为由申请人民法院不予执行该裁决。因合同存在涉外和涉港因素,中国国际经济贸易仲裁委员会仲裁庭就该纠纷所作出的裁决属于我国涉外仲裁裁决。根据《中华人民共和国民事诉讼法》和《中华人民共和国仲裁法》关于涉外仲裁的规定,人民法院对仲裁庭就本案具体适用法律和有关事实认定无权进行审查,市容管理局提出的仲裁裁决认定事实的主要证据不足、适用法律错误的理由不应予以支持。

《中国国际经济贸易仲裁委员会仲裁规则》（2000年）第四十条规定："专家报告和鉴定报告的副本,应送给双方当事人,给予双方当事人对专家报告和鉴定报告提出意见的机会。任何一方当事人要求专家/鉴定人参加开庭的,经仲裁庭同意后,专家/鉴定人可以参加开庭,并在仲裁庭认为必要和适宜的情况下就他们的报告作出解释。"第四十一条规定："当事人提出的证据由仲裁庭审定；专家报告和鉴定报告,由仲裁庭决定是否采纳。"该仲裁规则并未要求相关鉴定报告必须经开庭质证,仲裁庭有权对鉴定报告进行审查并决定是否采纳。在本案中,仲裁庭将鉴定报告分别送达双方当事人并要求其提出书面意见的做法既不违反仲裁规则也保证了双方当事人的程序权利。市容管理局的此项理由亦不应予以支持。

关于是否可以根据《中华人民共和国民事诉讼法》第二百六十条第二款的规定以裁决违背社会公共利益为由不予执行的问题。《中华人民共和国民事诉讼法》第二百六十条第一款规定的抗辩理由主要是为了维护仲裁程序上的公平和正义，赋予当事人以司法上的救济权利，而第二款社会公共利益不仅是为了维护仲裁程序上的公平，而且还担负着维护国家根本法律秩序的功能。从本案情况来看，有关合同的签订与执行并不存在违背社会公共利益以至无法为我国法律秩序所容忍的情节。同时，有关设备闲置并非执行相关仲裁裁决产生的结果，以违背社会公共利益为由不予执行仲裁裁决缺乏依据。

综上，本案相关仲裁裁决应当予以执行。

此复。

最高人民法院
关于是否裁定撤销承德仲裁委员会仲裁裁决的请示的复函

2006年1月24日　　　　　　　　　　　　　〔2005〕民四他字第51号

河北省高级人民法院：

你院〔2005〕冀立民函字第89号《关于撤销承德仲裁委员会承仲裁字〔2000〕第33号、承仲裁补字〔2000〕第1号仲裁裁决的请示》收悉。经研究，答复如下：

本案属于申请撤销我国仲裁机构作出的涉外仲裁裁决案件。根据你院请示报告及所附卷宗反映的情况，承德仲裁委员会就北京鹏华经济技术发展公司与英属韦津群岛好运有限公司之间的纠纷于2000年12月26日曾经作出了承仲裁字〔2000〕第33号仲裁裁决，但又于同年12月28日作出承仲裁补字〔2000〕第1号仲裁裁决，撤销了承仲裁字〔2000〕第33号裁决。《中华人民共和国仲裁法》第五十六条规定："对裁决书中的文字、计算错误或者仲裁庭已经裁决但在裁决书中遗漏的事项，仲裁庭应当补正；当事人自收到裁决书之日起三十日内，可以请求仲裁庭补正。"《承德仲裁委员会仲裁规则》第四十六条第三款规定："仲裁庭作出的补正或者补充裁决，是原裁决书的组成部分。"有关法律与仲裁规则仅授权仲裁委员会可以就程序和遗漏事项作出补充裁决，没有授权仲裁委员会撤销其已经作出、送达且生效的仲裁裁决。承德仲裁委员会在对同一纠纷已经作出仲裁裁决的情况下，又作出撤销原裁决的补充裁决缺乏法律依据，也不符合《承德仲裁委员会仲裁规则》的规定，属于《中华人民共和国民事诉讼法》第二百六十条第一款第（三）项规定的"仲裁庭的组成或者仲裁的程序与仲裁规则不符"的情况，人民法院可以依据《中华人民共和国仲裁法》第七十条的规定撤销仲裁裁决。

鉴于本案仲裁裁决存在的主要问题是仲裁程序违反法定程序，这种对程序的违反（以补充裁决撤销原裁决）对当事人权利的影响可以以通知仲裁庭重新仲裁的方式纠正。根据本案所涉仲裁裁决的实际情况，应当根据《中华人民共和国仲裁法》第六十一条的规定，通知仲裁庭在一定期限内重新仲裁，并裁定中止撤销程序。仲裁庭拒绝重新仲裁的，应当裁定恢复撤销程序，依法一并撤销该两仲裁裁决。

此复。

最高人民法院
关于是否裁定撤销大连仲裁委员会
仲裁裁决的请示的复函

2006年2月23日　　　　　　　　　　　　〔2005〕民四他字第54号

辽宁省高级人民法院：

你院〔2005〕辽民四他字第3号请示收悉。经研究，答复如下：

大连仲裁委员会就山西防爆电机（集团）有限公司与保罗·卡斯特罗（Paolino Castro）之间的技术转让合同纠纷作出了〔2004〕大仲字第54号裁决和第54—1号裁决。山西防爆电机（集团）有限公司以仲裁程序与仲裁规则不符、仲裁事项不属于仲裁协议的范围以及申请人未能对裁决事项陈述意见为由，向大连市中级人民法院申请撤销该仲裁裁决。

根据你院请示报告及所附卷宗材料，大连仲裁委员会作出的〔2004〕大仲字第54号裁决书上印有三名仲裁员的姓名并加盖了该委的印章。裁决书上虽未有该三名仲裁员的签名，但并无证据否定该仲裁裁决书的真实性。《大连仲裁委员会仲裁规则》第七十七条、第七十九条有关确定组庭方式或选定仲裁员及请求延期开庭的时限分别为"自被申请人收到本委受理通知之日起20日内"、"开庭12日前"，而大连仲裁委员会向申请人送达的答辩通知书、开庭通知书中的时限则分别为"自收到本通知书之日起45日内"、"开庭3日前"。上述答辩通知书、开庭通知书中的时限要求与《大连仲裁委员会仲裁规则》的规定不一致，但两者均放宽了对当事人的时限要求，有利于确保双方当事人有更充分的时间确定组庭方式、指定仲裁员或者申请延期开庭，客观上亦没有对双方当事人确定组庭方式、指定仲裁员或者申请延期开庭等程序权利产生任何不利影响。申请人山西防爆电机（集团）有限公司在仲裁程序中从未对上述答辩通知书、开庭通知书与《大连仲裁委员会仲裁规则》不符的情况提出异议，应认定其认可了此种变更。此外，大连仲裁委员会在申请人山西防爆电机（集团）有限公司向人民法院申请撤销〔2004〕大仲字第54号裁决后向其送达〔2004〕大仲字第54—1号补充裁决，没有违反《中华人民共和国仲裁法》的规定。申请人山西防爆电机（集团）有限公司有关仲裁程序与仲裁规则不符的理由不成立。

申请人山西防爆电机（集团）有限公司与被申请人保罗·卡斯特罗签订的合同第 11 条约定："双方的合同关系由本合同条款和中华人民共和国的法律制约。仲裁机构为大连仲裁委员会。仲裁决定是最终的，对双方有效"。该争议解决条款未明确约定仲裁事项，但在双方当事人未明确排除特定事项仲裁机构无权仲裁的情况下，应推定本案仲裁事项为"因履行合同所发生的一切争议"。大连仲裁委员会有权就双方当事人有关"解除合同"、"赔偿损失"的仲裁请求进行审查，本案裁决事项不存在超裁的情形。

仲裁申请人保罗·卡斯特罗在请求书中要求被申请人山西防爆电机（集团）有限公司"支付技术使用费 170 万元"，庭审中将该请求变更为"赔偿技术转让费 170 万元"。大连仲裁委员会〔2004〕大仲字第 54－1 号补充裁决确认了该请求变更的事实，不应认定该补充裁决变更了当事人的仲裁请求。"支付技术使用费 170 万元"与"赔偿技术转让费 170 万元"实为同一仲裁请求，申请人山西防爆电机（集团）有限公司对保罗·卡斯特罗变更仲裁请求的事实是明知的，其在仲裁程序中完全有机会对其进行抗辩，其未进行抗辩是自己造成的，故该点撤销理由依法亦不成立。

综上，申请人山西防爆电机（集团）有限公司的撤销申请不符合《中华人民共和国仲裁法》第七十条及《中华人民共和国民事诉讼法》第二百六十条的规定，依法应予驳回。

此复。

最高人民法院
关于是否裁定撤销中国国际经济贸易仲裁委员会华南分会仲裁裁决的请示的复函

2006 年 3 月 1 日　　　　　　　　　　　　〔2005〕民四他字第 47 号

广东省高级人民法院：

你院〔2005〕粤高法民四他字第 22 号《关于罗定市供电局申请撤销仲裁裁决一案的请示》收悉。经研究，答复如下：

中国国际经济贸易仲裁委员会华南分会就罗定市供电局与辉恩中国投资有限公司之间的合作合同纠纷作出了〔2005〕中国贸仲深裁字第 37 号裁决。罗定市供电局以裁决事项超出合作合同仲裁协议范围、仲裁程序违反仲裁规则以及执行裁决违反社会公共利益等为由向深圳市中级人民法院申请撤销该仲裁裁决。因是否接受当事人的变更反请求系仲裁庭有权自行决定的事项，且罗定市供电局作为民事主体参与民事活动应当依法承担责任，故其有关仲裁程序违反仲裁规则及执行裁决违反社会公共利益的理由依法不能成立。但本案合作合同存在于罗定市供电局与辉恩中国投资有限公司之间，合作合同中的仲裁条款应仅约束该两当事人之间的合作合同纠纷,仲裁庭无权就辉恩中国投资有限公司与合作公司辉罗电力有限公司之间的借贷合同纠纷以及与罗定市供电局之间的借贷担保合同纠纷进行仲裁。由于借贷合同及借贷担保合同约定的仲裁机构为广州仲裁委员会且该委已就借贷担保合同纠纷作出了〔2004〕穗仲案字第1692号仲裁裁决,因此,本案仲裁裁决第一项中有关股东借贷损失的内容,超出了合作合同仲裁条款约定的范围,应认定属于超裁。同意你院的请示意见,本案应撤销仲裁裁决第一项中的股东借贷损失部分。

此复。

最高人民法院
关于是否承认和执行大韩商事仲裁院
仲裁裁决的请示的复函

2006年3月3日 〔2005〕民四他字第46号

黑龙江省高级人民法院:

你院〔2005〕黑高商外他字第1号《关于(株)TS海码路申请承认并执行大韩商事仲裁院仲裁裁决一案的请示报告》收悉。经研究,答复如下:

大韩商事仲裁院就(株)TS海码路与大庆派派思食品有限公司之间的开发协议和连锁协议纠纷,于2004年10月22日作出了第04113-0004号仲裁裁决。大庆派派思食品有限公司在(株)TS海码路向哈尔滨市中级人民法院申请承认和执行该仲裁裁决后,以仲裁庭未按照《中华人民共和国和大韩民国关于民事和商事司法协助的条约》第4条和第8条的规定向其送达开庭通知书和仲裁裁决书为由主张拒绝承认和执行该仲裁裁决。由于双方当事人在开发协议和连锁协议中明确约定"仲裁适用《大韩商事仲裁院仲裁规则》",而本案仲裁庭按照该仲裁规则的规定通过邮寄方式向大庆派派思食品有限公司送达了开庭通知书和仲裁裁决书,也有证据证明大庆派派思食品有限公司收到了上述开庭通知书和仲裁裁决书。虽然仲裁庭在送达开庭通知书和仲裁裁决书时未附中文译本,但通过邮寄方式送达以及未附中文译本的做法并不违反韩国仲裁法和《大韩商事仲裁院仲裁规则》的规定。《中华人民共和国和大韩民国关于民事和商事司法协助的条约》中有关"司法协助的联系途径"和"文字"的规定,仅适用于两国司法机关进行司法协助的情形,不适用于仲裁机构或者仲裁庭在仲裁程序中的送达。大庆派派思食品有限公司没有举证证明本案仲裁裁决存在我国参加的《1958年承认执行外国仲裁裁决公约》第5条第1款规定的情形,本案仲裁裁决依法应予承认和执行。

此复。

最高人民法院
关于是否裁定撤销中国国际经济贸易仲裁委员会仲裁裁决的请示的复函

2006年3月7日　　　　　　　　　　　　　　〔2006〕民四他字第2号

北京市高级人民法院：

你院京高法〔2005〕332号《关于"EA公司"和"RT公司"申请撤销中国国际经济贸易仲裁委员会裁决一案的请示》收悉。经研究，答复如下：

中国国际经济贸易仲裁委员会就EXPERT ASSETS LIMITED（简称"EA公司"）、RESISTOR TECHNOLOGY LIMITED（简称"RT公司"）与江苏华源药业有限公司之间的合资合同纠纷作出了〔2004〕中国贸仲京裁字第0222号仲裁裁决书。该裁决书第四项所涉"97股权重组协议"，系合资公司江苏江山制药有限公司原四方股东靖江葡萄糖厂、江苏省医药保健品进出口（集团）公司、香港钟山有限公司与EA公司于1997年5月22日签订的"关于股份重组的协议"。根据商务部2003年4月4日印发的《关于江苏江山制药有限公司修改合同章程的批复》，现合资公司江苏江山制药有限公司的股东为江苏华源药业有限公司、江苏省医药保健品进出口（集团）公司、EA公司、RT公司及靖江市新兰生物化工有限公司，各自所占股份比例分别为42.05%、3.75%、28.6%、23.78%及2%。因此，靖江葡萄糖厂、香港钟山有限公司已经退出了合资公司江苏江山制药有限公司，且经商务部批准的股份比例亦与"97股权重组协议"确定的股份比例不同。由于本案所涉仲裁案件当事人为EA公司、RT公司及江苏华源药业有限公司三方，合资公司的另两个股东江苏省医药保健品进出口（集团）公司和靖江市新兰生物化工有限公司并未参加仲裁程序，上述仲裁裁决第四项对"97股权重组协议"的效力及执行做出认定并裁决已退出合资公司的靖江葡萄糖厂、香港钟山公司仍按"97股权重组协议"前的股份比例持有合资公司的股份，不仅超出了仲裁当事人请求的范围，而且影响了案外人的合法权益。该裁项中有关BA公司与江苏华源药业有限公司股份比例的裁决，亦改变了国家审批机关批准的股份比例，属于仲裁庭无权仲裁的情形。

同意你院请示报告中的意见。本案应根据《中华人民共和国仲裁法》第七十条及《中华人民共和国民事诉讼法》第二百六十条第一款第（四）项之规定，撤销中国国际经济贸易仲裁委员会〔2004〕中国贸仲京裁字第0222号仲裁裁决书第四项裁决。

此复。

最高人民法院
关于仲裁条款效力请示的复函[*]

2006年3月7日　　　　　　　　　　　　〔2006〕民四他字第4号

山东省高级人民法院：

你院〔2006〕鲁民四他字第1号《关于原告迈可达（青岛）运动用品有限公司与被告云中漫步国际公司还款合同纠纷一案管辖权争议的请示》收悉。经研究，答复如下：

本案双方当事人在《生产协议》第二十三条中约定："双方应寻求通过快捷、诚信的协商来解决与本协议有关的所有争议。若该协商未能解决所有争议，双方应在加利福尼亚州迅速对剩余争端进行调解，调解由一位有经验的公正的调解员主持，调解员由双方选择，在双方无法达成一致时由加利福尼亚州高等法院选择。所有通过协商或调解未能解决的争议应根据当时存在的美国仲裁协会商业规则，在加利福尼亚州提交有约束力的仲裁。"该仲裁条款的有效性已经为人民法院民事裁定书所确认。

本案迈可达（青岛）运动用品有限公司依据其与云中漫步国际公司达成的还款协议提起诉讼，相对于《生产协议》而言，还款协议确系在双方当事人之间形成了新的法律关系，但该还款协议中所涉及的债务是双方当事人履行生产协议而形成的，还款协议基于《生产协议》而产生，与《生产协议》密切相关，现双方当事人就还款协议的履行产生的争议是与《生产协议》有关的争议。根据双方当事人在《生产协议》中仲裁条款的约定，与《生产协议》有关的所有争议，均应受该仲裁条款的约束。因此根据《中华人民共和国民事诉讼法》第二百五十七条第一款、《中华人民共和国仲裁法》第五条的规定，本案纠纷应依据当事人的约定，通过仲裁方式解决，人民法院对该纠纷无管辖权。你院关于新形成的欠款法律关系不受原《生产协议》仲裁条款的约束，本案纠纷应由人民法院受理的请示意见不能成立。

此复。

---

[*] 也作"最高人民法院关于张家港星港电子公司与博泽国际公司中外合资经营合同中涉外仲裁条款效力问题的请示的复函"。

最高人民法院
关于确认仲裁协议效力请示的复函

2006年3月9日　　　　　　　　　　　　　〔2006〕民四他字第1号

江苏省高级人民法院：

你院〔2005〕苏民三立终字第0039号《关于张家港星港电子公司与博泽国际公司中外合资经营合同中涉外仲裁条款效力问题的请示》收悉。经研究，答复如下：

本案双方当事人在合资合同中约定："凡因解释或执行本合同所发生争议，双方应首先通过友好协商予以解决。如果双方在协商开始后的六十天内无法达成和解，任何一方可以将该争议按照《国际商会调解和仲裁规则》提交仲裁。仲裁应在瑞士苏黎世进行。仲裁员应使用本合同的英文版。任何这样的仲裁的全部程序应用英文进行，有关仲裁情况应每天用英文记录。仲裁应由三名仲裁员来进行，仲裁员应使用流利的英语，双方可各委派一位仲裁员，第三位仲裁员由仲裁院委派，该仲裁员为该仲裁庭主席。仲裁裁决是终局的，对双方均有约束力，双方同意遵守并执行。仲裁费用应由败诉方承担，除非在仲裁裁决中另有规定。"根据多年的司法实践以及本院《第二次全国涉外商事海事审判工作会议纪要》所确定的原则，当事人在合同中约定的适用于解决合同争议的准据法，不能用来确定涉外仲裁条款的效力。当事人在合同中明确约定了仲裁条款效力的准据法的，应当适用当事人明确约定的法律；未约定仲裁条款效力的准据法但约定了仲裁地的，应当适用仲裁地国家或者地区的法律。只有在当事人未约定仲裁条款效力的准据法亦未约定仲裁地或者仲裁地约定不明的情况下，才能适用法院地法即我国法律作为确认仲裁条款效力的准据法。本案当事人双方虽然在合同中约定"合同的订立、生效、解释和执行受中国现行和公布的有关法律的管辖"，但该约定是当事人对解决合同争议的准据法作出的选择，而不是对认定合同中仲裁条款效力的准据法作出的选择。《中华人民共和国合同法》第一百二十六条第二款规定的"在中华人民共和国境内履行的中外合资经营企业合同、中外合作经营企业合同、中外合作勘探开发自然资源合同，适用中华人民共和国法律"，是对解决合同实体争议的准据法作出的规定，而并非对认定合同中仲裁条款效力的准据法作出的规定。我国法律并未强制规定在确认中外合资经营合同中仲裁条款效力时必须适用我国的法律作为准据法。由于本案当事人未明确约定仲裁条款效力的准据法，故应适用当事人约定的仲裁地瑞士的法律，对仲裁条款的效力作出认定。你院关于确定本案仲裁条款的效力应当适用我国法律的意见缺乏根据。根据瑞士的相关法律规定，本案仲裁条款有效。依照《中华人民共和国民事诉讼法》第二百五十七条第一款、《中华人民共和国仲裁法》第五条的规定，本案纠纷应根据当事人的约定，通过仲裁方式解决，人民法院对该纠纷无管辖权。苏州市中级人民法院〔2004〕苏中民三初字第 064 号民事裁定对本案的处理意见是正确的。

此复。

最高人民法院
关于如何确认仲裁机构名称约定不明确的仲裁协议的效力的请示的复函

2006 年 3 月 13 日　　　　　　　　　　　〔2005〕民立他字第 55 号

山东省高级人民法院：

你院〔2005〕鲁立请字第 1 号《关于如何确认仲裁机构名称约定不明确的仲裁协议的效力的请示》收悉。经研究，答复如下：

一方当事人认为仲裁协议中约定的仲裁机构不明确，未申请确认仲裁协议的效力，直接向人民法院起诉解决实体纠纷的，人民法院经审查，认为能够确定仲裁机构的，应当裁定不予受理，告知当事人申请仲裁；认为仲裁协议约定的仲裁机构不明确，仲裁协议无效的，应当依法受理。受理后，被告认为约定的仲裁机构明确，提出管辖权异议的，受诉人民法院应就管辖权异议作出裁定。

仲裁协议约定由"××市仲裁委员会"仲裁的，如"××市"只有一家仲裁委员会，应当认定约定的仲裁机构系指"××仲裁委员会"；如"××市"有多家仲裁委员会，应当认为约定的仲裁机构不明确。

最高人民法院
关于是否裁定撤销中国国际经济贸易仲裁委员会上海分会仲裁裁决的请示的复函

2006 年 3 月 16 日　　　　　　　　　　　〔2006〕民四他字第 7 号

上海市高级人民法院：

你院〔2005〕沪高民四（商）他字第 3 号《关于捷华实业有限公司申请撤销仲裁裁决一案的请示》收悉。经研究，答复如下：

本案系一方当事人向人民法院申请撤销我国仲裁机构作出的涉外仲裁裁决，因此，应当根据《中华人民共和国仲裁法》第七十条和《中华人民共和国民事诉讼法》第二百六十条的规定进行审查。

本案中,江阴庆玛曼汽车塑件有限公司(以下简称江阴公司)与捷华实业有限公司(以下简称捷华公司)于 1996 年 3 月 24 日签订的购买"轿车保险杠自动涂装生产线及空气压缩机和空气净化设备"合同(以下简称 96 合同)中约定了有效的仲裁条款,因 96 合同引发的一切争议即应当通过仲裁解决。江南模具塑化有限公司与捷华公司、日本岩田株式会社于 1999 年 10 月 9 日签订的购买"水洗和火焰处理设备"合同(以下简称 99 合同)以及江阴模塑集团有限公司与捷华公司、日本岩田株式会社于 2001 年 2 月 6 日签订的购买"底漆烘干炉"合同(以下简称 01 合同)中均没有仲裁条款;且该两份合同完全独立于 96 合同,因此,因该两份合同引发的争议不受 96 合同中仲裁条款的约束。仲裁庭在审理江阴公司与捷华公司 96 合同纠纷的过程中认为,"不能因为上述三份合同之间的互相独立性而否认该三份合同之间存在关联性的事实",仍需将 99 合同和 01 合同的订立与履行过程作为与系争合同当事人的权利义务有关的事实加以审理,并在仲裁裁决书主文第一项中裁决"被申请人应向申请人支付补充设备的损失人民币 500000 元、日元 119000000 元……",实际上处理了江南模具塑化有限公司、江阴模塑集团有限公司及日本岩田株式会社的合法权益,应认定超出了仲裁庭有权审理的范围。申请人提出的其他撤销本案所涉仲裁裁决的理由均不能成立。因此,本案应当根据《中华人民共和国仲裁法》第七十条和《中华人民共和国民事诉讼法》第二百六十条第一款第(四)项的规定,裁定撤销中国国际经济贸易仲裁委员会上海分会于 2004 年 12 月 17 日作出的〔2004〕中国贸仲沪裁字第 177 号仲裁裁决第一项中的超裁部分,即"被申请人应向申请人支付补充设备的损失人民币 500000 元、日元 119000000 元"。

此复。

最高人民法院
关于仲裁条款效力请示的复函

2006 年 4 月 26 日　　　　　　　　　　　　〔2006〕民四他字第 6 号

河北省高级人民法院:

你院《关于沧州东鸿包装材料有限公司诉法国 DMT 公司买卖合同纠纷一案仲裁条款效力的请示》收悉。经研究,答复如下:

本案仲裁条款为涉外仲裁条款,首先应明确确认仲裁条款效力的准据法。根据多年司法实践以及本院第二次全国涉外商事海事审判工作会议纪要所确定的原则,当事人在合同中明确约定了仲裁条款效力的准据法的,应当适用当事人明确约定的法律;未约定仲裁条款效力的准据法但约定了仲裁地的,应当适用仲裁地国家或者地区的法律。本案双方当事人在合同中约定:"因履行本合同所发生的一切争议,双方应友好协商,如协商仍不能达成协议,则应提交仲裁解决。仲裁地点在中国北京,依据国际商会的有关规则进行仲裁,并且中文和英文均是工具语言。仲裁是终局的,对双方均有约束力,仲裁费用应由败诉一方承担,但仲裁委员会另有裁定的除外。"由于当事人并未约定确认该仲裁条款效力的准据法,因此,应该适用当事人约定的仲裁地的法律即我国的法律对该条款的效力作出认定。《中华人民共和国仲裁法》第十八条明确规定:"仲裁协议对仲裁事项或者仲裁委员会没有约定或者约定不明确的,当事人可以补充协议;达不成补充协议的,仲裁协议无效。"由于本案双方当事人在仲裁条款中未约定明确的仲裁机构,且不能达成补充协议,因此仲裁条款无效,同意你院关于本案仲裁条款无效的请示意见。

此复。

最高人民法院关于江门市华尔润玻璃有限责任公司诉斯坦因·霍特公司、上海斯坦因·霍特迈克工业炉有限公司产品责任纠纷案有关仲裁条款效力的请示的复函

2006年5月16日　　　　　　　　　　〔2006〕民四他字第9号

广东省高级人民法院:

你院〔2005〕粤高法民四他字第25号"关于江门市华尔润玻璃有限责任公司诉斯坦因·霍特公司、上海斯坦因·霍特迈克工业炉有限公司产品责任纠纷案有关仲裁条款效力的请示"收悉。经研究,答复如下:

一、华尔润玻璃有限责任公司(以下简称华尔润公司)与斯坦因·霍特公司(以下简称斯坦因公司)所签合同第十六章"仲裁"中明确约定:"本合同下或本合同相关的任何以及所有无法经友好协商解决的争议应通过仲裁解决。仲裁应根据国际商会调解和仲裁规则进行。在达成裁决时,仲裁员应考虑相关事实和情形,并根据本合同的条件,如果不能根据本合同的条款达成解决,仲裁员应适用相关的瑞士法律条文。仲裁应在(瑞士)日内瓦进行。仲裁结果应为终局性的,对双方均有拘束力。仲裁的官方语言应为英语"。该仲裁条款为涉外仲裁条款,确认该条款的效力,首先应明确所应适用的准据法。根据多年来的司法实践以及本院第二次全国涉外商事海事审判工作会议纪要所确定的原则,当事人在合同中明确约定了仲裁条款效力的准据法的,应当适用当事人明确约定的法律;未约定仲裁条款效力的准据法但约定了仲裁地的,应当适用仲裁地国家或者地区的法律。只有在当事人未约定仲裁条款效力的准据法亦未约定仲裁地或者仲裁地约定不明的情况下,才能适用法院地法即我国法律作为确认仲裁条款效力的准据法。从本案事实看,当事人并未约定确认仲裁条款效力的准据法,因此应该适用本案当事人约定的仲裁地即瑞士的法律作为确认仲裁条款效力的准据法。

你院关于适用法院地法审查该合同中仲裁条款效力的理由不能成立。第一,人民法院审理案件需要适用外国法时,外国法的查明有多种途径,人民法院可以要求当事人提供,当事人也有权申请人民法院查明相关外国法,只有在通过各种途径确实无法查明的情况下,才可以考虑适用法院地法。而从本案事实看,在你院及江门中院既未要求当事人提供外国法、也未自行查明外国法的情况下,即以外国法查明存在困难为由拒绝适用外国法欠妥;第二,本案所涉两份合同签约主体不同,标的物不同,分开审理对纠纷的解决并无不利;第三,在当事人签订了有效仲裁条款时,人民法院依法对纠纷不享有管辖权,因此不存在我国将此类案件的管辖权一概让与仲裁地国家或者损害我国司法主权的问题;第四,在当事人未明确约定仲裁条款效力的准据法时,对仲裁条款效力的审查适用仲裁地法已经是多年司法实践以及我院第二次全国涉外商事海事审判工作会议纪要中所明确确立的原则,而不仅仅只是学术界的一种观点,各级人民法院应该遵照执行。因此你院关于适用我国法律确认本案仲裁条款效力的意见不能成立,确认华尔润公司与斯坦因公司所签合同中仲裁条款的效力应适用瑞士法律。根据瑞士法律,该仲裁条款是有效和可执行的。

二、华尔润公司与上海斯坦因·霍特迈克工业炉有限公司(以下简称上海公司)签订的合同第九章"仲裁"中明确约定:"本合同下或本合同相关的任何以及所有无法经友好协商解决的争议应通过仲裁解决。仲裁应根据中国国际经济贸易仲裁委员会调解和仲裁规则进行。仲裁应在北京进行。仲裁结果应为终局性的,对双方均有拘束力"。从该合同的签约主体、当事人购买的标的物及双方当事人之间民事法律关系设立、变更、终止的法律事实看,该合同不具有涉外因素,合同中的仲裁条款不属于涉外仲裁条款。对该仲裁条款效力的审查应适用我国的法律。华尔润公司与上海公司签订的仲裁条款虽然未约定仲裁机构,但其约定了适用的仲裁规则即《中国国际经济贸易仲裁委员会仲裁规则》,而根据该《仲裁规则》第四条第(三)项的规定,凡当事人约定按照该规则进行仲裁但未约定仲裁机构的,均视为同意将争议提交中国国际经济贸易仲裁委员会仲裁。因此根据当事人约定的仲裁规则可以确定明确的仲裁委员会,你院关于该仲裁条款因未约定明确的仲裁机构应认定无效的理由不能成立,该仲裁条款有效。

综上,由于华尔润公司与斯坦因公司和上海公司签订的合同中均包含明确有效的仲裁条款,依照《中华人民共和国民事诉讼法》第一百一十一条第(二)项、第二百五十七条第一款、《中华人民共和国仲裁法》第五条的规定,本案纠纷应根据当事人的约定,通过仲裁方式解决,人民法院对该纠纷无管辖权。

此复。

最高人民法院
关于对韩进船务有限公司申请承认和
执行英国仲裁裁决一案请示的复函

2006年6月2日　　　　　　　　　　　　〔2005〕民四他字第53号

广东省高级人民法院：

你院〔2005〕粤高法民四他字第14号《关于对韩进船务有限公司申请承认和执行英国仲裁裁决的请示》收悉。经研究，答复如下：

本案所涉提单虽然在正面载明了"与租船合同一并使用"，且在背面条款中载明了"提单正面所注明的租船合同中的所有条件、条款、权利和除外事项，包括法律适用和仲裁条款，都并入本提单"，但韩进船务有限公司不能证明其提交的包运合同就是提单所载明的租船合同，而且该包运合同的当事人并非韩进船务有限公司，因此应认定该包运合同没有并入提单，包运合同文本中的仲裁条款也没有并入提单，韩进船务有限公司与广东富虹油品有限公司之间不存在书面仲裁协议或者仲裁条款，韩进船务有限公司提出承认和执行仲裁裁决的请求，不符合《纽约公约》第2条的相关规定。

同意你院的倾向性意见，即拒绝承认与执行英国仲裁员罗伯特·嘉仕福特（Robert Gaisford）于2004年12月6日在英国作出的仲裁裁决。

此复。

最高人民法院
关于香港东丰船务有限公司申请执行
香港海事仲裁裁决请示的复函

2006年6月2日　　　　　　　　　　　　〔2006〕民四他字第12号

辽宁省高级人民法院：

你院〔2005〕辽执一监字第3号《关于大连海事法院报送的〈中国外运沈阳集团公司申请不予执行香港仲裁裁决〉一案的审查报告》收悉。

经研究认为：根据你院请示报告认定的事实，申请执行人香港东丰船务有限公司并未提供相关书面证据证明被执行人中国外运沈阳集团公司接到另行指定仲裁员的适当通知,也无证据证明仲裁庭向被执行人发出仲裁开庭的书面通知。根据最高人民法院《关于内地与香港特别行政区相互执行仲裁裁决的安排》第七条第一款(二)项的规定,对香港东丰船务有限公司提交的香港海事仲裁裁决应裁定不予执行。

此复。

最高人民法院
关于中电通信科技有限公司与韩国移动通信有限公司、上海奥盛投资有限公司联营合同纠纷管辖权异议一案有关仲裁条款效力问题的请示的复函

2006年7月20日 〔2006〕民四他字第19号

北京市高级人民法院:

你院京高法〔2006〕120号《关于中电通信科技有限公司与韩国移动通信有限公司、上海奥盛投资有限公司联营合同纠纷管辖权异议一案有关仲裁条款效力问题的请示》收悉。经研究,答复如下:

本案当事人在《合营公司合同》中约定了仲裁条款,即:有关合同的任何争议,如果中电通信科技有限公司(以下简称中电通信公司)、上海奥盛投资有限公司(以下简称上海奥盛公司)提起仲裁,争议应当在韩国首尔仲裁;如果韩国移动通信有限公司(以下简称韩国移动公司)提起仲裁,争议应当在中国北京仲裁……当事人没有约定认定该仲裁条款效力的准据法,但约定了仲裁地点,本案即应当根据仲裁地的法律认定所涉仲裁条款的效力。根据该仲裁条款的约定,如果韩国公司提起仲裁,仲裁地点即在中国北京,现本案争议系由韩国公司首先提请解决,因此,本案应当根据中国法律认定所涉仲裁条款的效力。

本案所涉仲裁条款没有约定仲裁机构,当事人之间亦没有就仲裁机构达成补充协议,根据《中华人民共和国仲裁法》第十六条、第十八条的规定,应当认定本案所涉仲裁条款无效。北京一中院作为被告住所地的人民法院,对本案享有管辖权。

同意你院的处理意见。同时,请你院提醒北京市第一中级人民法院在其认定有关仲裁条款无效时,应根据报告制度及时逐级报告我院。

此复。

最高人民法院
关于深圳市交通运输公司等诉香港深南投资公司合作经营运输纠纷一案仲裁条款效力问题的请示的复函

2006年9月13日　　　　　　　　　　　　〔2006〕民四他字第29号

广东省高级人民法院：

你院〔2006〕粤高法立请字第3号《关于深圳市交通运输公司等诉香港深南投资公司合作经营运输纠纷一案仲裁条款效力问题的请示》收悉。经研究，答复如下：

本案所涉仲裁条款约定："甲、乙双方如在合作过程中发生争议事宜，应本着友好精神协商解决，但在协商不能解决时，应提请深圳市仲裁机构进行调解或仲裁，裁决是终局的，双方均应服从。"该仲裁条款关于仲裁机构约定为"深圳市仲裁机构"，该约定不明确，当事人亦未就仲裁机构达成补充协议。根据《中华人民共和国仲裁法》第十六条、第十八条的规定，应当认定该仲裁条款无效。深圳市中级人民法院作为合同履行地的法院，对本案享有管辖权。同意你院的处理意见。

此复。

最高人民法院
关于玉林市中级人民法院报请对成伟投资有限公司涉外仲裁一案不予执行的请示的复函

2006年9月13日　　　　　　　　　　　　〔2006〕民四他字第25号

广西壮族自治区高级人民法院：

你院〔2006〕桂法执复字第1号、〔2006〕桂法执议字第3号《关于玉林市中级人民法院报请对成伟投资有限公司涉外仲裁一案不予执行的请示报告》收悉。经研究，答复如下：

关于你院请示的第一个问题，涉及人民法院是否应予执行我国仲裁机构作出的涉外仲裁裁决，应当根据《中华人民共和国民事诉讼法》第二百六十条的规定进行审查。

从本案有关事实看，合作合同中明确约定合作双方为广西玉林市恒通有限公司（以下简称恒通公司）和成伟投资有限公司（以下简称成伟公司）。广西壮族自治区玉林市人民政府（以下简称玉林市政府）作为恒通公司的主管部门、路劲基建有限公司（以下简称路劲公司）作为成伟公司的主管部门，尽管亦在该合作合同上签署，但是合作合同第二章明确约定合作公司的合作双方为恒通公司和成伟公司。因此，玉林市政府和路劲公司均不是合作合同的当事人，合作合同中的仲裁条款不能约束玉林市政府。玉林市政府提供的担保函中没有约定仲裁条款，玉林市政府与成伟公司之间亦未就他们之间的担保纠纷的解决达成仲裁协议。仲裁庭依据合作合同中的仲裁条款受理本案，就涉及玉林市政府的担保纠纷而言，仲裁裁决已经超出了仲裁协议的范围。

尽管合作合同约定将广西玉柴机器集团有限公司（以下简称玉柴集团）出具的担保函作为合作合同的组成部分，但合作合同中的仲裁条款明确约定"合作双方"在解释或履行合同中发生的争议应交付仲裁，而玉柴集团并非合作合同的当事人，因此，其不应受合作合同中仲裁条款的约束。玉柴集团提供的担保函中没有约定仲裁条款，玉柴集团与成伟公司之间亦未就他们之间的担保纠纷的解决达成仲裁协议。在本案仲裁过程中，玉柴集团曾以其不是本案仲裁协议的当事人为由提出了管辖权异议。因此，仲裁庭亦无权对玉柴集团与成伟公司之间的担保纠纷作出仲裁裁决。

综上，根据《中华人民共和国民事诉讼法》第二百六十条第一款第（四）项以及最高人民法院《关于适用〈中华人民共和国民事诉讼法〉若干问题的意见》第二百七十七条的规定，人民法院应当裁定不予执行涉及玉林市政府和玉柴集团部分的仲裁裁决，其余部分应予执行。

关于你院请示的第二个问题，对于人民法院作出的中止执行的裁定，当事人不能申请复议，因此，你院不应受理成伟公司申请复议一案。

此复。

最高人民法院
关于博而通株式会社申请承认外国仲裁裁决一案的请示的复函

2006年12月14日　　　　　　　　　〔2006〕民四他字第36号

北京市高级人民法院：

你院京高法〔2006〕323号"关于博而通株式会社申请承认外国仲裁裁决一案的请示"收悉。经研究，答复如下：

根据你院请示认定的事实，大韩民国商事仲裁院第05113—0010号仲裁裁决案的仲裁开庭通知和仲裁裁决书是采用邮寄送达的方式，向被申请人的工商注册地址寄送的。仲裁程序中的送达不适用《中华人民共和国和大韩民国关于民事和商事司法协助的条约》和《关于向国外送达民事或商事司法文书和司法外文书公约》，而应依照仲裁规则确定送达是否适当。被申请人不能证明邮寄送达违反有关仲裁规则。被申请人地址变更后未给予通知，由此导致其未及时收到邮件，不属于《承认及执行外国仲裁裁决公约》第五条第一项（乙）款规定的情形。因此，不应依照《承认及执行外国仲裁裁决公约》第五条第一项（乙）款的规定拒绝承认和执行上述仲裁裁决。如无其他可不予承认和执行的法定情形，大韩民国商事仲裁院第005113—0010号仲裁裁决应予承认和执行。

此复。

最高人民法院关于中国电子进出口北京公司申请撤销中国国际经济贸易仲裁委员会〔2006〕中国贸仲京裁字第0012号裁决一案的请示的复函

2006年12月15日　　　　　　　　　　〔2006〕民四他字第43号

北京市高级人民法院：

你院京高法〔2006〕409号《关于中国电子进出口北京公司申请撤销中国国际经济贸易仲裁委员会〔2006〕中国贸仲京裁字第0012号裁决一案的请示》收悉。经研究，答复如下：

本案系当事人向人民法院申请撤销我国仲裁机构作出的涉外仲裁裁决的案件。本案所涉仲裁裁决将作为仲裁被申请人之一的"北京神州特信科技有限责任公司"的名称错误地列为"北京神州特信科技发展有限公司"，在仲裁裁决存在的上述错误已无法根据本案仲裁所适用的仲裁规则的规定进行更正的情况下，仲裁机构愿意通过重新仲裁的方式解决上述问题，应当认为属于"可以由仲裁庭重新仲裁的"情形。人民法院应当根据《中华人民共和国仲裁法》第六十一条的规定，通知仲裁庭在一定期限内重新仲裁，并裁定中止撤销程序。同意你院的处理意见。

此复。

最高人民法院
关于是否裁定不予承认和执行英国伦敦"ABRA 轮 2004 年 12 月 28 日租约"仲裁裁决的请示的复函

2007 年 1 月 10 日　　　　　　　　　　〔2006〕民四他字第 34 号

天津市高级人民法院：

你院〔2005〕津高民四他字第 5 号《关于是否裁定不予承认和执行英国伦敦"ABRA 轮 2004 年 12 月 28 日租约"仲裁裁决的请示》收悉。经研究，答复如下：

涉案申请人世界海运管理公司与被申请人天津市凯强商贸有限公司签订的租船合同约定："本合同产生的或者与本合同有关的所有争议当任何一方索赔总金额（除利息和费用外）不超过 50000 美元时，应根据伦敦海事仲裁员协会规则提交伦敦仲裁；其他所有争议，除非当事人立即同意一个独任仲裁员，应提交在英国执业的波罗的交易所成员的两个仲裁员最终仲裁裁决，每方当事人指定一个仲裁员，再由仲裁员指定首席仲裁员。本合同由英国法调整并根据英国法解释"。申请人索赔标的为 163815.38 美元，超过 50000 美元的限额，应由当事人指定仲裁员。根据《1996 年英国仲裁法》第 14 条第（4）款规定，如果仲裁员需由当事人指定，仲裁程序以及指定仲裁员的通知可以由一方当事人向对方当事人送达。该法第 76 条规定：当事人可以通过仲裁协议对送达的方式进行约定；没有约定的，通知或者其他文件可以任何有效的方式送达个人。

在仲裁过程中，涉案申请人根据《1996 年英国仲裁法》的规定，通过案外人采用电子邮件方式向被申请人送达，该送达方式并非我国所禁止，在申请人能够证明被申请人已收悉送达通知的情况下，该送达应为有效送达。但申请人未能提供被申请人确认收到电子邮件或者能够证明被申请人收到电子邮件的其他证据，证明被申请人得到指定仲裁员和仲裁程序的适当通知。根据《纽约公约》第 5 条第 1 款第 2 项的规定，天津海事法院应对该仲裁裁决不予承认和执行。同意你院的处理意见。

此复。

最高人民法院
关于宁波剡界岭高速公路有限公司诉奥地利阿尔皮内·麦瑞德建筑股份有限公司代理合同纠纷一案仲裁条款效力的请示的复函

2007年1月11日　　　　　　　　　〔2006〕民四他字第42号

浙江省高级人民法院：

你院关于《宁波剡界岭高速公路有限公司诉奥地利阿尔皮内·麦瑞德建筑股份有限公司代理合同纠纷一案仲裁条款效力的请示》收悉，经研究答复如下：

根据你院请示报告中反映的事实，本案双方当事人在协议第15条争议解决方式中约定：由本协议引起的或与本协议相关的任何争议、争论或索赔事件，首先，根据宁波仲裁委员会的仲裁规则进行调解；其次，如果不能达成解决方案，争议事件应提交仲裁，根据浙江省的法律法规进行仲裁，该仲裁应在中国由一个仲裁员用英语进行。从该约定可以看出，在调解不成的情况下，双方当事人通过仲裁解决本案合同争议的意思表示是明确的，仲裁地点在中国。最高人民法院《关于适用〈中华人民共和国仲裁法〉若干问题的解释》第十六条规定："对涉外仲裁协议的效力审查，适用当事人约定的法律；当事人没有约定适用的法律但约定了仲裁地的，适用仲裁地法律；没有约定适用的法律也没有约定仲裁地或者仲裁地约定不明的，适用法院地法律。"由于该协议约定的仲裁地在中国，故对仲裁条款效力的审查应适用中国法。

因本案双方当事人在仲裁条款中未约定仲裁机构，发生纠纷后，没有证据表明双方当事人对仲裁机构达成补充协议，根据《中华人民共和国仲裁法》第十八条的规定，该仲裁条款应属无效。人民法院对该案享有管辖权。

此复。

最高人民法院
关于彼得·舒德申请承认及执行美国
仲裁委员会裁决一案的请示的复函

2007年1月22日　　　　　　　　　　　〔2006〕民四他字第35号

北京市高级人民法院：

你院京高法〔2006〕328号《关于彼得·舒德申请承认及执行美国仲裁委员会裁决一案的请示》收悉。经研究，答复如下：

本案系当事人申请承认及执行美国仲裁机构作出的仲裁裁决的案件，根据最高人民法院《关于执行我国加入的〈承认和执行外国仲裁裁决公约〉的通知》第五条规定确立的原则及《中华人民共和国民事诉讼法》（以下简称《民事诉讼法》）的相关规定并结合本案事实，申请人彼得·舒德应在2003年7月5日前向人民法院提出申请，但其向北京市第一中级人民法院提出申请的时间为2003年10月30日，已经超过了法定期限。对此申请人彼得·舒德提出了三点抗辩理由：（1）本案管辖权异议经法院审查后再审查执行期限，不符合相关的法律规定，被申请人爱德华·雷门就管辖权提出异议，视为其接受执行期限问题；（2）根据相关法律规定，领事认证是申请执行的法定条件，中华人民共和国驻纽约总领事馆做出认证的时间是2002年11月5日，应从2002年11月5日起算申请执行期限；（3）2003年3月北京正值非典期间，按照最高人民法院《关于在防治传染非典型肺炎期间依法做好人民法院相关审判、执行工作的通知》第五条第（一）款的规定，当事人因防治"非典"耽误申请执行期限的，人民法院按照《民事诉讼法》第七十六条的规定处理。

本院认为：第一，被申请人爱德华·雷门就管辖权问题提出异议，并不能表明其认可申请人彼得·舒德可以在法定申请期限之外对裁决提出承认和执行的申请，在爱德华·雷门提出的管辖权异议被驳回后，其仍然有权就彼得·舒德申请执行的期限问题向人民法院提出异议，人民法院对其异议应予审查。第二，《民事诉讼法》第二百一十九条明确规定："申请执行的期限，双方或者一方当事人是公民的为一年，双方是法人或者其他组织的为六个月。前款规定的期限，从法律文书规定履行期间的最后一日起计算；法律文书规定分期履行的，从规定的每次履行期间的最后一日起计算。"依照上述规定，彼得·舒德关于应从领事认证的时间起算申请执行期限的意见是缺乏法律依据的。第三，2003年3月份开始，北京确实爆发了严重的"非典"疫情，客观上对各行各业的正常工作以及人民群众的生活造成了影响。我国虽然并未对"非典"疫情消除的准确时间作出规定，但世界卫生组织2003年6月24日在日内瓦和北京同时宣布：解除对北京的旅行警告，同时将北京从"非典"疫区名单中除名，即所谓的"双解除"，据此可以认定从世界卫生组织宣布对北京实行"双解除"之日起,影响申请人彼得·舒德提出承认及执行仲裁裁决申请的障碍已经消除。依照法律规定彼得·舒德提出申请的最终期限为2003年7月5日,而世界卫生组织宣布对北京实行"双解除"之日其申请期限尚未届满,"非典"疫情并未耽误其申请执行期限。退一步讲,如果依照申请人彼得·舒德主张的美国政府疾病控制中心解除对北京旅游警告的日期即2003年7月11日作为影响其申请承认和执行的障碍("非典"疫情)消除的时间,则此时其申请承认和执行裁决的法定期限已过。最高人民法院《关于在防治传染性非典型肺炎期间依法做好人民法院相关审判、执行工作的通知》第五条第(一)款规定:"当事人因防治'非典'耽误申请执行期限的,人民法院按照《民事诉讼法》第七十六条的规定处理。"《民事诉讼法》第七十六条规定:"当事人因不可抗拒的事由或者其他正当理由耽误期限的,在障碍消除后的十日内,可以申请顺延期限,是否准许,由人民法院决定。"依照上述规定,彼得·舒德应该在障碍("非典"疫情)消除后10日内即2003年7月21日前向人民法院申请顺延期限。根据目前查明的事实,彼得·舒德并未向人民法院提出申请顺延期限,而是迟至2003年10月30日才向人民法院提出承认及执行仲裁裁决的申请,因此即使将美国政府疾病控制中心解除对北京旅游警告的日期,即2003年7月11日作为影响申请人彼得·舒德申请承认和执行的障碍("非典"疫情)消除的时间,但由于其并未在法定期限内向人民法院申请顺延期限,故其关于"非典"疫情延误其申请承认及执行期限的理由亦不能成立。

综上,彼得·舒德向人民法院提出的承认及执行仲裁裁决的申请超过了法定期限,其所述三点抗辩理由均不能成立,对于其申请应予驳回,同意你院的请示意见。

此复。

最高人民法院
关于原告中国平安财产保险股份有限公司大连分公司与被告中远航运股份有限公司、广州远洋运输公司海上货物运输合同保险代位求偿案所涉仲裁条款是否有效的请示的复函

2007年1月26日　　　　　　　　　〔2006〕民四他字第49号

湖北省高级人民法院:

你院〔2006〕鄂民立他字第027-1号《关于原告中国平安财产保险股份有限公司大连分公司与被告中远航运股份有限公司、广州远洋运输公司海上货物运输合同保险代位求偿案所涉仲裁条款是否有效的请示》收悉。经研究答复如下:

根据你院查明的事实,涉案提单正面仅记载"2004年4月19日租约中条款、条

件、除外责任等并入本提单",并未明确记载将该租约中的仲裁条款并入提单。涉案提单背面记载的有关并入的格式条款并不能构成租约仲裁条款的有效并入。因此,可以认定涉案租约中的仲裁条款没有并入提单,中远航运股份有限公司、广州远洋运输公司依据该仲裁条款主张仲裁的理由不能成立,该仲裁条款对中国平安财产保险股份有限公司大连分公司不具有约束力。本案所涉海上货物运输卸货港为南通,属于武汉海事法院管辖范围,武汉海事法院对本案具有管辖权。同意你院关于武汉海事法院对本案具有管辖权的结论意见。

此复。

最高人民法院
关于天宇客货运输服务有限公司厦门分公司与厦门万里石有限公司申请确认仲裁协议效力纠纷一案的请示的复函

2007年2月6日　　　　　　　　　　　　〔2006〕民四他字第40号

福建省高级人民法院：

你院闽高法〔2006〕408号《关于天宇客货运输服务有限公司厦门分公司与厦门万里石有限公司申请确认仲裁协议效力纠纷一案的请示报告》收悉,经研究,答复如下：

厦门万里石有限公司(以下简称万里石公司)与天宇客货运输服务有限公司厦门分公司(以下简称天宇厦门公司)在货物运输合同中约定就货损赔偿责任提交厦门仲裁委员会仲裁,双方意思表示真实,且该仲裁条款不违反仲裁法的有关规定,依法对双方当事人具有约束力。

在货损纠纷发生之后,万里石公司没有依照合同约定将争议提交厦门仲裁委员会仲裁,而是选择向厦门海事法院提起侵权之诉,就货物损坏及短装损失要求天宇厦门公司承担损害赔偿责任,天宇厦门公司应诉答辩且未提出管辖权异议,厦门海事法院及你院均以万里石公司诉讼主体不适格为由裁定驳回起诉,应当视为当事人双方已就货物损坏及短装损失的损害赔偿争议选择通过诉讼方式解决,变更了货物运输合同约定的通过仲裁解决纠纷的救济方式。因此,在天宇厦门公司对仲裁管辖提出异议的情况下,仲裁条款对双方当事人已不具有约束力,厦门仲裁委员会对本案诉争之事宜不具有管辖权。

同意你院的处理意见。

此复。

最高人民法院
关于申请人弗拉西动力发动机有限公司申请承认和执行澳大利亚法院判决一案的请示的复函

2007年3月1日　　　　　　　　　　〔2006〕民四他字第45号

广东省高级人民法院：

你院〔2006〕粤高法民四他字第11号《关于申请人弗拉西动力发动机有限公司申请承认和执行澳大利亚法院判决一案的请示》收悉。经研究认为，我国与澳大利亚联邦之间没有缔结或者参加相互承认和执行法院民事判决、裁定的国际条约，亦未建立相应的互惠关系。弗拉西动力发动机有限公司的申请没有法律依据，应予驳回。依照最高人民法院《关于适用〈中华人民共和国民事诉讼法〉若干问题的解释》第318条的规定，当事人可以向有管辖权的人民法院另行起诉。

此复。

最高人民法院
关于浙江久立集团股份有限公司申请撤销仲裁裁决一案的请示的复函

2007年3月22日　　　　　　　　　　〔2007〕民四他字第1号

上海市高级人民法院：

你院〔2006〕沪高民四（商）他字第2号《关于浙江久立集团股份有限公司申请撤销仲裁裁决一案的请示》收悉，经研究，答复如下：

根据你院报告所述事实，本案争议涉及两份《合资经营合同》，即北美冶金国际有限公司（以下简称北美国际）、浙江佳元企业发展有限公司（以下简称浙江佳元）、浙江久立集团股份有限公司（以下简称浙江久立）于1999年5月12日签订的《合资经营合同》（以下简称《5·12合同》）以及北美冶金集团有限公司（以下简称北美集团）、浙江佳元、浙江久立于1996年6月8日签订的《合资经营合同》（以下简称《6·8合同》），两份合同均约定有仲裁条款，尽管合同约定的仲裁机构名称为"中国国际贸易仲裁委员会"与名称为"中国国际经济贸易仲裁委员会"相差"经济"二字，但中国只有一家国际经济贸易仲裁委员会,也没有其他的仲裁委员会名称与"中国国际贸易仲裁委员会"更近似,依据本院《关于适用〈中华人民共和国仲裁法〉若干问题的解释》第三条的规定,可以认定当事人选择的就是中国国际经济贸易仲裁委员会。故中国国际经济贸易仲裁委员会上海分会(以下简称上海分会)对本案两份合同均有管辖权。

从你院报告反映的情况看,上海分会在仲裁裁决书中表述受理本仲裁案依据的是《6·8合同》中的仲裁条款,由于本案当事人之一的北美国际并非《6·8合同》的缔约主体,因此上海分会依据《6·8合同》中的仲裁条款受理该案,在管辖权方面的表述是存在瑕疵的。上海市第二中级人民法院认为北美国际并非《6·8合同》的缔约主体,在没有证据证明北美集团与北美国际为同一主体的前提下,仲裁机构基于《6·8合同》中的仲裁条款对北美国际与合资中方之间纠纷进行审理程序不当的观点是有一定道理的。但从案件相关事实看,本案当事人北美国际、浙江佳元、浙江久立签订的《5·12合同》中同样存在有效的仲裁条款,因此就本案纠纷而言,仲裁庭实际享有管辖权。

另,本案中申请人提交仲裁申请的时间为 2002 年 1 月 18 日,在仲裁审理过程中,申请人北美国际于 2003 年 7 月 21 日解散,而仲裁庭于 2003 年 12 月 8 日作出的仲裁裁决仍将北美国际列为仲裁当事人。北美国际解散的确定后果与法律意义不详,如果北美国际的解散意味着其法人主体资格的消灭,则北美国际不能作为仲裁当事人,应变更其权利义务关系继受人 AOD 公司为仲裁当事人。

综上,本案仲裁裁决存有一定问题,但就解决北美国际、浙江久立、浙江佳元之间的合资经营内曼格特钢有限公司纠纷而言,上海分会具有管辖权,如果人民法院现在以当事人间不存在仲裁协议为由撤销本案裁决,其仍可按照《5·12合同》中的仲裁条款再行申请仲裁,结果必将给当事人带来不必要的诉累。鉴于存在上述情况,建议此案按《仲裁法》第六十一条规定,通知仲裁庭重新仲裁,如仲裁庭拒绝重新仲裁,再恢复撤销程序。

此复。

最高人民法院
关于申请人瑞士邦基有限公司申请承认和执行英国仲裁裁决一案的请示的复函

2007 年 5 月 9 日　　　　　　　　　　〔2006〕民四他字第 47 号

广东省高级人民法院:

你院〔2006〕粤高法民四他字第 9 号"关于申请人瑞士邦基有限公司申请承认和执行英国仲裁裁决一案的请示"收悉。经研究,答复如下:

1. 本案是申请承认和执行外国仲裁裁决纠纷案件。由于本案仲裁裁决在英国作出,中国和英国均为《承认及执行外国仲裁裁决公约》(以下简称《纽约公约》)的缔约国,根据《中华人民共和国民事诉讼法》第二百六十九条的规定,本案仲裁裁决是否予以承认和执行,应当依照《纽约公约》的规定进行审查。根据你院提供的案情,本案仲裁协议有效,仲裁程序合法,裁决应当予以承认;

2. 按照最高人民法院《关于执行我国加入的〈承认及执行外国仲裁裁决公约〉的通知》第五条的规定,申请人申请执行外国仲裁裁决的,应当在我国法律规定的申请执行期限内提出。根据《中华人民共和国民事诉讼法》第二百一十九条的规定,申请执行的期限,双方是法人或者其他组织的为六个月,从法律文书规定履行期间的最后一日起计算。本案裁决书并无履行期限的内容,应当给予当事人一个合理的期限。根据《纽约公约》第四条的规定,申请人取得仲裁裁决正本或者正式副本是向法院申请承认执行仲裁裁决的必要条件。故可以从申请人收到裁决书正本或者正式副本之日起计算申请人申请执行的期限。请你院查清有关事实后,依法作出裁定。

最高人民法院
关于四川华宏国际经济技术投资有限公司诉韩国韩华株式会社买卖合同纠纷一案仲裁条款效力问题的请示的复函

2007年8月24日　　　　　　　　　　〔2007〕民四他字第13号

四川省高级人民法院:

你院川高法〔2007〕159号《关于四川华宏国际经济技术投资有限公司诉韩国韩华株式会社买卖合同纠纷一案仲裁条款效力问题的请示》收悉。

经研究认为:华宏国际经济技术投资有限公司(以下简称华宏公司)与韩国韩华株式会社(以下简称韩华株式会社)签订的《销售合同》第14条约定,"本销售合同在执行中发生所有的纠纷应通过友好的协商解决。如果不能通过双方友好的解决,纠纷将呈递到买卖双方相互承认的第三国仲裁"。双方未约定认定该仲裁条款效力的准据法,该仲裁条款也未约定仲裁地点和仲裁机构。由于华宏公司已经对韩华株式会社提起诉讼,按照《最高人民法院关于适用〈中华人民共和国仲裁法〉若干问题的解释》第十六条的规定,"对涉外仲裁协议的效力审查,适用当事人约定的法律;当事人没有约定适用的法律但约定了仲裁地的,适用仲裁地法律;没有约定适用的法律也没有约定仲裁地或者仲裁地约定不明的,适用法院地法律"。故本案应依据法院地法即中华人民共和国法律认定仲裁条款的效力。根据《中华人民共和国仲裁法》第十六条、第十八条之规定,双方当事人没有约定明确的仲裁机构,在发生纠纷后,亦未对仲裁地点和仲裁机构达成补充协议,故该《销售合同》中的仲裁条款无效。

同意你院的审查意见,根据《中华人民共和国民事诉讼法》第二百四十三条的规定,成都市中级人民法院作为《销售合同》载明的合同签订地的人民法院,对本案具有管辖权。

此复。

最高人民法院
关于确认成都七彩服装有限责任公司与创始时装有限公司专营合同中仲裁条款效力一案的请示的复函

2007 年 9 月 18 日　　　　　　　　　　　　〔2007〕民四他字第 16 号

四川省高级人民法院:

你院川高法〔2007〕182 号《关于确认成都七彩服装有限责任公司与创始时装有限公司专营合同中仲裁条款效力一案的请示》收悉。经研究,答复如下:

本案为确认仲裁协议效力案件,由于作为当事人一方的创始时装有限公司系在澳门特别行政区注册成立的公司,故本案应适用确认涉外仲裁效力的有关规定。《最高人民法院关于适用〈中华人民共和国仲裁法〉若干问题的解释》第十六条规定:"对涉外仲裁协议的效力审查,适用当事人约定的法律;当事人没有约定适用的法律但约定了仲裁地的,适用仲裁地法律;没有约定适用的法律也没有约定仲裁地或者仲裁地约定不明的,适用法院地法律。"本案当事人虽然未在合同中明确约定确认仲裁协议效力所应适用的准据法,但在发生争议后,双方当事人一致认为应适用澳门特别行政区法律作为仲裁协议的准据法,故应视为当事人就确认仲裁协议效力的准据法达成补充协议,本案应适用澳门特别行政区法律作为确认仲裁协议效力的准据法。

根据当事人举证,目前澳门特别行政区关于仲裁方面的法律主要有两部,即 29/96/M 号法令(以下简称 29 号法令)和 55/98/M 号法令(以下简称 55 号法令)。29 号法令规定的是澳门特别行政区仲裁的一般制度。55 号法令规范的是涉外商事仲裁,该法令第一章第一条第四款 b 项规定,仲裁协议之当事人在订立协议时各自之营业地点位于不同国家或地区即为涉外仲裁。由于本案双方当事人的营业地点分别位于我国内地和澳门特别行政区,因此本案应优先适用 55 号法令的规定。

本案当事人在合同中约定:"因履行本协定所产生的一切争议,双方应首先友好协商解决,协商不成时,应提交澳门特别行政区相关仲裁委员会依其仲裁规则进行仲裁。"现当事人又一致认为应适用澳门特别行政区法律作为确认仲裁协议效力的准据法。上述仲裁协议有明确的仲裁意思表示,约定了明确的仲裁事项,同时约定提交澳门特别行政区相关仲裁委员会依其仲裁规则进行仲裁。根据当事人的约定,其将争议提交澳门特别行政区相关的仲裁机构后,依据仲裁机构的仲裁规则通常能够确定仲裁员的指定方式,即使仲裁规则中没有对指定仲裁员的方式作出明确的规定,由于55号法令对于当事人在"无关于指定一名或数名仲裁员之程序之协议"的情况下如何确定仲裁庭的组成作出了明确的规定,因此根据当事人约定适用的澳门特别行政区法律,可以确定仲裁员的指定方式。而根据目前查明的事实,澳门世贸仲裁中心也已经根据创始时装有限公司的申请受理了相关案件。故你院请示报告中认为本案仲裁条款未指定仲裁员,也未指出指定仲裁员方式,因此应确认无效的意见缺乏法律依据,本案所涉仲裁协议应认定有效。

此复。

最高人民法院
关于上海城通轨道交通投资开发建设有限公司、林敏申请撤销仲裁裁决一案的请示的复函

2007年9月18日　　　　　　　　　　　〔2007〕民四他字第12号

上海市高级人民法院:

你院〔2007〕沪高民四(商)他字第1号《关于上海城通轨道交通投资开发建设有限公司、林敏申请撤销仲裁裁决一案的请示》收悉。经研究,答复如下:

本案为申请撤销涉外仲裁裁决案件,案件涉及到的两份仲裁协议即合资合同中的仲裁条款和《会议纪要》中的仲裁条款均是当事人真实意思表示,不违反法律规定,应认定有效。你院请示报告归纳的本案争议的实质问题是准确的,即本案实质在于解决合资合同中仲裁条款和《会议纪要》中仲裁条款效力范围的冲突问题,亦即两仲裁条款约定的仲裁事项的冲突问题。

本案所涉仲裁裁决解决的是当事人对《董事会决议》效力问题的争议。根据目前查明的事实,《董事会决议》是对合资各方增资问题作出的决议,作为本案当事人的各合资方在《董事会决议》作出后,又召开股东会议,形成一份《会议纪要》,《会议纪要》进一步对《董事会决议》的履行作出了约定,并明确"各投资方如不能履行本决议的,如有纠纷,由上海仲裁委员会进行仲裁。"如当事人未在《会议纪要》中约定新的仲裁条款,则对于因履行《董事会决议》产生的纠纷,中国国际经济贸易仲裁委员会上海分会(以下简称贸仲上海分会)依据合资合同中的仲裁条款当然有权进行仲裁,但由于当事人在《会议纪要》中约定了新的仲裁条款,依据该约定,因履行《董事会决议》(包括对其效力)产生的争议,当事人均应依照《会议纪要》中仲裁条款的约定,由上海仲裁委员会仲裁解决。因此贸仲上海分会无权对因《董事会决议》产生的纠纷进行仲裁。且上海市第一中级人民法院在贸仲上海分会作出仲裁裁决前,已经先行作出民事裁定,明确认定贸仲上海分会对有关庄城公司增资事项不具有管辖权,此后贸仲上海分会仍然

作出涉案仲裁裁决，明显与人民法院生效裁定相违背。

综上，同意你院请示意见，本案仲裁裁决依法应予撤销。

此复。

最高人民法院关于朱裕华与上海海船厨房设备金属制品厂申请撤销仲裁裁决再审一案的请示报告的复函

2007年9月18日　　　　　　　　　　　　　〔2007〕民四他字第7号

上海市高级人民法院：

你院〔2007〕沪高民四（商）他字第2号《关于朱裕华与上海海船厨房设备金属制品厂申请撤销仲裁裁决再审一案的请示报告》已收悉。经研究，答复如下：

根据你院的请示报告，中国国际经济贸易仲裁委员会上海分会在仲裁朱裕华与上海海船厨房设备金属制品厂合作合同纠纷一案过程中，因将受送达人朱裕华的送达地址书写不当而未能向其送达"仲裁通知"、"仲裁规则"、"仲裁员名册"、"仲裁申请书及附件材料"及"仲裁庭组成和开庭通知"，导致受送达人朱裕华未能出庭并陈述意见。根据《中华人民共和国仲裁法》第七十条、《中华人民共和国民事诉讼法》第二百六十条第一款第（二）项之规定，同意你院的审查意见，即中国国际经济贸易仲裁委员会上海分会〔2004〕中国贸仲沪裁字第073号裁决应予撤销。

最高人民法院关于香港永开利企业公司申请执行中国国际经济贸易仲裁委员会〔1996〕贸仲裁字第0109号仲裁裁决一案请示的复函

2007年10月23日　　　　　　　　　　　　〔2007〕民四他字第23号

广西壮族自治区高级人民法院：

你院〔2007〕桂高法执请字第1号《关于裁定对中国国际经济贸易仲裁委员会〔1996〕贸仲裁字第109号裁决不予执行的请示报告》收悉。经研究，答复如下：

根据你院请示及所附材料，香港永开利企业有限公司与"广西进出口贸易股份有限公司梧州分公司"在 1994 年 8 月 2 日签订了 94PYGXD020 号买卖合同，中国国际经济贸易仲裁委员会对该合同下的争议作出〔1996〕贸仲裁字第 0109 号裁决后，香港永开利企业有限公司向南宁市中级人民法院申请执行该裁决。经南宁市中级人民法院和你院查证，仲裁裁决书所确定的被申请人地址上不存在被申请人"广西进出口贸易股份有限公司梧州分公司"，工商部门也无"广西进出口贸易股份有限公司梧州分公司"的登记资料，且香港永开利企业有限公司自认与其有交易关系的是广西桂信实业开发公司，有关款项付给了广西桂信实业开发公司。由于"广西进出口贸易股份有限公司梧州分公司"在法律上和事实上均不存在，以"广西进出口贸易股份有限公司梧州分公司"为被申请人的〔1996〕贸仲裁字第 0109 号裁决应不予执行。同意你院不予执行上述仲裁裁决的意见。

此复。

最高人民法院
关于俞影如申请撤销仲裁裁决一案的请示的复函

2007 年 10 月 23 日 〔2007〕民四他字第 25 号

上海市高级人民法院：

你院〔2007〕沪高民四（商）他字第 5 号《关于俞影如申请撤销仲裁裁决一案的请示》收悉，经研究，答复如下：

根据你院请示报告反映的事实，本案仲裁被申请人林周毅在仲裁进行期间，即 2004 年 7 月 10 日去世，而相关仲裁裁决于 2005 年 1 月 13 日作出。仲裁裁决作出时，仲裁当事人已经病故，其主体身份明显不符合法定要求。

林周毅在公司章程中确认了其在我国台湾地区与美国的通讯地址，中国国际经济贸易仲裁委员会上海分会在杭州青少年活动中心表示难以提供林周毅其他通讯地址的情况下，推定林周毅在美国的地址为其最后一个为人所知的地址，并按照该地址送达相应文书。但是，在另外的仲裁程序中，杭州青少年活动中心于 2002 年 12 月按照"杭州市昭庆寺里街 22 号"地址向林周毅送达了有关文件，俞影如也提供证据证明仲裁期间寄往该地址的信件被仲裁被申请人妥收的事实。杭州青少年活动中心在仲裁过程中并未向中国国际经济贸易仲裁委员会上海分会提供仲裁被申请人真实的最后为人所知的通讯地址，并导致了仲裁被申请人在仲裁程序当中未能提出申辩并行使相关权利。根据民事诉讼法第二百六十条第一款第（二）项的规定，仲裁裁决具有法定应予撤销的情形。

鉴于中国国际经济贸易仲裁委员会上海分会已经表示可以重新仲裁，根据《中华人民共和国仲裁法》第六十一条的规定，本案应当裁定中止撤销程序，通知仲裁庭在一个月内重新仲裁。同意你院审委会的处理意见。

此复。

最高人民法院
关于不予执行香港欧亚科技公司与新疆啤酒花股份有限公司仲裁裁决一案的请示的复函

2007年11月28日　　　　　　　　　　　〔2006〕民四他字第48号

新疆维吾尔自治区高级人民法院：

你院〔2006〕新执监字第97号"关于不予执行香港欧亚科技公司与新疆啤酒花股份有限公司仲裁裁决一案的请示"收悉。经研究，答复如下：

据你院请示所附材料，申请人香港欧亚科技公司与被申请人新疆啤酒花股份有限公司为买卖啤酒花生产线进行磋商并一同检验设备后，因新疆啤酒花股份有限公司无进出口权，委托新疆农垦进出口公司代理进口。1996年10月19日，新疆农垦进出口公司与香港欧亚科技公司在乌鲁木齐市签订了96XK—1015HK合同（包括两个附件A和B），新疆啤酒花股份有限公司的副总经理在该合同的正本上签名确认。合同约定：本合同适用中国法律，如双方不能协商解决争议，则通过仲裁解决，仲裁地点将在香港。1997年12月1日，新疆啤酒花股份有限公司与香港欧亚科技公司签订了《关于对1996年10月19日乌鲁木齐签订的96XK—1015HK合同和附件B的修改协议》，双方在此修改协议中约定：修改协议是原合同的组成部分。之后，新疆啤酒花股份有限公司与香港欧亚科技公司发生争议，香港欧亚科技公司将争议提交仲裁。2001年6月24日，香港国际仲裁中心作出最终裁决。香港欧亚科技公司向乌鲁木齐市中级人民法院申请执行该裁决后，新疆啤酒花股份有限公司以双方之间没有仲裁协议为由提出应不予执行上述仲裁裁决。

本院经审查认为，新疆啤酒花股份有限公司与香港欧亚科技公司在修改协议中明确约定了该修改协议是原合同的组成部分，而原合同中有仲裁条款。因此，原合同中的仲裁条款对新疆啤酒花股份有限公司和香港欧亚科技公司双方具有约束力，不应以新疆啤酒花股份有限公司和香港欧亚科技公司之间不存在仲裁协议为由拒绝执行香港国际仲裁中心于2001年6月24日就新疆啤酒花股份有限公司与香港欧亚科技公司间买卖纠纷作出的仲裁裁决。此外，依照《最高人民法院关于适用〈中华人民共和国仲裁法〉若干问题的解释》第十六条和《最高人民法院关于内地与香港特别行政区相互执行仲裁裁决的安排》第七条第一款第一项，当事人未对仲裁协议的准据法作出约定但约定了仲裁地点的，适用仲裁地法律即香港特别行政区法律确定上述仲裁条款的效力。被申请人未主张上述仲裁条款依照香港特别行政区法律应确定为无效，也未提出仲裁裁决有《最高人民法院关于内地与香港特别行政区相互执行仲裁裁决的安排》第七条第一款规定的其他情形，如又不具有第二款、第三款规定的情形，则上述裁决应予执行。

此复。

最高人民法院关于宝源贸易公司与余建国买卖合同中仲裁条款的请示的复函

2007 年 11 月 29 日　　　　　　　　　　　〔2007〕民四他字第 38 号

福建省高级人民法院：

你院〔2007〕闽民他字第 22 号《关于宝源贸易公司与余建国买卖合同中仲裁条款的请示》收悉。经研究，答复如下：

宝源贸易公司与余建国之间签订的 2006 年 5 月 27 日合同第八条仅约定争议提交"福建省晋江市仲裁委员会"仲裁，该条款未约定确认仲裁条款效力应适用的法律，亦未约定仲裁地点，根据《最高人民法院关于适用〈中华人民共和国仲裁法〉若干问题的解释》第十六条即"对涉外仲裁协议的效力审查，适用当事人约定的法律；当事人没有约定适用的法律但约定了仲裁地的，适用仲裁地法律；没有约定适用的法律也没有约定仲裁地或者仲裁地约定不明的，适用法院地法律"的规定，本案应适用法院地法律即中华人民共和国法律来审查本案所涉仲裁条款的效力。由于"福建省晋江市仲裁委员会"并不存在，晋江市又没有其他的仲裁机构，当事人之间对此也不能达成补充协议，根据《中华人民共和国仲裁法》第十八条即"仲裁协议对仲裁事项或者仲裁委员会没有约定或者约定不明确的，当事人可以补充协议；达不成补充协议的，仲裁协议无效"的规定，本案所涉仲裁条款应确认无效。

同意你院的审查意见。

此复。

最高人民法院
关于天津市和平区经济贸易委员会与天津狗不理包子速冻食品有限公司、香港浩平发展有限公司申请解散公司纠纷一案仲裁条款效力问题的请示的复函

2008年1月7日　　　　　　　　　　　　〔2007〕民四他字第37号

天津市高级人民法院：

你院〔2007〕津高民四他字第1号《关于天津市和平区经济贸易委员会与天津狗不理包子速冻食品有限公司、香港浩平发展有限公司申请解散公司纠纷一案仲裁条款效力问题的请示》收悉，经研究，答复如下：

根据你院请示报告反映的事实，本案中，浩平发展有限公司以其与天津市狗不理包子饮食集团公司之间签订的《合资经营天津狗不理包子速冻食品有限公司合同》中存在仲裁条款为由提出管辖权异议，但本案原告天津市和平区经济贸易委员会并非该合资经营合同的当事人，不受合同中的仲裁条款约束。浩平发展有限公司以合资经营合同中约定了仲裁条款为由提出管辖权抗辩不应予以支持。

另外，关于本案所涉合资经营合同中的仲裁条款效力问题，我院〔2006〕民四他字第14号复函已有明确答复，合同当事方根据此仲裁条款提出的管辖异议应当不予支持。

同意你院的处理意见。

此复。

最高人民法院
关于马绍尔群岛第一投资公司申请承认和执行英国伦敦临时仲裁庭仲裁裁决案的复函

2008年2月27日　　　　　　　　　　　　〔2007〕民四他字第35号

福建省高级人民法院：

你院〔2007〕闽民他字第36号《关于马绍尔群岛第一投资公司申请承认和执行英国伦敦临时仲裁庭仲裁裁决一案的请示》收悉。经研究，同意你院审委会对该案处理意见的结论。

本案是马绍尔群岛第一投资公司申请承认和执行英国伦敦临时仲裁庭仲裁裁决案。我国为《1958年承认和执行外国仲裁裁决公约》（以下简称《纽约公约》）的参加国，应当依照纽约公约的规定审查该裁决是否应当予以承认和执行。

本案仲裁庭虽由3名仲裁员组成，但是仲裁员王生长并未参与仲裁的全过程，没有参与最终仲裁裁决的全部审议。因此，仲裁庭的组成或仲裁程序与当事人之间仲裁协议的约定不符，也与仲裁地英国的法律相违背。根据《纽约公约》第5条第1款第（4）项的规定，该仲裁裁决不应予以承认和执行。

最高人民法院
关于不予承认日本商事仲裁协会东京04—05号仲裁裁决的报告的复函

2008年3月3日　　　　　　　　　　　　　〔2007〕民四他字第26号

江苏省高级人民法院：

你院〔2007〕苏民三他字第0002号《关于不予承认日本商事仲裁协会东京04—05号仲裁裁决的报告》收悉。经本院审判委员会讨论，答复如下：

本案系日本信越化学工业株式会社（以下简称信越会社）向我国法院申请承认日本商事仲裁协会作出的仲裁裁决，中日两国均为《承认及执行外国仲裁裁决公约》（以下简称《纽约公约》）的缔约国，因此，应当依据《纽约公约》的有关规定进行审查。

从你院请示报告中反映的情况看，本案仲裁裁决在作出的期限及相关通知程序方面与《日本商事仲裁协会商事仲裁规则》（以下简称《仲裁规则》）和《日本仲裁法》的相关规定不符，存在《纽约公约》第五条第一款（乙）、（丁）项规定的情形。

首先，本案仲裁裁决在作出裁决的期限方面与《日本商事仲裁协会商事仲裁规则》（以下简称《仲裁规则》）不符。根据上述《仲裁规则》第53.1条的规定，"仲裁庭认为仲裁程序已进行得完全充分，可以进行裁决并决定终结审理程序时，仲裁庭应在作出该决定之日起5周内作出仲裁裁决；如果因为案情复杂或其他原因，仲裁庭认为有必要时，可以适当延长该期限，但不得超过8周。"2005年7月7日，仲裁庭决定接受日本信越化学工业株式会社（以下简称信越会社）变更仲裁请求的申请，并结束审理。2005年8月31日，仲裁庭宣布延后20天即2005年9月20日作出仲裁裁决，而实际作出仲裁裁决的日期为2006年2月23日，在决定结束审理之后，仲裁庭没有依照《仲裁规则》的规定按期作出仲裁裁决。当事双方在合同中约定：由本协议产生和与本协议相关的所有纠纷在双方无法协商解决的情况下，根据《日本商事仲裁协会商事仲裁规则》在日本东京进行仲裁。当事双方在合同中选择仲裁作为处理争议的方式，并明确约定了适用《日本商事仲裁协会商事仲裁规则》，因此，该《仲裁规则》中的有关内容已经成为当事人协议的一部分。上述仲裁庭违反《仲裁规则》以及《日本仲裁法》的行为构成了《纽约公约》第五条第一款（丁）项规定的"仲裁机关之组成或仲裁程序与各造间之协议不符，或无协议而与仲裁地所在国法律不符"的情形。

其次，《仲裁规则》第53.2条规定："仲裁庭在前款审理终结时，应把将要作出裁决的期限通知当事人"，仲裁庭在宣布2005年9月20日作出仲裁裁决后，直至实际作出裁决的2006年2月23日，没有按照《仲裁规则》的规定再次决定延期并通知当事人，构成了《纽约公约》第五条第一款（乙）项规定的"受裁决援用之一造未接获关于指派仲裁员或仲裁程序之适当通知，或因他故，致未能申辩者"的情形。

综上，同意你院的处理意见，本案仲裁裁决存在《纽约公约》第五条第一款（乙）、（丁）项规定的情形，不应予以承认。

此复。

最高人民法院
关于（香港）安信医用包装有限公司诉东莞威泓塑五金制品厂有限公司、（维尔京群岛）新冠誉实业有限公司土地使用权转让合同纠纷一案仲裁条款效力的请示的复函

2008年4月5日　　　　　　　　　　　　〔2007〕民四他字第45号

广东省高级人民法院：

你院〔2007〕粤高法立请字第2号《关于（香港）安信医用包装有限公司诉东东莞威泓塑五金制品厂有限公司、（维尔京群岛）新冠誉实业有限公司土地使用权转让合同纠纷一案仲裁条款效力的请示》收悉。

经审查认为，（香港）安信医用包装有限公司与东莞威泓塑五金制品厂有限公司、新冠誉实业有限公司在《土地使用权与房屋产权有偿转让协议书》第七条中约定："双方因本协议执行产生的分歧应协商解决，协商不成的，双方任一方均可向香港或深圳国际仲裁委员会申请仲裁，仲裁决定为最终裁决，双方无条件执行"。该合同的仲裁条款约定了两个仲裁机构。（香港）安信医用包装有限公司因与东莞威泓塑五金制品厂有限公司、新冠誉实业有限公司无法就仲裁机构的选择达成协议，起诉至东莞市中级人民法院。依据《最高人民法院关于适用〈中华人民共和国仲裁法〉若干问题的解释》第五条关于"仲裁协议约定两个以上仲裁机构的，当事人可以选择其中的一个仲裁机构申请仲裁；当事人不能就仲裁机构选择达成一致的，仲裁协议无效"的规定，应当认定本案中的仲裁协议无效。同意你院的处理意见。

此复。

最高人民法院
关于撤销中国国际经济贸易仲裁委员会〔2007〕CIETAC 裁决第 0140 号仲裁裁决一案的请示的复函

2008 年 4 月 7 日　　　　　　　　　　　〔2007〕民四他字第 44 号

北京市高级人民法院：

你院京高法〔2007〕377 号《关于撤销中国国际经济贸易仲裁委员会〔2007〕CIETAC 裁决第 0140 号仲裁裁决一案的请示》收悉。经研究，答复如下：

本案所涉仲裁条款存在于北京昌信回龙园别墅有限公司（以下简称昌信公司）及北京龙城假日酒店作为承担连带责任的"业主"、假日酒店（中国）有限公司（以下简称假日酒店）作为"管理人"于 2001 年 10 月 18 日共同签订的《北京龙城皇冠假日酒店管理合同》中，但昌信公司及北京龙城假日酒店和假日酒店于 2002 年 8 月 8 日签订修订协议，约定自 2002 年 8 月 8 日起，北京龙城皇冠假日酒店承担管理合同项下的业主应承担的全部责任和义务，昌信公司不再是管理合同项下的业主。即，昌信公司于 2002 年 8 月 8 日退出管理合同，其不再受管理合同中仲裁条款的约束。

在仲裁程序进行中，昌信公司向仲裁庭提出的管辖权异议被仲裁庭驳回后，其再未参加仲裁程序。昌信公司向仲裁庭提交管辖权异议以及未参加仲裁程序的行为亦表明仲裁庭未能因当事人的实际行为取得管辖权，中国国际经济贸易仲裁委员会仲裁庭对昌信公司行使管辖权缺乏依据。但本案仲裁程序方面的瑕疵可以通过重新仲裁的方式得以弥补，根据《中华人民共和国仲裁法》第六十一条之规定，本案撤销程序应予中止，并应通知仲裁庭重新仲裁。

此复。

最高人民法院
关于润和发展有限公司申请不予执行仲裁裁决一案的审查报告的复函

2008年5月8日　　　　　　　　　　　　　〔2008〕民四他字第1号

湖南省高级人民法院：

你院〔2005〕湘高法执请字第1号《关于润和发展有限公司申请不予执行仲裁裁决一案的审查报告》收悉。经研究，答复如下：

1. 本案为当事人申请执行仲裁裁决案件，由于一方当事人润和发展有限公司（以下简称润和公司）系在香港注册成立的公司，故本案应适用关于执行涉外仲裁裁决的相关规定进行审查。

2. 根据仲裁裁决书记载的内容，仲裁庭按照申请人深圳妈湾电力有限公司（以下简称妈湾公司）在仲裁申请书中提供的地址向润和公司邮寄了仲裁通知、仲裁规则、仲裁员名册和申请人提交的仲裁申请书等文件后，被以"无此公司"为由退回，此后，妈湾公司通过华南分会委托律师代为查询的被申请人登记情况表明，被申请人的公司注册地址为"231 Wing Lok Street 3rd FLR"。按照该注册地址，华南分会秘书处向润和公司又邮寄了上述文件，此后又按照该地址邮寄了仲裁庭组成和开庭通知等，但均被以"无人领取"或"无人居住"为由退回。而根据卷宗中记载的润和公司提交的其工商注册登记材料，其法定注册地址应为"3/F 231 WING LOK STREET HK"，且其提交证据证明香港政府部门依据该注册地址寄送的信件其已收悉。由于仲裁庭送达的地址与润和公司注册地址不符，客观上润和公司未能收到相关仲裁文件，因此，你院请示报告中"仲裁机构没有依法送达仲裁文件"的第1点不予执行理由是成立的。

3. 当事人虽然在仲裁协议中约定发生纠纷应当协商解决，但其未明确约定协商的期限，约定的内容比较原则，对这一条款应当如何履行和界定在理解上会产生歧义，而结合当事人订立仲裁协议的目的来判断该协议的真实意思，当事人约定的"友好协商"和"协商不成"这两项条件，前项属于程序上要求一个协商的形式，后一项可理解为必须有协商不成的结果，妈湾公司申请仲裁的行为，应视为已经出现了协商不成的结果，因此，在前一项条件难以界定履行标准，而后一项条件已经成立的情况下，仲裁庭有权依据该仲裁协议受理案件。你院请示报告中"争议还未到提起仲裁的时间，仲裁机构不应受理"的第2点不予执行理由不能成立。

4. 仲裁庭依法有权对当事人间争议合同的效力、是否解除等事项作出裁决，本案中仲裁庭经审理认为妈湾公司有权解除合同，最终裁决润和公司返还妈湾公司相关款项和利息。仲裁庭并未就湖南省人民政府的批准证书及长沙市招商局批复的效力和是否撤销等问题作出裁决，因此，你院请示报告中"仲裁裁决改变政府行政机关的审批违法"的第3点不予执行理由不能成立。

5. 根据仲裁裁决书载明的内容，妈湾公司选定王璞先生作为仲裁员，因润和公司未在规定期限内选定或委托选定仲裁员，根据《仲裁规则》的规定，中国国际经济贸易仲裁委员会华南分会主任为被申请人代指定了仲裁员罗利伟先生。因双方当事人未在规定的期限内共同选定或共同委托指定首席仲裁员，中国国际经济贸易委员会主任遂指定郭晓文先生作为首席仲裁员。你院请示报告查明的事实并未否定裁决书中载明的上述内容的真实性，而根据长沙中院向仲裁委调查的笔录记载的内容，仲裁委称对于指定仲裁员的报告是口头回复的，《仲裁规则》第二十六条、第二十七条亦未规定必须要求书面回复，因此仲裁案件卷宗内没有审批程序，并不能表明仲裁员的选定程序违法。你院关于"仲裁员的选定程序违法"的第4点不予执行理由不能成立。

综上，由于仲裁庭送达地址错误，没有依法送达仲裁文件，润和公司未能参加仲裁陈述意见，故依照《中华人民共和国民事诉讼法》第二百六十条第一款第（二）项的规定，本案仲裁裁决应不予执行。

此复。

最高人民法院
关于魏北鸿利有限公司申请撤销珠海仲裁委员会涉外仲裁裁决一案的请示的答复

2008年5月27日　　　　　　　　　　　〔2008〕民四他字第2号

广东省高级人民法院：

你院《关于魏北鸿利有限公司申请撤销珠海仲裁委员会涉外仲裁裁决一案的请示》收悉，经研究答复如下：

（一）本案当事人中魏北鸿利有限公司（以下简称鸿利公司）系在英属维京群岛设立的公司，华生纸品厂有限公司（以下简称华生公司）是在香港设立的公司，故本案属于涉外仲裁案件。对于撤销该仲裁裁决的审查，应适用《中华人民共和国民事诉讼法》和《中华人民共和国仲裁法》有关涉外仲裁的规定。

（二）《珠海仲裁规则》第七章涉外仲裁的特别规定第八十四条规定："当事人一方或双方是外国人、无国籍人、外国企业或组织之间的合同纠纷和其他财产权益纠纷，适用本章的规定。本章没有规定的，适用本规则其他有关规定。"因本案属涉外仲裁案件，故应适用该章的相关规定处理。《珠海仲裁规则》第七章第八十九条规定："仲裁案件首次开庭审理日期经仲裁庭决定后，仲裁委员会应当在仲裁庭开庭20日前将开庭时间通知当事人，当事人经商请仲裁庭同意可以提前开庭。"从你院请示报告中查明的事实来看，仲裁庭首次通知开庭的时间是 2006 年 10 月 30 日，首次开庭的时间是 2006 年 11 月 15 日，没有依据《珠海仲裁规则》的上述规定在首次开庭前 20 天通知当事人，也没有证据证明当事人商请仲裁庭同意提前开庭，则仲裁庭的仲裁程序违反了仲裁规则的规定。

（三）根据《珠海仲裁规则》第八十四条规定，第七章关于涉外仲裁中没有规定的，可以适用该仲裁规则的其他规定。根据《珠海仲裁规则》第二十条"申请人变更仲裁请求或被申请人变更反请求应当在仲裁庭调查结束前提出，由仲裁庭决定是否接受。仲裁庭决定接受的，对方需要答辩期的，对方当事人应当自收到变更仲裁请求申请书或者变更反请求申请书之日起 15 日内就变更的请求事项向仲裁委员会提出书面答辩。"根据你院请示报告中查明的事实，在仲裁庭第二次开庭时，华生公司变更仲裁请求，仲裁庭没有将华生公司变更仲裁请求的情况告知鸿利公司，也没有询问鸿利公司是否需要答辩期和给予 15 天的答辩期，便作出裁决，其仲裁程序确有违反仲裁规则规定的情形。

综上，该案的仲裁程序中存在违反《珠海仲裁规则》第八十九条、第二十条规定的情形，根据《中华人民共和国民事诉讼法》第二百六十条第一款第（三）项、《中华人民共和国仲裁法》第七十条的规定，珠海仲裁委员会作出的珠仲裁字〔2006〕第 168 号仲裁裁决应予撤销。

此复。

最高人民法院
关于不予承认和执行国际商会仲裁院仲裁裁决的请示的复函

2008 年 6 月 2 日　　　　　　　　　　　　　〔2008〕民四他字第 11 号

山东省高级人民法院：

你院〔2007〕鲁民四他字第 12 号《关于不予承认和执行国际商会仲裁院仲裁裁决的请示》收悉。经研究，答复如下：

本案仲裁裁决系国际商会仲裁院作出，应根据我国加入的 1958 年《承认及执行外国仲裁裁决公约》进行审查。

Hemofarm DD、MAG 国际贸易公司、苏拉么媒体有限公司与济南永宁制药股份有限公司在《济南——海慕法姆制药有限公司合资合同》中约定的仲裁条款仅约束合资合同当事人就合资事项发生的争议，不能约束济南永宁制药股份有限公司与合资公司济南——海慕法姆制药有限公司之间的租赁合同纠纷。国际商会仲裁院在仲裁 Hemofarm DD、MAG 国际贸易公司、苏拉么媒体有限公司与济南永宁制药股份有限公司合资合同纠纷案件中，对济南永宁制药股份有限公司与合资公司济南——海慕法姆制药有限公司之间的租赁合同纠纷进行了审理和裁决,超出了合资合同约定的仲裁协议的范围。在中国有关法院就济南永宁制药股份有限公司与合资公司济南——海慕法姆制药有限公司之间的租赁合同纠纷裁定对合资公司的财产进行保全并作出判决的情况下,国际商会仲裁院再对济南永宁制药股份有限公司与合资公司济南——海慕法姆制药有限公司之间的租赁合同纠纷进行审理并裁决,侵犯了中国的司法主权和中国法院的司法管辖权。依据《承认及执行外国仲裁裁决公约》第五条第一款(丙)项和第二款(乙)项之规定,应拒绝承认和执行国际商会仲裁院第 13464/MS/JB/JEM 号仲裁裁决。

同意你院的请示意见。

此复。

最高人民法院
关于杨志红申请撤销广州仲裁委员会
涉港仲裁裁决一案的请示的答复

2008 年 7 月 24 日　　　　　　　　　　〔2008〕民四他字第 21 号

广东省高级人民法院:

你院〔2007〕粤高法民四他字第 22 号《关于杨志红申请撤销广州仲裁委员会涉港仲裁裁决一案的请示》收悉。

经研究认为,本案属于申请撤销内地仲裁机构作出的涉港仲裁裁决案件,应参照《中华人民共和国仲裁法》第七十条和《中华人民共和国民事诉讼法》第二百五十八条的规定进行审查。

根据你院请示报告及所附卷宗反映的情况,《广州仲裁委员会仲裁规则》第八章"简易程序"在第九十七条规定:"除当事人另有约定外,凡是争议金额不超过人民币 20 万元的仲裁案件,适用本章规定;争议金额在 20 万元以上,双方当事人书面同意的,也可以适用本章规定。"而广州仲裁委员会裁决杨志红向首饰公司返购的黄金价值超过了 20 万元,且当事人没有书面意见同意仲裁委员会适用简易程序。在此情况下,广州仲裁委员会适用简易程序审理本案,属于《中华人民共和国民事诉讼法》第二百五十八条第一款第三项所指的"仲裁庭的组成或者仲裁程序与仲裁规则不符的"情形。

此外,首饰公司 2004 年 5 月 25 日向仲裁庭提交的《明确仲裁请求申请书》中,有"由首饰公司向杨志红返购库存黄金"的请求。但仲裁庭 5 月 31 日送达杨志红的《明确仲裁请求申请书》中却未载有该项内容,仲裁庭的开庭笔录中也没有上述明确仲裁请求的记载。仲裁庭在未将该项仲裁请求告知杨志红的情况下,裁决支持该仲裁请求,导致杨志红未能就该请求陈述意见,属于《中华人民共和国民事诉讼法》第二百五十八条第一款第(二)项所指的被申请人由于"不属于被申请人负责的原因未能陈述意见的"

情形。

综上，广州仲裁委员会作出的〔2003〕穗仲案字第2671号仲裁裁决应予撤销。

此复。

最高人民法院关于宜昌鸿兴实业开发公司申请撤销中国国际经济贸易仲裁委员会〔2006〕中国贸仲京裁字第0348号裁决一案的请示的答复

2008年7月25日　　　　　　　　　　　　　　〔2008〕民四他字第25号

北京市高级人民法院：

你院京高法〔2008〕146号《关于宜昌鸿兴实业开发公司申请撤销中国国际经济贸易仲裁委员会〔2006〕中国贸仲京裁字第0348号裁决一案的请示》收悉。

经研究认为，本案属于当事人申请撤销内地仲裁机构作出的涉港仲裁裁决案件，应参照《中华人民共和国仲裁法》第七十条和《中华人民共和国民事诉讼法》第二百五十八条的规定进行审查。

根据你院请示报告所反映的情况，吴亚伦虽然代表意大利工程有限公司与宜昌鸿兴实业开发公司签订了《宜昌通利房地产开发有限公司终止合营协议书》，但是吴亚伦个人与宜昌鸿兴实业开发公司之间并没有订立仲裁协议。同时，吴亚伦也不能证明其有合同当事人意大利工程有限公司申请仲裁的授权。宜昌鸿兴实业开发公司认为其与吴亚伦没有订立仲裁协议，不能向其交付财产。对于宜昌鸿兴实业开发公司申请撤销仲裁裁决的请求，应予支持。

鉴于中国国际经济贸易仲裁委员会〔2006〕中国贸仲京裁字第0348号裁决书存在《中华人民共和国民事诉讼法》第二百五十八条第一款第（一）项所指的"当事人在合同中没有订有仲裁条款或者事后没有达成书面仲裁协议的"情形，根据《中华人民共和国仲裁法》第七十条的规定，应裁定撤销。

此复。

最高人民法院
关于对中海发展股份有限公司货轮公司申请
承认伦敦仲裁裁决一案的请示报告的答复

2008年8月6日　　　　　　　　　　　　　〔2008〕民四他字第17号

湖北省高级人民法院：

你院〔2008〕鄂民四他字第1号《关于对中海发展股份有限公司货轮公司申请承认伦敦仲裁裁决一案的请示报告》收悉。经研究，答复如下：

中海发展股份有限公司货轮公司与安徽省技术进出口股份有限公司签订的租船协议已明确约定"在香港仲裁，适用英国法"，故该条应确认为本案的仲裁条款。

上述仲裁条款应理解为仲裁地在香港，适用英国法作为解决租船合同实体争议的准据法，而关于仲裁条款的准据法并未约定，故本案仲裁条款的准据法应适用仲裁地香港的《仲裁条例》及其指向适用的《联合国国际贸易法委员会国际商事仲裁示范法》（UNCITRAL MODEL LAW ON INTERNATIONAL COMMERCIALARBITRATION，以下简称《示范法》）。本案双方当事人在租船协议中以书面形式约定将争议提交仲裁，符合《仲裁条例》及《示范法》的规定，其仲裁条款合法有效。

根据香港《仲裁条例》第34C条第（5）款的规定，在当事人对仲裁员的人数未达成协议时，当事人首先应向香港国际仲裁中心（以下简称仲裁中心）申请决定仲裁员的人数为1名或3名。如果仲裁中心决定为独任仲裁，而当事人未能就仲裁员达成一致时，则应适用《示范法》第11条第（3）款（B）项规定的程序确定独任仲裁员，即应由一方当事人申请由仲裁中心指定该名仲裁员。涉案仲裁裁决仲裁员的任命违背了《仲裁条例》和《示范法》规定的上述程序，根据《承认及执行外国仲裁裁决公约》第五条第一款（丁）项的规定，涉案仲裁裁决应不予承认和执行。

同意你院的倾向性意见，即对英国仲裁员威廉·柏加（William Packard）于2006年3月9日在英国作出的仲裁裁决不予承认和执行。

此复。

最高人民法院
关于加拿大摩耐克有限公司申请确认仲裁条款无效一案的请示的答复

2008年8月14日　　　　　　　　　　　　　　　〔2008〕民四他字第24号

上海市高级人民法院：

你院〔2008〕沪高民四（商）他字第1号《关于加拿大摩耐克有限公司申请确认仲裁条款无效一案的请示》收悉。经研究，答复如下：

由于签订本案仲裁协议的一方当事人加拿大摩耐克有限公司为外国公司，本案仲裁协议为涉外仲裁协议。《最高人民法院关于适用〈中华人民共和国仲裁法〉若干问题的解释》第十六条规定："对涉外仲裁协议的效力审查，适用当事人约定的法律；当事人没有约定适用的法律但约定了仲裁地的，适用仲裁地法律；没有约定适用的法律也没有约定仲裁地或者仲裁地约定不明的，适用法院地法律。"从你院请示报告叙述事实看，当事人未约定适用的法律也没有约定仲裁地，因此，本案应适用法院地即我国的法律作为确认仲裁协议效力的准据法。

本案当事人约定："在执行本合同期间，如产生分歧，双方将本着友好合作精神，协商解决。协商不成，向北京仲裁机构申请仲裁。"而北京有三家仲裁机构即北京仲裁委员会、中国海事仲裁委员会和中国国际经济贸易仲裁委员会，其中至少有两家仲裁机构都可受理涉案合同争议。尽管被申请人上海海地建设工程有限公司与本案案外人上海摩耐克公司签订的《专业分包施工合同》中签订的仲裁条款明确约定发生纠纷由北京仲裁委员会解决，但该合同与本案所涉合同签约主体不同，因此，不能依据《专业分包施工合同》中的仲裁协议推断出本案仲裁协议中的"北京仲裁机构"即指北京仲裁委员会。《中华人民共和国仲裁法》第十八条规定："仲裁协议对仲裁事项或者仲裁委员会没有约定或者约定不明确的，当事人可以补充协议；达不成补充协议的，仲裁协议无效。"《最高人民法院关于适用〈中华人民共和国仲裁法〉若干问题的解释》第六条规定："仲裁协议约定由某地的仲裁机构仲裁且该地仅有一个仲裁机构的，该仲裁机构视为约定的仲裁机构。该地有两个以上仲裁机构的，当事人可以协议选择其中的一个仲裁机构申请仲裁；当事人不能就仲裁机构选择达成一致的，仲裁协议无效。"由于本案当事人签订的仲裁协议未约定明确的仲裁机构，且不能协商一致达成补充协议，故依据上述规定，该仲裁协议应认定无效。你院的请示意见是正确的。

另，你院请示报告中的审查意见部分，仅表明了对该案的结论性意见，但未阐述任何理由，今后在报送请示案件书写报告时应予以注意，在阐述结论性意见的同时，须阐明相关理由。

此复。

最高人民法院
关于裁定不予承认和执行社团法人日本商事仲裁协会东京 05—03 号仲裁裁决的报告的答复

2008 年 9 月 10 日　　　　　　　　　　　　〔2008〕民四他字第 18 号

天津市高级人民法院：

你院〔2006〕津高民四他字第 0006 号《裁定不予承认和执行社团法人日本商事仲裁协会东京 05—03 号仲裁裁决的报告》收悉。经研究，答复如下：

本案系日本信越化学工业株式会社（以下简称信越会社）向我国法院申请承认日本商事仲裁协会作出的仲裁裁决，中日两国均为《承认及执行外国仲裁裁决公约》（以下简称《纽约公约》）的缔约国，因此，应当依据《纽约公约》的有关规定进行审查。

从你院请示报告中反映的情况看，本案仲裁裁决在有关通知程序方面与《日本商事仲裁协会商事仲裁规则》（以下简称《仲裁规则》）的规定不符，存在《纽约公约》第五条第一款（乙）、（丁）项规定的情形。

首先，根据上述《仲裁规则》第 53 条的规定："1. 仲裁庭认为仲裁程序已进行得完全充分，可以进行裁决并决定终结审理程序时，仲裁庭应在作出该决定之日起 5 周内作出仲裁裁决；如果因为案情复杂或其他原因，仲裁庭认为有必要时，可以适当延长该期限，但不得超过 8 周。2. 仲裁庭根据前段规定决定审理终结后，应当通知当事人作出仲裁裁决的期限。"

本案仲裁庭在审理终结后，没有履行《仲裁规则》规定的"通知当事人作出裁决的期限"的义务，未通知天津鑫茂科技股份有限公司（原天津天大天财股份有限公司，以下简称鑫茂公司）其作出仲裁裁决的期限。《仲裁规则》将仲裁庭通知当事方作出仲裁裁决的期限规定为仲裁庭必须履行的职责，仲裁庭没有自行决定是否通知的选择权，仲裁庭未通知鑫茂公司其作出裁决的期限的行为违反了《仲裁规则》的强制性规定。当事人双方在协议中选择了仲裁作为处理争议的方式，并明确约定了适用《日本商事仲裁协会商事仲裁规则》，因此，《仲裁规则》中的有关内容已经成为当事人协议的一部分。本案仲裁庭对以上《仲裁规则》内容的违反，符合《纽约公约》第五条第一款（丁）项规定的"仲裁机关之组成或仲裁程序与各造间之协议不符"的情形。

其次，《仲裁规则》第 20 条规定："1. 申请人可以就同一仲裁协议向协会提出申请变更申请书并变更其申请内容。如果是在仲裁庭组成后提出修改，应当向仲裁庭提出变更申请书的请求，并得到仲裁庭的许可。2. 仲裁庭在作出前款的许可前应事先听取对方当事人的意见。"

信越公司主张：其于2005年8月31日向仲裁庭提出《申请事项变更申请书》后，仲裁协会事务局已经于2005年10月21日以国际快递的方式将《征求意见书》邮寄给鑫茂公司。但鑫茂公司否认其收到仲裁庭寄送的相关《征求意见书》，信越公司亦未能提交仲裁庭确实履行上述通知行为的证据，同时，没有任何证据表明仲裁庭于2005年10月21日向鑫茂公司邮寄过上述涉及信越公司变更申请的文件。鑫茂公司也未能就信越公司变更申请的行为提出意见。

在信越公司对申请事项提出变更的情况下，鑫茂公司有权利对变更后的申请内容提出意见，而该变更事项通知应当属于仲裁程序中的重要内容，仲裁庭未能将该变更申请通知鑫茂公司，实际上剥夺了鑫茂公司提出申辩的权利和机会，构成《纽约公约》第五条第一款（乙）项规定的"受裁决援用之一造未接获关于指派仲裁员或仲裁程序之适当通知，或因他故，致未能申辩者"的情形。同时，该情形并与当事人选择的《仲裁规则》不符。

综上，同意你院的处理意见，本案仲裁裁决存在《纽约公约》第五条第一款（乙）、（丁）项规定的情形，不应予以承认。

此复。

最高人民法院
关于是否应不予执行〔2007〕中国贸仲沪裁字第224号仲裁裁决请示的答复

2008年9月12日　　　　　　　　　　〔2008〕民四他字第34号

浙江省高级人民法院：

你院《关于同意宁波市中级人民法院不予执行〔2007〕中国贸仲沪裁字第224号仲裁裁决的报告》收悉，经研究答复如下：

（一）你院对本案所涉仲裁裁决的审查适用中国法律；确认中国国际经济贸易仲裁委员会上海分会对本案纠纷具有管辖权；对该涉外仲裁裁决不做实体审查的意见，本院均同意。

（二）本案仲裁裁决所涉《AQ7200项目技术开发合同》中约定："任何因本合同产生的或相关的争议首先应双方协商解决，如果协商不能……，这些争议将提交中国国际经济贸易仲裁委员会上海分会进行仲裁。"从上述约定可以看出，提交仲裁解决的纠纷范围包括"因本合同产生的或相关的争议"。关于奥克斯集团有限公司主张超裁的7500欧元DVD制作费问题，从你院请示报告查明的事实看，该DVD的制作是瑞克一李普萨有限公司为使奥克斯集团有限公司清楚地了解整车完成后的效果及便于奥克斯集团有限公司对外宣传，而制作的视觉效果动画片，虽不在合同约定的技术范围内，但确是与履行《AQ7200项目技术开发合同》相关联,由此产生的纠纷,仲裁机关有权进行裁决。

至于奥克斯集团有限公司主张仲裁裁决书认定的奥克斯集团有限公司的法定代表人在西班牙观看了DVD并接受7500欧元价格,与事实不符,认定事实不清的问题,属实体审理范围,人民法院无权进行审查,故奥克斯集团有限公司申请不予执行仲裁裁决的理由,不能得到支持。

综上,奥克斯集团有限公司向宁波市中级人民法院申请不予执行仲裁裁决的理由不能得到支持。中国国际经济贸易仲裁委员会上海分会作出的〔2007〕中国贸仲沪裁字第224号仲裁裁决应予执行。

此复。

最高人民法院
关于韩国大成G—3株式会社与长春市元大汽车工程贸易有限公司撤销仲裁裁决纠纷一案的请示的答复

2008年10月21日　　　　　　　　　　〔2008〕民四他字第28号

吉林省高级人民法院:

你院〔2008〕吉民三他字第1号《关于韩国大成G—3株式会社与长春市元大汽车工程贸易有限公司撤销仲裁裁决纠纷一案的请示》收悉。经研究,答复如下:

《中华人民共和国仲裁法》第二十条第二款明确规定:"当事人对仲裁协议的效力有异议,应当在仲裁庭首次开庭前提出。"根据你院请示报告所述事实,申请人韩国大成G—3株式会社只是在仲裁庭第一次开庭和第四次开庭中对仲裁协议效力及仲裁庭管辖权提出异议,但其并未在仲裁庭首次开庭前对仲裁协议效力提出异议。另,根据卷宗中所附裁决书反映的事实,韩国大成G—3株式会社在仲裁庭首次开庭前指定了仲裁员,委托了代理人,并提交了书面答辩状就案件实体问题进行答辩。因此,通过上述事实可以认定韩国大成G—3株式会社在仲裁庭首次开庭前已经认可长春仲裁委员会对该纠纷享有管辖权,应视为仲裁案件的双方当事人对将其纠纷提交长春仲裁委员会仲裁已经形成了一致意见,仲裁协议有效。韩国大成G—3株式会社虽在仲裁庭第一次开庭时对仲裁协议效力及仲裁庭管辖权提出异议,但已经超过了法律规定的当事人可以对仲裁协议效力提出异议的期限,仲裁协议有效,长春仲裁委员会依法对本案纠纷享有管辖权。对于大成会社就仲裁协议效力及仲裁庭管辖权提出的异议,不应予以支持。长春中院及你院请示报告中关于"可以认定双方当事人不能就仲裁机构选择达成一致,因此,仲裁协议无效,应视为双方没有仲裁协议条款"的意见不能成立,本案不应以当事人在合同中没有订有仲裁条款或者事后没有达成书面仲裁协议为由，撤销所涉仲裁裁决。

此复。

最高人民法院
关于马山集团有限公司与韩国成东造船海洋株式会社、荣成成东造船海洋有限公司委托合同纠纷一案仲裁条款效力的请示的答复

2008 年 10 月 30 日　　　　　　　　　　〔2008〕民四他字第 26 号

山东省高级人民法院：

你院《关于马山集团有限公司与韩国成东造船海洋株式会社、荣成成东造船海洋有限公司委托合同纠纷一案仲裁条款效力的请示》收悉。经研究，答复如下：

一、本案系马山集团有限公司与韩国成东造船海洋株式会社因履行《外国人投资独立企业合同书》产生的涉外商事合同纠纷，当事人在该合同书中订有仲裁协议。依据《最高人民法院关于适用〈中华人民共和国仲裁法〉若干问题的解释》第十六条的规定，对涉外仲裁协议的效力审查，适用当事人约定的法律；当事人没有约定适用的法律但约定了仲裁地的，适用仲裁地法律；没有约定适用的法律也没有约定仲裁地或者仲裁地约定不明的，适用法院地法律。

本案当事人在《外国人投资独立企业合同书》的仲裁条款中没有约定适用的法律，也没有约定仲裁地，故对合同中涉外仲裁条款效力的审查，应适用法院地法律即我国法律。

马山集团有限公司、韩国成东造船海洋株式会社与案外人荣成市政府在三方签订的《外国人投资独立企业合同书》中的"纠纷调解责任"部分约定："在履行本合同中发生分歧时，首先应相互协商解决，协商不成三方同意按英文版合同提请英国国际经济贸易仲裁委员会仲裁解决。"因该仲裁条款约定的仲裁机构不存在，且合同当事人未约定仲裁地，也未就仲裁机构达成补充协议，故根据《中华人民共和国仲裁法》第十八条的规定，应认定上述仲裁条款无效。同意你院认为韩国成东会社的管辖权异议不成立的处理意见。

二、根据山东省威海市中级人民法院的卷宗材料及卷内文书记载，本案案由为拆迁补偿费纠纷，请你院注意。

此复。

最高人民法院
关于广州市迪泰通讯有限公司、海南经济特区产权交易中心、海南证华非上市公司股权登记服务有限公司、翟希亚与因特模式信息技术（深圳）有限公司、INTERMOST CORPORATION 股权转让合同纠纷管辖权异议案中仲裁条款效力问题的请示的答复

2008 年 11 月 18 日　　　　　　　　〔2008〕民四他字第 37 号

海南省高级人民法院：

你院 2008 琼民抗字第 2 号《关于广州市迪泰通讯有限公司、海南经济特区产权交易中心、海南证华非上市公司股权登记服务有限公司、翟希亚与因特模式信息技术（深圳）有限公司、INTERMOST CORPORATION 股权转让合同纠纷管辖权异议案中仲裁条款效力问题的请示》收悉。经研究，答复如下：

一、本案系广州市迪泰通讯有限公司、海南经济特区产权交易中心、海南证华非上市公司股权登记服务有限公司、翟希亚与因特模式信息技术（深圳）有限公司、INTERMOST CORPORATION 因履行《海南谐合金融创新产品开发有限公司股权转让协议》产生的涉外商事合同纠纷，当事人在该合同书中订有仲裁协议。因 INTERMOsT CORPORATION 是在英属维尔京群岛注册成立的公司，故该仲裁协议属于涉外仲裁协议。依据《最高人民法院关于适用〈中华人民共和国仲裁法〉若干问题的解释》第十六条的规定，对涉外仲裁协议效力的审查，适用当事人约定的法律；当事人没有约定适用的法律但约定了仲裁地的，适用仲裁地法律；没有约定适用的法律也没有约定仲裁地或者仲裁地约定不明的，适用法院地法律。

本案当事人在《海南谐合金融创新产品开发有限公司股权转让协议》的仲裁条款中没有约定适用的法律，也没有约定仲裁地，故对合同中涉外仲裁条款效力的审查，应适用法院地法律即我国法律。

二、本案当事人在 2004 年 12 月 11 日签订的《海南谐合金融创新产品开发有限公司股权转让协议》第 7.4 条中约定："如合作出现分歧，五方协商不能解决，则通过中国国际商事仲裁院深圳分院仲裁裁决"。因该仲裁条款约定的仲裁机构不存在，当事人也未就仲裁机构达成补充协议，故根据《中华人民共和国仲裁法》第十八条的规定，应认定上述仲裁条款无效。没有证据证明当事人的该约定系对"中国国际经济贸易仲裁委员会华南分会"或者"中国国际商会仲裁院华南分院"的笔误。

同意你院认为仲裁协议对仲裁机构的约定不明确，应属无效条款，人民法院对本案

有管辖权，海南省人民检察院的抗诉意见应予支持的处理意见。

三、本案系涉外股权转让纠纷案件审理过程中出现的管辖权异议。根据我院《关于涉外民商事案件诉讼管辖若干问题的规定》，如海口市龙华区人民法院对本案不具有管辖权，则本案应严格按照我院规定移送有管辖权的法院进行审理。

此复。

最高人民法院关于申请人长沙新冶实业有限公司与被申请人美国 METALS PLUS 国际有限公司申请撤销仲裁裁决一案请示的复函

2008年11月18日　　　　　　　　　　〔2007〕民四他字第43号

湖南省高级人民法院：

你院〔2007〕湘高法民三请字第16号《关于申请人长沙新冶实业有限公司与被申请人美国 Metals plus 国际有限公司申请撤销仲裁裁决一案的审查报告》收悉。经研究，答复如下：

一、本案双方当事人对仲裁意向存在的事实没有争议，当事人仅对仲裁条款中"courltry of defenclant"的约定理解不一致，但无论如何理解，并不影响当事人约定在中国进行仲裁的意思表示。因此，根据《最高人民法院关于适用〈中华人民共和国仲裁法〉若干问题的解释》第十六条的规定，本案所涉仲裁条款的效力应根据中华人民共和国法律进行审查。

二、"country"通常被译作"国家"，将"country of defendant"译成"被告所在地"不能准确界定该法律术语的特有法律含义。由于本案双方当事人分属两个国家，将"country of defenclant"译成"被告所在国"更合理。

三、中国国内有若干仲裁机构，本案双方当事人产生争议后并没有按照《最高人民法院关于适用〈中华人民共和国仲裁法〉若干问题的解释》第六条的规定就仲裁机构选择达成一致意见。因此，本案所涉仲裁条款应认定无效。

同意你院的意见即本案所涉仲裁决应予撤销。

此复。

最高人民法院
关于杭州龙达差别化聚酯有限公司诉永吉海运有限公司、舟山市永吉船务有限公司海上货物运输合同仲裁条款效力问题的请示的复函

2008年11月25日　　　　　　　　　　　　〔2008〕民四他字第33号

浙江省高级人民法院：

你院〔2008〕浙告他字第7号《关于杭州龙达差别化聚酯有限公司诉永吉海运有限公司、舟山市永吉船务有限公司海上货物运输合同纠纷一案仲裁条款效力的请示》收悉。经研究，答复如下：

本案提单正面记载："本次运输依照船东与租家订立的租约条款进行，该租约中所有条款、条件与免责都将适用并管辖本次运输。"该提单并入条款并未明确记载租约中含有仲裁条款。该租约中的仲裁条款未能有效并入提单，对提单持有人杭州龙达差别化聚酯有限公司无约束力。宁波海事法院对本案享有管辖权。

此复。

最高人民法院
《关于赛百味国际有限公司申请承认和执行国际争端解决中心国际仲裁庭作出的 50　114　T　00171　07 号仲裁裁决一案的请示》的复函

2009年2月26日　　　　　　　　　　　　〔2008〕民四他字第47号

北京市高级人民法院：

你院京高法〔2008〕348号《关于赛百味国际有限公司申请承认和执行国际争端解决中心国际仲裁庭作出的 50 114 T 00171 07 号仲裁裁决一案的请示》收悉。经研究，答复如下：

本案所涉仲裁裁决系外国仲裁裁决。根据《中华人民共和国民事诉讼法》第267条的规定，本案应当适用1958年订立于纽约的《承认及执行外国仲裁裁决公约》的有关规定进行审查。然而，根据北京市第二中级人民法院查明的事实，本案所涉被申请人北

京萨伯威餐饮有限公司并未在我国工商行政管理机关注册登记,因此,我国法院无法根据《承认及执行外国仲裁裁决公约》的规定承认和执行本案所涉仲裁裁决。由于被申请人并不存在,因此,本案应当裁定驳回申请人赛百味国际有限公司的申请。

此复。

最高人民法院

关于厦门鑫杰兴工贸有限公司、佘文彬与厦门丰瑞特工贸发展有限公司确认股权转让协议仲裁条款效力的请示的复函

2009年2月26日　　　　　　　　　　　　　　　〔2009〕民四他字第4号

福建省高级人民法院:

你院〔2009〕闽民他字第9号《关于厦门鑫杰兴工贸有限公司、佘文彬与厦门丰瑞特工贸发展有限公司确认股权转让协议仲裁条款效力的请示》收悉。经研究,答复如下:

本案为涉台案件,应参照涉外案件法律适用原则确定准据法。本案申请人厦门鑫杰兴工贸有限公司、佘文彬和被申请人厦门丰瑞特工贸发展有限公司在《漳州爱康五金机械有限公司股权转让协议》第五条中约定:"本协议签订后,若有争议或违约各方应通过友好协商解决,如协商不能解决者由当地外经贸部门进行调解,经调解无效后由中国对外经济贸易仲裁机构进行仲裁或当地法院诉讼解决。"本案双方当事人在协议中未约定认定仲裁条款效力的准据法,但在仲裁条款中明确约定发生纠纷经调解无效后由中国对外经济贸易仲裁机构仲裁或当地法院诉讼解决,因此大陆应是本案双方当事人约定的仲裁地或法院所在地,依据《最高人民法院关于适用〈中华人民共和国仲裁法〉若干问题的解释》第十六条的规定,应当根据大陆的法律规定认定本案仲裁条款的效力。由于本案仲裁条款约定的仲裁机构和纠纷解决方式不明确,且在纠纷发生后双方当事人未对仲裁条款达成新的补充协议,故依据《中华人民共和国仲裁法》第十八条和《最高人民法院关于适用〈中华人民共和国仲裁法〉若干问题的解释》第七条之规定,上述仲裁条款应当认定为无效。同意你院的审查意见。

此复。

最高人民法院
关于 GRD MINPROC 有限公司申请承认并执行瑞典斯德哥尔摩商会仲裁院仲裁裁决一案的请示的复函

2009年3月13日　　　　　　　　　　　　〔2008〕民四他字第48号

上海市高级人民法院：

你院〔2008〕沪高民四（商）他字第2号《关于 GRD Minproc 有限公司申请承认并执行瑞典斯德哥尔摩商会仲裁院仲裁裁决一案的请示》收悉。经研究，答复如下：

本案系当事人向我国法院申请承认和执行外国仲裁机构作出的仲裁裁决案件，另一方当事人提出了不予执行的抗辩。因此，人民法院应当根据《中华人民共和国民事诉讼法》第二百六十七条以及《承认及执行外国仲裁裁决公约》（以下简称《纽约公约》）的相关规定进行审查。

关于本案所涉仲裁裁决的承认和执行是否将违反我国公共政策的问题。飞轮公司从境外购买的设备经过有关主管部门审批同意，并非我国禁止进口的设备。该设备在安装、调试、运转的过程中造成环境污染，其原因可能是多方面的。在飞轮公司根据合同中有效的仲裁条款就设备质量问题提请仲裁的情况下，仲裁庭对设备质量作出了评判，这是仲裁庭的权力，也是当事人通过仲裁解决纠纷所应当承受的结果。不能以仲裁实体结果是否公平合理作为认定承认和执行仲裁裁决是否违反我国公共政策的标准。承认和执行本案所涉仲裁裁决并不构成对我国社会根本利益、法律基本原则或者善良风俗的违反，因此，本案不存在《纽约公约》第五条第二款第二项规定的情形。

本案所涉仲裁裁决也不存在《纽约公约》第五条规定的其他情形。因此，人民法院应当裁定承认和执行本案所涉仲裁裁决。

此复。

最高人民法院
关于撤销中国国际经济贸易仲裁委员会〔2008〕
中国贸仲京裁字第 0044 号裁决的请示的复函

2009 年 3 月 18 日　　　　　　　　　　　　　　　〔2009〕民四他字第 1 号

北京市高级人民法院：

你院京高法〔2008〕373 号《关于撤销中国国际经济贸易仲裁委员会〔2008〕中国贸仲京裁字第 0044 号裁决的请示》收悉，经研究，答复如下：

你院请示认为，香港中华药业生物科学有限公司（以下简称中华药业公司）未在参加仲裁程序前达成仲裁条款或者签署仲裁协议。主要理由在于中华药业公司的受托人北京中盛律师事务所刘会利律师提交给中国国际经济贸易仲裁委员会（以下简称贸仲）的第一、二份《授权委托书》没有办理公证手续；第三份《授权委托书》虽然在仲裁庭开庭后作了公证手续，但中华药业公司没有对刘会利律师参加仲裁的行为进行追认。据此认为中华药业公司并未表示接受贸仲的管辖，应撤销贸仲作出的仲裁裁决。

本案的焦点在于中华药业公司是否接受仲裁庭的管辖。从你院请示报告所述事实看，尽管中华药业公司因刘会利律师提交仲裁庭的第一、二份《授权委托书》未办理公证手续而否认其效力，但在仲裁庭开庭时，因汕头市欣源贸易有限公司（以下简称欣源公司）对刘会利律师提交的《授权委托书》未办理公证手续提出异议，刘会利律师当庭表示庭后补办手续，其并未对仲裁庭的管辖提出异议。嗣后，刘会利律师按照自己的承诺补办了第三份《授权委托书》并进行了公证。该委托书手续补办完整后，为仲裁庭所接受。对此，可以认为中华药业公司对刘会利律师参加仲裁的行为进行了追认。

《中华人民共和国仲裁法》第二十条第二款规定："当事人对仲裁协议效力有异议的，应在仲裁庭首次开庭前提出。"刘会利律师于仲裁庭开庭时，并未提出管辖权异议，而是进行了实体答辩。根据《中国国际经济贸易仲裁委员会仲裁规则（2005 版）》第八条规定，"一方当事人知道或者理应知道本规则或仲裁协议中规定的任何条款或情事未被遵守，但仍参加仲裁程序或继续进行仲裁程序而且不对此不遵守情况及时地、明示地提出书面异议的，视为放弃其提出异议的权利。"据此，可以认为中华药业公司放弃了提出异议的权利，仲裁庭对本案享有管辖权。综上，香港中华药业生物科学有限公司以仲裁庭对案件不享有管辖权为由申请撤销，其理由不能成立。

此复。

最高人民法院
关于舟山中海粮油工业有限公司申请不予执行香港国际仲裁中心仲裁裁决一案的请示复函

2009年3月18日　　　　　　　　　　　〔2009〕民四他字第2号

浙江省高级人民法院：

你院〔2007〕浙执他字第4号《关于舟山中海粮油工业有限公司申请不予执行香港国际仲裁中心仲裁裁决一案的请示报告》收悉，经研究，答复如下：

本案因来宝资源有限公司（以下简称来宝公司）申请执行香港国际仲裁中心所作的仲裁裁决，舟山中海粮油工业有限公司（以下简称中粮公司）提出抗辩不予执行而提起。你院经审查后倾向性意见认为，执行本案仲裁裁决既有损行政命令的权威，又有损社会公众的健康，从而以违反社会公共利益为由，决定不予执行仲裁裁决。

从你院请示报告所陈述的事实可以看出，2004年5月10日，国家质检总局发布〔2004〕322号特急警示通报，决定从即日起暂停来宝公司及其他三家巴西供货商从巴西向我国出口大豆。但该特急警示通报明确指出，已启运在途的大豆，符合进境检验检疫要求的准予入境。本案中，特急警示通报发出前，案涉货物已经装船，系为启运在途货物。同年6月23日，国家质检总局终止了该进口禁令，恢复来宝公司等供货商向中国出口的资格。来宝公司于同年7月取得了大豆转基因生物安全证书，中粮公司也取得了大豆进口许可证。可见，该批货物符合进境检验检疫要求，不在禁止入境的货物之列。此外，并无证据表明案涉货物会带来严重的安全卫生问题，也不存在有损公众健康的事实。因此，执行香港国际仲裁中心的仲裁裁决并不违反社会公共利益。根据《最高人民法院关于内地与香港特别行政区相互执行仲裁裁决的安排》的规定，香港国际仲裁中心的仲裁裁决应予执行。

此复。

最高人民法院
关于夏新电子股份有限公司与比利时产品有限公司确认经销协议仲裁条款效力的请示的复函

2009年3月20日　　　　　　　　　　　　〔2009〕民四他字第5号

福建省高级人民法院：

你院〔2009〕闽民他字第7号《关于夏新电子股份有限公司与比利时产品有限公司确认经销协议仲裁条款效力的请示》收悉。经研究，答复如下：

申请人夏新电子股份有限公司与被申请人比利时产品有限公司在《经销协议》第11条k项的仲裁条款中约定："产生于本协议的任何争议应根据《国际商会仲裁规则》由仲裁最终解决，仲裁地点应在厦门和布鲁塞尔之间转换。仲裁裁决应为终局并对双方均有约束力，而执行裁决的判决可以由有权管辖的任何法院提出。"

本案被申请人比利时产品有限公司为比利时法人，应当根据涉外案件法律适用原则确定准据法。本案《经销协议》第11条i款关于适用中国法律的约定，是对解决合同纠纷所适用的实体法的约定，不包括程序法和冲突规范。由于本案仲裁条款约定仲裁地点包括中国厦门，故应当以中国法律作为认定本案仲裁条款效力的准据法。

本案仲裁条款虽然约定应当依据《国际商会仲裁规则》进行仲裁，但是该条款没有明确约定仲裁机构。国际商会标准仲裁条款中建议在以中国大陆为仲裁地点的仲裁，当事人应当在仲裁条款中援引国际商会仲裁院条款，但是本案当事人未选择使用该标准仲裁条款。根据《国际商会仲裁规则》不能够确定仲裁机构，且双方在争议发生后，也未就仲裁机构达成新的补充协议，故应根据《最高人民法院关于适用〈中华人民共和国仲裁法〉若干问题的解释》第四条的规定，认定本案仲裁条款中仲裁机构约定不明确。根据《中华人民共和国仲裁法》第十八条的规定，本案仲裁条款为无效条款。同意你院的审查意见。

此复。

最高人民法院
《关于中国太平洋财产保险股份有限公司北京分公司诉北京中远物流有限公司、天津振华国际船舶代理有限公司、尼罗河航运私有有限公司海上货物运输合同保险代位求偿纠纷所涉仲裁条款效力问题的请示》的复函

2009年3月31日　　　　　　　　　　　　〔2009〕民四他字第11号

天津市高级人民法院：

　　你院〔2009〕津高民四他字第4号《关于中国太平洋财产保险股份有限公司北京分公司诉北京中远物流有限公司、天津振华国际船舶代理有限公司、尼罗河航运私有有限公司海上货物运输合同保险代位求偿纠纷所涉仲裁条款效力问题的请示》收悉。经研究认为：涉案运输合同仲裁条款是运输合同当事人为仲裁解决纠纷而订立的有效仲裁条款。作为保险人的中国太平洋财产保险股份有限公司北京分公司，依据保险合同向被保险人赔付货物损失后，依法取得向承运人以及其他责任人请求赔偿货物损失的代位求偿权利。由于保险人并非协商订立运输合同仲裁条款的当事人，仲裁条款并非保险人的意思表示，除非保险人明确表示接受，否则该仲裁条款对保险人不具有约束力。天津海事法院作为涉案货物装货港所在地法院，对本案具有管辖权。同意你院审查意见。

　　此复。

最高人民法院
关于中国中化集团公司诉海里公司海上货物运输合同货损赔偿纠纷所涉仲裁条款效力问题的请示的复函

2009年4月24日　　　　　　　　　　〔2009〕民四他字第12号

天津市高级人民法院：

你院〔2009〕津高民四他字第3号《关于中国中化集团公司诉海里公司海上货物运输合同货损赔偿纠纷所涉仲裁条款效力问题的请示》收悉。经研究，答复如下：

涉案提单为租船合同项下的格式提单，提单正面载明"与租船合同合并使用"，但并没有明确记载被并入提单的租船合同当事人名称及订立日期。由于并入提单的租船合同记载不明确，提单背面条款约定"租船合同中的所有条件、条款、权利和免责，包括法律适用和仲裁条款，已经并入本提单"也就失去了事实依据。涉案提单正面记载以及提单背面条款约定不产生租船合同仲裁条款并入提单并约束提单持有人的效力。本案货物运输目的港为天津新港，天津海事法院对本案具有诉讼管辖权。同意你院审查处理意见，驳回被告管辖权异议，本案由天津海事法院管辖。

此复。

最高人民法院
关于北京中钢天铁钢铁贸易有限公司、唐山百工实业发展有限公司诉中远航运股份有限公司海上货物运输合同纠纷所涉仲裁条款效力问题的请示

2009年4月28日　　　　　　　　　　〔2009〕民四他字第13号

天津市高级人民法院：

你院〔2009〕津高民四他字第1号《关于北京中钢天铁钢铁贸易有限公司、唐山百工实业发展有限公司诉中远航运股份有限公司海上货物运输合同纠纷所涉仲裁条款效力问题的请示》收悉。

经研究认为，涉案提单为与租约合并使用的简式提单，但提单正面并未明示记载将租约包括仲裁条款并入提单，且中远航运股份有限公司提交的租约与提单上记载的租约日期也不一致，中远航运股份有限公司认为租约包括仲裁条款已经并入提单的主张没有事实和法律依据。因此，租约中的仲裁条款对本案原告不具有约束力。天津海事法院作为涉案货物运输目的港所在地法院，对本案具有管辖权。同意你院审查意见。

此复。

最高人民法院
关于申请人番禺珠江钢管有限公司与被申请人深圳市泛邦国际货运代理有限公司申请确认仲裁协议效力一案的请示的复函

2009年5月5日　　　　　　　　　　〔2009〕民四他字第7号

广东省高级人民法院：

你院粤高法〔2009〕59号《关于申请人番禺珠江钢管有限公司与被申请人深圳市泛邦国际货运代理有限公司申请确认仲裁协议效力一案的请示》收悉。经研究，答复如下：

本案租船合同为国际海上货物运输合同，起运港为中国，目的港为智利，具有涉外因素。本案系番禺珠江钢管有限公司申请确认涉及海事海商纠纷仲裁条款效力案件，申请人和被申请人住所地均在广东省，根据《最高人民法院关于适用〈中华人民共和国仲裁法〉若干问题的解释》第十二条三款规定，广州海事法院对本案具有诉讼管辖权。

本案租船合同仲裁条款约定，"仲裁地点：北京，引用中国法律"。由于仲裁条款没有约定具体的仲裁机构，深圳市泛邦国际货运代理有限公司在租船合同没有实际履行的情况下向番禺珠江钢管有限公司发出了律师函，提出将涉案纠纷提交在北京的中国海事仲裁委员会仲裁，并要求番禺珠江钢管有限公司在收到此律师函后3日内回复意见，否则视为默示同意将仲裁机构确定为中国海事仲裁委员会，番禺珠江钢管有限公司对该律师函未作答复。深圳市泛邦国际货运代理有限公司据上述事实主张番禺珠江钢管有限公司已默示同意，双方就选定的仲裁机构达到了新的仲裁协议，没有法律依据。又因该仲裁条款没有约定审查仲裁条款效力所适用的法律，根据《最高人民法院关于适用〈中华人民共和国仲裁法〉若干问题的解释》第十六条规定，本案应适用中国法律审查仲裁条款的效力。由于本案租船合同仲裁条款对仲裁机构约定不明确，且没有达到补充协议，因此，根据《中华人民共和国仲裁法》第十八条规定，本案租船合同约定的仲裁条款无效。

此复。

最高人民法院
关于对兖州浩珂伟博矿业工程有限公司与伟博公司（A. WEBER S. A.）、索菲浩勒公司（SOFIROL. S. A.）解除合同纠纷一案中仲裁条款效力问题的请示的复函

2009年5月18日　　　　　　　　　　〔2009〕民四他字第19号

山东省高级人民法院：

你院〔2009〕鲁立函字第7号《关于对兖州浩珂伟博矿业工程有限公司与伟博公司、索菲浩勒公司解除合同纠纷一案中仲裁条款效力问题的请示》收悉。经研究，答复如下：

本案涉及的是涉外案件中仲裁条款效力的认定问题。

首先，本案所涉《制造及许可协议》是在兖州浩珂伟博矿业工程有限公司与伟博公司之间签订的。该协议第26条约定了仲裁条款，即约定与合同有关的争议在通过协商无法解决时应当提交中国国际经济贸易仲裁委员会根据其仲裁规则在北京进行仲裁；而协议第29条又同时约定了中华人民共和国法院的非排他性管辖权。本院法释〔2006〕7号《关于适用〈中华人民共和国仲裁法〉若干问题的解释》第七条规定："当事人约定争议可以向仲裁机构申请仲裁也可以向人民法院起诉的，仲裁协议无效。但一方向仲裁机构申请仲裁，另一方未在仲裁法第二十条第二款规定期间内提出异议的除外。"在兖州浩珂伟博矿业工程有限公司向人民法院提起诉讼的情况下，应当认定本案所涉议中的仲裁条款无效。山东省济宁市中级人民法院作为合同履行地的法院，对兖州浩珂伟博矿业工程有限公司与伟博公司之间因上述协议产生的纠纷享有管辖权。

其次，兖州浩珂伟博矿业工程有限公司与索菲浩勒公司之间并无仲裁协议，因此，该两公司之间的纠纷可以通过诉讼解决。本案中，兖州浩珂伟博矿业工程有限公司系将索菲浩勒公司作为其与伟博公司之间合同纠纷的共同被告，因而，山东省济宁市中级人民法院享有管辖权。

综上，本案所涉仲裁条款无效，山东省济宁市中级人民法院对本案享有管辖权。同意你院的请示意见。

同时指出，你院请示报告中关于认定本案所涉仲裁协议无效的部分理由不妥。本案是由于存在"或裁或审"的情形导致仲裁条款被认定无效，并非由于仲裁条款中"未明确约定仲裁条款效力的准据法和仲裁应依照的实体法律"。对此，你院应注意纠正。

此复。

最高人民法院
关于对国外仲裁机构的裁决申请承认和申请执行是否应一并提出问题的请示的复函

2013年7月30日　　　　　　　　　　　　〔2013〕民四他字第43号

陕西省高级人民法院：

你院〔2013〕陕民三他字第1号《关于对国外仲裁机构的裁决申请承认和申请执行是否应一并提出问题的请示》收悉。经研究，答复如下：

1. 对于外国仲裁裁决，法律没有规定当事人必须一并申请承认和执行，当事人可以选择仅申请人民法院承认，也可以选择申请人民法院承认和执行。当事人先申请人民法院承认外国仲裁裁决，人民法院经审查裁定予以承认的，当事人还可以申请人民法院执行该仲裁裁决。

2. 根据《最高人民法院关于人民法院处理与涉外仲裁及外国仲裁事项有关问题的通知》（法发〔1995〕18号）的精神，泰王国泰普克沥青（大众）有限公司（以下简称泰普克公司）申请执行涉案外国仲裁裁决，西安市中级人民法院在拟裁定不予受理前，应当逐级上报最高人民法院，待最高人民法院答复后作出相应裁定。

3. 西安市中级人民法院于2009年12月7日裁定承认涉案外国仲裁裁决，泰普克公司于2010年1月27日申请执行该仲裁裁决，西安市中级人民法院审查是否执行该仲裁裁决，应当适用当时施行的《中华人民共和国民事诉讼法（2007）》。依照《中华人民共和国民事诉讼法（2007）》第二百一十五条第一款的规定，申请执行的期间为二年；申请执行时效的中止、中断，适用法律有关诉讼时效中止、中断的规定。西安市中级人民法院裁定承认仲裁裁决后，泰普克公司申请执行该仲裁裁决的期限从该裁定生效之日起重新计算。泰普克公司申请执行该仲裁裁决，并未超过《中华人民共和国民事诉讼法（2007）》规定的二年申请执行期限。西安市中级人民法院以泰普克公司申请执行超过《中华人民共和国民事诉讼法（2007）》规定的申请执行期限为由，裁定不予受理，适用法律不当，应予纠正。

此复。

最高人民法院
关于正确审理仲裁司法审查案件有关问题的通知

2013年9月4日　　　　　　　　　　　　　　法〔2013〕194号

各省、自治区、直辖市高级人民法院,解放军军事法院,新疆维吾尔自治区高级人民法院生产建设兵团分院:

最近一段时间以来,因中国国际经济贸易仲裁委员会(以下简称中国贸仲)于2012年5月1日施行修订后的仲裁规则以及原中国国际经济贸易仲裁委员会上海分会(以下简称上海贸仲)、原中国国际经济贸易仲裁委员会华南分会(以下简称华南贸仲)变更名称并施行新的仲裁规则,致使有的当事人对仲裁规则的适用以及上述各仲裁机构受理仲裁案件的权限等问题产生争议。各地人民法院陆续受理了因上述争议而引发的仲裁司法审查案件。为统一裁判尺度,保证人民法院正确审理案件,现就有关问题通知如下:

对于因上述争议产生的当事人申请确认仲裁协议效力的案件以及当事人申请撤销或者不予执行中国贸仲或者上海贸仲、华南贸仲作出的仲裁裁决的案件,人民法院在作出裁定之前,须经审判委员会讨论提出意见后,逐级上报至最高人民法院,待最高人民法院答复后,方可作出裁定。

最高人民法院
关于当事人对不予执行仲裁裁决的裁定能否提出异议并申请复议的请示答复

2013年11月18日　　　　　　　　　　　　〔2013〕执他字第21号

山东省高级人民法院:

你院《关于当事人对不予执行仲裁裁决的裁定能否提出异议并申请复议的请示》的书面报告收悉,经研究,原则同意你院审判委员会多数人意见。人民法院裁定不予执行仲裁裁决后,申请执行人可以向作出裁定的人民法院提出书面异议,人民法院应当及时审查,依法作出裁定。申请执行人对裁定不服的,可向上一级人民法院申请复议。申请执行人不通过执行裁决程序维护自身利益,可以依据《中华人民共和国民事诉讼法》第二百七十五条之规定主张权利,解决纠纷。

此复。

最高人民法院关于广东省高级人民法院就东莞市塘厦镇房地产开发公司诉通利文企业有限公司一案中涉港仲裁条款效力问题请示的复函

2015年3月26日　　　　　　　　　〔2015〕民四他字第2号

广东省高级人民法院:

你院〔2014〕粤高法仲复字第8号《关于东莞市塘厦镇房地产开发公司诉通利文企业有限公司一案中涉港仲裁条款效力问题的请示》收悉。经研究,答复如下:

本案仲裁协议为涉港仲裁协议。当事人没有选择仲裁协议适用的法律,也没有约定明确的仲裁地和仲裁机构,根据《中华人民共和国涉外民事关系法律适用法》第十八条以及最高人民法院《关于适用〈中华人民共和国涉外民事关系法律适用法〉若干问题的解释(一)》第二条、第十四条、第十九条的规定,你院关于确认本案仲裁协议效力应适用我国内地法律的意见是正确的。

本案当事人未在仲裁协议中约定明确的仲裁机构,亦未达成补充协议根据《中华人民共和国仲裁法》第十八条的规定,案涉仲裁协议应认定无效。

同意你院关于仲裁协议无效的请示意见。

此复。

最高人民法院
关于对金达融资担保有限责任公司申请确认仲裁协议效力一案请示的复函

2015年3月26日　　　　　　　　　　　　　〔2015〕民四他字第6号

北京市高级人民法院：

你院〔2015〕高民他字第24号《关于金达融资担保有限责任公司申请确认仲裁协议效力一案的请示》收悉。经研究，答复如下：

本案系申请确认仲裁协议效力案件。当事人在《产权交易合同》及其《补充合同》中没有约定确认仲裁协议效力所应适用的法律，但其在《补充合同》中约定，"对于因本合同履行过程中引起的或与本合同相关的任何争议，各方应争取以友好协商的方式迅速解决，若经协商仍未能解决，任何一方均可将有关争议提交中国国际经济贸易仲裁委员会华南分会，根据该会的仲裁规则进行仲裁，仲裁应在中国深圳进行。"根据最高人民法院《关于适用〈中华人民共和国仲裁法〉若干问题的解释》第十六条的规定，对本案仲裁协议的效力问题，应适用仲裁地法律即我国法律进行审查。

《中华人民共和国仲裁法》第十六条规定，仲裁协议应当具有下列内容：（一）请求仲裁的意思表示；（二）仲裁事项；（三）选定的仲裁委员会。本案当事人约定的仲裁条款具有明确的提请仲裁的意思表示，其约定的中国国际经济贸易仲裁委员会华南分会于1984年依法成立，2012年更名为华南国际经济贸易仲裁委员会（以下简称华南贸仲），故依照上述仲裁条款的约定，本案当事人对仲裁机构的约定和指向是具体和明确的，本案纠纷依法应向华南贸仲提请仲裁。

综上，本案《产权交易合同》及其《补充合同》约定的仲裁条款是有效的，你院认为中国国际经济贸易仲裁委员会对本案有管辖权的请示意见依据不足，本案纠纷应由华南贸仲管辖。

此复。

最高人民法院
关于原告申特钢铁（香港）有限公司诉被告福建省轮船有限公司海上货物运输合同纠纷一案中仲裁条款效力问题请示的复函

2015年6月18日　　　　　　　　　　〔2015〕民四他字第13号

湖北省高级人民法院：

你院鄂高法〔2015〕113号"关于原告申特钢铁（香港）有限公司诉被告福建省轮船有限公司海上货物运输合同纠纷一案中仲裁条款效力问题的请示"收悉。经研究，答复如下：

涉案提单为租约提单。提单正面虽记载"与租约合并使用"，但未指明哪一份租约并入提单。福建省轮船有限公司所主张的提单正面关于"运费按照2013年3月11日泛远航运有限公司和春安航运有限公司签订的租船合同支付"的记载，仅表明运费的支付依据该租约确定，并不涉及仲裁条款的并入。在此情形下，提单背面条款"反面所标日期的租约下一切条款和条件、权利和免责，包括法律适用和仲裁条款，并入本提单"的约定，因所指称的租约不明确而不具有可执行性。此外，关于仲裁条款并入的表述未在提单正面记载，未能以合理方式提示提单受让人，该并入条款对提单受让人不具有约束力。据此，福建省轮船有限公司以涉案纠纷应提交仲裁解决为由提出管辖权异议，没有事实和法律依据。

同意你院关于提单仲裁条款效力的审查意见。

最高人民法院
关于中海北方物流有限公司与本溪北营钢铁集团进出口有限公司航次租船合同纠纷涉外仲裁条款效力请示的复函

2015年9月21日　　　　　　　　　　　　〔2015〕民四他字第22号

辽宁省高级人民法院：

你院〔2015〕辽民三他字第2号《关于原告中海北方物流有限公司与被告本溪北营钢铁集团进出口有限公司航次租船合同纠纷涉外仲裁条款效力的请示》收悉。经研究，答复如下：

案涉货物出口的《合同》中的SS条款均约定："GENERAL AVERAGE/ARBITRATION IF ANY IN BENXI AND CHINESE LAW TO BE APPLIED. 如发生共同海损/仲裁，本协议适用中国法律，仲裁地本溪。"虽然本溪市仲裁委员会是本溪市唯一一家仲裁机构，但是该条款仅是双方当事人对涉案纠纷提起仲裁时的仲裁地点和所适用法律作出的特别约定，不构成双方之间唯一的纠纷解决方式的约定，并未排除诉讼管辖。根据《中华人民共和国仲裁法》第十六条第二款第（一）项的规定，上述仲裁条款当属无效。

案涉货物进口的《租船协议》第二十五条约定："Arbitration 仲裁：Any disputes arising under the Charter Party shall be settled amicably. In case no such settlement can be reached, the matter in dispute shall be referred to three persons at Beijing and according to Chinese law. One chosen by each of the parties hereto and the third by the two so chosen; their decision or that of two of them shall be final, and for the purpose of enforcing the award, this agreement may be made a rule of the court. The arbitrators shall be commercial men. 本协议项下的任何纠纷应被友好解决。如无法达成一致，则该纠纷事件将按照中国法律在北京交给三位仲裁人仲裁。双方各选一位代表，第三位则由双方共同选出，他们或其中两位的决定是终局的，并可向法庭申报使协议成为规则。仲裁人应是商业人士。"该仲裁条款虽约定在北京仲裁，但并未明确选定仲裁委员会，也没有证据显示双方当事人就仲裁机构的选择达成补充协议。根据《中华人民共和国仲裁法》第十六条第二款第（三）项和第十八条的规定，该仲裁条款因没有约定仲裁机构而无效。

涉案各航次的货物运输目的港或者起运港皆有一港属于大连海事法院管辖范围，故大连海事法院对本案具有管辖权。同意你院关于本案仲裁条款无效的请示意见。

此复。

最高人民法院
关于仲裁司法审查案件归口办理有关问题的通知

2017年5月22日　　　　　　　　　　　　法〔2017〕152号

各省、自治区、直辖市高级人民法院，解放军军事法院，新疆维吾尔自治区高级人民法院生产建设兵团分院：

为依法正确审理仲裁司法审查案件，保证裁判尺度的统一，维护当事人的合法权益，促进仲裁事业健康有序发展及多元化纠纷解决机制的建立，现就各级人民法院办理仲裁司法审查案件的有关问题通知如下：

一、各级人民法院审理涉外商事案件的审判庭（合议庭）作为专门业务庭（以下简称专门业务庭）负责办理本通知规定的仲裁司法审查案件。

二、当事人申请确认仲裁协议效力的案件，申请撤销我国内地仲裁机构仲裁裁决的案件，申请认可和执行香港特别行政区、澳门特别行政区、台湾地区仲裁裁决的案件、申请承认和执行外国仲裁裁决等仲裁司法审查案件，由各级人民法院专门业务庭办理。

专门业务庭经审查裁定认可和执行香港特别行政区、澳门特别行政区、台湾地区仲裁裁决，承认和执行外国仲裁裁决的，交由执行部门执行。

三、一审法院作出的不予受理、驳回起诉、管辖权异议裁定涉及仲裁协议效力的，当事人不服该裁定提起上诉的案件，由二审人民法院专门业务庭办理。

四、各级人民法院应当建立仲裁司法审查案件的数据信息集中管理平台，加强对申请确认仲裁协议效力的案件，申请撤销或者执行我国内地仲裁机构仲裁裁决的案件，申请认可和执行香港特别行政区、澳门特别行政区、台湾地区仲裁裁决的案件，申请承认和执行外国仲裁裁决的案件，以及涉及确认仲裁协议效力的不予受理、驳回起诉、管辖权异议等仲裁司法审查案件的信息化管理和数据分析，有效保证法律适用的正确性和裁判尺度的统一性。此项工作由最高人民法院民事审判第四庭与人民法院信息技术服务中心具体负责。

二十四、公　　证

最高人民法院
关于审理涉及公证活动相关民事案件的若干规定

法释〔2014〕6号

(2014年4月28日最高人民法院审判委员会第1614次会议通过　2014年5月16日最高人民法院公告公布　自2014年6月6日起施行)

为正确审理涉及公证活动相关民事案件，维护当事人的合法权益，根据《中华人民共和国民法通则》《中华人民共和国公证法》《中华人民共和国侵权责任法》《中华人民共和国民事诉讼法》等法律的规定，结合审判实践，制定本规定。

第一条　当事人、公证事项的利害关系人依照公证法第四十三条规定向人民法院起诉请求民事赔偿的，应当以公证机构为被告，人民法院应作为侵权责任纠纷案件受理。

第二条　当事人、公证事项的利害关系人起诉请求变更、撤销公证书或者确认公证书无效的，人民法院不予受理，告知其依照公证法第三十九条规定可以向出具公证书的公证机构提出复查。

第三条　当事人、公证事项的利害关系人对公证书所公证的民事权利义务有争议的，可以依照公证法第四十条规定就该争议向人民法院提起民事诉讼。

当事人、公证事项的利害关系人对具有强制执行效力的公证债权文书的民事权利义务有争议直接向人民法院提起民事诉讼的，人民法院依法不予受理。但是，公证债权文书被人民法院裁定不予执行的除外。

第四条　当事人、公证事项的利害关系人提供证据证明公证机构及其公证员在公证活动中具有下列情形之一的，人民法院应当认定公证机构有过错：

（一）为不真实、不合法的事项出具公证书的；

（二）毁损、篡改公证书或者公证档案的；

（三）泄露在执业活动中知悉的商业秘密或者个人隐私的；

（四）违反公证程序、办证规则以及国务院司法行政部门制定的行业规范出具公证书的；

（五）公证机构在公证过程中未尽到充分的审查、核实义务，致使公证书错误或者不真实的；

（六）对存在错误的公证书，经当事人、公证事项的利害关系人申请仍不予纠正或者补正的；

（七）其他违反法律、法规、国务院司法行政部门强制性规定的情形。

第五条 当事人提供虚假证明材料申请公证致使公证书错误造成他人损失的，当事人应当承担赔偿责任。公证机构依法尽到审查、核实义务的，不承担赔偿责任；未依法尽到审查、核实义务的，应当承担与其过错相应的补充赔偿责任；明知公证证明的材料虚假或者与当事人恶意串通的，承担连带赔偿责任。

第六条 当事人、公证事项的利害关系人明知公证机构所出具的公证书不真实、不合法而仍然使用造成自己损失，请求公证机构承担赔偿责任的，人民法院不予支持。

第七条 本规定施行后，涉及公证活动的民事案件尚未终审的，适用本规定；本规定施行前已经终审，当事人申请再审或者按照审判监督程序决定再审的，不适用本规定。

最高人民法院经济审判庭
关于合同公证失误公证机关能否作为被告问题的电话答复

（1988年9月2日）

陕西省高级人民法院：

你院陕高法经字〔1988〕第13号关于合同公证失误公证机关能否作为被告的请示报告收悉。经研究答复如下：

公证机关依照法定程序，证明经济合同的真实性和合法性，是国家对经济合同进行管理和监督的一项法律形式。签订经济合同，申请经济合同公证和履行经济合同中规定的权利和义务取决于经济合同当事人的意愿，公证机关对经济合同公证不当或者错误，不属于民法通则第一百二十一条规定的国家机关或者国家机关工作人员在执行职务中，侵犯公民、法人合法权益的行为。国家有关法律、法规也未对作出公证不当或者错误的可以向法院起诉的规定。因此，同意你院意见，在尚无明确法律规定之前，凡当事人对公证不当或者错误而将公证机关作为被告，要求公证机关赔偿损失向人民法院起诉的，人民法院不予受理。

此复。

最高人民法院 司法部
关于涉港公证文书效力问题的通知

1996年2月18日　　　　　　　　　　　　司发通〔1996〕026号

各省、自治区、直辖市高级人民法院、司法厅（局）：

为解决香港居民回内地处理民事、经济法律事务所需公证证明问题，从1981年开始，司法部经商中央有关主管部门同意，建立了委托公证人制度，即由司法部考核后委托部分香港律师作为委托公证人，负责出具有关公证文书，经司法部在香港设立的中国法律师服务（香港）有限公司审核并加章转递后，送回内地使用。十多年来的实践证明，该项制度维护了当事人的合法权益，为人民法院和内地其他机关处理涉港案件提供了真实合法有效的证明文件。1997年7月1日中国政府恢复对香港行使主权后，这一制度仍将继续实行。

随着香港与内地民事、经济和其他交往的不断增多，各类公证事务也日益增加。到1995年10月底为止，司法部共委托了207名香港律师作为中国委托公证人。各级人民法院办理涉港案件时，应严格审核确认公证文书的合法性，防止未经授权的机构、人员出具的无效证明和不法人员伪造的公证文书。为此，现将该207名委托公证人名单和司法部中国法律服务（香港）有限公司审核转递专用章式样印发给你们。在办理涉港案件中，对于发生在香港地区的有法律意义的事件和文书，均应要求当事人提交上述委托公证人出具并经司法部中国法律服务（香港）有限公司审核加章转递的公证证明；对委托公证人以外的其他机构、人员出具的或未经审核加章转递程序的证明文书，应视为不具有《中华人民共和国民事诉讼法》中规定的公证文书的证明效力和执行效力，也不具有《中华人民共和国担保法》第四十三条规定的对抗第三人的效力，所涉及的行为不受法律保护。

附件：一、中国委托公证人（香港）名单
　　　二、中国法律服务（香港）有限公司转递专用章式样附件一：

中国委托公证人（香港）名单

阮北耀	何耀棣	陈子钧	翁家灼	张永贤	练松柏	廖瑶珠
毛云龙	余平仲	李业广	林汉武	高汉钊	黄乾亨	黄颂显
梁乃鹏	梁爱诗	唐天燊	张子源	张恩纯	杨少初	邓尔邦
萧弘毅	黎锦文	戴镇涛	区玉麟	叶天养	叶健民	卢伟诚
刘汉铨	伍杰龄	吕冯美仪	吴少鹏	李孟华	李钜林	何新权
罗荣生	罗德丞	周佩芳	周淑娴	钟沛林	高主赐	张懿玲
梁肇汉	曾宇佐	傅德桢	温嘉旋	方 和	邝健能	卢伟强
卢润森	刘铁汉	纪华士	庄月霓	朱佩莹	关惠明	关颖琴
阎尚文	劳洁仪	李业华	李志华	陈世强	陈钧洪	陈韵云
陈志雄	陈清霞	吴 斌	吴国荣	邵信发	何福康	林彦明
张妙嫦	骆健华	胡祖雄	贺 英	姚宝诚	容正达	诸立力
黄志为	彭振球	彭珍妮	简松年	何观乐	俞仲安	黄英豪
黄家铺	方成生	方燕翔	文志昌	马兆林	马绍岳	孔宪淦
廖依敏	卢维干	刘健仪	刘淑荣	关礼雄	吉盈熙	伍振豪
冯礼贤	朱嘉桢	朱锦强	李国庆	李伟民	李凤翔	陈鸿远
陈仲涛	陈启球	陈锦程	陈文汉	陈洪基	陈肇川	陈乐宜
陈远翔	杜伟强	杜景仁	吴少溥	何志强	萧国兴	张有洪
黄张敬瑜	苏合成	苏福祯	杨麟振	杨元彬	杨洪钧	冼国雄
林沛然	林国兴	林国昌	周君倩	周炳朝	金义威	胡永杰
董光显	莫玄炽	康宝驹	唐楚彦	娄瑞馨	黄萃群	黄德成
黄克铨	梁家驹	梁廷锵	蒋尚文	赖发强	雷础雄	简家骢
谭德兴	薛建平	方浩然	王凤仪	王桂埙	马清楠	区颖麟
邓卓恩	邓兆驹	邓秉坚	朱国熙	刘大潜	刘伟槟	刘淑华
庄重庆	张宝强	张德民	李慧贤	李宇祥	李全德	李汉生
萧智林	萧咏仪	何鸿宗	何继昌	何君柱	吴珊仪	苏洁儿
陈耀庄	杨国楚	林文彬	周慧兰	罗慧琦	郑慕智	范伟廉
胡国贤	胡定乐	袁庆文	钟伟雄	洪珀姿	郭匡义	梁锦明
唐国通	徐伯鸣	黄志明	黄 能	蒋瑞福	彭耀樟	彭泽棠
谢鹏元	谢灿华	廖绮云	蔡克刚	黎炎锡	司徒显亮	郭立成
翁宗荣	黄德华	陈华增	林永成			

附件二：

中国法律服务（香港）有限公司
转递专用章式样

```
┌─────────────────────────────────┐
│                                 │
│   中华人民共和国司法部委托香港   │
│   律师办理内地使用的公证文书     │
│        **转递专用章**            │
│            ★                    │
│   中国法律服务（香港）有限公司   │
│        深办第    号              │
│           日期                   │
│                                 │
└─────────────────────────────────┘
```

最高人民法院
关于当事人持台湾地区有关行政或公证部门确认的离婚协议书向人民法院申请认可人民法院是否受理的复函

2000年12月26日　　　　　　　　　〔2000〕民他字第29号

江苏省高级人民法院：

　　你院《关于当事人申请认可台湾地方法院公证处认证的离婚文书，人民法院可否受理的请示》收悉。关于当事人持经台湾地区行政或公证部门确认的离婚协议向我人民法院申请认可，人民法院可否受理的问题，我院曾于1998年9月18日以〔1998〕民他字第22号函复山东高级人民法院，内容如下：

　　当事人向人民法院申请认可台湾地区有关行政或公证部门确认的离婚协议在大陆的

效力，不符合我院《关于人民法院认可台湾地区有关法院民事判决的规定》，该申请不属于人民法院的主管范围，人民法院不予受理。当事人如需在大陆再婚，可告知其直接向婚姻登记机关申请登记。

你院请示的问题，请按以上精神执行。

最高人民法院　司法部
关于开展公证参与人民法院司法辅助事务试点工作的通知

2017年6月29日　　　　　　　　　司发通〔2017〕68号

北京、内蒙古、黑龙江、上海、江苏、浙江、安徽、福建、广东、四川、云南、陕西省（区、市）高级人民法院、司法厅（局）：

为深入贯彻党的十八大和十八届三中、四中、五中、六中全会精神，贯彻落实中共中央办公厅、国务院办公厅《关于完善矛盾纠纷多元化解机制的意见》，充分发挥公证制度在推进多元化纠纷解决机制改革中的职能作用，现就开展公证参与人民法院司法辅助事务试点工作通知如下。

一、充分认识开展公证参与司法辅助事务试点工作的重要意义

公证制度是我国社会主义法律制度的重要组成部分，是预防性司法证明制度。公证活动可以为人民法院审判和执行工作提供裁判依据，促进审判活动依法高效进行；经公证的债权文书具有强制执行效力，可以不经诉讼直接成为人民法院的执行依据，减少司法成本，提高司法效率；公证制度具有服务、沟通、证明、监督等功能，是社会纠纷多元化解决的基础性司法资源，可以成为人民法院司法辅助事务的重要承接力量。近年来，一些地方人民法院积极引入公证机构参与司法辅助事务，取得了良好效果。公证参与司法辅助事务，是公证服务推进以审判为中心的诉讼制度改革的有益探索，是公证助力人民法院司法体制改革的重要举措，有利于协助法官集中精力做好审判执行工作，缓解人民法院"案多人少"的矛盾，有利于进一步深化多元化纠纷解决机制改革，推动社会纠纷资源的合理配置和高效利用，有利于促进公证机构改革创新发展。各级人民法院、司法行政机关要从全面依法治国和推进社会主义法治建设的高度，充分认识公证参与司法辅助事务的重要意义，积极为公证机构参与司法辅助事务创造条件，扎实推动此项试点工作的深入开展。

二、开展公证参与司法辅助事务试点工作的主要内容

自2017年7月起，选择在北京、内蒙古、黑龙江、上海、江苏、浙江、安徽、福

建、广东、四川、云南、陕西12省（区、市）开展公证参与司法辅助事务试点，试点期限为一年。试点地方高级人民法院、司法厅（局）要选择法院"案多人少"矛盾突出、公证机构服务能力强的地方，积极稳妥开展公证机构参与人民法院司法辅助事务试点工作，支持公证机构在人民法院调解、取证、送达、保全、执行等环节提供公证法律服务，充分发挥公证制度职能作用。公证机构参与司法辅助事务的主要内容有：

（一）参与调解。人民法院通过吸纳公证机构进入人民法院特邀调解组织名册，进入名册的公证机构可以接受人民法院委派或委托在家事、商事等领域开展调解，发挥诉前引导程序性作用、开展调解前置程序改革。经委派调解达成协议的，公证机构可以应当事人申请，对具有给付内容、债权债务关系明确的和解、调解协议办理公证并赋予强制执行效力；经委托调解达成调解协议的，公证机构应当将调解协议及相关材料移交人民法院，由人民法院按照法律规定出具民事调解书或作相应处理。未达成调解协议的，公证机构可以在征得各方当事人同意后，用书面形式记载调解过程中双方没有争议的事实，并由当事人签字确认。在诉讼程序中，除涉及国家利益、社会公共利益和他人合法权益的外，当事人无需对调解过程中已确认的无争议事实举证。

（二）参与取证。公证机构可以接受人民法院委托，就当事人婚姻状况、亲属关系、财产状况、未成年子女抚养情况、书面文书等进行核实和调查取证。核查结束后，公证机构应就核查内容、核查过程、核查结果向法院出具取证报告。

（三）参与送达。公证机构可以接受人民法院委托，参与案件各个阶段的司法送达事务。鼓励公证机构采用信息化手段，推行集约化送达模式，避免分散作业和资源的重复投入。送达工作完成后，公证机构应当就送达过程、送达结果等情况形成送达全流程登记表，交由人民法院留存备查。

（四）参与保全。公证机构可以协助人民法院核实被保全财产信息和被保全财产线索，核实被保全动产的权属和占有、使用等情况。财产保全需要提供担保的，公证机构可以协助人民法院审查申请保全人或第三人提交的财产保全担保书、保证书，对其中的担保内容及证据材料进行核实。

（五）参与执行。人民法院支持公证机构在执行工作环节参与司法辅助事务。公证机构可以参与人民法院执行中的和解、调查、送达工作，协助人民法院搜集核实执行线索、查控执行标的，协助清点和管理查封、扣押财物。经执行机关申请，可以办理保全证据公证。

三、加强对公证参与司法辅助事务试点工作的组织领导

（一）加强组织领导。各试点省（区、市）高级人民法院和司法厅（局）要高度重视公证参与司法辅助事务试点工作，研究制定试点实施方案，确保试点工作按时启动、顺利推进、如期完成。要建立工作沟通协调机制，为公证机构和公证人员参与司法辅助事务创造条件。

（二）加强培训指导。要明确公证机构参与司法辅助事务的条件、内容、程序和工作措施，及时研究解决试点工作中遇到的问题。加强公证人员业务培训和纪律教育，加强相关领域尤其是专业技术领域公证业务的培训，严格规范公证行为，确保公证证据的

真实性,避免公证证据瑕疵,提高司法辅助事务工作质量和信息化、规范化水平。

(三)加强政策保障。试点地方各级人民法院、司法行政机关要结合工作实际,争取党委政法委、财政等部门的支持配合,采取政府购买服务等方式引入公证机构参与司法辅助事务,为试点工作提供必要的经费、场地、设施等,保障试点工作的深入开展。

(四)推动制度完善。各级人民法院、司法行政机关要加强对试点情况的跟踪和指导,加强工作协调和督促检查,认真总结推广试点工作的经验做法。2018年6月,最高人民法院会同司法部总结经验,全面评估试点工作的实际效果,积极推动有关规章制度修订完善。

二十五、其他非诉讼矛盾纠纷解决机制

最高人民法院
印发《关于建立健全诉讼与非诉讼相衔接的矛盾纠纷解决机制的若干意见》的通知

2009年7月24日　　　　　　　　　　　　　法发〔2009〕45号

全国地方各级人民法院、各级军事法院、各铁路运输中级法院和基层法院、各海事法院，新疆生产建设兵团各级法院：

《最高人民法院关于建立健全诉讼与非诉讼相衔接的矛盾纠纷解决机制的若干意见》已经中央批准，现印发给你们，请认真贯彻落实。在贯彻落实中遇有问题，请及时报告最高人民法院司法改革领导小组办公室。

附：

最高人民法院
关于建立健全诉讼与非诉讼相衔接的矛盾纠纷解决机制的若干意见

为发挥人民法院在建立健全诉讼与非诉讼相衔接的矛盾纠纷解决机制方面的积极作用，促进各种纠纷解决机制的发展，现制定以下意见。

一、明确主要目标和任务要求

1. 建立健全诉讼与非诉讼相衔接的矛盾纠纷解决机制的主要目标是：充分发挥人民法院、行政机关、社会组织、企事业单位以及其他各方面的力量，促进各种纠纷解决方式相互配合、相互协调和全面发展，做好诉讼与非诉讼渠道的相互衔接，为人民群众提供更多可供选择的纠纷解决方式，维护社会和谐稳定，促进经济社会又好又快发展。

2. 建立健全诉讼与非诉讼相衔接的矛盾纠纷解决机制的主要任务是：充分发挥审判权的规范、引导和监督作用，完善诉讼与仲裁、行政调处、人民调解、商事调解、行业调解以及其他非诉讼纠纷解决方式之间的衔接机制，推动各种纠纷解决机制的组织和程序制度建设，促使非诉讼纠纷解决方式更加便捷、灵活、高效，为矛盾纠纷解决机制的繁荣发展提供司法保障。

3. 在建立健全诉讼与非诉讼相衔接的矛盾纠纷解决机制的过程中，必须紧紧依靠党委领导，积极争取政府支持，鼓励社会各界参与，充分发挥司法的推动作用；必须充分保障当事人依法处分自己的民事权利和诉讼权利。

二、促进非诉讼纠纷解决机制的发展

4. 认真贯彻执行《中华人民共和国仲裁法》和相关司法解释，在仲裁协议效力、证据规则、仲裁程序、裁决依据、撤销裁决审查标准、不予执行裁决审查标准等方面，尊重和体现仲裁制度的特有规律，最大程度地发挥仲裁制度在纠纷解决方面的作用。对于仲裁过程中申请证据保全、财产保全的，人民法院应当依法及时办理。

5. 认真贯彻执行《中华人民共和国劳动争议调解仲裁法》和相关司法解释的规定，加强与劳动、人事争议等仲裁机构的沟通和协调，根据劳动、人事争议案件的特点采取适当的审理方式，支持和鼓励仲裁机制发挥作用。对劳动、人事争议仲裁机构不予受理或者逾期未作出决定的劳动、人事争议事项，申请人向人民法院提起诉讼的，人民法院应当依法受理。

6. 要进一步加强与农村土地承包仲裁机构的沟通和协调，妥善处理农村土地承包纠纷，努力为农村改革发展提供强有力的司法保障和法律服务。当事人对农村土地承包仲裁机构裁决不服而提起诉讼的，人民法院应当及时审理。当事人申请法院强制执行已经发生法律效力的裁决书和调解书的，人民法院应当依法及时执行。

7. 人民法院要大力支持、依法监督人民调解组织的调解工作，在审理涉及人民调解协议的民事案件时，应当适用有关法律规定。

8. 为有效化解行政管理活动中发生的各类矛盾纠纷，人民法院鼓励和支持行政机关依当事人申请或者依职权进行调解、裁决或者依法作出其他处理。调解、裁决或者依法作出的其他处理具有法律效力。当事人不服行政机关对平等主体之间民事争议所作的调解、裁决或者其他处理，以对方当事人为被告就原争议向人民法院起诉的，由人民法院作为民事案件受理。法律或司法解释明确规定作为行政案件受理的，人民法院在对行政行为进行审查时，可对其中的民事争议一并审理，并在作出行政判决的同时，依法对当事人之间的民事争议一并作出民事判决。

行政机关依法对民事纠纷进行调处后达成的有民事权利义务内容的调解协议或者作出的其他不属于可诉具体行政行为的处理，经双方当事人签字或者盖章后，具有民事合同性质，法律另有规定的除外。

9. 没有仲裁协议的当事人申请仲裁委员会对民事纠纷进行调解的，由该仲裁委员会专门设立的调解组织按照公平中立的调解规则进行调解后达成的有民事权利义务内容的调解协议，经双方当事人签字或者盖章后，具有民事合同性质。

10. 人民法院鼓励和支持行业协会、社会组织、企事业单位等建立健全调解相关纠纷的职能和机制。经商事调解组织、行业调解组织或者其他具有调解职能的组织调解后达成的具有民事权利义务内容的调解协议，经双方当事人签字或者盖章后，具有民事合同性质。

11. 经《中华人民共和国劳动争议调解仲裁法》规定的调解组织调解达成的劳动争议调解协议，由双方当事人签名或者盖章，经调解员签名并加盖调解组织印章后生效，对双方当事人具有合同约束力，当事人应当履行。双方当事人可以不经仲裁程序，根据本意见关于司法确认的规定直接向人民法院申请确认调解协议效力。人民法院不予确认的，当事人可以向劳动争议仲裁委员会申请仲裁。

12. 经行政机关、人民调解组织、商事调解组织、行业调解组织或者其他具有调解职能的组织对民事纠纷调解后达成的具有给付内容的协议，当事人可以按照《中华人民共和国公证法》的规定申请公证机关依法赋予强制执行效力。债务人不履行或者不适当履行具有强制执行效力的公证文书的，债权人可以依法向有管辖权的人民法院申请执行。

13. 对于具有合同效力和给付内容的调解协议，债权人可以根据《中华人民共和国民事诉讼法》和相关司法解释的规定向有管辖权的基层人民法院申请支付令。申请书应当写明请求给付金钱或者有价证券的数量和所根据的事实、证据，并附调解协议原件。

因支付拖欠劳动报酬、工伤医疗费、经济补偿或者赔偿金事项达成调解协议，用人单位在协议约定期限内不履行的，劳动者可以持调解协议书依法向人民法院申请支付令。

三、完善诉讼活动中多方参与的调解机制

14. 对属于人民法院受理民事诉讼的范围和受诉人民法院管辖的案件，人民法院在收到起诉状或者口头起诉之后、正式立案之前，可以依职权或者经当事人申请后，委派行政机关、人民调解组织、商事调解组织、行业调解组织或者其他具有调解职能的组织进行调解。当事人不同意调解或者在商定、指定时间内不能达成调解协议的，人民法院应当依法及时立案。

15. 经双方当事人同意，或者人民法院认为确有必要的，人民法院可以在立案后将民事案件委托行政机关、人民调解组织、商事调解组织、行业调解组织或者其他具有调解职能的组织协助进行调解。当事人可以协商选定有关机关或者组织，也可商请人民法院确定。

调解结束后，有关机关或者组织应当将调解结果告知人民法院。达成调解协议的，当事人可以申请撤诉、申请司法确认，或者由人民法院经过审查后制作调解书。调解不成的，人民法院应当及时审判。

16. 对于已经立案的民事案件，人民法院可以按照有关规定邀请符合条件的组织或者人员与审判组织共同进行调解。调解应当在人民法院的法庭或者其他办公场所进行，经当事人同意也可以在法院以外的场所进行。达成调解协议的，可以允许当事人撤诉，或者由人民法院经过审查后制作调解书。调解不成的，人民法院应当及时审判。

开庭前从事调解的法官原则上不参与同一案件的开庭审理，当事人同意的除外。

17. 有关组织调解案件时，在不违反法律、行政法规强制性规定的前提下，可以参考行业惯例、村规民约、社区公约和当地善良风俗等行为规范，引导当事人达成调解协议。

18. 在调解过程中当事人有隐瞒重要事实、提供虚假情况或者故意拖延时间等行为的，调解员可以给予警告或者终止调解，并将有关情况报告委派或委托人民法院。当事人的行为给其他当事人或者案外人造成损失的，应当承担相应的法律责任。

19. 调解过程不公开，但双方当事人要求或者同意公开调解的除外。

从事调解的机关、组织、调解员，以及负责调解事务管理的法院工作人员，不得披露调解过程的有关情况，不得在就相关案件进行的诉讼中作证，当事人不得在审判程序中将调解过程中制作的笔录、当事人为达成调解协议而作出的让步或者承诺、调解员或者当事人发表的任何意见或者建议等作为证据提出，但下列情形除外：

（一）双方当事人均同意的；

（二）法律有明确规定的；

（三）为保护国家利益、社会公共利益、案外人合法权益，人民法院认为确有必要的。

四、规范和完善司法确认程序

20. 经行政机关、人民调解组织、商事调解组织、行业调解组织或者其他具有调解职能的组织调解达成的具有民事合同性质的协议，经调解组织和调解员签字盖章后，当事人可以申请有管辖权的人民法院确认其效力。当事人请求履行调解协议、请求变更、撤销调解协议或者请求确认调解协议无效的，可以向人民法院提起诉讼。

21. 当事人可以在书面调解协议中选择当事人住所地、调解协议履行地、调解协议签订地、标的物所在地基层人民法院管辖，但不得违反法律对专属管辖的规定。当事人没有约定的，除《中华人民共和国民事诉讼法》第三十四条规定的情形外，由当事人住所地或者调解协议履行地的基层人民法院管辖。经人民法院委派或委托有关机关或者组织调解达成的调解协议的申请确认案件，由委派或委托人民法院管辖。

22. 当事人应当共同向有管辖权的人民法院以书面形式或者口头形式提出确认申请。一方当事人提出申请，另一方表示同意的，视为共同提出申请。当事人提出申请时，应当向人民法院提交调解协议书、承诺书。人民法院在收到申请后应当及时审查，材料齐备的，及时向当事人送达受理通知书。双方当事人签署的承诺书应当明确载明以下内容：

（一）双方当事人出于解决纠纷的目的自愿达成协议，没有恶意串通、规避法律的行为；

（二）如果因为该协议内容而给他人造成损害的，愿意承担相应的民事责任和其他法律责任。

23. 人民法院审理申请确认调解协议案件，参照适用《中华人民共和国民事诉讼法》有关简易程序的规定。案件由审判员一人独任审理，双方当事人应当同时到庭。人民法院应当面询问双方当事人是否理解所达成协议的内容,是否接受因此而产生的后果,是否愿意由人民法院通过司法确认程序赋予该协议强制执行的效力。

24. 有下列情形之一的,人民法院不予确认调解协议效力:

（一）违反法律、行政法规强制性规定的;

（二）侵害国家利益、社会公共利益的;

（三）侵害案外人合法权益的;

（四）涉及是否追究当事人刑事责任的;

（五）内容不明确,无法确认和执行的;

（六）调解组织、调解员强迫调解或者有其他严重违反职业道德准则的行为的;

（七）其他情形不应当确认的。

当事人在违背真实意思的情况下签订调解协议,或者调解组织、调解员与案件有利害关系、调解显失公正的,人民法院对调解协议效力不予确认,但当事人明知存在上述情形,仍坚持申请确认的除外。

25. 人民法院依法审查后,决定是否确认调解协议的效力。确认调解协议效力的决定送达双方当事人后发生法律效力,一方当事人拒绝履行的,另一方当事人可以依法申请人民法院强制执行。

五、建立健全工作机制

26. 有条件的地方人民法院可以按照一定标准建立调解组织名册和调解员名册,以便于引导当事人选择合适的调解组织或者调解员调解纠纷。人民法院可以根据具体情况及时调整调解组织名册和调解员名册。

27. 调解员应当遵守调解员职业道德准则。人民法院在办理相关案件过程中发现调解员与参与调解的案件有利害关系,可能影响其保持中立、公平调解的,或者调解员有其他违反职业道德准则的行为的,应当告知调解员回避、更换调解员、终止调解或者采取其他适当措施。除非当事人另有约定,人民法院不允许调解员在参与调解后又在就同一纠纷或者相关纠纷进行的诉讼程序中作为一方当事人的代理人。

28. 根据工作需要,人民法院指定院内有关单位或者人员负责管理协调与调解组织、调解员的沟通联络、培训指导等工作。

29. 各级人民法院应当加强与其他国家机关、社会组织、企事业单位和相关组织的联系,鼓励各种非诉讼纠纷解决机制的创新,通过适当方式参与各种非诉讼纠纷解决机制的建设,理顺诉讼与非诉讼相衔接过程中出现的各种关系,积极推动各种非诉讼纠纷解决机制的建立和完善。

30. 地方各级人民法院应当根据实际情况,制定关于调解员条件、职业道德、调解费用、诉讼费用负担、调解管理、调解指导、衔接方式等规范。高级人民法院制定的相关工作规范应当报最高人民法院备案。基层人民法院和中级人民法院制定的相关工作规范应当报高级人民法院备案。

最高人民法院
印发《关于扩大诉讼与非诉讼相衔接的矛盾纠纷解决机制改革试点总体方案》的通知

2012年4月10日　　　　　　　　　　　　　　法〔2012〕116号

各省、自治区、直辖市高级人民法院，新疆维吾尔自治区高级人民法院生产建设兵团分院：

为贯彻中央关于诉讼与非诉讼相衔接的矛盾纠纷解决机制改革的总体部署，落实中央社会管理综合治理委员会等16家单位联合印发的《关于深入推进矛盾纠纷大调解工作的指导意见》，进一步深化多元纠纷解决机制改革，有效预防和化解社会矛盾，最高人民法院制定了《关于扩大诉讼与非诉讼相衔接的矛盾纠纷解决机制改革试点总体方案》，确定了北京市朝阳区人民法院等42家法院为试点法院，并报请中央批准。现将《关于扩大诉讼与非诉讼相衔接的矛盾纠纷解决机制改革试点总体方案》印发给你们，请认真组织实施，实施过程中遇到的问题，请及时报告我院。

特此通知。

附：

最高人民法院
关于扩大诉讼与非诉讼相衔接的矛盾纠纷解决机制改革试点总体方案

为贯彻中央关于诉讼与非诉讼相衔接的矛盾纠纷解决机制改革的总体部署，适应社会管理创新的需要，各级人民法院在建立健全诉讼与非诉讼相衔接的矛盾纠纷解决机制改革方面大胆探索、锐意创新，积累了丰富的实践经验。为落实中央社会管理综合治理委员会等16家单位联合印发的《关于深入推进矛盾纠纷大调解工作的指导意见》（综治委〔2011〕10号），进一步深化多元纠纷解决机制改革，我院决定在总结前期试点经验的基础上，继续扩大试点工作范围，构建诉调对接工作平台，完善和创新诉调对接工作机制，加强经费保障和人员培训，促进多元纠纷解决机制改革再上一个新台阶。

一、试点工作目标

1. 试点工作目标。按照"党委领导、政府支持、多方参与、司法推动"的原则，进一步深化诉讼与非诉讼相衔接的矛盾纠纷解决机制改革，努力实现以下目标：一是探索人民法院参与社会管理创新的新方式,在确保人民法院履行依法裁判职责的基础上,充分发挥人民法院化解纠纷的功能;二是整合解决纠纷的各种力量,合理配置纠纷解决资源,为构建我国科学、系统、完整的多元纠纷解决体系积累经验;三是完善和创新诉调对接工作机制,为人民群众提供更多可供选择的纠纷解决渠道。

二、试点主要内容

(一)构建诉调对接工作平台

2. 建立诉调对接中心。试点法院设立诉调对接中心,作为诉讼外调解机制依托在法院的工作平台,配备专门的工作人员,建立完备的工作制度,明确相应的工作职责。相关调解组织可以在法院诉调对接中心设立调解室,办理法院委派或委托调解的案件。

3. 建立特邀调解组织名册制度。试点法院建立特邀调解组织名册,明确行政机关、人民调解组织、商事调解组织、行业调解组织以及其他具有调解职能的组织进入特邀调解组织名册的条件,健全名册管理制度,完善工作程序。特邀调解组织依托诉调对接中心开展调解工作。

4. 建立特邀调解员名册制度。试点法院建立特邀调解员名册,明确人大代表、政协委员、人民陪审员、专家学者、律师、仲裁员、退休法律工作者等人员进入特邀调解员名册的条件,健全名册管理制度,制定调解员工作规则和职业道德准则,完善工作程序。特邀调解员依托诉调对接中心开展调解工作。特邀调解组织内的调解员不再列入特邀调解员名册。

5. 建立法院专职调解员队伍。试点法院探索建立专职调解员队伍,由调解能力较强的法官或者司法辅助人员专职从事立案前或者诉讼过程中的调解工作。开庭前从事调解的法官原则上不参与同一案件的开庭审理,当事人同意的除外。参与开庭审理的法官不得担任本案的专职调解员。专职调解员可以依托诉调对接中心或者有关审判庭开展工作。

6. 与有关行政机关建立相对固定的诉调对接关系。试点法院可以在调解纠纷较多的行政机关设立巡回法庭,及时依法办理相关案件,依照有关规定确认调解协议的法律效力,协调指导相关调解工作。试点法院与有关行政机关建立定期沟通联络机制,并探索创新诉调对接的具体工作方式。

7. 与具有调解职能的组织建立相对固定的诉调对接关系。试点法院支持商事调解组织、行业调解组织或者其他具有调解职能的组织开展调解工作,协助其完善组织建设,制定相关管理制度,建立定期沟通联络机制,发挥其在诉调对接平台中的作用。人民法院根据需要可以派出法官巡回审理有关案件,依照有关规定确认调解协议的法律效力。

8. 推动建立律师调解员制度。试点法院应当支持律师协会、律师事务所建立专职或者兼职的律师调解员队伍,由律师调解员独立主持调解纠纷,并协助其建立和完善相关制度。

(二)完善诉调对接工作机制

9. 落实委派调解或者委托调解机制。经双方当事人同意,或者人民法院认为确有必要的，按照《最高人民法院关于建立健全诉讼与非诉讼相衔接的矛盾纠纷解决机制的若干意见》第十四条、第十五条的规定，将民商事纠纷在立案前委派或者立案后委托给特邀调解组织或者特邀调解员进行调解。

10. 赋予调解协议合同效力。特邀调解组织或者特邀调解员主持调解达成协议后，当事人就调解协议的履行或者调解协议的内容发生争议的，一方当事人可以就调解协议问题向人民法院提起诉讼，人民法院按照合同纠纷进行审理。当事人一方以原纠纷向人民法院起诉，对方当事人以调解协议抗辩并提供调解协议书的，应当就调解协议的内容进行审理。

11. 落实调解协议的司法确认制度。经人民调解委员会调解达成协议的，当事人根据《中华人民共和国人民调解法》第三十三条的规定共同向人民法院申请确认人民调解协议的，人民法院应当依法受理。经行政机关、商事调解组织、行业调解组织或者其他具有调解职能的组织调解达成的协议，当事人申请确认其效力，参照《最高人民法院关于人民调解协议司法确认程序的若干规定》办理。

12. 建立刑事和解工作机制。按照新修订的《中华人民共和国刑事诉讼法》关于刑事和解的规定，与公安机关、检察机关建立刑事和解工作机制，明确刑事和解案件的范围、条件、方式、结果和程序等。在和解工作中，充分发挥人民调解组织、基层自治组织、当事人所在单位或者同事、亲友以及法院特邀调解组织和特邀调解员等的作用，促使当事人达成和解协议，化解矛盾。

13. 完善行政案件协调和解机制。支持行政机关发挥其职能优势，将纠纷化解在进入诉讼程序之前。对进入诉讼程序的行政纠纷，积极争取有关部门的协助和配合，邀请有关部门共同参与行政案件的协调和解，妥善化解行政纠纷。

14. 完善执行联动机制。建立健全党委政法委组织协调、人民法院主办、有关部门联动、社会各界参与的执行工作长效机制，加强执行法院之间、执行法院与政府及其他有关部门之间的联动，积极促成执行和解，促进执行案件的协调解决。

15. 建立民商事纠纷中立评估机制。当事人因民商事纠纷诉至人民法院后，人民法院可以建议当事人选择评估员协助解决纠纷。评估员应当是经验丰富的法律工作者或者相关专业领域的专家。评估员可以根据各方当事人的陈述、当事人提供的有关证据，出具中立评估报告，对判决结果进行预测。中立评估应当秘密进行，评估意见不具有法律效力。评估结束后，评估员可以引导当事人达成和解协议。试点法院在条件成熟时探索建立中立评估员名册制度。

16. 建立无异议调解方案认可机制。经调解未能达成调解协议，但当事人之间的分歧不大的，调解员征得当事人各方书面同意后，可以提出调解方案并书面送达当事人。当事人在七日内提出书面异议的，视为调解不成立；未提出书面异议的，该调解方案即视为双方自愿达成的调解协议。当事人申请司法确认的，应当依照有关规定予以确认。

17. 建立无争议事实记载机制。当事人未达成调解协议的，调解员在征得各方当事人同意后，可以用书面形式记载调解过程中双方没有争议的事实，并告知当事人所记载的内容。经双方签字后，当事人无需在诉讼过程中就已记载的事实举证。

（三）加强经费保障和人员培训

18. 争取经费保障。积极争取当地党委、政府对诉讼与非诉讼相衔接的矛盾纠纷解决机制试点工作的支持，及时通报工作进展情况，争取经费保障，对所需经费申请单独列支或者在相关经费项目中列支。

19. 探索实行调解员有偿服务。试点法院应当积极与政府有关部门沟通、协调，或者通过其他适当方式，探索实行调解员有偿服务。除法院专职调解员、入册的行政调解员和人民调解员不收取调解费用外，其他入册的特邀调解组织或者特邀调解员可以提供有偿服务。

20. 加强调解员职业培训。试点法院应当加强对调解员的职业培训工作，探索建立科学、系统的调解培训体系，提高调解员的调解能力和调解技巧，提升调解员队伍的整体素质，为调解工作的职业化奠定基础。

三、具体工作安排

21. 加强试点工作的组织领导。试点法院成立试点工作领导小组，由法院主要领导担任组长。指定专门机构并配备专门人员负责试点工作的具体落实。试点工作领导小组定期听取试点工作汇报，及时解决试点工作中遇到的问题。

22. 制定试点工作实施方案。试点法院要结合工作实际，根据试点总体方案，在周密设计和必要论证的基础上制定具体实施方案，于2012年5月31日前层报最高人民法院司法改革领导小组办公室备案。试点实施方案应当明确任务分工、时序进度和工作责任。

23. "点面结合"体现特色。各试点法院在全面落实试点总体方案的基础上，可以结合本院工作实际，选择部分内容作重点突破，体现自身特色。

24. 合理安排试点进度。各试点法院从2012年5月开始试点，制定具体实施方案，组织落实各项试点工作。12月底进行试点工作初期评估后，各试点法院可以适当调整实施方案，全面落实各项试点工作。2013年底，最高人民法院对试点工作进行阶段性总结，并在全国范围内推广成功的改革试点经验。

25. 加强试点工作管理。最高人民法院司法改革领导小组办公室具体负责试点工作的管理，了解试点工作情况，研究解决试点工作中遇到的问题，指导各地试点工作。各试点法院所在辖区的高级人民法院或者中级人民法院应当加强监督指导和督促检查，并总结推广试点经验，确保试点工作顺利进行。试点法院在试点工作中遇到问题和困难的，应当及时层报最高人民法院司法改革领导小组办公室。

附：

诉讼与非诉讼相衔接的矛盾纠纷
解决机制改革试点法院名单

北京市
朝阳区人民法院
天津市
蓟县人民法院
河北省
廊坊市中级人民法院
唐山市中级人民法院
山西省
怀仁县人民法院
内蒙古自治区
扎兰屯市人民法院
辽宁省
鞍山市立山区人民法院
吉林省
吉林省高级人民法院
黑龙江省
大庆高新技术开发区人民法院
上海市
浦东新区人民法院
普陀区人民法院
江苏省
苏州市吴中区人民法院
常州市钟楼区人民法院
浙江省
杭州市余杭区人民法院
诸暨市人民法院
安徽省
肥西县人民法院
福建省
厦门市中级人民法院
莆田市中级人民法院

江西省
南康市人民法院
山东省
潍坊市中级人民法院
威海市经济技术开发区人民法院
河南省
许昌市中级人民法院
新郑市人民法院
湖南省
长沙市岳麓区人民法院
广东省
佛山市中级人民法院
东莞市第二人民法院
广西壮族自治区
田林县人民法院
海南省
琼中黎族苗族自治县人民法院
重庆市
北碚区人民法院
四川省
眉山市中级人民法院
郫县人民法院
贵州省
清镇市人民法院
云南省
曲靖市中级人民法院
昆明市西山区人民法院
西藏自治区
拉萨市中级人民法院
陕西省
西安市莲湖区人民法院
甘肃省
定西市中级人民法院
平凉市中级人民法院
青海省
西宁市城东区人民法院
宁夏回族自治区
青铜峡市人民法院

新疆维吾尔自治区
吉木萨尔县人民法院
新疆生产建设兵团
农八师中级人民法院

（注：试点法院为高级人民法院的，试点范围为该院及其辖区内所有中级人民法院及基层人民法；试点法院为中级人民法院的，试点范围为该院及其辖区内所有基层人民法院。）

最高人民法院
关于人民法院进一步深化多元化纠纷解决机制改革的意见

2016 年 6 月 28 日　　　　　　　　　　法发〔2016〕14 号

深入推进多元化纠纷解决机制改革，是人民法院深化司法改革、实现司法为民公正司法的重要举措，是实现国家治理体系和治理能力现代化的重要内容，是促进社会公平正义、维护社会和谐稳定的必然要求。为贯彻落实《中共中央关于全面推进依法治国若干重大问题的决定》以及中共中央办公厅、国务院办公厅《关于完善矛盾纠纷多元化解机制的意见》，现就人民法院进一步深化多元化纠纷解决机制改革、完善诉讼与非诉讼相衔接的纠纷解决机制提出如下意见。

一、指导思想、主要目标和基本原则

1. 指导思想。全面贯彻党的十八大和十八届三中、四中、五中全会精神，以邓小平理论、"三个代表"重要思想、科学发展观为指导，深入贯彻习近平总书记系列重要讲话精神，紧紧围绕协调推进"四个全面"战略布局和五大发展理念，主动适应经济发展新常态，以体制机制创新为动力，有效化解各类纠纷，不断满足人民群众多元司法需求，实现人民安居乐业、社会安定有序。

2. 主要目标。根据"国家制定发展战略、司法发挥引领作用、推动国家立法进程"的工作思路，建设功能完备、形式多样、运行规范的诉调对接平台，畅通纠纷解决渠道，引导当事人选择适当的纠纷解决方式；合理配置纠纷解决的社会资源，完善和解、调解、仲裁、公证、行政裁决、行政复议与诉讼有机衔接、相互协调的多元化纠纷解决机制；充分发挥司法在多元化纠纷解决机制建设中的引领、推动和保障作用，为促进经济社会持续健康发展、全面建成小康社会提供有力的司法保障。

3. 基本原则。

——坚持党政主导、综治协调、多元共治，构建各方面力量共同参与纠纷解决的工作格局。

——坚持司法引导、诉调对接、社会协同，形成社会多层次多领域齐抓共管的解纷合力。

——坚持优化资源、完善制度、法治保障，提升社会组织解决纠纷的法律效果。

——坚持以人为本、自愿合法、便民利民，建立高效便捷的诉讼服务和纠纷解决机制。

——坚持立足国情、合理借鉴、改革创新，完善具有中国特色的多元化纠纷解决体系。

二、加强平台建设

4. 完善平台设置。各级人民法院要将诉调对接平台建设与诉讼服务中心建设结合起来，建立集诉讼服务、立案登记、诉调对接、涉诉信访等多项功能为一体的综合服务平台。人民法院应当配备专门人员从事诉调对接工作，建立诉调对接长效工作机制，根据辖区受理案件的类型，引入相关调解、仲裁、公证等机构或者组织在诉讼服务中心等部门设立调解工作室、服务窗口，也可以在纠纷多发领域以及基层乡镇（街道）、村（社区）等派驻人员指导诉调对接工作。

5. 明确平台职责。人民法院诉调对接平台负责以下工作：对诉至法院的纠纷进行适当分流，对适宜调解的纠纷引导当事人选择非诉讼方式解决；开展委派调解、委托调解；办理司法确认案件；负责特邀调解组织、特邀调解员名册管理；加强对调解工作的指导，推动诉讼与非诉讼纠纷解决方式在程序安排、效力确认、法律指导等方面的有机衔接，健全人民调解、行政调解、商事调解、行业调解、司法调解等的联动工作体系。

6. 完善与综治组织的对接。人民法院可以依托社会治安综合治理平台，建立矛盾纠纷排查化解对接机制；对群体性纠纷、重大案件及时进行通报反馈和应急处理，建立定期或不定期的联席会议制度，形成信息互通、优势互补、协作配合的纠纷解决互动机制。

7. 加强与行政机关的对接。人民法院要加强与行政机关的沟通协调，促进诉讼与行政调解、行政复议、行政裁决等机制的对接。支持行政机关根据当事人申请或者依职权进行调解、裁决，或者依法作出其他处理。在治安管理、社会保障、交通事故赔偿、医疗卫生、消费者权益保护、物业管理、环境污染、知识产权、证券期货等重点领域，支持行政机关或者行政调解组织依法开展行政和解、行政调解工作。

8. 加强与人民调解组织的对接。不断完善对人民调解工作的指导，推进人民调解组织的制度化、规范化建设，进一步扩大人民调解组织协助人民法院解决纠纷的范围和规模。支持在纠纷易发多发领域创新发展行业性、专业性人民调解组织，建立健全覆盖城乡的调解组织网络，发挥人民调解组织及时就地解决民间纠纷、化解基层矛盾、维护基层稳定的基础性作用。

9. 加强与商事调解组织、行业调解组织的对接。积极推动具备条件的商会、行业协会、调解协会、民办非企业单位、商事仲裁机构等设立商事调解组织、行业调解组织，在投资、金融、证券期货、保险、房地产、工程承包、技术转让、环境保护、电子商务、知识产权、国际贸易等领域提供商事调解服务或者行业调解服务。完善调解规则和对接程序，发挥商事调解组织、行业调解组织专业化、职业化优势。

10. 加强与仲裁机构的对接。积极支持仲裁制度改革，加强与商事仲裁机构、劳动人事争议仲裁机构、农村土地承包仲裁机构等的沟通联系。尊重商事仲裁规律和仲裁规则，及时办理仲裁机构的保全申请，依照法律规定处理撤销和不予执行仲裁裁决案件，规范涉外和外国商事仲裁裁决司法审查程序。支持完善劳动人事争议仲裁办案制度，加强劳动人事争议仲裁与诉讼的有效衔接，探索建立裁审标准统一的新规则、新制度。加强对农村土地承包经营纠纷调解仲裁的支持和保障，实现涉农纠纷仲裁与诉讼的合理衔接，及时审查和执行农村土地承包仲裁机构作出的裁决书或者调解书。

11. 加强与公证机构的对接。支持公证机构对法律行为、事实和文书依法进行核实和证明，支持公证机构对当事人达成的债权债务合同以及具有给付内容的和解协议、调解协议办理债权文书公证，支持公证机构在送达、取证、保全、执行等环节提供公证法律服务，在家事、商事等领域开展公证活动或者调解服务。依法执行公证债权文书。

12. 支持工会、妇联、共青团、法学会等组织参与纠纷解决。支持工会、妇联、共青团参与解决劳动争议、婚姻家庭以及妇女儿童权益等纠纷。支持法学会动员组织广大法学工作者、法律工作者参与矛盾纠纷化解，开展法律咨询服务和调解工作。支持其他社团组织参与解决与其职能相关的纠纷。

13. 发挥其他社会力量的作用。充分发挥人大代表、政协委员、专家学者、律师、专业技术人员、基层组织负责人、社区工作者、网格管理员、"五老人员"（老党员、老干部、老教师、老知识分子、老政法干警）等参与纠纷解决的作用。支持心理咨询师、婚姻家庭指导师、注册会计师、大学生志愿者等为群众提供心理疏导、评估、鉴定、调解等服务。支持完善公益慈善类、城乡社区服务类社会组织建设，鼓励其参与纠纷解决。

14. 加强"一站式"纠纷解决平台建设。在道路交通、劳动争议、医疗卫生、物业管理、消费者权益保护、土地承包、环境保护以及其他纠纷多发领域，人民法院可以与行政机关、人民调解组织、行业调解组织等进行资源整合，推进建立"一站式"纠纷解决服务平台，切实减轻群众负担。

15. 创新在线纠纷解决方式。根据"互联网＋"战略要求，推广现代信息技术在多元化纠纷解决机制中的运用。推动建立在线调解、在线立案、在线司法确认、在线审判、电子督促程序、电子送达等为一体的信息平台，实现纠纷解决的案件预判、信息共享、资源整合、数据分析等功能，促进多元化纠纷解决机制的信息化发展。

16. 推动多元化纠纷解决机制的国际化发展。充分尊重中外当事人法律文化的多元性，支持其自愿选择调解、仲裁等非诉讼方式解决纠纷。进一步加强我国与其他国家和地区司法机构、仲裁机构、调解组织的交流和合作，提升我国纠纷解决机制的国际竞争力和公信力。发挥各种纠纷解决方式的优势，不断满足中外当事人纠纷解决的多元需求，为国家"一带一路"等重大战略的实施提供司法服务与保障。

三、健全制度建设

17. 健全特邀调解制度。人民法院可以吸纳人民调解、行政调解、商事调解、行业调解或者其他具有调解职能的组织作为特邀调解组织，吸纳人大代表、政协委员、人民陪审员、专家学者、律师、仲裁员、退休法律工作者等具备条件的个人担任特邀调解员。明确特邀调解组织或者特邀调解员的职责范围，制定特邀调解规定，完善特邀调解程序，健全名册管理制度，加强特邀调解队伍建设。

18. 建立法院专职调解员制度。人民法院可以在诉讼服务中心等部门配备专职调解员，由擅长调解的法官或者司法辅助人员担任，从事调解指导工作和登记立案后的委托调解工作。法官主持达成调解协议的，依法出具调解书；司法辅助人员主持达成调解协议的，应当经法官审查后依法出具调解书。

19. 推动律师调解制度建设。人民法院加强与司法行政部门、律师协会、律师事务所以及法律援助中心的沟通联系，吸纳律师加入人民法院特邀调解员名册，探索建立律师调解工作室，鼓励律师参与纠纷解决。支持律师加入各类调解组织担任调解员，或者在律师事务所设置律师调解员，充分发挥律师专业化、职业化优势。建立律师担任调解员的回避制度，担任调解员的律师不得担任同一案件的代理人。推动建立律师接受委托代理时告知当事人选择非诉讼方式解决纠纷的机制。

20. 完善刑事诉讼中的和解、调解制度。对于符合刑事诉讼法规定可以和解或者调解的公诉案件、自诉案件、刑事附带民事案件，人民法院应当与公安机关、检察机关建立刑事和解、刑事诉讼中的调解对接工作机制，可以邀请基层组织、特邀调解组织、特邀调解员，以及当事人所在单位或者同事、亲友等参与调解，促成双方当事人达成和解或者调解协议。

21. 促进完善行政调解、行政和解、行政裁决等制度。支持行政机关对行政赔偿、补偿以及行政机关行使法律法规规定的自由裁量权的案件开展行政调解工作，支持行政机关通过提供事实调查结果、专业鉴定或者法律意见，引导促使当事人协商和解，支持行政机关依法裁决同行政管理活动密切相关的民事纠纷。

22. 探索民商事纠纷中立评估机制。有条件的人民法院在医疗卫生、不动产、建筑工程、知识产权、环境保护等领域探索建立中立评估机制，聘请相关专业领域的专家担任中立评估员。对当事人提起的民商事纠纷，人民法院可以建议当事人选择中立评估员，协助出具评估报告，对判决结果进行预测，供当事人参考。当事人可以根据评估意见自行和解，或者由特邀调解员进行调解。

23. 探索无争议事实记载机制。调解程序终结时，当事人未达成调解协议的，调解员在征得各方当事人同意后，可以用书面形式记载调解过程中双方没有争议的事实，并由当事人签字确认。在诉讼程序中，除涉及国家利益、社会公共利益和他人合法权益的外，当事人无需对调解过程中已确认的无争议事实举证。

24. 探索无异议调解方案认可机制。经调解未能达成调解协议，但是对争议事实没有重大分歧的，调解员在征得各方当事人同意后，可以提出调解方案并书面送达双方当事人。当事人在七日内未提出书面异议的，调解方案即视为双方自愿达成的调解协议；

提出书面异议的,视为调解不成立。当事人申请司法确认调解协议的,应当依照有关规定予以确认。

四、完善程序安排

25. 建立纠纷解决告知程序。人民法院应当在登记立案前对诉讼风险进行评估,告知并引导当事人选择适当的非诉讼方式解决纠纷,为当事人提供纠纷解决方法、心理咨询、诉讼常识等方面的释明和辅导。

26. 鼓励当事人先行协商和解。鼓励当事人就纠纷解决先行协商,达成和解协议。当事人双方均有律师代理的,鼓励律师引导当事人先行和解。特邀调解员、相关专家或者其他人员根据当事人的申请或委托参与协商,可以为纠纷解决提供辅助性的协调和帮助。

27. 探索建立调解前置程序。探索适用调解前置程序的纠纷范围和案件类型。有条件的基层人民法院对家事纠纷、相邻关系、小额债务、消费者权益保护、交通事故、医疗纠纷、物业管理等适宜调解的纠纷,在征求当事人意愿的基础上,引导当事人在登记立案前由特邀调解组织或者特邀调解员先行调解。

28. 健全委派、委托调解程序。对当事人起诉到人民法院的适宜调解的案件,登记立案前,人民法院可以委派特邀调解组织、特邀调解员进行调解。委派调解达成协议的,当事人可以依法申请司法确认。当事人明确拒绝调解的,人民法院应当依法登记立案。登记立案后或者在审理过程中,人民法院认为适宜调解的案件,经当事人同意,可以委托给特邀调解组织、特邀调解员或者由人民法院专职调解员进行调解。委托调解达成协议的,经法官审查后依法出具调解书。

29. 完善繁简分流机制。对调解不成的民商事案件实行繁简分流,通过简易程序、小额诉讼程序、督促程序以及速裁机制分流案件,实现简案快审、繁案精审。完善认罪认罚从宽制度,进一步探索刑事案件速裁程序改革,简化工作流程,构建普通程序、简易程序、速裁程序等相配套的多层次诉讼制度体系。按照行政诉讼法规定,完善行政案件繁简分流机制。

30. 推动调解与裁判适当分离。建立案件调解与裁判在人员和程序方面适当分离的机制。立案阶段从事调解的法官原则上不参与同一案件的裁判工作。在案件审理过程中,双方当事人仍有调解意愿的,从事裁判的法官可以进行调解。

31. 完善司法确认程序。经行政机关、人民调解组织、商事调解组织、行业调解组织或者其他具有调解职能的组织调解达成的具有民事合同性质的协议,当事人可以向调解组织所在地基层人民法院或者人民法庭依法申请确认其效力。登记立案前委派给特邀调解组织或者特邀调解员调解达成的协议,当事人申请司法确认的,由调解组织所在地或者委派调解的基层人民法院管辖。

32. 加强调解与督促程序的衔接。以金钱或者有价证券给付为内容的和解协议、调解协议,债权人依据民事诉讼法及其司法解释的规定,向有管辖权的基层人民法院申请支付令的,人民法院应当依法发出支付令。债务人未在法定期限内提出书面异议且逾期不履行支付令的,人民法院可以强制执行。

五、加强工作保障

33. 加强组织领导。各级人民法院要进一步加强对诉调对接工作的组织领导，建立整体协调、分工明确、各负其责的工作机制。要主动争取党委、人大、政府的支持，推动出台多元化纠纷解决机制建设的地方配套文件，促进构建科学、系统的多元化纠纷解决体系。

34. 加强指导监督。上级人民法院要切实加强对下级人民法院的指导监督，及时总结多元化纠纷解决机制改革可复制可推广的经验。高级人民法院要明确专门机构，制定落实方案，掌握工作情况，积极开展本辖区多元化纠纷解决机制改革示范法院的评选工作。中级人民法院要加强对辖区基层人民法院的指导监督，促进多元化纠纷解决机制改革不断取得实效。

35. 完善管理机制。建立诉调对接案件管理制度，将委派调解、委托调解、专职调解和司法确认等内容纳入案件管理系统和司法统计系统。完善特邀调解组织、特邀调解员、法院专职调解员的管理制度，建立奖惩机制。

36. 加强调解人员培训。完善特邀调解员、专职调解员的培训机制，配合有关部门推动建立专业化、职业化调解员资质认证制度，加强职业道德建设，共同完善调解员职业水平评价体系。

37. 加强经费保障。各级人民法院要主动争取党委和政府的支持，将纠纷解决经费纳入财政专项预算，积极探索以购买服务等方式将纠纷解决委托给社会力量承担。支持商事调解组织、行业调解组织、律师事务所等按照市场化运作，根据当事人的需求提供纠纷解决服务并适当收取费用。

38. 发挥诉讼费用杠杆作用。当事人自行和解而申请撤诉的，免交案件受理费。当事人接受法院委托调解的，人民法院可以适当减免诉讼费用。一方当事人无正当理由不参与调解或者不履行调解协议、故意拖延诉讼的，人民法院可以酌情增加其诉讼费用的负担部分。

39. 加强宣传工作和理论研究。各级人民法院要大力宣传多元化纠纷解决机制的优势，鼓励和引导当事人优先选择成本较低、对抗性较弱、利于修复关系的非诉讼方式解决纠纷。树立"国家主导、司法推动、社会参与、多元并举、法治保障"现代纠纷解决理念，营造诚信友善、理性平和、文明和谐、创新发展的社会氛围。加强与政法院校、科研机构等单位的交流与合作，积极推动研究成果的转化，充分发挥多元化纠纷解决理论对司法实践的指导作用。借鉴域外经验，深入研究人民法院在多元化纠纷解决机制中的职能作用。

40. 推动立法进程。人民法院及时总结各地多元化纠纷解决机制改革的成功经验，积极支持本辖区因地制宜出台相关地方性法规、地方政府规章，从而推动国家层面相关法律的立法进程，将改革实践成果制度化、法律化，促进多元化纠纷解决机制改革在法治轨道上健康发展。

中央社会治安综合治理委员会　最高人民法院　最高人民检察院
国务院法制办公室　公安部　司法部　人力资源和社会保障部
卫生部　国土资源部　住房和城乡建设部　民政部
国家工商行政管理总局　国家信访局　中华全国总工会
中华全国妇女联合会　中国共产主义青年团中央委员会

关于印发《关于深入推进矛盾纠纷大调解工作的指导意见》的通知

2011年4月22日　　　　　　　　　综治委〔2011〕10号

各省、自治区、直辖市社会治安综合治理委员会、高级人民法院、人民检察院、政府法制办、公安厅（局）、司法厅（局）、人力资源和社会保障厅（局）、卫生厅（局）、国土资源厅（局）、住房和城乡建设厅（局）、民政厅（局）、工商行政管理局、信访局、工会、妇联、共青团，新疆生产建设兵团社会治安综合治理委员会、法院、检察院、法制办、公安局、司法局、人事局、劳动和社会保障局、卫生局、国土资源局、建设局、民政局、信访局、工会、妇联、共青团，中央社会治安综合治理委员会各成员单位：

《关于深入推进矛盾纠纷大调解工作的指导意见》已经中央领导同志批准，现印发给你们，请结合实际，认真贯彻落实。

附：

关于深入推进矛盾纠纷大调解工作的指导意见

为有效预防和化解社会矛盾，维护社会和谐稳定，根据中共中央办公厅、国务院办公厅转发《中央政法委员会、中央维护稳定工作领导小组关于深入推进社会矛盾化解、社会管理创新、公正廉洁执法的意见》（中办发〔2009〕46号）的要求，认真贯彻落实《中华人民共和国人民调解法》，现就深入推进矛盾纠纷大调解工作，提出如下意见。

1. 坚持调解优先，依法调解，充分发挥人民调解、行政调解、司法调解的作用。把人民调解工作做在行政调解、司法调解、仲裁、诉讼等方法前，立足预警、疏导，对矛盾纠纷做到早发现、早调解。

2. 县（市、区）矛盾纠纷调处工作平台与同级人民法院、人民检察院、司法行政机关、政府法制机构、信访部门及其他行政机关调解矛盾纠纷实现衔接，乡镇（街道）综治工作中心与驻乡镇（街道）派出机构调解矛盾纠纷实现衔接，村（居）调解组织与群众"一站式"服务窗口或警务室（站）调解矛盾纠纷实现衔接。通过县、乡、村工作平台，建立矛盾纠纷排查调处联动机制，按照提高效率、便民利民的原则，对矛盾纠纷做到统一受理、集中梳理、归口管理、依法处理、限期办理，实现受理、登记、交办、承办、结案各个环节工作衔接，落实调解责任单位和责任人。

3. 经人民调解组织、行政调解组织或者其他具有调解职能的组织调解达成的调解协议，双方当事人认为有必要的，可以依法向人民法院申请司法确认。人民法院应当按照司法确认程序、管辖的相关规定，受理当事人的申请，及时对调解协议进行审查，依法进行确认。调解组织对调解协议的履行情况进行监督，督促当事人履行约定的义务。

4. 建立由各级政府负总责、政府法制机构牵头、各职能部门为主体的行政调解工作体制，并纳入同级大调解工作平台。部门受理的矛盾纠纷，实行首问责任制，对依法属于本部门调解范围的矛盾纠纷，根据法律、法规和政策规定进行调解，同时，将调解情况通报同级大调解工作平台；对依法不属于本部门调解范围的矛盾纠纷，要报同级大调解工作平台登记受理，确定调解责任单位和责任人；对涉及多个部门的矛盾纠纷，由政府法制机构或者大调解工作平台指定的部门牵头调解；对跨地区的矛盾纠纷，由涉及地区的上一级大调解工作平台负责组织调解。对调解不成的矛盾纠纷，要引导当事人运用行政复议、仲裁、诉讼等方式进行解决。对行政争议，行政复议机构要先行调解，推进行政调解与行政复议的衔接。

5. 鼓励行业协会及其他社会组织设立调解委员会，调解协会成员之间以及协会成员与其他主体之间的民事纠纷，充分发挥社会组织参与调解的优势。

6. 人民法院重点推动一般民事案件、轻微刑事案件通过调解等方式实现案结事了。同时，拓展司法调解工作范围，由诉中向诉前、判后、执行延伸，由一审向二审、再审延伸，由民商事案件的调解向行政案件协调、刑事自诉案件、刑事附带民事案件以及执行案件和解延伸，从案件审理过程向立案、执行、信访等环节延伸。建立完善法院与职能部门在调解、仲裁、执行等工作环节中的联动机制。重点强化劝导分流、诉前调解等职能，推动人民调解、行政调解等各类工作机制的发展与完善。建立健全特邀调解员队伍，主动吸纳行政职能部门、人民调解组织及其他具有调解职能的组织和人员、人大代表、政协委员等参与司法调解工作，引导驻法院（庭）人民调解室调解涉诉纠纷。与司法行政机关共同加强驻法院（庭）人民调解室建设。

7. 人民检察院依法履行法律监督职能，建立依托大调解工作平台参与化解社会矛盾纠纷的工作机制。对轻微刑事案件，依照法律规定，探索建立运用和解方式解决问题的机制，明确开展调解或引导刑事和解的条件、范围和程序。同时，对民事申诉等案件，坚持抗诉与息诉并重，规范引导和解的程序和要求，在遵循事实和法律的基础上，对当事人双方有和解意愿、符合和解条件的，积极引导和促使当事人达成和解，配合人民法院及相关部门做好有关工作。

8. 政府法制机构会同有关部门，加强行政调解法律及制度建设，进一步明确行政调解范围，规范行政调解程序。积极推行仲裁调解制度，指导仲裁机构建立完善仲裁调解工作机制和制度，发展仲裁调解队伍，从仲裁人员责任、仲裁程序等环节落实调解工作内容。

9. 公安机关110报警服务台对接报的可以进行调解的纠纷，及时通过大调解组织分流到相关责任单位进行处理。公安派出所参与乡镇（街道）综治工作中心矛盾纠纷调处工作，并可设立驻所人民调解室，邀请人民调解员参与矛盾纠纷联合调解工作。县级公安机关交通管理部门要会同司法行政机关建立道路交通事故人民调解工作机制，并可邀请人民法院在公安机关交通管理部门设立道路交通事故法庭，及时受理、调处交通事故纠纷案件。

10. 司法行政机关与人民法院密切配合，指导、推动人民调解委员会的规范化建设和人民调解工作网络化建设。积极培育建立行业性、专业性人民调解组织，通过在乡镇（街道）综治工作中心设立专门调解小组、在行政主管部门和人民法院设立调解工作室等多种方式，建立矛盾纠纷受理、调解处理、结果反馈等制度。推广建立专业化、社会化调解员队伍，建立名册，做好分类指导，完善调解员队伍培训管理机制，加强社会工作知识培训。制定相关意见或办法，确保人民调解的权威性和公信力，进一步推动人民调解的组织机构、人员配备、程序效力的规范化、法制化建设。

11. 人力资源和社会保障部门会同工会、企业代表组织，通过大调解工作平台，推动乡镇（街道）特别是劳动保障服务所（站）劳动争议调解组织建设，将调解重心向企业相对集中的村（社区）延伸。探索建立健全人力资源和社会保障部门主导的，工会、企业代表组织、人民调解组织及主管部门共同参与的处置突发性、集体性劳动人事争议案件的应急调解机制。推动企业劳动争议调解组织建设，建立有效的劳动争议协商解决机制。推动事业单位及其主管部门建立人事争议调解组织。做好劳动人事争议调解、仲裁与诉讼衔接的工作。

12. 卫生行政部门积极协调、配合司法行政及保险监督等部门，推广建立规范的医疗纠纷人民调解委员会，推动建立健全医疗纠纷人民调解工作保障机制，推进医疗责任保险，规范专业鉴定机构，统一医疗损害、医疗事故的鉴定程序和标准，加强对医疗纠纷的化解和处理。

13. 国土资源部门通过大调解工作平台设立土地纠纷调解工作小组，在人民调解员队伍中培养乡村土地纠纷调解员，因势利导，就近受理及时调解涉及土地权属、征地补偿安置等引发的矛盾纠纷。

14. 工商行政管理部门通过大调解工作平台，加强工商行政执法体系建设，发挥消费者协会作用，推进消费维权网络建设。依托乡镇（街道）综治工作中心建立消费者协会分会，在村（居）设立消费者投诉站，方便广大城乡消费者就近申（投）诉、解决消费纠纷。进一步建立健全消费者咨询和申诉、投诉的受理、查办、反馈等制度，全面推进消费者与企业的纠纷和解制度、消费纠纷的调解制度和申诉举报制度建设，提高消费纠纷的解决效率。

15. 民政部门充分运用调解办法处理民政行政纠纷和与民政行政管理相关的民事纠纷，加快和谐社区建设，加强村（居）民委员会建设、社区管理、养老服务和专职社会工作者队伍建设，建立延伸到社区、村组的调解组织网络。利用大调解工作平台的机制优势，调处养老服务纠纷，依法调处行政区域界限纠纷，与国土资源、林业等部门共同参与边界地区调解土地、山林、草场等纠纷，推动平安边界建设。维护孤儿基本权益，与有关部门一道调解孤儿收养、监护纠纷等。

16. 住房和城乡建设部门通过大调解工作平台，建立日常工作联系网络和联络员制度，加快制定完善本部门行政调解的程序性规定，会同相关部门，实行联席会议制度，重点调解因城市房屋拆迁、建筑施工等引发的矛盾纠纷。

17. 信访部门在办理人民群众来信、接待人民群众来访和协调处理重要信访事项、督促检查信访事项时，进一步健全与大调解工作平台衔接的工作机制，组织协调和大力推动用调解的方式解决信访人的诉求。

18. 工会、妇联和共青团组织发挥自身优势，积极参与大调解工作。工会要督促、帮助企业依法建立劳动争议调解委员会，推动乡镇（街道）工会争议调解组织以及行业性劳动争议调解组织建设。积极开展接受劳动人事争议仲裁委员会或人民法院委托，调解劳动争议或参与诉讼调解工作。妇联组织充分发挥在家庭和社区的工作优势，积极推动调解组织建设，通过在乡镇（街道）综治工作中心建立妇女儿童维权站等，加大参与人民调解的力度，协助对婚姻家庭纠纷及涉及妇女儿童合法权益案件的调处工作。共青团组织积极推动调解组织建设，通过与其他部门密切配合，参与调解处理涉及未成年人合法权益等纠纷。

19. 各级党委、政府加强对矛盾纠纷大调解工作的组织领导。党政一把手是大调解工作的第一责任人，要落实领导责任制，亲自指导协调和包案化解重大矛盾纠纷。加强人力、财力及物质保障，确保大调解工作需要。定期听取大调解工作进展情况的汇报，研究解决影响大调解工作发展的困难和问题。

各级各部门要加强信息综合，及时通报本单位发现、受理的矛盾纠纷及调解工作情况，交流调解经验，加强矛盾纠纷大调解信息化建设，建立信息资料库，适时动态掌握矛盾纠纷的总体状况和个案进展情况，实现矛盾纠纷化解横向、纵向信息共享，以信息化带动规范化，提高大调解工作效率。市（州）、县（市、区）级各有关部门要及时将矛盾纠纷排查调处情况报送同级综治办，省（区、市）综治办定期对各市（州）、各系统、各部门的信息报送情况进行汇总、分析和通报。

20. 各级综治委及其办公室在党委、政府的领导下，具体负责矛盾纠纷大调解工作的组织、协调、检查、督办工作，重点加强对县（市、区）、乡镇（街道）矛盾纠纷大调解工作平台的协调指导。督促各部门各单位认真落实部门和单位责任制，把做好大调解工作作为社会治安综合治理考评的重要内容。组织有关部门和单位，对大调解衔接情况进行专项检查，及时解决工作中出现的问题。对矛盾纠纷调解得力的单位（组织）和个人，按照国家规定予以表彰奖励；对领导不重视，调解不力，发生危害社会治安和社会稳定重大矛盾纠纷的地方和单位，实行责任倒查，视情予以通报批评、警示直至一票否决。

21. 各地各部门可结合本地实际和部门职能，制定具体办法。

最高人民法院
印发《关于确定多元化纠纷解决机制改革示范法院的决定》的通知

2014年12月31日　　　　　　　　　　　　　法〔2014〕358号

各省、自治区、直辖市高级人民法院，新疆维吾尔自治区高级人民法院生产建设兵团分院：

为贯彻《中共中央关于全面推进依法治国若干重大问题的决定》，全面推动多元化纠纷解决机制改革工作，最高人民法院决定确定50个"多元化纠纷解决机制改革示范法院"。现将《最高人民法院关于确定多元化纠纷解决机制改革示范法院的决定》印发给你们，并请转发各示范法院。请你院及各示范法院在多元化纠纷解决机制改革过程中遇到问题时，及时报告我院司法改革领导小组办公室。

附：

最高人民法院
关于确定多元化纠纷解决机制改革示范法院的决定

《中共中央关于全面推进依法治国若干重大问题的决定》提出，要"健全社会矛盾纠纷预防化解机制，完善调解、仲裁、行政裁决、行政复议、诉讼等有机衔接、相互协调的多元化纠纷解决机制"。近年来，为实现国家治理体系和治理能力的现代化，满足人民群众多元化的司法需求，发挥司法机关的纠纷化解功能，人民法院积极推动诉讼与非诉讼相衔接的纠纷解决机制改革，为建立健全科学、系统的多元化纠纷解决机制做出了重大贡献。目前，全国法院正按照中央所确定的多元化纠纷解决机制改革的战略部署，进一步巩固成果、深化改革，努力推进社会的多层次多领域依法治理。

为更有效地落实中央的战略部署，充分发挥人民法院在建设多元化纠纷解决机制中的带头作用，总结经验，树立榜样，以点带面，深化改革，全面推进多元化纠纷解决机制建设，在各高级人民法院提出推荐意见的基础上，最高人民法院研究决定：北京市西城区人民法院等50个法院为"多元化纠纷解决机制改革示范法院"。希望上述法院在现有成绩的基础上，继续深入推进多元化纠纷解决机制改革工作，创新工作思路，完善制度体系，抓出工作实效，更好地发挥示范法院的示范和引领作用，出色完成中央部署的多元化纠纷解决机制改革任务。

全国各级人民法院要大力开展向多元化纠纷解决机制改革示范法院学习的活动。一是深刻领会《中共中央关于全面推进依法治国若干重大问题的决定》关于多元化纠纷解决机制改革的精神，将这项工作作为人民法院的一项常规性工作来抓；二是严格落实最高人民法院关于多元化纠纷解决机制改革的相关司法解释和规范性文件及相关政策，完成最高人民法院要求的"规定动作"；三是各高级人民法院可以参照最高人民法院下发的《多元化纠纷解决机制改革示范法院标准》，选择一些工作突出、特点明显、影响较大的法院作为本辖区的典型，发挥其带头作用；四是加大宣传力度，赢得党委政府以及社会各界的理解与支持，提升多元化纠纷解决机制建设水平。

多元化纠纷解决机制改革示范法院名单

北京市
西城区人民法院
顺义区人民法院
天津市
蓟县人民法院
河西区人民法院
河北省
宽城满族自治县人民法院
玉田县人民法院
山西省
怀仁县人民法院
内蒙古自治区
巴彦淖尔市临河区人民法院
辽宁省
沈阳市皇姑区人民法院
吉林省
吉林市昌邑区人民法院
东丰县人民法院
黑龙江省
大庆高新技术产业开发区人民法院
上海市
浦东新区人民法院
普陀区人民法院
江苏省
苏州市吴中区人民法院

常州市钟楼区人民法院
浙江省
杭州市余杭区人民法院
杭州市西湖区人民法院
安徽省
马鞍山市中级人民法院
福建省
莆田市中级人民法院
厦门市中级人民法院
江西省
赣州市南康区人民法院
山东省
潍坊市中级人民法院
青岛市中级人民法院
沂源县人民法院
河南省
许昌市中级人民法院
焦作市中级人民法院
新郑市人民法院
湖南省
长沙市岳麓区人民法院
湖北省
潜江市人民法院
广东省
佛山市中级人民法院
东莞市第二人民法院
深圳市宝安区人民法院
广西壮族自治区
田林县人民法院
海南省
琼中黎族苗族自治县人民法院
重庆市
荣昌县人民法院
万州区人民法院
四川省
眉山市中级人民法院
郫县人民法院

贵州省
福泉市人民法院
云南省
曲靖市中级人民法院
昆明市西山区人民法院
西藏自治区
拉萨市中级人民法院
陕西省
富县人民法院
西安市莲湖区人民法院
甘肃省
平凉市中级人民法院
青海省
西宁市城东区人民法院
宁夏回族自治区
青铜峡市人民法院
新疆维吾尔自治区
昌吉市人民法院
新疆生产建设兵团
阿拉尔垦区人民法院

最高人民法院 中国证券监督管理委员会 关于在全国部分地区开展证券期货纠纷 多元化解机制试点工作的通知

2016年5月25日　　　　　　　　　　法〔2016〕149号

各省、自治区、直辖市高级人民法院，新疆维吾尔自治区高级人民法院生产建设兵团分院，中国证券监督管理委员会各派出机构、各证券期货交易所、各下属单位、各证券期货行业协会：

为贯彻中共中央办公厅、国务院办公厅《关于完善矛盾纠纷多元化解机制的意见》和《最高人民法院关于人民法院全面深化多元化纠纷解决机制改革的若干意见》，充分发挥证券期货监管机构、行业组织等在预防和化解证券期货矛盾纠纷方面的积极作用，依法、公正、高效化解证券期货纠纷，维护投资者的合法权益，最高人民法院和中国证券监督管理委员会决定在全国部分地区联合开展建立健全证券期货纠纷多元化解机制的试点工作（试点地区法院和试点调解组织名单附后）。现就有关事项通知如下：

一、工作目标

1. 建立、健全有机衔接、协调联动、高效便民的证券期货纠纷多元化解机制，依法保护投资者的合法权益，维护公开、公平、公正的资本市场秩序，促进资本市场的和谐健康发展。

二、工作原则

2. 依法公正原则。要充分尊重投资者的程序选择权，严格遵守法定程序；调解工作的开展不得违反法律的基本原则，不得损害国家利益、社会公共利益和第三人合法权益。

3. 灵活便民原则。要着眼于纠纷的实际情况，灵活确定纠纷化解的方式、时间和地点，尽可能方便投资者，降低当事人解决纠纷的成本；调解工作应当明确办理时限，提高工作效率，不得久调不决。

4. 注重预防原则。要发挥调解的矛盾预防和源头治理功能，推动健康投资文化、投资理念、投资知识的传播；试点地区法院、证券期货监管机构及调解组织要加强信息共享，防止矛盾纠纷积累、激化。

三、试点工作主要内容

（一）试点调解机构的认可和管理

5. 建立最高人民法院、中国证券监督管理委员会共同确定试点调解组织制度。证券期货监管机构、行业组织等发起设立、实际管理的调解组织，可以成为试点调解组织。试点调解组织应当符合具有规范的组织形式、固定的办公场所和调解场地、专业的调解人员、健全的调解工作制度等基本条件。中国证券监督管理委员会负责试点调解组织的认定和管理工作，并商最高人民法院后公布。

6. 建立证券期货纠纷特邀调解组织和特邀调解员名册制度。试点地区法院应当将公布的试点调解组织及其调解员纳入名册，做好动态更新和维护，并向证券期货纠纷当事人提供完整、准确的调解组织和调解员信息，供当事人自愿选择。

7. 试点调解组织受理中小投资者的纠纷调解申请，不收取任何费用。

8. 证券期货监管机构负责监督指导各试点调解组织工作。监督试点调解组织完善内部制度并规范运行。

9. 试点调解组织应建立专职或专家调解员制度。依法开展调解工作，完善工作制度和流程管理，建立科学的考核评估体系和责任追究制度。

（二）健全诉调对接工作机制

10. 证券期货纠纷多元化解机制的试点范围。自然人、法人和其他组织之间因证券、期货、基金等资本市场风险投资业务产生的合同和侵权责任纠纷，均属试点范围；证券期货监管机构、试点调解组织的非诉讼调解、先行赔付等，均可与司法诉讼对接。

11. 调解协议的司法确认制度。经试点调解组织主持调解达成的调解协议，具有民事合同性质。经调解员和调解组织签字盖章后，当事人可以申请有管辖权的人民法院确认其效力。当事人申请确认调解协议的案件，按照《中华人民共和国民事诉讼法》第十五章第六节和相关司法解释的规定执行。

经人民法院确认有效的具有明确给付主体和给付内容的调解协议，当事人可以申请人民法院强制执行。

12. 落实委派调解或者委托调解机制。试点地区法院在受理和审理证券期货纠纷的过程中，应当依法充分行使释明权，经双方当事人同意，采取立案前委派、立案后委托、诉中邀请等方式，引导当事人通过试点调解组织解决纠纷。

经人民法院委派调解并达成调解协议、当事人申请司法确认的，由委派调解的法院依法受理。

13. 建立示范判决机制。证券期货监管机构在清理处置大规模群体性纠纷的过程中，可以将涉及投资者权利保护的相关事宜委托试点调解组织进行集中调解。对因虚假陈述、内幕交易、操纵市场等行为所引发的民事赔偿纠纷，需要人民法院通过司法判决宣示法律规则、统一法律适用的，人民法院应当及时作出判决。

14. 充分运用在线纠纷解决方式开展工作。试点调解组织应充分运用现代传媒手段，把面对面与网络对话、即时化解等方式有机结合，并总结推广电视调解、视频调解等做法。试点地区法院要借助互联网等现代科技手段，通过接受相关申请、远程审查和确认、快捷专业服务渠道、电子督促、电子送达等方法方便当事人参与多元化解工作，提高工作质量和效率。

（三）强化纠纷多元化解机制保障落实

15. 充分发挥督促程序功能。符合法定条件的调解协议，可以作为当事人向有管辖权的基层人民法院申请支付令的依据。

16. 对调解协议所涉纠纷的司法审理范围。当事人就调解协议的履行或者调解协议的内容发生争议的，一方当事人可以就调解协议问题向人民法院提起诉讼，人民法院按照合同纠纷进行审理。当事人一方以原纠纷向人民法院起诉，对方当事人以调解协议抗辩并提供调解协议书的，应当就调解协议的内容进行审理。

17. 加大对多元化解机制的监管支持力度。投资者申请采用调解方式解决纠纷的，证券期货市场经营主体应当积极配合参与调解。对于无正当理由而拒不履行调解、和解协议的证券期货市场经营主体，证券期货监管机构应当依法对其相关行为进行核查，发现违法违规行为的及时查处，并记入资本市场诚信数据库。

18. 加强执法联动，严厉打击损害投资者合法权益的行为。试点地区法院和证券期货监管机构应当充分发挥各自职能优势，对损毁证据、转移财产等可能损害投资者合法权益的行为，依法及时采取保全措施。对工作中发现的违法、违规行为，及时予以查处；涉嫌犯罪的，依法移送有关司法机关处理。

19. 加强经费保障和人员培训。证券期货监管机构、行业自律组织等应当为建立健全证券期货纠纷多元化解机制提供必要的人员、经费和物质保障，加大对调解员培训力度；有条件的试点地区法院应提供专门处理证券期货纠纷的调解室，供特邀调解组织、调解员开展工作。

四、工作要求

20. 建立证券期货纠纷多元化解协调机制。试点地区法院和证券期货监管机构、试点调解组织应各自指定联系部门和联系人,对工作中遇到的问题加强协调;强化沟通联系和信息共享,构建完善的证券期货纠纷排查预警机制,防止矛盾纠纷积累激化。

21. 加强宣传和投资者教育工作。试点地区法院和证券期货监管机构、行业自律组织、投资者保护专门机构、试点调解组织应通过多种途径,及时总结和宣传典型案例,发挥示范教育作用;加大对证券期货纠纷多元化解机制的宣传力度,增进各方对多元化解机制的认识,引导中小投资者转变观念、理性维权。

22. 加强对试点工作的管理。最高人民法院民二庭与中国证券监督管理委员会投资者保护局成立证券期货纠纷多元化解机制工作小组,具体负责对证券期货纠纷多元化解机制试点的指导和协调工作。各试点地区法院所在辖区的高级人民法院应指导、督促、检查其辖区法院的试点工作。试点地区法院和证券期货监管机构应将试点工作情况和遇到的问题,及时层报最高人民法院和中国证券监督管理委员会。

23. 本通知下发后,各省、区、市高级法院和中国证券监督管理委员会各派出机构共同商定辖区内开展试点工作的中级法院和基层人民法院名单后各自层报,不再另行签订合作协议。

二十六、其　　他

最高人民法院
关于人民法院如何出具判决书
法律效力证明问题的函

1987年11月18日　　　　　　　　　　　　〔87〕民他字第65号

北京市中级人民法院：

我院收到外交部领事司转来奥地利驻华大使馆的照会，询问你院关于耿敏华与华锡圻离婚案的〔83〕中民字第468号民事判决书，是否已经生效，并请求出具证明。我们经研究认为，你院可根据具体情况出具证明。如果本案已上诉，第二审法院正在审理，证明内容可为："耿敏华诉华锡圻离婚案现正在上诉审审理期间，本院〔83〕中民字第468民事判决书不具有法律效力"；如果第二审审理终结，证明内容则为："耿敏华诉华锡圻离婚案的判决，应以北京市高级人民法院的终审判决为准"；如果本案第一审终结后，当事人没有上诉，证明内容可为"本院关于耿敏华诉华锡圻离婚案的〔83〕中民字第468号民事判决书，已于　年　月　日生效"。请你院查明情况，及时出具证明，并加盖院印，由外交部领事司转给奥地利驻华大使馆。

以上意见供你们答复时参考。

最高人民法院关于人民法院受理经济纠纷案件中几个问题的复函

1990年11月14日　　　　　　　法（经）函〔1990〕91号

湖北省高级人民法院：

你院鄂法〔1990〕经呈字第3号请示报告收悉。经研究，答复如下：

一、企业法人因经济、民事纠纷向人民法院递交的起诉状，应当加盖企业法人的公章，并有其法定代表人的签字或盖章。未加盖企业法人公章，或者法定代表人未签字或盖章的，受诉法院应令其补正。立案时限，从补正后交法院的次日起计算。

二、民事诉讼法（试行）第三十一条规定："两个以上人民法院都有管辖权的诉讼，原告可以选择其中一个人民法院起诉；原告向两个以上有管辖权的人民法院起诉的，由最先收到起诉状的人民法院受理。"人民法院受理案件后，应当及时向原告发送受理案件通知书。因受诉法院未发受理案件通知书，致原告不知其起诉已经法院受理，又以同一诉讼请求和同一被告向另一有管辖权的人民法院起诉的，后一受诉法院在知悉情况后不应再立案受理。已经立案受理的，应予注销，并退还案件受理费。

三、原告接到人民法院预交诉讼费的通知后，在规定的预交期限内未预交又不提出缓交申请的，受诉法院应按自动撤诉处理，并书面通知当事人。

此复。

最高人民法院经济审判庭
关于云南金马机械总厂与昆明铁路分局昆明车站、昆明地区联运公司货物运输合同纠纷是否必须先处理完经济犯罪才能作为经济合同纠纷处理问题的复函

1993年11月15日　　　　　　　　　　法经〔1993〕226号

云南省高级人民法院：

你院〔1993〕法经复字第3号《关于云南省金马机械总厂与昆明铁路分局、昆明地区联运公司货物运输合同纠纷申诉案的请示》收悉。经研究，答复如下：

根据铁道部运输局《严防伪造领货凭证冒领货物的紧急通知》第五条的规定，昆明地区联运公司（下称联运公司）在领货人（冒领人）出具的"证明"对货物的有关内容填写不全，领货人与"证明"上的被委托人身份不符的情况下，将货物付给领货人，造成收货人的货物被冒领，应当承担过错责任。联运公司与昆明铁路分局昆明东站订有《联运协议》。据此，本案以经济合同纠纷处理并无不当。本案的经济合同纠纷与冒领人的经济犯罪行为，是两种不同性质的法律关系，责任主体也不同。因此，经济合同纠纷与经济犯罪应当分别审理。

最高人民法院
关于印发《人民法院民事诉讼风险提示书》的通知

2003年12月24日　　　　　　　　　　法发〔2003〕25号

各省、自治区、直辖市高级人民法院，解放军军事法院，新疆维吾尔自治区高级人民法院生产建设兵团分院，各计划单列市中级法院：

为了贯彻"三个代表"重要思想，落实最高人民法院提出的司法为民措施，进一步方便人民群众诉讼，促进当事人依法行使诉讼权利、履行相应的诉讼义务，避免因行使权利或者履行义务不当而带来不利的裁判后果，充分保护当事人的合法权益，最高人民法院在总结各级人民法院诉讼风险提示经验、充分听取社会各界意见的基础上，制订了全国各级人民法院统一适用的《人民法院民事诉讼风险提示书》（以下简称《风险提示

书》）文本。2003年12月23日，最高人民法院审判委员会第1302次会议讨论通过了该《风险提示书》文本，现予公布。为充分发挥《风险提示书》便民、护民的作用，现将有关事项通知如下：

一要注意做好宣传工作。《风险提示书》中载入的民事诉讼风险，是现行民事法律和司法解释中规定的当事人行使诉讼权利或者履行诉讼义务不当产生的法律后果，而不是《风险提示书》创设的新的民事诉讼风险。向当事人提示诉讼风险的目的，是使当事人能够慎重行使诉讼权利、积极履行诉讼义务，避免因行使权利或者履行义务不当而产生不利的裁判后果。各级人民法院要做好宣传工作。

二要注意做好解释工作。虽然《风险提示书》中尽量使用通俗易懂的语言，但还是有一些当事人难以理解的法律术语。为了使当事人正确理解《风险提示书》条文的准确含义，各级人民法院要耐心地做好解释工作，以把司法为民的措施落到实处。

三要抓好《风险提示书》统一文本的印制工作。自2004年1月1日起，各级人民法院的《风险提示书》要使用最高人民法院审判委员会讨论通过的《风险提示书》统一文本。文本的印制工作由各高级人民法院根据本地实际情况统筹安排，可以由高级人民法院统一印制，也可以由各级人民法院自行印制。

现将《风险提示书》印发给你们，请结合工作实际，认真组织实施、贯彻执行。执行中有何问题，请及时报告我院。

附：

人民法院民事诉讼风险提示书

（2003年12月23日最高人民法院审判委员会第1302次会议通过）

为方便人民群众诉讼，帮助当事人避免常见的诉讼风险，减少不必要的损失，根据《中华人民共和国民法通则》、《中华人民共和国民事诉讼法》以及最高人民法院《关于民事诉讼证据的若干规定》等法律和司法解释的规定，现将常见的民事诉讼风险提示如下：

一、起诉不符合条件

当事人起诉不符合法律规定条件的，人民法院不会受理，即使受理也会驳回起诉。当事人起诉不符合管辖规定的，案件将会被移送到有权管辖的人民法院审理。

二、诉讼请求不适当

当事人提出的诉讼请求应明确、具体、完整，对未提出的诉讼请求人民法院不会审理。

当事人提出的诉讼请求要适当，不要随意扩大诉讼请求范围；无根据的诉讼请求，除得不到人民法院支持外，当事人还要负担相应的诉讼费用。

三、逾期改变诉讼请求

当事人增加、变更诉讼请求或者提出反诉，超过人民法院许可或者指定期限的，可能不被审理。

四、超过诉讼时效

当事人请求人民法院保护民事权利的期间一般为两年（特殊的为一年）。原告向人民法院起诉后，被告提出原告的起诉已超过法律保护期间的，如果原告没有对超过法律保护期间的事实提供证据证明，其诉讼请求不会得到人民法院的支持。

五、授权不明

当事人委托诉讼代理人代为承认、放弃、变更诉讼请求，进行和解，提起反诉或者上诉等事项的，应在授权委托书中特别注明。没有在授权委托书中明确、具体记明特别授权事项的，诉讼代理人就上述特别授权事项发表的意见不具有法律效力。

六、不按时交纳诉讼费用

当事人起诉或者上诉，不按时预交诉讼费用，或者提出缓交、减交、免交诉讼费用申请未获批准仍不交纳诉讼费用的，人民法院将会裁定按自动撤回起诉、上诉处理。

当事人提出反诉，不按规定预交相应的案件受理费的，人民法院将不会审理。

七、申请财产保全不符合规定

当事人申请财产保全，应当按规定交纳保全费用而没有交纳的，人民法院不会对申请保全的财产采取保全措施。

当事人提出财产保全申请，未按人民法院要求提供相应财产担保的，人民法院将依法驳回其申请。

申请人申请财产保全有错误的，将要赔偿被申请人因财产保全所受到的损失。

八、不提供或者不充分提供证据

除法律和司法解释规定不需要提供证据证明外，当事人提出诉讼请求或者反驳对方的诉讼请求，应提供证据证明。不能提供相应的证据或者提供的证据证明不了有关事实的，可能面临不利的裁判后果。

九、超过举证时限提供证据

当事人向人民法院提交的证据，应当在当事人协商一致并经人民法院认可或者人民法院指定的期限内完成。超过上述期限提交的，人民法院可能视其放弃了举证的权利，但属于法律和司法解释规定的新的证据除外。

十、不提供原始证据

当事人向人民法院提供证据，应当提供原件或者原物，特殊情况下也可以提供经人民法院核对无异的复制件或者复制品。提供的证据不符合上述条件的，可能影响证据的证明力，甚至可能不被采信。

十一、证人不出庭作证

除属于法律和司法解释规定的证人确有困难不能出庭的特殊情况外，当事人提供证人证言的，证人应当出庭作证并接受质询。如果证人不出庭作证，可能影响该证人证言的证据效力，甚至不被采信。

十二、不按规定申请审计、评估、鉴定

当事人申请审计、评估、鉴定，未在人民法院指定期限内提出申请或者不预交审计、评估、鉴定费用，或者不提供相关材料，致使争议的事实无法通过审计、评估、鉴定结论予以认定的，可能对申请人产生不利的裁判后果。

十三、不按时出庭或者中途退出法庭

原告经传票传唤，无正当理由拒不到庭，或者未经法庭许可中途退出法庭的，人民法院将按自动撤回起诉处理；被告反诉的，人民法院将对反诉的内容缺席审判。

被告经传票传唤，无正当理由拒不到庭，或者未经法庭许可中途退出法庭的，人民法院将缺席判决。

十四、不准确提供送达地址

适用简易程序审理的案件，人民法院按照当事人自己提供的送达地址送达诉讼文书时，因当事人提供的己方送达地址不准确，或者送达地址变更未及时告知人民法院，致使人民法院无法送达，造成诉讼文书被退回的，诉讼文书也视为送达。

十五、超过期限申请强制执行

向人民法院申请强制执行的期限，双方或者一方当事人是公民的为一年，双方是法人或者其他组织的为六个月。期限自生效法律文书确定的履行义务期限届满之日起算。超过上述期限申请的，人民法院不予受理。

十六、无财产或者无足够财产可供执行

被执行人没有财产或者没有足够财产履行生效法律文书确定义务的，人民法院可能对未履行的部分裁定中止执行，申请执行人的财产权益将可能暂时无法实现或者不能完全实现。

十七、不履行生效法律文书确定义务

被执行人未按生效法律文书指定期间履行给付金钱义务的，将要支付迟延履行期间的双倍债务利息。

被执行人未按生效法律文书指定期间履行其他义务的，将要支付迟延履行金。

最高人民法院
关于依法做好抗震救灾恢复重建期间民事审判和执行工作的通知

2008年6月6日　　　　　　　　　　　　　　　法〔2008〕164号

各省、自治区、直辖市高级人民法院，解放军军事法院，新疆维吾尔自治区高级人民法院生产建设兵团分院：

四川汶川特大地震是新中国成立以来破坏性最强、波及范围最广的一次地震，造成了灾区人民群众生命财产的巨大损失。中共中央政治局常务委员会于2008年6月5日专门研究部署汶川地震灾后恢复重建对口支援工作。灾后恢复重建是一项十分艰巨的任务，为加快灾后恢复重建，必须充分发挥社会主义制度的政治优势，举全国之力。各级人民法院要紧紧围绕全党全国工作大局，要把人民利益放在高于一切的位置，真正做到想灾区人民之所想、急灾区人民之所急，充分认识灾后恢复重建任务的艰巨性，充分发挥人民法院的审判职能作用，依法维护人民群众的生命财产安全，维护正常的社会秩序，维护人民群众的根本利益。

为依法做好灾区民事审判和执行工作，保障灾区人民群众合法权益，维护灾区社会稳定，为抗震救灾和灾后重建提供有力的司法保障，特通知如下：

一、各级人民法院特别是灾区人民法院一定要在党委领导下，积极支持当地政府把恢复重建工作纳入法制轨道，充分发挥人民法院在依法解决各种类型民事纠纷中的职能作用，扎扎实实做好民事案件的审判和执行工作。要在严格执法的前提下，正确认识和把握人民法院工作法律效果和社会效果的统一。灾区人民法院受理、审理和执行民事案件一定要从大局出发，要有利于维护灾区社会稳定，有利于维护灾区广大人民的根本利益，有利于巩固抗震救灾的成果和灾后恢复重建工作的顺利进行。

二、人民法院要积极支持和协助政府部门进行行政安置、抚慰、补助、救助等项工作，对于在工作中产生的矛盾和纠纷，人民法院要从法律的角度主动研究，主动提出如何依法行政、解决纠纷的建议和对策。特别是要在当地党委的统一领导下，充分发挥行政调解、诉讼调解、人民调解的作用，形成三位一体的综合性的纠纷解决体制，从源头上化解矛盾，减少纠纷。

三、在灾后重建期间，对于当事人起诉到人民法院的案件，符合立案条件的起诉，尤其是宣告失踪、宣告死亡以及对灾区输出农民工追讨劳动报酬等纠纷，应当及时立案，切实保障当事人诉权的实现。对于灾民被异地安置、投亲靠友后，因纠纷起诉到人民法院的，由于目前居住地发生了变化，在管辖问题上，由相关高级人民法院依照民事诉讼法等有关法律规定，从方便灾民、有利稳定的原则出发，统筹安排。对属于人民法院收案范围的纠纷，人民法院受理案件后，要切实加强涉灾民事案件的诉讼指导和法律释明，注重对当事人进行诉讼风险的提示；对不属于或不宜由人民法院处理的纠纷，应认真做好群众思想疏导工作，引导当事人选择其他有效途径和方式解决争议。

四、当事人因四川汶川特大地震不可抗力不能及时主张权利的，依照民法通则的规定诉讼时效中止，从中止时效的原因消除之日起，诉讼时效期间继续计算。人民法院对当事人因抗震救灾、灾后重建而不能参加诉讼活动的，要依法延期或中止审理；延期或中止的原因消除后，及时恢复审理。

五、对于宣告失踪、宣告死亡案件，人民法院要依法积极受理，以便尽快明确身份关系和财产关系。由于四川汶川特大地震后，下落不明人住所地基层人民法院受到严重破坏，难以开展审判工作，不能行使管辖权的，上级人民法院可以依照民事诉讼法第三十七条第一款的规定，指定其他基层人民法院管辖。

对灾区输出农民工追讨劳动报酬等纠纷案件，必须做到快立、快审，切实加强诉讼指导和法律释明，必要时可以先予执行。对因灾区输出农民工返乡参加抗震救灾，用人单位请求解除劳动关系的，人民法院应慎重处理。

对于起诉到人民法院的民事案件，当事人提出证据保全申请的，有关法院要依法采取保全措施。对于因地震毁损和灭失相关证据，带来当事人举证困难的，可以放宽举证期限，并加强依职权调查取证。要主动推出便民利民措施，为灾区当事人诉讼提供便利。要加大缓、减、免诉讼费用的力度，保证灾区群众不因缴不起诉讼费用而无法打官司。

六、人民法院在执行工作中，应当慎用强制执行措施。特别是对明确专用于抗震救灾的资金和物资，一律不得采取查封、扣押、冻结、划拨等财产保全措施和强制执行措施。

七、灾区人民法院要根据当地民事纠纷的实际情况和特点，积极向有关部门提出注意保护人民群众合法民事权益的司法建议，为有关部门有序、依法采取有效措施出谋划策。

各高级人民法院，特别是地震灾区的高级人民法院，要加强对房地产、储蓄存款合同、保险合同、借款合同纠纷等有关案件审判、执行工作的调研。受理或者审判的重要、敏感案件及相关情况、问题，应当及时报告最高人民法院。